Mark Twain

Durch Dick und Dünn

Leben auf dem Mississippi

Deutsch von Otto Wilck

Carl Hanser Verlag München

2. Auflage 1985

DURCH DICK UND DÜNN

ZUR EINLEITUNG

In diesem Buch werden nur persönliche Erlebnisse geschildert; es ist weder ein anspruchsvolles Geschichtswerk noch eine philosophische Abhandlung. Es ist ein Bericht über mehrere Jahre bunten Herumstromerns und will dem sich ausruhenden Leser lieber eine müßige Stunde vertreiben helfen als ihn mit Metaphysik quälen oder ihm mit Wissenschaft zusetzen. Und doch enthält das Buch Belehrendes, und zwar über eine interessante Periode aus der Geschichte des Fernen Westens, über die noch niemand geschrieben hat, der persönlich dort gewesen ist und das Zeitgeschehen mit eigenen Augen gesehen hat. Ich meine damit Ausbruch, Ansteigen und Höhepunkt des Silberfiebers in Nevada – eine in mancher Hinsicht einmalige Erscheinung, die einzige dieser Art, die sich bisher dort zugetragen hat und wohl jemals wieder zutragen wird.

Im großen und ganzen findet sich in diesem Buch sogar ziemlich viel Belehrung. Ich bedaure das sehr, aber es hat sich wirklich nicht vermeiden lassen: Das Belehrende scheint mir von Natur aus so aus den Poren zu schwitzen wie den Kamelen der Kamelienduft. Manchmal möchte ich Welten dafür hergeben, meine Fakten bei mir zu behalten, aber das geht nicht. Je mehr ich die Quellen dichte und je zugeknöpfter ich werde, um so mehr leckt bei mir die Weisheit aus. So kann ich vom Leser nur Nachsicht und keine Rechtfertigung verlangen.

ERSTES KAPITEL

Mein Bruder wird Sekretär von Nevada · Ich beneide ihn um seine bevorstehenden Abenteuer · Werde zu seinem Privatsekretär ernannt · Bin wunschlos glücklich · In einer Stunde reisefertig · Träume und Visionen · Auf dem Missouri · Ein Prachtschiff

Mein Bruder war gerade zum Sekretär des Territoriums Nevada ernannt worden – ein so hoheitsvolles Amt, daß es die Pflichten und Würden von Schatzmeister, Revisor, Kanzleidirektor und gegebenenfalls auch Gouverneursstellvertreter in sich vereinte. Ein Jahresgehalt von tausendachthundert Dollar und der Titel »Herr Minister« verliehen der großartigen Stellung einen Anstrich imposanter und phantastischer Herrlichkeit. Jung und unerfahren, wie ich war, beneidete ich meinen Bruder. Ich wünschte mir die ihm verliehene Würde und seine finanzielle Pracht, vor allem aber die lange und wunderbare Reise, die er machen, und die seltsame neue Welt, die er entdecken durfte. Er durfte durch die Lande reisen! Ich war noch nie von zu Hause fort gewesen, und das Wort »reisen« übte einen verführerischen Zauber auf mich aus. Gar nicht mehr lange, und er würde hundert und aber hundert Meilen weit weg in den großen Ebenen und Wüsten und in den Bergen des Fernen Westens sein und Bisons und Indianer und Präriehunde und Antilopen sehen und allerlei Abenteuer bestehen und womöglich gehängt oder skalpiert werden und ständig einen guten Tag leben und nach Hause schreiben und uns von allem berichten und ein Held sein. Und er würde sich dann die Goldminen (und Silbergruben) ansehen und vielleicht eines Nachmittags beim Spazierengehen nach getaner Arbeit an den Berghalden ein paar Eimervoll glänzender Gesteinsbrocken und Gold- und Silberklumpen auflesen. Und mit der Zeit würde er sehr reich werden und über den Seeweg nach Hause zurückkehren und so seelenruhig von San Francisco und dem Ozean und dem »Isthmus« erzählen können, als sei es weiter gar nichts, diese Wunder mit eigenen Augen geschaut zu haben. Was ich beim Nachsinnen über sein Glück durchmachte, vermag die Feder nicht zu beschreiben. Und als mir mein Herr Bruder dann gelassen den grandiosen Posten eines Privatsekretärs bei sich anbot, da schienen mir Himmel und Erde zu schwinden und sich das Firmament zusammenzurollen! Ich war wunschlos glücklich. Und innerhalb von ein, zwei Stunden reisefertig. Viel zu packen gab es nicht, denn von der Missourigrenze bis Nevada sollte die Reise per Überlandpost gehen, und den Fahrgästen war nur ganz wenig Gepäck gestattet. In jenen herrlichen Zeiten vor zehn, zwölf Jahren existierte keine Pazifikbahn – es lag noch keine einzige Schiene.

Ich gedachte, bloß ein Vierteljahr in Nevada zu bleiben – länger hatte ich nicht die Absicht. Ich hatte vor, mir soviel Neues und Merkwürdiges anzusehen wie möglich und wollte dann schnell wieder nach Hause und etwas tun. Ich stellte mir kaum vor, daß ich das Ende dieses dreimonatigen Vergnügungsausfluges erst nach sechs oder sieben außergewöhnlich langen Jahren erleben sollte!

Die ganze Nacht träumte mir von Indianern, Wüsten und Silberbarren, und als es dann am andern Tag soweit war, schifften wir uns am Kai von St. Louis auf einem den Missouri hinauffahrenden Dampfer ein.

Von St. Louis bis St. Joseph waren wir sechs Tage unterwegs – eine Fahrt, die so langweilig und einschläfernd und ereignislos war, daß sie in meiner Erinnerung keinen größeren Eindruck hinterlassen hat, als wenn sie sechs Minuten statt sechs Tage gedauert hätte. In meinem Gedächtnis ist nichts davon haftengeblieben außer einem wirren Durcheinander von wüst aussehenden, im Flußbett festliegenden Baumstämmen, über die wir mit dem einen oder andern Schaufelrad vorsichtig hinwegschlurften, von Riffen, auf die wir in einem fort aufstießen und wo wir dann zurückkrebsten und die Überkletterung an einer weicheren Stelle versuchten, und von Sandbänken, auf denen wir uns ab und an niederließen und ausruhten und dann unsere Krücken hervorholten und rüberstakten. Ja, unser Dampfboot hätte sich fast ebensogut auf dem Landwege nach St. Joseph bemühen können, denn die meiste Zeit über bewegte es sich irgendwo per pedes fort – indem es den lieben langen Tag geduldig und mühselig über Riffe kraxelte und über Baumstämme hinwegstieg. Der Kapitän meinte, es sei ein »Prachtschiff« und brauche nichts weiter als mehr »Schub« und ein größeres Steuerrad. Meiner Ansicht nach brauchte es ein Paar Stelzen, doch ich war so klug, das nicht zu sagen.

ZWEITES KAPITEL

Ankunft in St. Joseph · Nur fünfundzwanzig Pfund Gepäck gestattet · Abschied von Glacéhandschuhen und Fräcken · Bis an die Zähne bewaffnet · Der »Allen« · Ein heiteres Faustrohr · Überredung zum Kauf eines Maultieres · Verzeichnis der Luxusartikel · Wir verlassen die »Staaten« · »Unsere Kutsche« · Post für die Indianer · Zwischen Zwinkern und Erdbeben · Moderne Sphinx mit Unterhaltungstalent · Ein geselliges Frauenzimmer

An jenem frohen Abend, der uns in St. Joseph an Land setzte, suchten wir als erstes gleich die Posthalterei auf und bezahlten jeder hundertfünfzig Dollar für eine Fahrkarte per Überlandkutsche nach Carson City in Nevada.

Am nächsten Morgen verschlangen wir in strahlender Frühe unser Frühstück und stürmten zum Abfahrtsplatz. Dort stellte sich etwas heraus, was weniger angenehm war und was wir nicht genügend einkalkuliert hatten, nämlich, daß sich ein schwerer Reisekoffer nicht als fünfundzwanzig Pfund Gepäck ausgeben läßt – weil er ein gut Teil mehr wiegt. Doch das war alles, was wir mitnehmen durften – pro Nase fünfundzwanzig Pfund. Also mußten wir unsere Koffer aufmachen und mit ziemlicher Geschwindigkeit eine Auswahl treffen. Wir packten unsere erlaubten fünfundzwanzig Pfündchen beide zusammen in eine Reisetasche und verschifften die Koffer wieder nach St. Louis zurück. Es war ein trauriger Abschied, denn nun hatten wir keine Schwalbenschwanzröcke und weißen Glacéhandschuhe mehr, um sie in den Rocky Mountains auf Empfängen bei den Pawnee-Indianern zu tragen, und keine Angströhren oder Lackstiefeletten oder was man sonst noch braucht, um das Leben ruhig und friedlich zu gestalten. Also mußten wir uns feldmarschmäßig kleiden. Wir zogen Anzüge aus grobem, schwerem Stoff an, dazu wollene Militärhemden und »Knobelbecher«, und in die Reisetasche stopften wir ein paar weiße Oberhemden, ein bißchen Unterwäsche und dergleichen Zeug. Mein Bruder, der Regierungssekretär, schleppte an die vier Pfund Bundesgesetzblätter und sechs Pfund Großes Sprachlexikon mit, denn wir armen naiven Menschen wußten nicht, daß man so etwas heute in San Francisco kaufen und schon morgen in Carson City geliefert bekommen konnte. Bewaffnet war ich bis an die Zähne mit einem erbärmlichen kleinen siebenschüssigen Smith-Wesson-Revolver, der Kugeln wie homöopathische Pillen verschoß und wovon man als Dosis für einen Erwachsenen alle sieben auf einmal brauchte. Ich hielt ihn jedoch für großartig. Für mich war das eine gefährliche Waffe. Er hatte nur einen Fehler – man konnte nichts damit treffen. Einer unserer Schirrmeister probierte ihn ein Weilchen an einer Kuh aus, und solange diese stehenblieb und sich brav benahm, war sie sicher; sobald sie jedoch anfing umherzulaufen und er anfing, auf etwas anderes zu schießen, kam sie zu Schaden. Der Sekretär hatte als Schutz gegen die Indianer einen kleinen Colt umgeschnallt, und um sich vor Unheil zu bewahren, trug er ihn ohne Zündhütchen. Schrecklich furchterregend aber war Mr. George Bemis. Das war unser Mitreisender. Wir hatten ihn zuvor nicht gekannt. An seinem Gürtel hing ein alter original »Allen-Revolver«, so ein Apparat, wozu respektlose Leute »Pfefferbüchse« sagten. Das bloße Ziehen des Drückers bewirkte zugleich Spannen und Abfeuern. Wenn der Drücker zurückfuhr, klappte erst langsam der Hahn hoch, dann drehte sich der Lauf seitwärts herum, und schließlich schlug der Hahn herunter, und los flog die Kugel. An dem sich drehenden Lauf entlangzielen und das anvisierte Ziel auch treffen, das war mit einem »Allen« wahrscheinlich niemals in der Welt fertiggebracht worden. Verlassen konnte man sich trotzdem auf Georges Revolver, denn – wie hinterher einer der Postillione sagte – »wenn er das nicht erwischte, worauf er aus war, erwischte er eben irgendwas anderes«. Und das tat er auch. Einmal war er auf eine an einen Baum gepinnte Pik-Zwei aus und erwischte ein Maultier, das an die dreißig Yard links davon stand. Bemis legte gar keinen Wert auf das Muli, doch der Mann, dem es gehörte, kam mit einem doppelläufigen Schießprügel an und überredete ihn, es trotzdem zu kaufen. Das war schon ein heiteres Faustrohr, der »Allen«. Manchmal gingen seine sechs Läufe alle auf einmal los, und dann gab es in weiter Runde keinen sicheren Ort, höchstens hinter ihm.

Als Schutz gegen frostiges Wetter im Gebirge packten wir uns zwei oder drei Schlafdecken ein. In bezug auf Luxusgegenstände waren wir bescheiden – außer ein paar Pfeifen und fünf Pfund Rauchtabak nahmen wir keine mit. Für Wasser unterwegs zwischen den Stationen in der Prärie hatten wir zwei große Feldflaschen mit, und für die täglichen Spesen an Frühstück und Mittagbrot steckten wir uns noch eine kleine Geldkatze mit Silbermünzen ein.

Um acht Uhr hatten wir alles fix und fertig und waren auf der anderen Seite vom Fluß. Wir sprangen in die Kutsche, der Postillion knallte mit der Peitsche, und schon rollten wir los und ließen die »Staaten« hinter uns zurück. Es war ein prachtvoller Sommermorgen, und die ganze Landschaft funkelte im Sonnenschein. Außerdem spürten wir eine Frische und Leichtigkeit sowie ein belebendes Gefühl des Befreitseins von allen Sorgen und Verpflichtungen, so daß wir uns fast vorkamen, als hätten wir die schuftend und fronend in der engen, heißen Stadt verbrachten Jahre vergeudet und vertan. Wir jagten durch Kansas dahin, und nach anderthalb Stunden waren wir schon weit draußen in den großen »Plains«. Hier wogte das Land noch: so weit das Auge reichte, eine riesige Fläche regelmäßiger Hebungen und Senkungen – wie hoher Seegang nach einem Sturm. Und dazwischen überall Kornfelder, die diese endlose Weite grasbedeckten Landes noch durch Vierecke von satterem Grün betonten. Bald aber sollte dieses Meer auf dem Trockenen seine »Dünung« verlieren und sich auf siebenhundert Meilen so eben wie ein Fußboden erstrekken!

Unser Gefährt war eine große schwingende und schaukelnde Chaise der prächtigsten Art – eine imposante Wiege auf Rädern. Sie wurde von vier stattlichen Pferden gezogen, und neben dem Postillion saß der Schirrmeister, der offizielle Kapitän des Fahrzeuges; denn er hatte die Briefpost, das Gepäck, das Expreßgut und die Passagiere zu übernehmen und für sie Sorge zu tragen. Auf dieser Tour waren wir drei die einzigen Fahrgäste. Wir saßen innen auf dem Rücksitz. Nahezu der gesamte übrige Platz der Kutsche wurde von Briefsäcken eingenommen, denn wir hatten die verspätete Post von drei Tagen mit. Fast unsere Knie berührend, erhob sich eine senkrechte Wand von Postsachen bis hoch ans Verdeck. Außerdem war noch ein großer Stapel oben aufs Wagendach geschnallt, und die beiden Kutschkästen vorn und hinten waren ebenfalls voll. Der Postillion sagte, wir hätten zweitausendsiebenhundert Pfund davon mit – »'n bißchen für Brigham und Carson und Frisco, das meiste aber für die Injaner, womit man Haufen Theater hat, obwohl die doch massig Zeug zu lesen haben«. Da er aber dabei gerade einen beängstigenden Lachkrampf bekam, unter dem ein erdbebenverschlucktes Zwinkern durchzuschimmern schien, glaubten wir, das sei witzig gemeint und wolle besagen, wir würden den größten Teil unserer Post irgendwo in der Prärie abladen und den Indianern oder sonstigen Liebhabern überlassen.

Wir wechselten den ganzen Tag lang alle zehn Meilen die Pferde und flogen regelrecht über die feste, ebene Landstraße. Jedesmal wenn die Kutsche hielt, sprangen wir hinaus und vertraten uns die Beine, und so fand uns die hereinbrechende Nacht noch munter und mobil.

Nach dem Abendbrot stieg eine Frau zu, die zirka fünfzig Meilen weiter wohnte, und wir drei mußten abwechselnd vorn bei Schwager und Schirrmeister Platz nehmen. Redselig schien die Frau nicht gerade zu sein. Sie saß da in der zunehmenden Dämmerung und heftete die Augen unbeweglich auf einen sich in ihren Arm einbohrenden Moskito, und langsam hob sie die andere Hand, bis sie sie in seinen Bereich gebracht hatte, und versetzte ihm dann einen Klatsch, der eine Kuh umgeworfen hätte. Danach saß sie weiter da und betrachtete die Leiche voll ruhiger Befriedigung – denn sie verfehlte ihren Moskito nie; auf kurze Entfernung war sie ein Meisterschütze. Sie entfernte auch nie ein totes Tier, sondern ließ es als Köder liegen. Ich saß neben dieser grimmigen Sphinx und beobachtete, wie sie dreißig bis vierzig Moskitos totschlug – ich beobachtete sie und wartete darauf, daß sie etwas sagte, aber sie sagte nichts. Und so eröffnete ich schließlich selber die Konversation. Ich begann:

»Es ist recht arg mit den Moskitos hier, gnädige Frau.«

»Mensch, und ob!«

»Bitte, was sagten gnädige Frau?«

»Mensch, und *ob*!«

Dann heiterte sie sich auf und drehte uns das Gesicht zu und sagte:

»Hab doch verdammich schon langsam gedacht, ihr Mannsbilder seid taubstumm. Hab ich weiß Gott gedacht. Hab hier gesessen und gesessen und noch mal gesessen und Musketiers totgehaun und mich gefragt, wo's euch fehlt. Erst hab ich gedacht, ihr seid taubstumm, dann hab ich gedacht, ihr seid krank oder nicht ganz richtig oder so was, und dann hab ich langsam getippt, daß ihr 'n paar ekelhafte Strohköpfe seid, denen überhaupt gar nichts zu sagen einfällt. Wo seid denn ihr her?«

Die Sphinx war keine Sphinx mehr! Es brachen alle Brunnen ihrer großen Tiefe auf, und sie ließ die neun Elemente der Rede herabregnen vierzig Tage und vierzig Nächte, bildlich gesprochen, und überschwemmte uns mit einer vernichtenden Sintflut von Gewäsch, die aus dem wallenden Wust vermanschter Grammatik und verschlampter Aussprache auch nicht die Kuppe oder Zinne einer Gegenrede herausragen ließ!

Was haben wir gelitten und gelitten! Sie machte weiter, Stunde um Stunde, bis ich es bereute, die Moskitofrage jemals aufs Tapet gebracht und die Frau angekurbelt zu haben. Sie hörte nicht eher wieder auf, als bis sie gegen Morgengrauen an ihrem Reiseziel angelangt war; und beim Verlassen der Kutsche rüttelte sie uns wach (denn wir waren inzwischen eingenickt) und sagte:

»Na, nu steigt mal aus in Cottonwood und macht 'n paar Tage blau, und ich guck heut abend mal vorbei, und wenn ich euch damit was Gutes antun kann, indem daß ich ab und zu 'n Wort in die Unterhaltung einflecht, dann komm ich allemal. Leute, ich sag euch, für 'n Mädchen, was in 'n Wäldern großgeworden ist, bin ich immer 'n klein bißchen zurückhaltend und heikel, und beim Pöbel sowieso; muß man als Mädchen ja auch, wenn man was vorstellen will; wenn aber wer kommt, der wo meinesgleichen ist, da bin ich, glaub ich, trotzdem 'n ganz geselliges Frauenzimmer.«

Wir beschlossen, in Cottonwood nicht »vor Anker zu gehen«.

DRITTES KAPITEL

»Schenkelstrang gebrochen« · Ordnungsgemäße Postzustellung · Schlaf mit Hindernissen · Ein Eselshase, privat und im Dienst · Ein Gulliver von heute · Präriesalbei · Überzieher als Nahrungsmittel · Trauriges Schicksal eines Kamels · Warnung an andere

Ungefähr anderthalb Stunden vor Tagesanbruch rollten wir sanft über die Landstraße dahin – so sanft, daß unsere Wiege nur ganz leicht und einlullend schaukelte, was uns allmählich einschlummern und in Dämmer sinken ließ –, als auf einmal etwas unter uns nachgab! Undeutlich wurde uns das bewußt, doch es war uns gleichgültig. Die Kutsche hielt an. Wir hörten den Postillion und den Schirrmeister draußen miteinander reden und nach einer Laterne herumstöbern und fluchen, weil sie sie nicht finden konnten – aber was auch passiert sein mochte, uns interessierte es nicht, und der Gedanke, daß diese Leute da draußen in finsterer Nacht arbeiten mußten und wir hier in unserem Nest bei heruntergezogenen Vorhängen eingemummelt waren, machte es uns nur noch behaglicher. Den Lauten nach schien dann aber etwas untersucht zu werden, und plötzlich hörten wir die Stimme des Postillions:

»Heiliges Kanonenrohr, der Schenkelstrang ist gebrochen!«

Das rüttelte mich hellwach – wie das ein unbestimmtes Unglücksgefühl immer tut. Ich sagte mir: ›Nun, ein Schenkelstrang, das wird wahrscheinlich was vom Pferd sein, und der Bestürzung in der Stimme des Postillions nach bestimmt was Lebenswichtiges. Vielleicht vom Bein – bloß, wie kann es sich beim leichten Trab auf so einer Straße das Bein brechen? Nein, das Bein kann es nicht sein. Das ist unmöglich, es sei denn, der Gaul hat nach dem Postillion ausholen wollen. Was kann der Schenkelstrang von einem Pferd denn aber bloß sein? Doch was auch kommt, meine Unwissenheit stelle ich bei denen hier nicht zur Schau.‹

Im gleichen Augenblick erschien an einem hochgehobenen Vorhang das Gesicht des Schirrmeisters, und seine Laterne schimmerte zu uns und unserer Wand von Postsäcken herein. Er sagte:

»Leute, ihr müßt ein Weilchen raus. Schenkelstrang gebrochen.«

Wir kletterten hinaus in einen eiskalten Sprühregen und kamen uns schrecklich heimatlos und einsam vor. Als ich feststellte, daß das »Schenkelstrang« genannte Dingsbums die massive Kombination von Riemen und Federn war, in der die Kutsche hing, äußerte ich zum Schwager:

»Einen so ausgeleierten Schenkelstrang wie den habe ich meines Erinnerns noch nie gesehen. Wie ist denn das gekommen?«

»Na, so was kommt, wenn man versucht, einer Kutsche drei Tage Post aufzupacken – eben davon ist's gekommen«, sagte er. »Und hier ist genau die Adresse, die auf all den Zeitungssäcken steht, die wir für die Injaner raustun sollen, damit sie ruhig bleiben. Da haben wir ganz dolles Schwein gehabt; ist ja so stockduster, daß ich wer weiß wohin gefahrn wär, wenn der Schenkelstrang da nicht knacks gesagt hätte.«

Ich wußte, daß er sich ein zweites Zwinkern abmühte, obwohl ich sein Gesicht nicht sehen konnte, denn er war über seine Arbeit gebeugt; ich wünschte ihm eine gute Zustellung und faßte mit an und half den anderen die Postsäcke herausnehmen. Als sie alle draußen waren, bildeten sie am Straßenrand eine stattliche Pyramide. Nachdem die Reparatur am Schenkelstrang beendet war, packten wir die beiden Kutschkästen wieder voll, legten aber keine Post mehr oben aufs Verdeck und verstauten innen auch nur noch halb soviel wie vorher. Der Schirrmeister klappte die Sitzlehnen alle herunter und füllte dann die Kutsche durchgehend bis zur halben Höhe mit Postsäcken aus. Wir erhoben lauten Protest, denn nun blieben uns ja keine Sitze mehr. Aber der Schirrmeister war klüger als wir und erklärte, eine Liege sei besser als Sitze und außerdem schone das seine Federn. Von da ab wollten wir nie mehr Sitze haben. Das Lotterbett war unendlichemal vorzuziehen. In der Folgezeit verlebte ich so manchen aufregenden Tag, indem ich darauf langlag und die Gesetzblätter und das Lexikon las und gespannt war, ob die Typen sich kriegen würden oder nicht.

Der Schirrmeister sagte, vom nächsten Pferdeposten werde er eine Wache zurückschicken, die sich um die liegengelassenen Postsäcke kümmern könne, und wir fuhren wieder weiter.

Der Morgen brach soeben an, und als wir unsere verkrampften Beine lang auf die Postsäcke ausstreckten und durch die Fenster über die weiten Flächen mit kühlem Frühnebel bepuderten Rasens blickten, dorthin, wo es am östlichen Horizont so verheißungsvoll schimmerte, nahm unser vollkommener Genuß die Form wohlig ruhiger Verzückung an. Die Kutsche schoß in schneller Fahrt dahin, und die Vorhänge und unsere aufgehängten Jacken flatterten lustig im Winde; die Wiege schuckelte und schaukelte herrlich, das Klappern der Hufe, das Peitschengeknall des Postillions und sein »Hüüü! Hüüühahot!« waren Musik; die unter uns hinsausende Erde und die vorbeihuschenden Bäume schienen uns, als wir vorüberflogen, ein stummes Hurra zuzurufen und uns voller Interesse oder Neid, oder was es auch sein mochte, nachzuschauen; und als wir so dalagen und die Friedenspfeife rauchten und all diesen Luxus mit den ihm vorausgegangenen Jahren langweiligen Stadtlebens verglichen, meinten wir, daß es nur ein einziges vollständiges und seligmachendes Glück in der Welt gäbe und daß wir es gefunden hätten.

Nach dem Frühstück an einem Haltepunkt, dessen Namen ich vergessen habe, kletterten wir drei auf den Sitz hinter dem Schwager und überließen unser Bett dem Schirrmeister für ein Nickerchen. Und als mich die Sonne dann mit der Zeit schläfrig machte, legte ich mich oben aufs Dach der Kutsche, das Gesicht nach unten und die Hand an dem dünnen eisernen Gepäckgitter, und schlief ein paar Stunden. Danach kann man sich eine ganz gute Vorstellung machen, wie unvergleichlich jene Landstraßen waren. Der Instinkt läßt einen Schlafenden fest nach dem Gitter greifen, sobald die Kutsche plötzlich stark schlingert; ruckelt und schuckelt sie aber bloß, ist gar kein Festhalten nötig. Bei guter Straßenlage pflegten Überlandpostillione und -schirrmeister, auf ihren Plätzen sitzend, dreißig bis vierzig Minuten hintereinander zu schlafen, während sie mit einer Geschwindigkeit von acht bis zehn Meilen in der Stunde dahinratterten. Ich habe das oft gesehen. Es war keine Gefahr dabei; ein Schlafender greift schon rechtzeitig nach dem Gitter, wenn die Kutsche einen Stoß erhält. Diese Männer hatten schwere Arbeit zu leisten und konnten unmöglich ständig wach bleiben.

Nach einiger Zeit passierten wir Marysville und den Big Blue und den Little Sandy, und von dort ungefähr eine Meile, und wir erreichten Nebraska. Nach abermals rund einer Meile kamen wir an den Big Sandy – einhundertachtzig Meilen von St. Joseph weg.

Als die Sonne unterging, sahen wir das erste Exemplar eines Tieres, das über zweitausend Meilen Gebirge und Wüste hin – von Kansas bis zum Pazifik – als »Eselshase« allgemein bekannt ist. Der Name trifft haargenau. Sein Träger sieht aus wie jeder andere Hase, nur daß er um ein Drittel bis ein ganzes Mal größer ist, im Verhältnis zur Größe längere Beine hat und dazu über die unglaublichsten

Ohren verfügt, die jemals einem anderen Geschöpf als einem Esel aufgesetzt wurden. Wenn er stillhockt und über seine Sünden nachsinnt oder geistig abwesend ist und an keine Gefahr denkt, ragen seine majestätischen Löffel auffällig über ihn hinaus; das Knacken eines Zweiges aber erschreckt ihn fast zu Tode, und dann legt er die Ohren artig an und macht sich auf den Heimweg. Alles, was man während der nächsten Minute sehen kann, ist etwas langes Graues, das im Streckgalopp durch den niedrigen Präriesalbei fegt, Kopf hoch, Augen geradeaus und die Lauscher ein klein wenig nach achtern gekippt, doch sie zeigen einem die ganze Zeit über, wo der Hase ist, genauso, als ob er einen Klüver führte. Ab und zu setzt er mit seinen langen Hinterläufen wunderbar hoch über den krüppligen Präriesalbei hinweg und legt einen Sprung hin, der ein Pferd vor Neid erblassen ließe. Schließlich fällt er in ein ausgreifendes anmutiges Hoppeln, und bald darauf ist er auf mysteriöse Weise verschwunden. Er hat sich hinter einen Salbeistrauch geduckt und sitzt dort und macht Spannemann und zittert, bis man bis auf sechs Fuß heran ist und er abermals das Panier ergreift. Doch man muß einmal auf diese Kreatur schießen, wenn man sehen will, wie er sein Herz in die Läufe legt und sein Bestes hergibt, so gut er es eben weiß. Ihm ist jetzt himmelangst und bange, und er legt die langen Ohren herunter auf den Rücken, streckt sich bei jedem Sprung wie ein Ladestock und frißt so unbekümmert lässig die Meilen, daß man fasziniert ist.

Unsere Gruppe ließ dieses Exemplar »mal aus sich herausgehen«, wie der Schirrmeister sagte. Der Sekretär scheuchte ihn mit einem Schuß aus dem Colt hoch, ich fing an, mit meiner Waffe nach ihm zu spucken, und im selben Augenblick ging die ganze Breitseite des alten »Allen« mit einem ratternden Krach los, und es ist keineswegs übertrieben, wenn ich sage, der Hase wurde wahnsinnig! Er klappte die Ohren runter und den Schwanz hoch und ging ab in Richtung San Francisco, und zwar in einem Tempo, das sich nur beschreiben läßt mit: Husch, husch, weg war er! Als er schon längst außer Sichtweite war, hörten wir ihn noch wegzischen.

Ich weiß nicht mehr, wo wir zum erstenmal auf »Präriesalbei« stießen, wie der amerikanische Beifuß genannt wird, aber da ich ihn erwähnt habe, kann ich ihn ebensogut beschreiben. Das ist nicht schwer, denn wenn sich der Leser eine knorrige und ehrwürdige Lebenseiche vorzustellen vermag, die zu einer kleinen Staude von zwei Fuß Höhe vergnubbelt ist, mit der rauhen Rinde, dem Laub, den gewundenen Ästen und allem dran, dann hat er damit schon ein genaues Bild des Präriesalbeis. So manches Mal habe ich in den Bergen an faulen Nachmittagen auf der Erde gelegen, mit dem Gesicht unter einem Salbeistrauch, und mich damit unterhalten, mir vorzustellen, die Mücken in seinem Laub wären Liliputvögel und die unten an seinem Stamm an- und abmarschierenden Ameisen Liliputherden und ich selber ein herumlümmelnder Riese aus Brobdingnag, der darauf wartete, einen kleinen Bürger zu fangen und zu verspeisen.

Der Präriesalbei ist ein stattlicher Waldesmonarch in feinster Miniaturausgabe. Sein Laub ist von einem ins Graue spielenden Grün und teilt diese Farbe der Wüste und den Bergen mit. Er riecht wie unser Gartensalbei, und aus ihm bereiteter Salbeitee schmeckt wie der Salbeitee, den alle Jungen so gut kennen. Als einmalig anspruchsloses Gewächs gedeiht er mitten im tiefen Sand und zwischen kahlen Felsen, wo nichts aus der Pflanzenwelt zu wachsen versuchen würde, höchstens »Büschelgras« *. Die Salbeistauden wachsen mit drei bis sieben Fuß Zwischenraum auf allen Bergen und in allen Wüsten des Fernen Westens bis zur Grenze von Kalifornien. In den Wüsten steht Hunderte von Meilen keinerlei Baum – in einer richtigen Wüste gibt es überhaupt keine Vegetation, bloß den Präriesalbei und seine Base, die »Schmerstaude«, die ihm so ähnlich sieht, daß kaum ein Unterschied besteht. Lager-

* »Büschelgras wächst auf den öden Bergabhängen Nevadas und der benachbarten Territorien und liefert selbst mitten im Winter, an Stellen, wo der Schnee beiseite geweht ist und es freiliegt, ein ausgezeichnetes Viehfutter. Trotz seines wenigversprechenden Heimatbodens ist Büschelgras für Rinder und Pferde besser und nahrhafter als fast alle anderen bekannten Heu- oder Grasarten« – sagen jedenfalls die Leute, die etwas vom Vieh verstehen.

feuer und warmes Essen in der Wüste wären ohne den freundlichen Salbei unmöglich. Sein Stamm ist so stark wie das Handgelenk eines Knaben (und von diesem Umfang bis zu dem eines Männerarms), und seine verkrümmten Äste sind halb so stark wie der Stamm – alles gutes, kräftiges Hartholz, fast ganz wie Eiche.

Wenn ein Trupp sein Lager aufschlägt, so muß als erstes Präriesalbei geschnitten werden; und in ein paar Minuten ist auch schon ein reichlicher Stapel davon gebrauchsfertig. Man gräbt ein Loch einen Fuß breit, zwei Fuß lang und zwei Fuß tief, legt kleingehackten Salbei hinein und bringt ihn zum Brennen, bis die Glut oben an den Rand reicht. Wenn dann mit dem Kochen angefangen wird, entsteht kein Rauch und folglich auch kein Gefluche. Diese Glut hält sich mit sehr wenig Nachlegen die ganze Nacht und gibt ein äußerst gemütliches Lagerfeuer ab, an dem die unmöglichsten Geschichten aus der Jugendzeit glaubhaft, belehrend und zutiefst unterhaltend erscheinen.

Präriesalbei liefert zwar einen recht ordentlichen Brennstoff, als Gemüse aber ist er ein ausgesprochener Versager. Niemand kann seinen Geschmack ertragen, nur der Esel und sein illegitimes Kind, das Maultier. Doch deren Zeugnis über seinen Nährwert will gar nichts besagen, denn die fressen ja Kiefernknorren oder Steinkohle oder Messingspäne oder Bleirohr oder alte Flaschen oder was ihnen sonst vors Maul kommt und schieben dann mit so dankbarem Blick ab, als hätten sie Austern zum Frühstück gehabt. Mulis und Esel und Kamele verfügen über einen Appetit, der sich zwar durch irgend etwas, egal was, zeitweilig besänftigen, sich aber durch nichts in der Welt stillen läßt. In Syrien, im Quellgebiet des Jordan, nahm einmal, während wir unsere Zelte aufschlugen, ein Kamel meinen Überzieher in seine Obhut und untersuchte ihn kritischen Auges von oben bis unten mit genausoviel Interesse, als hätte es die Absicht, sich ebenso einen machen zu lassen, und als es dann damit fertig war, ihn als Garderobenartikel abzuschätzen, ging es dazu über, ihn als Nahrungsmittel zu betrachten. Es setzte seinen Fuß drauf und zog den einen Ärmel mit den Zähnen heraus und kaute und kaute darauf herum, wobei es sich ihn allmählich einverleibte und die ganze Zeit über in einer Art religiöser Verzückung mit den Augen plinkerte, als hätte es in seinem Leben noch nie etwas so Gutes gekostet wie einen Herrenmantel. Dann schmatzte es ein-, zweimal mit den Lippen und langte sich den zweiten Ärmel. Als nächstes probierte es den Samtkragen und lächelte dabei so zufrieden, daß klar zu sehen war, es hielt ihn für das Delikateste an einem Überzieher. Danach kamen die Schöße dran, zusammen mit ein paar Zündhütchen und Hustenbonbons und etwas Feigenpastete aus Konstantinopel. Und dann fiel meine Zeitungskorrespondenz heraus, und es versuchte es einmal damit – Briefmanuskripte, geschrieben für die Zeitungen zu Hause. Damit aber begab es sich auf gefährlichen Boden. In diesen Schriftstücken stieß es auf solide gefügte Weisheit, die für seinen Magen reichlich schwer war, und hin und wieder verdaute es einen Witz, der das Tier in einen Lachkrampf versetzte, daß sich ihm die Zähne lockerten. Langsam wurde die Sache brenzlig, doch das Kamel, guten Mutes und voller Hoffnung, ließ nicht ab, bis es schließlich über Erklärungen stolperte, die nicht einmal ein Kamel ungestraft hinnehmen konnte. Es fing an zu keuchen und nach Luft zu ringen, und die Augen traten ihm heraus, und seine Vorderbeine spreizten sich, und in ungefähr einer viertel Minute kippte es steif wie eine Hobelbank um und starb eines unbeschreiblich qualvollen Todes. Ich ging hin und zog das Minuskript aus seinem Maul und stellte fest, daß sich das empfindsame Geschöpf an einem der zahmsten und mildesten Tatsachenberichte erstickt hatte, die ich jemals einem vertrauensvollen Leserpublikum vorgelegt habe.

Ich wollte sagen, als ich vom Thema abgelenkt wurde, daß man gelegentlich Präriesalbei von fünf bis sechs Fuß Höhe findet, mit entsprechend breiten Zweigen und Laubkronen; gewöhnlich aber sind die Stauden zwei bis zweieinhalb Fuß hoch.

VIERTES KAPITEL

Herrichten unseres Betts · Angriffe des Lexikons · Auf einer Station · Unser Postillion als großer und glänzender Würdenträger · Seltsamer Ort für einen Vorgarten · Komfort · Doppelgeschossige Porträts · Ein Patriarch · Der Herr Wirt · Einrichtung und Ausstattung · Ein Exil · Aufguß · Eine reichgedeckte Tafel · Unser Herbergsvater verliert die Sprache · Tischetikette · Wilde mexikanische Mulis · Postkutsche und Eisenbahn

Als die Sonne unterging und die Abendkälte hereinbrach, machten wir uns zum Schlafengehen fertig. Wir schüttelten die harten Ledersäcke mit der Post und die knotigen Leinwandtaschen mit den Drucksachen (knotig und uneben wegen der vorstehenden Ecken und Kanten von Zeitschriften, Kartons und Büchern) ordentlich durch und arrangierten sie um, damit unser Bett so glatt wie möglich wurde. Und wir machten es auch tatsächlich besser, wenngleich es nach all unserer Arbeit immer noch ein bißchen aufgewühlt und wellig aussah wie ein Stückchen stürmische See. Dann suchten wir uns unsere Stiefel aus irgendwelchen Winkeln zwischen den Postsäcken hervor, wo sie sich häuslich niedergelassen hatten, und zogen sie an. Wir nahmen unsere Jacken, Westen, Hosen und Wollhemden von den Armschlingen herunter, an denen sie den ganzen Tag hin und her gependelt waren, und zogen sie an, denn da sich weder auf den Stationen noch in der Kutsche Damen befanden und das Wetter heiß war, hatten wir es uns bequem gemacht und uns um neun Uhr früh bis auf das Unterzeug entkleidet. Als nun alles fertig war, verstauten wir das ungefüge Lexikon irgendwohin, wo es möglichst ruhig liegenblieb, und packten die Wasserflaschen und Pistolen an Stellen, wo wir sie im Dunkeln finden konnten. Dann rauchten wir das letzte Pfeifchen und spannen das letzte Garn, und danach packten wir die Pfeifen, den Tabak und die Geldkatze in versteckte Löcher und Höhlen zwischen den Postsäcken und hakten die Kutschenvorhänge ringsum unten fest und machten alles »so duster wie im Bauch von 'ner Kuh«, wie es der Schirrmeister auf seine bildhafte Art formulierte. Es war in der Tat so duster, wie es nur irgendwo sein kann – es ließ sich nicht einmal die Hand vor Augen sehen. Und schließlich rollten wir uns wie die Seidenraupen zusammen, jeder in seine Decke, und sanken in friedlichen Schlaf.

Immer wenn die Kutsche hielt, um Pferde zu wechseln, wachten wir auf und versuchten, uns zu erinnern, wo wir waren – was uns sogar gelang –, und in ein, zwei Minuten war die Kutsche wieder weg, und wir ebenfalls. Wir kamen jetzt in ein Gebiet, das hier und da von kleinen Flüssen durchzogen war. Diese hatten auf beiden Seiten hohe, steile Ufer, und jedesmal, wenn wir das eine Ufer hinuntersausten und das andere hinaufkletterten, wurden wir innen ein bißchen durcheinandergewürfelt. Erst fanden wir uns alle Mann fast in sitzender Stellung zu einem Knäuel am Vorderende der Kutsche zusammen, und schon in der nächsten Sekunde schossen wir ans andere Ende und standen kopf. Und dabei strampelten und schlugen wir um uns und wehrten Ecken und Enden von Postsäcken ab, die auf uns rauf und um uns rum geplumpst kamen, und als dann von dem Tumult Staub aufwirbelte, niesten wir alle im Chor, und die Mehrheit von uns hub an zu brabbeln und vielleicht gar einige heftige Dinge zu sagen wie: »Nimm gefälligst deinen Ellbogen aus meinen Rippen! Kannst du das Drängeln nicht sein lassen?«

Wenn wir so von einem Ende der Kutsche zum andern kullerten, ging jedesmal das Lexikon mit, und jedesmal schlug es einen von uns an. Das eine Mal schürfte es dem Sekretär den Ellenbogen ab, beim nächsten Mal schlug es mir auf den Magen, und dann wieder stülpte es Bemis die Nase hoch, so daß er sich, wie er sagte, selber in die Nüstern gucken konnte. Die Pistolen und das Geld ließen sich bald auf dem Boden nieder, die Pfeifen, die Pfeifenrohre, der Tabak und die Feldflaschen aber polterten und klapperten dem Lexikon jedesmal hinterher, wenn es einen Angriff auf uns startete, und leisteten dem Buch Unterstützung, indem sie uns Tabak in die Augen und Wasser den Rücken hinunterschütteten.

Dennoch war es, alles in allem, eine recht gemütliche Nacht. Allmählich ging sie zu Ende, und als schließlich durch die Falten und Ritzen in den Vorhängen ein kaltes graues Licht sichtbar wurde, gähnten und reckten wir uns zufrieden, schüttelten unsere Kokons ab und hatten das Gefühl, genug geschlafen zu haben. Als die Sonne aufging und die Welt sich erwärmte, zogen wir unsere Sachen aus und machten uns zum Frühstück bereit. Und zwar angenehmerweise gerade zur rechten Zeit, denn fünf Minuten später ließ der Postillion die unheimliche Musik seines Horns über die grasbedeckte Einsamkeit erschallen, und bald entdeckten wir in der Ferne ein paar niedrige Hütten. Dann erwachten das Rattern der Kutsche, das Hufgeklapper unserer sechs Pferde und die scharfen Kommandos des Postillions zu lauterem und stärkerem Schwall, und in unserem schneidigsten Tempo rauschten wir zur Station vor. Es war faszinierend – dieses alte Überlandreisen mit der Postkutsche.

Wir sprangen in Interimsuniform hinaus. Der Postillion schleuderte seine zusammengenommenen Zügel auf die Erde, gähnte und streckte sich behaglich und zog sich mit großem Bedacht und unerträglicher Würde seine schweren Hirschlederhandschuhe aus – wobei er nicht die geringste Notiz nahm von einem Dutzend besorgter Erkundigungen nach seiner Gesundheit und demütig drolliger und schmeichelnder Anreden und unterwürfiger Dienstangebote, vorgebracht von fünf bis sechs behaarten und halbzivilisierten Stationsvorstehern und Pferdeburschen, die flink unsere Renner ausschirrten und das frische Gespann aus den Ställen brachten – denn in den Augen der Postillione von damals bildeten Stationsvorsteher und Pferdeburschen eine Sorte reichlich niedriger Kreaturen, die an ihrem Platze zwar Nützliches leisteten und zur Vollständigkeit einer Welt beitrugen, aber nicht die Art von Wesen waren, die zu beachten sich jemand erlauben konnte, der etwas vorstellte, während andererseits in den Augen des Stationsvorstehers und des Pferdeburschen der Postillion ein Held war – ein großer und glänzender Würdenträger, der Lieblingssohn der Welt, beneidet von jedermann und gefeiert von allen Völkern. Sprachen sie ihn an, nahmen sie sein unverschämtes Schweigen als das natürliche und richtige Benehmen eines so großen Mannes hin; brachte er einmal die Zähne auseinander, hingen alle voller Bewunderung an seinen Lippen (er beehrte nie einen einzelnen mit einer Äußerung, sondern richtete diese stets mit breiter Allgemeinheit an die Pferde, die Ställe, das umliegende Land *und* die menschlichen Untergebenen); warf er einem Stallburschen einen beleidigend anzüglichen Scherz an den Kopf, war der für den Tag glücklich; erzählte er seinen einen Witz – alt wie die Berge, grob, gemein, geistlos und jedesmal in denselben Worten und denselben Zuhörern zugemutet, sooft seine Kutsche dort vorfuhr –, brüllten die Lakaien und schlugen sich auf die Schenkel und schworen, das sei das beste Ding, was sie jemals im Leben gehört hätten. Und wie sie losspritzten, wenn er eine Schüssel oder Kürbisflasche mit Wasser oder wenn er Feuer für seine Pfeife haben wollte! Einen Fahrgast aber hätten sie sofort beschimpft, wenn er sich soweit vergessen hätte, etwas von ihnen zu erbitten. Diese Art Unverschämtheit beherrschten sie genausogut wie der Postillion, von dem sie sie kopierten – denn man darf nicht vergessen, daß der Überlandpostillion für seine Fahrgäste nur ein klein bißchen weniger Verachtung übrig hatte als für die Pferdeburschen.

Den wirklich mächtigen Schirrmeister der Kutsche behandelten die Pferdeburschen und Stationsbeamten lediglich mit dem Besten von dem, was sie unter Höflichkeit verstanden; das einzige Wesen, vor dem sie Kratzfüße machten und das sie anbeteten, aber war der Postillion. Wie bewundernd sie zu ihm auf seinem hohen Kutschbock hochstarrten, wenn er sich langsam und bedächtig die Handschuhe überzog, während irgendein glücklicher Stallbursche die gebündelten Zügel hochhielt und geduldig darauf wartete, daß er sie ihm abnahm! Und mit welch verherrlichenden Ausrufen sie ihn bombardierten, wenn er die Peitsche knallen ließ und in voller Karriere losbrauste!

Die Stationsgebäude waren lange, niedrige Hütten, errichtet aus sonnengebrannten lehmfarbigen Ziegeln ohne

Mörtelbindung (die Spanier nennen diese Ziegel »Adobes«, was die Amerikaner zu »Dobies« verkürzen). Die Dächer, die keine nennenswerte Neigung aufweisen, waren erst mit Stroh gedeckt und dann mit Soden beziehungsweise einer dicken Erdschicht belegt, aus der recht üppig Gras und Unkraut hervorschossen. Es war das erstemal, daß wir jemandes Vorgarten oben auf dem Dach seines Hauses sahen. Die Gebäude bestanden aus Scheunen, Stallungen für zwölf bis fünfzehn Pferde und einer Hütte als Speiseraum für Fahrgäste. In dieser befanden sich Schlafkojen für den Stationsvorsteher und ein bis zwei Pferdeburschen. Man konnte den Ellenbogen auf die Dachrinne legen und mußte sich bücken, um zur Tür hineinzukommen. Die Stelle eines Fensters nahm ein quadratisches Loch ein, ungefähr so groß, daß ein Mensch durchkriechen konnte, doch war kein Glas drin. Dielen gab es nicht, aber der Boden war festgestampft. Ein Ofen fehlte, doch der Herd genügte allen erforderlichen Zwecken. Keine Regale, keine Geschirrkästen, keine Schränke. In einer Ecke lehnte ein offener Sack Mehl, gegen den sich unten ein paar schwarze und altehrwürdige blecherne Kaffeepötte, eine blecherne Teekanne, ein kleiner Beutel Salz und eine Seite Speck schmiegten.

Draußen vor der Tür zu der Bude des Stationsvorstehers stand eine Blechwaschschüssel auf der Erde. Daneben befanden sich ein Eimer Wasser und ein Stück gelbe Kernseife, und von der Dachrinne hing allem Anschein nach ein vor Alter ergrautes blaues Wollhemd herab – doch das war das Privathandtuch des Stationsvorstehers, und nur zwei Personen aus unserer ganzen Gesellschaft durften wagen, es zu benutzen: der Postillion und der Schirrmeister. Der letzte tat es aus Anstand nicht; der erste tat es nicht, weil er die Annäherungsversuche eines Stationsvorstehers nicht ermutigen wollte. Wir hatten zwei Handtücher mit – in der Reisetasche. Sie hätten genausogut auch in Sodom und Gomorrha sein können. Wir (und der Schirrmeister) benutzten unsere Taschentücher, und der Postillion nahm seine Hosen und Ärmel. Innen an der Tür war ein kleiner altmodischer Spiegelrahmen befestigt, der unten in der einen Ecke zwei dürftige Fragmente seines ursprünglichen Inhalts beherbergte. Diese Anordnung gewährte beim Hineinsehen ein vergnügliches doppelgeschossiges Porträt, wobei die eine Hälfte des Kopfes ein paar Zoll über die andere gesetzt war. An dem Rahmen hing an einer Schnur ein halber Kamm – doch wenn ich diesen Patriarchen beschreiben oder mein Leben lassen müßte, würde ich ein paar Mustersärge bestellen. Er stammte noch von Esau und Simson her und hatte seitdem Haare angesammelt – samt gewissen Unreinheiten. In der einen Ecke des Raumes standen drei, vier Stutzen und Flinten zusammen mit Pulverhörnern und Patronentaschen. Die Männer von der Station trugen Pantalons aus grobem, handgewebtem Stoff, und auf die Hosenböden sowie auf die Innenseiten der Beine waren noch reichlich Hirschlederflecken genäht, um Reitgamaschen zu ersetzen, wenn ihre Träger zu Pferde saßen – so daß die Hosen halb dunkelblau und halb gelb waren und unsagbar malerisch aussahen. Sie steckten in hohen Stiefeln, deren Hacken mit großen spanischen Sporen bewaffnet waren, an denen bei jedem Schritt kleine eiserne Kettchen und Anhänger klingelten. Der Vorsteher trug einen gewaltigen Kinn- sowie einen Knebelbart, einen alten Schlapphut, ein blaues Wollhemd, keine Hosenträger, keine Weste, keinen Rock – in einer Lederscheide an seinem Gürtel einen großen langen »Marinerevolver« (rechts umgebunden mit dem Hahn nach vorn) und, oben aus dem Stiefel ragend, ein Jagdmesser mit Horngriff. Das Mobiliar der Hütte war weder pompös, noch stand es viel im Wege. Die Schaukelstühle und Sofas glänzten durch Abwesenheit, und zwar seit jeher, wurden aber durch zwei dreibeinige Schemel, eine vier Fuß lange Kiefernholzbank und zwei leere Kerzenkisten vertreten. Die Rolle des Tisches übernahm ein schmutziges Brett auf Stelzen. Das Tafeltuch und die Servietten waren nicht erschienen – und wurden auch nicht erwartet. Auf jedem Platz befanden sich ein zerbeulter Blechnapf, ein Messer, eine Gabel und ein blecherner Halbliterbecher, und der Postillion bekam eine Untertasse aus gelbem Steingut, die mal bessere Tage gesehen hatte. Dieser Fürst saß selbstverständlich am Kopf des Tisches. Außerdem war da noch ein einsames Stück Tafelgeschirr, das in seiner im Unglück bewahrten Vornehmheit etwas Rührendes hatte. Das war die Menage. Sie war aus Neusilber und verbogen und angerostet, aber dennoch hier so lächerlich fehl am Platze, daß sie an einen in Lumpen gehüllten verbannten König unter Barbaren erinnerte, und die Erhabenheit ihrer Geburt heischte selbst in ihrer Erniedrigung noch Achtung. Es war nur noch ein Fläschchen übrig, und das war ein stöpselloses, fliegenverdrecktes, halszerbrochenes Ding mit zwei Zoll Essig und einem Dutzend konservierter Fliegen drin, welche die Beine in die Luft streckten und traurig dreinschauten, weil sie sich dort engagiert hatten.

Der Stationsvorsteher stellte einen runden Laib Brot von vergangener Woche von der Form und Größe eines altmodischen Käses hochkant und säbelte ein paar Brocken davon ab, die so gut waren wie Pflastersteine, bloß nicht ganz so mürbe.

Dazu schnitt er für jeden ein Stück Speck ab, den zu essen aber nur die erfahrenen alten Hasen fertigbrachten, denn es war ausrangierter Armeespeck, den die Vereinigten Staaten nicht mehr an die Soldaten in den Forts verfüttern wollten und den die Postgesellschaft zur Atzung ihrer Fahrgäste und des Personals billig gekauft hatte. Vielleicht haben wir diesen ausrangierten Armeespeck auch erst weiter draußen in den Plains angetroffen und nicht da, wo ich ihn beschreibe, aber angetroffen haben wir ihn – da ist nichts dran zu rütteln.

Dann goß er uns einen Trank ein, den er »Aufguß« nannte, und man kann sich schwerlich vorstellen, daß er nicht inspiriert war, als er ihm diesen Namen gab. Das Gesöff sollte Tee vorstellen, enthielt aber zuviel Abwaschlappen und Sand und alte Speckschwarte, um den intelligenten Reisenden zu täuschen. Zucker und Milch hatte der Stationsvorsteher nicht – nicht mal einen Löffel, um die Bestandteile umzurühren.

Wir konnten weder das Brot noch das Fleisch essen noch den »Aufguß« trinken. Und als ich das trübselige Essigfläschchen anschaute, fiel mir der (selbst dazumal schon sehr, sehr alte) Witz von dem Reisenden ein, der sich an einen Herbergstisch setzt, auf dem sich nichts weiter befindet als eine Makrele und ein Topf Senf. Er fragt den Wirt, ob das alles sei. Woraufhin der sagt:

»*Alles?* Donner und Doria, das ist doch wohl genug Makrele für sechs.«

»Ich mach mir aber nichts aus Makrele.«

»Ach so – na, dann halten Sie sich doch an den Senf.«

Ich empfand das sonst immer als einen guten, sogar sehr guten Witz, hier aber hatte er etwas schrecklich Glaubwürdiges, das ihm allen Humor nahm.

Unser Frühstück stand zwar vor uns, unsere Zähne aber hatten nichts zu tun.

Ich kostete und schnupperte und erklärte dann, ich würde wohl Kaffee nehmen. Der Stationsboß erstarrte und stierte mich sprachlos an.

Als er schließlich wieder zu sich kam, wandte er sich ab und sagte wie jemand, der sich mit sich selber über etwas unterhält, das über jedes Fassungsvermögen hinausgeht: »*Kaffee!* Also da bleibt einem doch verdammt die Spucke weg!«

Essen konnten wir nicht, und zwischen den Pferdeburschen und Viehtreibern – wir saßen alle an einem Tisch – kam auch keine Unterhaltung auf. Wenigstens keine weiter als ab und zu eine hastig vorgetragene Bitte von einem Angestellten an den anderen. Sie wurde immer in der gleichen Form und immer grob-freundlich vorgebracht. Das westlich Frische und Neue daran ließ mich anfangs aufhorchen und erregte mein Interesse, doch mit der Zeit wurde sie eintönig und verlor ihren Charme. Sie lautete: »Lang mal 's Brot rüber, du Stinktier!« Nein, ich hab es vergessen – es war nicht Stinktier; mir scheint, es war noch stärker; ich weiß es sogar sicher, doch ist mir das Wort offensichtlich entfallen. Ist auch egal – wahrscheinlich war es sowieso zu stark, um gedruckt zu werden. In meinem Gedächtnis ist es der Markstein, der mir anzeigt, wo ich zum erstenmal der kraftvollen neuen Umgangssprache der okzidentalen Ebenen und Berge begegnete.

Wir gaben das Frühstücken auf, berappten jeder unseren

Dollar und gingen zurück zu unserem Postsackbett und fanden Trost in unseren Pfeifen. Auf eben dieser Station erlitten wir die erste Verminderung unserer fürstlichen Stellung. Wir ließen unsere sechs prächtigen Pferde zurück und nahmen statt dessen sechs Mulis. Das aber waren ungebärdige mexikanische Viecher, und am Kopf eines jeden mußte sich ein Mann hinstellen und es festhalten, solange sich der Postillion fertigmachte und die Handschuhe anzog. Und als er endlich die Zügel ergriff und das Kommando gab, sprangen die Männer plötzlich von den Köpfen der Maultiere weg, und die Kutsche schoß wie aus der Kanone geschossen aus der Station heraus. Mit welchem Karacho die wildgewordenen Tiere losrasten! Es war ein ungestümer und wütender Galopp – und diese Gangart änderte sich keinen Augenblick, bis wir zehn oder zwölf Meilen runtergehaspelt hatten und an die nächste Ansammlung kleiner Stationshütten und -ställe heranpreschten.

So flogen wir den ganzen Tag dahin. Um zwei Uhr nachmittags kam der Waldgürtel in Sicht, der den North Platte River umsäumt und dessen Windungen durch die gewaltige ebene Flur der Plains markiert. Um vier passierten wir einen Arm des Flusses, und um fünf überquerten wir den Platte River selbst und hielten in Fort Kearney, *nach sechsundfünfzig Stunden Fahrzeit von St. Joe* – DREIHUNDERT MEILEN!

Nun, so war das Reisen mit der Postkutsche auf der großen Überlandlinie vor zehn bis fünfzehn Jahren, als vielleicht insgesamt nicht mehr als zehn Leute in Amerika damit rechneten, noch zu erleben, daß dieser Route zum Pazifik eine Eisenbahn folgen würde. Aber jetzt ist die Bahn da, und mir drängen sich tausend merkwürdige Vergleiche und Kontraste auf, wenn ich die folgende in der »New York Times« erschienene Skizze einer kürzlichen Fahrt über beinahe denselben Grund und Boden lese, den ich hier beschreibe. Ich kann kaum fassen, wie anders das jetzt alles ist:

Quer über den Kontinent

Um 16.20 rollten wir am Sonntag aus dem Bahnhof Omaha hinaus und begannen unseren langen Ausflug nach Westen. Ein paar Stunden später wurde zum Dinner gerufen – ein »Ereignis« für jene von uns, die erst noch kennenlernen sollten, was es bedeutet, in einem von Pullmans rollenden Hotels zu speisen. Und als wir in den Wagen vor unserem Schlafpalast traten, befanden wir uns also im Speisewagen. Es war uns eine Offenbarung, dieses erste Dinner am Sonntag. Und obgleich wir an vier Tagen dinierten und die entsprechende Zahl Frühstücks- und Abendmahlzeiten einnahmen, hörte unsere Gesellschaft nie auf zu bewundern, welche Vollendung die Arrangements erreichten und welche wunderbaren Ergebnisse man damit erzielte. Auf Tische, mit schneeweißem Linnen gedeckt und mit Service aus schwerem Silber geschmückt, stellten in makellosem Weiß herumflitzende Mohrenkellner wie durch Zauberei ein Mahl, dessen sich selbst Delmonico nicht hätte zu schämen brauchen; ja, in mancher Hinsicht dürfte es diesem erlauchten *chef* schwerfallen, ein ähnliches *Menü* zu servieren, denn hatten wir nicht zu all dem, was normalerweise zu einem erstklassigen Dinner gehört, noch unser Antilopensteak (der Gourmand, welcher das nicht erlebt hat – ach, was weiß der schon von einem fetten Mahle?), unsere köstliche Bergforelle sowie auserlesene Früchte und Beeren und (mit pikanter und nicht käuflicher Würze) unsere lieblich duftende, appetitanregende Prärieluft? Sie können sich darauf verlassen, daß wir all diesen guten Dingen tüchtig zusprachen, und als wir sie mit einem Glas schäumenden Weines hinunterspülten, während wir mit einer Geschwindigkeit von dreißig Stundenmeilen dahinsausten, stimmten wir alle überein, daß es die *schnellste* Lebensweise war, die wir je kennengelernt hatten. (Wir überboten das jedoch noch, indem wir zwei Tage später *siebenundzwanzig Meilen in siebenundzwanzig Minuten* schafften, wobei aus unseren randvollen Champagnergläsern auch nicht ein Tropfen verschüttet wurde!) Nach dem Dinner begaben wir uns in unseren Salonwagen, und da es Sonntagabend war, stimmten wir ein paar von den herrlichen alten Kirchenliedern an – »Lobet Gott nun alle«, »Glänzendes Gestade«, »O Haupt« etc. –, wobei die Stimmen der Sänger und der Sängerinnen sich lieblich in der Abendluft vermischten, dieweil unser Zug, mit seinem großen, strahlenden Zyklopenauge lange Prärieausblicke erleuchtend, in die Nacht und die Wildnis hineinbrauste. Dann zu Bett in luxuriöse Ruhelager, in denen wir den Schlaf der Gerechten schliefen und erst am nächsten Morgen (Montag) um acht Uhr aufwachten, um festzustellen, daß wir uns am Übergang des North Platte befanden, dreihundert Meilen von Omaha weg – *nach fünfzehn Stunden und vierzig Minuten Fahrt.*

FÜNFTES KAPITEL

Neue Bekanntschaften · Der Kojote · Erfahrung eines Hundes · Ein verärgertes Wauwau · Die Verwandten des Kojoten · Mahlzeiten fern der Heimat

Eine weitere Nacht abwechselnder Ruhe und Unruhe. Mit der Zeit aber wurde es Morgen. Das war abermals ein frohes Erwachen zu frischen Brisen, unermeßlichen Weiten ebenen Rasens, zu strahlendem Sonnenlicht, einer überwältigenden Einsamkeit, in der nirgends Menschen oder menschliche Behausungen zu sehen waren, und einer Atmosphäre, die alles so wunderbar vergrößerte, daß Bäume, die mehr als drei Meilen entfernt standen, ganz nah zu sein schienen. Wir legten wieder Interimsuniform an, kletterten auf das Dach der dahinjagenden Kutsche, ließen die Beine seitwärts hinunterbaumeln, riefen ab und zu unseren rasenden Mulis etwas zu, bloß um sie die Ohren zurücklegen und noch schneller losstrampeln zu sehen, banden unsere Hüte fest, damit uns die Haare nicht abgeweht wurden, und hielten über den weltweiten Teppich ringsum Ausschau nach neuen und seltsamen Dingen zum Anstaunen. Selbst heute noch kribbelt es mir bis in die Fußspitzen, wenn ich an das Leben, die Fröhlichkeit und das unbändige Freiheitsgefühl denke, die mir an den herrlichen Morgen auf der Überlandstrecke das Blut in den Adern tanzen ließen!

Ungefähr eine Stunde nach dem Frühstück sahen wir die ersten Präriehundsiedlungen, die erste Antilope und den ersten Wolf. Wenn ich mich recht entsinne, handelte es sich bei letzterem um den gewöhnlichen Kojoten der westlicheren Wüsten. Und wenn es einer war, dann war es nicht gerade ein schönes oder ansehnliches Geschöpf, denn ich habe seine Rasse später gut kennengelernt und darf als Gewährsmann reden. Der Kojote ist ein langes, dürres, siech und jämmerlich aussehendes Knochengestell mit einem darübergespannten Wolfsfell, einer leidlich buschigen Rute, die ständig mit einem verzweifelten Ausdruck von Verlassenheit und Elend herunterhängt, verschlagenen und bösen Augen und einem länglichen, spitzen Gesicht mit leicht hochgezogenen Lippen und entblößten Zähnen. Alles an ihm hat etwas Schleichendes. Der Kojote ist ein lebendes, atmendes Sinnbild der Not. Er ist *immer* hungrig. Er ist stets und ständig arm, vom Pech verfolgt und ohne Freunde. Die niedrigsten Lebewesen verachten ihn, und sogar die Flöhe würden viel lieber auf ein Veloziped überwechseln. Er ist derart mutlos und feige, daß selbst dann, wenn seine entblößten Zähne eine Drohung vortäuschen, seine übrige Visage sich dafür entschuldigt. Und er ist sooo häßlich – so mager und knochig und struppig und erbärmlich! Sieht er dich, so zieht er die Lefzen hoch und läßt die Zähne einmal blitzen und wendet sich dann ein bißchen von dem Kurs ab, den er gerade verfolgt, senkt etwas den Kopf und schlägt einen langen, schnürenden Trab durch den Präriesalbei an, wobei er von Zeit zu Zeit über die Schulter zu dir zurückschielt, bis er aus der sicheren Reichweite einer Pistole einigermaßen heraus ist, und bleibt stehen und nimmt dich bedächtig in Augenschein; dann trottet er fünfzig Yard weiter und bleibt wieder stehen – noch einmal fünfzig und bleibt wieder stehen; und schließlich vermengt sich das Grau seines gleitenden Körpers mit dem Grau des Salbeis, und er verschwindet. All das geschieht, sofern du keine Anstalten gegen ihn triffst; tust du das aber, dann entwickelt er ein lebhafteres Interesse an seiner Reise und elektrifiziert seine Haxen und legt beträchtliche Immobilien zwischen sich und deine Waffe, und bis du den Schlaghahn hoch hast, merkst du, daß du ein Miniégewehr brauchst, und bis du mit dem Lauf in seiner Richtung bist, müßtest du eine gezogene Kanone haben, und bis du ihn im Korn hast, ist dir klar, daß ihn dort, wo er jetzt ist, höchstens noch ein ungewöhnlich langer Blitzstrahl erwischen könnte. Richtigen Spaß aber macht es erst, wenn du einen schnellfüßigen Hund auf ihn losläßt, besonders einen, der große Stücke von sich hält und in der Einbildung großgeworden ist, etwas von Geschwindigkeit zu verstehen. Der Kojote schiebt in seinem täuschenden Zuckelgang ab und schickt alle paar Augenblicke ein trügerisches Lächeln über die Schultern, das den Hund durch und durch mit Ansporn und weltlichem Ehrgeiz erfüllt und ihn bewegt, den Kopf noch tiefer zur Erde zu nehmen und den Hals noch weiter vorzurecken und noch heftiger zu japsen und die Rute noch gerader nach hinten zu strecken und die rasenden Läufe in immer wilderer Hetzerei zu bewegen und eine immer breitere und höhere und dichtere Wolke Wüstensand hinter sich zu lassen, die seine lange Spur über die ebene Prärie hin markiert! Und die ganze Zeit liegt der Hund nur knappe zwanzig Fuß hinter dem Kojoten und kann um sein Seelenheil nicht begreifen, wieso er nicht spürbar dichter herankommt, und langsam wird er fuchtig; und zu sehen, wie leicht der Kojote dahingleitet und überhaupt nicht keucht oder in Schweiß gerät oder zu lächeln aufhört, macht ihn immer wütender; und zu sehen, wie schändlich er von einem Wildfremden hereingelegt wird und was für ein gemeiner Schwindel dieser lange, ruhige, leisetretende Trab ist, bringt ihn immer mehr in Rage; und dann merkt er, daß der Kojote tatsächlich ein bißchen langsamer werden muß, um ihm nicht ganz davonzurennen – und *dann* ist dieser Hund ernsthaft erbittert, und er legt sich ins Zeug und jault und flucht und stiebt den Sand noch höher und versucht mit konzentrierter und verzweifelter Anstrengung, den Kojoten zu erreichen. Dieser

Spurt bringt ihn auf sechs Fuß an den dahinhuschenden Feind heran und auf zwei Meilen von seinen Freunden weg. Und im selben Augenblick, wo eine wilde neue Hoffnung sein Gesicht erhellt, dreht sich dann der Kojote um und lächelt ihm noch einmal sanft und mit einem Ausdruck zu, der zu sagen scheint: »Muß mich jetzt leider von dir trennen, Bübchen – aber Dienst ist Dienst und Schnaps ist Schnaps, und ich kann mir nicht erlauben, den ganzen Tag so rumzutrödeln...« – und gleich darauf gibt es ein Zischen und das plötzliche Bersten eines langen Risses durch die Luft, und siehe, der Hund befindet sich mutterseelenallein auf einsam weiter Flur!

Das macht ihn schwindelig. Er bremst und guckt sich um, klettert auf den nächsten Sandhügel und starrt in die Ferne, schüttelt nachdenklich das Haupt und dreht sich dann wortlos um und trottet zurück zu seinem Train und verkrümelt sich bescheiden unter dem hintersten Wagen und kommt sich unsagbar klein und häßlich vor und schämt sich und läßt den Schwanz eine Woche auf Halbmast hängen. Und ein ganzes Jahr noch wird dieser Hund immer, wenn es eine große Kojotenhatz gibt, ungerührt bloß in die Richtung blicken und sich offensichtlich sagen: »Nein, auf *den* Braten verzichten wir lieber.«

Der Kojote lebt zusammen mit der Eidechse, dem Eselshasen und dem Raben hauptsächlich in den trostlosesten und abschreckendsten Wüsten und hat einen unsicheren und prekären Lebensunterhalt, den er wahrlich verdient. Er scheint fast ausschließlich von den Kadavern der von Auswanderertrecks zurückgebliebenen und verendeten Ochsen, Maultiere und Pferde sowie von zufällig sich bietendem Aas und gelegentlichen Speiseresten zu existieren, die ihm von den Weißen vermacht werden, die etwas Besseres zum Schlachten haben als ausrangierten Armeespeck. Er futtert überhaupt alles, was seine Vettern ersten Grades, die Indianerstämme der Wüstengebiete, futtern, und die futtern alles, was sie beißen können. Es ist merkwürdig, aber sie sind die einzigen der Geschichte bekannten Lebewesen, die Nitroglyzerin essen und im Überlebensfall noch Nachschlag fordern.

Der Kojote der Wüsten jenseits der Rocky Mountains hat es also besonders schwer, denn seine indianischen Verwandten können genauso leicht wie er selber einen verführerischen Duft im Wüstensand entdecken und dem Wohlgeruch bis zu dem krepierten Ochsen folgen, von dem er ausströmt, und da muß er sich dann damit zufriedengeben, sich ein Stückchen weg davon hinzusetzen und zuzusehen, wie diese Leute alles Eßbare abreißen und ausbuddeln und wegschleppen. Anschließend erforschen er und die wartenden Raben das Skelett und polieren die Knochen blank. Es heißt, der Kojote und der Unglücksvogel und der Wüstenindianer bezeugen ihre gegenseitige Blutsverwandtschaft dadurch, daß sie an den öden Orten der Erde auf freundschaftlichem Fuße und in völligem Vertrauen miteinander leben, während sie alle anderen Kreaturen hassen und sich danach sehnen, bei ihrer Beerdigung mit Hand anzulegen. Es macht dem Kojoten nichts aus, hundert Meilen zum Frühstück und hundertfünfzig zum Mittagessen zurückzulegen, denn er ist sicher, drei bis vier Tage zwischen den Mahlzeiten zu haben, und da kann er ebensogut herumreisen und sich die Landschaft begucken wie Däumchen drehen und seinen Eltern auf der Tasche liegen.

Wir lernten bald, das scharfe, bösartige Gebell des Kojoten zu erkennen, wenn es nachts über die düstere Prärie kam, um unsere Träume zwischen den Postsäcken zu stören, und da wir an seinen verlorenen Anblick und sein schweres Los denken mußten, brachten wir es fertig, ihm die gesegnete Neuheit eines den ganzen Tag anhaltenden Glückes und eine unerschöpfliche Speisekammer für morgen zu wünschen.

SECHSTES KAPITEL

Der Abschnittsinspektor · Der Schirrmeister · Der Postillion · Einhundertfünfzig Meilen Kutschieren ohne Schlaf · Belehrung von Untergebenen · Freund Jack und der Pilger · Vergleich zwischen Ben Holliday und Moses

Unser neuer, soeben zugestiegener Schirrmeister hatte vierundzwanzig Stunden nicht geschlafen. So etwas kam sehr häufig vor. Von St. Joseph, Missouri, bis Sacramento, Kalifornien, waren es per Postkutsche fast neunzehnhundert Meilen, und oft wurde die Tour in fünfzehn Tagen gemacht – die Bahn schafft es jetzt in viereinhalb. Die in den Postverträgen angegebene und fahrplanmäßige Zeit war jedoch, wenn ich mich recht erinnere, auf achtzehn oder neunzehn Tage festgesetzt, und zwar um einigermaßen Spielraum für Winterstürme und Schneeverwehungen und für sonstige unvermeidbare Verzögerungen zu lassen. Die Postgesellschaft besaß ein gutes System und hielt auf strenge Disziplin. Über je zweihundertfünfzig Meilen Strecke hatte sie einen Aufseher beziehungsweise Inspektor eingesetzt, der von ihr mit großer Machtbefugnis ausgestattet war. Sein Revier oder Herrschaftsbereich von zweihundertfünfzig Meilen wurde »Abschnitt« genannt. Er kaufte Pferde, Maultiergeschirr und Nahrung für Mensch und Tier ein und verteilte diese Dinge von Zeit zu Zeit unter seine Poststationen, ganz nach seinem Gutdünken, was jeder Pferdeposten brauchte. Er ließ Stationsgebäude bauen und Brunnen graben. Er besorgte die Entlohnung der Stationsvorsteher, Pferdeburschen, Kutscher und Hufschmiede und entließ sie, wann und wie er wollte. In seinem Abschnitt war er ein sehr, sehr großer Mann – eine Art Großmogul, ein Sultan beider Indien, in dessen Gegenwart gewöhnliche Sterbliche sich bescheidener Manieren und Worte befleißigten und im Glanze von dessen Größe sogar der blendende Postillion zur Pennykerze absank. Von diesen Königen gab es auf der Überlandroute insgesamt ungefähr acht.

Nach dem Abschnittsinspektor kam als nächster an Rang

und Bedeutung der Schirrmeister. Sein Revier war genauso lang wie das des Inspektors: zweihundertfünfzig Meilen. Er saß neben dem Postillion und fuhr (wenn Not am Mann war) diese ungeheure Strecke Tag und Nacht ohne andere Ruhe- oder Schlafpausen, als sie da oben auf dem hohen Sitz des dahinjagenden Fahrzeuges eben möglich waren. Das muß man sich vorstellen! Er hatte die absolute Verantwortung über die Briefpost, das Expreßgut, die Fahrgäste und die Kutsche, bis er sie dem nächsten Schirrmeister übergab und seine Quittung darüber erhielt. Folglich mußte er ein Mann von Intelligenz, Entschlußkraft und beträchtlichem Geschick, eine Sache durchzuführen, sein. Er war gewöhnlich ein ruhiger, angenehmer Mensch, der es mit seinen Pflichten genau nahm und ein ziemlicher Gentleman war. Der Abschnittsinspektor dagegen brauchte nicht unbedingt Gentleman zu sein, und zuweilen war er es auch nicht. Aber immer war er ein General an Aufsichtstalent und eine Bulldogge an Mut und Entschlossenheit – sonst wäre ihm die Befehlsgewalt über die gesetzlosen Untergebenen des Überlanddienstes in keinem Falle mehr gewesen als ein Ausgleich für einen vollen Monat voller Unverschämtheit und Kummer, mit einer Kugel und einem Sarg ultimo. Es gab auf der Überlandlinie an die sechzehn bis achtzehn Schirrmeister, denn es ging in beiden Richtungen täglich eine Kutsche ab, und jede hatte ihren Schirrmeister.

An *wirklicher* und offizieller Würde und Bedeutung kam danach, also erst hinter dem Schirrmeister, mein Entzükken, der Postillion – das heißt an wirklicher, nicht aber an augenscheinlicher Bedeutung, denn wie wir gesehen haben, war in den Augen der gemeinen Menge der Postillion gegenüber dem Schirrmeister soviel, wie ein Admiral gegenüber dem Kapitän des Flaggschiffes ist. Die Strecke des Postillions war ziemlich lang und seine Schlafzeit auf den Stationen mitunter ziemlich kurz, und so hätte er ohne den Pomp seiner Stellung ein ebenso trauriges wie schweres und aufreibendes Leben gehabt. Wir erhielten jeden Tag beziehungsweise jede Nacht einen neuen Postillion (denn sie fuhren immer dasselbe Stück Weg hin und zurück), und deshalb wurden wir mit ihnen auch nie so gut bekannt wie mit den Schirrmeistern, und außerdem wären sie meist ja sowieso zu erhaben gewesen, sich mit solchen Krethi und Plethi wie Fahrgästen einzulassen. Dennoch waren wir immer erpicht darauf, jeden neuen Postillion zu Gesicht zu bekommen, sobald die Wache wechselte, denn jeden Tag wollten wir entweder einen unangenehmen loswerden oder uns von einem nicht trennen, den wir ins Herz geschlossen hatten und mit dem wir gut Freund geworden waren. Und so war immer die erste Frage, die wir an den Schirrmeister richteten, wenn wir wo hinkamen, wo wir die Postillione wechseln mußten: »Welches ist unsrer Kutsche ihrer?« Grammatisch war das vielleicht nicht ganz einwandfrei, aber wir konnten damals ja nicht wissen, daß es einmal in ein Buch kommen würde. Solange alles glatt ging, hatte es der Überlandpostillion gar nicht schlecht; erkrankte aber plötzlich ein Kollege, wurde es weniger angenehm, denn die Kutsche *mußte* weiter, und so hatte der Potentat, der gerade herabsteigen und nach seinem nachtlangen Sitzen auf dem Thron in Regen und Wind und Dunkelheit nun luxuriöser Ruhe pflegen wollte, dann zu bleiben, wo er war, und des Kranken Arbeit zu übernehmen. Als ich in den Rocky Mountains einmal merkte, daß unser Postillion auf seinem Kutschbock fest eingeschlafen war und daß die Maultiere in dem üblichen halsbrecherischen Tempo dahintrabten, sagte der Schirrmeister, ich solle ihn lassen, es sei keine Gefahr dabei und er mache Doppeldienst – habe fünfundsiebzig Meilen kutschiert und fahre sie jetzt ohne Pause oder Schlaf dazwischen auf unserem Wagen zurück. Einhundertfünfzig Meilen lang sechs rachsüchtige Mulis im Zaum und davon abzuhalten, daß sie auf die Bäume kletterten! Es klingt unglaublich, doch ich erinnere mich noch recht gut an die Worte des Schirrmeisters.

Die Stationsvorsteher, Pferdeburschen und so weiter waren, wie bereits beschrieben, gewöhnliche, rauhe Kerle; und vom westlichen Nebraska bis Nevada konnte man einen beträchtlichen Teil von ihnen gut und gern als Desperados bezeichnen – Flüchtlinge vor der Justiz, Verbrecher, deren größte Sicherheit in einer Landesgegend war, wo es kein Gesetz, ja nicht einmal den Schein des Gesetzes gab. Erteilte der Abschnittsinspektor einem dieser Leute einen Befehl, tat er das durchaus in dem Bewußtsein, der Ausführung unter Umständen mit einem Marinerevolver nachhelfen zu müssen, und so ging er stets »gewappnet«, damit alles seine Ordnung hatte. Hin und wieder war ein Inspektor tatsächlich gezwungen, einem Pferdeburschen eine Kugel durch den Kopf zu jagen, um ihm eine einfache Lektion zu erteilen, die er ihm unter anderen Verhältnissen und Umständen auch mit einem Knüppel hätte einbleuen können. Doch sie waren auf Draht, diese Abschnittsaufseher, und verstanden ihr Handwerk, und wenn sie einem Untergebenen einmal etwas beibrachten, dann pflegte das dem auch ein für allemal »durch den Kopf« zu gehen.

Ein großer Teil dieses riesigen Apparates – dieser Hunderte von Männern und Kutschen und Tausende von Maultieren und Pferden – befand sich im Besitz von Mr. Ben Holliday. Die gesamte westliche Hälfte des Unternehmens gehörte ihm. In diesem Zusammenhang muß ich an einen Zwischenfall denken, der sich während meiner Palästinareise zugetragen hat, und da er hierherpaßt, will ich ihn genau so übernehmen, wie ich ihn in meinem Tagebuch aus dem Heiligen Lande niedergeschrieben finde:

Bestimmt hat jeder schon einmal von Ben Holliday gehört – einem Manne von ungeheurer Tatkraft, der Postsachen und Passagiere in seinen Überlandkutschen wie den reinsten Wirbelwind quer über den Kontinent brausen ließ – zweitausend lange Meilen in auf die Minute genau fünfeinhalb Tagen! Dieses Geschichtsfragment hier handelt jedoch nicht von Ben Holliday, sondern von einem Jungen aus New York namens Jack, der mit unserer kleinen Pilgertruppe im Heiligen Lande herumgondelte (und der drei Jahre zuvor in Mr. Hollidays Postkutschen nach Kalifornien gereist war und seine überschwengliche Bewunderung für Mr. H. keineswegs vergessen oder gar verloren hatte). Neunzehn Jahre alt. Ein guter Junge – freundlich und immer bemüht und ein richtiges New-Yorker Kind. Aber obgleich Jack aufgeweckt war und eine ganze Menge nützliche Sachen wußte, hatte man seinen Religionsunterricht reichlich vernachlässigt – ja in einem Maße, daß ihm jede Geschichte des Heiligen Landes neu und fremd und jeder biblische Name ein Geheimnis war, das sein jungfräuliches Ohr noch nie beunruhigt hatte. Zu unserer Gesellschaft gehörte auch ein ältlicher Pilger, der sich insofern als das genaue Gegenteil von Jack erwies, als er ungeheuer bibelfest und bibelbegeistert war. Er war unser wandelndes Lexikon, und wir wurden niemals müde, seinen Vorträgen zu lauschen, noch er, sie zu halten. Von Basan bis Bethlehem ließ er keinen berühmten Ort vorbei, ohne ihn in einer Rede zu erläutern. Eines Tages, wir zelteten gerade in der Nähe der Ruinen von Jericho, legte er ungefähr so los:

»Jack, sehen Sie jene Gebirgskette dort drüben, die das Tal des Jordan umsäumt? Das Gebirge Moab, Jack! Denken Sie nur, mein Junge – das wirkliche Gebirge Moab – das berühmte und bekannte aus der biblischen Geschichte! Wir stehen diesen illustren Gipfeln und Felskuppen wahrhaftig eigenen Auges gegenüber – und wer weiß« (eindrucksvolles Senken der Stimme), *»vielleicht ruht unser Blick just in diesem Augenblick gar auf der Stelle,* WO DAS GEHEIMNISVOLLE GRAB VON MOSES LIEGT! Denken Sie nur, Jack!«

»*Was* für 'n Moses?« (abfallender Ton).

»*Was* für 'n Moses! Jack, Sie sollten sich schämen – einer so sträflichen Unwissenheit sollten Sie sich wirklich schämen. Na, Moses, der große Führer, Soldat, Dichter, Gesetzgeber des alten Israel! Jack, von hier, wo wir stehen, erstreckt sich bis nach Ägypten hin eine ungeheuerliche, dreihundert Meilen große Wüste – und durch diese Wüste hat jener wunderbare Mann die Kinder Israel geführt! Hat sie mit unfehlbarem Scharfsinn vierzig Jahre lang über die sandige Einöde und durch die den Weg versperrenden Felsen und Berge geleitet und sie schließlich wohlbehalten in die Nähe dieses Ortes gebracht; und wo wir jetzt stehen, da haben sie unter Jubelliedern das Gelobte Land betreten! Was er da vollbracht hat, war eine ganz, ganz wundervolle Tat, Jack! Denken Sie nur!«

»*Vierzig Jahre? Bloß dreihundert Meilen?* Pfm! Ben Holliday hätte sie in sechsunddreißig Stunden rüberspediert!«

Der Junge dachte sich nichts dabei. Er wußte gar nicht, daß er etwas Verkehrtes oder Unehrerbietiges gesagt hatte. Und so schalt ihn niemand aus oder nahm ihm das übel – und das hätte auch niemand gekonnt, höchstens ein kleinlicher Geist ohne den nötigen Großmut, die unbedachten Schnitzer eines Jungen zu verzeihen.

Am Mittag des fünften Tages erreichten wir die »South-Platte-Furt« alias »Julesburg« alias »Overland City«, vierhundertsiebzig Meilen von St. Joseph – das seltsamste, putzigste, ulkigste Grenzerstädtchen, das unser ungereistes Auge bisher angestaunt hatte.

SIEBENTES KAPITEL

Overland City · Überquerung des Platte River · Bemis auf Bisonjagd · Angriff eines Bullen · Bemis' Pferd schnappt über · Eine improvisierte Zirkusvorstellung · Neuer Abgang · Bemis findet Zuflucht auf einem Baum · Rettung mittels genialer Methode

Es mutet doch reichlich komisch an, wieder eine Stadt zu sehen, nach dem, was uns als so lange Bekanntschaft mit tiefer, stiller und fast unbewohnter Einsamkeit erschienen war! Wir stürzten uns in das geschäftige Treiben der Straße und kamen uns vor wie Meteormenschen, die von der Ecke einer anderen Welt abgebröckelt und unversehens in dieser aufgewacht waren. Eine Stunde lang war uns Overland City so interessant, als hätten wir noch nie eine Stadt gesehen. Wir hatten diese Stunde Zeit, da wir unsere Kutsche wechseln (gegen eine weniger pompöse Angelegenheit, die sich »Lehmwagen« nannte) und unsere Post umladen mußten.

Dann ging es wieder weiter. Wir kamen an den seichten,

gelben, schmutzigen South Platte mit seinen niedrigen Ufern und seinen verstreuten flachen Sandbänken und winzig kleinen Inseln – ein melancholischer Fluß, der mitten durch die riesige glatte Ebene schweift und nur durch seine beiderseitige Postenkette von vereinzelten Bäumen davor bewahrt bleibt, mit bloßem Auge völlig übersehen zu werden. Der Platte sollte »hoch« sein – worauf ich ihn gern mal erlebt hätte, wenn er niedrig war, falls er überhaupt siecher und elender aussehen konnte. Man sagte uns, ihn zu überqueren sei jetzt gefährlich, denn sein Triebsand könne leicht Pferde, Kutsche und Passagiere verschlingen, wenn man versuchte, ihn zu furten. Die Post aber mußte weiter, und so wagten wir es dennoch. Ein paarmal versanken in der Mitte des Stroms die Räder so bedrohlich in dem nachgebenden Schlamm, daß wir schon halb glaubten, wir hätten all unser Lebtag das Meer gefürchtet und gemieden, um schließlich mitten in einer Wüste auf einem »Lehmwagen« Schiffbruch zu erleiden. Doch wir würgten uns durch und preschten davon, der sinkenden Sonne entgegen.

Am nächsten Morgen kurz vor dem Hellwerden, rund fünfhundertfünfzig Meilen von St. Joseph entfernt, brach unser Lehmwagen zusammen. Da das einen Aufenthalt von fünf bis sechs Stunden bedeutete, nahmen wir uns auf Einladung Pferde und schlossen uns einer Truppe an, die gerade auf Bisonjagd zog. Es war ein edler Sport, in der tauigen Morgenfrische über die Prärie zu galoppieren, doch endete diese Jagd für uns in Unglück und Schande, denn ein waidwunder Bulle scheuchte den Fahrgast Bemis fast zwei Meilen weit, bis der dann sein Pferd laufen ließ und auf einem einsamen Baum Zuflucht nahm. Gute vierundzwanzig Stunden blieb er sehr verdrießlich, nach und nach aber beruhigte er sich, und endlich erzählte er:

»Also, es war alles andere als zum Spaßen, und daß sich diese Feixe so lustig darüber gemacht haben, hatte gar keinen Witz. Ich war eine Weile ernstlich erbost, sage ich Ihnen. Hätte diesen schlacksigen Lulatsch, den sie Hank nennen, erschießen sollen, wenn ich's gekonnt hätte, ohne sechs bis sieben Leute zu Krüppeln zu machen – aber das ging natürlich nicht, mein alter Allen ist so verdammt weitschweifig. Ich wollte, diese Faulenzer hätten auf dem Baum gesessen, da wäre ihnen das Lachen schon vergangen. Hätte ich ein Pferd gehabt, das einen Pfifferling wert gewesen wäre – aber nein, im selben Augenblick, wo es den Bullen auf sich zuschwenken und losbrüllen sah, ging es kerzengerade hoch auf die Hinterbeine. Der Sattel fing an zu rutschen, und ich faßte den Gaul um den Hals und hielt mich ganz eng daran fest und fing an zu beten. Dann kam das Pferd wieder runter und stand ein Weilchen auf dem andern Ende hoch, und der Bulle hörte tatsächlich mit seinem Sandhochstieben und Brüllen auf, um sich das unmenschliche Schauspiel zu betrachten. Dann machte er einen Ausfall gegen den Gaul und stieß ein Gebrüll aus, das geradezu schrecklich klang, so nahe war es, und das schien meine alte Mähre buchstäblich um den Verstand zu bringen und zum losgelassenen Tollhäusler zu machen, und ich will tot umfallen, wenn sie nicht eine viertel Minute auf dem Kopf stand und Tränen heulte. Sie war völlig von Sinnen – bestimmt, so gewiß wie die lautere Wahrheit, und sie wußte reineweg nicht mehr, was sie tat. Als der Bulle dann auf uns losdonnerte, fiel sie runter auf alle viere und begann den Tanz von neuem – und die nächsten zehn Minuten legte sie doch wahrhaftigen Gottes eine Kapriole nach der andern hin, und so schnell hintereinander, daß der Bulle auch noch durcheinandergeriet und nicht mehr wußte, wo er anfangen sollte – und da stand er nun schnaubend da und schippte sich Sand über den Rücken und brüllte ab und zu und dachte, ihm wäre ein Fünfzehnhundert-Dollar-Zirkuspferd zum Frühstück sicher. Also zuerst hing ich auf seinem Hals – vom Gaul, nicht etwa vom Bullen – und dann unten drunter und dann auf der Kruppe, und manchmal mit dem Kopf und manchmal mit den Beinen nach oben – doch ich sag Ihnen, es war feierlich und erhaben, sozusagen im Angesicht des Todes so hin und her gerissen zu werden. Dauerte aber gar nicht lange, und der Bulle schnappte nach uns und kriegte ein Stück Pferdeschwanz zu fassen (nehme ich an, weiß es aber nicht genau, denn ich war zu der Zeit gerade reichlich beschäftigt), aber irgendwie hungerte den Gaul plötzlich nach Einsamkeit, und das regte ihn an, sich aufzumachen und sie zu suchen. Und da hätten Sie dieses spinnebeinige alte Skelett mal laufen sehen sollen! Und den Bullen hinterherwetzen – Kopf runter, Zunge raus, Schwanz hoch, und dabei brüllte er wie sonst was und mähte richtiggehend das Unkraut nieder und riß die Erde auf und ließ den Sand hochwirbeln wie eine Windhose! Sapperlot, war das ein heißes Rennen! Ich und der Sattel saßen hinten auf der Kruppe, und ich hatte die Zügel zwischen den Zähnen und hielt mich mit beiden Händen am Sattelknauf fest. Erst ließen wir die Hunde hinter uns zurück, dann überholten wir einen Eselshasen, danach einen Kojoten, und wie wir gerade an einer Antilope vorbeiziehen, gibt der brüchige Bauchgurt nach und wirft mich ungefähr dreißig Yard nach links weg, und wie der Sattel dem Gaul über die Kruppe rutscht, gibt der ihm mit den Hufen Auftrieb, so daß er über vierhundert Yard hoch in die Luft fliegt. Ich will auf der Stelle tot umfallen, wenn das nicht wirklich so gewesen ist. Ich landete zu Füßen des einzigen einsamen Baumes, den es neun Verwaltungsbezirke weit gab (wie jeder mit bloßem Auge sehen konnte), und in der nächsten Sekunde hatte ich die Rinde mit meinen vier Garnituren Nägeln und den Zähnen gepackt, und in der übernächsten saß ich rittlings auf dem Hauptast und verfluchte mein Glück auf eine Art und Weise, daß mein Atem nach Schwefel roch. Jetzt *hatte* ich den Bullen, das heißt, wenn er nicht auf das *eine* kam. Und dieses eine befürchtete ich. Und zwar ernstlich. Es bestand immerhin die Möglichkeit, daß der Bulle nicht darauf kam; die Aussichten, daß er doch darauf käme, waren allerdings größer. Ich entschied mich, was ich in diesem Falle tun wollte. Von dort, wo ich saß, bis zur Erde waren es über vierzig Fuß. Vorsichtig wickelte ich das Lasso vom Knauf meines Sattels ab ...«

»Ihres *Sattels*? Hatten Sie denn den Sattel mit rauf auf den Baum genommen?

»Mit rauf auf den Baum genommen? Aber was reden Sie denn. Natürlich nicht. Kann doch kein Mensch. Er ist, als er runterkam, auf den Baum *gefallen*.«

»Ah so.«

»Ganz recht. Ich wickelte also das Lasso ab und machte das eine Ende an dem Ast fest. Es war allerbestes, frisches Rohleder und konnte Tonnen aushalten. In das andere Ende machte ich eine Schlinge und ließ es nach unten, um seine Länge festzustellen. Es reichte zweiundzwanzig Fuß runter – bis halb zur Erde. Dann steckte ich dem Allen in jeden Lauf eine doppelte Ladung. Nun war ich zufrieden. Ich sagte mir, wenn er auf das nicht kommt, was ich befürchte, ist alles in Ordnung – wenn aber doch, dann auch gut – ich bin bereit. Aber wissen Sie nicht, daß immer gerade das eintritt, was man befürchtet? Doch, das ist so. Ich beobachtete den Bullen jetzt voll Unruhe – voll einer Unruhe, die sich niemand vorstellen kann, der nicht in so einer Lage gewesen ist und gefühlt hat, daß vielleicht jeden Augenblick der Tod kommen konnte. Plötzlich blitzte in den Augen des Bullen ein Gedanke auf. Ich weiß schon welcher, sagte ich zu mir selber – wenn mich jetzt mein Mut verläßt, bin ich verloren. Und richtig, es war genau, wie ich befürchtet hatte: er machte sich daran, auf den Baum zu klettern...«

»Was, der Bulle?«

»Natürlich der Bulle – wer denn sonst?«

»Aber ein Bulle kann doch gar nicht auf einen Baum klettern.«

»Was, kann er nicht? Da Sie soviel davon verstehen, haben Sie es schon mal einen Bullen versuchen sehen?«

»Nein! Nicht einmal im Traum.«

»Wozu klugschnacken Sie dann so? Weil Sie eine Sache noch nie gesehen haben, kann es die auch nicht geben, wie?«

»Na schön – erzählen Sie weiter. Was haben Sie dann getan?«

»Der Bulle machte sich also hoch und kam ungefähr zehn Fuß gut voran, geriet dann aber ins Rutschen und glitt zurück. Ich atmete erleichtert auf. Er versuchte es von neuem – kam ein bißchen höher – rutschte wieder ab. Doch er legte sich noch einmal ins Zeug, und diesmal sah er sich vor. Allmählich kam er immer höher, und meine Lebensgeister sanken immer tiefer. Er ruckte weiter – jedesmal einen Zoll – mit glühenden Augen und raushängender Zunge. Höher und höher – hakte den Fuß über einen Aststumpen und sah zu mir hoch, als wollte er sagen: ›Du gehörst mir, Freundchen.‹ Und immer weiter rauf – höher und höher, und je näher er kam, um so aufgeregter wurde er. Er war bloß noch zehn Fuß ab! Ich holte tief Luft – und dann sagte ich: Jetzt oder nie! Die Lassorolle hatte ich bereit; ich wickelte sie langsam ab, bis direkt über seinen Kopf, dann ließ ich das freie Ende los, und wupp! fiel ihm die Schlinge um den Hals! Ich wie ein geölter Blitz den Allen raus und ihm damit ins Gesicht gehustet. Das gab ein fürchterliches Gebelle und muß den Bullen vor Entsetzen betäubt haben. Als sich der Rauch lichtete, bammelte er da in der Luft, zwanzig Fuß über dem Boden, und fiel schneller, als man zählen konnte, von einem Krampf in den andern! Ich habe mich aber sowieso nicht mit Zählen aufgehalten, sondern bin den Baum runtergeklettert und hab gemacht, daß ich wegkam.«

»Bemis, ist das alles wahr, was Sie da erzählen?«

»Ich will auf der Stelle wie ein Hund krepieren, wenn das nicht die lautere Wahrheit ist.«

»Nun, wir müssen es ja glauben, und wir tun es auch. Aber wenn Sie vielleicht ein paar Beweise...«

»Beweise! Habe ich denn das Lasso zurückgebracht?«

»Nein.«

»Habe ich mein Pferd zurückgebracht?«

»Nein.«

»Haben Sie den Bullen jemals wiedergesehen?«

»Nein.«

»Na also, was wollen Sie mehr? Mir ist noch nie jemand begegnet, der bei einer solchen Lappalie alles so genau genommen hätte wie Sie.«

Ich kam zu der Meinung, wenn dieser Mensch kein Lügenbold war, dann war er aber auf ein Haar dicht daran. Das erinnert mich an eine Episode meines kurzen Aufenthaltes in Siam, Jahre später. Die europäischen Bürger einer kleinen Stadt bei Bangkok hatten ein Prachtexemplar unter sich, einen Engländer namens Eckert – eine wegen der Anzahl, Findigkeit und überragenden Größe ihrer Lügen gefeierte Persönlichkeit. Sie wiederholten ständig seine berühmtesten Schwindelmärchen und versuchten wiederholt, ihn vor Fremden in Schwung zu bringen, doch das gelang selten. Zweimal wurde er in das Haus eingeladen, in dem ich zu Gast war, doch nichts konnte ihn verführen, eine Kostprobe seiner Spinnerei zu geben. Eines Tages machte mir ein Plantagenbesitzer mit Namen Bascom, ein einflußreicher und dazu stolzer und zuweilen jähzorniger Mann, den Vorschlag, mit ihm zusammen hinüberzureiten und Eckert einen Besuch abzustatten. Unterwegs dann, beim gemütlichen Trab, sagte er:

»Wissen Sie, worin der Fehler liegt? Er liegt darin, Eckert stutzig werden zu lassen. In dem Augenblick, wo die Jungs anfangen, ihn auszufragen, weiß er schon genau, worauf sie hinauswollen, und klappt natürlich seinen Schnabel zu. Kann man sich doch denken. Wir aber müssen ihm, wenn wir da sind, auf eine feinere Tour mitspielen. Mag er das Gespräch lenken, wie es ihm paßt – mag er es fallenlassen oder wechseln, wann er will. Soll er merken, daß keiner versucht, ihn auszuholen. Soll alles ganz nach ihm gehen. Da wird er sich bald vergessen und rollenweise Lügengarn abschnurren. Nur nicht ungeduldig werden – bleiben Sie einfach ruhig und lassen Sie mich nur machen. Ich kriege ihn schon zum Schwindeln. Die Jungs scheinen wirklich blind zu sein, daß sie nicht auf diesen leichten, auf der Hand liegenden Trick kommen.«

Eckert empfing uns herzlich – ein angenehmer Plauderer mit guten Manieren. Wir saßen eine Stunde auf der Veranda, tranken englisches Ale und unterhielten uns über den König und den heiligen weißen Elefanten, den Schlafenden Buddha und alles mögliche, und ich bemerkte, daß mein Begleiter niemals die Unterhaltung lenkte oder ausrichtete, sondern einfach Eckerts Führung folgte und über nichts Besorgtheit oder Unruhe verriet. Die Wirkung war bald zu spüren. Eckert fing an, mitteilsam zu werden; er wurde immer ungezwungener und immer gesprächiger und geselliger. Auf diese Weise verging eine zweite Stunde, und dann sagte Eckert urplötzlich:

»Ach, nebenbei! Hätte ich beinahe vergessen. Ich habe etwas hier, da werden Sie staunen. Etwas, wovon weder Sie noch sonst wer jemals gehört hat: eine Katze, die Kokosnüsse frißt! Gewöhnliche grüne Kokosnüsse – und sie frißt nicht bloß das Fleisch, sondern trinkt auch noch die Milch. Wirklich, Ehrenwort.«

Ein schneller Blick von Bascom – ein Blick, den ich verstand –, dann:

»Meiner Treu, so was habe ich noch nie gehört. Aber das ist doch unmöglich!«

»Habe ich gewußt, daß Sie das sagen werden. Ich bringe die Katze mal her.«

Er ging ins Haus. Bascom erklärte:

»Na bitte – was habe ich Ihnen gesagt? So ist Eckert zu kriegen. Sie sehen, ich bin ihm geduldig um den Bart gegangen und habe jeden Verdacht eingeschläfert. Freue mich, daß wir hergeritten sind. Müssen Sie den Jungs erzählen, wenn Sie zurück sind. Eine Katze, die Kokosnüsse frißt – da lachen ja die Hühner! Aber das ist haargenau seine Masche: Er tischt einem die irrsinnigste Lüge auf und vertraut auf sein Glück, da wieder rauszukommen. Eine Katze, die Kokosnüsse frißt – dieses harmlose Gemüt!«

Eckert kam auch richtig mit seiner Katze an.

Bascom griente und sagte:

»Ich halte die Katze – Sie holen eine Kokosnuß.«

Eckert schlug eine auf und hackte ein paar Stückchen ab. Bascom schmuggelte mir ein Zwinkern herüber und bot der Mieze eine Scheibe an. Sie schnappte sie, schlang sie gierig hinunter und bettelte um mehr!

Unsere zwei Meilen ritten wir schweigend und weit auseinander. Zumindest ich schwieg, denn Bascom knuffte und puffte sein Pferd und polterte mit ihm dauernd herum, obwohl sich der Gaul durchaus brav benahm. Als ich nach Hause abzweigte, sagte Bascom:

»Behalten Sie das Pferd bis morgen. Und ... von dieser ... Torheit brauchen Sie den Jungs ja nichts zu erzählen.«

ACHTES KAPITEL

Der Eilpostreiter · Fünfzig Meilen ohne Halt · »Da kommt er« · Alkaliwasser · Ritt auf der Lawine · Indianische Massaker

Nach einem Weilchen war unser ganzes Interesse davon in Anspruch genommen, den Hals zu recken und nach dem »Eilpostreiter« Ausschau zu halten – dem geschwinden Boten, der von St. Joe bis Sacramento über den Kontinent jagte und Briefe in acht Tagen neunzehnhundert Meilen weit beförderte! Welche Leistung für sterbliches Fleisch und Blut von Mensch und Pferd! Der Eilpostreiter war gewöhnlich ein kleines Etwas von Mann, strotzend von Energie und Ausdauer. In welche Tages- oder Nachtzeit seine Schicht auch fiel, ob im Winter oder Sommer, ob bei Regen, Schnee, Hagel oder Matsch, ob seine »Strecke« eine ebene schnurgerade Straße oder ein bloßer Saumpfad über Bergklippen und Abgründe war, ob sie durch friedliche Regionen führte oder durch Gegenden, in denen es von feindlichen Indianern wimmelte – er mußte stets bereit sein, in den Sattel zu springen und wie der Wind loszusausen! Für einen Eilpostreiter im Dienst gab es keine Zeit zum Bummeln. Er ritt fünfzig Meilen, ohne anzuhalten, bei Tageslicht, Mondlicht, Sternenlicht oder durch stockfinstere Dunkelheit, wie es sich gerade ergab. Er ritt ein prachtvolles Pferd, das zum Renner geboren war und wie ein feiner Herr gefüttert und beherbergt wurde; ließ es zehn Meilen in äußerstem Tempo laufen, und wenn er dann an der Station vorpreschte, wo zwei Mann standen und ein frisches, ungeduldiges Pferd hielten, ging das Umsteigen von Reiter und Posttasche in Sekundenschnelle vor sich, und schon war das behende Paar fortgeflogen und den Blicken entschwunden, ehe der Zuschauer kaum den allerflüchtigsten Blick hatte erhaschen können. Reiter wie Pferd führten keinen hinderlichen Ballast mit. Die Kleidung des Reiters war dünn und lag eng an: kurzes Jäckchen, Jockeimütze, und die Beinkleider wie ein Rennreiter in die Stiefelstulpen gesteckt. Er trug keine Waffen – er hatte nichts mit, was nicht unbedingt nötig war, denn allein schon das Porto auf seiner Schriftfracht betrug *pro Brief fünf Dollar.* Er bekam nur wenig frivole Korrespondenz zu befördern – in seiner Tasche befanden sich zumeist Geschäftsbriefe. Auch sein Pferd war allen überflüssigen Ballastes entledigt. Es trug eine winzige Oblate von Rennsattel mit keiner sichtbaren Schabracke. Es war mit leichten Hufeisen oder überhaupt nicht beschlagen. Die kleinen flachen Posttaschen, die unter den Schenkeln des Reiters festgeschnallt waren, faßten jede ungefähr das Volumen einer Kinderfibel. Sie enthielten so manchen wichtigen Geschäftsbeleg und Zeitungsbrief, doch waren diese auf Papier, so hauchzart und dünn wie Blattgold, geschrieben und Volumen und Gewicht somit ausgenutzt. Die Postkutsche legte am Tag, das heißt in vierundzwanzig Stunden, hundert bis hundertfünfundzwanzig Meilen zurück, der Eilpostreiter rund zweihundertundfünfzig. Tag und Nacht waren ständig ungefähr achtzig Reiter im Sattel, eine lange, weit auseinandergezogene und sich von Missouri bis Kalifornien erstreckende Kavalkade, vierzig nach Osten und vierzig nach Westen jagend, die vierhundert tapferen Pferden einen laufenden Lebensunterhalt ermöglichten und ihnen jeden einzelnen Tag im Jahr ein weites Stück Landschaft zeigten.

Wir hatten von Anfang an ein verzehrendes Verlangen gehabt, einen Eilpostreiter zu Gesicht zu bekommen, aber irgendwie waren alle, die uns überholten, wie alle, die uns entgegenkamen, in dunkler Nacht vorbeigeflitzt, und so hatten wir nur ein Sausen und ein Rufen gehört, und das schnelle Phantom der Wüste war fort gewesen, ehe wir noch den Kopf zum Fenster hinausstecken konnten. Jetzt aber erwarteten wir jeden Augenblick einen und sollten ihn bei hellem Tageslicht erblicken. Da ruft auch schon der Postillion:

»Da kommt er!«

Alle Hälse strecken sich länger, und alle Augen werden weiter aufgerissen. Fern am Horizont der endlosen brettflachen Prärie erscheint ein schwarzes Pünktchen, das sich deutlich bewegt. In ein, zwei Sekunden wird es zum Pferd und Reiter, auf und ab und auf und ab wippend – näher und näher auf uns zufegend – immer deutlicher werdend, sich immer schärfer abzeichnend – näher und immer näher, und das Hufgeklapper dringt schwach ans Ohr – im nächsten Augenblick ein Geschrei und Hurra von unserem Oberdeck, ein Winken von des Reiters Hand, aber keine Antwort, und Mann und Pferd sprengen an unseren aufgeregten Gesichtern vorbei und jagen wie ein verspätetes Stück Sturm davon!

Alles so plötzlich und wie ein Funke bloßer Einbildung, daß wir ohne die Flocke weißen Schaumes, die nach dem Vorbeiblitzen und Verschwinden der Vision zitternd und zergehend auf einem Postsack zurückgeblieben war, daran gezweifelt hätten, ob wir überhaupt ein wirkliches Pferd und einen wirklichen Mann gesehen hatten.

Nach einiger Zeit ratterten wir durch den Scott's Bluffs Pass. Irgendwo hier stießen wir zum erstenmal auf echtes und unverkennbares Alkaliwasser auf der Straße, und wir begrüßten es von Herzen als erstklassige Sehenswürdigkeit und als etwas, das in Briefen an die Unwissenden daheim mit Eklat erwähnt werden mußte. Dieses Wasser ließ die Straße wie mit Seife eingeschmiert aussehen, und an vielen Stellen schien sie geradezu getüncht zu sein. Das merkwürdige Alkaliwasser setzte uns, glaube ich, genauso in Erregung wie all die anderen Wunder, die uns bisher begegnet waren, und ich weiß noch, wir bildeten uns sehr viel ein und waren zufriedener mit dem Leben, nachdem wir es mit auf die Liste der Dinge gesetzt hatten, die *wir* gesehen hatten und gewisse andere Leute nicht. Im Kleinen waren wir dieselbe Sorte Einfaltspinsel wie jene, welche unnötigerweise die gefährlichen Gipfel des Montblanc und des Matterhorns erklettern und weiter keine Freude daran haben als die Überlegung, daß es eben kein alltägliches Erlebnis ist. Ab und zu aber stolpert einer dieser Burschen und kommt auf dem Sitzfleisch die langen Felsklippen heruntergeschossen, wobei er den verharschten Schnee hinter sich aufstieben läßt und von Buckel zu Buckel und von Absatz zu Absatz fliegt, und wo er auftrifft, erschüttert er die Erde und rutscht noch weiter und fliegt immerzu und piekt sich alle paar Augenblicke einen Eisberg ein und zerfetzt sich die Sachen und greift nach Dingen, um sich zu retten, und hält sich an Bäumen fest und reißt sie samt Wurzeln und allem mit sich und bringt hier und da kleine Felsstücke und dann große Blöcke und ganze Äcker von Eis und Schnee und Flecken Wald ins Rollen und sammelt im Fallen immer mehr an und läßt seine angehäufte und brausende Herrlichkeit immer gewaltiger werden, bis er sich schließlich einem dreitausend Fuß tiefen Abgrund nähert und, großartig mit dem Hute winkend, auf dem Rücken einer tobenden und polternden Lawine in die Ewigkeit einreitet!

Das ist alles wunderschön, doch lassen wir uns nicht von der Aufregung hinreißen, sondern fragen wir in aller Ruhe: Wie denkt dieser Mensch wohl am nächsten Tage in seinen kühleren Momenten darüber, wenn sechs- bis siebentausend Fuß Schnee und Zeug auf ihm liegen?

Wir überquerten die Sandhügel in der Nähe des Schauplatzes des indianischen Postraubes und Blutbades von 1856, bei dem Postillion und Schirrmeister umgekommen waren und, wie angenommen wurde, auch alle Fahrgäste bis auf einen; doch das kann nicht gestimmt haben, denn später lernte ich an der Pazifikküste nacheinander einhundertdreiunddreißig oder -vierunddreißig Leute persönlich kennen, die während jenes Gemetzels verwundet worden und knapp mit dem Leben davongekommen waren. An der Wahrheit dessen gab es keine Zweifel – ich hatte es aus ihrem eigenen Munde. Einer davon erzählte mir, daß er fast sieben Jahre nach dem Massaker immer noch auf Pfeilspitzen in seinem Körper gestoßen wäre, und ein anderer, er sei so buchstäblich mit Pfeilen gespickt gewesen, daß er, nachdem die Indianer abgezogen waren und er hatte aufstehen und sich untersuchen können, nicht vermocht habe, die Tränen zurückzuhalten, denn seine Kleider seien völlig hin gewesen.

Der glaubwürdigsten Überlieferung nach hat jedoch nur einer das Blutbad überlebt, ein Mann namens Babbitt, der dabei gefährlich verwundet wurde. Auf Händen und Knien (denn ein Bein war gebrochen) schleppte er sich zu einem sieben Meilen entfernten Pferdeposten. Er schaffte es stückchenweise während zweier Nächte, wobei er einen ganzen Tag und zum Teil noch einen zweiten versteckt lag und über vierzig Stunden lang vor Hunger, Durst und Schmerzen unvorstellbare Qualen litt. Die Indianer raubten alles aus der Kutsche, was sie enthielt, darunter eine recht bedeutende Summe Geld.

NEUNTES KAPITEL

Im Indianerland · Unfaires Verhalten · Schlaf auf den Waffen · Ein Mord um Mitternacht · Wenn ein Desperado böse ist · Ein gefährlicher, aber nützlicher Bürger

In der Nacht passierten wir Fort Laramie, und am siebenten Morgen befanden wir uns in den Black Hills, (scheinbar) ganz dicht neben uns den riesig und einsam aufragenden Laramie Peak – wie von dunklem tiefsattem Indigoblau gefärbt, so dräuend runzelte der alte Koloß unter einem Kranz von Gewitterwolken die Stirn. Er war in Wirklichkeit dreißig oder vierzig Meilen weit weg, schien aber gleich hinter dem niedrigen Kamm zu unserer Rechten zu liegen. Das Frühstück nahmen wir in Horseshoe Station ein, sechshundertsechsundsiebzig Meilen von St. Joseph. Wir hatten jetzt feindliches Indianerland erreicht, und während des Nachmittags kamen wir an Laparelle vorbei und genossen, solange wir uns in dieser Gegend bewegten, großes Unbehagen, denn wir waren uns klar, daß so mancher von den Bäumen, an denen wir um Armeslänge vorbeiratterten, ein, zwei lauernde Indianer verbarg. Vergangene Nacht hatte ein im Hinterhalt liegender Wilder dem Eilpostreiter eine Kugel durch die Jacke gejagt, aber der war unbeirrt weitergeritten, weil Eilpostreiter ja nicht anhalten und so etwas untersuchen durften, es sei denn, um ins Gras zu beißen. Solange noch genug Leben in ihnen war, mußten sie auf dem Pferde bleiben und reiten, selbst wenn die Indianer seit einer Woche auf sie warteten und schon alle Geduld verloren hatten. Ungefähr zweieinhalb Stunden vor unserer Ankunft in Laparelle hatte der dortige Stationsvorsteher viermal auf einen Indianer gefeuert, aber wie er mit beleidigter Miene sagte, war dieser »so viel rumgehampelt, daß er alles verkorkst hat – wo die Munition doch so verflixt knapp ist«. Die natürlichste Folgerung, die sich aus seiner Redeweise entnehmen ließ, war, der Indianer habe sich mit seinem »Rumhampeln« unfair benommen. Die Kutsche, in der wir saßen, wies ein niedliches Loch in der Vorderwand auf – ein Andenken an ihre letzte Fahrt durch diese Gegend. Die dazugehörige Kugel hatte den Postillion leicht verletzt, was ihn aber nicht weiter kümmerte. Er erklärte, wo man hätte »verschnupft« werden können, das sei unten auf der südlichen Überlandstrecke bei den Apachen gewesen, bevor die Gesellschaft die Postlinie nach Norden herauf verlegt habe. Er sagte, die Apachen hätten ihn in einem fort belästigt, und er wäre verteufelt nah daran gewesen, mitten im Überfluß zu verhungern, weil sie ihn immer wieder so leck schossen, daß er »keine Furage mehr halten konnte«. Was dieser Mann erzählte, wurde nicht allgemein geglaubt.

In jener ersten Nacht im feindlichen Indianerland lagen wir bei ganz fest runtergezogenen Vorhängen auf unseren Waffen. Ein bißchen schliefen wir auf ihnen, die meiste Zeit aber lagen wir bloß drauf. Wir redeten nicht viel, sondern schwiegen still und horchten. Es war eine tintenschwarze Nacht, und ab und zu regnete es. Wir befanden uns zwischen Wäldern und Felsen, Bergen und Schluchten – ja, wir waren so eingeschlossen, daß wir rein gar nichts erkennen konnten, wenn wir durch einen Spalt im Vorhang einen Blick riskierten. Auch Postillion und Schirrmeister oben waren schweigsam beziehungsweise unterhielten sich leise und mit langen Pausen, wie man es inmitten unsichtbarer Gefahren zu tun pflegt. Wir lauschten den auf das Verdeck trommelnden Regentropfen und dem Knirschen der Räder durch den schlammigen Kies und dem säuselnden Heulen des Windes und hatten die ganze Zeit über jenes schnurrige Gefühl, das vom nächtlichen Reisen in einem dichtverhängten Gefährt untrennbar ist, das

Gefühl, trotz des Ruckelns und Schwingens des Wagens und des Knarrens der Räder doch nur auf der Stelle zu stehen. Lange Zeit lauschten wir angespannt und mit verhaltenem Atem; jedesmal, wenn einer von uns nachlassen und einen tiefen Erleichterungsseufzer ausstoßen und etwas sagen wollte, ließ ein anderer bestimmt ein plötzliches »Horch!« vernehmen, und sofort riß sich, wer es anders versucht hatte, wieder hoch und lauschte weiter. So schleppten sich die müden Minuten und Zehnerminuten hin, bis sich schließlich Dumpfheit über unsere gespannten Körper legte und wir einschliefen, falls man eine solche Lage mit einem so starken Wort bezeichnen darf – denn es war ein auf Alarm eingestellter Schlaf. Ein Schlaf, in dem Traumfetzen und Traumschnipsel schaurig und jämmerlich durcheinanderwimmelten – ein Schlaf, der ein Chaos war. Plötzlich aber wurden Träume und Schlaf und die düstere Stille der Nacht durch einen gellenden Knall aufgeschreckt und von *solch* einem langen und wilden und qualvollen Schrei zerrissen! Dann hörten wir – zehn Schritt von der Kutsche weg:

»Hilfe! Hilfe! Hilfe!« (Es war die Stimme unseres Postillions.)

»Knall ihn ab! Knall ihn ab wie einen Hund!«

»Ich werde ermordet! Will mir keiner eine Pistole geben?«

»Paß auf! Lenk ihn ab! Lenk ihn ab!«

(Zwei Pistolenschüsse; ein Durcheinander von Stimmen und das Trampeln vieler Füße, als ob ein Menschenhaufen sich um etwas schlösse und zusammenwogte; mehrere schwere, dumpfe Schläge wie mit einem Knüppel; eine flehentliche Stimme: »Nicht doch, liebe Herren, bitte nicht – ich bin ein Kind des Todes!« Dann ein schwächeres Stöhnen und noch ein Schlag, und die Kutsche schoß davon und hinein in die Dunkelheit und ließ das grausige Geheimnis hinter uns zurück.)

Was für ein Erschrecken! Das Ganze dauerte höchstens acht Sekunden – vielleicht sogar bloß fünf. Wir hatten gerade Zeit, einen Vorhang zu schnappen und ungeschickt und halb gelähmt vor Aufregung ein Stückchen davon loszuschnallen und aufzuknöpfen, als die Peitsche schon über unseren Köpfen scharf knallte und wir ratternd losfuhren und einen Berghang hinunterdonnerten.

Die weitere Nacht – was von ihr noch übrig war, denn sie schwand schnell dahin – nährten wir uns von diesem Rätsel. Und ein Rätsel mußte es vorerst auch bleiben, denn alles, was wir auf unser Rufen vom Schirrmeister als Antwort hören konnten, klang durch das Rumpeln der Räder wie »Erzähl ich euch morgen früh«.

Wir setzten dann unsere Pfeifen in Brand und schlugen als Abzug die Ecke von einem Vorhang hoch und lagen da im Dunkeln und hörten uns einer des anderen Geschichte an, was er zuerst gemeint und was er zuerst gedacht habe, wieviel tausend Indianer sich auf uns gestürzt hätten, und was er von den dann folgenden Lauten und ihrer Reihenfolge noch in Erinnerung habe. Wir stellten auch etliche Theorien auf, aber es war keine einzige darunter, die erklären konnte, wieso unseres Postillions Stimme da draußen gewesen war oder wieso diese indianischen Meuchelmörder, wenn überhaupt Indianer, so gutes Englisch gesprochen hatten.

So verplauschten und verrauchten wir behaglich den Rest der Nacht, denn irgendwie wurde unser Angstgefühl durch das tatsächliche Vorhandensein von etwas, bei dem man wirklich Angst haben konnte, auf wunderbare Weise zerstreut.

Richtige Aufklärung über jenes düstere Geschehen erhielten wir nie. Aus den Informationsbröckchen, die wir am Morgen sammelten, ließ sich lediglich entnehmen, daß der Krawall auf einer Station passiert sei, wo wir den Schwager gewechselt hatten, und daß der dort abgestiegene Postillion sich öfter unfein über einige der Banditen geäußert habe, welche die Gegend unsicher machten (»denn in der Gegend da gibt es nicht einen Mann, der auf seinem Kopf keinen Preis stehen hat und der es wagen würde, sich in den Ansiedlungen blicken zu lassen«, sagte der Schirrmeister); und da er sich unfein über diese Gestalten geäußert hätte, habe er dort also »mit gespannter Pistole neben sich auf dem Bock vorfahren und selber mit dem

Ernstmachen anfangen müssen; konnte sich doch ein Halbidiot denken, daß sie ihm auflauerten«.

Das war alles, was wir erfuhren, und wir merkten auch, daß weder der Schirrmeister noch der neue Postillion die Angelegenheit sonderlich tragisch nahmen. Sie hatten offensichtlich wenig für jemand übrig, der beleidigende Urteile über Leute von sich gab und dann so einfältig war, in deren Gegenwart zu erscheinen, ohne darauf vorbereitet zu sein, »seiner Meinung nachzuhelfen«, wie sie das Umlegen eines Mitmenschen, dem besagte Urteile mißfielen, auf gefällige Weise bezeichneten. Und genauso offensichtlich verachteten sie jenes Mannes Unklugheit, sich den Zorn so verwegener wilder Bestien wie dieser Banditen zugezogen zu haben, und der Schirrmeister fügte noch hinzu:

»Ich sage Ihnen, das wäre genau was für Slade gewesen!«

Diese Bemerkung bewirkte eine völlige Revolution in meiner Neugierde. Die Indianer waren mir jetzt schnuppe, und ich verlor sogar das Interesse an dem ermordeten Postillion. *Slade*, in diesem Namen lag solch ein Zauber! Tag und Nacht stand ich nun ständig bereit, alles, was ich in der Hand hatte, fallen zu lassen, um etwas Neues über Slade und seine schaurigen Heldentaten zu erfahren. Schon vor Overland City hatten wir von Slade und von seinem Abschnitt auf der Überlandpost vernommen (denn er war Abschnittsaufseher), und von der Stunde an, wo wir Overland City verlassen hatten, hörten wir Postillione und Schirrmeister nur noch über drei Dinge reden: »Californy«, die Silberminen von Nevada und diesen Banditen Slade. Und die meisten Gespräche drehten sich um Slade. Uns wurde langsam klar, daß Slade ein Mann war, dessen Herz und Hand und Seele vom Blut derer trieften, die ihn in seiner Würde beleidigt hatten; ein Mann, der jegliche Beschimpfung, Beleidigung, Kränkung oder Mißachtung schrecklich rächte – auf der Stelle, wenn er konnte, oder bei Mangel an Gelegenheit Jahre später; ein Mann, den sein Haß Tag und Nacht quälte, bis Rache ihn stillte – und nicht etwa gewöhnliche Rache, sondern seines Feindes absoluter Tod – unter dem nicht; ein Mann, dessen Gesicht vor barbarischer Freude aufleuchtete, wenn er einen Gegner überraschte und ihm gegenüber im Vorteil war. Ein hoher und tüchtiger Angestellter der Überlandpost, ein Desperado unter Desperados und dennoch ihre unbarmherzige Geißel, war Slade der blutdürstigste, gefährlichste und zugleich wertvollste Bürger der wilden Gebirgsfesten.

ZEHNTES KAPITEL

Slades Lebensgeschichte · Vorschlag zum Faustkampf · Begegnung mit Jules · Paradies der Geächteten · Slade als Inspektor · Als Henker · Ein gelieferter Schnapswirt · Slade vor dem Lynchen · Eines Weibes Tapferkeit · Festnahme eines alten Feindes · Wonnegenuß · Auf Tuchfühlung mit Slade · Glücklich davongekommen

Wirklich und wahrhaftig handelten schon seit dem Tage vor unserer Ankunft in Julesburg zwei Drittel der Gespräche der Postillione und Schirrmeister von diesem Slade. Damit sich der Leser aus dem Osten eine richtige Vorstellung von einem Desperado der Rocky Mountains in seinem höchsten Entwicklungsstadium machen kann, will ich die ganze Masse von Überlandklatsch zu einer zusammenhängenden Schilderung reduzieren und sie in folgender Form darbieten:

Slade wurde in Illinois als Kind ehrbarer Eltern geboren. Als er ungefähr sechsundzwanzig Jahre alt war, brachte er bei einem Streit einen Menschen um und floh außer Landes. In St. Joseph, Missouri, schloß er sich einem der ersten Auswandererzüge nach Kalifornien an und bekam den Posten eines Trainmeisters. Eines Tages hatte er in der Prärie eine heftige Auseinandersetzung mit einem seiner Wagenkutscher, und beide zückten ihre Revolver. Der Kutscher aber war schneller in dieser Kunst und hatte als erster seine Waffe gespannt. Da sagte Slade, es wäre schade, einer solchen Lappalie wegen Leben zu vergeuden, und schlug vor, die Pistolen auf die Erde zu werfen und die Sache durch einen Faustkampf auszuhandeln. Der arglose Kutscher willigte ein und ließ seine Pistole fallen – woraufhin Slade über seine Einfalt lachte und ihn totschoß!

Er ergriff die Flucht und führte eine Weile ein unstetes Leben, indem er den einen Teil seiner Zeit damit verbrachte, gegen die Indianer zu kämpfen, und den anderen, einem Sheriff aus Illinois zu entgehen, der ausgesandt war, ihn seines ersten Mordes wegen zu verhaften. Wie es heißt, soll Slade in einer Indianerschlacht drei Wilde mit eigener Hand getötet und ihnen hinterher die Ohren abgeschnitten und diese mit den besten Empfehlungen an den Häuptling des Stammes geschickt haben.

Er erwarb sich durch seine furchtlose Entschlossenheit bald einen Namen, und das war Verdienst genug, ihm den bedeutenden Posten des Überlandinspektors in Julesburg zu verschaffen, nachdem man Mr. Jules entlassen hatte. Zuvor waren der Gesellschaft eine Zeitlang oft Pferde gestohlen und Kutschen aufgehalten worden, und zwar von Desperadobanden, die über die Vorstellung zu lachen pflegten, daß sich jemand erlauben würde, derartige Übergriffe übel zu vermerken. Eben das aber tat Slade. Die Banditen merkten bald, daß der neue Inspektor ein Mann war, der nichts fürchtete, was den Lebensodem atmete. Er machte mit allen Übeltätern kurzen Prozeß. Die Folge war, daß das Aufhalten der Kutschen nachließ, das Eigentum der Gesellschaft in Ruhe gelassen wurde und, was auch geschah oder wer auch zu leiden hatte, Slades Kutschen jedesmal glatt durchkamen. Um diese heilsame Veränderung herbeizuführen, mußte Slade zwar mehreren Leuten das Lebenslicht ausblasen – manche sagen drei, andere sagen vier, und wieder andere sechs –, doch wurde die Welt durch diesen Verlust nicht ärmer. Die erste berühmte Auseinandersetzung hatte er mit dem Ex-Inspektor Jules, der selber im Rufe stand, über Leichen zu gehen. Jules haßte Slade, weil der ihn verdrängt hatte, und alles, worauf er wartete, war eine günstige Gelegenheit zu einem Kampf. Nach einiger Zeit erlaubte sich Slade, einen Mann einzustellen, den Jules einmal hinausgeworfen hatte. Als nächstes beschlagnahmte er ein Gespann Postpferde, die seiner

Behauptung nach Jules fortgetrieben und zum eigenen Gebrauch irgendwo versteckt hatte. Der Krieg war erklärt, und ein, zwei Tage lang schlichen die beiden vorsichtig durch die Straßen, einander suchend, Jules mit einer Doppelflinte und Slade mit seinem Geschichte machenden Revolver. Schließlich schickte Jules, der hinter der Tür stand, als Slade in einen Laden trat, diesem den Inhalt seines Gewehres in den Leib. Slade reagierte herzhaft, und Jules erhielt als Gegengabe mehrere böse Pistolenwunden. Dann fielen sie beide um, und jeder wurde nach seinem Logis getragen, wobei sie schworen, beim nächsten Mal besser zu zielen und ganze Arbeit zu leisten. Beide mußten lange Zeit das Bett hüten. Jules aber kam als erster wieder auf die Beine. Er suchte seine Habe zusammen, packte sie auf ein paar Maultiere und verflüchtigte sich in die Rocky Mountains, um in Sicherheit Kräfte für den Tag der Abrechnung zu sammeln. Viele Monate lang sah und hörte man nichts von ihm, und allmählich entschwand er allen aus dem Gedächtnis, nur Slade nicht. Denn Slade war nicht der Mann, ihn zu vergessen. Im Gegenteil, es ging das Gerücht, Slade hätte für seine Ergreifung, ob tot oder lebendig, eine Belohnung ausgesetzt!

Nach einiger Zeit wurde Slade von der Postgesellschaft, die feststellte, daß sein energisches Regiment einem der schlimmsten Abschnitte der Route wieder Frieden und Ordnung gebracht hatte, nach dem Rocky-Ridge-Abschnitt in die Rocky Mountains versetzt, denn sie wollte sehen, ob er dort ein ähnliches Wunder vollbringen könne. Es war das reinste Paradies der Geächteten und Desperados. Es gab dort auch nicht den geringsten Anschein von Gesetz, nur Faustrecht. Gewalt war die einzig anerkannte Autorität. Die gewöhnlichsten Mißverständnisse wurden auf der Stelle mit dem Revolver oder dem Messer geklärt. Morde wurden bei hellichtem Tage und in munterer Zahl verübt, und es fiel niemand ein, da irgendwelche Untersuchungen anzustellen. Man war der Ansicht, wenn jemand einen anderen kaltmache, dann habe er schon seine privaten Gründe dafür, und eine Einmischung Dritter wäre als taktlos vermerkt worden. Nach einem Mord verlangte die Etikette der Rocky Mountains vom Zuschauer nichts weiter, als dem Gentleman beim Bestatten seiner Beute zu helfen – sonst hätte seine Ungefälligkeit leicht gegen ihn in Erinnerung gebracht werden können, wenn er selber seinen ersten Menschen zur Strecke brachte und zu dessen Beerdigung einer nachbarlichen Handreichung bedurfte.

Mitten in diesem Bienenschwarm von Pferdedieben und Mordgesellen nahm Slade freundlich und friedlich Residenz, und beim allererstenmal, wo sich einer von ihnen in seiner Gegenwart unverschämt aufspielte, knallte er den gleich ab! Er begann einen Feldzug gegen die Banditen, und in einmalig kurzer Zeit gelang es ihm, ihren Räubereien am Fuhrpark ein für allemal ein Ende zu bereiten, eine große Anzahl gestohlener Pferde wiederzuholen, mehrere der verwegensten Desperados des Bezirkes ins Jenseits zu befördern und die anderen so unter die Fuchtel zu bekommen, daß sie ihn achteten, bewunderten, fürchteten und sich kommandieren ließen. Er führte dort die gleiche wunderbare Veränderung in der Gesittung des Ortes herbei, die sein Regime in Overland City gekennzeichnet hatte. Zwei Männer, die Eigentum der Überlandpost gestohlen hatten, fing er ein und hängte sie eigenhändig auf. Er war in seinem Bezirk oberster Richter und zugleich auch Schwurgericht und Henker – und das nicht nur bei Verbrechen gegen seine Arbeitgeber, sondern genauso auch bei solchen gegen durchreisende Auswanderer. Einmal war einigen Auswanderern Vieh abhanden gekommen oder gestohlen worden, und sie erzählten es Slade, der zufällig ihr Lager besuchte. Mit einem einzigen Begleiter ritt er zu einer Ranch, deren Besitzer er im Verdacht hatte, und begann schon beim Öffnen der Tür loszufeuern, wobei er drei Mann tötete und den vierten verwundete.

Den folgenden Abschnitt entnehme ich einem blutrünstig interessanten Büchelchen aus Montana*:

Auf der Überlandstraße war Slade absoluter Herrscher. Er ritt an einer Station vor, geriet in einen Streit, warf

* »Der Selbstschutz von Montana« von Prof. Thomas J. Dimsdale.

alles, was sich im Hause befand, zum Fenster hinaus und behandelte die Bewohner aufs grausamste. Die Unglücklichen verfügten über keinerlei Reserven und waren daher gezwungen, sich, so gut es ging, davon wieder zu erholen. Bei einer dieser Gelegenheiten soll er den Vater eines netten kleinen Halbblutjungen namens Jemmy getötet haben, welchen er dann an Kindes Statt annahm und der nach seiner Hinrichtung bei seiner Witwe lebte. Zu den Legenden der Postlinie gehören Geschichten, wie Slade Männer aufhängte, und andere von unzähligen Überfällen, Feuergefechten, Messerstechereien und Schlägereien, bei denen er der Hauptakteur war. Was kleinere Streite und Schießereien betrifft, so steht fest, daß eine genaue Schilderung von Slades Leben ein langes Register derartiger Ränke ergeben würde.

Mit dem Marinerevolver war Slade ein unübertrefflicher Schütze. Der Sage nach sah er eines Morgens in Rocky Ridge, als er sich in Hochstimmung fühlte, einen Mann ankommen, der ihn ein paar Tage zuvor beleidigt hatte – man beachte das feine Gedächtnis, das er für dergleichen Dinge hatte. »Meine Herren«, sagte Slade, seinen Revolver ziehend, »es ist ein Schuß auf gute zwanzig Yard – ich werde ihm den dritten Jackenknopf wegstutzen!« Was er auch tat. Die Herumstehenden bewunderten es alle. Und nahmen auch alle an der Beerdigung teil.

Einmal hatte ein Mann, der auf der Station einen kleinen Schnapsausschank betrieb, etwas getan, was Slade verärgerte – und ging hin und machte sein Testament. Ein, zwei Tage später kam Slade herein und forderte einen Brandy. Der Mann langte unter die Theke (scheinbar um eine Flasche hervorzuholen – möglicherweise auch etwas anderes), aber Slade lächelte ihn mit seinem eigentümlichen sanften und zufriedenen Lächeln an, das die Nachbarn schon vor langer Zeit als verkapptes Todesurteil zu erkennen gelernt hatten, und erklärte ihm: »Davon nicht – rück was von dem Teuern raus.« Der arme Wirt mußte ihm also den Rücken zukehren und den teuren Brandy vom Bord nehmen, und als er sich wieder umdrehte, blickte er in die Mündung von Slades Pistole. »Und im nächsten Augenblick«, fügte mein Gewährsmann eindrucksvoll hinzu, »war er einer der mausetotesten Männer, die je gelebt haben.«

Die Postillione und Schirrmeister erzählten uns, daß Slade manchmal einen verhaßten Feind wochenlang völlig unbehelligt, unbemerkt und unerwähnt lasse – jedenfalls habe er es ein- oder zweimal getan. Nach Ansicht einiger tat er das, um die Wachsamkeit seiner Opfer einzuschläfern und ihnen zuvorkommen zu können; andere dagegen meinten, er spare sich damit einen Feind genauso auf, wie sich ein Schuljunge ein Stück Kuchen aufhebt, und ziehe das Vergnügen so weit wie möglich in die Länge, indem er sich an der Vorfreude weide. Einer dieser Fälle war der eines Franzosen, der Slade beleidigt hatte. Zur Verwunderung aller legte Slade ihn nicht auf der Stelle um, sondern ließ ihn beträchtliche Zeit in Frieden. Schließlich aber ging er eines sehr späten Abends zu des Franzosen Haus, klopfte an, und als sein Feind die Tür öffnete, erschoß er ihn – stieß die Leiche mit dem Fuß zur Tür hinein, legte Feuer an das Haus und ließ den Toten, seine Witwe sowie seine drei Kinder darin verbrennen. Ich hörte diese Geschichte mehrere Male von verschiedenen Leuten, und diese glaubten offensichtlich, was sie erzählten. Sie kann wahr sein, und sie kann unwahr sein. »Ein böser Name ist so gut wie halb gehängt.«

Einmal wurde Slade von einem Trupp Männer gefangengenommen, die ihn lynchen wollten. Sie entwaffneten ihn und sperrten ihn in ein stabiles Blockhaus und setzten eine Wache über ihn. Er überredete seine Häscher, seine Frau holen zu lassen, damit er sie ein letztes Mal sprechen könne. Sie war ein tapferes, liebendes, beherztes Weib. Sie sprang auf ein Pferd und ritt um Leben und Tod. Als sie ankam, ließ man sie hinein, ohne sie zu visitieren, und noch ehe die Tür geschlossen werden konnte, riß sie zwei Revolver heraus, und, der Wache zum Hohn, marschierten sie und ihr Gemahl hinaus. Und dann saßen sie unter lebhaftem Feuer zu zweit auf und galoppierten unversehrt von dannen!

Da die Zeit erfüllt war, fingen Slades Schergen seinen alten Widersacher Jules ein, den sie in einem gutgewählten Versteck in den abgelegenen Gebirgsfesten fanden, wo er sich mit seiner Büchse einen unsicheren Lebensunterhalt verdiente. Sie brachten ihn an Händen und Füßen gebunden nach Rocky Ridge und setzten ihn in der Mitte des Viehgatters, den Rücken gegen einen Pfahl, ab. Die Freude, die Slades Gesicht erhellte, als er davon vernahm, soll schrecklich anzusehen gewesen sein. Er untersuchte seinen Feind, um zu sehen, ob er auch sicher gebunden war, und ging dann schlafen, bereit, bis zur Frühe zu warten, ehe er sich der Wonne hingab, ihn umzubringen. Jules verbrachte die Nacht in dem Gatter und das in einer Gegend, wo warme Nächte unbekannt sind. Am nächsten Morgen übte sich Slade dann mit seinem Revolver an ihm, wobei er ihm hier und da das Fleisch ankratzte und gelegentlich einen Finger wegschnipste, während Jules bat, ihn doch gleich zu töten und von seinem Elend zu erlösen. Schließlich lud Slade von neuem, und ganz nah an sein Opfer herangehend, machte er ein paar bezeichnende Bemerkungen und erledigte ihn dann. Die Leiche blieb einen halben Tag dort liegen, denn niemand wagte es, sie ohne Befehl zu berühren, und dann kommandierte Slade eine Gruppe ab und half höchstselbst mit, ihm das Grab zu schaufeln. Zuvor aber schnitt er dem Toten die Ohren ab und steckte sie sich in die Westentasche, wo er sie einige Zeit voll großer Genugtuung mit sich herumtrug. Das ist die Geschichte, wie ich sie häufig erzählt bekommen und in kalifornischen Zeitungen gedruckt gesehen habe. Sie entspricht ohne Zweifel in allen wesentlichen Einzelheiten der Wahrheit.

Zur Frühstückszeit kamen wir bei einem Pferdeposten angerattert und ließen uns mit einer halbwilden, halbzivilisierten Gesellschaft von bewaffneten und bebärteten Gebirglern, Ranchern und Stationsburschen zum Mahl nieder. Der am ehesten wie ein Gentleman wirkende, ruhigste und höflichste Angestellte, den wir bis jetzt auf der Landstraße im Dienst der Postgesellschaft angetroffen hatten, war der Mann, der gleich schräg neben mir am Kopf des Tisches saß. Kein Jüngling bekam je solche Stielaugen und einen solchen Schauer wie ich, als ich hörte, daß sie ihn *Slade* nannten!

Das war Romantik, und ich saß ihr Auge in Auge gegenüber, betrachtete sie – saß mit ihr auf Tuchfühlung –, verkehrte sozusagen mit ihr! Hier direkt neben mir befand sich jenes Ungeheuer, das in Duellen und Raufereien und anderswie *sechsundzwanzig Menschen umgebracht hatte,* sofern nicht alle über ihn schwindelten! Ich war wohl der stolzeste Grünschnabel, der jemals auszog, fremde Länder und staunenswerte Leute zu sehen.

Er war so freundlich und redete so artig, daß ich mich trotz seines furchtbaren Registers für ihn erwärmte. Daß dieser liebenswürdige Mensch die erbarmungslose Geißel der Desperados sein sollte, der schwarze Mann, mit dem die besorgten Mütter im Gebirge ihren Kindern angst machten, war kaum vorstellbar. Und bis heute kann ich mich an nichts Bemerkenswertes an Slade erinnern, außer daß er niedrige und ziemlich breite Backenknochen hatte und seine Lippen eigentümlich schmal und gerade waren. Das aber genügte, einige Wirkung bei mir zu hinterlassen, denn seitdem betrachte ich selten ein Gesicht, das diese Merkmale aufweist, ohne daß ich mir seinen Besitzer als gefährlichen Menschen vorstelle.

Der Kaffee ging aus. Schließlich war nur noch eine Tasse voll da, und Slade wollte ihn sich gerade nehmen, als er bemerkte, daß mein Becher leer war. Höflich erbot er sich, mir einzugießen, aber obgleich ich gern wollte, lehnte ich ebenso höflich ab. Ich befürchtete, daß er diesen Morgen noch niemand getötet habe und vielleicht Zerstreuung brauche. Doch mit beharrlicher Zuvorkommenheit bestand er darauf, meinen Becher nachzufüllen, und sagte, ich sei die ganze Nacht unterwegs gewesen und verdiene es mehr als er – und während er das sagte, goß er schon ruhig den Rest bis zum letzten Tropfen ein. Ich dankte ihm und trank den Kaffee, doch ich hatte nichts davon, denn ich konnte ja nicht sicher sein, ob Slade es nicht bald wieder bereute, ihn weggegeben zu haben, und dann dazu schreiten würde, mich umzubringen, um sich von dem Verlust abzulenken.

Aber nichts dergleichen geschah. Wir verließen ihn mit nur sechsundzwanzig Toten auf der Liste, und ich empfand ein friedliches Behagen bei dem Gedanken, daß ich, indem ich so klug auf Nummer eins an jenem Frühstückstisch aufgepaßt hatte, angenehmerweise dem entgangen war, Nummer siebenundzwanzig zu werden. Slade kam heraus an die Kutsche und gab uns das Geleit, nachdem er zuvor noch gewisse Umbauten der Postsäcke zu unserer Bequemlichkeit angeordnet hatte, und dann nahmen wir Abschied von ihm, überzeugt, eines Tages wieder von ihm zu hören, wobei wir uns allerdings fragten, in welchem Zusammenhang.

ELFTES KAPITEL

Slade in Montana · »Auf Zechtour« · Vor Gericht · Angriff auf einen Richter · Festnahme durch den Selbstschutz · Die Silbergräber rücken an · Slades Hinrichtung · Totenklage seiner Frau · War Slade feige?

Und richtig, zwei oder drei Jahre später hörten wir wieder von ihm. Zur Pazifikküste drang die Kunde, der Selbstschutz in Montana (wohin Slade von Rocky Ridge versetzt worden war) habe ihn erhängt. In dem spannenden kleinen Buch, aus dem ich im letzten Kapitel einen Abschnitt zitiert habe, »Der Selbstschutz von Montana, ein zuverlässiger Bericht über Ergreifung, Gerichtsverhandlung und Exekution von Henry Plummers berüchtigter Straßenaufseherbande; von Prof. Thos. J. Dimsdale, Virginia City, Montana«, finde ich eine Darstellung der Affäre. Als Beispiel dafür, wie die Grenzer mit Verbrechern umgehen, wenn sich Gerichtshöfe als wirkungslos erweisen, ist Mr. Dimsdales Kapitel recht lesenswert. Er gibt über Slade zwei Äußerungen ab, die beide sehr treffend sind und wovon die eine außerordentlich bildhaft ist: »Wer ihn lediglich in seinem natürlichen Zustand sah, erklärte ihn für einen guten Ehemann, äußerst freundlichen Gastgeber und höflichen Gentleman; wer ihm andererseits begegnete, wenn er vom Alkohol toll gemacht und von einer Bande bewaffneter roher Rowdys umgeben war, erklärte ihn zum Teufel in Menschengestalt.« Und dies: »Von Fort Kearney an westwärts wurde er *ein groß Teil mehr gefürchtet als der Allmächtige.*« Was Gedrängtheit, Einfachheit und Ausdruckskraft betrifft, so »setze« ich auf diesen Satz gegen alles andere in der Literatur. Hier nun Mr. Dimsdales Schilderung (alle Hervorhebungen stammen von mir):

Nach der Exekution der fünf Männer am 14. Januar betrachteten die Leute vom Selbstschutz ihre Arbeit für nahezu beendet. Sie hatten das Land so ziemlich von Straßenräubern und Mördern befreit und entschieden, in Abwesenheit regulärer Zivilgewalt ein Volksgericht einzusetzen, wo allen Missetätern von Richtern und Geschworenen der Prozeß gemacht werden sollte. Das war die größtmögliche Annäherung an die gesellschaftliche Ordnung, welche die Umstände erlaubten, und obzwar es an strikter gesetzlicher Befugnis mangelte, war man fest entschlossen, die Wirksamkeit dieses Tribunals aufrechtzuerhalten und seine Urteile zu vollstrecken. Es mag hier erwähnt werden, daß die offenkundige Tat, welche die letzte Sprosse der fatalen Leiter bildete, die zu dem Schafott führte, auf dem Slade sein Leben ließ, eben darin bestand, *daß er einen Haftbefehl dieses Gerichtes zerriß und darauf herumtrampelte und hinterher den Richter, Alex. Davis, kraft vorgehaltener Derringer-Pistole eigenhändig festsetzte.*

J. A. Slade gehörte, wie wir erfahren, selber zum Selbstschutz; er brüstete sich öffentlich damit und erklärte, an allem, was dieser wüßte, teilzuhaben. Er stand zwar nie unter Anklage, nicht einmal unter Verdacht, in diesem Territorium einen Mord oder einen Raub verübt zu haben (letztgenanntes Verbrechen wurde ihm nirgendwo zur Last gelegt); aber daß er in anderen Gegenden mehrere Menschen umgebracht hatte, war allbekannt, und sein diesbezüglicher schlechter Leumund stellte, nachdem man ihn schließlich oben erwähnten Vergehens wegen verhaftet hatte, bei der Entscheidung über sein Schicksal ein gewichtiges Argument dar. Nach seiner Rückkehr vom Milk River ergab er sich immer mehr dem Trunk, bis es ihm und seinen Freunden zuletzt schon zur alltäglichen Heldentat wurde, »die Stadt zu stürmen«. Ein nicht seltenes Schauspiel war, daß er und ein, zwei seiner Trabanten, alle auf einem einzigen Pferd, durch die Straßen galoppierten und brüllten, randalierten, Revolver abschossen und so weiter. Sehr oft ritt er mit seinem Pferd in ein Geschäft hinein, riß den Ladentisch um, warf die Wiegeschale zum Fenster hinaus und bedachte die anwesenden Personen mit den beleidigendsten Ausdrücken. Noch just am Vortage seiner Festnahme hatte er einen aus seinem Gefolge arg verprügelt, doch war sein Einfluß auf seine Anhänger derart groß, daß jener Mann nachher an der Richtstätte bitterlich weinte und flehentlich um Slades Leben bat. *Mit der Zeit wurde es den Geschäftsleuten und Bürgern schon fast zur Gewohnheit, die Läden zu schließen und alle Lichter zu löschen, wenn Slade sich auf Zechtour befand,* denn sie hatten Angst vor seinen Gewalttaten. War er nüchtern und hatte er Geld, so war er stets bereit, für die von ihm mutwillig zerstörten Waren und Einrichtungsgegenstände zu bezahlen; doch gab es nicht wenige, die Bezahlung als eine nur dürftige Genugtuung für die angetane Schmach ansahen, und diese Männer waren seine persönlichen Feinde.

Von Zeit zu Zeit gingen Slade von Leuten, von denen er wußte, daß sie ihm nichts vormachten, Warnungen darüber zu, wohin sein Betragen unausweichlich führen müsse. Wochen vor seiner Festnahme gab es keinen Augenblick, wo nicht allgemein damit gerechnet wurde, von einer blutigen Ausschreitung zu hören. Die Furcht vor seinem bloßen Namen sowie die Anwesenheit von bewaffneten Banden seiner Anhänger verhinderten allein schon jeglichen Widerstand, denn wer sich zur Wehr gesetzt hätte, wäre gewißlich sofort ermordet oder zum Krüppel gemacht worden.

Nicht selten war Slade auf Anordnung des Gerichtes arretiert worden, dessen Zusammensetzung oben beschrieben wurde, und er hatte ihm Achtung gezollt und ein oder zwei Strafen bezahlt und versprochen, das übrige zu begleichen, wenn er Geld habe; bei der Sache jedoch, welche an jenem entscheidenden Wendepunkt geschah, vergaß er selbst diese Vorsichtsmaßnahme, und von Leidenschaft und Haß gegen die Beschränkung seiner Freiheit getrieben, stürzte er sich dem Tod in die Arme.

Slade hatte die ganze Nacht hindurch getrunken und Krawall gemacht. Er und seine Kumpane hatten die Stadt in eine Hölle verwandelt. Am Morgen begegnete ihm der Sheriff, J. M. Fox, nahm ihn fest und mit aufs Gericht, wo er einen Haftbefehl verlas, den er auf Grund einer Anklage gegen Slade vorliegen hatte. Dieser geriet in maßlose Wut und *ergriff das Schriftstück, riß es in Stücke, warf selbige auf die Erde und trampelte mit den Füßen darauf herum.* Sogleich war das Klicken der Revolverschlösser von Slades Begleitern zu hören, und es wurde eine Krise erwartet. Der Sheriff unternahm keinen Versuch, Slade zurückzuhalten; da er zumindest ebenso klug wie tapfer war, fügte er sich in eine Niederlage und ließ Slade sich zum *Herrn der Lage und Eroberer und Beherrscher von Gesetz und Gesetzgebern* aufspielen. Das war eine Kriegserklärung und wurde auch als solche angenommen. Der Selbstschutz meinte nun, die Frage der gesellschaftlichen Ordnung und des Übergewichts der friedlichen Bürger müsse unverzüglich und ein für allemal entschieden werden. Man kannte Slades Wesen und war sich durchaus darüber im klaren, daß man sich entweder ohne Murren seiner Herrschaft unterwerfen oder aber auf eine Art und Weise mit ihm verfahren mußte, die verhinderte, daß er seine Rache an den Mitgliedern des Selbstschutzes ausließ, für welche dann keine Hoffnung mehr bestanden hätte, sicher vor Gewalttätigkeit oder Tod im Territorium wohnen oder dieses verlassen zu können, ohne seinen Freunden zu begegnen, die sein Sieg kühn gemacht und in einem Maße angefeuert hätte, daß sie sich keinen Deut mehr um irgendwelche Folgen geschert hätten. Am Tage zuvor war Slade in Dorris' Geschäft hineingeritten, und als er aufgefordert worden war, den Laden zu verlassen, hatte er seinen Revolver gezückt und gedroht, den ihn zur Rede stellenden Gentleman zu erschießen.

Auch in ein Lokal hatte er sein Pferd gelenkt und dort eine Flasche Wein gekauft und versucht, das Tier zu zwingen, sie auszutrinken. Man hatte das als keine ungewöhnliche Schaustellung angesehen, denn er war oft in Lokale eingedrungen und hatte angefangen, auf die Lampen zu schießen und eine wilde Panik auszulösen.

Ein führendes Mitglied des Selbstschutzes trat Slade entgegen und erklärte ihm in der sachlichen, ernsten Art und Weise eines Menschen, der sich der Bedeutung dessen, was er sagt, bewußt ist: »Slade, nimm sofort dein Pferd und mach, daß du nach Hause kommst, sonst geht es dir an den Kragen.« Slade fuhr auf und blickte den Gentleman aus seinen finsteren und durchdringenden Augen lange an. »Was willst du damit sagen?« heischte er. »Danach zu fragen hast du kein Recht«, lautete die ruhige Antwort, »nimm dein Pferd und beherzige, was ich dir gesagt habe.« Nach einer kurzen Pause versprach Slade, es zu tun, und stieg auch tatsächlich in den Sattel; dieweil er aber noch immer betrunken war, rief er alsbald laut einen seiner Freunde nach dem anderen herbei, und schließlich schien er die erhaltene Warnung vergessen zu haben und fing wieder an zu lärmen, indem er als Herausforderung, möglicherweise auch bloß aus Bravour, den Namen einer stadtbekannten Dirne in Verbindung mit dem zweier Männer, die er für Führer des Selbstschutzes hielt, in die Gegend brüllte. Vielleicht hatte er die ihm zugegangenen Andeutungen persönlicher Gefahr nicht gänzlich vergessen, wenngleich er auch zu seinem Verderben einen törichten Weg einschlug, zu zeigen, daß er sich daran erinnerte. Er suchte sich den Richter des Volksgerichtes, Alexander Davis, zückte einen gespannten Derringer, richtete ihn auf des Richters Kopf und verkündete ihm, daß er ihn als Geisel für seine eigene Sicherheit festnehme. Da der Richter völlig ruhig dastand und keinen Widerstand leistete, folgte keine weitere Ausschreitung. Noch vor diesem Gewaltstreich war auf Grund der kritischen Lage der Selbstschutz zusammengetreten und schließlich übereingekommen, Slade dingfest zu machen. Seine Hinrichtung hatte man noch nicht beschlossen; eine solche wäre zu jenem Zeitpunkt totsicher verworfen worden. Ein Bote war nach Nevada hinuntergeritten, um die führenden Leute davon in Kenntnis zu setzen, was im·Gange war, denn man wollte gern zeigen, daß entlang der ganzen Schlucht Einmütigkeit darüber herrschte.

Die Silbergräber zogen fast en masse los; sie ließen ihre Arbeit im Stich und rückten in geschlossener Marschkolonne, sechshundert Mann stark und bis an die Zähne bewaffnet, nach Virginia City ab. Da der Führer des Haufens die Stimmung seiner Leute in dieser Sache kannte, stürmte er ihnen voraus und berief in aller Eile eine Versammlung des Vollstreckungsausschusses ein und erklärte dort offen, die Silbergräber hätten vor, »Ernst zu machen«, und wenn sie erst einmal da seien, würden sie nicht in den Straßen herumstehen, um sich von Slades Freunden erschießen zu lassen, sondern ihn ergreifen und aufknüpfen. An der Versammlung nahmen nur wenige teil, da die aus Virginia City nicht gewillt waren, überhaupt zu handeln. Diese wichtige Bekanntgabe, wie die untere Stadt dazu stünde, erfolgte vor einer Gruppe von Männern, die hinter einem Planwagen auf der Rückseite eines an der Hauptstraße gelegenen Ladens zu Rate saßen.

Der Ausschuß war durchaus nicht gewillt, zu irgendwelchen Verzweiflungstaten zu schreiten. Jede jemals von ihm verrichtete Pflicht schien gar nichts im Vergleich zu der jetzt vorliegenden Aufgabe, allein es mußte eine Entscheidung getroffen werden, und zwar schnellstens. Schließlich wurde vereinbart, daß der Ausschuß, wenn die Gesamtheit der Silbergräber dafür sei, Slade zu hängen, es diesen überlassen solle, mit ihm entsprechend zu verfahren. Der Führer der Nevada-Leute ritt dann im fliegenden Tempo davon, um zu seinem Kommando zu stoßen.

Als Slade herausfand, was man vorhatte, ernüchterte ihn das sofort. Er ging in den Laden von P. S. Pfouts, in welchem sich Davis befand, und entschuldigte sich für sein Benehmen, indem er sagte, er wolle alles zurücknehmen.

Zu dieser Zeit schwenkte die Spitze der Kolonne in die Wallace Street ein und rückte im Geschwindschritt heran. Vor dem Laden ließ der Führer des Vollstreckungsausschusses haltmachen und trat vor und verhaftete Slade, dem man sogleich mitteilte, was ihn erwartete, und die Frage vorlegte, ob er noch irgendwelche Angelegenheiten zu regeln hätte. Obgleich ihn mehrere Männer daraufhin ansprachen, blieb er diesen Fragen gegenüber taub, denn er war völlig mit schrecklichen Gedanken über seine eigene furchtbare Lage beschäftigt. Er ließ nicht ab, um sein Leben zu flehen und darum zu bitten, sein teures Weib sehen zu dürfen. Diese unglückliche Dame – sie liebten sich herzlich – wohnte zu jener Zeit auf beider Ranch am Madison. Sie verfügte über beträchtliche Reize: sie war groß, von guter Figur, anmutiger Haltung, gefälligen Manieren und zudem eine vollendete Reiterin.

Ein Bote Slades ritt in voller Karriere ab, sie von ihres Mannes Verhaftung in Kenntnis zu setzen. Im Nu war sie im Sattel, und mit aller Energie, die Liebe und Verzweiflung einem feurigen Temperament und einer starken Konstitution zu verleihen vermögen, trieb sie ihr schnelles Chargenpferd über die zwölf Meilen unebenen und felsigen Bodens, die zwischen ihr und dem Gegenstand ihrer leidenschaftlich innigen Liebe lagen.

Währenddessen traf eine Freiwilligengruppe in dem vom Bach durchzogenen Tal die nötigen Vorbereitungen für die Hinrichtung. Neben dem Steinhaus von Pfouts und Russell befand sich ein Pferch mit starken und hohen Torpfosten. Über diese wurde oben ein Balken gelegt, an welchem man ein Seil befestigte, und als Podest diente eine Schnittwarenkiste. Dorthin nun wurde Slade von einer Wache eskortiert, einer so gut bewaffneten und zahlreichen Streitmacht, wie sie im Territorium Montana noch nie aufgetreten war.

Der Verurteilte hatte sich durch Tränen, Gebete und Klagen so erschöpft, daß er unter dem Todesbalken kaum noch Kraft zum Stehen hatte. Immer wieder rief er: »Mein Gott! Mein Gott! Muß ich denn sterben? O mein armes Weib!«

Bei ihrer Rückkehr begegnete die Arbeitskolonne einigen Freunden Slades – tüchtigen und zuverlässigen Bürgern und Mitgliedern des Selbstschutzes, die dem Verurteilten jedoch persönlich verbunden waren. Einer von ihnen nahm, als er von dem Richtspruch hörte, sein Taschentuch hervor und lief wie ein Kind weinend davon. Slade bat noch immer gotterbärmlich, seine Frau sehen zu dürfen. Das abzuschlagen schien hart; die blutigen Folgen jedoch, die der Rettungsversuch haben mußte, zu welchem die Anwesenheit der Frau und ihr Flehen unvermeidlich angestiftet hätten, verboten die Gewährung dieser Bitte. Man ließ mehrere Gentlemen holen, damit sie ihn in seinen letzten Augenblicken noch sehen konnten. Einer davon (Richter Davis) hielt eine kurze Rede an das Volk, aber so leise, daß sie mit Ausnahme einiger weniger, die unmittelbar neben ihm standen, niemand hören konnte. Ein Freund Slades warf, nachdem er seine Bittkraft erschöpft hatte, seinen Rock ab und erklärte, der Gefangene dürfe nicht gehängt werden, es sei denn über seine Leiche. Sofort richteten sich hundert Gewehre auf ihn, woraufhin er sich umwandte und die Flucht ergriff; als er zurückgeholt worden war, brachte man ihn jedoch dazu, seinen Rock wieder anzulegen und zu versprechen, sich von nun an friedlich zu verhalten.

Von den führenden Leuten Virginia Citys war kaum einer dort anzutreffen, obgleich sich nach der Verhaftung zahlreiche Bürger in die Wache eingereiht hatten. Jedermann beklagte die strenge Vorschrift, die eine Exekution notwendig machte.

Als alles fertig war, erklang der Befehl: »Tut eure Pflicht, Männer!« Und sofort wurde die Kiste unter Slades Füßen weggezogen, und er starb fast augenblicklich.

Der Leichnam wurde abgeschnitten und ins Virginia-Hotel getragen, wo man in einem abgedunkelten Raum noch mit seiner Wartung beschäftigt war, als in stürmischem Tempo die unglückliche und hinterbliebene Gattin des Toten eintraf, um festzustellen, daß alles vorbei und sie Witwe war. Ihr Gram und ihre herzzerreißenden Schreie waren grauenhafte Beweise ihrer tiefen Liebe zu ihrem verlorenen Mann, und es verging geraume Zeit, ehe es ihr gelang, die Herrschaft über ihre aufgewühlten Gefühle wiederzuerlangen.

Im Wesen des Desperados liegt etwas, das völlig unerklärlich ist – oder zumindest so aussieht. Und zwar dies: Der echte Desperado ist mit hervorragendem Mut begabt, und dennoch nutzt er seinem Gegner gegenüber den gemeinsten Vorteil aus; bewaffnet und frei, hält er einem ganzen Heer stand und kämpft, bis er kurz und klein geschossen ist, doch unter dem Galgen und hilflos, weint und bettelt er wie ein Kind. Worte sind billig, und es ist leicht, Slade feige zu nennen (alle hingerichteten Männer, die nicht »aufrecht« in den Tod gegangen sind, werden von Leuten, die nicht nachdenken, prompt feige genannt), und wenn wir von Slade lesen, er habe »sich durch Tränen, Gebete und Klagen so erschöpft, daß er unter dem Todesbalken kaum noch Kraft zum Stehen hatte«, drängt sich uns das entehrende Wort sofort auf – und doch, dadurch, daß er häufig der Rache von organisierten Rocky-Mountains-Mördern trotzte und sie herausforderte, indem er ihre Genossen und Anführer niederschoß und niemals versuchte, sich zu verbergen oder zu fliehen, hat Slade bewiesen, daß er ein Mann von unvergleichlicher Tapferkeit war. Ein Feigling würde das nicht wagen. So mancher notorische Hasenfuß, so mancher feige Wicht, roh, brutal, verkommen, hat ohne Zittern in der Stimme seine Sterberede gehalten und sich mit augenscheinlich gelassenster Tapferkeit in die Ewigkeit baumeln lassen; also dürfen wir auf Grund des niederen Intellekts einer solchen Kreatur berechtigterweise annehmen, daß es nicht Mut als *ethische* Grundhaltung war, was sie dazu befähigte. Wenn ethischer Mut also nicht die erforderliche Eigenschaft ist, was kann diesem couragierten Slade dann gefehlt haben – diesem blutdürstigen, rasenden, liebenswürdigen, zuvorkommenden Gentleman, der nie anstand, seine schurkischsten Gegner zu warnen, daß er sie umlegen würde, wann und wo sie ihm demnächst über den Weg liefen? Ich glaube, das ist ein Rätsel, das zu untersuchen sich lohnt.

ZWÖLFTES KAPITEL

Ein mormonischer Auswandererzug · Mitten in den Rocky Mountains · Reines Natron · Eine natürliche Eistruhe · Ein Multibürger · »Ewiger Schnee« · Der South Pass · Die Doppelquelle · Ein unzuverlässiger Postbote · Wiedersehen alter Freunde · Eine verdorbene Wassermelone · Abstieg · Bilder der Trostlosigkeit · Im Dunkeln verirrt · Überflüssiger Rat · Bundessoldaten und Indianer · Ein erhabenes Bild · Wieder um eine romantische Vorstellung ärmer · Unter Engeln

Gleich hinter der Frühstückstation überholten wir einen mormonischen Auswandererzug von dreiunddreißig Wagen, und daneben trotteten Dutzende grobgekleideter und traurig aussehender Männer, Frauen und Kinder, ihre Herde freilaufender Kühe treibend, trübselig einher, die acht sich dahinschleppende Wochen tagaus, tagein so wie jetzt gelaufen waren und in dieser Zeit dieselbe Entfernung zurückgelegt hatten, zu der unsere Kutsche *acht Tage und drei Stunden* gebraucht hatte – siebenhundertachtundneunzig Meilen! Sie waren staubbedeckt und ungekämmt, ohne Kopfbedeckung und zerlumpt und sahen so müde aus!

Nach dem Frühstück nahmen wir ein Bad im Horse Creek, einem (vorher) klaren und glitzernden Flüßchen – ein Luxus, den wir zu schätzen wußten, denn es war sehr selten, daß unsere rasende Kutsche für eine derartige Vergünstigung lange genug hielt. Wir wechselten in vierundzwanzig Stunden zehn- bis zwölfmal die Pferde – will sagen, die Maultiere – und erledigten das beinah jedesmal in *vier Minuten*. Das ging hopphopp. Wenn wir bei den einzelnen Stationen angerattert kamen, schritten dort sechs angeschirrte Mulis munter aus dem Stall, und fast im Handumdrehen waren das alte Gespann aus- und das neue eingespannt und wir wieder auf und davon.

Im Verlauf des Nachmittags passierten wir den Sweetwater Creek, den Unabhängigkeitsfelsen, das Teufelstor und die Teufelsschlucht. Die letzten drei waren wilde Exemplare zerklüfteter Landschaft und sehr interessant – *wir befanden uns jetzt mitten in den Rocky Mountains.* Und wir kamen auch am »Alkali-« oder »Sodasee« vorbei, und als uns der Postillion erzählte, die Mormonen kämen von Great Salt Lake City oft hierher, um Natron abzufahren, da wurde uns klar, daß sich unsere Reise schon ein ganz schönes Stück durch die Welt erstreckt hatte. Er sagte, vor wenigen Tagen erst hätten sie genug reines Natron aus dem Boden geschaufelt (es war ein *Trockensee*), um zwei Wagen vollzuladen, und wenn sie diese zwei Fuder einer Droge, die sie nichts kostete, nach Salt Lake City schaffen, können sie sie für fünfundzwanzig Cent das Pfund verkaufen.

In der Nacht gelangten wir zu einer äußerst bemerkenswerten Sehenswürdigkeit, von welcher wir schon seit ein paar Tagen gehört hatten und die wir uns unbedingt ansehen mußten. Und zwar war das etwas, was man einen natürlichen Eiskeller nennen könnte. Wir hatten jetzt August, und bei Tage war eine sengende Hitze, und doch konnten an einer dieser Stationen die Männer auf der Leeseite eines Geröllkammes die Erde aufkratzen und in sechs Zoll Tiefe reine Eisblöcke herausschneiden – hart, festgefroren und kristallklar!

Gegen Morgengrauen fuhren wir wieder weiter, und als wir dann bei hochgerollten Vorhängen saßen, unsere frühe Morgenpfeife genossen und den ersten Glanz der Sonne betrachteten, wie er die lange Reihe Berggipfel hinunterstrich und Klippe auf Klippe und Grat auf Grat rötete und vergoldete, als schreite der unsichtbare Schöpfer die Front seiner grauen Veteranen ab und als salutierten sie mit einem Lächeln, kam langsam South Pass City in Sicht. Der Hotelier, der Postmeister, der Hufschmied, der Bürgermeister, der Gendarm, der Stadtrichter und der angesehenste Bürger und Grundbesitzer kamen herbei und begrüßten uns, und wir sagten dem Mann guten Tag. Er teilte uns ein paar Neuigkeiten von den Indianern und aus den Rocky Mountains mit, und wir gaben ihm dafür ein paar aus den Plains. Dann zog er sich in seine einsame Herrlichkeit zurück, und wir klommen zwischen dem Gipfelgewirr und den zerfetzten Wolken weiter hinauf. South Pass City bestand aus vier Blockhütten, und der Gentleman mit all den

Ämtern und Titeln war der oberste der zehn Einwohner des Ortes. Man stelle sich vor, Hotelier, Postmeister, Hufschmied, Bürgermeister, Gendarm, Stadtrichter und angesehenster Bürger alles auf eine Person zusammengedrängt und in eine Haut gestopft. Bemis meinte, er sei »an Würden der reinste Allen-Revolver«. Und wenn er als Postmeister oder als Hufschmied oder als beides zugleich sterben müßte, dann würden die Leute es noch ertragen, stürbe er aber als alles zusammen, wäre das ein schrecklicher Verlust für die Gemeinde.

Zwei Meilen hinter South Pass City erblickten wir zum erstenmal jenes Wunder, von dem alle ungereisten Knaben des Westens gehört haben und an das sie ohne weiteres glauben, das sie aber nichtsdestoweniger bestimmt in Staunen versetzt, wenn sie es mit eigenen Augen sehen: Schneebänke mitten im Sommer. Wir waren jetzt auf großer Höhe und wußten die ganze Zeit über, wir würden bald erhabene Bergkuppen sehen, die in »ewigen Schnee« gekleidet waren – in Büchern etwas ganz Alltägliches, doch als ich ihn dann in der Ferne auf prächtigen Kuppeln in der Sonne glitzern sah und wußte, daß wir August hatten und mein Rock am Haken hing, weil es zu warm war, ihn zu tragen, da war ich so verblüfft, als hätte ich noch nie etwas von Schnee im August vernommen. Wahrlich, »sehen ist glauben« – und so mancher Mann wird alt dabei und *vermeint*, gewisse allgemein hingenommene und wohlbestätigte Dinge zu glauben, und ahnt doch nie, daß er entdecken würde, wenn er diesen Dingen einmal gegenüberstände, daß er sie vorher doch nicht wirklich geglaubt, sondern sich das nur eingebildet hat.

Nach einem Weilchen kamen zahlreiche Gipfel in Sicht, umklammert von langen Klauen glänzenden Schnees, mit hier und da einem einsamen Schneefleckchen im Schatten der Abhänge, das nicht größer aussah als ein Damentaschentuch, in Wirklichkeit aber die Ausmaße eines Marktplatzes hatte.

Und nun waren wir endlich richtig oben auf dem berühmten South Pass und gondelten vergnügt hoch über der gewöhnlichen Welt dahin. Wir befanden uns auf dem obersten Kamm der großen Rocky-Mountains-Kette, den wir tage- und nächtelang geduldig und stetig erklommen hatten – und um uns herum tagte eine Versammlung von Königen der Natur, drei-, ja viertausend Meter hoch, stattliche alte Burschen, die sich bei Zwielicht hätten bücken müssen, um den Mount Washington zu sehen. Wir schwebten in so luftiger Höhe über den krabbelnden Völkern der Welt, daß es mitunter, wenn die Felsspitzen einmal nicht die Sicht versperrten, schien, als könnten wir ringsum in weiteste Fernen blicken und das große Erdenrund mit seinen sich unter dem Schleier des Sommernebels verschwommen hinstreckenden Bergen, Meeren und Kontinenten überschauen.

Im großen und ganzen glich der Paß mehr einem Tal als einer Hängebrücke über den Wolken – an einer Stelle erinnerte er jedoch sehr an eine solche. Dort ragten ein, zwei majestätische Purpurkuppen mit ihrem oberen Drittel beiderseits über unsere Höhe hinaus und gaben uns das Gefühl, als läge unten um ihren Fuß ein verborgenes Meer von Bergen und Tälern und Ebenen, das wir sehen könnten, wenn es uns möglich wäre, an den Rand zu treten und hinüberzuschauen. Jeder dieser Felssultane trug einen Turban aus verknüllten Wolkenballen, die von Zeit zu Zeit, zerzipfelt und zerschlissen und ganze Erdteile von Schatten hinter sich herschleppend, davontrieben und dann sogleich an einem anderen, den Weg versperrenden Gipfel wieder hängenblieben, ihn einpackten und auf ihm brüteten – und wieder weiterzerrten und den purpurnen Gipfel genau wie vorher die purpurnen Kuppen mit einem weißen Flaum von frischgelegtem Schnee zurückließen. Diese ungeheuren Wolkenfetzen zogen ganz niedrig vorüber und fegten dem Betrachter direkt über den Kopf hinweg, wobei ihre Fransen ihm fast ins Gesicht baumelten, so daß er impulsiv zurückzuckte, wenn sie am dichtesten herankamen. An der einen Stelle, von der ich spreche, konnte man unter sich auf eine Welt von immer kleiner werdenden Klippen und Cañons blicken, die weit, weit hinunter und hinweg zu einem undeutlichen Flachland führten, mit einem Zwirnsfaden darauf, der eine Straße war, und mit Federbüschen, die Bäume waren – ein hübsches, im Sonnenlicht schlafendes Bild, über das sich jedoch eine Dunkelheit hinstahl, die es unter dem Dräuen eines aufziehenden Gewitters immer finsterer machte; und während die Taghelle des eigenen Hochsitzes durch keinen Schleier oder Schatten beeinträchtigt wurde, konnte man zuschauen, wie dort unten das Unwetter losbrach und die Blitze von Klippe zu Klippe sprangen und die Regenschwaden die Cañonwände entlangstürmten, und man konnte den Donner dröhnen und rumpeln und krachen hören. Wir erlebten dieses Schauspiel, das vielen vertraut sein mag, uns aber gänzlich neu war.

Wir rollten munter weiter und kamen dann ganz oben auf dem Gipfel (dabei war seit einer halben Stunde oder noch länger alles für uns Gipfel und alles gleichermaßen eben) an eine Quelle, die aus zwei Öffnungen Wasser spendete und in entgegengesetzte Richtungen schickte. Der Schirrmeister erklärte, der eine der Bäche, die wir hier sähen, starte gerade auf eine Reise westwärts durch Hunderte, ja Tausende Meilen Wüsteneinsamkeit hin zum Golf von Kalifornien und dem Pazifischen Ozean. Und der andere mache sich soeben auf eine ähnliche Tour von seiner Heimat zwischen den Schneegipfeln nach Osten – und wir wußten, wenn wir dieses bloße Rinnsal schon längst vergessen hätten, würde es sich noch immer geduldig und mühselig die Berghänge und Schluchten hinunter- und zwischen den Ufern des Yellowstone hindurchbahnen und sich nach einiger Zeit mit dem breiten Missouri vereinen und durch unbekannte Ebenen und Wüsten und unbesuchte Einöden fließen; und daran schlösse sich eine lange und beschwerliche Pilgerfahrt über hindernde Baumstämme und Wracks und über Sandbänke an; und dann würde es in den Mississippi münden, die Kais von St. Louis berühren und noch immer weiterströmen über Untiefen und durch felsige Rinnen, dann durch nichtendenwollende Ketten bodenloser und weiträumiger Biegungen mit ununterbrochenen Waldmauern, dann durch mysteriöse Nebenwege und geheime Durchgänge zwischen baumbestandenen Inseln, durch weitere Ketten von Windungen, die von endlosen Flächen glänzenden Zuckerrohrs statt von düsteren Wäldern eingefaßt sind, dann an New Orleans vorbei und nochmals durch aneinandergereihte Biegungen – und endlich, nach zwei langen Monaten täglicher und nächtlicher Ängste, Aufregungen, Freuden, Abenteuer und schrecklicher, von ausgedorrten Kehlen, von Pumpen und von Verdunstung drohender Gefahren würde es in den Golf einmünden und seine Ruhe am Busen des Tropenmeeres antreten, um seine Schneegipfel niemals wiederzusehen oder sich nach ihnen zurückzuwünschen.

Ich befrachtete ein Blatt mit einer geistigen Botschaft an die Freunde daheim und ließ es in den Bach fallen. Da ich aber keine Marke draufklebte, wurde es irgendwo wegen des fehlenden Portos zurückgehalten.

Auf der Bergspitze überholten wir einen aus vielen Wagen, vielen müden Männern und Frauen und vielen verärgerten Schafen und Kühen bestehenden Auswandererzug. In dem jämmerlich verstaubten Reiter, der diese Expedition leitete, erkannte ich John... Von allen Menschen der Welt war er der letzte, den ich hoch oben auf den Rocky Mountains, Tausende Meilen von zu Hause weg, zu treffen erwartet hätte. Wir waren zusammen zur Schule gegangen und jahrelang Busenfreunde gewesen. Ein Jungenstreich von mir hatte diese Freundschaft aber zerbrochen, und sie war nie wieder erneuert worden. Und zwar hatte ich mir folgendes geleistet: Ich pflegte gelegentlich einen Redakteur zu besuchen, dessen Zimmer im zweiten Stock eines Gebäudes lag und zur Straße hinausging. Eines Tages schenkte mir dieser Redakteur eine Wassermelone, und ich traf Anstalten, sie mir auf der Stelle einzuverleiben, doch als ich zufällig aus dem Fenster blickte, sah ich John direkt darunter stehen, und mich überkam das unwiderstehliche Verlangen, ihm die Melone auf den Kopf plumpsen zu lassen, was ich auch sogleich tat. Den kürzeren zog ich, denn die Melone ging dabei kaputt, und John verzieh mir nie, und wir ließen jeden Verkehr fallen und trennten uns – und nun trafen wir uns unter diesen Umständen wieder.

Wir erkannten uns beide gleichzeitig und schüttelten uns

so herzlich die Hände, als hätte niemals irgendwelche Kühle zwischen uns bestanden, und es wurde auch nicht darauf angespielt. Aller Groll war begraben, und die bloße Tatsache, an dieser einsamen Stelle so weit von zu Hause ein bekanntes Gesicht zu treffen, genügte, uns alles bis auf die angenehmen Dinge vergessen zu lassen, und wir trennten uns wieder mit einem beiderseitigen aufrichtigen »Leb wohl!« und »Gott mit dir!«.

Viele eintönige Stunden waren wir den langen Rücken der Rocky Mountains hinaufgeklettert – jetzt machten wir uns an den Abstieg. Und zwar rollten wir mit rasender Geschwindigkeit dahin.

Wir ließen die schneebedeckten Wind River Mountains und die Uinta Mountains hinter uns zurück und preschten davon, immer durch herrliche Landschaft, gelegentlich aber an langen Reihen weißer Skelette von Maultieren und Ochsen entlang – Denkmälern der riesigen Auswanderung vergangener Tage –, und hier und da ragten Bretter oder kleine Steinhäufchen auf, die, wie der Postillion sagte, die Ruhestätte wertvollerer Gebeine bezeichneten. Für ein Grab war das das einsamste Land! Ein den Kojoten und Raben überlassenes Land – was nichts anderes heißt als Trostlosigkeit und völlige Einöde. In feuchten, finsteren Nächten ging von diesen verstreuten Gerippen ein schwaches scheußliches Leuchten aus, als wäre die undeutlich erkennbare Wüste mit ganz leichten Mondscheintupfen besät. Das kam von dem Phosphor in den Knochen. Keine wissenschaftliche Erklärung aber konnte einen vom Schaudern abhalten, wenn man an einem dieser gespenstischen Lichter vorbeifuhr und wußte, daß es von einem Totenschädel ausging.

Um Mitternacht setzte ein Regen ein, wie ich noch keinen gesehen habe – ja, ich sah nicht einmal diesen, denn es war zu finster. Wir befestigten die Vorhänge und benutzten sogar noch unsere Kleider zum Abdichten, doch der Regen strömte trotzdem an zwanzig Stellen herein. Es gab kein Entrinnen. Bewegte man die Füße aus dem einen Strom heraus, brachte man den Körper unter einen anderen, und bewegte man den Körper, geriet man mit den

Gliedern in einen Strom. Wühlte man sich aus den durchnäßten Decken und richtete sich auf, bekam man unweigerlich einen Strahl den Rücken hinunter. Währenddessen irrte die Kutsche auf einer Ebene voll gähnender Gießbachlöcher umher, denn der Postillion konnte keinen Zoll weit vor Augen sehen und die Straße nicht halten, und der Regen peitschte so erbarmungslos, daß es unmöglich war, die Pferde zum Stillstehen zu bringen. Beim ersten Nachlassen machte sich der Schirrmeister mit Laternen auf, die Straße zu suchen, und der erste Vorstoß, den er machte, war einen an die vierzehn Fuß tiefen Schlund hinunter, wobei ihm seine Laterne wie ein Komet nachfolgte. Sobald er unten aufbumste, rief er wie von Sinnen: »Kommt nicht hierher!«

Worauf der Postillion, der über den Abgrund guckte, wo er verschwunden war, in beleidigtem Ton erwiderte: »Denkst wohl, ich bin behämmert?«

Der Schirrmeister brauchte über eine Stunde, um die Straße zu finden, was uns zeigte, wie weit wir abgeirrt waren und was wir riskiert hatten. An zwei Stellen entdeckte er unsere Radspuren ganz dicht am Rande drohender Gefahr. Ich bin immer froh, daß wir in jener Nacht nicht umgekommen sind. Ich wüßte zwar keinen besonderen Grund, bin aber trotzdem immer froh darüber.

Am Morgen des zehnten Tages überquerten wir den Green River, einen prächtigen, großen, klaren Strom – und saßen darin fest, das Wasser bis gerade zu unserem Postbett hoch, und warteten, bis zusätzliche Gespanne vorgeschirrt wurden, um uns das steile Ufer raufzuhieven. Doch es war schönes kühles Wasser und konnte an uns sowieso keinen trockenen Faden mehr zum Durchnässen finden.

Auf der am Green River liegenden Station gab es Frühstück: heißes Gebäck, frische Antilopensteaks und Kaffee – die einzige anständige Mahlzeit, die wir zwischen den Vereinigten Staaten und Great Salt Lake City vorgesetzt bekamen, und die einzige, für die wir jemals wirklich dankbar waren. Man mag sich vorstellen, wie abscheulich einförmig die dreißig ihm vorangegangenen gewesen sein müssen, wenn nach all den Jahren dieses einfache Frühstück in meiner Erinnerung jetzt noch turmhoch aufragt.

Um fünf Uhr nachmittags erreichten wir Fort Bridger, einhundertsiebzehn Meilen hinter dem South Pass und eintausendfünfundzwanzig Meilen hinter St. Joseph. Zweiundfünfzig Meilen weiter, am oberen Ende vom Echo Cañon, stießen wir auf sechzig Bundessoldaten aus Camp Floyd. Am Tage zuvor hatten sie auf drei- bis vierhundert Indianer gefeuert, weil die sich ihrer Annahme nach zu nichts Gutem versammelt hatten. In dem anschließenden Gefecht waren vier Indianer gefangengenommen und war der ganze Pulk vier Meilen weit gejagt, aber niemand getötet worden. Das roch nach dicker Luft. Wir spielten mit dem Gedanken, auszusteigen und uns den sechzig Soldaten anzuschließen, doch als wir uns überlegten, daß die Indianer vierhundert an der Zahl waren, beschlossen wir, weiterzufahren und uns zu den Rothäuten zu schlagen.

Der Echo Cañon ist zwanzig Meilen lang. Er wirkte wie eine lange, glatte, enge Straße mit allmählichem Gefälle, eingeschlossen von riesigen lotrechten Wänden rauhen Trümmergesteins, an vielen Stellen über hundert Meter hoch und mit Türmchen wie mittelalterliche Burgen. Das war das untadeligste Stück Straße im Gebirge, und der Postillion sagte, er werde sein Gespann »mal laufen lassen«. Das tat er dann auch, und falls heute die Eilzüge der Pazifikbahn etwa noch schneller dort durchbrausen als wir damals in der Kutsche, dann beneide ich die Fahrgäste um diese Freude. Wir schienen unsere Räder geradezu hochzunehmen und zu fliegen – und das Postgut schwebte aufgelöst und frei in der Luft! Ich neige nicht zu Übertreibungen, und wenn ich etwas sage, dann stimmt das.

Doch die Zeit drängt. Gegen vier Uhr nachmittags trafen wir auf dem Gipfel des Big Mountain ein, fünfzehn Meilen vor Salt Lake City, als alle Welt gerade in den Glanz der sinkenden Sonne gehüllt war und das überwältigendste Panorama von Bergriesen vor uns auftauchte, dem wir bisher begegnet waren. Und während wir uns dieses erhabene Bild ansahen, wölbte sich über uns ein strahlender Regenbogen! Sogar der Überlandpostillion hielt seine Gäule an und guckte!

Eine halbe oder ganze Stunde später wechselten wir die

Pferde und aßen mit einem mormonischen »Würgengel« zusammen Abendbrot. »Würgengel« sind, wie ich das verstehe, Heilige der letzten Tage, welche die Kirche dazu abgestellt hat, den Heimgang widerborstiger Bürger zu besorgen. Ich hatte eine Menge über diese mormonischen Würgengel und ihre gräßlichen und blutigen Taten gehört, und als ich dessen Haus hier betrat, hielt ich mein Schaudern schon bereit. Doch zum Kummer all unserer romantischen Vorstellungen war er nichts weiter als ein lauter, profaner, anstößiger alter Lump! Er mochte zwar meuchlerisch genug sein, um das Zeug zum Würger zu haben, aber will man denn einen Engel, gleich welcher Sorte, dem es an Würde mangelt? Kann man einen Engel mit unsauberem Hemd und ohne Hosenträger ertragen? Kann man vor einem Engel Achtung haben, der beim Lachen wie ein Pferd wiehert und sich wie ein Freibeuter aufspielt?

Es waren noch weitere Schufte da – Genossen von ihm. Und dann noch einer, der wie ein Gentleman aussah – der Sohn von Heber C. Kimball, groß, kräftig gebaut und vielleicht dreißig Jahre alt. Ein Haufen schlampiger Frauen flitzte mit Kaffeepötten, Brottellern und sonstigen Nachtmahlutensilien geschäftig hin und her, und dies sollten die Frauen des Engels sein – oder zumindest einige davon. Und natürlich waren sie das, denn wären sie bezahlte »Bedienung« gewesen, hätten sie sich von einem Engel von hoch droben nicht so anwettern und ausschimpfen lassen, wie er es tat, und schon gar nicht von einem aus der Gegend, wo dieser hier herstammte.

Das war unsere erste Begegnung mit der »besonderen Institution« des Westens, und sie war nicht sehr einnehmend. Wir trödelten jedoch nicht lange damit herum, sie zu betrachten, sondern eilten weiter dem Heim der Heiligen der letzten Tage zu, dem Bollwerk der Propheten, der Hauptstadt des einzigen absoluten Monarchen in Amerika – Great Salt Lake City. Als die Nacht hereinbrach, suchten wir uns Unterkunft im Salt-Lake-Hotel und packten unser Gepäck aus.

DREIZEHNTES KAPITEL

Mormonen und Heiden · Ein erheiterndes Getränk und seine Wirkung auf Bemis · Salt Lake City · Ein großer Gegensatz · Ein mormonischer Arbeitsloser · Gespräch mit einem Heiligen · Audienz beim »König« · Bewunderndes Lächeln

Wir hatten ein herrliches Abendbrot von frischestem Fleisch, Geflügel und Gemüse in großer Auswahl und ebenso großer Fülle. Danach spazierten wir ein bißchen in den Straßen umher und besahen uns die Läden und Geschäfte, und es war faszinierend, jedes Wesen verstohlen anzustarren, das wir für einen Mormonen hielten. Für uns war das hier in jeder Hinsicht Märchenland – ein Land des Zauberspuks und der Kobolde und voller schrecklicher Geheimnisse. Wir verspürten eine Neugier, jedes Kind zu fragen, wie viele Mütter es habe und ob es sie auseinanderhalten könne, und wir empfanden jedesmal einen wohligen Schauer, wenn sich im Vorbeigehen die Tür eines Wohnhauses öffnete und schloß und einen flüchtigen Blick auf menschliche Köpfe und Schultern und Rücken freigab – denn wir fieberten danach, uns einmal eine Mormonenfamilie in all ihrer umfänglichen Reichhaltigkeit, angeordnet in den herkömmlichen konzentrischen Ringen ihres häuslichen Kreises, so richtig anzugucken.

Der Stellvertretende Gouverneur des Territoriums machte uns dann mit anderen »Heiden« bekannt, und wir verbrachten mit ihnen ein gemütliches Stündchen. »Heiden« sind Leute, die nicht Mormonen sind. Unser Reisegefährte Bemis paßte diesen Teil des Abends allein auf sich auf, doch nicht gerade mit überwältigendem Erfolg, denn gegen elf Uhr kam er voller Heiterkeit in unser Hotelzimmer und redete locker, zusammenhanglos und durcheinander, wobei er ab und zu ein malträtiertes Wort an den Wurzeln herausriß, das mehr Aufschluckser als Silben hatte. Dies, sowie der Umstand, daß er seinen Rock zur einen und seine Weste zur anderen Seite eines Stuhls auf die Erde hängen ließ und seine Hosen vor selbigem Sitzmöbel auf den Fußboden schichtete und dann mit abergläubischer Scheu das

Gesamtergebnis betrachtete und es schließlich als »*mir* zu hoch« erklärte und mit den Stiefeln ins Bett stieg, veranlaßte uns zu der Befürchtung, etwas, was er gegessen habe, sei ihm nicht bekommen.

Hinterher aber wußten wir, daß es etwas war, was er getrunken hatte. Und zwar war das der ausschließlich mormonische Labetrank »Valley Tan« gewesen. Valley Tan (oder zumindest eine Sorte davon) ist eine Art Whisky, beziehungsweise ist ersten Grades mit diesem verwandt und wird als mormonische Erfindung einzig und allein in Utah hergestellt. Der Überlieferung nach besteht er aus (importiertem) Feuer und Schwefel. Wenn ich mich recht erinnere, ließ Brigham Young in seinem Königreich keine öffentlichen Lokale zu, und die Gläubigen durften auch nicht privatim picheln, es sei denn, sie beschränkten sich auf »Valley Tan«.

Am nächsten Tag schlenderten wir überall durch die breiten, schnurgeraden, glatten Straßen und genossen das angenehm Fremde einer Stadt von fünfzehntausend Einwohnern, in der keine Herumlungerer zu sehen und keine Trunkenbolde oder Krakeeler zu bemerken waren. Statt einer schmutzigen Gosse rieselte und plätscherte durch jede Straße ein klares Bächlein; Block auf Block schmucker Häuser aus Fachwerk und Lehmziegeln – wohl hinter jedem ein ausgedehnter blühender Garten, in dem Abflüsse des Straßenbachs sich glitzernd zwischen den Beeten und Obstbäumen hindurchschlängelten – und ringsum und über dem Ganzen ein großartiges Fluidum von Sauberkeit, gutem Zustand, Gedeihen und Behaglichkeit. Und überall gab es Werkstätten, Fabriken und alle möglichen Gewerbe; wo man hinschaute, waren konzentrierte Gesichter und sich rührende Hände zu sehen, und in den Ohren hatte man das unablässige Klingen von Hämmern, das Gesumme des Handwerks und das zufriedene Surren von Walzen und Schwungrädern.

Der Wappenschmuck meines eigenen Staates besteht aus zwei liederlichen Bären, die beide den Deckel eines draufgegangenen Fasses hochhalten und treffend bemerken: »VEREINT WIR STEHEN – (hick!) – GETRENNT WIR FALLEN.«

Dem Verfasser dieses Buches ist das immer zu metaphorisch gewesen. Das mormonische Wappen dagegen war eindeutig. Es war unkompliziert, bescheiden und paßte haargenau: ein GOLDENER BIENENKORB mit lauter emsigen Bienen.

Die Stadt liegt am Rande einer Ebene von der Größe des Staates Connecticut und duckt sich unter der ausladenden Wand mächtiger Berge, deren Häupter sich in den Wolken verstecken und deren Schultern den ganzen Sommer lang Reste des Winterschnees tragen, ganz dicht an den Boden. Von einer dieser schwindelnden Höhen aus gesehen, zwölf bis fünfzehn Meilen entfernt, schrumpft Great Salt Lake City ein und wird klein, bis es an ein Spielzeugdorf erinnert, das unter dem majestätischen Schutz der Chinesischen Mauer ruht.

Auf einem der Berge im Südwesten regnete es seit zwei Wochen jeden Tag, auf die Stadt aber fiel nicht ein Tropfen. Und an heißen Tagen Ende Frühling und Anfang Herbst konnten die Bürger aufhören, sich zu befächeln und zu meckern, und konnten hinausgehen und sich abkühlen, indem sie sich dem Genuß hingaben, sich einen in den Bergen tobenden herrlichen Schneesturm anzuschauen. Während jener Jahreszeiten konnten sie ihn tagtäglich aus der Ferne genießen, ohne daß auf ihren Straßen oder sonstwo in ihrer Nähe Schnee fiel.

Salt Lake City war gesund – eine äußerst gesunde Stadt. Man erklärte uns, es gebe am Ort nur einen Arzt und der werde regelmäßig jede Woche arretiert und nach dem Vagabundengesetz angeklagt, weil er »keine sichtbaren Mittel, seinen Lebensunterhalt zu verdienen«, besäße. (An Wahrheit gaben sie dir in Salt Lake City allzeit gediegene, handfeste Ware und dazu gutes Gewicht und gutes Maß. Wenn du eine ihrer ungewichtigsten kleinen ganz alltäglichen Behauptungen abwiegen willst, brauchst du sehr oft gleich die Heuwaage dazu.)

Wir hatten so gern den berühmten Binnensee, das amerikanische »Tote Meer«, den großen Salt Lake – zu Pferd siebzehn Meilen von der Stadt –, sehen wollen und den ersten Teil unserer Reise über immerzu davon geträumt und daran gedacht und darüber gesprochen und uns danach gesehnt; aber jetzt, wo er bloß noch um Armeslänge weg war, interessierte er uns auf einmal so gut wie gar nicht mehr. Und so verschoben wir ihn allgemein auf morgen – und das war das letzte Mal, daß wir an ihn dachten. Wir aßen bei einigen gastfreundlichen Heiden zu Mittag und besichtigten den enormen Tempel und unterhielten uns lange mit dem nunmehr seligen pfiffigen Connecticut-Yankee Heber C. Kimball, einem Heiligen hohen Grades und mächtigen Mann im Wirtschaftsleben. Wir sahen das »Zehntenhaus« und das »Löwenhaus« und ich weiß nicht mehr was noch alles für Kirchen und Regierungsgebäude verschiedener Art und mit komischen Namen. Wir flitzten hierhin und dorthin und kosteten jede Stunde aus und schnappten eine ganze Menge nützlicher Belehrung und unterhaltsamen Unsinns auf und gingen abends zufrieden zu Bett.

Am zweiten Tag lernten wir den inzwischen verstorbenen Mr. Street kennen und zogen weiße Hemden an und gingen hin und statteten dem König einen Staatsbesuch ab. Dieser machte den Eindruck eines ruhigen, gütigen, gewandten, würdigen, selbstbeherrschten alten Gentleman um die Fünfundfünfzig oder Sechzig und hatte in den Augen eine leichte Geriebenheit, die dort wahrscheinlich hingehörte. Er war sehr einfach gekleidet und nahm, als wir eintraten, gerade einen Strohhut ab. Er sprach mit unserem Sekretär und gewissen Regierungsbeamten, die mit uns gekommen waren, über Utah und die Indianer und Nevada und allgemeine amerikanische Angelegenheiten und Fragen. Mich jedoch beachtete er überhaupt nicht, obgleich ich mehrere Versuche unternahm, ihn über die Bundespolitik und seine anmaßende Haltung gegenüber dem Kongreß auszuholen. Einiges von dem, was ich sagte, hielt ich für recht gut. Er aber guckte sich in sehr langen Zwischenräumen bloß nach mir um, ungefähr so, wie ich einmal eine gutmütige alte Katze sich umdrehen sah, um festzustellen, welches ihrer Jungen ihren Schwanz beim Wickel habe. Ich versank bald in indigniertes Schweigen und saß so bis zum Schluß da, hitzig und geladen und ihn innerlich als unwissenden Barbaren verfluchend. Er dagegen war gelassen. Seine Unterhaltung mit jenen Herren plätscherte so lieblich und friedvoll und wohltönend dahin wie ein Bach im Sommer. Als der Empfang beendet war und wir uns aus dem Audienzgemach zurückzogen, legte er mir die Hand auf den Kopf, lächelte bewundernd zu mir hinunter und sagte zu meinem Bruder:

»Ach – wohl Ihr Kleines? Junge oder Mädchen?«

VIERZEHNTES KAPITEL

Mormonische Vertragspartner · Wie Mr. Street sie befremdete · Wie Brigham Young die Sache regelte · Eine neue Sicht der Vielweiberei

Mr. Street hatte mit seiner Telegrafenleitung rege zu tun – und wenn man bedenkt, daß er acht- bis neunhundert Meilen zerklüfteter, schneebedeckter unbewohnter Berge und wasser- und baumloser Wüsten mit seinem Draht zu durchziehen hatte, war größte Regsamkeit auch natürlich und notwendig. Er konnte nicht gemütlich dahinziehen und sich die Masten gleich neben der Landstraße absägen, sondern sie mußten von Ochsengespannen quer durch jene Wüsten geschleppt werden – und in einigen war es von Wasser zu Wasser eine Zweitagesreise. Mr. Streets Vertrag stellte ein Riesenstück Arbeit dar, von welcher Seite man es auch betrachtete; doch zu begreifen, was die recht allgemeinen Worte »achthundert Meilen schroffer Berge und trostloser Wüsten« bedeuten, muß man so ein Stück dort persönlich zurücklegen – Tinte und Feder vermögen nicht, dem Leser die öde Wirklichkeit zu vermitteln. Aber die allergrößte Schwierigkeit war für Mr. Street etwas, womit er überhaupt nicht gerechnet hatte. Die schwierigste Hälfte seines großen Unternehmens war von ihm in Submission an Mormonen gegeben worden, und die überlegten sich ganz plötzlich, daß wenig oder gar nichts für sie herausspringe, und so warfen sie im Gebirge oder in der Wüste, wo es ihnen gerade einfiel, seelenruhig ihre Masten über Bord und fuhren nach Hause und wandten sich ihrer gewohnten Arbeit zu! Daß sie mit Mr. Street einen schriftlichen Vertrag geschlossen hatten, scherte sie keinen Deut. Sie erklärten, das möchten sie doch mal sehen, daß in Utah ein »Heide« einen Mormonen zwingt, einen verlustbringenden Kontrakt einzuhalten! Und sie machten sich über die Sache sehr lustig. Street sagte – denn er war es, der uns das alles erzählte:

»Ich kriegte es mit der Angst zu tun. Ich stand unter schweren Obligationen, meinen Vertrag in einer bestimmten Frist einzuhalten, und dieses Malheur sah sehr nach Ruin aus. Das jagte mir einen Schrecken ein; es war eine so gänzlich unvorhergesehene Schwierigkeit, daß ich völlig vor den Kopf gestoßen war. Ich bin Geschäftsmann – bin immer Geschäftsmann gewesen – kenne nichts anderes als Geschäfte – Sie können sich also vorstellen, daß mich fast der Schlag rührte, als ich merkte, daß ich mich in einem Lande befand, wo *schriftliche Verträge wertlos sind* – diese Hauptsicherheit, dieser Rettungsanker, diese absolute Notwendigkeit eines Geschäfts! Meine Zuversicht verließ mich. Neue Kontrakte zu machen, hatte keinen Zweck – das stand fest. Ich sprach erst mit einem, dann mit anderen prominenten Bürgern. Sie hatten alle Mitgefühl, wußten jedoch auch nicht, wie mir zu helfen sei. Zu guter Letzt aber sagte ein Heide: ›Gehen Sie mal zu Brigham Young – die kleinen Leute hier können doch nichts für Sie tun.‹ Ich hielt nicht viel von diesem Gedanken, denn wenn das *Gesetz* nicht imstande war, mir zu helfen, wie konnte es dann ein einzelner, der weder mit der Gesetzgebung noch mit dem Gesetzesvollzug etwas zu tun hatte? Er mochte ein sehr guter Patriarch einer Kirche und Prediger in ihrem Bethaus sein, aber um hundert widerspenstige, halbzivilisierte Submissionäre zu behandeln, dazu bedurfte es stärkerer Dinge als Religion und Überredung zu moralischem Handeln. Doch was sollte ich tun? Ich dachte mir, wenn Mr. Young auch sonst nichts unternehmen könne, wäre er vielleicht in der Lage, mir einen Rat und ein paar wertvolle Hinweise zu geben, und so ging ich geradenwegs zu ihm und legte ihm den ganzen Fall vor. Er sagte zwar sehr wenig, zeigte sich aber von Anfang an stark interessiert. Er prüfte sämtliche Papiere bis ins einzelne, und wenn irgendwo etwas wie eine Schlinge aussah, ob in den Schriftstücken oder in meinen Angaben, ging er zurück und nahm den Faden auf und verfolgte ihn geduldig, bis er verstanden hatte und befriedigt war. Dann legte er sich eine Liste mit den Namen der Vertragspartner an. Schließlich sagte er:

›Mr. Street, das ist alles völlig klar. Die Kontrakte hier sind ordentlich und rechtsgültig ausgestellt und richtig unterzeichnet und beglaubigt. Diese Männer sind sie einwandfrei offenen Auges eingegangen. Ich sehe nirgends einen Fehler oder eine Lücke.‹

Er wandte sich an einen am anderen Ende des Zimmers wartenden Mann und sagte: ›Bringen Sie diese Namensliste dem Soundso, und der soll dafür sorgen, daß die betreffenden Leute dann und dann hier sind.‹

Und sie waren da, pünktlich auf die Minute. Ich auch. Mr. Young stellte ihnen einige Fragen, und ihre Antworten bestätigten meine Angaben. Dann sagte er zu ihnen:

›Ihr habt diese Verträge unterschrieben und seid diese Verpflichtungen aus freien Stücken und freiem Willen eingegangen?‹

›Ja.‹

›Dann führt sie auch wortwörtlich aus, und wenn es euch an den Bettelstab bringt! Gehet hin!‹

Und ob sie hingingen! Sie bilden jetzt eine quer durch die Wüsten gehende Kette und arbeiten wie die Bienen. Und keiner von ihnen sagt mir mehr ein Wort. Wir haben hier zwar einen Haufen Gouverneure und Richter und sonstige Beamte, die man von Washington hergeschafft hat, und sie halten den Anschein einer republikanischen Regierungsform aufrecht – die steingewordene Wahrheit aber sieht so aus, daß Utah eine absolute Monarchie und Brigham Young König ist!«

Mr. Street war ein feiner Mensch, und ich glaube seine Geschichte. Ich war später in San Francisco mehrere Jahre gut mit ihm bekannt.

Unser Aufenthalt in Salt Lake City belief sich auf nur zwei Tage, und daher hatten wir keine Zeit, die üblichen Untersuchungen über die Auswirkungen der Vielweiberei vorzunehmen und die üblichen Statistiken und Schlußfolgerungen zusammenzustellen, um dann die Aufmerksamkeit der ganzen Nation wieder einmal auf die Angelegenheit zu lenken. Ich hatte es vorgehabt. Mit dem überschwenglichen Selbstbewußtsein der Jugend hatte ich danach gefiebert, mich kopfüber in die Sache zu stürzen und hier eine große Reform herbeizuführen – bis ich die Mormonenfrauen sah. Da war ich gerührt. Mein Herz war klüger als mein Verstand. Ich erwärmte mich für diese armen, plumpen und rührend unattraktiven Geschöpfe, und während ich mich abwandte, um das edelmütige Naß in meinen Augen zu verbergen, sagte ich: »Nein – der Mann, der eine von ihnen ehelicht, begeht eine Tat christlicher Nächstenliebe und verdient somit nicht den strengen Tadel, sondern den freundlichen Beifall der Menschheit – und der Mann, der mit sechzig von ihnen verheiratet ist, bekundet damit einen Edelmut von solcher Erhabenheit, daß die Völker in seiner Gegenwart unbedeckt und in stummer Anbetung dastehen müßten.« *

FÜNFZEHNTES KAPITEL

Bei den Heiden · Gespräche über Polygamie · Lieblingsfrau und vier minus · Hühnerstall für pensionierte Ehegespielinnen · Benötigte Kindermarkierung · Kosten einer Liebesgabe an Nr. 6 · Eine geschenkte Trillerpfeife und die Folgen · Bevaterung von Findelkindern · Ihm wie aus dem Gesicht geschnitten · Das Familienbett

Für aufregende Abendgeschichten über Meuchelmorde an halsstarrigen Heiden ist das ein köstliches Land. Ich kann

* Ein kurzer Abriß der Mormonengeschichte und ein Bericht über das berüchtigte Massaker auf den Mountain Meadows findet sich in den Anhängen A und B.

mir schwerlich etwas Behaglicheres vorstellen als die späte Stunde, die wir in Salt Lake City in einer Heidenbude verbrachten, wo wir Pfeife rauchten und erzählt bekamen, wie Burton mitten in die flehenden und hilflosen »Morisiten« hineingaloppierte und sie, Männer und Frauen, wie Hunde über den Haufen schoß. Und wie der Würgengel Bill Hickman die Bürger Drown und Arnold abknallte, weil sie ihn wegen einer Schuld gerichtlich verklagt hatten. Und wie Porter Rockwell diese und jene Schreckenstat verübte. Und wie unbedachte Leute oft nach Utah kommen und Bemerkungen über Brigham, die Polygamie oder eine andere heilige Angelegenheit machen, und bestimmt schon am andern Morgen, in irgendeiner Hintergasse liegend und zufrieden auf den Leichenwagen wartend, aufgefunden werden.

Und das Nächstinteressanteste ist, zu sitzen und diesen Heiden zu lauschen, wenn sie von der Vielweiberei erzählen und wie irgendein behäbiger alter Knacker von einem Ältesten oder Bischof ein Mädchen heiratet – Gefallen an ihr findet, ihre Schwester heiratet – Gefallen an ihr findet, eine zweite Schwester heiratet – Gefallen an ihr findet, noch eine nimmt – Gefallen an ihr findet, ihre Mutter heiratet – Gefallen an ihr findet, ihren Vater, Großvater, Urgroßvater heiratet und dann hungrig zurückkommt und noch mehr haben will. Und wie das naseweise Ding von elf Jahren unter Umständen Lieblingsfrau wird und ihre eigene ehrwürdige Großmutter bei dem gemeinsamen Ehemann weit hinten unter vier minus rangiert und höchstwahrscheinlich in der Küche schlafen muß. Und wie dieses Schreckliche, dieses Zusammenhausen von Mutter und Töchtern in einem unreinen Nest und das Erheben von jungen Töchtern über die eigene Mutter Dinge sind, denen sich die Mormonenfrauen unterwerfen, weil ihre Religion sie lehrt, daß je mehr Eheweiber ein Mann auf Erden hat und je mehr Kinder er großzieht, um so erhabener ihrer aller Platz in der künftigen Welt sein wird – und vielleicht auch um so wärmer, obwohl sie da nichts drüber zu sagen scheinen.

Nach dem Bericht dieser heidnischen Bekannten enthält Brigham Youngs Harem zwanzig bis fünfundzwanzig ren *Nummer* ich nicht einmal weiß, ohne in der Familienbibel nachzuschlagen. Sie sind weit und breit über die Berge und Täler meines Reiches verstreut. Und passen Sie auf, jede einzelne wird von dieser elenden Brosche hören, und bis zur letzten wird jede eine haben oder sterben wollen. Die Brosche von Nr. 6 wird mich zweitausendfünfhundert Dollar kosten, ehe ich ein Ende absehe. Und diese Geschöpfe werden die Broschen miteinander vergleichen, und wenn die eine um eine Nuance feiner ist als die andern, kriege ich sie alle wieder retour und muß eine neue Ladung bestellen, um in der Familie Frieden zu bewahren. Sie haben es wahrscheinlich nicht gemerkt, aber die ganze Zeit über, als Sie bei meinen Kindern gewesen sind, ist jede Ihrer Bewegungen von meinen wachsamen Dienern beobachtet worden. Hätten Sie einem Kind einen Zehner oder eine Zuckerstange oder eine ähnliche Kleinigkeit angeboten, wären Sie sofort aus dem Hause gezerrt worden, vorausgesetzt, daß es sich noch hätte machen lassen, bevor Ihre Gabe Ihre Hand verließ. Andernfalls hätten Sie meinen sämtlichen Kindern unbedingt ein haargenau gleiches Geschenk machen müssen – und da ich aus Erfahrung weiß, wie wichtig das ist, hätte ich dabeigestanden und eigenhändig dafür gesorgt, daß Sie es tun und daß Sie es gründlich tun. Einmal hatte jemand einem meiner Kinder eine Trillerpfeife gegeben – wahrhaftig eine Erfindung Satans, die mir ein unsagbarer Greuel ist, und Ihnen ginge es genauso, wenn Sie achtzig bis neunzig Kinder im Hause hätten. Doch die Tat war geschehen – und der Kerl entkommen. Ich wußte, was eintreten würde, und ich dürstete nach Rache. Ich schickte eine Schar Würgengel los, und sie jagten den Mann weit in die Bergfesten Nevadas hinein. Erwischt aber haben sie ihn nie. Ich bin kein Unmensch – bin nicht nachtragend, sofern man mich nicht zur Weißglut bringt –, aber wenn mir der unter die Finger gekommen wäre, so wahr mir Joseph Smith helfe, ich hätte ihn so lange ins Kinderzimmer gesperrt, bis die Gören ihn zu Tode getrillert hätten. Beim gemetzelten Leibe des heiligen Parley Pratt (den Gott freisprechen möge!), so etwas hat es auf Erden noch nicht gegeben! *Ich* wußte, wer dem Kind die Pfeife geschenkt hatte, aber die argwöhnischen Mütter konnte ich nicht dazu bewegen, mir zu glauben. Sie meinten, *ich* wäre es gewesen, und die Folge war genau das, was jeder denkende Mensch hatte voraussehen können: Ich mußte hundertundzehn Trillerpfeifen bestellen – mich deucht, wir hatten damals hundertundzehn Kinder im Haus, wovon aber jetzt einige fort auf dem Internat sind –, ich mußte hundertundzehn dieser schrillen Dinger bestellen, und ich will mein Augenlicht verlieren, wenn wir uns nicht bis zu der Zeit, wo die Kleinen die Pfeifen satt hatten, nur noch in der Zeichensprache unterhalten konnten. Und sollte noch einmal jemand einem meiner Kinder eine Trillerpfeife schenken, und ich kriege ihn zu fassen, hänge ich ihn höher auf als Haman! Ich meine das so ungeschminkt, wie ich es sage! Beim Schatten von Nephi! Sie machen sich kein Bild vom Eheleben. Ich bin reich, und jeder weiß das. Ich bin großzügig, und jeder zieht Vorteil daraus. Ich habe starke väterliche Gefühle, und man halst mir sämtliche Findlinge auf. Alle Frauen, die für ihren Herzenssprößling etwas tun wollen, zerbrechen sich den Kopf, um irgendeinen Plan auszutüfteln, wie sie ihn mir in die Hände spielen können. Kam da doch einmal eine Frau an mit einem Kind von merkwürdig toter Hautfarbe (wie sie auch die Frau hatte) und schwor Stein und Bein, das Kleine wäre meins und sie meine Gattin – ich hätte sie zu der und der Zeit an dem und dem Ort geehelicht, ihr wäre bloß ihre Nummer entfallen, und natürlich konnte ich mich nicht mehr an ihren Namen erinnern. Nun, sie machte mich darauf aufmerksam, daß mir das Kind wie aus dem Gesicht geschnitten sei, und es schien mir wirklich zu ähneln – was im Territorium etwas ganz Alltägliches ist –, und, um es kurz zu machen, ich nahm es in meine Krippe auf, und sie zog ab. Und beim Geiste von Orson Hyde, als sie diesem Kinde dann mal die Tünche abwuschen, war es ein Indianerbalg! Du lieber Gott, Sie haben ja keine Ahnung, was es heißt, verheiratet zu sein. Es ist ein Hundeleben – jawohl, das reinste Hundeleben. Geld zusammenhalten geht nicht. Ist unmöglich. Ich habe versucht, mir eine Garnitur Brautzeug für alle Gelegenheiten zu halten. Hat aber keinen Zweck. Das eine Mal heiratet man eine Mischung von Kaliko und Auszehrung, so dünn wie eine Bohnenstange, und das nächste Mal kriegt man ein Geschöpf, das nichts weiter ist als die verkleidete Wassersucht, und muß dann jenes Hochzeitsgewand mit einem alten Ballon anstückeln. So geht einem das. Und stellen Sie sich die Waschrechnung vor (verzeihen Sie diese Tränen): neunhundertundvierundachtzig Stück in der Woche! Nein, mein Lieber, Sparsamkeit, so etwas ist bei einer Familie wie der meinen nicht drin. Nehmen Sie nur mal den einen Posten der Wiegen! Und Wurmpulver! Zuckernuckel! Beißringe! Und ›Papas Ticktacks‹ für die Babys zum Spielen! Und Sachen zum Möbelzerkratzen! Und Streichhölzer zum Essen und Glasstückchen, damit sie sich schneiden können! Die Kosten für Glas allein reichten aus, Ihre Familie zu ernähren, wage ich zu behaupten. Und wenn ich noch so knapse und knausere, ich kann dennoch nicht so schnell vorankommen, wie ich meiner Meinung nach mit meinen Möglichkeiten vorankommen sollte. Himmel, was habe ich seinerzeit, als ich zweiundsiebzig Weibsen hier im Hause hatte, unter der Belastung gestöhnt, Tausende von Dollar in zweiundsiebzig Matratzen festliegen zu haben, wo das Geld doch hätte Zinsen bringen können; und da habe ich kurzerhand die ganze Einrichtung mit Verlust verkauft und ein sieben Fuß langes und sechsundneunzig Fuß breites Bett bauen lassen. Aber das war ein Fehlschlag. Ich konnte überhaupt nicht mehr schlafen. Alle zweiundsiebzig Frauen schienen mir nun gleichzeitig zu schnarchen. Der Lärm war ohrenbetäubend. Und dann die Gefahr dabei! Sie schwebte mir ständig vor Augen. Sie atmeten alle auf einmal ein, und man konnte wahrhaftig sehen, wie sie die Hauswände nach innen sogen – und wenn sie dann alle gleichzeitig ausatmeten, sah man die Wände sich nach außen blähen und weiten und hörte man die Dachsparren knacken und die Schindeln gegeneinanderknirschen. Mein Freund, nehmen Sie den Rat eines alten Mannes an und belasten Sie sich bloß nicht mit einer großen Familie – beherzigen Sie meine Worte. In einer kleinen Familie, und nur in einer kleinen

Familie, finden Sie die Behaglichkeit und den Seelenfrieden, welche das immerhin höchste Glück sind, das diese Welt uns zu geben vermag und für dessen Fehlen uns keine Anhäufung von Reichtum und kein Erwerb von Ruhm, Macht und Größe je entschädigen kann. Verlassen Sie sich darauf, zehn bis elf Frauen, mehr brauchen Sie nicht – gehen Sie nie darüber hinaus.«

Irgendein Instinkt sagte mir, dieser Johnson sei unzuverlässig. Und doch, er war ein sehr unterhaltsamer Mensch, und ich bezweifle, daß er manches von dem, was er uns vermittelte, aus anderer Quelle hätte haben können. Er stellte einen angenehmen Gegensatz zu diesen verschwiegenen Mormonen dar.

SECHZEHNTES KAPITEL

Die Mormonenbibel · Beweis ihrer göttlichen Herkunft · Plagiatentum ihrer Verfasser · Nephis Geschichte · Eine phantastische Schlacht · Die Katzen von Kilkenny übertroffen

Von der Mormonenbibel hat jeder schon gehört, aber mit Ausnahme der »Erwählten« haben wenige sie gesehen oder sich gar die Mühe gemacht, sie zu lesen. Ich habe mir aus Salt Lake City ein Exemplar mitgebracht. Das Buch ist für mich ein Kuriosum; es macht soviel von sich her und ist doch so »lahm«, so einschläfernd, solch ein Wirrwarr von schaler Eingebung. Es ist gedrucktes Chloroform. Wenn Joseph Smith dieses Werk verfaßt hat, dann war die Tat ein Wunder – daß er dabei wach blieb, war auf jeden Fall eins. Wenn er es, wie die Überlieferung besagt, bloß nach gewissen alten und geheimnisvoll gravierten Kupferplatten übersetzt hat, die er in einer abgelegenen Gegend unter einem Stein gefunden haben will, dann war die Arbeit des Übersetzens ebenso ein Wunder, und zwar aus demselben Grunde.

Das Buch ist allem Anschein nach nichts weiter als eine langatmige Schilderung imaginärer Geschichte nach dem

Vorbild des Alten Testaments, der eine ermüdende Nachahmung des Neuen Testaments folgt. Der Verfasser hat sich bemüht, seinen Worten und Sätzen den eigenartigen altmodischen Klang und Bau unserer König-Jakob-Bibelübersetzung zu verleihen, und herausgekommen ist dabei ein Zwitter – halb moderne Zungenfertigkeit und halb altertümliche Primitivität und Schwere. Die letzte ist unbeholfen und gezwungen, die erste zwar natürlich, durch den Kontrast aber grotesk. Immer wenn er merkte, daß seine Rede zu modern wurde – was ungefähr bei jedem bis jedem zweiten Satz der Fall war –, löffelte er ein paar biblische Floskeln mit hinein wie »über alle Maßen arg« – »und es begab sich« und so weiter und machte das alles wieder wett. »Und es begab sich« hatte er besonders ins Herz geschlossen. Hätte er das weggelassen, wäre seine Bibel nur ein Broschürchen geworden.

Die Titelseite lautet:

Das Buch Mormon
Ein Bericht
geschrieben von der Hand Mormons
auf Tafeln
den Platten Nephis entnommen

Und also ist dies Buch ein Abriß der Chronik des Volkes Nephi und auch der Lamaniten; geschrieben den Lamaniten, so da sind ein Rest des Hauses Israel, und auch den Juden und Heiden; geschrieben auf Geheiß sowie durch den Geist der Weissagung und Offenbarung. Geschrieben und versiegelt und beim Herrn verborgen, um nicht der Zerstörung anheimzufallen und um kraft der Gabe und Macht Gottes zur Übersetzung ans Licht zu kommen; versiegelt von der Hand Moronis und beim Herrn verborgen, um zur rechten Zeit über Heiden ans Licht zu kommen, darum daß die Übersetzung durch Gottes Gabe erfolge. Dazu auch ein dem Buche Ether entnommener Auszug, der eine Geschichte des Volkes Jared darstellt, welches zu der Zeit zerstreut ward, da der Herr die Sprache des Volkes verwirrte, als sie einen Turm baueten, den Himmel zu erreichen.

»Beim Herrn verborgen« ist gut. Desgleichen »und also« –

aber warum bloß »und also«? Jedes andere Wort hätte genauso gepaßt – allerdings nicht so biblisch geklungen.

Dann kommt

Das Zeugnis dreier Zeugen

Allen Völkern, Geschlechtern, Zungen und Leuten, zu denen dieses Werk gelanget, sei hiermit kundgetan, daß wir kraft der Gnade Gottes, des Vaters, und unseres Herrn Jesu Christi die Tafeln gesehen haben, so diese Chronik enthalten, welche ist eine Geschichte des Volkes Nephi und auch der Lamaniten, ihrer Brüder, gleichwie des Volkes Jared, welches von obgemeldetem Turme gekommen war; und wissen wir auch, daß sie vermittels der Gabe und Kraft Gottes übersetzt worden sind; denn Seine Stimme hat es uns verkündet; und also wissen wir für gewiß, daß das Werk wahr ist. Und zeugen wir ferner, daß wir gesehen haben, was auf den Tafeln eingegraben; und sie wurden uns gezeigt durch die Macht Gottes und nicht der Menschen. Und erklären wir ernsthaften Wortes, es kam nieder ein Engel Gottes vom Himmel, und er brachte und legte unsern Augen vor, daß wir die Tafeln samt dem darauf Eingegrabenen erblickten und schauten. Und wissen wir, es ist durch die Gnade Gottes, des Vaters, und unseres Herrn Jesu Christi, daß wir geschaut haben und Zeugnis ablegen, daß dies wahr ist; und das ist in unsern Augen gar wunderbar, gleichviel uns des Herrn Stimme befahl, des zu zeugen; um also den Geboten Gottes gehorsam zu sein, geben wir Zeugnis davon. Und wir wissen, wenn wir getreu sind in Christo, werden wir all unser Gewand vom Blute aller Menschen rein waschen und ohne Makel vor Christi Richtstuhl stehen, und auf ewiglich im Himmel leben mit Ihm. Und Ehre sei dem Vater und dem Sohne und dem Heiligen Geiste, welche sind ein Gott. Amen.

Oliver Cowdery
David Whitmer
Martin Harris

Es gibt Leute, denen muß eine ganze Welt von Beweisen angefahren werden, ehe sie halbwegs dahin kommen, etwas zu glauben; ich aber, wenn mir jemand erzählt, er habe gesehen, »was auf den Tafeln eingegraben«, und nicht nur das, sondern es sei damals auch ein Engel dagewesen, und habe gesehen, daß er sie gesehen habe, und sich womöglich noch eine Quittung darüber ausstellen lassen, dann bin ich schon weit auf dem Wege der Überzeugung, ganz gleich, ob ich von dem Mann schon einmal etwas gehört habe oder nicht, und selbst wenn ich weder den Namen des Engels weiß noch seine Nationalität kenne.

Danach folgt das hier:

Sowie auch das Zeugnis von acht Zeugen

Allen Völkern, Geschlechtern, Zungen und Leuten, zu denen dieses Werk gelanget, sei hiermit kundgetan, daß Joseph Smith jr., der Übersetzer dieses Werkes, uns die erwähnten Tafeln gezeigt hat, welche aussehen, als seien sie von Golde; und haben wir so viele Platten, als wie obgenannter Smith übersetzt hat, eigenhändig befühlt; und haben wir desgleichen, was auf selbigen eingeritzt, gesehen, welches dies alles das Aussehen altertümlicher Arbeit und eigentümlicher Ausführung hat. Und des zeugen wir ernsthaften Wortes, daß besagter Smith uns gezeigt hat, sintemalen wir geschaut und in der Hand gewägt haben und für gewiß wissen, daß obgenannter Smith die von uns erwähnten Tafeln erlanget hat. Und wir geben der Welt unsere Namen zu einem Zeugnis davon, was wir gesehen haben; und wir lügen nicht, des sei Gott Zeuge!

Christian Whitmer	Hiram Page
Jacob Whitmer	Joseph Smith sen.
Peter Whitmer jr.	Hyrum Smith
John Whitmer	Samuel H. Smith

Und habe ich mich schon so gut wie überzeugen lassen und es kommen acht Männer an, ob sie nun mit richtiger Grammatik schreiben oder nicht, und erzählen mir, sie hätten die Tafeln ebenfalls gesehen, und sie nicht nur gesehen, sondern auch »in der Hand gewägt«, dann bin ich *restlos* überzeugt. Ich könnte nicht überzeugter und beruhigter sein, wenn es die ganze Sippe Whitmer beglaubigt hätte.

Die Mormonenbibel besteht aus fünfzehn »Büchern«: Jakob, Enos, Jarom, Omni, Mosia, Zeniff, Alma, Helaman, Ether, Moroni, zweimal Mormon und dreimal Nephi.

Im ersten Buch Nephi findet sich ein Plagiat des Alten Testaments, das vom Auszug der »Kinder Lehi« aus Jerusalem berichtet und dann ihr acht Jahre währendes Umherirren in der Wildnis schildert sowie ihre übernatürliche Beschirmung durch einen der Ihrigen, einen gewissen Nephi. Schließlich erreichten sie das Land »Überfluß« und lagerten sich am Meer. Nachdem sie dort »geraume Zeit« – was mehr biblisch als genau ist – geblieben waren, wurde dem Nephi von oben geheißen, ein Schiff zu bauen, um darin »das Volk übers Wasser zu bringen«. Er travestierte Noahs Arche – hielt sich aber in puncto Methode an seine Befehle. Er vollendete das Schiff *an einem einzigen Tage,* während seine Brüder dabeistanden und sich darüber – wie auch über ihn – lustig machten »und sagten, unser Bruder ist ein Narr, denn er dünkt sich, er vermag ein Schiff zu bauen«. Sie warteten nicht erst, bis die Spanten trocken waren, sondern der ganze Stamm beziehungsweise die ganze Nation stach am nächsten Tag in See. Daß dann ein bißchen unverfälschte Natur durchbrach, verrät der kein Blatt vor den Mund nehmende Nephi mit biblischer Offenheit – alle Mann veranstalteten sie ein Saufgelage! Sie »sowie auch ihre Weiber wurden ausgelassen, denn sie huben an, zu tanzen und zu singen und gar rohe Reden zu führen; ja, sie betrugen sich über alle Maßen roh«.

Nephi versuchte, diesem skandalösen Treiben Einhalt zu gebieten; aber sie banden ihn von oben bis unten und machten weiter mit ihrem Fez. Doch man beachte, wie Nephi, der Prophet, sie mit Hilfe der unsichtbaren Mächte überlistete:

Und es begab sich, nachdem sie mich gebunden hatten, daß ich mich nicht bewegen konnte, daß der Kompaß nicht mehr wirkte, welchen der Herr bereitet hatte; und also wußten sie nicht, wohin sie sollten das Schiff steuern, dieweil sich ein großes Ungewitter erhob, ja, ein groß und schrecklich Ungestüm, und wir wurden drei Tage lang auf den Wassern zurückgetrieben; und sie fürchteten sich sehr, daß sie im Meere ertränken, und banden mich dennoch nicht los. Und am vierten Tage, den wir zurückgetrieben wurden, hub der Sturm an, über alle Maßen arg zu werden.

Und es begab sich, daß wir in Gefahr standen, in die Tiefe des Meeres verschlungen zu werden.

Da knüpften sie ihn los.

Und es begab sich, nachdem sie mich losgebunden hatten, siehe, da nahm ich den Kompaß, und er zeigte, wohin ich wollte. Und es begab sich, daß ich zum Herrn betete, und nachdem ich gebetet hatte, da legten sich die Winde und legte sich das Ungewitter, und es ward eine große Stille.

Mit ihrem Kompaß ausgerüstet, scheinen diese Alten Noah überlegen gewesen zu sein.

Ziel ihrer Reise war ein »verheißenes Land« – der einzige Name, den sie ihm geben. Sie kamen dort gut an.

Die Vielweiberei ist in der mormonischen Religion ein noch junges Merkmal und erst nach Joseph Smiths Tode von Brigham Young eingeführt worden. Zuvor galt sie als »Greuel«. Folgender Vers aus der Mormonenbibel findet sich im 2. Kapitel des Buches Jakob:

Denn sehet, so spricht der Herr, dies Volk nimmt zu an Sünden; es versteht die Schrift nicht; denn so es Hurerei treibt, sucht es sich herauszureden mit dem, was über David und Salomo geschrieben steht. Sehet, David und Salomo hatten wahrlich viele Weiber und Kebsweiber, welches ein Greuel vor mir war, spricht der Herr; und also, spricht der Herr, habe ich dies Volk kraft meines Armes aus dem Lande Jerusalem geführt, damit ich mir ein gerechtes Reis von der Frucht der Lenden Josephs ziehe. Und also leide ich, der Herr, es nicht, daß dies Volk es jenen von vor alters gleichtut.

Das Projekt schlug jedoch fehl – zumindest in seinem modern mormonischen Ausläufer – denn Brigham »leidet« es. Dieser Vers entstammt demselben Kapitel:

Sehet, die Lamaniten, eure Brüder, welche ihr um ihrer Unreinlichkeit und des Fluches hasset, der auf ihre Haut gekommen ist, sind gerechter als ihr, denn sie haben nicht das Gebot des Herrn vergessen, welches unsern Vätern gegeben ward, daß sie nicht mehr denn ein Weib haben sollten, und Kebsweiber sollten sie keine haben.

Der folgende Vers (aus dem 9. Kapitel des 3. Buches Nephi) enthält eine Kunde, die nicht jedermann bekannt sein dürfte:

Und es begab sich nun, als Jesus gen Himmel gefahren war, daß die Menge Volks sich verlief und ein jeglicher sein Weib und seine Kinder nahm und in sein Haus zurückkehrte.

Und es begab sich, daß am andern Morgen, als das Volk versammelt war, siehe, da waren Nephi und sein Bruder mit Namen Timotheus, welchen er von den Toten erweckt hatte, und auch sein Sohn mit Namen Jonas, auch Moroni und Mathoniha, sein Bruder, und Kumen und Kumenonhi und Jeremia und Schemnon und Jonas und Zedekia und Jesaja; dieses waren nun die Namen der Jünger, welche Jesus erwählt hatte.

Damit der Leser sehen kann, um wieviel großartiger und malerischer (in der Sicht dieser mormonischen Zwölf) eine der zartesten Episoden im Leben unseres Heilandes vor sich gegangen ist, als andere Augen bemerkt zu haben scheinen, zitiere ich aus demselben Buch Nephi dies:

Und es begab sich, daß Jesus zu ihnen redete und ihnen

befahl, sich zu erheben. Und sie erhoben sich von der Erde, und Er sprach zu ihnen: Selig seid ihr um eures Glaubens willen. Und nun sehet; meine Freude ist vollkommen. Und als Er diese Worte gesprochen hatte, da weinte Er, und die Volksmenge gibt davon Zeugnis, und Er nahm ihre kleinen Kinder eines nach dem andern und segnete sie und betete für sie zum Vater. Und nachdem Er also getan, weinte Er wieder, und Er sprach zu dem Volke und sagte: Sehet, eure Kindlein. Und wie sie hinschauten, richteten sie ihre Augen auf gen Himmel, und da erblickten sie den Himmel offen, und sie sahen Engel aus dem Himmel herniederfahren wie inmitten von Feuer; und sie kamen herab und umringten jene Kindlein, und sie waren von Feuer umgeben, und die Engel dienten ihnen, und das Volk hat es wohl geschaut und gehört und gibt davon Zeugnis und weiß, daß sein Zeugnis wahr ist; denn sahen und hörten es doch alle, ein jeglicher für sich, und sie zählten an die zweitausendundfünfhundert Seelen, bestehend aus Männern, Frauen und Kindern.

Woraus hätten sie denn sonst bestehen können?

Das Buch Ether ist ein unbegreiflicher Mischmasch von »Geschichte«, zumeist Schlachten und Belagerungen unter Völkern, von denen der Leser wahrscheinlich noch nie etwas gehört hat und die ein Land bewohnten, das in der Geographie gar nicht verzeichnet ist. Es gab da einen König mit dem beachtlichen Namen Coriantumr, und er bekriegte sich mit Schared und Lib und Schiz und anderen, und zwar im »Gefilde Heschlon« und im »Tale Gilgal« und in der »Wüste Akisch« und im »Lande Moran« und im »Gefilde Agosch« und in »Ogath« und in »Rama« und im »Lande Corihor« und am »Hügel Comnor« und an den »Wassern des Ripliankum« und so weiter und so fort. »Und es begab sich«, als Coriantumr nach vielem Gekämpfe bei der Berechnung seiner Verluste feststellte, »daß zwei Millionen kräftiger Männer erschlagen waren nebst ihren Frauen und Kindern« – sagen wir, ingesamt 5 000 000 bis 6 000 000 Menschen – »und es fiel sein Herz in Trauer«. War zweifellos Zeit. Also schrieb er an Schiz und bat um Einstellung der Feindseligkeiten und machte sich erbötig, sein Königreich herzugeben, um sein Volk zu retten. Schiz lehnte ab, es sei denn unter der Bedingung, Coriantumr käme an und ließe sich erst einmal von ihm den Kopf absäbeln – wozu Coriantumr aber keine Lust hatte. Danach gab es eine Zeitlang weiteres Bekriegen. Dann widmeten sie *vier Jahre* dem Sammeln der Streitmächte für den Endkampf – worauf eine Schlacht folgte, von der ich annehme, daß sie die bemerkenswerteste der ganzen Geschichte ist – ausgenommen vielleicht die der Katzen von Kilkenny, an die sie in manchem erinnert. Hier der Bericht über das Sammeln und die Schlacht:

7. Und es begab sich, daß sie alles Volk im ganzen Lande zuhauf sammelten, das nicht erschlagen war, Ether allein ausgenommen. Und es begab sich, daß Ether all dies Treiben sah; und er sah, die, welche für Coriantumr waren, wurden zum Heere von Coriantumr gesammelt, und die, welche für Schiz waren, wurden zum Heere von Schiz gesammelt, und also sammelten sie vier Jahre lang alles Volk zuhauf, auf daß sie die Bewohner des Landes alle bekämen und auf daß sie alle Kriegsmacht erhielten, die sie erhalten konnten. Und als sie sich alle mit ihren Weibern und Kindern zuhauf versammelt hatten, ein jeglicher zu dem Heere, zu welchem er wollte, allesamt, Männer, Frauen und Kinder, mit Kriegswaffen gerüstet und mit Schilden und Brustharnischen und Helmen versehen und nach Kriegerart gekleidet, begab es sich, daß sie widereinanderzogen, zu streiten; und sie fochten den ganzen Tag lang und obsiegten nicht. Und es begab sich, als es Abend ward, daß sie müde wurden und sich in ihre Lager zurückzogen; und dortselbst huben sie groß Heulen und Wehklagen an um die Erschlagenen ihres Volkes, und ihr Geschrei und Geheul und Wehklagen war so groß, daß es über alle Maßen schier die Luft zerriß. Und es begab sich, daß sie am andern Morgen wieder zur Schlacht zogen, und war der Tag groß und schrecklich, dennoch obsiegten sie nicht, und als es wiederum Abend ward, zerrissen sie mit ihrem Ge-

schrei und ihrem Geheul und ihrer Trauer um die Erschlagenen ihres Volkes die Luft.

8. Und es begab sich, daß Coriantumr abermals einen Brief an Schiz schrieb, er möge nicht wieder zum Streite antreten, sondern das Königreich nehmen und seines Volks Leben schonen. Aber siehe, da hatte der Geist des Herrn aufgehört, mit ihnen zu ringen, und der Satan hatte volle Macht über die Seelen der Leute, denn sie waren ihrer Herzenshärte und ihrer Geistesverblendung hingegeben, daß sie zugrunde gingen; und also traten sie wiederum zum Streite an. Und es begab sich, daß sie den ganzen Tag lang kämpften, und als der Abend hereinbrach, schliefen sie auf ihren Schwertern; und am andern Morgen fochten sie gar bis gen Abend; und als der Abend kam, waren sie trunken vom Zorne, so wie der Mensch trunken wird vom Wein; und sie schliefen wiederum auf ihren Schwertern, und am andern Morgen kämpften sie abermals; und als es Abend ward, da waren alle durch das Schwert gefallen bis auf zweiundfünfzig des Volkes Coriantumr und neunundsechzig des Volkes Schiz. Und es begab sich, daß sie die Nacht auf ihren Schwertern schliefen, und am andern Morgen kämpften sie weiter, und sie stritten gar machtvoll mit ihren Schwertern und Schilden den ganzen Tag, und als der Abend kam, waren da zweiunddreißig vom Volke Schiz und siebenundzwanzig vom Volke Coriantumr.

9. Und es begab sich, daß sie aßen und schliefen und sich für den Morgen zum Tode bereiteten. Und sie waren groß und stark an Manneskraft. Und es begab sich, daß sie drei Stunden lang kämpften, und sie wurden durch Blutverlust ohnmächtig. Und es begab sich, als die Mannen Coriantumrs genügend Kraft gewonnen hatten, um laufen zu können, daß sie um ihr Leben fliehen wollten, aber siehe, Schiz erhob sich mit den Seinen, und er schwur in seinem Zorn, er wolle Coriantumr erschlagen oder durchs Schwert umkommen; und also verfolgte er sie, und am andern Morgen holte er sie ein; und sie stritten wiederum mit dem Schwerte. Und als sie alle durchs Schwert gefallen waren außer Coriantumr und Schiz, siehe, da ward Schiz

durch Blutverlust ohnmächtig. Und es begab sich, nachdem Coriantumr sich auf sein Schwert gestützt hatte, um zu ruhen, daß er Schiz das Haupt abschlug. Und es begab sich, nachdem er Schiz das Haupt abgeschlagen hatte, daß Schiz sich auf die Hände erhob und niederfiel; und nachdem er nach Atem gerungen hatte, ließ er das Leben. Und es begab sich, daß Coriantumr zu Boden fiel und wie leblos wurde. Und der Herr sprach zu Ether und sagte ihm: Gehe hin. Und er ging hin und sah, die Worte des Herrn waren alle erfüllt; und er endigte seine Chronik, und ich habe nicht den hundertsten Teil aufgeschrieben.

Eigentlich schade, daß er nicht fertig geworden ist, denn nach all seinen vorausgegangenen öden Kapiteln voll abgedroschener Geschichten hörte er gerade auf, als er Gefahr lief, interessant zu werden.

Die Mormonenbibel ist ziemlich stupide und langweilig zu lesen, doch enthalten ihre Lehren nichts Böses. Gegen ihren Sittenkodex ist nichts einzuwenden – wo er doch stillschweigend aus dem Alten Testament »geklaut« * ist.

SIEBZEHNTES KAPITEL

Dreiseitig beantwortete Fragen · Alles einen Vierteldollar · Eingeschrumpft · Auswanderer und weiße Hemden unter pari · »Neunundvierziger« über pari · Wahres Glück

Als unsere zwei Tage um waren, verließen wir Great Salt Lake City frohgemut und wohlgenährt und glücklich – körperlich in prächtiger Verfassung, in bezug auf die »Mormonenfrage« aber wohl nicht sehr viel klüger als vor unserem Besuch. An »Auskünften« verfügten wir natürlich über weit mehr als zuvor, bloß wir wußten nicht, welche davon verläßlich waren und welche nicht – denn wir hatten sie alle von Tagesbekanntschaften, genau-

* Milton.

genommen von Wildfremden. Zum Beispiel erzählte man uns, das schreckliche »Massaker auf den Mountain Meadows« sei ausschließlich das Werk der Indianer gewesen und die Heiden versuchten gemeinerweise, es den Mormonen in die Schuhe zu schieben; genauso wurde uns erzählt, zur Hälfte seien die Indianer und zur Hälfte die Mormonen schuld gewesen; und ebenso erzählte man uns, die Verantwortung für dieses so ungeheuer verräterische und erbarmungslose Gemetzel hätte so gut wie einzig und ausschließlich bei den Mormonen gelegen. Wir bekamen die Geschichte in all diesen unterschiedlichen Formen vorgesetzt, doch erst mehrere Jahre später kam Mrs. Waiters Buch »Der mormonische Prophet« mit Richter Cradlebaughs Verhandlung gegen die Beschuldigten heraus und enthüllte die Wahrheit, nämlich daß die dritte Version stimmte und die Mormonen doch die Mörder waren. Unsere »Auskünfte« waren alle dreiseitig, und so gab ich den Gedanken auf, ich könnte die Mormonenfrage in zwei Tagen klären. Doch ich habe schon Zeitungskorrespondenten erlebt, die es in einem taten.

Ich verließ Salt Lake City in reichlicher Verwirrung über die dort bestehenden Verhältnisse – und manchmal fragte ich mich sogar, ob denn dort überhaupt Verhältnisse beständen. Zu meiner Erleichterung aber ging mir dann schließlich auf, daß wir dort doch ein paar Kleinigkeiten erfahren hatten, auf die wir uns verlassen konnten; also waren die zwei Tage nicht gänzlich verloren. Zum Beispiel hatten wir ausfindig gemacht, daß wir uns endlich in absoluter und greifbarer Wirklichkeit in einem Pionierland befanden. Die hohen Preise, die für Kleinkram verlangt wurden, sprachen von hohen Frachtgebühren und verblüffenden Transportstrecken. Im Osten war zu jener Zeit das kleinste Zahlungsmittel ein Penny, und er stellte die kleinste käufliche Warenmenge dar. Westlich von Cincinnati war die kleinste in Gebrauch befindliche Münze das silberne Fünf-Cent-Stück, und es konnte keine kleinere Menge von einem Artikel gekauft werden als »für 'n Fünfer«. In Overland City schien das niedrigste Geldstück der Zehner zu sein, in Salt Lake City jedoch war allem Anschein nach kein Geld unter einem Vierteldollar im Umlauf beziehungsweise keine kleinere Menge einer Ware als für fünfundzwanzig Cent zu haben. Wir waren seit jeher an Fünf-Cent-Stücke und das »für 'n Fünfer« als Minimum bei finanziellen Verhandlungen gewöhnt, doch in Salt Lake City, wenn man da eine Zigarre haben wollte, machte das einen Vierteldollar; wollte man eine Tonpfeife, machte das einen Vierteldollar; wollte man einen Pfirsich oder eine Kerze oder eine Zeitung oder einmal Rasieren, bitte, oder ein bißchen Heidenwhisky, um sich gegen Magenverstimmung und als Vorbeugungsmittel gegen Zahnschmerzen die Hühneraugen damit einzureiben, kostete das jedesmal fünfundzwanzig Cent. Wenn wir uns gelegentlich die Geldkatze mit den Silberlingen ansahen, schienen wir unser Vermögen zu verprassen, doch wenn wir in der Spesenbilanz nachrechneten, war ersichtlich, daß wir nichts dergleichen getan hatten. Doch man söhnt sich leicht mit großem Geld und großen Preisen aus und gewinnt beide gern und wird darin eitel – es ist der Abstieg zu kleinen Münzen und billigen Preisen, der am schwersten zu ertragen ist und der am langsamsten unsere Duldung gewinnt. Nach einem Monat Bekanntschaft mit dem Vierteldollar-Minimum ist der Durchschnittsmensch bereit, jedesmal schamrot zu werden, wenn er an seine verächtlichen Fünf-Cent-Tage denkt. Was habe ich im flitterhaften Nevada immer für einen Sonnenbrand vor Erröten bekommen, wenn ich an mein erstes finanzielles Erlebnis in Salt Lake City dachte. Es verlief dergestalt (was ein Lieblingsausdruck großer Schriftsteller und auch sehr gewandt ist, wenngleich ich es auch noch niemand habe *sagen* hören): Ein junges Halbblut mit einem Teint wie eine Gallwespe fragte mich, ob ich meine Stiefel geputzt haben möchte. Das war vor dem Salt-Lake-Hotel, am Morgen nach unserer Ankunft. Ich bejahte, und er wichste sie mir blank. Mit der wohlwollenden Miene eines Menschen, der Reichtum und Seligkeit an Not und Armut austeilt, reichte ich ihm dann ein silbernes Fünf-Cent-Stück. Die Gallwespe nahm dieses mit, wie ich zu vermeinen glaubte, unterdrückter Rührung an, legte es ehrfürchtig in die Mitte ihrer breiten Hand und guckte es sich dann langsam an, fast so wie ein Philosoph ein Mückenohr auf dem geräumigen Objekttisch seines Mikroskops betrachtet. Mehrere Gebirgler, Fuhrleute, Postillione und so weiter kamen heran und gesellten sich dem Gruppenbild zu und begannen das Geld mit jener attraktiven Nonchalance in Augenschein zu nehmen, die den kühnen Pionier auszeichnet. Schließlich gab mir die Gallwespe den Fünfer mit dem Bemerken zurück, ich solle mein Geld lieber im Portemonnaie statt im Herzen aufbewahren, dann würde es nicht so eingeengt werden und so einschrumpfen!

Gab das ein schallendes ordinäres Gelächter! Ich vernichtete den Bastard auf der Stelle, doch die ganze Zeit über, wo ich ihm den Skalp abzog, mußte ich immer wieder lächeln, denn für einen »Injaner« war es wirklich gut, was er gesagt hatte.

Jawohl, in Salt Lake City lernten wir, uns gepfefferte Preise abverlangen zu lassen, ohne das inwendige Entsetzen nach außen dringen zu lassen – denn aus dem Ton der Gespräche von Postillionen, Schirrmeistern und Pferdeburschen und schließlich auch der Bürger von Salt Lake City hatten wir bereits herausgehört und mitbekommen, was uns nun völlig bewußt wurde, nämlich daß diese überlegenen Wesen die »Auswanderer« verachteten. Wir erlaubten unseren Mienen kein verräterisches Schaudern und Zusammenzucken mehr, denn wir wollten wie Pioniere wirken oder wie Mormonen, Halbblute, Fuhrleute, Postillione, Mountain-Meadows-Mörder – wie sonst etwas auf der Welt, was in der Prärie und in Utah Achtung und Bewunderung genoß –, und wir schämten uns jämmerlich, »Auswanderer« zu sein, und bedauerten es, daß wir weiße Hemden hatten und in Gegenwart von Damen nicht fluchen konnten, ohne dabei wegzugucken.

Und später in Nevada hatten wir so manches Mal Gelegenheit, uns mit Demütigung daran zu erinnern, daß wir »Auswanderer« und folglich eine niedere und untergeordnete Menschenklasse waren. Vielleicht hat der Leser Utah, Nevada oder Kalifornien sogar in jüngster Zeit besucht, und es sind ihm, während er sich im Selbstgespräch über die traurige Absperrung dieser Länder von dem erging, was er als »die Welt« ansieht, die Flügel durch die Feststellung beschnitten worden, daß *er* derjenige ist, welcher Anteilnahme verdient, und daß es rings um ihn ganze Völkerscharen gibt, die geneigt und willens sind, ihm selbige zu schenken – ja dies bereits wohlgefällig tun, wohin er auch seine Schritte lenkt. Der arme Kerl; sie machen sich über seinen Hut lustig und über den Schnitt seines New-Yorker Rocks und über seine gewissenhafte Grammatik und über seine schwachen Flüche und über seine zum Totlachen komische Unwissenheit über Erze, Schächte, Stollen und dergleichen Dinge, die er nie zuvor gesehen hat und die ihn nie genügend interessiert haben, um etwas darüber zu lesen. Und die ganze Zeit, wo er denkt, was für ein trauriges Los es doch sei, in dieses ferne Land, diesen einsamen Himmelsstrich, verbannt zu sein, sehen die Bürger ringsum mit einem vernichtenden Mitleid auf ihn herab, weil er ein »Auswanderer« ist und nicht eines jener stolzesten und glücklichsten Geschöpfe von der ganzen Welt, ein »Neunundvierziger«.

Es begann nun wieder unser gewohntes Leben in der Kutsche, und gegen Mitternacht schien es uns fast, als hätten wir unser gemütliches Logis zwischen den Postsäcken überhaupt niemals verlassen. Eines jedoch war anders geworden: Wir hatten uns mit so viel Brot, gekochtem Schinken und hartgekochten Eiern eingedeckt, daß es für das Doppelte der sechshundert Meilen Fahrt gereicht hätte, die noch vor uns lagen.

Und wie gemütlich es während der folgenden Tage dann war, sich aufzusetzen und das unter uns ausgebreitete majestätische Panorama von Bergen und Tälern anzuschauen und Schinken und hartgekochte Eier zu essen, während unser Geist abwechselnd in Regenbogen, Gewittern und unvergleichlichen Sonnenuntergängen schwelgte! Nichts macht eine Landschaft so bekömmlich wie Schinken und Eier. Schinken und Eier und danach ein Pfeifchen – ein eingerauchtes, üppig schmauchendes, köstliches Pfeifchen – Schinken und Eier und Landschaft, eine Bergabstrecke, eine dahinpreschende Kutsche, ein aromatisch riechendes Pfeifchen und ein zufriedenes Herz – das ist das wahre Glück. Darum haben alle Zeitalter gerungen.

ACHTZEHNTES KAPITEL

Alkaliwüste · Entzauberte Romantik · Alkalistaub · Wirkung auf die Maultiere · Allgemeines Frohsein

Um acht Uhr früh erreichten wir die Reste und Ruinen der ehemals bedeutenden Militärstation »Camp Floyd«, zirka fünfundvierzig bis fünfzig Meilen hinter Salt Lake City. Nachmittags um vier hatten wir unsere Entfernung verdoppelt und befanden uns schon neunzig bis hundert Meilen von der Stadt weg. Und nun kamen wir in jene Sorte Wüste, deren geballte Abscheulichkeit die diffusen und unbestimmten Schrecken der Sahara weit in den Schatten stellt – eine *Alkaliwüste.* Auf achtundsechzig Meilen wurde sie an nur einer einzigen Stelle unterbrochen. Ich weiß nicht mehr genau, ob das wirklich eine Unterbrechung war, ja, mir scheint, es war nichts weiter als ein Wasserdepot *genau in der Mitte* einer achtundsechzig Meilen langen Strecke. Wenn mich mein Gedächtnis nicht täuscht, gab es dort keinen Brunnen und keine Quelle, sondern das Wasser wurde mit Maultier- und Ochsengespannen vom jenseitigen Wüstenrand hergeschleppt. Es befand sich dort ein Pferdeposten. Er lag fünfundvierzig Meilen vom Anfang und dreiundzwanzig Meilen vom Ende der Wüste ab.

Wir zuckelten und schleppten und tappten uns die liebe lange Nacht voran, und als diese ungemütlichen zwölf Stunden vorbei waren, hatten wir den Fünfundvierzig-Meilen-Teil der Wüste geschafft und den Pferdeposten erreicht, wo das wichtige Wasser war. Die Sonne ging soeben auf. Es war leicht genug gewesen, eine Wüste zu durchqueren, während wir geschlafen hatten, und es war am Morgen ein angenehmer Gedanke, daß wir wirklich und leibhaftig einer absoluten Wüste begegnet waren und von nun an vor Unwissenden stets als Wüstenexperten reden konnten. Und daß dies keine unbekannte Provinzwüste war, sondern eine ganz berühmte, sozusagen *die* Wüste. Das war alles sehr schön und sehr behaglich und befriedigend – aber nun sollten wir eine Durchquerung bei *hell-lichtem Tage* unternehmen. Das war herrlich – neu – romantisch – kribbelnd abenteuerlich – *dafür* lohnte es sich zu leben, lohnte es sich zu reisen! Wir würden alles darüber nach Hause schreiben.

Diese Begeisterung, dieser entschlossene Erlebnisdrang welkte unter der schwülen Augustsonne dahin und hielt sich nicht länger als eine Stunde. Eine armselige kleine Stunde – und dann schämten wir uns, daß wir so »geschwärmt« hatten. Die Poesie lag nur in der Vorfreude – die Wirklichkeit war alles andere als poetisch. Man stelle sich ein ungeheures wellenloses Meer vor, abgestorben und zu Asche geworden; man stelle sich diese grabesernste Einöde mit aschenbestäubten Salbeibüschen betupft vor; stelle sich die leblose Stille und Einsamkeit vor, die zu so einem Ort gehören; stelle sich eine Kutsche vor, die mitten durch diese uferlose Weite krabbelt und geballte Staubmassen aufwirbelt, als sei sie ein mit Dampf betriebener Käfer; man stelle sich die schmerzende Eintönigkeit vor, wie dieses Mühen und Plagen Stunde um Stunde weitergeht und das Ende scheinbar immer noch so weit weg wie eh und je ist; stelle sich das Gespann, den Postillion, die Kutsche und die Fahrgäste so dick mit Asche bestreut vor, daß sie alle dieselbe farblose Farbe haben; man stelle sich die Flugasche auf den Schnurrbärten und Augenbrauen vor, die sich dort niedergelassen hat wie Schnee auf Zweigen und Büschen – das ist die Wirklichkeit.

Die Sonne drückt mit äußerster, Blasen treibender, unnachgiebiger Bosheit; der Schweiß bricht aus allen Poren von Mensch und Tier, doch kaum ein Anzeichen davon dringt an die Oberfläche – er wird schon vorher aufgesaugt; nicht der leiseste Hauch einer Luftbewegung; nicht ein barmherziger Wolkenfetzen am strahlenden Himmel; kein einziges Lebewesen zu sehen, in welche Richtung man auch die öde Ebene absucht, die ihre einförmigen Meilen nach allen Seiten hin erstreckt; kein Laut – kein Seufzer –

kein Geflüster – kein Gesumm oder Flügelgeschwirr oder fernes Vogelgezwitscher – nicht einmal ein Schluchzer von den verlorenen Seelen, die zweifellos diese leblose Luft bevölkern. Und so dringen das gelegentliche Niesen der ruhenden Mulis und ihr Kauen am Gebiß des Zaums grell in dieses grimmige Schweigen ein, was den Zauber aber nicht löst, sondern nur betont, und man kommt sich noch einsamer und verlassener vor.

In festgesetzten Abständen legten unsere Maultiere unter der Einwirkung von heftigen Flüchen, von Zureden und von Peitschengeknall einen Spurt ein und zerrten die Kutsche hundert, vielleicht auch zweihundert Yard weiter, wobei sie wogende Staubwolken aufwirbelten, die den Wagen bis zur Radhöhe oder noch weiter einhüllten, so daß er in einem Nebel zu treiben schien. Dann folgte eine Ruhepause mit dem üblen Niesen und Gebißkauen. Dann wieder ein Spurt von hundert Yard und anschließend wieder eine Rast. So ging das den ganzen Tag, ohne daß wir Wasser für die Mulis hatten oder auch nur einmal das Gespann wechselten. Zumindest ging es zehn Stunden lang, was meiner Meinung nach ein Tag ist und in einer Alkaliwüste ein reichlich rechtschaffener Tag dazu. Er dauerte von vier Uhr morgens bis nachmittags um zwei. Und war so heiß! Und so schwül! Und unsere Wasserflaschen gingen schon mittags zu Ende, und wir bekamen solchen Durst! Es war ja so langweilig und stumpfsinnig und öde! Und die eintönigen Stunden schleppten sich so zögernd und hinkend und so grausam bedächtig dahin! Es ging so auf die Nerven, seine Uhr ein gutes langes Stück unbehelligt zu lassen und sie dann hervorzunehmen und festzustellen, daß sie die Zeit vergeudete und sich gar keine Mühe gab, ihr Beine zu machen! Der Alkalistaub schnitt in unsere Lippen, drang in unsere Augen, fraß sich durch die empfindlichen Schleimhäute und brachte unsere Nasen zum Bluten und hielt sie gleichzeitig vom Bluten ab – und alle Romantik verblaßte und verschwand endgültig, und der Wüstentrip war nur noch rauhe Wirklichkeit – durstige, sengende, sehnsuchtserfüllte, verhaßte Wirklichkeit!

Zehn Stunden lang zweieinviertel Meilen in der Stunde –

das war unsere ganze Leistung. Es fiel schwer, das Begriffsvermögen auf die Ebene eines solchen Schneckentempos hinunterzubringen, wo wir doch gewohnt waren, acht und zehn Meilen in der Stunde zu schaffen. Als wir die Station am anderen Ende der Wüste erreichten, freuten wir uns zum erstenmal, daß wir das Lexikon mithatten, denn in einem anderen Wörterbuch als einem Großen Sprachlexikon mit Bildern hätten wir nie die Worte gefunden, um auszudrücken, wie froh wir waren. Um aber auszudrücken, wie müde unsere Mulis nach ihrem Dreiundzwanzig-Meilen-Treck waren, dazu hätten sich in einer ganzen Bibliothek von Wörterbüchern nicht genügend Worte auftreiben lassen. Und wollte man dem Leser gar eine Vorstellung davon geben, wie *durstig* sie waren, so hieße das »vergülden feines Gold, die Lilie malen«.

Jetzt, wo es dasteht, scheint dieses Zitat nicht mehr recht zu passen – doch lassen wir es trotzdem stehen. Ich finde es anmutig und wirkungsvoll und habe darum ständig versucht, es irgendwo anzubringen, wo es *wirklich* hinpaßt, was mir aber noch nicht gelungen ist. Dieses Bestreben hat meinen Geist in Unruhe und Unbehagen versetzt, und meine Erzählung wirkt dadurch an manchen Stellen wohl uneben und verworren. Unter diesen Umständen halte ich es für am besten, es an obiger Stelle zu belassen, da es zumindest einen zeitweiligen Aufschub von der Anstrengung gewährt, zu diesem wirklich treffenden und schönen Zitat »hinzuführen«.

NEUNZEHNTES KAPITEL

Die Goshoot-Indianer verglichen mit den Buschmännern · Womit sie sich ernähren, wie sie leben und wes Geistes Kind sie sind · Feiger Überfall auf eine Postkutsche · Ein tapferer Postillion · Der »edle Wilde«

Am Morgen des sechzehnten Tages, den wir seit St. Joseph unterwegs waren, erreichten wir den zweihundertfünfzig

Meilen hinter Salt Lake City liegenden Eingang zum Rocky Cañon. Irgendwo in diesem wilden Lande, fernab von jeglichem weißen·Wohnsitz, die Pferdeposten ausgenommen, begegneten wir dem niedrigsten Menschenschlag, der mir bis zum heutigen Tage jemals vor Augen gekommen ist. Ich meine die Goshoot-Indianer. Nach allem, was wir sahen und erfuhren, stehen sie sogar noch weit, weit unter den verachteten Digger-Indianern Kaliforniens, unter sämtlichen auf unserem Kontinent lebenden Wilden, ja noch unter den Feuerländern, unter den Hottentotten und in mancher Hinsicht selbst unter den afrikanischen Kytchen. Ich habe mich doch tatsächlich genötigt gesehen, die umfangreichen Bände von Woods »Unzivilisierte Menschenvölker« von vorn bis hinten zu durchsuchen, um einen Wildenstamm zu finden, der genügend tief steht, mit den Goshoots auf einer Stufe zu rangieren. Ich finde nur ein einziges Volk, auf das dieses schmachvolle Urteil einigermaßen zutrifft. Das sind die Bosjesmans (Buschmänner) in Südafrika. Die Goshoots, die wir entlang der Straße und an den Stationen herumlungern sahen, waren kleine, dürre, »spillerige« Kreaturen von stumpfschwarzer Hautfarbe, wie sie der gewöhnliche amerikanische Neger hat, und mit einem, je nach Alter des Besitzers, seit Monaten, Jahren, ja Generationen angehäuften und gehorteten Schmutz im Gesicht und an den Händen; ein verschwiegenes, verstohlenes, verräterisches Volk; genau wie all die anderen »edlen Rothäute«, über die wir (nichts) lesen, heimlich alles beobachtend, und in ihren Gesichtern kein Anzeichen davon verratend; träge, von ewig dickem Fell und ewiger Ausdauer wie alle Indianer; Bettler ohne jeden Stolz – denn ein Indianer, bei dem vergessen worden wäre, den Trieb zum Betteln einzubauen, »ginge« genausowenig wie eine Uhr ohne Pendel; hungrig, immerzu hungrig und nichts ablehnend, was die Schweine fressen, doch oft essend, was ein Schwein zurückweisen würde; Jäger, aber ohne höheren Ehrgeiz, als Eselshasen, Grillen und Heuschrecken zu töten und zu verzehren und Geiern und Kojoten Aas zu unterschlagen; Wilde, die, wenn man sie fragt, ob sie den allgemeinen indianischen

Glauben an einen Großen Geist haben, beinahe so etwas wie Erregung zeigen, weil sie denken, es sei Whisky gemeint; sie sind eine spärliche, verstreute Rasse fast nackter schwarzer Geschöpfe, diese Goshoots, die überhaupt nichts produzieren und keine Ansiedlungen haben und nicht in festumrissene Stammesgemeinschaften zusammengeschlossen sind – Geschöpfe, deren einziges Obdach ein über einen Busch geworfener Lumpen ist, der einen Teil des Schnees abhalten soll, und die dennoch eine der felsigsten, winterlichsten, abstoßendsten Einöden bewohnen, welche unser oder ein anderes Land aufzuweisen hat.

Die Buschmänner und unsere Goshoots stammen ganz offensichtlich von eben demselben Gorilla oder Känguruh oder Wanderratz oder sonstigem Adam-Tier ab, auf das die Darwinisten sie zurückführen.

Kampfesmut würde man zwar eher von den Hasen als von den Goshoots erwarten, und doch pflegten sie ein paar Monate von den Resten und Abfällen der Stationen zu leben und dann eines dunklen Nachts, wenn mit keinem Unheil gerechnet wurde, anzukommen und die Häuser niederzubrennen und die herausstürmenden Männer aus dem Hinterhalt zu töten. Und einmal griffen sie nachts die Postkutsche an, in der ein Bundesrichter aus dem Territorium Nevada der einzige Fahrgast war, und mit ihrer ersten Salve von Pfeilen (sowie ein paar Kugeln) durchlöcherten sie die Kutschvorhänge, verwundeten ein Pferd und verletzten den Postillion tödlich. Der war jedoch couragiert, und sein Fahrgast nicht minder. Auf den Ruf des Postillions schwang sich Richter Mott hinaus, kletterte auf den Bock und ergriff die Zügel des Gespanns, und ab ging es, durch den rennenden Haufen von Knochengestalten und unter einem schwirrenden Hagel von Wurfgeschossen hindurch. Der verwundete Postillion war, als er getroffen wurde, sofort zusammengesunken, hatte aber die Zügel nicht losgelassen und gesagt, er würde es schon schaffen, sie zu halten, bis man ihn ablöse. Und nachdem sie ihm aus dem erschlaffenden Griff genommen worden waren, lag er mit dem Kopf zwischen Richter Motts Füßen und wies diesem ganz ruhig den Weg; er sagte, er glaube, noch so lange leben zu können, bis sie die Angreifer hinter sich gelassen hätten, und sofern ihm das gelänge, sei die Hauptschwierigkeit schon behoben, und wenn der Richter dann so und so fahren würde (wobei er Anweisungen über schlechte Straßenstellen und die allgemeine Richtung gab), könne er ohne weiteres die nächste Station erreichen. Der Richter hängte den Feind ab, und als er schließlich bei der Station angerattert kam, wußte er, daß die Gefahren dieser Nacht vorüber waren; einen Waffenkameraden, mit dem er zusammen jubeln konnte, besaß er aber nicht mehr, denn der tapfere Postillion war tot.

Vergessen wir jetzt, daß wir unglimpfliche Dinge über die Postillione der Überlandpost gesagt haben. Der Abscheu, den mir die Goshoots einflößten, mir, einem Jünger Coopers und andächtigen Bewunderer der Rothäute – sogar der gelahrten Wilden im »Letzten der Mohikaner«, denen passenderweise Hinterwäldler beigesellt sind, die jeden Satz in zwei Teile teilen: der eine grammatisch peinlich genau und in gewählter Hochsprache und der andere genauso ein Versuch, im Jargon eines Trappers oder Gebirglers zu reden, wie es ein Broadway-Ladenschwengel versuchen würde, nachdem er sich eine Ausgabe von Emerson Bennetts Werken einverleibt und ein paar Wochen lang im Bowery Theatre Wildwestleben studiert hat – die Übelkeit also, die mir als einem Indianerverehrer die Goshoots verursachten, bewog mich, doch einmal an den Quellen nachzuforschen, ob ich die Rothäute nicht vielleicht überschätzt hatte, solange ich sie durch den verklärenden Mondschein der Romantik sah. Was sich mir dabei enthüllte, war desillusionierend. Komisch, wie schnell Tünche und Flitter von ihnen abfielen und sie dann bloß noch treulos, dreckig und abstoßend blieben – und wie schnell sich die Beweise häuften, daß immer, wenn man einen Indianerstamm findet, man nur Goshoots gefunden hat, durch Umwelt und Milieu zwar mehr oder weniger gemildert – aber eben doch Goshoots. Sie verdienen Mitleid, die armen Geschöpfe; und das meine können sie haben – von ferne. Aus der Nähe kriegen sie von niemand welches.

Im Ausland ist die Meinung verbreitet, die Bosse der

Baltimore & Washington-Eisenbahngesellschaft und viele ihrer Angestellten wären Goshoots; doch das stimmt nicht. Es besteht lediglich eine glaubwürdige Ähnlichkeit, die wohl den Unkundigen leicht irreführen kann, aber niemand zu täuschen vermag, der beide Stämme mit eigenen Augen betrachtet hat. Doch ernsthaft dieses Gerücht in Umlauf zu setzen war nicht nur wenig geistreich, sondern auch unrecht, denn so harmlos es vielleicht gewesen sein mag, muß es sich dahin auswirken, eine Menschenklasse in Verruf zu bringen, die es in den erbarmungslosen Wüsten der Rocky Mountains weiß Gott schwer genug hat! Wenn wir in unserem Herzen schon kein christliches Mitleid und Mitgefühl für jene armen und nackten Geschöpfe finden, dann bewerfen wir sie in Gottes Namen wenigstens nicht noch mit Schmutz.

ZWANZIGSTES KAPITEL

Die Große Amerikanische Wüste · Vierzig Meilen auf Knochen · Seen ohne Abfluß · Greeleys bemerkenswerte Fahrt · Der berühmte Postillion Hank Monk · Tödliche Wirkung des Verkneifens einer Anekdote · Anekdote mit Bart

Am siebzehnten Tag kamen wir an den höchsten Berggipfeln vorüber, die wir bisher gesehen hatten, und obwohl der Tag sehr warm war, herrschte in der ihm auf den Fersen folgenden Nacht winterliche Kälte, und Schlafdecken waren so gut wie nutzlos.

Am achtzehnten Tag begegneten wir auf der Station am Reese River den ostwärts ziehenden Telegrafenleitungslegern und schickten eine Depesche an Gouverneur Nye in Carson City (Entfernung einhundertsechsundfünfzig Meilen).

Am neunzehnten Tag überquerten wir die »Große Amerikanische Wüste« – vierzig denkwürdige Meilen Sand ohne festen Grund, in den die Räder der Kutsche einen halben bis ganzen Fuß tief einsanken. Das größte Stück

Wegs hinüber aber arbeiteten wir unser Fahrgeld ab. Das heißt, wir stiegen aus und liefen. Es war ein öder Treck und ein langer und dursterfüllter dazu, denn wir hatten kein Wasser. Vom einen äußersten Ende bis zum anderen dieser Wüste war die Straße weiß von Ochsen- und Pferdegebeinen. Es wäre kaum übertrieben zu sagen, wir hätten die vierzig Meilen hindurch unsere Füße bei jedem Schritt auf einen Knochen setzen können! Die Wüste war ein einziger riesengroßer Friedhof. Und die Zugketten und Radkränze und vermodernden Wagenwracks lagen beinah so dicht wie die Knochen. Ich glaube, wir sahen dort so viel verrostete Schleppketten, daß sie quer durch jeden x-beliebigen Staat der Union gereicht hätten. Vermitteln einem diese Reste nicht eine kleine Vorstellung von den furchtbaren Leiden und Entbehrungen, welche die ersten Auswanderer nach Kalifornien durchmachen mußten?

Am Rande der Wüste liegt der Carson Lake beziehungsweise das »Carson-Senkloch«, eine seichte, trübsinnige Wasserfläche von achtzig bis hundert Meilen Umfang. Der Carson River mündet da hinein und verschwindet, versackt auf mysteriöse Weise in der Erde und taucht nie wieder im Sonnenlicht auf – denn der See hat keinerlei Abfluß.

Es gibt in Nevada mehrere Flüsse, und alle haben sie dieses geheimnisvolle Schicksal. Sie enden in diversen Seen oder »Senklöchern«, und dann ist es mit ihnen aus und vorbei. Carson Lake, Humboldt Lake, Walker Lake, Mono Lake sind alles große Wasserflächen ohne jeden sichtbaren Abfluß. Es strömt ständig Wasser hinein, doch man sieht niemals welches herausfließen, und dennoch bleiben diese Seen immer gleich voll, ohne zurückzutreten oder überzulaufen. Was sie mit ihrem überschüssigen Naß machen, das wissen die Götter.

Am Westrande der Wüste hielten wir einen Augenblick in Ragtown. Es bestand aus einem einzigen Blockhaus und ist auf der Landkarte nicht drauf.

Dabei fällt mir etwas ein. Kurz nach unserer Abfahrt aus Julesburg am Platte River hatte ich vorn beim Schwager Platz genommen, und der hatte gesagt:

»Wenn Sie sich's anhören wollen, kann ich Ihnen was

wirklich ganz, ganz Ulkiges erzählen. Horace Greeley ist mal diese Tour gefahren. Beim Aufbruch in Carson City sagte er zu Hank Monk, dem Postillion, er müsse in Placertown einen Vortrag halten und es liege ihm viel dran, schnell hinzukommen. Hank Monk hat mit der Peitsche geknallt und legte ein mörderisches Tempo vor. Die Kutsche ist so fürchterlich auf und ab gehopst, daß es Horace alle Rockknöpfe abgerissen hat und er schließlich mit dem Kopf glatt durchs Verdeck geschossen ist, und da hat er Hank Monk zugerufen und ihn angefleht, er möge doch langsamer fahren – er hätte es jetzt nicht mehr so eilig wie vorhin. Hank Monk aber hat gesagt: ›Behalt mal schön Platz, Horace, ich bring dich schon rechtzeitig hin.‹ Hingebracht hat er ihn, und ob – das heißt, was von ihm noch übrig war!«

Ein, zwei Tage später lasen wir an der Straßenkreuzung einen Mann aus Denver auf, und er erzählte uns eine ganze Menge über das Land und die Gregory-Goldminen. Er machte einen sehr unterhaltsamen Eindruck und schien gut darüber orientiert zu sein, was sich so in Colorado tat. Nach einiger Zeit sagte er:

»Wenn Sie sich's anhören wollen, kann ich Ihnen was wirklich ganz, ganz Ulkiges erzählen. Horace Greeley ist mal diese Tour gefahren. Beim Aufbruch in Carson City sagte er zu Hank Monk, dem Postillion, er müsse in Placertown einen Vortrag halten und es liege ihm viel dran, schnell hinzukommen. Hank Monk hat mit der Peitsche geknallt und legte ein mörderisches Tempo vor. Die Kutsche ist so fürchterlich auf und ab gehopst, daß es Horace alle Rockknöpfe abgerissen hat und er schließlich mit dem Kopf glatt durchs Verdeck geschossen ist, und da hat er Hank Monk zugerufen und ihn angefleht, er möge doch langsamer fahren – er hätte es jetzt nicht mehr so eilig wie vorhin. Hank Monk aber hat gesagt: ›Behalt mal schön Platz, Horace, ich bring dich schon rechtzeitig hin.‹ Hingebracht hat er ihn, und ob – das heißt, was von ihm noch übrig war!«

In Fort Bridger, ein paar Tage danach, nahmen wir einen Kavalleriesergeanten an Bord, einen ausgesprochen ordentlichen und soldatischen Mann. Eine solche Fülle von gedrängten und präzisen militärischen Auskünften bekamen wir während der ganzen Fahrt nicht wieder vorgesetzt. Es war erstaunlich, in den öden Wildnissen unseres Landes jemand zu finden, der mit allem, was es in seinem Beruf Nützliches zu wissen gab, so gründlich vertraut war und der doch einen so niederen Rang bekleidete und so gar kein anmaßendes Benehmen besaß. Drei volle Stunden hörten wir ihm mit unvermindertem Interesse zu. Schließlich kam er auf den transkontinentalen Reiseverkehr zu sprechen, und auf einmal sagte er:

»Wenn Sie sich's anhören wollen, kann ich Ihnen was wirklich ganz, ganz Ulkiges erzählen. Horace Greeley ist mal diese Tour gefahren. Beim Aufbruch in Carson City sagte er zu Hank Monk, dem Postillion, er müsse in Placertown einen Vortrag halten und es liege ihm viel dran, schnell hinzukommen. Hank Monk hat mit der Peitsche geknallt und legte ein mörderisches Tempo vor. Die Kutsche ist so fürchterlich auf und ab gehopst, daß es Horace alle Rockknöpfe abgerissen hat und er schließlich mit dem Kopf glatt durchs Verdeck geschossen ist, und da hat er Hank Monk zugerufen und ihn angefleht, er möge doch langsamer fahren – er hätte es jetzt nicht mehr so eilig wie vorhin. Hank Monk aber hat gesagt: ›Behalt mal schön Platz, Horace, ich bring dich schon rechtzeitig hin.‹ Hingebracht hat er ihn, und ob – das heißt, was von ihm noch übrig war!«

Acht Stunden nach Salt Lake City stieg an einer Wegstation ein Mormonenprediger zu – ein gesitteter, leutseliger, freundlicher Mensch, mit dem jeder Fremde auf den ersten Blick warm werden konnte. Ich werde nie die Ergriffenheit vergessen, die in seiner Stimme lag, als er die Geschichte der Irrfahrten und unbeklagten Leiden seines Volkes erzählte. Keine Kanzelberedsamkeit war je so bewegend und so schön wie dieses Geächteten Bild vom ersten Pilgerzug der Mormonen über die Plains, wie sie sich traurig vorwärtsschleppten, hin zum Lande ihrer Verbannung, und ihren trostlosen Weg mit Gräbern markierten und mit Tränen bewässerten. Seine Worte nahmen uns derart mit, daß es eine Erleichterung für uns alle war, als das Gespräch in ein heitereres Fahrwasser überwechselte und die natürlichen Merkmale des seltsamen Landes, in welchem wir uns befanden, behandelt wurden. Vergnüglich plauderten wir ein Thema nach dem anderen durch, und schließlich sagte der Mormone:

»Wenn Sie sich's anhören wollen, kann ich Ihnen was wirklich ganz, ganz Ulkiges erzählen. Horace Greeley ist diese Tour mal gefahren. Beim Aufbruch in Carson City sagte er zu Hank Monk, dem Postillion, er müsse in Placertown einen Vortrag halten und es liege ihm viel dran, schnell hinzukommen. Hank Monk hat mit der Peitsche geknallt und legte ein mörderisches Tempo vor. Die Kutsche ist so fürchterlich auf und ab gehopst, daß es Horace alle Rockknöpfe abgerissen hat und er schließlich mit dem Kopf glatt durchs Verdeck geschossen ist, und da hat er Hank Monk zugerufen und ihn angefleht, er möge doch lansamer fahren – er hätte es jetzt nicht mehr so eilig wie vorhin. Hank Monk aber hat gesagt: ›Behalt mal schön Platz, Horace, ich bring dich schon rechtzeitig hin.‹ Hingebracht hat er ihn, und ob – das heißt, was von ihm noch übrig war!«

Zehn Meilen hinter Ragtown fanden wir einen armen Wanderer, der sich zum Sterben niedergelegt hatte. Er war so lange gelaufen, wie er konnte, doch zuletzt hatten seine Glieder den Dienst versagt, und er war von Hunger und Ermattung bezwungen worden. Ihn dort liegenzulassen wäre unmenschlich gewesen. Wir bezahlten seine Fahrt bis Carson City und hoben ihn in die Kutsche. Es dauerte ein Weilchen, bis er deutliche Lebenszeichen von sich gab; doch indem wir ihn warm rieben und ihm Brandy zwischen die Lippen gossen, brachten wir ihn schließlich schwach zu Bewußtsein. Dann fütterten wir ihn ein bißchen, und langsam schien er zu begreifen, wo er sich befand, und in seine starren Augen trat ein Dankesleuchten. Wir richteten sein Postsackbett so bequem wie möglich her und bauten ihm aus unseren Jacken ein Kopfkissen. Er machte den Eindruck äußerster Dankbarkeit. Dann sah er hoch und uns ins Gesicht und sagte mit matter, vor ehrlicher Rührung zitternder Stimme:

»Meine Herren, ich weiß zwar nicht, wer Sie sind, aber Sie haben mir das Leben gerettet, und wenngleich es mir niemals vergönnt sein wird, Ihnen das zu vergelten, glaube ich, Ihnen wenigstens eine Stunde Ihrer langen Reise erleichtern zu können. Ich nehme an, Sie sind auf dieser großen Durchgangsstrecke hier fremd; ich jedoch kenne sie wie meine Westentasche. Wenn Sie sich's anhören wollen, kann ich Ihnen da was wirklich ganz, ganz Ulkiges erzählen. Horace Greeley ...«

Ich sagte eindrucksvoll:

»Fahre fort, leidender Fremdling, aber auf eigene Gefahr. Du erblickst in mir das traurige Wrack einer einstmals rüstigen und stattlichen Männlichkeit. Und was hat mich dazu gemacht? Das, was du gerade zum besten geben willst. Langsam, aber sicher hat diese sterbenslangweilige alte Anekdote meine Kraft ausgehöhlt, meine Gesundheit unterminiert, mein Leben zum Welken gebracht. Habe mit meiner Hilflosigkeit Erbarmen. Verschone mich nur dieses eine Mal und erzähle mir zur Abwechslung die Geschichte von Klein George Washington und seiner kleinen Axt.«

Wir waren gerettet. Nicht aber der Invalide. Bei dem Versuch, die Anekdote drinzubehalten, überanstrengte er sich und verschied in unseren Armen.

Heute ist mir klar, nicht vom stämmigsten Bürger jener ganzen Gegend hätte ich verlangen können, was ich von diesem bloßen Schatten eines Mannes verlangte, denn nach sieben Jahren Aufenthalt an der Pazifikküste weiß ich, daß es auf der Überlandpost keinem Reisenden oder Postillion jemals gelungen ist, sich diese Anekdote in Anwesenheit eines Fremden zu verkneifen und dabei am Leben zu bleiben. Im Zeitraum von sechs Jahren überquerte ich die Sierras zwischen Nevada und Kalifornien dreizehnmal hin und zurück per Postkutsche und hörte mir jene unsterbliche Begebenheit vierhundertundein- oder zweiundachtzigmal an. Die Liste habe ich noch irgendwo. Postillione erzählten sie ständig, Schirrmeister erzählten sie, Wirtsleute erzählten sie, zufällige Fahrgäste erzählten sie, und selbst Chinesen und streunende Indianer kamen damit an. Mir ist passiert, daß derselbe Postillion sie mir am selben Nachmittag zwei- oder dreimal vorgesetzt hat. Sie ist mir in all der Vielheit von Sprachen begegnet, die Babel der Erde hinterlassen hat, und mit dem Duft von Whisky, Schnaps, Bier, Eau de Cologne, Mundwasser, Tabak, Knoblauch, Zwiebeln, Heuschrecken – von allem, was riecht, das ganze lange Verzeichnis der Dinge herunter, die Menschensöhnen zum Saufen und Fressen dienen. Keine Anekdote habe ich so oft zu schnuppern bekommen wie diese, nie eine gerochen, die so mannigfaltig parfümiert war. Und es ließ sich auch nicht lernen, sie an ihrem Geruch zu erkennen, denn jedesmal, wenn man dachte, ihn endlich mitgekriegt zu haben, tauchte sie in einer anderen Duftwolke auf. Bayard Taylor hat über diese betagte Anekdote geschrieben, Richardson hat sie gebracht, desgleichen Jones, Smith, Johnson, Ross Browne, wie überhaupt jeder Korrespondent, der jemals irgendwo zwischen Julesburg und San Francisco seinen Fuß auf die große Überlandstraße gesetzt hat; und wie ich höre, steht sie auch im Talmud. Ich habe sie in neun verschiedenen Sprachen gedruckt gesehen; man hat mir gesagt, daß sie in Rom bei der Inquisition Verwendung findet, und wie ich mit Bedauern vernehme, soll sie jetzt vertont werden. Dies halte ich nicht für richtig.

Mit den Postkutschen ist es auf der Überlandlinie vorbei, und Postillione sind eine ausgestorbene Rasse. Ob sie jene Anekdote mit Bart wohl ihren Nachfolgern, den Eisenbahnschaffnern und Zugführern, vererbt haben und ob diese immer noch den wehrlosen Reisenden damit verfolgen, bis er gleich so manchem Touristen von einst zu dem Schluß kommt, die wirklichen Prachtstücke der Pazifikküste seien nicht das Tal Yosemite und die Mammutbäume, sondern Hank Monk und sein Erlebnis mit Horace Greeley?*

* Und was die abgeleierte Geschichte um so schlimmer macht, ist, daß die durch sie verherrlichte Begebenheit *sich niemals zugetragen hat.* Wäre es eine gute Anekdote, läge in diesem scheinbaren Mangel ihr wesentlichster Vorzug, denn zu Größe gehört Schöpferkraft; was aber sollte man mit einem Manne machen, der so eine fade Sache mutwillig in die Welt setzt? Dürfte *ich* da einen Vorschlag machen, würde man mich zwar ausgefallen nennen – doch wie heißt es noch im 16. Kapitel Daniel? Aha!

EINUNDZWANZIGSTES KAPITEL

Alkalistaub · Hausbackene Ansichten · Carson City · Unsere Reise ist zu Ende · Wir werden mehreren Bürgern vorgestellt · Eigenartige Vorwürfe · Der Washoe-Zephyr · Seine Dienststunden · Der Gouverneurspalast · Regierungsbüros · Unsere französische Pensionswirtin Bridget O'Flannigan · Schattenhafte Geheimnisse · Wir ecken gleich an · Die irische Brigade · Mrs. O'Flannigans Pensionäre · Die Vermessungsexpedition · »Die Taranteln sind los«

Wir näherten uns dem Ende unserer langen Reise. Es war am Morgen des zwanzigsten Tages. Mittags sollten wir Carson City erreichen, die Hauptstadt des Territoriums Nevada. Wir waren nicht froh, sondern traurig. Es war ein herrlicher Vergnügungsausflug gewesen, wir hatten uns jeden Tag an Wundern satt geguckt und uns jetzt so schön an das Leben in der Kutsche gewöhnt und es richtig liebgewonnen; die Vorstellung, zum Stillstand zu kommen und uns niederzulassen, um in einem Kaff hausbacken dahinzuleben, gefiel uns also gar nicht, sondern stimmte uns im Gegenteil traurig.

Dem Augenschein nach war unsere neue Heimat eine von kahlen schneebedeckten Bergen eingemauerte Wüste. Nirgendwo ein Baum zu sehen. Keinerlei Pflanzenwuchs bis auf die endlosen Salbei- und Schmerstauden. Die ganze Natur war grau davon. Wir pflügten uns durch knietiefen pulvrigen Alkalistaub, der wie Rauch von einem brennenden Haus in dicken Wolken aufstieg und über die Ebene zog. Wir waren damit bepudert wie Müller, und desgleichen die Kutsche, die Maultiere, die Briefsäcke, der Postillion – wir und der Salbei und die sonstige Landschaft hatten alle dieselbe eintönige Farbe. Lange Lastwagenkolonnen in der Ferne, die in aufwirbelnde Staubmassen eingehüllt waren, erinnerten an Bilder von in Flammen stehenden Prärien. Diese Gespanne und ihre Herren waren das einzige Leben, das wir sahen. Ansonsten bewegten wir uns inmitten von Einsamkeit, Öde und Schweigen. Alle zwanzig Schritte kamen wir am Skelett eines toten

Lasttieres vorbei, dem sich die staubbedeckte Haut eng über die leeren Rippen spannte. Häufig saß auf dem Schädel oder auf den Hüften ein düsterer Rabe und betrachtete die vorbeifahrende Kutsche mit nachdenklicher Gelassenheit.

Bald zeigte man uns Carson City. Es hatte sich am Rande einer großen Ebene niedergelassen und war noch so viele Meilen weg, daß es aussah wie eine Ansammlung bloßer weißer Kleckse im Schatten eines finsteren Gebirgskammes, dessen Gipfel aus der Gemeinschaft und dem Bewußtsein irdischer Dinge völlig herausgehoben zu sein schien.

Wir kamen an, stiegen aus, und die Kutsche fuhr weiter. Es war eine »Bretterstadt«; Bevölkerung zweitausend Seelen. Die Hauptstraße bestand aus vier bis fünf Blocks kleiner weißer hölzerner Läden, nicht niedrig genug, um sich daraufzusetzen, für verschiedene andere Zwecke aber keineswegs zu hoch, ja kaum hoch genug. Sie drängten sich eng aneinander, als wäre in jener gewaltigen Ebene zu wenig Platz. Den Bürgersteig bildeten Planken, die mehr oder weniger lose waren und, wenn sie betreten wurden, gern ein bißchen klapperten. In der Mitte der Stadt, den Läden gegenüber, befand sich die »Plaza«, die es in allen Orten jenseits der Rocky Mountains gibt: ein großer, uneingezäunter, ebener leerer Fleck mit einer Freiheitssäule, sehr nützlich als Platz für öffentliche Auktionen, Pferdemärkte und Massenversammlungen und desgleichen für Fuhrleute, um dort Lager aufzuschlagen. Zwei weitere Seiten der Plaza wurden von Geschäften, Ämtern und Ställen flankiert. Das übrige Carson lag ziemlich verstreut.

Auf der Posthalterei und auf dem Wege vom Hotel zum Gouverneur wurden wir mehreren Bürgern vorgestellt – unter anderem einem Mr. Harris, der zu Pferde saß; er begann, etwas zu sagen, unterbrach sich jedoch mit den Worten:

»Sie müssen mich eine Minute entschuldigen; da drüben ist der Zeuge, der geschworen hat, ich hätte mitgemacht, die Kutsche nach Kalifornien auszurauben – ein Stück unverschämter Einmischung, denn ich kenne den Kerl nicht mal.«

Dann galoppierte er hinüber und machte dem Fremden mit einem Sechsschüssigen Vorwürfe, und der Fremde stand ihm mit einem ebensolchen Rede und Antwort. Als die Revolver leer waren, nahm der andere seine Arbeit wieder auf (Reparieren einer Peitschenschnur), und Mr. Harris ritt, uns höflich zunickend, ab nach Hause, mit einer Kugel in der Lunge und mehreren Löchern in der Hüfte, aus denen kleine Rinnsale von Blut hervorsickerten und dem Pferd an den Seiten herunterliefen, was dem Tier ein recht malerisches Aussehen gab. Harris sah ich nie mehr auf jemand schießen, doch erinnerte mich das immer an jenen ersten Tag in Carson.

Mehr wurde uns nicht geboten, denn es war jetzt zwei Uhr, und wie üblich setzte der tägliche »Washoe-Zephyr« ein, eine Sandhose, ungefähr so groß wie die Vereinigten Staaten hochkant, und die Hauptstadt des Territoriums Nevada entschwand dem Blick. Dennoch gab es einiges zu sehen, was für Neuankömmlinge nicht gänzlich uninteressant war, denn die riesige Sandwolke war dicht mit Dingen gespickt, die den oberen Luftregionen fremd sind – Lebendes und Totes, das zwischen den sich wälzenden Staubwogen hin und her flitzte, kam und ging, auftauchte und verschwand: ganz oben am Himmel Hüte, Hühner und Sonnenschirme, etwas tiefer Schlafdecken, Blechschilder, Salbeibüsche und Dachschindeln, weiter unten Fußmatten und Büffelhäute, eine Etage tiefer Schaufeln und Kohlenkästen, in der nächsten Glastüren, Katzen und kleine Kinder, dann auseinandergerissene Holzstapel, leichte Buggys und Schiebkarren und unten, nur dreißig bis vierzig Fuß über der Erde, ein jagender Wirbelsturm von auswandernden Dächern und freien Parzellen.

Es war schon etwas, das alles zu sehen. Und ich hätte noch mehr sehen können, wenn mir nicht soviel Sand in die Augen gekommen wäre.

Doch im Ernst, ein Wind in Washoe (liebevoller Spitzname Nevadas) ist alles andere als eine Kleinigkeit. Er bläst schwache Häuser zusammen, hebt gelegentlich Schindeldächer ab, rollt Blechdächer wie Notenblätter auf, kippt ab und zu eine Postkutsche um und verschüttet die Passagiere; und die Überlieferung sagt, es gebe dort deshalb so viele Glatzköpfe, weil der Wind ihnen die Haare vom Kopf weht, wenn sie ihren Hüten in die Luft nachgucken. An Sommernachmittagen findet man die Straßen in Carson selten unbelebt, denn es gibt immer einen Haufen Bürger, die um ihre entfleuchenden Hüte herumspringen wie Zimmermädchen, die eine Spinne kriegen wollen.

Der »Washoe-Zephyr« ist insofern ein besonders biblischer Wind, als niemand weiß, »von wannen er kommt«. Das heißt, *wo er entsteht*. Er kommt direkt über das Gebirge von Westen, doch überquert man die Bergkette, läßt sich auf der anderen Seite nichts mehr von ihm entdecken! Wahrscheinlich wird er oben auf dem Kamm eigens hergestellt und von dort aus auf Tour geschickt. Den Sommer über geht er einer sehr geregelten Tätigkeit nach. Sein Dienst dauert von zwei Uhr mittags bis zwei Uhr nachts, und wer sich während dieser zwölf Stunden hinauswagt, muß den Wind einkalkulieren, sonst landet er ein paar Meilen leewärts von seinem angesteuerten Ziel. Und doch beklagt sich der Besucher aus Washoe in San Francisco als erster darüber, daß der Seewind dort so bläst! Darin zeigt sich eine ganze Menge vom Wesen des Menschen.

Der Staatspalast des Gouverneurs von Nevada war ein weißes Holzhaus, nur aus dem Erdgeschoß bestehend, mit zwei kleinen Zimmern und vorn einem auf Pfählen ruhenden Schutzdach – von wegen der Vornehmheit. Es nötigte den Bürgern Achtung ab und flößte den Indianern Ehrfurcht ein. Die erst vor kurzem gekommenen Ober- und Unterrichter des Territoriums und anderen Teile des Regierungsapparates hatten längst nicht so prächtige Wohnsitze. Sie wohnten ringsum in Pension und hielten in ihren Schlafkammern Büro.

Der Sekretär und ich nahmen Logis im »Landhaus« einer biederen Französin namens Bridget O'Flannigan, einer Schlachtenbummlerin aus dem Gefolge Seiner Exzellenz des Gouverneurs. Sie hatte ihn in seinen guten Zeiten als Polizeichef von New York gekannt und wollte ihn nun in seinem Unglück als Gouverneur von Nevada nicht verlassen. Unser Zimmer lag unten und nach der Plaza hinaus, und als wir unser Bett, einen kleinen Tisch, zwei Stühle, den feuerfesten Regierungsgeldschrank und das Große Sprachlexikon drin hatten, war immer noch genug Platz für einen Gast da – vielleicht auch für zwei, aber nicht, ohne die Wände auszubeulen. Doch die hielten das aus – zumindest die Zwischenwände, denn sie bestanden einfach aus einem quer durch die Stube gespannten Stück weißer »handgewebter Baumwolle«. Das war in Carson die Regel – jede andere Art von Abtrennung stellte die seltene Ausnahme dar. Und wenn man in einem dunklen Zimmer stand und der Nachbar nebenan hatte Licht, erzählten einem die Schatten auf der Leinwand manchmal wunderliche Geheimnisse! Sehr oft waren diese Spanischen Wände aus alten Mehlsäcken zusammengenäht, und der Unterschied zwischen dem Adel und dem gemeinen Volk bestand dann darin, daß der gemeine Bürger unverzierte Säcke hatte, während die Wände der Aristokraten einen überwältigenden Eindruck machten mit ihren rudimentären Fresken – nämlich roten und blauen Fabrikmarken auf den Mehlsäcken. Mitunter schmückten die feineren Leute ihre Leinwand auch dadurch aus, daß sie Bilder aus »Harper's Weekly« raufklebten. In vielen Fällen erhoben sich die Wohlhabenden und Kultivierten sogar zu Spucknäpfen und sonstigen Beweisen eines prachtliebenden und luxuriösen Geschmacks.* Wir verfügten über einen Teppich und eine Waschschüssel aus echtem Steingut. Folglich wurden wir von den anderen Mietern des »Landhauses O'Flannigan« einmütig gehaßt. Als wir noch einen Fenstervorhang aus bemaltem Wachstuch hinzufügten, setzten wir geradezu unser Leben aufs Spiel. Um Blutvergießen zu vermeiden, zog ich nach oben zu den titellosen Plebejern und quartierte mich in einer der vierzehn Bettstellen aus Weißkiefer ein, die in zwei langen Reihen in dem einen Raum standen, der das Obergeschoß bildete.

* In Washoe ist man bei Witzen sehr empfindlich, und so sehe ich mich zu der Erklärung genötigt, daß obige Beschreibung bloß die Regel war und daß es in Carson viele rühmliche Ausnahmen gab: Stuckdecken und Häuser mit beachtlichem Meublement darin. – M. T.

Das war ein lustiger Verein, diese vierzehn. Zur Hauptsache setzten sie sich aus freiwilligen Schleppenträgern des Gouverneurs zusammen, die sich in New York und San Francisco als selbstgewählte Mitglieder seiner Suite angeschlossen hatten und mitgekommen waren, weil sie meinten, sie könnten bei der Balgerei um Bröckchen und Pöstchen im Territorium ihre Lage nicht noch prekärer machen, als sie schon war, und weil sie mit leidlicher Aussicht erwarten durften, sie zu verbessern. Sie waren allgemein als die »irische Brigade« bekannt, obwohl sich unter all den Vasallen des Gouverneurs nur drei oder vier Iren befanden. Seine gutmütige Exzellenz hatten viel Verdruß mit dem Gerede, das seine Trabanten verursachten – besonders als das Gerücht entstand, sie wären gedungene Henkersknechte, die er sich mitgebracht hätte, um die demokratischen Wahlstimmen still und leise niedrig halten zu können, wenn es ihm ratsam schien.

Mrs. O'Flannigan hatte sie gewöhnlich für zehn Dollar pro Kopf in Kost und Logis, und sie stellten dafür munter Wechsel aus. Sie waren vollkommen zufrieden, doch Bridget merkte bald, daß Wechsel, die sich nicht diskontieren ließen, für eine Carsoner Pension nur eine schwache Grundlage bildeten. Sie begann also, den Gouverneur zu drängeln, er solle der Brigade Arbeit verschaffen. Ihre sowie deren Aufdringlichkeit trieben ihn am Ende zu gelinder Verzweiflung, und schließlich beorderte er die Brigade zu sich und sagte:

»Meine Herren, ich habe mir eine ersprießliche und nützliche Tätigkeit für Sie ausgedacht – eine Tätigkeit, bei der Sie sich inmitten prachtvoller Landschaft erholen können und die Ihnen unendliche Möglichkeiten gewährt, sich durch Anschauen und Beobachtung geistig zu bereichern. Sie sollen mir von Carson City nach Westen zu bis zu einem bestimmten Punkt eine Eisenbahn abstecken. Wenn die Legislatur zusammentritt, lasse ich das nötige Gesetz annehmen und die Vergütung regeln.«

»Was, eine Eisenbahn über die Sierra Nevada?«

»Na, dann eben nach Osten zu bis zu einem bestimmten Punkt!«

Er machte sie zu Geometern, Trasseuren und so weiter und schickte sie in die Wüste. Die »Erholung« hatte es in sich! Sie vollzog sich zu Fuß und bestand im Ziehen von Trassierketten durch Sand und Salbei, unter sengender Sonne und zwischen Viehknochen, Kojoten und Taranteln. Mehr konnte man von einem »romantischen Abenteuer« nicht verlangen. Sie vermaßen ihre Strecke sehr langsam, sehr bedächtig, sehr sorgfältig. Während der ersten Woche kehrten sie jeden Abend zurück, staubbedeckt, mit wunden Füßen, müde und hungrig, doch mopsfidel. Sie brachten eine Menge riesengroßer behaarter Spinnen mit – Taranteln – und sperrten sie oben bei uns in zugedeckte Wassergläser. In der zweiten Woche mußten sie draußen auf dem Felde kampieren, denn sie waren schon hübsch weit nach Osten vorgedrungen. Sie stellten einen Haufen Anfragen, wo denn jener »bestimmte Punkt« liege, erhielten aber keine Auskunft. Auf eine besonders eindringliche Frage von »Wie weit nach Osten?« telegrafierte Gouverneur Nye schließlich zurück:

»Bis an den Atlantik, in drei Teufels Namen! Und dann eine Brücke rüber und weiter!«

Das veranlaßte die verstaubten Schwerarbeiter zurückzukommen. Sie reichten einen Bericht ein und plagten sich nicht weiter. Der Gouverneur behielt seine Gemütlichkeit; er erklärte, wegen des Kostgeldes und der Miete der Brigade würde sich Mrs. O'Flannigan sowieso an ihn halten, und da wolle er mit den Jungs seinen Spaß so weit wie möglich treiben; er sagte mit einem vergnügten Zwinkern wie aus alter Zeit, er habe vor, sie bis nach Utah hinein trassieren zu lassen und dann an Brigham zu telegrafieren, er solle sie wegen unerlaubten Grenzübertritts aufhängen!

Die Landvermesser brachten noch mehr Taranteln an, und so hatten wir auf unseren Wandbrettern eine ganze Menagerie aufgebaut. Einige dieser Spinnen reichten mit ihren behaarten muskulösen Beinen über eine gewöhnliche Untertasse, und wenn sie sich in ihrer Würde verletzt oder beleidigt fühlten, waren sie die am bösartigsten aussehenden Desperados, welche die Tierwelt zu bieten hat. Bei der geringsten Berührung ihrer Glaskäfige waren sie sogleich hoch und auf Angriff aus. Stolz – steifleinen? Und wie – klaubten sich einen Strohhalm auf und stocherten sich damit in den Zähnen herum wie ein Kongreßmitglied. In der ersten Nacht nach der Rückkehr der Brigade wehte wie üblich ein wütender »Zephyr«, und so gegen zwölf Uhr flog das Dach eines anstoßenden Stalles davon und krachte mit der einen Ecke durch die Seite unseres Landhauses. Es gab ein gleichzeitiges Erwachen und ein lärmendes Antreten der Brigade im Dunkeln und ein allgemeines Durcheinander- und Übereinanderstolpern in dem engen Gang zwischen den Betten. Mitten in diesem Tohuwabohu sprang Bob H... aus tiefem Schlaf hoch und schlug mit dem Kopf ein Wandbrett runter. Und rief sofort:

»Raus, Jungs – die Taranteln sind los!«

Keine Warnung klang je so schrecklich. Niemand versuchte mehr, den Raum zu verlassen, um bloß nicht auf eine Tarantel zu treten. Jeder tastete sich zu einer Truhe oder einem Bett hin und sprang darauf. Dann folgten Stille – gräßliche, spannungsgeladene Stille –, Erwartung, Ungewißheit, Furcht. Es war stockduster, und man konnte sich das Bild jener vierzehn spärlich bekleideten Männer, wie sie ängstlich auf Truhen und Betten kauerten, nur vorstellen, denn sehen konnte man nichts. Dann ab und zu kurze Unterbrechungen des Schweigens, und an der Stimme konnte man erkennen, wer es war und wo er sich befand, oder sagen, woher irgendein anderer Laut kam, den ein Leidensgenosse mit seinem Herumgetappe oder Wechseln seiner Stellung verursachte. Die gelegentlichen Stimmen führten keine großen Unterhaltungen – man hörte bloß ein leises »Au!«, dem ein lautes Plumpsen folgte, und man wußte, dem betreffenden Gentleman hatte eine härene Decke oder irgendwas anderes die nackte Haut berührt, und er war vom Bett auf den Fußboden gesprungen. Dann neues Schweigen. Nicht lange, und es ließ sich eine japsende Stimme vernehmen:

»Mir – mir – mir kriecht was den Rücken rauf!«

Hin und wieder waren ein gedämpftes Fuchteln und ein klägliches »Ogottogott!« zu hören, und dann wußte man, daß irgend jemand von irgend etwas wegrückte, das er für eine Tarantel hielt, und sich dazu nicht viel Zeit ließ. Auf einmal ertönte es wild und deutlich aus der Ecke:

»Ich hab sie! Ich hab sie!« (Pause und wahrscheinlich Änderung der Verhältnisse.) »Nein, sie hat mich! Wird denn nicht endlich 'ne Laterne geholt!«

Die Laterne kam im selben Augenblick, und zwar in der Hand von Mrs. O'Flannigan, deren Besorgtheit, die Höhe des von dem attackierenden Dach angerichteten Schadens zu erfahren, sie jedoch nicht daran gehindert hatte, nach dem Aufstehen und Lichtanzünden klugerweise erst einmal ein bißchen abzuwarten, ob sich oben der Wind schon gelegt habe oder aber Überstunden mache.

Der Anblick, der sich bot, als die Laterne den Raum erhellte, war malerisch und wäre für manch einen vielleicht spaßig gewesen, für uns aber war er das nicht. Obwohl wir so komisch auf Kisten, Truhen und Betten hockten und auch so komisch bekleidet waren, war uns doch ernsthaft zu schlecht und wirklich zu elend zumute, um das irgendwie drollig zu finden, und nirgends zeigte sich die Spur eines Lächelns. Jedenfalls weiß ich, daß ich nicht fähig wäre, mehr auszuhalten als damals während jener wenigen Minuten Nervenanspannung im Dunkeln und umgeben von den kriechenden, blutgierigen Taranteln. In kaltem Todesschweiß war ich von Bett zu Bett und von Kiste zu Kiste gehopst, und jedesmal, wenn ich etwas Strubbliges berührte, bildete ich mir ein, die Fänge zu fühlen. Ich würde lieber in den Krieg ziehen, als das noch einmal durchmachen. Verletzt wurde niemand. Der Mann, der gedacht hatte, eine Tarantel hätte ihn erwischt, war einem Irrtum unterlegen: er hatte sich in einer Kistenspalte bloß den Finger eingeklemmt. Von den entwichenen Taranteln wurde keine jemals wiedergesehen. Es waren an die zehn, zwölf Stück gewesen. Wir nahmen Kerzen und suchten alles von oben bis unten nach ihnen ab, aber ohne Erfolg. Ob wir danach wieder schlafen gingen? Nichts dergleichen. Nicht für Geld und gute Worte. Wir blieben den Rest der Nacht auf und spielten Cribbage und hielten scharf Ausschau nach dem Feind.

ZWEIUNDZWANZIGSTES KAPITEL

Eines Nabobs Sohn · Aufbruch zum Lake Tahoe · Herrliche Talblicke · Das Rudern über den See · Übernachten im Freien · Kräftigendes Klima · Roden eines Stückes Land · Sicherung eines Besitzrechtes · Häuser und Zäune

Es war Ende August, am Himmel hing keine einzige Wolke, und das Wetter war prächtig. In zwei, drei Wochen hatte mich das seltsame, neue Land wunderbar in seinen Bann geschlagen, und ich beschloß, meine Rückkehr in die »Staaten« eine Weile aufzuschieben. Ich hatte mich herrlich daran gewöhnt, verbeulten Kalabreser, blaues Wollhemd und in die Stiefel gestopfte Hosen zu tragen, und war stolz, ohne Rock, Weste und Hosenträger herumzulaufen. Ich fühlte mich rabaukig und »sauwohl« (wie es bei dem Historiker Josephus in seinem hübschen Kapitel über die Zerstörung des Tempels heißt). Mir schien, als könnte nichts schöner und romantischer sein. Ich war Regierungsbeamter, doch bloß, weil das etwas hermachte. Mein Amt stellte eine einmalige Sinekure dar. Ich hatte nichts zu tun und bezog auch kein Gehalt. Ich war Privatsekretär Seiner Majestät des Sekretärs, und für zwei von uns gab es noch nicht genug zum Schreiben. Und so widmeten Johnny K... und ich unsere Zeit dem Vergnügen. Er war der junge Sohn eines Nabobs aus Ohio und befand sich dort draußen zur Erholung. Die erhielt er auch. Wir hatten so furchtbar viel von der Schönheit des Lake Tahoe gehört, und schließlich trieb uns die Neugier, uns diesen See einmal anzusehen. Drei oder vier Mann von der Brigade waren dort gewesen und hatten sich an seinen Ufern ein Stück Land mit einem Nutzholzbestand abgesteckt und in ihrem Camp einen Proviantvorrat angelegt. Wir schnallten uns ein paar Schlafdecken über die Schulter, nahmen uns jeder eine Axt und machten uns auf – denn wir wollten uns eine ganze Ranch von Waldland nehmen und reich werden. Wir waren zu Fuß. Der Leser wird feststellen, daß es zu Pferde vorteilhafter ist. Man sagte uns, es wären elf Meilen bis dahin. Wir wanderten lange Zeit über ebenen Boden und erklommen dann mühselig einen ungefähr tausend Meilen hohen Berg und guckten hinüber. Kein See da. Wir stiegen die andere Seite hinunter, überquerten das Tal und kraxelten einen weiteren wohl an die drei- bis viertausend Meilen hohen Berg hinauf und guckten wieder hinüber. Immer noch kein See. Ermüdet und schwitzend ließen wir uns nieder und heuerten ein paar Chinesen an, jene Leute zu verfluchen, die uns genasführt hatten. Auf diese Weise erfrischt, nahmen wir dann unseren Marsch mit neuer Kraft und Entschlossenheit wieder auf. Wir trotteten weiter, zwei, drei Stunden länger, und endlich tauchte der See vor uns auf – eine stattliche blaue Wasserfläche, neunzehnhundert Meter über dem Meeresspiegel und eingefaßt von einer Mauer schneebedeckter Berggipfel, die noch ganze neunhundert Meter höher aufragten! Er war ein riesiges Oval, und man würde ganz gut achtzig bis hundert Meilen zurücklegen müssen, um herumzulaufen. Wie der See dort lag, mit den brillanten Photos der Bergschatten auf seiner stillen Oberfläche, meinte ich, das müßte bestimmt das schönste Bild sein, das die ganze Erde bieten kann.

Wir fanden den kleinen Kahn, der den Jungs von der Brigade gehörte, und ohne uns lange aufzuhalten, stießen wir ab über eine lange Krümmung des Sees hin zu den Markierungen, die das Camp bezeichneten. Ich ließ Johnny rudern – nicht weil ich etwas gegen körperliche Anstrengungen habe, sondern weil mir übel wird, wenn ich beim Arbeiten rückwärts fahre. Dafür steuerte ich. Drei Meilen rudern brachten uns, gerade als es Abend wurde, zum Camp, und sehr müde und mit einem Bärenhunger gingen wir an Land. In einem »Cache«, einem Versteck zwischen den Felsen, fanden wir die Lebensmittel und das Kochgeschirr, und dann setzte ich mich, so erschöpft ich war, auf einen Stein und beaufsichtigte Johnny, der Holz sammelte und etwas zum Abendbrot brutzelte. So mancher Mann hätte sich nach dem, was ich hinter mir hatte, lieber ausgeruht.

Das Abendbrot – heißes Brot, gebratener Speck und schwarzer Kaffee – war köstlich. Und die Einsamkeit ringsum nicht minder. Drei Meilen weiter befand sich zwar eine Sägemühle mit einigen Arbeitern, doch gab es im ganzen Umkreis des Sees keine fünfzehn weiteren Menschen. Als sich die Dunkelheit herabsenkte und die Sterne herauskamen und den großen Spiegel mit Juwelen besetzten, rauchten wir in der feierlichen Stille sinnend eine Pfeife und vergaßen allen Kummer und alle Mühsal. Dann breiteten wir unsere Decken zwischen zwei große Felsblöcke in den warmen Sand und schlummerten bald ein, unbekümmert um die Prozession von Ameisen, die durch Schlitze in unsere Kleidung schlüpften und sich bei uns auf Entdeckungsreise machten. Nichts konnte den Schlaf stören, der uns gefangenhielt, denn er war redlich verdient, und falls unser Gewissen mit irgendwelchen Sünden beladen war, mußte das Gericht sich vertagen, jedenfalls für diese Nacht. Als wir hinüberdämmerten, erhob sich gerade der Wind, und das Schlagen der Brandung gegen den Strand sang uns ein Schlaflied.

Nachts ist es an diesem Seeufer immer sehr kalt, doch wir hatten reichlich Schlafdecken mit und steckten warm genug. Wir bewegten die ganze Nacht über keinen einzigen Muskel, sondern erwachten im frühen Morgengrauen in der ursprünglichen Lage und standen sofort auf, gründlich erfrischt, frei von mieser Laune und übersprudelnd von Munterkeit. In einem solchen Erlebnis liegt unendlich viel heilsame Medizin. An jenem Morgen hätten wir zehn solcher Männer, wie wir am Tage zuvor gewesen waren, verprügeln können, gebrechliche auf jeden Fall. Doch die Welt ist schwer von Begriff, und Leute begeben sich um ihrer Gesundheit willen zu »Badekuren« und »Bewegungskuren« und ins Ausland. Drei Monate Lagerleben am Lake Tahoe würden einer ägyptischen Mumie ihre alte Kraft zurückgeben und ihr den Appetit eines Alligators verleihen. Ich meine natürlich nicht die ältesten und vertrocknetsten Mumien, sondern die frischeren. Die Luft dort oben in den Wolken ist sehr rein und gut, stärkend und köstlich. Und warum auch nicht? Es ist doch dieselbe Luft, welche die Engel atmen. Es dürfte wohl kaum soviel Erschöpfung zusammenzukriegen sein, als daß sie sich nicht in einer einzigen

Nacht auf dem Sand am Ufer dieses Sees wegschlafen ließe. Nicht unter einem Dach, sondern unter freiem Himmel; im Sommer regnet es in diesem Landstrich so gut wie nie. Ich kenne einen Mann, der dort hinging, um zu sterben. Doch es gelang ihm nicht. Als er kam, war er ein Skelett und konnte kaum noch stehen. Er hatte keinen Appetit und tat nichts weiter als religiöse Traktate lesen und über die Zukunft nachsinnen. Drei Monate später schlief er regelmäßig im Freien, aß dreimal täglich, was in ihn reinging, und verfolgte aus Vergnügen Wild über tausend Meter hohe Berge. Und er war auch kein Skelett mehr, sondern wog den Teil einer Tonne. Das ist keine ausgedachte Geschichte, sondern die Wahrheit. Es hatte sich bei seiner Krankheit um Schwindsucht gehandelt. Seine Erfahrung kann ich anderen Skeletten nur empfehlen.

Ich übernahm wieder die Aufsicht, und sobald wir gefrühstückt hatten, stiegen wir in den Kahn und ruderten ungefähr drei Meilen am Ufer entlang und stiegen dann aus. Die Gegend sagte uns zu, und wir steckten uns davon einen Claim von zirka dreihundert Acre ab und hefteten unsere »Bekanntmachung« an einen Baum. Es war mit Gelbkiefer bestandenes Land – ein dichter Wald von hundert Fuß hohen Bäumen mit einem Stammdurchmesser von ein bis fünf Fuß. Wenn wir unseren Grundbesitz halten wollten, war vorgeschrieben, ihn einzuzäunen. Das heißt, es mußten hier und da Bäume gefällt werden, und zwar so, daß sie eine Art Einfriedung bildeten (mit ganz schönen Lücken drin). Wir legten jeder drei Bäume um und stellten fest, das war eine Arbeit, die so aufs Herz ging, daß wir beschlossen, diesen dreien die Verantwortung zu überlassen. Hielten sie den Grundbesitz, war es gut und schön, wenn nicht, sollte er sich, von uns aus, durch die Lücken verflüchtigen; es hatte doch keinen Zweck, daß wir uns zu Tode schufteten, bloß um ein paar Acre Land zu retten. Am nächsten Tag kamen wir zurück, um ein Haus zu bauen – denn ein Haus war ebenfalls vorgeschrieben. Wir hatten vor, ein solides Blockhaus zu errichten und den Neid der Jungs von der Brigade zu erregen; doch bis wir den ersten Block gefällt und zugehauen hatten, schien es uns nicht mehr nötig, uns soviel Mühe zu machen, und wir beschlossen, eines aus Schößlingen zu bauen. Zwei richtig geschlagene und zurechtgeschnittene Schößlinge jedoch zwangen uns zu der Erkenntnis, daß eine noch bescheidenere Architektur dem Gesetz Genüge tun würde, und so beschlossen wir, ein »Buschhaus« zu bauen. Wir widmeten den nächsten Tag dieser Arbeit, führten aber so viele Sitzungen und Diskussionen durch, daß wir, als der Nachmittag schon zur Hälfte um war, nur eine halbwegige Angelegenheit zustande gebracht hatten, auf die einer von uns aufpassen mußte, während der andere Büsche schnitt, denn hätten wir ihr beide den Rücken zugekehrt, hätten wir sie vielleicht nicht mehr wiedergefunden, da sie eine so starke Familienähnlichkeit mit der sie umgebenden Vegetation hatte. Doch uns genügte das Häuschen.

Wir waren jetzt rechtmäßige Landbesitzer. Deshalb beschlossen wir, auf unserem eigenen Grund und Boden Wohnung zu nehmen und jenes große Unabhängigkeitsgefühl zu genießen, welches einem allein dieses Erlebnis verleihen kann. Spät am nächsten Nachmittag, nach einer langen Erholungspause, stießen wir mit allen Fressalien und Kochgeräten, die wir wegschleppen – genauer gesagt, ausleihen – konnten, vom Camp der Brigade ab, und mit dem Anbruch der Dunkelheit ließen wir den Kahn an unserem eigenen Anlegeplatz landen.

DREIUNDZWANZIGSTES KAPITEL

Ein glückliches Leben · Der Lake Tahoe und seine Launen · Durchsichtigkeit des Wassers · Ein Unglück · Feuer! Feuer! · Ein großartiges Bild · Wieder heimatlos · Wir stechen in See · Ein Sturm · Rückkehr nach Carson City

Sollte es ein glücklicheres Leben geben, als wir es während der nächsten zwei, drei Wochen auf unserer Waldranch führten, so muß das eines sein, das ich bisher weder aus

Büchern noch aus eigener Erfahrung kennengelernt habe. Die ganze Zeit über sahen wir außer uns selbst keinen Menschen und hörten wir keine Laute außer denen von Wind und Wellen, dem Seufzen der Kiefern und hin und wieder dem fernen Rumpeln einer Lawine. Der Wald um uns war dicht und kühl, der Himmel über uns zeigte keine Wolke und strahlte vor Sonne, der breite See vor uns war je nach Laune von Mutter Natur glatt und glasklar oder gekräuselt und brisig oder schwarz und sturmgepeitscht, und der ihn umschließende Rand waldbedeckter, durch Erdrutsche zerfurchter, von Cañons und Tälern gespaltener und mit glitzerndem Schnee behelmter Bergkuppen gab dem prachtvollen Bild Rahmen und Abschluß. Sein Anblick war stets faszinierend, bezaubernd, berückend. Das Auge wurde nie des Staunens müde, ob bei Tage oder bei Nacht, bei Windstille oder Sturm; es hatte nur einen Kummer, nämlich daß es nicht immer schauen konnte, sondern manchmal zum Schlafen zuklappen mußte.

Wir schliefen nahe am Wasser im Sand zwischen zwei schützenden Felsblöcken, die uns vor den stürmischen Nachtwinden behüteten. Schlafmittel nahmen wir nie. Wir waren stets beim ersten Morgengrauen auf und veranstalteten Wettläufe, um überschüssige Kräfte und überschäumende Lebenslust abzureagieren. Das heißt, Johnny tat das – ich hielt dafür seinen Hut. Beim Rauchen der Friedenspfeife nach dem Frühstück sahen wir zu, wie die Schildwacht haltenden Gipfel sich in Sonnenglanz tauchten, und verfolgten den Siegeszug des Lichtes, das in die Schatten hinunterfegte und die gefangenen Klippen und Wälder befreite. Wir beobachteten, wie auf dem Wasser die farbigen Bilder wuchsen und sich aufhellten, bis jedes kleinste Detail von Wald, Steilwand und Gipfel hineingearbeitet und das Wunder der Zauberin vollendet war. Dann ging es frisch »ans Werk«.

Das heißt, wir ließen uns im Kahn treiben. Wir befanden uns am Nordufer. Dort sind die Felsen auf dem Grund manchmal grau und manchmal weiß. Die wunderbare Durchsichtigkeit des Wassers kommt so noch voller zur Geltung als sonstwo auf dem See. Wir stießen gewöhnlich hundert Yard oder so vom Strand hinaus und legten uns dann auf den Duchten in die Sonne und ließen das Boot stundenlang treiben, wohin es wollte. Geredet wurde selten. Das unterbrach die Sonntagsstille und störte die Träume, die genüßliches Ruhen und Faulenzen mit sich brachten. Das Ufer schwang überall in tiefen Kerben und Buchten zurück, die von schmalen Sandstreifen eingefaßt waren, und gleich hinter dem Strand erhoben sich die steilen Berghänge gen Himmel – stiegen auf wie eine riesige Wand, fast senkrecht und dicht bewaldet mit schlanken Kiefern.

Das Wasser war einzigartig klar, so daß sich dort, wo es nur zwanzig bis dreißig Fuß Tiefe hatte, der Grund vollkommen deutlich erkennen ließ und unser Kahn in der Luft zu schwimmen schien! Ja selbst, wo es *achtzig* Fuß tief war. Jeder kleine Kiesel war zu sehen, jede bunte Forelle, jede Handbreit Sand. Oft schien es, wenn wir auf den Gesichtern lagen, als käme ein Granitblock von der Größe einer Dorfkirche vom Grunde hoch an die Oberfläche geschossen, bis er schließlich unsere Gesichter zu berühren drohte und wir den Impuls nicht unterdrücken konnten, ein Ruder zu ergreifen und die Gefahr abzuwehren. Doch das Boot trieb weiter, und der Felsblock sank wieder hinab, und dann konnten wir sehen, daß er, als wir uns genau über ihm befunden hatten, doch zwanzig, dreißig Fuß unter dem Wasserspiegel gewesen sein mußte. Ganz unten, durch die Transparenz dieser großen Tiefen hindurch, war das Wasser nicht bloß einfach durchsichtig, sondern blendend, funkelnd, diamantklar. Alle durch dieses Wasser gesehenen Dinge hatten etwas ungemein Strahlend-Lebhaftes, nicht nur im Umriß, auch in den kleinsten Einzelheiten, das sie auf dieselbe Entfernung in der Atmosphäre nicht gehabt hätten. Jeglicher Raum unter uns schien uns so leer und ätherisch, und das Gefühl, hoch oben im Nichts zu schweben, war so stark, daß wir diese Kahnpartien »Ballonreisen« nannten.

Wir angelten sehr viel, fingen aber pro Woche nicht mal einen Fisch. Wir konnten die Forellen zu Tausenden in der Leere unter uns herumfliegen oder in Untiefen auf dem

Grunde schlafen sehen, doch sie bissen nicht an – vielleicht sahen sie die Schnur zu deutlich. Oft suchten wir uns die Forelle aus, die wir haben wollten, und setzten ihr in achtzig Fuß Tiefe den Köder geduldig und beharrlich direkt auf die Nasenspitze, doch sie schüttelte ihn bloß ungnädig ab und wechselte die Stellung.

Gelegentlich badeten wir auch, aber das Wasser war ziemlich eisig, obgleich es so sonnig aussah. Mitunter ruderten wir ein, zwei Meilen vom Ufer weg hinaus aufs »blaue Wasser«. Dort war es so überblau wie Indigo, und zwar auf Grund der ungeheuren Tiefe. Nach amtlichen Messungen ist der See in der Mitte vierhundertsiebenundfünfzigeinhalb Meter tief!

An faulen Nachmittagen lümmelten wir uns manchmal auf dem Sand im Camp herum und rauchten Pfeife und lasen ein paar alte zerfledderte Schmöker. Abends dann am Lagerfeuer spielten wir zur geistigen Stärkung Euchre und Seven-up – mit so verschmierten und abgegriffenen Karten, daß nur eine sommerlange Bekanntschaft mit ihnen den Lernenden in den Stand setzte, das Kreuz-As vom Karo-Buben zu unterscheiden.

In unserem »Haus« schliefen wir nie. Erstens kamen wir gar nicht darauf, und außerdem war es gebaut, das Land zu halten, und das reichte. Wir wollten es nicht überfordern.

Mit der Zeit wurde uns das Essen knapp, und wir ruderten zurück zum alten Camp und legten uns einen neuen Vorrat an. Wir waren den ganzen Tag unterwegs und langten erst bei einbrechender Dunkelheit reichlich müde und hungrig wieder zu Hause an. Während Johnny den größten Teil der Lebensmittel für künftigen Verzehr zum »Haus« hinauftrug, brachte ich den Laib Brot, ein paar Scheiben Speck und die Kaffeekanne an Land, setzte sie neben einem Baum ab, zündete ein Feuer an und ging zurück zum Kahn, um die Bratpfanne zu holen. Dabei hörte ich einen Ruf von Johnny, und als ich aufblickte, sah ich mein Feuer über das ganze Grundstück fegen!

Johnny befand sich auf der anderen Seite. Er mußte durch die Flammen rennen, um ans Seeufer zu kommen, und dann standen wir hilflos da und sahen der Verwüstung zu.

Der Boden war hoch mit trockenen Kiefernnadeln bedeckt, und das Feuer ließ sie wie Schießpulver losgehen. Erstaunlich, mit welch ungestümem Tempo sich die hohe Flammenwelle vorwärts bewegte! Meine Kaffeekanne war weg und alles andere mit. In anderthalb Minuten griff das Feuer auf ein Dickicht trockener, sechs bis acht Fuß aufragender Manzanitasträucher über, und dann wurde das Knallen und Knacken und Krachen beängstigend. Die starke Hitze trieb uns ins Boot, und dort blieben wir gebannt sitzen.

Innerhalb einer halben Stunde war alles vor uns ein tobender, wirrer Flammensturm! Er wogte anliegende Bergrücken hinauf – überstieg sie und verschwand in den jenseitigen Cañons – tauchte bald danach auf höheren und entfernteren Kämmen auf – überschüttete alles ringsum mit noch blendenderem Licht und zog weiter – lohte weiter, deutlicher, höher und immer höher die Berge hinauf – schickte hier und dort feurige Stoßtrupps aus, die in karminroten Spiralen zwischen ferne Wälle und Buckel und Schluchten fuhren, bis die himmelhohe Bergfront, soweit das Auge reichte, damit übersponnen war wie mit einem verworrenen Netz glutender Lavaströme. Drüben über dem Wasser leuchteten die Felsspitzen und Kuppeln in rötlichem Schein, und über uns der Himmel war eine Widerspiegelung der Hölle!

Und jede Einzelheit wiederholte sich in dem glühenden Spiegel des Sees! Beide Bilder waren herrlich, beide wunderschön, doch das im See hatte eine verblüffende Fülle, die das Auge verzauberte und stärker gefangennahm.

Gefesselt und bewegungslos saßen wir vier lange Stunden. Wir dachten nicht mehr an Abendbrot und spürten keine Ermüdung. Um elf Uhr aber war die Feuersbrunst aus unserem Sehbereich hinausgezogen, und es stahl sich wieder Dunkelheit über die Landschaft.

Nun meldete sich der Hunger, doch es war nichts zu essen da. Die Lebensmittel waren bestimmt jetzt alle fertig geschmort, doch wir gingen es uns nicht angucken. Wir waren wieder heimatlose Wanderer ohne jede Habe. Unser Zaun war hin, unser Haus abgebrannt, und keine Versi-

cherung drauf. Unsere Kiefern waren schön verkohlt, die abgestorbenen Bäume alle verbrannt, und unsere großen Flächen Manzanita weggefegt. Unsere Decken lagen jedoch noch auf unserem Sandbett, und so hauten wir uns hin und schliefen. Am nächsten Morgen fuhren wir zurück zum alten Camp, doch als wir noch ein weites Ende vom Ufer ab waren, kam ein so großer Sturm auf, daß wir nicht zu landen wagten. Und so schöpfte ich die Sturzseen aus dem Boot, während Johnny kräftig durch die Wogen pullte, bis wir eine Stelle erreichten, die drei oder vier Meilen hinter dem Camp lag. Der Sturm nahm zu, und da schien es besser, das gefährliche Stranden zu wagen, als in hundert Faden Wasser abzusaufen. Also stachen wir los, mit einem Gefolge von Schaumkronen, und ich saß auf dem Achtersitz und richtete den Kahn direkt auf das Ufer. Im selben Augenblick, wo der Bug auflief, kam eine Welle übers Heck, die Mannschaft und Ladung an Land spülte und uns einen Haufen Arbeit ersparte. Im Schutze eines Felsbrockens verbibberten wir dann den Rest des Tages und die Nacht. Am Morgen hatte sich der Sturm gelegt, und ohne jeden unnötigen Aufenthalt paddelten wir hinunter zum Camp. Wir waren so ausgehungert, daß wir alles verdrückten, was von der Brigade noch an Proviant da war, und dann machten wir uns nach Carson auf, um es der Brigade zu melden und ihre Verzeihung zu erbitten. Diese wurde uns gewährt – nach Leistung von Schadenersatz.

Später machten wir noch viele Ausflüge an den See und erlebten so manches haarsträubende Abenteuer und so manche mit knapper Not geglückte Rettung, die in keiner Chronik Erwähnung finden werden.

VIERUNDZWANZIGSTES KAPITEL

Ich beschließe, mir ein Pferd zu kaufen · Reitkunst in Carson · Eine Versuchung · Freigebig erteilter Rat · Ich erstehe den mexikanischen Zossen · Mein erster Ritt · Ein guter Bokker · Ich verpumpe den Zossen · Wie es den Ausleihern mit ihm erging · Verkaufsversuche · Gesamtkosten · Anführen eines Fremden

Ich beschloß, mir ein Reitpferd anzuschaffen. Nie hatte ich außerhalb eines Zirkus solch eine wilde, freie, großartige Reitkunst gesehen, wie sie diese malerisch gekleideten Mexikaner, Kalifornier und mexikanisierten Amerikaner jeden Tag in den Straßen von Carson zeigten. Wie sie ritten! Sich ganz leicht aus der Senkrechten vornüber legend, leger und nonchalant, mit vorn hochgewehter Sombrerokrempe und über dem Kopf schwingender langer Riata brausten sie wie der Wind durch die Stadt! Und waren im nächsten Augenblick nur noch ein dahinsegelndes Staubwölkchen in der fernen Wüste. Wenn sie trabten, saßen sie graziös und anmutig im Sattel und schienen mit dem Pferd verwachsen, hampelten nicht nach der blöden gezierten Manier der Reitschulen auf und ab. Ich hatte schnell gelernt, ein Pferd von einer Kuh zu unterscheiden, und war ganz versessen darauf, mehr zu lernen. Also beschloß ich, mir ein Pferd zu kaufen.

Während mir dieser Gedanke im Kopfe herumschwirrte, kam der Auktionator auf einem schwarzen Viech über die Plaza gebraust, das so eckig und höckerig wie ein Dromedar und entsprechend häßlich war. Doch es schien zu gefallen: »Zweiundzwanzig zum ersten! Pferd, Sattel und Zügel für zweiundzwanzig Dollar, meine Herren!« – und ich konnte kaum widerstehen.

Ein mir unbekannter Mann (der Bruder des Auktionators, wie sich dann herausstellte) bemerkte den sehnsüchtigen Blick in meinen Augen und ließ fallen, das sei ein respektables Pferd für den Preis, und fügte hinzu, allein schon der Sattel wäre so viel wert. Es war ein spanischer Sattel mit gewichtigen Tapaderos und dem ungefügen

Sohlenlederbezug mit dem unaussprechlichen Namen. Ich sagte, ich hätte nicht übel Lust, zu bieten. Daraufhin schien mich dieser scharfäugige Mensch zu »taxieren«; als er aber redete, wies ich den Verdacht von mir, denn er gab sich ganz offen und aufrichtig. Er sagte:

»Ich kenne dieses Pferd – kenne es gut. Da Sie hier fremd sind, wie ich vermute, halten Sie es vielleicht für ein amerikanisches Pferd, aber ich versichere Ihnen, das ist es keineswegs. Nichts dergleichen, sondern – entschuldigen Sie, daß ich so leise spreche, aber es sind Leute in der Nähe – es ist ohne den geringsten Zweifel ein echter mexikanischer Zosse!«

Ich hatte zwar keine Ahnung, was ein echter mexikanischer Zosse war, doch in dem, wie dieser Mann das sagte, lag etwas, das mich innerlich geloben hieß, mir unbedingt einen echten mexikanischen Zossen anzuschaffen.

»Sonstige ... äh ... Vorzüge?« fragte ich, jeden Eifer unterdrückend, soweit ich konnte.

Er hakte seinen Zeigefinger in die Tasche meines Militärhemds, führte mich auf die Seite und hauchte mir eindrucksvoll die Worte ins Ohr:

»Überbockt alles in Amerika!«

»*Vier*undzwanzigeinhalb Dollar zum zweiten, meine...«

»Siebenundzwanzig!« rief ich wie von Sinnen.

»Zum dritten!« sagte der Auktionator und übergab mir den echten mexikanischen Zossen.

Ich vermochte kaum, mein Frohlocken zurückzuhalten. Ich bezahlte das Geld und brachte das Pferd in einen benachbarten Mietsstall, damit es Mittag essen und sich ausruhen konnte.

Am Nachmittag führte ich den Gaul auf die Plaza, und einige Bürger hielten ihn am Kopf und andere am Schwanz fest, während ich aufsaß. Sobald sie losließen, setzte er alle vier Füße zu einem Bündel zusammen, senkte den Rücken durch und wölbte ihn dann plötzlich hoch und schoß mich drei bis vier Fuß kerzengerade in die Luft! Genauso kerzengerade kam ich wieder herunter, plumpste in den Sattel, flog sofort wieder hoch, kam fast auf dem hohen Knauf runter, schoß von neuem nach oben und landete auf dem Hals des Pferdes – alles im Zeitraum von drei bis vier Sekunden. Dann stieg der Zosse beinahe senkrecht auf die Hinterbeine, und mich verzweifelt an den dürren Hals klammernd, rutschte ich in den Sattel zurück und hielt mich da fest. Kaum wieder unten, schmiß der Gaul die Hacken in die Luft und versetzte dem Himmel einen heimtückischen Tritt und vollführte einen Handstand. Und dann kam er wieder herunter und fing von neuem mit der Ausgangsübung an, mich kerzengerade hochzuschießen. Als ich zum drittenmal hochging, hörte ich einen Fremden sagen:

»Mann, der *bockt* aber!«

Während ich mich gerade oben befand, versetzte jemand dem Pferd einen knallenden Schlag mit einem Lederriemen, und als ich wieder herunterkam, war kein echter mexikanischer Zosse mehr da. Ein kalifornischer Jüngling machte sich an die Verfolgung, und er fing ihn ein und fragte, ob er mal drauf reiten dürfe. Ich gewährte ihm diese Wonne. Er bestieg den Echten, wurde einmal in die Luft gehoben, gab aber beim Herunterkommen dem Gaul seine Sporen zu schmecken, und der sauste ab wie ein Telegramm. Er schwirrte über drei Zäune und verschwand die Straße hinunter in Richtung Washoe Valley.

Ich setzte mich mit einem Seufzer auf einen Stein, und auf Grund eines Naturtriebes suchte meine eine Hand die Stirn und die andere die Magengrube. Ich glaube, ich hatte bis dahin noch nie richtig gemerkt, wie dürftig die menschliche Maschinerie ist – denn ich brauchte eigentlich noch ein, zwei Hände, um sie anderswo draufzutun. Keine Feder kann beschreiben, wie durchgeschüttelt ich war. Keine Phantasie kann sich ausmalen, wie verrenkt ich war – wie innerlich, äußerlich und überhaupt verstört, durcheinander und aus den Fugen. Doch es umgab mich eine teilnahmsvolle Menge.

Ein nicht mehr ganz jung aussehender Tröster sagte:

»Bist reingelegt worden, Fremder. Diesen Gaul kennt jeder hier im Camp. Hätte dir jedes Kind, jeder Indianer sagen können, daß er bockt; ist der allerschlimmste Bockteufel von ganz Amerika. Mir kannst du glauben. Bin

Curry. *Old* Curry. Old *Abe* Curry. Ist außerdem durch und durch ein original echter verflixter mexikanischer Zosse, und dabei noch ein ganz gemeiner. Mann, hättest du bloß den Schnabel gehalten und abgewartet, du Pinsel; für 'n Puppenlappen mehr, als du für diese verdammte ausländische Schindermähre berappt hast, läßt sich doch ein *amerikanisches* Pferd kriegen.«

Ich ließ mir nichts anmerken, nahm mir jedoch vor, falls die Beerdigung des Bruders von dem Auktionatur stattfinden sollte, solange ich im Territorium war, alle anderen Belustigungen aufzuschieben und an ihr teilzunehmen.

Nach einem Galopp von sechzehn Meilen kamen der kalifornische Jüngling und der Echte wieder in die Stadt gestürmt, wobei sie so mit Schaumflocken um sich spritzten, wie ein Taifun Gischt vor sich herfegt, und gingen nach einem Schlußsprung über einen Schubkarren und einen Chinesen vorm »Landhaus« vor Anker.

Welch Keuchen und Schnaufen! Welch Aufblähen und Zusammenziehen der roten Pferdenüstern und welch Funkeln der wilden Pferdeaugen! Doch war das erlauchte Tier gebändigt? Mitnichten. Seine Gnaden, der Parlamentspräsident, dachten aber doch und schwangen sich in den Sattel und ritten zum Kapitol hinunter. Der erste Satz, den der Gaul machte, ging über einen Stapel Telegrafenmasten von halber Kirchturmhöhe, und seine Zeit bis hin zum Kapitol – eindreiviertel Meilen – ist bis heute ungeschlagen. Er schuf sich allerdings günstigere Rennbedingungen – er ließ die Meile aus und lief nur die drei Viertel. Also schnurgeradeaus und querfeldein, wobei er Zäune und Gräben einer gewundenen Straße vorzog; und als der Herr Präsident dann am Kapitol anlangte, erklärte er, er wäre so viel oben in der Luft gewesen, daß es ihm vorgekommen sei, als hätte er den Ritt auf einem Kometen gemacht.

Am Abend kam er zurück – zu Fuß, um sich ein bißchen Bewegung zu machen, und den Echten hatte er hinten an einem Quarzwagen angebunden. Am nächsten Tag lieh ich das Tier dem Protokollführer des Repräsentantenhauses, der damit zur sechs Meilen entfernten Dana-Silbermine wollte, und auch er kam zu Fuß zurück, um sich auszulaufen, mit dem Pferd im Schlepp. Immer kamen alle, denen ich den Gaul lieh, zurückgestiefelt; anders konnten sie sich nie genug Bewegung verschaffen. Doch ich verpumpte ihn weiter an jeden, der ihn mal haben wollte; denn ich hoffte, es würde ihn einer zum Krüppel machen, dem ich ihn dann aufhängen könnte, oder einer ihn totreiten, der ihn mir bezahlen müßte. Aber irgendwie geschah dem Zossen nie etwas. Er überstand Gefahren, die kein anderes Pferd überlebt hätte, und er kam immer heil davon. Zu seinen täglichen Gewohnheiten gehörte es, Dinge zu versuchen, die bisher als unmöglich gegolten hatten, die er jedoch stets schaffte. Manchmal verrechnete er sich ein bißchen und bekam seinen Reiter nicht unbeschadet durch, sich selber aber immer. Natürlich bemühte ich mich, ihn loszuschlagen, doch das war ein Rechnen mit der Einfalt anderer, das auf wenig Anteilnahme stieß. Der Auktionator preschte auf dem Echten vier Tage lang die Straßen auf und ab und trieb die Bevölkerung auseinander, verursachte Verkehrsstörungen und zertrampelte Kinder und erhielt kein einziges Angebot – zumindest kein anderes als die achtzehn Dollar, die zu bieten er einen notorisch mittellosen Eckensteher gedungen hatte. Die Leute lächelten nur vergnügt und hielten ihre Kauflust im Zaum, so sie welche hatten. Dann schickte der Auktionator seine Rechnung, und ich zog den Gaul vom Markt zurück. Wir versuchten nun, ihn auf eigene Faust zu versteigern, indem wir ihn mit Verlust gegen gebrauchte Grabsteine, Alteisen, Mäßigkeitstraktate anboten – gegen jedwede Art von Mobilien. Doch die welche besaßen, bissen nicht an, und wir zogen uns wiederum vom Markt zurück. Reiten tat ich den Gaul niemals mehr. Laufen genügte als Bewegung für einen Mann wie mich, dem außer Knochenbrüchen, inneren Verletzungen und dergleichen nichts fehlte. Schließlich versuchte ich, ihn zu *verschenken.* Gelang aber nicht. Die Leute sagten, Erdbeben gäbe es an der Pazifikküste genug – sie wollten nicht noch eins auf dem Hals haben. Als letzte Zuflucht bot ich ihn dem Gouverneur für die Brigade an. Anfangs leuchtete sein Gesicht lebhaft auf, verdunkelte sich aber wieder, und er sagte, das wäre doch zu offensichtlich.

Um diese Zeit präsentierte der Mann vom Mietsstall die Rechnung für sechs Wochen – Stall für Pferd: fünfzehn Dollar; Heu für Pferd: zweihundertfünfzig Dollar! Der echte mexikanische Zosse hatte eine Tonne Heu gefressen, und der Mann sagte, hätte er ihn gelassen, hätte er hundert gefressen.

Ich möchte hier ganz ernsthaft bemerken, daß während jenes Jahres und teilweise auch während des nächsten der reguläre Heupreis wirklich zweihundertfünfzig Dollar die Tonne betrug. Im Jahr davor hatte er eine Zeitlang auf fünfhundert Golddollar pro Tonne gestanden, und während des vorangegangenen Winters war Heu so knapp gewesen, daß kleine Mengen nicht selten achthundert Dollar Hartgeld pro Tonne gebracht hatten! Die Folgen kann man sich wohl ohne weiteres denken: Die Leute ließen ihr Vieh frei zum Verhungern, und bevor der Frühling kam, waren das Carson und Eagle Valley buchstäblich mit Kadavern bedeckt! Jeder alte Ansiedler kann das bestätigen.

Es gelang mir, die Stallrechnung zu bezahlen, und noch am selben Tag schenkte ich den echten mexikanischen Zossen einem durchziehenden Auswanderer aus Arkansas, den mir Fortuna in die Hände spielte. Sollte ihm dies hier jemals vor Augen kommen, wird er sich zweifellos der Gabe erinnern.

Nun, wer einmal das Glück gehabt hat, einen echten mexikanischen Zossen zu reiten, wird das in diesem Kapitel geschilderte Tier wiedererkennen und es kaum als übertrieben betrachten – die Uneingeweihten aber dürfen sich berechtigt fühlen, sein Porträt als Phantasieskizze anzusehen.

FÜNFUNDZWANZIGSTES KAPITEL

Die Mormonen in Nevada · Wie man von ihnen etwas geborgt bekommt · Territoriale Frühgeschichte · Entdeckung von Silbergruben · Die neue Territorialregierung · Arm und nicht von hier · Ihre drolligen Daseinskämpfe · Kein Kredit, kein Geld · Old Abe Curry rettet das Staatsschiff · Dienstvorschriften und Quittungen · Eines Indianers Unterschrift · Chausseegelder

Ursprünglich gehörte Nevada zu Utah und hieß Bezirk Carson; und das war ein ganz schön großer Bezirk. Einige seiner Täler lieferten Heu über Heu, und das zog kleine Kolonien von mormonischen Viehzüchtern und Farmern an. Ein paar orthodoxe Amerikaner aus Kalifornien kamen dazu, doch die beiden Gruppen von Ansiedlern liebten sich nicht gerade. Man pflegte wenig beziehungsweise gar keinen freundschaftlichen Verkehr; jede Partei hielt sich für sich. Die Mormonen waren zumeist in der Mehrheit und genossen außerdem den Vorteil, unter dem besonderen Schutz der mormonischen Territorialregierung zu stehen. Deshalb konnten sie sich erlauben, ihren Nachbarn gegenüber distanziert und gar herrisch aufzutreten. Ein Histörchen aus dem Carson Valley illustriert die Verhältnisse, die zu der Zeit herrschten, von der ich spreche: Das Dienstmädchen einer amerikanischen Familie war Irin und katholisch; dennoch wurde mit Verwunderung vermerkt, daß sie die einzige Person außerhalb des Mormonenkreises war, die von den Mormonen etwas verlangen konnte. Sie bat sie oft um Gefälligkeiten, und sie wurden ihr stets erwiesen. Es war für jedermann ein Geheimnis. Als sie eines Tages zur Tür hinausging, fiel jedoch unter ihrer Schürze ein großes Jagdmesser hervor, und von ihrer Herrin um eine Erklärung ersucht, sagte sie, sie gehe, sich »von den Mormonen einen Waschzuber ausleihen«!

Im Jahre 1858 wurden im Bezirk Carson Silberadern entdeckt, und das veränderte die Lage. Kalifornier strömten herein, und bald bildete die amerikanische Bevölkerung die Mehrheit. Untertanenpflicht gegenüber Brigham

Young und Utah wurde aufgehoben, und die Bürger setzten eine vorläufige Territorialregierung für »Washoe« ein. Gouverneur Roop war ihr erster und einziger höchster Beamter. Im Lauf der Zeit nahm der Kongreß eine Vorlage zur Errichtung des »Territoriums Nevada« an, und Präsident Lincoln entsandte Gouverneur Nye, um Roop abzulösen.

Die Bevölkerung des Territoriums betrug zu dieser Zeit ungefähr zwölf- bis fünfzehntausend und nahm rasch zu. Immer mehr Silberminen wurden erschlossen und Silberhütten angelegt. Handel und Wandel aller Art rührten sich und kamen mit jedem Tage besser voran.

Die Einwohner waren zwar froh, eine rechtmäßig errichtete Regierung zu haben, empfanden aber nicht gerade Freude darüber, daß man Fremden aus fernen Bundesstaaten Machtbefugnis über sie gab – eine durchaus natürliche Haltung. Sie meinten, die Beamten hätten aus ihren eigenen Reihen gewählt werden müssen – aus prominenten Bürgern, die sich ein Recht auf eine derartige Beförderung verdient hatten und die mit der Bevölkerung eines Sinnes und auch gründlich mit den Nöten des Territoriums vertraut waren. Dieser Standpunkt war ohne Zweifel berechtigt. Die neuen Beamten waren »Einwanderer«, und das war kein Titel, der irgend jemand Liebe oder Bewunderung abnötigte.

Die neue Regierung wurde reichlich kühl empfangen. Sie war nicht bloß ein fremder, sondern auch ein armer Eindringling. Sie lohnte nicht einmal das Rupfen – höchstens für die allerschäbigsten Postenjäger und ähnliche. Jeder wußte, daß der Kongreß nur jährlich zwanzigtausend Dollar Papiergeld zu ihrer Unterstützung bewilligt hatte – was ungefähr ausreichte, eine Quarzhütte einen Monat in Betrieb zu halten. Und genauso wußte jeder, daß das Geld für das erste Jahr noch in Washington lag und daß es eine langwierige und schwierige Prozedur war, das Geld in die Hände zu bekommen. Carson City war zu vorsichtig und klug, dem importierten Wechselbalg mit unschicklicher Hast Kredit einzuräumen.

Die Anstrengungen einer neugeborenen Territorialregierung, sich in dieser Welt einen Anlauf zu verschaffen, haben etwas feierlich Komisches. Die unsere erlebte dabei beschwerliche Tage. Das Grundgesetz und die »Dienstvorschriften« des Außenministeriums befahlen, daß zu der und der Zeit eine Gesetzgebende Versammlung zu wählen sei und deren Sitzungen an dem und dem Tag eröffnet werden müßten. Gesetzgeber zu bekommen, war leicht, selbst bei drei Dollar Diäten, wenngleich der Pensionspreis bei vier Dollar und fünfzig Cent lag, denn Vornehmheit hat in Nevada genauso ihren Reiz wie anderswo, und es gab haufenweise patriotische Seelen, die nichts zu tun hatten; aber einen Tagungssaal für sie zu bekommen, war etwas gänzlich anderes. Einen Raum mietfrei zur Verfügung zu stellen oder der Regierung einen auf Kredit zu verpachten, lehnte Carson City freundlich ab.

Als jedoch Curry von der Verlegenheit hörte, trat er vor, einsam und allein, und schob das Staatsschiff über die Barre und brachte es wieder zum Schwimmen. Ich meine Curry – *Old* Curry – Old *Abe* Curry. Ohne ihn wäre die Gesetzgebung gezwungen gewesen, ihre Sessionen in der Wüste abzuhalten. Er bot sein großes Steinhaus gleich hinter der Stadtgrenze mietfrei an, und es wurde mit Freuden genommen. Dann baute er von der Stadt zum Kapitol eine Pferdebahn, auf der die Gesetzgeber Freifahrt hatten. Außerdem schaffte er für die Legislatur Kiefernbänke und Stühle heran und ließ die Fußböden mit sauberem Sägemehl bestreuen als Teppich und Spucknapf zugleich. Ohne Curry wäre die Regierung im zartesten Kindesalter eines sanften Todes entschlafen. Auf Veranlassung des Sekretärs wurde, um den Senat vom Repräsentantenhaus abzutrennen, eine Segeltuchwand zum Kostenpunkt von drei Dollar vierzig Cent angebracht. Die Vereinigten Staaten lehnten es jedoch ab, sie zu bezahlen. Auf den Hinweis, daß die »Dienstvorschriften« die Zahlung einer großzügigen Miete für einen Gesetzgebungssaal gestatteten und daß dieses Geld durch Mr. Currys Großmut dem Lande erhalten bleibe, erwiderten die Vereinigten Staaten, das ändere nichts und die drei Dollar und vierzig Cent würden von des Sekretärs jährlichen achtzehnhundert Dollar abgezogen werden – und das wurden sie auch!

Ein von Anfang an interessantes Dilemma der neuen Regierung stellte das Vergeben von Druckaufträgen dar. Der Sekretär war auf seinen Band schriftlicher »Dienstvorschriften« vereidigt, und diese verlangten von ihm, daß er zwei bestimmte Dinge unfehlbar ausführte, nämlich:

1. die Protokolle von Senat und Repräsentantenhaus drucken zu lassen und

2. für diese Arbeit einen Dollar und fünfzig Cent pro »Tausend« für den Schriftsatz und einen Dollar und fünfzig Cent pro »halbes Ries« für den Druck zu bezahlen, und zwar in Papiergeld.

Es war einfach, beide Vorschriften zu beschwören, doch völlig unmöglich, mehr als eine davon in die Tat umzusetzen. Als das Papiergeld auf vierzig Cent den Dollar gesunken war, betrugen die allgemein üblichen Druckereipreise einen Dollar und fünfzig Cent pro »Tausend« und einen Dollar und fünfzig Cent pro »halbes Ries«, in *Gold*. Die »Dienstvorschriften« befahlen dem Sekretär, einen von der Regierung herausgegebenen Papierdollar als gleichwertig mit jedem anderen von der Regierung herausgegebenen Dollar zu betrachten. Folglich wurde die Drucklegung der Protokolle eingestellt. Da erhielt er von den Vereinigten Staaten einen strengen Verweis wegen Mißachtung der »Dienstvorschriften« und die Warnung, sich zu bessern. Woraufhin er einiges drucken ließ und die Rechnung samt einer genauen Aufstellung der hohen Preise im Territorium nach Washington schickte und besonders auf einen gedruckten Marktbericht verwies, woraus zu ersehen sei, daß selbst Heu auf zweihundertfünfzig Dollar pro Tonne stände. Die Vereinigten Staaten antworteten damit, daß sie die Druckrechnung vom wehrlosen Gehalt des Sekretärs abzogen und darüber hinaus nachdrücklichst bemerkten, in seinen »Vorschriften« finde sich nirgendwo, daß er Heu kaufen solle!

Nichts in dieser Welt ist in so undurchdringliches Dunkel gehüllt wie eines Bundesoberrevisors Begriffsvermögen. Selbst die Höllenfeuer würden darin nicht mehr als ein gelegentliches Aufglimmen zustande bringen. Zu der Zeit, von der ich rede, war ihm einfach nicht beizubringen, warum in Nevada mit seinen enormen Preisen für alle Waren zwanzigtausend Dollar nicht so weit reichten wie in anderen Territorien, wo in der Regel außerordentliche Billigkeit herrschte. Er war ein Beamter, der in einem fort auf die kleinen Ausgaben aufpaßte. Der Sekretär des Territoriums hatte, wie schon erwähnt, sein Büro in seiner Schlafkammer und verlangte den Vereinigten Staaten keine Miete dafür ab, obwohl seine »Vorschriften« diesen Posten vorsahen und er das mit Fug und Recht hätte ausnutzen können (was ich, wäre ich selber Sekretär gewesen, mit mehr als Blitzesschnelle getan hätte). Die Vereinigten Staaten zollten dieser Loyalität jedoch nie Beifall. Ich glaube beinahe, mein Land schämte sich, eine so leichtsinnige Person im Dienst zu haben.

Jene »Vorschriften« (wir pflegten jeden Morgen als geistige Gymnastik ein Kapitel daraus zu lesen und jeden Sonntag ein paar in der Sonntagsschule, denn sie befaßten sich mit allen Dingen unter Gottes Sonne und enthielten gleich anderen Statistiken viel wertvoll Religiöses), jene Vorschriften verlangten, daß den Mitgliedern der Legislative Federmesser, Briefumschläge, Schreibfedern und Briefpapier gestellt würden. Der Sekretär unternahm also den Einkauf und die Verteilung. Die Messer kosteten das Stück drei Dollar. Es war eins zuviel, und der Sekretär gab es dem Protokollführer der Repräsentanten. Die Vereinigten Staaten erklärten, dieser sei kein »Mitglied« der Gesetzgebenden Versammlung, und zogen die drei Dollar wie gewöhnlich vom Gehalt des Sekretärs ab.

Weiße verlangten für das Sägen von Brennholz drei bis vier Dollar pro Ladung. Der Sekretär war scharfsinnig genug, um zu wissen, daß die Vereinigten Staaten einen solchen Preis niemals bezahlen würden, also ließ er sich von einem Indianer eine Ladung Amtsholz für anderthalb Dollar zersägen. Er stellte den üblichen Belegschein aus, ließ jedoch keinen Namen darunter setzen – fügte einfach eine Bemerkung hinzu, daß ein Indianer die Arbeit geleistet und sie sehr ordentlich und zur Zufriedenheit ausgeführt habe, jedoch infolge seines Unvermögens auf diesem Gebiet die Quittung nicht unterzeichnen könne. Diese anderthalb Dollar mußte der Sekretär bezahlen. Er hatte geglaubt, die Vereinigten Staaten würden seine Sparsamkeit und seine Ehrlichkeit bewundern, weil er die Arbeit für den halben Preis geleistet bekommen und nicht die vorgetäuschte Unterschrift eines Indianers auf die Quittung gesetzt hatte, aber in diesem Licht sah die Bundesregierung das nicht. Sie war zu sehr daran gewöhnt, in all ihren Ämtern Anderthalbdollardiebe sitzen zu haben, um seine Erklärung auf der Quittung als den Tatsachen entsprechend zu betrachten.

Beim nächsten Mal aber, als der Indianer für uns Holz sägte, lehrte ich ihn, unten auf den Beleg ein Kreuz zu machen – es sah aus wie eines, das seit einem Jahr betrunken war –, und dann »bezeugte« ich es, und es ging glatt durch. Die Vereinigten Staaten sagten kein Wort. Mir tat bloß leid, daß ich die Quittung nicht auf tausend Ladungen statt auf eine ausgestellt hatte. Die Regierung meines Landes erteilt schlichter Ehrlichkeit Rüffel und verhätschelt dafür ausgekochte Schurkerei, und ich glaube, wenn ich ein, zwei Jahre im Staatsdienst geblieben wäre, hätte ich mich wohl zu einem sehr geschickten Spitzbuben entwickelt.

Das war eine feine Kollektion Landesherren, diese ersten Gesetzgeber von Nevada. Sie erhoben Steuern in Höhe von dreißig- bis vierzigtausend Dollar und ordneten Ausgaben von ungefähr einer Million an. Dennoch hatten sie, wie alle derartigen Körperschaften, von Zeit zu Zeit ihre plötzlichen Anwandlungen von Sparsamkeit. Ein Mitglied brachte den Vorschlag ein, täglich drei Dollar einzusparen, indem man auf den Pfarrer verzichtete. Und dabei brauchte jener kurzsichtige Mann den Pfarrer mehr als jedes andere Mitglied, denn im allgemeinen hatte er während der Morgenandacht die Füße auf dem Pult und schmatzte rohe Rüben.

Die Gesetzgebende Versammlung tagte zwei Monate und vergab die ganze Zeit lang Chausseegeldrechte an Privatpersonen. Als sie sich vertagte, besaß schätzungsweise jeder Bürger ungefähr drei solcher Rechte, und man glaubte, daß, sofern der Kongreß dem Territorium keinen weiteren Längengrad zugebe, nicht mehr genug Platz wäre, die gebührenpflichtigen Chausseen unterzubringen. Ihre Enden hingen überall wie Fransen über die Grenzen hinaus.

Das Fuhrgeschäft hatte nämlich so bedeutende Ausmaße angenommen, daß es beinahe genausoviel Aufregung über plötzlich erworbene Chausseegeldvermögen gab wie über die wunderbaren Silberminen.

SECHSUNDZWANZIGSTES KAPITEL

Das Silberfieber · Die Marktlage · Silberbarren · Umlaufende Geschichten · Aufbruch nach den Humboldt-Minen

Mit der Zeit befiel mich das Silberfieber. Jeden Tag gingen Schürftrupps in die Berge und entdeckten und sicherten sich reiche silberführende Adern und Quarzgänge. Einwandfrei, das war der Weg zum Reichtum. Die große Gould & Curry-Mine war zur Zeit unserer Ankunft auf drei- oder vierhundert Dollar pro Fuß veranlagt, innerhalb von zwei Wochen aber auf achthundert hinaufgeschnellt. Die Ophir-Mine war vergangenes Jahr nur einen Flederwisch wert gewesen, und jetzt verkaufte sie sich für fast *viertausend Dollar pro Fuß!* Es ließ sich nicht eine Grube nennen, die nicht innerhalb kurzer Zeit eine erstaunliche Wertzunahme erfahren hatte. Diese Wunder waren in aller Munde. Man konnte gehen, wohin man wollte, von frühmorgens bis spätabends hörte man nichts anderes. Tom Sowieso verkaufte die Amanda Smith für 40000 Dollar – hatte keinen Cent besessen, als er die Ader »aufnahm«. John Jones veräußerte die Hälfte seines Anteiles an der Seeadler & Mary Ann für 65000 Golddollar und fuhr in die Staaten zu seiner Familie. Die Grube Goldenes Vlies der Witwe Brewster war »fündig« geworden, und die Frau hatte zehn Fuß für 18000 Dollar verkauft – dabei hatte sie nicht mal Geld genug gehabt, sich einen Trauerflor zu kaufen, als Sing-Sing-Tommy letztes Frühjahr ihren Mann auf Glatzen-Johnsons Leichenschmaus umgelegt hatte. Auf der Letzten Chance fanden sie einen Lehmbesteg, und da wußten sie, daß sie direkt über dem Gang waren – die Folge: Leute, die gestern noch bettelnd herumgezogen, waren heute pro »Fuß« ein Backsteinhaus wert, und heruntergekommene »Eigner«, die gestern an keiner Theke des Landes einen Schnaps angeschrieben bekommen hätten, ließen sich heute mit Champagner sternhagelvoll laufen und verfügten über Scharen von ihnen herzlich zugetanen persönlichen Freunden, und das in einer Stadt, wo man mangels Übung längst Verbeugungen und Händeschütteln verlernt hatte. Johnny Morgan, ein ganz gewöhnlicher Pflastertreter, legte sich in die Gosse schlafen und wachte hunderttausend Dollar schwer auf, die ihm die Entscheidung im Prozeß Lady Franklin & Grober Klotz einbrachten. Und so weiter – tagaus, tagein hämmerte das auf unser Trommelfell ein, und die Aufregung um uns herum schlug immer höhere Wellen.

Es wäre mehr oder weniger als menschlich gewesen, wenn ich nicht mit den anderen zusammen verrückt geworden wäre. Tag für Tag trafen ganze Karren von massiven Silberbarren, so groß wie Bleigänse, aus den Hüttenwerken ein, und ein derartiger Anblick gab dem wilden Gerede um mich herum Substanz. Ich erlag und wurde der Verrücktesten einer.

Alle paar Tage kam eine Nachricht von der Entdeckung eines funkelnagelneuen Silberreviers; sofort strotzten die Blätter von Berichten über seine Reichhaltigkeit und stürzte die überschüssige Bevölkerung davon, sich seiner zu bemächtigen. Zu der Zeit, als ich mich so recht an der Krankheit infiziert hatte, erlebte Esmeralda gerade einen Ansturm und begann Humboldt lauthals, die Aufmerksamkeit auf sich zu lenken. »Humboldt! Humboldt!« war der letzte Schrei, und sofort nahm Humboldt, die neueste der neuen, die ergiebigste der ergiebigen, die wunderbarste der wunderbaren Entdeckungen im Silberland in den Zeitungen zwei Spalten gegenüber Esmeraldas einer ein. Ich war schon im Begriff gewesen, nach Esmeralda aufzubrechen, ließ mich jedoch von der Strömung treiben und machte mich für Humboldt bereit. Damit der Leser sehen kann, was mich bewog und was genauso sicher auch ihn bewogen hätte, wenn er dort gewesen wäre, füge ich hier einen Zeitungsbrief aus jenen Tagen ein. Er sowie mehrere andere Berichte von derselben ruhigen Hand waren die Hauptgründe für meine Bekehrung. Ich möchte den Auszug nicht verfälschen, sondern bringe ihn hier genauso, wie er in der »Daily Territorial Enterprise« erschien:

Unsere Minen – was hat es nun damit auf sich? Ich will ganz offen sein. Ich werde meine auf gründlicher Untersuchung fußende ehrliche Meinung dartun. Der Bezirk Humboldt ist das reichste Mineralgebiet auf Gottes Fußbank. Jeder Bergkamm strotzt von Edelerzen. Humboldt ist das reine Golkonda.

Neulich hat eine Analyse eines bloßen *Ausstrichs* über *viertausend Dollar pro Tonne* ergeben. Vor ein oder zwei Wochen brachte eine ähnliche Probe eine Ausbeute von *siebentausend* Dollar pro Tonne. In unseren Bergen wimmelt es von herumziehenden Schürfern. Jeder Tag, ja beinahe jede Stunde bringt neue und immer erstaunlichere Beweise vom verschwenderischen und geballten Reichtum unseres begnadeten Landes. Es handelt sich bei dem Metall nicht allein um Silber; es gibt auch eindeutig goldführende Gänge. Eine kürzliche Entdeckung hat einwandfrei Zinnober erwiesen. Die unedleren Metalle sind in Überfülle vorhanden. Vor kurzem hat man Anzeichen von Pechkohle festgestellt. Ich habe seit jeher die Theorie von der Kohle als Holzformation vertreten. Vor längerer Zeit äußerte ich zu Col. Whitman, daß die Gegend von Dayton (Nevada) keine jetzigen oder früheren Anzeichen eines Holzuntergrundes verrate und ich folglich kein Zutrauen zu seinen gepriesenen Kohlengruben hätte. Diese Ansicht wiederholte ich auch gegenüber den jubelnden Kohlenentdeckern von Humboldt. Ich sprach mit meinem Freunde Capt. Burch darüber. Mein Pyrrhonismus verschwand jedoch, als er mir erklärte, er habe in eben der erwähnten Gegend versteinerte Bäume von zweihundert Fuß Länge gesehen. Damit steht fest, daß vorzeiten riesige Wälder ihre düsteren Schatten über diesen abgelegenen Himmelsstrich warfen. Ich glaube fest an Kohle. Seien Sie in bezug auf die Bodenschätze des Bezirkes Humboldt unbesorgt. Sie sind kolossal – unermeßlich.

Ich möchte dazu einiges bemerken, das dem Leser helfen wird, gewisse Dinge in diesem Artikel besser zu verstehen. Zu jener Zeit war Gold Hill, unser naher Nachbarort, das ergiebigste Silberabbaugebiet Nevadas. Von ebendort kam über die Hälfte der täglichen Fuhren Silberziegel. »Sehr reiches« (und seltenes) Gold-Hill-Erz brachte hundert bis vierhundert Dollar die Tonne; die normale Ausbeute lag jedoch nur bei zwanzig bis vierzig Dollar die Tonne – je hundert Pfund Scheideerz warfen also ein bis zwei Dollar ab. An Hand obigen Auszuges sieht der Leser aber, daß in Humboldt ein Viertel bis fast die Hälfte der Masse Silber war! Das heißt, je hundert Pfund Erz bargen von *zweihundert* bis ungefähr *dreihundertfünfzig* Dollar. Ein paar Tage später schrieb derselbe Korrespondent:

Ich sprach vom unermeßlichen und fast märchenhaften Reichtum der Gegend hier – Sie machen sich keine Vorstellung davon. Das Innere unserer Berge ist zum Bersten mit Edelerzen vollgestopft. Ich sagte, die Natur habe unsere Berge so gestaltet, daß sich höchst vortreffliche Möglichkeiten zur Bearbeitung unserer Gruben ergeben. Und ich sagte Ihnen auch, das Land hier biete die besten Hüttenplätze der Welt. Wie aber ist es in Humboldt bislang mit dem Abbau bestellt? Die Sheba-Mine befindet sich in den Händen tatkräftiger Geldleute aus San Francisco. Das Erz scheint mit Metallen formiert zu sein, welche die Scheidung mit unseren unzulänglichen Maschinen hier im Gebirge schwierig gestalten. Die Besitzer haben die in meiner Einleitung angedeuteten Kapitalien und Arbeitskräfte vereint. Sie werken und sondieren. Ihr Stollen hat eine Länge von einhundert Fuß erreicht. Allein infolge erster Probenergebnisse sowie der Erschließung der Mine und des öffentlichen Vertrauens auf Fortführung des Unternehmens sind die Aktien auf achthundert Dollar Kurswert gestiegen. Ich weiß zwar nicht, ob von dem Erz schon eine einzige Tonne in gängiges Metall umgewandelt worden ist, wohl aber weiß ich, daß es hier viele Adern gibt, deren erste Proben die der Sheba noch übertreffen. Hören Sie sich einmal kurz die Berechnungen der Betriebsleiter der Sheba an. Sie beabsichtigen, das Erz in konzentrierter Form nach Europa zu verschiffen. Der Transportpreis pro Tonne beträgt von Star City (wo die Mine liegt) nach Virginia City siebenzig Dollar, von Virginia City nach San Francisco vierzig Dollar, von dort nach dem Bestimmungsort Liverpool zehn Dollar. Sie meinen, daß seine konglomerierten Metalle ihnen die Häuer-, Förder- und Reduktionskosten decken würden und eine Tonne Roherz dann einen Reinverdienst von zwölfhundert Dollar einbringen werde. Die Schätzung mag übertrieben sein. Nehmen Sie nur die Hälfte davon, und das Ergebnis ist immer noch enorm und übersteigt bei weitem alles in unserem aufschießenden Territorium bisher Dagewesene.

Nach einer allgemein verbreiteten Kalkulation werden viele unserer Minen fünfhundert Dollar pro Tonne auswerfen. Ein solcher Ertrag stellt die Gould & Curry, die Ophir und die Mexico in Ihrer Gegend weit, weit in den Schatten. Ich habe Ihnen die geschätzte Veranschlagung einer einzigen erschlossenen Grube genannt. Wie reich sie ist, zeigt ihr Kurswert an. In Humboldt haben alle den Wanderfimmel. Zur Zeit, da ich dies schreibe, sind unsere Ortschaften nahezu verlassen. Sie sehen so leblos aus wie Mädchen mit Schwindsucht. Wo unsere kräftigen und athletischen Mitbürger sind? Sie ziehen durch Schluchten und über Bergesgipfel. In allen Richtungen kann man ihre Spuren entdecken. Gelegentlich kommt ein Reiter bei uns angesprengt. Seinem Pferd ist anzusehen, daß es schwer ran muß. Er sitzt vor seinem Lehmziegelhaus ab, wechselt in aller Eile mit seinen Nachbarn ein paar Höflichkeiten und hastet weiter zu einer Probieranstalt und von dort zum Bergamt. In der Frühe ist er, mit neuem Proviant versehen, bereits wieder unterwegs auf seiner wilden und einsamen Route. Und dabei zählt der Kerl seine Fuß schon nach Tausenden. Er ist der Blutsauger. Er hat den unersättlichen Magen des Haifisches oder der Anakonda. Er wäre bereit, sich ganze Welten von Metall zu erobern.

Das genügte. Sobald wir obigen Artikel gelesen hatten, beschlossen wir, zu viert nach Humboldt zu gehen. Wir begannen sogleich, uns zum Aufbruch zu rüsten. Und desgleichen begannen wir, uns Vorwürfe zu machen, daß wir uns nicht eher entschlossen hatten – denn wir hatten schreckliche Angst, daß all die reichen Minen gefunden und gesichert wären, ehe wir hinkämen, und wir uns dann vielleicht mit Adern begnügen müßten, die möglicherweise nicht mehr als, sagen wir, zwei-, dreihundert Dollar die Tonne brachten. Vor einer Stunde noch hätte ich mich als reich betrachtet, wenn ich zehn Fuß in einer Gold-Hill-Grube besessen hätte, deren Erz fünfundzwanzig Dollar pro Tonne erzielte; jetzt ärgerte mich bereits die Aussicht, mit Minen vorliebnehmen zu müssen, von denen die dürftigste in Gold Hill ein Wunder wäre.

SIEBENUNDZWANZIGSTES KAPITEL

Unsere Fortbewegungsart · Zwischenfälle unterwegs · Ein warmer, aber zu vertraulicher Bettgenosse · Mr. Ballous Einwände · Sonnenstrahlen zwischen Wolken · Gut angekommen

Ranhalten hieß die Parole! Wir verplemperten keine Zeit. Unser Trupp bestand aus vier Mann: ein sechzig Jahre alter Hufschmied, zwei junge Anwälte und meine Wenigkeit. Wir kauften uns einen Wagen sowie zwei erbärmliche Karrengäule. Mit tausendachthundert Pfund an Proviant und Schürfgeräten auf dem Wagen fuhren wir eines frostigen Dezembernachmittags aus Carson hinaus. Die Pferde waren so schwach und alt, daß wir es bald für besser hielten, wenn einer oder zwei von uns abstiegen und liefen. So ging es besser. Dann merkten wir, daß vielleicht noch ein dritter absteigen sollte. Das ging noch besser. Ich meldete mich nun freiwillig zum Kutschieren, obwohl ich noch nie zuvor ein angeschirrtes Pferd gelenkt hatte und so mancher Mann in solcher Lage sich dieser Verantwortung hinlänglich enthoben gefühlt hätte. Nach einem Weilchen aber wurde festgestellt, daß es eine feine Sache wäre, wenn der Kutscher ebenfalls abstiege und liefe. Da trat ich dann ein für allemal von diesem Posten zurück. Noch in derselben Stunde merkten wir, daß es nicht nur besser, sondern absolut notwendig war, immer abwechselnd zu zweit hinten mit anzufassen und den Wagen durch den Sand zu schieben, damit die schwächlichen Pferde nicht mehr zu tun brauchten, als sich aus dem Weg und die Zunge im Zaum zu halten. Vielleicht ist es gut, gleich zu Anfang zu wissen, was einem bevorsteht, und sich dann damit auszusöhnen. Nun, was uns bevorstand, das erfuhren wir an einem einzigen Nachmittag. Es lag klar auf der Hand, wir mußten zweihundert Meilen durch den Sand laufen und den Wagen samt Pferden schieben. Und so fügten wir uns drein und fuhren von da an gar nicht mehr. Und standen dabei obendrein noch regelmäßig und beinahe ständig hinten Schiebewache.

Wir legten sieben Meilen zurück und kampierten in der Wüste. Der junge Clagget (jetzt Kongreßmitglied für Montana) spannte die Pferde aus und fütterte und tränkte sie, Oliphant und ich schnitten Präriesalbei, bauten das Feuer und holten Wasser zum Kochen, und der alte Mr. Ballou, der Schmied, bereitete das Mahl. Diese Arbeitsteilung und diese Anordnung wurden während der ganzen Tour beibehalten. Da wir kein Zelt hatten, legten wir uns auf der freien Prärie unter unsere Decken. Wir waren so müde, daß wir in tiefen Schlaf sanken.

Wir brauchten für die Strecke – zweihundert Meilen – fünfzehn Tage. Vielmehr dreizehn, denn zwei Tage machten wir Pause, um den Pferden Ruhe zu gönnen. Wir würden die Reise auch in zehn Tagen geschafft haben, wenn wir die Gäule hinten angebunden hätten, aber darauf kamen wir erst, als es schon zu spät war, und so schoben wir weiter die Pferde und den Wagen dazu, wo wir uns doch die Hälfte Arbeit hätten sparen können. Leute, die uns begegneten, rieten uns, die Pferde doch *auf* den Wagen zu setzen, aber Mr. Ballou, dessen eisengepanzerten Ernst kein Sarkasmus zu durchdringen vermochte, meinte, das ginge nicht, weil die Lebensmittel in Gefahr wären und Schaden nähmen, denn die Pferde seien »infolge langer Entbehrung bituminös«. Der Leser wird mir die Übersetzung erlassen. Was Mr. Ballou zu meinen pflegte, wenn er ein kompliziertes Wort gebrauchte, blieb ein Geheimnis zwischen ihm und seinem Schöpfer. Er war einer der besten und gutherzigsten Menschen, die jemals eines bescheidenen Lebenskreises Zierde bildeten. Die Sanftmut und Schlichtheit – und Selbstlosigkeit – in Person. Obwohl mehr als doppelt so alt wie der älteste von uns, spielte er sich nie damit auf oder verlangte Vorrechte oder Ausnahmen. An der Arbeit beteiligte er sich wie ein *Junger*, und was seinen Anteil am Reden und Unterhalten betraf, so steuerte er den vom allgemeinen Standpunkt *jeden* Alters bei – nicht etwa von der arroganten, Ehrfurcht heischenden Gipfelhöhe seiner sechzig Jahre herab. Seine einzige auffallende Eigenheit war die Manier, à la Mrs. Partington pompöse Worte *um ihrer selbst willen* und unabhängig von jeglichem Zusammenhang mit dem Gedanken, den er mitteilen wollte, zu lieben und zu benutzen. Er ließ seine gewichtigen Silben stets so leger unbewußt fallen, daß er niemals den geringsten Anstoß erregte. Ja er gab sich so einfach und natürlich, daß man sich immer wieder dabei ertappte, seine stattlichen Sätze hinzunehmen, als bedeuteten sie etwas, wenngleich sie in Wirklichkeit überhaupt nichts besagten. War ein Wort schön lang und wuchtig und klangvoll, genügte das, ihm des alten Mannes Liebe zu gewinnen, und er ließ es dann an der unpassendsten Stelle in einen Satz oder ein Thema einfließen und war von ihm so angetan, als strahle es geradezu vor Bedeutung.

Wir vier breiteten unseren gemeinsamen Bestand an Decken immer zusammen auf dem gefrorenen Boden aus und schliefen Seite an Seite. Als Oliphant merkte, daß unser langbeiniger Dummbax von jungem Hund eine Menge animalischer Wärme in sich hatte, nahm er ihn zwischen sich und Mr. Ballou mit ins Bett, wobei er sich den warmen

Rücken des Hundes gegen die Brust schob und das urbehaglich fand. In der Nacht aber begann der Hund, sich zu strecken und sich mit den Füßen gegen den Rücken des alten Mannes zu stemmen und zu drängeln und dabei zufrieden zu stöhnen, und ab und zu, wenn er warm und eingekuschelt, dankbar und glücklich war, kratzte er vor lauter Behagen den alten Mann am Rücken, und ein andermal wieder träumte er von der Jagd und ziepte im Schlaf den Opa hinten an den Haaren und bellte ihm ins Ohr. Schließlich brachte der alte Herr eine milde Klage über diese Vertraulichkeiten vor, und als er damit fertig war, sagte er, so ein Hund sei nicht das rechte Tier, um von müden Menschen mit ins Bett genommen zu werden, denn er wäre »in seinen Bewegungen so disponibel und in seinen Gefühlsausbrüchen so organisch«. Wir warfen den Hund hinaus.

Es war eine schwere, anstrengende, ermüdende Reise, doch sie hatte auch ihre lichten Seiten, denn nachdem jedes Tages Arbeit getan und unser Bärenhunger mit einem warmen Abendessen von gebratenem Speck, Brot, Sirup und schwarzem Kaffee gestillt war, bildeten das Pfeifenrauchen, das Liedersingen und Garnspinnen am abendlichen Lagerfeuer in der stillen Wüsteneinsamkeit eine glückliche, sorgenfreie Erholung, die uns als wahrer Gipfel irdischen Hochgenusses vorkam. Das ist ein Leben, das auf alle Menschen, ob auf dem Lande oder in der Stadt groß geworden, einen starken Zauber ausübt. Wir stammen von in Wüsten herumlungernden Arabern ab, und unzähligen Zeitaltern des Heranwachsens zu vollkommener Zivilisation ist es nicht gelungen, den Nomadentrieb in uns auszurotten. Beim Gedanken an »im Freien kampieren« gestehen wir alle ein wohliges Prickeln ein.

Einmal schafften wir fünfundzwanzig Meilen am Tag und einmal vierzig (durch die Große Amerikanische Wüste) und noch zehn drüber – also insgesamt fünfzig – in dreiundzwanzig Stunden ohne Eß-, Trink- oder Ruhepause. Sich hinzustrecken und zu schlafen, selbst auf steinigem und gefrorenem Boden, nachdem man einen Wagen und zwei Pferde fünfzig Meilen geschoben hat, ist eine so erhabene Wonne, daß sie im Augenblick für den Preis beinahe billig erscheint.

Zwei Tage kampierten wir in der Nähe des Humboldt-»Senklochs«. Wir versuchten, das stark alkalische Wasser zu benutzen, doch es ging nicht. Es war, als ob man Seifenlauge trank, und keine schwache. Es hinterließ einen bitteren und in jeder Hinsicht abscheulichen Geschmack im Mund und ein Brennen im Magen, das sehr unangenehm war. Wir taten Sirup hinein, doch das machte es kaum besser; wir gaben eine Essiggurke hinzu, der vorherrschende Geschmack aber war und blieb das Alkali, und also war es zum Trinken ungeeignet. Der Kaffee, den wir mit diesem Wasser kochten, war die armseligste Mixtur, die je von Menschen erfunden wurde. Sie schmeckte noch hundsgemeiner als das Wasser allein. Mr. Ballou als Kompositeur und Braumeister des Gesöffs fühlte sich gezwungen, es gutzuheißen und zu verteidigen, und also trank er schlückchenweise einen Becher, wobei er es fertigbrachte, ein schwaches Loblied darauf anzustimmen, doch schließlich schüttete er den Rest aus und erklärte, es sei *ihm* »zu konstruktiv«.

Nach einiger Zeit entdeckten wir aber eine bequem erreichbare Quelle mit frischem Wasser, und dann begaben wir uns zur Ruhe, wobei nichts unseren Genuß hätte schmälern und keine Herumtreiber sie hätten stören können.

ACHTUNDZWANZIGSTES KAPITEL

In den Bergen · Bau unserer Hütte · Meine erste Schürftour · Meine erste Goldmine · Die Taschen voller Schätze · Tropfenweise Mitteilung an meine Kameraden · Meine Seifenblase angestochen · Nicht alles Gold, was glänzt

Nachdem wir das Senkloch verlassen hatten, zogen wir ein Stückchen den Humboldtfluß entlang. Wer den ungeheuren, meilenbreiten Mississippi gewöhnt ist, pflegt sich unter »Fluß« ziemlich prächtige Wassermassen vorzustellen. Folglich ist er ziemlich enttäuscht, wenn er an den Ufern des Humboldt oder des Carson steht und feststellt, daß in Nevada ein »Fluß« ein mickriger Bach ist und in jeder Beziehung das Gegenstück zum Erie-Kanal darstellt, abgesehen davon, daß der Kanal zweimal so lang und viermal so tief ist. Eine der angenehmsten und kräftigendsten Leibesübungen, die man sich ausdenken kann, ist, über den Humboldt zu springen, bis einem zu heiß wird, und ihn dann trockenzutrinken.

Am fünfzehnten Tag beendeten wir unseren Zweihundertmeilenmarsch und zogen bei peitschendem Schneesturm in Unionville im Bezirk Humboldt ein. Unionville bestand aus elf Hütten und einer Freiheitssäule. Sechs der Hütten standen auf der einen Seite eines tiefen Cañons nebeneinander, und die anderen fünf ihnen gegenüber. Die sonstige Landschaft setzte sich aus kahlen Bergmauern zusammen, die sich auf beiden Seiten des Cañons so hoch gen Himmel reckten, daß das Nest sozusagen unten am Boden einer Spalte lag. Oben auf den Bergspitzen war immer schon Tageslicht, lange bevor sich die Dunkelheit lichtete und Unionville sichtbar wurde.

Wir bauten uns in der Seite des Spaltes eine kleine kunstlose Hütte mit Segeltuchdach, von dem wir eine Ecke als Schornstein freiließen, durch die des Nachts ab und zu das Vieh hereinpurzelte und unseren Schlaf störte. Es war sehr kalt, und Brennmaterial war knapp. Indianer brachten von meilenweit her auf dem Rücken Reisig und Sträucher, und wenn wir einen beladenen Indianer erwischen konnten, war es gut – und wenn nicht (was die Regel, nicht die Ausnahme war), bibberten wir und ertrugen es.

Ich gebe ohne Scham zu, daß ich erwartet hatte, überall haufenweise Silber herumliegen zu finden. Ich hatte erwartet, es auf den Berggipfeln in der Sonne glitzern zu sehen. Verlauten ließ ich das aber nicht, denn ein Instinkt sagte mir, meine Vorstellung könnte vielleicht übertrieben sein, und wenn ich meine Gedanken verriete, würde ich mir womöglich Spott zuziehen. Dennoch war ich insgeheim so vollkommen überzeugt davon wie von nur irgend etwas, daß ich in ein paar Tagen oder spätestens ein, zwei

Wochen genug Silber aufklauben könne, um mich hinlänglich reich zu machen – und so beschäftigte sich meine Phantasie bereits mit Plänen, wie sich dieses Geld ausgeben ließe. Bei der ersten sich bietenden Gelegenheit schlenderte ich lässig von der Hütte weg, wobei ich die andern im Auge behielt und stehenblieb und den Himmel betrachtete, wenn sie mich zu beobachten schienen; doch sobald die Luft einwandfrei rein war, machte ich mich so schuldbewußt davon wie ein Dieb und hielt erst wieder an, als ich längst außer Seh- und Rufweite war. Mit fieberhafter Aufregung, vor Erwartung – beinahe vor Gewißheit – berstend, begann ich dann meine Suche. Ich kroch auf der Erde umher und grabschte nach Steinstückchen und untersuchte sie, pustete den Staub von ihnen ab oder rieb sie an meinen Kleidern und guckte sie mir mit begieriger Hoffnung an. Schließlich fand ich einen glänzenden Brocken, und mein Herz hüpfte! Ich versteckte mich hinter einen Felsblock und rieb meinen Brocken blank und prüfte ihn mit nervösem Eifer und mit größerem Entzücken, als absolute Gewißheit es mir verschafft hätte. Je länger ich ihn untersuchte, um so überzeugter war ich, das Tor zum Glück gefunden zu haben. Ich markierte die Stelle und steckte meine Probe ein. Ich suchte den zerklüfteten Abhang hinauf und hinunter ab, mit stetig zunehmendem Interesse und mit stetig wachsender Dankbarkeit, daß ich nach Humboldt gekommen war, und zwar rechtzeitig. Von allem, was ich bisher erlebt habe, kam diese geheime Suche zwischen den verborgenen Schätzen des Silberlandes einer ungetrübten Ekstase am nächsten. Es war ein Wahnsinnstaumel. Nach einer Weile fand ich im Bett eines seichten Baches eine Ablagerung von gelben Schüppchen, und da blieb mir beinahe die Luft weg! Eine Goldmine, und ich in meiner Einfalt hatte mich mit vulgärem Silber zufriedengegeben! Ich war so aufgeregt, daß ich schon glaubte, meine überarbeitete Phantasie täusche mich. Dann überfiel mich Angst, daß man mich vielleicht beobachtete und mein Geheimnis erriet. Von diesem Gedanken angetrieben, machte ich einen Bogen um die Stelle und bestieg einen Hügel, um zu rekognoszieren. Einsamkeit. Keine Menschenseele weit und breit. Dann kehrte ich, mich gegen mögliche Enttäuschung wappnend, zu meiner Mine zurück, doch meine Befürchtungen erwiesen sich als grundlos – die schimmernden Schuppen waren noch da. Ich fischte sie heraus und zog eine ganze Stunde lang mühsam die Windungen des Baches hinunter und plünderte sein Bett. Doch zuletzt warnte mich die sinkende Sonne, die Suche einzustellen, und mit Reichtum beladen, machte ich mich auf den Heimweg. Als ich so dahinlief, konnte ich mich nicht enthalten, bei dem Gedanken zu lächeln, daß ich meines Silberbrokkens wegen so aus dem Häuschen geraten war, wo sich doch beinahe direkt vor meiner Nasenspitze ein noch edleres Metall befunden hatte. Innerhalb dieser kurzen Zeit war der Silberbrocken in meiner Achtung derart gesunken, daß ich ein paarmal drauf und dran war, ihn fortzuwerfen.

Die andern waren so hungrig wie immer, ich aber konnte nichts essen. Und genausowenig konnte ich reden. Ich war voller Träume und weit weg. Ihre Gespräche störten ein wenig den Flug meiner Phantasie und gingen mir ein bißchen auf die Nerven. Ich verachtete die banalen Dinge, über die sie sich unterhielten. Doch mit der Zeit begann es, mich zu belustigen. Es entwickelte sich zum seltenen Spaß, sie ihre armseligen kleinen Ausgaben planen und über mögliche Entbehrungen und Sorgen seufzen zu hören, wo doch nur einen Katzensprung von der Hütte eine Goldmine lag, die uns ganz allein gehörte und die ich ihnen jeden Augenblick zeigen konnte. Die Fröhlichkeit zu unterdrücken wurde mir aber langsam lästig. Es fiel schwer, dem Impuls zu widerstehen und nicht jubelnd herauszuplatzen und alles zu enthüllen, doch ich blieb eisern. Ich nahm mir vor, die große Neuigkeit seelenruhig von den Lippen träufeln zu lassen und heiter wie ein Sommermorgen zu bleiben und dabei die Wirkung auf ihren Gesichtern zu beobachten. Ich hub an:

»Wo seid ihr eigentlich alle gewesen?«

»Schürfen.«

»Was habt ihr gefunden?«

»Nichts.«

»Nichts? Was haltet ihr von der Gegend?«

»Läßt sich noch nicht sagen«, erklärte Mr. Ballou, der ein alter Goldgräber war und auch entsprechende Erfahrung mit Silberminen hatte.

»Hm, Sie haben sich noch keinerlei Meinung gebildet?«

»Doch, ein bißchen schon. Es geht hier, wird bloß überschätzt. Siebentausenddollargänge sind eben selten. Diese Sheba mag ganz schön was bringen, aber die gehört uns ja nicht, und außerdem ist das Gestein so voll unedler Metalle, daß alle Wissenschaft der Welt es nicht bearbeiten kann. Wir werden hier zwar nicht verhungern, aber auch nicht gerade reich werden, fürchte ich.«

»Sie meinen, die Aussichten sind ziemlich mäßig?«

»Mäßig ist gar kein Ausdruck!«

»Wir gehen also lieber wieder zurück?«

»Nein, nein, noch nicht – selbstverständlich nicht. Werden erst mal einen Versuch machen.

»Nun, angenommen – das heißt als bloße Vermutung natürlich –, angenommen, ihr könntet einen Gang finden, der, sagen wir, hundertfünfzig Dollar die Tonne bringt – würde euch das genügen?«

»Stell uns doch mal auf die Probe!« vom ganzen Verein.

»Oder angenommen – nur als bloße Vermutung natürlich –, angenommen, ihr würdet einen finden, der zweitausend Dollar die Tonne bringt – wäret ihr *damit* zufrieden?«

»Hör mal, was soll das eigentlich? Worauf willst du hinaus? Steckt da irgendein Geheimnis dahinter?«

»Nicht doch. Ich meine gar nichts. Ihr wißt genau, daß es hier keine reichen Minen gibt – müßt ihr ja wissen. Denn ihr habt euch umgeschaut und es selber untersucht. Müßte jeder wissen, der sich hier umgeschaut hat. Doch nehmt mal an – bloß so und ganz allgemein –, nehmt also an, jemand sagte euch, Zweitausenddollargänge wären einfach verächtlich – verächtlich, wohlgemerkt – und drüben, direkt in Sehweite von eben dieser Hütte hier, befänden sich Stapel von reinem Gold und reinem Silber – ganze Meere davon –, genug, um euch alle in vierundzwanzig Stunden zu reichen Leuten zu machen! Nun?«

»Ich würde sagen, der hat nicht alle Tassen im Spind!« erwiderte der alte Ballou, doch nichtsdestoweniger war er in wilder Aufregung.

»Meine Herren«, erwiderte ich, »ich sage nichts – *ich* hab mich ja nicht umgeschaut, wie ihr wißt, und weiß natürlich gar nichts – und ich verlange auch nichts weiter, als daß ihr euch zum Beispiel mal *das* hier anguckt und mir sagt, was ihr davon haltet!«, und ich warf ihnen meinen Schatz hin.

Sie rissen sich begierig darum und steckten unter dem Kerzenlicht die Köpfe darüber zusammen. Dann sagte der alte Ballou:

»Was ich davon halte? Nichts weiter als Granitgelumpe und dreckiger glänzender Glimmer, keine zehn Cent pro Acre wert!«

So endete mein Traum. So schmolz mein Reichtum dahin. So stürzte mein Luftschloß zusammen, und ich stand geschlagen und verloren da.

Die Moral ziehend, bemerkte ich: »Es ist nicht alles Gold, was glänzt.«

Mr. Ballou sagte, ich könne noch weiter gehen und zu meinem Wissensschatz hinzufügen, daß *nichts* Gold sei, was glänzt. Damit lernte ich ein für allemal, daß Gold in seinem ursprünglichen Zustand bloß stumpfes, schmuckloses Zeug ist und daß nur die Metalle von niedriger Geburt mit einem prahlerischen Glanz die Bewunderung des Unwissenden erregen. Wie die übrige Welt unterschätze ich jedoch immer noch Männer von Gold und verherrliche Männer von Glimmer. Die gewöhnliche Menschennatur vermag sich nun einmal nicht darüber zu erheben.

NEUNUNDZWANZIGSTES KAPITEL

Schürfen · Endlich eine Silbermine · Vermögenserwerb mit Schlägel und Bohrer · Noch weit hin · Wir machen in Claims · Ein »steinreiches« Land

Wie der Silberbergbau wirklich aussah, lernten wir schnell genug. Wir zogen mit Mr. Ballou hinaus zum »Schürfen«. Wir kletterten Halden hinauf und kraxelten zwischen Präriesalbei, Felsen und Schnee herum, bis wir vor Erschöpfung fast umfielen, aber wir fanden kein Silber – geschweige denn Gold. So ging das Tag für Tag. Hin und wieder kamen wir an Löcher, die ein paar Fuß tief in die Abhänge gewühlt und allem Anschein nach aufgegeben worden waren, und manchmal trafen wir ein paar teilnahmslose Männer noch beim Graben an. Doch es zeigte sich kein Silber. Diese Löcher waren die Anfänge von Stollen, die Hunderte von Fuß in den Berg hineingetrieben werden sollten, um dann eines Tages auf den verborgenen Gang zu stoßen, wo sich das Silber befand. Eines Tages! Das schien reichlich lange hin und sehr hoffnungslos und düster. Wir schufteten einen Tag um den anderen und kletterten und suchten, und wir jüngeren Partner wurden der aussichtslosen Plackerei immer überdrüssiger. Schließlich hielten wir unter einer überhängenden Felswand an, die hoch oben auf dem Berg aus der Erde hervorragte. Mr. Ballou brach mit einem Hammer ein paar Stückchen ab und untersuchte sie lange und eingehend mit seiner kleinen Lupe, warf sie weg und brach neue ab; sagte, dieser Felsen sei Quarz, und Quarz sei die Sorte Gestein, die Silber enthalte. *Enthalte!* Ich hatte gedacht, daß es zumindest außen draufbacken würde wie eine Art Furnier. Er brach immer noch weitere Brocken ab und untersuchte sie kritisch, wobei er die Stücke ab und zu mit der Zunge befeuchtete und die Lupe dranhielt. Schließlich rief er aus:

»Wir haben's!«

Sofort waren wir ganz Eifer. Der Felsen war an den Bruchstellen sauber und weiß, und querüber lief ein dünner blauer Streifen. Mr. Ballou sagte, dieser kleine Streifen enthalte Silber, vermischt mit unedlen Metallen wie Blei und Antimon und anderem Kram, und es seien ein, zwei Punkte Gold zu erkennen. Nach gewaltiger Anstrengung gelang es uns, ein paar winzige feine gelbe Stäubchen zu erkennen, und wir schätzten, daß ein paar Tonnen davon wohl einen Golddollar abgäben. Wir brachen nicht in Jubel aus, doch Mr. Ballou meinte, es gebe schlechtere Gänge in der Welt als diesen. Er hob sich auf, was er als das »reichste« Stück Gestein bezeichnete, um seinen Wert durch den »Feuerprobe« genannten Prozeß bestimmen zu lassen. Dann tauften wir die Mine »Bergesmonarch« (Bescheidenheit der Nomenklatur gehört in den Gruben nicht zu den hervorstechenden Zügen), und Mr. Ballou schrieb folgende »Bekanntmachung«, von der er sich eine Abschrift für die Eintragung beim Bergamt in der Stadt aufbewahrte, und steckte sie auf:

Bekanntmachung

Die Endesunterzeichneten beanspruchen auf diesem silberhaltigen Quarzgang oder -stock drei Claims von je dreihundert Fuß (nebst einem für die Entdeckung) nach Norden und Süden von dieser Bekanntmachung aus, samt all seinen Trümern, Auskeilungen und Haken, Abzweigungen und Windungen sowie nach beiden Seiten fünfzig Fuß Boden für die Bearbeitung derselben.

Wir setzten unsere Namen darunter und versuchten, uns so vorzukommen, als sei unser Glück gemacht. Als wir dann aber alles mit Mr. Ballou besprachen, beschlichen uns Zweifel und Niedergeschlagenheit. Er sagte, jenes Oberflächenquarz da sei nicht etwa unsere ganze Mine; der Bergesmonarch benannte Gesteinsgang erstrecke sich hundert und aber hundert Meter tief in die Erde hinein – er veranschaulichte das, indem er sagte, der Gang sei wie ein Prellstein und behalte eine nahezu gleichmäßige Dicke bei, sagen wir von zwanzig Fuß –, weit hinein ins Innere der Erde, und er sei deutlich von dem ihn auf beiden Seiten umgebenden Gestein geschieden und halte sich für sich und bewahre stets seinen eigenen Charakter, unabhängig davon, wie tief er in die Erde hineinreiche oder wie weit er sich durch und über die Hügel und Täler hinziehe. Er könne eine Meile tief und zehn Meilen lang sein, das wisse man nie, und wo wir auch hineinbohrten, über oder unter der Erde, fänden wir in ihm Gold und Silber, in dem tauben Gestein, von dem er eingeschlossen sei, jedoch keinerlei Edelmetalle. Der Reichtum des Ganges liege unten in seiner großen Tiefe, und je tiefer er gehe, um so reicher werde er. Deshalb müßten wir, anstatt hier an der Oberfläche zu arbeiten, uns entweder mit einem Schacht in den Fels hineinbohren, bis wir dort hinkämen, wo der Gang reich sei – schätzungsweise so an die dreißig Meter –, oder aber hinunter ins Tal gehen und einen langen Stollen durch die Bergseite treiben und die Ader weit unter der Erde anzapfen. Beides sei gut und gerne eine Arbeit von Monaten, denn wir könnten pro Tag nur ein paar Fuß sprengen und bohren – zirka fünf bis sechs. Und damit sei es noch nicht getan. Er sagte, wenn wir das Erz heraus hätten, müßte es per Fuhrwerk zu einer entfernten Silberhütte befördert und dort aufbereitet und das Silber mittels eines langwierigen und teuren Verfahrens ausgeschieden werden. Von unserem Vermögen schienen wir noch ein Jahrhundert getrennt sein!

Nichtsdestotrotz machten wir uns ans Werk. Wir entschieden uns für den Schacht. Eine ganze Woche lang kletterten wir also mit Picken, Bohrmeißeln, Bergeisen, Brechstangen, Schaufeln, Kanistern mit Sprengpulver und Spulen von Zündschnur beladen den Berg hinauf und werkten aus Leibeskräften. Anfangs war das Gestein brüchig und lose, und wir brachen es mit unseren Picken auf und warfen es mit Schaufeln heraus, und das Loch kam gut voran. Bald jedoch wurde der Fels fester, und wir mußten mit Bergeisen und Brechstangen arbeiten. Aber nicht lange, denn nun konnte nur noch Sprengpulver helfen. Das war aber eine beschwerliche Arbeit! Einer von uns hielt den eisernen Drillbohrer fest, während ein anderer mit einem achtpfündigen Schlägel zuschlug – sozusagen ein Nägeleinhauen im Mammutstil. Nach ein, zwei Stunden reichte der Bohrer gerade zwei bis drei Fuß tief, und das Loch hatte nur ein paar Zoll Durchmesser. Wir steckten eine Ladung Pulver hinein, legten einen halben Yard Zündschnur an, schütteten Sand und Kies nach, stampften alles fest, setzten dann die Lunte in Brand und rannten weg. War die Explosion erfolgt und schossen die Felsen und der Rauch in die Luft, gingen wir zurück und fanden ungefähr einen Scheffel von diesem harten, widerspenstigen Quarz herausgesprengt. Mehr nicht. Eine Woche davon reichte mir. Ich legte die Arbeit nieder. Oliphant und Clagget folgten. Unser Schacht war nur zwölf Fuß tief. Wir entschieden, daß wir einen Stollen haben wollten.

Wir stiegen also hinunter und schufteten eine Woche, und als sie um war, hatten wir einen Stollen ausgesprengt, der tief genug war, ein Bierfaß drin zu verstecken, und wir schätzten, daß ungefähr dreihundert Meter mehr nötig waren, um den Gang zu erreichen. Ich legte abermals die Arbeit nieder, und die andern hielten auch bloß einen Tag länger aus. Wir kamen überein, ein Stollen wäre doch nicht das, was wir wollten. Wir wollten eine Mine, die bereits »erschlossen« war. Im Camp hatten sie keine.

Die »Bergesmonarch« ließen wir vorerst einmal sein.

Mittlerweile füllte sich das Lager mit Leuten, und die Aufregung um unsere Humboldt-Minen nahm ständig zu. Wir fielen der Epidemie zum Opfer und setzten alle Energien ein, mehr Fuß zu erwerben. Wir schürften und steckten neue Claims ab, auf die wir »Bekanntmachungen« setzten und denen wir großsprecherische Namen gaben. Wir tauschten ein paar von unseren Fuß gegen Fuß in anderer Leute Claims ein. Bald besaßen wir Anteile in der Grauadler, der Columbiana, der Münzquelle, der Maria Jane, der Universum, der Friß-Vogel-oder-stirb, der Simson und Delila, der Fundgrube, der Golkonda, der Sultana, der Bumerang, der Großen Republik, der Großmogul und fünfzig weiteren Minen, die nie von einer Schaufel belästigt oder von einer Picke angekratzt worden waren. Wir hatten jeder nicht weniger als dreißigtausend Fuß in den »reichsten Gruben der Erde«, wie es im sich überschlagen-

den Minenjargon hieß – und standen beim Schlächter in der Kreide. Wir waren total übergeschnappt vor Aufregung – trunken vor Glück – erstickt unter Bergen von bevorstehendem Reichtum – arrogant mitleidig gegenüber den sich plackenden Millionen, die unseren wunderbaren Cañon nicht kannten – beim Krämer aber waren wir nicht kreditwürdig.

Es war die tollste Lebenslage, die man sich vorstellen kann. Ein Saus und Braus am Bettelstab. Im ganzen Revier wurde kein Handschlag getan – kein Abbau – keine Verhüttung – keine produktive Leistung – kein Einkommen – und im gesamten Camp nicht genug Geld, um in einem Dorf im Osten ein Eckgrundstück zu kaufen, und doch hätte ein Fremder angenommen, er wandle unter großspurigen Millionären. Schürftrupps schwärmten mit der ersten Morgenröte aus der Stadt und schwärmten bei Einbruch der Nacht wieder mit Beute beladen zurück – mit Gesteinsbrocken. Nichts als Gesteinsbrocken. Jedermanns Taschen waren davon voll, der Boden seiner Hütte war damit bestreut, seine Wandsimse waren mit etikettierten Reihen davon beladen.

DREISSIGSTES KAPITEL

Uneigennützige Freunde · Wie »Fuß« verkauft werden · Wir lassen das Stollenbuddeln sein · Ausflug nach Esmeralda · Meine Gefährten · Eine indianische Wettervorhersage · Hochwasser · Unsere Herberge

An jeder Ecke stieß ich auf Männer, die unerschlossene Silbergruben von eintausend bis zu dreißigtausend Fuß ihr eigen nannten, wovon ihrer Meinung nach jeder einzelne in Kürze von fünfzig bis zu tausend Dollar wert sein würde – und so gut wie sicher waren das Männer, die nicht mal fünfundzwanzig Dollar besaßen. Jeder, den man traf, hatte seine neue Mine zum Großtun und seine »Proben« zur Hand, und wenn sich eine Gelegenheit ergab, zog er

dich unausweichlich in einen Winkel und bot dir an – als Gefälligkeit *dir* gegenüber, nicht *sich* gegenüber –, ein paar Fuß der Goldenen Zeitalter oder der Sarah Jane oder irgendeines anderen obskuren Ausstrichs gegen genügend Geld abzutreten, um sich, wie man dort sagte, eine »ordentliche Mahlzeit« zu kaufen. Und du durftest niemals verlauten lassen, daß er dir das zu so einem Schleuderpreis angeboten hatte, denn er war ja nur aus Freundschaft zu dir zu diesem Opfer bereit. Dann angelte er ein Stückchen Gestein aus der Tasche, und nachdem er sich geheimnistuerisch umgeblickt hatte, als fürchte er, man könne ihn überfallen und berauben, falls man ihn im Besitze eines solchen Wertgegenstandes anträfe, tippte er das Stückchen gegen die Zunge, hielt eine Lupe dagegen und rief aus:

»Hier, gucken Sie mal! Direkt in dem roten Schmutz da! Sehen Sie es? Sehen Sie die Goldpünktchen! Und den Streifen Silber? Das ist aus der Onkel Abe. Von dem da sind hunderttausend Tonnen zu sehen. Direkt zu sehen, wohlgemerkt! Und wenn wir tiefer gehen und die Ader massiv wird, ist das die reichste Grube der Welt! Lesen Sie sich die Analyse durch! Mir brauchen Sie ja nicht zu glauben – lesen Sie die Analyse!«

Dann holte er ein schmutziges Blatt Papier hervor, aus dem zu ersehen war, daß das analysierte Stück Fels erwiesenermaßen Silber und Gold im Verhältnis von soundso viel hundert oder tausend Dollar die Tonne enthalte. Ich wußte damals noch nicht, daß es Usus war, das *reichste* Stück Gestein ausfindig zu machen und es analysieren zu lassen! Sehr oft war dieses haselnußgroße Bröckchen das einzige einer ganzen Tonne, das ein Partikelchen Metall führte – die Analyse aber ließ es den Durchschnittswert der Tonne Plunder vortäuschen, von der es kam.

Auf Grund dieses Probiersystems war ganz Humboldt außer Rand und Band geraten. Auf Grund solcher Analysen salbaderten seine Zeitungskorrespondenten von Gestein, das vier- bis siebentausend Dollar pro Tonne wert sei!

Erinnert sich der Leser noch, ein paar Seiten vorher, an die Kalkulationen eines zitierten Berichterstatters, wonach

das Erz abzubauen und bis nach England zu verschiffen sei, dort die Metalle extrahiert würden und der Gehalt an Gold und Silber an die Grubenbesitzer als Reinverdienst zurückfließe, während das im Erz vorhandene Kupfer, Antimon und so weiter ausreiche, alle anfallenden Kosten zu decken? Jedermann hatte den Kopf voll solcher »Kalkulationen« – vielmehr solchen phantastischen Schwachsinns. *Arbeit* wurde nur von wenigen in ihre Kalkulationen mit aufgenommen – und genauso Geldauslagen, es sei denn die Arbeit und die Ausgaben anderer.

Wir taten weder an unserem Stollen noch an unserem Schacht jemals wieder einen Handschlag. Warum nicht? Weil wir meinten, hinter das *wahre* Geheimnis des Erfolges im Silberbergbau gekommen zu sein – nämlich das Silber nicht im Schweiße unseres Angesichts und mit unserer Hände Arbeit selber abzubauen, sondern die Gänge an dumme Arbeitstiere zu *verkaufen* und sie den Abbau übernehmen zu lassen!

Vor meinem Weggang aus Carson hatten der Sekretär und ich von verschiedenen Herumstreifern aus Esmeralda »Fuß« erstanden. Wir hatten mit sofortigem Erhalt von Rohsilber gerechnet, wurden aber statt dessen nur mit regelmäßigen und ständigen »Zubußen« belästigt – Forderungen nach Geld zur Erschließung besagter Minen. Diese Zubußen waren so bedrückend geworden, daß es nötig schien, sich die Sache einmal persönlich anzusehen. Und so plante ich eine Pilgertour erst nach Carson und von dort nach Esmeralda. Ich kaufte mir ein Pferd und ritt ab in Begleitung Mr. Ballous sowie eines Gentleman namens Ollendorff, eines Preußen – aber nicht der, welcher mit seinen elenden Fremdsprachenbüchern mit ihren endlosen Wiederholungen von Fragen, die in der Unterhaltung zwischen Menschen noch niemals vorgekommen sind und wohl auch niemals vorkommen werden, soviel Leid über die Welt gebracht hat. Nach einem Ritt von zwei, drei Tagen durch einen Schneesturm langten wir in der Honey-Lake-Schmiede an, einer abgelegenen Gastwirtschaft am Carson. Es war ein einstöckiges Blockhaus, das auf einem kleinen Hügel inmitten des riesigen Beckens beziehungsweise der Wüste lag, durch die sich der kränkliche Carson trübselig hindurchwand. Dicht neben dem Haus standen die aus Lehmziegeln errichteten Ställe der Überlandpost. In meilenweiter Runde gab es weiter keinerlei Gebäude. Gegen Sonnenuntergang trafen an die zwanzig Heuwagen ein und bezogen rings um das Haus Lager, und die Fuhrleute kamen zum Abendbrot herein – eine sehr, sehr ungeschliffene Gesellschaft. Es waren auch ein, zwei Überlandpostillione da sowie ein halbes Dutzend Landstreicher und Stromer; das Haus war also ganz schön überfüllt.

Nach dem Abendessen spazierten wir hinaus und besuchten ein kleines Indianerlager in der Nähe. Die Indianer waren aus irgendeinem Grunde in großer Eile und packten zusammen und zogen ab, so schnell sie konnten. In ihrem gebrochenen Englisch sagten sie: »Bald Haufen Wasser!«, und mit Hilfe von Zeichen gaben sie uns zu verstehen, daß ihrer Meinung nach eine Überschwemmung im Kommen sei. Das Wetter war vollkommen klar, und es pflegte um diese Jahreszeit auch nicht zu regnen. In dem unscheinbaren Fluß stand ungefähr ein Fuß Wasser – vielleicht auch zwei; er war nicht breiter als eine Kleinstadtgasse, und seine Ufer waren kaum mehr als mannshoch. Wo sollte die Flut also herkommen? Wir überlegten eine Weile hin und her und kamen dann zu dem Schluß, es handle sich um eine Finte und die Indianer hätten sicher triftigere Gründe, schnell zu verschwinden, als Angst vor Hochwasser in einer so außergewöhnlich trockenen Zeit.

Um sieben Uhr abends gingen wir im Obergeschoß schlafen – die Sachen an wie gewöhnlich, und alle drei ins selbe Bett, denn jeder verfügbare Raum auf dem Fußboden, den Stühlen und so weiter wurde gebraucht, und selbst dann reichte der Platz kaum aus, alle Gäste unterzubringen. Eine Stunde später weckte uns ein großer Lärm, und wir sprangen aus dem Bett und tasteten uns hurtig zwischen den Reihen von schnarchenden Fuhrleuten auf dem Fußboden zu den Vorderfenstern des langen Raumes hindurch. Ein Blick enthüllte im Mondschein ein seltsames Bild: Der gewundene Carson war bis zum Überlaufen voll und wütete und schäumte wie das reißendste Wildwasser – fegte mit rasender Geschwindigkeit um die scharfen Biegungen und führte auf der Oberfläche ein Durcheinander von Baumstämmen, Reisig und allem möglichen Krempel mit. Eine Niederung, in der sich früher einmal das Flußbett befunden hatte, füllte sich bereits, und an ein oder zwei Stellen fing das Wasser schon an, über das Hauptufer hinwegzuspülen. Menschen hasteten hin und her und brachten Vieh und Wagen dicht an das Haus heran, denn die Erhebung, auf der es stand, reichte nur rund dreißig Fuß nach vorn und ungefähr hundert nach hinten. Gleich neben dem erwähnten alten Flußbett stand ein kleiner Blockstall, und darin waren unsere Pferde untergebracht. Während wir noch guckten, stieg das Wasser dort so rasch, daß innerhalb von ein paar Minuten ein ganzer Strom an dem kleinen Stall vorbeibrauste und der Wasserspiegel die Blockwände stetig hinaufklomm. Uns wurde plötzlich klar, daß diese Flut kein bloßes Guckkastenbild war, sondern Zerstörung bedeutete – und nicht allein für den kleinen Blockstall, sondern auch für die Überlandpostgebäude dicht am Hauptfluß, denn die Wellen kamen jetzt ans Ufer und umkrochen das Fundament und drangen in die angrenzende große Heuhürde ein. Wir rannten hinunter und schlossen uns der Menge aufgeregter Menschen und verängstigter Tiere an. Wir wateten knietief in den Blockstall, banden die Pferde los und wateten fast brusttief wieder hinaus, so schnell stieg das Wasser. Dann stürzte die Menge geschlossen in die Hürde und machte sich daran, die riesigen Heuschober einzureißen und die Ballen auf den hohen Grund am Haus hinaufzurollen. Inzwischen wurde entdeckt, daß der Postillion Owens fehlte, und ein Mann rannte zu dem großen Stall hinüber und watete stiefeltief hinein und entdeckte ihn in seinem Bette schlafend, weckte ihn und watete wieder hinaus. Owens aber war verschlafen und setzte sein Nickerchen fort, doch nur für ein paar Minuten, denn als er sich dann in seinem Bett umdrehte und seine Hand zur Seite hinunterfiel, kam sie mit kaltem Naß in Berührung! Das Wasser stand bis zur Matratze hoch! Beinahe brusttief im Wasser watete er hinaus, und im nächsten Augenblick schmolzen die Lehmziegel wie Zucker und stürzte das große Gebäude zur Ruine zusammen und wurde im Nu weggespült.

Um elf Uhr ragte von dem kleinen Blockstall nur noch das Dach aus dem Wasser hervor und unser Gasthaus war eine Insel mitten auf dem Ozean. Soweit das Auge im Mondlicht reichte, war keine Wüste mehr zu sehen, sondern nur eine ebene Fläche glänzenden Wassers. Die Indianer waren wirklich Propheten gewesen, aber wo hatten sie das bloß hergewußt? Ich kann es nicht beantworten.

Acht Tage und Nächte blieben wir mit dieser kuriosen Gesellschaft eingepfercht. Fluchen, Trinken und Kartenspielen waren an der Tagesordnung, gelegentlich zur Abwechslung eine Keilerei. Schmutz und Ungeziefer – doch vergessen wir diese Einzelheiten; sie sind einfach unvorstellbar, und das sollen sie am besten auch bleiben.

Es gab da zwei Männer – aber das Kapitel ist schon lang genug.

EINUNDDREISSIGSTES KAPITEL

Die Gäste in der »Honey-Lake-Schmiede« · »Famoser oller Arkansas« · Unser Wirt · Auf Schlägerei aus · Die Wirtsfrau · Der Raufbold von ihr besiegt · Abermaliger Aufbruch · Überquerung des Carson · Noch einmal davongekommen · Verfolgung unserer eigenen Spur · Ein neuer Pfadfinder · Im Schneesturm verirrt

Es gab da zwei Männer in dieser Gesellschaft, die mir besonderes Unbehagen bereiteten. Der eine war ein kleiner Schwede, ungefähr fünfundzwanzig Jahre alt, der nur ein einziges Lied kannte und es in einem fort sang. Tagsüber mußten wir uns alle in eine kleine stickige Gaststube zusammendrängen, und so gab es vor der Musik dieses Kerls kein Entrinnen. Durch all die Flüche, Whiskys, Old-Sledge-Partien und Streitereien schlängelte sich sein monotones Lied hindurch, ohne jede Variation in seinem ewigen Einerlei, und zuletzt meinte ich schon, ich möchte am liebsten sterben, nur um von dieser Qual erlöst zu werden. Der andere Mann war ein stämmiger Raufbold, der auf den Namen »Arkansas« hörte, zwei Revolver im Gürtel trug, aus seinem Stiefel ein Jagdmesser herausragen ließ und der immer betrunken war und den es immer nach einer Schlägerei oder Schießerei juckte. Doch er war so gefürchtet, daß ihm niemand den Gefallen tat. Er versuchte alle möglichen kleinen Tricks, um jemand zu einer beleidigenden Äußerung zu treiben, und ab und zu strahlte sein Gesicht auf, wenn er sich einbildete, auf der richtigen Fährte zu einem Streit zu sein, doch stets wich das Opfer all seinen Mühen aus, und dann zeigte er eine Enttäuschung, die schon fast etwas Rührendes hatte. Johnson, der Wirt, war ein sanfter, gutmütiger Kerl, und Arkansas nahm ihn bald als vielversprechendes Objekt aufs Korn und ließ ihm eine Zeitlang Tag und Nacht keine Ruhe. Am vierten Morgen trank sich Arkansas eine Schlagseite an und setzte sich hin, um auf eine Gelegenheit zu warten. Schließlich kam Johnson herein, vom Whisky gerade in gemütlicher, redseliger Stimmung, und sagte: »Schätze, die Wahlen in Pennsylvanien...«

Arkansas hob eindrucksvoll den Finger, und Johnson hielt inne. Arkansas erhob sich schwankend und baute sich vor ihm auf. Er sagte:

»Wa-was weißt du – du denn schon von Pennsylvanien? He? Wa-was weißt du 'n schon von Pennsylvanien?«

»Ich wollte bloß sagen...«

»Du wolltst bloß *sagen*. Sieh mal an! Wolltst bloß sagen – *was* wolltst sagen? Hm? Eben das möcht ich mal wissen. Möcht mal wissen, wa-was du – hick! – schon von Pennsylvanien weißt, daß du dir so verflixt viel rausnimmt. Antworte!«

»Mr. Arkansas, lassen Sie mich doch bitte...«

»Wer hindert dich denn? Unterschieb mir nichts – das laß ja sein! Komm hier nicht an mit 'ner großen Klappe und werd frech und affig! – das laß sein, du. So was *dulde* ich nicht. Wenn du auf was Handgreifliches aus bist, dann sag's! Kannst bei mir haben! Sag's gleich!«

Erwiderte Johnson drohend, wobei er sich in eine Ecke zurückzog und Arkansas ihm folgte:

»Ich habe doch kein Wort gesagt, Mr. Arkansas. Sie lassen einen ja nicht ausreden. Ich wollte doch bloß sagen, daß sie in Pennsylvanien nächste Woche wählen – weiter nichts – das war alles, was ich sagen wollte – will tot umfallen, wenn's nicht wahr ist.«

»Na, warum sagst du's dann nicht? Wozu schwadronierst hier so rum und versuchst, was vom Zaun zu brechen?«

»Ich hab doch gar nicht rumschwadroniert, Mr. Arkansas – ich habe bloß...«

»Ich bin ein Lügner, so! Kotzbombenelement...«

»Nicht doch, Mr. Arkansas, bitte, so hab ich das doch niemals nicht gemeint, der Schlag soll mich treffen! Und die andern hier können's Ihnen alle bestätigen, daß ich immer gut von Ihnen gesprochen und mehr von Ihnen gehalten habe als von jedem andern im Haus. Fragen Sie Smith. Stimmt doch, nicht, Smith? Habe ich nicht erst gestern abend gesagt, daß wenn einer stets und ständig und vom Scheitel bis zur Sohle ein Gentleman ist, dann Arkansas? Soll jeder der anwesenden Herren sagen, ob das nicht genau die Worte gewesen sind, die ich gebraucht habe. Kommen Sie, Mr. Arkansas, trinken wir einen – geben wir uns die Hand und trinken wir einen. Kommt – alle! Ich gebe einen aus. Kommt her, Bill, Tom, Bob, Scotty – kommt ran. Ihr sollt alle anstoßen mit mir und Arkansas – alter Arkansas, sage ich zu ihm, famoser alter Arkansas. Reich mir noch mal die Hand. Schaut ihn euch an, Jungs – schaut ihn nur an. Dort steht der lauterste Mann Amerikas! Und wer das abstreitet, der kriegt's mit *mir* zu tun, verstanden? Reich mir noch mal die Flosse!«

Sie umarmten sich, der Wirt mit trunkener Liebe und Arkansas, der, mit einem Gläschen bestochen, wieder einmal um seine Beute geprellt war, mit kühler Duldung. Doch der törichte Wirt war so glücklich, der Schlachtbank entronnen zu sein, daß er weiterredete, anstatt sich aus der Gefahr hinauszubegeben. Die Folge war, daß Arkansas nach kurzer Zeit anfing, ihn bedrohlich wild anzublicken, und schließlich sagte:

»Wirt, würdest du bi-bitte mal wiederholen, was du da eben gesagt hast, ja?«

»Ich habe zu Scotty gesagt, daß mein Vater über die Achtzig gewesen ist, als er starb.«

»War das *alles,* was gesagt hast?«

»Ja, war alles.«

»Weiter hast nichts gesagt?«

»Nein – weiter nichts.«

Dann ein ungemütliches Schweigen.

Arkansas spielte einen Augenblick mit seinem Glas und lümmelte sich mit den Ellbogen auf die Theke. Dann kratzte er sich nachdenklich mit dem rechten Stiefel am linken Schienbein, während die peinliche Stille anhielt. Schließlich schlenderte er mit verdrießlicher Miene zum Ofen hinüber, schob zwei oder drei Mann unsanft von einem gemütlichen Platz weg, nahm ihn selber ein, versetzte einem schlafenden Hund einen Tritt, daß er jaulend unter eine Bank flog, spreizte dann seine langen Beine und die Schöße seiner Schlafdeckenjacke auseinander und wärmte sich den Rücken. Nach einem Weilchen ging er dazu über, mit sich selbst zu brabbeln, und bald darauf schlenkerte er zur Theke zurück und sagte: »Du, Wirt, sag mal, was soll das, daß du hier alten persönlichen Kram anführst und mit deinem Vater rumprotzt? Unsere Gesellschaft paßt dir wohl nicht, was? Dann verschwinden wir vielleicht lieber. Ist es das? Willst du darauf hinaus?«

»Aber lieber Himmel, Arkansas, an so was hab ich doch gar nicht gedacht. Mein Vater und meine Mutter...«

»Treib einen nicht zu was, Wirt, das laß. Wennst unbedingt Krawall willst, dann raus damit wie 'n Mann – hick! –, aber rühr keine alten Kamellen auf und stichel nicht damit Leute, die Frieden halten wollen, wenn sie in Ruh gelassen werden. Was ist heute früh überhaupt mit dir los? Hab noch keinen sich so aufführen sehn.«

»Arkansas, ich habe doch wirklich nichts Böses gewollt, und ich höre ja auch auf, wenn's dir nicht genehm ist. Mein Fusel ist mir, scheint's, in den Kopf gestiegen, und dann das Hochwasser und soviel Menschen zu beköstigen und zu versorgen...«

»Aha, *das* liegt dir auf der Galle? Willst uns loswerden? Wir sind dir zuviel? Solln zusammenpacken und baden gehn? Ja? Raus mit der Sprache!«

»Bitte, sei doch vernünftig, Arkansas, *du* weißt doch, daß ich nicht der Mann bin, der...«

»Du drohst mir also? Donner und Doria, der Mann, der mir Angst machen kann, der muß erst geboren werden! Brauchst bei mir gar nicht erst zu versuchen, Freundchen – denn ich laß mir ja 'ne ganze Masse gefallen, das aber nicht. Komm hinter deiner Theke vor, damit ich dir 'ne Abreibung versetze. Willst uns hinausjagen, du hinterlistiger falscher Hund! Komm hinter der Theke vor! Werd dir lernen, einen Gentleman großkotzig zu behandeln und zu belästigen und zu piesacken, der immer und ewig bestrebt ist, dir Freundschaft zu erweisen und dich vor Unheil zu bewahren!«

»Bitte, Arkansas, nicht schießen! Wenn es Blutvergießen geben muß...«

»Hört ihr's, meine Herren? Hört ihr ihn von Blutvergießen reden? Blut also willst du, wildgewordener Meuchler! Hast dir vorgenommen, heute morgen jemand um die Ecke zu bringen – hab's ja gleich gewußt. Wohl mich, was? *Mich* willst um die Ecke bringen, wie? Werd dir den Spaß aber versalzen, so gut ich kann, du diebische, heimtückische feige Niggerseele! Zieh blank!«

Damit fing Arkansas auch schon an zu schießen und der Wirt in verzweifelter Flucht über Bänke, Menschen und dergleichen Hindernisse zu klettern. Inmitten des wilden Wirrwarrs krachte er durch eine Glastür, und als Arkansas hinterherfeuerte, erschien plötzlich die Frau des Wirts im Eingang und trat dem Desperado mit einer Schere entgegen! Sie war großartig in ihrer Wut. Erhobenen Kopfes und blitzenden Auges stand sie einen Augenblick da und ging dann mit gezückter Waffe vor. Der verdutzte Raufbold zögerte und fiel einen Schritt zurück. Sie ihm nach. Schritt für Schritt trieb sie ihn rückwärts in die Mitte der Gaststube, und während die staunende Menge sich um sie beide schloß und Mund und Nase weit aufriß, verabreichte sie ihm eine solche Tracht Zungenprügel, wie sie vielleicht noch keinem klein und häßlich gewordenen Großmaul versetzt worden war! Als sie fertig war und siegreich abzog, erschütterte donnernder Beifall das Haus, und alle bestellten wie aus einem Munde »Stubenlagen«.

Die Lektion reichte vollkommen. Die Schreckensherrschaft war vorüber und das Arkansas-Regime ein für allemal gebrochen. Während der restlichen Inselgefangenschaft saß jemand in stetiger Erniedrigung abseits, der sich nie in einen Streit mischte, nie prahlende Reden führte und nie die Hänseleien übelnahm, mit denen ihn der einst kriechende Haufen jetzt in einem fort bedachte, und dieser jemand war Arkansas.

Am fünften oder sechsten Morgen hatte sich das Wasser vom Lande zurückgezogen, doch der Strom in dem alten Flußbett war noch hoch und reißend, und es bestand keine Möglichkeit, ihn zu überqueren. Am achten Morgen war er für ein völlig sicheres Übersetzen zwar immer noch zu hoch, das Leben in dem Wirtshaus aber war infolge des Schmutzes, der Trunkenheit, der Schlägereien und so weiter schier unerträglich geworden, und so unternahmen wir einen Versuch, wegzukommen. Mitten in einem schweren Schneesturm setzten wir mit einem Kanu los, unsere Sättel an Bord und unsere Pferde an den Halftern im Schlepp. Der Preuße Ollendorff hockte mit einem Paddel vorn im Bug, Ballou paddelte in der Mitte, und ich saß am Heck und hielt die Halfterleinen. Als die Gäule Grund verloren und zu schwimmen anfingen, bekam Ollendorf Angst, denn es bestand große Gefahr, daß die Pferde uns vom Kurs abbrachten, und es war klar, wenn es uns nicht gelang, an einer bestimmten Stelle zu landen, würden wir abgetrieben und ziemlich sicher in den Hauptarm des Carson gerissen werden, der jetzt eine brodelnde Strömung war. Ein solches Unglück bedeutete aller Wahrscheinlichkeit nach den Tod, denn wir würden in das Senkloch weitergespült werden oder konnten kentern und absaufen. Wir ermahnten Ollendorff, seine fünf Sinne beisammenzuhalten und sich vorzusehen, doch wir redeten in den Wind; im selben Augenblick, wo der Bug das Ufer berührte, machte er einen Satz, und das Kanu kippte in zehn

Fuß hohem Wasser um. Ollendorff ergriff einen Strauch und zog sich an Land, Ballou und ich aber mußten, mit unseren Mänteln belastet, hinschwimmen. Wir hielten uns aber am Kanu fest, und obwohl wir bis fast an den Carson abgetrieben wurden, schafften wir es, das Boot ans Ufer zu schieben und sicher anzulegen. Wir waren eiskalt und pitschenaß, aber gerettet. Die Pferde kamen ebenfalls sicher an Land, doch unsere Sättel waren natürlich futsch. Wir banden die Tiere im Busch fest, wo sie vierundzwanzig Stunden ausharren mußten. Nachdem wir das Kanu ausgeschöpft hatten, setzten wir über, um ihnen ein bißchen Futter und ein paar Decken zu holen. Ehe wir uns aber wieder auf die Reise wagten, schliefen wir erst noch einmal eine Nacht im Gasthaus.

Als wir am nächsten Morgen mit neuen Sätteln und neuer Ausstaffierung abzogen, schneite es noch immer heftig. Wir stiegen auf und machten uns auf den Weg. Es lag so hoch Schnee, daß von der Straße nichts zu erkennen war, und die Flocken fielen so dicht, daß wir nicht mehr als hundert Yard weit nach vorn sehen konnten, es also auch unmöglich war, sich nach den Bergketten zu richten. Die Sache sah bedenklich aus, doch Ollendorff erklärte, sein Instinkt reagiere so empfindsam wie ein Kompaß und er fände schon den Weg nach Carson City, und zwar »Luftlinie«, ohne davon abzuweichen. Er sagte, wenn er einen einzigen Teilstrich von der richtigen Richtung abwiche, würde sein Instinkt ihm zusetzen wie ein empörtes Gewissen. Glücklich und zufrieden schlossen wir uns also seiner Führung an. Eine halbe Stunde lang tappten wir reichlich vorsichtig dahin, stießen dann aber auf eine frische Fährte, und Ollendorff rief stolz aus:

»Hab doch gewußt, mein Instinkt ist so sicher wie ein Kompaß, Jungs! Da sind wir genau in der Spur von Leuten, die uns den Weg ausfindig gemacht haben, ohne daß wir uns selber zu bemühen brauchen. Beeilen wir uns, damit wir uns ihnen anschließen können.«

Wir setzten die Pferde also in Trab, soweit es der tiefe Schnee zuließ, und bald war offensichtlich, daß wir unseren Vorreitern näher rückten, denn die Fährte wurde deutlicher. Wir eilten weiter, und nach einer Stunde sahen die Spuren immer neuer und frischer aus – uns verwunderte bloß, daß die Zahl der Reisenden vor uns ständig zuzunehmen schien. Wir fragten uns, wie denn ein solch großer Trupp dazu komme, zu so einer Zeit und in so einer Einsamkeit unterwegs zu sein. Einer von uns meinte, vielleicht sei es ein Trupp Soldaten aus dem Fort, und diese Lösung nahmen wir dann an und trabten noch ein bißchen schneller voran, denn sie konnten jetzt nicht mehr weit ab sein. Doch es wurden immer mehr Spuren, und wir dachten langsam, die Rotte Soldaten vermehre sich auf geheimnisvolle Weise zu einem Regiment – Ballou meinte, sie wäre bereits auf fünfhundert Mann angewachsen! Auf einmal hielt er sein Pferd an und sagte:

»Mann, das sind ja unsere eigenen Spuren, und wir sind tatsächlich über zwei Stunden hier draußen in dieser blinden Wüste immerzu rundum im Kreis geritten. Verdammt und dreimal zugenäht, das ist glattweg hydraulisch.«

Dann wurde der alte Mann zornig und unfein. Er belegte Ollendorff mit allen nur erdenkbaren Schimpfwörtern – sagte, so ein Rindvieh wäre ihm überhaupt noch nicht vorgekommen, und schloß mit dem besonders giftigen Urteil, er wüßte »ja nicht mal soviel wie ein Logarithmus«!

Einwandfrei waren wir unseren eigenen Spuren gefolgt. Ollendorff und sein »geistiger Kompaß« fielen von Stunde an in Ungnade. Nach dem mühseligen Ritt befanden wir uns nun wieder am Ufer des gleichen Flusses, und drüben zeichnete sich durch das Schneetreiben undeutlich das Gasthaus ab. Während wir überlegten, was zu tun sei, stieg der junge Schwede aus dem Kanu an Land und startete zu Fuß in Richtung Carson, wobei er sein anödendes Lied von »Schwester hold und Bruder fein« und dem »Kinde mit der Mutter im Grabe vereint« vor sich hin trällerte, und nach kaum einer Minute verschwamm er und war in der weißen Vergessenheit untergetaucht. Man hörte nie wieder etwas von ihm. Bestimmt verlor er die Richtung und verirrte sich, und die Erschöpfung trieb ihn dem Schlaf in die Arme, und der Schlaf verriet ihn an den Tod. Vielleicht folgte er auch unseren trügerischen Spuren, bis er erschöpft war und umsank.

Nach einiger Zeit furtete die Überlandkutsche den jetzt schnell zurücktretenden Strom und begab sich auf ihre seit dem Hochwasser erste Fahrt nach Carson. Wir zögerten nicht lange, sondern setzten ihr heiteren Sinnes im Zuckeltrab nach, denn zu des Postillions Ortssinn hatten wir Zutrauen. Unsere Pferde kamen mit dem frischen Postgespann jedoch nicht mit. Wir waren bald abgehängt, aber das machte nichts, denn als Wegweiser hatten wir ja die tiefen Radspuren. Mittlerweile war es drei Uhr nachmittags geworden; es dauerte also nicht mehr lange, bis die Nacht herabsank – und das nicht mit zagem Zwielicht, sondern nach dortigem Landesbrauch mit einem plötzlichen Zuschlagen wie eine Kellerklappe. Der Schnee fiel noch immer so dicht wie eh und je, und natürlich konnten wir keine fünfzehn Schritt weit sehen. Das weiße Leuchten des Schneebetts ringsum ließ uns aber die Wattekegel der verschneiten Salbeibüsche und direkt vor uns die beiden schwachen Furchen erkennen, von denen wir wußten, daß es die sich stetig füllenden und langsam verschwindenden Radspuren waren.

Diese Salbeibüsche nun hatten alle ungefähr die gleiche Höhe – drei bis vier Fuß. Sie standen ungefähr sieben Fuß auseinander, und das über die ganze riesige Wüste hin; jeder einzelne war jetzt nur noch ein Schneekegel. Welche Richtung man auch einschlug, man fand sich (genau wie in einem wohlangelegten Obstgarten) auf einer deutlich gekennzeichneten Allee, zu jeder Hand eine Reihe dieser Schneekegel – eine Allee von üblicher Chausseebreite, gefällig und eben in der Mitte und an den beiden Seiten durch die Kegel ganz natürlich aufsteigend. Dies hatten wir aber nicht bedacht. Man stelle sich also den eiskalten Schauder vor, der uns überlief, als uns endlich spät in der Nacht einfiel, daß wir jetzt, da die letzte schwache Spur der Radfurchen ja schon lange verweht war, vielleicht nur eine Salbeiallee hinunterirrten, meilenweit ab von der Straße und sie immer weiter hinter uns lassend. Ein Stück Eis den Rücken hinunter ist im Vergleich zu diesem Gefühl ein friedliches Behagen. Plötzlich begann das Blut zu pulsieren und zu jagen, das seit einer Stunde geschlafen hatte, und ebenso plötzlich erwachte all unsere schlummernde geistige und körperliche Tatkraft. Im Nu waren wir lebendig und hellwach – und schlotterten und zitterten vor Bestürzung. Sofort wurde angehalten und abgesessen und sich niedergebeugt und das Straßenbett ängstlich untersucht. Natürlich ohne Erfolg, denn wenn sich ein schwacher Eindruck nicht aus vier bis fünf Fuß Höhe erkennen läßt, dann bestimmt auch nicht, wenn die Nasenspitze fast draufstößt.

ZWEIUNDDREISSIGSTES KAPITEL

Verzweifelte Lage · Versuche, ein Feuer anzuzünden · Unsere Pferde verlassen uns · Wir finden Streichhölzer · Das erste, das zweite, das dritte und das letzte · Kein Feuer · Der Tod scheint unausweichlich · Wir trauern um unser gottloses Leben · Aufgegebene Laster · Wir verzeihen einander · Liebevolles Abschiednehmen · Ewiger Schlaf

Auf einer Straße schienen wir zu sein, uns fehlte bloß der Beweis. Wir machten die Probe, indem wir nach verschiedenen Richtungen liefen; die regelmäßigen Schneekegel und die regelmäßigen Alleen dazwischen überzeugten jeden von uns, *er* habe wirklich die richtige Straße gefunden, die anderen nur die falsche. Die Lage war einfach verzweifelt. Wir waren durchgefroren und steif, und die Pferde waren müde. Wir beschlossen, ein Salbeifeuer zu machen und bis zum Morgen Lager aufzuschlagen. Das war gescheit, denn wenn wir vom richtigen Wege abirrten und der Schneesturm noch einen Tag länger anhielt, wäre ein Weiterziehen so gut wie hoffnungslos.

Alle waren sich einig, daß ein Lagerfeuer das sei, was unserer Rettung jetzt am förderlichsten wäre, und so machten wir uns daran, eins zu errichten. Da wir keine Streichhölzer finden konnten, versuchten wir, uns mit den

Pistolen zu behelfen. Ausprobiert hatte das noch keiner von uns, aber keiner von uns bezweifelte, daß es *ginge*, und zwar ganz leicht – weil jeder von uns so manches Mal davon gelesen und es natürlicherweise mit vertrauensseliger Einfalt als wahr hingenommen hatte, genau so, wie wir schon lange jenen anderen verbreiteten Bücherschwindel von Indianern und verirrten Jägern glaubten, die Feuer machen, indem sie zwei trockene Holzstäbchen aneinanderreiben.

Wir drängten uns auf den Knien im tiefen Schnee aneinander, und die Pferde steckten ihre Nasen zusammen und beugten ihre geduldigen Köpfe über uns, und während die flaumigen Flocken niederwirbelten und uns in eine weiße Statuengruppe verwandelten, begannen wir das wichtige Experiment. Wir brachen von einem Salbeibusch Zweige ab und schichteten sie im Schutze unserer Körper auf einem kleinen freigefegten Platz übereinander. Im Verlauf von zehn bis fünfzehn Minuten war alles bereit, und dann, während alle schwiegen und unser Puls vor gespannter Aufregung niedrig ging, brachte Ollendorff seinen Revolver in Anschlag, zog den Drücker und schoß den Stapel glattweg außer Landes! Es war der entschiedenste Fehlschlag, den es je gegeben hat.

Das war betrüblich, verblaßte aber vor einem größeren Schrecken – die Pferde waren fort. Man hatte mich beauftragt, die Zügel zu halten, doch in meiner verzehrenden Sorge um das Pistolenexperiment hatte ich sie unbewußt fallen lassen, und die freigelassenen Tiere waren im Sturm davongewandert. Ihnen zu folgen, wäre verlorene Mühe gewesen, denn ihre Hufe konnten keinen Laut geben, und man hätte in zwei Yard Entfernung an den Pferden vorbeigehen können, ohne sie zu bemerken. Ohne uns erst zu bemühen, gaben wir sie also auf und verfluchten die verlogenen Bücher, die da sagten, Pferde würden in solchen Stunden der Not um des Schutzes und der Gesellschaft willen immer bei ihren Herren bleiben.

War uns vorher schon elend genug zumute, so kamen wir uns jetzt noch verlorener vor. Geduldig, doch mit zerstörter Hoffnung brachen wir neue Zweige ab und stapelten sie auf, und wiederum schoß Ollendorff sie kurz und klein. Ein Feuer mit einer Pistole anzuzünden war offensichtlich eine Kunst, die Übung und Erfahrung verlangte, und die Mitte einer Wüste bei nächtlichem Schneesturm war nicht der rechte Ort und nicht die rechte Stunde, diese Fertigkeit zu erwerben. Wir ließen es sein und versuchten es mit der anderen Methode. Jeder von uns nahm zwei Stöckchen und fing an, sie warmzureiben. Nach einer halben Stunde waren wir blau gefroren und die Hölzer auch. Wir verwünschten die Indianer und die Jäger und die Bücher bitterlich, die uns mit dem blöden Kniff verraten und verkauft hatten, und fragten uns verzagt, was wir nun als nächstes tun sollten. Zu diesem kritischen Zeitpunkt fischte Mr. Ballou aus dem Krimskrams einer übersehenen Tasche vier Streichhölzer heraus. Hätten wir Goldbarren gefunden, wäre uns das im Vergleich wie ein armseliger und billiger Glücksfall vorgekommen. Man macht sich keinen Begriff, wie gut unter solchen Umständen ein Streichholz aussieht – beziehungsweise wie liebenswert und kostbar und wie heilig schön es dem Auge erscheint. Diesmal sammelten wir voller Zuversicht Reisig, und als Mr. Ballou sich anschickte, das erste Streichholz anzuzünden, konzentrierte sich ein Interesse auf ihn, das zu beschreiben Seiten nicht ausreichen würden. Das Hölzchen brannte einen Augenblick verheißungsvoll und ging dann aus. Es hätte nicht tiefer betrauert werden können, wenn es ein Menschenleben gewesen wäre. Das nächste Streichholz flammte bloß kurz auf und erlosch. Das dritte blies der Wind aus, als es sich gerade am unmittelbaren Rande des Erfolges befand. Wir rückten noch näher zusammen und entfalteten eine verzückte und schon wehtuende Besorgtheit, während Mr. Ballou unsere letzte Hoffnung an seinem Bein anstrich. Sie zündete, brannte blau und schwach und erblühte schließlich zu einem kräftigen Flämmchen. Sie mit der Hand schützend, beugte sich der alte Mann langsam nieder, gefolgt von unser aller Herzen – und von uns selbst auch –, und Blut und Atem stockten. Die Flamme berührte endlich die Zweige, fraß sich allmählich daran fest – zögerte – fraß sich fester – zögerte von neuem –

hielt fünf nervenzerreißende Sekunden den Atem an, schnappte dann noch einmal wie ein Mensch nach Luft und ging aus.

Mehrere Minuten sagte keiner ein Wort. Das Schweigen war feierlich; sogar der Wind befleißigte sich einer verstohlenen, unheimlichen Stille und machte nicht mehr Geräusch als die rieselnden Schneeflocken. Schließlich begann eine traurige Unterhaltung, und es zeigte sich bald, daß jeder von uns innerlich überzeugt war, dies sei unsere letzte Nacht unter den Lebenden. Ich hatte so sehr gehofft, der einzige zu sein, der solche Gedanken hegte. Als die anderen es gefaßt eingestanden, hörte sich das wie die Vorladung zum Jüngsten Gericht an. Ollendorff sagte:

»Brüder, laßt uns zusammen sterben. Und laßt uns ohne jeden Unwillen gegeneinander scheiden. Vergessen und vergeben wir, was war. Ich weiß, ihr grollt mir, weil ich das Kanu umgekippt und weil ich zuviel gewußt und euch in dem Schnee immer im Kreise herumgeführt habe – doch ich hab's gut gemeint; vergebt mir. Ich bekenne offen, ich nehme es Mr. Ballou übel, daß er mich beschimpft und mich einen Logarithmus genannt hat, obwohl ich gar nicht weiß, was das ist, bestimmt aber etwas, was in Amerika als entehrend und unziemlich gilt, und es ist noch reichlich frisch und hat mich ziemlich gekränkt – doch lassen wir das gut sein. Ich vergebe Mr. Ballou von ganzem Herzen und...«

Der arme Ollendorff brach zusammen, und ihm kamen die Tränen. Er war aber nicht allein, denn ich weinte ebenfalls, und Mr. Ballou nicht minder. Ollendorff erlangte seine Stimme wieder und verzieh mir Dinge, die ich getan und gesagt hatte. Dann holte er seine Flasche Whisky hervor und erklärte, ob er nun am Leben bleibe oder sterben müsse, er rühre keinen Tropfen mehr an. Er habe alle Lebenshoffnung aufgegeben und sei willens, wenn auch schlecht vorbereitet, sich seinem Schicksal in Demut zu unterwerfen; er wünsche nur, er könnte noch ein Weilchen verschont bleiben, nicht etwa aus irgendwelchen selbstsüchtigen Gründen, sondern um sich gründlich zu bessern und – indem er es sich zur Aufgabe mache, den Armen zu helfen, die Kranken zu pflegen und die Leute aufzurufen, daß sie sich vor dem Übel der Trunksucht hüteten – sein Leben zu einem wohltätigen Beispiel für die Jugend zu gestalten und es schließlich mit dem tröstlichen Gedanken aufzugeben, daß es nicht umsonst gelebt worden sei. Er schloß mit der Bemerkung, seine Besserung solle sogleich beginnen, selbst hier im Angesicht des Todes, da ja keine weitere Zeit gewährt sei, sie zum Wohle und Nutzen der Menschheit durchzuführen – und damit warf er seine Flasche Whisky weg.

Mr. Ballou äußerte sich in ähnlichem Sinne und begann die Besserung, die fortzusetzen ihm nicht vergönnt sei, damit, daß er das altehrwürdige Spiel Karten von sich schleuderte, das uns in unserer Gefangenschaft während des Hochwassers getröstet und sie erträglich gemacht hatte. Er erklärte, er habe zwar nie um Geld gespielt, aber doch die Überzeugung gewonnen, daß jedwedes Sicheinlassen mit Karten unmoralisch und verderblich sei und kein Mensch ganz rein und ohne Fehl sein könne, der sie nicht meide. »Und darum«, fuhr er fort, »fühle ich mich, indem ich dies tue, jenen geistigen Saturnalien schon mehr zugewendet, die für eine totalitäre und antiquierende Besserung unerläßlich sind.« Diese wogenden Silben bewegten ihn, wie es keine verständliche Tränendrüsenrede vermocht hätte, und der alte Mann schluchzte vor Traurigkeit, die mit einem Schuß Genugtuung versetzt war.

Meine eigenen Bemerkungen hatten denselben Tenor wie die meiner Kameraden, und das eine weiß ich, daß die Empfindungen, durch die sie ausgelöst wurden, ehrlich waren und von Herzen kamen. Ehrlich und ernst meinten wir es alle und waren tief gerührt, denn wir befanden uns im Angesicht des Todes, bar jeder Hoffnung. Ich warf meine Pfeife weg und hatte dabei endlich das Gefühl, von einem verhaßten Laster befreit zu sein, das mich all mein Lebtag wie ein Tyrann beherrscht hatte. Noch beim Reden überkam mich der Gedanke an das Gute, das ich in der Welt vielleicht hätte tun können, und an das noch größere Gute, das ich jetzt tun würde, mit diesem neuen Anreiz und diesen höheren und besseren Zielen als Leitstern, wenn ich bloß noch ein paar Jahre verschont bliebe, und mir traten wieder die Tränen in die Augen. Wir legten einander die Arme um den Hals und erwarteten die warnende Schläfrigkeit, die dem Erfrierungstode vorausgeht.

Sie kam dann auch bald über uns, und wir nahmen zum letztenmal voneinander Abschied. Ein wohliger Traumzustand umhüllte meine erschlaffenden Sinne, während die Schneeflocken ein welliges Laken über meinen besiegten Körper webten. Das Vergessen kam. Die Schlacht des Lebens war vorbei.

DREIUNDDREISSIGSTES KAPITEL

Rückkehr des Bewußtseins · Lächerliches · Ein Stationshaus · Allgemeines Ärgerlichsein · Früchte der Reue · Auferstehung der Laster

Wie lange ich im Zustand des Vergessens lag, weiß ich nicht; es schien jedenfalls eine Ewigkeit. Allmählich kehrte ein vages Bewußtsein zurück, und dann stellte sich ein zunehmender Schmerz in den Gliedern und im ganzen Körper ein. Ich schauderte. Der Gedanke sickerte durch mein Gehirn: »Das ist der Tod – das ist das Jenseits.«

An meiner Seite erhob sich etwas Weißes, und eine grämliche Stimme sagte:

»Würde einer der Herren mir bitte mal hinten reintreten?«

Es war Ballou – zumindest war es ein zerzauster Schneemann in sitzender Stellung mit Ballous Stimme.

Ich erhob mich, und dort in der grauen Dämmerung, keine fünfzehn Schritt von uns entfernt, befand sich das Holzhaus einer Poststation, und unter einem Schutzdach standen unsere noch immer gesattelten und gezäumten Pferde!

Dann brach eine gewölbte Schneewehe auf, und Ollendorff tauchte darunter hervor, und wir drei saßen da und glotzten das Haus sprachlos an. Und wir wußten auch wirklich nichts zu sagen. Wir benahmen uns wie jener Gottlose, der »keinem Dinge Gerechtigkeit widerfahren lassen« konnte, denn die ganze Situation war so peinlich demütigend und lächerlich, daß Worte zu schwach gewesen wären und wir sowieso nicht gewußt hätten, was wir zuerst hätten sagen sollen.

Die Freude in unserm Herzen über unsere Rettung war vergiftet, wirklich so gut wie verflogen. Mit der Zeit wurden wir mürrisch und griesgrämig. Ärgerlich aufeinander, ärgerlich auf uns selbst, ärgerlich auf überhaupt alles, klopften wir uns dann verdrießlich den Schnee von den Sachen und bahnten uns in ungeselligem Gänsemarsch den Weg zu unseren Pferden, schnallten ihnen die Sättel ab und suchten Zuflucht in der Station.

Ich habe die Einzelheiten dieses komischen und lächerlichen Abenteuers kaum übertrieben. Es hat sich fast ganz genauso zugetragen. Wir hatten tatsächlich auf einer Schneedrift in der Wüste um Mitternacht und während eines Sturmes, verirrt und verloren, fünfzehn Schritt ab von einer behaglichen Herberge Lager aufgeschlagen.

Zwei Stunden lang saßen wir jeder für sich in der Station herum und kauten verärgert die Sache noch einmal durch. Das Rätsel war gelöst, und es lag jetzt klar genug auf der Hand, warum uns die Pferde verlassen hatten. Bestimmt waren sie eine viertel Minute später bereits unter dem Dach gewesen, und sie müssen all unsere Bekenntnisse und Klagelieder mit angehört und ihre Freude daran gehabt haben.

Nach dem Frühstück ging es uns schon besser, und bald kehrte die Lust am Leben zurück. Die Welt sah wieder heiter aus, und das Dasein war uns so teuer wie eh und je. So verging ein Weilchen, doch dann beschlich mich ein Unbehagen – kribbelte – setzte mir unablässig zu. O weh, meine Wiedergeburt war unvollkommen – es gelüstete mich nach Tabak! Ich widerstand mit aller Kraft, aber das Fleisch war schwach. Allein wanderte ich hinaus und rang eine Stunde mit mir. Ich wiederholte mir mein Besserungsgelübde und ging mit mir ins Gebet, überzeugend, scheltend, erschöpfend. Hatte alles keinen Zweck; nach kurzer

Zeit ertappte ich mich dabei, wie ich durch die Schneewehen schlich und meine Pfeife suchte. Ich fand sie nach ziemlichem Herumstöbern und stahl mich davon, um mich zu verstecken und mich mit ihr zu verlustieren. Eine ganze Weile blieb ich hinter der Scheune und fragte mich, wie mir wohl zumute wäre, wenn mich meine Kameraden, die ja tapferer, fester und ehrlicher waren, in meiner Erniedrigung anträfen. Schließlich zündete ich die Pfeife an, und kein Mensch kann sich gemeiner und verächtlicher vorkommen, als ich mich damals fühlte. Ich schämte mich meiner eigenen elenden Gesellschaft. Da ich immer noch fürchtete, entdeckt zu werden, meinte ich, die entferntere Seite der Scheune wäre vielleicht etwas sicherer, und so lief ich herum. Als ich rauchend um die eine Ecke schlich, kam Ollendorf mit seiner Flasche an den Lippen gerade um die andere, und zwischen uns saß Ballou und legte sich mit den alten, schmierigen Karten entrückt und schwer beschäftigt Patiencen!

Weiter konnte die Lächerlichkeit nicht gehen. Wir reichten uns die Hand und kamen überein, nie mehr etwas von »Besserung« und »Beispielen für die heranwachsende Generation« zu sagen.

Die Station, auf der wir uns befanden, lag am Rande der Sechsundzwanzig-Meilen-Wüste. Wären wir in der Nacht zuvor eine halbe Stunde früher angekommen, hätten wir hören müssen, wie Menschen riefen und Pistolen abgefeuert wurden, denn man erwartete dort einige Schaftreiber samt ihren Herden und wußte, wenn sie sich nicht nach Lauten richten konnten, würden sie sich todsicher verlaufen und rettungslos verlorengehen. Während unseres Verbleibens auf der Station trafen drei der Treiber ein, von ihrem Umherirren nahezu erschöpft. Von zwei anderen aber wurde nie wieder etwas gehört.

Wir kamen dann gut in Carson an und ruhten uns erst einmal aus. Dieses Ausruhen sowie die Vorbereitungen für die Reise nach Esmeralda hielten uns eine Woche dort fest, und der Aufenthalt gab uns Gelegenheit, zur Verhandlung des großen Landrutschprozesses Hyde contra Morgan zu gehen – einer Episode, von der man noch bis auf den heutigen Tag in Nevada spricht. Nach ein paar notwendigen erklärenden Worten will ich diese einzigartige Geschichte genau so niederschreiben, wie sie sich begeben hat.

VIERUNDDREISSIGSTES KAPITEL

Kahle Flecke in Carson · General Buncombe · Hyde contra Morgan · Wie Hyde um seine Ranch kam · Der große Landrutschprozeß · Die Gerichtsverhandlung · General Buncombes Plädoyer · Ein einmaliges Urteil · Wichtiger nachträglicher Einfall

In den Tälern des Carson, Eagle und Washoe sind die Berge hoch und steil – sehr hoch und sehr steil; wenn also im Frühjahr der Schnee schnell schmilzt und die warme oberste Erdschicht langsam aufweicht, setzen die unheilvollen Landrutsche ein. Der Leser kann nicht wissen, was ein Landrutsch ist, es sei denn, er hat schon einmal in jenem Lande gelebt und gesehen, wie eines schönen Morgens ein ganzer Abhang weggerissen und unten im Tal abgesetzt wird und auf dem Berg eine riesengroße, baumlose, häßliche Narbe zurückbleibt, damit man die Sache all die Jahre hindurch, die man im Umkreis von siebzig Meilen von jener Stelle dort vielleicht noch wohnen bleibt, auch ja in Erinnerung behält.

General Buncombe war mit der Territorialbeamtenlieferung als Bundesanwalt nach Nevada verfrachtet worden. Er hielt sich für einen begabten Juristen und sehnte sich sehr nach einer Gelegenheit, das zu beweisen – teils um der reinen Befriedigung willen und teils, weil seine Besoldung – gelinde gesagt – mager war. Die schon länger ansässigen Bürger eines neuen Territoriums nun sehen auf die übrige Welt voll ruhigen, wohlwollenden Mitleids herab, solange diese ihnen nicht in die Quere läuft; – wenn sie ihnen in die Quere läuft, setzt es einen Denkzettel. Dieser nimmt mitunter die Form derben Schabernacks an.

Eines Morgens sprengte Dick Hyde in schäumendem

Galopp an General Buncombes Tür in Carson City vor und stürzte, ohne sich erst mit dem Anbinden seines Pferdes aufzuhalten, zu ihm hinein. Er machte einen sehr aufgeregten Eindruck. Er erzählte dem General, er möchte, daß er einen Prozeß für ihn führe, und er werde ihm fünfhundert Dollar zahlen, wenn er ihn gewinne. Und unter heftigem Gestikulieren und endlosen Flüchen schüttete er dann sein Herz aus. Er sagte, es wäre doch überall bekannt, daß er seit einigen Jahren im Distrikt eine Farm (vielmehr eine Ranch, wie es dort landläufig heißt) habe und daß sie gut gehe, und außerdem sei bekannt, daß seine Ranch genau am Rande des Tals und die von Morgan direkt darüber am Berghang liege. Und der Kummer sei jetzt der, es sei einer dieser verhaßten und gefürchteten Landrutsche gekommen und habe Morgans Ranch samt Blockhaus, Zäunen, Vieh, Scheunen und allem Drum und Dran auf *seine* Ranch draufrutschen lassen und haargenau jede einzelne Handbreit von seinem Grund und Boden achtunddreißig Fuß hoch bedeckt. Morgan sitze da drauf und weigere sich, das Land zu räumen; er sage, das seien schließlich seine eigenen vier Wände – das Blockhaus stehe auf derselben Erde und derselben Ranch, auf der es schon immer gestanden habe, und das möchte er doch mal erleben, daß man ihn zum Räumen zwinge.

»Und als ich ihn daran erinnerte«, sagte Hyde unter Tränen, »daß es auf meiner Ranch drauf steht und er Hausfriedensbruch begeht, hat er doch die Hundsgemeinheit besessen, mich zu fragen, warum ich denn nicht auf meiner Ranch geblieben wäre und die Besitzrechte gewahrt hätte, als ich ihn hab ankommen sehen! Warum ich nicht drauf geblieben wäre. Dieser Quatschkopf! Heiliger Strohsack, als ich das Getöse gehört und den Hügel raufgeguckt habe, das war genau, als ob die ganze Welt den Abhang da runtergeprasselt und runtergekracht kam – Splitter und Brennholz, Donner und Blitz, Hagel und Schnee, Fetzen und Stücke von Heuschobern und schreckliche Staubwolken; Bäume, die verkehrt rum in die Luft gingen, Felsbrocken, so groß wie ein Haus, die ungefähr tausend Fuß hoch sprangen und in zehn Millionen Stücke zerschellten;

Vieh, bei dem das Innere nach außen gekehrt war und dem der Schwanz zum Maul raushing! Und inmitten von all dem Plunder saß doch dieser verfluchte Morgan auf seinem Torpfosten und wunderte sich, warum ich nicht *blieb und meine Besitzrechte wahrte!* Guter Gott, ein Blick hat mir genügt, General, und dann war ich mit genau drei Sätzen aus dem Bezirk raus und weg.

Was mich aber kratzt, ist, daß dieser Morgan noch immer drauf sitzt und nicht von der Ranch runter will – daß er sagt, es ist seine, und daß er sie zu behalten gedenkt –, daß es ihm da besser gefällt als früher weiter oben. So was Verrücktes! Wissen Sie, ich bin seit zwei Tagen so durchgedreht, daß ich nicht mal den Weg in die Stadt gefunden habe – bin halb verhungert im Salbei rumgeirrt –, haben Sie was zu trinken da, General? Aber nun bin ich ja hier, und jetzt wird prozessiert. Jawoll!«

Der General regte sich auf, wie sich vielleicht noch nie jemand zuvor aufgeregt hatte. Er sagte, ein so anmaßendes Benehmen wie das von diesem Morgan sei ihm sein Lebtag noch nicht vorgekommen. Und vor Gericht brauche man da gar nicht zu gehen, Morgan hätte nicht das allergeringste Recht, dort zu bleiben, wo er war, kein Mensch in der weiten Welt würde ihn darin unterstützen, und kein Anwalt würde den Fall übernehmen und kein Richter ihm Gehör schenken. Hyde erwiderte, eben darin täusche er sich – die ganze Stadt stehe auf Morgans Seite; Hal Brayton, ein sehr geriebener Anwalt, habe seine Verteidigung übernommen; da die Gerichte Ferien hätten, müsse der Fall vor einem Schiedsmann verhandelt werden, und Exgouverneur Roop sei bereits zu diesem Amt ernannt und würde heute nachmittag um zwei in einem großen öffentlichen Saal in der Nähe des Hotels Gericht halten.

Der General war baff. Er erklärte, daß die Leute in diesem Territorium geistig minderbemittelt seien; geargwöhnt habe er das ja schon immer, jetzt aber sei es ihm zur Gewißheit geworden. Doch er sagte, nur ruhig Blut bewahren, ruhig Blut bewahren und die Zeugen zusammenholen, denn der Sieg sei genauso sicher, als ob der Kampf schon vorbei wäre. Hyde wischte sich die Tränen ab und ging.

Um zwei Uhr nachmittags wurde Roops Schiedsgericht eröffnet, und der unter seinen Sheriffs, den Zeugen und Zuschauern thronende Roop trug eine solche Ehrfurcht einflößende feierliche Würde zur Schau, daß einige seiner Mitverschworenen Zweifel überkamen, ob er überhaupt begriffen habe, daß es sich bloß um einen Scherz handle. Es herrschte unheimliche Stille, denn beim geringsten Lärm gebot der Richter streng:

»Ruhe im Gericht!«

Und die Sheriffs echoten es sogleich zurück. Schließlich kam der General, die Arme voller Gesetzbücher, durch die Zuschauermenge gedrängelt, und an sein Ohr klang ein Befehl des Richters, welcher die erste respektvolle Anerkennung seiner hohen Amtswürde war, die ihn je begrüßt hatte, und es rieselte ihm angenehm durch alle Glieder:

»Platz dem Herrn Bundesanwalt!«

Die Zeugen wurden vorgerufen – Mitglieder der Gesetzgebenden Versammlung, hohe Regierungsbeamte, Rancher, Silbergräber, Indianer, Chinesen, Neger. Drei Viertel davon gehörten zur Seite Morgans, doch dessenungeachtet fielen ihre Aussagen alle zugunsten des Anklägers Hyde aus. Jeder neue Zeuge lieferte nur noch neue Beweise für die Hirnverbranntheit des Anspruches auf eines anderen Grund und Boden, bloß weil die eigene Farm da draufgerutscht war. Dann hielten Morgans Anwälte ihr Plädoyer, und zwar ein anscheinend besonders schwaches – sie unternahmen eigentlich nichts, der Partei Morgan zu helfen. Und nun erhob sich der General, Frohlocken im Gesicht, und legte sich leidenschaftlich ins Zeug. Er haute auf den Tisch, er knallte die Gesetzbücher zu, er schrie und brüllte und röhrte, er zitierte, wen und was es gab, Poesie, Sarkasmus, Statistiken, Geschichte, Pathos, Schwulst, Blasphemie, und schloß mit einem großen Schlachtruf für Redefreiheit, Pressefreiheit, Schulgeldfreiheit, den glorreichen amerikanischen Adler und die Prinzipien ewiger Gerechtigkeit! (Beifall.)

Als sich der General setzte, tat er das in der Überzeugung, daß, sofern gute, gewichtige Zeugenaussagen, eine große Rede und ringsum überall gläubige und bewundernde Gesichter etwas besagten, Mr. Morgans Sache bereits verloren sei. Exgouverneur Roop nahm ein paar Minuten lang Denkerpose ein, und die schweigende Versammlung wartete auf seine Entscheidung. Er erhob sich und stand hochaufgerichtet mit gesenktem Kopf da und fuhr mit dem Denken fort. Dann ging er, das Kinn in der Hand, mit langen, bedächtigen Schritten auf und ab, während die Zuschauer noch immer warteten. Schließlich kehrte er zu seinem Thron zurück, setzte sich und begann eindrucksvoll:

»Meine Herren, ich bin mir der großen Verantwortung bewußt, die heute auf mir ruht. Dies ist kein gewöhnlicher Fall. Im Gegenteil, es handelt sich zweifelsohne um den ernstesten und erhabensten, den zu entscheiden jemals ein Mensch berufen worden ist. Meine Herren, ich habe mir die Aussagen aufmerksam angehört und sehe, daß sich ihr Gewicht, und zwar ihr überwältigendes Gewicht, zugunsten des Klägers Hyde neigt. Desgleichen habe ich höchst interessiert den Ausführungen der Anwälte gelauscht – wobei ich insbesondere die meisterhafte und unwiderlegbare Logik des hervorragenden Gentleman loben möchte, welcher den Kläger vertritt. Hüten wir uns jedoch davor, meine Herren, uns in einem so ernsten Augenblick wie diesem von bloßem Menschenzeugnis, von menschlicher Argumentationskunst und menschlichen Gerechtigkeitsvorstellungen beeinflussen zu lassen. Meine Herren, es steht uns, Erdenwürmer, die wir sind, schlecht an, in die Ratschlüsse des Himmels dreinzureden. Mir ist klar, daß der Himmel in seiner unergründlichen Weisheit es für an der Zeit erachtet hat, dieses Beklagten Ranch absichtlich zu verschieben. Wir sind nur Kreaturen, und wir müssen uns fügen. Wenn es dem Himmel beliebt hat, den Beklagten auf diese bemerkenswerte und wunderbare Weise zu bevorzugen, und wenn es dem mit der Lage der Morgan-Ranch auf dem Berghang unzufriedenen Himmel beliebt hat, diese in eine dem Eigner mehr zusagende und vorteilhaftere Lage zu rücken, steht es uns Eintagsfliegen nicht an, die Rechtmäßigkeit dessen anzuzweifeln oder nach den Gründen dafür zu fragen. Nein – der Himmel hat die

Ranchs geschaffen, und es ist des Himmels Privileg, sie nach seinem Belieben umzuordnen, mit ihnen zu experimentieren, sie herumzuschieben. Wir haben uns dem ohne Murren zu unterwerfen. Ich mache Sie darauf aufmerksam, daß es sich bei dem, was hier geschehen ist, um etwas handelt, in das sich die verruchten Hände und Hirne und Zungen von Menschen nicht einmischen dürfen. Meine Herren, der Spruch dieses Gerichtes lautet, daß der Kläger Richard Hyde infolge göttlicher Heimsuchung seiner Farm verlustig gegangen ist. Und gegen dieses Urteil gibt es keine Berufung.«

Buncombe ergriff seinen Stapel Gesetzbücher und stürzte, vor Entrüstung schäumend, aus dem Gerichtssaal. Er erklärte Roop zum phänomenalen Dummkopf, zum angehauchten Idioten. In gutem Glauben kam er am Abend zurück und machte Roop wegen seines ungereimten Spruchs Vorstellungen und flehte ihn an, doch eine halbe Stunde auf und ab zu gehen und sich als Denker zu betätigen und mal zu sehen, ob er sich nicht irgendwie eine Milderung des Urteils austüfteln könne. Roop gab schließlich nach und machte sich auf den Weg. Er ging zweieinhalb Stunden auf und ab, und zuletzt strahlte sein Gesicht glücklich auf, und er erzählte Buncombe, ihm sei eingefallen, daß die Ranch unter der neuen Morgan-Ranch ja immer noch Hyde gehöre, daß dessen Besitztitel auf den Boden nach wie vor bestehe, und deshalb sei er der Ansicht, Hyde habe ein Recht, sie darunter auszubuddeln, und ...«

Der General wartete nicht erst das Ende davon ab. In solchen Dingen war er stets ungeduldig und heißspornig. Es dauerte zwei Monate, bis sich die Tatsache, daß man ihm einen Streich gespielt hatte, wie ein zweiter Hoosac-Tunnel durch seinen diamantharten Grips bohrte.

FÜNFUNDDREISSIGSTES KAPITEL

Ein neuer Reisegefährte · Alles besetzt und keine Furage da · Wie Capt. Nye Platz fand · Und dafür sorgte, daß unser Scheiden bedauert wurde · Der Sinn des Stollentreibens · Ein bemerkenswertes Beispiel · Wir steigen ins »Claim«-Geschäft ein · Bankrott

Als wir dann endlich nach Esmeralda abritten, hatte unsere Gesellschaft Zuwachs erhalten in der Person des Captain John Nye, des Bruders des Gouverneurs. Er verfügte über ein gutes Gedächtnis und über eine gelenkige Zunge. Das ist eine Zusammenstellung, die der Unterhaltung ewiges Leben verleiht. Während der hundertzwanzig Meilen unserer Reise ließ Captain John das Gespräch kein einziges Mal stocken oder abflauen. Neben seiner Konversationsgabe besaß er noch einige andere ausgeprägte Talente. Das eine war ein einzigartiges Geschick für alles und jedes, angefangen vom Legen einer Eisenbahn oder Organisieren einer politischen Partei bis hinunter zum Annähen von Knöpfen, Beschlagen eines Pferdes und Einrichten eines gebrochenen Beines oder einer Hühnerzucht. Außerdem zeichnete er sich durch eine stete Hilfsbereitschaft aus, die ihn bewog, stets und ständig jedermanns Nöte, schwierige Lage oder Verlegenheit auf die eigene Schulter zu nehmen und sie bewundernswert leicht und heiter zu beheben – folglich gelang es ihm immer, in überfüllten Gasthäusern freie Betten und in den leersten Speisekammern Mengen von Eßbarem zu finden. Und außerdem, immer wenn er jemand traf, ob in Camp, Wirtshaus oder Wüste, kannte er ihn entweder persönlich oder war mindestens mit einem seiner Verwandten befreundet. Einen solchen Reisegefährten gab es nicht noch einmal. Ich kann mich nicht enthalten, eine Probe davon zu geben, wie er mit Schwierigkeiten fertig wurde.

Am zweiten Tag langten wir sehr müde und hungrig in einer ärmlichen kleinen Wüstenherberge an, wo uns gesagt wurde, das Haus sei voll, nichts zu essen mehr da und weder Heu noch Hafer für die Pferde übrig – wir müßten weiter. Wir anderen wollten schnell los, solange es noch hell war; Captain John aber bestand darauf, ein Weilchen haltzumachen. Wir stiegen ab und gingen hinein. Nicht ein Gesicht hieß uns willkommen. Captain John begann mit seinen schmeichlerischen Künsten, und nach knapp zwanzig Minuten hatte er folgendes erreicht: in drei Fuhrleuten alte Bekannte getroffen; entdeckt, daß er mit der Mutter des Wirts zusammen zur Schule gegangen war; dessen Frau als eine Dame wiedererkannt, der er einst in Kalifornien durch Anhalten ihres durchgegangenen Pferdes das Leben gerettet hatte; das entzweigegangene Spielzeug eines Kindes repariert und die Mutter, die in der Herberge zu Gast war, für sich eingenommen; dem Stallknecht beim Zur-Aderlassen eines Pferdes geholfen und für ein anderes Pferd, das an »Dämpfigkeit« litt, etwas verordnet; die gesamte Gesellschaft dreimal an der Theke freigehalten; eine Zeitung hervorgeholt, die eine Woche jünger war als die letzte, welche die anderen gesehen hatten, und sich hingesetzt und der tief interessierten Zuhörerschaft die Nachrichten vorgelesen. Der Erfolg, zusammengefaßt: der Pferdeknecht fand reichlich Futter für unsere Pferde; wir bekamen zum Abend Forelle vorgesetzt, verlebten anschließend ein paar außerordentlich gemütliche Stunden, hatten gute Betten zum Schlafen und bekamen am Morgen ein unerwartetes Frühstück – und als wir weiterzogen, schieden wir bewehklagt von allen! Captain John besaß zwar einige schlechte Eigenschaften, doch hatte er diesen ein paar ungemein wertvolle entgegenzustellen.

Esmeralda war in vieler Hinsicht ein zweites Humboldt, nur etwas fortgeschrittener. Die Claims, für die wir Zubußen bezahlten, erwiesen sich als völlig wertlos, und wir warfen sie fort. Der bedeutendste davon kam als Ausstrich oben aus der Kuppe eines Hügelchens heraus, das vierzehn Fuß hoch war, und der erlauchte Grubenvorstand ließ einen Stollen unter dieses Hügelchen treiben, um auf den Gang zu stoßen. Der Stollen hätte siebzig Fuß lang sein müssen und den Gang dann in derselben Tiefe berührt, die mit einem Schacht von zwölf Fuß erreicht worden wäre! Der Grubenvorstand lebte von den Zubußen. (NB: Zur Aufklärung New-Yorker Silberminenbesitzer kommt dieser Wink zu spät; sie kennen diesen sauberen Trick inzwischen aus Erfahrung.) Der Vorstand hatte gar kein Verlangen, den Gang zu erreichen, denn er wußte, er war so bar jeden Silbers wie ein Prellstein. Diese Geschichte erinnert mich an Jim Townsends Stollen. Er hatte Zubußen für eine »Daley« genannte Mine bezahlt, bis er fast schon keinen Penny mehr besaß. Als wieder einmal Geld gefordert wurde, um damit einen zweihundertfünfzig Fuß langen Stollen in die Daley zu treiben, stieg Townsend den Berg hinauf, um sich die Sache einmal anzuschauen. Er stellte fest, daß die Daley aus einem außergewöhnlich spitzen Kegel ausstrich, und fand dort oben zwei Männer vor, die dem geplanten Stollen die Stirn boten. Townsend kalkulierte. Dann sagte er zu den beiden:

»Ihr habt euch also verpflichtet, in diesen Hügel einen zweihundertundfünfzig Fuß langen Stollen zu treiben, um auf den Silbergang zu stoßen?«

»Ja, Sir.«

»Nun, wißt ihr auch, daß ihr damit eins der teuersten und mühsamsten Unternehmen vor euch habt, die sich Menschen je ausgedacht haben?«

»Nein – wieso denn?«

»Weil dieser Hügel von der einen Seite bis zur anderen hindurch nur fünfundzwanzig Fuß hat; ihr müßt also zweihundertundfünfundzwanzig Fuß von eurem Stollen auf Schragen bauen!«

Die Wege von Silbergrubenvorständen sind äußerst dunkel und krumm.

Wir nahmen verschiedene Claims auf und begannen, darauf Schächte und Stollen anzulegen, beendeten aber keinen einzigen davon. Um ihn zu »halten«, mußten wir auf jedem Claim ein gewisses Quantum an Arbeit leisten, sonst hätten nach Ablauf von zehn Tagen andere unser Eigentum an sich nehmen können. Wir spürten in einem fort neue Claims auf und fummelten ein bißchen darauf herum und warteten dann auf einen Käufer – der niemals kam. Wir fanden nirgends Erz, das mehr als fünfzig Dollar die Tonne gebracht hätte, und da die Hütten fünfzig Dollar die Tonne fürs Aufbereiten des Erzes und Ausscheiden des Silbers verlangten, schmolz unser Taschengeld unablässig dahin, ohne daß Nachschub kam. Wir hausten in einer kleinen Hütte und kochten selbst, und alles in allem war es ein schweres Leben, wenn auch voller Hoffnung – denn wir hörten nie auf, damit zu rechnen, daß eines Tages plötzlich das Glück samt einem Kunden bei uns vorspräche.

Zuletzt, als Mehl auf vier Dollar das Pfund geklettert war und sich selbst bei bester Sicherheit kein Geld mehr unter *acht Prozent monatlich* leihen ließ (und ich überdies auch die Sicherheit nicht hätte leisten können), gab ich den Bergbau auf und wechselte zur Verhüttung über. Das will besagen, ich fing als einfacher Arbeiter in einer Quarzhütte an, für zehn Dollar die Woche und Kost und Logis.

SECHSUNDDREISSIGSTES KAPITEL

Eine Quarzhütte · Amalgamation · »Aftererz sieben« · Erstes Hüttenwerk in Nevada · Feuerproben · Ein schlauer Probierer · Ich beantrage Lohnerhöhung

Ich hatte bereits gelernt, was für ein schweres und zeitraubendes und trübseliges Vorhaben es ist, sich ins Innere der Erde zu bohren und das begehrte Erz zu fördern, und nun lernte ich noch dazu, daß das Bohren bloß die Hälfte der Arbeit darstellt und daß das Herausholen des Silbers aus dem Erz die langwierige und mühselige andere Hälfte davon ist. Wir mußten morgens um sechs Uhr raus und uns bis zum Dunkelwerden rühren. Dieses Hüttenwerk war eins mit einem Sechsersatz dampfbetriebener Pochstempel. Sechs lange aufrecht stehende Eisenstangen von der Stärke des Fußgelenks eines Mannes, unten mit einem schweren Schuh aus Eisen und Stahl, waren wie ein Gittertor angeordnet und gingen eine nach der anderen in stampfendem Reigen in einem »Batterie« genannten eisernen Kasten auf und ab. Diese Pochstangen oder -stempel wogen je sechshundert Pfund. Den ganzen Tag lang stand einer von uns an der Batterie und zerschlug mit einem Schlägel Berge von silberhaltigem Haufwerk und schippte es hinein. Das unaufhörliche Tanzen der Stempel zerschmetterte das Gestein zu Pulver, und ein in die Batterie träufelnder Wasserzustrom verwandelte es in einen sahnigen Brei. Die winzigsten Partikelchen wurden durch ein feines Drahtsieb getrieben, das ganz dicht um die Batterie herumlag, und in große, mit überhitztem Dampf gewärmte Bottiche gespült, die Amalgamierpfannen heißen. Die Trübe in den Pfannen blieb durch rotierende »Läufer« in ständiger Bewegung. In der Batterie befand sich stets ein Quantum Quecksilber, und dieses riß einige der befreiten Gold- und Silberteilchen an sich und hielt sich daran fest; in den Pfannen war ebenfalls Quecksilber, das ungefähr jede halbe Stunde durch einen Hirschlederbeutel dort hineingesprüht wurde. Von Zeit zu Zeit mußten Kochsalz und Kupfersulfat dazugegeben werden, um die Amalgamation durch Zerstören unedler Metalle zu unterstützen, welche das Gold und Silber überzogen und dessen Verbindung mit dem Quecksilber verhinderten. Auf all diese langweiligen Dinge hatten wir in einem fort aufzupassen. Unentwegt flossen aus den Pfannen Ströme von schmutzigem Wasser, die dann durch breite Holztraufen zur Schlucht geleitet wurden. Man möchte nicht glauben, daß Gold- und Silberatome auf sechs Zoll hohem Wasser oben schwimmen, doch sie schwimmen; und um sie zu fassen, wurden rauhe Tücher in die Traufen gelegt und obendrein noch hier und dort kleine hemmende Schwingtröge quer eingesetzt, die mit Quecksilber gefüllt waren. Jeden Abend mußten diese Tröge gesäubert und die Tücher ausgewaschen werden, um einzusammeln, was sich Kostbares auf ihnen angeschwemmt hatte – und nach all dieser ewigen Plackerei gelangte schließlich doch noch ein Drittel des in einer Tonne Gestein enthaltenen Silbers und Goldes bis zum Ende der Traufen in der Schlucht und mußte eines Tages noch einmal von vorn bearbeitet werden. Mit nichts hat man so viel Ärger wie mit der Gewinnung von Silber. Müßiggang gab es in jener Hütte nicht. Irgend etwas war immer zu tun. Schade, daß Adam nicht gleich von Eden aus in eine Quarzhütte hatte gehen können, um die ganze Schwere seines Loses zu begreifen, »sich im Schweiße seines Angesichts sein Brot zu verdienen«. Ein paarmal am Tage mußten wir etwas Trübe aus den Pfannen schöpfen und sie bis zur Ermüdung in einer Hornkelle »waschen« – so lange und langsam über den Rand laufen lassen, bis schließlich nichts mehr übrigblieb als unten auf dem Boden ein paar stumpfe Kügelchen Quecksilber. Waren sie weich und elastisch, dann brauchte die Pfanne mehr Salz oder Kupfersulfat oder irgendwelches andere chemische Zeug zur Verdauungsförderung; faßten sie sich bröcklig an und behielten eine Beule zurück, dann hatten sie alles Silber und Gold geschluckt, dessen sie habhaft werden konnten, und folglich brauchten die Pfannen eine neue Ladung Quecksilber. Wenn es mal sonst nichts zu tun gab, konnte man immer »Aftererz sieben«. Das heißt, man durfte den getrockneten Sand aufschippen, der durch die Traufen bis an die Schlucht hinuntergespült worden war, und ihn gegen ein hochstehendes Drahtsieb werfen, um ihn von Kies zu befreien und zur Neubearbeitung zu präparieren. Die Amalgamationsverfahren der diversen Hütten wichen voneinander ab, wobei dann auch andere Pfannen und Geräte benutzt wurden, und es herrschten sehr unterschiedliche Meinungen darüber, welche am besten waren, aber keine der angewandten Methoden verfuhren nach dem Prinzip, Erz zu verhütten, ohne »Aftererz zu sieben«. Von allen Erholungsmöglichkeiten in der Welt ist das Aftererzsieben an einem heißen Tage mit einer langen Schaufel die am wenigsten begehrenswerte.

Am Wochenende schalteten wir die Maschinen ab, und es wurde »Schnitt« gemacht. Das heißt, wir ließen die Trübe aus den Pfannen und Batterien und spülten geduldig den Schmutz heraus, bis nichts mehr übrigblieb als die lang angesammelte Quecksilbermasse mit ihren eingeschlossenen Schätzen. Wir formten daraus schwere, feste Schneebälle, die wir zur Besichtigung zu einem glanzvollen, üppigen Stapel aufschichteten. Die Herstellung dieser Schneebälle – sowie meine eigene Dummheit – kostete mich einen schönen Goldring, denn das Quecksilber drang genauso leicht in den Ring ein, wie sich Wasser in einen Schwamm einsaugt, trennte seine Partikel voneinander, und der Ring zerfiel in lauter Krümel.

Wir legten unseren Stapel Quecksilberbälle in eine eiserne Retorte, aus der eine Röhre zu einem Eimer Wasser führte, und sorgten für schmorende Hitze. Das Quecksilber verwandelte sich in Dampf, entwich durch die Röhre in den Eimer, und das Wasser ließ es wieder zu gutem, nützlichem Quecksilber werden. Quecksilber ist sehr teuer, und es wird niemals verschwenderisch damit umgegangen. Wenn wir die Retorte öffneten, fanden wir darin die Arbeit einer Woche – einen Klumpen reines, weißes, eisig aussehendes Silber, doppelt so groß wie ein Kopf. Vielleicht ein Fünftel der Masse war Gold, doch dessen Farbe zeigte sich nicht – hätte sich auch nicht gezeigt, wenn zwei Drittel davon Gold gewesen wären. Wir schmolzen den Klumpen ein und gossen ihn dann in einer eisernen Form zu Ziegeln.

Durch einen so langwierigen und mühseligen Prozeß wurden Silberziegel gewonnen. Diese Hütte war nur eine von vielen der seinerzeit dort betriebenen. Die erste in Nevada wurde im Egan Cañon gebaut und war eine unbedeutende kleine Bude und nahm sich gegenüber einigen der später in Virginia City und an anderen Orten errichteten riesigen Werke recht kläglich aus.

Von unserem Ziegel wurde eine kleine Ecke abgeschrappt für die »Feuerprobe« – ein Verfahren zur Bestimmung des in der Masse befindlichen Gehalts an Gold, Silber und unedlen Metallen. Dieser Vorgang ist interessant. Das Schnipselchen wird papierdünn ausgehämmert und auf einer sehr empfindlich reagierenden Waage gewogen, die, wenn man eine Briefmarke darauf wiegen und auf diese dann mit einem rauhen und weichen Bleistift seinen Namen schreiben und sie noch einmal wiegen würde, auf die Gewichtszunahme deutlich ausschlüge. Danach wird ein kleines ebenfalls abgewogenes Stück Blei mit dem Silberflöckchen zusammengerollt und beides unter großer Hitze in einem »Kapelle« genannten, tassenförmigen Gefäß geschmolzen, das aus Knochenasche besteht und in einer Stahlmuffel gepreßt wurde. Die unedlen Metalle oxydieren und werden zusammen mit dem Blei von der porösen Kapelle absorbiert. Zurück bleibt der »König«, ein Kügelchen reines Gold und Silber, und nachdem der Probierer dieses abgewogen und den Gewichtsverlust festgestellt hat, weiß er, in welchem Verhältnis der Ziegel unedles Metall enthält. Der König wird dünngehämmert und plattgeschlagen, und man läßt ihn ein Weilchen bei Rotglut im Schmelzofen schmoren; hat er sich abgekühlt, wird er wie eine Uhrfeder zusammengerollt und in einem Tiegel erhitzt, der Salpetersäure enthält; die Säure scheidet das Silber aus und läßt das Gold zurück, rein und fertig, gesondert gewogen zu werden. In das Gefäß mit dem gelösten Silber kommt dann Salzwasser, und das Silber nimmt wieder greifbare Form an und sinkt zu Boden. Es braucht nun nur noch auf die Wiegeschale gelegt zu werden; dann sind die Anteile der einzelnen in dem Ziegel enthaltenen Metalle bekannt, und der Probierer stempelt den Bullionswert drauf.

Der scharfsinnige Leser weiß jetzt, ohne es gesagt bekommen zu haben, daß der spekulierende Grubenbesitzer, wenn er sich eine Feuerprobe von einem Felsstück aus seiner Mine machen ließ (um diese besser verkaufen zu können), sich nicht gerade die wertlosesten Brocken seiner Schutthalde auszusuchen pflegte. Ich habe gesehen, wie Männer eine geschlagene Stunde lang einen Haufen von nahezu taubem Quarz durchstöberten, bis sie schließlich ein haselnußgroßes Stückchen fanden, das an Gold und Silber reich war – und das wurde für die Feuerprobe aufgehoben! Natürlich bewies die Analyse, daß eine Tonne dieses Gesteins Hunderte von Dollar Ertrag bringen würde – und auf Grund derartiger Analysen wurde so manche völlig wertlose Mine losgeschlagen.

Das Probieren war ein einträgliches Geschäft, und so befaßten sich zuweilen Leute damit, die von nicht allzu großer Sachkenntnis getrübt waren und es mit der Wissenschaftlichkeit nicht sonderlich genau nahmen. Es gab da einen Probierer, der aus allem ihm gebrachten Probiergut so reiche Resultate herausholte, daß er sich mit der Zeit schon fast ein Monopol in der Branche erworben hatte.

Doch wie alle Menschen, die Erfolg haben, wurde er zum Gegenstand von Neid. und Verdächtigung. Die anderen Probierer schmiedeten ein Komplott gegen ihn, wobei sie einige prominente Bürger in die Verschwörung einweihten, um zu zeigen, daß sie nichts Unrechtes beabsichtigten. Dann brachen sie aus einem Schleifstein ein kleines Stück heraus und dingten einen Fremden, es dem beliebten Gelehrten zu bringen und von ihm analysieren zu lassen. Nach einer Stunde traf das Resultat ein – aus dem hervorging, daß eine Tonne dieses Gesteins 1284,40 Dollar an Silber und 366,36 Dollar an Gold einbringen würde!

Die ganze Sache wurde in den Zeitungen gebührend bekanntgemacht, und der populäre Probierer verließ »von einem Tag auf den andern« die Stadt.

Nebenbei möchte ich noch bemerken, daß mein Gastspiel im Hüttenwesen nur eine Woche währte. Ich erklärte meinem Arbeitgeber, ohne Lohnerhöhung könne meines Bleibens nicht länger sein; das Verhütten von Quarz sage mir zwar sehr zu, ja ich sei ganz hingerissen davon, hätte noch nie in so kurzer Zeit eine Arbeit so innig liebgewonnen und nichts scheine mir der geistigen Betätigung ein größeres Spielfeld zu geben wie das Speisen einer Batterie und das Sieben der Abschlämme, und nichts scheine die sittlichen Anlagen so anzuregen wie das Destillieren von Bullion und das Ausspülen von Tüchern – nichtsdestotrotz aber sähe ich mich gezwungen, um Gehaltsaufbesserung einzukommen.

Worauf er erwiderte, er zahle mir zehn Dollar die Woche, was seiner Meinung nach doch ein ganz anständiger Betrag sei. Wieviel ich denn haben wolle?

Ich sagte, so zirka vierhunderttausend Dollar im Monat und Kost und Logis wären alles, was ich in Anbetracht der schlechten Zeiten billigerweise verlangen könne.

Da wurde ich aus dem Hause gejagt. Und doch, wenn ich auf jene Tage zurückblicke und daran denke, wie furchtbar schwer die Arbeit war, die ich in jener Hütte leistete, bedaure ich nur, daß ich nicht siebenhunderttausend von ihm gefordert habe.

Kurz danach machte mich mitsamt der übrigen Bevölkerung die geheimnisvolle, wunderbare »Zementmine« verrückt, und ich bereitete mich vor, jede Gelegenheit beim Schopfe zu packen, die sich bieten würde, sie mit suchen zu helfen.

SIEBENUNDDREISSIGSTES KAPITEL

Die Whiteman-Zementmine · Geschichte ihrer Entdeckung · Eine Geheimexpedition · Nächtliches Abenteuer · In qualvoller Lage · Pech gehabt · Eine Woche Urlaub

Es war irgendwo in der Gegend vom Mono Lake, wo die sagenhafte Whiteman-Zementmine liegen sollte. Immer wieder einmal wurde vermeldet, Mr. W. hätte sich in tiefer Nacht verkleidet durch Esmeralda gestohlen, und dann herrschte bei uns wilde Aufregung – denn er mußte ja auf seine geheime Mine zusteuern, und es war an der Zeit, ihm nachzueilen. Keine drei Stunden nach Tagesanbruch waren sämtliche Pferde und Maultiere und Esel ringsum gekauft, gemietet oder gestohlen, und die halbe Gemeinde war auf Whitemans Fährte in Richtung der Berge unterwegs. W. aber schlenderte tagelang durch die Schluchten, völlig ziellos, bis den Minenjägern die Lebensmittel ausgingen und sie wieder nach Hause zurückkehren mußten. Ich weiß noch, wie einmal in einem großen Camp nachts um elf Uhr das Gerücht auftauchte, soeben wäre Whiteman durchgekommen, und innerhalb von zwei Stunden schwärmten Menschen und Tiere auf den vorher so ruhigen Straßen. Jedermann tat ganz verschwiegen und flüsterte das Geheimnis nur einem einzigen Nachbar zu. Lange vor dem Hellwerden – und das mitten im kalten Winter – herrschte eine vollkommene Panik, das Lager war leer und verlassen und die gesamte Bevölkerung auf der Verfolgung W.s.

Der Überlieferung nach waren vor über zwanzig Jahren zu Beginn der Einwanderung drei junge Deutsche, Brüder, die ein indianisches Massaker in den Plains überlebt hatten, zu Fuß durch die Wüsten gewandert, wobei sie alle

Wege und Zugstraßen vermieden und sich einfach Richtung Westen hielten und hofften, nach Kalifornien zu finden, ehe der Hunger- oder Erschöpfungstod sie ereilte. Und als sie eines Tages in einer Bergschlucht saßen, um sich auszuruhen, bemerkte der eine von ihnen, daß eine eigenartige Zementader den Boden entlanglief, die mit Klumpen gelben stumpfen Metalls dicht durchsetzt war. Sie sahen, daß es sich um Gold handelte und daß sich hier an einem einzigen Tage ein Vermögen erwerben ließ. Die Ader hatte ungefähr die Breite eines Prellsteins, und ganze zwei Drittel davon bestanden aus reinem Gold. Jedes Pfund des wundervollen Zements war gut und gern seine 200 Dollar wert. Jeder der Brüder lud sich ungefähr fünfundzwanzig Pfund davon auf, und dann schütteten sie alle Spuren der Ader zu, fertigten sich eine rohe Skizze von der Stelle sowie den hauptsächlichsten Kennzeichen der Gegend an und setzten ihre Wanderung nach Westen fort. Doch das Unglück verfolgte sie. Der eine Bruder fiel hin und brach sich das Bein, und die anderen waren gezwungen, weiterzuziehen und ihn dem Tod in der Wüste zu überlassen. Verhungert und ausgemergelt, gab der zweite allmählich auf und legte sich zum Sterben nieder. Der dritte jedoch erreichte nach zwei, drei Wochen unglaublicher Strapazen, erschöpft, krank, mit verwirrtem Geist, die Ansiedlungen Kaliforniens. Von seinem Zement hatte er alles bis auf ein paar Stückchen weggeworfen, die aber ausreichten, jedermann in unbändige Aufregung zu versetzen. Er selber hatte jedoch genug vom Zementland und war nicht dazu zu bewegen, eine Gruppe dort hinzuführen. Er war völlig damit zufrieden, auf einer Farm für Lohn zu arbeiten. Seine Skizze aber gab er Whiteman und beschrieb ihm die Zementgegend, so gut er konnte, und übertrug somit den Fluch auf diesen Gentleman – denn als ich Mr. W. das eine zufällige und kurze Mal in Esmeralda sah, suchte er schon seit zwölf oder dreizehn Jahren in Hunger und Durst, Armut und Krankheit nach der verlorenen Mine. Manche glaubten ja, er habe sie längst gefunden, doch die meisten meinten, er habe sie noch nicht entdeckt. Man zeigte mir ein Stück Zement, so groß wie meine Faust, welches Whiteman von dem jungen Deutschen erhalten haben sollte, und dieses Stück war verführerisch genug. Es steckten so viele Klumpen gediegenen Goldes darin wie Rosinen in einer Scheibe Früchtebrot. Das Recht, eine solche Mine eine Woche lang auszubeuten, dürfte für einen Menschen ohne unvernünftige Ansprüche ausreichen.

Mr. Higbie, ein neuer Partner von uns, kannte Whiteman gut von Angesicht, und ein Mr. van Dorn, ein anderer Bekannter, war sogar mit ihm befreundet, und nicht nur das: er besaß auch Whitemans Versprechen, daß er ihm rechtzeitig einen vertraulichen Wink geben würde, damit er sich der nächsten Zementexpedition anschließen könne. Van Dorn hatte versprochen, den Wink an uns weiterzugeben. Eines Abends nun kam Higbie ganz aufgelöst herein und sagte, er sei sich sicher, oben im Ort Whiteman erkannt zu haben, der verkleidet sei und den Betrunkenen markiere. Bald darauf stellte sich van Dorn ein und bestätigte die Nachricht. Wir versammelten uns also in unserer Hütte und machten mit zusammengesteckten Köpfen und gewichtig tuschelnd unsere Pläne.

Nach Mitternacht wollten wir leise den Ort verlassen, und zwar in zwei bis drei kleinen Gruppen, um keine Aufmerksamkeit zu erregen, und uns bei Morgengrauen auf der acht oder neun Meilen entfernten Wasserscheide oberhalb des Mono Lake treffen. Wir sollten nach dem Aufbruch keinen Lärm machen und unter allen Umständen nur im Flüsterton sprechen. Endlich einmal schienen Whitemans Anwesenheit und seine Expedition hier unbemerkt geblieben zu sein. Unser Konklave ging gegen neun Uhr auseinander, und wir machten uns fleißig und in aller Heimlichkeit an die Vorbereitungen. Um elf sattelten wir unsere Pferde, hakten ihnen ihre langen Riatas (Lassos) ein und brachten eine Seite Speck, einen Sack Bohnen, einen Beutel Kaffee, etwas Zucker, hundert Pfund Mehl in Säcken, ein paar Blechbecher und eine Kaffeekanne, eine Bratpfanne und noch ein paar andere notwendige Dinge heraus. Alles das mußte einem Handpferd auf den Rücken gepackt werden – und wer da nicht bei einem spanischen Experten in die Lehre gegangen ist, der hoffe nie, das mit angeborener Geschicklichkeit bewerkstelligen zu können. Das ist unmöglich. Higbie hatte einige Erfahrung darin, war aber kein Meister. Er legte den Packsattel an (ein Ding wie ein Sägebock), stapelte unser Zeug darauf und band dann oben und unten und quer und rund- und ringsherum ein Seil und machte ab und zu einen Knoten und wickelte immer noch mal drüber, bis es dem Gaul die Flanken einschnürte und er nach Luft rang – doch jedesmal, wenn wir die Strippen an einer Stelle straff hatten, lockerten sie sich dafür an einer anderen. Richtig fest bekamen wir die Ladung nie, aber immerhin so, daß es einigermaßen ging, und dann brachen wir schweigend, dicht hintereinanderreitend, auf. Es war eine stockfinstere Nacht. Wir hielten uns auf der Mitte der Straße, in langsamem Schritt vorbei an den Blockhüttenreihen, und immer, wenn ein Silbergräber an seine Tür kam, zitterte ich vor Angst, wir könnten vom Licht beschienen werden und Neugier erregen. Doch nichts dergleichen geschah. Wir begannen den langen gewundenen Cañonaufstieg zur Wasserscheide, und bald wurden die Hütten seltener und die Abstände zwischen ihnen immer länger, und ich konnte wieder leidlich frei atmen und kam mir nicht mehr ganz so wie ein Dieb und Mörder vor. Ich bildete hinten das Schlußlicht und führte das Packpferd. Je steiler der Aufstieg wurde, um so unzufriedener wurde dieses mit seiner Last und begann, an seiner Riata zurückzuzerren und unseren Vormarsch zu verzögern. Meine Kameraden verloren sich vor mir in der Dunkelheit. Langsam wurde ich unruhig. Ich redete dem Packpferd gut zu und drohte ihm, bis ich es schließlich in Trab bekam, und da machten es die ihm umgeschnürten Blechtassen und Pfannen scheu, und es ging durch. Seine Riata war um meinen Sattelknauf geschlungen, und so riß es mich im Vorbeisausen von meinem Pferd, und die beiden Gäule begaben sich ohne mich auf die Weiterreise. Dennoch blieb mir Gesellschaft – die locker gewordene Ladung war von dem Packpferd heruntergekippt und dicht neben mich gefallen. Ich befand mich fast in Höhe der letzten Hütte. Ein Silbergräber kam heraus und rief:

»Hallo?«

Ich war dreißig Schritte von ihm weg und wußte, daß er mich nicht sehen konnte, weil es im Schatten des Berges sehr dunkel war. Also blieb ich still liegen. Im Lichtschein der Hütte erschien eine zweite Gestalt, und schließlich kamen die beiden Männer auf mich zu. Zehn Schritte vor mir hielten sie an, und der eine sagte:

»Pst! Horch!«

Meine Lage wäre nicht schlimmer gewesen, wenn ich mich auf der Flucht vor der Justiz befunden und man einen Preis auf meinen Kopf gesetzt hätte. Dann schien es mir, als setzten sich die Silbergräber auf einen Stein, wenngleich ich sie nicht deutlich genug sehen konnte, um mit Sicherheit zu sagen, was sie taten. Der eine sagte:

»Ich hab doch was gehört, ganz bestimmt. Es schien ungefähr von da zu kommen...«

Ein Stein schwirrte an meinem Kopf vorbei. Ich legte mich platt wie eine Flunder auf den Boden und dachte so bei mir, wenn er nur ein ganz klein wenig besser zielte, bekäme er wahrscheinlich noch mal was zu hören. Im Innern verwünschte ich jetzt alle Geheimexpeditionen. Ich gelobte mir, dies sollte meine letzte sein, und wenn die Sierras mit Zementadern gerippt wären. Dann sagte der eine der Männer:

»Du, weißt du was! Der Welch hat schon gewußt, was er gesagt hat, daß er heute Whiteman gesehen hätte. Was ich da gehört habe – das waren Pferde. Ich gehe gleich mal runter zu Welch.«

Sie verschwanden, und ich war heilfroh. Mir war es egal, wohin sie gingen, Hauptsache, sie gingen. Sollten sie doch zu Welch gehen, je eher, desto besser.

Sobald die Tür hinter ihnen zu war, tauchten meine Kameraden aus dem Dunkel auf; sie hatten die Pferde eingefangen und auf reine Luft gewartet. Wir schnallten die Ladung wieder auf das Packpferd und setzten unseren Weg fort, und gegen Tagesanbruch erreichten wir die Wasserscheide, wo wir auf van Dorn trafen. Dann ritten wir ins Tal hinunter zum See, und da wir uns sicher fühlten, machten wir halt, um Frühstück zu kochen, denn wir waren todmüde und hatten Hunger. Drei Stunden später kam die übrige Bevölkerung in langer Prozession über die Wasserscheide gezogen und verlor sich um die Ufer des Sees!

Ob das nun mein Unfall ausgelöst hatte oder nicht, haben wir nie erfahren; eines aber wußten wir auch so: das Geheimnis war geplatzt, und Whiteman würde sich diesmal nicht auf die Suche nach der Zementmine begeben. Wir ärgerten uns schändlich.

Wir hielten Rat und beschlossen, uns mit unserem Pech auszusöhnen und eine Woche Urlaub an den Ufern des eigenartigen Sees zu machen. Der Mono Lake, auch »Totes Meer von Kalifornien« genannt, stellt eine der seltsamsten Launen der Natur dar, die man irgenwo finden kann, doch er wird kaum jemals gedruckt erwähnt und sehr selten besucht, weil er weitab von den üblichen Reiserouten liegt und außerdem so schwer zu erreichen ist, daß nur Menschen, die sich mit dem rauhesten Leben bescheiden können, die Unbequemlichkeiten eines solchen Ausfluges auf sich nehmen. Am Morgen unseres zweiten Tages ritten wir am Ufer entlang zu einem abgelegenen, besonders wilden Stück Land, wo ein Bergbach mit eisfrischem Wasser in den See mündete, und dort schlugen wir festes Lager auf. Von einem einsamen Rancher, der zehn Meilen weiter wohnte, mieteten wir uns einen Kahn und zwei Flinten und gaben uns der Behaglichkeit und Erholung hin. Den See und all seine Eigenheiten sollten wir bald gründlich kennenlernen.

ACHTUNDDREISSIGSTES KAPITEL

Mono Lake · Kopfwaschen kinderleicht · Unüberlegte Tat unseres Hundes und ihre Folgen · Merkwürdigkeiten des Sees · Freies Hotel · Ein paar drollige Sachen, leicht übertrieben

Der Mono Lake liegt in einer toten, baumlosen, scheußlichen Wüste zweitausendvierhundert Meter über dem Meeresspiegel und wird von Bergen beschützt, die noch sechshundert Meter höher und deren Gipfel immer in

Wolken gehüllt sind. Dieses feierliche, schweigende Meer ohne jedes Segel – einsamer Pächter des einsamsten Fleckens auf Erden – ist nicht gerade sehr malerisch. Es ist eine anspruchslose graue Wassereinöde von ungefähr einhundert Meilen Umfang, in der Mitte zwei Inseln, bloße Erhebungen von ausgebrannter und blasiger Lava, überlagert von grauen Bänken und Driften von Bimsstein und Asche, dem Leichentuch eines erloschenen Vulkans, dessen riesigen Krater der See sich zu eigen gemacht hat.

Der See ist zweihundert Fuß tief, und sein träges Wasser so stark alkalihaltig, daß man ein ganz und gar hoffnungslos verschmutztes Kleidungsstück bloß ein-, zweimal einzutauchen und auszuwringen braucht, und es hinterher so sauber ist, als wäre es der besten Wäscherin durch die Hände gegangen. Während wir dort kampierten, hatten wir leichtes Waschen. Wir banden die Wäsche der Woche ans Heck des Kahns und ruderten eine viertel Meile, und schon war die Arbeit getan, bis auf das Auswringen. Wenn wir uns das Wasser auf den Kopf spritzten und ein bißchen nachrieben, gab es einen drei Zoll hohen weißen Schaum. Für angekratzte und abgeschürfte Hautstellen ist dieses Wasser nicht gut. Wir besaßen einen wertvollen Hund. Er hatte wunde Stellen am Körper. Mehr als heile Stellen. Er war der wundeste Hund, den ich jemals gesehen habe. Eines Tages hopste er über Bord, um vor den Fliegen Ruhe zu haben. Doch da hatte er schlecht gewettet. In seiner Verfassung wäre es genauso behaglich gewesen, ins Feuer zu springen. Das Alkaliwasser biß ihn an allen wunden Stellen gleichzeitig, und er schwamm mit beachtlichem Eifer zum Ufer hin. Und dabei heulte und jaulte er, und bis er an Land kam, hatte er weder Belle noch Pelle mehr – die eine hatte er sich ausgekläfft, und die andere hatte ihm das Alkaliwasser abgeätzt. Er rannte immerzu im Kreise herum und kratzte die Erde auf und zerkrallte die Luft und legte die tollsten Doppelsaltos hin, mal vorwärts und mal rückwärts. Er besaß im allgemeinen kein lebhaftes Wesen, sondern eher eine ruhige und ernste Gemütsart, und nie zuvor hatte ich ihn soviel Überschwang bekunden sehen. Schließlich haute er ab über die Berge, in einem Tempo, das wir auf zweihundertfünfzig Stundenmeilen schätzten, und er ist noch immer unterwegs. Das war vor ungefähr neun Jahren. Was von ihm noch übrig ist, müßte eigentlich jeden Tag hier eintreffen.

Für einen Weißen ist das Wasser des Mono Lake ungenießbar, denn es ist fast reine Lauge. Die Indianer der Gegend sollen es jedoch manchmal trinken. Das ist gut möglich, denn ich kenne sie sowieso als die reinsten Laugenbolde. (Dieses Wortspiel wird nicht extra berechnet, höchstens dem, der es erklärt haben will. Es hat von einigen der größten Geister unserer Zeit bereits höchstes Lob geerntet.)

Im Mono Lake gibt es keine Fische – keine Frösche, keine Schlangen, keine Kaulquappen – reinweg nichts, was das Leben erst lebenswert macht. Obendrauf schwimmen zwar Millionen von Möwen und wilden Enten, *unter* der Oberfläche aber existieren keinerlei Lebewesen außer einer federartigen Sorte weißer Würmer, die einen halben Zoll lang sind und aussehen wie weiße, an den Seiten ausgefranste Zwirnsfädchen. Schöpft man sich eine Gallone Wasser, hat man davon an die fünfzehntausend Stück mit drin. Daneben gibt es noch Fliegen, die unseren Stubenfliegen ähnlich sind. Sie lassen sich auf dem Strand nieder, um die angespülten Würmer zu verspeisen – und dort sieht man dann stets und ständig einen Gürtel von Fliegen, einen Zoll hoch und sechs Fuß breit und um den ganzen See herumreichend – also einen hundert Meilen langen Fliegengürtel. Wenn man einen Stein zwischen sie wirft, schwärmen sie in ganzen Wolken auf. Man kann sie so lange unter Wasser halten, wie man will – das macht ihnen gar nichts – sie sind bloß noch stolz darauf. Läßt man sie dann los, schießen sie trocken wie ein Patentamtsblatt an die Oberfläche und surren so gleichgültig ab, als wären sie eigens darauf trainiert, die Menschen auf diese Weise belehrend zu unterhalten. Die Vorsehung überläßt nichts dem Zufall. Im Haushalt der Natur hat alles seinen Zweck und seine Rolle und seinen rechten Platz: Die Enten fressen die Fliegen – die Fliegen fressen die Würmer – die Indianer fressen alle drei – die Luchse fressen die

Indianer – die Weißen fressen die Luchse – und somit ist alles im Gleis.

Vom Mono Lake bis zum Meer sind es hundert Meilen Luftlinie – und dazwischen liegen noch ein oder zwei Gebirgsketten –, und doch kommen jedes Jahr Tausende von Seemöwen dorthin und legen ihre Eier und ziehen ihre Jungen dort auf. Genausogut könnte man Möwen in Kansas erwarten. Und beachten wir in diesem Zusammenhang die Weisheit der Natur: Die Inseln in dem See sind lediglich riesige, mit Asche und Bimsstein bedeckte Lavamassen und völlig bar jeder Vegetation oder irgendwelcher brennbaren Stoffe, und da nun Möweneier in ungekochtem Zustand für jedermann völlig nutzlos sind, hat die Natur auf der größeren Insel eine nie versiegende Heißwasserquelle eingerichtet, und dort kann man seine Eier hineintun, und in vier Minuten sind sie so hart wie all die erhärteten Behauptungen, die ich während der letzten fünfzehn Jahre abgegeben habe. Zehn Schritt von dem Kochsprudel entfernt befindet sich eine Quelle mit gesundem, frischem, klarem Kaltwasser. Man hat auf dieser Insel also Kost, Logis und Wäsche frei – und wenn die Natur noch weitergegangen wäre und einen netten amerikanischen Hotelempfangschef gestellt hätte, mürrisch und ungefällig, ohne jede Ahnung von Fahrplänen oder von Bahnlinien oder überhaupt etwas und obendrein noch stolz darauf, könnte ich mir keine bessere Pension wünschen.

Ein halbes Dutzend kleiner Bergbäche fließt in den Mono Lake hinein, *heraus aber fließt gar nichts.* Der See steigt oder fällt allem Anschein nach nie, und wo er sein überflüssiges Wasser läßt, ist ein düsteres und grausiges Geheimnis.

In der Gegend um den Mono Lake gibt es nur zwei Jahreszeiten – nämlich das Ausklingen des einen Winters und das Einsetzen des nächsten. Mehr als einmal habe ich (in Esmeralda) erlebt, daß ein Morgen ausgesprochen sengend und mit dem Thermometer um acht auf zweiunddreißig Grad anbrach und dann vierzehn Zoll Schnee fielen und eben dasselbe Thermometer noch vor neun Uhr abends auf sieben Grad Zimmertemperatur sank. Unter günstigen Umständen schneit es in dem kleinen Ort Mono jeden einzelnen Monat des Jahres mindestens einmal. Im Sommer ist das Klima so ungewiß, daß eine Dame, die auf Besuch geht, nur dann damit rechnen kann, für jeden Notfall gewappnet zu sein, wenn sie sich unter den einen Arm ihren Fächer und unter den anderen ihre Schneeschuhe klemmt. Die Umzüge zum Unabhängigkeitstag am 4. Juli finden dort gewöhnlich im Schneegestöber statt, und wenn man einen Grog bestellt, so soll ihn der Wirt, wie es allgemein heißt, mit einem Beil abschlagen und wie Ahornzucker in Papier wickeln. Und desgleichen geht die Rede, die alten Schnapsbrüder hätten dort alle keine Zähne mehr – hätten sie sich beim Beißen von Wacholdergebräu und Glühpunsch abgewetzt. Verbürgen kann ich mich nicht dafür – ich bringe es hier lediglich für das, was es wert ist –, und für jeden, der es glauben kann, ohne sich überanstrengen zu müssen, ist es, na, sagen wir, Millionen wert. Das mit dem Schnee am 4. Juli aber, dafür verbürge ich mich, denn ich weiß, daß es stimmt.

NEUNUNDDREISSIGSTES KAPITEL

Besuch der Inseln im Mono Lake · Asche und Öde · Leben inmitten des Todes · Unser Boot treibt ab · Ein Sprung ums Leben · Sturm über dem See · Eine Dusche Seifenlauge · Geologische Kuriositäten · Eine Woche in den Sierras · Eine komische Explosion und wie ich mit knapper Not entkam · »Herd Haufen weg«

Eines dörrend heißen Morgens – denn es war jetzt Hochsommer – früh um sieben Uhr nahmen Higbie und ich den Kahn und machten uns auf eine Entdeckungsfahrt nach den beiden Inseln. Wir hatten die Fahrt schon lange unternehmen wollen, uns aber wegen der Gewitter immer nicht getraut, weil diese häufig und heftig genug waren, um ein gewöhnliches kleines Ruderboot wie das unsere ohne große Schwierigkeit umzukippen – und war man erst einmal umgekippt, bedeutete das trotz tapfersten Schwimmens den Tod, denn dieses giftige Wasser fraß einem die Augen aus wie Feuer und verbrannte einen auch inwendig, wenn man eine Woge schluckte. Bis zu den Inseln, wurde uns gesagt, wären es in gerader Strecke zwölf Meilen – ein langes Stück zu rudern, und warm dazu –, doch der Morgen war so schön und so sonnig und der See so glatt und unbewegt und still, daß wir der Versuchung nicht widerstehen konnten. Wir füllten also zwei große Feldflaschen mit Wasser (da wir nicht wußten, wo die Quelle lag, die sich auf der größeren Insel befinden sollte) und stießen dann ab. Higbies sehnige Muskeln brachten den Kahn schnell in Fahrt, doch als wir unseren Bestimmungsort erreichten, schätzten wir, eher fünfzehn als zwölf Meilen gerudert zu haben.

Wir landeten an der großen Insel und stiegen an Land. Als wir nun das Wasser in den Feldflaschen kosteten, stellten wir fest, daß die Sonne es verdorben hatte; es war so brackig, daß wir es nicht trinken konnten, und da gossen wir es aus und machten uns auf die Suche nach der Quelle – denn Durst nimmt schnell zu, sobald man merkt, daß man nichts zur Hand hat, ihn zu löschen. Die Insel war ein langgestreckter, mäßig hoher Aschenhügel – nichts als graue Asche und Bimsstein, worin wir bei jedem Schritt knietief einsanken –, und rings um die Kuppe zog sich ein abschreckender Wall von ausgedorrten und geborstenen Felsen. Als wir oben anlangten und das Innere dieses Walles betraten, fanden wir nichts als ein flaches, weites Bekken vor, das mit Asche und hier und da einem Flecken feinen Sand bedeckt war. An manchen Stellen schossen aus Bodenspalten malerische Dampfstrahlen hervor, ein Beweis, daß dieser alte Krater, wenn auch längst außer Betrieb, immer noch sein bißchen Feuer im Ofen hatte. Dicht neben einem solchen Dampfstrahl stand der einzige Baum der Insel – eine kleine Tanne von äußerst graziler Form und makelloser Symmetrie. Ihre Farbe war ein glänzendes Grün, denn der Dampf trieb unaufhörlich durch ihre Zweige und hielt sie immer feucht. Diese lebensvolle und schöne Verbannte stach wahrlich seltsam von ihrer toten und trübseligen Umgebung ab. Sie war wie ein heiterer Geist in einem Trauerhaus.

Wir suchten überall nach der Quelle, wobei wir die Insel einmal der ganzen Länge nach (zwei bis drei Meilen) und zweimal quer durchzogen und geduldig Aschenhügel hinaufstiegen und dann die andere Seite im Sitzen und unter aufwirbelnden, erstickenden Massen von grauem Staub hinunterrutschten. Doch wir fanden nichts als Einsamkeit, Asche und ein herzbeklemmendes Schweigen. Schließlich bemerkten wir, daß sich ein Wind erhoben hatte, und da vergaßen wir unsern Durst vor einer wichtigeren Sorge, denn weil der See ruhig gewesen war, hatten wir uns nicht die Mühe gemacht, das Boot festzubinden. Wir hasteten zurück zu einer Stelle, von der unser Anlegeplatz zu übersehen war, und – mit bloßen Worten läßt sich unser Schreck nicht beschreiben – der Kahn war weg! Es war mit großer Wahrscheinlichkeit anzunehmen, daß es auf dem ganzen See kein zweites Boot gab. Die Lage war alles andere als gemütlich – sie war, offen gesagt, furchtbar. Wir saßen auf einer einsamen Insel gefangen, in ärgerlicher Nähe von Freunden, die zur Zeit außerstande waren, uns zu Hilfe zu kommen, und was noch ungemütlicher war: wir hatten weder Lebensmittel noch Wasser. Nach einiger Zeit jedoch sichteten wir das Boot. Es trieb gemächlich dahin, fünfzig Yard vom Ufer ab in einer schäumenden Woge hin und her schlagend. Es trieb und trieb weiter, immer in gleichbleibender sicherer Entfernung vom Land, und wir liefen nebenher und warteten auf holdes Glück. Nach einer Stunde näherte sich das Boot einem scharfen Landvorsprung, und Higbie rannte voraus und postierte sich an dessen äußerstem Rand und rüstete zum Angriff. Gelang es uns dort nicht, war alle Hoffnung verloren. Das Boot schob sich die ganze Zeit über allmählich aufs Ufer zu, ob aber schnell genug, um die Verbindung herzustellen, das war die Frage. Als es bis auf dreißig Schritt an Higbie herankam, war ich so aufgeregt, daß ich mir einbildete, das eigene Herz schlagen zu hören. Als es ein Weilchen später, langsam dahinschaukelnd, nur einen Yard außer Reichweite vorbeizutreiben schien, hatte ich das Gefühl, mein Herz bliebe stehen, und als sich das Boot genau auf Higbies Höhe befand und abzutreiben begann und er immer noch wie ein steinerner Wachposten dastand, wußte ich, daß mein Herz wirklich aussetzte. Als er aber im nächsten Augenblick einen großen Sprung machte und glücklich im Heck landete, ließ ich ein Kriegsgeheul los, das die Einsamkeit aufweckte!

Meine Begeisterung trübte sich jedoch bald, denn er erzählte mir, es sei ihm gleich gewesen, ob das Boot auf Sprungweite herankäme oder nicht und acht oder neun Yard von ihm ab vorbeigetrieben wäre, denn er sei entschlossen gewesen, Mund und Augen zuzuhalten und diese geringe Entfernung zu schwimmen. Schwachköpfig wie ich war, hatte ich daran nicht gedacht. Tödlich ausgehen konnte es doch nur, wenn man ein langes Stück schwamm.

Die See ging hoch, und der Sturm nahm zu. Es wurde auch schon spät – drei oder vier Uhr nachmittags. Ob wir uns zum Festland hinüberwagen sollten oder nicht, war eine Frage von einiger Wichtigkeit. Der Durst plagte uns jedoch so sehr, daß wir uns dafür entschieden, es zu versuchen, und so machte sich Higbie an die Arbeit, und ich übernahm das Steuer. Als wir eine Meile mühselig gerudert waren, befanden wir uns augenscheinlich in ernster Gefahr, denn das Unwetter hatte sich verschlimmert; die Wogen gingen hoch und trugen Schaumkronen, der Himmel war schwarz verhangen, und der Wind blies wütend. Jetzt wären wir gern umgekehrt, aber wir trauten uns nicht, das Boot zu wenden, denn sobald es in ein Wellental käme, würde es natürlich kentern. Unsere einzige Chance war, es quer zu den Wellen zu halten. Das war ein schweres Stück Arbeit, da der auf und ab schwankende Bug so tief eintauchte und die Wogen so schlug und peitschte. Manchmal blieb eins von Higbies Rudern oben auf einer Welle hängen, und das andere riß das Boot trotz seines schwerfälligen Steuermechanismus halb herum. In einem fort besprühte uns der Gischt, und ab und zu holte der Kahn Wasser über. So kräftig mein Kamerad auch war, nach und nach zeitigte seine große Anstrengung ihre Wirkung, und er drängte, ich solle mit ihm den Platz tauschen, damit er sich ein bißchen ausruhen könne. Doch ich erklärte ihm, das sei unmöglich, denn wenn wir das Steuer auch nur einen Augenblick losließen, während wir wechselten, würde das Boot in das Wellental hineindrehen und umschlagen, und keine fünf Minuten später hätten wir hundert Gallonen Seifenlauge geschluckt und würden so schnell zerfressen werden, daß wir nicht einmal zu unserer eigenen Leichenschau gehen könnten.

Doch alles hat einmal sein Ende. Genau bei Eintritt völliger Dunkelheit brausten wir, Bug voraus, in den Hafen ein. Higbie ließ die Ruder mit einem Hurra sinken – ich ließ mein Steuer los, um einzustimmen – die Woge gab dem Kahn eine Drehung, und er kippte um!

Der Schmerz, den Alkaliwasser auf Kratzern, Hautabschürfungen und blasenbedeckten Händen verursacht, ist unbeschreiblich und nur dadurch zu lindern, daß man sich von oben bis unten einfettet – uns aber mundeten an jenem Abend Speis und Trank vorzüglich, und wir schliefen wie gewiegt.

Bei den Eigenheiten des Lake Mono hätte ich noch erwähnen sollen, daß rings um seine Ufer in Abständen malerische, wie Türmchen aussehende Gebilde aus weißlichem, grobkörnigem Gestein stehen, das an ausgetrockneten minderwertigen Mörtel erinnert, und wenn man Stücke davon abbricht, findet man tief in die Masse eingebettet durch und durch versteinerte und in der Form völlig erhaltene Möweneier. Wie sind die da hineingekommen? Ich konstatiere lediglich die Tatsache – denn es ist eine Tatsache – und überlasse es dem geologisch beschlagenen Leser, die Nuß zu seiner Muße zu knacken und das Rätsel nach seiner eigenen Fasson zu lösen.

Wir blieben dort eine Woche und begaben uns dann auf Fischzug in die Sierras, das heißt, wir kampierten ein paar Tage unter dem schneebedeckten Castle Peak und angelten in einem mehr als dreitausend Meter über dem Meeresspiegel liegenden klaren Miniatursee erfolgreich Forellen, wobei wir uns an den heißen Augustnachmittagen Erfrischung verschafften, indem wir uns auf zehn Fuß hohe Schneebänke setzten, in deren Schutz *zarte Gräser und zierliche Blumen üppig gediehen,* und uns des Nachts damit unterhielten, daß wir uns fast zu Tode froren. Dann zogen wir wieder zum Mono Lake, und als wir merkten, daß die Aufregung um den Zement im Augenblick vorbei war, packten wir ein und kehrten nach Esmeralda zurück. Mr. Ballou sah sich dort noch ein Weilchen um und machte sich dann, da ihm die Aussichten nicht gefielen, allein nach Humboldt auf.

Ungefähr um diese Zeit trug sich ein kleiner Vorfall zu, den ich immer irgendwie interessant finde, weil er beinahe zu meiner Beerdigung geführt hätte. Als einmal mit einem Angriff der Indianer gerechnet wurde, hatten die Bürger ihr Schießpulver an Stellen verborgen, wo es sicher und doch bequem zur Hand war, wenn es gebraucht wurde. Ein Nachbar von uns hatte damals sechs Büchsen Flintenpulver in der Backröhre eines im Freien neben einem offenen Bretterschuppen stehenden alten und nicht mehr benutzten Kochherdes versteckt und von Stunde an nie mehr daran gedacht. Wir nahmen einen halbgezähmten Indianer in Dienst, der ein bißchen für uns waschen sollte, und er quartierte sich mit seinem Bottich unter dem Schuppen ein. Der greise Herd ruhte keine sechs Fuß entfernt und ihm direkt vor den Augen. Schließlich kam der Indianer auf die Idee, heißes Wasser wäre vielleicht besser als kaltes, und er ging hinaus und zündete unter jenem vergessenen Pulvermagazin ein Feuer an und setzte einen Kessel mit Wasser auf. Dann kehrte er zu seinem Bottich zurück. Bald darauf betrat ich den Schuppen und warf noch ein paar Kleidungsstücke hin und wollte gerade etwas zu dem Indianer sagen, als der Herd mit ungeheurem Krachen in die Luft ging und spurlos verschwand. Fragmente von ihm kamen ganze zweihundert Yard weit weg auf den Straßen herunter. Fast ein Drittel des Schuppendachs über uns wurde zerstört, und einer der Herddeckel zischte, nachdem er einen kleinen vor dem Indianer stehenden Pfosten halb gespalten hatte, zwischen uns hindurch und jagte ein Stück durch die Bretterverschalung. Ich war kreidebleich und schwach wie eine junge Katze und keines Wortes mächtig. Der Indianer aber verriet keine Bestürzung, keine

Sorge, ja nicht einmal Unbehagen. Er hielt lediglich mit dem Waschen inne, beugte sich vor und guckte sich einen Augenblick lang prüfend die kahlgefegte leere Erde an und bemerkte dann:

»Hm! Dammter Herd Haufen weg!« – und machte sich so seelenruhig wieder an sein Schrubben, als sei das bei Kochherden völlig gang und gäbe. Zur Erläuterung: »Haufen« ist »Indianerenglisch« für »sehr«. Der Leser wird bemerken, von welch erschöpfender Ausdruckskraft es im vorliegenden Falle ist.

VIERZIGSTES KAPITEL

Die Groß-West-Mine · Higbie nimmt sie unter die Lupe · Ein blinder Gang · Eine Million schwer · Wir sind endlich reich · Zukunftspläne

Ich komme nun zu einer kuriosen Episode – der wohl kuriosesten auf meinem trägen, wertlosen, unbesonnenen Lebensweg. Aus einer Halde am Ortsende strich ein Wall von rötlichem Quarz aus, der freiliegende Kamm eines silberführenden Ganges, welcher sich natürlich tief in die Erde hinein erstreckte. Er gehörte einer »Groß-West« genannten Gesellschaft. Unter dem Ausstrich befand sich ein sechzig oder siebzig Fuß tiefer Schacht, und das Gestein, das aus ihm kam, kannte jeder – und es war auch einigermaßen reiches Gestein, aber nichts Berauschendes. Ich möchte hier bemerken, daß aller Quarz eines bestimmten Reviers für den unerfahrenen Neuling ziemlich gleich aussieht, ein alter Campbewohner aber auf einen Haufen gemischten Gesteins nur einen kurzen Blick zu werfen braucht und dann die Stücke ebenso leicht trennen und einem sagen kann, aus welcher Mine jedes einzelne davon kommt, wie ein Konditor in der Lage ist, aus einem Haufen gemischten Konfekts die verschiedenen Sorten und Qualitäten zu unterscheiden und zu klassifizieren.

Ganz plötzlich geriet alles bei uns in ungewöhnliche

Aufregung. Die Groß-West war, wie es im Minenjargon hieß, »fündig« geworden. Jeder ging sich die Neuerschließung ansehen, und tagelang herrschte um den Schacht der Groß-West ein solches Gedränge, daß ein Fremder angenommen hätte, dort tage eine Massenversammlung. Niemand redete, dachte oder träumte mehr von etwas anderem als dem reichen Fund. Jeder nahm sich seine Probe mit, zerstampfte sie in einem Handmörser, wusch sie in seinem Hornlöffel und starrte sprachlos auf das wundervolle Ergebnis. Das Gestein war nicht hart, sondern ein schwarzes, lockeres Zeug, das sich in der Hand wie eine gebackene Kartoffel zerdrücken ließ und, auf eine Zeitung ausgebreitet, dichte Goldeinsprengsel und Partikel »gediegenen« Silbers zeigte. Higbie brachte eine Handvoll in unsere Hütte, und als er sie gewaschen hatte, war sein Staunen nicht mehr zu beschreiben. Der Aktienkurs der Groß-West schnellte himmelwärts. Es hieß, es wären wiederholt Angebote auf tausend Dollar den Fuß gemacht und glatt abgelehnt worden. Wir waren alle niedergeschlagen – wie mit einem Hammer – ich aber wie mit einem Schmiedehammer –, denn ich besaß keinen Anteil an der Groß-West. Die Welt schien mir hohl und leer und das Leben ein Jammertal. Ich verlor den Appetit und hatte an nichts mehr Interesse. Doch ich mußte bleiben und mir den Jubel der anderen Leute anhören, denn ich hatte kein Geld, das Camp zu verlassen.

Die Groß-West-Gesellschaft schob dem Wegtragen von »Proben« einen Riegel vor, und mit gutem Recht, denn jede Handvoll dieses Erzes stellte ein Sümmchen dar. Um den außerordentlichen Wert des Erzes zu zeigen, möchte ich bemerken, daß ein Stück von sechzehnhundert Pfund, so wie es am Eingang des Schachts lag, für *einen Dollar pro Pfund* verkauft wurde; und der Mann, der es erstand, schleppte es auf Maultieren hundertfünfzig oder zweihundert Meilen über das Gebirge nach San Francisco, überzeugt, daß es genügend Ausbeute lieferte, ihn für seine Mühen reichlich zu entlohnen. Die Groß-West erteilte außerdem ihrem Vormann Anweisung, niemand außer den eigenen Arbeitern mehr die Mine betreten zu lassen, gleich zu welcher Zeit oder zu welchem Zweck. Ich gab mich meinen melancholischen Meditationen hin, und auch Higbie befaßte sich viel mit Nachdenken, allerdings von anderer Art. Er zerbrach sich den Kopf über das »Gestein«, betrachtete es unter der Lupe, untersuchte es bei verschiedenem Licht und aus verschiedenen Blickwinkeln, und am Schluß jedes neuen Versuchs gab er im Selbstgespräch das eine und gleichbleibende und in die eine und gleichbleibende Formulierung gefaßte Urteil ab: »Das *ist* kein Groß-West-Gestein!«

Ein paarmal sagte er, er müsse sich unbedingt den Schacht der Groß-West ansehen, und wenn er dafür erschossen würde. Ich war unglücklich, und es war mir egal, ob ich ihn zu sehen bekam oder nicht. An jenem Tage gelang es ihm nicht, doch er versuchte es noch einmal bei Nacht, wo es ihm ebenfalls nicht glückte; er stand im Morgengrauen auf und versuchte es von neuem und hatte wieder Pech. Dann lag er stundenlang im Salbei auf Lauer und wartete, daß sich die zwei, drei Arbeiter zum Mittagessen in den Schatten eines Felsblocks zurückzogen; stürzte einmal vor, jedoch zu früh – einer der Männer kam wegen irgend etwas zurück; versuchte es wiederum, aber als er die Mündung des Schachtes schon fast erreicht hatte, stand hinter dem Felsen ein anderer Mann auf, als ob er spähen wolle, und Higbie ließ sich zu Boden fallen und blieb still liegen; nach einer Weile kroch er auf Händen und Knien zum Einstieg hin, warf einen schnellen Blick in die Runde, ergriff dann das Seil und ließ sich hinuntergleiten. Er verschwand im Dunkel eines Querschlages, gerade als oben ein Kopf erschien und jemand rief: »Ist da wer?« – worauf Higbie keine Antwort gab. Er wurde nun nicht mehr gestört. Eine Stunde später betrat er unsere Hütte, erhitzt, rot, und platzte fast vor unterdrückter Aufregung und rief flüsternd aus:

»Ich hab's doch gewußt! Wir sind reich! Es ist ein *blinder Gang*!«

Ich hatte das Gefühl, als schwände mir der Boden unter den Füßen. Zweifel – Überzeugung – wieder Zweifel – Jubel – Hoffnung, Staunen, Glaube, Unglaube – alle nur vorstellbaren Empfindungen jagten mir in tollem Wirbel durch Herz und Hirn, und ich brachte kein Wort heraus. Nach ein paar Minuten dieser Geistesraserei schüttelte ich mich wieder zur Ordnung.

»Sag es noch einmal!«

»Es ist ein blinder Gang!«

»Calvin, laß uns – laß uns das Haus in Brand stecken – oder jemand abmurksen! Laß uns rausgehen, wo wir Platz haben, in Jubel auszubrechen! Doch wozu? Es ist hundertmal zu schön, um wahr zu sein.«

»Doch, es ist ein blinder Gang für eine Million! – Hangendes – Liegendes – Lehmbesteg – alles da!« Er schwenkte seinen Hut und rief dreimal Hurra, und ich schlug die Zweifel in den Wind und stimmte von ganzem Herzen mit ein. Denn ich war jetzt eine Million Dollar schwer und pfiff was auf Kinderstube.

Doch vielleicht muß ich das erklären. Ein »blinder Gang« ist eine Ader, die nicht zutage »streicht«. Wo solche Gänge zu suchen sind, weiß der Silbergräber nicht; er stolpert meist durch Zufall darüber, wenn er einen Stollen vortreibt oder einen Schacht in die Tiefe senkt. Higbie kannte das Gestein der Groß-West sehr gut, und je mehr er die Neuerschließungen untersuchte, um so überzeugter wurde er, daß dieses Erz nicht von der Groß-West stammen könne. Und so war er allein aus dem ganzen Camp darauf gekommen, daß sich unten im Schacht ein blinder Gang befinden müsse und selbst die von der Groß-West es nicht ahnten. Er hatte recht. Als wir uns den Schacht hinunterließen, stellten wir fest, daß der blinde Gang einen unabhängigen Weg durch die Groß-West-Ader nahm, sie diagonal schnitt und von eigenem, sich klar abscheidendem Bettungsgestein und Lehm eingeschlossen war. Also war er öffentliches Eigentum. Da beide Gänge sich deutlich voneinander abgrenzten, konnte jeder Bergmann mit Leichtigkeit sehen, welcher zur Groß-West gehörte und welcher nicht.

Wir hielten es für gut, einen starken Freund zu haben, und deshalb holten wir an jenem Abend den Steiger der Groß-West in unsere Hütte und enthüllten ihm die große Überraschung. Higbie sagte:

»Wir wollen diesen blinden Gang mit Beschlag belegen, um Mutung einkommen und uns unser Bergwerkseigentum bestätigen lassen und dann der Groß-West-Gesellschaft verbieten, weiterhin Haufwerk zu entnehmen. Sie können Ihrer Gesellschaft dabei nicht helfen – niemand kann ihr helfen. Ich werde mit Ihnen in den Schacht gehen und Ihnen zu Ihrer völligen Überzeugung beweisen, daß es sich wirklich um einen blinden Gang handelt. Wir schlagen nun vor, Sie als Teilhaber aufzunehmen und den blinden Gang im Namen von uns dreien zu muten. Was sagen Sie dazu?«

Was konnte ein Mann schon dazu sagen, der eine Gelegenheit hatte, bloß die Hand auszustrecken und, ohne jedes Risiko und ohne jemand unrecht zu tun oder den geringsten Makel an seinen Namen zu heften, ein Vermögen in Besitz zu nehmen? Er konnte bloß sagen: »Einverstanden.«

Die Bekanntmachung wurde noch am selben Abend aufgestellt und noch vor zehn Uhr ordnungsgemäß beim Bergamt eingetragen. Wir »muteten« jeder dreihundert Fuß – also insgesamt sechshundert – die kleinste und geschlossenste Organisation im Revier und die am leichtesten zu handhabende.

Niemand dürfte wohl so gedankenlos sein, anzunehmen, daß wir in jener Nacht schliefen. Um Mitternacht gingen Higbie und ich zwar zu Bett, aber bloß um hellwach dazuliegen und zu denken, zu träumen, zu planen. Die fußbodenlose, baufällige Hütte war ein Palast, die zerschlissenen grauen Schlafdecken glänzten wie Seide, das Mobiliar war von Rosenholz und Mahagoni. Jede neue, aus meinen Zukunftsvisionen hervorberstende Pracht ließ mich im Bett herumwirbeln oder in sitzende Stellung schnellen, ganz so als hätte man mich an eine elektrische Batterie angeschlossen. Wir warfen uns Gesprächsfetzen zu. Einmal sagte Higbie:

»Wann fährst du heim – in die Staaten?«

»Morgen!« dabei drehte ich mich ein-, zweimal und richtete mich schließlich auf. »Das heißt – nein – aber spätestens nächsten Monat.«

»Wir fahren dann mit demselben Dampfer.«

»Abgemacht.«

Pause.

»Den am Zehnten?«

»Ja. Nein, den am Ersten.«

»Gut.«

Neue Pause.

»Wo willst du für fest wohnen?« fragte Higbie.

»San Francisco.«

»Ich auch!«

Pause.

»Zu hoch – zuviel zu steigen« – von Higbie.

»Was ist?«

»Ich habe mir gerade vorgestellt: Russian Hill – mir da oben ein Haus zu bauen.«

»Zuviel steigen? Kannst du dir keinen Wagen halten?«

»Natürlich. Habe ich ganz vergessen.«

Pause.

»Calvin, was für ein Haus willst du dir denn bauen?«

»Habe ich mir eben überlegt. Zwei Stock hoch und mit Mansarde.«

»Aber *was* für eins?«

»Ach, ich weiß nicht recht. Nehme an, Backstein.«

»Backstein – Quatsch.«

»Wieso? Was willst du denn für eins?«

»Fassade aus dunklem Sandstein – Spiegelglastüren – Billardzimmer gleich neben Eßzimmer – Statuen und Gemälde – Ziersträucher und zwei Acre Rasen – Gewächshaus – an der Freitreppe gußeiserner Hund – Apfelschimmel – Landauer und einen Kutscher mit Kokarde am Hut!«

»Alle Achtung!«

Lange Pause.

»Calvin, wann fährst du nach Europa?«

»Hm – daran habe ich noch gar nicht gedacht. Wann du?«

»Im Frühling.«

»Willst du den ganzen Sommer über bleiben?«

»Den ganzen Sommer über! Ich bleibe drei Jahre.«

»Was – im Ernst?«

»Na klar.«

»Wohin willst du denn in Europa?«

»Überallhin. Frankreich, England, Deutschland – Spanien, Italien, Schweiz, Syrien, Griechenland, Palästina, Arabien, Persien, Ägypten – alles durch.«

»Da mache ich mit.«

»Gut.«

»Das wird eine Reise, an der alles dran ist!«

»Wir werden es uns ja auch vierzig- bis fünfzigtausend Dollar kosten lassen.«

Weitere lange Pause.

»Higbie, wir haben beim Schlächter sechs Dollar anstehen, und er hat gedroht, uns nichts mehr...«

»Zum Teufel mit dem Schlächter!«

»Amen.«

Und so ging das weiter. Gegen drei Uhr stellten wir fest, es hatte keinen Zweck, und da standen wir auf und spielten Cribbage und rauchten Pfeife, bis es hell wurde. Ich war diese Woche mit Küchendienst dran. Ich hatte Küchendienst seit jeher gehaßt – jetzt verabscheute ich ihn.

Die Sache war bereits im ganzen Ort herum. Hatte es früher schon eine große Aufregung gegeben, so wurde sie von der jetzigen noch übertroffen. Heiter und glücklich spazierte ich durch die Straßen. Higbie erzählte, dem Vorarbeiter seien zweihunderttausend Dollar für sein Drittel an der Mine angeboten worden. Ich erklärte, für solchen Preis möchte ich mich auch mal verkaufen sehen. Meine Gedanken trabten hoch. Ich wollte es nicht unter einer Million machen. Doch ich glaube ehrlich, wenn mir die angeboten worden wäre, hätte das nur die Wirkung gehabt, daß ich auf ein höheres Angebot gewartet hätte.

Ich fand am Reichsein weidlich Freude. Ein Mann bot mir ein Dreihundert-Dollar-Pferd an und wollte meinen simplen, unverbürgten Wechsel dafür annehmen. Das brachte mir mehr noch als alles andere zum Bewußtsein, daß ich wahrhaftig und ohne den leisesten Zweifel reich war. Es folgten noch zahllose Beweise ähnlicher Art – worunter ich erwähnen darf, daß der Schlächter uns eine doppelte Lieferung Fleisch abließ und von Geld kein Wort sagte.

Nach den Gesetzen des Reviers mußten die »Muter« oder die auf einen Gang Anspruch erhebenden auf ihrem neuen Bergwerkseigentum innerhalb von zehn Tagen nach der Aufnahme ein gewisses und leidliches Quantum Arbeit verrichten, sonst verfiel der Claim, und jeder, der wollte, konnte hingehen und ihn sich aneignen. Daher beschlossen wir, uns am nächsten Tag ans Werk zu machen. Am Nachmittag aber, als ich gerade aus dem Postamt kam, traf ich einen Mr. Gardiner, der mir erzählte, Captain John Nye liege bei ihm auf der Farm (der »Neun-Meilen-Ranch«) schwerkrank danieder, und er und seine Frau seien nicht in der Lage, ihm auch nur annähernd so viel Pflege und Wartung angedeihen zu lassen, wie der Fall verlange. Ich sagte, wenn er einen Augenblick auf mich warten wolle, käme ich mit und würde im Krankenzimmer helfen. Ich rannte zu unserer Hütte, um Higbie Bescheid zu geben. Er war nicht da, doch ich hinterlegte einen Zettel auf dem Tisch, und ein paar Minuten später verließ ich in Gardiners Wagen den Ort.

EINUNDVIERZIGSTES KAPITEL

Ein Rheumakranker · Tagträume · Unglückliches Stolpern · Mein abrupter Weggang · Noch ein Kranker · Higbie in der Hütte · Unser Luftballon platzt · Arm wie Hiob · Selbstvorwürfe und Erklärungen · Unser dritter Mann

Captain Nye ging es wirklich sehr schlecht; er litt an krampfartigem Rheumatismus. Doch er war ganz der alte – die Herzensgüte und Liebenswürdigkeit in Person, solange er sich wohl fühlte, und ein einmalig gewalttätiger Berserker, wenn die Dinge mal nicht so liefen. Er lächelte vergnügt vor sich hin, ergriff ihn aber plötzlich ein Krampf, so wechselte er vom Lächeln zu völliger Tobsucht. Er stöhnte und klagte und heulte vor Schmerz und füllte die Zwischenräume mit den kunstvollsten Schimpfwörtern aus, die sich eine starke Überzeugung und eine rege Phantasie ausdenken können. Bei günstiger Gelegenheit konnte er sehr gut fluchen und seine Beiwörter mit bemerkenswertem Stilgefühl anwenden; befiel ihn aber ein Krampf, war es peinlich, ihm zuzuhören, weil er dann ungeschickt wurde. Ich hatte ihn jedoch selber einmal einen Kranken pflegen und sich geduldig in alle dazugehörigen Unannehmlichkeiten fügen sehen, und da wollte ich, daß er jetzt, als er selber dran war, volle Freiheit haben sollte. Er konnte mich mit all seinem Getobe und all seinem Wortschwall nicht stören, denn mein Geist hatte zu tun und arbeitete fleißig Tag und Nacht, ob meine Hände sich nun regten oder ruhten. Ich änderte und verbesserte nämlich die Pläne für mein Haus und überlegte hin und her, ob es nicht vielleicht schöner wäre, das Billardzimmer in der Mansarde zu haben anstatt im selben Geschoß wie das Eßzimmer; außerdem versuchte ich, mich zwischen Grün und Blau für die Polstermöbel des Salons zu entscheiden, denn obwohl ich Blau vorzog, befürchtete ich, es könne eine Farbe sein, die sich unter Sonne und Staub zu leicht verziehe; desgleichen hatte ich mich schon zufriedengegeben, den Kutscher in eine bescheidene Livree zu stecken, doch in bezug auf einen Diener war ich im Zweifel – ich brauchte einen und war sogar entschlossen, mir einen zu halten, wünschte jedoch, er könnte auch ohne Livree stilgerecht auftreten und seine Funktion erfüllen, denn ich hatte ein wenig Angst vor soviel Gepränge; da aber andererseits mein seliger Großvater einen Kutscher und dergleichen gehabt hatte, doch nicht in Livree, fühlte ich mich ziemlich versucht, ihn – jedenfalls seinen Geist – zu übertrumpfen. Außerdem brachte ich System in die Europatour, und es gelang mir, was Reiseroute und Zeitdauer anbelangte, alles festzulegen – alles mit Ausnahme einer Sache – nämlich, ob wir die Wüste von Kairo bis Jerusalem per Kamel durchqueren oder mit einem Schiff bis Beirut fahren und dann von dort mit einer Karawane durch das Land ziehen sollten. Unterdessen schrieb ich jeden Tag an die Freunde daheim und teilte ihnen all meine Pläne und Absichten mit, und wies sie an, sich nach einem netten Häuschen für meine Mutter umzusehen und noch vor meinem Kommen einen Preis dafür abzumachen, und außerdem erteilte ich ihnen Auftrag, meinen Anteil an dem Land in Tennessee zu verkaufen und den Erlös dem Witwen- und Waisenfonds der Druckergewerkschaft zu stiften, der ich lange als angesehenes Mitglied angehört hatte. (Dieses Land befand sich seit vielen Jahren im Familienbesitz und versprach, uns eines Tages ein hohes Vermögen zu bescheren; das verspricht es heute noch, aber schon weniger laut.)

Nachdem ich den Captain neun Tage gepflegt hatte, ging es ihm etwas besser, aber er war noch immer schwach. Am Nachmittag hoben wir ihn in einen Stuhl und verabreichten ihm ein Alkoholdampfbad und machten uns dann daran, ihn wieder ins Bett zu legen. Wir mußten außerordentlich behutsam zu Werke gehen, denn die geringste Erschütterung verursachte ihm Schmerzen. Gardiner nahm seine Schultern und ich die Beine; in einem unglücklichen Augenblick stolperte ich, und der Patient plumpste unter Schmerzenskrämpfen auf das Bett. So habe ich noch keinen Menschen im Leben fluchen hören. Er tobte wie ein Wahnsinniger und versuchte, nach einem auf dem Tisch liegenden Revolver zu greifen – doch ich kam ihm zuvor. Er befahl mir, das Haus zu verlassen, und schwor tausend Eide, er wolle mich umbringen, sobald er wieder auf den Beinen sei. Das war einfach ein vorübergehender Wutanfall und besagte nichts. Ich wußte, in einer Stunde hatte er es vergessen und es täte ihm vielleicht leid; im Moment aber ärgerte ich mich ein bißchen darüber. Ja sogar so sehr, daß ich beschloß, nach Esmeralda zurückzukehren. Ich meinte, er könne, da er auf dem Kriegspfad war, jetzt auch allein zurechtkommen. Ich aß Abendbrot, und sobald der Mond aufging, begab ich mich auf meine neun Meilen Fußmarsch. Für einen Trip von bloß neun Meilen ohne Gepäck brauchte damals nicht einmal ein Millionär ein Pferd.

Als ich oben auf dem Hügel ankam, der das Camp überblickte, fehlten noch fünfzehn Minuten bis zwölf. Ich schaute zu der jenseits des Cañons liegenden Halde hinüber und nach dem, was ich bei dem hellen Mondschein dort sah, schien sich ungefähr die halbe Ortsbevölkerung um den Ausstrich der Groß-West zusammenzudrängen.

Da hüpfte mir freudig das Herz, und ich sagte zu mir: »Sie haben heute nacht einen neuen Fund gemacht – bestimmt einen reicheren als zuvor.« Erst wollte ich mit hinüber, ließ es dann aber sein. Ich sagte mir, der »Fund« würde sich ja halten, und für eine Nacht sei ich genug Hügel raufgeklettert. So ging ich weiter und hinunter durch den Ort, und als ich an einer kleinen deutschen Bäckerei vorüber wollte, kam eine Frau herausgestürzt und bat mich, hereinzukommen und ihr zu helfen. Sie sagte, ihr Mann hätte einen Anfall. Ich ging hinein und sah, daß sie recht hatte – er schien hundert Anfälle zu haben, zusammengeballt zu einem. Es waren zwei Deutsche da, die versuchten, ihn festzuhalten, aber ohne großen Erfolg. Ich rannte ein Stück die Straße hoch, holte einen Arzt aus dem Schlaf, brachte ihn in halbangekleidetem Zustand herunter, und über eine Stunde lang rangen wir vier dann mit dem Wahnsinnigen und behandelten ihn, flößten ihm Medizin ein und setzten ihm Schröpfköpfe auf, während die arme Deutsche das Weinen besorgte. Schließlich beruhigte er sich, und der Arzt und ich zogen uns zurück und überließen ihn seinen Freunden.

Es war jetzt kurz nach ein Uhr. Als ich müde, aber frohgemut durch die Tür unserer Hütte trat, enthüllte das schmutzig trübe Licht einer Talgkerze Higbie, wie er an dem Tannenholztisch saß und auf meinen Zettel stierte, den er in den Fingern hielt, und dabei bleich, alt und verstört aussah. Ich blieb stehen und schaute ihn an, und er schaute mich an, ausdruckslos. Ich sagte:

»Higbie, was ... was ist denn?«

»Wir sind ruiniert – wir haben die Arbeit nicht geleistet – *der blinde Gang ist neu gemutet worden!*«

Das genügte. Ich setzte mich hin, krank, elend – mit gebrochenem Herzen, weiß Gott. Vor einer Minute noch war ich reich gewesen und vor Eitelkeit beinah geplatzt, jetzt war ich ein Bettler und sehr kleinlaut. Eine Stunde saßen wir still da und ergingen uns in Gedanken, in vergeblichen und nutzlosen Selbstvorwürfen und in ›Warum habe ich das bloß nicht getan, und warum habe ich jenes bloß nicht getan‹, doch keiner sprach ein Wort. Dann folgten gegenseitige Erklärungen, und das Geheimnis lichtete sich. Es stellte sich heraus, daß Higbie sich auf mich verlassen hatte, genau wie ich mich auf ihn und wir uns beide auf den Vormann. So eine Torheit! Es war das erstemal, daß der stets gesetzte und gewissenhafte Higbie eine wichtige Angelegenheit dem Zufall überlassen, beziehungsweise seinen Anteil an einer Verantwortung nicht voll erfüllt hatte.

Meinen Zettel aber hatte er erst diesen Augenblick zu Gesicht bekommen, und in diesem Augenblick war er das erstemal, seit er mich zuletzt gesehen hatte, in die Hütte getreten. Auch er hatte an jenem verhängnisvollen Nachmittag eine Notiz für mich hinterlegt – war zu Pferde herangeritten und hatte durch das Fenster geguckt, es eilig gehabt, mich aber nicht gesehen und dann seinen Zettel durch eine zerbrochene Scheibe hineingeworfen. Hier war er nun, auf der Erde, wo er neun Tage lang ungestört gelegen hatte:

»Versäume nicht, die Arbeit zu machen, ehe die zehn Tage ablaufen. W. ist durchgekommen und hat mir Nachricht zukommen lassen. Ich soll ihn am Mono Lake treffen, und wir ziehen heute abend von dort los. Er meint, diesmal findet er sie bestimmt. Calvin«

»W.« bedeutete natürlich Whiteman. Dieser dreimal verdammte »Zement«!

So war das gekommen. Ein alter Silbergräber wie Higbie hatte dem Zauber einer geheimnisvollen Aufregung um Minen wie diesem Zementschwachsinn genausowenig widerstehen können, wie er sich vom Essen hätte zurückhalten können, wenn er am Verhungern gewesen wäre. Higbie hatte seit Monaten von dem wundervollen Zement geträumt, und nun war er wider bessere Einsicht weggegangen und hatte es darauf ankommen lassen, daß ich eine Mine sicherte, die eine Million unentdeckter Zementminen wert war. Sie waren diesmal ohne Verfolger geblieben. Sein Wegreiten aus dem Ort bei hellichtem Tage war etwas so Alltägliches gewesen, daß es keinerlei Aufmerksamkeit erregt hatte. Er erzählte, sie hätten ihre Suche in den Bergfesten neun Tage lang erfolglos betrieben; der Zement sei nicht zu finden gewesen. Dann habe ihn schaurige Angst befallen, es könnte etwas geschehen sein, das die den Anspruch auf den blinden Gang sichernde Arbeit verhindert hätte (obwohl er das wirklich für kaum möglich hielt), und da habe er sich schleunigst auf den Heimweg gemacht. Er hätte Esmeralda ja noch rechtzeitig erreichen können, aber sein Pferd sei zusammengebrochen, und er habe einen großen Teil der Strecke zu Fuß gehen müssen. Und so war es gekommen, daß er auf der einen Straße in Esmeralda einzog, als ich auf einer anderen hereinkam. Er hatte jedoch die größere Tatkraft besessen, denn anstatt sich abzuwenden, wie ich es getan hatte, war er schnurstracks zur Groß-West gegangen – und dort fünf bis zehn Minuten zu spät eingetroffen! Die Bekanntmachung stand bereits da, die »Neumutung« unseres Claims war unwiderruflich vollzogen, und die Menge zerstreute sich schon. Ehe Higbie dort wieder wegging, brachte er einige Dinge in Erfahrung. Der Steiger war seit dem Abend, als wir die Mine aufgenommen hatten, nicht mehr gesehen worden – es hieß, ein Telegramm habe ihn in einer Angelegenheit, bei der es um Leben oder Tod ging, nach Kalifornien abberufen. Auf jeden Fall hatte er keine Arbeit geleistet, was den wachsamen Augen des Camps nicht entgangen war. Um Mitternacht jenes kummervollen zehnten Tages war der Gang neu aufzunehmen und der Hügel bereits um elf schwarz von Menschen gewesen, die alle dazu bereit waren – die Menge, die ich gesehen hatte, als ich Hornochse mir einbildete, es wäre ein neuer Fund gemacht worden. (Wir drei hätten das gleiche Recht gehabt wie andere Leute, den Gang neu zu muten, vorausgesetzt, wir wären schnell genug gewesen.) Als Mitternacht verkündet wurde, hatten vierzehn Mann, gehörig bewaffnet und bereit, ihrem Vorgehen nachzuhelfen, ihre Bekanntmachung aufgestellt und ihre Besitzrechte auf den blinden Gang unter dem neuen Grubennamen »Johnson« angezeigt. Unser Teilhaber A. D. Allen (der Steiger) war dann plötzlich mit einem gespannten Revolver in der Hand aufgetaucht und hatte gesagt, sein Name müsse mit auf die Liste gesetzt werden, andernfalls würde er »die Johnson-Gesellschaft ein bißchen lichten«. Er war ein tapferer, prachtvoller, resoluter Bursche und dafür bekannt, daß er auch tat, was er sagte, und deshalb war es zu einem Vergleich gekommen. Sie hatten ihn mit hundert Fuß mit aufgenommen und für sich selbst die üblichen zweihundert Fuß pro Person behalten. Das war die Geschichte der Ereignisse jener Nacht, wie sie Higbie auf seinem Heimweg von einem Bekannten erfahren hatte.

Higbie und ich machten uns am nächsten Morgen, bevor es zu neuen Aufregungen kommen konnte, auf und davon, froh, den Schauplatz unserer Leiden zu verlassen, und nach ein, zwei Monaten der Strapazen und Enttäuschung kehrten wir wieder einmal nach Esmeralda zurück. Dort hörten wir, daß die Groß-West und die Johnson sich zusammengeschlossen hatten, daß das vereinigte Aktienkapital fünftausend Fuß oder Anteile betrug und daß der Vorarbeiter, in Vorahnung von langwierigen Prozessen und in der Meinung, ein so riesiger Konzern bringe nichts ein, seine hundert Fuß für neunzigtausend Dollar in Gold abgestoßen hatte und damit nach Hause in die Staaten gefahren war, um etwas davon zu haben. Waren die Aktien sogar bei fünftausend Anteilen in der Gesellschaft eine so stattliche Summe wert, macht es mich schwindelig, wenn ich daran denke, was sie mit unseren ursprünglichen sechshundert wert gewesen wären. Es war der Unterschied zwischen einem sechshundert Mann gehörenden Haus und einem, das fünftausend Mann besitzen. Wir wären Millionäre geworden, wenn wir einen einzigen kleinen Tag mit Hacke und Spaten auf unserem Stück gearbeitet und dadurch unsere Abbaurechte gesichert hätten!

Es liest sich wie eine wilde Phantasie, doch es lassen sich leicht viele Zeugen und ebenso das Grundbuch beim Bergamt von Esmeralda als Beweis dafür beibringen, daß es eine wahre Geschichte ist. Ich kann mir also jederzeit erlauben zu sagen, einmal zehn Tage lang absolut und ohne jeden Zweifel Millionen Dollar schwer gewesen zu sein.

Vor einem Jahr schrieb mir mein verehrter und in jeder Beziehung schätzenswerter Mitmillionär Higbie aus einem obskuren kleinen kalifornischen Goldgräber-Camp, daß er nach neun bis zehn Jahren voller Nackenschläge und harter Mühen endlich über zweitausendfünfhundert Dollar verfüge und damit einen bescheidenen Obsthandel beginnen wolle. Wie ihn eine solche Vorstellung in jener Nacht beleidigt hätte, als wir in unserer Hütte lagen und Europareisen und Sandsteinhäuser auf dem Russian Hill planten!

ZWEIUNDVIERZIGSTES KAPITEL

Was nun? · Die Steine meines Lebensweges · Alle Berufe durch · Wieder auf Silbersuche · Scheibenschießen · Ich werde Lokalreporter · Endlich das Richtige

Was nun?

Das war eine wichtige Frage. Ich war im Alter von dreizehn Jahren hinaus in die Welt gezogen, um selber für mich zu sorgen – denn mein Vater hatte für Freunde gebürgt; und obwohl er uns mit der feinen Herkunft aus dem distinguierten Virginia ein feudales Erbe an Stolz hinterließ, stellte ich bald fest, daß ich davon allein nicht leben konnte, wenn ich nicht ab und zu etwas Brot hatte, um damit den Stolz herunterzuschlucken. Dieses nun hatte ich mir in verschiedenen Berufen verdient, mit meinen Erfolgen allerdings niemand geblendet; doch ich hatte ja noch die Auswahl, eine völlig freie sogar, vorausgesetzt, ich wollte arbeiten – und das wollte ich eben nicht, nachdem ich so reich gewesen war. Einen Tag lang hatte ich mich einmal als Kommis in einem Kaufmannsladen betätigt; ich konsumierte während dieser Zeit aber so viel Zucker, daß mich der Inhaber weiteren Dienstes entband, indem er sagte, er hätte mich lieber vor dem Ladentisch als Kundschaft. Eine ganze Woche hatte ich mich dem Studium der Rechte gewidmet und es dann aufgegeben, weil es so prosaisch und langweilig war. Ein Weilchen hatte ich auch auf Grobschmied studiert; aber ich verschwendete so viel Zeit daran, dem Blasebalg beizubringen, daß er von selber blasen könne, daß mich der Meister mit Schimpf und Schande und dem Bemerken hinaussetzte, aus mir würde nie etwas Gescheites werden. Eine Zeitlang war ich Buchverkäufer gewesen; doch die Kunden störten mich so oft, daß ich nicht in Ruhe lesen konnte, und so gab mir mein Prinzipal Urlaub und vergaß, ihn zu begrenzen. Den Teil eines Sommers hatte ich in einer Drogerie als Ladenschwengel gearbeitet; meine Rezepte aber fielen nicht sehr glücklich aus, und wir schienen mehr Magenpumpen als Selterswasser umzusetzen, und also mußte ich gehen. In dem Gedanken, eines Tages ein zweiter Franklin zu werden, war ich ein mittelmäßiger Drucker geworden, hatte aber bisher irgendwie den Anschluß verpaßt. Bei der »Union« in Esmeralda hatten sie keine Stelle frei, und außerdem war ich schon immer ein so langsamer Schriftsetzer gewesen, daß ich die Leistungen der Stifte im zweiten Lehrjahr mit Neid betrachtet hatte; und wenn ich einmal etwas gesetzt hatte, pflegten die Faktoren zu sagen, es würde »dieses Jahr noch gebraucht werden«. Ich war ein guter Durchschnittslotse für die Strecke St. Louis–New Orleans gewesen und brauchte mich meiner Fähigkeiten in diesem Metier keineswegs zu schämen; die Heuer lag bei zweihundertfünfzig Dollar im Monat und dazu freie Beköstigung, und ich sehnte mich danach, wieder hinter einem Steuerrad zu stehen und nie mehr herumzustromern – doch ich hatte mich in letzter Zeit in großsprecherischen Briefen nach Hause über meinen blinden Gang und meinen Europaausflug so lächerlich gemacht, daß ich tat, was schon so mancher arme enttäuschte Silbergräber vor mir getan hatte – ich sagte: »Mit mir ist es aus und vorbei, und ich kehre nie wieder nach Hause zurück, um mich bemitleiden und von oben herab ansehen zu lassen.« Ich war Privatsekretär, Silbergrubenbesitzer und Silberhüttenmann gewesen und hatte es in allem zu weniger als nichts gebracht, und jetzt...

Was nun?

Ich gab Higbies Bitten nach und willigte ein, es noch einmal mit dem Schürfen zu versuchen. Wir kletterten die Berge hoch hinauf und machten uns auf einem kleinen schundigen Claim an die Arbeit, auf dem wir einen Schacht von acht Fuß Tiefe besaßen. Higbie stieg hinein und werkelte tapfer mit seiner Picke, bis er eine Menge Gestein und Dreck los hatte, und dann kletterte ich mit einer langstieligen Schaufel (dem ungeschicktesten Apparat, den die Menschheit bisher erfunden hat) zum Hochschippen hinunter. Man muß dabei die Schaufel mit der Seite des Knies vorstemmen, bis sie voll ist, und sie dann mit kunstgerechtem Schwung rückwärts über die linke Schulter werfen. Mein Schwung aber ließ den Dreck genau unter dem Schachtrand landen, und es kam alles wieder zurück und mir auf den Kopf und den Rücken runter. Ich sagte kein Wort, sondern kletterte raus und ging nach Hause. Innerlich beschloß ich, lieber zu verhungern, als mich zur Zielscheibe zu machen und mit einer dreckbeladenen langstieligen Schaufel nach mir zu schießen. Ich setzte mich in der Hütte nieder und gab mich sozusagen solidem Kummer hin. In vergnügteren Tagen hatte ich zu meiner Erbauung Berichte an die Hauptzeitung des Territoriums, die in Virginia erscheinende »Daily Territorial Enterprise«, geschickt und war immer erstaunt gewesen, wenn sie gedruckt erschienen. Meine gute Meinung von den Redakteuren hatte ständig abgenommen, denn sie hätten doch wohl bessere Füllsel auftreiben können als meine Literatur. Bei meiner Rückkehr aus den Bergen hatte ich auf dem Postamt einen Brief vorgefunden, und schließlich öffnete ich ihn. Heureka! (Ich weiß zwar nicht, was das heißt, aber solange sich kein anderes klangvolles Wort darbietet, scheint es mir hier genausogut zu passen wie irgendein anderes.) Es war ein vorsichtiges Angebot an mich, für fünfundzwanzig Dollar die Woche nach Virginia City zu kommen und Lokalredakteur der »Enterprise« zu werden.

In den Tagen des »blinden Ganges« hätte ich den Herausgeber zum Duell gefordert – jetzt wollte ich niederfallen und ihn anbeten. Fünfundzwanzig Dollar die Woche – das sah aus wie üppiger Luxus – ein Vermögen, ein sündhafter und verschwenderischer Haufen Geld. Meine

Begeisterung kühlte sich aber ab, als ich bedachte, wie unerfahren und infolgedessen auch unfähig ich für den Posten war – und sogleich stand noch obendrein meine lange Reihe von Niederlagen vor mir auf. Und doch, lehnte ich diese Stelle ab, mußte ich bald jemand auf der Tasche liegen, etwas, das einem Mann notwendigerweise zuwider war, der eine solche Demütigung seit seinem dreizehnten Lebensjahr nicht mehr erlebt hatte. Das ist nichts, worauf man sonderlich stolz sein kann, da es so verbreitet ist – aber damals war es alles, worauf ich stolz sein konnte. Die Angst also trieb mich dazu, Lokalredakteur zu werden. Andernfalls hätte ich abgelehnt. Not bricht Eisen. Wäre mir zu jener Zeit ein Honorar angeboten worden, den Talmud aus dem hebräischen Urtext zu übersetzen, ich glaube, ich hätte angenommen – wenn auch mit Bedenken und nicht ohne böse Ahnungen –, und ich hätte so viel Abwechslung hineingebracht, wie es für das Geld möglich gewesen wäre.

Ich begab mich nach Virginia City und trat meinen neuen Beruf an. Ich muß gestehen, ich war ein verwegen aussehender Lokalredakteur – Hemdsärmel, Schlapphut, blaues wollenes Hemd, in die Stiefel gestopfte Hosen, Bart bis auf die halbe Brust und im Gürtel den üblichen Marinerevolver. Doch ich verschaffte mir ein christlicheres Kostüm, und den Revolver legte ich ab. Ich hatte niemals Gelegenheit gehabt, jemand abzuknallen, das Ding aber aus Rücksicht auf die öffentliche Meinung getragen und um mich durch sein Fehlen nicht anstößig zu machen und Aufmerksamkeit zu erregen. Aber die anderen Redakteure sowie sämtliche Drucker trugen Revolver. Ich bat den Chefredakteur und Besitzer (ich will ihn Mr. Goodman nennen, denn das beschreibt den guten Mann besser als jeder andere Name) um einige Anweisungen für meine Arbeit, und er sagte mir, ich solle in der ganzen Stadt herumgehen und alle möglichen Leute alle möglichen Sachen fragen, mir die erhaltenen Auskünfte notieren und daraus einen Artikel machen. Und er fügte hinzu:

»Schreiben Sie nie: ›Wie wir vernehmen‹ oder ›Berichten nach‹ oder ›Einem Gerücht zufolge‹ oder ›Unseres Erachtens‹, sondern gehen Sie der Sache auf den Grund und verschaffen Sie sich die absoluten Fakten, und dann reden Sie frei heraus und schreiben: ›Es *ist* soundso.‹ Sonst haben die Leute kein Zutrauen zu Ihren Nachrichten. Unantastbare Gewißheit, das ist es, was einer Zeitung den solidesten und wertvollsten Ruf gibt.«

Das war, in wenigen Worten gesagt, die ganze Sache; und bis auf den heutigen Tag kommt mir, wenn ich einen Reporter seinen Artikel mit »Unseres Erachtens« anfangen sehe, der Verdacht, er habe sich nicht so viel Mühe gemacht, sich zu informieren, wie er sich hätte machen sollen. Ich kann hier gut Moral predigen, aber in der Praxis, als ich selber Lokalredakteur war, hielt ich mich nicht immer daran; ich ließ die Phantasie zu oft die Oberhand über die Tatsachen gewinnen, wenn es mal an Neuigkeiten haperte. Meinen ersten Tag als Reporter werde ich nie vergessen. Ich wanderte durch die Stadt und fragte jedermann aus, fiel jedermann auf die Nerven und stellte fest, daß niemand etwas wußte. Nach fünf Stunden war mein Notizbuch noch immer leer. Ich sprach mit Mr. Goodman darüber. Er sagte:

»Dan hat immer allerhand aus den Heuwagen gemacht, wenn Ebbe war und es keine Brände oder Leichenschauen gab. Sind denn keine Heuwagen vom Truckee-Paß hereingekommen? Wenn ja, können Sie von der erneuten Aktivität im Heuhandel reden und von so was, Sie wissen schon. Ist zwar nicht sensationell oder aufregend, aber es füllt und wirkt geschäftlich.«

Ich klapperte die Stadt von neuem ab und entdeckte einen einzigen erbärmlichen alten Rollwagen mit Heu, der vom Lande hereinrumpelte. Doch ich schlachtete ihn reichlich aus. Ich multiplizierte ihn mit sechzehn, ließ ihn aus sechzehn verschiedenen Richtungen in die Stadt kommen, verarbeitete ihn zu sechzehn einzelnen Notizen und veranstaltete ein Getue um Heu, wie Virginia City es noch nicht erlebt hatte.

Das ließ sich gut an. Ich hatte zwei Nonpareillespalten zu füllen, und es machte sich allmählich. Als es von neuem flau zu werden begann, legte schließlich ein Desperado in einer Kneipe einen Mann um, und die Freude kehrte wieder zurück. Nie zuvor im Leben war ich über eine solche Bagatelle so froh gewesen. Ich sagte zu dem Mörder:

»Sir, ich kenne Sie zwar nicht, aber Sie haben mir heute einen Gefallen erwiesen, den ich nie vergessen werde. Wenn Ihnen ganze Jahre der Dankbarkeit eine kleine Vergütung dafür sein können, sollen sie Ihnen gehören. Ich befand mich in einer Klemme, und Sie haben mich großmütig und zu einem Zeitpunkt daraus befreit, als alles düster und trübe schien. Zählen Sie auf mich von heute an als Ihren Freund, denn ich bin nicht der Mann, der Gefälligkeiten vergißt.«

Wenn ich das auch nicht wirklich zu ihm sagte, juckte es mich zumindest, es zu sagen. In gieriger Beachtung der Einzelheiten schrieb ich alles über den Mord nieder, und als ich fertig war, bedauerte ich nur eins – daß sie meinen Wohltäter nicht auf der Stelle gehängt hatten, damit ich ihn auch da noch hätte verarbeiten können.

Als nächstes entdeckte ich ein paar auf der Plaza kampierende Auswandererwagen und erfuhr, daß sie vor kurzem das feindliche Indianerland passiert hatten und ihnen dort ziemlich übel mitgespielt worden war. Ich machte aus der Notiz das Beste, das die Umstände erlaubten, und dachte für mich, wenn die Anwesenheit der Reporter von den anderen Zeitungen mich nicht in strikten Grenzen hielte, ließen sich Details hinzufügen, die den Artikel viel interessanter gestalten würden. Ich fand dann jedoch einen Wagen, der weiter nach Kalifornien wollte, und stellte bei dem Besitzer einige scharfsinnige Erkundigungen an. Als ich seinen kurzangebundenen und schroffen Antworten auf mein Kreuzverhör entnahm, daß er ganz bestimmt weiterfahren und am nächsten Tag nicht mehr in der Stadt sein würde, um querzuschießen, schrieb ich die anderen Zeitungen glatt an die Wand, denn ich brachte die Namen seiner Gruppe – aber unter der Liste der Toten und Verwundeten. Da ich hier mehr Spielraum hatte, ließ ich diesen Wagen durch ein Indianergefecht gehen, das bis heute noch keine Parallele in der Geschichte gefunden hat.

Meine beiden Spalten waren voll. Als ich sie am Morgen durchlas, merkte ich, daß ich endlich den richtigen Beruf gefunden hatte. Ich folgerte bei mir, was eine Zeitung brauche, seien Nachrichten, aufregende Nachrichten, und ich fand, daß ich besonders begabt dafür war, sie zu liefern. Mr. Goodman erklärte, ich wäre als Reporter genauso gut wie Dan. Höheres Lob erstrebte ich gar nicht. Mit einer solchen Ermutigung meinte ich, meine Feder nehmen und, wenn Not am Mann war und die Belange der Zeitung es erforderten, sämtliche Auswanderer in der Prärie ermorden zu dürfen.

DREIUNDVIERZIGSTES KAPITEL

Mein Freund Boggs · Der Schulbericht · Boggs zahlt mir eine alte Schuld heim · Virginia City

Als ich dann aber mit dem Betrieb besser vertraut wurde und lernte, wo die Informationsquellen sprudelten, hörte ich damit auf, die Phantasie in größerem Ausmaß in Anspruch zu nehmen, und konnte mit der Zeit meine Spalten füllen, ohne den Tatsachenbereich merklich zu verlassen.

Ich freundete mich mit den Reportern der anderen Blätter an, und wir tauschten untereinander »Normales« aus und rationalisierten somit die Arbeit. »Normales« sind ständige Nachrichtenquellen wie Gerichtshöfe, Bullionserträge, Profite der Quarzhütten und Leichenschauen. Da alle bewaffnet gingen, hatten wir ungefähr jeden Tag eine Leichenschau, und so fiel diese Rubrik selbstverständlich unter »Normales«. Wir hatten damals lebhafte Zeitungen. Mein großer Rivale unter den Reportern war Boggs von der »Union«. Er verstand sein Fach ausgezeichnet. Alle drei bis vier Monate hatte er ein bißchen einen sitzen, war aber im allgemeinen ein behutsamer und vorsichtiger Trinker, wenngleich auch jederzeit bereit, sich ein wenig mit dem Versucher einzulassen. Er hatte mir eines voraus: er bekam den monatlichen Schulbericht, und ich nicht, weil der Rektor die »Enterprise« haßte. Eines verschneiten

Abends nun, als der Bericht gerade fällig war, machte ich mich mit hängendem Kopf und der bangen Frage auf, wie ich bloß an ihn herankommen sollte. Ein paar Schritte die beinahe leere Straße hinauf lief ich schließlich Boggs in die Arme und fragte ihn, wo er hin wolle.

»Schulbericht holen.«

»Da begleite ich dich.«

»Nein, danke. Nicht nötig.«

»Na, dann eben nicht.«

Da kam mit einem dampfenden Krug Glühpunsch der Laufbursche eines Kneipenwirts vorbei, und Boggs schnupperte genüßlich. Verlangend blickte er dem Jungen nach und sah, daß er die Treppen zur »Enterprise« hinaufstieg. Ich sagte:

»Ich wünschte, du könntest mir helfen, diese Schulgeschichte zu bekommen, aber da du das ja nicht kannst, muß ich schnell rauf zur ›Union‹, mal sehen, ob ich die dort rumkriege, mir nach dem Setzen einen Abzug davon zu überlassen, obwohl ich sicher bin, daß sie das nicht tun werden. Gute Nacht.«

»Warte mal 'ne Minute. Ich habe nichts dagegen, den Bericht zu holen und dann ein bißchen bei euch rumzusitzen, während du ihn abschreibst, wenn du Lust hast, mit mir runter zum Rektor zu gehen.«

»Nun redest du wie ein vernünftiger Mensch. Komm.«

Wir pflügten uns ein paar Seitenstraßen weit durch den Schnee, holten den Bericht und kehrten zu unserer Redaktion zurück. Es war ein kurzes Dokument und bald abgeschrieben. Boggs bediente sich währenddessen mit Punsch. Ich gab ihm das Manuskript zurück, und da wir in der Nähe Pistolenschüsse hörten, gingen wir hinaus zu einer Leichenschau. Die näheren Umstände hatten wir ohne viel Zeitverlust zusammen, denn es handelte sich nur um einen lumpigen und für die Öffentlichkeit wenig interessanten Kaschemmenmord, und dann trennten wir uns. Spät gegen drei Uhr morgens, als wir schon ausdruckten und wie gewöhnlich zur Erholung ein Konzert hatten – unter den Druckern waren einige gute Sänger und andere spielten gut Gitarre und jenes grausame Instrument Ziehharmonika –, kam der Chef der »Union« herein und wollte wissen, ob jemand etwas von Boggs beziehungsweise dem Schulbericht gehört habe. Wir erklärten den Sachverhalt und zogen alle los, den Missetäter suchen zu helfen. Wir fanden ihn in einer Kneipe, wo er, in der einen Hand eine alte Blechlaterne und in der anderen den Schulbericht, auf einem Tisch stand und einem Trupp besoffener Bergleute aus Cornwall einen Vortrag über die Schändlichkeit hielt, daß öffentliche Gelder für das Schulwesen verschwendet würden, »während hundert und aber hundert rechtschaffene, schwer arbeitende Männer buchstäblich nach Whisky hungern«. (Tumultuarischer Beifall.) Seit Stunden schon leistete er ihnen bei einem königlichen Zechgelage Unterstützung. Wir schleppten ihn davon und brachten ihn zu Bett.

Natürlich gab es in der »Union« keinen Schulbericht, und dafür machte Boggs mich verantwortlich, obwohl ich doch weder die Absicht noch den Wunsch gehabt hatte, dessen Ausbleiben in jener Zeitung anzustiften, und es mir wie keinem anderen leid tat, daß das Unglück passiert war.

Dennoch blieben wir auf völlig freundschaftlichem Fuß. An dem Tag, an dem der nächste Schulbericht fällig war, stellte uns der Besitzer der Genessee-Mine einen Buggy zur Verfügung und bat uns, hinunterzufahren und ein bißchen was darüber zu schreiben – eine sehr übliche Bitte, der wir immer mit Freuden nachkamen, wenn Pferd und Wagen gestellt wurden, denn Vergnügungsausflüge machten wir genauso gern wie andere Leute. Wir trafen rechtzeitig an der »Mine« ein – nichts weiter als ein neunzig Fuß tiefes Loch in der Erde, und keine andere Möglichkeit, da hineinzugelangen, als sich an einem Seil festzuhalten und sich mit einer Winde von jemand hinunterzulassen. Die Arbeiter hatten sich gerade irgendwohin zum Mittag zurückgezogen. Ich war nicht stark genug, Boggs Körpermassen hinunterzulassen; und so nahm ich eine unangezündete Kerze zwischen die Zähne, machte in das Seilende eine Schlinge für den Fuß, flehte Boggs an, nicht etwa einzudösen und die Gewalt über die Winde zu verlieren, und schwang mich dann hinaus über den Schacht. Dreckbeschmiert und mit angeschrammten Ellbogen, ansonsten aber heil, erreichte ich den Boden. Ich steckte die Kerze an, untersuchte das Gestein, wählte ein paar Proben aus und rief Boggs zu, er solle mit dem Hochhieven anfangen. Keine Antwort. Schließlich erschien oben in dem Tageslichtkreis ein Kopf, und eine Stimme drang nach unten:

»Bist du richtig drin?«

»Ja – hiev los.«

»Bequem?«

»Vollkommen.«

»Kannst du noch ein bißchen warten?«

»Aber gewiß doch – hab's nicht besonders eilig.«

»Na denn – auf Wiedersehen.«

»Wieso? Wo gehst du hin?«

»Nach dem Schulbericht!«

Und das tat er dann auch. Ich blieb eine Stunde dort unten und setzte die Arbeiter in Erstaunen, als sie das Seil hochzogen und statt eines Eimers Gestein einen Menschen daran fanden. Nach Hause mußte ich auch noch zu Fuß – fünf Meilen, bergauf. Wir hatten am nächsten Morgen keinen Schulbericht, doch die »Union« hatte einen.

Sechs Monate nach meinem Eintritt in den Journalismus setzte die große Konjunktur des Silberlandes ein, die dann in unverminderter Herrlichkeit drei Jahre lang anhielt. Alle Schwierigkeiten, den Lokalteil vollzukriegen, hatten nun ein Ende, und der einzige Kummer war jetzt, wie die verlängerten Spalten die Welt von Ereignissen und Geschehnissen fassen sollten, die uns jeden Tag ins literarische Netz ging. Virginia City wurde, für ihr Alter und ihre Einwohnerzahl, zur lebhaftesten Stadt, die Amerika je hervorgebracht hatte. Die Bürgersteige wimmelten derart von Leuten, daß es gar nicht so einfach war, gegen den Menschenstrom zu schwimmen. Und auf den Straßen drängten sich im selben Maße Quarzwagen, Rollfuhrwerke und andere Fahrzeuge. Die Prozession riß nicht ab. Der Verkehr war so dicht, daß Buggys oft eine halbe Stunde auf eine Gelegenheit zum Überqueren der Hauptstraße warten mußten. Auf jedem Gesicht lag Freude, und aus jedem Auge strahlte eine frohe, fast feurige Energie, welche von den geldscheffelnden Plänen erzählte, die in jedem Gehirn brodelten, und von der hohen Erwartung, die jedes Herz erfüllte. Geld gab es wie Sand am Meer; alle fühlten sich reich, und nirgendwo waren traurige Mienen zu sehen. Wir hatten Milizkompanien, Spritzenmannschaften, Blaskapellen, Banken, Hotels, Theater, »Orchestrion-Etablissements«, Spielpaläste mit unbeschränkten Einsätzen, politische Versammlungen, Stadtumzüge, Straßenschlägereien, Morde, Leichenschauen, Unruhen, Destillen alle fünfzehn Schritt, einen Magistrat, einen Bürgermeister, einen Vermessungsdirektor, einen Baurat, einen Feuerwehrhauptmann mit Erstem, Zweitem und Drittem Adjutanten, einen Polizeichef, einen Stadtrichter und eine große Polizeitruppe, zwei Minenmaklerbörsen, ein Dutzend Brauereien und ein halbes Dutzend Gefängnisse und Wachen mit Hochbetrieb sowie einiges Gerede vom Bau einer Kirche. Die Konjunktur stand in herrlicher Blüte! In den Hauptstraßen schossen große feuerfeste Backsteingebäude hoch, und nach allen Richtungen hin breiteten sich Brettervorstädte aus. Die Grundstückspreise in der Innenstadt kletterten auf schwindelerregende Höhe.

Der große Comstock-Gang erstreckte sich in seiner opulenten Länge von Norden nach Süden mitten durch den Ort, und jede Mine darauf wurde fleißig erschlossen. Eine dieser Gruben beschäftigte allein sechshundertfünfundsiebzig Leute, und in puncto Wahlen galt das Sprichwort: »Wie die Gould & Curry, so die ganze Stadt.« Bergleute verdienten vier bis sechs Dollar den Tag; sie arbeiteten in drei Schichten oder Kolonnen, und das Sprengen und Hauen und Schaufeln hielt unaufhörlich an, Tag und Nacht.

Die »City« des Ortes thronte auf halber Höhe der steilen Lehne des Mount Davidson, zweitausendzweihundert Meter über dem Meeresspiegel, und war in der klaren Luft Nevadas aus einer Entfernung von fünfzig Meilen zu sehen! Sie behauptete, eine Bevölkerung von fünfzehn- bis achtzehntausend Seelen zu haben, und den ganzen Tag lang schwärmte die eine Hälfte dieser kleinen Armee wie Bienen durch die Straßen, und die andere schwärmte Hunderte Fuß tief unten in der Erde und direkt unter denselben Straßen durch die Stollen und Querschläge des Comstock-Ganges. Oft fühlten wir unsere Stühle rucken und hörten das schwache Dröhnen einer Sprengung im Erdinnern unter der Redaktion.

Die Berglehne war so steil, daß die ganze Stadt eine Schräge hatte wie ein Dach. Jede Straße war eine Terrasse, und von ihr bis zur nächsten tieferliegenden Straße machte der Höhenunterschied zwölf, fünfzehn Meter aus. Die Vorderseiten der Häuser befanden sich mit der Straße, auf die sie hinausgingen, auf gleicher Ebene, nach hinten zu aber waren ihre Erdgeschosse auf hohe Stelzen gesetzt; stand man an einem Hinterfenster im Parterre eines Hauses in der C-Straße, konnte man der Häuserreihe unter sich, die auf die D-Straße hinausging, in die Schornsteine gucken. Von der D- zur A-Straße hinaufzusteigen, war in jener dünnen Luft eine anstrengende Kletterpartie, und wenn man oben anlangte, hatte man keine Puste mehr, doch dafür konnte man dann kehrtmachen und sozusagen wie ein Lauffeuer wieder hinuntersausen. Infolge der großen Höhe war die Luft so dünn, daß einem das Blut immer gleich unter der Haut lag und ein Stecknadelkratzer ein Unglück darstellte, um das es lohnte, sich Sorgen zu machen, denn man hatte immer Aussicht, daß er sich zu einer anständigen Wundrose entwickelte. Als Ausgleich aber schien die Luft dem Heilprozeß von Schußwunden förderlich zu sein, weshalb es dir keine bleibende Genugtuung versprach, deinen Gegner bloß durch beide Lungen zu schießen, denn mit ziemlicher Sicherheit kreuzte er noch im selben Monat auf und suchte dich, und bestimmt nicht mit einem Opernglas.

Von Virginia Citys luftiger Höhe aus konnte man über ein riesiges, weites Panorama von Bergketten und Wüsten hinsehen, und ob der Tag nun strahlend oder verhängt war, ob die Sonne auf- oder unterging oder im Zenit flammte oder ob Nacht und Mondschein herrschten, das Bild war immer beeindruckend und schön. Über dir reckte der Mount Davidson seine graue Kuppel, und vor und unter dir spaltete ein zerklüfteter Cañon die Zinnen der Berge und bildete ein düsteres Tor, durch das man eine sanft getönte Wüste erblickte, mit dem Silberfaden eines schlängelnden Flusses darin, dessen Uferbäume in der viele

Meilen weiten Entfernung wie ein zarter Saum wirkten; und noch weiter weg erhoben sich die schneebedeckten Berge und erstreckten ihre lange Barriere bis an den dunstigen Horizont – und noch weit dahinter ein See, der in der Wüste wie eine herabgefallene Sonne glühte, obwohl er fünfzig Meilen weit entfernt lag. Wohin man aus seinem Fenster auch sah, das Bild war faszinierend. Selten – aber sehr selten – gab es an unserem Himmel Wolken, und dann vergoldete und überstrahlte und verklärte die sinkende Sonne diese gewaltige Weite von Landschaft mit einer verwirrenden Farbenpracht, die das Auge wie gebannt gefangenhielt und den Geist wie Musik ergriff.

VIERUNDVIERZIGSTES KAPITEL

Konjunktur · Aktienbündel · Journalistisches Reklamemachen · Ich bekomme Kuxe geschenkt · Gesalzene Gruben · Ein Mime in neuer Rolle

Mein Gehalt wurde auf vierzig Dollar die Woche erhöht. Doch ich hob es selten ab. Ich hatte genug andere Quellen, und was bedeuteten schon zwei breite goldene Zwanzigdollarstücke einem Mann, der von dieser Sorte und außerdem noch von einer lästigen Überfülle glänzender Fünfzigcentstücke die Taschen voll hatte? (Papiergeld ist an der Pazifikküste nie in Gebrauch gekommen.) Der Reporterberuf war lukrativ, und jeder in der Stadt ging mit seinem Geld und seinen »Fuß« verschwenderisch um. Der Ort und die ganze große Berghalde waren von Schürfschächten durchlöchert. Es gab mehr Gruben als Bergleute. Zwar lieferten keine zehn dieser Minen Gestein, das den Transport zu einer Hütte lohnte, doch jeder sagte: »Abwarten, bis der Schacht unten ist, wo der Gang massiv wird, dann werdet ihr schon sehen!« Also ließ sich niemand entmutigen. Das waren fast alles Schwindelminen, und sie waren völlig wertlos, aber das wollte damals kein Mensch wahrhaben. Die Ophir, die Gould & Curry, die Mexiko und andere große Gruben auf dem Comstock-Gang in Virginia City und Gold Hill lieferten jeden Tag riesige Haufen reiches Erz, und jeder bildete sich ein, sein kleiner Schwindelclaim wäre genausogut wie einer auf dem Hauptgang und würde, war er erst einmal unten, wo die Ader massiv wird, unfehlbar tausend Dollar pro Fuß wert sein. Armer Kerl, er war mit seliger Blindheit dagegen geschlagen, daß er das nie und nimmer erleben würde. So bohrten sich die Tausend Schwindelschächte Tag für Tag immer tiefer in die Erde, und jedermann war außer sich vor Hoffnung und Glück. Wie sie arbeiteten, prophezeiten, jubelten! Solange die Welt besteht, hat es so etwas bestimmt noch nicht gegeben. Jede einzelne dieser Schwindelminen – nicht Minen, sondern Löcher im Boden über imaginären Minen – war als Gesellschaft eingetragen und hatte schön gestochene »Aktien«, und die Aktien waren auch zu haben. Tagtäglich wurden sie in den Börsen mit fieberhafter Gier gekauft und verkauft. Man konnte hinauf auf die Halde gehen, herumkratzen und einen Gang ausfindig machen (daran war kein Mangel), eine Bekanntmachung mit einem hochtrabenden Namen aufstellen, einen Schacht beginnen, sich seine Wertpapiere drucken lassen und ohne jeglichen Beweis, daß die Mine einen Pfifferling wert war, die Aktie auf den Markt werfen und für Hunderte und sogar Tausende Dollar verkaufen. Geld zu verdienen und schnell zu verdienen, war kinderleicht. Jeder besaß »Fuß« in fünfzig verschiedenen Schwindelminen und glaubte, sein Glück gemacht zu haben. Eine Stadt also, in der es nicht einen einzigen Armen gab! Man möchte annehmen, wenn Monat um Monat verging und immer noch keine einzige Schwindelmine (mit Schwindelmine meine ich ganz allgemein *jeden* nicht auf dem Muttergang, das heißt dem Comstock, liegenden Claim) eine das Zerstampfen lohnende Tonne Gestein lieferte, daß die Leute sich langsam gefragt hätten, ob sie auf ihre künftigen Reichtümer nicht doch zu sehr vertrauten, aber daran war gar kein Gedanke. Sie gruben weiter, kauften und verkauften und waren selig.

Tagtäglich wurden neue Claims gemutet, und es herrschte der angenehme Brauch, spornstreichs zu den Zeitungsbüros zu laufen, dem Reporter vierzig oder fünfzig Fuß zu schenken und ihn zu bewegen, sich die Mine anzusehen und eine Notiz darüber zu veröffentlichen. Was man dann schrieb, darum scherten sich die Minenbesitzer keinen Deut, Hauptsache, es wurde überhaupt etwas geschrieben. Demgemäß verfaßten wir ein paar Zeilen des Inhalts, die »Anzeichen« wären gut oder der Gang sei »sechs Fuß breit« oder das Gestein »ähnele dem Comstock« (was es auch tat – im allgemeinen aber war die Ähnlichkeit nicht verblüffend genug, dich umzuwerfen). Versprach das Gestein einen leidlichen Ertrag, folgten wir der Landessitte, bedienten uns tönender Adjektive und schlugen Schaum, als hätte sich ein wahres Wunder von neuem Silberfund begeben. Handelte es sich um eine »erschlossene« Mine und hatte sie kein Scheideerz vorzuweisen (und natürlich hatte sie das nicht), lobten wir den Stollen; sagten, es wäre einer der bestechendsten Stollen im Lande; faselten und faselten über den Stollen, bis uns alle Verzückung ausging – sagten aber kein Wort über das Gestein. Wir verschwendeten eine halbe Spalte Schmeichelei an einen Schacht oder ein neues Drahtseil oder eine verkleidete Kiefernholzwinde oder eine faszinierende Kraftpumpe und schlossen mit einer Lobeshymne auf den »gebildeten und tüchtigen Obersteiger« der Mine – ließen aber kein Sterbenswörtchen über das Gestein fallen. Und jene Leute waren erfreut darüber und zufrieden. Gelegentlich setzten wir unserem Ruf für scharfsinniges Urteil und stetige strikte Genauigkeit ein paar Flicken und einen neuen Anstrich auf, indem wir einem alten aufgegebenen Claim einen so vernichtenden Schlag verpaßten, daß ihm seine ausgemergelten Gebeine hätten rasseln müssen – und dann nahm ihn sich jemand und verkaufte ihn an Hand der ihm somit verliehenen flüchtigen Berühmtheit.

Es gab *nichts,* was nach Minenclaim aussah, das sich nicht zu Geld machen ließ. Wir bekamen jeden Tag »Fuß« geschenkt. Brauchten wir gerade mal hundert Dollar oder so, schlugen wir ein paar davon los; wenn nicht, horteten wir sie, überzeugt, daß ihr Wert noch einmal auf tausend Dollar pro Fuß steigen würde. Ich hatte eine Truhe ungefähr halb voll mit »Aktien«. Machte ein Claim auf dem Markt eine Bewegung und kletterte hoch hinauf, suchte ich meinen Stapel durch, ob ich Wertpapiere davon hatte – und fand gewöhnlich auch welche.

Die Kurse stiegen und fielen ohne Unterlaß; und doch machte uns ein Fallen wenig aus, denn unser Preis war je tausend Dollar pro Fuß, und da sollte er von uns aus so viel fluktuieren, wie er wollte, bis er die Tausend erreichte. Mein Aktienstoß bestand nicht nur aus Geschenken von Claimbesitzern, die ihre Minen »erwähnt« haben wollten. Mindestens die Hälfte hatte ich von Leuten, welche an so etwas gar nicht dachten und nichts weiter als ein einfaches mündliches »Danke schön« erwarteten, und selbst dazu war man gesetzlich nicht verpflichtet. Kommt man die Straße entlang, in jeder Hand einen Korb Äpfel, und begegnet man einem Bekannten, so fordert man ihn selbstverständlich auf, sich ein paar zu nehmen. Das beschreibt die Verhältnisse in Nevada zur Zeit der Konjunktur. Jeder hatte die Taschen voller Aktien, und es war dort geradezu Usus, kleine Mengen davon umsonst an Freunde abzugeben. Sehr oft erwies es sich als guter Gedanke, die Sache sofort perfekt zu machen, wenn jemand einem Bekannten ein Aktiengeschenk machen wollte, denn das Angebot war nur für den Augenblick gültig und bindend, und stieg der Preis dann kurz danach hoch hinauf, hätte man einen Aufschub tief bedauert. Mr. Stewart (jetzt Bundessenator für Nevada) sagte mir eines Tages, wenn ich mit hinüber in sein Büro ginge, gäbe er mir Aktien auf zwanzig Fuß der Justis. Sie waren pro Fuß fünf bis zehn Dollar wert. Ich bat ihn, das Angebot bis zum nächsten Tage stehenzulassen, da ich gerade zu Tisch wolle. Er erwiderte, da sei er nicht in der Stadt; so ließ ich es darauf ankommen und nahm statt der Anteile mein Mittagessen. Noch in derselben Woche kletterten die Aktien auf siebzig und später auf hundertfünfzig Dollar hinauf, aber nichts konnte diesen Mann dazu bewegen, sie herauszurücken. Ich nehme an, er hat meine Aktien verkauft und den sündhaften Erlös in die eigene Tasche gesteckt. Eines Nachmittags traf ich drei Bekannte, die sagten, sie hätten auf der Auktion Steiger-Anteile für acht Dollar den Fuß erstanden. Der eine sagte, wenn ich mit zu ihm ins Büro käme, könnte ich fünfzehn Fuß abhaben, der zweite bot sich an, mir noch fünfzehn dazu zu schenken, und der dritte erklärte, er wolle ein Gleiches tun. Doch ich war auf dem Wege zu einer Leichenschau und hatte keine Zeit. Wenige Wochen später verkauften sie alle ihre Steiger für sechshundert Dollar den Fuß und kamen großmütig an, um es mir zu erzählen – und auch um mich zu drängen, die nächsten fünfundvierzig Fuß ja anzunehmen, die man mir davon aufzunötigen versuchen würde. Das sind reale Tatsachen, und ich könnte eine lange Reihe aufzählen und mich dennoch strikt auf die Wahrheit beschränken. So manches Mal schenkten uns Freunde sogar ein Aktienpaket von fünfundzwanzig Fuß, die auf je fünfundzwanzig Dollar standen, und es bedeutete ihnen nicht mehr, als ob sie einem Gast eine Zigarre anboten. Das waren eben wirklich Konjunkturzeiten! Ich dachte, sie würden ewig anhalten, aber irgendwie bin ich nie ein großer Prophet gewesen.

Um zu zeigen, von welch wildem Schürfgeist die Gemeinde besessen war, möchte ich bemerken, daß doch tatsächlich Claims in Kellerausschachtungen gemutet wurden, wo die Picke etwas freigelegt hatte, was nach Quarzadern aussah – und nicht bloß in Kellern in der Vorstadt, sondern auch mitten im Herzen der City; und sogleich gab man Anteile aus und warf sie auf den Markt. Wessen Keller das war, spielte keine Rolle – der »Gang« gehörte dem Finder, und solange die Bundesregierung nicht dazwischen trat (denn das Erstrecht auf Edelmetallgruben in Nevada hat die Regierung – zumindest hatte sie es damals), galt es als sein Privileg, ihn zu bearbeiten. Man stelle sich vor: Ein Wildfremder sticht sich zwischen den kostbaren Sträuchern in unserem Vorgarten einen Minenclaim ab und macht sich in aller Seelenruhe daran, die Erde mit Picke und Schaufel und Sprengpulver zu verwüsten! In Kalifornien ist das schon oft vorgekommen. In der Mitte einer Hauptstraße von Virginia City mutete ein Mann eine Mine und begann einen Schacht auszuheben. Er gab mir hundert Fuß Aktien ab, und ich verkaufte sie für einen schicken Anzug, weil ich Angst hatte, es könne jemand in den Schacht fallen und auf Schadenersatz klagen. Ich besaß Anteile an einem weiteren Claim, der mitten auf einer anderen Straße lag, und als Beweis, wie weit die Unvernunft von Leuten gehen kann, verkauften sich diese sogenannten Ostindien-Kuxe recht rege, obwohl ein alter Stollen direkt unter dem Claim entlanglief und jedermann hineingehen und sehen konnte, daß er weder einen Quarzgang anschnitt noch etwas, das entfernt daran erinnerte.

Eine der Methoden, zu plötzlichem Reichtum zu kommen, bestand darin, einen Schwindelclaim zu »salzen« und dann abzustoßen, solange die Aufregung anhielt. Das Verfahren war einfach. Wer darauf ausging, mutete einen wertlosen Gang, trieb einen Schacht hinein, kaufte eine Wagenladung reiches Comstock-Erz, kippte einen Teil davon in den Schacht und häufte den Rest oben an dessen Rand auf. Dann zeigte er seinen Besitz einem Greenhorn und verkaufte ihm den gesalzenen Claim zu einem gepfefferten Preis. Natürlich war das Fuder reiches Erz alles, was das Opfer aus seiner Erwerbung jemals herausholte. Ein sehr bemerkenswerter Fall einer gesalzenen Mine war der der Nord-Ophir. Es wurde behauptet, diese Ader wäre ein ferner Ausläufer der ursprünglichen Ophir, einer wertvollen Grube auf dem Comstock. Ein paar Tage lang sprach jeder von den reichen Erschließungen in der Nord-Ophir. Die Mine sollte völlig reines Silber in kleinen, massiven Klumpen liefern. Ich ging mit den Besitzern hin und fand einen sechs bis acht Fuß tiefen Schacht vor, ganz unten mit einer arg angeschlagenen Ader eines stumpfen, gelblichen, wenig verheißungsvollen Gesteins. Man hätte genausogut erwarten können, in einem Schleifstein Silber zu finden. Wir holten eine Pfanne von dem Zeug heraus und wuschen es in einer Pfütze, und tatsächlich, unter dem Bodensatz fanden wir ein halbes Dutzend schwarzer, wie Gewehrkugeln aussehender Klümpchen von untadeligem Silber. Niemand hatte je so etwas gehört; die Wissenschaft wußte für ein so seltsames Novum keine Erklärung. Die Aktien stiegen auf fünfundsechzig Dollar den Fuß, und zu diesem Preis kaufte der weltberühmte Schauspieler McKean Buchanan den überwiegenden Anteil und traf Anstalten, der Bühne zum soundsovielten Male Ade zu sagen. Und dann wurde ruchbar, daß die Mine »gesalzen« war – und nicht etwa auf die sattsam bekannte Art und Weise, sondern auf eine einmalig dreiste, unverschämte, besonders originelle und empörende Tour. Auf einem der Klumpen »gediegenen« Silbers wurde nämlich die Prägung »TED STATES OF« entdeckt, und da lag klar auf der Hand, daß als Salz für die Mine eingeschmolzene Fünfzigcentstücke gedient hatten. Die so gewonnenen Klumpen waren so lange geschwärzt worden, bis sie an gediegenes Silber erinnerten, und dann hatte man sie mit dem zertrümmerten Gestein im Boden des Schachts vermischt. Das ist wortwörtlich wahr. Selbstverständlich sank der Aktienpreis sofort auf Null Komma Null, und der Tragöde war ruiniert. Ohne dieses Unglück hätten wir McKean Buchanan womöglich für die Bühne verloren.

FÜNFUNDVIERZIGSTES KAPITEL

Anhalten der Konjunktur · Die Sanitätskommission · Wilde Begeisterung · Keiner will mit seiner Spende warten · Der Sanitätsmehlsack · Sein Erfolg in Gold · Hill und Dayton · Schließlicher Empfang in Virginia · Ein stattlicher Erlös

Die Konjunktur hielt getreulich an. Vor etwas über zwei Jahren hatten sich Mr. Goodman und ein anderer Druckergehilfe vierzig Dollar geliehen und sich aus San Francisco aufgemacht, in der neuen Stadt Virginia ihr Glück zu versuchen. Sie fanden die »Territorial Enterprise«, ein verarmtes Wochenblatt, nach Luft ringend und nahe am Eingehen. Sie kauften sie, Typen, Zubehör, Abonnenten, den ganzen Ramsch, für eintausend Dollar auf lange Frist. Redaktionsheiligtum, Nachrichtenzimmer, Druckerei, Büro, Schlafkammer, Wohnstube und Küche waren alle in einem einzigen Raum zusammengedrängt, und noch dazu in einem kleinen. Die Redakteure und Drucker schliefen auf dem Fußboden, ein Chinese kochte für sie, und als allgemeine Mittagstafel diente der Ausschießstein. Jetzt aber sah das ganz anders aus. Die Zeitung war ein großes, mit Dampfantrieb gedrucktes Tageblatt; es gab fünf Redakteure und dreiundzwanzig Setzer; der Abonnementspreis betrug sechzehn Dollar im Jahr; für Anzeigen wurde ein Sündengeld verlangt, und die Spalten waren übervoll. Die Zeitung hatte im Monat ihre sechs- bis zehntausend Dollar Reingewinn, und das Enterprise-Building war bezugsfertig – ein stattlicher feuersicherer Backsteinbau. Jeden Tag wurden von fünf bis zu elf Spalten »lebendiger« Annoncen entweder weggelassen oder in selten und unregelmäßig erscheinende Nachträge gedrängt.

Die Gould & Curry baute ein monströses Hüttenwerk mit hundert Pochstempeln, für einen Preis, der am Ende fast an eine Million Dollar herankam. Die Gesellschaft schüttete hohe Dividende aus – etwas sehr Seltenes, das auf die zwölf bis fünfzehn Claims beschränkt war, die auf dem Hauptgang, dem Comstock, lagen. Der Direktor der Gould & Curry wohnte mietfrei in einem ihm von der Gesellschaft gebauten und zur Verfügung gestellten prächtigen Haus. Er fuhr ein schönes Gespann, das ein Geschenk der Gesellschaft war, und sein Gehalt betrug zwölftausend Dollar im Jahr. Der Direktor einer anderen großen Mine reiste mit großem Aufwand herum, hatte ein Jahreseinkommen von achtundzwanzigtausend Dollar und machte später in einem Gerichtsprozeß geltend, es hätte ihm außerdem noch ein Prozent des Bruttoertrages an Edelmetall zugestanden.

Geld war in wunderbarer Hülle und Fülle da. Die Schwierigkeit bestand nicht darin, es zu verdienen – sondern es auszugeben, es zu verschwenden, es loszuwerden, es zu vergeuden. Und deshalb war es ein Glück, daß gerade zu diesem Zeitpunkt der Draht die Nachricht brachte, es sei eine große Bundes-Sanitätskommission gegründet worden und es werde Geld zur Unterstützung der verwundeten Unionssoldaten und -matrosen gebraucht, die in den Lazaretten im Osten darniederlagen. Dieser unmittelbar auf den Fersen folgte die Meldung, daß San Francisco großartig darauf reagiert habe, bevor noch ein halber Tag vergangen war. Virginia erhob sich geschlossen! In aller Eile wurde ein Sanitätskomitee auf die Beine gestellt, und dessen Vorsitzender kletterte in der C-Straße auf einen leeren Karren und versuchte, der ungestümen Menge klarzumachen, daß die anderen Mitglieder des Komitees hierhin und dorthin unterwegs seien und aus allen Leibeskräften arbeiteten und daß, wenn die Stadt sich nur eine Stunde gedulden wolle, ein Büro eingerichtet, eine Liste eröffnet und das Komitee bereit sein würde, Spenden entgegenzunehmen. Seine Stimme ging unter, und seine Bekanntmachung verlor sich in einem endlos donnernden Hurra und in Forderungen, das Geld solle jetzt *gleich* angenommen werden – sie schworen, sie wollten nicht warten. Der Vorsitzende redete und argumentierte; doch allen Vorstellungen gegenüber taub, schoben sich Männer durch die Masse, ließen Anweisungen auf Goldmünzen in den Karren regnen und eilten davon, neue zu holen. Hände, mit Geld gefüllt, wurden hoch über das Gedränge gehoben, in der Hoffnung, dieser beredte Appell würde ihnen eher einen Weg bahnen, als alles Drängeln. Selbst die Chinesen und Indianer wurden von der Aufregung ergriffen und warfen ihre halben Dollars in den Karren, ohne zu wissen oder sich darum zu kümmern, worum es überhaupt ging. Feingekleidete Frauen stürzten sich in das Gewoge, kämpften sich mit ihren Münzen zu den Karren durch und tauchten nach einiger Zeit mit hoffnungslos ramponierter Kleidung wieder auf. Es war der wildeste Mob, den Virginia City je erlebte, und der entschlossenste und am wenigsten zu zügelnde, und als seine Rage schließlich nachließ und er sich zerstreute, hatte er keinen Pfennig mehr in der Tasche. Er war – um sich seiner eigenen Ausdrucksweise zu bedienen – »zasterschwer« hingekommen und ging »blitzeblank« weg.

Danach brachte das Komitee Ordnung und System in seine Arbeit, und wochenlang flossen ihm die Spenden in großzügigem Strom zu. Einzelpersonen sowie alle Arten von Organisationen erlegten sich eine regelmäßige und nach ihren Mitteln abgestufte wöchentliche Abgabe für den Sanitätsfonds auf, und dann gab es keinen großen allgemeinen Ausbruch mehr, bis der berühmte »Sanitätsmehlsack« zu uns kam. Seine Geschichte ist eigentümlich und interessant. Ein ehemaliger Schulkamerad von mir namens Reuel Gridley lebte seinerzeit in der kleinen Stadt Austin im Gebiet des Reese River und war von demokratischer Seite für die Bürgermeisterwahl aufgestellt worden. Zwischen ihm und dem republikanischen Gegenkandidaten bestand eine Abmachung, daß der Verlierer vom Sieger öffentlich mit einem Fünfzigpfundsack Mehl beschenkt werden und diesen auf den Schultern nach Hause tragen solle. Gridley verlor. Der neue Bürgermeister überreichte ihm den Sack Mehl, und er nahm ihn auf die Schulter und trug ihn, begleitet von einer Musikkapelle und der gesamten Bevölkerung, die paar Meilen vom unteren Austin nach dem oberen Austin bis zu seinem Haus. Dort angekommen, sagte er, er brauche das Mehl nicht, und fragte die Zuschauer, was er ihrer Meinung nach am besten damit anfangen solle. Eine Stimme rief:

»Versteigern Sie ihn doch zugunsten des Sanitätsfonds.«

Der Vorschlag wurde mit einer Beifallssalve begrüßt, und Gridley bestieg eine Schnittwarenkiste und machte den Auktionator. Die Angebote gingen höher und höher, je stärker das Interesse bei den Pionieren wurde, bis der Sack schließlich für zweihundertfünfzig Dollar einem Hüttenbesitzer zugeschlagen und dessen Scheck entgegengenommen wurde. Als man ihn fragte, wo er das Mehl hingebracht haben wolle, sagte er:

»Nirgendwohin – verkauft ihn noch einmal.«

Da stiegen grandiose Hochrufe zum Himmel, und die Menge war vom richtigen Geist erfaßt. Gridley stand also da und schrie und schwitzte, bis die Sonne sank; und als die Menge auseinanderging, hatte er den Sack an dreihundert verschiedene Leute verkauft und achttausend Dollar in Gold eingenommen. Und den Sack hatte er immer noch.

Die Nachricht drang nach Virginia City, und zurück kam ein Telegramm:

»Bringt euren Mehlsack her!«

Sechsunddreißig Stunden später traf Gridley ein, und

am Nachmittag wurde im Opernhaus eine Massenversammlung abgehalten und die Versteigerung eröffnet. Der Sack war aber früher angelangt als erwartet; man hatte noch nicht für die nötige Stimmung sorgen können, und der Verkauf schleppte sich dahin. Gegen Abend hatte man erst fünftausend Dollar erzielt, und in der Gemeinde herrschte Niedergeschlagenheit. Man war jedoch keineswegs gewillt, es dabei bewenden zu lassen und den Sieg des Dörfchens Austin anzuerkennen. Bis spät in die Nacht hinein arbeiteten die tonangebenden Bürger, um die morgige Kampagne zu arrangieren, und als sie schlafen gingen, waren sie um den Ausgang unbesorgt. Am nächsten Tag um elf Uhr zog ein Korso offener Wagen, begleitet von lautstarken Musikkapellen und mit rührendem Fahnenschmuck, die C-Straße hinunter und geriet bald in Gefahr, von jubelnden Bürgermassen blockiert zu werden. Im ersten Wagen saß Gridley mit dem an deutlich sichtbarer Stelle befindlichen und in leuchtender Farbe und Goldbeschriftung glänzenden Sack Mehl; außerdem saßen in diesem Gefährt noch der Bürgermeister und der Bergamtsdirektor. Die anderen Wagen enthielten die Stadträte, die Redakteure und Reporter und sonstige hochbedeutende Leute. Die Menge wälzte sich zur Ecke Taylor- und C-Straße, in der Erwartung, dort würde der Verkauf beginnen, doch sie wurde enttäuscht und außerdem in unbeschreibliches Erstaunen versetzt, denn die Kavalkade zog weiter, als sei Virgina gar nichts mehr, und nahm ihren Weg über die Wasserscheide auf die kleine Stadt Gold Hill zu. Telegramme waren nach Gold Hill, Silver City und Dayton vorausgegangen, und diese Gemeinden befanden sich in fieberhafter Aufregung und Kampfesstimmung. Es war ein sehr heißer Tag und wunderschön staubig. Nach einer kurzen halben Stunde fuhren wir mit dröhnenden Trommeln und flatternden Fahnen und in imposante Staubwolken gehüllt den Berg hinunter in Gold Hill ein. Die gesamte Bevölkerung, Männer, Frauen und Kinder, Chinesen und Indianer, drängte sich in der Hauptstraße, alle Flaggen in der Stadt waren am Masttopp, und das Schmettern der Kapellen wurde von Hochrufen übertönt. Gridley erhob sich und fragte, wer das erste Angebot auf den Bundes-Sanitäts-Mehlsack machen wolle. Gen. W. sagte:

»Die Brummer-Silbergrubengesellschaft bietet tausend Golddollar!«

Es folgte ein Begeisterungssturm. Ein Telegramm trug die Nachricht nach Virginia City, und fünfzehn Minuten später drängte sich dort alles in den Straßen zusammen und verschlang die Meldungen – denn es gehörte mit zum Programm, daß die Anschlagtafeln an jenem Tag ein gutes Werk tun sollten. Alle paar Minuten wurde eine neue Depesche aus Gold Hill ausgehängt, und die Aufregung wurde immer größer. Dann trafen bei uns Telegramme aus Virginia ein, worin Gridley gebeten wurde, den Sack Mehl doch zurückzubringen, aber das entsprach nicht dem Kampagneplan. Nach einer Stunde hatte Gold Hills kleine Bevölkerung einen solchen Preis für das Mehl gezahlt, daß mit der Verkündung des Enderlöses auf den Anschlagbrettern alle Begeisterung von Virginia wachgerufen wurde. Dann zog der Gridley-Korso weiter, ein Riese, erfrischt mit neuem Lagerbier in überreichlicher Menge – denn die Leute brachten es an die Wagen, ohne sich erst mit genauem Einschenken aufzuhalten –, und nach drei weiteren Stunden hatte die Expedition Silver City und Dayton im Sturm genommen und befand sich auf dem ruhmgepflasterten Rückweg. Jeder Schritt war telegrafiert und angeschlagen worden, und als der Zug in Virginia City einfuhr und um halb acht Uhr abends die C-Straße hinunterschwenkte, war die ganze Bevölkerung auf den Beinen, leuchteten in den Straßen Fackeln, wehten Fahnen, spielten Kapellen, spaltete Hoch auf Hoch die Luft und war die Stadt bereit, sich auf Gnade oder Ungnade zu ergeben. Die Versteigerung begann, jedes Angebot wurde mit spontanem Beifall begrüßt, und als zweieinhalb Stunden um waren, hatte eine Einwohnerschaft von fünfzehntausend Seelen für einen Sack mit fünfzig Pfund Mehl eine Summe bezahlt, die vierzigtausend Dollar in Banknoten entsprach! Das heißt, es kamen auf jeden Mann, jede Frau und jedes Kind der Bevölkerung annähernd drei Dollar. Es wäre eine doppelt so große Gesamtsumme erreicht worden, doch die Straßen waren sehr eng, und Hunderte, die bieten wollten, konnten nicht näher als einen Häuserblock an den Stand herankommen und sich Gehör verschaffen. Sie wurden des Wartens müde, und viele gingen nach Hause, lange ehe die Versteigerung zu Ende war. Das war vielleicht der größte Tag, den Virginia City je erlebt hat.

Gridley verkaufte den Sack Mehl noch in Carson City und mehreren kalifornischen Städten sowie auch in San Francisco. Dann brachte er ihn, glaube ich, nach dem Osten und setzte ihn in ein paar Städten an der Atlantikküste um. Ganz sicher bin ich da nicht, doch ich weiß bestimmt, daß er schließlich mit ihm in St. Louis landete, wo gerade ein riesiger Sanitätsjahrmarkt abgehalten wurde, und nachdem er ihn dort für eine große Summe versteigert und durch Vorzeigen der mit Nevadas Spenden erworbenen stattlichen Silberbarren der Begeisterung nachgeholfen hatte, ließ er das Mehl zu kleinen Kuchen verbacken, die er zu hohen Preisen verkaufte.

Als der Sack Mehl seine Mission beendet hatte, wurde geschätzt, daß er für insgesamt einhundertundfünfzigtausend Dollar Papiergeld verkauft worden war! Das ist wahrscheinlich der einzige belegte Fall, daß gewöhnliches Haushaltsmehl auf dem öffentlichen Markt pro Pfund dreitausend Dollar eingebracht hat.

Im Gedenken an Mr. Gridley muß erwähnt werden, daß er die Kosten seiner für den Sanitätsfonds unternommenen Mehlsackexpedition von hin und zurück fünfzehntausend Meilen zum großen Teil, wenn auch nicht völlig, aus eigener Tasche bezahlte. Die Zeit, die er dafür opferte, betrug nicht weniger als drei Monate. Mr. Gridley hatte als Soldat am mexikanischen Krieg teilgenommen und gehörte zu den Pionieren Kaliforniens. Im Dezember 1870 ist er, allgemein betrauert, in Stockton, Kalifornien, gestorben.

SECHSUNDVIERZIGSTES KAPITEL

Die Nabobs von damals · John Smith macht eine Reise · Plötzlicher Reichtum · Ein Sechzigtausenddollarpferd · Ein schlauer Telegrafist · Ein Dollarfürst in New York · Chartern eines Omnibusses · »Hereinspaziert!« · Spritztour umsonst · »Zu bunt« · Die geselligen New Yorker

Und Nabobs gab es damals – ich meine, während der Konjunktur. Jeder große Fund in den Minen brachte ein paar hervor. An einige erinnere ich mich noch. Es waren im allgemeinen unbekümmerte, leichtlebige Burschen, und von ihren Reichtümern hatte alle Umwelt genausoviel Nutzen wie sie selber – in manchen Fällen vielleicht noch mehr.

Zwei Fuhrleute, Vettern, hatten für einen Mann einige Förderarbeiten geleistet und anstelle von dreihundert Dollar Bargeld einen kleinen, gesondert liegenden Teil einer Silbermine nehmen müssen. Ein Drittel davon gaben sie zwecks Erschließung der Grube einem Börsenspekulanten, und sie selber machten weiter Fuhren. Aber nicht lange. Zehn Monate später war die Mine schuldenfrei und zahlte jedem der Besitzer monatlich acht- bis zehntausend Dollar – sagen wir hunderttausend im Jahr.

Einer der allerersten Nabobs, die Nevada zur Welt brachte, trug Brillanten im Wert von sechstausend Dollar auf der Brust und schwor, er sei unglücklich, weil er sein Geld nicht so schnell ausgeben könne, wie er es verdiene.

Ein anderer Krösus aus Nevada hatte ein Einkommen, das oft sechzehntausend Dollar im Monat erreichte, und er erzählte immer gern, wie er in eben der Mine, die das jetzt einbrachte, für fünf Dollar Tagelohn gearbeitet habe, als er ins Land gekommen war.

Der Silber- und Salbeistaat weiß von einem weiteren dieser fast über Nacht aus Bettelarmut zu Überfluß gelangten Glückspilze, der kurz danach in der Lage war, hunderttausend Dollar für einen hohen Amtsposten zu bieten, und das auch bot – ihn aber nicht bekam, weil seine politischen Ansichten nicht so gesund waren wie sein Bankkonto.

Dann war da noch John Smith, eine ehrliche, gutmütige, unverdorbene Seele, in kleinen Verhältnissen geboren und aufgewachsen und von wundervoller Unwissenheit. Er fuhr ein Gespann und besaß eine Ranch – eine bloße Klitsche, von der er aber bequem leben konnte, denn wenn er auch nur wenig Heu erntete, war das Wenige auf dem Markt immerhin zweihundertfünfzig bis dreihundert Golddollar pro Tonne wert. Smith tauschte dann ein paar Acre gegen eine kleine unerschlossene Silbergrube in Gold Hill ein. Er öffnete die Mine und baute ein bescheidenes Zehner-Pochwerk. Achtzehn Monate später hängte er das Heumachen an den Nagel, denn sein Einkommen aus dem Bergbau hatte inzwischen ein recht, recht hübsches Sümmchen erreicht. Einige sagten, es betrug dreißigtausend, andere meinten sogar sechzigtausend Dollar im Monat. Auf jeden Fall war Smith sehr reich.

Und dann fuhr er nach Europa und reiste herum. Und als er zurückkam, wurde er nie müde, von den Prachtschweinen zu erzählen, die er in England gesehen habe, und den herrlichen Schafen, die ihm in Spanien gezeigt worden seien, und den großartigen Rindern, die er in der Gegend von Rom bemerkt habe. Er war der Wunder der Alten Welt voll und gab jedermann den Rat, auf Reisen zu gehen. Er sagte, man mache sich gar keinen Begriff davon, wieviel Erstaunliches es in der Welt gebe, bevor man nicht gereist sei.

Eines Tages setzten die Passagiere an Bord des Schiffes fünfhundert Dollar, die dem gehören sollten, der die während der folgenden vierundzwanzig Stunden vom Schiff zurückgelegte Strecke am besten schätzen würde. Am nächsten Tag gegen Mittag befanden sich die Tips alle in versiegelten Umschlägen beim Zahlmeister. Smith war heiter und gelassen, denn er hatte den Maschinisten bestochen. Und doch gewann den Preis ein anderer! Sagte Smith:

»Halt, das gibt's nicht! Er hat ja zwei Meilen mehr danebengehauen als ich.«

Der Zahlmeister erwiderte: »Mr. Smith, Sie haben ärger fehlgeraten als sonst jemand an Bord. Wir haben gestern zweihundertundacht Meilen gemacht.«

»Eben, mein Lieber«, sagte Smith, »und ich habe zweihundertundneun geschätzt. Gucken Sie sich meine Zahlen noch mal an, da werden Sie eine Zwei und zwei Nullen finden, was doch zweihundert bedeutet, nicht? Und hintendran steht noch eine Neun – so: zwei, null, null, neun – was zweihundertundneun heißt. Wenn ich bitten darf, nehme ich mir das Geld.«

Der Claim der Gould & Curry umfaßte zwölfhundert Fuß, die ursprünglich alle den beiden Männern gehörten, deren Namen die Mine trägt. Mr. Curry besaß zwei Drittel davon – und er sagte, er habe sie für zweitausendfünfhundert Dollar in bar und einen alten Zossen verkauft, der seinen Marktwert in auf die Minute genau siebzehn Tagen an Heu und Hafer verfraß. Und Gould, erzählte er, hätte seinen Anteil gegen zwei gebrauchte Militärdecken und eine Flasche Whisky verscherbelt, an der innerhalb von drei Stunden neun Männer krepiert seien und womit sich ein harmloser Fremder durch bloßes Riechen am Korken auf Lebenszeit zum Krüppel gemacht habe. Vier Jahre danach war die auf diese Weise abgestoßene Mine an der Börse von San Francisco ihre sieben Millionen und sechshunderttausend Dollar in Gold wert.

Noch in der ersten Zeit besaß ein armer Mexikaner, der in einem Cañon gleich hinter Virginia hauste, auf seinem Stück Land ein handgelenkstarkes Wasserrinnsal, das vom Berg heruntertröpfelte. Die Ophir-Gesellschaft trennte einhundert Fuß von ihrer Mine ab und gab sie ihm für das Bächlein. Die hundert Fuß erwiesen sich als der ergiebigste Teil der gesamten Mine; vier Jahre nach dem Tausch stand ihr Marktwert (einschließlich des darauf errichteten Hüttenwerkes) auf anderthalb Millionen Dollar.

Ein Mann, der zwanzig Fuß in der Ophir-Mine besaß, ehe deren große Reichtümer der Menschheit enthüllt wurden, tauschte sie gegen ein Pferd ein – eines, dem man durch die Rippen pusten konnte. Ungefähr ein Jahr später, als die Ophir-Aktien auf dreitausend Dollar den Fuß gestiegen waren, pflegte dieser Mann, der nicht einen Cent besaß, immer zu sagen, es sei das umwerfendste Beispiel von Glanz und Elend, das die Welt je gesehen habe, denn er könne es sich leisten, ein Sechzigtausend-Dollar-Pferd zu reiten und trotzdem nicht genug Geld zusammenkriegen, um sich einen Sattel zu kaufen, und er sei gezwungen, sich einen zu leihen oder ohne zu reiten. Er meinte, wenn ihm das Glück ein zweites Sechzigtausenddollarpferd bescherte, wäre das sein Ruin.

Ein neunzehnjähriger Jüngling, der in Virginia City als Telegrafist mit hundert Dollar Monatsgehalt arbeitete und der, wenn er die deutschen Namen in der Liste der in San Francisco eingelaufenen Schiffe nicht entziffern konnte, sich dafür findig Ersatz aus einem alten Berliner Adreßbuch holte, verhalf sich zu Reichtum, indem er auf die Minentelegramme aufpaßte, die durch seine Hände gingen, und demgemäß über einen Freund in San Francisco Aktien kaufte und verkaufte. Als einmal eine Geheimdepesche aus Virginia abgeschickt wurde, die einen reichen Fund in einer bekannten Mine meldete und die Weisung enthielt, die Sache nicht verlauten zu lassen, bis ein großer Teil der Anteile gesichert sei, erstand er davon vierzig Fuß zu je zwanzig Dollar und verkaufte hinterher die Hälfte für achthundert Dollar den Fuß und den Rest für doppelt soviel. Innerhalb von drei Monaten war er hundertfünfzigtausend Dollar schwer und sagte dem Fernschreiber adieu.

Ein anderer Telegrafist, der von der Gesellschaft entlassen worden war, weil er Amtsgeheimnisse verraten hatte, kam mit einem Geldmann in San Francisco überein, diesem das Ergebnis eines großen, in Virginia verhandelten Minenprozesses binnen einer Stunde nach dem geheimen Eingang bei den beteiligten Parteien in San Francisco mitzuteilen. Dafür sollte er einen großen Prozentsatz der Profite von den daraufhin von seinem Mitverschworenen getätigten Käufen und Verkäufen abbekommen. So ging er, als Fuhrmann verkleidet, zu einem kleinen, in den Bergen gelegenen Telegrafenamt, biederte sich mit dem Telegrafisten an und saß dort tagelang im Büro herum, rauchte seine Pfeife, klagte, daß seine Pferde kaputt seien und nicht weiterkönnten – und lauschte währenddessen auf die Depeschen aus Virginia, die durch den Apparat klickten. Schließlich kam das den Ausgang des Prozesses verkündende Geheimtelegramm über den Draht, und sobald er das hörte, telegrafierte er seinem Freund in San Francisco:

»Habe Warten satt. Verkaufe Pferde und fahre heim.«

Das war das vereinbarte Signal. Auslassung des Wortes »Warten« hätte bedeutet, daß der Prozeß anders ausgegangen wäre. Der Kumpan des angeblichen Fuhrmannes heimste eine Menge Aktien zu niedrigen Preisen ein, ehe die Nachricht publik wurde, und das Ergebnis war ein Vermögen.

Lange Zeit, nachdem sich in Virginia eine der großen Minen als Gesellschaft etabliert hatte, befanden sich noch immer ungefähr fünfzig Fuß des ursprünglichen Mutungsrechtes in den Händen eines Mannes, der die Vergesellschaftungspapiere niemals unterzeichnet hatte. Die Aktien stiegen im Wert, und man unternahm alles, um diesen Mann ausfindig zu machen, doch er war und blieb verschwunden. Einmal hörte man, er lebe in New York, und ein oder zwei Spekulanten fuhren dorthin, konnten ihn jedoch nicht finden. Ein andermal hieß es, er sei auf den Bermudas, und sofort brausten ein paar Börsenjobber ostwärts ab und schifften sich nach den Bermudas ein – aber dort war er auch nicht. Schließlich vernahm man, er befände sich in Mexiko, und ein Freund von ihm, ein Büfettier, kratzte ein bißchen Geld zusammen und machte ihn ausfindig, handelte ihm seine Fuß für hundert Dollar ab, kehrte zurück und verkaufte den Besitz für fünfundsiebzigtausend Dollar.

Doch wozu soll ich fortfahren? In der Überlieferung des Silberlandes gibt es ungeheuer viele solche Fälle, und ich würde nie damit fertig werden, wollte ich sie alle aufzählen. Es war mir nur darum zu tun, dem Leser eine Vorstellung von einer Besonderheit unserer damaligen Konjunktur zu geben, die sich anders nicht hätte so treffend darstellen lassen und die mit erwähnt werden mußte, um richtig klarzumachen, was für Zeiten und was für ein Land das waren.

Die meisten der erwähnten Dollarprinzen kannte ich persönlich, und so habe ich um der alten Bekanntschaft willen ihre Berufe und Erlebnisse ein bißchen vertauscht, damit die Öffentlichkeit an der Pazifikküste diese einstmals berühmten Männer nicht gleich erkennt. Einstmals berühmt – denn die Mehrheit von ihnen ist wieder in Armut und Unbekanntheit zurückgesunken.

In Nevada ging seinerzeit die Geschichte des Abenteuers zweier Nabobs um, die sich dort vielleicht oder vielleicht auch nicht wirklich zugetragen haben mag. Ich bringe sie hier für den Fall, daß sie etwas wert ist:

Colonel Jim war schon weit herumgekommen und mit dem Lauf der Welt mehr oder weniger vertraut. Colonel Jack dagegen kam aus den Hinterwäldern der Staaten, hatte ein Leben der Arbeit und Plackerei geführt und noch nie eine Großstadt gesehen. Gesegnet mit plötzlichem Reichtum, wollten die beiden nun nach New York fahren – Colonel Jack, um sich umzuschauen, und Colonel Jim, um seines Freundes Unverbildetheit vor Unglück zu bewahren. Sie langten nachts in San Francisco an, und ihr Schiff ging gleich am nächsten Morgen ab. In New York angekommen, erklärte Colonel Jack:

»Ich hab mein ganzes Leben lang immerzu von den Droschken gehört, und jetzt will ich mal mit einer fahren, egal, was es kostet. Komm also.«

Sie traten hinaus auf den Bürgersteig, und Colonel Jim winkte einen eleganten Landauer herbei. Colonel Jack aber sagte:

»Nein, mein Bester! Mit solchen Hausiererkarren bleib mir vom Halse. Ich bin hier, um mir was zu leisten, und Geld spielt gar keine Rolle. Ich will die feinste Kalesche, die's gibt. Hier, da kommt genau die richtige. Halt mal die gelbe da mit den Bildern drauf an. Nu hab dich nicht so – bezahlen tu ich.«

Und so winkte Colonel Jim einem leeren Pferdeomnibus, und sie stiegen ein. Sagte Colonel Jack:

»Ist das eine Lust, was? Nur so viel Polster und Bilder und Fenster, daß man keine Ruhe kriegt. Was würden die zu Hause wohl dazu sagen, wie feudal wir hier durch New York gondeln? Wenn die uns bloß sehen könnten!«

Dann steckte er den Kopf zum Fenster hinaus und rief dem Kutscher zu:

»Du, Johnny, deine Chaise gefällt mir – gefällt mir wirklich toll, aber wirklich! Die nehme ich für den ganzen Tag. Ich mach heut einen *los*. Laß deine Junker mal 'n bißchen laufen! Gib ihnen Saures! Soll dein Schaden nicht sein, alter Junge.«

Der Kutscher steckte die Hand durch das Kassierloch und klopfte nach dem Fahrgeld – es war noch, ehe die Gongs allgemein in Gebrauch kamen. Colonel Jack ergriff die Hand, schüttelte sie herzlich und sagte:

»Wir verstehen uns, Kumpel! Unter Gentlemännern immer. Hier, schnupper mal, wie dir das gefällt!«

Und er drückte ihm ein Zwanzigdollar-Goldstück in die Hand. Kurz darauf sagte der Kutscher, er könne nicht herausgeben.

»Quatsch, von wegen rausgeben! Fahr es ab. Steck's ein.«

Dann zu Colonel Jim, mit einem knallenden Schlag auf den Schenkel:

»Sache, was? Will verdammt sein, wenn ich das Ding nicht eine Woche lang jeden Tag miete.«

Der Omnibus hielt, und es stieg eine junge Dame ein. Colonel Jack stutzte einen Augenblick und stieß dann Colonel Jim mit dem Ellbogen an.

»Nichts sagen«, flüsterte er. »Soll sie mitfahren, wenn sie will. Ist ja genug Platz da.«

Die junge Dame zückte das Portemonnaie und reichte Colonel Jack ihr Fahrgeld.

»Wozu das?« fragte er.

»Geben Sie es bitte dem Kutscher.«

»Nehmen Sie Ihr Geld zurück, Gnädigste. So was können wir nicht zulassen. Sie sind hier willkommen, so lange mitzufahren, wie Sie wollen, aber der Wagen ist gechartert, und da dulden wir nicht, daß Sie auch nur einen Cent bezahlen.«

Verwirrt verkrümelte sich das Mädchen in eine Ecke. Eine alte Dame mit einem Korb kam hereingeklettert und bot ihr Fahrgeld an.

»Entschuldigen Sie«, sagte Colonel Jack, »Sie sind hier durchaus gern gesehen, beste Frau, aber bezahlen dürfen Sie nicht. Setzen Sie sich nur schön hin, Muttchen, und haben Sie nicht die geringste Sorge. Machen Sie sich's so bequem, als säßen Sie in Ihrer eigenen Equipage.«

Zwei Minuten später stiegen noch drei Herren, zwei dicke Frauen und ein paar Kinder ein.

»Kommt nur, Leute«, sagte Colonel Jack. »Wegen *uns* braucht ihr euch nicht zu genieren. Die Spazierfahrt hier ist gratis.« Dann tuschelte er Colonel Jim zu: »Du, redselig ist New York aber nicht, glaub ich, – kann man wahrhaftig nicht sagen.«

Er leistete allen Versuchen, dem Kutscher Fahrgeld zu geben, Widerstand und hieß jedermann herzlich willkommen. Den Leuten ging langsam ein Licht auf, und sie steckten ihr Geld wieder ein und gaben sich heimlichem Vergnügen an der Episode hin. Inzwischen wurde es ein halbes Dutzend Fahrgäste mehr.

»Wir haben massig Platz«, sagte Colonel Jack. »Immer reinspaziert, und macht's euch gemütlich. Was ist eine Spritztour schon, wenn man keine Gesellschaft hat?« Dann leise zu Colonel Jim: »Freundlich sind diese New-Yorker ja. Aber *kühl* dabei. Eisberge sind gar nichts dagegen. Die würden sich wohl sogar auf 'nen Leichenwagen setzen, wenn er in ihre Richtung fährt.«

Es stiegen mehr und immer noch mehr Fahrgäste ein. Die beiden langen Sitzbänke waren schon voll, und eine Reihe von Männern stand und hielt sich oben an den Querstangen fest. Leute mit Körben und Paketen kletterten aufs Verdeck. Von allen Seiten gluckste halb unterdrücktes Gelächter auf.

»Mann, wenn das an platter Unverfrorenheit nicht alles schlägt, was ich je erlebt habe, will ich ein Indianerbalg sein!« flüsterte Colonel Jack.

Ein Chinese drängte sich herein.

»Jetzt wird's mir ein bißchen zu bunt«, sagte Colonel Jack. »Kutscher, anhalten! Bleibt sitzen, Herrschaften, macht weiter – ist alles beglichen. Kutscher, fahr die Leute hier so lange spazieren, wie sie wollen – sind Bekannte von uns. Kutschier sie überallhin – und wenn du mehr Kies brauchst, kommst du runter zum St. Nicholas, und wir machen's glatt. Angenehme Weiterreise, meine Damen und Herren – karriolt so lange rum, wie ihr lustig seid – soll euch keinen Cent kosten!«

Die beiden Kameraden stiegen aus, und Colonel Jack sagte:

»Jimmy, das ist der geselligste Ort, den ich je gesehen habe. Der Chinese ist so gemütlich reingetanzt wie sonst jemand. Wenn wir ein Weilchen länger geblieben wären, hätten wir wohl gar ein paar Nigger dazugekriegt. Herrgott nochmal, wir werden heute nacht unsere Türen verbarrikadieren müssen, sonst versuchen noch ein paar von diesen Kunden, bei uns zu schlafen.«

SIEBENUNDVIERZIGSTES KAPITEL

Buck Fanshaws Abgang · Seine Todesursache · Vorbereitungen für die Beerdigung · Scotty Briggs als Komitee · Sein Besuch beim Pfarrer · Scotty kann mit dem Blatt nicht mithalten · Der Geistliche kommt durcheinander · Beide spielen an · »Beinah alle neune« · Buck Fanshaw als Bürger · Abschlagen der eigenen Mutter · Das Leichenbegängnis · Scotty Briggs als Sonntagsschullehrer

Irgend jemand hat einmal gesagt, um ein Gemeinwesen kennenzulernen, müsse man beobachten, wie dort Beerdigungen aufgezogen und welche Leute mit dem größten Brimborium zu Grabe getragen werden. Wen wir während unserer Konjunktur am prunkvollsten begruben, den berühmten öffentlichen Wohltäter oder den berühmten Raufbold, wüßte ich nicht zu sagen – diese beiden höchsten Gesellschaftsklassen ehrten ihre illustren Toten wahrscheinlich in ungefähr gleichem Maße; der oben zitierte Philosoph hätte sich also vor einer Einschätzung der Gemeinde ohne Zweifel zwei repräsentative Begräbnisse in Virginia City ansehen müssen.

Als Buck Fanshaw starb, war was los. Er gehörte zu den Honoratioren. Er hatte »seinen Mann gekillt« – wenn auch nicht bei einer Schlägerei in eigener Sache, sondern in Verteidigung eines von einer Übermacht unfair bedrängten Fremden. Er war Besitzer einer prächtigen Spelunke und Herr einer flotten Lebensgefährtin, deren er sich ohne die Formalität einer Ehescheidung hätte entledigen können. Bei der Feuerwehr hatte er einen hohen Posten inne, und in der Politik war er der reinste Warwick. Als er starb, gab es in der ganzen Stadt großes Wehklagen, besonders aber beim ausgedehnten Bodensatz der Gesellschaft.

Bei der Totenschau zeigte sich, daß Buck Fanshaw im Delirium eines verzehrenden Typhusfiebers Arsen genommen, sich selbst durch den Leib geschossen, sich die Kehle durchschnitten und dann einen Sprung aus einem Fenster im dritten Stock getan und sich das Genick gebrochen hatte – und nach reiflicher Überlegung kam die Kommission traurig und in Tränen, doch mit vom Gram getrübter Urteilskraft zu dem Spruch: »Tod durch Heimsuchung Gottes.« Was wäre die Welt ohne Kommissionen?

Die Vorbereitungen für das Begräbnis waren enorm. Es wurden alle Fahrzeuge in der Stadt gemietet, alle Kneipen mit Trauerfloren behängt, alle städtischen und Feuerwehrfahnen auf halbmast gesetzt und alle Brandmannschaften beordert, in Uniform und mit gebührend schwarz drapierter Spritze anzutreten. Da nun, nebenbei bemerkt, sämtliche Völker der Erde ihre abenteuernden Vertreter im Silberland hatten und jeder Abenteurer die Umgangssprache seines Landes beziehungsweise seiner Gegend mitbrachte, ließ diese Mischung den Slang von Nevada zum reichsten und mannigfaltigsten und stärksten werden, den es vielleicht jemals irgendwo in der Welt gegeben hat, außer in den Minen von Kalifornien während der »ersten Zeit«. In Nevada sprach alles Slang. Es war schwer, eine Predigt ohne Slang zu halten und verstanden zu werden, Ausdrücke wie: »You bet!«, »Oh no, I reckon not!«, »No Irish need apply« und hundert andere wurden so gang und gäbe, daß sie einem ganz unbewußt von der Zunge rollten – und sehr oft, wenn sie zum Gesprächsthema überhaupt keinen Bezug hatten und folglich gar nichts mehr besagten.

Nach Buck Fanshaws Leichenschau hielt die kurzhaarige

Bruderschaft eine Versammlung ab, denn an der Pazifikküste geht es nicht ohne öffentliche Versammlung und Meinungskundgebung. Es wurden Beileidsresolutionen angenommen und diverse Ausschüsse ernannt. Unter anderem beauftragte man ein Einmannkomitee, beim Pfarrer vorzusprechen, einem zartgebauten, sanften geistlichen Frischling aus einem Seminar im Osten, der mit den Gebräuchen der Minen noch nicht vertraut war. Das Komiteemitglied »Scotty« Briggs machte seine Aufwartung, und den Geistlichen in späteren Jahren davon erzählen zu hören, lohnte sich. Scotty war ein verwegener Rabauke, dessen üblicher Aufzug, wenn er gewichtige Amtsgeschäfte ausführte, aus Feuerwehrhelm, knallrotem Flanellhemd, Lackledergürtel mit eingehängtem Spanner und Revolver, über den Arm genommenem Rock und in die Stiefel gestopften Hosen bestand. Er bildete keinen schlechten Kontrast zu dem blassen Theologen. Um Scotty gerecht zu bleiben, sei am Rande jedoch erwähnt, daß er ein warmes Herz hatte, seinen Freunden sehr zugetan war und sich nie an irgendwelchen Händeln beteiligte, solange er sich einigermaßen heraushalten konnte. Ja, es wurde allgemein gesagt, wenn man Scottys Keilereien unter die Lupe nehme, stelle sich immer heraus, daß er ursprünglich gar nichts mit der Sache zu tun gehabt, sondern sich aus angeborener Gutmütigkeit eingemischt hätte, um demjenigen zu helfen, dem es am meisten an den Kragen ging. Mit Buck Fanshaw verband ihn jahrelang eine Busenfreundschaft, und von beiden war so mancher gemeinsame abenteuerliche Einsatz riskiert worden. Bei einer Gelegenheit hatten sie ihre Jacken abgeworfen und sich bei einem Handgemenge zwischen Unbekannten auf die schwächere Seite geschlagen, sich dann nach Erringung eines schwererkämpften Sieges umgedreht und festgestellt, daß die Männer, denen sie zu Hilfe geeilt waren, sich längst aus dem Staube gemacht – und die Jacken ihrer Beschützer mitgenommen hatten! Doch zurück zu Scottys Besuch bei dem Geistlichen. Er befand sich jetzt auf einer traurigen Mission, und sein Gesicht war das Abbild des Wehs. Vorgelassen, setzte er sich vor dem Pfarrer hin, legte seinen Feuerwehrhelm vor dessen Nase auf ein Predigtkonzept, entnahm ihm ein rotes Seidentaschentuch, wischte sich damit die Stirn und seufzte in Erklärung seines Anliegens schaurig eindrucksvoll auf. Er würgte und vergoß sogar Tränen, bezwang sich jedoch und sagte schließlich mit kläglicher Stimme:

»Bist du der Chef von der Betbude nebenan?«

»Ob ich der – Verzeihung, aber ich verstehe nicht recht.«

Mit einem Seufzer und Halbschluchzer antwortete Scotty:

»Ja, weißt du, wir haben ein bißchen Kummer, und da meinen die Jungs, du kannst uns vielleicht auf die Socken helfen, wenn wir dich drum anhauen – falls ich hier überhaupt richtig bin und du der Obermimer von der Andachtsfabrik nebenan bist.«

»Der Hirte jener Herde, deren Hürde sich nebenan befindet, der bin ich allerdings.«

»Der was?«

»Der Seelsorger der kleinen Gemeinde von Gläubigen, deren Heiligtum an dieses Grundstück grenzt.«

Scotty kratzte sich den Kopf, überlegte einen Augenblick und sagte dann:

»Gehst ganz schön hoch ran, Kumpel. Schätze, mit deinem Blatt kann ich kaum mithalten. Nu komm mal raus mit was, damit der Laden läuft.«

»Wie bitte? Verzeihung, was meinten Sie?«

»Na, deine Puste ist länger. Vielleicht aber auch meine. Du hast meins nicht gefressen, und ich hab deins nicht gefressen. Weißt du, einer von den Jungs hat das Spiel abbrechen müssen, und wir möchten ihn gerne anständig versenken, und da bin ich auf dem Sprung, jemand aufzutreiben, der uns ein bißchen was vorquatscht und ihn schön rüberdudelt.«

»Lieber Freund, mir scheint, ich begreife immer weniger. Ihrer Rede Sinn ist mir völlig unklar. Können Sie sich nicht etwas einfacher ausdrücken? Zu Anfang bildete ich mir ein, Sie zu verstehen, doch jetzt tappe ich im Dunkeln. Würde es die Angelegenheit nicht erleichtern, wenn Sie sich auf durch hinderliche Anhäufungen von Metaphern und Allegorien unbelastete kategorische Tatsachenangaben beschränkten?«

Neue Pause und weiteres Überlegen. Dann sagte Scotty: »Schätze, ich muß passen.«

»Wie bitte?«

»Hast mich ausgepokert, Kumpel.«

»Ich bin immer noch unfähig, zu verstehen, worauf Sie hinauswollen.«

»Na, dein letztes Anspiel ist mir zu hoch – das mein ich. Da kann ich weder mithalten noch drübergehen.«

Perplex sank der Geistliche in seinen Stuhl zurück. Scotty stützte den Kopf in die Hand und gab sich weiterem Überlegen hin. Nach einer Weile hob er traurig, aber zuversichtlich das Gesicht.

»Jetzt hab ich's, wie du's spitzkriegst. Was wir haben wollen, ist ein Bibelpoker. Begreifst du?«

»Ein was?«

»Ein Bibelpoker. 'n Pfarrer.«

»Ach so! Warum haben Sie das nicht gleich gesagt? Ich bin Geistlicher – bin Pfarrer.«

»Das ist doch endlich ein Wort! Du siehst, ich bin blind mitgegangen, und verdoppelst nun den Einsatz. Hier, hau rein!«, wobei er eine Pranke ausstreckte, die sich um das Händchen des Geistlichen schloß und es vor lauter brüderlicher Sympathie und inbrünstiger Dankbarkeit fast abbrach.

»Jetzt verstehen wir uns doch wenigstens, Kumpel. Fangen wir die Partie noch mal an. Mußt dich nicht dran stören, daß ich ein bißchen hochziehe – aber wir haben mächtigen Kummer. Einer von den Jungs ist nämlich abgekratzt...«

»Ist was?«

»Na, abgekratzt – hops gegangen.«

»Hops gegangen?«

»Ja, hat die Absterbe gemacht...«

»Ah so – hat die Reise nach jenem geheimnisvollen Lande angetreten, von des Bezirk kein Wanderer wiederkehrt.«

»Wiederkehr! Schön wär's ja. Mensch, er ist *tot*!«

»Ja, ich verstehe.«

»Wirklich? Hab schon gedacht, du kommst wieder mit dem Blatt nicht klar. Ja also, er ist nu ganz von frischem tot...«

»*Von frischem?* Wieso, war er denn schon vorher einmal tot?«

»Vorher mal tot? Quatsch mit Soße! Denkst du denn, ein Mensch hat neun Leben wie 'ne Katze? Aber er ist jetzt ganz elende tot, Mann, der arme alte Junge, und ich wollte, ich hätte diesen Tag nie erlebt. Einen bessern Kumpel als wie Buck Fanshaw gibt's nicht noch mal. Hab ihn in- und auswendig gekannt, und wenn ich einen kenne und was für ihn übrig habe, denn ist das wie ein Stück von mir selber – kannst du mir glauben. Nimm ihn, von welcher Seite du willst, einen pfundigeren Mann haben wir hier in den Minen nie gehabt. Daß Buck Fanshaw einem Freund in den Rücken gefallen wäre, hat keiner erlebt. Aber nu ist es ja aus mit ihm, weißt du, aus und vorbei. Hat alles keinen Zweck. Sie haben ihn gekascht.«

»Gekascht?«

»Hm, der Sensenonkel. Ja, ja, ja, den kriegen wir nicht wieder. Nein, nein. Man hat's schon schwer in der Welt, was? Aber auf Draht ist er gewesen, du! Hättest ihn sehen sollen, wenn er erst mal in Fahrt kam. Ein Mordsjunge mit Glasauge! Brauchtest ihm bloß ins Gesicht zu spucken und genug Platz für seine Kraft geben, und dann war es einfach 'ne Wonne, wie er sich auspellte und ins Zeug legte. Das war die großartigste Halunkenbrut, die je geröchelt hat. Und *drauf* ist er gewesen! Mehr als wie 'n Injaner!«

»Drauf? Wo drauf?«

»Auf 'm Schuß. Auf 'm Schwinger. Ich meine, er hat rasch gezogen. Und wenn das sonst wer war, da hat er sich einen Dreck drum geschert. 'tschuldige, Freund, daß ich beinah was nicht ganz Feines gesagt habe – aber du merkst ja, das Palaver hier strengt furchtbar an, weil man sich so am Riemen reißen und alles so zahm ausdrücken muß. Aber wiederkriegen tun wir ihn nicht. Schätze, da gibt's kein Drumrum. Wenn du uns also eine Hand reichen könntest, ihn einzubuddeln...«

»Die Sterbepredigt halten? Beim Begängnis helfen?«

»Begängnis klingt tadellos. Jawoll. Haargenau unser Spiel. Weißt du, wir wollen die Sache ohne Rücksicht auf Verluste aufziehen. Er war selber immer schneidig, und da soll sich, kannst du Gift drauf nehmen, seine Beerdigung auch sehen lassen können – Sarg mit massiven Silberbeschlägen, sechs Federbüsche am Leichenwagen und auf dem Bock ein Nigger mit weißem Chemisett und Angströhre – das macht was her, was? Und du sollst auch nicht zu kurz kommen, Kumpel. Dafür sorgen wir schon. Du kriegst einen Wagen, und wenn du sonst noch was willst, dann nur raus damit, und wir schaffen's ran. Wir haben dir in meiner Bude 'ne Kanzlei zurechtgezimmert, wo du dich zum Reden dahinterstellen kannst, hab also keine Bange. Brauchst bloß loslegen und in dein Horn tuten, wenn sie dir nichts abnehmen. Zwitscher Buck so großartig wie möglich rüber, Kumpel, denn jeder, der ihn gekannt hat, wird dir sagen, daß er einer der anständigsten Männer war, die es in den Minen je gegeben hat. Das kannst du gar nicht dick genug auftragen. Er hat es nie mit ansehen können, wenn irgendwo krumme Dinger gedreht wurden. Er hat mehr dazu beigetragen, daß hier in der Stadt Ruhe und Ordnung herrschen, als jeder andere. Ich hab mit eignen Augen erlebt, wie er in elf Minuten vier Mexikanerlümmel fertiggemacht hat. Mußte wo Ordnung gestiftet werden, ist er dazu nicht erst einen holen geschlichen, nein, sondern hat reingedonnert und selber für Ordnung gesorgt. Er war keiner von den Katholschen. Kann man nicht sagen. Die hat er gefressen gehabt. ›Iren nicht zugelassen!‹ war sein Leib- und Magenwort. Aber das spielte keine Rolle, wenn's um jemand seine Rechte ging – und wie mal 'n paar Rowdys sich den katholschen Knochenpark untern Nagel reißen und Grundstücke drauf abstecken wollten, da hat er zwischengefunkt! Und sie rausgefeuert! Ich war dabei und hab's selber gesehen.«

»Das war recht, fürwahr – zumindest war es der Antrieb zu der Tat – ob diese selbst, mag dahingestellt bleiben. Hatte der Verstorbene irgendwelche religiösen Überzeugungen? Ich meine, fühlte er sich von einer höheren Macht abhängig, beziehungsweise unterwarf er sich ihren Fügungen?«

Weiteres Nachdenken.

»Schätze, du hast mich schon wieder geschnallt, Kumpel. Kannst du das nochmal sagen, aber langsam?«

»Also, um es etwas einfacher zu formulieren: War er jemals einer sich von weltlichen Dingen distanzierenden und sich der Selbstaufopferung im Interesse der Moral hingebenden Gemeinschaft verbunden?«

»Beinah alle neune – stell sie mal auf der andern Bahn auf, Kumpel.«

»Ich verstehe nicht?«

»Na, du bist mir einen Zahn zu scharf. Wenn du mit deiner Linken ausholst, kipp ich immer gleich aus den Pantinen. Jedesmal, wenn du ziehst, triffst du; aber ich scheine kein Glück zu haben. Mischen wir neu.«

»Wie? Noch einmal von vorn anfangen?«

»Richtig.«

»Na schön. War er ein guter Mensch und ...«

»Ach so, *da* halte ich mit! Warte mit dem Höhergehen, bis ich mir mein Blatt richtig angeguckt habe. Ob er ein guter Mensch war! Gar kein Ausdruck! Er war der beste Mensch, der je – Mann, du hättest ihn angehimmelt. Er hat jeden Ganoven von seiner Kragenweite in Amerika zu Mus machen können. Er war es, der bei den letzten Wahlen die Unruhen niedergeschlagen hat, noch ehe sie richtig angefangen hatten; und jeder sagt, er wär auch der einzige gewesen, der das gekonnt hat. In der einen Hand einen Spanner und in der andern 'ne Trompete, so ist er rangegangen, und hat keine drei Minuten gedauert, da mußten vierzehn Figuren auf Fensterläden nach Hause getragen werden. Er hat die Unruhen alle gestoppt und schön verhindert, ehe überhaupt einer 'ne Chance hatte, was zu landen. Er war immer für Frieden und hat auch immer für Frieden gesorgt – Krawall hat er keinen gelitten. Es ist ein großer Verlust für die ganze Stadt, Kumpel. Die Jungs würden sich freuen, wenn du 'n bißchen so was mit reinbringen und ihm Gerechtigkeit erweisen würdest. Als die Rotfüchse hier mal anfingen, Steine in die Fenster von der methodistischen Sonntagsschule zu schmeißen, hat er ganz von sich aus seinen Laden zugemacht und sich zwei Sechsschüssige genommen und ist vor der Sonntagsschule auf Wache gezogen. ›Iren nicht zugelassen!‹ hat er gesagt. Und sie waren's auch nicht. Er war der mordsmäßigste Bursche aus den ganzen Sierras! Er konnte schneller rennen, höher springen, härter zuschlagen und mehr Rachenputzer drinbehalten als sonst noch einer in den nächsten siebzehn Bezirken. Bring das mit rein, Kumpel – wird den Jungs besser gefallen, als was du sonst sagen kannst. Und dann kannst du noch sagen, daß er seine Mutter nie abgeschlagen hat.«

»Seine Mutter nie abgeschlagen?«

»Richtig – wird dir jeder von den Jungs bestätigen.«

»Ja, aber weshalb hätte er sie denn schlagen sollen?«

»Meine ich ja auch – aber es gibt welche, die so was tun.«

»Doch keine Leute von Ansehen?«

»Ach, manche von ganz schön welchem.«

»Ein Mensch, der die Hand gegen die eigene Mutter erhebt, verdient meiner Meinung nach...«

»Nicht doch, Kumpel. Hast deine Kugel glatt über die Bande gejagt. Ich meine doch, daß er seine Mutter nie *abgewimmelt* hat – kapierst du jetzt? Nein, hat er nicht gemacht. Er hat ihr ein Häuschen zum drin Wohnen geschenkt und Grundstücke und einen Haufen Geld und hat sich die ganze Zeit um sie gekümmert und für sie gesorgt, und wie sie mit Blattern krank gelegen hat, wenn er da nicht nachts aufgeblieben ist und sie selber gepflegt hat, will ich verdammt sein! 'tschuldige, daß ich das gesagt habe, aber es ist mir einfach so rausgerutscht. Du hast dich mir von einer anständigen Seite gezeigt, Kumpel, und ich bin nicht der Mann, der dich absichtlich kränken will. Scheinst 'ne ehrliche Haut und 'n patenter Junge zu sein. Du gefällst mir, und wem du nicht gefällst, den stauch ich zusammen. Den stauch ich so zusammen, daß er sich die Knochen einzeln numerieren lassen kann! Hau rein!« (Abermaliger brüderlicher Handschlag – und Abgang.)

Das Leichenbegängnis war so, wie es sich »die Jungs« nur wünschen konnten. Ein solches Wunderwerk von Beerdigungspomp hatte man in Virginia noch nie erlebt. Der mit Federbüschen geschmückte Leichenwagen, die Trauermärsche schmetternden Blechkapellen, die geschlossenen Geschäfte, die auf halbmast hängenden Fahnen sowie der lange, schwerfällige Zug von uniformierten Geheimbünden, Milizbataillonen und Feuerwehrmannschaften, schwarz verhüllten Spritzen, Wagen mit Beamten, Bürger in Fahrzeugen und zu Fuß – das alles lockte Scharen von Zuschauern auf die Gehwege, auf die Dächer und an die Fenster, und noch Jahre später wurde bei allen öffentlichen Paraden in Virginia der erreichte Grad der Pracht durch Vergleich mit Buck Fanshaws Beerdigung beurteilt.

Als Bahrtuchhalter und Leidtragender war Scotty Briggs eine der wichtigsten Personen bei dem Begräbnis, und als nach Beendigung der Predigt der letzte Satz des Gebetes für die Seele des Toten gen Himmel aufstieg, fiel er leise, aber mit Gefühl ein:

»Amen. Iren nicht zugelassen.«

Da der größere Teil dieses Gebetsschlusses ja offensichtlich nicht zur Sache gehörte, war er wahrscheinlich nichts weiter als ein bescheidener Tribut an das Andenken des dahingegangenen Freundes, denn, wie Scotty gesagt hatte, war das dessen »Leib- und Magenwort« gewesen.

Scotty Briggs erlangte in späteren Jahren den Ruhm des einzigen Bekehrten, der unter den Raufbolden Virginias jemals für die Religion gewonnen wurde; und es zeigte sich, daß der Mann, der sich aus angeborenem Edelmut bei Schlägereien stets der Schwachen angenommen hatte, aus keinem schlechten Holz geschnitzt war, um daraus einen Christen zu zimmern. Seine Umwandlung zu einem solchen tat weder seiner Selbstlosigkeit noch seiner Courage Abbruch, im Gegenteil, die eine erhielt dadurch eine vernünftige Richtung und die andere ein breiteres Betätigungsfeld. Wenn seine Sonntagsschulklasse schnellere Fortschritte machte als die übrigen Gruppen, war das verwunderlich? Wohl kaum. Er redete zu seinen kleinen Pionieren in einer Sprache, die sie verstanden. Noch einen Monat vor seinem Tod hatte ich das große Vergnügen, ihn die schöne Geschichte von Joseph und seinen Brüdern seiner Klasse »ohne Buch« erzählen zu hören. Ich überlasse es der Phantasie des Lesers, sich vorzustellen, wie diese

Geschichte, gespickt mit Slang, aus dem Munde jenes würdig-ernsten Lehrers kam und wie seine Schüler ihr mit gebanntem Interesse lauschten, welches bewies, es war ihnen genausowenig bewußt wie ihm, daß den heiligen Gebräuchen irgendwelche Gewalt angetan wurde!

ACHTUNDVIERZIGSTES KAPITEL

Die ersten sechsundzwanzig Gräber in Virginia · Die Honoratioren · Der Mann, der sein Dutzend gekillt hatte · Die Institution des Schwurgerichts · Exemplarische Geschworene · Ein Privatfriedhof · Die Desperados · Wen sie töteten · Klein-Brown wird wütend · Satisfaktion ohne Duell

Die ersten sechsundzwanzig Gräber auf dem Friedhof von Virginia nahmen *Ermordete* ein. Das sagten alle, das glaubten alle, und das werden auch weiterhin alle sagen und glauben. Der Grund für soviel Mord und Totschlag lag darin, daß in einem neuen Minendistrikt stets das gewalttätige Element überwiegt und jemand erst dann geachtet wird, wenn er »seinen Mann gekillt« hat. So hieß es wortwörtlich.

Bei einem Neuankömmling wurde nicht danach gefragt, ob er fähig, ehrlich, fleißig sei – sondern ob er »seinen Mann gekillt« habe. Hatte er das nicht, sank er zu der ihm zukommenden Stellung ab, der eines unbedeutenden Menschen; hatte er das jedoch getan, wurde die Herzlichkeit seines Empfanges nach der Zahl seiner Toten abgestuft. Sich mit unbefleckten Händen zu einer einflußreichen Position hochzuarbeiten, war mühsam; kam aber jemand mit einem halben Dutzend Menschen auf dem Gewissen an, wurde er sofort anerkannt, und man riß sich um seine Bekanntschaft.

Eine Zeitlang standen in Nevada der Rechtsanwalt, der Redakteur, der Bankier, der gehobene Desperado, der gehobene Spieler und der Kneipenwirt auf derselben gesellschaftlichen Stufe, nämlich auf der höchsten. Der billigste und einfachste Weg, ein Mann von Einfluß und allgemeinem Ansehen zu werden, war, hinter einer Bar zu stehen, eine Brillantentraube auf der Krawatte zu tragen und Whisky zu verkaufen. Ich glaube, der Kneipier rangierte sogar noch eine Nuance höher als alle anderen Glieder der Gesellschaft. Seine Meinung hatte Gewicht. Er durfte bestimmen, wie die Wahlen ausgehen sollten. Kein größeres öffentliches Unternehmen konnte ohne die Unterstützung und Anleitung der Kneipiers Erfolg haben. Es war eine hohe Gunst, wenn der erste Schnapswirt am Ort sich bereit erklärte, in der Legislatur oder im Magistrat mitzuarbeiten. Der Ehrgeiz der Jugend galt kaum so sehr den Ehren der Rechtswissenschaft oder Armee und Flotte wie der Würde, eine Kneipe zu besitzen.

Kneipier sein und jemand killen bedeutete also hehren Ruhm. Unter diesen Umständen wird es den Leser nicht erstaunen, daß in Nevada mehr als einer unter dem fadenscheinigen Vorwand der Provokation umgelegt wurde, weil der Totschläger darauf brannte, sich Ansehen zu verschaffen und das bittere Gefühl loszuwerden, bei seinen Genossen nichts vorzustellen. Ich kannte zwei Jünglinge, die nur zu diesem Zweck »ihren Mann killen« wollten – und für ihre Mühe selber gekillt wurden. »Das ist der, der Bill Adams kaltgemacht hat« war höheres Lob und lieblicherer Klang in den Ohren dieser Leute, als was bewundernde Lippen sonst hätten hervorbringen können.

Die Männer, die Virginias erste sechsundzwanzig Friedhofsinsassen ermordet hatten, wurden nie bestraft. Warum nicht? Weil Alfred der Große, als er das Schwurgericht erfand, zwar wußte, daß er damit eine treffliche Einrichtung zur Sicherung der Gerechtigkeit in seinem Zeitalter geschaffen hatte, jedoch nicht wissen konnte, daß sich im neunzehnten Jahrhundert die Lage so grundlegend verändern würde, daß – sofern er sich nicht aus dem Grabe erhob und das Schwurgerichtssystem modifizierte, um es den neuen Bedürfnissen anzupassen – es sich als das ausgeklügeltste und unfehlbarste Mittel zur *Vereitelung* der Gerechtigkeit erweisen würde, welches der Menschenverstand ersinnen kann. Denn wie sollte er ahnen, daß wir, die wir klüger sind, als die Polizei erlaubt, fortfahren, es zu benutzen, nachdem die Verhältnisse es seiner Nützlichkeit beraubt haben? Genausogut hätte er annehmen können, wir würden uns nach unserer Erfindung des Chronometers weiter seiner Kerzenuhr bedienen. Zu seiner Zeit wurden Nachrichten nicht schnell verbreitet, und folglich konnte er mit Leichtigkeit eine Jury aus rechtschaffenen, intelligenten Männern zusammenstellen, die noch nichts von dem Fall gehört hatten, über den zu richten sie einberufen wurden – heute aber, in der Ära der Fernschreiber und Zeitungen, zwingt uns seine Methode, Jurys einzuschwören, die aus Dummköpfen und Halunken bestehen, weil das System Leute mit Ehre und mit Köpfchen rigoros ausschließt.

Ich erinnere mich noch an eine dieser traurigen Farcen, die wir Schwurgerichtsverhandlungen nennen. Ein berüchtigter Desperado aus Virginia hatte Mr. B., einen biederen Bürger, aus reinem Mutwillen und ganz kaltblütig getötet. Natürlich stand alles in den Zeitungen, und jeder, der lesen konnte, las darüber. Und jeder, der nicht taubstumm oder schwachsinnig war, unterhielt sich selbstverständlich darüber. Man stellte eine Geschworenenliste auf, und Mr. B. L., ein bekannter Bankier und geschätzter Bürger, wurde genauso vernommen, wie er in jedem Gericht in Amerika vernommen worden wäre:

»Haben Sie von diesem Mord gehört?«

»Ja.«

»Haben Sie sich darüber unterhalten?«

»Ja.«

»Haben Sie sich eine Meinung dazu gebildet beziehungsweise eine solche geäußert?«

»Ja.«

»Haben Sie die Zeitungsberichte darüber gelesen?«

»Ja.«

»Dann kommen Sie nicht in Frage.«

Ein Geistlicher, intelligent, geschätzt und allgemein beliebt, ein als redlich bekannter und hochachtbarer Kaufmann, ein Obersteiger von Verstand und untadeligem Ruf, ein sehr angesehener Quarzhüttenbesitzer, sie alle wurden auf dieselbe Weise vernommen und alle abgelehnt. Jeder einzelne von ihnen versicherte, er lasse sich von dem, was geredet würde und in den Zeitungen stehe, nicht beeinflussen, und die eidlichen Zeugenaussagen könnten seine zuvor gebildete Meinung durchaus umstoßen und ihn in den Stand setzen, ein vorurteilsloses und mit den Tatsachen in Einklang stehendes Urteil zu fällen. Solchen Leuten durfte der Fall natürlich nicht anvertraut werden. Nur Ignoranten konnten unbesudeltes Recht sprechen.

Als alle ehrlichen Kandidaten befragt worden waren, wurden zwölf Männer auf die Geschworenenbank gesetzt – zwölf Männer, die tausend Eide leisteten, daß sie über den Mord, von dem sogar die Kühe auf der Weide, die Indianer in der Prärie und die Steine auf der Straße wußten, weder jemals etwas gehört, gelesen oder gesprochen noch eine Meinung geäußert hatten. Eine Jury, die sich aus zwei Desperados, zwei verkommenen Bierhauspolitikern, drei Kaschemmenwirten, zwei Ranchern, die nicht lesen konnten, und drei stumpfsinnigen Eseln in Menschengestalt zusammensetzte! Hinterher stellte sich doch tatsächlich heraus, daß der eine der drei letztgenannten dachte, Blutschande und Leichenschändung wären dasselbe.

Das von dieser Jury eingebrachte Urteil lautete auf Freispruch. Was hätte man auch sonst erwarten können?

Das Schwurgerichtssystem legt einen Bannfluch auf Intelligenz und Ehrlichkeit und prämiiert Unwissenheit, Dummheit und Meineid. Es ist eine Schande, daß wir ein wertloses System weiterbenutzen müssen, bloß weil es vor tausend Jahren einmal gut war. In unserer Zeit ist ein hochangesehener, kluger und redlicher Gentleman, der beschwört, daß unter feierlichem Eid abgegebene Aussagen bei ihm mehr wiegen als auf bloßem Hörensagen beruhende Straßengerüchte und Zeitungsartikel, hundert Geschworene wert, die auf ihre eigene Unwissenheit und Dämlichkeit noch einen Schwur leisten, und die Gerechtigkeit wäre bei ihm in besseren Händen als bei ihnen. Warum läßt sich das Geschworenengesetz nicht dahin ändern, daß redlichen und intelligenten Leuten die *gleiche Chance* gegeben wird wie Narren und Verbrechern? Ist es richtig, in einem Lande, das sich der Freiheit und Gleichberechtigung aller seiner Bürger brüstet, die eine Menschenklasse derart vorzuziehen und der anderen diese Rechtsunfähigkeit aufzuerlegen? Ich kandidiere für die Legislatur. Ich will dafür eintreten, daß man das Geschworenengesetz ändert. Und zwar so, daß Intelligenz und Ansehen die erste Rolle spielen und die Geschworenenbank Idioten, Gaunern und Leuten, die keine Zeitung lesen, verschlossen bleibt. Mit dieser Kandidatur komme ich aber bestimmt nicht durch – alle meine Versuche, das Land zu retten, scheitern.

Als ich dieses Kapitel begann, ging es mir darum, einiges über das Desperadotum während der Konjunktur in Nevada zu sagen. Jene Zeit und jenes Land schildern zu wollen und dabei den Mord und Totschlag zu übergehen, wäre wie eine Darstellung des Mormonentums unter Weglassung der Vielweiberei. Der Desperado stelzte mit einer der Anzahl seiner Morde entsprechenden Borniertheit durch die Straßen, und ein erkennendes Nicken von ihm genügte, einen demütigen Bewunderer für den Rest des Tages glücklich zu machen. Die Ehrerbietung, die ein Desperado von Ruf und mit eigenem »Privatfriedhof«, wie man es nannte, genoß, war betont und wurde freudig gezollt. Stolzierte er, in überlangem Gehrock, blanken Stiefeletten mit runden Spitzen und den flotten kleinen Filz übers linke Auge geschoben, den Bürgersteig entlang, machten die niederen Rabauken Seiner Majestät Platz; betrat er ein Restaurant, ließen die Kellner Bankdirektoren und Geschäftsleute sitzen, um ihn unterwürfig mit Diensten zu überschütten; drängelte er sich an eine Bar, fuhren die Beiseitegeschobenen ungehalten herum, erkannten ihn und – entschuldigten sich. Sie erhielten dafür einen Blick, der ihnen das Mark gefrieren ließ, und inzwischen strahlte schon ein ondulierter, mit Krawattennadel geschmückter Barkeeper über den Schanktisch, stolz auf die alte Bekanntschaft, die einen so familiären Ton erlaubte wie:

»Na, Billy, was macht die Kunst, alter Junge? Freue mich, dich wieder mal zu sehen. Was darf's denn sein – wie immer?«

Mit »wie immer« war natürlich sein üblicher Drink gemeint.

Die bekanntesten Namen im Territorium Nevada waren die dieser langschößigen Revolverhelden. Redner, Gouverneure, Kapitalisten und die obersten Mitglieder der Legislative genossen zwar einige Berühmtheit, doch wirkte sie dürftig und örtlich begrenzt im Vergleich mit der von Männern wie Sam Brown, Jack Williams, Billy Mulligan, Farmer Pease, Leisetreter-Mike, Pockennarben-Jake, Eldorado-Johnny, Jack MacNabb, Joe McColt, Jack Harris, Sechsfinger-Pete und so weiter und so fort. Es gab ein ganzes Register davon. Es waren tapfere, tollkühne Kerle, und sie hatten ihr Leben als stehenden Einsatz im Spiel. Um ihnen jedoch Gerechtigkeit widerfahren zu lassen, sie verteilten ihre Fahrkarten ins Jenseits zur Hauptsache nur unter sich selbst und belästigten selten friedliche Bürger. Es galt ihnen als keine große Ehre, ihre Trophäen um ein so billiges Souvenir zu bereichern wie den Tod eines Mannes, der – nach ihrer Ausdrucksweise – »nicht auf dem Schuß« war. Sie töteten sich gegenseitig aus den geringfügigsten Anlässen und hofften und erwarteten, selbst einmal getötet zu werden – denn sie betrachteten es fast als Schande, anders zu sterben als »mit den Stiefeln an«, wie sie sagten.

Ich entsinne mich eines Beispiels für Verachtung, die ein Desperado gegenüber so geringer Beute wie dem Leben eines normalen Bürgers hegte. Ich saß mit zwei Reportern und einem kleinen Drucker namens – sagen wir – Brown zum späten Abendbrot in einem Restaurant. Nach einer Weile kam ein Fremder mit langschößigem Gehrock herein und setzte sich auf einen Stuhl, auf dem, was er nicht bemerkte, Browns Hut lag. Klein Brown sprang auf und wurde gleich ausfallend. Der Fremde lächelte, strich den Hut glatt und reichte ihn Brown unter wortreichen, in beißenden Sarkasmus gekleideten Entschuldigungen und bat ihn, ihm doch bitte, bitte nichts zuleide zu tun. Brown warf seine Jacke ab und forderte den Mann zum Kampf heraus – beschimpfte ihn, drohte ihm, äußerte Zweifel an seinem Mut und drängte, ja bettelte ihn, sich doch mit ihm zu schlagen, während sich die ganze Zeit über der lächelnde Fremde in gespielter Angst unter unseren Schutz stellte. Schließlich aber schlug er ernstere Töne an und sagte:

»Na gut, meine Herren, wenn's ohne das nicht geht, werden wir wohl müssen. Aber stürzt euch nicht in Gefahr und sagt nachher, ich hätte euch nicht gewarnt. Wenn ich erst mal in Fahrt gebracht werde, nehme ich's mit mehr als euch allen zusammen auf. Will euch mal einen kleinen Beweis geben, und wenn mein kleiner Freund hier dann immer noch darauf besteht, soll er von mir aus seinen Willen haben.«

Der Tisch, an dem wir saßen, war gut fünf Fuß lang und ungewöhnlich plump und schwer. Der Fremde bat uns, unsere Hände auf die Schüsseln zu legen und sie einen Augenblick festzuhalten – die eine davon war groß, oval, mit einem stattlichen Braten darin. Dann setzte sich der Fremde hin, kippte das eine Ende des Tisches hoch, stellte dessen beide Beine auf seine Knie, faßte die Tischkante mit den Zähnen, nahm seine Hände weg und zog so den Tisch mit Schüsseln und allem in eine waagerechte Lage! Er sagte, er könne mit den Zähnen ein Faß voll Nägel hochheben. Aus einem gewöhnlichen Trinkglas biß er ein halbrundes Stück heraus. Dann knöpfte er sein Hemd auf und zeigte uns ein Netzwerk von Stich- und Schußnarben und noch weitere auf den Armen und im Gesicht, wobei er bemerkte, er habe wohl genug Kugeln im Körper, daß man einen ganzen Bleibarren daraus gießen könne. Er war bis an die Zähne bewaffnet. Abschließend ließ er fallen, er sei Mr. ... aus Cariboo – ein gefeierter Name, bei dem uns die Knie schlotterten. Ich würde den Namen ja hier nennen, wenn ich nicht befürchten müßte, daß sein Träger ankommt und mich zu Hackfleisch macht. Schließlich fragte er, ob Mr. Brown noch immer nach Blut dürste. Brown überlegte sich die Sache einen Augenblick, und dann – lud er ihn zum Abendbrot ein.

Mit Erlaubnis des Lesers möchte ich im nächsten Kapitel einige Proben vom Leben in unserem kleinen Gebirgsnest in den alten Zeiten des Desperadotums zusammenstellen. Der Leser wird bemerken, daß wir eine merkwürdige Obrigkeit hatten, und außerdem ein Beispiel dafür finden, wie in jungen Ländern ein Mord den anderen nach sich zieht.

NEUNUNDVIERZIGSTES KAPITEL

Schießerei mit tödlichem Ausgang · Raub und wüste Schlägerei · Ein mustergültiger Ordnungshüter · Ein Gebrandmarkter · Ein Straßenkampf · Bestrafung von Verbrechen

Ein paar Auszüge aus den damaligen Zeitungen vermitteln ein Bild, das keine Retusche nötig hat:

Schießerei mit tödlichem Ausgang. – Gestern abend kam es in einem in der C-Straße gelegenen Billardsaal zwischen Polizeirichter *Jack Williams* und Wm. Brown zu einer Schießerei, bei welcher letzterer auf der Stelle den Tod fand. Zwischen beiden hatten seit mehreren Monaten Mißhelligkeiten bestanden.

Bei der sofort abgehaltenen Leichenschau wurden folgende Aussagen beigebracht:

Wachtmeister *Geo. Birdsall* sagt unter Eid aus: Man erzählte mir, Wm. Brown sei betrunken und suche Jack Williams. Sobald ich das hörte, machte ich mich auf, um einen Zusammenstoß der beiden zu verhindern. Ich ging in den Billardsaal, wo Billy Brown herumrannte und erklärte, wenn jemand etwas gegen ihn habe, dann solle er auch sagen, was. Da er ziemlichen Krakeel machte, nahm ihn Wachtmeister Perry mit ans andere Ende des Saals, um auf ihn einzureden. Brown kam zu mir zurück und sagte, die anderen wären schließlich auch nichts Besseres als er, und er könne schon allein auf sich aufpassen. Er lief an mir vorbei und ging an die Theke; ob er aber dort etwas trank, weiß ich nicht. Williams befand sich am Ende des Billardtisches neben der Treppe. Von der Theke zurückkommend, erklärte Brown, er könne jedem in der Welt das Wasser reichen, und während er das sagte, war er schon bis zum ersten Billardtisch herangekommen. Ich ging näher, denn ich rechnete damit, daß es etwas setzen würde. Als Brown seine Pistole zog, hielt ich sie fest. Er hatte aber schon einen Schuß auf Williams abgegeben; mit welcher Wirkung, weiß ich nicht. Ich hielt ihn mit einer Hand fest und griff nach der Pistole, drehte sie hoch. Wahrscheinlich hat er noch einmal abgedrückt, als ich die Pistole schon festhielt. Ich entwand sie ihm, ging um den Billardtisch herum und sagte zu einem dort, ich hätte Brown die Pistole abgenommen und er solle mit dem Schießen aufhören. Ich glaube, insgesamt hat es vier Schüsse gegeben. Als ich hinausging, erwähnte Mr. Foster, Brown sei totgeschossen worden.

War ja schließlich auch kein Grund zur Aufregung – sondern bloß ein kleiner Vorfall, den man nur »erwähnte«.

Vier Monate später erschien in derselben Zeitung (der »Enterprise«) die folgende Notiz, in welcher der Name eines der obenerwähnten Beamten (Polizeirichter *Jack Williams*) abermals auftaucht:

Raub und wüste Schlägerei. – Am Dienstagabend kam ein Deutscher mit Namen Charles Hurtzal, der als Hütteningenieur in Silver City arbeitet, in unsere Stadt und besuchte das Orchestrion-Etablissement in der B-Straße. Die Musik, das Tanzen und teutonische Maiden erweckten Erinnerungen an das teure Vaterland, bis unser deutscher Freund in einen Taumel der Verzückung verfiel. Er hatte offensichtlich Geld und ging damit spendabel um. Spät in der Nacht luden ihn Jack Williams und Andy Blessington zu einer Tasse Kaffee in den oberen Räumen ein. Williams schlug eine Partie Karten vor und ging hinauf, um ein Spiel zu holen, konnte aber keins finden und kam zurück. Als er auf der Treppe dem Deutschen begegnete, zog er seine Pistole und schlug ihn nieder und erleichterte seine Taschen um rund siebzig Dollar. Hurtzal getraute sich nicht, um Hilfe zu rufen, denn mit vorgehaltener Pistole wurde ihm gesagt, wenn er irgendwelchen Lärm schlage oder sie verrate, würden sie ihm das Lebenslicht ausblasen. Sie jagten ihm eine solche Angst ein, daß er erst Anzeige erstattete, als seine Freunde ihn dazu nötigten. Gestern ist ein Haftbefehl erlassen worden, doch haben sich die Verbrecher inzwischen aus dem Staube gemacht.

Jack Williams, dieser tüchtige Ordnungshüter, stand allgemein im Ruf eines Einbrechers, Straßenräubers und Desperados. Man erzählte sich, er habe mehrere Male in dunkler Nacht auf den öffentlichen Straßen Virginias mit gezücktem Revolver von Bürgern Geld kassiert.

Fünf Monate nach dem Erscheinen obiger Notiz wurde Williams eines Abends an einem Spieltisch ermordet; ein Gewehr hatte sich durch den Türspalt geschoben, und von Kugeln durchlöchert, fiel Williams vom Stuhl. Es hieß damals, Williams habe seit einiger Zeit gewußt, daß jemand seines eigenen Schlages (der Desperados) geschworen hatte, ihm das Leben zu nehmen, und es wurde allgemein geglaubt, Williams Freunde und Feinde würden den Mord durch eine gegenseitige Massenausrottung auf denkwürdige – und auch nützliche – Weise rächen.*

Dazu kam es zwar nicht, doch war während der nächsten vierundzwanzig Stunden nicht gerade wenig los, denn innerhalb dieses Zeitraumes wurde eine Frau durch einen Pistolenschuß getötet, jemandem mit einem Schlagring der Schädel zerschmettert und ein Mann namens Reeder ebenfalls für immer aus dem Wege geräumt. In dem Bericht der »Enterprise« über den Mord an Reeder sind einige Punkte bemerkenswert – besonders die gefällige Nachgiebigkeit

* Eine Prophezeiung aber bewahrheitete sich jedenfalls. Die Desperados hatten erklärt, sie wüßten, daß der Verschwörer, dem das Los zugefallen sei, Williams umzubringen (der Hilfspolizist Joe McGee), aus ihren eigenen Reihen käme, und ebenso hatten sie erklärt, daß das Urteil über McGee gesprochen sei, und er würde auf genau dieselbe Art und Weise umgebracht werden, die man damals für Williams ausgesucht hatte – eine Vorhersage, die sich ein Jahr später erfüllte. Nach zwölf leidvollen Monaten (denn McGee sah in jedem, der sich ihm näherte, einen Attentäter) unternahm er zum soundsovielten Male den Versuch, unbeobachtet aus dem Lande zu entkommen. Er fuhr nach Carson und setzte sich in eine Kneipe, um auf die Postkutsche zu warten, die gegen vier Uhr morgens abgehen sollte. Als aber die Nacht zu Ende ging und die Gästeschar zusammenschrumpfte, wurde er unruhig und erzählte dem Wirt, daß ihm Mörder auf der Spur seien. Der Wirt riet ihm, dann solle er sich eben in der Mitte der Gaststube aufhalten und ja nicht an die Tür oder das am Ofen liegende Fenster gehen. Ein unheilvoller Bann zog ihn jedoch immer wieder in die Nähe des Ofens, und zu wiederholten Malen schaffte ihn der Wirt zurück und ermahnte ihn, in der Mitte zu bleiben. Doch das konnte er nicht. Gegen drei Uhr früh kehrte er wieder zum Ofen zurück und setzte sich neben einem Unbekannten hin. Noch ehe der Wirt ihm eine abermalige Warnung zuflüstern konnte, feuerte jemand von draußen durch das Fenster und durchlöcherte McGees Brust mit Kugeln und tötete ihn fast augenblicklich. Der Fremde neben McGee erhielt von der Ladung auch etwas mit ab, was sich nach zwei oder drei Tagen als tödlich erwies

eines Friedensrichters aus Virginia. Die Hervorhebungen in der folgenden Schilderung stammen von mir:

Neue Messerstecherei und Schießerei. – Bei uns scheint wieder einmal der Teufel los zu sein. Wie in der ersten Zeit unserer Stadt gehen hier auf den Straßen Pistolen und Gewehre los und blitzen Messer auf. War es lange ruhig, sind die Leute nicht so schnell dabei, ihre Hände in Blut zu tauchen; ist aber erst einmal welches geflossen, können die Messer- und Revolverhelden nicht so leicht wieder davon lassen. Kaum daß vorgestern abend Jack Williams ermordet wurde, hat es als Folge dieses Totschlages gestern vormittag bereits eine weitere Bluttat gegeben, und zwar in derselben Straße, in welcher Williams sein Ende fand. Dem Vernehmen nach war Tom Reeder, ein Freund von Williams, mit George Gumbert an dessen Fleischstand ins Gespräch über den am Vorabend verübten Mord an Williams gekommen, wobei er äußerte, es sei höchst feige, jemand auf solche Art zu erschießen, ohne ihm eine Chance zu geben. Gumbert erwiderte, Williams hätte »dieselbe Chance gehabt, die er Billy Brown gegeben hat«, womit er den Mann meinte, den Williams vergangenen März totgeschossen hatte. Reeder erklärte, das sei eine hundsgemeine Lüge und man hätte Williams überhaupt keine Chance gelassen. Daraufhin zog Gumbert sein Messer und stach auf Reeder ein, wobei er ihn an zwei Stellen im Rücken verletzte. Der eine Messerhieb ging in Reeders Jackenärmel und dann weiter schräg nach unten durch die Kleidung ins Kreuz; der andere traf besser und verursachte eine weit gefährlichere Wunde. Gumbert ließ sich willig von den Polizisten abführen und wurde bald darauf vom Friedensrichter Atwill *gegen die bloße Verpflichtung* entlassen, sich um sechs Uhr abends zur Verhandlung zu stellen. Inzwischen hatte man Reeder in die Praxis von Dr. Owers geschafft, wo seine Wunden richtig verbunden wurden. *Die eine davon war recht gefährlich, und viele meinten, sie würde sich als tödlich erweisen. Da er jedoch unter beträchtlicher Alkoholeinwirkung stand, spürte Reeder seine Verletzungen nicht so, wie es normalerweise der*

Fall gewesen wäre, und er erhob sich und lief hinaus auf die Straße. Er ging zum Fleischmarkt und nahm wieder seine Auseinandersetzung mit Gumbert auf. Freunde versuchten dazwischenzutreten, um dem Streit ein Ende zu bereiten und die beiden zu trennen. Im »Letzten Schrei« stieß Reeder dann Todesdrohungen gegen Gumbert aus, indem er sagte, er werde ihn abknallen, und *er soll die Polizisten gebeten haben, Gumbert nicht festzunehmen, da er ihn umbringen wolle.* Nach diesen Drohungen ging Gumbert weg und holte sich eine mit Rehposten oder Revolverkugeln geladene Doppelflinte und machte sich auf die Suche nach Reeder. Zwei, drei Leute begleiteten diesen die Straße entlang und versuchten, ihn zum Umkehren zu bewegen, und als sie mit ihm vor dem Geschäft von Klopstock & Harris waren, kam Gumbert mit seinem Gewehr von der gegenüberliegenden Straßenseite direkt auf ihn zu. Als er bis auf zehn oder fünfzehn Fuß an Reeder heran war, rief er dessen Begleitern zu: »Vorsicht! Macht Platz!«, und diese hatten kaum noch Zeit, der Warnung nachzukommen, da feuerte er auch schon los. Reeder versuchte gerade, hinter einem großen Faß in Deckung zu gehen, welches am Markisenpfosten des Geschäftes stand, doch trafen ihn ein paar Kugeln unten in die Brust, und er taumelte nach vorn und schlug vor dem Faß lang hin. Gumbert hob sein Gewehr und drückte den zweiten Lauf ab. Der Schuß verfehlte Reeder jedoch und ging in die Erde. Zu der Zeit, als dies geschah, waren sehr viele Menschen dort auf der Straße, und eine Anzahl davon riefen, als sie Gumbert die Flinte anlegen sahen, diesem zu: »Halt!« und »Nicht schießen!« Die Messerstecherei hatte um zehn Uhr stattgefunden, und die Schießerei ereignete sich um zwölf. Nachdem die Schüsse gefallen waren, füllte sich die Straße sogleich mit den Bewohnern jenes Stadtteils, von denen einige sehr aufgeregt schienen und lachten – und erklärten, das sei »ja ganz wie in der guten alten Zeit von Anno sechzig«. Polizeioberrichter Perry und Wachtmeister Birdsall, die sich in der Nähe befanden, verhafteten Gumbert sofort, nahmen ihm die Waffe ab und brachten ihn zum Gefängnis. Viele der Leute, die es zu der Stelle gelockt hatte, wo die blutige

Tat geschehen war, sahen bestürzt aus und schienen sich zu fragen, was denn nun geschehen solle, denn sie waren voller Ungewißheit darüber, ob die Totschlagswut nun ihren Höhepunkt überschritten habe oder ob wir alle mitmachen sollten und dann eine große Mordperiode käme, wo jeder bei der geringsten Beleidigung gleich abgeknallt würde. Man raunte, daß noch nicht alles vorbei sei – vor dem Abend sollten noch fünf bis sechs weitere Leute dran glauben. Reeder wurde ins Virginia-City-Hotel gebracht, und man holte Ärzte, die seine Wunden untersuchten. Dabei wurde festgestellt, daß ihn zwei oder drei Kugeln in die Seite getroffen hatten; die eine davon scheint ihm durch die Lungen und eine andere in die Leber gedrungen zu sein. Zwei weitere Einschüsse entdeckte man in seinem Bein, die möglicherweise von den Kugeln herrühren, die das Faß trafen und dann nach unten abprallten, obgleich sie auch von dem zweiten Schuß stammen können. Nachdem Reeder getroffen worden war, erhob er sich auf die Füße und sagte – und lächelte dabei noch: »Um mich umzulegen, da muß man schon besser schießen.« Die Ärzte halten es zwar für fast unmöglich, daß er sich wieder erholt, aber da er über eine ausgezeichnete Konstitution verfügt, mag er vielleicht trotz der Anzahl und Gefährlichkeit seiner Wunden durchkommen. Gegenwärtig scheint es in der Stadt völlig ruhig zu sein, als hätten die kürzlichen stürmischen Zeiten unsere sittliche Atmosphäre gereinigt; aber wer weiß, wo sich neue Wolken zusammenballen oder Verschwörungen brodeln?

Reeder – beziehungsweise was von ihm noch übrig war – erlag zwei Tage später seinen Verletzungen! Gegen Gumbert wurde nie etwas unternommen.

Das Recht auf ein Verfahren vor einem Schwurgericht ist unserer Freiheit Palladium. Ich weiß zwar nicht, was ein Palladium ist, denn ich habe noch nie eins gesehen, aber auf jeden Fall und ohne Zweifel ist es etwas Gutes. In Nevada sind nicht weniger als hundert Leute ermordet worden – wenn ich dreihundert sagte, bliebe ich vielleicht immer noch unter der wirklichen Zahl –, und soweit ich erfahren konnte, haben dort bisher nur zwei Personen die Todesstrafe erlitten. Jedoch sind vier oder fünf Leute, die weder über Geld noch über politischen Einfluß verfügen, mit Gefängnis bestraft worden – wovon der eine wohl an die acht Monate im Kerker geschmachtet hat. Ich möchte aber nicht in den Ruf des Übertreibens kommen – er kann auch kürzere Zeit gesessen haben.

FÜNFZIGSTES KAPITEL

Kapitän Ned Blakely · Bill Noakes erhält die gewünschte Auskunft · Abknallen von Blakelys Maat · Eine wandelnde Lafette · Blakely macht Noakes dingfest · Erst hängen und hinterher vor Gericht stellen · Der Kapitän als Kaplan · Die Schöpfungsgeschichte als Exekutionslektüre · Noakes' großes Absegeln · Blakelys Gewissenszweifel

Diese Mord- und Schwurgerichtsstatistik läßt mich an ein sehr außergewöhnliches Gerichtsverfahren samt Exekution denken, das zwanzig Jahre zurückliegt. Es handelt sich dabei um einen kleinen Fetzen Geschichte, der allen alten Kaliforniern bekannt ist und es verdient, auch anderen Erdenvölkern kundgetan zu werden, die unkomplizierte, geradsinnige und schnörkelfreie Gerechtigkeit lieben. Ich würde mich für diese Abschweifung ja entschuldigen, wenn das, was ich bringen will, nicht schon selbst eine hinlängliche Entschuldigung wäre. Und da ich sowieso immerzu abschweife, geht es vielleicht auch, wenn ich das Entschuldigen ganz sein lasse und somit vermeide, daß es lästig fällt.

Kapitän Ned Blakely – dieser Name paßt genausogut wie jeder andere erdichtete (denn den letzten Berichten nach weilt der Kapitän noch unter den Lebenden und hat vielleicht kein Verlangen danach, berühmt zu werden) – segelte schon viele Jahre lang auf Schiffen, deren Heimathafen San Francisco war. Ein robuster alter Seebär mit warmem Herzen und Adleraugen, der seit fast einem halben Jahrhundert – sozusagen von Kindesbeinen an – die Meere befuhr. Eine rauhe, ehrliche Haut, voller Schneid und genauso auch voller unbeirrbarer Geradheit. Nichtssagende Floskeln waren ihm verhaßt – bei ihm hieß es stets: »Zur Sache!« Er besaß die ganze Rachsucht eines Seemanns gegen die Finten und Ausfälle der Juristerei und glaubte fest, die Gesetze und die Anwälte wären einzig und allein dazu da, Gerechtigkeit zu vereiteln.

Einmal nun hatte er das Kommando über ein Guanoschiff nach den Chincha-Inseln. Seine Mannschaft konnte sich sehen lassen; sein Liebling aber war der Maat, ein Neger, den er seit Jahren mit Bewunderung und Wertschätzung überhäufte. Es war Käpten Neds erste Fahrt nach den Chinchas. Sein Ruhm jedoch war ihm vorausgeeilt – der Ruhm, ein Mann zu sein, der sofort kurzen Prozeß machte, wenn man ihn hinterging, und der nicht mit sich spaßen ließ. Dieser Ruhm war wohlverdient. Als Käpten Ned auf den Inseln ankam, stellte er fest, daß die Taten eines gewissen Bill Noakes, Maat auf einem Handelssegler, daselbst Thema Nummer eins waren. Dieser Raufbold hatte dort eine kleine Terrorherrschaft errichtet. Um neun Uhr abends schritt Käpten Ned im Sternenlicht ganz allein sein Deck ab. Da tauchte an der Bordwand eine Gestalt auf und näherte sich ihm. Käpten Ned fragte:

»Wer ist dort?«

»Ich bin Bill Noakes, der Beste hier auf den Inseln.«

»Was hast du an Bord dieses Schiffes zu suchen?«

»Ich habe von Käpten Ned Blakely gehört, und einer von uns beiden ist besser – wer, das weiß ich, ehe ich an Land gehe.«

»Da bist du hier im richtigen Laden – und auch am richtigen Mann. Ich werde dir beibringen, hier unaufgefordert an Bord zu kommen!«

Er packte Noakes, trieb ihn rückwärts gegen den Großmast, schlug ihm das Gesicht zu Mus und warf ihn über Bord.

Noakes war nicht überzeugt. Am nächsten Abend kam er zurück, holte sich eine neue Portion Mus und ging wieder mit dem Kopf zuerst von Bord. Das genügte ihm.

Eine Woche danach hielt Noakes am hellichten Tage mit einem Trupp Matrosen ein Zechgelage, als Käpten Neds farbiger Maat ankam und Noakes versuchte, Streit mit ihm anzufangen. Der Neger wich der Falle aus und wollte sich davonmachen. Noakes ging ihm nach, und der Neger fing an zu rennen. Da schickte ihm Noakes eine Revolverkugel hinterher und tötete ihn. Ein halbes Dutzend Kapitäne sah alles mit an. Noakes verzog sich mit zwei weiteren Raufbolden in die kleine Achterkajüte seines Schiffes und verkündete, wer dort eindränge, dessen Leben wäre besiegelt. Es wurde kein Versuch gemacht, den Verbrechern zu folgen; dazu verspürte niemand Lust, und es bestand zu einem solchen Unterfangen auch wahrscheinlich wenig Absicht. Es gab keine Polizei und keine Gerichte, ja überhaupt keine Obrigkeit; die Inseln gehörten zu Peru, und das war weit weg und hatte hier keinen offiziellen Vertreter, genausowenig wie irgendeine andere Nation.

Käpten Ned jedoch zerbrach sich über dergleichen nicht den Kopf. So etwas interessierte ihn nicht. Er kochte vor Wut und schnaubte nach Gerechtigkeit. Um neun Uhr abends lud er ein doppelläufiges Gewehr mit Rehposten, kramte ein Paar Handschellen hervor, nahm sich eine Bootslaterne, ließ seinen Quartiermeister kommen und ging mit ihm an Land. Er sagte:

»Siehst du das Schiff dort am Kai?«

»Hm-hm.«

»Das ist die Venus.«

»Hm-hm.«

»Du – du *kennst* mich.«

»Hm-hm.«

»Schön. Nimm die Laterne. Trage sie direkt unterm Kinn. Ich gehe hinter dir und lege den Gewehrlauf hier auf deine Schulter, daß er nach vorn zeigt – so. Halte deine Laterne schön hoch, damit ich, was vor dir ist, gut sehen kann. Ich will Noakes auf die Bude rücken – und ihn mir holen – und den beiden andern ein Schloß vor die Tür hängen. Wenn du kneifst – du *kennst* mich.«

»Hm-hm.«

In dieser Marschordnung zogen sie leise an Bord und

langten vor Noakes' Höhle an. Der Quartiermeister stieß die Tür auf, und die Laterne enthüllte die drei Desperados, die auf dem Fußboden saßen. Sagte Käpten Ned:

»Ich bin Ned Blakely. Ich habe euch vorm Gewehr. Bewegt euch ja nicht ohne Befehl – alle Mann. Ihr beide kniet euch in die Ecke, Gesichter zur Wand – los! Bill Noakes, leg die Handschellen hier an; nun komm näher. Quartiermeister, mach sie fest. Gut. Keinen Mucks, mein Lieber. Quartiermeister, steck den Türschlüssel von draußen rein. Also, Leute, euch beide schließe ich hier ein, und falls ihr versuchen solltet, die Tür aufzubrechen – na, ihr habt ja schon von mir gehört. Bill Noakes, komm, geh vornweg. Fertig. Quartiermeister, schließ die Tür ab.«

Noakes verbrachte die Nacht als Gefangener auf Blakelys Schiff unter strenger Bewachung. Am frühen Morgen rief Käpten Ned alle Kapitäne im Hafen zusammen und lud sie mit seemännischer Förmlichkeit zu neun Uhr auf sein Schiff ein, um dem Aufknüpfen von Noakes am Rahnock beizuwohnen!

»Was! Der Mann ist doch gar nicht vor Gericht gestellt worden.«

»Na nein. Aber hat er nicht den Nigger ermordet?«

»Gewiß. Doch Sie wollen ihn nicht etwa ohne Gerichtsverhandlung hängen?«

»*Gerichtsverhandlung!* Wozu soll ich ihn denn vor Gericht stellen, wenn er den Nigger doch ermordet hat?«

»Aber Käpten Ned, das *geht* nicht. Bedenken Sie, wie sich das anhören wird.«

»Anhören, zum Teufel! *Hat er nicht den Nigger ermordet?*«

»Gewiß doch, Käpten Ned, das streitet ja auch niemand ab – aber ...«

»Dann *hänge* ich ihn auch, Punktum! Alle reden sie genauso wie Sie. Alle sagen sie, er hat den Nigger ermordet, alle wissen, er hat den Nigger ermordet, und doch wollt ihr Landratten alle, daß er deswegen erst noch vor Gericht gestellt wird. Für solchen verdammten Quatsch habe ich kein Verständnis. *Vor Gericht gestellt!* Wohlgemerkt, ich habe nichts dagegen, daß über ihn Gericht gehalten wird, wenn's um der Genugtuung willen ist, und ich komme auch hin und mache mit und helfe, aber verschiebt es auf den Nachmittag, denn bis nach der Beerdigung habe ich alle Hände voll zu tun ...«

»Wieso, was meinen Sie damit? Wollen Sie ihn trotzdem hängen – und *hinterher* vor Gericht stellen?«

»Habe ich nicht gesagt, daß ich ihn hängen werde? Leute wie Sie habe ich noch nicht erlebt! Was ist das für ein Unterschied? Erst bitten Sie um was, und wenn Sie es kriegen, sind Sie nicht damit zufrieden. Ob vorher oder hinterher, ist doch egal – *Sie* wissen ja, wie die Verhandlung ausgeht. Er hat den Nigger ermordet. Also bitte – ich muß jetzt gehen. Falls Ihr Maat beim Aufhängen gern dabei sein möchte, bringen Sie ihn mit. Ich kann ihn gut leiden.«

Das löste Aufregung im Lager aus. Geschlossen rückten die Kapitäne an und baten Käpten Ned, doch von diesem übereilten Vorhaben abzustehen. Sie versprachen, ein aus angesehensten Kapitänen bestehendes Gericht zusammenzustellen und eine Jury einzuschwören; sie würden alles so durchführen, wie es die ernste Natur der vorliegenden Aufgabe gebiete, und dem Fall unparteiisches Gehör und dem Angeklagten ein gerechtes Verfahren gewähren. Und sie sagten, es wäre Mord und nach amerikanischen Gesetzen strafbar, wenn er darauf bestehe und Noakes auf seinem Schiff henke. Sie redeten beharrlich auf ihn ein. Schließlich erklärte Käpten Ned:

»Meine Herren, ich bin weder stur noch unvernünftig. Ich will immer soviel Gerechtigkeit walten lassen, wie ich nur irgend kann. Wie lange wird die Sache dauern?«

»Wahrscheinlich nur kurze Zeit.«

»Und sobald ihr fertig seid, darf ich ihn an Land bringen und ihn aufhängen?«

»Wenn er für schuldig befunden wird, soll er ohne unnötigen Aufschub gehenkt werden.«

»*Wenn* er für schuldig befunden wird! Heiliger Neptun, *ist* er denn nicht schuldig? Da komme ich nicht mehr mit. Ihr *wißt* doch alle, daß er schuldig ist.«

Schließlich aber überzeugten sie ihn, daß sie nichts Hinterhältiges vorhatten. Dann sagte er:

»Na schön. Dann macht nur und stellt ihn vor Gericht, und ich gehe runter und repariere ihm das Gewissen und bereite ihn aufs große Absegeln vor – er scheint's nötig zu haben, und ich möchte ihn nicht ohne Chance fürs Jenseits losschicken.«

Das war ein weiteres Hindernis. Zu guter Letzt überzeugten sie ihn von der Notwendigkeit, daß der Angeklagte persönlich vor Gericht erscheinen müsse. Dann sagten sie, sie würden eine Wache schicken, ihn herzubringen.

»Nein, nein, ich hole ihn lieber selber – *mir* entwischt er nicht. Außerdem muß ich sowieso aufs Schiff; ich brauche doch einen Strick.«

Das Gericht trat mit gehöriger Feierlichkeit zusammen und schwor eine Jury ein. Schließlich kam Käpten Ned, mit der einen Hand den Häftling führend und in der anderen eine Bibel und einen Strick. Er setzte sich neben seinen Gefangenen und erklärte dem Gericht, es solle »Anker lichten und Segel setzen«. Dann musterte er die Geschworenen und entdeckte darunter Noakes' Freunde, die beiden Raufbolde. Er schritt hinüber und flüsterte ihnen zu:

»Ihr wollt also querschießen. Stimmt ja richtig, hört ihr – sonst gibt's hier anschließend an die Verhandlung eine Doppelleichenschau, und was von euch übrigbleibt, tritt die Heimfahrt in ein paar Kohlenkörben an.«

Die Ermahnung blieb nicht ohne Früchte. Die Geschworenenbank war eine Einheit – ihr Wahlspruch lautete: »Schuldig.«

Käpten Ned sprang auf und sagte:

»Komm, Bürschchen – *jetzt* gehörst du mir sowieso. Meine Herren, das habt ihr großartig hingekriegt. Ich lade euch alle ein, euch anzusehen, daß ich die Sache auch anständig mache. Folgt mir zur Schlucht, eine Meile weiter rauf.«

Das Gericht belehrte ihn, daß ein Sheriff ernannt worden sei, die Exekution durchzuführen und...

Käpten Neds Geduld war zu Ende. Sein Zorn hatte keine Grenzen. Das Thema Sheriff wurde klugerweise fallengelassen.

Als der Pulk an der Schlucht eingetroffen war, stieg

Käpten Ned auf einen Baum und machte den Strick fest, kletterte dann wieder herunter und legte seinem Mann die Hanfkrawatte um. Er schlug die Bibel auf, legte den Hut ab, las mit tiefer Baßstimme und ernster Feierlichkeit ein aufs Geratewohl gewähltes Kapitel vor und sagte dann:

»Bürschchen, du stehst vor einer Luftreise und vor der großen Abrechnung; und je weniger Ballast an Sünden man da mitzuführen hat, um so besser für einen. Gestehe und nimm ein Logbuch mit, das der Prüfung standhält. Du hast den Nigger ermordet?«

Keine Antwort. Dann lange nichts.

Der Kapitän las noch ein Kapitel vor, wobei er von Zeit zu Zeit eine effektvolle Pause machte. Dann hielt er ihm eine ernste, überzeugende Predigt und schloß mit einer Wiederholung der Frage: »Hast du den Nigger ermordet?«

Keine Antwort – nur ein böser und finsterer Blick. Der Käpten las nun voll Gefühl das erste und zweite Kapitel der Schöpfungsgeschichte – verhielt dann einen Augenblick, schloß das Buch ehrfürchtig und sagte mit einem merklichen Schuß Genugtuung:

»So. Vier Kapitel. Viele hätten sich nicht solche Mühe mit dir gegeben wie ich.«

Dann hievte er den Verurteilten hoch und machte das Seil fest. Er blieb eine halbe Stunde mit der Uhr bei ihm stehen und übergab schließlich den Leichnam dem Gericht. Ein Weilchen später, als er dastand und sinnierend die leblose Gestalt betrachtete, erschienen auf seinem Gesicht Zweifel; ihm kamen anscheinend Befürchtungen – Gewissensbisse –, und er erklärte mit einem Seufzer:

»Hätte ihn vielleicht lieber verbrennen sollen. Aber ich habe versucht, mein Bestes zu tun.«

Als die ganze Geschichte nach Kalifornien drang (es war noch in der »ersten Zeit«), wurde viel darüber geredet, aber das tat der Beliebtheit Ned Blakelys keinen Abbruch. Ja, es erhöhte sie noch. Kalifornien hatte dazumal eine Bevölkerung, die auf eine Weise Gerechtigkeit »verhängte«, welche die Ungeschminktheit und Primitivität selber war und daher anerkennende Bewunderung zollen konnte, wenn diese Methode auch anderswo befolgt wurde.

EINUNDFÜNFZIGSTES KAPITEL

Das »Weekly Occidental« · Ein geschickter Herausgeber · Ein Roman · Viel Talent auf einem Haufen · Der versumpfte Schriftsteller wird als Mitarbeiter gewonnen · Handlungssalat · Ein höchst romantisches Kapitel · Die Liebenden werden getrennt · Besser als Jonas · Ein Gedicht, das nicht das Licht der Welt erblickte · Der alte Steuermann · Unwetter auf dem Erie-Kanal · Dollinger · Schrecklicher Sturm · Zunehmende Gefahr · Der kritische Moment · Wundersame Rettung

Während der Blütezeit unserer Konjunktur gedieh das Laster üppig. Die Kneipen wußten nicht mehr, wohin mit der Kundschaft, und genauso die Polizeiwachen, die Spielhöllen, die Bordelle und die Gefängnisse – in einer Minengegend ein untrügliches Anzeichen von hohem Wohlstand – eigentlich in jeder Gegend. Habe ich nicht recht? Ein Polizeigericht mit überfülltem Terminzettel ist der sicherste aller Beweise, daß Handel und Wandel blühen und viel Geld rollt. Doch es gibt noch ein anderes Zeichen; es kommt als letztes, aber wenn es kommt, bestätigt es unfehlbar, daß die Konjunktur floriert. Und zwar ist dies die Geburt eines »literarischen« Blattes. In Virginia erschien die – »der Literatur gewidmete« – Zeitschrift »Weekly Occidental«. Alle, die irgendwie schriftstellerten, wurden als Mitarbeiter gewonnen. Als Herausgeber fungierte Mr. F., ein Mann, der mit der Feder gut zu plänkeln verstand und auf eine sprühende und knusprige Art treffende Sachen von sich geben konnte. Als Redakteur der »Union« hatte er einmal einen schwerfälligen, ungereimten, zwei Spalten langen Angriff eines Zeitgenossen mit einer einzigen Zeile pariert, die auf den ersten Blick ein förmliches und ungeheures Kompliment zu enthalten schien – nämlich: »DIE LOGIK UNSERES GEGNERS ERINNERT AN DEN FRIEDEN GOTTES« –, und es dem Gedächtnis und dem weiteren Nachdenken des Lesers überlassen, der Bemerkung eine wesentlich andere Bedeutung beizulegen, indem dieser für sich und zu seiner eigenen Muße den Rest des Bibelwortes hinzufügt: *»... denn er ist höher als alle Vernunft«*. Von einer kleinen, halb verhungerten, an der Landstraße liegenden Gemeinde, die keinen anderen Unterhalt hatte, als was das Ausnehmen der zufällig Durchreisenden einbrachte, welche als Passagiere der Überlandpost dort ein paar Tage Rast machten, sagte er einmal, sie hätte in ihrem Gottesdienst das Vaterunser abgeändert in: »Unsern täglichen Fremden gib uns heute!«

Wir erwarteten Großes vom »Occidental«. Selbstverständlich konnte das Blatt nicht ohne Originalroman auskommen, und so trafen wir Vorbereitungen, die Kraft des ganzen Unternehmens für dieses Opus einzuspannen. Mrs. F. war eine begabte Romanschriftstellerin aus der Schule des Unsagbaren – ich weiß nicht, wie ich eine Schule, deren Helden alle unsagbar fein und unsagbar vollkommen sind, anders nennen soll. Sie schrieb das einleitende Kapitel und schuf darin eine liebliche blonde Simpeline, die bis an den Rand der Überspanntheit tugendhaft war. Außerdem führte sie einen jungen französischen Grafen ein, zum Auswachsen vornehm und in Liebe zu der blonden Unschuld entbrannt. In der nächsten Woche folgte Mr. F. mit einem schlauen Winkeladvokaten, der sich anschickte, die gräflichen Vermögensverhältnisse in Unordnung zu bringen, sowie einer geistsprühenden jungen Dame aus der Gesellschaft, die anfing, den Grafen zu bezirzen und der Blondine die Eßlust zu nehmen. Mr. D., ein düsterer und blutrünstiger Redakteur von einer der Tageszeitungen, löste Mr. F. in der dritten Woche ab und ließ einen geheimnisvollen Rosenkreuzer auftreten, der sich mit Alchemie befaßte, zu finsterer Nachtzeit in einer Höhle Beratungen mit dem Teufel abhielt und den diversen Helden und Heldinnen das Horoskop so stellte, daß für viel Unglück auf ihrem künftigen Lebenspfad gesorgt war und eine gespannte und ganz große öffentliche Anteilnahme an dem Roman erregt wurde. Daneben führte er noch einen theatralischen Bösewicht im Radmantel und schwarzer Maske ein, den er für schnöden Sold arbeiten ließ und der zu mitternächtlicher Stunde dem Grafen mit einem vergifteten Dolch auflauern mußte. Außerdem schuf er einen irischen Kutscher mit viel Dialekt und gab ihn der jungen Dame aus der Gesellschaft in Dienst, mit der Nebenaufgabe, Liebesbriefe zu dem Grafen zu tragen.

Als alles so weit gediehen war, kam ein Fremder in Virginia an, ein versoffenes Genie mit literarischen Neigungen – er war zwar ziemlich schäbig, aber sehr still und bescheiden, ja fast schüchtern. Ob nüchtern oder beschwipst, er besaß ein so sanftes Wesen und so angenehme und gefällige Manieren, daß jeder, der mit ihm zusammenkam, ihm wohlgesinnt sein mußte. Er bewarb sich um etwas zum Schreiben, und da er überzeugende Beweise dafür vorlegte, daß er eine flüssige und erfahrene Feder führte, engagierte ihn Mr. F. auf der Stelle als Mitverfasser an unserem Roman. Er erhielt den Auftrag, die nächste Fortsetzung nach Mr. D. zu schreiben, und im Anschluß daran sollte ich an die Reihe kommen. Aber was tat nun dieser Hallodri anderes als hingehen, sich einen antrinken, sich dann in sein Kämmerlein zurückziehen und ans Werk machen – seine Phantasie im Zustande des Chaos, und zwar eines ungewöhnlich turbulenten Chaos. Was dabei herauskam, kann man sich denken. Er las sich die Kapitel seiner Vorgänger durch, war mit den vielen bereits geschaffenen Helden und Heldinnen zufrieden, beschloß, keine weiteren mehr einzuführen, und stürzte sich dann mit all dem Selbstvertrauen, das der Whisky einflößt, und all der unbekümmerten Zufriedenheit, die er seinen Sklaven verleiht, hingebungsvoll in die Arbeit: Um des Skandales willen verheiratete er die junge Dame aus der Gesellschaft mit dem Kutscher und um der Sensation willen den Grafen mit Blondchens Stiefmutter; strich dem Bösewicht den Sold; ließ es zwischen dem Rosenkreuzer und dem Teufel zum Krach kommen; spielte des Grafen Güter dem gerissenen Advokaten in die Hände; trieb diesen aus Gewissensbissen erst zum Alkohol, dann zum Säuferwahnsinn und schließlich zum Selbstmord; brach dem Kutscher das Genick; gab dessen Witwe der Verachtung, Verlassenheit, Armut und Schwindsucht anheim; ließ Blondchen ins Wasser gehen, unter Hinterlassung ihrer Kleider auf dem Ufer mit dem herkömmlichen darangehefteten Zettel, daß sie dem Grafen vergebe und hoffe, er werde glücklich werden;

enthüllte diesem mittels des üblichen gräflichen Muttermals auf dem linken Arm, daß er seine eigene totgeglaubte Mutter geehelicht und seine ebenfalls lange totgeglaubte Schwester in den Tod getrieben habe; inszenierte den schicklichen und nötigen Selbstmord von Graf und Gräfin, damit der poetischen Gerechtigkeit Genüge getan werde; ließ die Erde aufklaffen und den Rosenkreuzer unter dem gewohnten Donner und Rauch und Schwefelgestank verschlingen; und schloß mit dem Versprechen, sich im nächsten Kapitel nach dem Abhalten einer allgemeinen Leichenschau der einzigen überlebenden Gestalt des Romans anzunehmen und zu erzählen, was aus dem Teufel geworden sei!

Das alles las sich wunderbar glatt und war mit tödlichem Ernst geschrieben, der zum Schreien komisch war. Als diese Fortsetzung vorgelegt wurde, brach jedoch Krieg aus. Die anderen Romanciers waren rasend. Der sanftmütige Neue, immer noch halb im Rausch, stand unter der vernichtenden Salve von Vorwürfen bestürzt und ergeben da und blickte von einem seiner Angreifer zum anderen und fragte sich, was er denn verbrochen haben könne, so ein Donnerwetter auszulösen. Als endlich Feuerpause eintrat, nahm er – mild und rührend – Stellung; er sagte, er entsinne sich zwar nicht mehr recht, was er geschrieben habe, aber er wisse bestimmt, daß er sich nach bestem Vermögen angestrengt und sich das Ziel gesteckt habe, den Roman nicht nur gut lesbar und glaubwürdig zu machen, sondern auch belehrend und...

Das Bombardement begann von neuem. Die Romanciers griffen seine schlecht gewählten Adjektive an und zerfetzten sie unter Gespött und heftigen Anklagen in der Luft. Und so wurde weiter von allen Seiten über ihn hergefallen. Jedesmal, wenn der Neue versuchte, den Feind zu beschwichtigen, machte er alles nur noch schlimmer. Schließlich erbot er sich, das Kapitel umzuschreiben. Das beendete die Feindseligkeiten. Die Entrüstung legte sich allmählich, der Friede kehrte wieder, und der Verlierer zog sich unversehrt in die eigene Festung zurück.

Auf dem Wege dorthin führte ihn der böse Engel in Versuchung, und er betrank sich wieder. Und wieder sprengte seine Phantasie alle Bande. Er ließ die Helden und Heldinnen einen noch wüsteren Reigen aufführen als zuvor; und doch hatte alles denselben überzeugenden, ehrlichen und ernsthaften Zug, der auch seine erste Fassung ausgezeichnet hatte. Er ließ die handelnden Personen in die ungewöhnlichsten Lagen geraten und die erstaunlichsten und seltsamsten Dinge sagen und tun! Beschreiben aber läßt sich das Kapitel nicht. Es war im Aufbau schwachsinnig und künstlerisch ganz und gar unmöglich und hatte erläuternde Fußnoten, die genauso verschroben waren wie der Text. Ich erinnere mich noch an eine der »Episoden« und möchte sie hier als Beispiel für das ganze Kapitel wiedergeben. Er gab dem schlauen Advokaten einen anderen Charakter und ließ ihn zu einem Goldjungen mit Herz werden und verlieh ihm Ruhm und Reichtümer und setzte sein Alter auf dreiunddreißig Jahre fest. Dann ließ er Blondchen mit Hilfe des Rosenkreuzers und des Bösewichts die Entdeckung machen, daß der Graf zwar inbrünstig ihr Geld liebte und zu besitzen trachtete, sich aber insgeheim zu der jungen Dame aus der Gesellschaft hingezogen fühlte. Tief ins Herz getroffen, entzog ihm Blondchen ihre Liebe und schenkte sie dafür zehnfach dem Advokaten, der dieselbe mit glühender Inbrunst erwiderte. Allein die Eltern litten's nicht. Sie wollten partout einen Grafen in der Familie haben, obwohl sie zugaben, daß bei ihnen gleich nach dem Grafen der Advokat komme. Selbstverständlich begann Blondchen nun dahinzuwelken. Da bekam es das liebe Elternpaar mit der Angst zu tun und beschwor sie, den Grafen zum Manne zu nehmen, doch sie weigerte sich standhaft und verfiel zusehends. Daraufhin tüftelten sich die Eltern etwas aus. Sie erklärten, sie solle ein Jahr und einen Tag warten, und falls sie nach Ablauf dieser Frist noch immer meine, den Grafen nicht heiraten zu können, hätten sie nichts mehr dagegen, daß sie mit dem Advokaten vor den Altar trete. Das zeitigte die erwartete Wirkung; in ihr Herz kehrte Freude zurück, und auf ihre Wangen legte sich wieder gesunde Frische. Dann schritten die Eltern zum nächsten Schritt ihres Planes.

Sie ließen durch ihren Hausarzt eine größere Seereise und viel Luftveränderung zu Lande verordnen, damit Blondchen wieder richtig zu Kräften komme, und sie luden den Grafen ein, sich ihnen anzuschließen. Sie rechneten damit, daß des Grafen stete Gegenwart und des Advokaten längere Abwesenheit ein übriges tun würden – denn den Advokaten luden sie nicht mit ein.

Und so schifften sie sich auf einen Amerikadampfer ein – und als am dritten Reisetag ihre Seekrankheit eine Pause einlegte und ihnen gestattete, zum erstenmal im Speisesaal zu dinieren, wen erblickten dort ihre Augen? Den Advokaten! Der Graf und seine Suite fanden sich, so gut es ging, mit der peinlichen Situation ab; die Reise ging weiter, und das Schiff näherte sich dem Gestade Amerikas. Zweihundert Meilen vor New Bedfort aber fing der Ozeandampfer Feuer. Er brannte bis zur Wasserlinie nieder, und von seiner gesamten Mannschaft und allen Passagieren kamen nur dreißig mit dem Leben davon. Sie trieben einen halben Tag und eine ganze Nacht auf See. Darunter unsere Freunde. Der Advokat hatte unter übermenschlichen Anstrengungen Blondchen sowie ihre Eltern gerettet und sie einzeln (zuerst das Mädchen) abgeschleppt, wobei er jedesmal zweihundert Yard hin- und zurückgeschwommen war. Der Graf hatte sich mit seiner eigenen Rettung befaßt. Am Morgen erschienen zwei Walfänger auf dem Schauplatz und setzten ihre Boote aus. Es herrschte stürmisches Wetter, und die Übernahme der Schiffbrüchigen war von viel Wirrwarr und Aufregung begleitet. Der Advokat tat mannhaft seine Pflicht. Er half seinem erschöpften und ohnmächtigen Blondchen, ihren Eltern und noch einigen anderen Leuten in ein Rettungsboot (der Graf half sich selber hinein), und als plötzlich am Ende des Wracks ein Kind ins Wasser fiel, stürzte er dorthin und leistete einem halben Dutzend Leuten dabei Hilfe, es herauszufischen, angefeuert von dem Wehgeschrei der Mutter. Dann kam er zurückgerannt – ein paar Sekunden zu spät: Blondchens Boot hatte bereits abgestoßen. So mußte er das zweite Boot nehmen und auf das andere Schiff gehen. Der Sturm nahm zu und trieb die beiden Walfänger auseinander – trieb sie, wohin er wollte. Als nach drei Tagen Windstille aufkam, befand sich der Segler mit Blondchen siebenhundert Meilen nördlich von Boston und der andere ungefähr siebenhundert Meilen südlich von diesem Hafen. Blondchens Kapitän war auf Walfang im Nordatlantik unterwegs, und nach den Seegesetzen durfte er ohne Befehl weder soweit zurückfahren noch einen Hafen anlaufen. Des Advokaten Kapitän sollte im Nordpazifik Wale jagen, und auch er konnte weder umkehren noch anlegen. Alles Geld und das gesamte Gepäck des Advokaten hatten sich in Blondchens Boot befunden und waren auf deren Schiff gekommen – und so ließ ihn der Kapitän die Reise als gemeinen Matrosen abarbeiten. Als nun beide Schiffe fast ein ganzes Jahr umhergekreuzt waren, befand sich das eine vor der Küste von Grönland und das andere in der Beringstraße. Blondchen hatte sich schon seit langem so gut wie einreden lassen, daß der Advokat kurz vor Eintreffen der Walfänger an dem Wrack über Bord gespült worden und umgekommen sei, und langsam begann sie endlich, auf Grund der Bitten ihrer Eltern und des Grafen, sich für das Los des heiligen Ehestandes Mut zu machen und sich auf die verhaßte Hochzeit vorzubereiten. Von der ihr gegebenen Frist wollte sie jedoch auch nicht einen Tag ablassen. Die Wochen vergingen, die Zeit rückte immer näher, schon gab man Anweisung, das Schiff für die Hochzeit zu schmücken – eine Hochzeit auf hoher See inmitten von Eisbergen und Walrossen. Fünf Tage noch und alles wäre vorüber. So gingen, mit einem Seufzer und einer Träne, Blondchens Gedanken. Ach, er, dem ihre wirkliche Liebe gehörte, wo mochte er sein – und warum nur kam er nicht und erlöste sie? Er hob in diesem Augenblick in der Beringstraße – übers Eismeer fünftausend und über Kap Hoorn fünfundzwanzigtausend Meilen von ihr entfernt – seine Harpune, um einen Wal zu treffen. Er schoß, traf aber nicht richtig – glitt aus, fiel dem Wal ins Maul und rutschte ihm den Schlund hinunter. Fünf Tage lang blieb er ohne Besinnung. Dann kam er zu sich und vernahm Stimmen; durch ein in den Walrücken gehauenes Loch strömte Tageslicht herein. Er kletterte hinaus und setzte die Matrosen in Erstaunen, die an der Breitseite eines Seglers gerade Walfischspeck hochhievten. Er erkannte das Schiff wieder, stürzte an Bord und überraschte die Hochzeitsgesellschaft am Traualtar mit dem Ausruf:

»Haltet ein – hier bin ich! Komm in meine Arme, Geliebte!«

Dieses ausgefallene Stück Literatur war von Fußnoten begleitet, in denen der Verfasser zu zeigen bestrebt war, daß die ganze Sache im Bereiche des Möglichen läge. Er sagte, die Geschichte von dem Wal, der die fünftausend Meilen Eismeer von der Beringstraße nach der grönländischen Küste in fünf Tagen geschwommen sei, habe er aus Charles Reades »Kleine Liebe ein Leben lang«, und das bestätige doch wohl, daß so etwas möglich sei. Als Beweis dafür, daß ein Mensch im Bauche eines Walfisches zu leben vermöge, führte er das Beispiel von Jonas an und bemerkte dazu, wenn ein Prediger es drei Tage durchgestanden habe, könne ein Advokat es bestimmt fünf Tage aushalten!

In der Redaktion gab es ein noch heftigeres Donnerwetter als zuvor, und der Neue wurde ein für allemal entlassen und bekam sein Manuskript an den Kopf gefeuert. Er hatte aber bereits alles so lange aufgehalten, daß keine Zeit mehr blieb, das Kapitel von jemand anders schreiben zu lassen, und so erschien die Zeitschrift ohne Roman. Sie war eben bloß ein albernes, sich dahinquälendes Blättchen, und wahrscheinlich erschütterte das Fehlen der Romanfortsetzung das öffentliche Vertrauen; noch ehe die nächste Nummer in Druck ging, starb das »Weekly Occidental« jedenfalls einen friedlichen Säuglingstod.

Es wurde ein Wiederbelebungsversuch unternommen und vorgeschlagen, sich des Vorzuges eines ansprechenden neuen Namens zu bedienen. Mr. F. meinte, »Phönix« wäre genau das richtige, denn darunter könne man sich die Auferstehung aus der toten Asche zu neuer und ungeahnter Herrlichkeit vorstellen. Doch irgend so ein billiger Alleswisser von einer Tageszeitung überredete uns zu »Lazarus«, und da die Leute nicht bibelfest waren und dachten, der auferstandene Lazarus sei mit dem heruntergekommenen Bettler identisch, der vor des Reichen Tür lag, wurde der Name zum Gespött der ganzen Stadt und brach dem Blatt ein für allemal den Hals.

Sehr zu meinem Bedauern, denn ich war mächtig stolz, Mitarbeiter einer literarischen Zeitschrift zu sein – vielleicht stolzer, als ich seither jemals auf etwas gewesen bin. Ich hatte ein paar Verse dafür geschrieben – die ich für Poesie ansah – und war tieftraurig, denn mein Elaborat hatte auf die erste Seite jener Nummer kommen sollen, die dann nicht fertiggestellt wurde und also auch nicht das Licht der Welt erblickte. Doch die Zeit bringt mir Genugtuung – ich kann mein Gedicht jetzt hier einschieben, und zwar anstelle einer Erinnerungsträne für das verblichene »Occidental«. Die Idee (wenn auch nicht der Hauptgedanke, so doch das ihn tragende Gestaltungsmittel) war mir wahrscheinlich durch die alte Ballade »Sturm über dem Kanal« gekommen, so genau weiß ich das nicht mehr. Wohl aber weiß ich noch, daß ich meine Knüttelreime damals für eins der besten Gedichte der Zeit hielt:

Der alte Steuermann

Auf dem Erie-Kanal es war
An einem Tag wie nie.
Mit den lieb Eltern mein ich fuhr
Fern hin nach Albany.

Aus heiterm Himmel plötzlich barst
Es ungestüm hervor:
Sturm türmte Wellen hoch zuhauf,
Erfüllt' uns mit Horror.

Vom Strande rief ein Mann uns zu:
»Pfahlt fest * doch euer Boot!
Pfahlt fest, pfahlt fest, so ihr noch könnt;
Ihr kommet sonst in Not!«

* Der auf dem Kanal übliche Ausdruck für »vertäuen«.

Der Kapitän nach achtern sah
Und dann nach vorn. »O weh«,
Sagt er, »mein Weib und Kinder mein,
Die seh ich nimmermeh'.«

Sprach Dollinger, der Steuermann,
Die Worte knapp, doch hehr:
»Habt keine Furcht; euch bringt schon durch
Der alte Dollinger.«

Das Schiff hielt Fahrt, getreidelt von
Dem Maultierzug gar fein,
Trotz Regen, Wind und Angst und Schreck,
Der Peitschknab hinterdrein.

»An Bord!« scholl Kapitänsbefehl,
»Unwetter kommt herab!«
Die Mulis zogen rasend fort,
Und noch hielt aus der Knab.

Vom Kapitän vernahmen wir's:
»O Graus, denn ich jetzt seh –
Die größt' Gefahr, sie ist nicht dort,
Ist vielmehr hier auf See.

Drum lasset strebend uns bemühn,
Zu retten allesamt,
Dieweil noch Leben uns beseelt;
Denn sonst sind wir ver...«

Sprach Dollinger, der Steuermann,
Des Ruders standhaft Herr:
»Habt keine Furcht; euch bringt schon durch
Der alte Dollinger.«

»Kopf runter! Tiefe Brück' voraus!«
Die Barke schoß hindurch.
Vorbei an Feldern ährenschwer,
An Mühle, Dorf und Kirch.

Und alle Welt, es zu besehn,
  Ans Ufer kam heraus.

Und rief: »Weh, weh, der Wogenprall,
  Der Wind- und Wellenbraus!
Das tapfre Schiff, muß untergehn
  Es denn mit Mann und Maus?«

Und unsre Augen bebend sahn
  Das Bild voll Sturmessprühn:
Am Heck die tosend Gischtesspur,
  Umsäumt von Waldesgrün.

Im Scheunenschutz gluckt Hühnervolk,
  Und Kühe wiederkaun,
Und Schweine grunzen sich ins Stroh –
  Vor unserm Bug steht Schaum.

    »Das Schiff, es schwenkt!
    Das Schiff, es krängt!
Drum *ree*! Gewendet sei!
  Sind wir nach Luv erst abgedrängt,
Ist's aus ...« (mit lautem Schrei:)
    »Schnell angepackt!
    Herrgott! Vertrackt!
    Streicht's Segel ganz!
    Welch wilder Tanz!
Los, Jung, zurr fest den Maultierschwanz!«

»Mit Ballast weg! Und frisch gepumpt!
  He, Stallbursch, hiev das Lot!
Und mach ein jeder sich gefaßt
  Auf nassen Wellentod!
Denn schiffe ich auf dem Kanal
  Schon an die vierzig Jahr,
Sah ich noch niemals solchen Sturm;
  So arg noch keiner war.«

Und über Bord nun warfen wir
  Gar vielerlei Gepäck:
Drei Ambosse, ein Nagelfaß,
  Vier Ballen Jutesäck',
Sechs Säcke Weizen, viere Mais,
  Zweihundert Pfunde Leim,
Lord Byrons Werke, eine Kuh,
  'nen Fuchsschwanz und ein Schwein.

Gefahr wächst an: Die Kurve dort!
  »Hart Backbord! Steuerbord!
Und *rum*! Das vordre Muli brrr!
  Das achtere hüh ins Geschirr!
Nun weg von Lee zum Wind!«

»Drei Fuß ein Viertel! Wird schnell seicht!
  Drei Fuß!« (O welch Unglück!)
»Kaum mehr drei Fuß!« In Angst ich frug:
  »So gibt es kein Zurück?«

Sprach Dollinger, der Steuermann,
  Von seiner Pinne her:
»Habt keine Furcht; euch bringt schon durch
  Der alte Dollinger.«

Beim Seichterwerden wurd uns klar –
  Wir färbten uns ganz blaß
Vor lauter Pein und Furcht und Schreck –:
In dem Kanal, da war ein Leck!
Das Naß zerrann am Bug wie Heck –
Wir schossen weiter unsern Weg
  Vorm Sturm ohn' Unterlaß!

»Kapp 's Seil! Die Mulis hau zusamm'!«
  Zu spät! ... Ein Ruck, ein Stoß!
. . . .
Und das vor dem rettenden Wehr
  Um eine Länge bloß!

Die schiffbrüchige Mannschaft nahm
  Nun Abschied voneinand'
Und gab dann unter Tränen sich
  Zum letztenmal die Hand.
Manch trauriger Gedanke flog
  Zur Liebsten tugendsam,
Zum trauten Weib, zu Kindern klein,
  Zum Mütterlein voll Gram.

Von all den Elendigen dort
  Auf schwankem Wrack, ohn' Mut,
Nur einer gab uns Hoffnungstrost,
  Und das tat mir so gut –
Sprach Dollinger, der Steuermann
  (Du starker, tapferer Seebär!):
»Nur keine Furcht; euch bringt schon durch
  Der alte Dollinger.«

Sieh da, kaum hat er dies gesagt,
  Der wackere Prophet,
Als drauf vor aller Augen Blick
  Ein Wunder gleich entsteht:

Ein Farmersmann bringt Planke an,
  Einmalig inspiriert,
Und legt sie uns wohl an das Schiff,
  Ehrfürchtig und geniert.

Die Leidgenossen allzumal –
  Verblüfft ein jeder stand
Vor Dollinger. Und stieg dann drauf
  Sprachlos ans feste Land.

ZWEIUNDFÜNFZIGSTES KAPITEL

Fracht nach Kalifornien · Silberziegel · Unterirdische Minen · Stützbalken · Ein Besuch in den Minen · Die eingestürzten Gruben · Gesamtproduktion von 1863

In diesem Kapitel möchte ich ein paar belehrende Worte über die Silberminen verlieren; ich warne den Leser also vorher, damit er, wenn er will, die folgenden Seiten überschlagen kann.

Im Jahre 1863 erreichte die Konjunktur wohl ihre allerhöchste Blüte und ihren Kulminationspunkt. So viele Menschen und Fahrzeuge schwärmten durch Virginia, daß die Stadt einem richtigen Bienenstock glich – das heißt, wenn man sie durch den dichten Nebel des im Sommer gewöhnlich wehenden Alkalistaubs überhaupt erkennen konnte. Zu diesem Staub ist folgendes zu bemerken: Wenn man zehn Meilen durch ihn hindurchgefahren war, hatte man sich eine anderthalb Millimeter dicke Kruste geholt, gab mit seinen Pferden eine einheitlich blaßgelbe Gruppe ab und führte im Buggy drei Zoll Staub mit, den die Räder dort hingeschleudert hatten. Die von den Bergprobierern benutzten empfindlichen Waagen wurden in luftdichten Glasgehäusen aufbewahrt, aber dieser Staub war so ungreifbar und so winzig fein, daß dennoch etwas davon eindrang und die Genauigkeit der Meßgeräte beeinträchtigte.

Die Spekulationen überschlugen sich, aber daneben liefen auch in Hülle und Fülle solide Geschäfte. Alle Frachtgüter wurden von Kalifornien über das Gebirge (150 Meilen) herangeschafft, und zwar teils von Saumtierkolonnen und teils auf riesigen Wagen, die von so langen Muligespannen gezogen wurden, daß jedes Gespann eine ganze Karawane darstellte. Ja, mitunter schien es, als reiche eine einzige große lückenlose Tierprozession von Virginia City bis Kalifornien. Ihre lange Route ließ sich weit über die Wüsten des Territoriums hin an der sich windenden Schlange von aufgewirbeltem Staub deutlich verfolgen. Auf diesen Wagen betrug der Frachtsatz über jene hundertfünfzig

Meilen bei kleineren Posten 200 Dollar pro Tonne – derselbe Preis wie für alles per Postkutsche gebrachte Expreßgut – und bei ganzen Ladungen 100 Dollar pro Tonne. Allein eine Firma in Virginia erhielt monatlich hundert Tonnen Fracht und bezahlte monatlich 10 000 Dollar Frachtgebühren. Im Winter war es noch viel teurer. Alles Edelmetall wurde in Barren per Postkutsche nach San Francisco transportiert (ein Barren war gewöhnlich doppelt so groß wie eine Bleigans und stellte je nach der mit dem Silber vermischten Goldmenge tausendfünfhundert bis dreitausend Dollar dar), wobei sich die Speditionskosten, sofern die Ladung groß war, auf eineinviertel Prozent des Metallwertes beliefen. Auf einen Barren kamen also wohl durchschnittlich etwas über fünfundzwanzig Dollar. Wer kleinere Ladungen verschickte, mußte zwei Prozent bezahlen. Täglich gingen drei Postkutschen ab und drei kamen an, und ich habe erlebt, daß die abgehenden Kutschen jede eine drittel Tonne Bullion mitnahmen, und mehr als einmal sah ich sie eine Ladung von zwei Tonnen unter sich aufteilen und abtransportieren. Das waren jedoch Ausnahmefälle.* Denn zwei Tonnen Silberbullion machten fast

* Mr. Valentine ist als Angestelltem von Wells, Fargo & Co. viele Monate lang alles durch die Posthalterei von Virginia verladene Bullion durch die Hände gegangen. Seinem Gedächtnis – welches ausgezeichnet ist – verdanken wir die folgende Aufstellung des von dieser Gesellschaft seit dem 1. Januar 1862 durch ihre Filiale in Virginia City getätigten Geschäfts. Danach sind an Bullion durch die Posthalterei gegangen: vom 1. Januar bis zum 1. April zirka 270 000 Dollar und in den darauffolgenden Quartalen dann jeweils 570 000, 800 000, 956 000, 1 275 000 Dollar und im vergangenen Vierteljahr sogar rund 1 600 000 Dollar. Somit hat unsere Posthalterei in eineinhalb Jahren allein schon für 5 330 000 Dollar Edelmetall spediert. Im Vorjahr waren es 2 615 000 Dollar, wir sehen also, daß sich der Durchschnitt in den letzten sechs Monaten mehr als verdoppelt hat. Wir können demnach für 1863 der Posthalterei für Virginia 500 000 Dollar monatlich versprechen (wobei wir, wenn man das stetige Ansteigen des Geschäfts bedenkt, wahrscheinlich noch etwas niedrig schätzen). Das macht 6 000 000 Dollar für das Jahr. Gold Hill und Silver City zusammen können uns schlagen – geben wir ihnen 10 000 000 Dollar. Dayton, Empire City, Ophir und Carson City wollen wir insgesamt 800 000 Dollar einräumen, eine Veranschlagung, die nicht zu hoch, eher ein wenig zu niedrig sein dürfte. Esmeralda geben wir 4 000 000 Dollar und Reese River und Humboldt 2 000 000 Dollar, was jetzt reichlich scheinen mag, vor Ablauf des Jahres aber vielleicht schon nicht mehr. Wir sagen also für die nächsten zwölf

vierzig Barren aus und ergaben ein Frachtgeld von über 1000 Dollar. Daneben beförderte jede Kutsche noch eine Menge gewöhnliches Expreßgut und außerdem fünfzehn bis zwanzig Fahrgäste für fünfundzwanzig bis dreißig Dollar pro Kopf. Mit sechs ständig rollenden Kutschen war die Posthalterei von Wells, Fargo & Co., Virginia, ein bedeutendes und einträgliches Unternehmen.

Mitten unter Virginia und Gold Hill strich ein paar Meilen lang der große Comstock-Silbergang hin, eine Erzader von fünfzig bis achtzig Fuß Dicke zwischen festem Gestein, eine Ader so breit wie manche New-Yorker Straßen. Ich möchte den Leser daran erinnern, daß in Pensylvanien ein Kohlenflöz von nur acht Fuß Breite schon als groß gilt.

Virginia war eine betriebsame Stadt mit Straßen und Häusern über Tage. Darunter, in den Eingeweiden der Erde, befand sich eine weitere betriebsame Stadt, wo eine große Menschenmenge in einem verworrenen Labyrinth von Stollen und Strecken ein- und ausschwärmte und unter blinkendem Lichtergefunkel hin und her huschte, während über ihr ein riesiges Netz von ineinandergreifenden Holzbalken die Wände des ausgeweideten Comstocks auseinanderhielten. Diese Balken waren mannsgroß, und ihr Gerüst strebte so weit hinauf, daß keines Menschen Auge durch die sich darüber schließende Dunkelheit bis an das obere Ende dringen konnte. Es war, als blicke man von unten durch die sauber abgenagten Rippen und Knochen eines riesigen Skeletts. Man stelle sich ein solches Gerüst vor, zwei Meilen lang, sechzig Fuß breit und höher als der

Monate einen Edelmetallertrag von rund 30 000 000 Dollar voraus. Schätzt man die Anzahl der Hütten im Territorium auf einhundert, so kommt auf jede davon ein Jahresausstoß von 300 000 Dollar in Bullion. Bei jährlich dreihundert Betriebstagen (welche von keiner Hütte überschritten werden) macht das einen Tagesdurchschnitt von 1000 Dollar. Sagen wir, das tägliche Arbeitsquantum einer Hütte belaufe sich auf im Durchschnitt zwanzig Tonnen Gestein im Werte von generell je fünfzig Dollar, so ergibt das die tatsächliche Leistung unserer einhundert Hütten: je 1000 Dollar pro Tag und insgesamt 3 000 000 Dollar pro Jahr. – »Enterprise«.
(Eine beträchtliche Überschätzung – M. T.)

höchste Kirchturm in Amerika. Und dann stelle man sich dieses stattliche Gitterwerk auf dem Broadway vor, vom St. Nicholas bis zur Wallstreet reichend und oben drauf paradierend ein zu Pygmäenproportionen verkleinerter patriotischer Festumzug mit hoch über der Spitze der Trinity-Kirche wehenden Fahnen. Das kann man sich noch vorstellen, man kann sich aber schlecht einen Begriff davon machen, was dieser Wald von Stämmen gekostet hat, angefangen beim Fällen in den Kiefernschlägen hinter dem Washoe Lake, über das Heranschleppen um den Mount Davidson zu schauderhaften Fuhrpreisen und das Behauen bis zum Hinunterlassen in den tiefen Grubenschlund und dem schließlichen Einbau. Zwanzig bedeutende Vermögen würden nicht ausreichen, auch nur eines der größeren Bergwerke dort zu verzimmern. Ein spanisches Sprichwort sagt, um eine Silbergrube zu betreiben, brauche man erst einmal eine Goldgrube, und das stimmt. Ein Mensch, der nichts weiter sein eigen nennt als eine Silbergrube, die ihm keiner abkauft, ist wahrlich bettelarm.

Ich sprach vom unterirdischen Virginia als einer Stadt. Die Gould & Curry ist zwar nur eine von vielen, vielen weiteren Minen dort unten, doch bildeten ihre düsteren Strecken und Stollen zusammengenommen allein schon fünf Meilen Straße mit einer Bevölkerung von fünfhundert Bergleuten. Insgesamt hatte die unterirdische Stadt ein rund dreißig Meilen langes Straßennetz und war von fünf- bis sechstausend Seelen bevölkert. Heute arbeiten manche dieser Leute vier- bis fünfhundert Meter unter Virginia und Gold Hill, und die Signalglocken, die ihnen die Anweisungen des Obersteigers über Tage mitteilen, arbeiten telegrafisch wie unsere Feuersirenen. Mitunter fällt dort jemand einen dreihundert Meter tiefen Schacht hinunter. In solchen Fällen wird dann gewöhnlich eine Leichenschau abgehalten.

Will man eine dieser Minen besichtigen, kann man, je nachdem, was einem mehr zusagt, eine halbe Meile durch einen Stollen laufen oder aber, was schneller geht, auf einer kleinen Plattform pfeilgeschwind einen Schacht hinuntersausen. Das ist, als ob du mit den Füßen voran durch einen leeren Kirchturm plumpst. Kommst du unten an, nimmst du dir eine Kerze und strolchst durch Stollen und Strecken, wo Scharen von Männern häuen und sprengen; du siehst zu, wie sie Fässer voller großer Gesteinsbrocken – Silbererz – nach oben schicken; suchst dir als Andenken ein paar schöne Stücke aus; bewunderst das ungeheure Skelett der Verzimmerung; überlegst dir alle paar Augenblicke, daß du dreihundert Meter unter der Erdoberfläche in einem Berg begraben bist; da du dich an der tiefsten Stelle der Mine befindest, kletterst du von Sohle zu Sohle endlose und ganz steil stehende Leitern hinauf; können deine Beine dann schließlich nicht mehr, legst du dich in einem engen Schrägschacht, der wie ein halb hochgestellter Abzugskanal anmutet, in einen »Hund« und läßt dich ans Tageslicht ziehen, wobei es dir vorkommt, als kröchest du durch einen Sarg, der kein Ende hat. Oben angekommen, findest du eine geschäftige Menge von Leuten, welche die hochgeförderten Hunde und Fässer in Empfang nehmen und das Erz von einer Bühne aus in lange Reihen von Behältern kippen, von denen jeder ein halbes Dutzend Tonnen faßt; darunter steht Wagen hinter Wagen, die aus den Rutschen und Fallklappen der Behälter vollgeladen werden; und solche Wagen rollen in ununterbrochener Folge mit ihrer reichen Fracht die ganze lange Straße hinunter zu den Silberhütten. Damit sind wir »durch«. Man braucht nie wieder hinunter, denn man hat alles gesehen. Und wer vergessen hat, wie die Reduktion des Erzes in der Hütte vor sich geht und wie Silberbarren gemacht werden, kann ja, so er Lust hat, zurückblättern und es sich in meinen Esmeralda-Kapiteln noch einmal durchlesen.

Natürlich stürzen diese Gruben zuweilen hier und da ein, und dann lohnt es das Wagnis, einzufahren und sich anzusehen, welche Zerstörungskraft das lastende Gewicht eines nachsackenden Berges hat. In der »Enterprise« habe ich einmal über ein solches Erlebnis berichtet, wovon ich einen Auszug bringen möchte:

Eine Stunde in den eingestürzten Gruben. – Gestern fuhren wir in die Ophir-Mine ein, um uns das Erdbeben anzusehen. Den tiefen Schrägschacht konnten wir nicht hinunter, da an einigen Stellen noch Einsturzgefahr besteht. Deshalb gingen wir durch den langen Stollen, welcher oberhalb der Ophir-Verwaltung in den Berg tritt, und stiegen dann über eine lange Reihe Leitern von der ersten hinunter zur fünften Sohle. Nach Durchwanderung einer Förderstrecke erreichten wir den spanischen Laufgraben, passierten fünf noch unbeschädigte Türstöcke und fanden dann den Einsturz. Hier herrschte ein so vollständiges Chaos, wie man es sich nur denken kann: ein wirrer Haufen von ungeheuren Erdmassen und durchgebrochenen und zersplitterten Stempeln und kaum ein Spalt dazwischen, der groß genug gewesen wäre, daß eine Katze hätte hindurchkriechen können. In Abständen kam immer noch etwas von oben herab, und ein Stempel, der bis dahin andere gestützt hatte, wurde direkt vor unseren Augen aus seiner Lage gerissen und zerschmettert, was zeigte, daß das Einstürzen und Nachsacken der ungeheuren Masse keineswegs zu Ende war. Wir befanden uns in dem als »Nordminen« bekannten Teil der Ophir. Nachdem wir zu Tage zurückgekehrt waren, fuhren wir in einen zur Hauptmine führenden Stollen ein. Wir gingen dessen langes Gefälle hinab, durchquerten ein paar Förderstrecken und kletterten einen tiefen Schacht hinunter, von wo aus wir dann die fünfte Sohle der Ophir betraten. Von einem Querschlag aus krochen wir durch ein kleines Loch und kamen ein zweites Mal mitten in das Erdbeben – Gestein und zerborstenes Holz mischten sich ohne Rücksicht auf Symmetrie wirr durcheinander. Von der zweiten, dritten und vierten Sohle waren große Teile eingestürzt und zerstört; bei den letzten beiden war es erst am Abend zuvor gegen sieben Uhr passiert.

An der Drehscheibe nahe am Nordende der fünften Sohle hatten sich zwei große Haufen Gestein von der Abbaustrecke her durchgewälzt und nach dem Aussehen der Türstöcke zu schließen, war noch mehr im Anmarsch. Diese Balken sind massiv – achtzehn Zoll stark; zuunterst liegt ein größerer, auf dem senkrecht andere, fünf Fuß hohe, stehen, die wiederum einen horizontal liegenden tragen, und so weiter, Geviert auf Geviert, wie bei einem Fensterrahmen. Das darauf ruhende Gewicht hatte genügt, die Enden des großen aufrechten Balkens ganze drei Zoll tief in das massive Holz der waagrecht liegenden hineinzuquetschen und die Balken selbst wie eine Gerte zu krümmen. Bevor der spanische Laufgraben einstürzte, waren einige seiner zwölf Zoll starken Horizontalbalken auf fünf Zoll zusammengepreßt worden! Welche Kraft nötig sein muß, einen massiven Baumstamm so zu zerquetschen! Auch hier waren auf einer Strecke von zwanzig Fuß die Türstöcke durch das lastende Gewicht der darüberliegenden eingestürzten Strecken um sechs Zoll aus der Senkrechten verschoben. Man hörte es knacken und nachgeben, und es war kein angenehmes Gefühl zu wissen, daß die Welt oben langsam und schweigend auf einen herabsank. Den Männern in der Grube macht das jedoch nichts aus.

Nach dem Rückweg durch die fünfte Sohle kamen wir an den sicheren Teil des Schrägschachts der Ophir und stiegen darin zur sechsten Sohle hinunter. Dort fanden wir aber zehn Zoll Wasser vor und mußten umkehren. Wegen der Behebung des am Schrägschacht verursachten Schadens hatte die Pumpe zwei Stunden aussetzen müssen, und währenddessen war das Wasser ungefähr einen Fuß gestiegen. Die Pumpe arbeitete aber inzwischen wieder, und das Schwemmwasser ging zurück. Wir kletterten wieder zur fünften Sohle und suchten einen tiefen Schacht, damit wir in einen anderen, wasserfreien Teil der sechsten Sohle gelangen könnten, hatten aber Pech, denn die Leute machten gerade Mittagspause, und es war niemand da, um die Seilfahrt zu bedienen. Und so stiegen wir, da wir das Erdbeben ja gesehen hatten, durch den Unions-Schrägschacht und -Stollen ans Tageslicht und begaben uns, mit Kerzentalg und Schweiß bedeckt, zum Lunch in die Ophir-Verwaltung.

Während des großen Konjunkturjahres 1863 hat Nevada (nach seiner eigenen Behauptung) für fünfundzwanzig Millionen Dollar Edelmetall geborgen – auf je tausend Einwohner also fast eine Million, was nicht übel ist, wenn man bedenkt, daß das Territorium keine Landwirtschaft und keine Fabriken besaß.* Der Silberbergbau war sein einziger Produktionszweig.

* Als das Obige schon im Satz war, erfuhr ich aus amtlicher Quelle, daß die genannte Zahl zu hoch ist und der 1863er Ertrag nicht über zwanzig Millionen Dollar gelegen hat. Der Tag der großen Zahlen ist jedoch nicht mehr fern; wenn sich erst der Sutro-Stollen in sechshundert Meter Tiefe durch den gesamten Comstock-Gang gepflügt hat, wird der Bergbau leicht und verhältnismäßig billig sein und die wichtige Frage der Wasserhaltung und der Fahrung und Förderung des Erzes kein großes Kopfzerbrechen mehr machen. Das riesige Werk wird bis zu seiner Fertigstellung viele Jahre sowie Millionen Dollar verschlingen, aber schon bald Geld einbringen, denn jene ersehnte Zeit setzt ein, sobald der Stollen das vordere Ende der Ader erreicht. Er wird ungefähr acht Meilen lang werden und erstaunliche Reichtümer erschließen. Wagen werden das Erz durch den Stollen und gleich bis hin zu den Hütten fördern und somit das gegenwärtige kostspielige System des zweifachen Umladens und Transportierens durch Maultiergespanne aufheben. Das Wasser aus dem Stollen soll die Triebkraft für die Hütten liefern. Der Urheber dieses gewaltigen Vorhabens, Mr. Sutro, ist einer der wenigen Männer in der Welt, welche mit der nötigen Courage und der Ausdauer begabt sind, ein solches Unternehmen durchzusetzen und beharrlich zu Ende zu führen. Er hat bereits mehrere widerstrebende Kongresse zu einem verdienten Wohlwollen gegenüber seinem wichtigen Werk bekehrt und ist so lange kreuz und quer durch Europa gegondelt, bis es ihm gelungen ist, dort viele kapitalkräftige Interessenten zu gewinnen.

DREIUNDFÜNFZIGSTES KAPITEL

Jim Blaine und seines Großvaters Schafbock · Filkins Irrtum · Die alte Miss Wagner und ihr Glasauge · Der Sarghändler · Jacops Warten auf Kundschaft · Sein Geschäft mit dem Todeskandidaten Robbins · Erfolgreiche Schadenersatzklage · Neue Verwendung für Missionare · Die Folgen · Onkel Lem und wie die Vorsehung sich seiner bediente · Trauriges Schicksal von Wheeler · Treue Liebe seiner Frau · Ein vorbildlicher Grabstein · Und was ist mit dem Schafbock?

Die Jungs sagten mir damals immer wieder, ich möchte doch mal zusehen, daß mir ein gewisser Jim Blaine die aufregende Geschichte von seines Großvaters altem Schafbock erzähle – doch sie setzten stets hinzu, ich solle nur davon anfangen, wenn Jim gerade betrunken sei – behaglich und mitteilsam betrunken. Sie trieben das so lange, bis meine Neugier auf die Folter gespannt war. Ich begann, Blaine aufzulauern, aber ohne Erfolg; die Jungs fanden an seinem Zustand immer etwas zu bekritteln; er hatte zwar oft leidlich einen sitzen, aber eben nie so richtig. Noch niemals hatte ich so interessiert, so eifrig besorgt auf jemandes Zustand aufgepaßt, noch niemals so danach geschmachtet, jemand anständig voll zu sehen. Eines Abends endlich eilte ich zu seiner Hütte, denn ich hatte gehört, seine Verfassung wäre diesmal so, daß selbst der Penibelste nichts mehr daran aussetzen könne – er sei heiter, gelassen, gleichmäßig blau –, keinen Hicks in der Stimme und keine Wolke im Gehirn, die dick genug wäre, sein Gedächtnis zu vernebeln. Als ich eintrat, saß er auf einem leeren Pulverfaß; in der einen Hand hielt er eine Tonpfeife, und die andere hatte er erhoben, um Ruhe zu gebieten. Sein Gesicht war rund, rot und ganz ernst, sein Hals bloß und sein Haar zerzaust; in Erscheinung und Aufzug stellte er den typischen verwegenen Silbergräber jener Zeit dar. Auf dem Kiefernholztisch stand eine Kerze, deren trübes Licht die hier und dort auf Pritschen, Kisten und Fässern sitzenden Jungs enthüllte. Sie sagten:

»Pscht! Nicht reden – er fängt an.«

Die Geschichte von dem alten Schafbock

Ich setzte mich sogleich irgendwohin, und Blaine erzählte:

»Schätze, die Zeiten kommen niemals wieder. Einen bessern alten Prachtbock als wie den hat's nie gegeben. Großvater hatte ihn von Illinois mitgebracht – hatte ihn von einem Mann namens Yates – Bill Yates –, vielleicht habt ihr schon mal von ihm gehört; sein Vater war Diakon gewesen – baptistischer – und ein Raufbold dazu; wer dem alten Thankful Yates zuvorkommen wollte, der mußte früh aufstehn; *er* war's gewesen, der die Greens überredet hat, sich mit meinem Großvater zusammenzutun, wie der nach dem Westen gezogen ist. Seth Green war wahrscheinlich der Beste von dem ganzen Verein; geheiratet hat er eine Wilkerson – Sarah Wilkerson –, war 'ne nette Person, eins der schmucksten Weibsbilder, die es bei uns im alten Stoddard je gegeben hat; haben alle gesagt, die sie kannten. Ein Faß Mehl hat die hochgestemmt, wie unsereiner Eierkuchen in der Pfanne wendet. Mann, und spinnen hat sie gekonnt! Reden wir gar nicht erst davon! Aber rankommen lassen hat sie keinen, nein, die nicht. Als Sile Hawkins um sie rumsäuselte, hat sie ihm klipp und klar gesagt, daß er mit all seinem Moos noch lange nicht mit *ihr* in einem Geschirr trotten könne. Sile Hawkins – nicht doch, war ja überhaupt nicht Sile Hawkins, – war ein Strunk mit Namen Filkins – Vornamen hab ich vergessen – aber ein Strunk *war* es –, also der ist mal abends besoffen in eine Bibelandacht reingeplatzt, mit dreimal Hurra für Nixon, weil er dachte, es wär 'ne Wahlversammlung, und da ist der alte Diakon Ferguson hoch und hat ihn durchs Fenster gefeuert, und er landete der alten Miss Jefferson genau auf 'm Ballon. Das arme alte Mädchen. War 'ne gute Seele, hatte ein Glasauge, das sie immer der alten Miss Wagner pumpte, damit die Besuch empfangen konnte, denn die hatte keins. Es war der Miss Wagner zu klein, und wenn sie nicht aufpaßte, hat es sich in der Augenhöhle verdreht und nach oben oder nach einer Seite oder sonstwohin gestiert, und das andre wie 'n Fernglas ganz gradeaus. Erwachsenen hat das ja nichts ausgemacht, bloß die Kinder haben meistens immer zu heulen angefangen, weil's doch so gruslig war. Sie hat versucht, es in Watte zu packen, aber irgendwie ging das nicht – die Watte hat sich immer gelockert und rausgeguckt und so furchtbar ausgesehen, daß die Kinder es überhaupt nicht mehr aushalten konnten. Sie hat es in einem fort fallen lassen und dann mit ihrer alten Luke, mit hochgeklapptem Deckel und nichts drin, ihrem Besuch gegenübergesessen, daß dem immer ganz komisch wurde, aber sie selber konnte ja niemals wissen, ob es rausgehopst war, weil sie auf der Seite doch blind war. So mußte sie einer anstoßen und sagen: ›Verzeihung, liebe Miss Wagner, aber Ihr eines Auge hat sich selbständig gemacht‹ – und dann mußten sie alle dasitzen und warten, bis sie es wieder reingeklemmt hatte – mit der Rückseite gewöhnlich nach vorne, die so grün war wie 'n Vogelei –, denn in Gesellschaft war die schüchterne Miss Wagner leicht etwas verschämt. Aber das mit der verkehrten Seite machte sowieso nicht viel, weil ihr eignes Auge himmelblau war und das aus Glas vorne gelb; wie rum sie es also auch nahm, es paßte so nicht und so nicht. Sie pumpte überhaupt ganz schön rum, die alte Miss Wagner. Wenn bei ihr mal Nähkränzchen war oder sie den wohltätigen Frauenverein bei sich zu Hause hatte, lieh sie sich meistens Miss Higgins Holzbein aus, um damit rumzulatschen. Es war ein ganzes Ende kürzer als ihr anderer Ständer, aber sie hat's nicht gestört. Sie sagte, wenn sie Leute zu Besuch hat, kann sie keine Krücken leiden, weil das so langsam geht; sie sagte, wenn sie Besuch hat und es was zu tun gibt, denn will sie auch aufstehen und sich abhetzen. Sie war so kahl wie 'n Kürbis, und da hat sie sich immer die Perücke von Miss Jacops geborgt. Miss Jacops war die Frau vom Sarghändler – einem alten Aasgeier, der sich, wenn wo Leute krank waren, nicht weit ab davon hinhockte und auf sie wartete; und da saß dieser Gauner denn da, den ganzen lieben langen Tag im Schatten auf einem Sarg, von dem er meinte, daß er dem Kandidaten zusagen würde; und war der ein träger und ein bißchen unsichrer Kunde, dann brachte sich Jacops seine

Fressalien und 'ne Decke mit und schlief des Nachts in dem Sarg. Einmal hat er so bei eisigem Wetter runde drei Wochen vor Robbins' Farm vor Anker gelegen und hat auf ihn gelauert; und hinterher hat Jacops zwei Jahre nicht mit dem Alten gesprochen, weil der ihn so enttäuscht hat. Er erfror sich dabei den einen Fuß und butterte auch noch Geld zu, denn der alte Robbins rappelte sich hoch und wurde wieder gesund. Wie Robbins dann wieder mal krank lag, hat Jacops versucht, ihn diesmal auf jeden Fall zu kriegen, und hat den selben alten Sarg auf neu poliert und angeschleppt. Dem alten Robbins aber konnte er nicht das Wasser reichen; der ließ ihn reinkommen und machte einen mächtig siechen Eindruck, und er kaufte ihm die Kiste ab, aber so, daß Jacops ihm das Geld zurückzahlen sollte und noch fünfundzwanzig Dollar drüber, falls Robbins der Sarg nicht gefallen würde, nachdem er ihn ausprobiert hätte. Und dann ist Robbins gestorben und mitten in der Beerdigung hat er den Deckel weggedonnert und ist in seinem Bahrtuch aufgestanden und hat dem Pfarrer gesagt, er soll mit der Feier aufhören, denn in so 'nem miesen Sarg könnt er's nicht mehr aushalten. Er war nämlich schon früher mal scheintot gewesen, als er noch jung war, und da hat er es auf ein zweites Mal ankommen lassen, denn, sagte er sich, wenn's klappt, ist es bares Geld für ihn, und wenn nicht, verliert er ja auch keinen Cent dabei. Und dann hat er den Jacops doch glatt um den Kies verklagt und recht gekriegt; und den Sarg, den hat er sich in seine Wohnstube gestellt und gesagt, jetzt könnt er sich ja Zeit lassen. Hat sich dem Jacops auf die Galle gelegt, wie diese elende alte Geschichte ausgegangen ist. Nicht lange danach ist er nach Indiana zurückgegangen, und zwar nach Wellsville – Wellsville, wo die Hogadorns her waren. Verdammt feine Leute. Aus alter Maryland-Familie. Der alte Herr Hogadorn konnte mehr Fusel wegpicheln, alles durcheinander, und besser fluchen als alle, die ich kenne. Seine zweite Frau war die Witwe Billins, die frühere Becky Martin; ihre Mutter war Diakon Dunlaps erste Frau. Maria, ihre älteste Tochter, hat einen Missionar geheiratet und ist in Gnade gestorben – die Wilden haben sie aufgefressen. Und *ihn* auch, den armen Kerl – haben ihn geschmort. Soll dort an sich gar nicht Usus gewesen sein, aber Bekannten von ihm, die da runtergefahren sind, um seine Sachen zu holen, haben sie erklärt, sie hätten's mit den Missionaren auf alle mögliche Art und Weise versucht, aber es wäre nie was Reelles draus geworden – hat seine Verwandtschaft sehr gewurmt, daß er sozusagen bloß für 'n blödes Experiment vergeudet worden ist. Aber merkt euch, was ich sage, es ist nie was wirklich umsonst im Leben; alles, was die Leute nicht verstehen können und wo sie nicht den Grund dafür sehen, hat sein Gutes, man muß bloß abwarten können, bis man's einsieht; die Vorsehung schießt schließlich nicht mit Platzpatronen, Jungs. Dem Missionar sein Fleisch hat, ohne daß er's selber noch mitgekriegt hat, tatsächlich alle Heiden bekehrt, die von dem Braten gekostet haben. Was andres hätte das nicht geschafft. Kommt mir nicht damit, das wär bloß Zufall gewesen, daß sie ihn geschmort haben. So was wie Zufall gibt's überhaupt nicht. Als mein Onkel Lem mal, wie er krank oder betrunken oder irgend so was war, sich gegen ein Gerüst gelehnt hat, ist ein Ire mit 'ner Hucke voll Mauersteine vom zweiten Stock runter auf ihn draufgefallen und hat dem alten Mann an zwei Stellen das Kreuz gebrochen. Die Leute sagen, das wär ein Zufall gewesen. Ein bißchen viel Zufall, mein ich. Er selber hat zwar nicht gewußt, warum er da stand, aber es war doch zu einem guten Zweck. Wenn er nämlich nicht da gestanden hätte, wäre der Ire tot gewesen. Was andres laß ich mir von niemand einreden. Onkel Lem sein Hund hat ebenfalls da gestanden. Warum ist der Ire denn nicht auf den Hund raufgefallen? Weil der Hund ihn hätte kommen sehen und beiseitegetreten wäre. Das ist der Grund, warum der Köter nicht dazu ausersehen worden war. Auf einen Hund kann man sich nicht verlassen, daß er eine besondere Vorsehung erfüllt. Denkt an meine Worte, es war vorherbestimmt. Zufälle passieren nicht, Jungs. Onkel Lems Hund – den hättet ihr sehen müssen. War ein echter Schäferhund – oder vielmehr halb Schäferhund und halb Bulldogge – ein Prachttier; hatte vorher Pfarrer Hagar gehört, bevor

Onkel Lem ihn kriegte. Pfarrer Hagar war von den Hagars aus 'm Westreservat; erstklassige Familie; seine Mutter war eine Watson; eine von seinen Schwestern hat einen Wheeler geheiratet; die haben sich in Morgan niedergelassen, und er ist in 'ner Teppichfabrik in die Maschine gekommen, und es hat keine Viertelminute gedauert, bis er durch die durch war. Seine Witwe hat das Stück Teppich gekauft, wo seine Reste mit drin verwebt waren, und zur Beerdigung sind die Leute von hundert Meilen weit gekommen. Das Stück war vierzehn Yard lang. Sie wollte nicht, daß er zusammengerollt wird, und ließ ihn so bestatten – in ganzer Länge. Die Kirche, wo die Leichenpredigt gehalten wurde, war ziemlich klein, und da mußten sie das eine Ende vom Sarg aus 'm Fenster ragen lassen. Sie haben ihn nicht eingebuddelt – bloß unten ein Stückchen, und wie 'n Denkmal hochgestellt. Und dann haben sie ein Schild rangenagelt, wo drauf ... wo drauf ... wo drauf stand ... dem teuren Anngedennkenn ... ann vierzeehnn Yyard ... durrchgewwebtenn Teppich ... mmit deenn sterrbllichenn Rresstenn ... vvonn ... vvvonnn ... Wwwillliam Wwwwheee ...«

Jim Blaine war langsam schläfrig und immer schläfriger geworden – sein Kopf nickte einmal, zweimal, dreimal – sank ihm friedlich auf die Brust – und Jim Blaine fiel in tiefen Schlaf. Den Jungs kullerten die Tränen über die Wangen – sie erstickten fast vor unterdrücktem Gelächter, und das schon von Anfang an, ich hatte es bloß nicht gemerkt. Sie hatten mich also angeführt. Wie ich nun erfuhr, war es Jim Blaines Eigenheit, daß immer, wenn er einen gewissen Trunkenheitsgrad erreicht hatte, ihn keine Macht auf Erden daran hindern konnte, salbungsvoll zum Erzählen eines wunderbaren Erlebnisses anzusetzen, das er einst mit seines Großvaters altem Schafbock gehabt hatte – und weiter als bis zur Erwähnung dieses Prachtbocks im ersten Satz hatte ihn damit noch nie jemand kommen hören. Er plapperte immer drauflos und kam vom Hundertsten ins Tausendste, bis seine Whiskys ihn übermannten und er einnickte. Was ihm und seinem Großvater denn nun eigentlich mit dem alten Bock passiert war, ist bis heute ein düsteres Geheimnis, denn das hat noch kein Mensch herausbekommen.

VIERUNDFÜNFZIGSTES KAPITEL

Chinesen in Virginia · Waschrechnungen · Nachahmungsbetrieb · Einwanderung von Chinesen · Besuch im Chinesenviertel · Bei Ah Sing, Hong Wo, Si Yap und anderen

In Virginia gab es natürlich wie in jeder Stadt an der Pazifikküste sehr viele Chinesen. Sie sind ein harmloses Volk, wenn die Weißen sie in Ruhe lassen oder sie nicht schlimmer als Hunde behandeln; ja, sie sind fast gänzlich harmlos, denn es fällt ihnen kaum jemals ein, selbst die gemeinste Beschimpfung oder das grausamste Unrecht nachzutragen. Sie sind ruhig, friedfertig, fügsam, frei von Trunksucht und so fleißig, wie der Tag lang ist. Einen liederlichen Chinesen gibt es selten und einen faulen überhaupt nicht. Solange ein Chinese noch die Kraft hat, sich seiner Hände zu bedienen, braucht er von niemand Unterstützung. Weiße beklagen sich oft über Arbeitsmangel, ein Chinese aber tut das nie; er findet immer etwas zu tun. Er stellt eine große Annehmlichkeit für jedermann dar – selbst für die übelste Sorte von Weißen, denn er büßt die meisten ihrer Sünden, indem er für ihre kleineren Diebstähle Geldstrafen, für ihre Räubereien Gefängnis und für ihre Morde den Tod erleidet. Jeder x-beliebige Weiße kann vor Gericht durch seinen Eid einen Chinesen an den Galgen bringen, aber kein Chinese darf gegen einen Weißen zeugen. Wir sind das »Land der Freien« – das leugnet niemand, das streitet niemand ab. (Vielleicht deshalb nicht, weil wir niemand anders zeugen lassen.) Während ich das hier schreibe, kommt aus San Francisco die Nachricht, daß dort ein paar Jungen einen friedlichen Chinesen zu Tode gesteinigt haben und, obwohl eine große Menschenmenge die Schandtat angesehen hat, kein Mensch dagegen eingeschritten ist.

An der Pazifikküste gibt es siebzigtausend Chinesen

(wahrscheinlich sogar einhunderttausend). In Virginia hatten wir ungefähr tausend. Sie waren in ein »Chinesenviertel« eingepfercht – etwas, was ihnen nicht sonderlich unangenehm ist, denn sie hausen gern herdenweise zusammen. Ihre gewöhnlich nur eingeschossigen Häuser waren aus Holz und reihten sich, dicht aneinandergeschmiegt, Straßen entlang, die kaum breit genug waren, einen Wagen durchzulassen. Ihr Viertel lag ein wenig abseits vom übrigen Ort. In Städten ist der Haupterwerbszweig der Chinesen das Waschen von Kleidung. An die zurückgehenden Sachen heften sie immer eine Rechnung in Chinesisch. Das ist bloß der Form halber, denn schlau wird der Kunde nicht daraus. Das Waschen kostete bei ihnen damals zweieinhalb Dollar das Dutzend Wäschestücke – wesentlich weniger als der Preis, für den Weiße die Arbeit hätten machen können. An sehr vielen Chinesenhäusern hingen Schilder wie: »Si Yap, Wäscherei und Plätterei«, »Hong Wo, Wäscherei«, »Sam Sing & Ah Hop, Wäscherei«. Die Hausangestellten, Köche und so weiter waren in Kalifornien und Nevada meist Chinesen. Weiße Dienstboten hatten wir nur wenige und Chinesinnen, die solche Arbeit verrichteten, überhaupt nicht. Die chinesischen Männer geben gutes Hauspersonal ab, denn sie sind flink, gehorsam, geduldig, schnell von Begriff und unermüdlich fleißig. Man braucht ihnen im allgemeinen nichts zweimal zu zeigen. Sie haben einen Nachahmungstrieb. Wenn ein Chinese seinen Herrn in der Wut einen Eßtisch zertrümmern und ins Feuer werfen sieht, ist damit zu rechnen, daß dieser Chinese von Stund an, wenn er Brennholz braucht, zu den Möbeln greift.

Alle Chinesen können mit Leichtigkeit lesen, schreiben und rechnen – wenn das nur unsere gehätschelten *Wähler* alle könnten! In Kalifornien pachten sie kleine Stücke Land und treiben viel Gartenbau. Auf bloßen Sandhaufen erzielen sie erstaunliche Gemüseernten. Sie lassen nichts umkommen. Was für einen Weißen Abfall ist, hebt der Chinese sorgfältig auf und führt es noch irgendeiner nützlichen Verwendung zu. Er liest all die alten Austern- und Sardinenbüchsen auf, die Weiße wegwerfen, und stellt daraus durch Einschmelzen verkäufliches Zinn und Lot her. Aus alten aufgesammelten Knochen macht er Dünger. In Kalifornien holt er sich aus alten Minenclaims, die von Weißen als ausgebeutet und wertlos aufgegeben wurden, noch einen Lebensunterhalt – und dann schröpfen ihn jeden Monat einmal die Beamten mit dem hanebüchenen Betrug der Steuer für »ausländisches Bergwerkseigentum«, die trotz dieser gesetzlichen allgemeinen und weitgefaßten Bezeichnung gewöhnlich keinen anderen Ausländern auferlegt wird als den Chinesen. In einigen Fällen ist dieser Betrug im Verlauf desselben Monats bei ein und demselben Opfer wiederholt worden – aber reicher geworden ist der Staatssäckel dadurch wohl kaum.

Die Chinesen halten ihre Toten in großer Verehrung – sie beten ihre verstorbenen Ahnen sogar an. Folglich macht man in China seinen Vorgarten oder Küchengarten oder einen sonstigen Teil des Grundstücks zur Familiengruft, damit man zu all und jeder Zeit die Gräber besuchen kann. Und so stellt dieses große Reich einen einzigen gewaltigen Friedhof dar; es ist von innen bis außen mit Grabstätten durchfurcht und durchzogen – und da in China jeder Fußbreit Boden sein Äußerstes hergeben muß, damit die wimmelnde Bevölkerung nicht Nahrungsmangel leidet, sind sogar die Gräber bebaut und bringen Ernte, denn die Sitte sieht darin keine Beleidigung der Toten. Da die Verstorbenen in so kultischer Ehrfurcht gehalten werden, kann kein Chinese vertragen, daß ihre Ruheorte irgendwie verunglimpft werden. Mr. Burlingame hat gesagt, eben darin liege der Grund für Chinas unnachgiebigen Widerstand gegen Eisenbahnen; im ganzen Reich ließe sich nirgendwo eine Bahn bauen, ohne daß die Gräber von Ahnen oder teuren Freunden gestört würden.

Ein Chinese glaubt, er könne sich schwerlich des Jenseits erfreuen, wenn seine Gebeine nicht im geliebten China liegen; außerdem möchte er nach seinem Ableben selber die Verehrung genießen, die er seinen ihm vorausgegangenen Toten gezollt hat. Deshalb trifft er, wenn er ins Ausland geht, Vorsorge, daß im Falle seines Todes sein Leichnam nach China zurückgeschickt wird; verdingt er sich auf

Grund eines Arbeitsvertrages in ein anderes Land, enthält dieser stets die Klausel, wonach sein toter Leib nach China zurückbefördert werden soll; verkauft die Regierung eine Kolonne Kulis an einen Ausländer für die üblichen fünf Jahre, ist in dem Kontrakt festgelegt, daß im Todesfall ihre Leichen nach China zurückzuschicken sind. An der Pazifikküste gehören alle Chinesen der einen oder anderen von mehreren großen Gesellschaften oder Organisationen an, und diese Verbände behalten ihre Mitglieder im Auge, registrieren deren Namen und verschiffen, wenn es soweit ist, ihre Gebeine nach der Heimat. Die Si-Yap-Gesellschaft gilt als die größte. Danach kommt die Ning-Yeong-Gesellschaft, die am Pazifik achtzehntausend Mitglieder zählt. Ihre Zentrale befindet sich in San Francisco, und sie unterhält dort einen kostbaren Tempel, mehrere hohe Bonzen (einer lebt in strenger Abgeschlossenheit nach dem Hofzeremoniell und kein gewöhnlicher Sterblicher darf sich ihm nähern) sowie eine zahlreiche Priesterschaft. Man zeigte mir dort ein Mitgliederverzeichnis, in welchem die Toten sowie das Datum ihrer Verschiffung nach China entsprechend vermerkt waren. Jedes von San Francisco abgehende Schiff nimmt eine schwere Ladung Chinesenleichen mit – oder tat das wenigstens so lange, bis die Gesetzgebung in erfinderischer Verfeinerung christlicher Grausamkeit es verbot, um auf diese saubere Weise neue chinesische Einwanderer abzuschrecken. Das Gesetz dazu ist jedenfalls vorgelegt worden, ob es nun angenommen wurde oder nicht. Meiner Meinung nach ist es aber angenommen worden. Es gab noch eine andere Vorlage – und die ist Gesetz geworden –, die jeden ins Land kommenden Chinesen zwang, sich gleich am Kai impfen zu lassen und einem obrigkeitlich bestellten Quacksalber (kein anständiger Arzt würde sich für solchen legalisierten Diebstahl hergeben) zehn Dollar dafür zu bezahlen. Da nur wenige Chinesenimporteure zu einer solchen Ausgabe bereit wären, meinten die Gesetzgeber, der chinesischen Einwanderung damit einen weiteren schweren Schlag versetzt zu haben.

Wie es im Chinesenviertel von Virginia aussah – ja,

eigentlich, wie es im Chinesenviertel einer jeden Pazifikstadt aussah und noch aussieht –, mag aus folgendem Artikel entnommen werden, den ich einmal in der »Enterprise« veröffentlich habe, als ich dort Reporter war:

Die Chinesenstadt. – In Begleitung eines Kollegen machte ich neulich abend einen Gang durch unser chinesisches Viertel. Die Chinesen haben ihren Teil der Stadt nach eigenem Geschmack gebaut, und da sie weder Wagen noch Kutschen halten, sind ihre Straßen im allgemeinen nicht breit genug für Fahrzeuge. Gegen zehn Uhr abends läßt sich der Chinese in all seiner Herrlichkeit beobachten. In jedem kleinen eingepferchten schmutzigen Loch von Hütte, im betäubenden Duft der brennenden Räucherstäbchen, ohne anderes Licht, das Dunkel zu durchdringen, als die schwache, tröpfelnde Talgkerze, befanden sich zwei, drei gelbe, langbezopfte Vagabunden, die, auf einer Art kurzem Rollbett zusammengekauert, Opium rauchten, bewegungslos und die glanzlosen Augen im Übermaß der Befriedigung nach innen gekehrt – oder vielmehr sieht der Raucher so aus, kurz nachdem er die Pfeife seinem Nachbarn weitergereicht hat –, denn Opiumrauchen ist alles andere als bequem und verlangt ein ständiges Aufpassen. Auf dem Bett steht eine Lampe, ungefähr so weit weg, wie das lange Pfeifenrohr vom Munde des Rauchers reicht; dieser steckt ein Kügelchen Opium auf einen Draht, brennt es an und drückt es fest in die Pfeife, so etwa, wie ein Christ ein Loch mit Kitt verschmiert; dann hält er den Pfeifenkopf an die Lampe und fängt an zu rauchen – und das Dämpfen und Rösten der Droge und das Schmurgeln des Safts dürfte hinlangen, einer Steinfigur den Magen umzudrehen. Dem Chinesen aber gefällt es, denn es lullt ihn ein; er nimmt ungefähr zwei Dutzend Züge und rollt sich dann auf die Seite, um zu träumen, weiß der Himmel was, denn beim Anblick des verräucherten Kerls konnten wir es uns beim besten Willen nicht vorstellen. Wahrscheinlich reist er in seinen Visionen von der rauhen Welt und seinem ewigen Gewasche weit fort und hält im Paradies ein Schlemmermahl von saftigen Ratten und Vogelnestern.

Mr. Ah Sing betreibt in der Wang Street ein Kolonialwaren- und Lebensmittelgeschäft. Er überschüttete uns geradezu mit Gastfreundschaft. Er hatte verschiedene Sorten aus China importierter farbiger und farbloser Weine und Branntweine mit unaussprechlichen Namen in kleinen Steingutkrügen auf Lager und gab uns davon in hauchzarten Puppenschüsseln aus Porzellan zu kosten. Außerdem bot er uns einen Haufen Vogelnester an sowie winzige Würstchen zum meterweisen Verzehr, doch wir argwöhnten, daß in jeder eine tote Maus drin sei, und verzichteten deshalb. Mr. Sing hatte in seinem Laden tausend Artikel, die seltsam anzusehen waren, deren Verwendung man sich unmöglich vorstellen kann und die zu beschreiben wir uns außerstande sehen.

Seine Enten jedoch und seine Eier, davon verstanden wir etwas. Die Enten waren wie Dorsche aufgeschlitzt und auseinandergeklappt und kamen in dieser Form aus China. Die Eier hatte man mit irgendeinem Kleister umgipst, welcher sie die lange Reise über frisch und schmackhaft hielt.

Mr. Hong Wo, Chow Chow Street 37, fanden wir gerade beim Zusammenstellen einer Lotterie – ja, wir trafen Dutzende andere in verschiedenen Teilen des Viertels bei der gleichen Beschäftigung an, denn ungefähr jeder dritte Chinese betreibt eine Lotterie, und die beiden übrigen Drittel tragen begeistert die Kosten. »Tom«, der fehlerfrei englisch spricht und oberster und einziger Koch der »Territorial Enterprise« war, als der Betrieb vor zwei Jahren noch einen Junggesellen-Mittagstisch hielt, pflegte immer zu sagen: »Manchmal wenn Chinamann kauft Los für einen Dollar, ihm bringt zwei-, dreihundert Dollars, und manchmal ihm keins bringt nix; Lotterie ist wie einer kämpfen gegen siebzig: vielleicht er trifft, vielleicht auch er selber getroffen werden sehr viel.« Da es jedoch neunundsechzig zu eins gegen ihn steht, sind die Chancen im allgemeinen so, daß wohl »er selber getroffen werden«. Wir konnten nicht feststellen, daß diese Lotterien in irgendeiner Hinsicht von den unseren abweichen, außer dadurch, daß kein unkundiger Weißer, da die Losnummern ja chinesisch sind, je darauf hoffen darf herauszufinden, was denn nun »diejenige, welche« ist. Die Ziehung ist ähnlich wie bei uns.

Mr. Si Yap besitzt in der Live Fox Street einen Galanteriewarenladen. Er verkaufte uns prächtig verzierte Fächer aus weißen Federn, Parfüms, die wie Limburger Käse dufteten, chinesische Schreibfedern sowie Uhrenanhänger aus einem sogar mit Stahlwerkzeugen nicht einritzbaren, dennoch ganz glatt polierten und wie Perlmutt getönten Stein.* Als Zeichen seiner Wertschätzung schenkte uns Si Yap bunte, mit Goldflitter geschmückte Pfauenfederbüsche.

In den chinesischen Restaurants aßen wir Chow-Chow mit Stäbchen. Mein Begleiter schalt die mondäugigen Mädchen vor den Häusern wegen ihres Mangels an weiblicher Zurückhaltung. Wir erhielten von unseren Gastgebern schützende Räucherkerzen und feilschten um ein paar Heidengötzen. Schließlich beeindruckte uns noch das Talent eines chinesischen Buchhalters, der seine Posten auf einem Apparat zusammenzählte, welcher wie ein Bratrost mit Knöpfen auf den Stangen aussah; die einzelnen Reihen bedeuteten Einheiten: Zehner, Hunderter und Tausender. Er befingerte sie mit unglaublicher Gewandtheit – ja, er schob sie so schnell von einer Stelle zur anderen, wie die Finger eines Musikprofessors über die Tasten eines Klaviers gleiten.

Die Chinesen sind ein freundliches, gutmütiges Volk, und an der Pazifikküste gehen die höheren Klassen auch anständig mit ihnen um. Kein kalifornischer *Herr* und keine kalifornische *Dame* mißhandeln oder unterdrücken jemals einen Chinesen – eine Feststellung, die im Osten sehr nötig zu sein scheint. Das tut nur der Abschaum der Bevölkerung – der Abschaum und seine Kinder und selbstverständlich und logischerweise auch die Polizisten und Politiker, denn das sind dort genauso wie sonstwo in Amerika des Abschaums Speichellecker und Sklaven.

* Eine Abart des Jade – der den Chinesen als besonders kostbar gilt.

FÜNFUNDFÜNFZIGSTES KAPITEL

Habe Virginia satt · Ein alter Schulkamerad · Anleihe auf zwei Jahre · Ich als Chefredakteur · Erhalte beinahe ein Angebot · Ein Unfall · Drei betrunkene Anekdoten · Letzter Blick auf den Mount Davidson · Eine wunderschöne Begebenheit

Allmählich wurde ich es überdrüssig, so lange an einem Ort zu bleiben. Es war nicht mehr abwechslungsreich genug, nach Carson hinunterzufahren, um einmal im Jahr über die Sitzungen der Legislative und alle drei Monate über Pferderennen und Kürbisausstellungen zu berichten (sie hatten im Washoe Valley angefangen, Kürbisse und Kartoffeln anzubauen, und natürlich war eine der ersten Heldentaten der Gesetzgebenden Versammlung, eine landwirtschaftliche Messe für zehntausend Dollar zu veranstalten, um für vierzig Dollar Kürbisse anzupreisen – aber unsere Gesetzgebende Versammlung hieß ja auch überall das »Irrenhaus«). Ich wollte mir San Francisco ansehen. Ich wollte irgendwohin. Ich wollte – *was* ich wollte, wußte ich nicht. Ich hatte das »Frühlingsfieber« und brauchte zweifellos erst einmal Luftveränderung. Außerdem hatten sie eine Staatsverfassung aufgesetzt; jeder zehnte Mann war auf einen Regierungsposten scharf; ich war der Meinung, diese Gentlemen würden die Leute ohne Geld und ohne Verantwortung schon entsprechend »traktieren«, die Verfassung anzunehmen und somit das Land an den Rand des Verderbens zu bringen (eine solche Last wie eine Staatsregierung konnte es schwerlich auf sich nehmen, da es nichts zu besteuern hatte, was eine Steuer vertragen konnte, denn unerschlossene Minen konnten das nicht, und erschlossene gab es keine fünfzig im Territorium; auch an anderen besteuerbaren Liegenschaften war nur wenig da, und es sah ganz so aus, als käme niemals jemand auf den einfachen rettenden Gedanken, Mord mit Geldstrafe zu belegen). Eine Staatsregierung war für mich das Ende der Konjunktur, und ich wollte weg. Ich glaubte, daß die Minenaktien, die ich an der Hand hatte, bald hunderttausend Dollar wert sein würden, und falls das noch vor Annahme der Verfassung einträte, gedachte ich, sie abzustoßen, und mich so vor dem Zusammenbruch zu sichern, den der Regierungswechsel mit sich bringen würde. Hunderttausend Dollar hielt ich für ausreichend, um damit bescheiden nach Hause zurückzukehren, obwohl das bloß eine Kleinigkeit im Vergleich zu dem war, womit ich hatte heimfahren wollen. Ich war deshalb ziemlich gedrückt, versuchte aber, mich mit dem Gedanken zu trösten, daß ich mit solch einer Summe wenigstens nicht in drängende Not geraten könne. Ungefähr um diese Zeit kam ein Schulkamerad von mir, den ich seit meiner Kindheit nicht mehr gesehen hatte, zu Fuß vom Reese River angestampft, das wahre Symbol der Armut. Da stand er nun, der Sprößling wohlhabender Eltern, in einem fremden Lande, hungrig, ohne Schuhe an den Füßen, einen alten Pferdewoilach umgeschlagen, einen krempenlosen Hut auf dem Kopf, und so von oben bis unten und durch und durch heruntergekommen, daß er »selbst den verlorenen Sohn in den Schatten stellen« konnte, wie er vergnügt bemerkte. Er wollte sechsundvierzig Dollar geliehen haben – sechsundzwanzig, um damit nach San Francisco zu kommen, und zwanzig für irgend etwas anderes; vielleicht um sich Seife zu kaufen, denn die hatte er nötig. Da ich entdeckte, daß ich selber kaum mehr als die geforderte Summe bei mir hatte, ging ich zu einem Bankier und lieh mir von ihm sechsundvierzig Dollar (auf zwanzig Tage und ohne die Formalität eines Wechsels) und gab sie ihm, anstatt erst die halbe Querstraße zur Redaktion zu laufen, wo ich einiges Bargeld liegen hatte. Wenn mir jemand gesagt hätte, daß ich zwei Jahre brauchen würde, um dem Bankier diese sechsundvierzig Dollar zurückzuzahlen (denn ich erwartete das Geld von dem verlorenen Sohn nicht zurück und wurde darin auch nicht enttäuscht), wäre ich beleidigt gewesen. Und der Bankier ebenfalls.

Ich wollte mich verändern. Ich wollte Abwechslung haben. Die kam dann auch. Mr. Goodman fuhr auf eine Woche weg und überließ mir den Posten des Chefredakteurs. Das verdarb mich. Am ersten Tag schrieb ich meinen Leitartikel am Vormittag. Am zweiten Tag hatte ich kein

Thema und verschob ihn auf den Nachmittag. Am dritten Tag verschob ich ihn bis zum Abend und schrieb dann einen gedrechselten Leitartikel aus der »Amerikanischen Enzyklopädie« ab, der treuen Helferin jedes Redakteurs im ganzen Lande. Am vierten Tag trödelte ich herum bis Mitternacht und nahm dann abermals Zuflucht zur Enzyklopädie. Am fünften Tag zermarterte ich mir bis Mitternacht den Kopf und ließ dann die Druckerpresse warten, während ich ein paar bitterböse Anzüglichkeiten über sechs verschiedene Leute niederschrieb. Am sechsten Tag mühte ich mich unter Qualen bis tief in die Nacht hinein ab und schaffte – nichts. Die Zeitung ging ohne Leitartikel in Druck. Am siebenten Tag gab ich es von vornherein auf. Am achten kam Mr. Goodman zurück und fand sechs an ihn gerichtete Duellforderungen vor – meine Anzüglichkeiten hatten Frucht getragen.

Wer es nicht selber einmal versucht hat, weiß nicht, was es heißt, Leitartikler zu sein. Es ist leicht, mit lauter Fakten vor sich Lokalkram hinzukritzeln; es ist leicht, aus anderen Zeitungen Ausgewähltes zurechtzuschnipseln; es ist leicht, eine Korrespondenz aus irgendeiner Gegend zu verfassen; aber es ist unsagbar schwer, Leitartikel zu schreiben. Das Problem sind die *Themen* – ich meine der trostlose Mangel an Themen. Tagaus, tagein dieselbe Leier: brüten und sich plagen und leiden – die ganze Welt ist ein ödes leeres Blatt, aber der redaktionelle Teil *muß* voll werden. Hat man erst einmal ein *Thema,* ist die Arbeit schon getan – das Niederschreiben macht keine Mühe; aber man stelle sich vor, wie einem zumute sein muß, wenn man sich jeden Tag in der Woche, zweiundfünfzig Wochen im Jahr, den Kopf leerpumpen muß. Der bloße Gedanke macht einen schon trübsinnig. Was sich jeder Redakteur einer amerikanischen Tageszeitung im Laufe eines Jahres ausdenkt, würde vier bis acht Bände von der Stärke dieses Buches füllen! Die Bibliothek, die das nach zwanzig, dreißig Arbeitsjahren ergäbe! Und dabei staunen die Leute oft, daß Dickens, Scott, Bulwer, Dumas und so weiter so viele Bücher haben ausstoßen können. Dabei wäre es erst wirklich staunenswert, wenn diese Schriftsteller mit der Produktivität von Zeitungsredakteuren geschrieben hätten. Wie Redakteure diese ungeheure Schufterei, diesen enormen Verschleiß an Gehirnschmalz (denn ihre Arbeit ist schöpferisch und kein bloßes mechanisches Faktensammeln wie das Berichterstatten) Tag für Tag und Jahr für Jahr durchhalten, ist unfaßbar. Pfarrer machen im Hochsommer zwei Monate Urlaub, weil sie feststellen, daß es auf die Dauer beschwerlich wird, in der Woche zwei Predigten zu liefern. Muß es ja werden und wird es auch; wie also ein Redakteur pro Woche zehn bis zwanzig Themen finden und darauf zehn bis zwanzig ausführliche Leitartikel aufbauen kann, und das das ganze Jahr hindurch, geht über jedes Begriffsvermögen. Seit ich meine Woche als Leitartikler überlebt habe, finde ich in jeder Zeitung, die mir in die Hände kommt, zumindest ein Vergnügen: die langen Spalten Leitartikel zu bewundern und mich zu fragen, wie in drei Teufels Namen er das fertiggebracht hat!

Mr. Goodmans Rückkehr entband mich von meiner Arbeit, sofern ich nicht wieder Reporter werden wollte. Und das kam natürlich nicht in Frage; nachdem ich einmal kommandierender General gewesen war, konnte ich doch nicht wieder als Gemeiner dienen. So beschloß ich denn, meinen Abschied zu nehmen und in die weite Welt hinauszugehen. Um diese Zeit nun erzählte mir mein Reporterkollege Dan beiläufig, daß zwei Bürger versucht hätten, ihn zu überreden, mit nach New York zu fahren und ihnen beim Verkauf einer reichen Silbergrube zu helfen, die sie in einem neuen Minendistrikt in unserer Gegend entdeckt und gemutet hatten. Er sagte, sie hätten ihm das Angebot gemacht, seine Spesen zu bezahlen und ihn mit einem Drittel am Erlös zu beteiligen. Er habe jedoch abgelehnt. Das war genau, was ich suchte. Ich warf ihm vor, das solange verschwiegen und nicht früher gesagt zu haben. Er erwiderte, es sei ihm gar nicht in den Sinn gekommen, daß ich weg möchte, und da habe er den Leuten empfohlen, sich an Marshall zu wenden, den Reporter einer anderen Zeitung. Ich fragte Dan, ob es denn eine gute, ehrliche Mine sei und keine faule Sache. Er sagte, die Leute hätten ihm neun Tonnen von dem Gestein gezeigt, das sie mit nach

New York nehmen wollten, und er könne getrost behaupten, in Nevada nur wenig Gestein gesehen zu haben, das reicher gewesen sei; und außerdem hätten sie sich gleich neben der Mine ein Stück Land mit wertvollem Bauholz sowie einen Hüttenplatz gesichert. Erst wollte ich Dan ja den Hals umdrehen. Aber so sehr ich mich auch ärgerte, ich überlegte es mir anders, denn ich dachte, vielleicht sei die Chance noch nicht verpaßt. Dan meinte, keineswegs, denn die Leute wären gerade wieder weg auf ihrer Mine und kämen nicht vor zehn Tagen nach Virginia City zurück, um ihre Reise nach dem Osten anzutreten. Sie hätten ihn gebeten, mit Marshall zu reden, und er habe zugesagt, bis zu ihrer Rückkehr entweder diesen zu gewinnen oder jemand anders aufzutreiben; er werde nun keinem weiter etwas von der Sache sagen, bis sie zurück seien, und dann sein Versprechen erfüllen, indem er mich vorschlage.

Das war großartig. Als ich zu Bett ging, brannte ich lichterloh vor Aufregung, denn bisher war noch niemand nach dem Osten gegangen, um eine Silbergrube in Nevada zu verkaufen; man hatte da also ein erntereifes Feld vor sich. Ich glaubte, eine Mine wie die von Dan beschriebene müsse in New York eine fürstliche Summe bringen und sich im Handumdrehen absetzen lassen. An Schlaf war nicht zu denken, dazu spukte meine Phantasie zu sehr durch ihre Luftschlösser. Ich war wieder auf den »blinden Gang« gestoßen.

Am nächsten Tag – Dan hatte versprochen, die Leute mit der Mine abzupassen – reiste ich dann per Postkutsche ab, und zwar unter dem obligaten, den Weggang alteingesessener Bürger begleitenden Trara – denn wenn man dort draußen nur ein halbes Dutzend Freunde hat, machen die lieber Lärm für hundert, damit es bloß nicht so aussieht, als ließen sie dich ohne Sang und Klang und unbedauert von dannen ziehen.

Auf der Fahrt gab es nur einen einzigen kleinen bemerkenswerten Zwischenfall, und der ereignete sich gleich, als wir aufbrechen wollten. Ein reichlich verlottert aussehender Stromer stieg aus der Kutsche, um zu warten, bis der übliche Ballast an Silberbarren verladen war. Er stand auf dem Pflaster, als ein ungeschickter Expreßangestellter, der einen hundert Pfund schweren Silberziegel schleppte, stolperte und diesen dem Stromer auf den Fuß fallen ließ. Der ging sofort zu Boden und begann, ganz herzzerreißend zu heulen. Eine mitfühlende Menge sammelte sich um ihn und wollte ihm den Stiefel ausziehen, aber da schrie er noch lauter als zuvor, und man ließ es sein. Dann fing er an zu japsen, wobei er zwischen den einzelnen Japsern hervorstieß: »Schnaps! Um Himmels willen Schnaps!« Sie trichterten ihm eine halbe Pinte ein, und das zeitigte eine wunderbare Wirkung und gab ihm wieder Kraft und Trost. Er bat, man möge ihm in die Kutsche helfen, was auch getan wurde. Die Leute vom Expreß drängten ihn, doch auf ihre Kosten einen Arzt holen zu lassen, aber das lehnte er mit den Worten ab, wenn er nur ein bißchen was Prozentiges zum Mitnehmen haben könne, um unterwegs die Schmerzanfälle zu lindern, wäre er schon dankbar und zufrieden. Im Nu wurde er mit zwei Buddeln versorgt, und wir fuhren ab. Von Stund an war er so selig und lachte so vergnügt in sich hinein, daß ich mich nicht enthalten konnte, ihn zu fragen, wie er sich denn mit einem zerquetschten Fuß so wohl fühlen könne.

»Na ja«, sagte er, »aber ich hab seit zwölf Stunden keinen Schnaps gehabt und nicht einen Cent in der Tasche. Bin schon fast vergangen – und wie mir dieser Trampel den Hundertpfünder auf den Latschen fallen ließ, hab ich geschnuppert, daß sich da was machen läßt. Hab nämlich 'n Korkbein!«, und zum Beweis zog er die Hose hoch.

Er blieb den ganzen Tag lang voll wie ein Dudelsack und kicherte in einem fort über seine Findigkeit im rechten Moment.

Ein Betrunkener erinnert einen unausweichlich an einen anderen. Ich hörte einmal einen Gentleman eine Episode erzählen, die er in einer kalifornischen Kneipe mit angesehen hatte. Er nannte sie »Biederer Bürger, leicht beschwipst«. Es war eigentlich bloß eine kleine Pantomime, aber sie schien mir vollendet gespielt und hätte von Toodles selber sein können: Biederer Bürger, mit Bier und anderen Feuchtigkeiten ganz schön vollgetankt, betritt Lokal (Einheitspreis fünfundzwanzig Cent und nur Hartgeld im Umlauf); legt halben Dollar hin; verlangt Whisky und trinkt ihn; Wirt wechselt und legt Vierteldollar in nassen Fleck auf Theke; biederer Bürger tapst mit kraftlosen Fingern danach; Münze glitscht aber und bleibt im Wasser liegen; er betrachtet sie und versucht es von neuem; gleiches Resultat; merkt, daß Leute ihm interessiert zuschauen und errötet; tapst nochmals nach dem Vierteldollar, läuft knallrot an, setzt sorgfältig und langsam seinen Zeigefinger drauf, um sicheres Ziel zu haben, schiebt die Münze dem Wirt hin und sagt mit Seufzer:

»Hick! 'ne Zigarre bitte!«

Natürlich erzählte ein anderer Anwesender von einem weiteren Betrunkenen. Dieser war, der Schilderung nach, eines Nachts zu später Stunde nach Hause getorkelt, hatte sich in der Gartentür geirrt und glaubte nun, auf der Vortreppe einen Hund zu sehen. Und da war auch einer – aus Gußeisen. Er hielt an und überlegte; fragte sich, ob er wohl bissig sei; wagte zu sagen: »Weg – hick! – mit dir!« Keine Wirkung. Dann ging er vorsichtig näher und verlegte sich aufs Verhandeln; spitzte die Lippen und versuchte zu pfeifen, was ihm aber nicht gelang; rückte immer näher heran und lockte: »Armes Hündchen – armer Wauwau – armes Wauwauhündchen!« Stieg, immer noch mit Kosenamen schmeichelnd, die Stufen hinauf, bis er Herr der Lage war; rief dann: »Verschwinde, du Drecksköter!« – versetzte ihm einen rachsüchtigen Tritt in die Rippen und knallte natürlich kopfüber hin. Eine Weile gar nichts, dann ein-, zweimal Aufstöhnen vor Schmerz und schließlich sinnierend:

»Verdammt massiver Köter. Was kann der – hick! bloß gefressen haben? Wahrscheinlich Steine. Ist ja gefährlich, so 'n Viech – jawoll, richtiggehend gefährlich. Wenn jemand seinen Hund – hick! – mit Steinen füttern will, von mir aus gerne, warum auch nicht, bloß dann soll er ihn einsperren – daß er nicht überall rumliegt, wo – hick! – Leute drüber stolpern können, wenn sie ihn nicht sehen!«

Nicht ohne Bedauern warf ich einen letzten Blick auf das

winzige Fähnchen (es war fünfunddreißig Fuß lang und zehn Fuß breit), das wie ein Damentaschentuch auf der obersten Spitze des Mount Davidson wehte, fast siebenhundert Meter über Virginias Dächern, und ich hatte das Gefühl, daß es ein Abschied für immer sei von einer Stadt, die mir eine bisher ungekannte Freude am Leben bereitet hatte. Und dabei fällt mir eine Begebenheit ein, welche selbst dem schwächsten Gedächtnis, dessen Virginia sich zu der Zeit rühmen konnte, als sie sich zutrug, immer wieder lebhaft in Erinnerung kommen muß, bis sein Besitzer stirbt. Eines späten Sommernachmittags kam ein Regenschauer. Das allein war schon erstaunlich genug, um die ganze Stadt in Erregung zu bringen, denn in Nevada regnet es nur im Winter (ein, zwei Wochen lang), und selbst dann nicht so viel auf einmal, daß es sich für einen Kaufmann gelohnt hätte, Regenschirme zu führen. Aber der Schauer war gar nicht das Hauptwunder; er hielt bloß fünf bis zehn Minuten an. Während die Leute noch darüber sprachen, bezog sich der ganze Himmel mit dichtem, mitternächtlichem Dunkel. Die ganze große, die Stadt überblickende Ostseite des Mount Davidson legte ein solches Trauerschwarz an, daß lediglich die Nähe und Kompaktheit des Berges seine Umrisse gegen das Totendüster des Himmels dahinter gerade noch schwach erkennbar machten. Dieser ungewohnte Anblick lenkte aller Augen auf den Berg, und da sahen sie ein prächtiges goldenes Flämmchen mitten in dieser Mitternachtsschwärze hoch oben auf dem äußersten Gipfel züngeln und blinken! In ein paar Minuten waren die Straßen gedrängt voll von Leuten, die kaum ein Wort herausbrachten und auf dieses eine strahlende Fünkchen in all der dräuenden Finsternis starrten. Es flakkerte wie eine Kerzenflamme und sah auch nicht größer aus; aber vor diesem Hintergrund strahlte es wundervoll, trotz seiner Winzigkeit. Es war die Fahne! Das hatte zuerst bloß keiner vermutet; sie wirkte wie ein Besucher aus einer übernatürlichen Welt – ein geheimnisvoller Bote guter Nachrichten, wie manche gern glauben wollten. Es war das Hoheitszeichen der Nation, verklärt von den scheidenden Strahlen einer dem Blick völlig verborgenen Sonne, und in dem ganzen breiten Panorama von Bergketten und Wüsten fiel der Glanz auf nichts anderes. Nicht einmal auf den Mast der Fahne – denn der, bei dieser Entfernung ohnehin nur eine Stecknadel, war jetzt vom Licht unberührt und in dem Dunkel nicht zu erkennen. Eine ganze Stunde lang blinkte und brannte der unheimliche Gast in seiner himmelhohen Einsamkeit, und immer noch beobachteten Tausende von nach oben gerichteten Augen ihn mit gebanntem Interesse. Wie aufgeregt alle waren! Der Aberglaube griff schnell um sich, daß dies ein geheimnisvoller Kurier sei, gekommen mit wichtiger Nachricht über den Krieg – die Poesie des Gedankens entschuldigt und erklärt ihn zugleich –, und das flog von Herz zu Herz, von Lippe zu Lippe und von Straße zu Straße, bis allgemein der Wunsch laut wurde, das Militär herauszuholen und den leuchtenden Ankömmling mit einer Kanonensalve zu begrüßen!

Und die ganze Zeit über mußte ein schwergeprüfter Mann, der zum Amtsgeheimnis verpflichtete Telegrafist, ein Schweigen sich auferlegen, das ihm fast die Lippen gespalten hätte, denn er, nur er allein in der ganzen spekulierenden Menge, wußte, welche großen Dinge jene sinkende Sonne an diesem Tag im Osten geschaut hatte – Vicksburg war gefallen, und die Unionstruppen hatten bei Gettysburg gesiegt!

Hätte das Nachrichtenmonopol nicht die geringste Andeutung über die Neuigkeit aus dem Osten bis einen Tag nach ihrer Veröffentlichung in den kalifornischen Zeitungen verboten, wäre die verklärte Fahne auf dem Mount Davidson an jenem denkwürdigen Abend so lange wieder und immer wieder mit Salutschüssen begrüßt worden, wie das Pulver zum Knallen gereicht hätte; die Stadt wäre illuminiert worden und jeder Mann, der etwas auf sich hielt, hätte sich betrunken – wie es bei allen großen öffentlichen Angelegenheiten Brauch war. Selbst heute noch kann ich nicht ohne Bedauern an diese unnötig verhinderte herrliche Gelegenheit zurückdenken. Wie hätten wir das gefeiert und begossen!

SECHSUNDFÜNFZIGSTES KAPITEL

Ab nach San Francisco · Westliche und östliche Landschaften · Der heißeste Ort auf Erden · Sommer und Winter

Wir ratterten durch die Ebenen und Täler, klommen die Sierras bis zu den Wolken empor und schauten hinunter auf das sommerliche Kalifornien. Und ich möchte nebenbei bemerken, daß jede kalifornische Landschaft aus der *Entfernung* gesehen werden muß, wenn sie ihren vollen Reiz entfalten soll. Die Berge sind in ihrer Erhabenheit und ihrer majestätischen Form und Höhe zwar aus jedem Blickwinkel imposant – um ihre Schroffheit aber milder und ihre Färbung reicher werden zu lassen, muß man ein Stück von ihnen weg sein. Auch der kalifornische Wald wirkt am besten, wenn man ein bißchen Abstand hat, denn er ist etwas monoton, weil die Bäume fast alle ein und derselben Familie angehören – Rotkiefer, Weißkiefer, Rottanne, Weißtanne –, und so sieht man von nahem die ermüdende Gleichheit der Baumarme, die alle starr schräg nach unten weisen wie zu einem ständigen und ewigen Appell an den Menschen: »Hsch! Nicht sprechen! Du könntest jemand stören!« In der Nähe riecht es außerdem rettungslos und unbarmherzig nach Pech und Terpentin; von dem säuselnden und seufzenden Geäst geht eine ewige Schwermut aus; man läuft auf einem lautlosen Teppich von zerbröckelter gelber Borke und abgestorbenen Nadeln, bis man sich wie ein lautlos wandernder, irrender Geist vorkommt; man wird der ewigen Nadelbüsche müde und sehnt sich nach richtigen, wohlgeformten Blättern; man sucht nach Moos und Gras, um sich darauf auszustrecken, und findet keins, denn wo keine Borke liegt, ist nackter Lehm und Schmutz, ein Feind träumerischen Sinnes und sauberer Kleidung. Grasflächen in Kalifornien sind zwar oft so, wie sie sein sollen, aber ebenso oft betrachtet man sie am besten aus der Ferne, denn obwohl die Halme groß sind, stehen sie steif und selbstbewußt hoch und ungesellig weit auseinander, mit unschönen Flekken von nacktem Sand dazwischen.

Es gehört zum Wunderlichsten, was ich kenne, Touristen aus den »Staaten« von der Schönheit des »immerblühenden Kalifornien« schwärmen zu hören. Und sie schwärmen stets davon. Aber vielleicht würden sie sich etwas mäßigen, wenn sie wüßten, wie alte Kalifornier mit ihrer Erinnerung an das staubbedeckte und zweifelhafte kalifornische »Sommergrün« staunend und in anhimmelnder Bewunderung vor dem üppigen Reichtum dastehen, dem leuchtenden Grün, der unendlichen Frische, der verschwenderischen Vielfalt von Formen und Arten und Laub, die eine östliche Landschaft zur Vision des Paradieses selber machen. Die Vorstellung, daß ein Mensch über das ernste und düstere Kalifornien in Begeisterung ausbricht, wenn er Neuenglands weite Wiesen und seine Ahornbäume, Eichen und wie Kathedralenfenster aufstrebenden Ulmen im Sommerschmuck oder seine Wälder in schillernder Herbstespracht gesehen hat, wäre geradezu komisch – wenn sie nicht so rührend wäre. Kein Land mit gleichbleibendem Klima kann sehr schön sein. Auch die Tropen sind es nicht, trotz allen Gefühlsüberschwanges, der an sie vergeudet wird. Sie wirken zwar zu Anfang schön, doch mit der Zeit schmälert das ewige Einerlei den Zauber. Die Magd, welcher die Natur bedarf, um ihre Wunder zu vollbringen, heißt *Abwechslung*. In dem Land, das vier richtig abgegrenzte Jahreszeiten hat, kann es nicht an Schönheit mangeln oder eintönig werden. Jede Jahreszeit bedeutet eine Welt der Freude und des Interesses, wenn man beobachtet, wie sie sich entfaltet, sich allmählich und harmonisch entwickelt und ihre Reize steigert – und genau dann, wenn man ihrer langsam überdrüssig wird, vergeht sie, und es kommt ein radikaler Wechsel mit neuen Verzauberungen und neuen Herrlichkeiten im Gefolge. Und ich glaube, einem richtigen Naturfreund erscheint der Reihe nach jede Jahreszeit als die schönste.

San Francisco, eine Stadt, in der zu leben wirklich faszinierend ist, wirkt aus entsprechender Ferne stattlich und schön; aus der Nähe merkt man jedoch, daß die Architektur meist altmodisch ist, viele Straßen aus verfallenen, rauchgeschwärzten Holzhäusern bestehen und die kahlen

Sandberge ringsum zu sehr ins Auge stechen. Selbst das freundliche Klima wirkt, wenn man darüber liest, bisweilen angenehmer, als wenn man es am eigenen Leibe erlebt, denn auch der schönste wolkenlose Himmel verliert nach und nach seinen Reiz, und wenn dann der lang ersehnte Regen kommt, hört er nicht wieder auf. Und sogar das mutwillige Erdbeben betrachtet sich besser aus der Fer...

Doch da gehen die Meinungen auseinander.

Das Klima von San Francisco ist mild und einmalig gleichmäßig. Das Thermometer steht das ganze Jahr über auf ungefähr 20 Grad. Die Temperatur ändert sich fast nie. Man schläft sommers wie winters unter ein bis zwei leichten Decken und benutzt nie ein Moskitonetz. Niemand trägt Sommerkleidung. Man trägt schwarzes Tuch – so man hat – im August genauso wie im Januar. Kein Monat ist kälter oder wärmer als der andere. Man benutzt keine Mäntel, und man benutzt keine Fächer. Es ist alles in allem ein so angenehmes Klima, wie es sich nur denken läßt, und zweifellos das unveränderlichste in der ganzen Welt. Die Sommermonate über weht dort zwar ein ganz schöner Wind, aber da kann man ja hinüber nach Oakland gehen, wenn man will – drei bis vier Meilen entfernt –, dort weht er nicht. In neunzehn Jahren ist in San Francisco nur zweimal Schnee gefallen, und dann blieb er auch nur lange genug liegen, um die Kinder in Erstaunen darüber zu setzen, was denn das für flaumiges Zeug sei.

Acht Monate hintereinander ist der Himmel strahlend und wolkenlos, und es fällt kein Tropfen Regen. Aber wenn die restlichen vier Monate kommen, mußt du losziehen und dir einen Schirm stehlen. Weil du den dann brauchst. Nicht bloß für einen Tag, sondern für einhundertzwanzig Tage in kaum unterbrochener Folge. Willst du einen Besuch machen oder zur Kirche oder ins Theater gehen, guckst du nie nach den Wolken, um zu sehen, ob es wohl regnen wird oder nicht – sondern auf den Kalender. Ist es Winter, regnet es bestimmt, und ist es Sommer, regnet es bestimmt nicht, und damit mußt du dich abfinden. Blitzableiter sind überflüssig, denn es gewittert nie. Und wenn du dann sechs bis acht Wochen lang Nacht für Nacht der trüben Monotonie dieses stillen Regens gelauscht hast, wünschst du innerlich, es möchte doch einmal der Donner diesen dösigen Himmel entlangwettern und brausen und krachen und alles lebendig machen – du wünschst, daß die eingekerkerten Blitze das trübe Firmament auseinanderreißen und nur einen einzigen winzigen Augenblick mit blendendem Licht erhellen möchten. Du würdest sonst etwas dafür geben, wieder einmal das alte vertraute Donnern zu hören und es einschlagen zu sehen. Und dann im Sommer, wenn du etwa vier Monate lang grellen, erbarmungslosen Sonnenschein erduldet hast, möchtest du auf die Knie fallen und um Regen flehen, um Hagel, um Schnee, um Gewitter, um irgend etwas, das die Eintönigkeit unterbräche – du würdest mit einem Erdbeben vorliebnehmen, wenn sich nichts Besseres böte. Und du hast alle Aussicht, auch eins zu bekommen.

San Francisco ist auf Sandhügeln erbaut, aber es sind fruchtbare Sandhügel. Sie bringen eine üppige Vegetation hervor. All die seltenen Blumen, die die Leute in den Staaten mit so geduldiger Sorgfalt in Töpfen und Treibhäusern ziehen, gedeihen dort das ganze Jahr über üppig im Freien. Kallas, alle Arten Geranien, Passionsblumen, Moosrosen – ich kenne nicht den zehnten Teil ihrer Namen. Ich weiß nur, daß in der Zeit, wo die New Yorker sich durch Schneewehen kämpfen, die Kalifornier durch Blumenwehen waten, wenn sie nur ihre Hände davon lassen und alles wachsen lassen. Und wie ich höre, sollen sie sogar jene seltenste und merkwürdigste aller Blumen haben, die wunderschöne Espiritu Santo, wie die Spanier sie nennen – oder Blume des Heiligen Geistes –, obwohl ich dachte, sie wachse nur in Mittelamerika, unten am Isthmus. In ihrem Kelch befindet sich das winzig kleine, zarte Abbild einer schneeweißen Taube. Bei den Spaniern genießt sie abergläubische Verehrung. Man hat die Blüte, in Äther getaucht, in die Staaten gebracht, und ebenso auch die Zwiebel, aber alle Versuche, sie danach zum Blühen zu bringen, sind mißglückt.

An anderer Stelle habe ich vom endlosen Winter in Mono, Kalifornien, gesprochen, und jetzt eben vom ewigen

Frühling San Franciscos. Wenn wir nun hundert Meilen in gerader Linie weiterreisen, kommen wir in den ewigen Sommer Sacramentos. In San Francisco sieht man niemals Sommerkleidung oder Moskitos – in Sacramento gibt es beides. Nicht stets und ständig, doch vielleicht hundertdreiundvierzig Monate lang in zwölf Jahren. Daß dort immer Blumen blühen, kann sich der Leser wohl leicht vorstellen – die Leute leiden und schwitzen und fluchen morgens, mittags und abends und verbrauchen ihre beste Lebenskraft, um sich zu fächeln. So heiß es dort unten auch wird, wenn man hinuntergeht nach Fort Yuma, merkt man, daß es dort noch heißer ist. Fort Yuma ist wahrscheinlich der heißeste Ort auf Erden. Das Thermometer bleibt ununterbrochen auf rund fünfzig Grad im Schatten stehen – es sei denn, es steigt noch höher. Fort Yuma ist ein Bundesmilitärposten, und seine Insassen haben sich so an die schreckliche Hitze gewöhnt, daß sie ohne sie leiden. Man erzählt sich dort eine Geschichte (die man John Phenix zuschreibt*), daß dort einmal ein sehr, sehr gottloser Soldat gestorben und selbstredend sogleich in den heißesten Winkel der Verdammnis abgefahren sei – und am nächsten Tag *nach seinen Decken telegrafiert* habe. An der Wahrheit dieses Berichts gibt es keinen Zweifel – kann es keinen geben. Ich habe den Ort gesehen, wo dieser Soldat in Pension war. In Sacramento ist immer glühender Sommer, und du kannst um acht Uhr morgens Rosen und Erdbeeren pflükken und Speiseeis essen und Leinensachen tragen und röcheln und schwitzen und dann den Zug nehmen und mittags deinen Pelz und deine Schlittschuhe anlegen und über den gefrorenen Donner Lake gleiten, zweitausendeinhundert Meter über dem Tal, zwischen fünfzehn Fuß hohen Schneebänken und im Schatten riesiger Berggipfel, die ihre eisbedeckten Zinnen dreitausend Meter hoch erheben. Das ist ein Übergang! Wo findet man noch so etwas auf der westlichen Halbkugel? Und schon manch einer ist in dieser Gegend durch die von Schneewällen umsäumten

* Sie ist von fünfzig verschiedenen Schreiberlingen plagiiert worden, die zu minderbemittelt waren, eine Geschichte zu erfinden, sich aber nicht schämten, eine zu stehlen. – M. T.

Kurven der Pazifikbahn gebraust, zweitausend Meter über dem Meeresspiegel, und hat wie ein Vogel in der Luft heruntergeschaut auf den ewigen Sommer im Sacramento Valley mit seinen fruchtbaren Feldern, seinen silbernen Flüssen – alles schlummernd im milden Dunst einer verzauberten Atmosphäre und alles durch die Entfernung vergeistigt und unendlich sanft erscheinend: ein traumhafter, herrlicher Blick ins Märchenland, der, durch das abschrekkende Tor von Schnee und Eis und wilden Klippen und Abgründen dringend, um so bezaubernder und eindrucksvoller ist.

SIEBENUNDFÜNFZIGSTES KAPITEL

Kalifornien · Neueste Neuheit · Anblick einer Frau · »Mensch, das ist ja ein Kind!« · Hundertfünfzig Dollar für einen Kuß · Schlangestehen

Dieses Sacramento Valley war eine der Gegenden, in der anfangs der ergiebigste Goldbergbau betrieben wurde, und teilweise ist noch heute zu erkennen, wo die habgierigen Verwüster vor fünfzehn bis zwanzig Jahren die grasbedeckten Berghänge und Ebenen aufgerissen und zerfurcht und zerwühlt haben. Solche Verunstaltungen findet man weit und breit in Kalifornien, mitunter sogar an Stellen, wo nur Wiesen und Wälder zu sehen sind – kein Lebewesen, kein Haus, kein Stock oder Stein, keine Ruine – und wo kein Laut, nicht einmal ein Flüstern, die Sonntagsstille durchbricht. Es fällt einem schwer, zu glauben, daß dort einmal eine blühende kleine Stadt von zwei- bis dreitausend Seelen gestanden haben soll, mit Zeitung, Feuerwehr, Blaskapelle, Bürgergarde, Bank, Hotels, lärmenden Umzügen und Reden zum 4. Juli, mit überfüllten Spielhöllen voller Tabaksqualm, Flüchen und bärtigen Männern, auf deren Tischen sich so viel Goldstaub häufte, wie die Einkünfte eines deutschen Fürstentums ausmachen; mit von Menschen wimmelnden und von Geschäften strotzenden Straßen, mit Grundstücken im Zentrum zu vierhundert Dollar pro Fuß, mit Arbeit, Gelächter, Musik, Tanz, Gefluche, Geraufe, Geschieße und Messerstecherei, mit einer Leichenschau und einem Toten jeden Morgen zum Frühstück – mit *allem*, was das Dasein erquickt und verschönt, mit allem, was zu einer gedeihenden und prosperierenden und vielversprechenden jungen Stadt gehört – und *jetzt* ist nichts mehr da als eine leblose, häuserlose Einsamkeit. Die Männer sind fort, die Gebäude sind verschwunden, ja sogar der Name des Ortes ist vergessen. In keinem anderen Land sind in moderner Zeit Städte so unwiderruflich gestorben und verschwunden wie in den alten Minengegenden von Kalifornien.

Eine vorwärtsstürmende, kraftvolle, rastlose Bevölkerung war das damals. Eine kuriose Bevölkerung. Die *einzige* dieser Art, die die Welt jemals auf einem Haufen gesehen hat und die sie wohl kaum jemals wieder zu Gesicht bekommen wird. Denn man beachte, es war eine Ansammlung von zweihunderttausend *jungen* Männern – keine zimperlichen, zarten Muttersöhnchen mit Glacéhandschuhen, sondern selbständige, muskulöse, unerschrockene Draufgänger, berstend vor Energie und Mut und königlich ausgestattet mit den Attributen unvergleichlicher und herrlicher Männlichkeit – die Elite und Auslese der Welt. Keine Frauen, keine Kinder, keine grauhaarigen und altersgebeugten Veteranen – nur junge Riesen mit aufrechtem Gang, strahlenden Augen, lebhaften Bewegungen und kräftigen Händen – die seltsamste, die prächtigste Bevölkerung, das tapferste Heer, das jemals die staunende Einsamkeit eines unbevölkerten Landes durchzogen hat. Und wo sind sie jetzt? Zerstreut in alle Erdenwinkel – oder vorzeitig gealtert und verlebt – oder in Straßenkämpfen erschossen oder erstochen – oder an enttäuschter Hoffnung und gebrochenem Herzen gestorben – alle oder fast alle fort, geopfert auf dem Altar des Goldenen Kalbes – das edelste Brandopfer, das jemals seinen Rauch gen Himmel aufsteigen ließ. Ein trauriger Gedanke.

Es war eine prachtvolle Bevölkerung, denn alle trägen, schläfrigen, döskopfigen Faultiere waren zu Hause geblieben

– die findet man niemals unter Pionieren, aus solchem Material lassen sich keine Pioniere schnitzen. Es war diese Bevölkerung, die Kalifornien den Ruf verschafft hat, den es noch heute hat, nämlich den, erstaunliche Unternehmen aufziehen und sie mit großartigem Elan und Mut und Unbekümmertheit um Kosten oder Folgen durchführen zu können; und wenn es sich eine neue Überraschung ausdenkt, lächelt die ernste, gesetzte Welt wie gewöhnlich und sagt: »Ja, das ist Kalifornien, wie es leibt und lebt.«

Aber rauh ging es damals zu! Man schwelgte geradezu in Gold, Whisky, Schlägereien und Fandangos und war unsagbar glücklich. Der redliche Goldgräber strich aus seinem Claim pro Tag hundert bis tausend Dollar ein, und im Glücksfalle hatte er, da es so viele Spielhöllen und andere Amüsements gab, am anderen Morgen keinen Cent mehr. Sie kochten sich ihren Speck und ihre Bohnen selber, nähten sich selber ihre Knöpfe an, wuschen sich selber die Hemden – blaue, wollene; und wer ohne lästigen Aufschub eine Keilerei haben wollte, brauchte bloß mit weißem Chemisett oder im Zylinder öffentlich aufzukreuzen, und er wurde prompt bedient. Denn diese Leute haßten Aristokraten. Sie hegten eine spezielle und bösartige Abneigung gegen jenes Kleidungsstück, das sie »Sabberlatz« nannten.

Eine wilde, freie, zügellose, groteske Gesellschaft! Männer, nichts als schwärmende Scharen robuster *Männer* – nirgendwo etwas von Kindern oder Frauen zu sehen!

Die Goldgräber liefen damals in Haufen zusammen, wenn es irgendwo einen Blick zu erhaschen gab auf jenes seltene und gesegnete Wunder, eine Frau! Wie alte Einwohner erzählen, ging einmal in einem bestimmten Camp frühmorgens die Nachricht um, daß eine Frau da sei. Man hatte unten am Lagerplatz ein Kattunkleid aus einem Wagen hängen sehen – ein Zeichen von Auswanderern, die über die Great Plains gekommen waren. Dort zogen nun alle hin, und als dann wirklich und wahrhaftig ein im Winde flatterndes Kleid entdeckt wurde, stieg ein Schrei auf! Der Auswanderer zeigte sich. Die Goldgräber sagten:

»Hol sie raus!«

Er antwortete: »Liebe Herren, es ist meine Frau – sie ist krank – die Indianer haben uns ausgeplündert, Geld, Lebensmittel und alles – wir brauchen Ruhe.«

»Hol sie raus! Wir müssen sie sehen!«

»Aber, liebe Herren, die Arme ist...«

»Hol sie raus!«

Er »holte sie raus«, und sie schwenkten ihre Hüte und ließen drei donnernde Hipphipphurras los und drängten sich um sie und starrten sie an und befühlten ihr Kleid und hörten ihrer Stimme mit einem Gesichtsausdruck zu, als lauschten sie einer *Erinnerung* und nicht einer gegenwärtigen Wirklichkeit – und dann sammelten sie zweitausendfünfhundert Dollar in Gold und überreichten sie dem Mann und schwenkten wieder ihre Hüte und riefen drei weitere Hurras und zogen zufrieden nach Hause.

Einmal aß ich in San Francisco mit der Familie eines Pioniers und unterhielt mich mit seiner Tochter, einer jungen Dame, deren erstes Erlebnis in San Francisco abenteuerlich war, obgleich sie selber sich nicht mehr daran erinnern konnte, da sie zu jener Zeit nur zwei oder drei Jahre alt war. Ihr Vater erzählte, nach der Ankunft mit dem Schiff seien sie die Straße hinaufgegangen, voran eine Wärterin mit dem kleinen Mädchen auf dem Arm. Und auf einmal habe ihnen ein riesiger Goldgräber, mit Bart und Gürtel und Sporen und von tödlichen Waffen strotzend – offensichtlich gerade von einer langen Kampagne in den Bergen zurück –, den Weg versperrt, die Wärterin angehalten und gaffend, mit einem von Freude und Staunen bewegten Gesicht dagestanden und schließlich ehrfürchtig ausgerufen:

»Mensch, das ist ja ein Kind!« Und dann habe er einen kleinen Lederbeutel aus der Hosentasche gezogen und zu der Wärterin gesagt:

»Hier sind hundertfünfzig Dollar in Staub, und die schenk ich Ihnen, wenn ich das Kind küssen darf!«

Diese Anekdote ist *wahr*.

Doch man beachte, wie sich alles ändert. Wenn ich an jenem Abend, als wir an der Tafel saßen und ich mir diese Geschichte anhörte, die zweifache Summe für die Erlaubnis geboten hätte, dasselbe Kind zu küssen, hätte man mir das glatt verweigert. Siebzehn Jahre hatten den Preis weit mehr als verdoppelt.

Und da ich gerade dabei bin, möchte ich noch erwähnen, daß ich mich einmal in Star City in den Humboldt Mountains in eine lange Schlange von Silbergräbern einreihte und geduldig darauf wartete, durch einen Spalt in der Hütte zu luchsen und einen Blick auf eine großartige neue Sensation zu erhaschen – eine echte lebendige Frau! Und nach einer halben Stunde kam ich dann dran, und ich legte mein Auge an den Spalt, und da stand sie, den einen Arm in die Hüfte gestemmt, und mit dem anderen wendete sie Eierkuchen in einer Bratpfanne. Und sie war einhundertsechsundfünfzig* Jahre alt und hatte keinen Zahn mehr im Mund.

ACHTUNDFÜNFZIGSTES KAPITEL

Leben in San Francisco · Wertlose Aktien · Mein erstes Erdbeben · Reporterinstinkt · Stoßwirkungen · Kuriose Begebenheiten · Übertreter des 3. Gebots · Der Hotelgast und das Zimmermädchen · Eine nachahmenswürdige vernünftige Mode · Wirkung des Erdbebens auf die hohe Geistlichkeit

Ein paar Monate lang genoß ich, was für mich eine völlig neue Lebensphase war – das müßige Dasein eines Schmetterlings; nichts zu tun, niemandem verantwortlich und von keinerlei finanziellen Sorgen belastet. Ich verliebte mich in die freundlichste und gemütlichste Stadt der Union. Nach dem Präriesalbei und den Alkaliwüsten von Washoe erschien mir San Francisco wie das Paradies. Ich wohnte im feinsten Hotel, trug meine Kleidung an den belebtesten Orten zur Schau und machte die Oper unsicher, wobei ich lernte, den Hingerissenen zu spielen, obwohl die Musik

* Jetzt, wo ich mich wieder beruhigt habe, nehme ich freiwillig hundert davon zurück. – M. T.

meinem ungeschulten Ohr öfter weh tat, als daß sie es entzückte – wenn ich soviel profane Ehrlichkeit besessen hätte, das zuzugeben. Ich glaube aber, ich war darin nicht viel schlimmer als die meisten meiner Landsleute. Ich hatte mich danach gesehnt, einmal ein Schmetterling zu sein, und nun war ich endlich einer. Im geschniegelten Frack besuchte ich Abendgesellschaften, lächelte einfältig und charmierte meine Schönheiten wie ein geborener Stutzer und tanzte die Polkas und Schottischen mit dem mir – und dem Känguruh – eigenen Schritt. Kurz gesagt, ich lebte so standesgemäß, wie es sich für einen Mann geziemt, der hunderttausend (noch in der Ferne liegende) Dollar schwer war und dem unbeschränkter Reichtum bevorstand, wenn jener Silberminenverkauf im Osten erst einmal getätigt war. Ich gab das Geld mit vollen Händen aus und behielt inzwischen interessiert die Aktienkurse im Auge und gab acht, was sich in Nevada tun würde.

Und dort tat sich etwas sehr Wichtiges. Die Begüterten stimmten gegen die Staatsverfassung, doch die Leute, die nichts zu verlieren hatten, waren in der Mehrheit und brachten die Verfassung über die Köpfe der Reichen hinweg zur Annahme. Trotzdem aber sah das nicht sofort nach einem Unglück aus, obwohl es zweifellos eins war. Ich zögerte, kalkulierte die Chancen und entschied mich dann, nicht zu verkaufen. Die Aktien stiegen weiter, das Spekulierfieber wurde immer toller, Bankiers, Kaufleute, Anwälte, Ärzte, Handwerker, Arbeiter, ja sogar die Waschfrauen und Dienstmädchen legten ihre Ersparnisse in Silberaktien an, und jede morgens aufgegangene Sonne sank am Abend vor reich gewordenen Armen und arm gewordenen Reichen. Welche Orgie des Hasardierens! Gould & Curry schnellten auf sechstausenddreihundert Dollar pro Fuß hinauf! Und dann – urplötzlich rutschte der Boden weg, und alles ging in die Binsen! Pleite auf der ganzen Linie. Die Seifenblase ließ kaum noch einen mikroskopisch kleinen Tropfen Feuchtigkeit zurück. Ich gehörte zu denen, die als erste und gründlich an den Bettelstab kamen. Meine gehorteten Aktien hatten nicht einmal mehr so viel Wert wie das Papier, auf das sie gedruckt waren. Ich warf sie alle weg. Ich, der hoffnungslose Heuochse, der Geld wie Wasser verplempert und sich jenseits der Reichweite allen Unglücks gewähnt hatte, besaß jetzt nach Zusammenrechnung und Bezahlung meiner diversen Schulden keine fünfzig Dollar mehr. Aus dem Hotel zog ich aus und mietete mich in einem sehr bescheidenen Kost- und Logierhaus ein. Ich nahm eine Reporterstelle an und begann wieder zu arbeiten. Gänzlich gebrochen war mein Lebensmut aber nicht, denn ich baute zuversichtlich auf den Verkauf der Silbermine im Osten. Dan ließ bloß nichts von sich hören. Meine Briefe gingen entweder verloren oder wurden nicht beantwortet.

Eines Tages fühlte ich mich nicht so recht fidel und ging nicht in die Redaktion. Als ich am nächsten Tag dann wie gewöhnlich gegen Mittag hinkam, fand ich auf meinem Schreibpult einen Zettel, der dort seit vierundzwanzig Stunden lag. Er war unterzeichnet mit »Marshall« – dem Namen des Reporters aus Virginia – und enthielt die Bitte, ich möge doch zu ihm und ein paar Bekannten ins Hotel kommen, und zwar noch am selben Abend, da sie am Morgen per Schiff nach dem Osten abführen. Ein Postskriptum besagte, es handle sich um eine große Minenspekulation! So elend war mir wohl kaum jemals im Leben zumute gewesen. Ich warf mir vor, aus Virginia weggegangen zu sein und eine Sache jemand anders überlassen zu haben, um die ich mich persönlich hätte kümmern müssen; ich schalt mich, ausgerechnet an dem einen Tag im ganzen Jahr der Redaktion ferngeblieben zu sein, an dem ich hätte da sein sollen. Und unter diesen Selbstvorwürfen trabte ich die eine Meile zum Kai hinunter und kam gerade noch rechtzeitig zu spät an. Das Schiff war schon unter Dampf und hatte bereits abgelegt.

Ich tröstete mich mit dem Gedanken, daß bei der Spekulation vielleicht nichts herausspringen würde – bestenfalls ein schwacher Trost –, und kehrte dann zu meiner Fronarbeit zurück, entschlossen, mich mit meinen fünfunddreißig Dollar die Woche zu bescheiden und die Sache zu vergessen.

Einen Monat später genoß ich mein erstes Erdbeben. Und zwar genau das, welches lange Zeit später das »große«

genannt wurde und diesen Namen zweifellos noch heute trägt. Es war an einem strahlend schönen Oktobertag kurz nach zwölf Uhr. Ich kam die 3. Straße herunter. Die einzigen sichtbaren, beweglichen Objekte in diesem dichtbebauten und dichtbevölkerten Stadtteil waren hinter mir ein Mann in einem Einspänner und eine langsam die Querstraße hinaufratternde Pferdebahn. Ansonsten herrschten überall Einsamkeit und Sonntagsruhe. Als ich bei einem Holzhaus um die Ecke bog, gab es plötzlich ein großes Poltern und Rumpsen, und ich dachte, hier sei etwas für einen Bericht – sicher eine Schlägerei in dem Haus. Ehe ich mich umwenden und die Tür suchen konnte, kam eine wirklich furchtbare Erschütterung; der Boden unter mir schien Wellen zu schlagen, mit heftigem Schlingern und unter dumpfem knirschenden Geräusch, als rieben sich Backsteinwände aneinander. Ich wurde gegen das Holzhaus geworfen und schlug mir den Ellbogen auf. Jetzt wußte ich, was die Glocke geschlagen hatte und holte aus reinem Reporterinstinkt, keinem anderen Grunde, meine Uhr hervor und merkte mir die Tageszeit. Im selben Augenblick kam ein dritter und weit stärkerer Stoß, und als ich auf dem Bürgersteig dahintorkelte und versuchte, nicht den Halt unter den Füßen zu verlieren, bot sich mir ein Bild! Die ganze Fassade eines hohen, dreistöckigen Steinhauses in der 3. Straße sprang auf wie eine Tür und schlug der Länge nach quer über die Straße, daß der Staub wie eine große Rauchwolke aufwirbelte! Und da kam auch der Einspänner – der Mann ging über Bord, und schneller, als es sich erzählen läßt, wurde der Wagen in kleinen Stückchen dreihundert Yard weit fein säuberlich über die Straße verteilt. Man hätte meinen können, jemand habe eine Ladung Stuhlsitze und Lumpen den Fahrdamm hinuntergefeuert. Die Bahn hatte angehalten, die Pferde bäumten sich auf und schlugen aus, die Fahrgäste drängten vorn und hinten heraus, und ein dicker Mann, der auf der einen Wagenseite durch ein Glasfenster halb durchgekracht und dann steckengeblieben war, zappelte und schrie wie ein Irrer am Spieß. Aus allen Türen, soweit das Auge reichte, ergoß sich ein Menschenstrom, und im Nu wälzte sich eine geballte Masse von Leuten in endlosem Zuge durch alle Straßen, die ich von meinem Standpunkt aus überblicken konnte. Nie ist eine feierliche Einsamkeit so jäh in wimmelndes Leben verwandelt worden.

Von den erstaunlichen Dingen, die das »große Erdbeben« anstellte, waren dies die einzigen, die mir vor Augen kamen, aber der Schabernack, den es anderswo an allen Ecken und Enden der Stadt stiftete, lieferte neun Tage lang köstlichen Klatsch. Wirklich zerstört wurde nur wenig – angeschlagen aber sehr viel.

Die »Merkwürdigkeiten« des Erdbebens waren schier unzählbar. Damen und Herren, die krank gelegen oder Siesta gehalten oder nach durchlumpter Nacht verlorenen Schlaf nachgeholt hatten, drängten sich auf den öffentlichen Straßen in jedem nur denkbaren absonderlichen Aufzug, und manche sogar ohne. Eine Frau, die gerade ein nacktes Baby gewaschen hatte, rannte mit ihm die Straße hinunter, wobei sie es an den Hinterbeinen hielt und baumeln ließ, als wäre es ein gerupfter Truthahn. Angesehene Honoratioren, von denen man angenommen hatte, daß sie den Sonntag strikt innehielten, kamen in Hemdsärmeln und mit Billardqueues in der Hand aus Kneipen gerannt. Dutzende von Männern mit Servietten um den Hals stürzten aus Barbierläden, bis an die Augen eingeseift oder die eine Wange glatt rasiert und die andere noch voller Bartstoppeln. Pferde brachen aus Ställen aus, und ein verschreckter Hund sauste eine Bodenleiter hinauf und hinaus aufs Dach, und als seine Angst vorbei war, fand er nicht den Mut, auf demselben Wege wieder herunterzukommen. Ein namhafter Redakteur jagte im vornehmsten Hotel die Treppe hinab, nichts weiter an als ein kurzes Unterhemd, stieß auf ein Zimmermädchen und rief:

»Was soll ich bloß tun? Wo soll ich denn hin?«

Worauf das Mädchen unbefangen und trocken zur Antwort gab:

»Wenn Ihnen nichts Besseres einfällt, am besten in ein Textilgeschäft!«

Die Gattin eines gewissen ausländischen Konsuls war in der Mode anerkannt tonangebend, und jedesmal, wenn sie in irgend etwas Neuem oder Außergewöhnlichem erschien, machten die Damen der Nachbarschaft einen Überfall auf die Brieftaschen ihrer Ehegesponse und putzten sich ähnlich heraus. Ein Mann, der darunter beträchtlich zu leiden und entsprechend gemurrt hatte, stand gerade am Fenster, als die Erdstöße kamen, und im nächsten Augenblick flüchtete die Gattin des Konsuls unten vorbei, frisch aus dem Bade und mit keinem anderen Kleidungsersatz als – einem Handtuch! Der Dulder erhob sich über die Schrecken des Erdbebens und sagte zu seiner Frau:

»Endlich mal eine Mode, die mir gefällt! Hol dein Handtuch raus, Liebling!«

Der Stuck, der an jenem Tag in San Francisco von den Decken fiel, hätte mehrere Tagwerk Boden bedecken können. Um so manches Gebäude standen noch Tage danach Gruppen von gaffenden und deutenden Leuten herum und schauten auf die langen Zickzackrisse, die sich von der Dachrinne bis zum Fundament zogen. An einem Haus brachen von drei Schornsteinen vier Fuß einfach ab und fielen so, daß sie den Abzug völlig versperrten. In einer Straße klaffte mitten auf dem Damm ein dreißig Yard langer und sechs Zoll breiter Spalt und schloß sich dann wieder mit solcher Gewalt, daß die zusammengepreßte Erde wie ein schmaler Grabhügel aufgeworfen wurde. Eine Dame, die in ihrem schwankenden und bebenden Wohnzimmer saß, sah, daß sich die Wand an der Decke teilte und zweimal auf- und zuging, wobei ein Stück Mauerstein wie ein Zahn aus einem offenen Munde herausfiel. Die Dame hatte für dergleichen Albernheiten nicht viel übrig und erhob sich und ging hinaus. Eine andere Frau, die gerade die Treppe hinunterging, sah zu ihrem Befremden, wie sich ein bronzener Herkules auf seinem Sockel vorbeugte, als wollte er sie mit der unförmigen Keule erschlagen, die er auf den Schultern trug. Sie kamen beide zusammen unten an – die Frau vor Entsetzen ohnmächtig. Das Kind, das sie einige Zeit später zur Welt brachte, hatte einen Klumpfuß. Wenn der Leser hier jedoch einen Zusammenhang erkennen will, dann bitte schön auf eigene Verantwortung.

In einer der Kirchen warf der erste Stoß zwei oder drei große Orgelpfeifen herunter. Der Geistliche war mit erhobenen Händen gerade dabei, den Gottesdienst zu beenden. Er blickte nach oben, zögerte und sagte:

»Den Segen aber wollen wir heute auslassen!« – und im nächsten Augenblick gähnte an der Stelle, wo er gestanden hatte, nur noch Leere.

Nach dem ersten Rumpeln rief ein Pfarrer in Oakland:

»Bleiben Sie sitzen, hier läßt es sich am besten sterben...«

Und fügte nach dem dritten Stoß hinzu:

»Draußen aber nicht minder!« und verflüchtigte sich durch die Hintertür.

Eine solche Zerstörung von Nippes und Toilettenfläschchen wie durch das Erdbeben hatte San Francisco noch nie erlebt. Es gab in der ganzen Stadt kaum ein Mädchen oder eine Matrone, die nicht Verluste dieser Art erlitt. Aufgehängte Bilder wurden hinuntergeworfen, noch öfter aber durch eine witzige Laune des Erdbebens vollständig herumgedreht und mit der Vorderseite zur Wand gekehrt! Anfangs herrschte große Meinungsverschiedenheit darüber, welchen Weg, beziehungsweise welche Richtung das Erdbeben genommen hatte, aber Wasser, das aus diversen Bottichen und Eimern gespritzt war, löste diese Frage. Tausende von Menschen wurden vom Wogen und Schlingern der Fußböden und Straßen so seekrank, daß sie sich stunden- und manche gar tagelang schwach fühlten und das Bett hüten mußten. Ganz entging wohl kaum jemand der Übelkeit.

Die schrulligen Erdbebengeschichten, die eine Woche lang das Hauptgesprächsthema von San Francisco bildeten, würden ein viel dickeres Buch als dieses füllen, und so wollen wir das Thema fallenlassen.

Nach einiger Zeit nahm ich eines Tages eine Nummer der »Enterprise« zur Hand und bekam folgenden grausamen Schlag versetzt:

Nevada-Minen in New York. – G. Marshall, Sheba Hurst und Amos H. Rose, die im vergangenen Juli mit Erz aus

Gruben des Pine-Wood-Reviers, Bezirk Humboldt, und der Berge am Reese River nach New York kamen, haben eine sechstausend Fuß umfassende und »Vereinigte Pine-Mountains-Zeche« genannte Mine zum Preis von 3 000 000 Dollar verkauft. Die Stempelgebühr für die Verkaufsurkunde, welche gegenwärtig von New York nach Humboldt zum Zwecke der Eintragung unterwegs ist, beläuft sich auf 3000 Dollar, was als bisher größter für ein einziges Dokument erhobener Betrag gilt. Es ist bereits ein Betriebskapital von 1 000 000 Dollar hinterlegt worden, und man hat auch schon Maschinen für eine große Quarzhütte angekauft, die so bald als möglich errichtet werden soll. Die Aktien dieser Gesellschaft sind alle voll bezahlt und gänzlich zubußefrei. Die Erze der Gruben in jenem Distrikt erinnerten etwas an die der Sheba-Mine in Humboldt. Sheba Hurst, der Entdecker der Minen, und seine Freunde hatten sich, ehe sie die Lage der Minen bekanntgaben, die besten Gänge sowie alles nötige Land und Bauholz gesichert. Erze von dort, die hier analysiert wurden, haben erwiesen, daß die Minen außerordentlich reich an Gold und Silber sind – das Silber überwiegt. Es gibt in dem Revier sehr viel Waldbestand und Wasser. Wir freuen uns, daß New Yorker Kapital für die Erschließung von Minen in unserer Gegend gewonnen werden konnte. Wir haben die Erze und die Proben gesehen und uns überzeugt, daß die betreffenden Gruben sehr wertvoll und beileibe keine Schwindelminen sind.

Wieder einmal hatte angeborene Schwachköpfigkeit den Sieg davongetragen, und mir war eine Million durch die Lappen gegangen! Wieder der »blinde Gang«.

Verweilen wir nicht länger bei dieser jammervollen Geschichte. Wäre sie nur erfunden, ließe ich mich ja darüber mit schrecklich viel Humor aus, aber sie ist zu wahr, als daß ich selbst heute, nach all den Jahren, mit leichtem Herzen davon erzählen könnte.* Es genüge, daß ich derart den

* Nein, das könnte ich nicht, wenn auch die oben angegebenen Zahlen wahrscheinlich nicht ganz den Tatsachen entsprechen. Ich traf Marshall einige Monate später, und obwohl er viel Geld hatte, behauptete er nicht,

Mut verlor und mich so sehr den Selbstvorwürfen, dem Seufzen und törichter Reue hingab, daß ich darüber meine Pflichten vernachlässigte und als Reporter einer tüchtigen Zeitung kaum mehr zu gebrauchen war. Und schließlich nahm mich dann einer der Eigentümer mit einer Barmherzigkeit beiseite, deren ich mich jetzt noch mit ziemlicher Hochachtung erinnere, und gab mir die Gelegenheit, meine Stelle zu kündigen und mir so die Schande einer Entlassung zu ersparen.

NEUNUNDFÜNFZIGSTES KAPITEL

Wieder einmal arm · Schleichen als Beruf · Ein mustergültiger Einnehmer · Das Elend liebt Gesellschaft · Vergleichende Angaben als Trost · »Schwein« · Fund eines Zehn-Cent-Stükkes · Vergleichsweise wohlhabend · Zwei Schlemmermahlzeiten

Eine Zeitlang schrieb ich dann Kleinkram für die »Golden Era«. C. H. Webb hatte ein hervorragendes literarisches Wochenblatt gegründet, den »Californian«. Hohes Verdienst verbürgt aber noch keinen Erfolg, und da das Journal nicht vorankam, verkaufte er es an drei Drucker, die Bret Harte für zwanzig Dollar die Woche als Chefredakteur in Dienst nahmen und mich verpflichteten, wöchentlich einen Artikel für zwölf Dollar beizusteuern. Doch das Blatt kränkelte weiter, und die Drucker veräußerten es an Captain Ogden, einen reichen Mann und angenehmen Herrn, der sich mit diesem teuren Luxus unterhalten wollte, ohne viel nach den Kosten zu fragen. Als das neue Spielzeug den Reiz für ihn verlor, verkaufte er es wieder an die Drucker, und da ging das Blatt dann sang- und klanglos

eine ganze Million abbekommen zu haben. Ja, ich brachte in Erfahrung, daß er zu jener Zeit noch keine 50 000 Dollar erhalten hatte. Darüber hinaus schien sein Vermögen eher aus unsicheren Riesenerwartungen als aus großen Gewißheiten zu bestehen. Als der obige Artikel erschien, glaubte ich jedoch alles wortwörtlich und welkte unaufhaltsam dahin.

ein, und ich war wieder einmal arbeitslos. Ich würde diese Dinge gar nicht erwähnen, wenn sie nicht so treffend das Auf und Ab illustrierten, welches das Leben an der Pazifikküste kennzeichnet. In eine solche Vielfalt von kuriosen Wechselfällen kann man in einem anderen Land wohl kaum geraten.

Zwei Monate lang bestand meine einzige Beschäftigung darin, Bekannten aus dem Wege zu gehen. Denn während dieser Zeit verdiente ich keinen einzigen Pfennig, kaufte mir nicht die geringste Kleinigkeit und bezahlte auch Kost und Logis nicht. Ich wurde der reinste »Schleicher«. Ich schlich von Hintergasse zu Hintergasse, ich schlich vor jedem Gesicht davon, das mir bekannt vorkam, ich schlich zu meinen Mahlzeiten, verzehrte sie demütig und mit stummer Abbitte für jeden Mundvoll, um den ich meine edelmütige Pensionswirtin beraubte, und um Mitternacht, nach Wanderungen, die nur ein Fortschleichen von Heiterkeit und Licht waren, schlich ich zu Bett. Ich kam mir gemeiner und niedriger und verächtlicher als ein Wurm vor. Meine ganze Barschaft war eine einzige Münze: ein silbernes Zehncentstück, und das behielt ich und wollte ich um keinen Preis ausgeben, damit mir nicht das Bewußtsein, *völlig* mittellos zu sein, Selbstmordgedanken eingäbe. Da ich mit Ausnahme der Sachen, die ich auf dem Leib trug, alles versetzt hatte, hielt ich also meinen Zehner verzweifelt fest, bis er ganz abgegriffen war.

Aber ich vergesse etwas. Ich hatte doch noch eine Beschäftigung außer dem »Schleichen«. Nämlich einen Eintreiber zu unterhalten (und mich von ihm unterhalten zu lassen), der die Rechnung des Bankiers aus Virginia auf die sechsundvierzig Dollar in Händen hatte, die ich meinem Schulkameraden, dem »verlorenen Sohn«, geliehen hatte. Dieser Mensch sprach regelmäßig jede Woche, und manchmal auch öfter, bei mir vor und mahnte mich. Er tat das aus reiner Macht der Gewohnheit, denn er wußte, daß bei mir nichts zu holen war. Er präsentierte seine Forderung, rechnete mir die Zinsen zu fünf Prozent monatlich vor und bewies mir eindeutig, daß kein Versuch zum Betrug und kein Fehler dabei war, und bat und bettelte aus Leibeskräften um irgendeine Abschlagssumme, und sei sie noch so klein – selbst einen Dollar – ja einen halben Dollar. Damit war seine Pflicht getan und sein Gewissen frei. Er ließ dann stets sofort das Thema fallen, holte zwei Zigarren hervor und gab mir eine davon, legte die Füße aufs Fensterbrett, und wir führten ein langes schwelgerisches Gespräch über alle möglichen Leute und Dinge, wobei er mir eine ganze Sammlung von seltsamen Mahnerlebnissen aus dem reichen Schatz seiner Erinnerung vorsetzte. Nach einer Weile stülpte er sich den Hut auf, gab mir die Hand und sagte munter:

»Also Dienst ist Dienst – kann schließlich nicht den ganzen Tag bei Ihnen bleiben!«, und war in einer Sekunde weg.

Die Vorstellung, nach einer Mahnung zu schmachten! Und doch sehnte ich mich stets nach seinem Kommen und wurde so unruhig wie eine besorgte Mutter, wenn der Tag, an dem ich ihn erwartete, verging, ohne daß er vorsprach. Die Rechnung oder auch nur einen Teil davon trieb er aber nie ein. Ich sollte noch erleben, daß ich sie dem Bankier persönlich bezahlte.

Das Elend liebt Gesellschaft. Hin und wieder stieß ich abends an abgelegenen, trübe beleuchteten Orten auf einen anderen Unglückswurm. Er sah so schäbig und verloren aus, so heimatlos und freudlos und verlassen, daß ich mich zu ihm wie zu einem Bruder hingezogen fühlte. Ich wollte Freundschaft mit ihm schließen, damit wir hinfort unser Elend gemeinsam tragen könnten. Die Anziehung muß gegenseitig gewesen sein; jedenfalls begegneten wir uns immer häufiger, wenn auch scheinbar rein zufällig; und obwohl wir kein Wort wechselten und nie ein Wiedererkennen verrieten, verflog, glaube ich, bei uns beiden die dumpfe Beklommenheit, wenn wir uns sahen, und dann bummelten wir stundenlang umher, zufrieden, weit auseinander und aus dem nächtlichen Dunkel verstohlene Blicke in erleuchtete Wohnungen und auf Leute am trauten Kamin werfend und uns an unserer stummen Kameradschaft erfreuend.

Zu guter Letzt kamen wir ins Gespräch, und von Stund

an waren wir unzertrennlich. Litten wir doch beide an fast der gleichen Krankheit. Auch er war Reporter gewesen und jetzt arbeitslos, und soweit ich mich erinnern kann, hatte er folgendes durchgemacht: Nach dem Verlust seiner Stellung war es unaufhaltsam und immer schneller bergab mit ihm gegangen; von einer Pension auf dem Russian Hill in ein Logierhaus in der Kearney Street und darauf nach Dupont, danach in ein Matrosenasyl und schließlich Nachtquartiere in Warenkisten und leeren Tonnen im Hafenviertel. Eine Zeitlang hatte er sich an den Kais mit dem Zunähen von geplatzten Getreidesäcken einen notdürftigen Lebensunterhalt verdient, und seit das nicht mehr ging, suchte er sich bald hier, bald dort sein bißchen Essen, wie es ihm der Zufall gerade in den Weg warf. Bei Tage ließ er sich nicht mehr blicken, denn ein Reporter kennt alle und jeden, arm und reich, und kann bekannten Gesichtern bei Tage schlecht ausweichen.

Dieser am Bettelstabe Humpelnde – aus Bequemlichkeitsgründen möchte ich ihn Blucher nennen – war ein Prachtmensch. Er war voller Hoffnung, Lebensmut und Philosophie; er war sehr belesen und ein Mann von kultiviertem Geschmack; er besaß einen hellen Verstand und war ein Meister der Satire; sein gütiges Wesen und sein großmütiges Herz ließen ihn in meinen Augen zum König, seinen Prellsteinsitz zum Thronsessel und seinen zerschlissenen Hut zur Krone werden.

Einmal hatte er ein Erlebnis, das in meinem Gedächtnis als die vergnüglichste Groteske haftet, die je mein Mitgefühl weckte. Zwei Monate lang hatte er keinen Pfennig mehr besessen. Er hatte sich so lange im freundlich trüben Licht durch dunkle Straßen gedrückt, bis ihm das zur zweiten Natur geworden war. Schließlich aber trieb es ihn bei Tage hinaus. Und zwar aus gutem Grund – *seit achtundvierzig Stunden hatte er keinen Bissen mehr gegessen* und konnte das Elend seines Hungers nicht länger müßig im Versteck ertragen. Er kam eine Hintergasse entlang, wobei er auf die Brotlaibe in den Fenstern der Bäckerläden starrte und glaubte, für einen Bissen zu essen könne er sein Leben verkaufen. Der Anblick des Brotes verdoppelte seinen

Hunger; dennoch tat es gut, es anzusehen und sich auszumalen, was man tun würde, wenn man es hätte. Auf einmal sah er auf der Mitte der Straße etwas glänzen – er guckte einmal, guckte zweimal – traute seinen Augen nicht, konnte ihnen nicht trauen – sah woandershin, um sie zu prüfen, und guckte dann wieder nach jener Stelle. Wirklich und wahrhaftig – keine eitle, vom Hunger eingegebene Täuschung: ein silbernes Zehncentstück! Er griff danach, weidete sich an dem Anblick; bekam Zweifel, biß darauf, stellte fest, daß es echt war, unterdrückte sein Frohlocken und verschluckte ein Halleluja. Dann blickte er sich um, sah, daß ihn niemand beachtete – warf die Münze wieder dahin, wo sie gelegen hatte, lief ein paar Schritt weg und näherte sich von neuem, wobei er so tat, als wisse er nicht, daß sie da liege, um den Hochgenuß, sie zu finden, ein zweites Mal auskosten zu können. Er lief drum herum, betrachtete sie von verschiedenen Punkten, schlenderte dann mit den Händen in den Taschen umher, schaute hinauf nach den Sternen und warf zwischendurch immer wieder einen Blick auf die Münze, wobei er jedesmal den gleichen wohligen Schauer empfand. Schließlich hob er sie auf und ging, sie in seiner Tasche liebkosend, von dannen. Er bummelte durch leere Straßen, blieb an Torwegen und Ecken stehen, um seinen Fund herauszunehmen und anzuschauen. In seinem Quartier – einem leeren Steingutfaß – angelangt, beschäftigte er sich bis zum Abend mit der Frage, was er sich damit kaufen sollte. Das war gar nicht so einfach. Wollte er doch möglichst viel dafür haben. Er wußte, in der Bergmannsschenke bekam er für zehn Cent einen Teller Bohnen und ein Stück Brot oder einen Fischklops und ein paar andere Häppchen, aber zu einem Fischklops allein erhielt man dort kein Brot. Beim Franzosen-Pete konnte er für zehn Cent ein Kalbskotelett, Hausmacherart, und ein paar Radieschen und etwas Brot kriegen oder auch eine Tasse Kaffee, mindestens eine Pinte, nebst einer Scheibe Brot, aber die war nicht dicker als ein achtel Zoll, und manchmal gingen sie beim Abschneiden noch verbrecherischer vor. Um sieben Uhr hatte sein Hunger wölfische Formen angenommen und noch immer hatte er sich nicht entschieden. Er zog los und lief die Merchant Street hoch, weiter überlegend und an einem Hölzchen kauend, wie es Hungernde zu tun pflegen. Als er an Martins hellerleuchtetem Restaurant vorbeikam, dem exklusivsten in der Stadt, blieb er stehen. Hier hatte er in besseren Tagen oft zu Abend gegessen, und Martin kannte ihn gut. Sich abseits und eben noch aus dem Lichtbereich haltend, staunte er andächtig die Wachteln und Steaks in der Auslage an und stellte sich vor, daß die Zeiten der Märchen vielleicht doch noch nicht vorbei seien und wie es wäre, wenn jetzt ein verkleideter Prinz käme und ihm sagte, er dürfe hineingehen und sich nehmen, was er wolle. Je mehr er sich in den Gedanken vertiefte, um so eifriger und hungriger kaute er auf seinem Hölzchen herum. Auf einmal bemerkte er, daß tatsächlich jemand neben ihm stand, und dann tippte ihn ein Finger am Arm. Er sah über die Schulter hoch und erblickte ein Gespenst – die wahre Verkörperung des Hungers! Es war ein sechs Fuß großer Mann, abgezehrt, unrasiert, in Lumpen gehüllt; das Gesicht ausgemergelt, mit eingefallenen Wangen und jämmerlich flehenden Augen. Dieses Phantom sagte:

»Kommen Sie mit – bitte.«

Der Mann hakte Blucher unter und ging die Straße hinauf, wo weniger Leute vorbeikamen und das Licht nicht so hell war, und drehte sich dann um und streckte bittend die Hände aus und hub an:

»Freund, unbekannter Freund, sehen Sie mich an! Sie führen ein behagliches Leben – in Ruhe und Zufriedenheit – wie einst auch ich. Sie sind dort drin gewesen und haben Ihr üppiges Abendmahl zu sich genommen und sich die Zähne gestochert und Ihr Liedchen gesummt und sich angenehmen Gedanken hingegeben und sich gesagt, daß es doch schön auf der Welt sei – aber Sie haben nie *Not gelitten!* Sie wissen nicht, was Sorge ist, Sie wissen nicht, was Elend ist – oder gar Hunger! Sehen Sie mich an, unbekannter Freund! Haben Sie Mitleid mit einem armen Hund, der kein Obdach und keine Menschenseele hat! So wahr Gott mein Richter ist, ich habe seit achtundvierzig Stunden keinen Bissen mehr gegessen! Schauen Sie mir in die Augen, ob ich lüge! Schenken Sie mir die kleinste Kleinigkeit, mich vor dem Hungertode zu retten – irgend etwas – fünfundzwanzig Cent! Tun Sie es, unbekannter Freund – *bitte!* Ihnen ist es ein leichtes, für mich aber bedeutet es das Leben. Tun Sie es, und ich will vor Ihnen auf die Knie fallen und im Staube liegen! Ich will Ihre Fußspuren küssen, ich will den Boden anbeten, auf dem Sie schreiten! Nur fünfundzwanzig Cent! Ich vergehe – verschmachte – verhungere zollweise! Um Christi willen, verlassen Sie mich nicht!«

Blucher war verwirrt – und auch gerührt – bis ins Mark erschüttert. Er überlegte. Einmal. Zweimal. Dann kam ihm eine Idee, und er sagte:

»Kommen Sie.«

Er nahm den Ausgestoßenen beim Arm und ging mit ihm hinunter zu Martin, setzte ihn an einen Marmortisch, legte ihm die Speisekarte vor und forderte ihn auf:

»Bestellen Sie, was Sie wollen, Freund. Setzen Sie es auf meine Rechnung, Mr. Martin.«

»Sehr wohl, Mr. Blucher«, erwiderte Martin.

Dann trat Blucher zurück und lehnte sich gegen das Büfett und sah zu, wie der Mann Ladung auf Ladung Buchweizenkuchen zu fünfundsiebzig Cent die Portion, eine Tasse Kaffee nach der anderen und Lendenschnitten zu zwei Dollar das Stück verschlang, und als der Fremde für sechseinhalb Dollar Vertilgungsarbeit geleistet und seinen Hunger gestillt hatte, ging Blucher hinunter zum Franzosen-Pete und kaufte sich mit seinem Zehner ein Kalbskotelett, Hausmacherart, nebst einer Scheibe Brot und drei Radieschen und setzte sich ran und hielt fürstlichen Schmaus.

Alles in allem war das eine so seltsame Episode, wie sie sich nur in den Myriaden Merkwürdigkeiten des Lebens in Kalifornien finden läßt.

SECHZIGSTES KAPITEL

Ein alter Freund · Ein gebildeter Goldgräber · Nestergraben · Launen des Glücks

Nach einiger Zeit kam ein alter Bekannter von mir, ein Goldgräber, aus einem der verfallenen Minencamps von Tuolumne in Kalifornien herunter, und als er wieder hinaufzog, ging ich mit ihm. Wir hausten in einem kleinen Blockhaus an einem grünen Hang, und mehr als fünf solcher Hütten waren in der riesigen Weite von Berg und Wald nicht zu sehen. Dabei hatte während der Konjunktur vor zwölf bis fünfzehn Jahren eine Stadt mit zwei- oder dreitausend Einwohnern diese grasbewachsene Einsamkeit belebt, und wo unsere Hütte stand, hatte sich einst das Herz des wimmelnden Bienenstocks, das Stadtzentrum, befunden. Als die Minen erschöpft waren, verfiel die Stadt und in ein paar Jahren war sie völlig verschwunden – Straßen, Wohnhäuser, Geschäfte, alles – und hatte nichts von sich zurückgelassen. Die grasigen Abhänge waren so grün und glatt und bar allen Lebens, als wären sie nie gestört worden. Die Handvoll Goldgräber, die geblieben war, hatte die Stadt aus dem Erdboden schießen, sich ausbreiten, gedeihen und blühen sehen, und sie hatten sie krank werden und sterben und wie einen Traum vergehen sehen. Und mit ihr waren ihre Hoffnungen und ihre Freude am Leben zu Grabe gegangen. Sie hatten sich schon lange mit ihrem Exil abgefunden und aufgehört, mit ihren Freunden in der Ferne Briefe zu tauschen oder mit sehnsüchtigem Blick der Heimat zu gedenken. Sie hatten die Verbannung auf sich genommen; sie hatten die Welt vergessen und waren von der Welt vergessen worden. Sie waren weitab von Fernschreibern und Eisenbahnen und sozusagen lebendig begraben, tot gegenüber den Ereignissen, die die Völker des Erdballs in Erregung versetzen, ohne Interesse für die gemeinsamen Belange aller Menschen, isoliert und ausgeschlossen aus der Bruderschaft mit ihresgleichen. Es war ein einmaliges und wohl fast das rührendste und traurigste Exil, das man sich vorstellen kann.

Einer meiner Gefährten dort war zwei oder drei Monate lang ein Mann mit akademischer Bildung, der aber seit achtzehn Jahren Stufe um Stufe abgesunken war, ein bärtiger, grobgekleideter, lehmbeschmierter Goldgräber; manchmal warf er noch zwischen seine Seufzer und Selbstgespräche unbewußt ein paar dunkel erinnerte Sätze in Latein und Griechisch ein – tote und verstaubte Sprachen, den Gedanken eines Mannes angemessen, dessen Träume alle von der Vergangenheit handelten und dessen Leben ein Fehlschlag gewesen war, eines müden Mannes, dem die Gegenwart eine Last und die Zukunft gleichgültig war, eines Mannes ohne Bindungen, Hoffnungen, Interessen, der auf die letzte Rast und das Ende wartete.

In dieser kleinen Ecke von Kalifornien findet man eine Art des Bergbaus, die in Büchern selten oder nie erwähnt wird. Das ist das sogenannte »Nestergraben«, und ich wüßte nicht, daß es noch woanders betrieben wird. Das Gold ist dort nicht wie in normalen »Seifenwerken« gleichmäßig in der oberen Erde verteilt, sondern hat sich an kleinen Stellen gesammelt, und diese liegen weit auseinander und sind äußerst schwer zu finden, aber wenn man eine findet, kann man eine reiche und schnelle Ausbeute einstreichen. Es gibt heute in dem ganzen kleinen Revier nicht mehr als zwanzig Nestergräber. Ich glaube, ich kenne jeden einzelnen persönlich. Einen habe ich gekannt, der geduldig acht Monate lang Tag für Tag die Berghänge abgesucht hatte, ohne genug Gold zu finden, um seine Schnupftabaksdose damit zu füllen, während seine Rechnung beim Kaufmann unbarmherzig anstieg – und der dann auf ein Nest stieß, aus dem er mit zwei Schaufelstichen zweitausend Dollar rausholte. Ich weiß von ihm, daß er in zwei Stunden dreitausend Dollar scheffelte und hinging und seine Schulden bis auf den letzten Cent beglich und dann ein rauschendes Saufgelage hielt, das, ehe die Nacht um war, den Rest seines Schatzes verschlang. Und am nächsten Tag kaufte er sich seine Lebensmittel wie üblich auf Pump und schulterte seine Schwenkpfanne und Schaufel und zog glücklich und zufrieden wieder in die Berge auf Nestersuche. Das ist von all den verschiedenen Arten des

Bergbaus die faszinierendste und liefert einen beträchtlichen Prozentsatz an Opfern für das Irrenhaus.

Das Auffinden der Nester erfordert ein kunstreiches Verfahren. Du nimmst dir am Hang einen Spaten voll Erde, schüttest sie in eine große Blechpfanne und »seifst«, das heißt wäschst und spülst sie allmählich weg, bis nichts mehr übrig ist als ein Teelöffel feiner Satz. Was diese Erde an Gold enthalten hat, ist geblieben, denn als schwerster Bestandteil hat es sich unten in der Pfanne abgelagert. Zwischen diesem Bodensatz entdeckst du ein halbes Dutzend gelbe Partikelchen, nicht größer als Stecknadelköpfe, und freust dich. Du gehst ein Stück zur einen Seite und seifst eine zweite Pfanne. Findest du wieder Gold, ziehst du weiter nach dieser Seite und wäschst eine dritte Pfanne. Findest du diesmal *kein* Gold, freust du dich wieder, denn du weißt nun, daß du auf der richtigen Fährte bist. Du machst dir in Gedanken eine Skizze in Form eines Fächers, mit dem Griff den Hügel hinaufzeigend – denn genau dort, wo das Ende des Griffes ist, schließt du, liegt das reiche Lager verborgen, aus dem Goldkörnchen entkommen und den Hügel hinuntergespült worden sind und dabei immer weiter verstreut wurden. Und so gehst du den Hang hinauf und seifst weiter Erde und läßt deine Linien jedesmal mehr zusammenlaufen, wenn dir das Fehlen von Gold in der Pfanne zeigt, daß du aus dem Fächer herausgekommen bist: und schließlich, nach zwanzig Fuß hügelaufwärts, stoßen deine Linien in einem Punkt zusammen – einen einzigen Fuß weiter findest du schon gar kein Gold mehr. Dein Atem geht kurz und schwer, du fieberst vor Aufregung; die Mittagsglocke mag sich den Klöppel abbimmeln, du achtest nicht darauf; Freunde können sterben, Hochzeiten stattfinden, Häuser abbrennen, es interessiert dich nicht; du schwitzt und gräbst und schaufelst wie ein Verrückter – und plötzlich stößt du drauf! Zutage kommt ein Spaten voll Erde und Quarz, herrlich durchsetzt mit schmutzigen Klumpen und Blättchen und Schuppen von Gold. Manchmal ist dieser eine Spatenvoll alles – fünfhundert Dollar. Kann aber auch sein, daß das Nest zehntausend Dollar enthält und du drei bis vier Tage brauchst, um alles herauszuholen. Die Nestergräber wissen von einem Nest zu erzählen, das sechzigtausend Dollar Ausbeute lieferte und das zwei Männer in zwei Wochen ausschaufelten. Danach verkauften sie den Grund und Boden für zehntausend Dollar an jemand, der hinterher keine dreitausend Dollar mehr herausholte.

Schweine sind gute Nestergräber. Den ganzen Sommer über wühlen sie zwischen den Büschen herum und werfen tausend kleine Erdhäufchen auf, und dann sehnen die Goldgräber Regen herbei, denn der Regen prasselt auf diese Häufchen und spült sie immer kleiner und legt das Gold frei, möglicherweise direkt über einem Nest. Ein Mann fand einmal auf diese Weise an ein und demselben Tage zwei Nester. Das eine enthielt fünftausend Dollar und das andere achttausend. Dieser Mann wußte das zu schätzen, denn er hatte ungefähr ein Jahr lang keinen Cent mehr besessen.

In Tuolumne lebten einst zwei Goldgräber, die jeden Nachmittag in den Ort einkaufen gingen und dann abends mit Lebensmitteln zurückkehrten. Für einen Teil der Strecke benutzten sie einen Wildpfad und verschnauften dann fast immer auf einem Felsblock, der am Wege lag. Im Verlauf von dreizehn Jahren hatten sie diesen Stein ganz schön glattgesessen. Schließlich kamen einmal zwei stromernde Mexikaner da entlang und benutzten diesen Sitz. Sie vergnügten sich damit, mit einem Schlägel Bröckchen von dem Stein abzuschlagen. Sie guckten sich eines dieser Bröckchen näher an und stellten fest, daß es stark goldhaltig war. Der Felsblock brachte ihnen dann später achthundert Dollar ein. Das Ärgerliche aber war, daß diese mexikanischen Tagediebe wußten, daß dort, wo der Stein herkam, noch mehr Gold sein mußte, und so zogen sie mit ihren Schwenkpfannen den Hang hinauf und fanden das reichste Nest, das diese Gegend wohl jemals hervorgebracht hat. Sie brauchten drei Monate zum Abbau und hatten hundertzwanzigtausend Dollar Ausbeute. Die beiden amerikanischen Goldgräber, die auf dem Stein zu sitzen pflegten, sind immer noch arm wie Kirchenmäuse, und sie wechseln sich dabei ab, morgens früh aufzustehen, um jene Mexikaner zu verfluchen – und im rein dekorativen Fluchen ist der geborene Amerikaner begabter als alle sonstigen Erdenbürger.

Ich habe mich ziemlich lange über das Nestergraben ausgelassen, aber da es selten in der Literatur erwähnt wird, dachte ich, es könne beim Leser jenes Interesse finden, das etwas Neues zu erwecken pflegt.

EINUNDSECHZIGSTES KAPITEL

Dick Baker und sein Kater · Die Eigenheiten des Tom Quarz · Ein »Ausflug« · Aussehen bei der Rückkehr · Eine voreingenommene Katze · Leere Nester und leere Taschen · Auf der Walze

Einer meiner Kameraden dort – auch ein Opfer von achtzehn Jahren unbelohnter Plackerei und vernichteter Hoffnungen – war eines der sanftesten Gemüter, die je in öder Verbannung geduldig ihr Kreuz getragen haben: der gesetzte und schlichte Dick Baker, Nestergräber von Dead-House Gulch. Sechsundvierzig Jahre alt, grau wie ein Ratz, ernst, beschaulich, mit dürftiger Bildung, schlampig gekleidet und lehmbeschmiert, sein Herz aber aus edlerem Metall als alles Gold, das seine Schippe zutage förderte – ja als alles, was jemals gegraben oder geprägt worden ist.

Immer wenn er eine Pechsträhne hatte und ein bißchen niedergeschlagen war, fing er an, um den Verlust einer wunderbaren Katze zu trauern, die er einmal besessen hatte (denn wo keine Frauen und Kinder da sind, halten sich gutherzig veranlagte Männer Schoßtiere, weil sie irgend etwas liebhaben müssen). Und immer sprach er von der merkwürdigen Klugheit dieser Katze, und er tat dies mit der Miene eines Mannes, der im geheimsten Innern glaubte, daß sie etwas Menschliches – vielleicht sogar Übernatürliches – an sich gehabt hätte.

Ich hörte ihn einmal von diesem Tier erzählen. Er sagte: »Wissen Sie, ich hab hier mal 'ne Katze gehabt, die hieß

Tom Quarz, die hätte Sie vielleicht interessiert, ich meine – hätte fast jeden interessiert. Hab sie hier acht Jahre gehabt – die phantastischste Katze, die *ich* jedenfalls gesehn hab. War 'n großer grauer Kater, mein Tom Quarz, mit mehr Menschenverstand wie jeder hier im Camp – und *würdig* – hätte sich nicht mal von unserm hohen Gouverneur vertraulich kommen lassen. Sein ganzes Leben lang hat er keine Ratte gefangen – war ihm nicht fein genug. Ihn hat nichts weiter reizen können wie 's Goldgraben. Da wußt er mehr drüber, dieser Kater, wie alle Leute, die ich überhaupt kenne. Übers Seifengraben konnte ihm keiner mehr was vormachen – und für Nester, Mann, dafür war er richtiggehend geboren. Hat hinter mir und Jim hergebuddelt, wenn wir über die Hügel schürfen waren und ist ganze fünf Meilen hinter uns hergetrottet, wenn wir so weit gegangen sind. Und hat den allerbesten Riecher gehabt für Boden mit was drin – so was haben Sie einfach noch nicht gesehn. Haben wir dann mit der Arbeit angefangen, hat er rumgeäugt, und wenn er von den Anzeichen nicht viel gehalten hat, hat er geguckt, wie wenn er sagen wollte: ›*Mich* müßt ihr schon entschuldigen‹, und hat dann ohne jedes weitre Wort die Nase hochgenommen und ist abgeschoben und nach Hause. Hat ihm der Boden aber gefallen, hat er abgewartet und keinen Mucks gesagt, bis die erste Pfanne ausgeseift war, und dann ist er anscharwänzelt gekommen und hat sich's angeguckt, und hatten wir so Stücker sechs bis sieben Goldkörner drin, war er zufrieden – 'ne bessere Schürfe wollte er gar nicht –, und dann hat er sich auf unsre Jacketts hingehaun und wie 'n Dampfschiff geschnarcht, bis wir aufs Nest gestoßen sind, und ist dann aufgestanden und hat Aufsicht geführt. Im Obersteigern war er schon beinah ganz große Klasse.

Na ja, und dann kam das Getue mit dem Quarzbau. Sind alle rein versessen drauf gewesen, haben sich alle mit der Picke und Sprengpulver rangemacht, statt auf 'm Hang zu schippen – haben alle ihrn Schacht gebohrt, statt über Tage zu kratzen. Jim ließ keine Ruhe mehr, wir sollten's auch mal mit Adern probiern, und das haben wir denn. Haben uns an einen Schacht gemacht, und Tom

Quarz, der hat sich vielleicht gewundert, was in drei Teufels Namen das nu alles bedeuten sollte. So 'ne Art Bergbau hatte er doch noch nie gesehn, und er war reineweg durcheinander, es ging ihm irgendwie nicht ein, war ihm einfach zu hoch. Hat ihm gestunken, kann ich Ihnen sagen, hat ihm mächtig gestunken – hat's wohl für den reinsten Blödsinn gehalten. Aber dieser Kater war schon von früher her gegen alle neumodschen Einrichtungen – die konnt er irgendwie nicht ausstehn. Sie wissen ja, wie das mit alten Gewohnheiten so ist. Langsam hat sich Tom Quarz dann aber doch 'n bißchen damit ausgesöhnt, bloß hat er nie völlig verstanden, warum nu immerzu Schacht gebohrt und gar nichts mehr ausgeseift wurde. Zuletzt ist er auch selber runter in den Schacht gekommen, um sich die Sache zu beschnuppern. Und wenn er mal miesepetrig war und niedergeschlagen und verärgert und sauer – denn er wußte doch, daß wir immer tiefer in die Kreide gerieten und keinen einzigen Cent machten –, da hat er sich in der Ecke auf einem Jutesack zusammengerollt und sich ausgeschlafen. Wie nu eines Tages der Schacht seine zirka acht Fuß tief war, wurde das Gestein so knochenhart, daß wir sprengen mußten – das erstemal in Tom Quarz' Leben. Und da haben wir also die Lunte angezündet und sind raus und fünfzig Schritt weit weg – und haben Tom Quarz vergessen und auf dem Sack weiterschlafen lassen. Nach ungefähr einer Minute sehn wir aus dem Loch 'ne Rauchwolke rauspuffen, und dann ist alles mit furchtbarem Krach losgegangen, und zirka vier Millionen Tonnen Felsen und Erde und Rauch und Splitter sind anderthalb Meilen hoch in die Luft geflogen, und, weiß der Kuckuck, genau mittendrin der alte Tom Quarz! Und schießt wie wahnsinnig Kobolz und schnaubt und niest, und haut um sich und will sich wo festkrallen. Half bloß nicht, wissen Sie, half überhaupt nicht. Und dann haben wir zweieinhalb Minuten lang nichts mehr von ihm gesehn, und auf einmal hat's Steinbrocken und Dreck geregnet, und dann plumps! ist er runtergekommen, ungefähr zehn Fuß weit ab von da, wo wir standen. Na, der sah aus wie das gemeinste Viech, was Ihnen je übern Weg gelaufen ist. Das eine Ohr hinten am Genick und den Schwanz verbogen und die Wimpern versengt und ganz schwarz von Pulver und Rauch und mit Dreck beschmiert und von oben bis unten mistig. Also, ich sag Ihnen, sich entschuldigen wollen, war sinnlos – kein Wort brachten wir raus. Er hat erst sich selber und denn uns angeguckt, ganz empört, so als ob er sagen wollte: ›Ihr kommt euch wohl sehr schlau vor, was, 'ne Katze so reinzulegen, die mit Quarz noch keine Erfahrung hat, aber ich denk da anders drüber!‹, und denn machte er kehrt und zog ab nach Hause, ohne noch weiter was zu sagen.

Das war genau seine Art. Und Sie werden's vielleicht nicht glauben, aber was der hinterher für 'n Vorurteil gegen Quarzbau hatte, das war bei 'ner Katze einfach einmalig. Und wie er dann nach und nach doch wieder runter in den Schacht gegangen ist, da hätten Sie gestaunt, wie schlau er da war. Den Moment, wo wir 'ne Sprengung loslassen wollen und die Lunte anfängt zu knistern, guckt er als wie: ›*Mich* müßt ihr schon entschuldigen‹, und nichts wie raus aus 'm Loch und rauf auf'n Baum. Klugheit? Gar kein Ausdruck. Schon mehr höhere Eingebung!«

Ich sagte: »Diese Voreingenommenheit gegen den Quarzbau ist wirklich erstaunlich, Mr. Baker, wenn man bedenkt, wie er sie sich geholt hat. Konnten Sie ihn denn nie davon heilen?«

»Ihn *heilen*? Ach herrje! Wenn Tom Quarz erst einmal gegen was war, denn war er *immer* dagegen – und da hätten Sie ihn dreimillionenmal in die Luft sprengen können, sein verdammtes Vorurteil gegen Quarzbau hätten Sie nicht aus ihm rausgekriegt, nein, aus ihm nicht.«

Die Liebe und der Stolz, die Bakers Gesicht erhellten, wenn er der Standhaftigkeit seines einstigen ergebenen Freundes Tribut zollte, wird mir immer lebendig in Erinnerung bleiben.

Nach zwei Monaten hatten wir kein einziges Nest gefunden. Wir waren die Halden hinauf und hinunter geseift, bis sie so zerpflügt wie ein Feld aussahen; wir hätten auf ihnen Getreide säen können, aber es hätte keine Möglichkeit gegeben, die Ernte zum Markt zu schaffen. Gute »Schürfen« hatten wir viele, aber wenn das Gold in der

Pfanne erschien und wir dann hoffend und sehnsüchtig tiefer gruben, fanden wir nur Leere – das Nest, das dort hätte sein müssen, war so leer wie unsere Taschen. Schließlich schulterten wir unsere Pfannen und Schaufeln und zogen über die Berge, um es in anderen Gegenden zu versuchen. Wir schürften drei Wochen in der Nähe von Angel's Camp im Bezirk Calaveras, aber ohne Erfolg. Dann wanderten wir zu Fuß im Gebirge umher, wobei wir unter Bäumen nächtigten, denn das Wetter war mild, und wir hatten sogar Moos, aber nur welches um drauf zu schlafen. Dieser Witz ist zwar dürftig, steht aber in rührendem Einklang mit den Umständen, denn wir waren doch selber so arm und dürftig. Der Landessitte gemäß hatte unsere Tür stets offengestanden, und an unserem Tisch waren herumziehende Goldgräber immer willkommen gewesen – fast jeden Tag waren welche vorbeigekommen und hatten ihre langstieligen Schaufeln vor der Schwelle in den Sand gesteckt und bei uns gegessen, was es gab –, und als wir jetzt selber auf der Walze waren, stießen wir nirgends auf kühle Gastfreundschaft.

Wir wanderten weit und in vielen Richtungen, und ich könnte dem Leser nun eine lebendige Beschreibung der Mammutbäume und der Wunder des Yosemite vorsetzen – aber was hat mir der Leser getan, daß ich ihn damit plagen soll? Ich überlasse ihn lieber weniger gewissenhaften Touristen und nehme seinen Segen. Wenn ich schon in allen anderen Tugenden versage, möchte ich wenigstens wohltätig sein.

Einige der obigen Ausdrücke sind reine Bergmannssprache und dem allgemeinen Leser vielleicht etwas unverständlich. In »Seifenwerken« liegt das Gold fein verteilt in der obersten Erdschicht; in »Nestern« häuft es sich auf einer Stelle zusammen; in »Quarzlagern« findet es sich in einer massiven durchgehenden Gesteinsader, die sich deutlich von den sie einschließenden Steinarten abscheidet – und das erfordert die mühseligste und kostspieligste von all den verschiedenen Bergbaumethoden. Unter »Schürfen« wird das Suchen nach einer »Seife« verstanden, auf deren

Vorhandensein die »Anzeichen« hindeuten; »Ausseifen« wird das Waschen oder Ausschlämmen genannt, wodurch die Goldkörnchen von der Erde gelöst werden; eine »Schürfe« ist die Ausbeute in der ersten Schwenkpfanne voll Erde – und vom Wert dieser Schürfe hängt es ab, ob man sich dort weiter die Haut am Schippenstiel abschürfen oder lieber weiterziehen soll.

ZWEIUNDSECHZIGSTES KAPITEL

Unterwegs nach den Sandwich-Inseln · Die drei Kapitäne · Der alte Admiral · Seine täglichen Gewohnheiten · Seine tapfer geschlagenen Schlachten · Ein unerwarteter Widersacher · Überwältigung des Admirals · Der Sieger wird zum Helden erklärt

Nach dreimonatiger Abwesenheit befand ich mich wieder in San Francisco, ohne einen Cent. Als mein Kredit schon beinahe erschöpft war (denn ich war jetzt zu faul und unnütz geworden, um an einer Morgenzeitung zu arbeiten, und bei den Abendblättern hatten sie nichts frei), machte mich die »Enterprise« zu ihrem Korrespondenten in San Francisco, und nach zwölf Monaten hatte ich keine Schulden mehr, aber es war mir auch das Interesse an meiner Arbeit vergangen, denn ich mußte tagtäglich ohne Rast und Ruh einen Bericht schreiben, und dessen wurde ich unsäglich überdrüssig. Ich wollte wieder Abwechslung haben. Der Drang zum Vagabundieren überfiel mich mit Macht. Ich hatte Glück und bekam einen neuen Job, und zwar einen herrlich angenehmen. Ich sollte nach den Sandwich-Inseln, nach Hawaii, fahren und ein paar Berichte für die »Sacramento Union« schreiben, einer ausgezeichneten und gegenüber ihren Angestellten sehr kulanten Zeitung.

In tiefem Winter schifften wir uns auf dem Schraubendampfer »Ajax« ein. Der Kalender nannte es jedenfalls Winter, das Wetter aber hielt die Mitte zwischen Frühling und Sommer. Wir waren rund dreißig Passagiere, darunter ein vergnügtes Haus mit Namen Williams und drei verwitterte alte Kapitäne, die zu ihren Walfangschiffen unterwegs waren. Diese drei spielten Tag und Nacht im Rauchsalon Euchre, tranken erstaunliche Mengen unverdünnten Whiskys, ohne daß ihnen das im geringsten anzumerken gewesen wäre, und waren wohl die glücklichsten Leute, die mir je begegnet sind. Ja, und dann »der alte Admiral« – ein Walfänger im Ruhestand. Er war eine brüllende, fürchterliche Mischung aus Donner, Blitz und Wolkenbruch und aufrechten, von Herzen kommenden Flüchen. Nichtsdestoweniger hatte er ein so sanftes Gemüt wie ein Mädchen. Er war ein rasender, betäubender, verheerender, die dräuenden Wogen in ein Nichts zerstiebender Taifun, aber mit einem ruhigen Zufluchtsort in der Mitte, wo alle Ankömmlinge Ruhe und Sicherheit fanden. Niemand konnte den »Admiral« kennenlernen, ohne ihn liebzugewinnen; und plötzlich vor die schreckliche Entscheidung gestellt, hätte wohl keiner seiner Bekannten gewußt, was er wählen solle – von ihm verflucht oder von jemand mit weniger Saft und Kraft gebenedeit zu werden.

Sein Admiralstitel war genaugenommen vielleicht besser »verbrieft« als alle Marineoffizierspatente vor oder nach ihm – denn er stellte das freiwillige Geschenk einer ganzen Nation dar und kam ohne Zwischenschaltung jeglicher Bürokratie direkt vom *Volke* selber – vom Volke der Sandwich-Inseln. Es war ein Titel, den man ihm voller Liebe und in Ehrung und Anerkennung seiner Verdienste verliehen hatte, von denen er nicht viel hermachte. Und zum Beweis seiner Rechtmäßigkeit wurde öffentlich angeordnet, eigens für ihn eine Flagge zu entwerfen und sie ausschließlich zu seiner Begrüßung und Verabschiedung zu verwenden. Und seitdem wehte stets, wenn sein Schiff am Horizont gemeldet wurde oder er Anker hievte und in See stach, dieses Ehrenzeichen von den Zinnen des Regierungsgebäudes, und in spontaner Einmütigkeit zog das Volk davor den Hut.

Dabei hatte er nie im Leben eine Kanone abgefeuert oder eine Schlacht geschlagen. Als ich ihn an Bord der »Ajax« kennenlernte, zählte er zweiundsiebzig Jahre, von denen er einundsechzig damit verbracht hatte, die Meere zu durchpflügen. Sechzehn Jahre lang war er als Kapitän eines Walfängers im Hafen von Honolulu aus- und eingelaufen, und weitere sechzehn hatte er ein Passagierboot zwischen San Francisco und Hawaii kommandiert und in all dieser Zeit niemals Havarie erlitten oder ein Schiff verloren. Die einfachen Eingeborenen kannten ihn als einen Freund, der sie nie im Stich ließ, und sahen zu ihm auf wie Kinder zu einem Vater. Sie schlecht zu behandeln, wenn der donnernde Admiral in der Nähe war, hieß das Leben aufs Spiel setzen.

Vor zwei Jahren nun hatte sich der Admiral mit einer Pension zurückgezogen und einen ganz großen, neunfach verstärkten Eid geschworen, »nie wieder im Leben in *Riech*weite des Salzwassers zu gehen«. Und das hielt er gewissenhaft ein. Das heißt *seiner* Meinung nach, und es wäre mehr als gefährlich gewesen, ihm auch nur ganz sacht anzudeuten, daß die elf langen Seereisen als Passagier, die er in den zwei Jahren seines Ruhestandes unternommen hatte, nur ein Einhalten nach dem allgemeinen Sinn, nicht jedoch nach dem genauen Wortlaut darstellten.

Gab es irgendwo eine Schlägerei, ganz gleich wie, wo und wann, kannte der Admiral nur eine einzige Verhaltensweise, nämlich, sich ohne jede Erkundigung nach Recht und Unrecht geradewegs dazwischenzuschieben und sich auf die schwächere Seite zu schlagen. Und das war auch der Grund, warum bei allen Gerichtsverhandlungen gegen allgemein verabscheute Verbrecher immer ziemlich sicher damit zu rechnen war, daß er auftauchte, um die Geschworenen einzuschüchtern und ihnen mit rachsüchtigen Gebärden anzudeuten, was er mit ihnen machen würde, wenn er sie irgendwo draußen mal zwischen die Finger bekäme. Und desgleichen war das der Grund, warum gequälte Katzen und verstoßene Hunde, die ihn kannten, in Zeiten der Not vertrauensvoll unter seinem Stuhl Schutz suchten. Zu Anfang des Bürgerkrieges war er der unbändigste und blutdürstigste Parteigänger des Nordens gewesen, den es unter dem Sternenbanner je gegeben hat; in dem Augenblick jedoch, wo der Süden vor den anrollenden Unionsarmeen in die Knie ging, hißte er die Flagge der Konföderierten und blieb dann bis zum Ende ein zügelloser und unerbittlicher Sezessionist.

Er war der geschworenste Feind der Trunksucht, den ich jemals – das weibliche Geschlecht eingerechnet – getroffen habe, und er wurde nicht müde, gegen sie zu wettern und Freunde wie Fremde eindringlich zu bitten, sie möchten doch vorsichtig sein und mit Maß trinken. Wäre aber jemand so naiv gewesen, zu bemerken, daß des Admirals Konsum von neun Gallonen Whisky »pur« während unserer Fahrt nicht unbedingt strikte Abstinenz darstelle, hätte ihn der Alte im Wirbelsturm seines Zorns sogleich ans äußerste Erdenende befördert. Wohlgemerkt, ich sage nicht, daß ihm der Whisky jemals in den Kopf stieg oder in die Beine ging, denn das war nicht der Fall, nicht im mindesten. Er konnte einen unglaublichen Stiefel vertragen, viel mehr, als er tatsächlich trank. Jeden Morgen vor dem Ankleiden genehmigte er sich ein gestrichenes Zahnglas voll Whisky – »ums Schlagwasser zu versüßen«, wie er sagte. Hatte er sich dann halbwegs angezogen, kippte er ein zweites hinunter, »für 'n Kopf, zum Aufklaren und Einpeilen«. Dann rasierte er sich und zog ein frisches Hemd an, wonach er in so inbrünstig donnerndem Baß sein Vaterunser aufsagte, daß das Schiff bis in den Kielbalken bebte und im Speisesaal alle Gespräche unterbrochen wurden. War alles soweit gediehen, fand er stets, daß er am Bugspriet oder am Achtersteven zu tief lag oder nach backbord oder steuerbord überhing, und hob noch einen, von wegen der »glatten Kiellage und ums Steuer besser in die Hand zu kriegen und beim Anluven nicht gleich immer über Stag zu müssen«. Und dann ging die Tür seiner Kajüte auf, und die rote Sonne seines gütigen Gesichts strahlte auf Männer und Frauen und Kinder hernieder, und er röhrte ein »Matrosen ahoi!«, das geeignet war, die Toten zu erwecken und ihre Auferstehung vorzeitig herbeizuführen; und er kam fürbaß geschritten, ein Bild, des Ansehens wert, und eine Erscheinung, die Aufmerksamkeit erzwang: kräftig und stattlich; kein graues

Haar; breitrandiger Schlapphut; sozusagen Seemannskluft aus marineblauem Flanell – bequem und geräumig; eine gewaltige Fläche von Vorhemd und eine Fülle an schwarzseidenem, zu einem Matrosenknoten gebundenem Halstuch; aus der Uhrtasche baumelnde dicke Kette mit wuchtigen Anhängern; Ehrfurcht einflößende Füße und, nach den Worten seiner Walfangbrüder, »eine Hand wie die Vorsehung«; Manschetten und Ärmel des warmen Wetters wegen bis zum halben Ellbogen hochgeschoben und behaarte Arme entblößend, die von roten und blauen Ankern, Schiffen und Freiheitsgöttinnen, in chinesischer Tusche tätowiert, bunt schillerten. Aber diese Einzelheiten kamen alle erst an zweiter Stelle – der Magnet, der das Auge fesselte, war sein Gesicht. Wie eine Sonne brach es durch die verwitterte Mahagonimaske, besät mit Warzen, eingesäumt von Narben, überall zerfurcht von immer wieder frischen Rasierschnitten, mit heiteren Augen unter zottigen Brauen, die die Welt über den Rücken eines knorrigen Zackens von Nase betrachteten, der riesig und einsam aus der sich an seinem Fundament ausbreitenden wogenden Unendlichkeit aufragte. Und zu seinen Füßen sprang das ein und alles seines Junggesellendaseins herum, der Terrier »Fan«, ein Geschöpf so winzig wie ein Eichhörnchen. Den größten Teil seines täglichen Lebens verbrachte der Alte damit, Fan zu bemuttern und gegen hundert Wehwehchen zu verarzten, die nur in seiner Einbildung existierten.

Zeitungen las der Admiral selten, und wenn er es tat, glaubte er nie, was sie schrieben. Er las und glaubte nur dem »Old Guard«, einer in New York erscheinenden sezessionistischen Zeitschrift. Davon schleppte er stets ein Dutzend Nummern mit sich herum und zog sie für jede gewünschte Auskunft zu Rate. Fand er sie darin nicht, lieferte er sie eben aus seiner eigenen unerschöpflichen Phantasie, erfand historische Ereignisse samt Namen, Daten und allem, was sonst noch nötig war, um bei einem Streitgespräch seine Behauptungen zu untermauern. Bei Disputen war er folglich ein gefürchteter Widersacher. Immer wenn er von den Tatsachen abschwenkte und anfing, Geschichte zu fabrizieren, war der Gegner wehrlos und mußte die Waffen strecken. Und wenn der Gegner sich tatsächlich nicht enthalten konnte, ein klein wenig Entrüstung über dieses Erfinden von Geschichte durchblicken zu lassen, dann war der Admiral sowieso nicht zu schlagen. Für eine politische Auseinandersetzung war er stets und ständig zu haben, und fing keiner eine an, tat er es eben selber. Bei der dritten Gegenrede kam er in Rage, und nach fünf Minuten ließ er einen Sturm vom Stapel, und in einer Viertelstunde waren seine Zuhörer im Rauchsalon bis auf den letzten Mann weggefegt, und der Alte saß einsam und allein da und schlug mit der Faust auf den Tisch und versetzte den Stühlen Tritte und donnerte einen ganzen Hurrikan von Flüchen herunter. Bald kam es so weit, daß die Passagiere, aus Furcht, ihm zu begegnen, immer in stummer Eintracht das Weite suchten, wenn der Admiral mit Politik im Auge anrückte, und daß er dann auf verlassenem Felde kampierte.

Zu guter Letzt aber fand er seinen Meister, und noch dazu vor versammeltem Publikum. Irgendwann einmal war jeder gegen ihn angetreten und in die Flucht geschlagen worden, nur nicht der stille Passagier Williams. Den hatte der Admiral nie dazu kriegen können, eine politische Meinung zu äußern. Jetzt aber, als der Admiral schon an der Tür war und die Gesellschaft sich gerade hinausdrükken wollte, sagte Williams:

»Admiral, über die Sache mit den beiden Geistlichen, die Sie da neulich erwähnten – wissen Sie das *genau*?«, womit er eines der Produkte aus des Admirals Werkstatt meinte.

Alle waren über die Tollkühnheit des Mannes erstaunt. Der Gedanke, daß jemand mutwillig die Vernichtung herausforderte, war unfaßbar. Der allgemeine Rückzug geriet ins Stocken. Neugierig setzten sich alle wieder hin, um den Ausgang abzuwarten. Der Admiral selber war ebenso verblüfft wie alle anderen. Er hielt in der Tür inne, sein rotes Taschentuch halb zum schwitzenden Gesicht erhoben, und betrachtete das unverschämte Wesen dort in der Ecke.

»*Genau*? Ob ich das *genau* weiß? Denken Sie denn, ich habe das aus der Luft gegriffen? Wofür halten Sie mich?

Wer von dieser Sache nichts weiß, der weiß überhaupt nichts; die muß doch jedes Kind kennen. Stecken Sie mal die Nase in ein Geschichtsbuch! Da stecken Sie sie mal rein...! Hier anzukommen und einen Menschen zu fragen, ob er so was aus der Volksschule, was sogar die Nigger im Süden kennen, *genau* weiß!«

Hier begann es im Admiral zu sieden und zu kochen, die Luft wurde dick, das bevorstehende Erdbeben begann schon zu rumpeln, und es fing an zu donnern und zu blitzen. Es dauerte keine drei Minuten mehr, da befand sich sein Vulkan in vollem Ausbruch und feuerte Flammen und Asche der Entrüstung los und spie schwarze Wolken von erlogener und erstunkener Geschichte aus und ließ seinem Krater glühendheiße Massen von Flüchen entströmen. Williams saß währenddessen schweigend da, offensichtlich tief und ernsthaft interessiert an dem, was der Alte von sich gab. Als schließlich die Windstille kam, sagte er ganz unterwürfig und mit der dankbaren Miene eines Mannes, dem ein Rätsel gelöst worden ist, mit dem er sich lange herumgequält hat:

»*Jetzt* verstehe ich die Sache. Ich hatte zwar immer geglaubt, mich da gut genug auszukennen, aber dennoch nie das rechte Vertrauen gehabt, weil eben der letzte überzeugende Punkt fehlte, den man beim Geschichtsstudium finden möchte; aber als Sie neulich jeden Namen und jedes Datum und jeden kleinen Umstand in richtiger Reihenfolge und Ordnung erwähnten, habe ich mir gesagt, *so* läßt sich das hören – *so* wird das Geschichte – *so* kriegt sie Gestalt, und man kann ihr glauben. Und danach habe ich mir gesagt, frag doch einfach mal den Admiral, ob er die Einzelheiten auch ganz genau kennt, und wenn ja, gehst du hin und bedankst dich bei ihm dafür, daß er dir das alles klargemacht hat. Und eben das möchte ich hiermit tun – denn bevor Sie mir die Sache geradegerückt haben, war sie nichts weiter als ein Wirrwarr in meinem Kopf, ohne Hand und Fuß.«

Noch nie hatte jemand den Admiral so besänftigt und so erfreut dreinschauen sehen. Denn noch nie hatte jemand seine ersponnene Geschichte fürs Amen in der Kirche genommen; die Echtheit war stets entweder durch Worte oder durch Blicke angezweifelt worden. Hier aber saß nun einer, der nicht bloß alles willig schluckte, sondern sich für die Verabreichung noch bedankte. Der Admiral war verdattert; er wußte kaum, was er sagen sollte, und er brachte nicht einmal einen seiner Flüche heraus. Und dann fuhr Williams ernst und bescheiden fort:

»Aber wenn Sie sagen, Admiral, daß dies der erste Stein sei, der geworfen wurde, und daß dies den Krieg ins Rollen gebracht habe, so übersehen Sie dabei einen Umstand, der Ihnen natürlich durchaus bekannt und im Moment nur nicht gegenwärtig ist. Ich bestätige Ihnen, daß, was Sie gesagt haben, in allen Einzelheiten richtig ist, nämlich, daß am 16. Oktober 1860 in Massachusetts zwei Geistliche namens Waite und Granger in finsterer Nacht verkleidet zu John Moodys Haus in Rockport geschlichen sind und zwei Südstaatlerinnen samt ihren beiden kleinen Kindern herausgezerrt und sie geteert und gefedert und nach Boston geschleppt und vor dem Kapitol verbrannt haben, und ich bestätige auch Ihre These, daß es diese Untat gewesen sei, die am 20. Dezember desselben Jahres zur Sezession von South Carolina geführt hat. Sehr gut.« (Die Zuhörer waren hier angenehm überrascht, daß Williams im Begriff war, den Admiral mit dessen eigener unbesiegbarer Waffe zu bekämpfen – mit eindeutig *erfundener Geschichte* ohne jedes wahre Wort.) »Sehr gut, sage ich. Aber warum den Fall Willis und Morgan in South Carolina übersehen? Sie sind zu gut unterrichtet, Admiral, als daß Sie nicht alles darüber wüßten. Ihre Diskussionen und Streitgespräche haben gezeigt, daß Sie mit jeder Einzelheit dieses nationalen Zwistes gründlich vertraut sind. Sie entwickeln jeden Tag geschichtliche Zusammenhänge, die eindeutig beweisen, daß Sie darin kein Schwätzer sind, zufrieden damit, an der Oberfläche zu nibbeln, sondern vielmehr ein Mann, der die Tiefen erforscht und sich alles dessen bemächtigt hat, was zu dem großen Problem in Beziehung steht. Lassen Sie mich deshalb diesen Fall Willis und Morgan Ihnen noch einmal kurz in Erinnerung bringen – obwohl ich Ihrem Gesicht ansehe, daß Sie sich die ganze

Angelegenheit bereits ins Gedächtnis rufen. Am 12. August 1860, also *zwei Monate vor* der Waite-Granger-Affäre, verkleideten sich in South Carolina John H. Morgan und Winthrop L. Willis, der eine methodistischer und der andere altbaptistischer Geistlicher, und gingen zu mitternächtlicher Stunde zum Hause eines Plantagenbesitzers namens Thompson – Archibald F. Thompson, Vizepräsident unter Thomas Jefferson – und entführten dort mitten in der Nacht dessen verwitwete Tante (eine Nordstaatlerin) sowie deren Adoptivkind, den Waisenknaben Mortimer Higbie, welcher an Epilepsie litt und seinerzeit gerade ein dickes Bein hatte und infolgedessen an Krücken gehen mußte; und die beiden Geistlichen schleppten ihre Opfer trotz deren flehentlicher Bitten in den Busch, federten und teerten sie und verbrannten sie danach in der Stadt Charleston auf dem Scheiterhaufen. Sie erinnern sich doch noch sehr gut, was das für einen Staub aufwirbelte; Sie erinnern sich doch noch sehr gut, daß sogar der ›Charleston Courier‹ die Tat als unerfreulich, als kaum angebracht und als schwerlich zu rechtfertigen hinstellte und darüber hinaus bemerkte, man dürfe sich nicht wundern, wenn Vergeltung geübt würde. Und desgleichen entsinnen Sie sich, daß dies die *Ursache* für die Gewalttat in Massachusetts war. Wer aber waren nun die beiden Geistlichen aus Massachusetts? Und wer waren die beiden Südstaatlerinnen, welche sie verbrannten? *Sie,* Admiral, mit Ihren umfassenden Geschichtskenntnissen, brauche ich ja nicht erst daran zu erinnern, daß es sich bei Waite um den Neffen jener in Charleston verbrannten Frau und bei Granger um ihren Vetter zweiten Grades handelte und daß die in Boston verbrannte Dame die Gattin John H. Morgans und geschiedene, aber noch immer geliebte Frau Winthrop L. Willis' war. Sie müssen also füglich zugeben, Admiral, daß die erste Provokation von den Predigern aus dem Süden kam und die aus dem Norden nur gerechte Vergeltung geübt haben. In Ihren Auseinandersetzungen haben Sie bisher nie die geringste Neigung gezeigt, mit einem gerechten Urteil zurückzuhalten oder sonstwie unfair zu sein, wenn mal verbürgte Geschichtsfakten Ihren Standpunkt als unhaltbar erwiesen, und deshalb stehe ich nicht an, Sie zu bitten, die ursprüngliche Schuld an dieser Sache von den Geistlichen aus Massachusetts zu nehmen und auf die aus Carolina zu übertragen, wo sie von Rechts wegen hingehört.«

Der Admiral streckte die Waffen. Mit diesem Säusler, der seine fingierten Geschichtsereignisse wie Lebensbrot schluckte, sich in seiner schäumenden Blasphemie wie in warmem Sonnenschein aalte, seine unversöhnliche Parteilichkeit als unbefangene Gerechtigkeit hinnahm und ihn dann mit erdichteter Geschichte überschwemmte, die mit Schmeichelei und Ehrfurcht so eingezuckert war, daß er sie unmöglich zurückweisen konnte, kam er nicht mit. Er stammelte ein paar linkische, derbe Bemerkungen darüber, daß ihm die Willis-Morgan-Affäre entfallen sei, daß er sich jetzt aber »deutlich« erinnere, und dann zog er sich unter dem Vorwand, Fan etwas gegen seinen Husten eingeben zu müssen, aus der Schlacht zurück und schob ab, ein geschlagener Mann. Nun stiegen Hochrufe und Gelächter auf, und Williams, der Wohltäter des Schiffes, war ein Held. Die Kunde verbreitete sich im ganzen Schiff, es wurde Champagner bestellt und ein begeisterter Empfang im Rauchsalon improvisiert, und alle strömten herbei, dem Sieger die Hand zu drücken. Der Steuermann erzählte uns später, der Admiral habe hinter der Kommandobrücke gestanden und »sich selber was vorgewettert und vorgeflucht«, bis sich die Schornsteinstags gelockert und das Großsegel den Wind verloren hätten.

Die Macht des Admirals war gebrochen. Von nun an, wenn er irgendwo eine Auseinandersetzung anfing, holte jemand Williams herbei, und der Alte verlor den Schwung und beruhigte sich. Sobald er erledigt war, erfand Williams in seiner sanften einschmeichelnden Art ein bißchen Geschichte (wobei er sich auf des Alten ausgezeichnetes Gedächtnis sowie auf Ausgaben des »Old Guard« berief, von denen jeder wußte, daß er sie nicht besaß), die das Blatt völlig wendete und den Admiral ganz und gar hilflos und verwirrt machte. Zuletzt fürchtete er Williams und seine vergoldete Zunge derart, daß er zu reden aufhörte, wenn er ihn ankommen sah, und schließlich überhaupt keine Politik mehr erwähnte, und von da an herrschten eitel Friede und Frohsinn auf dem Schiff.

DREIUNDSECHZIGSTES KAPITEL

Ankunft auf Hawaii · Honolulu · Was ich dort sah · Kleidung und Gewohnheiten der Eingeborenen · Das Reich der Katzen · Obst und köstliche Wirkungen

Eines strahlenden Morgens kamen die Inseln in Sicht, flach auf dem einsamen Meer liegend, und wir kletterten alle aufs Oberdeck, um zu schauen. Nach zweitausend Meilen Wassereinsamkeit war das ein willkommener Anblick. Als wir näher kamen, hob sich das imposante Vorgebirge des Diamond Head aus dem Meer, seine zerklüftete Front wirkte im Dunst wie geglättet, und bald begannen sich Einzelheiten an Land abzuzeichnen: erst die Strandlinie, dann die federigen Kokospalmen der Tropen, dann Eingeborenenhütten, dann Honolulu, die Stadt der Weißen, die zwischen zwölf- und fünfzehntausend Einwohner beherbergen soll und die sich auf einer gänzlich flachen Ebene ausstreckt und zwanzig bis dreißig Fuß breite, feste und dielenglatte Straßen hat, wovon die meisten schnurgerade, einige wenige aber wie ein Korkenzieher gewunden sind.

Je weiter ich in der Stadt herumkam, um so besser gefiel sie mir. Jeder Schritt enthüllte einen neuen Gegensatz – enthüllte etwas, was ich nicht gewohnt war. Statt der großen erdfarbenen Sandsteinfassaden San Franciscos sah ich Häuser aus Stroh, Lehmziegeln und cremefarbiger, mit Kieseln und Muscheln vermengter, in längliche Blöcke geschnittener und in Zement gebundener Koralle, außerdem eine große Anzahl schmucker weißer Villen mit grünen Fensterläden; statt Vorgärten wie Billardtische mit Eisenstaketen darum, sah ich rings um diese Häuser weite Gärten, dicke, weiche Grasteppiche und hohe schattige Bäume, deren dichtes Laub die Sonne kaum durchdringen konnte;

statt der üblichen, vor Staub und allgemeiner Kraftlosigkeit dahinsiechenden Geranien, Kallas und so weiter sah ich üppige Blumenbeete und blühende Büsche, so frisch wie eine Wiese nach dem Regen und in den reichsten Farben glühend; statt der fahlen Schemen in San Franciscos Erholungspark »The Willows« sah ich riesige, weitausladende Waldbäume mit seltsamen Namen und von noch seltsamerer Erscheinung – Bäume, die einen Schatten werfen wie eine Gewitterwolke und die allein stehen konnten, ohne an grüngestrichene Stangen gebunden zu sein; statt Goldfischen, die in Glaskugeln herumkurven und durch die vergrößernde und verkleinernde Wirkung ihrer durchsichtigen Käfige ständig irgendwie verrenkt aussehen, sah ich Katzen – männliche Katzen, weibliche Katzen, langschwänzige Katzen, kurzschwänzige Katzen, graue Katzen, schwarze Katzen, weiße Katzen, gelbe Katzen, gestreifte Katzen, gefleckte Katzen, blinde Katzen, einäugige Katzen, glasäugige Katzen, katzenäugige Katzen, katzenzüngige Katzen, katzenbucklige Katzen, einzelne Katzen, Rudel von Katzen, Scharen von Katzen, Kompanien von Katzen, Regimenter von Katzen, Armeen von Katzen, Unmengen von Katzen, Millionen von Katzen, und alle dick, fett, faul und in tiefem Schlaf.

Ich sah eine Menge Leute, darunter Weiße, in weißen Jacken, Westen, Hosen, sogar in weißen Leinenschuhen, die jeden Morgen mit Kreide bestrichen wurden; die meisten Leute aber waren fast so dunkel wie Neger – Frauen mit anmutigen Gesichtszügen, schönen schwarzen Augen, gerundeten Formen, zu Üppigkeit neigend, gekleidet in ein einziges leuchtend rotes oder weißes Gewand, das frei und ungehindert von der Schulter bis auf die Fersen fiel, mit frei herabhängendem, langem, schwarzem Haar und Zigeunerhüten, garniert mit natürlichen Blumen in strahlendem Karmesinrot; viele schwarze Männer in verschiedenen Kostümen, und manche hatten nichts weiter an als einen schräg aufgesetzten, zerbeulten Zylinderhut und einen sehr knappen Lendenschurz; einige wie geräuchert aussehende Kinder waren überhaupt nur mit Sonnenschein bekleidet – ein sehr gutsitzender und malerischer Anzug.

Statt an Straßenecken herumlümmelnder und gaffender Rabauken und Rowdys sah ich langhaarige, lederfarbige Insulanerinnen im Schatten von Eckhäusern auf der Erde sitzen, die ungeniert alles anstarrten, was vorbeikam; statt auf erbärmlichem Kopfsteinpflaster lief ich auf einem festen Fundament aus Koralle, von dem albernen aber beharrlichen Insekt gleichen Namens vom Meeresboden hochgebaut, mit einer dünnen Schicht Lava und Schlacke darüber, die vor langer Zeit der ausgedörrte und geschwärzte Krater, der jetzt tot und harmlos in der Ferne steht, in unergründlicher Zerstörungswut ausgespien hatte; statt voller und überfüllter Straßenbahnen sah ich braune eingeborene Frauen auf schnellen Pferden wie der Wind vorbeisausen, im Herrensattel, mit bunten Reitschärpen, die wie Fahnen hinter ihnen herflatterten; statt der vermischten Gerüche vom Chinesenviertel und von den Schlachthöfen der Brannan Street atmete ich den balsamischen Duft von Jasmin, Oleander und Zedrach; statt in der Hast, der Geschäftigkeit und dem lauten Tumult San Franciscos bewegte ich mich inmitten sommerlicher Stille, ruhig wie ein Morgen im Garten Eden; statt der die »Goldene Stadt« umsäumenden sandigen Hügel und der sanften Bucht sah ich auf der einen Seite einen Zug hoher steiler Berge, ganz nah, in erfrischendes Grün gekleidet – und vor mir die große Weite des Ozeans: dicht am Ufer ein leuchtendes, durchsichtiges Grün, begrenzt und umsäumt von einem langen weißen Streifen schaumigen, gegen das Riff schlagenden Gischts, und weiter draußen das dunkelblaue Wasser des tiefen Meeres, gesprenkelt mit Schaumkronen, und ganz fern am Horizont ein einziges einsames Segel, das die schläfrige Stille und laut- und grenzenlose Einsamkeit nur noch unterstrich. Wenn die Sonne unterging – der einzige Eindringling aus einem anderen Reich, auf dessen Existenz er auch beharrlich hinwies –, war es ein Hochgenuß, eine Verzückung, in der parfümierten Luft zu sitzen und zu vergessen, daß es noch eine andere Welt als diese verzauberten Inseln gab.

Es war solch eine Wonne, zu träumen und zu träumen – bis du gestochen wurdest. Von einem Skorpion. Dann mußtest du dich als erstes aus dem Gras erheben und den Skorpion totmachen, und als zweites die betreffende Stelle in Alkohol oder Schnaps baden und als drittes dir vornehmen, dich in Zukunft nie wieder ins Gras zu setzen. Dann kam das Zurückziehen ins Schlafgemach und der Zeitvertreib, mit der einen Hand Tagebuch zu schreiben und mit der anderen Moskitos zu vernichten – sieben auf einen Streich. Dann sahst du einen Feind anrücken, eine behaarte Tarantel auf Stelzen – warum nicht den Spucknapf drüberstülpen? Gedacht, getan, und die hervorguckenden Spitzen ihrer Beine vermitteln dir eine klare Vorstellung von ihrer Reichweite. Dann ins Bett, damit ein Tausendfüßler auf dir herumpromenieren kann, mit zweiundvierzig Füßen auf jeder Seite und jeder einzelne Fuß heiß genug, ein Loch durch ungegerbtes Leder zu brennen. Erneutes Einreiben mit Alkohol und der Entschluß, künftig das Bett vor dem Hineinsteigen zu untersuchen. Dann warten und leiden, bis alle Moskitos ringsum unter das Netz gekrochen sind, dann schnell hinausschlüpfen und sie einsperren und friedlich bis zum Morgen auf dem Fußboden schlafen. Bei gelegentlichem Aufwachen die Tropen zu verfluchen, gab dir dabei Trost.

Natürlich hatten wir in Honolulu eine Überfülle an Obst. Orangen, Ananas, Bananen, Erdbeeren, Zitronen, Limetten, Mangofrüchte, Guaven, Melonen und einen seltenen und eigenartigen Luxus namens Cherimoya, die Köstlichkeit selber. Ja und dann noch die Tamarinde. Ich dachte, Tamarinden wären zum Essen, aber dem ist wohl doch nicht so. Ich aß mehrere, und sie schienen mir dieses Jahr ziemlich sauer geraten zu sein. Sie zogen die Lippen zusammen, bis sie dem Stielende einer Tomate ähnelten und ich vierundzwanzig Stunden lang meine Nahrung durch ein Rohr zu mir nehmen mußte. Sie machten meine Zähne so scharf, daß ich mich mit ihnen hätte rasieren können, und gaben ihnen einen Feinschliff, von dem ich fürchtete, er würde bleiben; ein Einwohner sagte aber: »Nein, der geht wieder weg, zusammen mit dem Schmelz« – was auf jeden Fall tröstlich war. Hinterher fand ich heraus, daß nur Fremde Tamarinden essen – aber auch nur einmal.

VIERUNDSECHZIGSTES KAPITEL

Ein Ausflug · Kapitän Phillips und seine Equipage · Hoch zu Roß · Ein boshaftes Tier · Natur und Kunst · Interessante Ruinen · Alles Lob den Missionaren

In meinem Tagebuch über unseren dritten Tag in Honolulu finde ich folgendes:

Bin heute abend wahrscheinlich der zartfühlendste Mensch auf Hawaii – besonders wenn es ums Hinsetzen in Gegenwart von Respektspersonen geht. Habe ab fünf Uhr nachmittags einen Ritt von fünfzehn bis zwanzig Meilen gemacht, und um ganz ehrlich zu sein, ich zögere überhaupt, mich hinzusetzen.

Für heute war ein Ausflug zum Diamond Head und zum königlichen Kokospalmenhain geplant – Abritt vier Uhr dreißig, Teilnehmer ein halbes Dutzend Herren und drei Damen. Aufbruch aller zur verabredeten Zeit, aber mit Ausnahme meiner Wenigkeit. Ich war im Staatsgefängnis (zusammen mit Kapitän Fish und einem anderen Walfänger, Kapitän Phillips) und so in die Besichtigung vertieft, daß ich gar nicht merkte, wie schnell die Zeit verging. Als irgend jemand sagte, es sei zwanzig nach fünf, schreckte ich auf. Ein Glück, daß Kapitän Phillips mit seiner »Equipage« da war, wie er einen verdeckten Einspänner nannte, den Captain Cook 1778 mitgebracht hat, und mit einem Pferd, das schon hier war, als Captain Cook ankam. Kapitän Phillips ist mit Recht stolz auf seine Fahrkunst und auf die Schnelligkeit seines Gaules, und seiner Leidenschaft, beide vorzuführen, verdanke ich, daß wir vom Gefängnis bis zum American Hotel – ein Stück, das auf mehr als eine halbe Meile geschätzt wird – nur sechzehn Minuten brauchten. Aber da mußten wir schrecklich scharf fahren. Der Kapitän ließ seine Peitsche nur so sausen, und die Schläge wirbelten so viel Staub aus dem Pferdefell auf, daß wir die zweite Hälfte der Fahrt in undurchdringlichem Nebel zurücklegten und uns nach einem Taschenkompaß Kapitän Fishs orientierten, eines Walfängers mit sechsundzwanzigjähriger Erfahrung, der während der ganzen halsbrecherischen Fahrt so selbstherrlich dasaß, als befände er sich auf dem Spieldeck seines eigenen Schiffes, und von Zeit zu Zeit seelenruhig Anweisungen gab: »Backbord – mehr nach backbord« und »Bißchen laufen lassen – ruhig halten – sooo« und »Mehr in den Wind – hart rüber nach steuerbord!« und kein einziges Mal seine Geistesgegenwart verlor oder in der Stimme oder im Verhalten auch nur das geringste bißchen Aufregung verriet. Als wir endlich vor Anker gingen und Kapitän Phillips mit einem Blick auf seine Uhr ausrief: »Sechzehn Minuten – hab ja gesagt, das ist rauszuholen! Ergibt über drei Meilen in der Stunde!«, konnte ich sehen, daß er glaubte, ein Kompliment verdient zu haben, und ich äußerte, ich hätte noch keinen Blitz so rasen sehen wie dieses Pferd. Hatte ich auch noch nicht.

Der Wirt des American sagte, die Damen und Herren seien schon seit fast einer Stunde fort, aber er hätte mehrere Pferde zur Auswahl da, womit sie einzuholen seien. Ich erwiderte, schon gut – ich nähme lieber ein überzahmes als ein schnelles – eins ohne jedes Temperament – ein lahmes, falls er so etwas da habe. Innerhalb von fünf Minuten saß ich hoch zu Roß und war mit meinem vierbeinigen Untergestell vollauf zufrieden. Ihm ein Etikett »Das ist ein Pferd« aufzukleben, hatte ich keine Zeit; falls die Öffentlichkeit es also für ein Schaf gehalten hat, kann ich ihr auch nicht helfen. Ich war zufrieden, und das war die Hauptsache. Da ich sah, daß es sich um ein Spitzenpferd handelte, hängte ich meinen Hut auf eine dieser Spitzen hinter dem Sattel, wischte mir den Schweiß von der Stirn und ritt los. Ich gab dem Gaul den Namen »Oahu« (Oahih gesprochen) nach der Insel hier, weil die doch auch in so viele Spitzen ausläuft. Bei der ersten Toreinfahrt, an die er kam, spazierte er hinein. Ich hatte weder Peitsche noch Sporen, und so verlegte ich mich einfach aufs Überzeugen. Logischen Argumenten gegenüber blieb er unzugänglich, nach Beleidigung und Beschimpfung aber gab er schließlich nach. Er trottete rückwärts aus dem Tor heraus und schwenkte in ein neues auf der anderen Straßenseite ein. Ich triumphierte mittels derselben Methode wie zuvor. Innerhalb der nächsten sechshundert Yard überquerte er die Straße vierzehnmal und versuchte es an dreizehn Toren, während die Tropensonne sengend brannte und mir die Schädeldecke zu schmelzen drohte und ich buchstäblich vor Schweiß triefte. Er gab die Sache mit den Toren dann auf und zog recht friedlich seines Wegs, allerdings in Gedanken versunken. Ich bemerkte dies, und es erfüllte mich bald mit schlimmen Ahnungen. Ich sagte mir, diese Kreatur heckt schon wieder eine Gewalttat aus, irgendeine Teufelei – denn ohne Grund hat noch nie ein Pferd so tief über etwas nachgedacht wie dieses hier. Je mehr sich das bei mir festsetzte, um so unruhiger wurde ich, bis die Spannung schier unerträglich wurde und ich absaß, um nachzusehen, ob der Gaul etwas Wildes in den Augen hatte – denn ich hatte gehört, das Auge unseres edelsten Haustieres sei sehr ausdrucksvoll. Ich kann nicht beschreiben, was für ein Stein mir vom Herzen fiel, als ich feststellte, daß Oahu nur schlief. Ich weckte ihn auf und trieb ihn in einen schnelleren Trott, und da kam die Schurkigkeit seines Wesens wieder zum Vorschein. Er versuchte, über eine fünf oder sechs Fuß hohe Steinmauer zu klettern. Mir wurde klar, daß ich bei diesem Pferd sowieso Gewalt anwenden mußte, und da konnte ich ebensogut schon jetzt damit anfangen. Ich brach mir von einem Tamarindenbaum eine kräftige Gerte ab, und im selben Augenblick, wo er das sah, streckte er die Waffen. Er schlug einen krampfhaften leichten Galopp an, immer mit drei kurzen und einem langen Schritt, was mich abwechselnd an die krachenden Stöße des großen Erdbebens und an das wogende Eintauchen der »Ajax« bei stürmischer See erinnerte.

Eine passendere Gelegenheit als diese kann es gar nicht geben, den Segen aus linker Hand dem Mann zu erteilen, der den amerikanischen Sattel erfunden hat. Da gibt es nichts, was sich Sitz nennen ließe – man könnte ebensogut auf einer Schaufel sitzen –, und die Steigbügel sind nichts weiter als dekorativer Unsinn. Würde ich hier all die Schimpfwörter niederschreiben, die ich für jene Steigbügel verbraucht habe, ergäbe das selbst ohne Illustrationen einen dickleibigen Wälzer. Das eine Mal schob ich den Fuß so weit durch, daß der Bügel zur Knöchelspange wurde, ein andermal kam ich mit beiden Füßen zugleich durch und hatte dann sozusagen Fußschellen um, oder aber die Füße rutschten ganz raus und die Bügel baumelten und schlugen mir gegen die Schienbeine. Selbst wenn ich die richtige Lage hatte und vorsichtig auf meinem Sohlenballen balancierte, gewährte das keinen Trost, weil ich immerzu befürchtete, ich würde die Steigbügel jeden Augenblick verlieren. Aber dieses Thema ist zu verdrießlich, als daß man darüber schreiben sollte.

Anderthalb Meilen hinter der Stadt gelangte ich an einen Hain von schlanken Kokospalmen mit glatten, astlosen, sechzig bis siebzig Fuß kerzengerade aufsteigenden Stämmen, oben Buketts von grünem Laub, in dem Trauben von Kokosnüssen hingen – nicht weniger malerisch als ein Wald riesiger zerschlissener Sonnenschirme mit Bündeln von vergrößerten Weintrauben darunter. Ich hörte einmal einen mürrischen Invaliden aus dem Norden sagen, eine Kokospalme möge zwar poetisch sein und sei es wahrscheinlich auch, aber sie sehe aus wie ein Staubwedel, in den der Blitz eingeschlagen hat. Ich glaube, das beschreibt sie besser als ein Bild. Und doch hat eine Kokospalme zweifellos etwas Reizvolles an sich – sogar etwas Anmutiges.

Hier und dort schmiegten sich ein Dutzend Hütten dösend in den Schatten, manche aus Holz, manche aus einheimischem Gras. Die aus Gras sind von gräulicher Farbe, in der Form unseren strohgedeckten Sommerhäuschen sehr ähnlich, nur gewöhnlich mit höheren und steileren Dächern und aus einem büschelweise fest zusammengebundenen Unkraut gebaut. Die Dächer sind sehr dick und genauso auch die Wände; diese haben viereckige Löcher als Fenster. Aus einiger Entfernung sehen diese Hütten pelzig aus, als wären sie mit Bärenfell bezogen. Innen ist es sehr kühl und angenehm. Von einem der Häuschen wehte die königliche Flagge; wahrscheinlich weilte Seine Majestät unter seinem Grasdach. Ihm gehört dort alles, und er verbringt hier häufig seine Zeit, wenn er an schwülen Tagen »blau macht«. Der Flecken heißt »Königshain«.

In der Nähe befindet sich eine interessante Ruine – die dürftigen Reste eines alten heidnischen Tempels –, ein Ort, an dem Menschenopfer gebracht wurden, damals, in jener längst vergangenen Zeit, wo das einfache Naturkind, wenn es der argen Versuchung zur Sünde einmal nachgegeben hatte und hinterher bei ruhiger Überlegung seinen Fehler einsah, mit nobler Offenheit hervortrat und seine Großmutter als Sühneopfer darbrachte – in jener alten Zeit, wo der unglückliche Sünder sein Gewissen reinigen und sich laufend Seligkeiten erkaufen konnte, solange sein Vorrat an Verwandten reichte; lange, lange bevor die Missionare tausend Entbehrungen auf sich nahmen, um herzukommen und die Insulaner auf ewig unglücklich zu machen, indem sie ihnen erzählten, wie wunderschön und wonniglich ein Platz im Himmel sei und wie nahezu unmöglich es sei, ihn zu erlangen; indem sie dem armen Eingeborenen erklärten, was für ein freudloser Ort die Verdammnis sei und welche unnötige Vielfalt von Möglichkeiten bestände, dort hinzukommen; ihm zeigten, wie er in seiner Unwissenheit seine ganze Verwandtschaft nutzlos vergeudet habe, und ihm bewiesen, daß den ganzen Tag lang für fünfzig Cent zu arbeiten, um sich damit die Nahrung für den nächsten Tag kaufen zu können, doch eine Seligkeit sei im Vergleich zum Fischen aus Zeitvertreib und zum Faulenzen im Schatten des ewigen Sommers und zum Essen der Gaben, die hervorzubringen kein anderer arbeitet als die Natur. Welch trauriger Gedanke, daß so viele, viele Menschen auf dieser schönen Insel ins Grab gegangen sind, ohne jemals gewußt zu haben, daß es eine Hölle gibt!

Dieser alte Tempel war aus rohen Lavablöcken gebaut und stellte einfach eine unüberdachte Einfriedung von fünfundvierzig Meter Länge und fünfundzwanzig Meter Breite dar – nichts als nackte Mauern, sehr dick, aber nicht viel höher als ein Mann. Sie halten bestimmt Jahrtausende, wenn sie unbehelligt bleiben. Die drei Altäre und anderes heiliges Zubehör sind schon vor Jahren zerfallen und verschwunden. In den alten Zeiten sollen hier Tausende von Menschen vor nackten und heulenden Wilden abgeschlachtet worden sein. Wenn diese stummen Steine reden könnten, was für Geschichten könnten sie erzählen, was für Bilder beschreiben, von gefesselten Opfern, die sich unter dem Messer wanden; von sich drängenden und aus dem Dunkel nach vorn reckenden Gestalten mit wilden Gesichtern, von Opferbränden erhellt; von gespenstischen Bäumen im Hintergrund; von der dunklen Pyramide des Diamond Head, die über der unheimlichen Szene Wache stand, und vom friedlichen Mond, der durch Wolkenrisse darauf herabschaute.

Als Kamehameha der Große – der an militärischem Genie und stetem Erfolg eine Art Napoleon war – vor einem dreiviertel Jahrhundert hier auf der Insel Oahu eindrang, das ihm entgegengeschickte Heer vernichtete und das Land völlig und endgültig in Besitz nahm, ließ er die Leichen des Königs von Oahu und der obersten Häuptlinge suchen und ihre Köpfe auf den Mauern dieses Tempels aufspießen.

Das waren barbarische Zeiten, als dieses alte Schlachthaus Hochbetrieb hatte. Der König und die Häuptlinge regierten das gemeine Volk mit eiserner Knute und ließen es alle von den Herren benötigten Lebensmittel aufbringen, alle Häuser und Tempel bauen, alle Kosten tragen, gleich welcher Art, als Dank Schläge und Tritte hinnehmen, ein Leben fristen, das reichlich mit Elend gewürzt war, und dann für geringfügige Vergehen sein Herzblut auf den Opferaltären hingeben, um von den Göttern Vergünstigungen für seine harten Herrscher zu erkaufen. Die Missionare dagegen haben die Untertanen gekleidet, sie gebildet, die tyrannische Macht ihrer Häuptlinge gebrochen und ihnen Freiheit und das Recht gegeben, das zu genießen, was ihre Hände und Hirne erzeugen, mit gleichen Rechten für alle und Bestrafung aller, die sie übertreten. Der Gegensatz ist so groß, die diesem Volke von den Missionaren angetane Wohltat ist so auffällig, so spürbar und steht so außer Zweifel, daß es das aufrichtigste und beste Kompliment ist, welches ich ihnen zollen kann, einfach auf die Verhältnisse der Sandwich-Insulaner zu Captain Cooks Zeiten und auf ihre heutigen hinzuweisen. Die Arbeit der Missionare spricht für sich selbst.

FÜNFUNDSECHZIGSTES KAPITEL

Interessante Andenken · Eine alte Legende von einem schrecklichen Sprung · Ein verständiges Pferd · Roßtäuscher und ihre Brüder · Ein neuer Trick · Straßenhandel mit Heu · Eldorado der Pferdefuchser

Nach einem beschwerlichen Aufstieg hielten wir dann auf einer Hügelspitze, die einen weiten Ausblick bot. Der Mond ging auf und überflutete Berg und Tal und Meer mit einem weichen Glanz, und aus dem Laubschatten glommen die fernen Lichter Honolulus wie eine Ansammlung von Leuchtkäfern. In der Luft hing schwerer Blumenduft. Nach diesem kurzen Halt galoppierte unsere Gesellschaft fröhlich lachend und redend weiter, und ich klammerte mich an meinen Sattelknauf und hoppelte hinterher. Nach einer Weile kamen wir an eine Stelle, wo kein Gras wuchs – eine weite Fläche tiefen Sandes. Man sagte uns, das sei ein altes Schlachtfeld. Überall ringsum, keine drei Fuß auseinander, schimmerten ausgebleichte Menschenknochen im Mondlicht. Wir klaubten uns eine Menge davon als Andenken auf. Ich nahm mir einen ganzen Haufen von Arm- und Beinknochen mit – vielleicht von großen Häuptlingen, die in jener furchtbaren Schlacht wild gekämpft hatten, damals, als das Blut wie Wein floß, wo wir jetzt standen – und zerklopfte die besten davon hinterher auf Oahu bei dem Versuch, ihn zum Laufen zu bewegen. Man konnte alle Arten von Knochen finden, nur keine von Totenschädeln; ein Einwohner bemerkte unehrerbietig, es sei vor kurzem eine ungewöhnlich große Anzahl von »Schädeljägern« hier gewesen – eine Sorte Sportsleute, von denen ich bis dahin noch nichts gehört hatte.

Über diesen Ort weiß man überhaupt nichts – seine Geschichte ist ein Geheimnis, das nie enthüllt werden wird. Selbst die ältesten Eingeborenen behaupten nicht, es zu kennen. Sie sagen, diese Gebeine seien schon dagewesen, als sie noch Kinder waren, und auch schon dagewesen, als ihre Großväter Kinder waren – wie sie aber dort hingekommen seien, ließe sich nur vermuten. Viele Leute halten diesen Ort für ein altes Schlachtfeld, und er wird gewöhnlich auch so genannt, und sie glauben, daß diese Skelette seit Jahrhunderten noch genau dort liegen, wo ihre Besitzer in dem großen Kampf gefallen sind. Andere wieder sind der Ansicht, Kamehameha I. habe hier seine erste Schlacht geschlagen. Dazu habe ich eine Geschichte gehört, die vielleicht aus einem der zahlreichen Bücher stammt, die über diese Inseln geschrieben worden sind – jedenfalls weiß ich nicht, wo der Erzähler sie her hatte. Danach nun hatte Kamehameha (der anfangs bloß ein untergeordneter Häuptling auf dem Eiland Hawaii war), als er hier landete, ein großes Heer mitgebracht und war bei Waikiki in Lager gegangen. Die Oahuaner rückten gegen ihn an und vertrauten so auf ihren Sieg, daß sie einer Forderung der Priester bereitwillig nachgaben, dort, wo jetzt jene Knochen liegen, eine Linie zu ziehen und einen Schwur zu leisten, daß sie, wenn überhaupt zum Rückzug gezwungen, niemals über diese Linie hinaus weichen wollten. Die Priester sagten ihnen, Tod und ewige Verdammnis träfen jeden, der den Eid breche, und der Marsch ging weiter. Kamehameha aber trieb sie Schritt für Schritt zurück. Die Priester fochten in vorderster Reihe und ermahnten ihre Leute durch Worte und anfeuernde Beispiele, ihres Schwures zu gedenken – notfalls zu sterben, aber jene Linie nicht zu überschreiten. Sie schlugen sich mannhaft, aber schließlich fiel, von einem Speer ins Herz gebohrt, ihr Oberpriester, und das Unglücks-Omen legte sich wie ein Gifthauch auf die tapferen Seelen hinter ihm; mit Triumphgeschrei schoben die Eindringlinge sie weiter – die Linie war überschritten – die beleidigten Götter wandten sich von dem verzweifelten Heer ab, und sich in das Schicksal fügend, welches ihr falscher Schwur über sie gebracht hatte, stürzten und flohen die Krieger über die Ebene, wo jetzt Honolulu steht, das wunderschöne Nuuanu-Tal hinauf, verhielten einen Augenblick, auf beiden Seiten von steilen Bergen eingeschlossen und vor ihnen der schreckliche Abgrund des Pari, und wurden dann weitergetrieben – ein steiler Sturz von fast zweihundert Metern.

Diese Fassung ist zwar nicht übel, Mr. Jarves' ausgezeichnetes Geschichtswerk aber sagt, die Oahuaner hätten sich im Nuuanu-Tal verschanzt; Kamehameha habe sie verdrängt, in die Flucht geschlagen, das Tal hinaufgejagt und über den Steilhang getrieben. Unseren Knochenfriedhof erwähnt er in seinem Buch überhaupt nicht.

Beeindruckt von der tiefen Stille und Ruhe, die über der schönen Landschaft lag, und wie gewöhnlich das Schlußlicht bildend, verlieh ich meinen Gedanken Stimme. Ich sprach:

»Welch herrliches Bild, das hier im feierlich ernsten Glanz des Mondes schlummert! Wie stark sich die zerklüfteten Silhouetten des erloschenen Vulkans gegen den klaren Himmel abheben! Welch schneeweißer Saum die Brandung über dem langgeschwungenen Riff markiert! Wie friedlich die ferne Stadt drüben in der Ebene schläft! Wie sanft die Schatten auf den majestätischen Bergen liegen, die das von Träumen heimgesuchte Mauva-Tal einschließen! Welch großartige Pyramide von schwellenden Wolken sich über dem aufgestockten Pari türmt! Wie die grimmigen Krieger vergangener Zeiten sich in Geisterheeren auf ihrem alten Schlachtfeld zu scharen scheinen! Wie die Klagen der Sterbenden aufsteigen aus der ...«

An dieser Stelle setzte sich der Oahu benamste Gaul in den Sand. Ich nehme an, um zuzuhören. Doch was er auch verstanden haben mag, ich ließ das Apostrophieren sein und überzeugte ihn, daß ich nicht der Mann war, Mißachtung des Gerichts von seiten eines Pferdes durchgehen zu lassen. Ich schlug ein Häuptlingsrückgrat auf seiner Kruppe kaputt und machte mich daran, wieder Anschluß an unsere Kavalkade zu bekommen.

Hundemüde erreichten wir um neun Uhr abends die Stadt, ich vorneweg – denn als mein Oahu endlich kapierte, daß es nach Hause ging und er es nicht mehr weit hatte, wurde er diensteifrig.

Das ist der geeignete Augenblick, etwas Belehrendes einzuflechten. In Honolulu, ja im ganzen Königreich Hawaii gibt es keine regulären Mietställe; wenn man also nicht mit wohlhabenden Einwohnern bekannt ist (die alle über gute Pferde verfügen), muß man sich die erbärmlichsten Tiere von den Kanaken, also von den Eingeborenen leihen. Selten taugt ein Pferd etwas, das du dir mietest, selbst wenn du es von einem Weißen hast, denn es wird für dich von irgendeinem Gehöft hereingebracht und hat also ein schweres Leben geführt. Haben die Kanaken selbst (die rücksichtslose Reiter sind) es nicht schon tagtäglich halb zu Tode geritten, kannst du dich darauf verlassen, daß sie das durch Stellvertreter, durch heimliches Vermieten, haben besorgen lassen. Zumindest habe ich das so gehört. Die Folge ist, daß kein Pferd eine Chance hat, zu fressen, zu trinken, sich auszuruhen, sich zu erholen oder wohl auszusehen oder sich wohl zu fühlen, und deshalb ziehen die Fremden auf die gleiche Weise beritten über die Insel wie ich heute.

Mietest du dir von einem Kanaken ein Pferd, mußt du die Augen offenhalten, weil du überzeugt sein darfst, es mit einem pfiffigen und skrupellosen Gauner zu tun zu haben. Man kann seine Tür offen und seine Koffer unverschlossen lassen, so lange man will, und der Eingeborene vergreift sich nicht an deinem Eigentum; er hat keine nennenswerten Laster und keinen Hang zu größeren Diebstählen; kann er dich aber beim Pferdehandel übers Ohr hauen, wird er das mit echter Freude tun. Aber das tun schließlich die Pferdehändler in der ganzen Welt. Er wird dir zuviel abfordern, wenn er kann; er wird dir abends ein gut aussehendes Pferd vermieten (das Pferd irgendeines anderen – vielleicht ein Pferd des Königs, wenn der königliche Marstall in bequemer Nähe liegt) und am Morgen das Gegenstück zu meinem Oahu anbringen und Stein und Bein schwören, das sei ein und dasselbe Tier. Machst du Theater, zieht er sich aus der Affäre, indem er sagt, nicht er hätte den Handel mit dir abgeschlossen, sondern sein Bruder, und der sei »heute morgen aufs Land gegangen«. Sie haben alle ihren »Bruder«, auf den sie die Verantwortung abwälzen. Ein Opfer sagte einmal zu einem dieser Burschen:

»Aber ich weiß, daß ich das Pferd von dir gemietet habe, denn ich habe die Narbe da auf deiner Wange bemerkt.«

Die Antwort war nicht schlecht: »Oh, ja – ja– mein Bruder ganz genauso – wir Zwillinge!«

J. Smith, ein Bekannter von mir, mietete gestern ein Pferd, und der Kanake hatte ihm versichert, daß es sich in ausgezeichnetem Zustand befände. Smith hatte einen eigenen Sattel und eine eigene Decke, und er befahl dem Kanaken, sie dem Pferd anzulegen. Der Kanake wandte ein, er sei durchaus willens, dem Herrn den Sattel anzuvertrauen, den das Pferd bereits trage, Smith lehnte es aber ab, diesen zu benutzen. Der Wechsel wurde vollzogen; dann merkte Smith, daß der Kanake nur die Sättel ausgetauscht, die ursprüngliche Decke aber draufgelassen hatte; er sagte, er habe vergessen, die Decken auszuwechseln, und um es kurz zu machen, Smith stieg also auf und ritt los. Eine Meile außerhalb der Stadt ging das Pferd lahm und legte später ein paar außerordentliche Bocksprünge hin. Smith kletterte hinunter und nahm den Sattel ab, die Decke aber haftete auf dem Pferde fest – festgeklebt auf einem Blümchenmuster von wunden Stellen. Des Kanaken rätselhaftes Verhalten hatte seine Erklärung gefunden.

Ein anderer Bekannter von mir kaufte vor ein paar Tagen von einem Eingeborenen nach ziemlich gründlicher Untersuchung ein sehr gutes Pferd. Heute entdeckte er, daß es auf dem einen Auge blind wie eine Fledermaus ist. Er hatte gemeint, dieses Auge untersucht zu haben, und war in der Überzeugung nach Hause gekommen, es auch getan zu haben; jetzt aber erinnert er sich, daß sein Beutelschneider jedesmal, wenn er es untersuchen wollte, seine Aufmerksamkeit auf etwas anderes gelenkt hatte.

Ein einziges Beispiel noch, dann gehe ich zu etwas anderem über. Wie man mir erzählte, kaufte hier einmal ein zu Besuch weilender Fremder, ein gewisser Mr. L., ein sehr manierlich aussehendes, völlig gleiches Zweiergespann. Die Pferde befanden sich in einem kleinen Stall, der in der Mitte eine Trennwand besaß – in jeder Abteilung ein Pferd. Mr. L. untersuchte das eine kritisch durch ein Fenster (des Kanaken »Bruder« war aufs Land gegangen und hatte den Schlüssel mitgenommen), und ging dann ums Haus herum und prüfte das zweite durch ein auf der anderen Seite liegendes Fenster. Er sagte, es wäre das hübscheste Paar, das er je gesehen habe, und bezahlte auf der

Stelle. Woraufhin der Kanake abzog, um sich zu seinem Bruder aufs Land zu begeben. Der Kerl hatte Mr. L. schändlich betrogen. Es war nur ein einziges Pferd da, und er hatte sich dessen Steuerbordseite durch das eine und die Backbordseite durch das andere Fenster angeguckt! Ich lehne es ab, diese Geschichte zu glauben, aber ich bringe sie, weil sie als phantasiereiche Illustration einer Tatsache etwas wert ist – nämlich der, daß der kanakische Roßtäuscher über eine fruchtbare Erfindungsgabe und ein elastisches Gewissen verfügt.

Ein annehmbares Pferd bekommt man für vierzig bis fünfzig Dollar und eins, das für alle praktischen Zwecke gut genug ist, für zweieinhalb. »Oahu« taxiere ich auf so um die fünfunddreißig Cent. Ein viel besserer Gaul als er ist hier gestern für einen Dollar fünfundsiebzig verkauft und heute für zwei Dollar fünfundzwanzig weiterverkauft worden; Williams hat sich ein hübsches und munteres Pony für zehn Dollar erstanden; und das wohl beste Gebrauchspferd auf der Insel (ein wirklich ausgezeichnetes Tier) ist gestern samt mexikanischem Sattel und Zaumzeug für siebzig Dollar weggegangen – ein Pferd, das wegen seiner Schnelligkeit, seines guten Wesens und seiner unermüdlichen Ausdauer weit und breit bekannt und sehr angesehen ist. Man füttert jeden Tag ein bißchen Getreide; das kommt aus San Francisco und kostet ungefähr zwei Cent das Pfund; Heu aber gibt man soviel, wie der Gaul fressen will; es wird von Eingeborenen gemäht und zu Markte gebracht und taugt nicht sehr viel; es ist in lange, runde, etwa mannshohe Garben gebündelt; je eine wird auf die Enden einer sechs Fuß langen Stange gespießt, und der Kanake nimmt die Stange auf die Schulter und läuft zwischen den senkrecht stehenden Bündeln auf der Suche nach Kunden die Straßen auf und ab. Diese so getragenen Heubündel haben Ähnlichkeit mit einem riesig großen H.

Die Heubündel kosten pro Stück fünfundzwanzig Cent, und mit einem kommt ein Pferd einen Tag aus. Du kannst also für ein Butterbrot ein Pferd haben, für ein weiteres Butterbrot eine Wochenration Heu, und überhaupt ohne

Butterbrot dein Tier auf das üppige Gras in des Nachbars breiten Vorgarten loslassen – das tust du um Mitternacht und sperrst das Vieh vor dem Hellwerden wieder in den Stall. Bis dahin kannst du noch nicht von Ausgaben sprechen; willst du aber Sattel und Zaumzeug kaufen, so kosten sie dich zwanzig bis fünfundzwanzig Dollar. Für sieben bis zehn Dollar die Woche kann man Pferd, Sattel und Zaumzeug mieten, und der Besitzer übernimmt auf eigene Kosten die Wartung.

Es ist Zeit, den Bericht des heutigen Tages zu beenden – das Bett ruft. Während ich mich auf den Schlaf vorbereite, steigt eine tragende Stimme aus der stillen Nacht auf, und obwohl dieses Stück Meeresfels nahe am Ende der Welt liegt, erkenne ich eine vertraute Melodie aus der Heimat. Bloß der Text scheint ein bißchen aus den Fugen geraten zu sein:

»Waikiki lantoni œ Kaa huli huli wawhuh.«

Übersetzt heißt das: »Als wir durch Georgia zogen.«

SECHSUNDSECHZIGSTES KAPITEL

Ein Sonnabendnachmittag · Vergnügen der Hawaii-Mädchen · Der Poi-Händler · Großer Galatag · Ein Volkstanz · Zugehörigkeit zur Kirche · Katzen und Beamte · Eine umwerfende Entdeckung

Beim Gang über den Marktplatz sahen wir diese Sehenswürdigkeit Honolulus in seinem günstigsten Licht, nämlich in der vollen Pracht eines Sonnabendnachmittags, der bei den Eingeborenen ein Feiertag ist. Die Kanakenmädchen galoppierten zu zweit und dritt nebeneinander, im Dutzend und manchmal in ganzen Rotten und Schwadronen die Straßen der Gegend auf und ab, im Herrensitz auf schnellen, aber unschönen Pferden, und ihre bunten Reitgewänder wie Banner hinter sich herwehen lassend. So ein Trupp ungezwungener Reiterinnen in ihrem natürlichen Zuhause, dem Sattel, bietet ein heiteres und anmutiges Bild. Das Reitgewand, von dem ich spreche, besteht allein aus einem langen breiten Schal, leuchtend bunt wie ein Wirtshaustischtuch, der einmal um die Hüften geschlungen, dann allem Anschein nach zwischen den Beinen durchgenommen ist und dessen Enden über die Schenkel zurückgeworfen sind und auf beiden Seiten wie zwei phantasievolle Fahnen über den Pferdeschwanz hinaus fliegen und flattern; die Reitbügel zwischen die Zehen geklemmt, wirft sich das Mädchen dann in die Brust, sitzt auf wie ein Generalmajor und kommt windesschnell vorbeigebraust.

Am Sonnabendnachmittag legen die Mädchen allen Staat an, den sie besitzen – feine Gewänder aus schwarzer Seide, fließende rote, die einem fast die Augen blenden, andere so weiß wie Schnee, wieder andere, die den Regenbogen in den Schatten stellen; und sie tragen das Haar in Netzen und schmücken ihre flotten Hüte mit frischen Blumen und umhängen ihre schwarzen Hälse mit selbstgemachten Ketten aus den knallroten Blüten der Ohia; und sie füllen mit ihrer strahlenden Erscheinung die Märkte und umliegenden Straßen und riechen mit ihrem aufdringlichen Kokosnußöl wie eine brennende Lumpenfabrik.

Gelegentlich erblickt man einen Heiden von den sonnigen Inseln unten in der Südsee, der mit seinem tätowierten Gesicht und Nacken aussieht, wie der übliche Bettler aus Washoe, der eine Minenexplosion erlebt hat. Manche sind bis zur Oberlippe tiefdunkelblau tätowiert – sozusagen maskiert –, darunter liegt die natürliche hellgelbe Haut Mikronesiens frei; bei manchen ziehen sich vom Haaransatz bis zum Hals hinunter auf beiden Gesichtshälften breite Zeichen mit einem Streifen von zwei Zoll originalgelber Haut in der Mitte – ein Bratrost, bei dem die eine Speiche ausgebrochen ist; und andere haben das ganze Gesicht mit der beliebten Kasteiungsfarbe beschmiert bis auf ein oder zwei quer von Ohr zu Ohr laufende dünne Wellenlinien in Naturgelb und bis auf die Augen, die aus dieser Finsternis und unter schattenwerfenden Hutkrempen wie Sterne in mondloser Nacht hervorleuchten.

Beim Herumziehen unter der quirlenden Menge kommt

man zu den Poi-Händlern, die, umgeben von Käufern, nach echter Eingeborenenweise im Schatten auf ihren Schinken hocken. (Die Sandwich-Insulaner hocken stets und ständig auf ihren Schinken, und wer weiß, vielleicht sind sie die echten alten Schinken-Sandwiches? Der Gedanke ist faszinierend.) Der Poi sieht aus wie gewöhnlicher Mehlpamps und wird in großen, aus einer Kürbisart hergestellten Schüsseln aufbewahrt, die ein bis drei oder vier Gallonen fassen. Poi ist das Hauptnahrungsmittel der Eingeborenen und wird aus der Taro-Pflanze bereitet. Die Taro-Knolle erinnert in der Form an eine fette oder, feiner ausgedrückt, an eine korpulente Batate, hat aber in gekochtem Zustand eine hellrote Farbe. Gekocht gibt sie einen annehmbaren Brotersatz ab. Der Kanake bäckt sie in der Erde, zerquetscht sie gut mit einem schweren Lavamörser, mischt Wasser darunter, bis es ein Brei wird, stellt diesen weg und läßt ihn gären, und dann ist es Poi – kaum eine verführerische Mischung, vor dem Gären fast ohne Geschmack und danach als Gaumenkitzel zu sauer. Aber es gibt nichts Nahrhafteres. Als ausschließliche Speise erzeugt er jedoch ein Kratzen im Hals, womit hinreichend erklärt ist, warum die Kanaken immer so aufgekratzt sind. Ich glaube, das Einnehmen des Poi muß genauso ein Kunstgriff sein wie das Essen mit Stäbchen. Der Zeigefinger wird in die Masse gesteckt und darin mehrere Male schnell herumgeschwenkt und ebenso schnell wieder herausgezogen, dick überzogen, genauso als wäre ein Breiumschlag aufgelegt; der Kopf wird zurückgeworfen, der Finger in den Mund gesteckt und die Delikatesse abgestreift und hinuntergeschluckt – wobei sich das Auge in seliger Verzückung langsam schließt. In ein und dieselbe Schüssel taucht so mancher Finger und bereichert die Köstlichkeit ihres Inhalts um so manche Farb-, Geschmacks- und Schmutznuance.

Um einen kleinen Schuppen sammelte sich eine Menge von Eingeborenen, die Awa-Wurzeln kauften. Viele Leute sagen, ohne den Gebrauch dieser Wurzel wäre das Dahinsiechen des Volkes in früheren Zeiten durch gewisse eingeschleppte Krankheiten noch weit schlimmer gewesen, andere dagegen behaupten, das sei nur Phantasie. Es stimmen alle darin überein, daß Poi einen Menschen verjünge, der verbraucht und dessen Lebenskraft durch unmäßiges Trinken fast ausgelöscht ist, und daß es bei bestimmten Leiden die Gesundheit wiederherstelle, wenn bereits alle Medizinen versagt haben, aber der Awa wollen nicht alle die ihr zugeschriebenen Vorzüge zugestehen. Die Eingeborenen brauen daraus ein berauschendes Getränk, welches bei stetigem Genuß schreckliche Wirkungen zeitigt. Es bedeckt den Körper mit trockenen weißen Schuppen, entzündet die Augen und verursacht vorzeitige Altersschwäche. Obwohl der Mann, vor dessen Laden wir hielten, allein für die Berechtigung zum Verkauf von Awa-Wurzeln jährlich achthundert Dollar an die Regierung zahlen muß, soll er alle zwölf Monate ein kleines Vermögen machen, während Kneipiers, die pro Jahr tausend Dollar für das Privileg berappen, Whisky und so weiter ausschenken zu dürfen, doch nur gerade ihren Lebensunterhalt verdienen.

Den Fischmarkt fanden wir überfüllt, denn der Eingeborene ißt Fisch sehr gern, aber *roh und lebend!* Wechseln wir das Thema.

In der alten Zeit war der Sonnabend hier ein ganz großer Galatag. Alle Eingeborenen der Stadt ließen die Arbeit ruhen, und die vom Land kamen in die Stadt geströmt. Dann mußten die Weißen in ihren Häusern bleiben, denn in jeder Straße wimmelte es derart von heransprengenden Herren- und Damenreitern, daß es nahezu unmöglich war, sich einen Weg durch die Kavalkaden zu bahnen, ohne zum Krüppel gemacht zu werden.

Am Abend wurde gefeiert, und die Mädchen tanzten den lasziven Hula-Hula – einen Tanz, von dem es heißt, daß er die größte Vollendung geschulter Bewegung von Bein und Arm, Kopf und Körper und die exakteste Harmonie von Rhythmus und Bewegung darstelle. Getanzt wurde er von im Kreis aufgestellten, nicht nennenswert bekleideten Mädchen, in einer endlosen Vielfalt von Bewegungen und Figuren, ohne Souffleuse, und doch bewegten sie sich so genau im Takt und mit so vollkommener Übereinstimmung, daß, wenn sie in gerader Reihe standen, Hände, Arme, Körper, Beine und Köpfe sich bogen und renkten und schwenkten und wiegten und wogten und wirbelten und sich verdrehten und verrenkten, als gehörten sie einem einzigen Wesen, und es schwerfiel, nicht zu glauben, daß sie nicht von irgendeinem wunderbaren Mechanismus gemeinsam angetrieben wurden.

In den letzten Jahren hat der Sonnabend allerdings viel von seinem ehemaligen Gepränge verloren. Dieser allwöchentliche Auflauf der Eingeborenen störte Arbeit und Interessen der Weißen, und so haben diese ihn denn mit gelegentlichen Gesetzen oder Predigten und diversen anderen Mittelchen allmählich unterbunden. Der demoralisierende Hula-Hula wurde verboten, außer abends, hinter verschlossenen Türen, vor wenigen Zuschauern und nur mit rechtmäßig verschaffter Erlaubnis der Behörden gegen Entrichtung von zehn Dollar. Heute können nur noch wenige Mädchen diesen alten Nationaltanz in höchster Vollendung aufführen.

Die Eingeborenen sind von den Missionaren sämtlich christianisiert und in Schulen gesteckt worden. Sie gehören alle der Kirche an, und es gibt keinen über zwölf Jahre, der nicht in der Muttersprache fließend lesen und schreiben kann. Sie sind nach China das Volk mit den meisten Schulbesuchern. Sie besitzen eine Unmenge in der Kanakensprache gedruckte Bücher, und alle Eingeborenen lesen gern. Als Kirchgänger sind sie unerschütterlich – davon kann sie nichts abhalten. All diese Segnungen der Zivilisation haben bei den Eingeborenenfrauen schließlich dazu geführt, daß sie Keuschheit hochachten – bei anderen. Das dürfte zu diesem Thema genug sein. Die Nationalsünde wird aussterben, wenn das Volk ausstirbt, früher aber wohl kaum. Dieser Läuterungsprozeß ist jedoch sicher nicht mehr fern, wenn wir bedenken, daß die Berührung mit der Zivilisation und mit den Weißen die eingeborene Bevölkerung in etwas über achtzig Jahren von *vierhunderttausend* (Captain Cooks Schätzung) auf *fünfundfünfzigtausend* reduziert hat!

Die Gesellschaft in diesem merkwürdigen Missions-, Walfang- und Regierungszentrum ist ein seltsames Gemengsel. Kommst du mit einem Fremden ins Gespräch und empfindest jenes natürliche Verlangen, zu wissen, auf welchem Boden du dich bewegst, und du also herausfinden möchtest, wen du vor dir hast, dann geh mutig ran und rede ihn mit »Kapitän« an. Beobachte ihn genau, und wenn du an seiner Miene siehst, daß du auf dem falschen Dampfer bist, frage ihn, wo er predigt. Todsicher ist er entweder Missionar oder aber Kapitän eines Walfangschiffes. Ich bin gegenwärtig mit zweiundsiebzig Kapitänen und sechsundneunzig Missionaren persönlich bekannt. Die Kapitäne und Geistlichen machen die Hälfte der Bevölkerung aus, das dritte Viertel setzt sich aus gemeinen Kanaken und ausländischen Kaufleuten nebst deren Familien zusammen, und das letzte Viertel bilden hohe Beamte der Regierung von Hawaii. Und Katzen sind so viele da, daß auf jeden davon gut und gern drei Stück kommen.

Neulich begegnete mir am Stadtrand ein steifer Fremder und sprach mich also an:

»Guten Morgen, Hochwürden. Sie predigen sicher in der Steinkapelle dort drüben?«

»Nein. Ich bin nicht von der Kirche.«

»Dann nichts für ungut, Kapitän. Hoffe, Sie haben guten Fang gemacht. Wieviel Tran...«

»Tran? Wofür halten Sie mich denn? Bin kein Walfänger.«

»Bitte tausendmal um Verzeihung, Exzellenz. Sind sicher Generalmajor bei der Garde? Oder wahrscheinlich Innenminister? Kriegsminister? Erster Kammerherr? Königlicher Oberhofbe...«

»Quatsch! Ich bin kein Beamter. Ich habe mit der Regierung überhaupt nichts zu tun.«

»Heiliger Bimbam! Wer und was sind Sie denn um Himmels willen? Und wie und wo in aller Welt kommen Sie her?«

»Ich bin nur privat hier – als bescheidener Fremder – vor kurzem aus Amerika eingetroffen.«

»Nein? Kein Missionar! Kein Walfänger! Kein Mitglied der Regierung seiner Majestät! Nicht einmal Marineminister! Grundgütiger Himmel, das ist zu schön, um wahr zu sein; ist leider nur ein Traum. Und dennoch: diese edlen, ehrlichen Züge – diese schillernden, intelligenten Augen – dieser massive Kopf, unfähig zu – zu – allem. Ihre Hand, reichen Sie mir Ihre Hand, mein leuchtender Glücksfund. Verzeihen Sie diese Tränen. Sechzehn öde Jahre lang habe ich einen Augenblick wie diesen herbeigesehnt und...«

Hier überwältigten ihn seine Gefühle, und er sank in Ohnmacht. Ich bedauerte den armen Kerl von ganzem Herzen. Mich erfaßte tiefe Rührung. Ich benetzte ihn mit ein paar Tränen und küßte ihn um seiner Mutter willen. Dann nahm ich mir, was er an Kleingeld bei sich hatte, und »kratzte die Kurve«.

SIEBENUNDSECHZIGSTES KAPITEL

Die Regierung der Inseln · Was ihr Präsident schon alles erlebt hat · Gebet für einen Feind · Frauenrechte · Romantische Bräuche · Haifischverehrung · Verlangen nach Kleidung · In Gala · Nicht unbedingt Pariser Chic · »Kaiser, König, Edelmann« · Beamte und ausländische Gesandte · Überwältigende Pracht und Herrlichkeit

Ich zitiere weiter aus meinem Tagebuch:

Stellte fest, daß das Nationalparlament aus einem halben Dutzend Weißen und rund dreißig bis vierzig Eingeborenen besteht. Eine dunkle Gesetzgebung also. Der Adel und die Minister (insgesamt rund ein Dutzend) nehmen die extreme Linke des Saales ein, an ihrer Spitze David Kalakaua (des Königs Kämmerer) und Prinz William. Der Parlamentspräsident, Seine Königliche Hoheit M. Kekuanaoa*, und der Vizepräsident (ein Weißer) sitzen, wenn ich das mal so nennen darf, in der Kanzel.

Der Präsident ist der Vater des Königs. Er ist ein sich gerade haltender, kräftig gebauter, breitgesichtiger, weißhaariger, lohfarbiger alter Herr von ungefähr zweiundachtzig Jahren. Er ist schlicht, aber gut gekleidet: blauer

* Inzwischen verstorben.

Rock und weiße Weste und weiße Hosen ohne jeden Fleck und ohne jedes Stäubchen. Er gibt sich mit ruhiger, imponierender Würde und ist ein Mann von vornehmer Erscheinung. Vor mehr als einem halben Jahrhundert war er als Jüngling ein berühmter Krieger unter jenem schrecklichen Kämpfer Kamehameha I. Die Kenntnis seines Lebenslaufs regte zu Gedanken wie diesen an: »Dieser Mann hat vor mehr als anderthalb Generationen, so nackt wie am Tage seiner Geburt, mit Kriegskeule und Speer in der Hand, an der Spitze einer Horde von Wilden andere Horden von Wilden angegriffen und hat in Gemetzeln und Blutbädern geschwelgt; hat auf seinen andächtigen Knien hölzerne Götzenbilder angebetet; hat zu einer Zeit, als noch keines Missionars Fuß diesen Boden betreten und er noch niemals von des weißen Mannes Gott gehört hatte, mit angesehen, wie Hunderte seines Volkes in heidnischen Tempeln hölzernen Göttern geopfert wurden; hat geglaubt, daß sein Feind ihn heimlich totbeten könne; hat in seiner Kindheit noch die Zeit erlebt, als es ein todeswürdiges Verbrechen war, wenn ein Mann mit seiner Frau zusammen aß oder ein gewöhnlicher Sterblicher seinen Schatten auf den König fallen ließ – und schau ihn dir heute an: ein gebildeter Christ; sauber und geschmackvoll gekleidet; ein hochherziger, eleganter Gentleman; etwas in der Welt herumgekommen und Ehrengast der europäischen Königshöfe gewesen; ein Mann, der kundig ist, die Zügel einer aufgeklärten Regierung zu halten, und in der Politik seines Landes sowie in praktischer Allgemeinbildung versiert ist. Schau ihn dir an, wie er die Beratungen einer gesetzgebenden Körperschaft leitet und lenkt, in der sich Weiße befinden – eine seriöse, würdevolle staatsmännische Persönlichkeit und so offensichtlich von Natur aus für den Posten befähigt, als wäre er dafür geboren und hätte nie in seinem Leben etwas anderes getan. Wie dieses alten Mannes ereignisreiches wirkliches Leben die billigen Fiktionen der Romantik beschämt!«

Kekuanaoa ist nicht von königlichem Geblüt. Er leitet seinen fürstlichen Rang von seiner Frau her, die eine Tochter Kamehamehas des Großen war. In anderen Monarchien genießt in der Genealogie der Mannesstamm den Vorzug vor der weiblichen Linie, hier aber halten sie es umgekehrt – die weibliche Linie hat den Vortritt. Ihr Grund dafür ist äußerst vernünftig, und ich empfehle ihn der Aristokratie Europas: Sie sagen, wer jemandes Mutter gewesen sei, das wäre nicht schwer zu wissen, wohingegen und so weiter und so weiter.

Die Christianisierung der Eingeborenen hat manches von deren barbarischem Aberglauben kaum geschwächt, geschweige denn vernichtet. Eines davon habe ich eben erwähnt, nämlich den immer noch sehr, sehr verbreiteten Glauben, daß ein Feind, wenn irgend etwas von dir in seinen Besitz gelangt, davor niederknien und *dich zu Tode beten* könne. Deshalb streckt so mancher Eingeborene die Waffen und gibt den Geist auf, bloß weil er sich *einbildet,* irgendein Feind widme ihm ein Vernichtungsgebet. Dieses Totbeten eines Menschen scheint auf den ersten Blick lächerlich, aber wenn wir uns ins Gedächtnis rufen, wie sich manche unserer eigenen Geistlichen auf der Kanzel abmühen, leuchtet die Sache schon ein.

Früher war es unter den Insulanern nicht nur üblich, mehrere Ehefrauen, sondern genauso auch *mehrere Ehemänner* zu haben. Einige Kanakinnen von Stand halten bis zu sechs Männer. Eine so reichlich versorgte Frau wohnte nicht mit all ihren Gatten zu gleicher Zeit zusammen, sondern abwechselnd mit jedem ein paar Monate lang. Stets hing dann ein entsprechendes Zeichen an ihrer Tür. Wurde das Zeichen abgenommen, hieß das: »Der nächste bitte.«

Damals wurde der Frau rigoros beigebracht, was sich für sie geziemt. Und das bestand darin, alle Arbeit zu verrichten, alle Schläge hinzunehmen, alles Essen zu beschaffen und sich mit dem zu bescheiden, was übrig war, nachdem ihr Herr und Gemahl getafelt hatte. Laut althergebrachtem Gesetz war es ihr bei Todesstrafe nicht nur verboten, mit ihrem Gemahl zusammen zu speisen oder einen Einbaum zu besteigen, sondern auch untersagt, irgendwann oder irgendwo Bananen, Ananas, Apfelsinen und anderes erlesenes Obst zu essen. Sie hatte sich strikt auf Poi und schwere Arbeit zu beschränken. Diese armen unwissenden

Heiden scheinen eine dunkle Ahnung davon gehabt zu haben, was daraus entstanden ist, daß die Frau im Garten Eden Obst genascht hat, und wollten es wohl nicht noch einmal darauf ankommen lassen. Die Missionare haben diese befriedigende Regelung aber rückgängig gemacht. Sie haben die Frau befreit und ihr die gleichen Rechte gegeben, die der Mann hat.

Die Eingeborenen hatten den romantischen Brauch, ein paar von ihren Kindern lebend zu begraben, wenn die Familie größer als nötig wurde. Die Missionare haben sich da ebenfalls eingeschaltet und einen Riegel vorgeschoben.

Selbst heute noch sind die Eingeborenen in der Lage, *sich, wann immer sie wollen, hinzulegen und zu sterben,* ob ihnen nun etwas fehlt oder nicht. Faßt ein Kanake erst einmal die Absicht zu sterben, so ist das sein Ende; niemand vermag ihn zu überreden, es bleibenzulassen, und alle Ärzte der Welt können ihn nicht retten.

Ein Luxus, den sie mehr als alles andere genießen, ist eine große Beerdigung. Will man einen lästigen Eingeborenen loswerden, braucht man ihm nur ein schönes Begräbnis zu versprechen und Ort und Stunde festzusetzen, und er ist auf die Minute pünktlich zur Stelle – zumindest seine sterblichen Reste.

Die Insulaner sind jetzt zwar alle Christen, aber viele von ihnen desertieren noch immer in Zeiten der Not zwecks gelegentlichen Beistandes zum Großen Haifischgott. Eine Eruption des riesigen Vulkans Kilauea oder ein Erdbeben lassen stets eine Menge latenter Treue gegenüber dem Großen Haifischgott hervorbrechen. Es geht das Gerücht, daß der König, der zweifelsohne ein gebildeter, kultivierter und vornehmer christlicher Gentleman ist, sich immer noch an die Götzen seiner Väter um Hilfe wende, wenn Unheil droht. Als einmal ein Plantagenbesitzer einen Hai fing, bezeugte einer seiner christianisierten Eingeborenen seine Befreiung von der Hörigkeit gegenüber dem alten Aberglauben, in dem er mithalf, den Hai zu zerlegen, wie es nach seinem alten Glauben verboten war. Bald aber begannen ihn Gewissensbisse zu quälen. Er verfiel in Schwermut und suchte die Einsamkeit, brütete über seine Sünde nach, verweigerte jede Nahrung und sagte schließlich, er müsse sterben und verdiene das auch, denn er habe sich gegen den großen Haifischgott vergangen und könne niemals wieder Frieden finden. Er blieb gegen Überredungsversuche und Verspottung immun, und nach ein paar Tagen legte er sich ins Bett und starb, obwohl er keine Krankheitssymptome aufwies. Seine junge Tochter folgte ihm auf dem Fuß und erlitt innerhalb derselben Woche das gleiche Schicksal. Der Aberglaube ist den Eingeborenen in Fleisch und Blut eingewurzelt, und da ist es nur natürlich, daß er in Zeiten der Not hervorsprießt. Wohin man auf den Inseln auch geht, überall findet man am Wegrande Steinhäufchen, die mit belaubten Opfergaben bedeckt sind, welche die Eingeborenen dort hingelegt haben, um böse Geister zu besänftigen oder Ortsgötter zu ehren, die der Mythologie vergangener Zeiten angehören.

In den ländlichen Gebieten der Inseln stößt der Reisende stündlich auf Gruppen brauner Mädchen, die in den Bächen oder im Meer baden, ohne etwas anzuhaben oder einen Übereifer bei der Bedeckung ihrer Blößen zu zeigen. Als seinerzeit die Missionare in Honolulu ihre Zelte aufschlugen, statteten die eingeborenen Frauen ihren Familien häufig freundschaftliche Besuche ab, tagaus, tagein, und nicht einmal mit Schamröte bekleidet. Sie davon zu überzeugen, daß dies nicht gerade anständig sei, erwies sich als nicht so einfach. Schließlich rüsteten die Missionare sie mit langen losen Kattunkleidern aus, und das beendete die Kalamität – denn nun zogen die Frauen splitternackt mit ihren Kleidern über dem Arm durch die Stadt, marschierten vor die Missionshäuser und begannen dann, sich anzuziehen!

Die Eingeborenen legten bald eine starke Vorliebe für Kleidung an den Tag, aber genauso bald offenbarte sich, daß es ihnen dabei nur um den Prunk ging. Die Missionare importierten eine Ladung Hüte, Schuten und sonstiger Garderobeartikel für Männlein und Weiblein, hielten eine allgemeine Verteilung ab und baten die Leute, am nächsten Sonntag nicht wie gewöhnlich im Adamskostüm zur Kirche zu kommen. Und das taten sie auch nicht; der nationale

Geist der Selbstlosigkeit veranlaßte sie aber, ihren Nachbarn abzugeben, die bei der Verteilung nicht dabeigewesen waren, und am nächsten Sonntag konnten die armen Prediger vor ihren riesigen Gemeinden kaum ernst bleiben. Mitten beim Verlesen eines Kirchenliedes kam eine stolze braune Dame mit dem vornehmsten Getue den Gang entlanggerauscht, mit keiner weiteren Bekleidung als einer »Angströhre« und einem Paar billiger Handschuhe; eine andere Dame folgte ihr, ausstaffiert mit einem Herrenhemd und sonst gar nichts; dann schwankte eine dritte herein, welche die Ärmel eines hellen Kattunkleides einfach um die Taille gebunden hatte und den Rest des Gewandes hinten nachschleppen ließ wie einen Pfauenschwanz außer Dienst; dann stelzte ein stattlicher Kanake an mit einem verkehrt aufgesetzten Kapotthut – nur dies und nichts weiter; hinter ihm schritt sein Gegenstück, die Beine von einem Paar Pantalons so um den Hals gebunden, daß seine übrige Person unbehindert blieb; nach diesen beiden kam ein weiterer Gentleman, der bloß mit einer knalligen Krawatte und gestreifter Weste angetan war. Die armen Geschöpfe strahlten vor Wohlgefallen und waren sich der Unmöglichkeit ihres Aufzuges völlig unbewußt. Sie starrten sich gegenseitig mit glücklicher Bewunderung an, und es war deutlich zu sehen, daß die jungen Mädchen vermerkten, was jede andere anhatte, und das so selbstverständlich taten, als hätten sie schon immer in einem Lande der Bibeln gelebt und als wüßten sie, wozu Kirchen da sind; hier zeigte sich das Aufdämmern der Zivilisation. Der Anblick, den die Gemeinde bot, war so außergewöhnlich und zugleich so rührend, daß es den Missionaren schwerfiel, beim Text zu bleiben und mit dem Gottesdienst fortzufahren; und als die einfachen Sonnenkinder dann in der Kirche einen allgemeinen Kleidertausch veranstalteten und beim Umziehen einige unwiderstehlich groteske Bilder abgaben, blieb nichts weiter übrig, als die Sache kurz mit dem Segen abzuschließen und die wunderliche Gemeinde zu entlassen.

In unserem Land spielen die Kinder »Vater, Mutter, Kind«, und genauso hochtrabend und in Miniatur spielen hier die Erwachsenen mit dem bißchen vorhandenen Material an dürftigem Gelände und spärlicher Bevölkerung »Kaiser, König, Edelmann«. Da ist zunächst Seine Majestät mit dem Einkommen eines New-Yorker Detektivs von dreißig- bis fünfunddreißigtausend Dollar im Jahr aus der »Königlichen Zivilliste« und »Königlichen Domäne«. Er residiert in einem einstöckigen Holzpalast.

Und dann gibt es die »Königsfamilie« – den üblichen Bienenschwarm von königlichen Brüdern, Schwestern, Vettern, Basen und sonstigen zur Monarchie gehörenden adligen Drohnen und Tagedieben – alle mit dem Löffel im nationalen Breitopf und alle mit Titeln belehnt wie Seine oder Ihre Königliche Hoheit Prinz oder Prinzessin Soundso. Jedoch gehen wenige in ihrer königlichen Vornehmheit so weit, sich Kaleschen zu halten; sie nehmen das wirtschaftliche Kanakenpferd oder aber, wie die Plebejer, Schusters Rappen.

Dann kommt Seine Exzellenz der »Königliche Kämmerer« – eine Sinekure, denn Seine Majestät legt sein Gewand mit eigenen Händen an, außer wenn er in Waikiki Landurlaub macht, und da braucht er keins.

Dann Seine Exzellenz der Oberstkommandeur der Garde, dessen Streitmacht aus ungefähr der Anzahl Soldaten besteht, die in anderen Ländern gewöhnlich einem Korporal unterstellt sind.

Dann der Hofmarschall und der Oberstallmeister – hohe Würdenträger mit bescheidenen Bezügen und wenig zu tun.

Dann seine Exzellenz der Erste Kammerherr – ein so kinderleichtes wie pompöses Amt.

Dann Seine Exzellenz der Premierminister, ein übergelaufener Amerikaner aus New Hampshire, nichts als Maulwerk, Eitelkeit, Angabe und Dummheit, ein Jurist von der Winkeladvokatensorte, ein geborener Gauner, ein kniefälliger Anbeter des Zepters über ihm, ein Kriechtier, das nie müde wird, sein Heimatland zu verhöhnen und die Zwergmonarchie zu verherrlichen, die ihn adoptiert hat – Jahresgehalt viertausend Dollar, furchtbar viel Brimborium und kein Nebenverdienst.

Dann Seine Exzellenz der Reichsschatzmeister, der im

Jahr eine Million Dollar Staatsgelder verwaltet, alljährlich mit großem Aufwand sein »Budget« vorlegt, furchtbar viel von »Finanzen« redet, eindrucksvolle Pläne zur Abzahlung der »Staatsschuld« (von hundertfünfzigtausend Dollar) vorlegt und das alles für viertausend Dollar im Jahr und unvorstellbare Herrlichkeit tut.

Dann Seine Exzellenz der Kriegsminister, der die königlichen Armeen befehligt – sie bestehen aus zweihundertdreißig uniformierten Kanaken, wovon die meisten Brigadegeneräle sind; und sollte das Land jemals mit einer fremden Macht in Konflikt geraten, werden wir wahrscheinlich von ihnen hören. Ich habe einen Amerikaner gekannt, dessen kupfergestochene Visitenkarte die eindrucksvolle Inschrift trug: »Oberstleutnant der Königlichen Infanterie.« Zu sagen, er wäre auf diese Würde stolz gewesen, hieße, es milde ausdrücken. Der Kriegsminister führt außerdem das Kommando über ein paar altehrwürdige Schiffskanonen auf dem Punch-Bowl Hill, mit denen der königliche Salut geschossen wird, wenn ausländische Schiffe in den Hafen einlaufen.

Dann Seine Exzellenz der Marineminister – ein Nabob, der über die »königliche Flotte« herrscht (ein Schleppdampfer und ein Sechzig-Tonnen-Schoner).

Dann Seine Gnaden der Lordbischof von Honolulu, der Hauptwürdenträger der Staatskirche – denn als die amerikanischen presbyterianischen Missionare aus der Nation eine christliche Herde gemacht hatten, trat die eingeborene Aristokratie dazwischen und errichtete darüber das hohe Amt einer Episkopalen Staatskirche und setzte zu deren Leitung einen von der Stange gelieferten Bischof aus England ein. Der Verdruß der Missionare darüber ist bis heute noch nie umfassend in Worte gekleidet worden, denn fluchen dürfen sie doch nicht.

Dann Seine Exzellenz der Minister für Erziehung und Schulwesen.

Dann Ihre Exzellenzen die Gouverneure von Oahu, Hawaii und so weiter, und nach ihnen Rudel von Verwaltungsbeamten und anderen kleinen Schluckern, zu zahlreich, um sie alle aufzuzählen.

Und schließlich noch Ihre Exzellenzen der Außerordentliche und Bevollmächtigte Gesandte Seiner Majestät des Kaisers von Frankreich, der Botschafter Ihrer Britischen Majestät, der Ministerresident der Vereinigten Staaten sowie noch sechs bis acht weitere Vertreter anderer ausländischer Nationen, sämtlich mit klingenden Titeln, überwältigendem Rang und in distinguierten, aber sparsamen Verhältnissen lebend.

Und all diese Herrlichkeit in einem Puppenhaus von »Königreich«, dessen Bevölkerung keine sechstausend Seelen umfaßt!

Die Leute sind an neunsilbige Titel und Superwürdenträger so gewöhnt, daß ein ausländischer Fürst in Honolulu kaum mehr Aufsehen erregt als ein Kongreßmann aus dem Westen in New York.

Und natürlich gibt es auch eine streng vorgeschriebene »Hofkleidung« von so ausgefallener Art, daß ein Zirkusclown im Vergleich dazu gewöhnlich und bieder wirken würde; und jeder hawaiische Würdenträger hat eine seinem Amt entsprechende prunkvolle, mehrfarbige, goldbetreßte Uniform – keine zwei sind gleich, und es ist nicht so einfach zu sagen, welche am »lautesten schreit«. Der König hält wie andere Monarchen in festgesetzten Abständen Audienz, und wenn diese mannigfaltigen Uniformen zusammenkommen, muß, wer empfindliche Augen hat, das Bild durch eine Schutzbrille betrachten. Besteht nicht ein erfreulicher Gegensatz zwischen dieser heutigen Schaustellung und jener, welche die Vorfahren eben dieser Würdenträger den Missionaren an dem Sonntag nach der erwähnten Kleiderverteilung boten? Man beachte, was Religion und Zivilisation zuwege gebracht haben!

ACHTUNDSECHZIGSTES KAPITEL

Eine königliche Beerdigung · Ordnung im Trauerzug · Pomp und Zeremonie · Schlagender Gegensatz · Ein kranker Monarch · Menschenopfer bei seinem Tode · Begräbnisorgien

Während meines Aufenthalts in Honolulu erlebte ich die Zeremonien zur Beerdigung der Schwester des Königs, Ihrer Königlichen Hoheit Prinzessin Victoria. Der Hofsitte gemäß hatte sie *einen Monat* lang in großem Staat im Palast aufgebahrt gelegen, Tag und Nacht von einer Ehrengarde bewacht. Und diese ganze Zeit hindurch hatte eine riesige Menge Eingeborener von den diversen Inseln den Palast überfüllt und jeden Abend einen Hexensabbath veranstaltet mit ihrem Heulen und Klagen, ihrem Schlagen von Tomtoms und dem Tanzen des (sonst) verbotenen Hula-Hula, den halbbekleidete Mädchen zur Musik von Liedern zweifelhafter Schicklichkeit aufführten, die zu Ehren der Verstorbenen gesungen wurden. Ich fand damals das gedruckte Programm des Trauerzuges interessant, und nach dem, was ich vorhin über das hochtrabende hawaiische Spiel von »Kaiser, König, Edelmann« gesagt habe, bin ich überzeugt, daß seine Lektüre auch für den Leser von Interesse sein wird:

(Nach dem Lesen der langen Liste von Würdenträgern und so weiter, und wenn man an die spärliche Bevölkerung denkt, möchte man sich beinah fragen, wo denn das Material für jenen Teil des Zuges hergenommen werden soll, der der »Allgemeinen Bevölkerung von Hawaii« eingeräumt ist.)

Leichenbitter
Königliche Schule · Kawaiahao-Schule · Römisch-Katholische Schule · Miaemae-Schule
Feuerwehr von Honolulu
Arbeiter-Wohlfahrtsverein
Leibärzte
Konohikis (Inspektoren) der Kronländereien · Konohikis der

Privatländereien Seiner Majestät · Konohikis der Privatländereien Ihrer verstorbenen Königlichen Hoheit
Gouverneur von Oahu nebst Verwaltungsstab
Halumanu (Militärkompanie)
Garde
Kompanie Prinz von Hawaii
Des Königs Hofgesinde
Gesinde Ihrer verstorbenen Königlichen Hoheit
Protestantische Geistlichkeit · Römisch-Katholische Geistlichkeit · Seine Gnaden Louis Maigret, Bischof von Arathea, Nuntius auf den Hawaii-Inseln
Geistlichkeit der Hawaiischen Reformierten Katholischen Kirche
Seine Gnaden der Bischof von Honolulu

Eskorte hawaiischer Kavallerie	Große Kahilis	Kleine Kahilis	Bahrtuchhalter	LEICHENWAGEN	Bahrtuchhalter	Kleine Kahilis	Große Kahilis *	Eskorte hawaiischer Kavallerie

Equipage Ihrer Majestät Königin Emma
Suite Seiner Majestät
Equipage Ihrer verstorbenen Königlichen Hoheit
Equipage Ihrer Majestät der Königinwitwe
Königlicher Kanzler
Kabinettsminister
Seine Exzellenz der Ministerresident der Vereinigten Staaten
Gesandter Seiner Kaiserlichen Majestät
Botschafter Ihrer Britischen Majestät
Oberrichterkollegium

* Reihen von langstieligen Staubwedeln aus bunten Federn – dem Königshaus heilig. Sie werden rund um das Grab in die Erde gesteckt und bleiben dort stehen.

Kronanwälte
Mitglieder der Gesetzgebenden Versammlung
Konsulatscorps
Bezirksrichter
Ministerialangestellte
Anwaltschaft
Obereinnehmer · Zollbeamte und Zollangestellte
Verwaltungsbeamte der einzelnen Inseln
Königliche Leibwache
Ausländische Einwohner
Ahahui Kaahumanu
Allgemeine Bevölkerung von Hawaii
Hawaiische Kavallerie
Polizeitruppe

Ich kehre zu meinem Tagebuch zurück, zu der Stelle, wo die Prozession am königlichen Mausoleum eintraf:

Als der Trauerzug das Tor passierte, schwenkte das Militär nach rechts und links und bildete so eine Allee, durch welche die lange Marschkolonne von Trauernden bis an das Grabmal zog. Der Sarg wurde in das Mausoleum hineingetragen, gefolgt vom König und seinen Häuptlingen, den höheren Staatsbeamten, ausländischen Konsuln, Botschaftern und vornehmen Gästen (Burlingame und General van Valkenburgh). Dann befestigte man mehrere der Kahilis an ein vor dem Sarg befindliches Gerüst, wo sie bleiben, bis sie zerfallen oder bis, dem zuvorkommend, ein weiterer Angehöriger der königlichen Familie stirbt. Die Menge stimmte nun ein so verzweifeltes Klagegeheul an, wie ich es kein zweites Mal hören möchte. Die Soldaten feuerten drei Gewehrsalven ab – das Wehgeschrei war kurz zuvor zum Verstummen gebracht worden, damit die Schüsse zu hören waren. Seine Hoheit Prinz William, in prunkvoller weißer Uniform (er als der »echte Prinz« – Sprößling des von der jetzigen Dynastie gestürzten Hauses – war einst mit der Prinzessin verlobt, hatte sie dann aber nicht heiraten dürfen), hielt Wache und schritt im Eingang auf und ab. Die wenigen Privilegierten, die dem

Sarg in das Mausoleum gefolgt waren, blieben dort einige Zeit, der König aber kam bald heraus und stellte sich etwas seitlich ans Tor. Obwohl er so sehr einfach und bescheiden gekleidet war, hätte jeder Fremde seinen Rang erraten können: an der tiefen Ehrerbietung, die ihm von allen Personen ringsum gezollt wurde; an den gesenkten und unbedeckten Häuptern, mit denen die hohen Offiziere seine Befehle und Winke entgegennahmen; an der Besorgtheit der aus dem Mausoleum Herauskommenden, ihn ja nicht zu »bedrängen« (und dabei war in dem Eingang genug Platz, daß ein Heuwagen hätte durchfahren können); an ihrem respektvollen seitlichen Vorbeidrücken, wobei sie sich den Rücken an der Wand zerkratzten und Seiner Majestät stets die Vorderseite ihrer Person darboten und ihre Hüte erst aufsetzten, wenn sie weit genug aus der königlichen Gegenwart heraus waren.

Er ging ganz in Schwarz – Frack und Zylinder – und wirkte inmitten der ihn umgebenden protzigen Uniformen geradezu demokratisch. Auf der Brust trug er einen großen goldenen Stern, der vom Revers halb verdeckt wurde. Eine halbe Stunde lang stand er dort, wobei er ab und zu den Männern Anweisungen erteilte, welche die Kahilis vor dem Sarg aufstellten. Er bekundete so viel guten Geschmack, daß er von einem der Männer das gewöhnliche Hanfseil, mit dem dieser einen Kahili an das Gitter binden wollte, durch schwarzen Flor ersetzen ließ. Schließlich bestieg er seine Kutsche und fuhr ab, und bald darauf folgte ihm die Bevölkerung nach. Solange er zu sehen war, hatte es nur einen Menschen gegeben, der mehr Aufmerksamkeit erregte als er, und das war Harris (der Yankee-Premierminister). Diese unscheinbare Persönlichkeit hatte genug schwarzen Krepp um seinen Hut gewickelt, daß sich damit die Trauer einer ganzen Nation hätte ausdrücken lassen, und versäumte wie gewöhnlich keine Gelegenheit, sich auffällig zur Schau zu stellen und die Bewunderung der einfachen Kanaken zu erregen. O edler Ehrgeiz dieses modernen Richelieu!

Es ist interessant, die Begräbnisfeierlichkeiten der Prinzessin Victoria mit denen ihres berühmten Vorfahren Kamehameha des Eroberers zu vergleichen, der vor fünfzig Jahren das Zeitliche segnete – 1819, ein Jahr bevor die ersten Missionare kamen.

Am 8. Mai 1819, im Alter von sechsundsechzig Jahren starb er, so wie er gelebt hatte, im Glauben seines Landes. Es war sein Pech, nicht mit Leuten in Berührung gekommen zu sein, die sein religiöses Trachten hätten in die rechten Bahnen lenken können. Beurteilt nach seinen Vorzügen und verglichen mit den hervorragendsten seiner Landsleute, darf er mit Recht nicht nur groß, sondern auch gut genannt werden. Noch heute läßt das Gedenken an ihn der Hawaiianer Herz höher schlagen und ihr Nationalgefühl anschwellen. Sie sind stolz auf ihren alten Kriegerkönig, sie lieben seinen Namen, seine Taten bilden ihr goldenes Zeitalter, und es herrscht Begeisterung bei allen – selbst bei den Ausländern –, die seine Verdienste, die festeste Thronsäule seiner Dynastie, kennen.

An Stelle von Menschenopfern (der Sitte jener Zeit) begleitete seine Beerdigungsfeierlichkeiten ein Opfer von dreihundert Hunden – kein geringes, wenn man bedenkt, welchen Wert Hunde im ganzen Lande besaßen und wie sie geschätzt wurden. Die Gebeine Kamehamehas wurden, nachdem man sie einige Zeit aufbewahrt hatte, so sorgfältig verborgen, daß heute jegliche Kenntnis ihrer letzten Ruhestatt verlorengegangen ist. Unter dem Volk gab es ein Sprichwort, daß die Gebeine eines grausamen Königs sich nicht verstecken lassen; man stellte daraus Angelhaken und Pfeile her, bei deren Benutzung man in bitteren Schmähungen aller Verabscheuung seines Andenkens Luft machte.

Der Bericht über die Umstände seines Todes, geschrieben von den eingeborenen Geschichtsschreibern, ist zwar mit kleinsten Einzelheiten überladen, enthält aber kaum eine Zeile, die nicht irgendeine vergangene Landessitte erwähnt oder illustriert. In dieser Beziehung ist er die umfassendste Schilderung, die mir je begegnet ist. Ich möchte ihn ganz zitieren:

Als Kamehameha gefährlich erkrankt war und die Priester sich außerstande sahen, ihn zu heilen, sagten sie: »Sei getrost und baue dem Gott« (seinem eigenen Gott beziehungsweise Götzen) »ein Haus, auf daß du wieder genesest.« Die Häuptlinge bekräftigten diesen Rat der Priester, und es wurde eine Stätte der Verehrung für Kukailimoku errichtet und am selben Abend eingeweiht. Desgleichen schlugen sie dem König vor, zur Verlängerung seines Lebens seinem Gotte Menschenopfer zu bringen, woraufhin der größte Teil des Volkes aus Furcht vor dem Tode heimlich flüchtete und sich in Verstecken verbarg, bis das Tabu*, unter welchem Vernichtung drohte, vorüber war. Ob Kamehameha den Vorschlag der Häuptlinge und Priester, Menschen zu opfern, gutgeheißen hat, ist fraglich, da er den Ausspruch getan hatte: »Die Menschen sind dem König geheiligt«, womit er meinte, sie wären dazu da, seinem Nachfolger zu dienen. Diese Kunde ist durch seinen Sohn Liholiho auf uns gekommen.

Danach nahm seine Krankheit so schlimme Formen an, daß er nicht mehr die Kraft aufbrachte, sich auf seiner Lagerstatt umzudrehen. Als wieder eine, dem Gottesdienst in dem neuen Tempel (Heiau) geweihte Zeit anbrach, sprach er zu seinem Sohne Liholiho: »Gehe du und bringe deinem Gott demütige Bitten dar, denn ich kann nicht und werde meine Gebete zu Hause verrichten.« Als der König die Andacht vor seinem gefiederten Gott Kukailimoku beendet hatte, wurde ihm von einem religiös veranlagten Manne, der einen Vogelgott hatte, bedeutet, daß durch dessen Einwirkung die Krankheit vielleicht von ihm genommen werden könne. Der Name dieses Gottes lautete Pua; sein Leib bestand aus einem Vogel, den die Hawaiianer heute essen und den sie in ihrer Sprache Alae nennen. Kamehameha war willens, einen Versuch zu machen, und es wurden zu diesem Behufe zwei Häuser errichtet, während er jedoch

* *Tabu* heißt »das Verbotene« oder »das Geheiligte«. Manchmal galt es für ewig und manchmal nur zeitweise, und die unter Tabu stehende Person oder Sache war für diese Zeit dann dem Zwecke geheiligt, zu dem sie ausgewählt. In dem obenerwähnten Fall wären die unter dem Tabu ausgewählten Opfer eben der Opferung geheiligt gewesen.

diese bewohnte, wurde er so schwach, daß er keine Nahrung mehr zu sich nehmen konnte. Nachdem er dort drei Tage gelegen hatte, brachten ihn seine Frauen, Kinder und Häuptlinge, die sahen, daß es mit ihm zu Ende ging, in sein eigenes Haus zurück. Am Abend wurde er in das Eßhaus* getragen, woselbst er ein wenig Nahrung in den Mund nahm, sie jedoch nicht hinunterschluckte, desgleichen einen Becher Wasser. Die Häuptlinge ersuchten ihn um seinen Rat, allein er antwortete nicht, und man trug ihn ins Wohnhaus zurück; gegen Mitternacht – vielleicht um zehn Uhr – wurde er wieder zum Essen getragen, jedoch wie zuvor kostete er lediglich von den ihm vorgesetzten Speisen. Dann sprach Kaikioewa also zu ihm: »Hier sind wir nun alle, deine jüngeren Brüder, dein Sohn Liholiho und dein Ausländer; gib uns deinen letzten Befehl zu wissen, auf daß ihn Liholiho und Kaahumanu hören.« Darauf fragte Kamehameha: »Was sagst du?« Kaikioewa wiederholte: »Deinen Rat an uns.« Dann sagte er: »Fahret auf meinem guten Wege fort und...« – mehr brachte er nicht hervor. Mr. Young, der Ausländer, umarmte und küßte ihn; auch Hoapili umarmte ihn, wobei er ihm etwas ins Ohr flüsterte. Dann wurde er wieder zurück in sein Haus geschafft. Um zwölf Uhr trug man ihn ein weiteres Mal ins Eßhaus, aber nur sein Kopf ragte in den Raum, dieweil sein Körper sich noch in dem unmittelbar angrenzenden Wohnhaus befand. Es muß hier bemerkt werden, daß dieses häufige Hin- und Hertragen eines Kranken von einem Haus ins andere von dem seinerzeit geltenden Tabu-System herrührte. Damals gehörten zu einem Besitz sechs Häuser (Hütten): eins für die Gottesanbetung, eins für die Männer zum Essen, eins für die Frauen zum Essen, eins zum Schlafen, eins zum Herstellen von Kapa (einheimisches Gewebe) und eines, wo zu gewissen Zeiten die Frauen abgeschlossen wohnen konnten.

Als der Kranke den Geist aufgegeben hatte, wurde er abermals in sein Haus zurückgetragen; dies geschah um

* Es galt als Verunreinigung, in derselben Hütte zu essen, in der man schlief; der Umstand, daß der Patient im Sterben lag, vermochte die strenge Etikette nicht zu mildern.

zwei Uhr, ein Umstand, von dem Leleiohoku seinen Namen herleitet. Als der König seinen letzten Atemzug getan hatte, war Kalaimoku in das Eßhaus gekommen, um die darin Anwesenden hinauszubeordern. Es waren dies zwei betagte Männer, die man gehen hieß; der eine ging, der andere blieb aus Liebe zum König, der ihn einst huldvoll unterstützt hatte. Desgleichen wurden die Kinder fortgeschickt. Dann kam Kalaimoku in das Haus, und die Häuptlinge berieten sich. Einer sagte: »Mein Gedanke geht dahin, daß wir ihn roh essen«.* Kaahumanu (eine der Witwen des toten Königs) entgegnete darauf: »Über seinen Leib haben wir vielleicht nicht zu verfügen; das steht besser seinem Nachfolger zu. Unser Teil an ihm – sein Atem – ist vergangen; über seine Reste bestimmt Liholiho.«

Nach diesem Gespräch wurde sein Leib in das geweihte Haus gebracht, damit die vorgeschriebenen Riten durch den Priester und den neuen König vorgenommen wurden. Diese Zeremonie heißt Uko; und als das heilige Schwein gebraten war, bot der Priester dem Toten davon an, und dieser wurde darauf zum Gott; der König wiederholte unterdessen die üblichen Gebete.

Dann wandte sich der Priester an den König und die Häuptlinge und sprach: »Ich will euch nun die zu beachtenden Vorschriften bezüglich der Menschen bekanntgeben, die beim Begräbnis dieses Toten zu opfern sind. Wenn ihr, bevor der Leib hier entfernt wird, einen Mann bekommt, so genügt dieser eine; hat die Leiche dieses Haus aber schon verlassen, sind schon vier nötig. Wenn so lange gewartet wird, bis wir sie zu Grabe tragen, müssen es zehn sein; ist sie aber bereits versenkt, werden fünfzehn gebraucht. Morgen früh setzt ein Tabu ein, und wenn das Opfer bis dahin verzögert wird, müssen vierzig Menschen sterben.«

* Angesichts der Tatsache, daß alle hawaiischen Geschichtsschreiber, weiße wie schwarze, beteuern, es habe auf den Inseln niemals Kannibalismus gegeben, klingt das verdächtig. Da sie jedoch nur vorschlugen, ihn »roh zu essen«, wollen wir das nicht zählen. Hätten sie ihn aber gekocht, wäre es bestimmt Kannibalismus gewesen. – M. T.

Dann fragte der Oberpriester Hewahewa die Häuptlinge: »Wo soll König Liholiho seinen Sitz nehmen?« Sie antworteten: »Ja, wo? Du mußt es am besten wissen.« Darauf erklärte der Priester: »Es gibt zwei geeignete Orte, der eine ist Kau, der andere Kohala.« Die Häuptlinge entschieden sich für Kohala, da es dichter bevölkert war. Der Priester setzte noch hinzu: »Es gibt besondere Orte für den Sitz eines Königs, aber in Kona dürfen wir nicht bleiben, denn es ist verunreinigt.« Dem wurde zugestimmt. Es war jetzt Tagesanbruch. Als Kamehameha zur Begräbnisstätte getragen wurde, sah das Volk, daß der König tot war, und stimmte ein Wehklagen an. Auf dem Weg vom Haus zum Grabe, einem Stück von rund zwanzig Yard, stieß der Zug auf einen Mann, welcher dem Verstorbenen inbrünstig ergeben war. Er stürzte sich auf die den toten König tragenden Häuptlinge und wollte mit ihm sterben, weil er ihn so liebte. Die Häuptlinge jagten ihn davon. Beharrlich unternahm er noch zahlreiche Versuche, die aber erfolglos blieben. Auch Kalaimoka hatte den Wunsch, mit ihm zu sterben; allein er wurde von Hookio daran gehindert.

Am Morgen nach Kamehamehas Tode brach Liholiho, gemäß den Vorschlägen des Priesters, mit seinem Troß nach Kohala auf, um die durch den Tod bewirkte Verunreinigung zu meiden. Wenn damals ein Häuptling starb, war der Boden verunreinigt, und die Erben suchten sich in einem anderen Landesteil Wohnung, bis der Leichnam zergliedert und die Knochen gebündelt waren, wonach dann die Zeit der Verunreinigung ihr Ende fand. Handelte es sich bei dem Verstorbenen nicht um einen Häuptling, dann war nur das Haus verunreinigt, und es wurde nach der Beerdigung wieder rein. So lauteten die entsprechenden Gesetze.

An dem Morgen, an welchem Liholiho in seinem Einbaum nach Kohala in See stach, trauerten die Häuptlinge und das Volk auf ihre Weise um den toten König, indem sie sich wie Wahnsinnige und wie die Tiere aufführten. Sie benahmen sich derart, daß sich jede Beschreibung verbietet. Auch die Priester setzten ihre Zauberei in Bewegung, damit derjenige, welcher den König totgebetet habe, sterben möge, denn man glaubte nicht, daß Kamehamehas Hinscheiden auf Krankheit oder hohes Alter zurückzuführen sei. Als die Zauberer an ihren Feuern einen Stock aufstellten, an dessen oberem Ende ein Stück Kapa flatterte, kam Keeaumoku, Kaahumanus Bruder, in betrunkenem Zustand an und zerbrach den Fahnenstock der Zauberer, woraus gefolgert wurde, daß Kaahumanu und ihre Freunde bei des Königs Tod ihre Hand im Spiel gehabt hätten. Aus diesem Grunde wurden sie malträtiert.

Jetzt sieht man den Kontrast, und er ist stark. Kaahumanu, diese große Königin, die während der Orgien, die nach althergebrachter Sitte auf den Tod des Königs folgten, »malträtiert« worden war, wurde später fromme Christin und eine treue und mächtige Freundin der Missionare.

Hunde wurden und werden noch von den Eingeborenen zum Essen gezüchtet und gemästet – daher auch in einem der obigen Absätze der Hinweis auf ihren Wert.

Vor vierzig Jahren war es auf den Inseln Sitte, für eine bestimmte Anzahl von Tagen nach dem Tode einer Person von königlichem Geblüt die Gesetze aufzuheben; und dann folgten Saturnalien, die man sich zwar einigermaßen, aber längst nicht in ihrer ganzen schrecklichen Wirklichkeit vorstellen kann. Je nach der Laune des Augenblicks rasierten sich die Leute die Schädel, schlugen sich Zähne ein, rissen sich Augen aus, zerschnitten, zerkratzten, verstümmelten oder versengten sich das Fleisch, betranken sich, steckten einander die Hütten an, verkrüppelten oder ermordeten sich gegenseitig, und beide Geschlechter gaben sich brutaler und zügelloser Ausschweifung hin. Und am Ende kam es zu einer Erstarrung, aus der die Nation nur langsam aufwachte, verblüfft und betäubt, wie aus einem gräßlichen, halberinnerten Alpdruck. Nein, das Salz der Erde waren sie nicht, diese »edlen Sonnenkinder«.

Die Eingeborenen halten noch einen alten Brauch aufrecht, der einem Invaliden nicht gerade tröstlich sein kann. Wenn sie glauben, daß ein kranker Freund sterben wird, versammelt sich ein halbes Dutzend Nachbarn um seine Hütte und veranstaltet Tag und Nacht ein ohrenbetäubendes Wehgeschrei, bis er entweder stirbt oder wieder gesund wird. Ohne Zweifel hat diese Einrichtung so manchem Untertanen schon vor seiner ihm bestimmten Zeit zu einem Bahrtuch verholfen.

Und genauso versammeln sie sich um eine Hütte und schreien auf dieselbe herzzerreißende Weise, wenn deren Bewohner von einer Reise heimkehrt. Das ist ihre düstere Vorstellung von einem Willkommen. Den meisten von uns würde schon ein kleines bißchen davon genügen.

NEUNUNDSECHZIGSTES KAPITEL

Wieder einmal auf dem Meer · Ein lauter und diverse leise Passagiere · Ein Bild im Mondschein · Obst und Plantagen

Mit dem Ziel Hawaii (hundertfünfzig Meilen entfernt), segelten wir eines Sonntagnachmittags auf dem gefälligen Schoner »Bumerang« los, um uns dort den großen Vulkan und die anderen Sehenswürdigkeiten anzusehen, welche diese Insel vor den anderen der Gruppe auszeichnen.

Dieser »Bumerang« war ungefähr so lang wie zwei Pferdewagen und so breit wie einer. Obwohl größer als die Mehrzahl der zwischen den Inseln verkehrenden Küstenschiffe, war er doch so klein, daß ich, auf dem Deck stehend, mir ein wenig kleiner vorkam, als sich der Koloß von Rhodos vorgekommen sein muß, wenn ein Kriegsschiff unter ihm durchfuhr. Legte sich der »Bumerang« bei starker Brise über, konnte ich ins Wasser fassen. Wenn sich der Kapitän und mein Gefährte (ein gewisser Mr. Billings), ich und noch vier andere Personen alle auf dem kleinen, den Kajütenpassagieren vorbehaltenen Achterdeck versammelten, war das gerammelt voll – für weitere feine Leute wäre kein Platz gewesen. Ein anderer Teil des Decks, zweimal so groß wie unseres, wimmelte von Eingeborenen beiderlei Geschlechts samt ihren üblichen Hunden, Matten, Decken, Pfeifen, Poi-Kalebassen, Flöhen und anderen minder wichtigen Luxusgegenständen und Gepäckstücken. Sobald wir Segel setzten, legten sich die Kanaken alle so eng wie Neger in einem Sklavenpferch aufs Deck und rauchten, unterhielten sich, spuckten sich gegenseitig an und pflegten echte Geselligkeit.

Die winzige, niedrige Kajüte unten war kaum größer als ein Leichenwagen und so dunkel wie eine Gruft. Auf beiden Seiten befand sich ja auch ein Sarg – will sagen, eine Koje. Am Vorderschott stand ein Tischchen, an dem drei Personen zum Essen Platz finden konnten, und darüber hing die trübste Tranfunzel, die jemals die Finsternis eines Verlieses mit Geistergestalten bevölkert hat. Viel freier Raum war nicht. Es ließ sich darin vielleicht eine Katze herumschleudern, aber eine lange hätte es nicht sein dürfen. In dem vor dem Schott liegenden Laderaum befand sich nur wenig Fracht, und vom frühen Morgen bis in die späte Nacht hinein stelzte dort ein fetter alter Hahn mit einer Stimme wie Bileams Eselin und deren Entschlossenheit, sich ihrer zu bedienen, auf und ab und krähte. Gewöhnlich hielt er um sechs Uhr Abendbrot und hüpfte dann nach einer dem Meditieren gewidmeten Stunde auf ein Faß und ließ einen guten Teil der Nacht lang sein Kikeriki erschallen. Er wurde dabei ständig heiserer, wies es aber von sich, irgendwelche persönlichen Rücksichten mit seiner Pflicht kollidieren zu lassen, und blieb trotz drohender Diphtherie am Werk.

An Schlaf war nicht zu denken, wenn er auf Wache war. Er stellte eine Quelle echter Verärgerung dar. Gebrüll oder beleidigende Adjektive gegen ihn anzuwenden, war mehr als nutzlos – er faßte das nur als Applaus auf und strengte sich an, noch besser zu krakeelen. Bei Tage warf ich ab und zu durch eine Wandöffnung mit Kartoffeln nach ihm, aber er duckte sich bloß und krähte weiter.

Als ich während der ersten Nacht in meinem Sarg lag, müßig beobachtend, wie die trübe Funzel beim Schlingern des Schiffes schaukelte, und den widerlichen Geruch des Schlagwassers schnüffelnd, merkte ich, daß etwas über mich weggaloppierte. Ich kletterte sofort hinaus. Aber auch sofort wieder hinein, als ich feststellte, daß es bloß eine Ratte war. Kurz darauf galoppierte noch etwas über mich hinweg. Ich wußte, diesmal war es keine Ratte, und dachte, vielleicht ein Tausendfüßler, denn der Kapitän hatte am Nachmittag einen auf Deck totgetreten. Ich kletterte hinaus. Der erste Blick auf das Kopfkissen zeigte mir, daß auf jeder Seite davon ein abschreckender Schildposten hockte – Kakerlaken, so groß wie Pfirsichblätter – Burschen mit langen zitternden Fühlern und wilden, bösartigen Augen. Sie knirschten mit den Zähnen wie Tabakspinner und schienen mit irgend etwas unzufrieden zu sein. Da ich oft gehört hatte, diese Viecher hätten die Gewohnheit, schlafenden Matrosen die Zehennägel bis aufs Fleisch abzuknabbern, wollte ich mich nicht mehr in die Koje legen. Ich ließ mich auf dem Fußboden nieder. Doch es kam eine Ratte und belästigte mich, und nicht lange danach rückte eine Kompanie Kakerlaken an und bezog in meinem Haar Stellung. Gleich darauf krähte der Hahn mit ungewöhnlichem Eifer, während ein Schwarm Flöhe in wildem Durcheinander auf mir Doppelsaltos schossen und beim Landen immer bissen. Langsam wurde mir das wirklich etwas bunt. Ich stand auf, zog mich an und ging hinaus aufs Deck.

Obiges ist nicht übertrieben; es stellt eine wahre Schilderung vom Leben auf den zwischen den Inseln verkehrenden Schonern dar. Ein Schiff in elegantem Zustand zu halten, wenn es Melasse und Kanaken befördert, ist unmöglich.

Es war eine Entschädigung für meine Leiden, unerwartet auf einen so schönen Anblick zu stoßen, wie er sich jetzt meinen Augen bot: Aus dem Grabesdunkel der Kajüte zu treten und plötzlich im starken Mondlicht zu stehen, sozusagen inmitten eines glitzernden Silbermeeres; zu sehen, wie sich die breiten Segel im Sturm blähen, wie sich das Schiff auf die Seite legt, wie der wütende Schaum an der Leerverschanzung vorbeizischt und glitzernde Gischtströme über den Bug kommen und aufs Deck regnen; mich festzuhalten und irgendwo anzuklammern, mit heruntergepreßtem Hut und in der Brise peitschenden Rockschößen, und jenes heitere Gefühl zu durchkosten, das einem von den Haarwurzeln bis zum Rücken hinunterkribbelt, wenn man weiß, daß jeder Zoll Segelleinwand zieht und das Schiff die Wellen mit seiner äußersten Geschwindigkeit durchschneidet. Nichts war dort dunkel, nichts düster, nichts finster. Alles war Helligkeit, jeder Gegenstand hob sich lebendig ab. Jeder langgestreckte Kanake, jede Rolle Tau, jede Kalebasse Poi, jeder Köter, jede Plankennaht, jeder Bolzenkopf, jedes Objekt, wenn auch noch so klein, zeigte sich scharf und deutlich in all seinen Umrissen, und der Schatten des breiten Großsegels ruhte schwarz wie ein Bahrtuch über dem Deck und ließ Billings' nach oben gerichtetes Gesicht strahlend weiß erscheinen und seinen Körper in totaler Mondfinsternis liegen.

Am Montag früh befanden wir uns dicht vor der Insel Hawaii. Zwei ihrer hohen Berge waren in Sicht: Mauna Loa und Hualaiai. Der letztgenannte ist ein stattlicher Gipfel, da er aber nur dreitausend Meter hoch ist, wird er selten erwähnt. Der Mauna Loa soll fast fünftausend Meter hoch sein. Die Strahlen von glitzerndem Schnee und Eis, die seine Kuppe aussandte, wirkten erfrischend, wenn man sie aus einem so sengenden Klima wie dem unseren betrachtete. Man könnte auf diesem Berg stehen (eingewickelt in Decken und Pelze, um sich warm zu halten) und dann, während man an einem Schneeball oder Eiszapfen nibbelt, um seinen Durst zu löschen, den langen Schwung der Flanken des Berges hinunterschauen und Stellen sehen, wo Pflanzen wachsen, die nur dort gedeihen, wo der Winter regiert; etwas tiefer dann Stellen mit einer Vegetation, welche allein der gemäßigten Zone zugehört; und am Fuß des Berges die Heimat der federbuschigen Kokospalmen und anderer Arten von Gewächsen, die ausschließlich in der schwülen Luft des ewigen Sommers zu finden sind. Man könnte alle Klimas der Welt mit einem einzigen Blick erfassen, und dieser Blick würde bloß eine Strecke von vier bis fünf Meilen Luftlinie zu durchfliegen haben!

Wir bestiegen dann das Boot und gingen in Kailua an Land, in der Absicht, einen Ritt durch die angenehme Orangen- und Kaffeegegend von Kona zu machen und ein paar Meilen weiter wieder aufs Schiff zu kommen. Dieser Ausflug ist äußerst lohnenswert. Der Saumpfad zieht sich auf hohem Grund dahin – sagen wir dreihundert Meter über dem Meeresspiegel –, gewöhnlich eine Meile vom Ozean entfernt, welcher immer in Sicht bleibt, höchstens, daß man sich gelegentlich im Walde begraben findet, inmitten üppigen tropischen Pflanzenwuchses und eines Dikkichts von Bäumen, deren große Äste den Weg überwölben und Sonne und Meer und alles aussperren, so daß man sich in einem düsteren, schattigen Tunnel befindet, in dem unsichtbare Singvögel spuken und in dem es nach Blumen duftet. Es war angenehm, zeitweilig in der warmen Sonne zu reiten und das Auge auf das stetig wechselnde Panorama des Waldes drüben und vor uns zu richten, mit seinen vielen Tönungen, seinen weichen Lichtern und Schatten, seiner wogenden Wellenbewegung, die sanft vom Berg zur See hinunterrauschte. Und genauso angenehm war es, ab und zu die schwüle Sonne zu verlassen und in die kühlen grünen Tiefen dieses Waldes einzutauchen und sich unter dem Einfluß seines dräuenden Zwielichts und seines wispernden Laubes sentimentalen Gedanken hinzugeben.

Wir ritten durch einen Orangenhain, der über zehntausend Bäume hatte! Und alle schwer beladen mit Früchten.

An einem der Farmhäuser bekamen wir ein paar große Pfirsiche von vorzüglichem Geschmack. Diese Frucht gedeiht im allgemeinen nicht gut auf den Sandwich-Inseln. Sie wird mandelförmig und klein und bitter. Man sagt, sie brauche Frost, und vielleicht stimmt das auch; wenn dem so ist, hat sie eine gute Gelegenheit, ihn weiterhin zu brauchen, denn bekommen wird sie ihn wohl nie. Die Bäume, von denen die Früchte kamen, die ich erwähnte, waren *sechzehnmal* umgepflanzt worden, und auf diese Behandlung führte der Besitzer des Obstgartens seinen Erfolg zurück.

Wir kamen durch mehrere Zuckerplantagen – noch neu und nicht sehr groß. Bei den Ernten handelte es sich in den meisten Fällen um dritte Rattoons. (Der erste Stock heißt »Pflanzrohr«; die dann aus den ursprünglichen Wurzelstöcken kommenden Schößlinge werden »Rattoons« genannt.) Auf der Insel Hawaii reift Zuckerrohr fast überall in zwölf Monaten, sowohl Rattoons wie Pflanzrohr, und obwohl es eigentlich geschnitten werden müßte, sobald es quastet, kann man damit noch rund vier Monate warten. In Kona soll sich der Durchschnittsertrag von einem Acre Boden auf *zwei Tonnen* Zucker belaufen. Das ist für die Inseln nur wenig, wäre aber in Louisiana und den meisten anderen Zucker anbauenden Ländern eine erstaunliche Ernte. Da die Plantagen in Kona ziemlich hoch liegen – oben, wo leichter und häufiger Regen fällt –, ist keinerlei Bewässerung nötig.

SIEBZIGSTES KAPITEL

Leichter Dachschaden · Mrs. Beazeley und ihr Sohn · Gedanken über Rüben · Ein Brief von Horace Greeley · Entrüstetes Antwortschreiben · Entzifferung gelungen, Patient tot

An einer der Plantagen machten wir ein Weilchen Rast, um uns und die Pferde zu erfrischen. Wir hielten mit den Herren dort einen kleinen Plausch; einer aber, ein Mann mittleren Alters und mit abwesendem Blick, sah bloß auf, sagte uns guten Tag und versank wieder in sein Grübeln, das durch unser Kommen unterbrochen worden war. Die Pflanzer flüsterten uns zu, wir sollten uns nicht um ihn kümmern – Dachschaden. Er sei seiner Gesundheit wegen auf Hawaii, von Beruf Pfarrer und in Michigan zu Hause. Sie sagten, wenn er schließlich aufwache und anfinge, von einem Briefwechsel zu erzählen, den er einmal mit Mr. Greeley wegen irgendeiner Lappalie geführt habe, müßten wir ihm den Willen tun und interessiert zuhören und auf seine Einbildung eingehen, daß alle Welt von diesem Briefwechsel spräche.

Es war leicht zu sehen, daß er eine sanfte Natur war und daß sein Wahnsinn nichts Bösartiges an sich hatte. Er sah blaß aus und ein wenig wie erschöpft von unfaßbaren Gedanken und geistiger Unrast. Lange Zeit saß er da und stierte auf die Erde, wobei er ab und zu mit sich selber murmelte und zustimmend nickte oder in mildem Protest den Kopf schüttelte. Er war in seine Gedanken oder in seine Erinnerungen verloren. Wir unterhielten uns weiter mit den Pflanzern und kamen von einem ins andere. Als dann im Verlauf des Gesprächs zufällig das Wort »Umstände« fiel, erregte das seine Aufmerksamkeit und ließ sein Gesicht lebhaft werden. Er drehte sich in seinem Stuhl herum und sagte:

»Umstände? Welche Umstände? Oh, ich weiß – weiß es nur zu gut. So haben Sie also auch davon vernommen.« (Schwerer Seufzer.) »Hilft nichts – hat ja alle Welt davon gehört. Alle Welt. Die ganze große Welt. Und in der kann etwas ganz schön weit herumkommen, nicht wahr? Ja, ja – dieser Briefwechsel von Greeley mit Erickson, er hat den traurigsten und bittersten Streit zu beiden Seiten des Wassers ausgelöst – und der hat noch immer kein Ende gefunden! Uns beide macht er ja berühmt, aber um welchen elenden Preis! Es tat mir so leid, als ich hörte, daß er drüben in Italien zu jenem blutigen und unglücklichen Krieg geführt hat. Es gewährt mir nach all dem Blutvergießen wenig Trost, zu wissen, daß die Sieger auf meiner und die Besiegten auf Greeleys Seite gestanden haben. Es gewährt mir wenig Trost, zu wissen, daß für die Schlacht bei Sadowa Greeley verantwortlich ist und nicht ich. Königin Viktoria hat mir geschrieben, daß sie darüber genauso denke wie ich – und soviel sie auch gegen Greeley und den von ihm in jener Korrespondenz mit mir an den Tag gelegten Geist habe, Sadowa hätte sie nicht für Hunderte von Dollar geschehen lassen wollen. Ich kann Ihnen ihren Brief zeigen, falls Sie möchten. Aber so sehr Sie vielleicht auch meinen, diesen unglücklichen Briefwechsel zu kennen, meine Herren, die *Wahrheit* darüber können Sie nicht wissen, ehe Sie sie nicht aus meinem Munde gehört haben. Von den Zeitungen, ja selbst von der Geschichtsschreibung wird das stets verfälscht. Jawohl, selbst von der Geschichtsschreibung – stellen Sie sich vor! Lassen Sie mich – bitte, lassen Sie mich Ihnen die Affäre genauso berichten, wie sie sich zugetragen hat. Ich werde Ihr Vertrauen nicht mißbrauchen.«

Dann beugte er sich vor, ganz Eifer und Ernst, und erzählte seine Geschichte – erzählte sie rührend und dabei doch ganz schlicht und bescheiden, ja so, daß man sich die ganze Zeit nicht des Gefühls erwehren konnte, hier gebe ein glaubwürdiger, ehrlicher Zeuge im heiligen Interesse der Gerechtigkeit und unter Eid seine Aussage ab.

»Mrs. Beazeley – Mrs. Jackson Beazeley, verwitwet, wohnhaft in dem kleinen Ort Campbellton in Kansas, schrieb mir von einer Angelegenheit, die ihr am Herzen lag – eine Angelegenheit, die viele vielleicht für unwesentlich halten mögen, die ihr aber tiefe Sorge bereitete. Ich lebte damals in Michigan – diente im geistlichen Amt. Sie war und ist eine ehrbare Frau – eine Frau, bei der sich Armut und Mühsal nicht als entmutigend, sondern als anspornend erwiesen haben. Ihr einziger Schatz war ihr Sohn William, ein Jüngling an der Schwelle des Mannesalters, fromm, von freundlichem Wesen und mit allen Fasern seines Seins der Landwirtschaft ergeben. Er war der Witwe ganzer Trost und Stolz. Getrieben nun von ihrer Liebe zu ihm, schrieb sie mir von einer Sache, die ihr, wie gesagt, sehr am Herzen lag – weil sie ihrem Jungen am Herzen lag. Sie wollte, daß ich bei Mr. Greeley um einen Rat über Rüben einkäme. Rüben waren der ehrgeizige Traum ihres Kindes – seine ganze Leidenschaft. Während andere junge Männer die ihnen von Gott zu nützlicher Vorbereitung geschenkten kostbaren Jahre der knospenden Kraft mit frivolen Vergnügungen vergeudeten, bereicherte dieser Knabe beharrlich seinen Geist mit Wissen über Rüben. Das Gefühl, welches er gegenüber der Rübe empfand, grenzte schon an Anbetung. Er konnte nicht ohne Gemütsbewegung an Rüben denken, er konnte nicht ruhig von ihnen sprechen, er konnte nicht ohne innere Erhebung über sie nachdenken. Er konnte sie nicht essen, ohne Tränen zu vergießen. Alle Poesie seiner empfindsamen Natur schwang im Gleichklang mit dieser schönen Pflanze. Mit dem ersten Hahnenschrei zog er hinaus auf sein Stück Land, und wenn ihn die hereinbrechende Nacht davon vertrieb, schloß er sich mit seinen Büchern ein und speicherte Statistiken auf, bis ihn der Schlaf überwältigte. An Regentagen saß er da und unterhielt sich stundenlang mit seinem lieb Mütterlein über Rüben. Kam Besuch, machte er es sich zur gefälligen Pflicht, alles andere zu lassen und sich mit dem Gast den ganzen Tag lang über seine große Freude an Rüben zu unterhalten. War diese Freude aber unbeschwert und vollkommen? Enthielt sie keine Beimischung von geheimem Kummer? Leider ja. Es nagte ihm etwas am Herzen: die edelste Inspiration seiner Seele wollte sich nicht einfinden – es gelang ihm nämlich nicht, die Rübe zu einer kletternden Ranke zu machen. Monate vergingen; von seinen Wangen wich die Frische, in seinen Augen verblaßte das Feuer, Seufzer und Zerstreutheit verdrängten Lächeln und heitere Unterhaltung. Ein wachsames Auge bemerkte dies jedoch alles, und mit der Zeit entdeckte mütterliches Mitgefühl das Geheimnis. Daher der Brief an mich. Sie flehte um meine Aufmerksamkeit – schrieb, ihr Junge sieche förmlich dahin.

Ich kannte Mr. Greeley zwar nicht, aber was machte das? Die Angelegenheit drängte. Ich schrieb ihm und bat ihn, das schwierige Problem nach Möglichkeit zu lösen und des beflissenen Knaben Leben zu retten. Mein Interesse wuchs, bis es an die Besorgtheit der Mutter grenzte. Voller Spannung wartete ich. Schließlich traf die Antwort ein.

Ich stellte fest, daß ich sie nicht so ohne weiteres lesen konnte, da ich die Handschrift nicht gewöhnt und ein bißchen zu erregt war. Der Brief schien sich nur zum Teil auf den Fall des Jungen, zur Hauptsache aber auf andere, nebensächliche Dinge zu beziehen – wie Pflastersteine, Elektrizität, Austern und etwas, was ich als ›Kinkerlitzchen‹ oder ›Landwirtschaft‹ entzifferte, welches von beiden aber, vermochte ich nicht mit Sicherheit zu sagen, doch war dies alles wohl bloß am Rande erwähnt, so nebenbei und zweifellos gut gemeint, aber ohne die Verbindung beziehungsweise den Zusammenhang, um daraus Nutzen ziehen zu können. Mein Verstand schien von meinen Gefühlen etwas in Mitleidenschaft gezogen, und so legte ich den Brief bis zum nächsten Tag beiseite.

Am Morgen las ich ihn noch einmal, doch immer noch unter Schwierigkeiten und voller Unsicherheit, denn ich hatte ein bißchen Schlaf verloren, und mein geistiger Blick schien ein wenig vernebelt. Der Brief besaß jetzt zwar mehr Zusammenhang, traf aber nicht, wie wir erwartet hatten, den drängenden Kern der Sache. Er war zu weitschweifig. Allem Anschein nach lautete er folgendermaßen, obgleich ich bei einigen Wörtern nicht sicher war:

Pantoffelkleine Mondscheinfahrt, Rosen, Mangold, Rebensaft; eines muß wo rein. Bequem sind alte Warzen. Laßt den Hahn sich weidlich vergnügen. Süße Trinklieder werden im Wonnemonat Mai doch nur Lotteriereklame – ahnst Du, mein Junge, mich dürstet?

Hexenfest
Havana Grünling

Aber über Rüben kein Wort. Er schien keinerlei Hinweise zu enthalten, wie sie sich zum Ranken bringen lassen. Die Beazeleys wurden nicht einmal erwähnt. Ich beschlief die Sache; ich aß weder Abendbrot noch am nächsten Morgen Frühstück. So machte ich mich dann mit erfrischtem Gehirn wieder ans Werk und war sehr hoffnungsvoll. Jetzt nahmen die Zeilen ein ganz anderes Aussehen an – bis auf die Unterschrift, in der ich eine harmlose Vorliebe fürs Hebräische sah. Von Mr. Greeley mußte der Brief sein, denn er trug den gedruckten Kopf der ›Tribune‹, und ich hatte ja an niemand anderen dort geschrieben als an ihn. Ich sage, der Brief hatte ein anderes Aussehen angenommen, seine Sprache war aber immer noch exzentrisch und umging den zur Debatte stehenden Punkt. Er schien jetzt zu lauten:

Karnickel knabbern am Astloch. Raben redigieren Wochenschrift, einmal weiß und warm. Beschämt sie mit alten Witzen, daß ihr Wahn sich erheblich verbrüht. Schweineohr samt Leber ergibt in lederner Pfanne mit Milch viel kleine blaue Bohnenkringel – allein kein Hund besser bürstet.

Exemplarist
Havana Grünling

Ich war offensichtlich überarbeitet. Mein Begriffsvermögen hatte gelitten. Daher widmete ich zwei Tage der Erholung und kehrte dann mit neuen Kräften zu meiner Arbeit zurück. Jetzt nahm der Brief diese Form an:

Kamuffel häkeln niemals meisterhaft. Buben bremsen Wissenschaft, einer meist voran. Betätigung in der Alten Welt macht Hohn stets verzeihlich-verständlich. Strenge ist leider nicht Wonne und Leben – ein Joch kein feines Ideal. Alles kein Grund, Laster zu fürsten.

Erzgespenst

Havana Grünling

Ich war noch immer nicht zufrieden. Diese Äußerungen allgemeiner Natur trafen doch nicht das, worauf es ankam. Sie waren zwar sprühend und voller Saft und Kraft und mit einem Selbstvertrauen vorgebracht, das schon beinah Überzeugung erzwang, doch in einem Moment wie diesem, wo ein Menschenleben auf dem Spiele stand, wirkten sie unangebracht, weltlich und nicht sehr pietätvoll. Zu jeder anderen Zeit wäre ich nicht nur froh, sondern auch stolz gewesen, von einem Manne wie Mr. Greeley einen solchen Brief zu bekommen, und hätte ihn ernsthaft studiert und versucht, daraus so viel zu gewinnen wie möglich; jetzt aber, wo dieser arme Junge in seiner fernen Heimat nach Hilfe schmachtete, hatte ich fürs Lernen keinen Sinn.

Es vergingen drei Tage, und dann las ich die Zeilen noch einmal. Wieder hatte ihr Wortlaut gewechselt. Jetzt schienen sie zu sagen:

Besoffen stolpert man mal doch. Rüben zügeln die Leidenschaft; einer weiß warum. Belästigen Sie die arme Witwe, daß ihre Pension Sie zeitlebens versorgt. Schicke Dreckbäder also werden ihren müßigen Männe jedoch von seiner faulen Idee abbringen – also kein Grund, meistens zu fluchen.

Hergeben!

Havana Grünling

Das ging schon eher. Doch ich konnte nicht mehr weitermachen. Ich war zu abgekämpft. Das Wort ›Rüben‹ brachte zwar zeitweilig Freude und Ermutigung, aber meine Kräfte hatten zu sehr gelitten, und da ein Hinausschieben für den Jungen gefährlich werden konnte, gab ich den Gedanken auf, mit dem Übersetzen fortzufahren, und beschloß, das zu tun, was ich gleich zu Anfang hätte tun sollen. Ich setzte mich hin und schrieb Mr. Greeley wie folgt:

Sehr geehrter Mr. Greeley,

Ihr gefl. Schreiben ist mir leider nicht ganz verständlich. Es kann doch wohl nicht sein, Sir, daß ›Rüben die Leidenschaft zügeln‹ – zumindest nicht das Studium oder die Betrachtung derselben –, denn eben jene Beschäftigung ist es, welche unseres armen Freundes Geist ausgedörrt und seine Körperkraft untergraben hat. Sollten Rüben die Leidenschaft aber doch zügeln, hätten Sie dann die Güte, uns zu erklären, wie sie zubereitet werden müssen? Wie ich sehe, schreiben Sie ›einer weiß warum‹, aber Sie haben uns nicht mitgeteilt, wer dieser eine ist.

Aus einem Mißverständnis heraus unterstellen Sie mir bei dieser Angelegenheit selbstsüchtige Motive – um es mit keinem schlimmeren Namen zu belegen. Es mag vielleicht so aussehen, daß ich die Witwe ›belästige‹, doch ich versichere Sie, Sir, das scheint nur so und entbehrt jeder Grundlage. Die ganze Sache geht gar nicht von mir aus. Die Frau hat mich von sich aus gebeten, auf dem Schriftwege an Sie heranzutreten. Ich habe sie kein einziges Mal belästigt – ja, ich kenne sie kaum. Ich belästige keinen Menschen. Ich bestrebe mich, bescheiden meinen Lebensweg zu gehen und nach bestem Vermögen recht zu handeln und dabei niemandem ein Leid zu tun und niemals *Verdächtigungen auszustoßen*. Was die ›Pension‹ der Witwe betrifft, so interessiert mich diese überhaupt nicht, und mir liegt nichts ferner, als mich davon ›zeitlebens versorgen‹ zu lassen. Ich bin bereits versorgt – beziehe ein auskömmliches Gehalt. Außerdem hat die Frau keinen ›Männe‹, wie Sie sich auszudrücken belieben. Begreifen Sie denn nicht: Es handelt sich um eine Witwe. Ihr Gatte, den Sie sich erkühnen, als ›müßig‹ zu bezeichnen, ist tot – erweckte jedenfalls selbigen Anschein, als man ihn begrub. Also dürften ihn noch so viele ›schicke Dreckbäder‹ wohl kaum von seiner ›faulen Idee abbringen‹ – sofern das Ruhen im Grabe überhaupt als ›faule‹ Idee aufgefaßt werden kann. Ihr abschließender Rat ist so ungezogen wie ungebeten; und sofern stimmt, was man sich erzählt, wäre es vielleicht angebrachter, Sie würden ihn sich mit mehr Nachdruck und weniger Ungehörigkeit selber erteilen, Sir.

Mit vorzüglicher Hochachtung
Simon Erickson

Nach ein paar Tagen tat Mr. Greeley das, was unendlich viel Kummer und Mißverstehen erspart hätte, wenn er es früher getan hätte. Das heißt, er sandte eine von seinem Sekretär angefertigte lesbare Abschrift respektive Übersetzung seines Originalbriefes. Nun löste sich das Rätsel, und ich sah, daß er die ganze Zeit über bei Trost gewesen war. Ich will Ihnen den Brief in der verständlich gemachten Form wiederholen:

Übersetzung

Kartoffeln ranken manchmal hoch, Rüben mangelt diese Eigenschaft; keiner weiß warum. Bestätigen Sie der armen Witwe, daß ihr Sohn sich vergebens bestrebt. Strikte Diät, Bäder usw. werden – in mäßiger Menge – ihn jedoch von seiner fixen Idee abbringen – also kein Grund, etwas zu befürchten.

Ergebenst
Horace Greeley

Aber ach, es war zu spät, meine Herren, zu spät. Die sträfliche Verzögerung hatte ihr Werk getan – der junge Beazeley war nicht mehr. Sein Geist hatte den Flug nach jenem Lande angetreten, wo alle Sorgen weggezaubert, alle Wünsche befriedigt, alle Ziele verwirklicht werden. Armer Junge, man legte ihn ins Grab, in jeder Hand eine Rübe.«

So schloß Erickson und versank wieder in Nicken, Murmeln und Zerstreutheit. Die Gesellschaft brach auf und ließ ihn so sitzen... Aber wovon er verrückt geworden ist, sagten sie nicht. In der Aufregung des Augenblicks vergaß ich, danach zu fragen.

EINUNDSIEBZIGSTES KAPITEL

Die Kealakekua-Bucht · Captain Cooks Tod · Sein Denkmal und wie es errichtet wurde · Wieder an Bord des Schoners

Um vier Uhr nachmittags wanden wir uns einen aus öder und trostloser Lava bestehenden Berg hinunter ans Meer und beschlossen unseren angenehmen Landausflug. Diese Lava hat sich seit Jahrhunderten angesammelt; in alten Zeiten wälzte sich hier ein Feuerstrom nach dem anderen hinunter und ließ die Insel höher und höher werden. Unter der Erde zieht sich ein Wabensystem von Höhlen hin; dort Brunnen zu graben, wäre zwecklos; sie würden kein Wasser halten – außerdem wäre auch gar keins da, das sie halten könnten. Folglich sind die Pflanzer auf Zisternen angewiesen.

Die letzte Lavaflut ergoß sich hier vor so vielen Jahren, daß niemand mehr lebt, der sie mit angesehen hat. An einer Stelle umzingelte sie einen Palmenhain und brannte ihn nieder, und in der Lava sind noch die Löcher zu sehen, wo die Stämme gestanden haben, und an ihren Seiten ist der Eindruck der Borke erhalten; die Bäume fielen auf den brennenden Strom, und da sie zum Teil untergingen, haben sie in ihm das genaue Abbild von jedem einzelnen Knoten und Zweig und Blatt, ja sogar von den Nüssen hinterlassen, zum Schauen und Staunen für die Sehenswürdigkeitenjäger ferner Tage.

Bestimmt gab es damals bei den Kanaken hier in der Gegend auch eine Menge Schildposten; die aber haben nicht wie die römischen in Pompeji und Herkulaneum Abdrücke ihrer Figuren zurückgelassen. Leider, denn so was ist so interessant; aber es ist nicht zu ändern. Sie sind wahrscheinlich ausgerückt. Vielleicht schon sehr früh. Sie hatten jedoch auch ihre Vorzüge: die Römer zeigten mehr Mut, die Kanaken dagegen mehr Verstand.

Bald danach kam jene Stelle in Sicht, deren Geschichte jedem Schuljungen in der ganzen weiten Welt bekannt ist – die Kealakekua-Bucht, der Ort, wo der große Weltumsegler Captain Cook vor fast hundert Jahren von den Eingeborenen ermordet wurde. Die untergehende Sonne tauchte alles in Flammen, ein Sommerschauer fiel, und es wölbten sich zwei herrliche Regenbogen darüber. Ein paar Männer, die sich vor uns befanden, ritten durch den einen hindurch, und einen Augenblick lang leuchteten ihre Kleider in mehr als königlicher Pracht auf. Warum hatte Captain Cook nicht soviel Geschmack, seine große Entdeckung die Regenbogeninseln zu nennen? Diese bezaubernden Bilder zeigen sich einem dort alle Augenblicke, sie sind auf jeder der Inseln häufig, man kann sie jeden Tag sehen und oft auch nachts – nicht silbern wie der Bogen, den wir in den Vereinigten Staaten alle Jahrhunderte einmal im Mondschein zu Gesicht bekommen, sondern gestreift in allen leuchtenden und schönen Farben, wie die Kinder von Sonne und Regen. Erst vor ein paar Nächten sah ich ein solches Schauspiel. Die »Regenhunde«, wie die Matrosen sie nennen – kleine Regenbogenfetzen – sieht man in diesen Breiten oft gleich bemalten Kirchenfenstern über den Himmel ziehen.

Die Kealakekua-Bucht macht eine kleine Kurve wie die auslaufende Windung eines Schneckengehäuses und schneidet sich tief ins Land hinein, wobei sie nicht breiter wirkt als eine Meile von Ufer zu Ufer. Auf der einen Seite – wo der Mord geschah – ist sie von einer kleinen Ebene mit einem Kokospalmenhain und mit ein paar verfallenen Häusern begrenzt und am tiefsten Ausläufer von einer steilen Lavamauer, die sich vom Berg herunterzieht und am oberen Ende dreihundert, am unteren hundert bis hundertdreißig Meter hoch ist. Von dieser Wand leitet der Ort seinen Namen her, denn Kealakekua bedeutet in der Sprache der Eingeborenen »Pfad der Götter«. Sie sagen (und glauben es noch immer, trotz ihrer ausgiebigen christlichen Erziehung), der große Gott Lono, der auf dem Berge zu wohnen pflegte, habe stets diesen Damm benutzt, wenn ihn dringende, mit himmlischen Angelegenheiten verbundene Geschäfte mal schnell hinunter ans Meer riefen.

Als die rote Sonne durch die hohen glatten Stämme der Kokospalmen hinaus auf den ruhigen Ozean blickte, wie eine frische Whiskyleiche durch die Gitter einer Polizeiwache, ging ich hin und stellte mich am Uferrand auf den flachen Felsen, den Captain Cooks Füße berührten, als der Schlag ausgeteilt wurde, der ihm das Leben nahm, und versuchte, mir im Geiste vorzustellen, wie der verlorene Mann inmitten der Menge aufgebrachter Wilder verzweifelt kämpfte – und wie sich die Mannschaft auf dem Schiff zusammendrängte und voll banger Furcht in Richtung Ufer starrte – und ... doch das wollte mir nicht gelingen.

Als es langsam dunkel wurde, Regen einsetzte und wir sehen konnten, daß in der Ferne der »Bumerang« hilflos auf See bekalmt war, wechselte ich über in die öde kleine Eierkiste von Lagerschuppen und setzte mich hin, um zu rauchen und zu sinnieren und zu wünschen, das Schiff möge doch das Land erreichen – denn wir hatten seit zehn Stunden nicht mehr viel gegessen und waren mörderisch hungrig.

Unverbrämte, ungeschminkte Geschichtsschreibung hat Captain Cooks Ermordung aller Romantik beraubt und kommt zu einem wohlüberlegten Urteil: gerechtfertigter Totschlag. Wo er auf den Inseln auch hingekommen war, überall hatten die Bewohner ihn herzlich empfangen und begrüßt und seine Schiffe verschwenderisch mit allem möglichen Proviant versorgt. Er erwiderte diese Freundlichkeiten mit Beleidigungen und schlechter Behandlung. Als er merkte, daß die Leute ihn für den seit langem verschwundenen und betrauerten Gott Lono hielten, bestärkte er sie in diesem Irrtum um der grenzenlosen Macht willen, die er ihm verlieh. Während des berühmten Tumults aber, als er und seine Gefährten von fünfzehntausend rasend gemachten Wilden umgeben waren, wurde er verwundet und verriet seine irdische Herkunft durch ein Stöhnen. Das war sein Todesurteil. Sofort stieg ein Ruf auf: »Er stöhnt! Er ist gar kein Gott!« So schlossen sie sich um ihn und ließen ihn über die Klinge springen.

Sie rissen ihm das Fleisch von den Knochen und verbrannten es (mit Ausnahme von neun Pfund, die sie an Bord der Schiffe schickten). Das Herz wurde in einer Eingeborenenhütte aufgehängt, wo es drei Kinder fanden und aufaßen, weil sie es irrtümlich für das Herz eines Hundes hielten. Eines der Kinder wuchs zu einem sehr alten Mann heran, der erst vor wenigen Jahren in Honolulu gestorben ist. Einige von Cooks Gebeinen konnten wiedergefunden werden und wurden von den Schiffsoffizieren der Tiefe übergeben.

Man sollte den Eingeborenen nur wenig Schuld an Cooks Ermordung geben. Sie hatten ihn gut aufgenommen. Als Dank dafür wurden sie von ihm schändlich behandelt. Er und seine Leute hatten des öfteren Eingeborene verwundet und mindestens drei getötet, ehe es zu angemessener Vergeltung kam.

Nahe am Ufer fanden wir das »Cook-Denkmal« – ein bloßer Kokospalmenstumpf, vier Fuß hoch und von ungefähr einem Fuß Durchmesser. Unten hatte man Lavablöcke herumgeschichtet, damit er nicht umkippte, und er war von oben bis unten völlig mit ungeglätteten Kupferplatten beschlagen, wie man sie als Schiffsbodenverschalung findet. Auf jede einzelne Platte hatte man eine kunstlose Inschrift eingekratzt – allem Anschein nach mit dem Fingernagel –, in allen Fällen erbärmlich gelungen. Die meisten hielten bloß den Besuch britischer Schiffskommandanten fest, auf der einen aber stand:

In der Nähe dieser Stelle fiel
der hervorragende Weltumsegler
CAPTAIN JAMES COOK,
der A. D. 1778
diese Inseln entdeckte

Nach Cooks Ermordung eröffnete sein Stellvertreter von Bord des Schiffes aus das Feuer auf den Schwarm Eingeborener am Ufer, und eine seiner Kanonenkugeln schnitt diese Kokospalme so kurz ab, daß nur noch jener Denkmalstumpf stehenblieb. Der kam uns da draußen in dem regnerischen Zwielicht traurig und einsam genug vor. Aber es gibt kein anderes Denkmal für Captain Cook. Oben auf dem Berghang waren wir zwar an einer großen Einfriedung vorbeigekommen, errichtet aus Lavablöcken und von den Ausmaßen eines geräumigen Schweinepferchs, welche die Stelle bezeichnet, wo Cooks Fleisch von den Knochen gestreift und verbrannt wurde, aber das ist von Rechts wegen kein Denkmal, da es von den Eingeborenen selber errichtet wurde, weniger, um den Weltumsegler zu ehren, als vielmehr zu dem Zwecke, ihn bequem rösten zu können. Über diesem Pferch erhob sich auf einer hohen Stange so etwas wie ein Erklärungsschild, und darauf hatte auch mal etwas über das denkwürdige Ereignis gestanden, das hier stattgefunden hat, doch Wind und Sonne hatten schon seit langem dafür gesorgt, daß nichts mehr davon zu lesen war.

Gegen Mitternacht kam eine schöne Brise auf, und bald arbeitete sich der Schoner in die Bucht und warf Anker. Das Boot kam an Land, um uns zu holen, und es dauerte nicht lange, da hatten sich alle Wolken und aller Regen verzogen. Der Mond strahlte ruhig auf Land und Meer hernieder, und wir beide lagen auf dem Deck ausgestreckt und schliefen den Schlaf der Erquickung und träumten die glücklichen Träume, die allein den Müden und den Arglosen gewährt werden.

ZWEIUNDSIEBZIGSTES KAPITEL

Junge Kanaken in Neuengland · Geister als Tempelerbauer · Badenixen · Ich halte Wache · Frauen und Whisky · Ein Religionskampf · Eintreffen von Missionaren

Am windfrischen Morgen gingen wir an Land und besichtigten den verfallenen Tempel des letzten Gottes Lono.

Der Oberhofkoch dieses Tempels – der Priester, der dort den Vorsitz führte und die Menschenopfer röstete – war der Onkel von Obookia, und eine Zeitlang befand sich dieser Jüngling bei ihm in der Priesterlehre. Obookia war ein junger Eingeborener von feinem Verstand, der unter Kamehamehas I. Regierung zusammen mit drei anderen Kanakenjungen vom Kapitän eines Walfangschiffes nach Neuengland gebracht wurde. Diese Jungen waren es, die die Aufmerksamkeit der frommen Welt auf ihr Land lenkten. Das führte dazu, daß Missionare dort hingeschickt wurden. Und eben dieser Obookia war jener gefühlvolle Wilde, der sich auf die Kirchenstufen setzte und weinte, weil sein Volk die Bibel nicht kannte. Diese Begebenheit wird in so manchem schönen Sonntagsschulbuch ausführlich geschildert – ja, und so rührend und zart erzählt, daß ich selbst in der Sonntagsschule darüber geweint habe, aus Prinzip, obwohl ich damals noch dumm war und nicht begriff, warum das Volk der Sandwich-Inseln sich deswegen soviel Sorgen machen sollte, solange es noch gar nicht wußte, daß es überhaupt eine Bibel gab.

Obookia wurde bekehrt und in die Schule gesteckt und sollte, wäre er am Leben geblieben, mit den ersten Missionaren in seine Heimat zurückkehren. Die anderen Eingeborenenjungen aber unternahmen die Reise, und zwei von ihnen leisteten auch gute Dienste; den dritten jedoch, William Kanui, verließ später eine Zeitlang die göttliche Gnade, und als in Kalifornien das Goldfieber ausbrach, fuhr er dorthin und ging schürfen, obwohl er schon an die fünfzig war. Er hatte ganz guten Erfolg, aber der Bankrott von Page, Bacon & Co. erleichterte ihn um sechstausend Dollar, und als er nun im Alter völlig pleite war, kehrte er zum Dienst in der Kirche zurück. Er starb 1864 in Honolulu.

Ein ziemlich breiter Streifen Land, der sich in der Nähe dieses Tempels vom Meer bis zur Bergspitze hinzog, war in der alten Zeit dem Gotte Lono geweiht – und zwar so sehr, daß ein gewöhnlicher Eingeborener, der seinen verruchten Fuß daraufsetzte, klugerweise gleich sein Testament machen konnte, denn seine Zeit war gekommen. Der Streifen durfte nur auf dem Wasserwege umgangen, aber nicht überquert werden. Er war gut bestückt mit heidnischen Tempeln und plumpen, aus Baumstämmen unbeholfen geschnitzten Götterbildern. Der eine Tempel war für Gebete um Regen bestimmt – und mit feinem Scharfsinn so hoch oben auf den Berg gesetzt, daß, wenn man dort vierundzwanzigmal am Tag um Regen betete, man den bestimmt jedesmal erhielt. Man dürfte selten bis zum Amen gekommen sein, ehe man seinen Schirm aufspannen mußte.

Und dicht daneben befand sich ein großer Tempel, der inmitten von Donner, Blitz und Wolkenbruch in einer einzigen Nacht erbaut worden ist, und zwar von den Geisterhänden toter Menschen! Die Überlieferung sagt, daß im gespenstischen Aufleuchten des Blitzes eine lautlose Menge von Phantomen bei ihrer seltsamen Arbeit hoch oben auf dem Berg in finsterer Nacht gesehen worden sei – wie sie hin und her flitzten und große Lavablöcke trugen, die sie mit ihren kraftlosen Fingern umkrampften – wie sie auftauchten und verschwanden, wenn das bleiche Licht sie traf und wieder erlosch. Selbst heute noch sollen die Eingeborenen vor diesem unheimlichen Bau Ehrfurcht und Scheu haben und nachts nicht daran vorbeigehen.

Mittags entdeckte ich einen Schwarm nackter junger Damen, die im Meer badeten, und ich ging hin und setzte mich auf ihre Sachen, damit sie nicht gestohlen wurden. Ich bat sie, doch herauszukommen, denn die See stieg, und ich war überzeugt, daß sie sich in Gefahr begaben. Aber sie hatten keine Angst und fuhren mit ihrem Vergnügen fort. Sie konnten vollendet schwimmen und tauchen und amüsierten sich aufs köstlichste. Sie schwammen um die Wette, bespritzten sich gegenseitig, tauchten sich unter und warfen sich um und erfüllten die Luft mit ihrem Lachen. Es heißt, schwimmen sei das erste, was ein Insulaner lerne; das Laufen käme als weniger wichtig erst danach. Man hört Geschichten von eingeborenen Männern und Frauen, die von Schiffen auf See viele Meilen an Land geschwommen sein sollen – mehr Meilen, als ich zu behaupten, ja selbst zu erwähnen wage. Und es geht die Geschichte von einem eingeborenen Taucher, der zehn bis zwölf Meter tief gegangen sei und einen Amboß heraufgeholt habe!

Und soweit ich mich erinnere, hat er den Amboß hinterher verschluckt. Behaupten möchte ich das aber nicht.

Ich habe jetzt schon ein paarmal den Gott Lono erwähnt – da kann ich also auch gleich noch zwei, drei Worte über ihn verlieren.

Das Götzenbild, in dem die Eingeborenen ihn verehrten, war ein schlanker, schmuckloser Stock von zwölf Fuß Länge. Der Überlieferung nach war Lono auf der Insel Hawaii ein Lieblingsgott – ein großer König, der um seiner Verdienste willen göttlichen Rang erhalten hatte – genauso wie wir unsere Helden belohnen, nur mit dem Unterschied, daß wir ihn zweifellos anstatt zum Gott zum Postmeister gemacht hätten. In einem Augenblick der Wut erschlug er seine Frau, eine Göttin mit Namen Kaikilani Aiii. Gewissensbisse trieben ihn zum Wahnsinn, und die Sage führt uns das einmalige Bild eines als Raufbold herumstromernden Gottes vor, denn in seinem nagenden Kummer wanderte er von Ort zu Ort und veranstaltete mit jedem, dem er begegnete, einen Box- und Ringkampf. Natürlich verlor dieser Zeitvertreib bald den Reiz des Neuen, weil doch, und es konnte ja auch gar nicht anders sein, ein schwacher menschlicher Gegner, den eine so starke Gottheit »zu Boden« schickte, niemals ein Comeback hatte. Deshalb dachte er sich Makahiki genannte Spiele aus und ordnete an, daß sie ihm zu Ehren abzuhalten seien, und schiffte sich dann auf einem dreieckigen Floß nach fremden Ländern ein, mit der Ankündigung, er werde eines Tages zurückkommen – und das war das letzte von Lono. Er wurde nie wiedergesehen; vielleicht ist sein Floß abgesoffen. Das Volk aber wartete stets auf seine Rückkehr und konnte sich somit leicht dazu verleiten lassen, Captain Cook als den wiedererstandenen Gott hinzunehmen.

Einige der alten Eingeborenen hielten bis zu ihrem Tod Cook für Lono, die meisten aber nicht, weil es ihnen nicht eingehen wollte, wie er habe sterben können, wenn er ein Gott gewesen sei.

Ungefähr eine Meile von der Kealakekua-Bucht liegt ein historisch interessanter Ort – die Stelle, an der die letzte Schlacht für die Abgötterei geschlagen wurde. Natürlich besichtigten wir ihn und kamen so klug zurück wie die meisten Leute, die, ohne in Denkstimmung zu sein, hingehen und solche Andenken an die Vergangenheit anstaunen.

Während die ersten Missionare sich auf ihrem Weg ums Kap Hoorn befanden, kam es zu einer plötzlichen Aufhebung der götzendienerischen Gebräuche, die seit Menschengedenken auf der Insel herrschten. Der alte Kamehameha I. hatte das Zeitliche gesegnet, und der neue König, sein Sohn Liholiho, war ein Lebemann, ein zügelloser, ausschweifender Knabe und haßte das alte Tabu, weil es Schranken setzte. Seine Assistentin beim Regieren, Königinwitwe Kaahumanu, war stolz und kühn und haßte das Tabu, weil es die Rechte ihres Geschlechts einengte und alle Frauen fast zu Tieren erniedrigte. So lagen die Dinge. Liholiho war halb entschlossen, ein Machtwort zu sprechen, Kaahumanu war ganz entschlossen, ihn dazu zu animieren, und das übrige besorgte der Whisky. Es dürfte wahrscheinlich das erstemal gewesen sein, daß Whisky einen hervorragenden Beitrag zur Zivilisation geleistet hat. Voll wie eine Strandkanone kam Liholiho nach Kailua und nahm an einem großen Fest teil; die resolute Königin spornte seinen trunkenen Mut an, bis ihm alles ganz egal war, und dann, während die Volksmengen verblüfft und entgeistert starrten, schritt er bedächtig vor und setzte sich zu den Frauen! Die Leute sahen ihn mit ihnen aus derselben Schüssel essen und waren entsetzt! Langsam vergingen schreckliche Minuten, und der König aß noch immer, lebte noch immer, und die beleidigten Götter schickten noch immer keine Blitze! Dann kam offenbarungsgleich die Überzeugung – der Aberglaube von hundert Generationen zerstob wie eine Wolke, und es erhob sich der Ruf: »Das Tabu ist aufgehoben! Das Tabu ist aufgehoben!«

So hielten also König Liholiho und sein entsetzlicher Whisky die erste Predigt und ebneten den Weg für das neue Evangelium, das auf den Atlantikwellen gen Süden gebraust kam.

Da das Tabu aufgehoben war und die Vernichtung ausblieb, die auf diese schreckliche Entweihung hätte folgen müssen, zog das Volk mit jener kindlichen Voreiligkeit, die es von jeher charakterisierte, den Schluß, daß seine Götter ein haltloser und erbärmlicher Schwindel seien, ebenso wie sie seinerzeit vorschnell gefolgert hatten, Captain Cook könne kein Gott sein, bloß wegen seines Stöhnens, und sie ihn unverzüglich getötet hatten, ohne sich erst zu erkundigen, ob ein Gott nicht ganz genauso stöhnen dürfe wie ein Mensch, wenn es ihm paßt; und überzeugt, daß die Götzen nicht die Kraft hatten, sich zu wehren, machten sie sich spornstreichs ans Werk und holten sie runter – hackten sie zu Kleinholz – steckten sie in Brand – zerstörten sie ein für allemal!

Die heidnischen Priester schäumten. Und das war ihnen nicht zu verdenken; sie hatten die fettesten Pfründen des Landes innegehabt und gingen nun am Bettelstab; sie waren groß gewesen – hatten über den Häuptlingen gestanden – und sollten jetzt Landstreicher werden. Sie zettelten eine Revolte an und scheuchten eine Anzahl Leute unter ihr Banner, und ein ehrgeiziger Sproß aus königlicher Familie namens Bekuokalani ließ sich leicht dazu überreden, ihr Führer zu werden.

Beim ersten Gefecht siegten die Götzendiener über das ihnen entgegengesandte königliche Heer, und voller Zuversicht entschlossen sie sich zum Marsch auf Kailua. Der König schickte einen Parlamentär, der mit ihnen verhandeln und sie versöhnen sollte, aber um ein Haar hätte der König einen Parlamentär weniger gehabt, denn die Wilden weigerten sich nicht nur, ihn anzuhören, sondern wollten ihm auch noch den Hals umdrehen. Da schickte der König seine Truppen unter Generalmajor Kalaimoku los, und die beiden Heere stießen bei Kuamoo aufeinander. Die Schlacht währte lang und war grimmig – Männer und Frauen kämpften der Sitte gemäß Seite an Seite –, und bei Tagesende flohen die Rebellen in hilfloser Panik nach allen Richtungen davon, und Götzendienst und Tabu waren ausgestorben!

Die Royalisten marschierten fröhlich heim nach Kailua und verherrlichten die neue Ordnung. »Die Götter haben keine Macht«, sagten sie, »sie sind Lug und Trug. Das

Heer mit Götzen war schwach, das Heer ohne Götzen war stark und hat gesiegt!«

Das Volk hatte keine Religion mehr.

Um diesem dringenden Bedürfnis abzuhelfen, traf dann das Missionsschiff mit der Pünktlichkeit der Vorsehungsuhr ein, und das Evangelium wurde in jungfräulichen Boden gepflanzt.

DREIUNDSIEBZIGSTES KAPITEL

Einbäume · Wellenreiten · Eine Freistatt · Der Königinnenfelsen · Sehenswürdigkeiten · Versteinerte Lava

Gegen Mittag dingten wir uns einen Kanaken, um uns von ihm in seinem Einbaum nach den alten Ruinen von Honaunau fahren zu lassen. Kostenpunkt: zwei Dollar – für eine Seereise von hin und zurück acht Meilen ziemlich billig.

Der Einbaum der Kanaken ist ein leichtfertig wirkender Apparat. Mir fällt nichts anderes ein, was mit ihm Ähnlichkeit hätte, als die ausgehöhlte Kufe eines Knabenschlittens, aber eine richtige Vorstellung gibt auch das nicht. Er ist ungefähr fünfzehn Fuß lang, vorn und hinten hoch und zugespitzt, eineinhalb bis zwei Fuß tief und so schmal, daß man einen Dicken, den man hineinzwängen würde, vielleicht nicht wieder herausbekäme. Der Einbaum liegt auf dem Wasser nur obenauf wie eine Ente, hat aber einen Ausleger und kentert nicht ohne weiteres, sofern man stillsitzt. Dieser Ausleger besteht aus zwei langen, wie Pfluggriffe gebogenen Stäben, die aus der einen Seite herausragen und an deren äußere Enden ein geschwungener Balken aus außergewöhnlich leichtem Holz gebunden ist, welcher auf der Wasseroberfläche dahingleitet und einen somit auf dieser Seite vor dem Umschlagen bewahrt, während das Gewicht des Auslegers ein Kentern nach der anderen Seite, das sehr gefürchtet wird, verhindert. Bis man sich aber daran gewöhnt hat, auf dieser Messerklinge oben draufzusitzen, ist man geneigt, im geheimen zu folgern, daß es tröstlicher wäre, auf der anderen Seite auch einen Ausleger zu haben.

Ich hatte den Sitz vorn im Bug, und Billings saß mittschiffs und mit dem Gesicht zu dem Kanaken, der das Heck einnahm und das Paddeln besorgte. Mit dem ersten Schlag schoß die schmucke Nußschale wie ein Pfeil vom Ufer weg. Viel zu sehen gab es nicht. Während wir uns im seichten Wasser des Riffs befanden, war es jedoch ein Zeitvertreib, hinunter in die Durchsichtigkeit zu gucken, auf die großen Büschel von verästelten Korallen – das einzigartige Gesträuch des Meeres. Diese Beschäftigung wurden wir aber los, als wir hinaus aufs dunkelblaue tiefe Wasser kamen. Aber da genossen wir dann den Anblick der Brandung, die sich wütend gegen das klippenumsäumte Land stürzte und einen schaumigen Sprühregen hoch in die Luft schleuderte. Dieser vorspringende Saum bot uns ebenfalls Interessantes, denn er war wabenartig durchsetzt mit wunderlichen Höhlen und Gewölben und Gängen und erinnerte entfernt an die Ruinen von Burgen und Festungen, die sich aus dem ruhelosen Meer erhoben. Als diese Neuheit ihren Reiz verlor, lenkten wir unseren Blick zum Ufer hin und betrachteten den langen Berg mit seinem grünen Wald, der sich bis hinauf in die darüberhängenden Wolken erstreckte, und die verstreuten Häuser in der Ferne hinter uns und den schläfrig vor Anker hängenden und winzig klein gewordenen Schoner. Und als auch das langweilig wurde, stürzten wir uns mutig mitten in einen Schwarm großer, garstiger Tümmler, die mit ihrem ewigen Spiel beschäftigt waren, sich über einer Welle zu wölben und zu verschwinden, und dann noch einmal und immerzu – wie ein unaufhörliches Kreisen von tief eingetauchten Rädern. Doch die Tümmler machten sich radschlagend davon, und dann waren wir auf uns selbst angewiesen. Wir brauchten nicht lang, um zu entdecken, daß die Sonne wie ein Freudenfeuer brannte und das Wetter Schmelztemperatur hatte. Und obendrein machte es schläfrig.

An einer Stelle stießen wir auf eine große Gruppe nackter Eingeborener beiderlei Geschlechts und aller Altersstufen, die sich mit dem Nationalsport des Wellenreitens vergnügten. Der Eingeborene paddelt dabei drei- bis vierhundert Yard hinaus aufs Meer (unter Mitnahme eines kurzen Brettes), wendet dann dem Ufer zu und wartet, bis eine besonders riesige Woge kommt, schwingt sein Brett im richtigen Augenblick auf die Schaumkrone und sich selbst auf das Brett und zischt dann wie eine Granate vorbei. Ein Blitzexpreß schien nicht rasender dahinschießen zu können. In der Folge habe ich selber einmal versucht, eine Welle zu reiten, aber gelungen ist es mir nicht. Ich setzte das Brett richtig an und auch im richtigen Moment, verpaßte aber selber den Anschluß. In einer dreiviertel Sekunde schlug das Brett an Land, doch ohne jede Fracht, und in ungefähr derselben Zeit schlug ich auf Grund, aber mit ein paar Fässern Wasser in mir drin. Die Kunst des Wellenreitens wird niemals jemand so beherrschen wie die Eingeborenen.

Nach einer Stunde hatten wir vier Meilen geschafft und legten an einer ebenen Landspitze an, auf der sich eine Ansammlung von Ruinen befand, dazwischen viele hohe Kokospalmen. Hier war die alte »Freistatt« – eine gewaltige Einfriedung mit Steinmauern, fünfzehn Fuß hoch und am Fundament zwanzig Fuß dick; ein längliches Viereck, die eine Seite tausendvierzig und die andere siebenhundert Fuß lang. Innerhalb der Mauern gab es einst drei kunstlose Tempel, jeder zweihundertzehn Fuß lang, hundert breit und dreizehn hoch.

Wenn in jener alten Zeit jemand irgendwo auf den Inseln einen anderen getötet hatte, waren die Verwandten berechtigt, dem Mörder das Leben zu nehmen; und dann setzte eine Hatz um Leben und Freiheit ein – der für vogelfrei erklärte Übeltäter durch weglose Wälder und Berg und Tal fliehend und seine ganze Hoffnung auf die schützenden Mauern der Freistatt richtend, und der Bluträcher ihm scharf auf der Spur! Manchmal hielt das Rennen bis direkt zu den Tempeltoren an, und das keuchende Paar preschte durch lange Reihen von aufgeregten Eingeborenen, die den Kampf mit blitzenden Augen und geblähten Nüstern verfolgten und den gehetzten Flüchtling durch schrille, anfeuernde Zurufe ermutigten und einen schallenden Jubelschrei losließen, wenn sich die rettenden Tore hinter ihm schlossen und der geprellte Verfolger erschöpft auf der Schwelle niedersank. Mitunter aber fiel der fliehende Missetäter dem Rächer noch direkt vor dem Tor in die Hände, wo doch ein weiterer tapferer Schritt, eine einzige Sekunde seine Füße auf den heiligen Boden gebracht und ihn gegen jedes Ungemach gesichert hätten. Wo haben diese isoliert lebenden Heiden die Idee einer Freistatt her – diese alte orientalische Sitte?

Das ehrwürdige Heiligtum war allen geweiht – selbst bewaffneten Revolutionären und eindringenden Heeren. War er erst einmal innerhalb der Mauern und hatte er dem Priester gebeichtet und Absolution erhalten, konnte jeder Galgenvogel mit einem Preis auf seinem Kopf ohne Furcht und ohne Gefahr auftreten – denn er war tabu, und ihm etwas anzutun, bedeutete den Tod. Die verjagten Rebellen aus jener verlorenen Schlacht für den Götzendienst flohen an diesen Ort, um Asylrecht zu fordern, und auf diese Weise wurden viele gerettet.

Dicht an der Ecke der großen Einfriedung befindet sich ein sechs bis acht Fuß hoher runder Steinbau mit flachem Dach von zehn bis zwölf Fuß Durchmesser. Das war einst das Schafott. Ein hoher Wall aus Kokosnußhaufen schloß die grausamen Szenen von der gemeinen Menge ab. Hier tötete man Verbrecher, streifte ihnen das Fleisch von den Knochen, verbrannte es und verbarg die Knochen in Löchern im Innern des Baues. Handelte es sich um einen Schwerverbrecher, wurde die ganze Leiche verbrannt.

Die Mauern des Tempels regen zum Nachdenken an. Hier findet man denselben Anlaß zu Grübeleien, wie er dem Besucher der Pyramiden in Ägypten geboten wird – das Geheimnis, wie ein Volk ohne Technik und Wissenschaft sie erbaut hat. Die Eingeborenen verfügten über keine eigene Erfindung zum Heben schwerer Gewichte, sie hatten keine Lasttiere, und sie wußten nicht einmal, wie ein Hebel funktioniert. Und doch haben manche der Lavablöcke, die herausgebrochen, über unebenen Boden herangeschleppt und sechs bis sieben Fuß über der Erde in diese

Mauer eingebaut worden sind, beträchtliche Größe und wiegen Tonnen. Wie haben sie sie transportiert und wie hochbekommen?

Sowohl die inneren wie die äußeren Seiten der Mauern zeigen eine glatte Oberfläche und stellen sehr beachtliche Beispiele für gute Maurerarbeit dar. Die Blöcke haben alle möglichen Größen und Formen, sind aber dennoch mit größter Genauigkeit zusammengefügt. Die allmähliche Verjüngung der Mauer nach oben zu ist exakt durchgeführt.

Obwohl kein Mörtel benutzt wurde, ist der Bau kompakt und fest und kann jahrhundertelang Unwetter und Verfall trotzen. Wer diesen Tempel gebaut hat und wie er gebaut worden ist und wann, das sind Geheimnisse, die vielleicht nie enträtselt werden.

Außerhalb dieser alten Mauern liegt ein sargförmiger Stein, elf Fuß vier Zoll lang und am schmalen Ende drei Fuß im Quadrat (wiegen wird er ein paar tausend Pfund), den der Oberhäuptling, der vor vielen hundert Jahren über dieses Gebiet herrschte, eines Tages auf der Schulter hergebracht hat, um ihn als Kanapee zu benutzen! Diese Geschichte wird von den verläßlichsten Überlieferungen bestätigt. Er pflegte in seiner müßigen Art darauf langzuliegen, dabei auf seine für ihn arbeitenden Untertanen aufzupassen und Obacht zu geben, daß nicht »markiert« wurde. Und zweifellos wurde auch nicht markiert, denn er war ein Mann von jener Statur, die einen Arbeitnehmer zu eifriger Versenkung in seine Tätigkeit anregt. Er war so hoch wie ein Baum. Wenn er sich in ganzer Länge auf seinem Diwan ausstreckte, baumelten seine Beine herunter, und wenn er schnarchte, weckte er die Toten auf. Diese Angaben sind sämtlich durch unwiderlegbare Sagen beglaubigt.

Auf der anderen Seite des Tempels befindet sich ein mächtiger Siebentonner von Felsblock, elf Fuß lang, sieben breit und drei dick. Er ruht anderthalb Fuß über der Erde auf einem halben Dutzend kleiner steinerner Beine. Derselbe alte baumlange Kerl brachte ihn vom Berg herunter, bloß so zum Spaß (er hatte seinen eigenen Begriff von Spaß), und stellte ihn so auf, wie wir ihn jetzt finden und andere ihn vielleicht noch nach hundert Jahren finden werden, denn man würde zwanzig Pferde brauchen, um ihn aus seiner Lage zu verrücken. Vor fünfzig oder sechzig Jahren soll die stolze Königin Kaahumanu zwecks persönlicher Sicherheit immer zu diesem Felsen geflohen sein, wenn sie mit ihrem aufbrausenden Gemahl Krach hatte, und sich darunter versteckt haben, bis dessen Zorn verraucht war. Aber die Kanaken lügen, und dies ist eine ihrer gekonntesten Flunkereien – denn Kaahumanu war sechs Fuß groß und dick gebaut wie ein Ochse und hätte sich genausowenig unter diesen Felsen quetschen können, wie sie zwischen den Walzen einer Zuckerraffinerie hätte hindurchschlüpfen können. Was hätte sie gewonnen, selbst wenn es ihr gelungen wäre? Es war zwar demütigend für sie, daß ihr königlicher Gemahl sie so jagte und mißhandelte, und doch wäre sie darüber nicht so platt gewesen wie nach einer Stunde der Ruhe unter jenem Felsen.

Wir spazierten eine Meile über eine erhöhte Straße von gleichbleibender Breite, die mit flachen Steinen gepflastert war und in jeder Beziehung ein beachtliches Maß an technischem Können verriet. Einige sagen, der weise alte Heide Kamehameha I. habe sie geplant und angelegt, andere aber meinen, sie wäre schon so lange vor seiner Zeit gebaut worden, daß niemand mehr wüßte, von wem sie stamme. In jedem Fall aber ist sie als Werk eines ungebildeten und niedrigen Volkes erfreulich interessant. Die Steine sind abgewetzt und glatt und stellenweise auseinandergetrieben, so daß die Chaussee genauso wirkt wie jene alten aus Rom hinausführenden gepflasterten Landstraßen, die man auf Bildern sieht.

Ziel unserer Wanderschaft war die große natürliche Sehenswürdigkeit am Fuße der Vorberge: eine geronnene Lavakaskade. Irgendein alter vergessener Vulkanausbruch schickte hier seinen breiten Feuerstrom den Berg hinunter, und dieser ergoß sich von einer ungefähr fünfzehn Meter hohen überhängenden Steilwand in großem Gefälle bis unten auf die Erde. Der flammende Strom kühlte sich in den vom Meer kommenden Winden ab und ist heute noch da, ganz zernarbt und schaumig und gekräuselt, ein versteinerter Niagarafall. Sehr malerisch und zugleich so natürlich, daß man fast glauben möchte, er fließe noch. Ein kleineres Rinnsal tröpfelte über die Klippe und baute eine einsame Pyramide von zwölf Meter Höhe auf, die an ein Gewirr von riesigen, knorrigen und knotigen Ranken und Wurzeln und Stengeln erinnert.

Wir gingen hinter der Kaskade und der Pyramide hindurch und sahen, daß die Steilwand von mehreren höhlenartigen Stollen durchlöchert war, deren gekrümmte Gänge wir ein langes Stück verfolgten.

Zwei dieser gewundenen Stollen beweisen das Bergbautalent der Natur. Sie haben ebene Böden, eine Breite von sieben Fuß und sanft gewölbte Decken. Ihre Höhe ist jedoch nicht einheitlich. Wir kamen durch einen, der hundert Fuß lang ist und durch einen Vorsprung des Hügels führt und dann hoch oben in der steilen Wand eines Abgrundes herauskommt, dessen Fundament in den Wellen des Meeres liegt. Das ist ein bequemer Stollen, bloß daß man sich hier und da ein bißchen bücken muß. Die Decke besteht natürlich aus Lava und ist dicht besät mit kleinen, zollangen spitzen Lavazapfen, die beim Tröpfeln erstarrt sind. Sie hängen so dicht nebeneinander wie die Eisenzinken eines Maisabkerners, und wenn man sich hoch aufrichtet und dort ein Stück entlanggeht, wird einem das Haar umsonst gekämmt.

VIERUNDSIEBZIGSTES KAPITEL

Besichtigung des Vulkans · Der Krater · Die Feuersäule · Ein großartiges Bild · Ein Flammenmeer

Wir kamen rechtzeitig zu unserem Schoner zurück und segelten dann hinunter nach Kau, wo wir uns ausschifften und endgültig Abschied vom »Bumerang« nahmen. Am nächsten Tag kauften wir uns Pferde und lenkten unseren Weg über sommerliche Bergterrassen zu dem großen Vulkan Kilauea. Wir brauchten fast zwei Tage bis dorthin, aber bloß, weil wir so faul waren. Am zweiten Tag erreichten wir gegen Sonnenuntergang eine Erhöhung von rund zwölfhundert Metern über dem Meeresspiegel, und als wir vorsichtig unseren Weg über wellige Flächen von Lava bahnten, die vor langen Generationen auf dem Höhepunkt ihrer schäumenden Wut erstarb und erkaltete, stießen wir langsam auf Anzeichen der nahen Gegenwart des Vulkans – Anzeichen in Gestalt von zerklüfteten Spalten, aus denen Schwefeldampf in die Luft schoß, heiß von dem geschmolzenen Meer unten im Innern des Berges.

Nicht lange danach kam der Krater in Sicht. Inzwischen habe ich den Vesuv gesehen, aber der ist im Vergleich zu diesem hier bloß ein Spielzeugvulkan, ein Suppenkessel. Der Vesuv ist ein etwa elfhundert Meter hoher, wohlgestalteter Kegel und sein Krater ein umgestülpter Kegel von nur neunzig Meter Tiefe und dreihundert Meter Durchmesser, wenn überhaupt so groß; seine Feuer sind dürftig, bescheiden und fügsam. Hier dagegen war ein riesiger, von senkrechten Wänden umschlossener Keller, an manchen Stellen zweihundertfünfundsiebzig, an anderen vierhundert Meter tief, mit ebenem Boden und einem *Umfang von zehn Meilen!* Hier war eine gähnende Grube, in der sich unten die gesamte russische Armee lagern könnte und dennoch Platz übrig wäre.

Am Rande des Kraters, auf der uns gegenüberliegenden Seite, war ein kleines Aussichtshaus – sagen wir, dreihundert Meilen weit weg. Es half uns, durch Vergleich die große Tiefe des Beckens zu erkennen und zu würdigen – es sah aus wie ein an der Dachrinne eines Domes klebendes winziges Schwalbennest. Nach einiger dem Ausruhen und Schauen und Schätzen gewidmeten Zeit eilten wir weiter zum Hotel.

Auf dem Pfad ist es vom Vulkanhotel bis zu dem Aussichtshäuschen eine halbe Meile. Nach einem herzhaften Abendbrot warteten wir, bis es völlig dunkel war, und machten uns dann zum Krater auf. Der erste Blick in diese Richtung enthüllte ein Bild von wilder Schönheit. Über dem Krater hing ein drückender Nebel, von den Feuern unten prachtvoll angestrahlt. Diese Illumination reichte vielleicht zwei Meilen in die Breite und eine in die Höhe, und falls man schon mal bei dunkler Nacht und aus der Entfernung gesehen hat, wie das Licht von dreißig bis vierzig gleichzeitig brennenden Häuserblocks von darüberhängenden Wolken stark zurückgestrahlt wurde, kann man sich einen leidlichen Begriff davon machen.

Unmittelbar über dem Krater türmte sich eine gewaltige Wolkensäule ganz hoch in die Luft, und der äußere schwellende Rand einer jeden ihrer riesigen Falten glänzte in sattem Hochrot, das sich in den dazwischenliegenden Vertiefungen zu einem Blaßrosa abtönte. Sie glühte wie eine gedämpfte Fackel und reichte bis in schwindelerregende Höhe zenitwärts. Ich hielt es für durchaus möglich, daß man ihresgleichen noch nicht gesehen hatte, seit die Kinder Israel vor so vielen hundert Jahren auf ihrem langen Marsch durch die Wüste über einen von der geheimnisvollen »Feuersäule« erleuchteten Pfad wanderten. Und ich war überzeugt, von dieser majestätischen »Feuersäule« jetzt eine lebendige Vorstellung zu haben, die schon fast einer Offenbarung gleichkam.

In dem strohgedeckten Aussichtshäuschen angekommen, lehnten wir uns mit den Ellbogen auf das davor befindliche Geländer und schauten auf den breiten Krater hinaus und in den steilen Abgrund hinunter auf die siedenden Feuer unter uns. Der Anblick war überraschenderweise noch schöner als das, was ich bei Tage gesehen hatte. Um die Wirkung auf die übrige Gesellschaft festzustellen, wandte ich mich um und sah die rötesten Menschen, die mir jemals begegnet waren. In dem starken Licht brannte jeder Gesichtszug wie rotglühendes Eisen, war jede Schulter karminrot übergossen und nach hinten zu in düstere, formlose Finsternis getaucht! Der Ort unten sah aus wie die Hölle, und diese Leute wirkten wie Teufel, die soeben auf Urlaub heraufgekommen und erst halb abgekühlt waren.

Ich wandte meine Augen wieder dem Vulkan zu. Der »Keller« war leidlich gut erhellt. Auf anderthalb Meilen vor uns und eine halbe Meile nach beiden Seiten hin zeigte der Boden des Schlundes eine großartige Beleuchtung; jenseits dieser Grenzen hingen die Nebel ihre florartigen Vorhänge herab und warfen über alles ein trügerisches Düster, das die blinkenden Brände in den fernen Kraterecken endlose Meilen entrückte und wie die Lagerfeuer eines am Horizont kampierenden großen Heeres scheinen ließ. Hier war der Phantasie Raum gegeben, sich zu entfalten! Man konnte sich vorstellen, daß jene Lichter einen ganzen Erdteil entfernt seien – und daß unter der dazwischenliegenden Dunkelheit Hügel lägen und gewundene Flüsse und öde Ebenen und Wüsten –, und selbst dann erstreckte sich der ungeheure Ausblick immer noch weiter und weiter: bis hin zu den Bränden und noch weit darüber hinaus! Man konnte ihn nicht begrenzen – er war die Vorstellung von der greifbar gewordenen Ewigkeit – und deren längeres Ende dem bloßen Auge sichtbar gemacht!

Der größte Teil des riesigen Wüstenbodens unter uns war so schwarz wie Tinte und allem Anschein nach glatt und eben, aber über eine Quadratmeile davon war durchwebt und durchkreuzt und durchfurcht von tausend sich verästelnden Bächen flüssigen und strahlend leuchtenden Feuers! Das sah aus wie eine von Kettenblitzen auf mitternächtlichem Himmel gemalte überdimensionale Eisenbahnkarte des Staates Massachusetts. Man muß sich das vorstellen: ein kohlpechrabenschwarzer Himmel, zersplittert zu einem verworrenen Netzwerk von wütendem Feuer!

Hier und da schimmerten in die dunkle Kruste eingebrochene Löcher von hundert Fuß Durchmesser, und darin die geschmolzene Lava – in der Farbe ein blendendes Weiß mit leichtem Anflug von Gelb –, die wild brodelte und wallte; und aus diesen Löchern zweigten sich wie Speichen eines Rades zahllose helle Rinnsale nach vielen Richtungen ab und hielten eine Zeitlang ziemlich geraden Kurs und schwenkten dann in riesigen Regenbogenkurven herum oder schlugen eine lange Folge scharfer Haken, die haargenau wie der wildeste Zickzackblitz aussahen. Diese Bäche stießen auf andere Bäche und vermengten und durchkreuzten einander mehrfach in allen denkbaren Richtungen wie Schlittschuhspuren auf einer bevölkerten Eisbahn. Manchmal strömten aus den Löchern zwanzig bis dreißig Fuß breite Flüsse irgendwohin, ohne sich zu teilen, und durch den Feldstecher konnten wir sehen, daß sie kleine steile Hügel hinuntersprudelten – echte Feuerkatarakte, an ihrer Quelle weiß, sich aber bald zum sattesten Rot abkühlend, das mit abwechselnd schwarzen und goldenen Linien geädert war. Hin und wieder bröckelten Stücke dunkler Kruste ab und glitten wie Flöße auf einem Fluß langsam diese Ströme hinunter. Gelegentlich brach die unter der Kruste fließende geschmolzene Lava durch – riß wie ein plötzlicher Blitz einen blendenden Streifen von fünfhundert bis tausend Fuß Länge auf, und dann spaltete sich Fläche auf Fläche der kalten Lava, und die Stücke kanteten sich hoch wie Eisschollen, wenn ein Fluß aufbricht, und stürzten hinunter in den dunkelroten Kessel und wurden verschluckt. Diese weite »tauende« Fläche bewahrte ein Weilchen ein rötliches Glühen, kühlte sich dann aber gleich wieder ab und wurde schwarz und genau wie zuvor. Während des »Tauens« waren alle zerstückelten Schollen durch einen schimmernden weißen Rand gekennzeichnet, von Nordlichtstrahlen prachtvoll getönt, die, wo sie auf den weißen Saum trafen, gelb flammten und von dort aus zu ihren Spitzen hin zuerst in ein glühendes Hochrot ausliefen, dann in ein sattes Ziegelrot und schließlich in ein schwaches Blaßrot, das sich einen Augenblick behauptete und dann erlosch und schwarz wurde. Einige dieser Ströme zogen es vor, sich zu einem Durcheinander von phantastischen Kreisen zu vermischen, und da sahen sie aus wie das Gewirr von Tauen, das man auf Deck erblickt, wenn das Schiff gerade Segel eingezogen und Anker geworfen hat – vorausgesetzt, man kann sich diese Taue in Flammen stehend vorstellen.

Durch das Glas boten die ringsum aufsprühenden kleinen Fontänen ein schönes Bild. Sie brodelten und gurgelten und spuckten und verspritzten Duschen zähflüssigen roten Feuers – von einer Konsistenz wie beispielsweise Maisbrei – zusammen mit Schauern von strahlend weißen Funken zehn bis fünfzehn Fuß hoch in die Luft – ein seltsames und unnatürliches Gemisch von Blutgerinnseln und Schneeflocken!

Da waren Kreise und Schlangenlinien und Streifen von

Blitzen, alle ohne jede Unterbrechung über eine Fläche von mehr als einer Quadratmeile (soviel Boden war jedenfalls bedeckt, wenngleich auch nicht gerade »quadratisch«) gebündelt und verflochten und verschlungen, und wir dachten mit stillem Frohlocken daran, daß viele Jahre vergangen waren, seit ein Besucher ein so hervorragendes Schauspiel gesehen hatte – seit ein Besucher mehr als den »Nord-See« und den »Süd-See« in Tätigkeit gesehen hatte, die uns jetzt gering und unbedeutend erschienen. Wir hatten Stapel von alten hawaiischen Zeitungen sowie das Gästebuch im Vulkanhotel gelesen und waren informiert.

Den Nord-See konnte ich auf der schwarzen Ebene in der Ferne liegen sehen, weit hinten am äußeren Rande unseres Panoramas und mit diesem durch ein Gewebe von Lavaströmen verbunden. Für sich allein machte er nur sehr wenig mehr her als ein brennendes Schulhaus. Gewiß, er ist ungefähr neunhundert Fuß lang und zwei- bis dreihundert breit, aber unter den gegenwärtigen Umständen mußte er ziemlich unbedeutend erscheinen, und außerdem war er so weit von uns weg.

Ich habe vergessen zu sagen, daß der durch die blubbernde Lava verursachte Lärm nicht erheblich ist, wenn man ihn so wie wir von der hohen Warte dort oben hört. Er verursacht drei deutlich unterschiedene Geräusche – ein Rauschen, ein Zischen und ein Husten oder Puffen, und wenn man auf dem Rand steht und die Augen schließt, ist es kinderleicht, sich vorzustellen, daß man auf einem großen Niederdruckdampfer einen Fluß hinunterfährt und das Zischen aus den Kesseln und das Puffen der Ablaßventile und das stampfende Rauschen des Wassers hinter den Schaufelrädern hört. Der Geruch nach Schwefel ist stark, einem Sünder aber nicht unangenehm.

Wegen der Hitze aus Peles Feuerungslöchern verließen wir in halbgekochtem Zustand um zehn Uhr das Aussichtshäuschen, und in Decken gewickelt, denn die Nacht war kalt, kehrten wir in unser Hotel zurück.

FÜNFUNDSIEBZIGSTES KAPITEL

Der »Nord-See« · Feuerfontänen · Brennende Lavaströme · Flutwellen

Der nächste Abend war für einen Besuch auf den Grund des Kraters bestimmt, denn wir wollten seinen Boden beschreiten und uns den zwei Meilen auf die ferne Wand zu liegenden Nord-See (einen Feuersee) begucken. Nach dem Dunkelwerden machten sich ein halbes Dutzend von uns mit Laternen und eingeborenen Führern auf und kletterten in einer Spalte in der Kratermauer einen dreihundert Meter langen halsbrecherischen Pfad hinunter und langten wohlbehalten an.

Der Ausbruch von gestern abend hatte alle seine Kraft verbraucht, und der Boden sah schwarz und kalt aus, aber als wir drüberliefen, merkten wir an den Füßen, daß er doch heiß war, und außerdem zeigten sich überall Risse, welche die darunterliegenden rachsüchtig schimmernden Feuer enthüllten. Ein in der Nähe befindlicher Trichter drohte überzulaufen, und das erhöhte die Unsicherheit der Lage. Die eingeborenen Führer weigerten sich, das Unternehmen fortzusetzen, und dann desertierten alle bis auf einen Fremden namens Marlette. Er sagte, er wäre Dutzende Male bei Tage im Krater gewesen und glaube, sich in ihm auch nachts zurechtzufinden. Ein schneller Lauf von dreihundert Yard könne uns seiner Meinung nach so über den heißesten Teil des Bodens bringen, daß wir die Schuhsohlen dranbehielten. Sein Mut stärkte mir das Rückgrat. Wir nahmen eine Laterne und wiesen die Führer an, die andere ans Dach des Aussichtshäuschens zu hängen, damit sie uns als Leuchtzeichen diene, falls wir uns verirrten, und dann gingen die anderen zurück den Abgrund hinauf, und Marlette und ich rannten unser Stück. Wir sprangen munter über den heißen Boden und über die roten Spalten und erreichten die kalte Lava zwar sicher, aber mit ganz schön warmen Füßen. Dann benahmen wir uns lässig und gemütlich und hopsten mit beachtlicher Dreistigkeit über ziemlich breite und wahrscheinlich bodenlose Schlünde und schlängelten uns durch malerische Lavaaufhäufungen. Als wir von den siedenden Feuertrichtern einigermaßen entfernt waren, schienen wir uns in einer traurigen Wüste zu befinden, und in einer atemberaubend dunklen dazu, umgeben von verhangenen Wänden, die sich bis in den Himmel reckten. Das einzig Heitere waren hoch über uns die funkelnden Sterne.

Schließlich rief Marlette: »Halt!« Nie im Leben habe ich schneller gebremst. Ich fragte, was los sei. Er antwortete, wir seien vom Weg abgekommen. Ehe wir ihn nicht wiedergefunden hätten, dürften wir nicht versuchen weiterzugehen, denn wir seien von verrotteten Lavabetten umgeben, in die wir leicht einkrachen und dann dreihundert Meter hinunterstürzen könnten. Ich dachte so bei mir, mir würden schon zweihundert reichen, und wollte das Marlette gerade mitteilen, als der schon den teilweisen Beweis seiner Behauptung antrat, indem er zufällig durchsackte und bis an die Achseln verschwand. Er kam wieder raus, und wir suchten mit der Laterne nach dem Pfad. Marlette sagte, es sei nur ein einziger Weg da, und der auch bloß ungefähr. Wir konnten ihn nicht finden. Die Oberfläche der Lava sah im Licht der Laterne überall gleich aus. Er sagte, nicht die Laterne habe ihm mitgeteilt, daß wir vom Wege abgekommen seien, sondern seine *Füße*. Als er ein bröckelndes Knirschen von feinen Lavanadeln unter den Füßen bemerkte, habe ihn ein Instinkt daran erinnert, daß diese auf dem Pfad bereits alle abgetreten gewesen seien. So stellte er die Laterne hinter sich hin und begann, statt mit den Augen mit seinen Stiefeln zu suchen. Das war kein übler Scharfsinn. Beim erstenmal, als sein Fuß eine Oberfläche berührte, die nicht unter ihm knirschte, verkündete er, der Pfad sei wieder gefunden, und von da an paßten wir scharf auf den raspelnden Ton auf und wurden so jedesmal rechtzeitig gewarnt.

Es war ein langer, dafür aber aufregender Fußmarsch. Zwischen zehn und elf Uhr erreichten wir den Nord-See und setzten uns müde, aber zufrieden auf einen riesigen überhängenden Lavasims. Das Bild, das sich uns bot, war es wert, die doppelte Entfernung zu wandern. Unter uns und weit vor uns ausgedehnt, wogte ein Meer aus flüssigem Feuer von scheinbar grenzenlosem Umfang. Sein Schein blendete derart, daß es ein Weilchen dauerte, bis wir es aushalten konnten, ständig die Augen dort hinzuwenden. Es war wie ein Starren in die Mittagssonne, nur daß das Licht nicht ganz so weiß war. Rings um die Ufer des Sees befanden sich in ungleichmäßigen Abständen vier bis fünf Fuß hohe, nahezu weißglühende Schornsteine oder Hohlzylinder aus Lava, und aus diesen schossen prachtvolle Sprühregen von Lavaklumpen und Flitterwerk hervor, manche weiß, manche rot und manche golden – ein endloses Bombardement, dessen unübertrefflichen Glanz das Auge gebannt hielt. Die entfernteren Springquellen, die durch einen dazwischenhängenden Dampfschleier aufglitzerten, schienen Meilen entfernt zu sein, aber je weiter die geschwungenen Reihen von Feuerfontänen zurücktraten, um so märchenhafter und schöner wirkten sie.

Hin und wieder wurde der wogende See dort unter uns beunruhigend still und schien Kraft zu neuem Anlauf zu sammeln; und ganz plötzlich hob sich dann eine rote Lavakuppel vom Umfang eines normalen Wohnhauses wie ein entweichender Ballon hoch, zerplatzte, und aus ihrem Innern spritzte ein blaßgrüner Dampfnebel und flutete nach oben und verschwand im Dunkel – sicher eine sich aus der Gefangenschaft bei den Verdammten heim- und himmelwärts schwingende befreite Seele. Das klatschende Wiedereintauchen der zerstörten Kuppel in den See ließ eine Unzahl kochender Wogen gegen das Ufer peitschen und erschütterte das Fundament unseres Sitzplatzes. Schließlich stürzte von dem hängenden Sims, auf dem wir saßen, ein locker gewordenes Stück in den See, ließ die Umgebung erdbebengleich erzittern und deutete etwas an, was vielleicht und vielleicht auch nicht als Wink gemeint war. Wir warteten es nicht ab.

Auf dem Rückweg verirrten wir uns wieder und suchten über eine Stunde nach dem Pfad. Wir befanden uns an einer Stelle, wo wir das Leuchtzeichen auf dem Aussichtshäuschen sehen konnten, hielten es jedoch für einen Stern und achteten nicht darauf. Reichlich erschöpft kamen wir um zwei Uhr morgens im Hotel an.

Der Kilauea überflutet zwar niemals seinen Krater, bricht sich aber, wenn er einmal Erleichterung braucht, durch die Bergseite einen Abfluß für seine Lava, und dann gibt es eine schreckliche Verwüstung. Um 1840 entleerte er seinen überladenen Magen und ließ einen breiten Feuerstrom ans Meer hinunterstürzen, der Wälder, Hütten, Plantagen und alles wegfegte, was auf seinem Wege lag. Dieser Strom war an manchen Stellen *fünf Meilen breit* und *sechzig Meter tief*, und die Strecke, die er zurücklegte, betrug vierzig Meilen. Er riß ackergroße Stücke Land mit sich und trug sie weg wie Flöße – mit Felsen, Bäumen und allem drauf. Im Dunkeln war der rote Schein hundert Meilen weit auf dem Meer zu sehen, und in einer Entfernung von vierzig Meilen konnte man mitten in der Nacht kleine Druckschrift lesen. Die Luft war mit Phosphordampf vergiftet und mit einem Regen von Asche, Bimsstein und Schlacke erfüllt; zahllose Rauchsäulen stiegen auf und vermengten sich zu einem zerknüllten Baldachin, der den Himmel verbarg und durch die Reflexion der Feuer unten rötlich glühte; hier und dort schossen Lavafontänen ... zig Meter hoch in die Luft, platzten wie Feuerwerkskörper und kamen als grellrote Schauer auf die Erde zurück; und die ganze Zeit über wurde der kreißende Berg von dem großen Schlaganfall der Natur erschüttert und verlieh seiner Not durch Stöhnen und durch das gedämpfte Dröhnen unterirdischen Donnerns Ausdruck.

Fische wurden zwanzig Meilen längs der Küste getötet, wo die Lava ins Meer trat. Die Erdbeben forderten einige Verluste an Menschenleben, und eine ungeheure Flutwelle fegte in das Land hinein und trieb alles vor sich her und tötete eine Anzahl von Eingeborenen. Die Zerstörung entlang der von dem Lavastrom zurückgelegten Strecke war restlos und nicht zu berechnen. Es hatten bloß ein Pompeji und ein Herkulaneum am Fuße des Kilauea gefehlt, sonst wäre die Geschichte des Ausbruchs unsterblich geworden.

SECHSUNDSIEBZIGSTES KAPITEL

Ein Schlag aus der Jugendzeit · Noch eine Pferdegeschichte · Meine Kutschfahrt mit dem pensionierten Milchwagengaul · Eine Landpartie · Der erloschene Vulkan Haleakala · Vergleich mit dem Vesuv · Blick nach innen

Wir ritten um die ganze Insel Hawaii herum (die gekrümmte Straße macht das zu einer Strecke von zweihundert Meilen) und genossen diese Tour sehr. Wir brauchten über eine Woche dazu, weil unsere Kanakenpferde an keinem Haus vorbei wollten, ohne anzuhalten – sie ließen sich weder durch Peitsche noch durch Sporen umstimmen, und so fanden wir schließlich, daß es Zeit sparte, wenn wir ihnen ihren Willen ließen. Auf unser Fragen wurde das Geheimnis erklärt: die Eingeborenen sind solch ausgemachte Klatschmäuler, daß sie nie an einem Haus vorbeigehen, ohne zu halten und Neuigkeiten auszutauschen, und folglich lernen ihre Pferde, dies als wesentlichen Teil aller Menschenpflicht anzusehen, ohne den kein Heil erlangt werden kann. Da ich jedoch auf einem früheren Höhepunkt meines Lebens einmal eine vornehme junge Dame in einer Kutsche ausgefahren hatte, mit einem Pferd, das eben erst von einer langen und ehrenhaften Laufbahn als Zugkraft eines Milchwagens abgetreten war, löste die jetzige Sache bei mir statt Verärgerung, was viel natürlicher gewesen wäre, nur traurige Erinnerungen aus. Ich mußte daran denken, wie hilflos ich an jenem Tage war und wie gedemütigt; wie ich mich schämte, dem Mädchen angedeutet zu haben, ich besäße das Pferd schon immer und wäre Vornehmheit gewöhnt; wie ich mich anstrengte, lässig und sogar aufgeräumt zu wirken, unter Qualen, die mein Mark verzehrten; wie ruhig und boshaft das Mädchen lächelte und dieses Lächeln beibehielt, während die heiße Schamröte in meinem Gesicht Dauerstellung bezog; wie der Gaul bedächtig von der einen Straßenseite zur anderen trottete und vor jedem dritten Haus zweieinviertel Minuten selbstzufrieden stehenblieb und ich dann seinen Rücken bearbeitete und ihn innerlich beschimpfte; wie ich vergebens versuchte, ihn daran zu hindern, um Ecken zu biegen; wie ich Himmel und Erde in Bewegung setzte, ihn aus der Stadt herauszubekommen, es mir aber nicht gelang; wie er die gesamte Siedlung abklapperte und hundertzweiundsechzig Wohnungen mit imaginärer Milch belieferte; und wie er schließlich vor einer Molkerei hielt und sich weigerte weiterzugehen, und somit die Enthüllung abrundete und komplett machte, welcher plebejischen Tätigkeit er sein Leben lang nachgegangen war; wie ich unter beredtem Schweigen das Mädchen zu Fuß nach Hause brachte, und wie ihre Abschiedsworte so saßen und brannten, daß es mich von oben bis unten mit Blasen zu bedekken schien: mein Pferd sei zwar ein feines, geschicktes Tier und ich müsse zu meiner Zeit eine große Stütze an ihm gehabt haben – aber wenn ich nächstes Mal ein paar Milchrechnungen mitnehmen und so tun würde, als liefere ich sie an den diversen Halteplätzen ab, könnte das seine Schritte vielleicht ein wenig beschleunigen. Danach herrschte zwischen uns Kühle.

An einer Stelle auf Hawaii sahen wir einen gleichsam spitzenbesetzten und gekräuselten glasklaren Wasserfall über einen Steilhang von rund fünfhundert Meter Höhe stürzen, aber eine solche Landschaftskulisse findet ihren treuesten Verbündeten wohl eher in der Arithmetik als in der bildhaften Wirkung. Wenn man sich von einem Gedicht der Natur bewegen lassen will, das sie aus der vereinten Anmut von malerischen Felsen, Fernblicken, Laub, Farbe, wechselndem Licht und Schatten und fallendem Wasser geschaffen hat, daß einem von der machtvollen Verzauberung fast die Tränen ins Auge steigen, braucht man nicht aus Amerika fortzugehen. Der Rainbow Fall im Watkins Glen im Staat New York an der Erie-Bahn ist ein Beispiel dafür. Dieser Wasserfall fiele ins Unbedeutende ab, würde der gefühllose Tourist seine Maße berechnen; doch im Wettbewerb um landschaftliche Anmut und Harmonie, den der Erhabene und Erlauchte und Höchste verhindert hat, könnte er die Alte und die Neue Welt in die Schranken fordern, etwas ihm Ebenbürtiges vorzuweisen.

Einmal sahen wir auf unserer Tour ein paar Pferde, die oben im Gebirge, oberhalb der Wasserscheide, geboren waren und folglich nie im Leben diese Flüssigkeit getrunken hatten und nur gewöhnt waren, ihren Durst durch das Fressen von taubespritzten oder regennassen Blättern zu stillen. Und nun war es zum Umwerfen komisch anzusehen, wie sie argwöhnisch einen Eimer Wasser beschnüffelten und dann die Nasen reinsteckten und versuchten, von dem Naß ein Stück abzubeißen, als wäre es ein fester Körper. Als sie merkten, daß es flüssig war, fuhren sie mit den Köpfen zurück und fingen an zu zittern und zu schnauben und andere Anzeichen von Angst zu zeigen. Nachdem sie sich schließlich überzeugt hatten, daß das Wasser freundlich und harmlos war, steckten sie ihre Nasen bis an die Augen hinein, brachten einen Mundvoll heraus und machten sich daran, ihn genüßlich zu *zerkauen*. Wir erlebten, wie ein Mann eines dieser Pferde fünf bis zehn Minuten lang mit Peitsche und Sporen bearbeiten mußte, ehe er es dazu bewegen konnte, einen fließenden Bach zu überqueren. Es blähte die Nüstern, ließ die Augen heraustreten und flog am ganzen Leibe, genauso wie sich Pferde vor Schlangen zu gebärden pflegen – und wer weiß, vielleicht hielt es den schleichenden Bach wirklich für eine Schlange.

Reitplanmäßig endete unsere Tour in Kawaehae (gewöhnlich To-a-hei gesprochen – aber ehe wir über diese umständliche Orthographie meckern, die zu einem so anspruchslosen Ergebnis führt, wollen wir lieber erst unserem Wort »though« das ugh wegstutzen, das nicht gesprochen wird). Ich machte diesen Ritt auf einem Muli. Ich hatte in Kau (ke-uh) zehn Dollar dafür bezahlt, vier dazugelegt, um es beschlagen zu lassen, es zweihundert Meilen geritten und verkaufte es nun für fünfzehn Dollar. Ich markiere diesen Umstand mit einem weißen Stein (in Ermangelung von Kreide – denn ich habe noch nie einen weißen Stein gesehen, mit dem sich etwas markieren ließe, obwohl ich es aus Achtung vor den Alten oft versucht habe); weil das bis zu jenem Tage die erste strikt kommerzielle Transaktion war, in die ich mich je eingelassen und dabei gewonnen hatte.

Wir kehrten nach Honolulu zurück und segelten dann von dort nach der Insel Maui, wo wir ein paar angenehme Wochen verbrachten. Ich erinnere mich noch mit einem Gefühl lässigen Genusses an eine Landpartie, eine romantische Schlucht entlang, das sogenannte Iao-Tal. Der Pfad führte am Rande eines tosenden Baches am Grunde der Schlucht hin – ein schattiger Weg, denn die grünen Kuppeln der Waldbäume wölbten sich darüber zu einem Dach. Durch Öffnungen im Laub erhaschten wir Blicke auf eine malerische Landschaft, die sich mit jedem Schritt weiter unaufhörlich veränderte und neue Reize enthüllte. Senkrechte Wände von dreihundert bis neunhundert Meter Höhe bewachten den Weg und waren an manchen Stellen mit mannigfaltigem Laubwerk betupft und an anderen in wellige Farne gehüllt. Vorüberziehende Wolkenfetzen warfen ihre Schatten quer über diese leuchtenden Fassaden und besprenkelten sie mit Flecken; wogende Massen von weißem Dunst verbargen die türmchengeschmückten Gipfel, und hoch über dem Dunst enthüllte sich ein Hintergrund von schimmernden grünen Klippen und Kegeln, die durch den Schleier auftauchten und verschwanden wie im Nebel treibende Inseln; manchmal senkte sich der Wolkenvorhang herab, bis die halbe Schluchtwand verdeckt war, riß dann streifenweise auf, so daß man nur luftige Blicke auf die Farnflächen erhaschen konnte, schwang sich hoch hinauf und gab das sonnenbeglänzte Bild wieder frei. Im Verlauf der Wanderung sahen wir ab und zu, wie sich Felsbastionen aus der Wand wölbten – eine imitierte Burgruine mit Zinnen auf den Wällen und zerfallenen Türmen, moosüberzogen und mit Gewinden von schwingenden Kletterpflanzen behängt –, und als wir weiterzogen, wölbten sie sich zurück und verbargen sich wieder. Nach einiger Zeit trat hinter einer Ecke eine grünbezogene, dreihundert Meter hohe Felsnadel hervor und stand Wache über die Geheimnisse des Tals. Mir schien, daß, falls Captain Cook ein Denkmal brauchte, es hier bereits fix und fertig dastand – weshalb bringt man also nicht sein

Zeichen hier an und verkauft den altehrwürdigen Kokospalmenstumpf?

Der Hauptstolz von Maui aber ist sein erloschener Vulkan Haleakala – was übersetzt »Haus der Sonne« heißt. Wir kletterten eines Nachmittags die Seite dieses isolierten Kolosses dreihundert Meter hoch, kampierten dort, kletterten am nächsten Tage die restlichen zweitausendsiebenhundert Meter hinauf und gingen auf dem Gipfel vor Anker, wo wir uns ein Feuer bauten und die ganze Nacht abwechselnd erfroren und schmorten. Im ersten Dämmerschein standen wir auf und sahen Dinge, die wir noch nie gesehen hatten. Auf einer alles überragenden Zinne sitzend, beobachteten wir, wie Mutter Natur ihre stillen Wunder wirkte. Nach beiden Seiten erstreckte sich das Meer; in der Entfernung schien seine zerfurchte Oberfläche nur kleine Krähenfüße und Grübchen zu haben. Unten erinnerte ein breites Tal an ein geräumiges Schachbrett; seine samtig grünen Zuckerplantagen wechselten ab mit schmutzigbraunen kahlen Vierecken und zu Mooskissen verkleinerten Baumhainen. Jenseits des Tals hatten sich Berge malerisch gruppiert; aber man bedenke, wir kamen uns vor, als schauten wir auf all das *hinauf* – nicht hinunter. Wir schienen auf dem Grund einer wohlgeformten Schüssel zu sitzen, dreitausend Meter tief, und das Tal und das angrenzende Meer schienen weit weg in den Himmel über uns gehoben! Es war eigenartig, aber nicht bloß eigenartig, sondern auch ärgerlich; denn es bedeutete, daß wir uns alle Mühe umsonst gemacht hatten; dreitausend Meter gen Himmel raufkraxeln und dann auf die Landschaft hochgucken müssen! Aber wir mußten uns damit abfinden und das Beste draus machen; denn die Landschaft hätte sich von uns nicht aus den Wolken herunterbitten lassen. Als ich früher einmal einen Artikel las, in dem Poe diesen von einsam liegenden großen Höhen verübten einzigartigen Augenbetrug behandelt, sah ich das als eins seiner Phantasieprodukte an.

Ich habe bisher von dem Blick nach außen gesprochen – wir hatten aber auch einen nach innen. Nämlich in den gähnenden toten Krater, in den wir von unserem hohen

Sitz aus ab und zu Felsbrocken von halber Faßgröße abstürzen ließen und zusahen, wie sie die fast senkrechten Seiten hinunterplumpsten, wie sie mit einem Sprung hundert Meter weit hüpften und überall, wo sie aufschlugen, Staubwolken aufwirbelten, wie sie uns immer kleiner vorkamen, je weiter sie sausten, und schließlich langsam unsichtbar wurden, wie sie uns ihren Weg durch schwache Staubwölkchen verrieten und zuletzt am Boden des Abgrundes zur Ruhe kamen, siebenhundertfünfzig Meter tiefer als ihr Ausgangspunkt! Es war ein großartiges Vergnügen! Wir genossen es, bis wir erschöpft waren.

Der Krater des Vesuvs ist, wie schon bemerkt, eine bescheidene Grube von rund dreihundert Meter Tiefe und neunhundert Meter Umfang; der des Kilauea ist etwas tiefer und hat *zehn Meilen* Umfang. Aber was sind beide im Vergleich zum leeren Magen des Haleakala? Ich will hier nicht meine Zahlen geben, sondern die amtlichen – die von Korvettenkapitän Wilkens von der amerikanischen Marine, der ihn vermessen hat und bezeugt, daß er *siebenundzwanzig Meilen Umfang* mißt! Hätte der Krater einen ebenen Boden, gäbe er einen schönen Bauplatz für eine Stadt wie London ab. Es muß in alten Zeiten ein furchterregendes Bild gewesen sein, wenn seine Feuerungslöcher ihrer Wut die Zügel schießen ließen.

Nach einer Weile kamen hoch über Meer und Tal treibende weiße Wolken angestreunt, erst einzeln, dann paar- und gruppenweise und schließlich in stattlichen Schwadronen, und langsam versammelten sie sich zu ihrer Truppe und ballten sich eng zusammen, dreihundert Meter unter uns, und *riegelten Land und Meer vor unserem Blick völlig ab* – kein Eckchen von irgend etwas blieb in Sicht, außer einem winzigen Stück Kraterrand, das sich von der Zinne wegbog, auf der wir saßen (denn durch eine Lücke in der Kraterwand war ein gespenstischer Zug von Wanderern jener verschleierten Schar dort draußen hereingetrieben worden und marschierte immer wieder rundherum und sammelte sich und strömte und sank ineinander, bis der Schlund bis zum Rande mit flockigem Nebel gefüllt war). So eingebettet, hörte die Bewegung auf, und es herrschte Stille. Weithin bis zum Horizont, Meile auf Meile, erstreckte sich ohne Unterbrechung der schneeige Boden – nicht eben, sondern mit kleinen Wölbungen und dazwischen Faltenbrüchen und hier und da stattlichen Dunstgebäuden, die sich hoch über die Ebene erhoben – manche ganz nah, einige im Mittelgrund und andere, als betonten sie die Eintönigkeit der fernen Einsamkeiten. Wir sprachen wenig, dazu war das Schauspiel zu eindrucksvoll. Ich kam mir vor wie der letzte Mensch, vom Jüngsten Gericht übersehen und auf halbem Wege zum Himmel sitzengelassen, ein vergessenes Überbleibsel einer verschwundenen Welt.

Während die Stille noch brütete, erschienen im Osten schon die Boten des neuen Tages. Eine zunehmende Wärme strömte den Horizont entlang, und bald tauchte die Sonne auf und blickte über das Wolkenmeer, warf Streifen rötlichen Lichtes darauf, bemalte seine Wölbungen und Wogenkämme mit Karmin und die beschatteten Wellentäler dazwischen mit Purpur und ließ die aufgetürmten Dunstpaläste und -kathedralen im verschwenderischen Glanz aller Farbmischungen und -kombinationen erstrahlen.

Es war das großartigste Schauspiel, das ich je erlebt habe, und die Erinnerung daran wird mich wohl nie verlassen.

SIEBENUNDSIEBZIGSTES KAPITEL

Ein komischer Kauz · Eine Reihe von Geschichten · Trauriges Schicksal eines Spinners · Beweis von Geistesschwäche

Auf Maui begegnete ich einem komischen Kauz, der mir mit der Zeit zur reinsten Plage wurde. Das erstemal sah ich ihn in einer Art Schankstube in der Stadt Lahaina. Er hatte einen Stuhl auf der entgegengesetzten Seite des Raumes inne und saß da und musterte uns ein paar Minuten lang interessiert und hörte uns so aufmerksam zu, als bilde er sich ein, wir unterhielten uns mit ihm und erwarteten, daß er antworte. Von einem Fremden recht freundlich, fand ich. Im Verlauf des Gesprächs sagte ich dann etwas zu dem zur Debatte stehenden Thema – sagte es entsprechend bescheiden, denn es war nichts Außergewöhnliches und sollte nur eine strittige Frage illustrieren. Ich hatte kaum ausgeredet, da ließ sich dieser Mensch ganz schnell und mit fieberhafter Aufregung vernehmen:

»In gewissem Sinne zweifellos beachtlich, aber da hätten Sie mal *meinen* Schornstein sehen sollen – *meinen*, den hätten Sie mal sehen sollen, Herr! Der hat vielleicht *geraucht*! Ich will gehängt werden, wenn der nicht – Mr. Jones, Sie erinnern sich doch an diesen Schornstein, *müssen* sich doch erinnern! Ach nein – jetzt entsinne ich mich, Sie haben damals ja nicht hier auf unserer Seite der Insel gewohnt. Aber ich erzähle Ihnen nichts als die Wahrheit, und ich will tot umfallen, wenn dieser Schornstein nicht so gedampft hat, daß der Rauch, sage und schreibe! drin *festgebacken* ist und ich ihn mit einer Picke habe raushacken müssen! Sie können ruhig lächeln, meine Herren, aber der Oberlandrat, der hat einen Klumpen davon, den ich vor seinen Augen abgehackt habe; Sie können also ganz leicht hingehen und sich selber davon überzeugen.«

Diese Unterbrechung beendete unser Gespräch, das sowieso nicht mehr sehr lebhaft gewesen war, und dann nahmen wir uns ein paar Kanaken mit Auslegereinbäumen und ließen uns hinausfahren, um einem großen Wettkampf im Wellenreiten zuzusehen.

Zwei Wochen später, während ich mich gerade in Gesellschaft unterhielt, blickte ich auf und entdeckte denselben Mann, der mich gespannt mit seinen Augen durchbohrte, und ich bemerkte wieder sein zuckendes Gesicht und sein fieberhaftes Redeverlangen.

»Entschuldigen Sie, mein Herr, entschuldigen Sie nur, aber als bemerkenswert läßt sich das nur ansehen, wenn man es isoliert betrachtet. Vergleicht man es aber mit etwas, was *ich* mal gesehen habe, wird es sofort unbedeutend. Nein, das nicht – ich möchte mich schließlich nicht unhöflich über etwas aus dem Leben eines Fremden und eines Gentleman äußern –, aber ich sehe mich *genötigt* zu sagen, daß Sie diesen Baum nie wieder als *groß* bezeichnen könnten und auch nicht als groß bezeichnen würden, wenn Sie wie ich den riesigen Yakmatack-Baum auf der Insel Ounaska im Kamtschatka-Meer gesehen hätten – einen Baum, Herr, von nicht einem Zoll weniger als soliden vierhundertundfünfzehn Fuß Durchmesser! Und ich will auf der Stelle verröcheln, wenn das nicht stimmt! Sie brauchen gar nicht so zweifelnd zu gucken, meine Herren; hier, der alte Käpten Saltmarsh kann Ihnen sagen, ob ich weiß, wovon ich rede. Dem habe ich den Baum gezeigt.«

Kapitän Saltmarsh: »Na, na, nun mal Anker gekattet, Freundchen – ist ein bißchen zu stramm gewickelt. Sie hatten *versprochen*, mir dieses Prunkstück zu zeigen, und ich bin mit Ihnen auf der Suche danach über elf Meilen durch den vertracktesten Urwald gelaufen, den ich je gesehen habe; aber der Baum, den Sie mir schließlich gezeigt haben, ist rundrum nicht mal so dick wie 'n Bierfaß gewesen, und das wissen Sie selber, Markiss.«

»Nun höre einer diesen Mann reden! *Natürlich* war der Baum kleiner geworden, aber habe ich das nicht *erklärt?* Antworten Sie, habe ich das nicht? Habe ich nicht gesagt, ich wollte, Sie hätten ihn so sehen können, wie er war, als *ich* ihn das erstemal sah? Als Sie dann den Koller kriegten und unfein zu mir wurden und sagten, ich hätte Sie elf Meilen weit geschleppt, um Ihnen einen Schößling zu zeigen, habe ich Ihnen da nicht *auseinandergesetzt*, daß all die Walfangschiffe auf den Nordmeeren seit über siebenundzwanzig Jahren ständig ihr Feuerungsholz von ihm geholt hätten? Hatten Sie denn, verflixt noch mal, gemeint, der Baum reicht ewig? Ich begreife nicht, warum Sie das auf solche Art und Weise für sich behalten wollen und jemand zu beleidigen versuchen, der Ihnen nie was getan hat.«

Irgendwie war mir die Anwesenheit dieses Menschen unbehaglich, und so war ich froh, als in diesem Augenblick ein Eingeborener kam, um zu sagen, Muckawow, der geselligste und anspruchsvollste unter den Kriegshäuptlingen Hawaiis, möchte, daß wir rüberkommen und ihm helfen, einen Missionar zu genießen, den er beim unbefugten Betreten seines Gebietes angetroffen habe.

Ich glaube, es war ungefähr zehn Tage später – ich hatte gerade eine Bemerkung gemacht, die zur Belehrung einer Gruppe von Freunden und Bekannten dienen und die keineswegs irgendwie etwas Besonderes sein sollte – als meinem letzten Wort sofort eine vertraute Stimme auf den Fersen folgte:

»Aber, lieber Herr, an dem Pferd war doch nichts Bemerkenswertes dran und genausowenig an der Geschichte – kein bißchen! Ich will Sie ja nicht beleidigen, Herr, aber von Schnelligkeit haben Sie wirklich nicht die geringste Ahnung. Herrgott, wenn Sie doch bloß meine Stute Margaretta erlebt hätten, *das* war ein Tierchen! Da hätten Sie mal einen geölten Blitz sehen können! Trab! Hach, gar kein Ausdruck – sie ist geflogen! Die vor einen Buggy, und das war der reinste Schnellzug! Habe sie mal laufen lassen, Herr – Colonel Bilgewater, *Sie* erinnern sich doch noch sehr gut an diesen Renner –, habe sie also mal laufen lassen, so zirka dreißig bis fünfunddreißig Schritt vor dem schrecklichsten Gewitter her, das ich je im Leben mitgemacht habe, und das hat uns über achtzehn Meilen weit gejagt! Jawohl, bei allem, was mir heilig ist! Und es ist die lauterste Wahrheit, wenn ich sage, daß ich keinen einzigen Tropfen Regen abgekriegt habe – keinen einzigen, Herr! Da lege ich einen Eid drauf ab! Mein Hund aber, der hat die ganze Strecke hinter dem Wagen herschwimmen müssen!«

Eine Woche oder so hielt ich mich meist zu Hause auf, denn ich schien diesem Menschen überall zu begegnen, und er war mir schon ganz verhaßt geworden. Eines Abends jedoch ging ich kurz zu Kapitän Perkins und seinen Freunden hinüber, und wir machten es uns gemütlich. So gegen zehn Uhr erzählte ich zufällig von einem mir bekannten Kaufmann, und eigentlich ohne es zu wollen, entschlüpfte mir, daß er in der Entlohnung seiner Arbeiter ein wenig knickrig und filzig sei. Wie aus der Pistole geschossen kam durch den Dampf eines Whiskypunsches von der gegenüberliegenden Zimmerseite her eine vertraute Stimme (und einen Augenblick lang schwebte ich unmittelbar am Rande eines Fluches):

»Aber, bester Herr, Sie machen sich glattweg lächerlich,

wenn Sie das als erstaunlich anführen. Du lieber Gott, Sie haben von Knickrigkeit wirklich nicht den allerblassesten Schimmer – sind da so unwissend wie ein neugeborenes Kind, ja, wie neugeborene *Zwillinge!* Es tut einem direkt leid, mit anzusehen, wie Sie, Herr, ein redegewandter und gewinnender Fremder, soviel Getue um eine Sache machen, bei der Ihre Unkenntnis schon geradezu erniedrigend ist. Haben Sie die Güte und schauen Sie mir ins Auge. John James Godfrey war der Sohn armer, aber ehrbarer Eltern im Staate Mississippi – in der Jugend mein Spielgefährte – in späteren Jahren mein Busenfreund. Der Himmel schenke seiner edlen Seele Frieden, denn John James Godfrey weilt nicht mehr unter uns. Er war bei der Heublüten-Minengesellschaft in Kalifornien angestellt, um für sie ein bißchen zu sprengen – die Jungens nannten sie immer ›Geizkragen-AG‹. Also eines Tages hatte er ein vier Fuß tiefes Loch gemacht und eine ganz große Sprengladung reingetan und stand nun drüber und stopfte sie mit einer eisernen Brechstange von zirka neun Fuß Länge fest, als das verflixte Ding einen Funken schlug und das Pulver entzündete, und ssst! zischte John Godfrey hoch wie eine Himmelsrakete, er und seine Brechstange! Jawohl, Herr, immer weiter, immer höher in die Luft, bis er bloß noch so groß war wie ein Kind – und höher und höher, bis er bloß noch so groß war wie eine Puppe – und immer noch höher, bis er bloß noch so groß war wie eine kleine Biene – und dann war überhaupt nichts mehr zu sehen! Schließlich aber war er wieder zu sehen und sah so groß wie eine kleine Biene aus – und kam immer tiefer, bis er wieder so groß wie eine Puppe aussah – und tiefer und tiefer, bis er schon wieder aussah wie ein Kind – und immer noch tiefer, bis er wieder ein ausgewachsener Mann war, und dann kam er mit seiner Brechstange runtergesaust und landete haargenau auf derselben alten Stelle und stopfte weiter fest und weiter fest und weiter fest, als wenn gar nichts gewesen wäre! Aber nun stellen Sie sich vor: Obwohl der arme Kerl keine sechzehn Minuten weg war, hat die Geizkragen-AG ihm doch prompt *die verlorene Zeit abgezogen!*«

Ich erklärte, ich hätte Kopfschmerzen, entschuldigte mich und ging nach Hause. Und in mein Tagebuch schrieb ich: »Wieder ein Abend durch diese Nervensäge verpatzt.« Und dazu einen von Herzen kommenden Fluch, damit die Eintragung Gesellschaft hatte. Und gleich am nächsten Tag packte ich, da es mir reichte, meine Koffer und verließ die Insel.

Ich hatte diesen Menschen fast von Anfang an für einen Lügner gehalten.

* * * *

Die obigen Sternchen stellen einen Zwischenraum von mehreren Jahren dar. Nach dieser Zeit sollte das in jenem letzten Satz geäußerte gewagte Urteil eine befriedigende und bemerkenswerte Bestätigung finden, und zwar durch völlig unparteiische Leute. Der Mensch Markiss war eines Morgens an einem Balkon seiner eigenen Schlafkammer (Fenster und Türen von innen sicher verschlossen) erhängt und tot aufgefunden worden, mit einem auf der Brust festgesteckten Zettel in seiner eigenen Handschrift, worauf er seine Freunde bat, keinen Unschuldigen zu verdächtigen, etwas mit seinem Tode zu tun zu haben, denn dieser sei einzig und allein seiner eigenen Hände Werk. Aber dennoch kamen die Leichenschauer zu dem verblüffenden Spruch, der Verstorbene sei »durch die Hand einer oder mehrerer unbekannter Personen« ums Leben gekommen! Sie legten dar, die seit dreißig Jahren unveränderte Beschaffenheit von Markiss' Charakter sei ein kolossaler und unwiderlegbarer Beweis dafür, daß, was immer er behauptete, von vornherein und unbedingt als *gelogen* angesehen werden dürfe. Und sie sagten außerdem, sie glaubten nicht an seinen Tod und führten dazu das starke Indiz seiner eigenen Behauptung an, er *sei* tot – und suchten die Beerdigung so lange wie möglich zu verhindern. Und so stand der Sarg in dem Tropenklima von Lahaina sieben Tage lang offen, und dann gaben ihn selbst die pflichtgetreuen Leichenbeschauer auf. Aber sie hielten noch einmal eine Sitzung darüber ab und änderten ihren Spruch in: »Selbstmord infolge geistiger Verwirrung« – denn, so bemerkten sie scharfsinnig: »Er hat gesagt, er wäre tot, und war wirklich tot; aber hätte er die Wahrheit gesagt, wenn er bei Verstand gewesen wäre? *Niemals.*«

ACHTUNDSIEBZIGSTES KAPITEL

Rückkehr nach San Francisco · Bordvergnügen · Vorbereitung auf meinen Vortrag · Sicherung wertvoller Unterstützung · Mein erster Versuch · Mitreißen des Publikums · Ende gut, alles gut

Nach einem halben Jahr genußreichen Herumstrolchens auf den Inseln schiffte ich mich auf einem Segler ein und kehrte mit Bedauern nach San Francisco zurück – eine Fahrt, die in jeder Beziehung herrlich war, auf der sich aber nichts ereignete, es sei denn, ein zweiwöchiges Liegenbleiben bei völliger Windstille darf als Ereignis gelten. Walfischherden wurden so zahm, daß sie Tag für Tag zwischen den Tümmlern und den Haien das Schiff umspielten und offenbar nicht die geringste Angst vor uns hatten und wir in Ermangelung eines besseren Zeitvertreibs mit leeren Flaschen nach ihnen warfen. Vierundzwanzig Stunden später lagen diese Flaschen noch immer vor unserer Nase auf dem glasklaren Wasser und zeigten, daß das Schiff sich die ganze Zeit über nicht vom Fleck bewegt hatte. In der Windstille rührte sich nicht der leiseste Hauch, und auf dem Meeresspiegel sah man nicht das geringste Kräuseln. Einen ganzen Tag und den Teil einer Nacht lagen wir so dicht an einem anderen Schiff, das in unsere Nähe getrieben war, daß wir uns mit seinen Passagieren unterhalten konnten, uns gegenseitig vorstellten und mit Leuten ziemlich gut bekannt wurden, von denen wir zuvor nie etwas gehört hatten und auch hinterher nie wieder etwas hörten. Das war das einzige Schiff, das wir während der ganzen einsamen Seereise zu Gesicht bekamen. Wir waren fünfzehn Passagiere, und um zu zeigen, wie wenig Beschäftigung und wenig Amüsement wir hatten, will ich erwähnen, daß während der Windstille die Herren jeden Tag ein gut Teil ihrer Zeit mit dem Spiel zubrachten, auf einer (liegenden) leeren Champagnerflasche zu sitzen und eine Nadel einzufädeln, ohne mit den Hacken das Deck zu berühren oder umzukippen; und die Damen saßen im Schatten des Großsegels und beobachteten das Unterfangen voller Spannung. Wir hatten auf See fünf Sonntage, ohne Kalender aber hätten wir die anderen Tage auch alle für Sonntage gehalten.

Ich war wieder daheim in San Francisco, ohne Geld und ohne Arbeit. Ich zerbrach mir den Kopf nach irgendeinem Rettungsplan und verfiel schließlich auf einen öffentlichen Vortrag! In fieberhafter und hoffnungsvoller Erwartung setzte ich mich hin und arbeitete einen aus. Ich zeigte ihn mehreren Freunden, aber die schüttelten alle den Kopf. Sie sagten, niemand würde kommen, um sich das anzuhören, und es würde eine demütigende Blamage für mich werden. Da ich doch noch nie öffentlich gesprochen habe, würde ich mitten im Vortrag sowieso versagen. Nun war ich trostlos. Zuletzt aber klopfte mir ein Redakteur auf die Schulter und riet mir, »ranzugehen«. Er sagte: »Nehmen Sie den größten Saal in der Stadt und verlangen Sie einen Dollar Eintritt.« Die Kühnheit des Vorschlages war faszinierend, doch schien viel praktische Weltklugheit darin zu liegen. Der Besitzer der verschiedenen Theater erklärte, dieser Rat sei gut und ich könne sein schönes neues Opernhaus zum halben Preis haben – fünfzig Dollar. Aus lauter Verzweiflung mietete ich es – aus triftigen Gründen auf Kredit. Innerhalb von drei Tagen besorgte ich für hundertfünfzig Dollar Drucksachen und Reklame und war das unglücklichste und verängstigtste Menschengeschöpf an der ganzen Pazifikküste. Schlafen konnte ich nicht – wer hätte das unter solchen Umständen gekonnt? Andere Leute betrachteten die letzte Zeile meiner Plakate als Witz: mir aber war ganz bang ums Herz, als ich schrieb:

Einlaß: 19^{30} – Beginn des Dilemmas: 20^{00}

Diese Zeile hat inzwischen gute Dienste geleistet. Schaubudenbesitzer borgen sie sich häufig aus. Ich habe sie sogar schon als Schluß einer Zeitungsannonce gesehen, die Privatschüler daran erinnerte, wann die Ferien zu Ende seien. Während dieser sich dahinschleppenden drei Tage der Ungewißheit wurde ich immer mutloser. Ich hatte zweihundert Eintrittskarten an meine persönlichen Bekannten verkauft, fürchtete aber, daß diese nicht kommen würden. Mein Vortrag, der mir zu Anfang humoristisch vorgekommen war, erschien mir ständig öder und öder, bis keine Spur von Komik mehr übrig blieb und ich bedauerte, daß ich keinen Sarg auf die Bühne bringen und das Ganze in eine Beerdigung verwandeln konnte. Schließlich war ich von solch panischem Schrecken ergriffen, daß ich zu drei alten Freunden von riesiger Statur, herzlichem Wesen und mit Stentorstimme ging und sagte:

»Diese Sache wird ein großer Reinfall; die Witze darin sind so trübe, daß niemand sie bemerken wird; ich möchte gern, daß ihr im Parkett sitzt und mir durchhelft.«

Sie erklärten, das würden sie schon machen. Dann ging ich zur Gattin eines populären Bürgers und sagte, daß, falls sie mir einen großen Gefallen tun wolle, ich mich sehr freuen würde, wenn sie und ihr Gatte einen auffälligen Platz in der linken Proszeniumloge einnähmen, wo das ganze Haus sie sehen könne. Ich setzte ihr auseinander, daß ich, wenn ich einen undeutlichen Witz losgelassen hätte, Hilfe brauchen und mich dann zu ihr hinwenden und zum Zeichen lächeln würde, »und dann«, fügte ich hinzu, »fragen Sie nicht erst lange nach dem Warum, sondern *lachen* Sie!«

Sie versprach es. Auf der Straße begegnete ich einem Mann, der mir völlig fremd war. Er hatte getrunken und strahlte vor Vergnügen und guter Laune. Er sagte:

»Mein Name ist Sawyer. Sie kennen mich nicht, was aber keine Rolle spielt. Ich habe keinen einzigen Cent, doch wenn Sie wüßten, wie schrecklich gern ich mal lachen möchte, würden Sie mir ein Billett schenken. Nun, wie wär's?«

»Sitzt Ihnen das Lachen locker, oder kommt es nur schwer – ich meine, ist es wählerisch oder können Sie damit leicht rausplatzen?«

Mein angeborenes Näseln wirkte so auf ihn, daß er mir ein paar Proben vorlachte, und da die ungefähr das waren, was ich brauchte, gab ich ihm eine Karte und wies ihn an, sich in die Mitte des Rangs zu setzen und diesen Teil des Hauses zu übernehmen. Ich erteilte ihm zwei Minuten lang Instruktionen darüber, wie undeutliche Witze zu entdecken seien, und als ich von ihm wegging, kicherte er über die Neuartigkeit dieses Vorhabens immer noch vor sich hin.

Am letzten jener drei ereignisreichen Tage aß ich keinen Happen – ich litt nur. Ich hatte bekanntgegeben, daß an diesem dritten Tage die Kasse für den Verkauf reservierter Plätze geöffnet sei. Nachmittags um vier schlich ich zum Theater, um zu sehen, ob sie was losgeworden waren. Der Kassierer war weg, die Kasse geschlossen. Ich mußte plötzlich schlucken, sonst wäre mir das Herz zum Halse herausgerutscht. ›Nichts verkauft‹, sprach ich zu mir selber, ›hättest du dir doch denken können.‹ Ich dachte an Selbstmord, an Vortäuschen von Krankheit, an Flucht. Ich dachte an das alles im Ernst, denn mir war hundeelend zumute, und ich hatte Angst. Aber natürlich mußte ich diese Gedanken verscheuchen und mich bereit machen, dem Schicksal entgegenzutreten. Bis neunzehn Uhr dreißig warten konnte ich nicht; ich wollte dem Schrecklichen die Stirn bieten und es beenden – Empfindungen, wie sie zweifellos so mancher zum Galgen Verurteilter hat. Um achtzehn Uhr lief ich Hintergassen entlang und betrat das Theater durch den Bühneneingang. Im Dunkeln stolperte ich zwischen Reihen von Leinwanddekorationen hindurch und stand auf der Bühne. Das Haus war düster und still und seine Leere deprimierend. Ich ging zurück in das Dunkel zwischen den Kulissen und überließ mich anderthalb Stunden dem Grauen, völlig unbeteiligt gegenüber allem anderen. Dann hörte ich Gemurmel; es wurde lauter und lauter und endete in einem mit Beifallsrufen vermischten Getöse. Mir standen die Haare zu Berge, so nah war es und so laut. Dann eine Pause und wieder eine, schließlich eine dritte, und ehe ich richtig wußte, was ich tat, stand ich mitten auf der Bühne und starrte in ein Meer von Gesichtern, verwirrt vom Schein der Lichter, an allen Gliedern zitternd und vor Schreck fast den Geist aufgebend. Das Theater war voll, Gänge und alles!

Der Aufruhr in meinem Herzen und Hirn und in den Beinen hielt eine weitere Minute an, ehe ich wieder etwas Gewalt über mich bekam. Dann erkannte ich die Nächstenliebe und das Wohlwollen in den Gesichtern vor mir, und nach und nach taute meine Angst weg, und ich fing an zu reden. Bereits drei bis vier Minuten später fühlte ich mich wohl und sogar zufrieden. Meine drei Hauptverbündeten waren ja da, nebst drei Mann Hilfstruppen; sie saßen im Parkett, alle nebeneinander, alle mit Knüppeln bewaffnet und alle drei bereit, über jeden noch so schwachen Witz herzufallen, der sich blicken ließ. Und jedesmal, wenn einer kam, gingen ihre Knüppel runter und schienen sich ihre Gesichter quer von Ohr zu Ohr zu spalten, und Sawyer, dessen herzerfrischende Apfelbacken von der Mitte des Ranges her rötlich aufleuchteten, fiel ein, und das Publikum wurde wunderbar mitgerissen. Noch nie ist es dürftigen Witzen so prachtvoll ergangen. Schließlich ließ ich eindrucks- und salbungsvoll eine kleine ernste Sache vom Stapel (das war mein Lieblingsstück), und die Zuhörer lauschten in gespannter Stille, die mich mehr erfreute als jeder Applaus, und als ich beim letzten Wort angelangt war, wandte ich mich zufällig um und begegnete dem gespannten und wartenden Blick von Mrs. ...; blitzartig fiel mir mein Gespräch mit ihr ein, und ich konnte machen, was ich wollte, ich mußte lächeln. Sie nahm dies für das verabredete Zeichen und gab prompt ein glockenhelles Lachen von sich, welches das gesamte Publikum ansteckte; und der dann folgende Ausbruch war der Triumph des ganzen Abends. Ich glaubte, der biedere Sawyer würde sich zu Tode lachen, und was die Knüppel anbetraf, so gingen sie auf und nieder wie Rammen. Mein armes kleines Stück Pathos aber war ruiniert. In gutem Glauben wurde es als beabsichtigter Witz aufgefaßt und als der Höhepunkt der Belustigung, und ich ließ es klugerweise dabei bewenden.

Die Zeitungen am nächsten Morgen waren alle freundlich; mein Appetit kehrte zurück, ich hatte haufenweise Geld. Ende gut, alles gut.

NEUNUNDSIEBZIGSTES KAPITEL

Straßenräuber · Unangenehme Lage · Ein Superstreich · Abschied von Kalifornien · Wieder daheim · Große Veränderungen · Moral

Nun etablierte ich mich mit großer Kühnheit als Vortragskünstler. Ich hatte das Feld ganz für mich allein, denn öffentliche Vorträge waren auf dem Pazifikmarkt eine fast unbekannte Ware. Heute trifft das wohl nicht mehr ganz zu. Ich nahm einen alten Freund mit, der meinen Manager spielen mußte, und zwei, drei Wochen lang zogen wir durch Nevada und Kalifornien und ließen es uns dabei gut gehen. Zwei Tage vor meinem Vortrag in Virginia City waren zwei Postkutschen keine zwei Meilen von der Stadt entfernt ausgeraubt worden. Die tolldreiste Tat war kurz vor Tagesanbruch von sechs maskierten Männern verübt worden, die von hinten an die Kutschen herangesprengt waren, den Postillionen und Fahrgästen Revolver auf die Köpfe gerichtet und allgemeines Aussteigen befohlen hatten. Alle Leute waren hinausgeklettert, und die Räuber hatten ihnen die Uhren und alles Geld bis auf den letzten Cent abgenommen. Dann hatten sie Schießpulver genommen und die Expreß-Geldkisten aufgesprengt und sich den Inhalt herausgeholt. Der Führer der Räuber, ein kleiner, kurz angebundener Mann, und der Ruhm seines drakonischen Auftretens und seiner Unerschrockenheit waren bei unserer Ankunft in aller Munde.

An dem Tage, nachdem ich in Virginia gesprochen hatte, ging ich abends über die einsame »Wasserscheide« hinunter nach Gold Hill und hielt dort ebenfalls meinen Vortrag. Als ich damit fertig war, blieb ich noch, um mich mit einem Bekannten zu unterhalten, und machte mich nach elf Uhr auf den Rückweg. Hoher, unbebauter Boden zwischen den beiden Städten bildete die Wasserscheide, Schauplatz von zwanzig mitternächtlichen Morden und hundert Raubüberfällen. Als wir hinaufstiegen und auf die Anhöhe hinaustraten, versanken hinter uns die Lichter von Gold Hill und totenfinstere Nacht umgab uns. Dabei pfiff ein scharfer Wind, der unsere schwitzenden Körper abkühlte.

»Du, mir gefällt das hier heute nacht nicht«, sagte Manager Mike.

»Dann rede nicht so laut«, erwiderte ich. »Du brauchst nicht erst jemand auf uns aufmerksam zu machen.«

Im selben Augenblick erschien aus Richtung Virginia eine dunkle Gestalt – allem Anschein nach ein Mann. Er kam geradewegs auf mich zu, und ich ging zur Seite, um ihn vorbeizulassen; er trat mir in den Weg und baute sich vor mir auf. Dann sah ich, daß er eine Maske trug und mir etwas ins Gesicht hielt – ich hörte ein Klicken und erkannte die schwachen Umrisse eines Revolvers. Ich schob den Lauf mit der Hand beiseite und sagte:

»Nicht doch!«

Der Mann stieß in scharfem Ton hervor:

»Deine Uhr! Dein Geld!«

Ich erklärte:

»Können Sie liebend gern haben, aber nehmen Sie bitte die Pistole von meinem Gesicht weg. Sie jagt mir einen Schauder ein!«

»Keine Widerrede! Raus mit dem Geld!«

»Ja doch ... ich ...«

»Nimm die Hände hoch! Versuch ja nicht, nach einer Waffe zu langen! Nimm sie hoch! Höher!«

Pause. Dann:

»Willst du nun mit dem Geld rausrücken oder nicht?«

Ich ließ die Hände zu den Taschen sinken und sagte:

»Ja doch ... ich ...«

»Die *Hände* hoch! Soll ich dir etwa den Ballon wegblasen? Höher!«

Ich nahm sie wieder über den Kopf.

Weitere Pause.

»*Rückst* du nun endlich mit dem Geld raus? Da – schon wieder! Nimm die Hände hoch! Himmeldonnerwetter noch mal! Du willst also unbedingt, daß ich dir die Rübe wegputze?«

»Aber, lieber Freund, ich versuche doch mein Bestes, Ihnen zu Gefallen zu sein. Sie heißen mich, mein Geld herzugeben, und lange ich danach, soll ich die Hände hochnehmen. Wenn Sie nur... O nein – nicht doch! Sie alle sechs gegen mich einen! Der andere macht sich davon, während ich... Bitte, nehmen Sie doch ein paar von diesen Revolvern von meinem Gesicht weg – bitte, bitte! Immer wenn einer davon klickt, rutscht mir das Herz in die Hosentasche! Wenn Sie ... wenn irgendeiner von Ihnen eine Mutter hat ... oder jemals eine Mutter *gehabt* hat... oder ... oder eine ... Großmutter ... oder eine ...«

»Verdammt und dreimal zugenäht! Willst du mit dem Geld rausrücken, oder sollen wir... Na, na, na – laß das! Die *Hände* hoch!«

»Gentlemen – ich weiß, Sie sind Gentlemen, weil...«

»Halt dein Mundwerk! Wenn du witzig werden willst, Jungchen, ist das nicht der richtige Ort und die richtige Zeit dafür. Wir hier machen *Ernst*.«

»Ganz meiner Meinung. Die Beerdigungen, an denen ich zu meiner Zeit teilgenommen habe, waren im Vergleich dazu Lustspiele. Aber ich...«

»Zum Teufel mit dem Gequatsche! Dein Geld her! Dein Geld her! Dein Geld her! Hoch! Die Hände hoch!«

»Gentlemen, seien Sie doch mal vernünftig. Sie sehen, in was für einer Lage ich bin – nicht doch so dicht mit den Pistolen rankommen – ich rieche ja schon das Pulver. Sie sehen meine Lage. Wenn ich vier Hände hätte – zwei zum Hochhalten und...«

»Erdrosselt ihn! Knebelt ihn! Legt ihn um!«

»*Nicht doch*, meine Herren! Und auf den anderen paßt gar keiner auf. Warum gehen nicht einige von Ihnen... Au! Nehmen Sie sie bitte weg! Gentlemen, Sie sehen doch, daß ich die Hände hochhalten muß, und so kann ich ja nicht mein Geld rausholen – aber wenn Sie die Güte hätten, dieses für mich zu tun, werde ich später einmal für Sie...«

»Durchsuch ihn, Beauregard – und stopf ihm das Maul mit einer Kugel, wenn er's wieder aufsperrt! Stonewall, du hilfst Beauregard dabei.«

Dann zogen drei von ihnen zusammen mit dem behenden kleinen Führer rüber zu Mike und begannen, ihn zu durchsuchen. Ich war so aufgeregt, daß meine wilde Phantasie mich fast dazu trieb, den beiden Männern alle möglichen witzigen Fragen über ihre rebellischen Mitgeneräle aus der Südstaatenarmee zu stellen, aber in Anbetracht der Anweisung, die sie erhalten hatten, gebot mir der gesunde Menschenverstand, still zu sein. Als mir alles weggenommen war – Uhr, Geld und eine Menge Kleinigkeiten von geringem Wert –, glaubte ich, frei zu sein und steckte meine kalten Hände sogleich in die leeren Taschen und begann ein harmloses kleines Tänzchen, um mir die Füße zu wärmen und einigen latenten Mut anzukurbeln – aber sofort waren sämtliche Pistolen auf meinen Kopf gerichtet, und wieder kam der Befehl:

»Still stehen! Nimm die Hände hoch! Und *behalte* sie oben!«

Sie stellten Mike neben mich, mit dem strengen Befehl, ebenfalls die Hände über dem Kopf zu halten, und dann sagte der Oberräuber:

»Beauregard, du versteckst dich hinter dem Felsblock da; Phil Sheridan, du hinter dem andern; Stonewall Jackson, du gehst hinter den Salbeibusch da. Haltet eure Pistolen auf die Kerle hier gerichtet, und wenn sie innerhalb von zehn Minuten die Hände runternehmen oder sich auch nur ein Stückchen von der Stelle rühren, dann verpaßt ihnen ein paar!«

Sogleich verschwanden drei im Dunkel auf die verschiedenen Verstecke zu, und die drei anderen verschwanden die Straße hinunter in Richtung Virginia.

Es war elendig still und jämmerlich kalt. Nun, das Ganze war ein derber Streich, und die Räuber waren gute Freunde von uns, die sich verkleidet hatten, und zwanzig weitere lagen während des ganzen Vorfalls keine zehn Schritt von uns versteckt und hörten sich alles mit an. Mike wußte Bescheid; er war mit von der Partie. Ich aber argwöhnte nichts. Für mich war alles höchst ungemütlich echt.

Als wir fünf Minuten wie zwei Idioten auf der Straßenmitte gestanden hatten, Hände hochgestreckt und zollweise zu Tode frierend, begann Mikes Interesse an dem Streich abzukühlen. Er sagte:

»Die Zeit ist um, nicht wahr?«

»Nein, sei still. Willst du es bei diesen blutdürstigen Wilden drauf ankommen lassen?«

Nach einem Weilchen erklärte Mike:

»*Jetzt* ist die Zeit auf alle Fälle um. Ich erfriere.«

»Na dann erfriere. Lieber erfrieren als unser Hirn im Korb nach Hause tragen. Mag sein, daß die Zeit um ist, aber wie sollen wir das wissen? Wir haben doch keine Uhren mehr. Ich will ihnen reichlich Zeit geben. Ich gedenke, hier auf Biegen und Brechen fünfzehn Minuten stehenzubleiben. Beweg dich bloß nicht.«

So ließ ich, ohne es zu wissen, einem der Mitverschworenen die Sache sehr sauer werden. Als wir endlich die Arme runternahmen, schmerzten sie vor Erlahmung und Kälte, und als wir uns davonschlichen, war meine Furcht, daß die Zeit vielleicht doch noch nicht um sei und wir jeden Augenblick blaue Bohnen zu schmecken bekommen könnten, dennoch nicht groß genug, all meine Aufmerksamkeit von der Qual abzulenken, die meinen steifgefrorenen Körper folterte.

Die Hereingefallenen bei diesem Streich waren in erster Linie unsere Straßenräuberfreunde selber, denn sie hatten geschlagene zwei Stunden auf der Hügelspitze auf mich gewartet, und das war keineswegs ein Spaß gewesen; sie froren dabei so durch, daß sie ein paar Wochen brauchten, bis sie wieder warm wurden. Außerdem hatte ich sowieso nie geglaubt, daß sie mich töten würden, um Geld zu kriegen, was ja auch ohne dergleichen Albernheiten kinderleicht zu haben gewesen wäre, also jagten sie mir gar nicht so viel Angst ein, daß ihre Freude daran die Mühen lohnte, die sie sich gemacht hatten. Ich fürchtete lediglich, daß ihre Waffen rein zufällig losgehen könnten. Allein schon ihre Anzahl flößte mir die Zuversicht ein, daß kein Blut absichtlich vergossen würde. Sie waren nicht gewitzt; *einen* Räuber hätten sie schicken sollen, mit doppelläufigem Gewehr, wenn sie den Verfasser dieses Buches auf einen Baum klettern sehen wollten.

Das dickste Ende des Streiches habe am Ende doch wohl ich abbekommen, und zwar in einer Form, die von den

Räubern nicht vorauszusehen war; denn durch das Stehen in der Kälte auf der Wasserscheide, während ich durchschwitzt war, holte ich mir eine Erkältung, die zu einem unangenehmen Krankenlager führte und meine Hände rund drei Monate untätig ließ, abgesehen davon, daß mich der Arzt eine ziemliche Stange Geld kostete. Seitdem spiele ich keinem mehr grobe Streiche und werde gewöhnlich fuchsteufelswild, wenn mir einer gespielt wird.

Nach San Francisco zurückgekehrt, plante ich einen Ausflug nach Japan und von dort aus westwärts um die Welt, aber das Verlangen, die Heimat wiederzusehen, ließ mich anders entscheiden, und ich schiffte mich auf einem Dampfer ein, sagte dem freundlichsten Land und der muntersten, tüchtigsten Gemeinde auf unserem Kontinent Lebewohl und kam über den Isthmus nach New York – eine Fahrt, die alles andere als gemütlich war, denn unterwegs brach die Cholera bei uns aus, und wir senkten täglich zwei bis drei Tote ins Meer. Meinen Heimatort fand ich nach meiner langen Abwesenheit öde vor, denn von den Kindern, die ich gekannt hatte, lief die Hälfte jetzt mit Backenbart oder mit Wasserfallfrisur herum, und von den Erwachsenen, die ich gekannt hatte, waren nur wenige wohlhabend und glücklich am häuslichen Herd verblieben – manche waren woanders hingewandert, manche saßen im Kittchen, und die übrigen hatte man gehängt. Diese Veränderungen gingen mir so ans Herz, daß ich abreiste und mich an der berühmten Europatour der »Quaker City« beteiligte und meine Tränen in ferne Länder mitnahm.

Somit endete nach sieben Jahren der Wechselfälle ein »Vergnügungsausflug« nach den Silberminen von Nevada, der ursprünglich nur drei Monate dauern sollte. Aber meistens verkalkuliere ich mich noch mehr.

MORAL

Wenn der Leser denkt, er sei jetzt durch, und dieses Buch enthalte keine Moral, so irrt er sich. Die Moral lautet:

Wenn du etwas taugst, dann bleibe im Lande und nähre dich redlich. Wenn du aber nichts taugst, dann zieh in die Fremde, denn da *mußt* du arbeiten, ob du willst oder nicht. Du wirst somit ein Segen für deine Freunde, da du aufhörst, ihnen lästig zu fallen – wenn auch die Leute, zu denen du gehst, darunter zu leiden haben.

ANHANG DES AUTORS

A

Kurzer Abriß der Geschichte der Mormonen

Der Mormonismus ist zwar erst rund vierzig Jahre alt, sein Weg aber ist von Anfang an aufregend und abenteuerlich gewesen und wird es wohl auch bis zum Schluß bleiben. Seine Anhänger sind von einem Ende des Landes zum anderen gejagt und gehetzt worden, und die Folge ist, daß sie seit Jahren sämtliche »Heiden« unterschiedslos und mit aller Gewalt hassen. Joseph Smith, der Finder des Buches Mormon und Stifter der Religion, wurde mit seinen geheimnisvollen Kupferplatten und den Wundersteinen, mit denen er ihre Inschriften las, von Bundesstaat zu Bundesstaat getrieben. Schließlich etablierte er seine »Kirche« in Ohio, und Brigham Young trat ihr bei. Die Nachbarn begannen mit Verfolgungen, und es gab viele Abtrünnige. Brigham hielt zum Glauben und arbeitete schwer. Er gebot dem Abfall Einhalt. Mehr noch – er gewann inmitten des Unglücks Konvertiten. Und er stieg in der Gunst und Achtung seiner Brüder. Sie machten ihn zu einem der zwölf Apostel der Kirche. In kurzer Zeit erkämpfte er sich eine höhere und machtvollere Stellung – er wurde zum Stabhalter über die zwölf. Die Nachbarn griffen zu den Waffen und scheuchten die Mormonen aus Ohio hinaus, und diese ließen sich in Missouri nieder. Brigham ging mit ihnen. Von den Missouriern ebenfalls verjagt, zogen sie sich nach Nauvoo, Illinois, zurück. Dort kamen sie gut voran und bauten einen Tempel, der leidlichen Anspruch auf architektonische Anmut erhob und in einer Landesgegend, wo ein backsteinernes Gerichtsgebäude mit einer Blechkuppel und einem Türmchen obendrauf voll kniefälliger Ehrfurcht betrachtet wurde, einige Berühmtheit erlangte. Doch die Mormonen wurden abermals von ihren Nachbarn gepeinigt und geplagt. Joseph Smith konnte noch so viele Proklamationen erlassen, welche die Polygamie brandmarkten und sie als völlig antimormonisch ablehnten, es hatte keinen Zweck; die Nachbarn auf beiden Seiten des Mississippi behaupteten, von den Mormonen würde Vielweiberei betrieben, und nicht bloß Vielweiberei, sondern sie neigten ein bißchen zu allem Schlechten. Brigham kehrte von einer Mission in England zurück, wo er eine Mormonenzeitung gegründet hatte, und brachte mehrere hundert durch seine Predigten Bekehrte mit. Mit jedem Schritt, den er unternahm, wuchs sein Einfluß bei den Brüdern. Schließlich wurde Nauvoo von den Heiden Missouris und Illinois' überfallen und Joseph Smith getötet. Ein Mormone namens Rigdon setzte sich auf Smiths Platz als Stabhalter über die mormonische Kirche und Regierung und versuchte sich sogar an ein paar Prophezeiungen. Doch es war ein größerer als er zur Stelle. Brigham nützte die Stunde, und allein mit der Autorität seines überlegenen Verstandes, Mutes und Willens schleuderte er Rigdon von seinem hohen Sitz und nahm diesen selber ein. Er tat noch mehr. Er erließ einen komplizierten Fluch gegen Rigdon und dessen Jünger, worin er Rigdons »Weissagungen« als Werke des Teufels erklärte und abschließend »den falschen Propheten auf tausend Jahre den Prügeln des Satans übergab« – wahrscheinlich die längste Strafe, die je in Illinois verhängt worden ist. Das Volk erkannte seinen Herrn. Es wählte Brigham Young unverzüglich und mit überwältigender Mehrheit zum Oberhaupt, und seither blieb es ihm unverändert treu ergeben. Brigham dachte voraus – eine Fähigkeit, über die wahrscheinlich noch kein anderer führender Mormone verfügt hatte. Er erkannte, daß es besser sei, sich in die Wildnis zu entfernen als entfernt zu *werden.* Auf seinen Befehl packten die Leute ihre dürftige Habe zusammen, kehrten ihren Wohnstätten den Rücken und wandten das Gesicht der Wildnis zu und zogen in einer bitteren Februarnacht in trauriger Prozession über den zugefrorenen Mississippi, wobei ihnen als Weglicht der Feuerschein ihres brennenden Tempels diente, dessen heilige Einrichtung sie eigenhändig angesteckt hatten! Nach mehreren Tagen schlugen sie am Westrand von Iowa Lager auf, und Armut, Not, Hunger, Kälte, Krankheit, Leid und Verfolgung taten ihr Werk, und viele gaben auf und starben – wahre und echte Märtyrer, was immer sie sonst gewesen sein mögen. Die Überlebenden blieben dort zwei Jahre, während Brigham und eine kleine Gruppe das Land durchquerten und Great Salt Lake City gründeten und dabei mit Vorbedacht eine Gegend wählten, die *außerhalb des Besitzrechts und des Hoheitsgebiets des gehaßten amerikanischen Volkes lag.* Das ist zu beachten. Dies war im Jahre 1847. Brigham führte sein Volk dorthin und ließ es siedeln – gerade zur rechten Zeit, um wiederum Unglück hereinbrechen zu sehen. Denn der Krieg ging zu Ende, und Mexiko trat Brighams Zufluchtsstätte an den Feind ab – an die Vereinigten Staaten! 1849 errichteten die Mormonen eine »freie und unabhängige« Regierung und gründeten den »Staat Deseret« mit Brigham Young als Oberhaupt. Aber schon im Jahre darauf schob der Kongreß dem wohlweislich einen Riegel vor und schuf aus dieser Ansammlung von Bergen, Präriesalbei, Alkali und allgemeiner Trostlosigkeit das »Territorium Utah« – setzte jedoch Brigham Young zum Gouverneur darüber ein. Dann ergoß sich jahrelang die riesige Auswanderung über die Plains nach Kalifornien durch das Land der Mormonen, und dennoch blieb die Kirche ihrem Herrn und Meister unerschütterlich treu. Weder Hunger noch Durst, Leid, Haß, Verachtung und Verfolgung konnten die Mormonen von ihrem Glauben oder ihrer Untertanentreue abbringen; und nicht einmal die Gier nach Gold, welche die Blüte der Jugend und Kraft so vieler Völker dahinraffte, konnte sie verführen! Das war die letzte Probe. Ein Experiment, das sich dagegen durchzusetzen vermochte, mußte irgendwo Substanz haben.

Great Salt Lake City gedieh prächtig und Utah auch. Eine der letzten Taten Brigham Youngs vor dem Auszug aus Iowa hatte darin bestanden, verkleidet als der angebetete und beweinte Prophet Smith auf der Kanzel zu erscheinen und die Prophetennachfolge mit all ihren Würden, Nebeneinkünften und Befugnissen auf »Stabhalter Brigham Young« zu übertragen! Das Volk hatte den frommen Betrug mit wahnsinniger Begeisterung hingenommen, und Brighams Macht war ein für allemal besiegelt und gesichert.

Innerhalb der nächsten fünf Jahre bereicherte er die Kirchendogmen ungeniert um das der Vielweiberei, und zwar kraft einer »Offenbarung«, die ihm Joseph Smith neun Jahre zuvor angeblich hatte zuteil werden lassen, obgleich von Joseph Smith mehr als hinreichend erwiesen ist, daß er bis zum Tage seines Todes die Polygamie ablehnte.

Mit den kleinen Anfängen und dem stetigen Anwachsen seiner Amtsherrlichkeit war Brigham nun ein zweiter Andrew Johnson geworden. Er hatte nacheinander gedient als einfacher Jünger, als Inlandsmissionar, Auslandsmissionar, Publizist, Apostel, Stabhalter des Apostelkollegiums, ziviles wie kirchliches Oberhaupt der gesamten Mormonenheit, vom Himmel bestallter Nachfolger des großen Josephs, »Prophet«, »Seher« und »Offenbarer«. Es gab nur noch eine höhere Würde, nach der er trachten konnte, und bescheiden langte er zu und nahm sie sich – er proklamierte sich zum Gott!

Er behauptet, er werde im späteren Leben einen eigenen Himmel haben und dessen Gott sein, mit seinen Frauen und Kindern als Göttinnen, Prinzen und Prinzessinnen. In diesen Himmel werden alle getreuen Mormonen samt ihren Familien aufgenommen und dort dann je nach der Zahl ihrer Weiber und Kinder rangmäßig eingeteilt. Stirbt ein Jünger, ehe er Zeit gehabt hat, genügend Weiber und Kinder zu sammeln, um in der nächsten Welt ein Ansehen zu genießen, darf, *nachdem er tot ist*, ein Freund für ihn ein paar Frauen heiraten und ein paar Kinder aufziehen, und diese werden ihm gebührend gutgeschrieben, und er rückt innerhalb der himmlischen Rangordnung entsprechend auf.

Man muß dabei im Auge behalten, daß die große Masse der Mormonen seit jeher unwissend, einfältig, von geringen Geistesgaben und ohne Kenntnis vom Weltgetriebe ist, und man muß auch bedenken, daß die Frauen dieser Mormonen unvermeidlich vom selben Schlage sind und die Kinder aus solchen Verbindungen nicht weit vom Stamm fallen können, und dann darf man nicht vergessen, daß diese Geschöpfe *vierzig Jahre lang* immer wieder vertrieben, unbarmherzig vertrieben und nochmals vertrieben worden sind! Und überfallen, verprügelt und erschossen; verflucht, verachtet und des Landes verwiesen; verbannt in eine ferne Einöde, in die sie, von Hunger und Krankheit ausgemergelt, zogen, die uralte Einsamkeit mit ihren Klagen störend und den langen Weg mit den Gräbern ihrer Toten markierend – und alles, weil sie einfach versuchten, so zu leben und Gott so zu verehren, wie sie es aus voller Herzensüberzeugung für einzig richtig hielten. Wenn man das alles in Betracht zieht, ist es nicht schwer, sich den unauslöschlichen Haß zu erklären, den die Mormonen gegen unser Volk und unsere Regierung hegen.

Seitdem sich das mormonische Utah zu einem sich selbst erhaltenden Gemeinwesen entwickelt hat und die Kirche reich und stark geworden ist, tut sich dieser Haß an »seinem alten Grolle gütlich«. Brigham machte als Gouverneur des Territoriums deutlich, daß das Mormonenreich für die Mormonen da sei. Die Vereinigten Staaten versuchten, dies zu rektifizieren, indem sie Territorialbeamte aus Neuengland und anderen antimormonischen Gegenden einsetzten, doch Brigham sorgte dafür, daß sich deren Einzug in seinen Herrschaftsbereich schwierig gestaltete. Es mußten dreitausend Mann Bundestruppen über die Plains kommen, um diese Herren ins Amt einzusetzen. Und dort waren sie dann so hilflos wie Ölgötzen. Sie erließen Gesetze, die niemand beachtete und die nicht durchgeführt werden konnten. Die Bundesrichter eröffneten in einem Lande, in dem es von Ausschreitungen und Verbrechen wimmelte, ihre Gerichte und saßen da, um sich von einem unverschämten Publikum als Schaubudenattraktion anstarren zu lassen – denn es gab nichts zu verhandeln, nichts zu tun, nichts auf dem Terminzettel! Und strengte ein Heide einen Prozeß an, fanden die mormonischen Geschworenen einen Wahrspruch, wie er ihnen gerade paßte, und wurde das Urteil des Gerichts dann verkündet, scherte sich kein Mormone darum, und kein Beamter konnte es vollstrecken. Unsere Präsidenten verfrachteten immer wieder neue Ladungen von Beamten nach Utah, das Ergebnis aber war stets das gleiche – sie saßen ein Weilchen im Gifthauch, konnten sich tagtäglich an drohenden Gesichtern und Beleidigungen delektieren und erlebten, daß jeder Versuch zur Ausübung ihrer Amtspflichten mit immer finstereren Blikken und immer schrecklicheren geheimen Drohungen und Warnungen belohnt wurde – und schließlich gaben sie es entweder auf und wurden verächtliche Werkzeuge und Spielbälle der Mormonen, oder ihr Unbehagen überstieg das erträgliche Maß, und sie bekamen es mit der Angst zu tun und verließen das Territorium. Machte einmal ein mutiger Beamter tapfer weiter, bis er seine Schneidigkeit bewiesen hatte, dann entfernte ihn ein nachgiebiger Buchanan oder Pierce und setzte an seiner Stelle einen Stockfisch ein. Im Jahre 1857 war General Harney sehr nahe daran, zum Gouverneur von Utah ernannt zu werden. Um ein Haar also wären Harney Gouverneur und Cradlebaugh Richter geworden – zwei Männer, die Furcht nur von der dunklen Vorstellung her kannten, die sie sich darüber aus dem Wörterbuch holen konnten! Wenn aus keinem anderen Grund, so ist es allein schon um der Abwechslung willen, die sie in eine ziemlich einförmige Chronik der Kriecherei und Hilflosigkeit der Bundesregierung gebracht hätten, sehr schade, daß ihnen nicht beschieden war, gemeinsam in Utah zu amtieren.

Das ist die Geschichte des Territoriums bis zur Zeit unseres Besuches in Utah. Die dort errichtete Territorialregierung versagte hoffnungslos, und Brigham Young stellte die einzige wirkliche Macht im Lande dar. Er war ein absoluter Monarch – ein Monarch, der sich von unserem Präsidenten nichts sagen ließ – ein Monarch, der unsere Armeen auslachte, wenn sie bei seiner Hauptstadt vor Lager gingen – ein Monarch, der ungerührt die Nachricht entgegennahm, daß der erlauchte Kongreß der Vereinigten Staaten ein gestrenges Gesetz gegen die Vielweiberei erlassen hatte, und dann seelenruhig hinging und weitere fünfundzwanzig bis dreißig Frauen heiratete.

B

Das Massaker auf den Mountain Meadows

Die Mormonen streben von jeher danach, die Verfolgungen heimzuzahlen, die sie so lange erleiden mußten – und ihrer Meinung nach noch immer erleiden, weil ihnen keine Selbstregierung gewährt wird. Das heute fast in Vergessenheit geratene »Massaker auf den Mountain Meadows« war ihr Werk. Es erlangte seinerzeit große Berühmtheit. Seine Greuel waren in den gesamten Vereinigten Staaten in aller Munde. Ein paar Daten mögen des Lesers Erinnerung auffrischen. Ein großer Auswandererzug aus Missouri und Arkansas war durch Salt Lake City gekommen, und einige unzufriedene Mormonen hatten sich ihm um des starken Schutzes willen angeschlossen, den er ihrer Flucht bot. Das war für die mormonischen Oberhäupter ein ausreichender Grund für blutige Rache. Daß diese hundertundfünfundvierzig bis hundertfünfzig arglosen Auswanderer außerdem zum Teil aus Arkansas kamen, wo vor kurzem ein berühmter Mormonenmissionar umgebracht worden war, und zum Teil aus Missouri, einem Staate, dessen man voller Verwünschungen gedachte, weil er die Heiligen, als sie gering an Zahl und arm und ohne Freunde waren, grausam verfolgt hatte, lieferte noch einen wesentlichen Grund mehr, diese Wanderer nicht mit Liebe zu bedenken. Und nicht zuletzt war der Treck sehr, sehr reich an Rindern, Pferden, Maultieren und anderem Gut – und wie sollten die Mormonen ihre erstrebte Ähnlichkeit mit den Stämmen Israels folgerichtig aufrechterhalten, wenn sie sich nicht der »Beute« eines Feindes bemächtigten, die der Herr ihnen doch so offensichtlich »in die Hand gegeben« hatte?

Und also begab es sich (nach Mrs. C. V. Waites unterhaltsamem Buch »Der mormonische Prophet«),

»daß eine ›Offenbarung‹ von Seiner Großerzgnade oder Göttlichkeit Brigham Young an Oberapostel J. C. Haight, Bischof Higbee und J. D. Lee (einem Adoptivsohn Brighams) ausging, welche sie hieß, alle waffenfähigen Männer zu sammeln, die sie aufbieten und denen sie vertrauen konnten, jene verfluchten Heiden zu verfolgen (so wörtlich die Offenbarung) und sie als Indianer verkleidet zu überfallen und ihnen mit des Allmächtigen Pfeilen restlos den Garaus zu machen und keinen übrigzulassen, der es ausplaudern könnte; und falls sie irgendwelche Hilfe benötigten, sollten sie sich die Indianer als Verbündete dingen und ihnen einen Anteil an der Beute versprechen. Sie dürften bei der Ausübung dieser Pflicht weder säumig noch nachlässig sein und müßten ihm die Gespanne pünktlich zurückschicken, ehe der Winter einsetze, denn dies sei Gottes, des Allmächtigen, Auftrag.«

Der Befehl der »Offenbarung« wurde getreulich befolgt. Eine große Schar als Indianer ausstaffierter und bemalter Mormonen holte den Auswanderertrain ungefähr dreihundert Meilen südlich von Salt Lake City ein und griff ihn an. Die Auswanderer aber warfen Erdwälle auf, bauten Wagenburgen und verteidigten sich fünf Tage lang tapfer und erfolgreich! Ein Mann aus Missouri oder Arkansas hat keine große Angst vor den niederträchtigen Ersatz-Indianern, die der südliche Teil von Utah zu bieten hat. Er steht auf und kämpft gegen fünfhundert von ihnen.

Nach den fünf Tagen versuchten es die Mormonen mit militärischer Strategie. Sie zogen sich zum oberen Ende der »Meadows« zurück, legten wieder zivilisierte Tracht an, wuschen sich die Farbe ab und fuhren dann schwer bewaffnet in Wagen zu den belagerten Auswanderern hinunter, wobei sie eine Parlamentärsflagge führten! Als die Auswanderer Weiße kommen sahen, warfen sie ihre Gewehre hin und begrüßten sie mit einem Hurra nach dem andern! Und der Poesie dieser Geste zweifellos völlig unbewußt, hielten sie als Antwort auf die Parlamentärsflagge ein in Weiß gekleidetes kleines Kind hoch!

Anführer der so rechtzeitig eintreffenden weißen »Befreier« waren Oberapostel Haight und Bischof John D. Lee von der Mormonenkirche. Mr. Cradlebaugh, der eine Amtsperiode als Bundesrichter in Utah diente und später von Nevada in den Kongreß entsandt wurde, berichtet in einer vor dem Kongreß gehaltenen Rede, wie diese Anführer dann weiter vorgingen:

»Sie erklärten, mit den Indianern auf gutem Fuß zu stehen, und stellten sie als äußerst wutentbrannt dar. Außerdem machten sie sich erbötig, zu vermitteln und die Angelegenheit mit den Indianern zu erledigen. Nachdem sie (angeblich) die Indianer aufgesucht und ein mehrstündiges Palaver gehalten hatten, gaben sie das Ultimatum der Wilden bekannt: die Auswanderer sollten aus ihrem Camp herausmarschieren und alles, sogar ihre Gewehre, zurücklassen. Die Mormonenbischöfe versprachen, einen Begleitschutz zu holen und die Auswanderer sicher zu den Ansiedlungen zurückzugeleiten. Die Bedingungen wurden angenommen, denn die Emigranten wollten das Leben ihrer Familien retten. Die Mormonen zogen sich zurück und erschienen bald darauf mit dreißig bis vierzig bewaffneten Männern. Die Auswanderer wurden hinausgeleitet, die Frauen und Kinder vorn, die Männer hinten, und ganz am Schluß die Mormonenwache. Nachdem sie so ungefähr eine Meile marschiert waren, setzte auf ein gegebenes Signal hin das Gemetzel ein. Die Männer fielen fast alle unter der ersten Salve der Wache. Lediglich zwei entkamen, die dann in die Wüste flohen und erst nach hundertfünfzig Meilen eingeholt und niedergestochen wurden. Die Frauen und Kinder rannten noch zwei-, dreihundert Yard weiter und wurden dann mit Hilfe der Indianer erschlagen. Von dem gesamten Auswandererzug blieben nur siebzehn Personen verschont, und das waren kleine Kinder, das älteste erst sieben Jahre alt. So wurde am 10. September 1857 eine der grausamsten, feigsten und blutigsten Mordtaten verübt, die unsere Geschichte kennt.«

Die Anzahl der dabei von den Mormonen niedergemachten Personen betrug *einhundertundzwanzig*.

Mit unerhörter Kühnheit eröffnete Richter Cradlebaugh die Gerichtsverhandlung und ging daran, die Mormonen für das Blutbad zur Rechenschaft zu ziehen. Und was muß das für ein Bild gewesen sein, diesen grimmigen Veteranen zu sehen, wie er einsam und allein in seinem Stolz und seinem Mut dräuend auf seine mormonischen Geschworenen und mormonische Zuhörerschaft herabblickte und sie bald verhöhnte, bald blutige Rache schnaubte!

Ein aus jener Zeit stammender Leitartikel der »Territorial Enterprise« sagt von ihm und dem Ereignis:

»Er redete und handelte mit der Furchtlosigkeit und Entschlossenheit eines Jackson; die Jury jedoch erhob auf die Vorwürfe hin keine Anklage; ja äußerte sich nicht einmal dazu, während überall Androhungen von Gewalt zu hören waren und man einen Angriff auf die Bundestruppen in Aussicht stellte, falls der Richter auf seinem Kurs beharre.

Da er merkte, daß mit diesen Geschworenen nichts anzufangen war, entließ er sie mit einem scharfen Tadel. Und als Beamter mit Verhaftbefugnis *machte er sich allein an seine Aufgabe.* Er verhörte Zeugen, nahm an allen Ecken Verhaftungen vor und löste im Lager der Heiligen eine größere Bestürzung aus, als diese seit Bestehen des Mormonentums jemals durchgemacht hatten. Zu guter Letzt suchten in Angst und Schrecken versetzte Älteste und Bischöfe das Weite, um ihren Kopf zu retten; und es kamen aufsehenerregende Dinge heraus, welche die höchsten kirchlichen Würdenträger in die vielen Morde und Raube verwickelten, die während der vergangenen acht Jahre an Heiden verübt worden waren.«

Wäre Harney Gouverneur gewesen, hätte Cradlebaugh bei seiner Arbeit Unterstützung gefunden, und die von ihm beigebrachten absoluten Beweise der Schuld der Mormonen an diesem Gemetzel sowie an einer Anzahl früherer Morde hätten gewissen Bürgern kostenlose Särge samt Gelegenheit zur Benutzung derselben verschafft. Gouverneur aber war Cumming, und unter dem merkwürdigen Vorwand der Unparteilichkeit suchte er die Mormonen vor den Forderungen der Justiz zu schützen. Einmal ging er sogar so weit, einen Protest gegen die Verwendung von Bundestruppen zur Unterstützung von Cradlebaughs Maßnahmen zu erlassen.

Mrs. C. V. Waite schließt ihren interessanten Bericht über das große Massaker mit der folgenden Bemerkung und der dieser beigefügten Zusammenfassung des Beweismaterials – und die Zusammenfassung ist gedrängt, präzise und zuverlässig:

»Zum Nutzen derjenigen, die vielleicht noch immer geneigt sind, die Schuld Youngs und seiner Mormonen an dieser Angelegenheit zu bezweifeln, seien hier die Belastungszeugnisse aufgezählt und Indizien angegeben, welche ausreichen, nicht nur einen Verdacht auf sie zu werfen, sondern sie auch zu überführen, und zwar kraft ›Beweisen, so unerschütterlich wie die der Heiligen Schrift‹:

1. Die eigenen Aussagen von beteiligten Mormonen, ersichtlich aus den Berichten Richter Cradlebaughs und des Stellvertretenden Bundesgerichtsrates Rodgers.

2. Brigham Youngs Versäumnis, in dem von ihm in seiner Eigenschaft als Indianerkommissar abgegebenen Bericht den Vorfall überhaupt zu erwähnen. Desgleichen die Tatsache, daß er noch mehrere Jahre danach niemals von der Kanzel herab auf diesen angespielt hat.

3. Die Flucht der in Mormonenkirche und -staat hohe Stellungen bekleidenden Männer ins Gebirge, als die Angelegenheit einer gerichtlichen Untersuchung unterzogen wurde.

4. Die Tatsache, daß das Kirchenorgan und seinerzeit einzige im Territorium erscheinende Blatt ›Deseret News‹ erst mehrere Monate nach dem Blutbad davon Notiz nahm, und dann auch nur, um die Teilnahme von Mormonen abzustreiten.

5. Die Aussagen der von dem Massaker verschont gebliebenen Kinder.

6. Die bei den Mormonen vorgefundenen Kinder und Habseligkeiten der Auswanderer sowie der Nachweis, daß beides sich genau seit dem Tage nach dem Massaker in ihrem Besitz befand.

7. Die Angaben der Indianer aus der Gegend, in der das Blutbad stattfand; diese Aussagen werden nicht nur von Cradlebaugh und Rodgers vorgelegt, sondern auch von einer Anzahl Offiziere sowie von J. Forney, der im Jahre 1859 Indianerkommissar für das Territorium war. All diesen Männern wurden von den Indianern häufig und freiwillig solche Angaben gemacht.

8. Die Aussage R. P. Campbells, Capt. d. 2. Dragoner, der im Frühjahr 1859 nach Santa Clara geschickt worden war, um Reisende auf der Straße nach Kalifornien zu be-

schützen und Untersuchungen über indianische Raubzüge anzustellen.«

C

Von einem schrecklichen Attentat, das nie verübt wurde

[Wenn es je einen harmlosen Menschen gegeben hat, dann Conrad Wiegand, Gold Hill, Nevada. Wenn es je ein sanftes Gemüt gegeben hat, das sich selbst für unverschossenes Schießpulver und dräuendes Unheil hielt, dann Conrad Wiegand. Wenn es je eine sich als Wal vorkommende Miesmuschel oder einen sich als Planet mit Milliarden-Meilen-Bahn vorkommendes Irrlicht aus einem kleinen Sumpf oder ein sich als Hurrikan vorkommendes Sommerlüftchen gegeben hat, dann Conrad Wiegand. Ist es deshalb ein Wunder, daß er glaubt, wenn er etwas sagt, höre die ganze Welt zu, wenn er etwas tut, stehe die Welt still und schaue zu, und wenn er leidet, winde sich die Natur in Krämpfen? Als ich Conrad kennenlernte, war er »Direktor der Gold-Hill-Probieranstalt« – und nicht bloß deren Direktor, sondern auch deren gesamtes Personal. Und außerdem war er Straßenprediger mit einer Mischmaschreligion eigener Erfindung, zu der er das Weltall zu bekehren hoffte. Das war vor Jahren. In jüngster Zeit ist er hier unter die Journalisten gegangen, und sein Journalismus ist auch danach: viel Wind und wenig Wellen – kolossale Großsprecherei einer Zeitung von der Größe eines doppelten Briefbogens. Bestimmt schreibt, setzt und druckt er sie ganz allein, aber er liebt es, von dem Unternehmen zu sprechen, als nähme es einen ganzen Häuserblock ein und als beschäftige es tausend Menschen.

Vor nicht ganz zwei Jahren griff Conrad in seiner kleinen »People's Tribune« mehrere Leute unbarmherzig an und kam in Bedrängnis. Sofort spielte er sich in einer mit seinem Namen unterzeichneten Mitteilung in der »Territorial Enterprise« mit der Affäre groß auf, und ich möchte diesen Artikel in all seiner natürlichen Einfalt und übermenschlichen Offenheit hier wiedergeben. So lang er auch ist, es lohnt sich sehr wohl, ihn zu lesen, denn er dürfte die ergiebigste Probe journalistischer Literatur sein, welche die amerikanische Geschichte zu bieten hat – vielleicht:]

Aus der »Territorial Enterprise« vom 20. Januar 1870

Offenbarer Mordanschlag mißlungen

An den Herausgeber der »Enterprise«! Als Mr. Sutro vor etlichen Monaten beiläufig die Verwaltung der Comstock-Minen bloßstellte und unter anderem auch mich zu einem Protest gegen den Fortbestand einer solchen Verwaltung herausforderte, hatten Sie die große Freundlichkeit, mich zu warnen, daß jeder mittels Publikationen, öffentlicher Versammlungen und politischer Maßnahmen unternommene, auf die Behebung der chronischen Übelstände im Bergbauwesen des Bezirks Storey hinzielende Versuch für mich zur Folge haben würde: a) geschäftlichen Ruin, b) Übernahme der gesamten Kosten, c) persönliche Tätlichkeiten und, falls ich weiter darauf beharren würde, schließlich d) Ermordung; und also wäre am Schluß doch nichts erreicht.

Erfüllung Ihrer Prophezeiung

Zum Teil wenigstens haben sich Ihre Prophezeiungen erfüllt, denn a) sind Probieraufträge, die in der Gold-Hill-Probieranstalt (deren Direktor ich bin) stets bestens besorgt wurden, woandershin vergeben worden, und zwar, wie mir der Präsident einer der Gesellschaften versichert, auf Grund meiner Zeitungsveröffentlichungen. Andere Aufträge sind *ohne Angabe des Grundes* zurückgenommen worden. Abgesehen von ein, zwei wichtigen Ausnahmen erstreckt sich unser Probieren jetzt allein noch auf *Kleinarbeit.* Dann haben wir b), obwohl meine eigenen Schenkungen an die People's-Tribune-Gesellschaft bereits 1500 Dollar überschreiten, an Bargeld von außerhalb unserer eigenen Reihen noch nicht einmal 300 Dollar Beiträge und Abonnementsgelder für das Blatt erhalten. Dann c) wurde ich am vergangenen Donnerstag um die Mittagszeit in der Hauptstraße von Gold Hill ohne Angabe von Gründen beziehungsweise vorherige Warnung durch einen kräftigen Schlag zu Boden gestreckt und dortselbst von einem Manne mit Füßen getreten, welcher anscheinend zu der *Annahme* verleitet worden war, ich hätte mich nachteilig über ihn geäußert. Wer ihn zu dieser Annahme gebracht hat, vermag ich bis jetzt noch nicht zu sagen. Am letzten Samstag wurde ich abermals angegriffen und geschlagen, und zwar von einem Manne, welcher mir zuvor mitteilte, weshalb er solches tue, und welcher selbst dann noch darauf bestand, über mich herzufallen, als ich ihm deutlich und zu wiederholten Malen dargetan hatte, daß die Annahme, in welcher auch *er* von vornherein befangen war, irrig sei. Als es ihm nicht gelang, mir mittels Einschüchterung die Namen unserer Mitarbeiter am redaktionellen Teil zu entlocken, die geheimzuhalten ich, wie er wußte, verpflichtet bin, schlug dieser Mann nun, zumal ich keinen Widerstand leistete, so lange mit einer Peitsche auf mich ein, bis ihm die Arme erlahmten, und dann drohte er keuchend, mich für immer zum Krüppel zu machen, sofern ich jemals wieder seinen Namen in die Zeitung brächte, und obendrein hatte er mir erst wenige Minuten vor seinem Angriff auf mich versichert, der einzige Grund, weshalb ich am vergangenen Mittwochabend (zu welcher Zeit die »People's Tribune« erschienen war) lebend hätte nach Hause gehen »dürfen«, sei der, daß er mich nur für einen Kindskopf halte. Und außerdem sei noch einmal daran erinnert, daß ich unmittelbar am Morgen darauf ja auch wirklich von einem Manne niedergeschlagen und mit Füßen getreten worden war, welcher *auf Flucht vorbereitet* schien.

[Er sieht sein Schicksal drohen:]

Wann wird sich der Kreis schließen?

Wie lange ich noch bis zur völligen Erfüllung Ihrer Prophezeiung habe, kann ich nicht sagen, aber unter dem Schatten alles dessen, was sich in so kurzer Zeit bereits erfüllt hat, und bei solchen Drohungen von einem Manne, der einer der bekanntesten Exponenten des San-Francisco-Minenringes ist, bei solchen Drohungen also, welche mir und unserer ganzen Stadt höhnisch ins Gesicht geschleudert werden und auf die restlose Verwirklichung Ihrer Ahnungen *hinweisen,* können Sie mir da verdenken, wenn ich glaube, diese Mitteilung hier sei die letzte, welche ich je für die Presse schreiben werde, insbesondere, da mir das Gefühl gegenüber unserem vom Gelde beherrschten und in Angst lebenden Gemeinwesen und gleichermaßen auch das der amerikanischen Lehnstreue gegenüber dem Geiste wahrer Freiheit gebietet – und jedes einzelne dieser Gefühle wiegt schwerer noch als meine Liebe zum Leben –, gebietet, den Namen jenes bekannten Mannes als den von JOHN B. WINTERS, Präsident der Brummer-Gesellschaft, Militärgeneral und Streber nach politischer Macht, zu enthüllen? Der Name seines teilweise düpierten Komplicen und Helfershelfers bei diesem letzten staunenswerten Angriff lautet nicht anders als PHILIP LYNCH, Chefredakteur und Eigner der »Gold Hill News«.

Trotz der Beleidigungen und des Unrechts, mit denen mich John B. Winters am Samstagnachmittag überhäufte und wovon ich Ihren Lesern nur einen kurzen Überblick geben kann, bedauere ich es stets sehr, wenn eines Menschen, sei es nun eines Mannes oder einer Frau, in natürlichem und nicht künstlich geschürtem Zorn begangener schwerwiegender Irrtum (durch Veröffentlichung) festgehalten wird, und in Anbetracht der zu jener Zeit bestehenden großen öffentlichen Aufregung sowie in Anbetracht der Tatsache, daß der Angriff auf mich in fast völliger Einsamkeit erfolgte, bin ich trotzdem bei weitem nicht sicher, ob ich dem Angreifer nicht Zeit zur Reuebekundung gegeben hätte, bevor ich ihn an den Pranger stellte, wäre nicht der Umstand, daß er selber die Angelegenheit so weit publik und es hiesigen Orts zum Stadtgespräch gemacht hatte, daß er mich mit einer Peitsche bearbeitete. Da dies nun bekannt geworden ist, müssen alle damit verbundenen Tatsachen ebenfalls bekanntgemacht werden, weil andernfalls ein Schweigen meinerseits *mehr* als merkwürdig anmuten und vielen als Beweis dafür erscheinen würde, daß ich mir irgendwelcher unredlicher Absichten bei der Veröffentlichung eines Artikels bewußt wäre oder aber daß mein Prinzip der Gewaltablehnung nichts weiter wäre als ein bequemer Deckmantel für sowohl körperliche wie geistige Feigheit. Daher werde ich versuchen, ein anschauliches, aber getreues Bild dieser ganzen Affäre zu zeichnen, mich jedoch aller Kommentare enthalten, denn ich hege die Annahme, daß wenn niemand anderes, so doch die Redakteure unseres eigenen Blattes in dessen nächster Nummer sich zu diesem Thema frei und angemessen äußern werden, mag ich dann noch leben oder schon tot sein, denn mein Tod kann das Erscheinen der »People's Tribune« vielleicht verzögern, aber nicht beenden.

[Der Gewaltverweigerer hält sich fest ans Prinzip, nimmt sich aber ein paar Freunde von nützlicherweise andersgeartetem Kaliber mit:]

Die Falle gestellt

Am Samstagmorgen ließ mir John B. Winters eine mündliche Benachrichtigung in die Gold-Hill-Probieranstalt zugehen, daß er mich im Büro der Brummer-Gesellschaft zu sprechen wünsche. Obzwar mich in Anbetracht seiner kürzlichen Unhöflichkeiten gegen mich sowohl als Herausgeber wie in gleichem Maße als Aktionär der Brummer-Mine ein derartiges Ansinnen als entschieden unverfroren berührte und obzwar es mir mehr wie eine Vorladung denn wie eine von einem Gentleman an den anderen gerichtete Bitte um eine Gefälligkeit erschien, war ich stark geneigt, zu übersehen, was *möglicherweise* nur ein Höflichkeitsversäumnis war, zumal ich hoffte, daß sich in Verbindung damit eine auf Verbesserung der Zustände im Minenwesen Nevadas hinzielende Besprechung mit Sharon ergeben könnte. Da jedoch erst zwei Tage darüber vergangen waren, daß man mich auf Grund einer falschen und übereilt gefaßten Meinung geschunden und geschlagen hatte, erweckte dies bei mir einige Vorsicht. Darüber hinaus erinnerte ich mich schmerzlich der verächtlichen Art und Weise, in welcher er mich während unseres letzten Gesprächs in seinem Büro behandelt hatte. Daher hielt ich es für nötig, wenn ich überhaupt ging, dies in Begleitung eines Bekannten zu tun, welchen er unhöflich zu behandeln sich nicht getrauen würde und dessen Anwesenheit vielleicht verhindern könnte, daß es zu Schmähungen käme. Also bat ich einen Nachbarn, mich zu begleiten.

Die Falle fast entdeckt

Obzwar ich dies seinerzeit nicht wußte, hatte allem Anschein nach eben jener Nachbar, bevor ich mit meiner Bitte an ihn herantrat, Dr. Zabriskie in einem Lokal öffentlich erklären hören, daß Mr. Winters ihm gesagt habe, er sei entschlossen, mich entweder zu ermorden oder auszupeitschen, habe sich aber noch nicht entschieden, welches von beiden er tun wolle. Mein Nachbar verspürte daher keine Neigung, mit mir zu gehen, ehe er nicht zuvor mit Mr. Winters allein gesprochen hätte. Zu diesem Behufe stattete er ihm einen Besuch ab. Auf Grund dieses Besuches versicherte er mir, er habe den Eindruck gewonnen, daß ich seiner Meinung nach nichts von Mr. Winters zu befürchten habe und daß er (Mr. Winters) mich um vier Uhr in meinem eigenen Büro besuchen wolle.

Meine Vorsichtsmaßnahmen

Dieweil sich an jenem Nachmittage Sheriff Cummings in Gold Hill befand und da ich mich mit ihm über den kürzlichen Überfall auf mich unterhalten wollte, bat ich ihn in mein Büro, und er kam. Als die Uhr bereits eine halbe Stunde nach vier zeigte und Mr. Winters noch immer nicht erschienen war, schickten wir beide uns an, nach Hause zu gehen. Just in jenem Augenblick kam Philip Lynch, Herausgeber der »Gold Hill News«, herein und sagte:

»Guten Tag. John B. Winters möchte Sie sprechen.«

Ich erwiderte: »Allerdings! Er hat mich benachrichtigt, daß er heute nachmittag um vier Uhr hier sein wolle.«

»Hat doch keinen Zweck, gerade jetzt so überförmlich zu sein. Er ist in meinem Büro, und dort geht es genauso gut – kommen Sie mit hinüber, Winters möchte Sie allein sprechen. Er hat Ihnen etwas zu sagen.«

Wenngleich auch ein wenig beunruhigt von dieser Programmänderung, aber dennoch in dem Glauben, daß ich in eines *Zeitungsverlegers* Haus sicher sein müsse und mich ja ohnehin in Rufweite von der Straße befände, beeilte ich mich, flüsterte meine düsteren Ahnungen Mr. Cummings nur teilweise zu und fragte ihn, ob er sich nicht in der Nähe aufhalten wolle, damit er meine Stimme hören könne, falls ich riefe. Er willigte ein, wollte auf einige andere Leute warten und hereinkommen, wenn er meine Stimme hören oder sonstwie glauben würde, daß ich Schutz benötige.

In der Redaktion der »News«, welche auf eine finstere Straße hinausgeht, angekommen, fand ich Mr. Winters nicht dort vor, und mir stieg abermals Verdacht auf. Wäre ich lange genug stehengeblieben, um den Fall zu überlegen, hätte ich Sheriff Cummings hereingebeten, aber Lynch sagte, als er die Treppe hinunterging: »*Hier* lang, Wiegand – macht sich am besten, wenn wir ein bißchen privat sind« oder etwas dergleichen.

[Ich möchte des Lesers Vorstellungskraft zwar nicht so überanstrengen, daß sie Schaden nimmt, doch würde er mir einen Gefallen tun, wenn er sich dieses Schäfchen auf dem Schlachtfeld oder auf dem Duellplatz oder an der Spitze eines Selbstschutzverbandes vorzustellen versuchte. – M. T.]

Ich folgte ihm, und zwar *ohne* Mr. Cummings und ohne Waffen, welche ich niemals trage und auch niemals benutzen werde, es sei denn als Soldat im Kriege oder falls ich einmal der Meinung sein sollte, ein Duell ausfechten oder in die Reihen eines *notwendigen* Selbstschutzes eintreten zu müssen. Doch indem ich ihm folgte, beging ich einen verhängnisvollen Fehler. Denn ich betrat eine Falle, und wenn ein Tier sich fangen läßt, muß es mit dem üblichen Schicksal einer in der Falle sitzenden Ratte rechnen, was die kommenden Ereignisse, fürchte ich, beweisen werden.

Fallen werden gewöhnlich nicht aus Wohlwollen gestellt.

[Sein Leibwächter muß draußen bleiben:]

Die Falle von innen

Ich folgte Lynch die Treppe hinunter. An deren Fuß führte zur linken Seite eine Tür in ein kleines Zimmer. Von *diesem* Zimmer führte eine weitere Tür in noch ein *weiteres* Zimmer, und als ich dieses erst einmal betreten hatte, fühlte ich mich in etwas hineingelockt, was viele später als eine private und unterirdische Gold-Hill-Höhle ansehen werden, die, in den richtigen Händen, für offenen oder verhüllten Mord wie geschaffen war, denn nach Schließung beider Türen, ja sogar schon der einen, sah ich, als es zu spät war, daß ich von hier aus nicht von Sheriff Cummings gehört werden *konnte,* und *durch Gewalt und durch Zwang* wurde ich daran gehindert, mich friedlich zu verabschieden, als ich zu sehen vermeinte, daß das geflissentliche Ziel dieser »Unterredung« in nichts anderem bestehen konnte, als einen Mord an mir zu vollstrecken, *in Gegenwart von Philip Lynch als Zeugen,* und zwar sobald ein sprichwörtlich reizbarer Mann durch Beleidigung so weit aufgebracht worden sei, daß er Mr. Winters angreifen würde, so daß sein Gewissen und seine wohlbekannte Herzensgüte gegenüber den Reichen und Mächtigen Mr. Lynch *zwingen* würden zu bezeugen, er habe gesehen, daß General John B. Winters Conrad Wiegand in »Notwehr« getötet habe. Doch ich greife voraus.

Der Gastgeber

Mr. Lynch war fast die ganze Zeit hindurch (welche sich auf etwas weniger als eine Stunde belief) anwesend, verließ jedoch dreimal das Zimmer. Er hätte also nur in groben Zügen bezeugen können, was danach ruchbar geworden wäre. Als ich die teppichbelegte Mörderhöhle betrat, wurde ich aufgefordert, auf einem Stuhl in der Nähe der einen Zimmerecke Platz zu nehmen. Mr. Lynch setzte sich in die Nähe des Fensters. J. B. Winters saß (anfangs) neben der Tür und begann das Gespräch im wesentlichen wie folgt:

»Ich bin hergekommen, um von Ihnen schwarz auf weiß einen Widerruf jener schändlichen falschen Anschuldigungen zu verlangen, die Sie in Ihrem verd... infamen Revolverblatt gegen mich erhoben haben, und Sie müssen eine Erklärung abgeben, daß Sie der Verfasser sind, daß Sie sie wissentlich falsch verbreitet und das aus Boshaftigkeit getan haben.«

»Halt, Mr. Winters. Ihr Ton ist beleidigend, und Sie verlangen Ungeheures. Ich nehme an, daß ich nicht herbestellt worden bin, um mich beleidigen oder nötigen zu lassen. Ich glaubte, ich sei auf Ihre Bitte hin von Mr. Lynch hierher eingeladen worden.«

»Und genausowenig bin ich hergekommen, um Sie zu beleidigen. Ich habe Ihnen bereits gesagt, daß mich ganz andere Gründe herführen.«

»Und doch ist Ihr Ton beleidigend gewesen und zeigt auch jetzt eine starke Erregung. Werden die Beleidigungen wiederholt, verlasse ich entweder das Zimmer, oder aber ich rufe Sheriff Cummings herein, dem ich aufgetragen habe, gleich draußen vor der Tür auf mich zu warten.«

»Nein, das werden Sie nicht. Sie können es ebenso gleich jetzt wissen wie später. *Hier* gehören Sie mir, und ich werde Ihnen auch sagen, warum! Sie haben vor Monaten Ihre Liegenschaften veräußert und sich damit gebrüstet, Sie hätten das getan, um zu vermeiden, daß Sie sie infolge gerichtlicher Verfolgung wegen übler Nachrede verlieren.«

»Das stimmt; ich habe all mein unbewegliches Vermögen in bewegliches verwandelt, und zwar in solches, das ich dritten Personen sicher anvertrauen konnte, und ich habe das hauptsächlich getan, um dem Ruin durch eventuelle Verleumdungsprozesse zu entgehen.«

»Nicht schlecht, mein Lieber. Da Sie sich somit außerhalb des Gesetzes gestellt haben, so *gnade Ihnen Gott*, wenn Sie nicht ganz genau den Widerruf verfassen, den ich verlange. Ich habe Sie jetzt fest, und ver... noch mal, ehe Sie aus diesem Zimmer rauskommen, müssen Sie den verlangten Widerruf ohnehin sowohl schreiben wie unterzeichnen, und ehe Sie gehen – Ich werde Ihnen beibringen, was *persönliche* Haftbarkeit auch *ohne* Gesetz ist, Sie ... ... niedriger ... verlogener ...! Und verd... noch mal, Sheriff Cummings und alle Freunde, die Sie sonst noch in der Welt haben, können Sie nicht retten, Sie ... und so weiter! *Nein*, mein Lieber. Ich bin jetzt *allein*, und ich laß mich lieber hier auf der Stelle erschießen, als so beschimpft zu werden wie von Ihnen und Sie entwischen zu lassen, nachdem Sie diese Anschuldigungen veröffentlicht haben, und nicht bloß hier, wo ich bekannt und allgemein geachtet bin, sondern auch wo man mich nicht persönlich kennt und ich Schaden davon haben kann.«

Ich muß gestehen, diese Rede, mit ihrer schrecklichen und nur zu offensichtlich enthaltenen Drohung, mich zu töten, falls ich das von ihm verlangte Schriftstück nicht unterzeichnen würde, versetzte mich in Angst und Schrecken, insbesondere als ich merkte, daß er sich in den höchstmöglichen Grad der Wut hineinsteigerte, und da der Instinkt mir sagte, daß jede andere Antwort als ein scheinbares Eingehen auf sein Verlangen seiner Wut nur neue Nahrung gäbe, erwiderte ich:

»Also, wenn ich unterzeichnen *muß* ...« und ich hielt einige Zeit inne. Dann fuhr ich fort: »Aber Mr. Winters, Sie sind sehr aufgeregt. Außerdem sehe ich, daß Sie in einem völligen Mißverständnis befangen sind. Sie sollten sich nicht aufregen, sondern beruhigen. Ich bin bereit, Ihnen zu zeigen, wenn Sie mir bitte den Artikel, auf den Sie anspielen, nennen, daß Sie etwas als ›Anschuldigungen‹ ansehen, was kein ruhiger und logischer Verstand *füglich* als solche ansehen darf. *Zeigen* Sie mir die Anschuldigungen, und ich will es auf alle Fälle versuchen; und wenn dann deutlich wird, daß gar keine Anschuldigungen *erhoben* worden sind, dann kann es doch logischerweise auch nichts zu widerrufen geben und niemand Sie dazu von Rechts wegen *drängen*, einen Widerruf zu verlangen. Sie sollten sich hüten, einen so ernsten Irrtum zu begehen, denn so *rechtschaffen* ein Mensch auch sein mag, es kann sich jeder einmal irren. Außerdem *mutmaßen* Sie, ich sei der Verfasser eben dieser Artikel, auf die Sie hingewiesen haben. Das ist sehr voreilig.«

Dann wies er auf einige numerierte Absätze in einem »Tribune«-Artikel mit der Überschrift: »Was ist mit der Brummer-Gesellschaft los?« und sagte: »*Das* hier meine ich.«

Um für allgemeine Überlegungen und Entschlüsse Zeit zu gewinnen, nahm ich die Zeitung zur Hand und überflog sie ein Weilchen, dieweil er schwieg und, wie ich hoffte, sich beruhigte. Dann nahm ich das Gespräch wieder auf, indem ich bemerkte: »Ganz wie ich angenommen habe. Ich gebe weder zu, diesen Artikel geschrieben zu haben, noch haben Sie ein Recht, eine so schwerwiegende Sache zu *mutmaßen* und dann wichtige Schritte auf Ihrer Mutmaßung basieren zu lassen. Sie werden das vielleicht noch einmal tief bereuen. In meiner veröffentlichten Rede an das Volk setzte ich die Welt davon in Kenntnis, daß ohne die Einwilligung des Schreibers keinerlei Auskünfte über die Verfasserschaft irgendeines Artikels erteilt würden. Ich kann es also nicht mit meiner Ehre vereinbaren, Ihnen zu sagen, *wer* diesen Artikel geschrieben hat, und genausowenig können Sie das von mir verlangen.«

»Wenn *Sie* nicht der Verfasser sind, verlange ich aber doch zu wissen, wer es ist.«

»Ich sehe mich gezwungen, Ihnen diese Auskunft zu verweigern.«

»Dann verd... noch mal, brandmarke ich *Sie* als den Verfasser und werde entsprechend mit Ihnen verfahren.«

»Diesen Punkt übergehend, möchte ich bemerken, daß das wichtigste Mißverständnis, welches ich bei Ihnen feststelle, darin liegt, daß Sie das überhaupt als ›Anschuldigungen‹ ansehen, wo doch der Text von Anfang bis Ende zeigt, daß es sich keineswegs um eine solche handelt. Hier die Einleitung: ›Eine solche Untersuchung (wie oben angedeutet) *könnte* unserer Meinung nach dazu führen, einige der folgenden Punkte zu beweisen.‹ Dann folgen elf einzelne Angaben, und der daran anschließende Absatz zeigt, daß die vorgeschlagene Untersuchung ›jene *entlasten* könnte, die allgemein als die Schuldigen angesehen werden‹. Sie sehen also, der Zusammenhang beweist, daß das nicht als Anschuldigung erhoben worden ist, und eben dies scheinen Sie übersehen zu haben.«

Während ich diese Erklärungen abgab, unterbrach mich Mr. Winters des öfteren in einer Art und Weise, die mich überzeugte, daß er nicht *gewillt* war, die in meinen Worten zum Ausdruck gebrachten Gedanken aufrichtig zu erwägen. Er beharrte dabei, daß es sich *doch* um Anschuldigungen handle, und, »Verd... noch mal!«, er werde mich schon dazu kriegen, sie als *Anschuldigungen* zurückzunehmen, und er verwies das Problem an Mr. Philip Lynch, an welchen ich dann in seiner Eigenschaft als Schriftsteller, als Logiker und als Journalist appellierte und ihn besonders auf den soeben zitierten einleitenden Absatz aufmerksam machte.

Er erwiderte: »Wenn es keine *Anschuldigungen* sind, dann sind es bestimmt *Anzüglichkeiten*«, woraufhin Mr. Winters wieder seine Forderung nach einem Widerruf wiederholte, und zwar in demselben Wortlaut, in dem er sie schon zuvor erhoben hatte, nur daß er mir gestattete anzugeben, wer, wenn nicht ich selber, den Artikel geschrieben habe, und er hielt mir dabei unter weiteren Flüchen und Schimpfwörtern die Faust unter die Nase.

Als er mir mit der geballten Faust drohte, versuchte ich instinktiv, mich von meinem Stuhle zu erheben, allein Winters drückte mich gewaltsam nieder, wie er es dann auch all die anderen (sieben oder acht) Male tat, als ich mich in ähnlicher Weise in drohender Gefahr befand, von seiner Faust grün und blau geschlagen zu werden (oder vielleicht nach seinem ersten betäubenden Hieb gar noch schlimmeres zu erleben), was er leicht und unter völliger Sicherheit seiner Person hätte tun können, solange er mich niederhielt und über mir stand.

Dieses nun war es, was mich mehr als alles andere überzeugte, daß ich laut Plan und Anschlag absichtlich in Mr. Winters' Händen unschädlich gemacht werden sollte und daß dieser nicht willens war, mir den von ihm selbst genossenen Vorteil zu lassen, auf den Beinen zu stehen. Desgleichen und darüber hinaus gewann ich die Überzeugung, daß Philip Lynch (und ich fragte mich aus welchem *Grunde*) absolut nichts unternehmen würde, mich in seinem Hause zu beschützen. Mir wurde nun die Lage gründlich klar: Ich hatte bemerkt, daß ein Protestieren oder ein Argumentieren gleichermaßen zwecklos waren; um Erbarmen zu flehen oder mich zu entschuldigen, fiel mir nicht ein, und doch war mein Leben mehr als offenkundig bedroht; ich war ein schwacher Mensch; ich trug keine Waffen; wehrlos saß ich, während Winters stand und sich wahrscheinlich bewaffnet hatte; Lynch war der einzige Zeuge; die verlangte Erklärung würde, abgegeben und nicht erläutert, mich in meiner eigenen Selbstachtung, in den Augen meiner Familie und in den Augen unseres ganzen Gemeinwesens als unwürdig erscheinen lassen; gäbe ich aber andererseits den Namen des Verfassers preis, wie könnte ich da jemals das Vertrauen des Volkes erwarten, das ich nicht länger verdiente, und war *mein* Leben mir und den Meinen teurer als das des wirklichen Verfassers dessen Freunden? Und doch schien das Leben lieb und wert und jede verbleibende Minute kostbar, wenn nicht gar feierlich. Ich hoffe von ganzem Herzen, daß weder Sie noch jemand von Ihren Lesern, vorzüglich aber wenn es sich um einen Mann mit Familie handelt, jemals in eine Lage von so *direkter* Todesnähe kommen möge und dabei wie ich gezwungen würde, die eine Frage zu entscheiden: Was soll ich tun – ich, ein Mann mit Weib und Kind und nicht wie Mr. Winters »solo«?

[Der Leser wird gebeten, das Folgende nicht zu überschlagen. – M. T.]

Strategie und Hypnose

Um für weiteres Überlegen Zeit zu gewinnen und in der Hoffnung, durch ein *scheinbares* Einwilligen meine Freiheit der Person wiederzuerlangen, zumindest bis ich Alarm schlagen oder eine momentane Unachtsamkeit von seiten Winters' ausnutzen und dann ohne *feige* Flucht entkommen könnte, beschloß ich, eine Art Widerruf zu verfassen, jedoch hatte ich zuvor innerlich beschlossen:

Erstens mit Bedacht alles zu vermeiden, was selbst von einem Manne, der sich in blinde Wut gesteigert hat, als *Blankziehen* ausgelegt werden könne, und wenn ich mit noch so vielen Beleidigungen überhäuft würde, denn es wollte mir scheinen, daß dieses große Übermaß an Flüchen, Gemeinheiten und Schimpfwörtern mehr war als bloßes Sichgehenlassen und folglich ein Ziel haben müsse. »Vor den Augen des Vogels wird das Netz gewißlich umsonst ausgebreitet.« Daher hielt ich die Hände, wie schon vorher unabsichtlich, hinfort absichtlich von meinen Taschen fern, so daß sie auf meinen Knien liegend jedermann sichtbar waren.

Zweitens beschloß ich, keine Bewegung mit den Armen oder Händen zu machen, die möglicherweise als Angriff gedeutet werden könnte.

Drittens beschloß ich, mich im Auftreten völlig zu beherrschen und jegliche Entrüstung zu unterdrücken. Zu diesem Behufe mußte ich mich in der Gewalt behalten. Um dies zu tun, war ich gezwungen, wie dies Schauspieler auf der Bühne sind, mich in eine unnatürliche Gemütsverfassung zu versetzen und alle Dinge durch die Augen einer angenommenen *Rolle* zu sehen.

Viertens beschloß ich, still und von ihm unbemerkt an Winters eine hypnotische Kraft auszuprobieren, welche ich über eine bestimmte Art von Leuten besitze und welche, wie ich bisweilen festgestellt habe, bei niederen Tieren selbst im Dunkeln wirkt.

Lächelt etwa jemand über diese letzten Punkte? Gott bewahre Sie davor, jemals bei einem Schachspiel zum Ziehen *gezwungen* zu sein, dessen Einsatz Ihr Leben ist, und bei dem Sie nur noch vier armselige Bauern haben und Ihr Gegner noch über seine volle ungeschorene Streitmacht verfügt. Falls es aber doch so weit kommen sollte, und Sie Willenskraft und -größe haben, verzweifeln Sie nicht. Obwohl hypnotische Kraft Sie vielleicht nicht zu *retten* vermag, so kann sie Ihnen unter Umständen doch helfen – auf alle Fälle sollten Sie es damit wenigstens *versuchen*. Hier nun merkte ich, daß die Kraft über mich kam, und laut Naturgesetz wurde Winters entsprechend geschwächt. Hätte ich mehr Zeit gewinnen können, dessen bin ich sicher, hätte er mich nicht einmal geschlagen.

Dergleichen Entschlüsse zu fassen und sie sich herzusagen, dazu gehört Zeit. Diese Zeit aber gewann ich, während ich über meinen Widerruf nachdachte, welchen ich erst mit Bleistift aufsetzte und immer wieder abänderte, bis er mir zusagte, wobei es mir darauf ankam, ihn wie eine Konzession auf eine Forderung aussehen zu lassen, während er in Wirklichkeit Mr. Winters klipp und klar die Wahrheit sagen sollte. Als ich diesen Widerruf fertig hatte, schrieb ich ihn mit Tinte ab, und sofern er von meinem ersten Entwurf richtig kopiert ist, lautet er wie folgt. Beim Abschreiben habe ich wohl keinerlei wesentliche Änderungen mehr vorgenommen.

Abschrift

AN MR. PHILIP LYNCH, HERAUSGEBER DER »GOLD HILL NEWS«: Wie ich erfahre, ist General John B. Winters der Meinung, der folgende (aufgeklebte) Zeitungsausschnitt aus der »People's Tribune« vom Januar enthalte deutliche Anschuldigungen meinerseits gegen ihn persönlich, und verlangt von mir, sie als solche unbedingt zu widerrufen.

Gestatten Sie mir, gemäß diesem Ansuchen zu sagen, daß, obgleich Mr. Winters und ich hierin verschiedener Ansicht sind, ich in Anbetracht seiner heftigen Aufregung betreffs erwähnter Punkte hiermit erkläre, ich wüßte nicht, daß jene »Anschuldigungen« (sofern es überhaupt solche sind) zutreffen, und hoffe ich, daß eine kritische Untersuchung sie als solche gänzlich widerlegen wird.

Gold Hill, den 15. Januar 1870

Conrad Wiegand

Dann las ich vor, was ich geschrieben hatte und reichte es Mr. Lynch, woraufhin Mr. Winters sagte:

»Damit gebe ich mich nicht zufrieden; das genügt nicht«, und sich an Mr. Lynch wendend, fuhr er fort: »Was halten Sie davon?«

»Nun, ich muß gestehen, ich sehe nicht, daß dadurch etwas *widerrufen* wird.«

»Ich auch nicht«, sagte Winters, »ja, ich bin der Meinung, es fügt dem Schaden noch den Hohn hinzu. Mr. Wiegand, so kommen Sie nicht davon. Um *mich* zu übertölpeln, muß schon jemand anders kommen als *Sie*.«

»Dies ist der einzige Widerruf, den zu schreiben ich mich imstande sehe.«

»Da irren Sie sich gewaltig, mein Lieber, und wenn Sie das noch einmal sagen, tun Sie es auf eigene Gefahr, denn dann dresche ich Sie so zusammen, daß Ihnen bloß noch ein Zoll Leben bleibt, und verd... noch mal, ich verpflichte mich keineswegs, auch diesen Zoll zu schonen. Sie sollen begreifen, daß ich Sie um eine wesentlich andere schriftliche Erklärung gebeten habe, und sie müssen Sie unterschreiben, ob Sie wollen oder nicht.«

»Mr. Winters, ich versichere Sie, es liegt mir zwar wirklich fern, Sie zu erzürnen, gleichzeitig aber ist es mir gänzlich *unmöglich*, eine andere Erklärung als diese hier zu schreiben. Falls Sie mich unbedingt *zwingen* wollen, etwas zu unterzeichnen, muß Philip Lynch schreiben, was Sie diktieren, und wenn ich das dann *unterzeichnen* kann, will ich das tun, aber ein solches Dokument, wie Sie es Ihrer Äußerung nach von mir haben *müssen*, kann ich nie und nimmer unterschreiben. Ich meine das ganz genauso, wie ich es sage.«

»Hören Sie mal, wir müssen ein bißchen schneller zu Rande kommen, denn ich bin schon lange genug hier. Fangen wir einmal anders herum an« (und dann zeigte er auf die Zeitung): »Wissen Sie denn nicht, daß diese Anschuldigungen falsch sind?«

»Nicht daß ich wüßte.«

»Sie wissen also, daß sie wahr sind?«

»Ich für meine Person wüßte das nicht.«

»Warum haben Sie sie dann drucken lassen?«

»Weil es im rechten Zusammenhang gesehen gar keine *Anschuldigungen* sind, sondern angemessene und nützliche *Andeutungen* in Beantwortung von Fragen eines Korrespondenten, welcher unerklärliche Tatsachen angegeben hat.«

»Wissen Sie denn nicht, daß *ich* weiß, daß sie falsch sind?«

»Wenn Sie das *wissen*, wäre der richtige Weg doch einfach, sie abzustreiten und um Überprüfung einzukommen.«

»Nehmen *Sie* etwa das Recht für sich in Anspruch, *mich* zu nötigen, etwas abzustreiten, das Sie zu schreiben und zu drucken beliebten?«

Auf diese Frage gab ich, glaube ich, keine Antwort, und dann fuhr er fort: »Kommen Sie jetzt, wir haben lange genug darüber geredet. Ich möchte Ihre endgültige Antwort – haben Sie diesen Artikel geschrieben oder nicht?«

»Ich kann es mit meiner Ehre nicht vereinbaren, Ihnen zu sagen, *wer* ihn geschrieben hat.«

»Haben Sie ihn denn nicht gelesen, bevor er in Druck ging?«

»Selbstverständlich.«

»Und hielten Sie ihn für eine Veröffentlichung geeignet?«

»Selbstredend, andernfalls hätte ich ja nie in sein Erscheinen eingewilligt. Über die *Verfasserschaft* darf ich mich nicht äußern, für die *Veröffentlichung* trage ich die volle, alleinige und persönliche Verantwortung.«

»Widerrufen Sie ihn also, ja oder nein?«

»Mr. Winters, falls meine Weigerung, ein solches Schriftstück zu unterzeichnen, wie Sie es verlangen, für mich auch alles das nach sich ziehen *muß*, was Ihre Tonart in diesem Zimmer andeutet, dann bitte ich um ein paar Minuten zum Beten.«

»Beten! Ihre Betstunde ist vorbei, Sie ......! Zeit zum

Beten haben Sie gehabt, als Sie diese verd... erstunkenen und erlogenen Anschuldigungen verfaßten. Wollen Sie nun unterschreiben oder nicht?«

»Ich habe Ihnen meine Antwort bereits erteilt.«

»Was denn! Sie weigern sich immer noch?«

»Allerdings.«

»Dann nehmen Sie *das* hier«, und zu meiner Verblüffung und unsagbaren Erleichterung zog er lediglich einen Ochsenziemer – und nicht, wie ich erwartet hatte, eine Pistole oder einen Totschläger. Damit nun hieb er mir, während er sprach, über das linke Ohr nach unten, als wolle er es abschlagen, und danach seitlich an den Kopf. Als er zurückging, um wirkungsvoller ausholen zu können, gewann ich zum erstenmal eine Möglichkeit, mich unter Gefahr zu erheben, und dieses tat ich, wobei ich ihn aus tiefster Seele und aus dem Gedanken heraus bedauerte, daß jemand, der von Natur aus so zu wahrer Würde, Macht und Vornehmheit befähigt ist, durch die in diesem Staat vorhandenen Versuchungen sowie durch unheilvolle Bündnisse und Bestrebungen so tief gesunken sein kann, daß ihm solche Brutalität als Satisfaktion erscheint – aber die große Hoffnung für uns alle liegt in Fortschritt und Wachstum, und auch John B. Winters wird, wie ich zuversichtlich hoffe, noch einmal meine Einstellung begreifen können.

Er fuhr fort, mich aus vollen Leibeskräften zu schlagen, bis er außer Atem war. Ich hielt immer noch an meiner Taktik der defensiven Verteidigung fest und machte keinen anderen Gebrauch von meinen Armen, als damit Kopf und Gesicht vor weiterer Verunstaltung zu bewahren. Der von den auf mich niederprasselnden Schlägen herrührende Schmerz war schließlich vergänglich, und meine Kleidung dämpfte dieselben in gewissem Maße ab, so wie sie auch jetzt alle verbliebenen Spuren verbirgt.

Als ich annahm, er sei fertig, faßte er seine Waffe am Stielende und hielt sie mir vors Gesicht und warnte mich, falls ich ihn recht verstanden habe, vor dem, was noch kommen würde, und erklärte ferner, falls ich es noch einmal wagte, seinen Namen in die Zeitung zu bringen, sei es in meine eigene oder eine andere, würde er mir das linke Ohr abschneiden (und ich glaube nicht, daß er scherzte) und mich zu den Meinen als sichtbar verstümmelten Menschen heimschicken, als lebende Warnung für alle kleinen Leute, die höhergestellten Herren zu erpressen und deren guten Ruf zu schädigen suchten. Und während er so verfuhr, teilte er mir mit, daß er sich dann keiner Peitsche, sondern vielmehr eines Messers bedienen werde.

Nachdem er dies gesagt hatte, verließ er das Zimmer, und zwar meines Erinnerns unbegleitet von Mr. Lynch, denn ich setzte mich neben Mr. Lynch nieder und rief aus: »Dieser Mensch ist von Sinnen – ist total von Sinnen – dieser Schritt ist sein Untergang – es wäre unedel von mir, trotz all der schlimmen Behandlung, die ich hier von ihm erfahren habe, wollte ich ihn bloßstellen, zumindest ehe er Gelegenheit gehabt hat, über die Sache nachzudenken. Ich werde nichts überstürzen.«

»Winters ist momentan *wirklich von Sinnen*«, erwiderte Mr. Lynch, »aber wenn er bei sich ist, gehört er zu den feinsten Menschen, die ich kenne. Ja, er hat mir gesagt, er habe extra hier oben mit Ihnen zusammenkommen wollen, um Ihnen die Demütigung eines Verprügeltwerdens in Gegenwart anderer zu ersparen.«

Ich stelle anheim, daß diese unbedachte Äußerung Philip Lynchs selbigen überführt, von vornherein Mitwisser von Mr. Winters' Absichten gewesen zu sein, welcher Art diese auch gewesen sein mochten, oder aber zumindest seines Vorhabens, mich anzugreifen; doch überlasse ich es anderen, zu entscheiden, wieviel Tadel ein *Zeitungsverleger* dafür verdient, einen schwachen Mann, ebenfalls Zeitungsverleger, in sein eigenes Gehege gelockt zu haben, damit dieser dort mit einem Ochsenziemer verprügelt werde, bloß weil er das hat drucken lassen, was von je zehn Männern und Frauen auf der Straße neun im Munde führen.

Während ich diesen Bericht schreibe, sind mir zwei *möglicherweise* richtige Theorien betreffs dieses äußerst bemerkenswerten Angriffs eingekommen:

Erstens: Die Absicht *kann* einfach die gewesen sein, mir solche Eingeständnisse zu entlocken, die in den Händen des Kapitals und der Macht mich wegen Verleumdung ins

Zuchthaus gebracht hätten. Dies jedoch ist unwahrscheinlich, weil ja alle durch Einschüchterung oder Gewalt entlockten Erklärungen vor Gericht keinen Beweiswert besitzen, beziehungsweise so ausgelegt werden können, daß sie kein Gewicht haben. Die so heftig verlangte Erklärung muß also zu einem anderen Zweck gewünscht worden sein.

Zweitens: Die andere Theorie erscheint so dunkel und vorsätzlich mörderisch, daß ich davor zurückschrecke, sie niederzuschreiben; da jedoch aller Wahrscheinlichkeit nach mein Tod bei der ersten sich bietenden Gelegenheit bereits eine beschlossene Sache ist, bin ich der Meinung, ich sollte alles tun, was ich kann, ehe meine Stunde kommt, um anderen wenigstens zu zeigen, wie jene aristokratische Herrschaft und Interessenwirtschaft zu brechen ist, welche ganz Nevada der wahren Freiheit, wenn nicht sogar der Menschlichkeit beraubt hat. Ich bringe diese Hypothese zwar nicht als »Anschuldigung« vor, bin aber doch der Meinung, daß ich als amerikanischer Bürger immer noch das Recht habe, und das auch im Lande von Sharon und Winters, meine Gedanken zu denken und auszusprechen, und zwar auch in bezug auf die Theorie über einen brutalen Angriff (zumal ich selbst dessen Objekt gewesen bin) wie jeder anderen offenkundigen Ungeheuerlichkeit. Ich gebe die Angelegenheit einfach als Anregung, die den betreffenden Behörden und dem Volke, welches diese vertreten sollen, eine wohl konstatierte, aber nichtsdestoweniger geheimnisvolle und düstere Tatsache erklären mag. Die Absicht des Angriffes *kann* gewesen sein:

Erstens mich nach Ausstoßen von tatsächlichen, wenn auch formal nicht rechtswidrigen Drohungen gegen mein Leben durch Bewußtmachung meiner eigenen Wehrlosigkeit einzuschüchtern;

Zweitens mir zu bedeuten, daß ich mein Leben nur durch Abfassen oder Unterschreiben von spezifizierten Bestätigungen retten könne, welche ohne spätere Erklärung mich auf ewig als infam gebrandmarkt und meine Familie der Schande und Not sowie des schrecklichen Mitleides und Erbarmens der Reichen ausgeliefert hätten;

Drittens mir im Augenblick des Unterschreibens eine

Kugel durch den Kopf zu jagen und mich somit daran zu hindern, eine spätere Erklärung abzugeben, welche die Schande hätte von mir nehmen *können*;

Viertens Philip Lynch zu der Bezeugung zu zwingen, daß ich von John B. Winters in Notwehr getötet worden sei, denn eine Schuldigsprechung von Winters müßte *ihn* als Komplicen mit hineinziehen. Wenn es dies war, was John B. Winters vorgehabt hatte, so hat mir nichts weiter das Leben gerettet als meine beharrliche Weigerung zu unterschreiben, zu einem Zeitpunkt, da mir diese Weigerung als eindeutige Wahl des Todes erschien.

Die mir von Winters gemachte auffällige Versicherung, daß mir am vergangenen Mittwochabend allein das Mitleid das Leben gerettet habe, zwingt mich beinahe zu der Annahme, daß er anfangs gar nicht beabsichtigt haben *kann*, mich lebend aus dem Zimmer zu lassen; weshalb ich es dennoch lebend verlassen durfte, wenn nicht infolge hypnotischer oder sonstiger unsichtbarer Einflüsse, vermag ich nicht zu erraten. Je mehr ich darüber nachdenke, um so wahrscheinlicher erscheint mir diese schreckliche Deutung.

Ich hätte die Erzählung dieser Dinge sowohl Mr. Winters wie der Öffentlichkeit ersparen können, hätte er Schweigen bewahrt. Da er aber sowohl darüber gesprochen wie auch eine gehörig verdrehte Erklärung in die »Gold Hill News« gesetzt hat, glaube ich, es mir selber und nicht minder diesem Gemeinwesen wie der gesamten unabhängigen Presse von Amerika und Großbritannien schuldig zu sein, einen wahren Bericht darüber abzugeben, was sogar die »Gold Hill News« als leidige Affäre bezeichnet und welche sie wegen einiger angeblicher Telegrammfehler bei der Darstellung derselben tief bedauert. (Wer erhielt die fehlerhaften Telegramme?)

Wenngleich er es nicht für klüglich halten wird, mich gerade jetzt aus dem Leben zu befördern, bin ich sicher, daß die Veröffentlichung dieses Artikels General Winters (bei dessen eigenartigen Ansichten über *sein* Recht, sich nicht von *mir* kritisieren zu lassen) zwingen muß, meinen gewaltsamen Tod zu beschließen, obwohl es noch Jahre dauern mag, diesen zu bewerkstelligen. Trotzdem hege ich gegen *ihn* keinen bösen Willen; und sofern W. C. Ralston und William Sharon sowie andere Mitglieder des Minen- und Hüttenringes von San Francisco der Meinung sind, daß er vor allen anderen Männern in diesem Staate sowie in Kalifornien der geeignetste Mann sei, die Geschäfte der Brummer-Gesellschaft zu führen und zu kontrollieren, wird er wohl als Zierde seines gegenwärtigen Postens beibehalten werden, bis ich in der Lage sein werde, mehr als die Hälfte ihrer Aktien zu besitzen.

Inzwischen fordere ich alle auf, die von irgendwelchen bedeutenden Schurkereien wissen, die allein durch Aufdeckung abgestellt werden können (und welche sie aufdeckten, wenn sie sicher wären, daß sie nicht unter einschüchternden Drohungen verraten würden), mit der »People's Tribune« in Verbindung zu treten; denn solange ich noch nicht *wirklich* ermordet bin, solange ich die Mittel zur Veröffentlichung beitreiben kann, gedenke ich, auf diesem Wege fortzufahren, um wenigstens die Freiheiten des Staates wiederzuerwecken, die Unterdrückung im Zaum zu halten und der Menschenwelt und Gottes Erde Gutes zu tun.

Conrad Wiegand

[Eigentlich schade, daß der Sheriff draußen bleiben mußte, da das Taktgefühl eines Milizgenerals und eines bekannten Zeitungsherausgebers beide nicht gelehrt hat, daß die verdiente Züchtigung dieses jämmerlichen halben Kirchenlichts besser hätte auf der Straße vorgenommen werden sollen, wo der arme Kerl eine Möglichkeit gehabt hätte, das Hasenpanier zu ergreifen. Wenn ein Journalist einen Bürger verleumdet oder seinen guten Ruf auf bloßes Hörensagen hin angreift, verdient er Prügel, selbst wenn er ein »antikämpferischer« Waschlappen ist; aber ein großmütiger Gegner würde einem solchen Schäfchen dabei zumindest den Gebrauch seiner Beine zugestehen. – M. T.]

LEBEN AUF DEM MISSISSIPPI

ERSTES KAPITEL

Der Fluß und seine Geschichte

Über den Mississippi zu lesen lohnt sich durchaus. Schließlich ist er kein Wald- und Wiesenfluß, sondern in jeder Hinsicht etwas Besonderes. Sieht man den Missouri als seinen Hauptarm an, so ist er der längste Strom der Welt – viertausenddreihundert Meilen lang. Man kann wohl behaupten, daß er auch der krummste Fluß der Welt ist, da er in einem Teil seines Laufes eintausenddreihundert Meilen für ein Stück braucht, das in der Luftlinie nur sechshundertfünfundsiebzig Meilen ausmacht. Er gibt dreimal soviel Wasser ab wie der St. Lawrence, fünfundzwanzigmal soviel wie der Rhein und dreihundertachtunddreißigmal soviel wie die Themse. Kein anderer Fluß entwässert ein so gewaltiges Becken; holt er sich sein Wasser doch aus achtundzwanzig Bundesstaaten und Territorien: aus dem ganzen Land zwischen Delaware an der Atlantikküste und Idaho an den Bergen des Pazifik – einem Gebiet von fünfundvierzig Längengraden. Der Mississippi nimmt von vierundfünfzig mit Dampfschiffen und einigen Hundert mit Flach- und Kielbooten befahrbaren Nebenflüssen Wasser auf und trägt es zum Golf. Die Fläche seines Entwässerungsbeckens ist so groß wie England, Wales, Schottland, Irland, Frankreich, Spanien, Portugal, Deutschland, Österreich, Italien und die Türkei zusammengenommen, und fast dieses gesamte weite Gebiet ist fruchtbar, das eigentliche Mississippital sogar in besonderem Maße.

Ein außergewöhnlicher Fluß ist er schon insofern, als er anstatt sich zur Mündung hin zu verbreitern schmaler wird, schmaler und tiefer. Von der Vereinigung mit dem Ohio bis auf halbem Wege zum Meer ist er bei hohem Wasserstand durchschnittlich eine Meile breit, wird von da ab immer schlanker, bis er sich an den »Pässen« oberhalb der Mündung auf kaum mehr als eine halbe Meile einschnürt. Die Tiefe dagegen beträgt am Ohio siebenundachtzig Fuß, nimmt dann allmählich zu und erreicht kurz vor dem Meer hundertneunundzwanzig Fuß.

Auch der Unterschied im Steigen und Fallen ist beachtlich, zwar nicht im Ober-, doch im Unterlauf. Bis hinunter nach Natchez (dreihundertsechzig Meilen oberhalb der Mündung) steigt der Fluß einigermaßen gleichmäßig um rund fünfzig Fuß, am Bayou La Fourche aber nur um vierundzwanzig, bei New Orleans um fünfzehn und ganz kurz vor dem Meer bloß noch um zweieinhalb.

Nach einem Artikel im »New Orleans Times-Democrat«, dem Angaben von Fachleuten zugrunde liegen, entlädt der Mississippi jährlich vierhundertsechs Millionen Tonnen Schlamm in den Golf von Mexiko – Captain Marryat hat ihn ja auch hämisch die »Große Kloake« genannt. Verdichtet würde dieser Schlamm einen Block von einer Meile im Quadrat und einer Höhe von zweihunderteinundvierzig Fuß ergeben.

Die Schlammablagerungen lassen das Land allmählich wachsen – doch eben nur allmählich: in den zweihundert Jahren, seit denen der Fluß einen Platz in der Geschichte hat, haben sie es gerade um eine knappe Drittelmeile vorgeschoben.

Die Wissenschaftler glauben, die Mündung habe früher bei Baton Rouge gelegen, da, wo die Hügel aufhören, und die zweihundert Meilen Land bis zum Golf seien erst vom Fluß geschaffen worden. Damit haben wir auch gleich das Alter dieses Stück Landes: hundertzwanzigtausend Jahre. Und dabei ist das noch die allerjüngste Schicht Land da unten.

Auch sonst hat der Mississippi seine Besonderheiten, zum Beispiel die Neigung, erstaunliche Sprünge zu machen, indem er schmale Landzungen durchschneidet und sich so geradebiegt und verkürzt. Schon mehr als einmal ist er mit einem einzigen Satz dreißig Meilen kürzer geworden!

Die Folgen waren mitunter verblüffend: mehrere Flußstädte sind mitten ins Land verfrachtet worden, und vor ihnen haben sich Sandbänke und Wälder aufgebaut. Der Ort Delta lag sonst drei Meilen unterhalb Vicksburgs, was sich aber vor kurzem durch einen solchen Sprung radikal geändert hat, denn jetzt liegt Delta *zwei Meilen oberhalb* von Vicksburg.

Dieser Durchbruch hat beide Flußstädte ins Land versetzt. Mit Grenzen und Gerichtsbezirken treiben die Verkürzungen sowieso Schindluder; heute wohnt man beispielsweise noch im Staat Mississippi, am Abend bricht der Fluß durch, und morgen findet man sich und seinen Grundbesitz auf dem gegenüberliegenden Ufer wieder, und zwar innerhalb der Grenzen und unter den Gesetzen von Louisiana! Passierte so etwas in der alten Zeit am Oberlauf, konnte das einen Sklaven von Missouri nach Illinois abschieben und zum freien Menschen machen.

Sein Bett bloß zu verkürzen genügt dem Mississippi nicht, er muß es in einem fort auch noch *seitwärts* verrücken. Bei Hard Times in Louisiana verläuft der Fluß jetzt zwei Meilen westlicher als früher. Folglich liegt der ursprüngliche Kern dieser Siedlung überhaupt nicht mehr in Louisiana, sondern auf der anderen Seite, im Staate Mississippi.

Von jenen tausenddreihundert Meilen des alten Mississippi, die La Salle vor zweihundert Jahren mit seinen Kanus hinuntertrieb, ist heute fast alles guter, trockener Grund und Boden. Der Strom fließt an einigen Stellen rechts und an anderen links daran vorbei.

Unten an der Mündung, wo die Wogen des Golfs dagegenarbeiten, schwemmt der Mississippi nur langsam Land an, weiter oben, in den besser geschützten Gegenden, dafür um so schneller. Prophet's Island zum Beispiel war vor dreißig Jahren tausendfünfhundert Morgen groß; inzwischen hat der Fluß siebenhundert hinzugefügt.

Doch genug von diesen Beispielen für die Extravaganzen des gewaltigen Stromes – später werden wir mehr davon hören.

Lassen wir nun die physikalische Geschichte des Mississippi sein, und nehmen wir uns seine sozusagen geschichtliche Geschichte vor. In ein paar kurzen Kapiteln wollen wir einen Blick auf seine schläfrige erste Epoche werfen, in einigen weiteren auf die schon ziemlich muntere zweite, dann seiner hellwachsten und florierendsten Zeit entsprechenden Raum widmen und uns schließlich in dem, was noch vom Buch übrigbleibt, mit der verhältnismäßig ruhigen Gegenwart befassen.

In aller Welt und in Büchern ist es so zur Gewohnheit geworden, das Wort »neu« auf Amerika anzuwenden und so oft anzuwenden, daß wir schon früh den Eindruck gewinnen und auch nicht wieder loswerden, bei uns gäbe es überhaupt nichts Altes. Natürlich wissen wir, daß die amerikanische Geschichte über einige verhältnismäßig alte Daten verfügt, doch die Zahlen allein geben keine richtige Vorstellung, kein klares Bild von der Zeit, für die sie stehen. Wenn man sagt, im Jahre 1542 hat De Soto als erster Weißer den Mississippi gesehen, so ist das eben nur der nackte Tatbestand und nicht viel anders, als wollte man einen Sonnenuntergang mit astronomischen Messungen beschreiben und seine Farben nach ihren wissenschaftlichen Bezeichnungen einordnen – man bekäme zwar das nüchterne Faktum des Sonnenuntergangs vorgesetzt, sehen aber würde man ihn keineswegs. Ein Bild davon zu malen wäre besser.

Mit dem bloßen 1542 läßt sich nicht viel anfangen; gruppiert man jedoch ein paar andere historische Daten jener Zeit darum herum, ergeben sich Perspektive und Farbe, und dann wird einem klar, daß es sich hier um eines jener amerikanischen Geschichtsdaten handelt, die ein ganz respektables Alter aufweisen.

Als der Mississippi zum erstenmal von einem Weißen erblickt wurde, war zum Beispiel seit der Niederlage Franz I. bei Pavia, seit Raffaels Tod, seit der Vertreibung der Johanniter aus Rhodos durch die Türken, seit dem Tod von Bayard – sans peur et sans reproche – und seit dem Anschlagen der fünfundneunzig Thesen, dem Beginn der Reformation, noch kein Vierteljahrhundert vergangen. Zu der Zeit, als De Soto seinen Blick auf den Fluß warf, hatte man von Ignaz Loyola nur dunkel gehört, war der Jesuitenorden noch kein Jahr alt, die Farbe auf Michelangelos Jüngstem Gericht in der Sixtinischen Kapelle noch nicht trocken, und Maria Stuart sollte noch im selben Jahr geboren werden; Katharina von Medici war ein Kind. Elisabeth von England hatte noch nicht einmal das Backfischalter erreicht, und Calvin, Benvenuto Cellini und Kaiser Karl V. befanden sich auf der Höhe ihres Ruhmes, und jeder von ihnen fabrizierte nach seiner eigenen komischen Fasson Geschichte; Margarete von Navarra schrieb am »Heptameron« und an ein paar religiösen Büchern – das erste lebt noch heute, die anderen sind vergessen, denn geistreiche Schlüpfrigkeiten konservieren manchmal Literatur besser als Frömmigkeit –; lockere höfische Sitten sowie der absurde Ritterschaftbetrieb standen in schönster Blüte, und edle hohe Herren, die im Fechten besser als in der Rechtschreibung waren, schlugen die Zeit mit Fehden und Turnieren tot, während ihre Damen der Religion frönten und sich ansonsten damit beschäftigten, ihre Nachkommen in Kinder zur rechten und Kinder zur linken Hand einzuteilen. Die Religion schoß sowieso überall merkwürdig ins Kraut: das Konzil zu Trient wurde einberufen; die spanische Inquisition ließ großzügig rösten und foltern und verbrennen; auf dem übrigen Kontinent wurden die Völker mit Feuer und Schwert zu gottgefälligem Leben überredet; in England hatte Heinrich VIII. die Klöster aufgehoben, Fisher nebst ein paar anderen Bischöfen auf den Scheiterhaufen gesteckt und brachte gerade seine englische Reformation und seinen Harem auf Schwung. Als De Soto an den Ufern des Mississippi stand, waren es noch zwei Jahre bis zum Tode Luthers, elf Jahre bis zur Verbrennung von Servet und dreißig Jahre bis zum Blutbad der Bartholomäusnacht; von Rabelais war noch nichts erschienen, der »Don Quijote« noch nicht geschrieben, Shakespeare noch nicht geboren, und es sollten noch hundert lange Jahre vergehen, ehe die Engländer den Namen Oliver Cromwell hörten.

Jedenfalls ist die Entdeckung des Mississippi ein datierbares Ereignis, das die Funkelnagelneuheit unseres Landes reichlich beschlägt und es mit einer äußerst ehrwürdigen Patina überzieht.

De Soto sah sich den Fluß bloß kurz an, starb dann und wurde von seinen Priestern und Soldaten darin beigesetzt. Man sollte annehmen, die Priester und Soldaten hätten – was bei den Spaniern damals Usus war – die Dimensionen des Stromes verzehnfacht und so andere Abenteurer dazu bewogen, sich auf die Socken zu machen und ihn zu erforschen. Doch soviel Neugier erweckten ihre Schilderungen in der Heimat nun auch wieder nicht, und für eine ganze Reihe von Jahren erhielt der Mississippi keinen weiteren Besuch von Weißen, was in unseren tatkräftigen Tagen kaum zu glauben ist. Die Zwischenzeit ließe sich einigermaßen vergegenwärtigen, indem man sie so aufteilt: Nachdem De Soto den Fluß erblickt hatte, verging nicht ganz ein Vierteljahrhundert, und dann wurde Shakespeare geboren, lebte etwas über ein halbes Jahrhundert und segnete das Zeitliche, und als er schon weit über ein halbes Jahrhundert im Grabe lag, sah der *zweite* Weiße den Mississippi. Heute lassen wir keine hundertdreißig Jahre zwischen den Anblicken eines Wunders vergehen. Entdeckt jemand irgendwo in einem Land am Nordpol einen Bach, so schicken Amerika und Europa gleich fünfzehn kostspielige Expeditionen los: eine, um den Bach zu erforschen, und die restlichen vierzehn, um sich gegenseitig zu suchen.

Seit über hundertfünfzig Jahren gab es an unserer Atlantikküste schon Ansiedlungen von Weißen. Mit den Indianern herrschte dicke Freundschaft: im Süden beraubten, massakrierten, versklavten und bekehrten die Spanier sie, weiter oben verhökerten ihnen die Engländer Glasperlen und Wolldecken und warfen Whisky samt Zivilisation als »Lagniappe«* mit drein, und in Kanada nahmen die Franzosen sie in die Hilfsschule, schickten ihnen Missionare auf den Hals und zogen ganze Stämme nach Quebec und später nach Montreal, um ihnen Felle abzukaufen. Diese Gruppen von Weißen mußten also von dem großen Fluß des fernen Westens gehört haben; doch was sie darüber gehört hatten, war dunkel – so dunkel und nebelhaft, daß kaum halbwegs geschätzt werden konnte, wie und wo er verlief und wie groß er war. An sich hätte allein das Geheimnisvolle daran die Neugier anstacheln und zur Erforschung zwingen müssen, aber nichts dergleichen geschah. Allem Anschein nach hatte gerade niemand an einem solchen Fluß Interesse, niemand brauchte ihn, und es wollte auch niemand etwas darüber wissen. Also kam

* Siehe S. 832.

der Mississippi eineinhalb Jahrhunderte nicht auf den Markt und blieb ungestört. Als De Soto ihn gefunden hatte, war er gar nicht auf der Suche nach einem Fluß gewesen und hatte im Augenblick auch keine Verwendung dafür gehabt und ihm so erst gar keinen Wert beigemessen oder etwa besondere Beachtung geschenkt.

Doch zu guter Letzt fiel dem Franzosen La Salle ein, diesen Fluß ausfindig zu machen und unter die Lupe zu nehmen. Bemächtigt sich aber jemand einer vernachlässigten und wichtigen Idee, so tauchen bekanntlich stets allerorten Leute auf, die von dem gleichen Gedanken beseelt sind. Und so auch hier.

Nun wird man natürlich fragen: Warum wollten sie auf einmal alle den Fluß haben, wo ihn doch fünf Generationen lang keiner hatte haben wollen? Offenbar, weil sie nun endlich glaubten, ihn nutzbar machen zu können, denn man nahm jetzt an, er münde in den Golf von Kalifornien und ermögliche einen kürzeren Weg von Kanada nach China. Bisher hatte die Meinung geherrscht, seine Mündung liege am Atlantik oder am Virginischen Meer.

ZWEITES KAPITEL

Der Fluß und seine Entdecker

La Salle kam um gewisse höhere Privilegien ein, und sie wurden ihm von Ludwig XIV. aufgeblasenen Angedenkens gnädigst gewährt. An erster Stelle befand sich darunter das Recht, weit und breit zu forschen, Forts zu errichten, Kontinente abzustecken, sie dem König zu übergeben und die Kosten selber zu tragen. Als Gegenleistung erhielt er ein paar läppische Vorteile zugesprochen, unter anderem das Monopol für Büffelhäute. Auf gefahrvollen und aufreibenden Reisen zwischen Montreal und einem Fort, das er am Illinois gebaut hatte, vertat er mehrere Jahre und so ziemlich sein ganzes Geld, ehe er seine Expedition endlich soweit in Schuß hatte, daß er sich auf den Weg zum Mississippi machen konnte.

Inzwischen hatten andere mehr Glück. 1673 durchquerten der Kaufmann Joliet und der Priester Marquette das Land und erreichten die Ufer des Mississippi. Sie kamen über die Kanadischen Seen und dann von der Green Bay her in Kanus den Fox River und den Wisconsin herunter. Marquette hatte zum Fest der Unbefleckten Empfängnis feierlich gelobt, falls ihn die Heilige Jungfrau den großen Fluß entdecken ließe, wolle er ihn ihr zu Ehren Conception, Empfängnis, nennen. Was er auch gehalten hat. Damals schleppten alle Forscher eine Garnitur Priester mit. De Soto hatte vierundzwanzig Stück mitgenommen. Auch La Salle hatte mehrere mit. Oft hatten die Expeditionen nichts mehr zu beißen und kaum noch Fetzen auf dem Leibe, aber an Gerät und sonstigen Requisiten für die Messe herrschte nie Mangel; »den Wilden die Hölle zu erklären«, wie einer der schrulligen Chronisten jener Zeit sich ausdrückt, dazu war immer alles da.

Am 17. Juni 1673 stießen die Kanus von Joliet, Marquette und ihrem fünfköpfigen Gefolge auf die Mündung des Wisconsin in den Mississippi. »Quer vor ihnen ergoß sich zu Füßen stolzer, mit dichten Waldungen bestandener Höhen ein breiter und reißender Strom«, schreibt Mr. Parkman. »Sie paddelten diesen Fluß in Richtung Süden hinunter und gelangten in eine von keines Menschen Spur gestörte Einsamkeit.«

Ein großer Katzenwels prallte mit Marquettes Kanu zusammen und versetzte ihn in Angst und Schrecken, wozu Marquette allen Grund hatte, denn die Indianer hatten ihm zu bedenken gegeben, daß er sich auf eine tollkühne, ja todbringende Reise begebe, da der Fluß einen Dämon beherberge, »dessen Gebrüll aus weiter Ferne zu hören sei und der sie allesamt in den Schlund, wo er hause, hinabziehen und verschlingen werde«. Ich habe einmal einen Mississippiwels von über sechs Fuß Länge und zweihundertfünfzig Pfund Gewicht gesehen, und wenn Marquettes Fisch das Gegenstück dazu war, hatte Marquette ein gutes Recht zu der Annahme, der brüllende Flußdämon sei da.

»Schließlich tauchten auf den damals den Fluß umsäumenden großen Prärien weidende Bisons auf. Marquette beschreibt, mit welch grimmigem Blick die alten Bullen die Eindringlinge durch ihre verzotteten, fast jede Sicht nehmenden Mähnen hindurch anstierten.«

Die Expedition bewegte sich vorsichtig weiter:

»Nachts wurde angelegt und Feuer zum Abkochen des Abendessens gemacht und gleich wieder gelöscht. Dann stiegen sie in ihre Boote, paddelten ein Stück weiter, gingen auf dem Strom vor Anker, und einer hielt bis zum Morgen Wache.«

Das machten sie Tag für Tag und Nacht für Nacht, und zwei Wochen lang bekamen sie keinen einzigen Menschen zu Gesicht. Der Fluß war damals eine schreckliche Einöde. Und heute ist er es zum größten Teil.

Doch nach den zwei Wochen stießen sie eines Tages im Schlamm des Westufers auf menschliche Fußspuren – ein Robinson-Erlebnis mit Gänsehaut, selbst noch als Gedrucktes. Sie waren gewarnt worden, die Flußindianer wären genauso grausam und unbarmherzig wie der Flußdämon und würden mit jedem kurzen Prozeß machen; Joliet und Marquette aber marschierten freiweg ins Land hinein, um die Urheber der Spuren zu suchen. Sie spürten sie auch bald auf und wurden gastfreundlich empfangen und gut bewirtet – sofern man unter einem gastfreundlichen Empfang versteht, von einem Indianerhäuptling begrüßt zu werden, der, um den allerbesten Eindruck zu schinden, bis zum Hals barfuß geht, und unter einer guten Bewirtung, reichlich mit Fisch, Maispamps und Wildbret, darunter auch Hund, traktiert zu werden, und das alles von unbehandschuhten Indianerflossen in den Mund gestopft zu kriegen. Am Morgen geleitete der Häuptling die Franzosen mit sechshundert Stammesangehörigen zum Fluß und sagte ihnen herzlich Adieu.

Auf den Felsen oberhalb vom heutigen Alton entdeckten sie ein paar primitive und phantastische indianische Malereien, die später von ihnen beschrieben wurden. Ein Stückchen weiter flußabwärts »wütete quer gegen das ruhige blaue Wasser des Mississippi eine gelbschlammige

Strömung, die brodelte und schäumte und Baumstämme, Äste und entwurzelte Bäume mit sich führte«. Das war die Mündung des Missouri, »jenes wilden Flusses, der in rasendem Lauf, durch ein unermeßliches, unbekanntes Land der Barbarei herunterkommend, seine trüben Fluten in den Schoß seines sanften Bruders ergoß«.

Dann passierten sie die Mündung des Ohio, kamen an Rohrdickichten vorbei, kämpften gegen Moskitos an, trieben tagaus, tagein, im kargen Schatten notdürftiger Sonnenzelte dösend und in der Hitze bratend, durch das tiefe Schweigen und die Einsamkeit des Flusses dahin, trafen noch einen Trupp Indianer, mit dem sie Kratzfüße austauschten, und erreichten endlich – ungefähr einen Monat nach ihrem Aufbruch – die Mündung des Arkansas, wo ihnen ein Stamm Wilder mit Kriegsgeheul entgegenschwärmte, um sie zu massakrieren. Doch sie flehten die Jungfrau um Hilfe an, und so gab es an Stelle eines Gefechtes einen Festschmaus mit ausgelassenem Palaver und viel Trara.

Zu ihrer Befriedigung hatten sie bewiesen, daß der Mississippi weder in den Golf von Kalifornien noch in den Atlantik fließt. Sie nahmen an, seine Mündung liege am Golf von Mexiko. So machten sie wieder kehrt und trugen diese große Neuigkeit nach Kanada.

Eine Annahme aber ist noch lange kein Beweis. Ihn zu erbringen, blieb La Salle vorbehalten. Er war zwar von einem ärgerlichen Mißgeschick nach dem anderen aufgehalten worden, doch Ende 1681 konnte er schließlich mit seiner Expedition aufbrechen. Im tiefsten Winter machten sich er und sein Leutnant Henri de Tonti, der Sohn Lorenzo Tontis, des Erfinders der Tontine, mit einem Gefolge von achtzehn aus Neuengland mitgebrachten Indianern und dreiundzwanzig Franzosen auf den Weg den Illinois hinunter. Ihre Kanus auf Schlitten hinter sich herziehend, marschierten sie auf der Eisdecke des Flusses dahin.

Bei Peoria Lake erreichten sie offenes Wasser und paddelten von dort zum Mississippi, wo sie ihre Boote in Richtung Süden lenkten. Durch Felder treibender Eisschollen pflügten sie sich langsam bis zur Mündung des

Missouri und dann des Ohio vor, »glitten an riesigen Sumpfwüsten vorüber und landeten am 24. Februar in der Nähe der Third Chickasaw Bluffs«, wo sie haltmachten und Fort Prudhomme errichteten.

»Dann schifften sie sich wieder ein«, erzählt Mr. Parkman weiter, »und mit jedem Schritt ihres abenteuerlichen Vordringens wurde das Geheimnis dieser unermeßlichen neuen Welt mehr und mehr enthüllt. Immer tiefer traten sie in das Reich des Frühlings ein. Das neblige Sonnenlicht, die warme und schläfrige Luft, das zarte Laubwerk, die sich öffnenden Blüten, alles zeugte vom wiedererwachenden Leben der Natur.«

Im Schatten dunkler Wälder trieben sie Tag um Tag die großen Biegungen hinunter und kamen an die Mündung des Arkansas. Zuerst wurden sie von den Eingeborenen dieser Gegend so begrüßt wie vorher Marquette – mit dröhnender Kriegstrommel und geschwungenen Waffen. Hatte bei Marquette die Jungfrau die Sache geschlichtet, so erwies jetzt La Salle die Friedenspfeife denselben Dienst. Weißer Mann und roter Mann schüttelten sich die Hände und gaben sich drei Tage lang Gesellschaften. Vor den staunenden Wilden pflanzte La Salle dann ein Kreuz mit dem Wappen Frankreichs auf und ergriff – nach unverfrorenem zeitgenössischen Brauch – für den König Besitz vom ganzen Land, während der Pfaffe eine fromme Hymne absingen ließ und diesem Raub somit den Segen der Kirche erteilte. Um die Wilden zu retten, erläuterte der Priester ihnen mittels »Zeichen« die Geheimnisse des Glaubens und entschädigte sie so mit eventuellen himmlischen Besitztümern für die sicheren irdischen, die man ihnen soeben abgeknöpft hatte. Und ebenfalls mittels Zeichen ließ La Salle diese einfachen Kinder des Waldes einen Treueid auf Ludwig den Verdorbenen überm großen Wasser unterschreiben. Keinem fiel es ein, ob dieser ungeheuren Ironie zu lächeln.

Das Ganze spielte sich auf dem Gelände der späteren Stadt Napoleon in Arkansas ab. Dort also wurde das erste Konfiszierungskreuz an den Ufern des Mississippi errichtet. Marquettes und Joliets Entdeckungsreise hatte an derselben Stelle geendet – am späteren Napoleon. Und von eben dort aus hatte damals, in jener dunklen, ersten Zeit, De Soto seinen flüchtigen Blick auf den Mississippi geworfen – vom späteren Napoleon aus. Mithin haben von den mit der Entdeckung und Erforschung des gewaltigen Flusses zusammenhängenden vier denkwürdigen Ereignissen drei zufällig an ein und demselben Ort stattgefunden. Was bei näherer Betrachtung und Überlegung von höchst merkwürdiger Bedeutung ist. An dieser Stelle, der Stelle des späteren Napoleon, stahl Frankreich dieses riesige Land, und schließlich mußte ausgerechnet Napoleon selber es wieder zurückgeben – allerdings nicht den eigentlichen Besitzern, sondern deren weißen amerikanischen Erben.

La Salle und seine Begleiter setzten ihre Fahrt fort. Sie gingen hier und da an Land, »passierten die nunmehr historischen Stätten von Vicksburg und Grand Gulf« und besuchten einen imposanten indianischen Monarchen am Teche, der über eine aus sonnengebrannten und mit Stroh untermengten Ziegeln solide errichtete Hauptstadt verfügte – also über bessere Häuser als viele der heute dort stehenden. Der Häuptling hatte in seinem Haus einen Verhandlungssaal von vierzig Quadratfuß Größe, und dort gab er, umgeben von sechzig in weiße Mäntel gehüllten Greisen, Tonti einen Staatsempfang. In der Stadt befand sich auch ein Tempel mit einer Lehmmauer, die mit den Schädeln der der Sonne geopferten Feinde verziert war.

Ihren nächsten Besuch statteten sie den Natchez-Indianern in der Nähe der heutigen Stadt gleichen Namens ab, bei denen sie »religiösen und politischen Despotismus, eine von der Sonne abstammende privilegierte Klasse, einen Tempel und ein heiliges Feuer« vorfanden. Sie müssen sich dort vorgekommen sein, als wären sie wieder zu Hause; alles war wie daheim, nur mit dem Vorteil, daß Ludwig XIV. fehlte.

Ein paar weitere, schnell vergangene Tage und La Salle stand im Schatten seines Konfiszierungskreuzes an der Vereinigung der Wasser aus Delaware und aus Itasca und aus den Gebirgsketten dicht am Pazifik mit den Wassern des Golfs von Mexiko, seine Aufgabe war beendet, das Wunder vollbracht. Mr. Parkman faßt am Schluß seiner fesselnden Schilderung zusammen:

»Auf dem Papier erfuhr das französische Reich an jenem Tage eine enorme Vergrößerung. Die fruchtbaren Ebenen von Texas, das riesige Becken des Mississippi, von seinen eisbedeckten Quellen im Norden bis zu den schwülen Gestaden des Golfs, von den bewaldeten Kämmen der Alleghanies bis zu den kahlen Gipfeln der Rocky Mountains – dieses Gebiet der Savannen und Wälder, sonnenversengter Wüsten und grasreicher Prärien, von tausend Flüssen bewässert und von tausend kriegerischen Stämmen durchzogen, kam unter das Zepter des Sultans von Versailles, und einzig und allein vermöge einer schwachen, aus einer halben Meile Entfernung schon nicht mehr zu hörenden menschlichen Stimme.«

DRITTES KAPITEL

Bilder aus alter Zeit

Man möchte annehmen, der Fluß wäre jetzt schnurstracks in Betrieb genommen worden. Doch daran war noch gar nicht zu denken, denn eine Bevölkerung längs seiner Ufer zu verteilen ging genauso gemächlich und zeitraubend vor sich wie seine Entdeckung und Erforschung.

Ehe sich an seinen Rändern eine nennenswerte Anzahl von Weißen niedergelassen hatte, verflossen siebzig Jahre, und fast noch einmal fünfzig, bis es Handel und Wandel auf dem Fluß gab. Von La Salles Erschließung des Mississippi bis zu der Zeit, wo man von so etwas wie einem regelrechten und lebhaften Flußverkehr sprechen konnte, hatten sieben Herrscher auf dem Thron von England gesessen, war Amerika eine unabhängige Nation geworden, hatten Ludwig XIV. und Ludwig XV. die Würmer gefressen, war die französische Monarchie im Flammensturm der Revolution untergegangen, und man fing langsam an, von Napoleon zu reden. Ja, Anno dazumal hatte man die Ruhe weg.

Den allerersten Verkehr auf dem Mississippi besorgten große Lastkähne: Kiel- und Flachboote. Von den oberen Flüssen trieben und segelten sie nach New Orleans hinunter, wechselten dort die Ladung und wurden in langwieriger Stakerei und durch Aufwindung der Warpleinen mit der Hand wieder zurückbugsiert. So eine Fahrt dauerte hin und zurück mitunter neun Monate. Mit der Zeit wuchs dieser Verkehr derart an, daß er ganzen Horden rauher, verwegener Männer Arbeit gab, ungehobelten, ungebildeten, herzhaften Burschen, die die furchtbarsten Strapazen mit seemännischem Gleichmut ertrugen, die soffen wie die Löcher und in solchen Schweineställen wie diesem unteren Natchez von damals ihre unfeinen Späße trieben, samt und sonders gewaltige Schläger, die über Leichen gingen, ungeheuer lustige Brüder mit schmutziger Phantasie und gottlosem Maulwerk, die mit ihrer Heuer nur so um sich warfen und nach jeder Fahrt auf dem Trockenen saßen, ganz verrückt danach, sich wie die Pfingstochsen aufzudonnern, schreckliche Angeber und doch im großen und ganzen ehrliche Burschen, auf die man sich verlassen konnte und die ihre Pflicht erfüllten und nicht selten ein anschauliches Beispiel von Großmut waren.

Langsam machte sich dann das Dampfschiff breit. Fünfzehn oder zwanzig Jahre steuerten diese Männer ihre Kielboote weiter flußabwärts, während die Dampfer den gesamten Verkehr flußaufwärts übernahmen. Die Kielbootleute verkauften ihre Kähne in New Orleans und fuhren als Deckpassagiere auf den Dampfern nach Hause.

Bald aber nahmen die Dampfschiffe an Zahl und Geschwindigkeit so zu, daß sie den gesamten Verkehr bewältigen konnten und der alte Kielbootbetrieb für immer einging. Der Kielbootmann wurde Bootsknecht, Maat oder Lotse auf dem Dampfer, und erwischte er dort keine Koje, ließ er sich auf einem Pittsburgher Kohlenprahm anheuern oder auf einem in den Wäldern in der Nähe der Mississippiquellen aus Kieferstämmen zusammengehauenen Floß.

Zur Blütezeit der Dampfschiffahrt war der Fluß von

einem Ende bis zum anderen mit Kohlenprähmen aus Holzflößen bedeckt, die alle mit der Hand bedient wurden und auf den ganze Haufen jener rauhen Gesellen Beschäftigung fanden, die ich hier zu beschreiben versuche. Ich erinnere mich an die Prozessionen gewaltiger Flöße, die in jedem Jahr an Hannibal vorbeikamen, als ich noch ein Junge war – jedes Floß dieser weißen, süß duftenden Stämme ungefähr einen Morgen groß, mit einer Mannschaft von zwei Dutzend Männern oder mehr und, auf der riesigen ebenen Fläche des Floßes verteilt, drei bis vier Wigwams als Schutz gegen Wind und Wetter –, und ich erinnere mich auch an die grobe Art und die wilden Reden der großen Mannschaften, der ehemaligen Kielbootschiffer und ihrer bewundernswert in ihre Fußtapfen tretenden Nachfolger, denn wir schwammen immer eine Viertel- oder Drittelmeile hinaus, kletterten auf die Flöße und ließen uns ein Stück mitnehmen.

Um von den Kielbootgesprächen und -manieren sowie dem entschwundenen und fast schon vergessenen Leben auf den Flößen ein Bild zu geben, möchte ich hier ein Kapitel aus einem Buch einfügen, an dem ich seit fünf, sechs Jahren hin und wieder arbeite und das im Laufe weiterer fünf oder sechs vielleicht einmal fertig wird. Dieses Buch erzählt ein paar Episoden aus dem Leben von Huck Finn, einem unwissenden Jungen vom Lande, dem Sohn des Dorftrunkenboldes aus meiner Zeit im Westen. Er ist seinem Vater, der ihn verfolgt, und einer gutmütigen Witwe, die ebenfalls hinter ihm her ist, weil sie einen gesitteten, wahrheitsliebenden, achtbaren Knaben aus ihm machen möchte, davongerannt, und zugleich ist der Witwe ein Sklave ausgekniffen. Die beiden haben ein Stück Floß gefunden (das Wasser steht hoch und es ist stille Sommerszeit), treiben nachts den Fluß hinunter und verstecken sich tagsüber in den Weiden. Ihr Ziel ist Cairo, von wo der Neger im Herzen der freien Staaten die Freiheit finden will. Aber sie treiben im Nebel an Cairo vorbei, ohne es zu wissen. Schließlich dämmert ihnen, was los ist, und Huck Finn läßt sich überreden, Schluß mit der schrecklichen Ungewißheit zu machen und zu einem großen Floß runterzuschwimmen, das sie vorn in einiger Entfernung ausgemacht haben, im Schutz der Dunkelheit an Bord zu klettern und die Ohren zu spitzen:

Aber ihr wißt, wenn man jung ist und was rauskriegen will, fiebert man vor Ungeduld. Wir überlegten hin und her, und schließlich meinte Jim, wo es jetzt schön dunkel ist, wäre gar nichts dabei, an das große Floß heranzuschwimmen, raufzukriechen und sie zu belauschen – bestimmt werden sie von Cairo reden, weil sie sich da an Land vielleicht einen lustigen Abend machen wollen, zumindest aber werden sie Boote ans Ufer schicken, um Whisky, Frischfleisch oder sonst was einzukaufen. Für einen Nigger hatte Jim ganz schön Köpfchen: wenn's drauf ankam, konnte er fast immer einen guten Plan austüfteln.

Ich stand auf, warf mein Zeug ab, sprang ins Wasser und nahm Kurs auf das Licht vom Floß. Als ich nahe genug dran war, wurde ich ruhiger und vorsichtig und ließ mir Zeit. Aber es war alles in Butter – niemand an den Rudern. Da bin ich langgeschwommen bis fast zu dem Lagerfeuer in der Mitte und dann rauf an Bord und Zoll für Zoll vorgekrochen und hab mich auf der Windseite vom Feuer zwischen ein paar Bündeln hölzerner Dachschindeln versteckt. Dreizehn Männer waren da – das war natürlich die Wache auf Deck. Ein mächtig verwegen aussehender Haufen obendrein. Sie hatten einen Krug und Zinnbecher, und den Krug ließen sie rumgehen. Einer sang – man könnte ja auch sagen, er grölte –, und es war auch ein nicht ganz feines Lied, auf jeden Fall nicht stubenrein. Er grölte durch die Nase, und das letzte Wort von jeder Zeile zog er immer ganz lang. Als er fertig war, brachen die andern in so was wie ein Injanergeheul aus, und dann wurde noch eins gesungen, und das fing so an:

»Es war mal eine Frau,
die hatte einen Mann;
den liebte sie von Herzen sehr,
doch ein andern noch viel mehr.

Ruderi, rudera, ruderidera,
ruderi, rudera, rudera-ha-ha.
Sie liebte ihren Mann so sehr,
doch den andern noch viel mehr...«

und so weiter – vierzehn Strophen. Es war bescheiden schön, und als er mit der nächsten auch noch anfangen wollte, meinte einer, damit hätte man schon Adam aus dem Paradies rausgeschmissen, und ein andrer sagte: »Mensch, laß uns bloß in Ruhe!« Und ein dritter gab ihm den Rat, sich zu trollen. Sie zogen ihn solange durch den Kakao, bis er hochging, aufsprang und den ganzen Verein beschimpfte, und sagte, wenn er tief Luft holen würde, lägen sie ihm alle quer vor der Nase.

Die andern wollten auf ihn los, doch da springt der größte von allen auf und sagt: »Bleibt ruhig sitzen, Gentlemen. Den überlaßt mir, der ist das richtige Fressen für mich.«

Dann ist er dreimal in die Luft gesprungen und hat dabei jedesmal die Hacken zusammengeschlagen. Seine von oben bis unten mit Fransen behängte Hirschlederjacke hat er weggeschleudert und gesagt: »Bleibt liegen, bis ich ihn zerkaut habe«, und seinen mit lauter Bändern umwickelten Hut hat er hingeschmissen und gesagt: »Bleibt liegen, bis er ausgelitten hat.«

Dann hat er wieder einen Luftsprung gemacht und wieder die Hacken zusammengeknallt und losgebrüllt: »Huaa-huu! Ich bin der alte, original echte eisenzahnige, messinghäutige, kupferbäuchige Leichenmacher aus der Wildnis von Arkansas! Seht mich an! Ich bin der Mann, den man die Todesgeißel und den großen Vernichter nennt! Gezeugt von einem Hurrikan, zur Welt gebracht vom Erdbeben, Halbbruder der Cholera, mütterlicherseits nahe verwandt mit den schwarzen Pocken! Seht mich an! Wenn ich gesund bin, frühstücke ich neunzehn Alligatoren und ein Faß Whisky, und wenn ich krank bin, als Schonkost einen Scheffel Klapperschlangen und einen Leichnam! Mein Blick spaltet jahrtausendealte Felsen, und meine Stimme übertönt den Donner! Huaa-huu! Zurück und macht mir Platz, wie es meiner Körperkraft zukommt! Blut ist meine Muttermilch, und das Röcheln der Sterbenden ist Musik in meinen Ohren! Werft eure Augen auf mich, Gentlemen! Bleibt liegen und haltet den Atem an, denn jetzt breche ich los!«

Die ganze Zeit, wo er das vom Stapel ließ, schlackerte er mit dem Kopf und blickte wild und pustete sich auf und stieg im Kreis rum und krempelte sich die Ärmel hoch und streckte sich von Zeit zu Zeit und schlug sich mit der Faust vor die Brust und sagte: »Seht mich an, Gentlemen!« Als er fertig war, sprang er dreimal in die Luft, ließ dreimal die Hacken zusammenknallen und brüllte: »Huaa-huu! Ich bin die grausligste Satansbrut unter Gottes Sonne!«

Jetzt schob sich der Mann, der mit dem Krawall angefangen hatte, seinen alten Schlapphut übers rechte Auge, beugte sich vornüber mit durchgedrücktem Rücken und rausgestrecktem Achtersteven, fuhrwerkte mit den Fäusten durch die Luft und stampfte aufgeplustert und keuchend dreimal im Kreis rum. Denn richtete er sich auf, sprang hoch und knallte in der Luft dreimal hintereinander mit den Hacken (großer Beifall) und legte los, ungefähr so:

»Huaa-huu! Beugt den Nacken und kuscht euch, denn das Reich des Kummers bricht an! Haltet meine Wurzeln in der Erde, denn ich fühle meine Kräfte arbeiten! Huaa-huu! Ich bin ein Kind der Sünde, laßt mich nicht losgehen! Hier, gerußtes Glas! Wage keiner, mich mit bloßem Auge anzusehen! Ist mir zum Spielen zumute, schlepp ich die Längen- und Breitengrade als Netz durch den Atlantik und fische nach Walen! Mit dem Blitz kratze ich mir den Kopf, und mit dem Donner wiege ich mich in Schlaf! Friere ich, so koch ich mir den Golf von Mexiko und bade darin; ist mir zu warm, so fächle ich mich mit Äquatorstürmen; dürstet mich, so faß ich hoch und sauge Wolken leer wie Schwämme; wandre ich hungrig über die Erde, folgt meinen Spuren Hungersnot! Huaa-huu! Beugt den Nacken und kuscht euch! Ich lege meine Hand auf das Antlitz der Sonne, und Nacht wird es auf Erden, ich beiße ein Stück aus dem Mond und jage Ebbe und Flut durcheinander; ich schüttle mich, und Berge zerbröckeln wie Zunder! Haltet euch Leder vors Gesicht – seht mich nicht an mit bloßem Auge! Ich bin der Mann mit dem versteinerten Herzen und den gußeisernen Eingeweiden! Einsam gelegene Dörfer zu massakrieren ist der Zeitvertreib meines Müßigganges, meine Lebensaufgabe ist die Vernichtung ganzer Völker! Die endlose Weite der großen amerikanischen Wüste ist mein Rittergut, und meine Toten bestatte ich auf eigenem Grund und Boden!« Er sprang hoch und schlug in der Luft dreimal hintereinander die Hacken zusammen (wieder Beifall), und als er wieder unten war, rief er aus: »Huaahuu! Beugt den Nacken und kuscht euch, denn die Lieblingsausgeburt des Elends ist da!«

Dann warf sich der andre – der erste, der, den sie Bob riefen – wieder in die Brust und fing von neuem an. Doch die Ausgeburt des Elends fuhr dazwischen, den Mund noch voller als vorher, und da hauten denn beide gleichzeitig auf die Pauke und stelzten mit geschwollenem Kamm in einem fort um sich rum und rieben sich die Fäuste unter die Nasen und brüllten und krakeelten wie ein ganzer Injanerstamm. Das nächste war, daß Bob der Ausgeburt massive Wörter an den Kopf schmiß und die Ausgeburt zurückpfefferte, woraufhin Bob zu stärkerem Kaliber griff, was die Ausgeburt mit den allergemeinsten Ausdrücken heimzahlte. Dann feuerte Bob der Ausgeburt den Hut vom Kopf, und die Ausgeburt hob ihn auf und versetzte dafür Bobs bebändertem Baldachin einen Tritt, daß er gute sechs Fuß weit wegflog. Bob holte ihn zurück und sagte, macht nichts, sie würden noch abrechnen, sie beide, denn er wär ein Mann, der nie vergißt und nie vergibt, und die Ausgeburt soll sich ja vorsehen, denn so wahr er Bob heißt, wird er ihm noch mal mit seinem Herzblut dafür büßen müssen. Die Ausgeburt gab zurück, kein Mensch erwarte diese Zeit sehnlicher als er und er will Bob schon jetzt warnen, jemals wieder seinen Weg zu kreuzen, denn ehe er nicht in seinem Blute waten kann, hat er doch keine Ruhe, denn so sei er nun mal, obwohl er ihn jetzt aus Rücksicht auf seine Familie laufen lasse, falls er überhaupt eine hat.

Knurrend und kopfschüttelnd verzogen sich beide in verschiedene Richtungen und brabbelten weiter, was sie noch alles anstellen wollten, aber ein kleiner Kerl mit schwarzem Backenbart sprang auf und rief: »He, kommt zurück, ihr Jammerlappen, und ich stauch euch alle beide zusammen!«

Was er denn auch getan hat. Er hat sie beim Schlafittchen gegriffen, hin und her geschüttelt und ordentlich durchgewalkt, und sie lagen immer schneller wieder am Boden, als sie aufstehen konnten. Ja, und es hat keine zwei Minuten gedauert, da haben sie wie Hündchen gebettelt – und wie die ganze Meute dabei gegrölt und gelacht und in die Hände geklatscht und gerufen hat: »Na, ran doch, Leichenmacher!« – »Gib ihm feste, Ausgeburt des Elends!« – »Bravo, Davychen!« Mann, war das ein Radau! Am Schluß hatten Bob und die Ausgeburt blutige Nasen und blaue Augen. Davychen ließ sie zugeben, daß sie Großmäuler und Schlappschwänze sind mit nichts dahinter und nicht wert, mit einem Hund aus ein und demselben Napf zu fressen oder mit einem Nigger aus demselben Glas zu trinken. Dann schüttelten sich Bob und die Ausgeburt ganz feierlich die Hände und beteuerten, sie hatten schon immer Achtung voreinander gehabt und Schwamm drüber. Hinterher wuschen sie sich im Fluß die Gesichter, und grade in dem Moment kam ein lautes Kommando: Klar zum Kreuzen!, und ein paar gingen nach vorn und die andern nach achtern an die Ruder.

Ich blieb mucksmäuschenstill liegen und wartete eine Viertelstunde und rauchte die Pfeife zu Ende, die einer in Reichweite liegengelassen hatte. Als sie mit dem Kreuzen fertig waren, kamen sie zurückgetrottet und tranken eine Runde und fingen wieder an zu klönen und zu singen. Sie holten eine alte Fiedel vor, und einer spielte, und ein zweiter tanzte dazu Juba, und die andern legten einen richtiggehenden altmodischen Breakdown hin. Sehr lange konnten sie das aber nicht durchhalten, ohne daß ihnen die Puste ausging, und so ließen sie sich bald wieder um die Schnapskruke nieder.

In dröhnendem Chor sangen sie »Lustig ist das Flößerleben«, und dann redeten sie darüber, was es alles für

Schweine gibt und was die für Gewohnheiten haben, und dann über Frauen und wie die so sind, und dann, wie man am besten brennende Häuser löscht, und dann, was man mit den Injanern anfängt, und dann, was ein König so zu tun hat und wieviel er verdient, und dann, wie man Katzen scharfmacht, und dann, was man tun muß, wenn jemand Anfälle kriegt, und dann über den Unterschied zwischen Flüssen mit klarem und schlammigem Wasser. Der, den sie Ed nannten, meinte, das dreckige Mississippiwasser ist zum Trinken gesünder als das klare Ohiowasser. Wenn man eine Pinte von diesem gelben Mississippiwasser setzen läßt, hat man je nachdem, wie der Fluß gerade steht, auf dem Boden ungefähr einen halben bis drei Viertel Zoll Schlamm, aber dann ist es nicht mehr besser als Ohiowasser – man muß es vielmehr umrühren und bei niedrigem Wasserstand immer sein bißchen Schlamm zur Hand haben, um es so breiig zu machen, wie es zu sein hat.

Die Ausgeburt des Elends sagte, das stimmt, und der Schlamm ist nahrhaft, und wer Mississippiwasser trinkt, der kann, wenn er will, in seinem Magen eine Getreidezucht anlegen.

»Braucht euch doch bloß die Friedhöfe ansehen, das sagt alles. In Cincinnati sind die Friedhofsbäume nur Stengel, in St. Louis dagegen werden sie über achthundert Fuß hoch. Und alles von wegen dem Wasser, was die Leute getrunken haben, bevor sie ins Gras gebissen haben. Eine Cincinnati-Leiche aber macht den Boden nicht fett.«

Dann redeten sie weiter, wie das Ohiowasser sich nicht gern mit dem Mississippiwasser vermengt. Ed sagte, wenn ihr den Mississippi bei Hoch- und den Ohio bei Niedrigwasser nehmt, habt ihr auf der Ostseite vom Mississippi über hundert Meilen runter zu einen Streifen Klarwasser, aber sobald ihr eine Viertelmeile vom Ufer wegdreht und über den Streifen wegrutscht, ist alles wieder gelb und dick. Dann redeten sie noch, wie man verhindert, daß Tabak schimmlig wird, und dann kamen sie auf Gespenster und erzählten, daß eine Menge Leute welche gesehen hätten. Aber Ed sagte:

»Warum redet ihr nicht mal über eins, was ihr selber gesehen habt? Jetzt werd ich euch mal was erzählen. Vor fünf Jahren war ich auf einem ebenso großen Floß wie unserm, und es war genau dieselbe Ecke hier und heller Mondschein, da schob ich grade Wache und hatte das vordere Steuerbordruder unter mir, und einer von meinen Kumpels war ein gewisser Dick Allbright, und der kommt nach vorne, wo ich sitze, gähnt und reckt die Arme, beugt sich runter und taucht sein Gesicht in den Fluß und klemmt sich neben mich und holt seine Pfeife raus, und als er mit dem Stopfen fertig ist, schaut er auf einmal hoch und sagt:

›Du, kuck mal‹, sagt er, ›ist das da drüben in der Biege nicht Buck Millers Farm?‹

›Klar‹, sag ich. ›Wieso?‹ Er legt seine Pfeife weg, stützt den Kopf auf die Hand und meint:

›Ich dachte, wir wären schon weiter unten.‹

Ich sage: ›Hab ich mir auch eingebildet, als ich auf Freiwache ging‹ – wir hatten immer sechs Stunden Wache und sechs Stunden frei – ›aber die Jungs haben mir erzählt‹, sag ich, ›das Floß scheint in der letzten Stunde kaum von der Stelle gekommen zu sein‹, sag ich, ›dabei haben wir doch jetzt ganz schön Fahrt drauf‹. Da fängt er an zu grummeln und sagt:

›Ich hab schon mal erlebt, daß das einem Floß hier so gegangen ist‹, sagt er. ›Kommt mir vor, als ob in den letzten Jahren die Strömung vorn an der Biege eingeschlafen ist.‹

Ja, und dann ist er ein paarmal aufgestanden und hat über das Wasser geschielt. Schließlich hab auch ich damit angefangen. Man macht eben immer das, was man die andern machen sieht, wenn es auch manchmal ohne Sinn und Verstand ist. Und es dauert gar nicht lange, da seh ich steuerbords was Schwarzes quer hinter uns hertreiben. Ich merke, daß auch er hinstarrt, und frage:

›Is'n das?‹, worauf er abwinkt:

›Bloß 'n olles leeres Faß.‹

›Ein leeres Faß!‹ sag ich. ›Mann‹, sag ich, ›ein Fernglas ist gegen *deine* Augen ja eine Mattscheibe. Woher willst du wissen, daß das ein leeres Faß ist?‹

›Weiß ich nicht‹, sagt er, ›wird wohl doch kein Faß sein, hab's mir bloß so gedacht.‹

›Hm‹, sag ich, ›könnt schon eins sein, könnt ebensogut auch was andres sein; kann ja bei der Entfernung keiner sagen.‹

Da wir nichts weiter zu tun hatten, haben wir es im Auge behalten.

Nach einer Weile sag ich: ›Du, Dick Allbright, kuck doch mal, ich glaube, das Dings holt uns ein.‹

Da hat er kein Wort mehr gesagt. Das Dings kam näher und näher, und ich nahm an, es muß ein Hund sein, der langsam schlappmacht. Ja, und wie wir dann beim Rüberkreuzen sind, treibt das Dings quer über den hellen Streifen Mondlicht, und verflucht und zugenäht! es war wirklich ein Faß. Sag ich:

›Dick Allbright, wieso hast du schon gewußt, daß es ein Faß ist, als es noch eine halbe Meile weit ab war?‹

Sagt er: ›Ach, weiß nicht.‹

Sag ich: ›Nu mal raus damit, Dick Allbright.‹

›Ja, ich hab gewußt, daß es ein Faß ist, hab's schon öfter gesehen. Andre haben's auch gesehen. Soll ein Gespensterfaß sein.‹

Ich hab die Wache zusammengerufen, und sie kamen an, und ich hab ihnen erzählt, was Dick gesagt hat. Das Faß trieb jetzt direkt neben uns her, hat uns aber nicht überholt. War ungefähr zwanzig Fuß weit ab. Ein paar waren dafür, es an Bord zu holen, doch die andern wollten nicht. Dick Allbright sagte, Flößen, die sich damit abgegeben haben, hat es Unglück gebracht. Der Käpten von der Wache meinte, so was glaubt er nicht, und das Faß hat uns bloß deswegen eingeholt, weil es eine etwas bessere Strömung erwischt hat als wir. Mit der Zeit bleibt es sowieso wieder zurück.

Da haben wir uns dann über was andres unterhalten und ein Lied angestimmt und getanzt. Und danach wollte der Wachkäpten, daß wir noch eins singen, doch es fing an, sich zu bewölken, und das Faß kluckte immer noch an derselben Stelle, und das Lied schien uns auch nicht richtig in Stimmung zu bringen, so daß es gar nicht bis zu Ende gesungen wurde, und es gab auch keinen Beifall, sondern es starb einfach ab, und eine Minute lang sagte keiner ein

Wort. Dann versuchten alle auf einmal zu reden, und einer ließ einen Witz los, aber das war wie kalter Kaffee, denn keiner lachte, nicht mal der, der den Witz erzählt hatte, was nicht alle Tage vorkommt. Wir saßen bloß bedrückt da und stierten auf das Faß, und uns war ganz flau zumute. Und auf einmal wird es totenstill und pechschwarz, und dann fängt der Wind an, aus allen Ecken zu heulen, und die Blitze zucken und der Donner grollt. Im Nu hatten wir einen regelrechten Sturm, und mittendrin stolpert einer, der nach achtern rennen wollte, schlägt hin und verstaucht sich so den Knöchel, daß er sich hinlegen muß. Da haben die Jungs den Kopf geschüttelt. Und jedesmal, wenn der Blitz kam, war dieses Faß wieder da mit den blauen Irrlichtern drum rum. Wir haben es ständig im Auge behalten. Doch gegen die Dämmerung zu war es auf einmal weg. Als es Tag war, konnten wir es nirgends mehr entdecken und weinten ihm auch keine Träne nach.

Aber am nächsten Abend so gegen halb zehn, als wir gerade sangen und ganz ausgelassen waren, kam es wieder und nahm seinen alten Platz auf Steuerbord ein. Mit der fröhlichen Stimmung war es vorbei. Alle wurden ernst, keiner sprach, und keinen konnte man zu was anderm kriegen, als miesepetrig dazusitzen und auf das Faß zu starren. Und wieder kamen Wolken hoch. Nach der Wachablösung blieb auch, wer wachfrei hatte, lieber auf, statt sich hinzuhauen. Der Sturm riß und heulte die ganze Nacht über, und als er am tollsten wütete, strauchelte wieder einer, verstauchte sich den Knöchel und fiel aus.

Gegen Morgen war das Faß verschwunden, aber keiner hatte gesehen, wohin.

Den ganzen Tag über waren alle gedrückt und nüchtern. Ich meine aber nicht etwa nüchtern, wie wenn man keinen Schnaps trinkt, nein, ganz anders. Sie waren so still, und dabei pichelten sie mehr als sonst – nicht zusammen, sondern jeder schlug sich einzeln beiseite und trank für sich allein.

Nachdem es dunkel geworden war, blieben selbst die Wachfreien draußen. Keiner sang, keiner sprach. Die Jungs gingen nicht auseinander, nein, sie drängten sich vorne zusammen und blieben da zwei Stunden ganz still sitzen und glotzten immerzu in dieselbe Richtung, und ab und zu seufzte einer. Dann kam das Faß. Wieder an der alten Stelle, und ist die Nacht über dageblieben. Keiner ist schlafen gegangen. Nach Mitternacht stellte sich auch der Sturm ein. Es wurde schrecklich finster und goß in Strömen und dazu noch Hagel. Der Donner rumpelte und bullerte und grollte, der Wind wuchs zum Hurrikan an, die Blitze tauchten alles in grelles Licht, und auf dem Floß war es so hell wie am Tage, und so weit man sehen konnte, war der Fluß aufgepeitscht und weiß wie Milch, und dann das Faß, das so wie immer seine Bahn weiterzuckelte. Der Käpten befahl der Wache, die Achterruder zu besetzen, weil gekreuzt werden mußte, aber keiner wollte gehn – mit verstauchten Knöcheln sind sie zur Genüge eingedeckt, haben sie gesagt, und nach achtern würden sie nicht mal spazierengehn. Ja, und im selben Augenblick spaltet sich der Himmel mit einem Krach, und der Blitz erschlägt zwei Mann von der Achterwache und verletzt zwei weitere. Wie, wollt ihr wissen? Na, *die Knöchel hat er ihnen verstaucht!*

Gegen Morgen haute das Faß im Dunkel zwischen den Blitzen ab. An jenem Tag hat jedenfalls keiner einen Bissen zum Frühstück runtergekriegt. Die Mannschaft stand zu zweien und zu dreien rum und redete leise miteinander. Bloß mit Dick Allbright wollte keiner was zu tun haben. Dem zeigten alle die kalte Schulter. Kreuzte er auf, wo irgendwelche andern waren, gingen sie sofort auseinander und verzogen sich. Auch am Ruder wollte keiner mit ihm zusammenarbeiten. Der Käpten hatte alle Boote aufs Floß geholt, und zwar neben seinen Wigwam, und die Toten wollte er nicht an Land bringen lassen, damit sie begraben werden konnten, denn er glaubte nicht, daß einer von uns, wenn er erst mal an Land war, wieder zurückkommt, und da hat er verdammt recht gehabt.

Als die Nacht da war, lag es klar auf der Hand, daß es Rabatz geben würde, falls das Faß wieder auftauchte; es herrschte so ein Gewisper. Ein großer Teil war dafür, Dick Allbright den Hals umzudrehen, weil er das Faß schon auf andern Fahrten gesehen hatte, und das war schlimm. Ein paar wollten ihn an Land setzen. Manche aber sagten: ›Kratzen wir doch lieber gleich alle die Kurve, sobald das Faß wieder auftaucht.‹

Und wie sie noch so tuscheln und sich alle vorn zusammendrängeln und auf das Faß warten, da!, hast du gesehn, auf einmal rückt es wieder an, langsam, aber sicher, und pflanzt sich an der alten Stelle auf. Man hätte eine Stecknadel runterfallen hören. Dann kam der Kapitän und hat gesagt: ›Jungs, nun benehmt euch nicht wie ein Kinder- oder Irrengarten. Ihr wollt doch genauso wenig wie ich, daß uns dieses Faß bis ganz nach New Orleans im Kielwasser hängt. Was machen wir also dagegen? Am besten verbrennen. Ich hol's an Bord‹, sagt er, und noch ehe einer ein Wort raus hat, ist er schon drin.

Er schwimmt hin, und als er es vor sich her zum Floß schiebt, spritzen alle auf die andre Seite. Aber der Alte kriegt es an Bord und schlägt den Deckel ein, und wißt ihr, was drin war? Ein Baby! Jawohl, ein splitternacktes Baby! Dick Allbright seins, der hat's gleich zugegeben.

›Ja‹, sagt er und beugt sich über das Kind, ›ja, es ist meins, mein kleiner betrauerter Liebling, mein armer, dahingeschiedener Charles William Allbright, dessen Tod ich so beklagt habe‹, sagt er, denn wenn ihm die Mütze danach stand, konnte er seine Zunge um die geschwollensten Wörter rumwickeln, ohne sich irgendwo zu verheddern. Ja, sagt er, früher hat er oben an dieser Biege gewohnt und eines Nachts hat er sein Kind erstickt, weil es so geschrien hat, aber totmachen hat er es nicht wollen – was wahrscheinlich gelogen war –, und da hat er es mit der Angst zu tun gekriegt und es in einem Faß begraben, noch ehe seine Frau nach Hause kam, und dann hat er sich nach Norden geschlagen und ist auf die Flöße gegangen, und das Faß war schon das dritte Jahr hinter ihm her. Das Unglück, sagt er, hat immer erst mit Lappalien angefangen und so lange gedauert, bis vier Männer tot waren, und danach wär das Faß dann nicht mehr gekommen. Und wenn wir es noch eine Nacht länger aushalten würden ... und so quasselte er weiter, aber die andern hatten den Kanal voll. Sie wollten gerade ein Boot losmachen, um ihn an Land zu bringen und zu lynchen, doch da schnappte er sich plötzlich den Balg, drückt ihn, in Tränen aufgelöst, an seine Brust und springt damit über Bord, und wir haben ihn nie wieder gesehn, die arme leidgeprüfte alte Seele, weder ihn noch Charles William.«

»Wer war in Tränen aufgelöst?« fragte Bob. »Allbright oder das Baby?«

»Na, Allbright natürlich. Hab ich euch nicht erzählt, daß das Kind tot war? Doch schon drei Jahre lang – wie hat es da noch weinen können?«

»Ist auch egal, ob es weinen konnte oder nicht, aber wie hat es sich so lange über *halten* können?« sagte Davy. »Das erklär mir mal.«

»Keine Ahnung nicht«, antwortete Ed, »es hat sich aber gehalten – mehr weiß ich nicht.«

»Sag mal, was haben sie eigentlich mit dem Faß gemacht?« fragte die Ausgeburt des Elends.

»Na, über Bord gehen lassen. Ist abgesackt wie ein Bleiklotz.«

»Edward, sah das Kind aus wie erwürgt?« fragte einer.

»Trug es einen Scheitel?« ein andrer.

»Was stand auf dem Faß für eine Marke drauf, Eddy?« wollte ein Bursche wissen, den sie Bill riefen.

»Kannst du statistische Unterlagen beibringen, Edmund?« sagte Jimmy.

»Sag mal, Edwin, du bist wohl einer von denen gewesen, die der Blitz erschlagen hat?« fragte Davy.

»Der? Aber nicht doch! Der ist alle beide gewesen«, sagte Bob, und alle brachen in schallendes Gelächter aus.

»Du, Edward, willst du nicht lieber ein paar Pillen nehmen? Siehst ja aus wie Braunbier und Spucke – ist dir schlecht?« erkundigte sich die Ausgeburt des Elends.

»Na, komm schon, Eddy«, sagte Jimmy, »laß mal sehn. Hast dir doch sicher was von dem Faß aufgehoben, womit du die Sache beweisen kannst. Zeig uns das Spundloch, los, und wir alle glauben dir's.«

»Wißt ihr was, Jungs«, schlug Bill vor, »wir teilen uns den Braten. Wir sind dreizehn Mann. Ein Dreizehntel könnte ich von dem Garn schon schlucken, wenn ihr das übrige runterkriegt.«

Ed stand wütend auf und sagte, sie könnten ihn alle mal an einer Stelle, die er deutlich genug beschrieb, und dann schob er nach achtern ab, während er vor sich hin fluchte und die andern hinter ihm her grölten und ihn verhöhnten und johlten und lachten, daß man sie eine Meile weit hören konnte.

»Jungs, darauf schneiden wir eine Wassermelone auf«, sagte die Ausgeburt des Elends. Und er kam an und fummelte im Dunkeln zwischen den Holzschindeln herum, da, wo ich mich verkrochen hatte, und legte seine Hand auf mich rauf. Ich war warm und weich und nackt, und er hat »Aua!« geschrien und ist zurückgesprungen.

»Schnell eine Laterne oder ein Stück Feuer her, Jungs – hier ist eine Schlange, die ist so groß wie eine Kuh!«

Da kamen sie dann mit einer Laterne angerannt und drängten sich rum und guckten zu mir rein.

»Hervor mit dir, du Bettelstrick!« sagte einer.

»Wer bist du?« fragte ein andrer.

»Was suchst du hier? Raus mit der Sprache, oder du fliegst über Bord.«

»Hievt ihn raus, Jungs. Aber an den Haxen.«

Ich fing an zu bitten und kroch zitternd zwischen ihnen vor. Sie besahn mich von oben bis unten, und die Ausgeburt des Elends sagte: »So ein verdammter Spitzbube! Angefaßt und über Bord mit ihm!«

»Nein«, sagte Big Bob, »wir holen den Farbtopf, und eh wir ihn reinschmeißen, streichen wir ihn erst mal von Kopf bis Fuß himmelblau an.«

»Au gut! Hol Farbe, Jimmy.«

Als die Farbe da war und Bob schon den Pinsel in der Hand hatte und gerade losstreichen wollte und die andern alle feixten und sich die Hände rieben, fing ich an zu flennen und das hat dann auch auf Davy gewirkt, und er sagte: »Laßt sein. Ist doch bloß ein Küken. Wer ihm was tut, den streich *ich* an!«

Da hab ich von einem zum andern hochgeschaut, und ein

paar murrten und brummten, doch Bob stellte die Farbe runter, und die andern hoben sie nicht auf.

»Komm her ans Feuer, und dann wollen wir sehn, was du hier gewollt hast«, sagte Davy. »Jetzt setz dich da hin und erzähl uns mal, wer du bist. Wie lange steckst du schon an Bord?«

»Höchstens eine Viertelminute, Sir.«

»Und wie bist du so schnell trocken geworden?«

»Weiß ich nicht, Sir. Das ist bei mir meistens immer so.«

»Ach, sieh mal einer an. Und wie heißt du?«

Ich dachte nicht daran, ihm das zu sagen, und mir ist nichts andres eingefallen als: »Charles William Allbright, Sir.«

Da haben sie gebrüllt, die ganze Mannschaft, und ich war heilfroh, das gesagt zu haben, denn vielleicht würden sie durch das Lachen beßre Laune kriegen.

Als sie sich ausgewiehert hatten, sagte Davy: »Das geht kaum, Charles William. In fünf Jahren kannst du nicht so viel gewachsen sein, und du weißt doch, als du aus dem Faß kamst, warst du ein Baby, und noch dazu tot. Nu laß mal die Fisimatenten sein, und dir tut keiner was zuleide, wenn du nichts hast ausfressen wollen. Wie heißt du wirklich?«

»Aleck Hopkins, Sir. Aleck James Hopkins.«

»Gut, Aleck, und von wo bist du hierhergekommen?«

»Von einem Äppelkahn. Er liegt drüben an der Biege. Ich bin drauf geboren. Pap handelt hier schon sein ganzes Leben lang rauf und runter, und er hat mir gesagt, ich soll herschwimmen, denn als er euch hat vorbeikommen sehn, wollte er gerne, daß einer von euch mit einem gewissen Mr. Jonas Turner in Cairo redet und ihm sagt...«

»Komm, flunker nicht!«

»Doch, Sir, das ist pure Wahrheit. Pap hat gesagt...«

»Das erzähl mal lieber deiner Großmutter!«

Alle lachten, und ich versuchte weiterzureden, doch sie fuhren dazwischen und verboten mir den Mund.

»Nun hör mal her«, sagte Davy, »du hast die Buxen voll und faselst. Jetzt ganz ehrlich: Wohnst du auf einem Kahn oder war das Schwindel?«

»Doch, Sir, auf einem Äppelkahn. Er ist oben an der Biege festgemacht. Aber drauf geboren bin ich nicht. Ist unsre erste Fahrt.«

»Jetzt redest du wenigstens vernünftig! Und warum bist du hier an Bord gekommen? Um zu stibitzen?«

»Nein, Sir, bestimmt nicht. Ich wollte bloß mal ein bißchen auf einem Floß mitfahren. Machen doch alle Jungs.«

»Weiß ich. Aber warum hast du dich versteckt?«

»Weil sie die Jungs manchmal runterjagen.«

»Allerdings, denn die könnten was klauen. Hör mal, wenn wir dich diesmal laufen lassen, wirst du dich von jetzt ab nicht mehr in so was einlassen?«

»Ganz bestimmt nicht, Chef. Sie können mich ja auf die Probe stellen.«

»Na schön. Bis zum Ufer ist bloß ein Katzensprung. Über Bord mit dir, und daß du dich nicht noch mal so zum Narren machst. Weiß Gott, Junge, aber auf andern Flößen würden sie dich grün und blau prügeln!«

Ich habe nicht erst lange auf einen Abschiedkuß gewartet, sondern einen Satz ins Wasser gemacht und aufs Ufer zugehalten. Als Jim schließlich ankam, war das große Floß schon um die Landspitze herum und außer Sicht. Da bin ich rausgeschwommen und an Bord geklettert, und ich war mächtig froh, wieder zu Hause zu sein.

Der Junge hatte also nicht herausbekommen, was er wissen wollte, das Bild von dem entschwundenen Flößer und Kielbootmann aber, um das es mir hier ging, hat uns sein Abenteuer vermittelt.

Und nun komme ich zu einem Abschnitt des Lebens auf dem Mississippi aus der Blütezeit der Dampfschiffahrt, der es meiner Meinung nach verdient, daß man sich eingehend damit befaßt: der wunderbaren Wissenschaft des Lotsens. Ich glaube, so etwas gibt es nirgendwo auf der Welt noch einmal.

VIERTES KAPITEL

Der Traum aller Jungen

Zu meiner Kindheit hatten wir Jungen in unserem Nest* am Westufer des Mississippi alle nur einen Wunsch, der von Dauer war, nämlich zur Dampfschiffahrt zu gehen. Mitunter wollten wir auch etwas anderes werden, doch das hielt nie lange an. War ein Zirkus dagewesen, brannten wir darauf, Clowns zu werden; die ersten Neger-Minstrels, die in unserer Gegend auftraten, ließen uns mit der Sehnsucht zurück, uns unters fahrende Volk zu mischen, und hin und wieder gaben wir uns sogar der Hoffnung hin, Gott würde uns, wenn wir immer hübsch brav blieben, Seeräuber werden lassen. Diese Wunschträume verblaßten einer nach dem andern, der mit dem Dampfschiff aber ließ uns nicht mehr los.

Täglich einmal kam ein billiges, buntes Paketboot stromaufwärts von St. Louis und eins stromabwärts von Keokuk. Davor war der Tag voll herrlicher Erwartung, danach tot und leer. Nicht nur für uns Jungen, sondern für den ganzen Ort. Noch heute, nach all den Jahren, sehe ich das genauso vor mir wie damals: Die weißen, im Sonnenschein eines Sommermorgens dösenden Häuser; die Straßen leer oder so gut wie leer; vor den Läden in der Water Street sitzt hier und da ein Kommis auf einem Stuhl mit Korbsitz, hinten gegen die Wand gekippt, das Kinn auf der Brust, den Hut übers Gesicht gestülpt, ist er eingeschlafen, und die vielen Holzschnipsel ringsum zeigen, was ihn so erschöpft hat; den Bürgersteig schnüffelt eine Sau mit ihren Ferkeln entlang und labt sich an Melonenabfällen; am Landeplatz liegen ein paar vereinsamte Häufchen Fracht und auf der Schräge des gepflasterten Kais ein Stapel Ladebalken, in deren Schatten der fuselduftende Dorftrunkenbold seinen Rausch ausschläft; vorn am Pier schaukeln zwei, drei Holzprahme, doch nirgends eine Menschenseele, um dem friedlichen Dagegenplätschern der Wellen zu

* Hannibal in Missouri.

lauschen; der große Mississippi, der majestätische, der herrliche Mississippi wälzt seine Fluten meilenweit dahin und glitzert in der Sonne; drüben auf der anderen Seite der dichte Wald, dann die beiden ›Points‹ oberhalb* und unterhalb der Stadt, die den Blick begrenzen und den Fluß in eine Art Meer verwandeln, in ein unbewegtes, glänzendes, einsames Meer überdies. Plötzlich steigt über einer jener fernen Baken schwacher dunkler Rauch auf. Sofort läßt ein farbiger Lastträger, berühmt wegen seines scharfen Auges und seiner gewaltigen Stimme, den Ruf erschallen: »Daaampfboot kooommt!«, und mit einem Schlag verändert sich das Bild! Der Trunkenbold reibt sich die Augen, die Ladenschwengel wachen auf, es folgt ein Rattern und Rumpeln von Rollwagen, aus jedem Haus und jedem Laden ergießen sich Menschen, und im Nu kommt Leben in die tote Stadt. Wagen, Karren, Männer, Jungen, aus allen Ecken und Enden hasten sie demselben Zentrum zu, dem Kai. Alles, was sich dort versammelt, starrt auf den einlaufenden Dampfer wie auf ein Wunder, das sie zum erstenmal erblicken. Und es ist auch eine Augenweide, dieses lange, schnittige und schmucke Schiff. Es hat zwei hohe, phantastisch ausgezackte Schornsteine, zwischen denen eine vergoldete Verzierung hängt; auf dem dahinterliegenden Texasdeck thront ein bombastisches Steuerhaus, ganz aus Glas und im Zuckerbäckerstil; an den Radkästen prangt, umrahmt von einem goldenen Strahlenkranz oder unter einem Bild, der Name des Schiffes; Maschinendeck, Oberdeck und Texasdeck sind mit schneeweißen Relings verziert; vom Göschstock weht eine staatliche Flagge; die Kesseltüren stehen offen, und munter flackern die Feuer; die oberen Decks sind schwarz von Passagieren; neben der großen Glocke steht ruhig und imponierend der Kapitän, beneidet von allen; aus den Schornsteinen rollen und quellen sich Massen schwärzesten Rauches – eine billige Pracht, kurz vor Ankunft in einer Stadt mit ein paar Kloben Pechtanne erreicht; auf dem Vorderdeck hat sich die Mannschaft versammelt; am Bug wird die breite Landebrücke weit nach backbord hinausgeschoben, auf ihrem Ende malerisch mit einer Rolle Tau in der Hand ein bewunderter Matrose;

zischend schießt der gedrosselte Dampf durch die Ventile; der Kapitän hebt die Hand, eine Glocke ertönt, die Räder stocken, greifen noch ein paarmal rückwärts aus, buttern das Wasser zu Schaum, und der Dampfer liegt ruhig. Und dann das Durcheinander und Gehaste und Gejage, um an Bord zu kommen und von Bord zu kommen und Fracht einzuladen und Fracht auszuladen, alles zur gleichen Zeit, und dazu das Gebrüll und Gefluche, mit dem die Maate die Arbeit erleichtern! Zehn Minuten später ist der Dampfer schon wieder auf Fahrt, aber ohne daß am Göschstock eine Fahne flattert und ohne daß schwarzer Rauch aus den Schornsteinen aufsteigt. Noch einmal zehn Minuten, und die Stadt liegt wieder wie ausgestorben da, und der Trunkenbold schläft neben seinen Ladebalken weiter.

Mein Vater war Friedensrichter, und ich bildete mir ein, er besitze Macht über Leben und Tod aller Menschen und könne jeden, der ihn beleidigte, hängen lassen. An sich genügte mir das schon, um in der Welt etwas vorzustellen, doch der Wunsch, zur Dampfschiffahrt zu gehen, brach trotzdem immer wieder durch. Zuerst wollte ich Kabinenboy werden, damit ich mit einer weißen Schürze um herauskommen und ein Tischtuch über der Reling ausschütteln könnte, wo mich alle meine alten Freunde sehen würden. Später wäre ich lieber der mit dem Tau auf der Gangway stehende Matrose geworden, denn der fiel noch viel mehr auf. Aber das waren alles nur Träume – zu schön, um wahr zu werden. Eines Tages ging ein Junge von uns auf und davon, und man hörte lange Zeit nichts mehr von ihm. Schließlich tauchte er wieder auf – als »Hilfsmaschinist« auf einem Dampfschiff. Alles, was man mir in der Sonntagsschule beigebracht hatte, wurde dadurch von Grund auf erschüttert. War dieser Junge doch seit jeher ein notorischer Weltling, ich aber das ganze Gegenteil, und trotzdem hatte ihn das Schicksal nun so erhoben, während es mich in Verborgenheit und Elend weiterschmachten ließ. In seiner Größe war er übrigens kein bißchen edelmütig. Legte sein Schiff bei uns an, wußte er es stets so einzurichten, daß er gerade einen verrosteten Bolzen abzuschmirgeln hatte, und da saß er dann auf dem inneren Deckvorsprung und schrubbte an dem Bolzen rum, wo wir ihn alle sehen mußten und ihn beneideten und verabscheuten. Und jedesmal, wenn sein Schiff abtakelte, kam er nach Hause und stolzierte in seinen schwärzesten und verschmiertesten Klamotten durch die Stadt, damit auch ja alles daran erinnert wurde, daß er auf einem Dampfer war, und mit Fachausdrücken vom Dampfschiff warf er um sich wie ein alter Hase, der vergessen hat, daß gewöhnliche Sterbliche das nicht verstehen. Er sprach von der »Backbordseite« eines Pferdes, als sei es das Natürlichste von der Welt – man hätte ihn an die Wand klatschen mögen. Und von »St. Lui« redete er wie ein alteingesessener Bürger. Betont beiläufig ließ er Phrasen fallen wie: »Als ich die Fourth Street runterkam« oder »Ich wollte gerade am Planter's House vorbei«, oder er erzählte, wie es dort gebrannt und er an den Feuerlöschpumpen vom »alten Vater Missouri« mitgeholfen hatte, und dann schwindelte er uns weiter an, wie viele Städte von der Größe unserer an dem Tage da unten niederbrannten. Zwei oder drei von uns hatten lange großes Ansehen genossen, weil sie schon mal in St. Louis waren und ein bißchen über seine Wunder Bescheid wußten, aber mit ihrem Glanze war es jetzt vorbei. Sie wurden kleinlaut und lernten, sich zu verkrümeln, wenn der unbarmherzige Hilfsmaschinist aufkreuzte. Und Geld hatte dieser Kerl auch noch und konnte sich Pomade leisten. Außerdem eine unscheinbare silberne Uhr mit protziger Messingkette. Er trug nicht etwa noch Hosenträger, sondern einen Ledergürtel. Wenn je ein Junge von seinen Kameraden aus vollstem Herzen bewundert und gehaßt wurde, dann er. Kein Mädchen konnte seinem Zauber widerstehen. Er stach jeden Burschen im Ort aus. Als sein Schiff endlich explodierte, erfüllte uns das mit einer so beruhigenden Zufriedenheit, wie wir sie seit Monaten nicht mehr kannten. Doch als er in der nächsten Woche quicklebendig und ruhmbeladen nach Hause kam und arg mitgenommen und von oben bis unten in Binden verpackt in der Kirche erschien, jeder Zoll ein strahlender Held, von jedermann beglotzt und bewundert, fanden wir, daß die Parteinahme der Vorsehung für ein unwürdiges Reptil einen Grad erreicht hatte, wo Kritik erlaubt war.

Die Karriere dieser Kreatur konnte nur eins zur Folge haben, und das ließ auch nicht lange auf sich warten: ein Junge nach dem anderen schaffte es, auf den Fluß zu gehen. Der Sohn des Pfarrers wurde Maschinist, die Jungen vom Arzt und vom Postverwalter wurden »Zahlmeisteraspiranten«, der vom Schnapsgroßhändler übernahm auf einem Schiff die Theke, vier Söhne von unserm größten Kaufmann und zwei vom Bezirksrichter wurden Lotsen. Lotse, das war das Großartigste von allem. Der Lotse hatte selbst in jener Zeit der geringen Löhne ein fürstliches Einkommen: hundertfünfzig bis zweihundertfünfzig Dollar monatlich und Kost und Logis frei. In zwei Monaten verdiente er soviel wie ein Geistlicher im ganzen Jahr. Wir, die wir zurückbleiben mußten, waren untröstlich. Wir durften nicht auf den Fluß – wenigstens ließen uns die Eltern nicht.

So bin ich dann schließlich ausgekniffen. Ich nahm mir fest vor, nie wieder nach Hause zurückzukehren, ehe ich nicht als Lotse glorreich Einzug halten könnte. Aber irgendwie wollte es mir nicht glücken. Demütig ging ich an Bord von ein paar Schiffen, die zusammengequetscht wie die Ölsardinen am langen Kai von St. Louis lagen, und fragte ergebenst nach den Lotsen, doch die Maate und Zahlmeister ließen mich mit kurzen Worten abblitzen. Wohl oder übel mußte ich mich mit dieser Behandlung zufriedengeben, tröstete mich aber mit Tagträumen von einer Zukunft, wo ich als großer und angesehener Lotse haufenweise Geld haben würde und ein paar von diesen Maaten und Zahlmeistern einfach zertreten und dafür bezahlen könnte.

FÜNFTES KAPITEL

Ich möchte gern Lotse lernen

Nach einigen Monaten hatten sich meine Hoffnungen langsam, aber sicher zu Tode gerungen. Mein Ehrgeiz war verflogen. Nach Hause zurückzukehren aber schämte ich mich. Ich befand mich in Cincinnati, und so machte ich mich dann an die Arbeit, mir eine neue Laufbahn einfallen zu lassen. Zufällig hatte ich von der gerade erfolgten Erforschung des Amazonas durch eine von unserer Regierung entsandte Expedition gelesen, und daß infolge besonderer Schwierigkeiten ein in der Nähe der Quellen gelegener Teil des Landes, etwa viertausend Meilen von der Mündung entfernt, nicht hatte gründlich erforscht werden können. Von Cincinnati bis New Orleans, wo ich zweifellos ein Schiff kriegen würde, waren es ja bloß rund fünfzehnhundert Meilen. Ich besaß noch dreißig Dollar, also würde ich mich aufmachen und die Erforschung des Amazonas zu Ende führen. Weitere Gedanken verschwendete ich an die Sache nicht. Kleinigkeiten sind nie meine Stärke gewesen. Ich schnürte mein Bündel und schiffte mich auf einem betagten Kasten namens »Paul Jones« nach New Orleans ein. Für ganze sechzehn Dollar gehörte mir die verschrammte und verblichene Pracht seines Hauptsalons fast ganz allein, denn die »Paul Jones« war nicht gerade so gebaut, daß sie die Aufmerksamkeit klügerer Reisender auf sich gezogen hätte.

Als wir dann sogleich abdampften und den breiten Ohio hinunterschoben, wurde ich ein ganz anderer Mensch und bewunderte mich selber. Ich reiste! Nie zuvor hatte ich ein Wort so auf der Zunge zergehen lassen. Ich hatte das jauchzende Gefühl, auf dem Wege nach geheimnisvollen Ländern und fernen Zonen zu sein, ein Gefühl, das mich seitdem nie wieder so erhebend erfüllte. Ich war so verklärt, daß alle unedlen Regungen schwanden, und aus Mitleid vermochte ich sogar, fast ohne jede Verachtung auf die Ungereisten herabzublicken und sie zu bedauern. Hielten wir an Dörfern und Holzplätzen, konnte ich es mir jedoch nicht versagen, mich lässig über die Reling vom Maschinendeck zu legen, um mich am Neid der Dorfjungen auf dem Ufer zu weiden. Schienen sie mich nicht zu entdecken, nieste ich ganz plötzlich, um sie aufmerksam zu machen, oder ich ging irgendwo anders hin, wo sie mich einfach sehen mußten. Sobald ich aber merkte, daß sie mich beobachteten, gähnte ich und rekelte mich und zeigte auch sonst, wie sehr mich das Reisen langweilte.

Ich ging die ganze Zeit über ohne Hut und ich hielt mich immer da auf, wo Sonne und Wind an mich ran konnten, denn ich wollte doch so bronzen und verwittert aussehen wie ein alter Fahrensmann. Noch ehe der zweite Tag halb um war, wurde mir eine Freude zuteil, die mich mit reinster Dankbarkeit erfüllte: Ich stellte fest, daß sich auf meinem Gesicht und Hals Blasen bildeten und die Haut sich zu pellen anfing. Hätten mich die Jungens und Mädchen zu Hause doch jetzt sehen können!

Mit der Zeit erreichten wir Louisville – zumindest die Gegend von Louisville. Wie angeklebt saßen wir auf den Felsen in der Mitte vom Fluß und lagen da vier Tage fest. Ich hatte jetzt das Bewußtsein, mit zur Schiffsfamilie zu gehören, eine Art kleiner Sohn vom Kapitän und jüngerer Bruder der Offiziere zu sein. Mein Stolz ob dieser Würde und meine immer stärker anschwellende Zuneigung zu diesen Leuten waren gar nicht abzumessen. Was der hoheitsvolle Dampfschiffer von einer solchen Anmaßung bloßer Landratten hält, konnte ich nicht wissen. Ganz besonders sehnte ich mich danach, von dem großen, stürmischen Maat wenigstens ein klein bißchen beachtet zu werden, und ich paßte wie ein Schießhund auf, ihm einen Dienst erweisen zu können. Endlich bot sich eine Gelegenheit. Unter lärmendem Spektakel wurde unten auf dem Vorderdeck eine neue Spiere eingesetzt, und ich ging runter und stand im Wege – daß heißt, in der Hauptsache sprang ich aus dem Wege –, bis der Maat plötzlich brüllte, jemand solle ihm eine Gangspillkurbel bringen. Ich spritzte an seine Seite und sagte: »Sagen Sie mir, wo sie ist. Ich hole sie.«

Würde sich ein Lumpensammler dem Zar von Rußland für einen diplomatischen Dienst angeboten haben, so hätte jener Monarch nicht verblüffter sein können als jetzt der Maat. Sogar mit dem Fluchen hörte er auf. Er stand da und starrte zu mir runter. Zehn Sekunden brauchte er, um seine aus den Fugen geratenen irdischen Reste wieder zusammenzukratzen. Dann wuchtete er hervor: »Da bleibt einem doch verdammt die Spucke weg!« und wandte sich seiner Arbeit zu, mit der Miene eines Mannes, der sich vor ein unlösbares Problem gestellt sieht.

Ich schlich mich von dannen und suchte für den Rest des Tages die Einsamkeit. Zum Mittagessen erschien ich nicht und zum Abendbrot auch erst, als alle anderen längst fertig waren. Jetzt kam ich mir schon nicht mehr ganz so als Mitglied der Schiffsfamilie vor. Während der weiteren Fahrt stromabwärts stellten sich jedoch meine Lebensgeister ratenweise wieder ein. Es tat mir leid, daß ich den Maat so haßte, denn ihn nicht zu bewundern, lag nicht in der Natur eines (jungen) Menschen. Er war breit wie ein Schrank und bepackt mit Muskeln und sein Gesicht vor lauter Bart kaum zu sehen. Auf dem rechten Arm hatte er zwei Frauen tätowiert, eine in Rot und eine in Blau, und dazwischen einen blauen Anker an rotem Seil. Und in puncto Fluchen war er einfach Klasse. Löschte er irgendwo Ladung, baute ich mich stets dort auf, wo ich ihn sehen und hören konnte. Er war sich der Größe seiner erhabenen Stellung durchaus bewußt und ließ das auch alle Welt merken. Selbst die einfachste Anweisung blitzte er nur so heraus und donnerte ein langes, widerhallendes Getöse von Verwünschungen hinterher. Ich konnte nicht umhin, die Art, wie eine gewöhnliche Landratte einen Befehl erteilt, der des Maats gegenüberzustellen. Wenn eine Landratte die Laufplanke einen Fuß weiter vorgerückt haben will, würde sie wahrscheinlich sagen: »James oder William, schieb doch bitte einer von euch beiden die Planke hier etwas vor.« Mein Maat aber hätte losgebullert: »Heda, vor mit der Planke! Aber ein bißchen dalli, ja! Wo wollt ihr denn hin! Faßt doch zu! Na, wird's bald? Vor! *Vor!* Stück zurück: *Zurück!* Sitzt ihr denn auf den Ohren? Verdammt noch mal! Schlaft nicht ein dabei! Halt! *Halt,* hab ich gesagt! Wollt sie wohl glatt über Bord gehen lassen, was? Mensch, wo rollst du denn das Faß da hin? Hau ja ab da vorne, bevor ich dich, so wie du bist, reinstecke, du dreimal verdammte Kreuzung zwischen lahmer Sumpfschildkröte und verkrüppeltem Leichengaul!«

Ich wünschte mir, auch so reden zu können.

Nachdem sich der Kummer über meine Abfuhr bei dem Maat einigermaßen gelegt hatte, machte ich mich schüchtern an den bescheidensten Dienstgrad auf dem Schiff heran – den Nachtwachmann. Zuerst wies er meine Annäherungsversuche ab, doch dann wagte ich, ihm eine neue Tonpfeife anzubieten, und das stimmte ihn schon weicher. Er erlaubte mir, neben ihm an der großen Glocke auf dem Oberdeck zu sitzen, und mit der Zeit ließ er sich zu einer Unterhaltung herab. Er hätte auch kaum anders können: dazu hing ich mit zu ehrfürchtiger Hingabe an seinen Lippen und zeigte zu deutlich, daß ich es als Ehre ansah, von ihm beachtet zu werden. Er erklärte mir, wie die verschwommenen Landzungen und schattigen Inseln hießen, an denen wir in der feierlichen Stille der Nacht unter glitzerndem Sternenhimmel vorbeifuhren, und allmählich ging er dazu über, von sich selber zu reden. Für einen Mann mit sechs Dollar Wochenheuer schien er reichlich viel Gemüt zu haben – oder sagen wir lieber, jemandem, der älter war als ich, wäre das so vorgekommen. Ich aber trank seine Worte gierig in mich hinein und mit einem Glauben, der, an richtiger Stelle angewandt, hätte Berge versetzen können. Was machte es mir schon aus, daß er dreckig und speckig aussah und nach Gin duftete? Und daß seine Grammatik schlecht war, sein Satzbau noch schlechter und sein Fluchen jeglicher Kunst entbehrte und die Unterhaltung eher verwässerte als würzte? Ihm war viel Unrecht widerfahren, er hatte im Leben etwas durchgemacht, und das genügte mir. Als er immer rührseliger wurde und mir sein beklagenswertes Geschick erzählte, tropften ihm Tränen auf die Laterne in seinem Schoß, und ich heulte aus lauter Sympathie mit. Er sagte, er sei der Sohn eines englischen Adligen – entweder eines Grafen oder eines Schultheißen oder beides, wie er glaube, denn so genau habe er das nicht behalten. Sein Vater, der Edelmann, habe ihn zärtlich geliebt, seine Mutter ihn jedoch von der Wiege an gehaßt, und so sei er schon als kleiner Junge auf »eins von die uralten Colleges« geschickt worden – auf welches, könne er sich nicht mehr erinnern. Und nach dem Tode seines Vaters habe die Mutter das Vermögen an sich gerissen und ihn »abgewimmelt«, wie er sich ausdrückte. Dann hätten die Mitglieder des Adels, mit denen er bekannt war, ihren Einfluß spielen lassen, um ihm die Stellung eines »Gehilfen« bei einem Schiffsarzt zu verschaffen, und von da ab hielt sich mein Wachmann nicht mehr an Ort und Zeit, sondern verlor sich in eine Erzählung, die vor unglaublichen Abenteuern strotzte, die so vor Blut triefte und so vollgestopft war mit Fluchten, die um Haaresbreite glückten, und mordsreizvollen und unfreiwilligen, selbst erlebten Schurkereien, daß ich sprachlos dasaß, schaudernd und staunend und voller Freude und Bewunderung.

Es war ein schwerer Schlag, als ich später dahinterkam, daß es sich um einen gemeinen, ordinären, ganz dummen, gefühlsduseligen und einfältigen Quatschkopf handelte, der nie aus den Hinterwäldern von Illinois herausgekommen war, dafür aber haufenweise Räuberpistolen verschlungen und die Knüller daraus zu einem Garn versponnen hatte, das er solchen Grünschnäbeln wie mir so lange vorsetzte, bis er es selber glaubte.

SECHSTES KAPITEL

Was man als Lehrling erlebt

Da wir die vier Tage auf dem Felsen bei Louisville festgesessen hatten und auch sonst noch aufgehalten wurden, vertrödelte die arme alte »Paul Jones« mit der Fahrt von Cincinnati nach New Orleans rund zwei Wochen. Dadurch hatte ich die Gelegenheit, einem der Lotsen näherzukommen, und er lehrte mich, das Schiff zu steuern, was mir das Leben auf dem Fluß faszinierender als je zuvor erscheinen ließ.

Außerdem konnte ich mit einem Jüngling vom Zwischendeck Bekanntschaft schließen – leider, denn er pumpte mich gleich um sechs Dollar an, mit dem Versprechen, am Tage nach unserer Ankunft wieder aufs Schiff zu kommen und sie mir zurückzuzahlen. Er muß aber gestorben sein oder die Sache vergessen haben, denn er hat sich nie wieder blicken lassen. Zweifellos wird das erstere der Fall sein, da er erzählt hatte, seine Eltern wären wohlhabend und Zwischendeck hätte er nur deshalb genommen, weil es dort kühler ist.

Sehr bald machte ich zwei Entdeckungen. Erstens, daß in den nächsten zehn bis zwölf Jahren wohl kaum ein Schiff nach der Amazonasmündung abgehen würde, und zweitens, daß die neun oder zehn Dollar, die ich noch in der Tasche hatte, für eine so unmögliche Erforschung, wie ich sie plante, nicht ausreichten, selbst dann nicht, wenn ich es mir leisten könnte, auf ein Schiff zu warten. Also mußte ich mir schon wieder eine neue Karriere ausdenken. Die »Paul Jones« sollte jetzt nach St. Louis fahren. Ich nahm mir vor, meinen Lotsen zu belagern. Nach drei Tagen ergab er sich. Er willigte ein, mir für fünfhundert Dollar, zu zahlen von meinen ersten Löhnen nach bestandener Lehrzeit, alles über den Mississippi von New Orleans bis St. Louis beizubringen. Mit der Vertrauensseligkeit meiner Jahre ließ ich mich in das kleine Unterfangen ein, zwölf- oder dreizehnhundert Meilen des großen Mississippi zu »lernen«. Hätte ich gewußt, was ich meinen Fähigkeiten damit zumutete, würde ich gar nicht erst den Mumm aufgebracht haben, anzufangen. Ich wiegte mich in dem Glauben, ein Lotse hätte nichts weiter zu tun, als das Schiff in der Mitte vom Fluß zu halten, und da konnte doch nicht viel dabei sein, denn der war ja breit genug.

Die »Paul Jones« stieß nachmittags um vier in New Orleans über den Achtersteven ab, und »unsere« Wache dauerte bis acht. Mr. Bixby, mein Chef, »richtete das Schiff aus«, pflügte an den Hecks der am Landeplatz liegenden Schiffe vorbei und sagte dann: »Hier, nimm das Rad, und rasier die Dampfer da so sauber ab, als ob du Äpfel schälst.« Ich übernahm das Steuer, und mein Herz ging wie eine Dampfmaschine, denn ich hatte das Gefühl, als müßten wir jeden Augenblick sämtlichen Schiffen in der Reihe die Hecks aufreißen, so dicht dran waren wir. Mit angehaltenem Atem drehte ich von der Gefahr weg, und über den Lotsen, dem nicht Besseres einfiel, als uns in eine so heikle Lage zu bringen, dachte ich mir meinen Teil, behielt das aber wohlweislich für mich. In einer halben Minute hatte ich zwischen der »Paul Jones« und den anderen Dampfern einen breiten, rettenden Spielraum liegen, doch innerhalb weiterer zehn Sekunden war ich mit Schimpf und Schande beiseite geschoben, und Mr. Bixby steuerte wieder mitten ins Unheil hinein und hielt mir wegen meiner Feigheit eine geharnischte Standpauke. Ich war tief gekränkt, und doch mußte ich die ungezwungene Sicherheit bewundern, mit der mein Chef lässig von der einen Seite seines Steuerrades zur anderen pendelte und die Schiffe so haarscharf schnitt, daß ein Unglück dauernd unvermeidlich schien. Nachdem er sich etwas besänftigt hatte, sagte er mir, am Ufer sei immer ein ruhiges Fahrwasser, draußen aber Strömung, und um das richtig auszunutzen, müßten wir stromauf dicht an Land halten, stromab aber immer hübsch in der Mitte bleiben. Woraufhin ich beschloß, Lotse für stromabwärts zu werden und das Stromaufwärtssteuern weniger gewitzten Leuten zu überlassen.

Ab und zu machte mich Mr. Bixby auf bestimmte Dinge aufmerksam. Sagte er zum Beispiel: »Das ist die Sechs-Meilen-Point.« Ich nickte zustimmend. War ganz nett, das erklärt zu kriegen, ich begriff bloß nicht, worauf das hinauswollte. Daß ich mich dafür zu interessieren hatte, kam mir nicht in den Sinn. Ein andermal sagte er: »Das ist die Neun-Meilen-Bake.« Dann wieder: »Zwölf-Meilen-Bake.« Und alle ragten sie kaum aus dem Wasser, und die eine sah aus wie die andere, eintönig und alles andere als malerisch. Ich hoffte, Mr. Bixby würde das Thema wechseln. Fiel dem aber nicht ein. Hingebungsvoll ans Ufer haltend, schob er sich um einen Point herum und sagte dann: »Hier hört das Stillwasser auf, gegenüber von den Chinabäumen da. Wir gehen jetzt nach drüben.« Und er kreuzte rüber. Ein- oder zweimal ließ er mich noch ans Rad, doch ich hatte kein Glück. Entweder bröckelte ich beinahe ein Stück von einer Zuckerrohrplantage ab, oder ich gierte zu weit vom Ufer weg, fiel also wieder in Ungnade und bekam neue Standpauken zu hören.

Schließlich war unsere Wache um, und wir aßen Abendbrot und gingen schlafen. Um Mitternacht fiel mir der grelle Schein einer Laterne in die Augen, und der Nachtwachmann sagte: »Los, aufstehen!«

Dann ging er wieder. Was dieses Theater sollte, blieb mir unklar, und ich gab es auch bald auf, dahinterzukommen, und schlief weiter. Dauerte aber gar nicht lange, da kam der Wachmann noch einmal, und diesmal wurde er unfein.

Mir platzte der Kragen: »Was soll das heißen, einen hier mitten in der Nacht zu belästigen? Jetzt kann ich bestimmt nicht wieder einschlafen.«

Der Wachmann sagte: »Mensch, wenn das nicht gut ist, freß ich einen Besen.«

Die Freiwache kam gerade herein, und ich hörte ihr rohes Gelächter und Bemerkungen wie: »Hallo, Wachmann! der neue Stöps noch nicht raus? Scheint ja schön verpimpelt zu sein, der Kleine. Gib ihm doch einen Schnuller und hol das Stubenmädchen, damit sie ihm Eiapopeia singt.«

Da erschien auch schon Mr. Bixby auf der Bildfläche. Ungefähr eine Minute später kletterte ich, halb angezogen und meine restlichen Sachen über dem Arm, die Stufen zum Steuerhaus hoch, dicht hinter mir Mr. Bixby, der seinen Senf dazu abgab. Hier war etwas Neues: in tiefster Nacht aufstehen, um zu arbeiten – etwas, das zum Lotsenberuf gehörte und woran ich überhaupt nicht gedacht hatte. Daß Schiffe nachts weiterfahren, wußte ich, aber irgendwie war mir nie eingefallen, daß deshalb jemand aus seinem warmen Bett raus muß. Langsam schwante mir, Lotsen sei doch nicht ganz so romantisch, wie ich mir vorgestellt hatte. Diese neue Phase jedenfalls sah sehr realistisch aus und roch nach Arbeit.

Die Nacht war ziemlich dunkel, obwohl nicht wenig Sterne am Himmel hingen. Am Steuer stand der große Maat. Er hatte unseren alten Pott auf einen Stern ausgerichtet und hielt ihn genau in der Mitte des Flusses. Zu beiden Seiten lagen die Ufer kaum mehr als eine halbe Meile auseinander, doch sie schienen wunderbar weit weg und in der Ferne zu verschwimmen. Der Maat sagte: »Wir müssen an Jones' Plantage anlegen, Sir.«

Der Geist der Rachsucht in mir frohlockte. Ich dachte so bei mir: ›Na denn man viel Spaß, Mr. Bixby. Sie werden Ihre Freude daran haben, in so einer Nacht die Plantage von Mr. Jones suchen zu müssen, und ich hoffe, Sie werden die im Leben nicht finden.‹

Mr. Bixby fragte den Maat: »Am oberen Ende der Plantage oder unten?«

»Oben.«

»Läßt sich nicht machen. Bei dem Wasserstand ragen da die Baumstümpfe raus. So weit ist es ja nicht bis zum unteren Ende. Damit müßt ihr euch schon zufriedengeben.«

»Gut, Sir. Wenn das Jones nicht paßt, soll er's bleibenlassen.«

Und dann ging der Maat ab. Mein Frohlocken ließ nach, und mein Staunen wuchs. Hier stand ein Mann, der nicht nur beabsichtigte, in einer solchen Nacht diese Plantage zu finden, sondern auch noch jedes beliebige Ende davon. Es juckte mich, ihn was zu fragen, aber mit kurzen Antworten war ich bereits bis an die Luken eingedeckt, und so schwieg ich lieber still. Dabei hatte ich Mr. Bixby nur die einfache Frage vorlegen wollen, ob er so blöd sei, sich allen Ernstes einzubilden, jene Plantage in einer Nacht zu finden, in der sich alle Plantagen wie ein Ei dem andern glichen und alle die gleiche Farbe hatten. Doch ich hielt mich zurück. Ich hatte damals wirklich Anwandlungen von Klugheit.

Mr. Bixby drehte aufs Ufer zu und strich dann genauso dicht daran hin wie bei hellstem Tageslicht. Und nicht nur das, er sang sogar noch: »Vater im Himmel, der Tag geht zur Rüste...«, und so weiter.

Ich hatte das Gefühl, mein Leben in die Hände eines wahren Ausbunds von Leichtsinn und Gewissenlosigkeit gelegt zu haben. Plötzlich drehte er sich zu mir um und fragte: »Wie heißt der erste Point oberhalb von New Orleans.«

Es freute mich, daß ich darauf prompt antworten konnte, was ich dann auch tat. Ich sagte, das wüßte ich nicht.

»Das *weißt* du nicht?«

Der Ton rüttelte mich auf. Ich beherrschte mich gleich wieder, mußte aber noch mal dasselbe wie vorhin antworten.

»Du bist mir ja der richtige!« sagte Mr. Bixby. »Wie heißt denn der *nächste* Point?«

Auch das wußte ich nicht.

»Nun schlägt's aber dreizehn. Nenn mir irgendeinen von den Points oder Orten, die ich dir gezeigt habe.«

Ich überlegte eine Weile und stellte fest, daß ich das nicht konnte.

»Hör mal! Von wo aus fängst du oberhalb von dem Zwölf-Meilen-Point an zu kreuzen?«

»Ich ... ich ... weiß nicht.«

»Du ... du... weißt nicht?« äffte er mir nach. »Was weißt du *überhaupt?*«

»Ich ... äh ... nichts.«

»Beim Geist des großen Cäsar, das glaub ich dir! Du bist der dümmste Strohkopf, der mir je vorgekommen ist und von dem ich je gehört habe, so wahr mir Moses helfe! Sich dich als Lotsen vorzustellen – *dich!* Du weißt ja nicht mal genug, um eine Kuh den Weg entlangzulotsen!«

Au, ging der hoch! Von Natur aus war er sowieso nervös, und jetzt hopste er von einer Seite des Steuerrades auf die andere, als sei der Boden unter seinen Füßen glühend. Und so kochte er eine Weile wütend vor sich hin, bis er wieder überlief und mich von neuem verbrühte.

»Hör mal! Was meinst du, wozu ich dir die Namen von diesen Points gesagt habe?«

Zitternd überlegte ich einen Augenblick, doch dann ritt mich der Teufel, und ich antwortete: »Na, ich dachte, nur so ... zur Unterhaltung.«

Das war das rote Tuch für den Stier. Er tobte und wetterte (während wir gerade kreuzten) so sehr, daß ich annahm, er sei vor Wut blind geworden, weil er über das Steuerruder von einem Handelskahn fuhr. Natürlich ließen die Krämer eine Salve glühendheißer Verwünschungen los.

Niemand hätte das dankbarer begrüßt als Mr. Bixby, denn er war bis obenhin geladen, und hier hatte er welche, die mit der Antwort nicht auf sich warten ließen. Er riß ein Fenster auf, steckte den Kopf raus, und dann erfolgte ein Ausbruch, wie ich noch nie einen mit angehört hatte. Je schwächer und entfernter das Gezeter der Kahnmannschaft klang, um so lauter brüllte Mr. Bixby und um so kräftiger wurden seine Ausdrücke. Als er das Fenster zumachte, hatte er sich leergepumpt. Hätte man mit einem Netz in seinem Organismus gefischt, es wären nicht einmal genügend Flüche hängengeblieben, um die Frau Mama damit zu erschrecken.

Schließlich sagte er im sanftesten Ton zu mir: »Du mußt dir ein kleines Notizbuch zulegen, mein Junge, und immer, wenn ich dir was erkläre, schreibst du es sogleich ein. Es gibt nur einen Weg, ein guter Lotse zu werden, nämlich den ganzen Fluß auswendig zu lernen. Wie das Abc muß man den im Kopf haben.«

Das waren ja trübe Aussichten, denn mein Gedächtnis war nie mit was anderem geladen gewesen als mit Platzpatronen. Ich ließ mir jedoch nicht lange den Mut nehmen. Am besten, ich machte ein paar Zugeständnisse, denn Mr. Bixby übertrieb bestimmt nur. Plötzlich zog er an einem Seil und schlug die große Glocke ein paarmal an. Am Himmel hing kein Stern mehr, und die Nacht war schwarz wie Tinte. Ich konnte zwar die Schaufelräder am Ufer entlangbuttern hören, und doch war ich nicht ganz sicher, ob das, was ich sah, das Ufer war. Vom Oberdeck rief die Stimme des unsichtbaren Wachmannes herauf:

»Wo sind wir, Sir?«

»Jones' Plantage!«

Ich überlegte: ›Wenn du doch jetzt eine kleine Wette riskieren könntest, daß sie das *nicht* ist.‹ Gesagt aber habe ich keinen Mucks, bloß abgewartet. Mr. Bixby setzte die Glocken zum Maschinenraum in Bewegung, und unser Bug legte im richtig abgepaßten Augenblick an, vom Vorderdeck leuchtete eine Fackel auf, ein Mann sprang an Land, auf dem Ufer sagte die Stimmes eines Schwarzen: »Ich trag die Reisetasche, Massa Jones«, und dann zogen wir auch schon wieder in aller Ruhe mitten auf dem Strom unsere Bahn. Ich dachte eine Weile tief nach und sagte – doch nicht laut –: »Na, daß wir die Plantage gefunden haben, war aber der glücklichste Zufall der Welt; so was kommt bloß alle hundert Jahre einmal vor.« Und das glaubte ich tatsächlich.

Nach so siebenhundert bis achthundert Meilen hatte ich genug gelernt, um stromaufwärts und bei Tage einen einigermaßen schneidigen Rudergast abzugeben, und noch ehe wir St. Louis erreichten, auch in der Nachtarbeit Fortschritte gemacht, aber nur mäßige. Mein Notizbuch war vollgespickt mit Namen von Städten, ›Points‹, Sandbänken, Inseln, Biegungen, geraden Flußstrecken und so weiter, doch nachschlagen konnte ich nur im Buch, nicht etwa im Kopf. Mir wurde ganz mulmig zumute, wenn ich daran dachte, daß ja erst der halbe Fluß eingetragen war, denn da wir Tag und Nacht hindurch immer vier Stunden Wache schoben und vier Stunden frei waren, klaffte für jedes einzelne Mal, wo ich seit Beginn der Fahrt geschlafen hatte, in meinem Buch eine lange vierstündige Lücke.

Mein Chef wurde dann für einen großen New-Orleans-Dampfer angeheuert, und ich packte meine Sachen und ging mit. Das Schiff war einfach Zucker. Wenn ich im Steuerhaus stand, war ich so hoch über dem Wasser, daß ich mir vorkam wie auf einem hohen Berg, und unter mir erstreckten sich die Decks so weit nach vorn und nach achtern, daß ich mich fragte, wie ich die kleine »Paul Jones« jemals für ein großes Schiff hatte halten können. Alles war anders. Die »Paul Jones« hatte als Lotsenhäuschen eine billige, schmutzigbraune Rattenfalle gehabt, verbeult und viel zu eng. Hier dagegen erhob sich ein prachtvoller Glastempel, groß genug, um darin zu tanzen, mit prunkenden Gardinen in Rot mit Gold und einem wuchtigen Sofa; mit Lederpolsterung und Lehne an der hohen Bank für die als Besucher mitfahrenden Lotsen, auf der sie ihr Garn spinnen und sich »den Fluß besehen« konnten –; mit glänzenden, verzierten »Spuckvasen« anstelle der breiten Holzkiste mit Sägespänen; mit hübschem neuem Belag auf dem Boden, einem einladenden großen Ofen für den

Winter, einem mit kostbarer Einlegearbeit geschmückten Steuerrad, das mir fast über den Kopf reichte, einem metallenen Steuerreep, blanken Messingklingelknöpfen und dazu einem sauberen schwarzen »Texas-Steward« mit weißer Schürze, um uns während der Wachen tags und nachts Kaffee und Kuchen und Eis raufzubringen. Ja, das war was, und so faßte ich wieder Mut zu dem Glauben, Lotse sei doch ein romantischer Beruf. Sobald wir abdampften, fing ich an, auf dem großen Dampfer herumzustrolchen, und mein Herz hüpfte vor Freude. Alles war sauber und schmuck wie ein Empfangszimmer. Wenn ich den langen, ganz in Gold gehaltenen Salon hinuntersah, glaubte ich, durch einen gleißenden Tunnel zu blicken; an der Tür jeder Luxuskajüte prangte ein Ölbild von der Hand eines begabten Schildermalers; überall glitzerten kristallbehängte Kronleuchter; das Zahlmeisterbüro war elegant, die Bar war ein Schmuckkästchen und der Barkeeper mit unglaublichem Aufwand geschniegelt und gebügelt. Das Maschinendeck (sozusagen das zweite Stockwerk des Schiffes) erschien mir geräumig wie eine Kirche; die Back ebenfalls, und da unten drin war nicht bloß eine läppische Handvoll Bootsknechte, Heizer und Schauerleute, sondern ein ganzes Regiment von Personal. Grimmig loderten die Feuer in einer langen Reihe von Öfen, und darüber erhoben sich acht riesige Kessel! Eine nicht wiederzugebende Pracht. Die gewaltigen Maschinen – doch genug! Nie zuvor hatte ich mich so wohl gefühlt. Und als ich entdeckte, daß mich das Heer von adretten Bediensteten respektvoll per »Sir« behandelte, war ich auf dem Gipfel der Zufriedenheit angelangt.

SIEBENTES KAPITEL

Eine gewagte Sache

Als ich ins Steuerhaus zurückkam, hatten wir St. Louis längst hinter uns gelassen, und da stand ich nun und wußte nicht weiter. Vor mir hatte ich ein Stück Mississippi, über das zwar alles in meinem Notizbuch stand, aus dem ich aber trotzdem nicht klug werden konnte; war doch jetzt alles umgekehrt. Rauf zu hatte ich mir dieses Stück zwar angesehen, mich aber nie umgedreht, um mir zu merken, wie es aussah, als es hinter mir lag. Wieder sank mir der Mut, denn jetzt stand fest, ich mußte diesen schrecklichen Fluß in *beiden* Richtungen lernen.

Das Steuerhaus war voller Lotsen, die mitfuhren, sich »den Fluß zu besehen«. Im sogenannten »Oberlauf«, das heißt auf den zweihundert Meilen zwischen St. Louis und Cairo, wo der Ohio einmündet, stand das Wasser niedrig, und da der Mississippi seine Fahrrinne andauernd verändert, hielten es die Lotsen, deren Schiffe eine Woche im Hafen festlagen, bei flachem Wasser stets für notwendig, runterzufahren bis Cairo, um sich mit dem neuesten Fahrwasser vertraut zu machen. Zum großen Teil wurde dieses »Flußbesehen« von armen Teufeln betrieben, die selten eine Heuer hatten und deren einzige Hoffnung, eine zu ergattern, darin bestand, daß sie ständig auf dem laufenden waren, also jederzeit mal für eine Tour einspringen konnten, wenn einer der besseren Lotsen plötzlich krank wurde oder sonstwie ausfiel. Und eine ganze Menge von ihnen fuhren immerzu rauf und runter, den Fluß zu inspizieren, nicht etwa, weil sie ernstlich hofften, angemustert zu werden, sondern weil sich das – sie waren ja die Gäste des Schiffes – billiger stellte, als an Land zu bleiben und Kost und Logis zu zahlen. Mit der Zeit entwickelten diese Burschen einen wählerischen Geschmack und suchten nur noch Dampfer heim, deren Küche und Tafel über einen langjährigen guten Ruf verfügten. Die Besuchslotsen machten sich übrigens alle recht nützlich, denn ob im Sommer oder im Winter, bei Tage oder bei Nacht, immer zeigten sie sich bereit, in die Jolle zu steigen und beim Setzen der Bojen mit Hand anzulegen oder den Lotsen des Schiffes zu helfen, wo sie nur konnten. Sie waren überhaupt sehr willkommen, weil Lotsen untereinander alle gern und lange reden, und da sie nur ein Thema kennen, nämlich den Fluß, finden sie stets offene und interessierte

Ohren. Was ein richtiger Lotse ist, der schert sich um nichts in der Welt als um den Fluß, und auf seinen Beruf ist er stolzer als ein König.

Von solchen Flußinspizienten hatten wir auf dieser Fahrt einen netten Trupp mit. Es waren zirka acht bis zehn Mann, doch in unserem großen Steuerhaus hatten sie dreimal Platz. Ein paar trugen auf Hochglanz gebürstete Zylinder, kunstvoll gearbeitete Hemdeinsätze, brillantstrotzende Krawattennadeln, Glacéhandschuhe und Lackstiefeletten. Ihr Englisch war gewählt, und sie trugen eine Würde zur Schau, wie es sich für Leute geziemte, die über solide Geldmittel verfügten und als Lotsen enormes Ansehen genossen. Die anderen waren mehr oder weniger nachlässig gekleidet, und auf ihren Köpfen thronten hohe Filzkegel, die an die Zeit der englischen Republik erinnerten.

In dieser erlauchten Gesellschaft war ich eine Null und kam mir auch ganz so vor. Ich zählte nicht einmal soviel, um am Rad zu helfen, falls das Steuerreep schnell runtergelassen werden mußte; wenn Not am Mann war – und das war wegen der krummen Fahrrinne und des knappen Wassers alle paar Augenblicke der Fall –, erledigte das der Gast, der am nächsten stand. Ich verharrte in meiner Ecke, und die Gespräche, die ich mit anhörte, nahmen mir alle Hoffnung. Ein Lotse fragte einen anderen:

»Jim, wie bist du rauf zu um Plum Point rumgekommen?«

»Da war gerade Nacht, und ich hab's so gemacht, wie mir einer von der ›Diana‹ gesagt hat, also zirka fünfzig Yard oberhalb vom Holzhaufen auf dem falschen Point angefangen zu kreuzen mit Kurs auf die Hütte unterhalb von Plum Point bis ich das Riff sah – eindreiviertel Faden –, und hochgedreht und auf die mittlere Barre zu, bis ich genau gegenüber von der ollen einastigen Pappel in der Biege drin war, und dann mit dem Heck die Pappel und mit dem Bug die flache Stelle oberhalb vom Point anvisiert und einfach drüber weg – neuneinhalb Fuß.«

»Hast ganz schön quer rüberhalten müssen, was?«

»Ja, aber die obere Barre schiebt sich schnell runter.«

Ein anderer Lotse mischte sich ein: »Ich hab da besseres Wasser gehabt und bin weiter unten gekreuzt, gleich vom falschen Point aus – zwo Faden –, und bin dann gegenüber von dem großen im Fluß liegenden Baum in der Biege über das zweite Riff gegangen – eindreiviertel Faden.«

Einer von den Vornehmen bemerkte: »Ich will ja nichts gegen deine Lotgäste sagen, aber für Plum Point scheint mir das ein bißchen viel Wasser zu sein.«

Diese gelassene Abfertigung wurde ringsum mit zustimmendem Kopfnicken aufgenommen, und der Aufschneider war erledigt. Und so redeten und redeten sie in einem fort. Mir aber ging folgendes durch den Kopf: ›Wenn meine Ohren richtig hören, habe ich nicht bloß die Namen von all den Städten und Inseln und Biegungen und so weiter auswendig zu lernen, sondern noch mit jedem alten ›snag‹ und jeder einästigen Pappel und jedem obskuren Holzhaufen, die die Ufer dieses Flusses zieren, innigst Bekanntschaft zu schließen, ja mehr noch, ich muß sogar wissen, wo sie sich im Dunkeln befinden, oder aber unsere Gäste haben Augen, für die zwei Meilen Stockfinsternis gar nichts sind. Wär die ganze Lotserei doch bloß, wo der Pfeffer wächst, und hätte ich mich nie und nimmer damit eingelassen.‹

Als es anfing, dunkel zu werden, schlug Mr. Bixby dreimal die Glocke an (das Signal zum Landen), und der Kapitän tauchte aus seiner Kajüte im vorderen Ende vom »Texas« auf und sah fragend zu uns rauf. Mr. Bixby sagte:

»Wir bleiben die Nacht hier liegen, Kapitän.«

»Wie Sie belieben, Sir.«

Das war alles. Das Schiff legte an und wurde vertäut. Daß der Lotse tun und lassen konnte, was er wollte, ohne einen so großen Kapitän erst um Erlaubnis zu fragen, schien mir eine feine Sache. Gleich nach dem Abendbrot ging ich ins Bett, entmutigt durch das, was ich den Tag über gesehen und erlebt hatte. Die Notizen von meiner letzten Fahrt waren nur noch ein heilloses Durcheinander von nichtssagenden Namen. Sooft ich sie mir auch bei Tage angesehen hatte, sie hatten mich jedesmal ganz meschugge gemacht. Jetzt hoffte ich auf Entspannung im Schlaf; aber nein, sie schwirrten weiter in meinem Kopf herum, bis es wieder hell wurde, ein kreisender, nicht enden wollender Alpdruck.

Am nächsten Morgen hatte ich einen Brummschädel und fühlte mich ziemlich niedergeschlagen. Wir preschten dahin und leisteten uns eine ganze Menge waghalsiger Sachen, weil wir unbedingt noch vor Einbruch der Nacht »aus dem Strom rauskommen« (das heißt Cairo erreichen) wollten. Der andere Lotse, mit dem sich Mr. Bixby die Wachen teilte, fuhr jedoch plötzlich auf Grund, und wir verloren mit dem Wiederflottmachen so viel Zeit, daß es klar auf der Hand lag, die Dunkelheit würde uns noch ein gutes Stück vor der Mündung des Ohio überraschen. Das war ein großes Malheur, besonders für einige von den mitfahrenden Lotsen, denn deren Dampfer mußten warten, bis sie zurück waren, und wenn das noch so lange dauerte. Die Unterhaltung im Steuerhaus dämpfte sich merklich. Stromauf scherten sich Lotsen weder um seichtes Wasser noch um die tiefste Finsternis, nichts konnte sie aufhalten außer Nebel. Stromab aber sah das ganz anders aus; mit der drückenden starken Strömung im Rücken war ein Schiff so gut wie hilflos. Deshalb wurde bei niedrigem Wasserstand nachts auch nicht stromabwärts gefahren.

Etwas Hoffnung jedoch schien zu bestehen: Schafften wir das komplizierte und gefährliche Kreuzen bei Hat Island vor dem Dunkelwerden, konnten wir uns auch an die restliche Strecke wagen, denn da war glattes Steuern und gutes Fahrwasser. Aber Hat Island bei Nacht zu versuchen, wäre heller Wahnsinn gewesen. So wurde nun immerzu zur Uhr gesehen und geschätzt, was wir für Fahrt machten. Das Gespräch drehte sich bloß noch um Hat Island; manchmal stieg die Hoffnung, aber wenn wir durch schwieriges Kreuzen aufgehalten wurden, ging sie wieder runter. Stundenlang lastete diese unterdrückte Erregung auf jedem einzelnen, ja sie übertrug sich sogar auf mich, und ich machte mir solche Sorgen wegen Hat Island und fühlte einen so schrecklichen Druck an Verantwortung, daß ich am liebsten mal fünf Minuten an Land gegangen wäre, um dort tief und befreiend Luft zu holen und dann von neuem anzufangen. Wir hielten uns nicht mehr an die Wachen. Jeder von unseren Lotsen übernahm dasselbe Stück, das er auch stromauf gesteuert hatte, weil er damit besser Bescheid wußte; beide blieben jedoch die ganze Zeit über oben.

Eine Stunde vor Sonnenuntergang ging Mr. Bixby ans Rad, und Mr. W. trat beiseite. Während der nächsten dreißig Minuten behielten sämtliche Männer ihre Uhren in der Hand. Alle waren nervös und unruhig. Keiner sprach ein Wort. Schließlich sagte einer traurig: »Ja, da drüben ist Hat Island – und wir können nicht mehr rüber.«

Die Uhrendeckel schnappten zu, alle seufzten und murmelten etwas vor sich hin wie »Zu dumm auch – ach, hätten wir's doch bloß eine winzige halbe Stunde früher geschafft!«, und die drückende Luft der Enttäuschung lastete auf allen im Raum. Ein paar wollten rausgehen, zögerten aber, als sie kein Landesignal hörten. Die Sonne versank am Horizont, das Schiff fuhr weiter. Unsere Gäste warfen sich fragende Blicke zu, und einer ließ den Türknauf wieder los, den er schon herumgedreht hatte. Beharrlich steuerten wir in die Biegung hinein. Erneutes Austauschen von Blicken und erstauntes und bewunderndes Kopfnicken – aber keine Worte. Als sich der Himmel verdunkelte und die ersten Sterne schwach aufflimmerten, drängten sich die Männer unbewußt hinter Mr. Bixby zusammen. Die Totenstille und das Gefühl des Wartens wurden bedrückend. Mr. Bixby zog am Seil, und von der großen Glocke schwangen zwei tiefe, weiche Töne hinein in die Nacht. Dann eine Pause und wieder ein Glockenschlag. Danach die Stimme des Wachmannes vom Oberdeck:

»Lot an Backbord! Los, Lot an Steuerbord!«

Wie von weit her klangen die Rufe der Lotgäste herauf und wurden vom Oberdeck her dumpf weitergegeben: »Maaarke drei! Maaarke drei! Twaindreiviertel! Twaineinhalb! Twaineinviertel! Maaarke twain! Eindrei...«

Mr. Bixby setzte zwei Glockenstränge in Bewegung, erhielt durch ein schwaches Klingeln von tief unten aus dem Maschinenraum Antwort, und wir wurden langsamer. Der Dampf zischte aus den Ventilen. Noch immer war das

Rufen der Lotgäste zu hören – bei Nacht stets ein unheimlicher Ton. Die Lotsen paßten jetzt alle auf, ganz Auge und verhalten flüsternd. Nur Mr. Bixby war die Ruhe selber. Er warf sein Rad herum, stellte sich auf eine Speiche, und als das Schiff dann einschwenkte in seine (für mich) völlig unsichtbaren Markierungspunkte – denn wir schienen mitten auf dem finstersten Meere zu sein –, drückte er mit dem Ruder dagegen und brachte es wieder auf Richtung. Aus dem halblauten Stimmengemurmel konnte man hin und wieder einen zusammenhängenden Satz auffangen wie:

»Da, übers erste Riff sind wir gut weg!«

Nach einer Weile eine andere gedämpfte Stimme: »Alle Wetter, das Heck steht richtig, aber haargenau!«

»Jetzt sind wir in den Marken drin – und rüber!«

Irgend jemand sagte: »Mann, sauber hingekriegt – *sauber!*«

Jetzt wurden die Maschinen ganz abgestoppt, und wir trieben mit der Strömung. Nicht etwa, daß ich sah, wie wir trieben, nein, denn die Sterne waren alle längst wieder verschwunden. Dieses Treiben war am schlimmsten, das Herz stand einem dabei still. Auf einmal entdeckte ich etwas Schwarzes, noch schwärzer als die uns umgebende Dunkelheit: die Spitze der Insel. Und wir hielten geradewegs darauf zu. Je tiefer wir in ihren Schatten tauchten, desto drohender wurde die Gefahr, und mir blieb die Luft weg, und ich verspürte den stärksten Drang, etwas zu unternehmen, ganz gleich was, nur um das Schiff zu retten. Doch Mr. Bixby stand an seinem Steuer, ruhig, aber auf dem Sprung wie eine Katze, und alle Lotsen Schulter an Schulter hinter ihm.

»Wir schaffen's nicht!« flüsterte jemand.

Es wurde immer flacheres Wasser gelotet bis runter auf: »Achteinhalb! Aaacht Fuß! Siebenein...«

Warnend rief Mr. Bixby dem Maschinisten durch das Sprachrohr zu: »Alles klarmachen!«

»Ay, ay, Sir.«

»Siebeneinhalb! Sieben Fuß! *Sechs*ein...«

Wir streiften Grund! Sofort setzte Mr. Bixby einen Haufen Glocken in Gang, brüllte durch das Sprachrohr:

»*Jetzt!* Leg Dampf vor, was das Zeug hält!«, und rief seinem Partner zu: »Faß mit an! Ganz runter das Rad! Schnell! Schnell!« Das Schiff raspelte und knirschte sich durch den Sand, schwebte einen einzigen entsetzlich langen Augenblick über dem Verderben und glitt denn drüber hinweg! Und hinter Mr. Bixbys Rücken stieg ein Jubelschrei auf, daß die Wände vom Steuerhaus wackelten, wie sie auf noch keinem Dampfer gewackelt hatten!

Alles weitere waren Kleinigkeiten. Mr. Bixby wurde in dieser Nacht zum Helden, und es hat eine ganze Weile gedauert, bis diese Leistung nicht mehr das Tagesgespräch auf dem Fluß war.

Um sich ein richtiges Bild davon zu machen, was für eine wunderbare Präzisionsarbeit dazu gehörte, das große Dampfschiff in jener finsteren Wasserwüste in der Fahrrinne zu halten, muß man wissen, daß es nicht nur darauf ankam, sich zwischen Snags und unsichtbaren Sandriffen hindurchzuwürgen und sich dann so dicht am Inselkopf vorbeizutasten, daß das Heck das überhängende Laubwerk streifte, sondern an einer Stelle war fast auf Armeslänge ein gesunkenes und unsichtbares Wrack zu passieren, das dem Schiff hätte die Rumpfspanten aufreißen und binnen fünf Minuten eine viertel Million Dollar an Dampfer nebst Ladung vernichten können und vielleicht noch rund hundertfünfzig Menschenleben dazu.

Das letzte, was ich in jener Nacht hörte, war ein Kompliment für Mr. Bixby, das einer unserer Gäste im Selbstgespräch mit innerem Behagen von sich gab. Er sagte: »Dunnerlittchen, das ist aber ein Blitzlotse!«

ACHTES KAPITEL

Alles sehr unverständlich

Nach geraumer, mir reichlich langweilig vorkommender Zeit hatte ich es fertiggebracht, meinen Schädel mit Inseln, Städten, Sandbänken, Points und Biegungen vollzustopfen, und das war nun ein toter Ballast. Immerhin konnte ich auch bei geschlossenen Augen eine lange Latte dieser Namen runterleiern, ohne von je fünfzig Meilen Fluß mehr als zehn auszulassen, und so setzte sich bei mir langsam die Überzeugung fest, ich könnte mit Überspringen dieser kleinen Lücken ein Schiff nach New Orleans hinuntersteuern. Aber meine Erwartungen hatten mich kaum zu bewegen begonnen, die Nase eine Klitzekleinigkeit höher zu tragen, da dachte sich Mr. Bixby natürlich gleich einen Dämpfer aus. Setzte er mir doch eines Tages urplötzlich die Frage vor: »Welche Form hat die Walnut-Bend?«

Ebensogut hätte er mich fragen können, was meine Großmutter von Protoplasma hält. Ich überlegte respektvoll und sagte dann, soviel ich wüßte, gar keine besondere Form. Mein mit Schießpulver geladener Chef ging natürlich los wie ein Kanonenschlag, und dann lud er neu und bullerte weiter, bis ihm die Schimpfwörter ausgingen.

Ich hatte schon lange heraus, daß er immer nur über eine bestimmte Menge Munition verfügte, und sobald er die verschossen hatte, war er bloß noch eine äußerst friedliche, ja reumütige alte Donnerbüchse. »Alt« ist hier nur liebkosend gemeint; er war erst vierunddreißig. Ich wartete. Schließlich sagte er:

»Mein Junge, die Form vom Fluß mußt du aber bis ins kleinste kennen. In stockdunkler Nacht am Steuer ist das das einzige, woran du dich halten kannst. Alles andere ist dann ausgelöscht und weg. Aber nachts hat der Fluß nicht dieselbe Form wie bei Tage.«

»Und wie soll ich das dann jemals lernen?«

»Du kannst doch zu Hause im Dunkeln den Flur entlanggehen. Und warum? Weil du seine Form kennst. Du siehst ihn ja nicht.«

»Heißt das, ich muß von dem Fluß hier, der sowieso kein Ende nimmt, all die Millionen lächerlich kleinen Unterschiede in der Form der Ufer genauso kennen wie unsern Hausflur?«

»Und ob du die kennen mußt! *Besser* als je jemand die Form von seinem eigenen Hausflur gekannt hat.«

»Da kann ich mir ja gleich 'n Strick nehmen!«

»Nun, ich will dich nicht entmutigen, aber...«

»Na dann laden Sie's mir nur auf. Ob jetzt oder ein andermal, bleibt sich gleich.«

»Ja, gelernt muß das werden, da kommst du nicht drum rum. Bei sternklarer Nacht gibt es große Schatten, und wenn du dann die Form eines Ufers nicht genau im Kopf hast, nimmst du vor jedem Wäldchen aus drei Bäumen Reißaus, weil du den schwarzen Schatten davon für eine gediegene Landzunge hältst. Würdest also während der Wache alle Viertelstunde zu Tode erschrecken und wärst immer fünfzig Yard von Land weg, wenn du bis auf fünfzig Fuß dranbleiben sollst. Einen Snag erkennen kannst du in so einem Schatten nicht, aber du weißt eben sehr genau, wo er ist, und die Form des Flusses sagt dir auch, wann du in seine Nähe kommst. Und dann die stockdunklen Nächte, da hat der Strom wieder eine ganz andere Form als bei Sternenhimmel. Die Ufer scheinen alle schnurgerade Linien zu sein, aber verdammt undeutliche, und so würdest du auch steuern, doch du weißt es besser. Kühn hältst du scheinbar mitten auf eine senkrecht aufsteigende feste Wand zu (weißt aber sehr gut, daß in Wirklichkeit da eine Kurve ist), und diese Wand weicht zurück und macht dir Platz. Dann hast du noch den grauen Nebel. Eine Nacht mit einem von diesen gräßlichen, grauen Sprühnebeln, und das Ufer hat überhaupt keine Form mehr. Da kannst du noch so alt sein und noch soviel Erfahrungen haben, du wärst wie im Tran. Na, und selbst die verschiedenen Arten Mondlicht lassen den Fluß jedesmal anders aussehen. Du siehst...«

»Ach bitte, hören Sie auf! Muß ich denn diese fünfhunderttausend besonderen Umstände alle bei der Form des Flusses mitlernen? Mit so einer Last im Kopf kriegt man ja einen schiefen Hals.«

»*Nein!* Du lernst nur *die* Form des Flusses, und zwar so, daß du absolut sicher darin bist und immer nach dem steuern kannst, was du *im Kopf* hast, und dich um das, was du vor dir siehst, überhaupt nicht zu kümmern brauchst.«

»Na schön, ich will's versuchen. Aber wenn ich es gelernt habe, kann ich mich dann auch darauf verlassen?

Wird der Fluß seine Form behalten und nicht in der Gegend rumschwimmen?«

Ehe Mr. Bixby antworten konnte, kam Mr. W. zur Wachübernahme herein und sagte: »Bixby, bei President's Island, überhaupt von Old Hen and Chickens an, mußt du aufpassen. Die Ufer unterhöhlen sich, und die Umrisse wechseln sehr schnell. Den Point oberhalb von 40 erkennst du nicht mehr wieder. Kannst den ollen Ahorn-Snag jetzt von innen nehmen*.«

Womit meine Frage beantwortet war. Also Meilen und Meilen von Ufern, die ihre Form veränderten. Meine Stimmung sank wieder unter Null. Zwei schöne Aussichten, die sich mir da ergaben! Erstens, daß man als Lotse mehr lernen mußte, als überhaupt erlaubt sein sollte, und zweitens, daß man es sich alle vierundzwanzig Stunden neu einzutrichtern hatte.

In jener Nacht ging unsere Wache bis zwölf Uhr. Nun war es alte Flußsitte, daß sich die beiden Lotsen noch ein Weilchen unterhielten, wenn die Wache wechselte. Während sich der ablösende Lotse seine Handschuhe überzog und eine Zigarre anzündete, sagte der andere ungefähr:

»Kalkuliere, die obere Barre wandert langsam runter auf Hale's Point zu; hab mit dem Vorderlot twaineinviertel gehabt und mit dem hinten twain.«

»Hm, hab ich letzte Fahrt auch schon gemerkt. Irgendwelche Schiffe getroffen?«

»Ja, eins am Kopf von 21, war aber so dicht an der Barre dran, daß ich's nicht richtig erkennen konnte. Wird die ›Sunny South‹ gewesen sein – keine Positionslaternen vor den Schornsteinen.«

Und so weiter. Übernahm dann der ablösende Lotse das Rad, erwähnte sein Partner, daß wir in der und der Biegung wären und in der Höhe des Holzplatzes oder der Plantage von dem und dem. Das war reine Höflichkeit. Ich aber hielt es für eine Notwendigkeit. In dieser einen Nacht nun kam Mr. W. volle zwölf Minuten zu spät auf Wache –

* Obwohl vielleicht nicht notwendig, wird die Erklärung nichts schaden, daß unter »von innen« zwischen Snag und Ufer zu verstehen ist.

eine furchtbare Verletzung der Etikette und unter Lotsen die unverzeihlichste Sünde. Folglich begrüßte ihn Mr. Bixby überhaupt nicht, sondern überließ ihm einfach das Rad und marschierte ohne jedes Wort hinaus. Ich erschrak. Die Nacht war abscheulich finster, wir befanden uns auf einer besonders breiten und in undurchdringliches Dunkel gehüllten Strecke, wo nichts mehr Form oder Gestalt hatte, und ich konnte es nicht fassen, daß Mr. Bixby diesen armen Kerl bei dem Versuch, sich zurechtzufinden, das Schiff in Grund und Boden fahren lassen wollte. Und so beschloß ich, ihm auf jeden Fall beizustehen. Er sollte merken, daß er nicht gänzlich ohne Freunde war. Ich stand herum und wartete darauf, gefragt zu werden, wo wir uns befänden. Mein Mr. W. aber tauchte seelenruhig weiter durch die dicke schwarze Tinte, die uns umgab, und machte nicht den Mund auf. ›Mann, ist der eingebildet!‹ dachte ich. ›Dieser Satanskerl läßt uns lieber alle Mann umkommen, als daß er mir verpflichtet sein möchte, bloß weil ich nicht zur Creme gehöre und noch nicht das Recht habe, Kapitäne kurz abzufertigen und mit dem gesamten lebenden und toten Inventar eines Dampfschiffes umzuspringen, wie ich will.‹ Dann kletterte ich auf die Bank. Schlafen zu gehen, während dieser Wahnsinnige Wache hatte, war mir zu riskant.

Mit der Zeit muß ich aber doch eingenickt sein, denn als nächstes wurde mir bewußt, daß der Tag anbrach, daß Mr. W. gegangen war und Mr. Bixby wieder am Steuer stand. Also war es vier Uhr und alles in schönster Ordnung – bis auf mich. Ich fühlte mich wie eine Haut voll ausgedörrter Knochen, die alle gleichzeitig zu schmerzen versuchten.

Mr. Bixby fragte, weshalb ich oben geblieben sei. Ich gestand, daß ich Mr. W. hatte einen Gefallen tun wollen – ihm sagen, wo er sich befand. Bis diese ganze Lächerlichkeit in Mr. Bixby eingesickert war, vergingen fünf Minuten, aber dann muß er wohl gleich vollgelaufen sein bis hoch zum Kinn, denn er machte mir ein Kompliment. Und was für eins. Er sagte:

»Also, du bist wahrhaftig das dämlichste Karnickel, das

mir je über den Weg gehoppelt ist. Was hast du denn angenommen, wozu er das hat wissen wollen?«

Ich erwiderte, ich hätte gedacht, es könnte ihm die Arbeit erleichtern.

»Die Arbeit erleichtern! Verdammter Quatsch! Habe ich dir nicht gesagt, daß man den Fluß in der Nacht genauso kennen muß wie seinen eigenen Hausflur?«

»Den Hausflur finde ich ja auch entlang, wenn ich weiß, daß er es *ist*. Doch angenommen, man setzt mich im Dunkeln mitten darin ab und sagt mir nicht, in welchem Flur; wie soll ich mich da zurechtfinden?«

»Auf dem Fluß mußt du das aber können!«

»Jawohl. Da kann ich also froh sein, daß ich zu Mr. W. nichts gesagt habe.«

»Das will ich meinen. Der hätte dich glatt durchs Fenster gefeuert und dabei für hundert Dollar Glas und Rahmen zerteppert.«

Ein Glück, daß dieser Schaden gar nicht erst passiert war, denn das hätte mich bei den Reedern in Mißkredit gebracht. Wer fahrlässig Sachen demolierte, dem waren die nicht grün.

Ich machte mich nun an die Arbeit, die Form des Flusses zu lernen, und von all dem Ungreifbaren, das ich je mit den Händen oder dem Geiste zu erfassen suchte, war das das schwierigste. Ich konnte meine Augen auf einen scharf umrissenen bewaldeten Point heften, der ein paar Meilen vor mir weit in den Fluß hineinragte, und mich mit allen Kräften bemühen, mir sein Bild ins Gehirn zu photographieren – in dem Moment, wo mir das halbwegs glücken wollte, kamen wir näher hin, und das ärgerliche Ding schob sich ins Ufer zurück! Hatte direkt auf dem Point auffällig ein abgestorbener Baum gestanden, fand ich, sobald wir in seiner Höhe waren, eben diesen Baum unauffällig in den allgemeinen Wald versunken und in der Mitte eines völlig geraden Ufers stehen! Von den herausragenden Hügeln behielt für mich keiner lange genug seine Form bei, daß ich mich hätte entscheiden können, welche er nun wirklich hatte, sondern sie schmolzen weg und lösten sich auf wie Berge aus Butter in der heißesten Ecke der Tropen. Fuhr ich stromab, hatte auch nicht das geringste mehr die gleiche Form wie stromauf. Ich erwähnte diese kleinen Schwierigkeiten gegenüber Mr. Bixby. Sagte der:

»Das ist ja gerade das beste daran. Würden sich die Formen nicht alle drei Sekunden verändern, wären sie zu nichts nutze. Nimm zum Beispiel die Stelle, wo wir jetzt sind. Solange der Hügel da drüben bloß ein Hügel ist, kann ich ohne weiteres mit voller Fahrt auf meinem Kurs bleiben. Spaltet er sich aber oben und bildet ein V, weiß ich, daß ich schnellstens nach steuerbord rüber muß, wenn ich nicht gegen einen Felsen knallen will; in dem Moment aber, wo sich die eine Spitze von dem V hinter die andere schiebt, habe ich wieder nach backbord rüberzuwalzen, um nicht einem Snag ins Gehege zu kommen, der uns den Kielbalken so sauber rausreißen würde wie einen Splitter aus der Hand. Würde dieser Hügel in schlimmen Nächten nicht seine Form wechseln, hätten wir innerhalb eines Jahres hier den schönsten Dampferfriedhof.«

Es war nichts zu machen, ich mußte die Form des Flusses auf jede nur erdenkliche Art und Weise lernen – vorwärts und rückwärts und verkehrt rum und von vorn und nach achteraus und »querschiffs« und hatte außerdem in grauen Nächten, wenn er überhaupt keine Form mehr hatte, Bescheid zu wissen. So setzte ich mich denn auf den Hosenboden. Im Verlauf der Zeit wurde ich dieser verzwickten Aufgabe stückweise Herr, und meine Selbstgefälligkeit kam wieder zum Vorschein. Mr. Bixby stand schon bereit, mich in die Schranken zu verweisen. Angefangen hat er so:

»Wieviel Wasser haben wir gehabt, als wir vorletzte Fahrt bei Hole-in-the-Wall rübergekreuzt sind?«

Das war direkt schon beleidigend. Ich sagte: »Bei jeder Fahrt, ob rauf oder runter, werden an dieser vertrackten Stelle dreiviertel Stunden lang ununterbrochen Lotungen runtergeschnarrt. Wie kommen Sie denn auf die Idee, daß ich so einen Wust behalten könnte?«

»Mein Junge, das mußt du aber. An die Stelle und die Markierungen, in denen das Schiff lag, als wir das seichteste Wasser hatten, hast du dich ganz genau zu erinnern, und zwar von jeder einzelnen der fünfhundert Untiefen zwischen St. Louis und New Orleans, und du darfst die Messungen der einen Fahrt nicht mit denen einer andern verwechseln, denn zweimal genauso sind sie nur selten. Die mußt du schön auseinanderhalten.«

Als ich wieder zu mir gekommen war, sagte ich: »Wenn ich das erst kann, bin ich auch imstande, Tote aufzuwekken, und dann brauch ich mir meinen Lebensunterhalt nicht mehr als Lotse zu verdienen. Möchte aus dem Geschäft aussteigen. Werde mir einen Eimer und einen Schrubber geben lassen; ich tauge doch bloß zum Aufklarer. Zum Lotsen reicht mein Grips nicht aus, und selbst wenn, hätte ich gar nicht die Kraft, ihn mit mir rumzuschleppen, höchstens auf Krücken.«

»Red kein dummes Zeug! Wenn ich sage, ich lerne* jemand den Fluß, dann tu ich's auch. Und ob tot oder lebendig, ich lasse ihn nicht eher wieder los, als bis er ihn intus hat, worauf du Gift nehmen kannst.«

NEUNTES KAPITEL

Geradezu verwirrend

Sich mit einem solchen Menschen herumzustreiten, wäre sinnlos gewesen. Wohl oder übel strengte ich dann mein Gedächtnis derart an, daß langsam sogar die Untiefen und die zahllosen Markierungen zum Kreuzen haftenblieben. Womit ich aber nicht viel gewonnen hatte, denn kaum war ich mit dem Einpauken der einen verzwickten Sache fertig, stellte sich immer schon die nächste ein. Nun hatte ich oft gesehen, daß die Lotsen auf das Wasser stierten und so taten, als läsen sie darin wie in einem Buch. Für mich war das ein Buch mit sieben Siegeln. Es kam jedoch die Zeit, wo mich Mr. Bixby für fortgeschritten genug hielt, Unterricht im Wasserlesen zu ertragen. Er fing an:

»Siehst du die lange schräge Linie da auf dem Wasser?

* »Lehren« gibt es im Wortschatz des Flusses nicht.

Nun, das ist ein Riff, noch dazu ein Steilriff. Darunter liegt eine massive Sandbank, die fast so senkrecht aufsteigt wie die Wand von einem Haus. Dicht dran ist noch eine ganze Menge Wasser, oben drauf aber herzlich wenig. Wenn du dagegenrennst, hast du mal ein Schiff gehabt. Siehst du, daß sich die Linie nach oben zu zerfranst und verwischt?«

»Jawohl, Sir.«

»Das ist eine seichte Stelle, das obere Ende vom Riff. Da kannst du noch drüber weg, ohne Kleinholz zu machen. Kreuze jetzt rüber und halt dich dicht am Riff, hast dort ruhiges Wasser – wenig Strömung.«

Ich fuhr am Riff entlang, bis ich an das ausgefranste Ende kam. Dann sagte Mr. Bixby:

»Jetzt halte dich bereit. Ich sag dir, wenn's soweit ist. Das Schiff wird nicht über das Riff wollen; Schiffe hassen seichtes Wasser. Achtung – warte noch – *warte* – schön ruhig halten. *Jetzt!* Runter und ran! Schnell! Schnell!«

Er faßte an der anderen Seite vom Steuerrad mit an und half, bis wir es ganz heruntergedrückt hatten, und so hielten wir es dann fest. Das Schiff leistete Widerstand und wollte erst nicht so wie wir, wogte dann aber doch nach steuerbord hinüber und schob sich, lange, wütend schäumende Bugwellen vor sich herdrückend, auf das Riff.

»Jetzt aufpassen, aufpassen wie ein Schießhund, sonst geht das Schiff mit dir durch! Wenn es anfängt zu bocken und das Steuerreep anruckt und ein bißchen wegrutscht, läßt du etwas nach; nachts ist das ein Zeichen dafür, daß das Wasser zu flach ist. Kannst trotzdem dranbleiben und langsam auf den Point zuhalten. Jetzt bist du direkt über der Sandbank. Übrigens ist unterhalb von jedem Point eine, weil das rumkommende Wasser einen Strudel bildet und Sand absetzt. Siehst du diese feinen Linien auf der Wasserfläche, die so fächerförmig ausstrahlen? Das sind kleine Riffe, deren Enden man zwar ausweicht, an die man aber so dicht wie möglich rangeht. Jetzt aufgepaßt – Vorsicht! Fahr ja nicht in die glatte, ölig aussehende Stelle da rein, die hat keine neun Fuß, das würde unserm Kasten schlecht bekommen. Riechen tut er sowieso schon was. Paß bloß auf! Verdammt, da haben wir den Salat! Steuerbordrad stopp! Schnell! Beide Maschinen stopp! Äußerste Kraft zurück!«

Die Glocken bimmelten, und sofort antworteten die Maschinen mit aus den Ventilen hochschießenden weißen Dampfsäulen, aber es war zu spät. Das Schiff hatte die Sandbank allen Ernstes »gerochen«. Plötzlich verschwanden die schäumenden Bugwellen, eine breite schwerfällige Woge wälzte sich nach vorn und fegte vor uns her, das Schiff legte sich weit über nach backbord, und wie von Todesangst gejagt, zerrte es aufs Ufer zu. Als wir endlich wieder die Oberhand gewannen, waren wir eine gute Meile vom Kurs ab.

Am nächsten Tag fragte mich Mr. Bixby während der Nachmittagswache, ob ich wüßte, wie die nächsten paar Meilen zu steuern seien.

Ich erwiderte: »Den ersten Snag hinter dem Point von innen, den nächsten von außen, gleich unterhalb von Higgins' Holzplatz direkt quer rüber und ...«

»Richtig. Bis zum nächsten Point bin ich zurück.«

Wer aber nicht kam, war Mr. Bixby. Als ich diesen Point bereits hinter mir hatte und vor mir ein Stück Fluß, bei dem mir nicht ganz wohl war, steckte er noch immer unten. Daß er bloß hinter einem Schornstein stand, um zu sehen, wie ich mich anstellen würde, konnte ich nicht ahnen. Ich steuerte munter drauflos und wurde zusehends stolzer, denn noch nie hatte er mir das Schiff so lange ganz allein überlassen. Und ich verstieg mich sogar, freihändig zu fahren, wobei ich mich wichtigtuerisch umdrehte und, ein Lied vor mich hinsummend, unsere Kiellinie prüfte, und das alles mit der lässigen Unbekümmertheit, die ich an Mr. Bixby und anderen großen Lotsen so maßlos bewunderte. Einmal dauerte dieses Umdrehen ziemlich lange, und als ich den Kopf wieder nach vorn nahm, da rutschte mir das Herz ganz plötzlich in den Hosenboden und wäre sicher ganz rausgefallen, wenn ich mich nicht vor Schreck auf meine vier Buchstaben gesetzt hätte. Quer vor unserem Bug zog sich in seiner ganzen tödlichen Länge eins dieser entsetzlichen Steilriffe hin! Sofort verlor ich den Kopf. Ich wußte nicht mehr, was oben und unten war. Mir blieb die Luft weg, und ich japste. Dann riß ich das Steuerrad mit solcher Affengeschwindigkeit herum, daß es nur noch eine rotierende Scheibe war. Das Schiff reagierte und drehte im rechten Winkel vom Riff weg, aber das Riff folgte ihm. Ich floh, doch es kam immer mit – lag immer quer vor meinem Bug! Ich paßte gar nicht auf, wo ich hinsteuerte, Hauptsache weg vom Riff. Gleich mußte es furchtbar krachen. Warum kam dieser Halunke bloß nicht? Beginge ich das Verbrechen, an der Glocke zu ziehen, würde man mich vielleicht über Bord schmeißen. Aber lieber das, als mit dem Schiff Bruch machen. In blinder Verzweiflung bimmelte ich solch rasselndes Zetermordio nach unten, wie es wohl in dieser Welt nie einen Maschinisten aufgescheucht hat. Während die Glocken wie wild klingelten, liefen die Maschinen rückwärts und wieder vorwärts und beides zugleich, und dann stand mir der Verstand still – wir waren drauf und dran, in die Wälder auf der gegenüberliegenden Seite zu brechen. In diesem Moment tauchte Mr. Bixby, die Ruhe selber, auf dem Oberdeck auf. Voll Dankbarkeit flog ihm meine Seele zu. Meine Angst verschwand; mit Mr. Bixby auf dem Oberdeck hätte ich mich selbst am Rande der Niagarafälle sicher gefühlt. Mit leutselig liebenswürdiger Geste nahm er den Zahnstocher wie eine Zigarre aus dem Mund – wir waren gerade dabei, auf einen großen überhängenden Baum zu klettern, und die Passagiere flitzten wie die Ratten nach achtern – und rief mir in sanftestem Ton die Kommandos rauf:

»Steuerbord stopp! Backbord stopp! Beide Maschinen zurück!«

Das Schiff zögerte, hielt an, drückte seine Nase einen kritischen Augenblick lang zwischen die Äste und krebste dann widerstrebend zurück.

»Backbord stopp! Backbord volle Kraft voraus! – Steuerbord stopp! Steuerbord volle Kraft voraus! Halt auf die Sandbank zu!«

Ich plätscherte dahin wie ein heiterer Sommermorgen. Mr. Bixby kam herein und sagte scheinheilig: »Wenn du vom Ufer aus angerufen wirst, mein Junge, solltest du vor dem Landen doch dreimal die große Glocke anschlagen, damit sich die Maschinisten bereit halten können.«

Dieser Sarkasmus ließ mich rot anlaufen, und ich erwiderte, ich wäre gar nicht angerufen worden.

»Ach so! Dann wolltest du wohl Holz aufnehmen, was? Wenn Holz gebraucht wird, gibt dir der Offizier von der Wache schon Bescheid.«

Ich schluckte auch das und sagte, ich hätte kein Holz aufnehmen wollen.

»Auch nicht? Ja, was kannst du denn hier drüben in der Biege sonst wollen? Hast du schon jemals gehört, daß ein Schiff bei diesem Wasserstand stromauf eine Biege voll ausfährt?«

»Nein, Sir, und ich wollte sie ja auch gar nicht ausfahren, sondern bloß von einem Steilriff weg.«

»Hat sich was von wegen Steilriff. In drei Meilen Umkreis gibt's hier gar keins.«

»Ich hab's doch aber gesehen. War genauso steil wie das da drüben.«

»Na und? Fahr drüber weg!«

»Ist das als Befehl gemeint?«

»Ja. Fahr drüber weg.«

»Sie, ich mach das.«

»Schon gut, ich übernehme die Verantwortung.«

Ich war jetzt genauso bestrebt, das Schiff in Grund und Boden zu fahren, wie ich es vorher hatte retten wollen. Was er mir befohlen hatte, prägte ich mir Wort für Wort ein, für später vor Gericht, und dann preschte ich direkt auf das Riff zu. Als es unter unserem Bug verschwand, stockte mir der Atem, doch wir rutschten rüber wie geschmiert.

»Na, den Unterschied kapiert? War doch ein Windriff. Das macht bloß der Wind.«

»Merke ich jetzt auch, aber es sieht doch ganz genauso aus wie ein richtiges. Wie soll ich das jemals auseinanderhalten?«

»Kann ich dir auch nicht sagen. Man muß dafür den richtigen Riecher haben. Kriegst du mit der Zeit ganz von selber mit, wirst aber nie erklären können, wie oder woran du sie unterscheidest.«

Womit er recht haben sollte. Nach und nach wurde die Oberfläche des Wassers auch für mich ein wunderbares Buch – ein Buch, das dem ungeschulten Passagier gar nichts sagte, das sich mir aber rückhaltlos offenbarte und seine tiefsten Geheimnisse preisgab, als hätte es eine Stimme. Es war kein Buch, das man einmal durchliest und in den Schrank stellt, denn es wußte jeden Tag eine neue Geschichte zu erzählen. Die ganzen langen zwölfhundert Meilen hindurch gab es nicht eine uninteressante Seite, nicht eine, die man auslassen konnte, ohne Wichtiges zu versäumen, und keine, die man hätte überschlagen wollen, weil man glaubte, sich anderweitig besser unterhalten zu können. Kein Buch ward je von Menschenhand geschrieben, das so wundervoll war, das einen so gefangen nahm, das seine Spannung so durchhielt und das bei jedem Wiederlesen so funkelnd neu erschien. Der Passagier, der das nicht zu lesen verstand, ließ sich von einer eigentümlichen Art leichter Grübchen auf dem Antlitz des Wassers bloß bezaubern – das heißt, sofern er so etwas überhaupt bemerkte, was selten genug vorkam –, für den Lotsen aber war das ein kursiv hervorgehobener Absatz, ja mehr noch, ein ganzes Kapitel in riesengroßen Versalien und mit einer langen Kette von Ausrufungszeichen dahinter, denn es bedeutete, daß unter dieser Stelle ein Wrack oder ein Felsen begraben lag, die auch dem stärksten Schiff das Lebenslicht ausblasen konnten. Es ist der schwächste und einfachste Ausdruck, den das Wasser je annimmt, und doch für das Lotsenauge der häßlichste. Der Passagier sah in diesem Buch, das er nicht lesen konnte, sowieso nichts weiter als alle möglichen hübschen Bilder, gemalt von der Sonne und schattiert von den Wolken, während das dem geschulten Auge überhaupt keine Bilder waren, sondern eine grimmige und todernste Lektüre.

Als ich nun auch die Sprache dieses Wassers beherrschte und mit jedem noch so unbedeutenden Zug an den Ufern des großen Flusses vertraut war wie mit den Buchstaben des Alphabets, hatte ich eine wertvolle Erwerbung gemacht.

Aber auch etwas verloren, etwas, das mir im ganzen Leben nicht mehr zurückerstattet werden kann. Der majestätische Fluß hatte all seine Anmut, seine Schönheit, seine Poesie eingebüßt! Noch heute habe ich einen ganz bestimmten wundervollen Sonnenuntergang vor Augen, den ich erlebte, als ich in der Dampfschiffahrt noch neu war. Eine breite Fläche Fluß schien zu Blut geworden. Nach der Mitte zu verflammte sich das Rot zu Gold, durch das ein einsamer Baumstamm getrieben kam, schwarz und scharf umrissen. An einer Stelle glitzerte ein langer schräger Streifen auf dem Wasser, an einer anderen brodelte die Oberfläche von sich überstürzenden, sich ewig erneuernden Kreisen, die in allen Farben des Opals spielten. Wo die rötliche Glut am schwächsten war, glättete sich das Wasser in sanften Kringeln und ganz zart ausstrahlenden Linien. Das Ufer zur Linken bedeckte dichter Wald, dessen düsterer Schatten von einem langen gekräuselten Schweif unterbrochen wurde, der wie Silber glänzte, und hoch über der Waldwand ließ ein abgeschälter toter Baum seinen einzigen belaubten Ast hineinlodern in den ungehemmten Glanz der Sonnenflut. Dann die sanften Kurven, die Widerspiegelungen im Wasser, die bewaldeten Höhen und die weich umrissenen Fernen, und soweit das Auge reichte, tanzten unentwegt die sich auflösenden Lichter darüber hin, jeden Augenblick neue Farbwunder hervorrufend.

Ich stand wie verzaubert, trank das sprachlos entzückt in mich hinein. Die Welt erschien mir neu; zu Hause hatte ich so etwas nie gesehen. Doch wie gesagt, bald hatte ich für den Glanz und den Zauber, den Mond und Sonne und Zwielicht über das Antlitz des Flusses legten, kein waches Auge mehr, und es kam schließlich die Zeit, wo ich dafür überhaupt kein Auge mehr hatte. Hätte sich jener Sonnenuntergang jetzt wiederholt, würde ich ihn ohne jedes Entzücken betrachtet und in Gedanken etwa folgenden Kommentar dazu gemacht haben: ›Dieser Sonne nach gibt es morgen Wind; der treibende Baumstamm da beweist, daß der Fluß ansteigt; der Querstreifen deutet auf ein Steilriff, und wenn sich das weiter so breitmacht, wird in einer der nächsten Nächte hier jemand mal sein Dampfschiff begraben; diese brodelnden Kreise zeigen, wie sich darunter eine Sandbank auflöst und die Fahrrinne verändert; die Linien und Kringel drüben im ölig glatten Wasser sind eine Warnung, daß diese unangenehme Stelle gefährlich seicht wird; der silbrige Strich im Schatten vom Wald ist der Strudel von einem neuen Snag, der sich den allerbesten Platz ausgesucht hat, der zum Dampferangeln zu finden war; der schlanke abgestorbene Baum mit dem einen lebenden Ast wird es nicht mehr lange machen, und wie soll man sich ohne den freundlichen alten Wegweiser dann nachts hier noch zurechtfinden?‹

Nein, mit der Romantik und Schönheit des Flusses war es vorbei. Ich bewertete jedes seiner Merkmale nur noch danach, inwieweit er mir dazu nützlich sein konnte, ein Dampfschiff sicher zu lotsen. Seit jener Zeit tun mir die Ärzte von ganzem Herzen leid. Was kann so ein Doktor in dem lieblichen Rot auf den Wangen einer schönen Frau schon anderes sehen als einen sich über irgendeiner todbringenden Krankheit kräuselnden »Strudel«? Sind ihm nicht all ihre sichtbaren Reize über und über bedeckt mit Anzeichen und Symptomen verborgenen Verfalls? Hat er überhaupt jemals ein Auge für ihre Schönheit? Fixiert er sie nicht vielmehr bloß mit dem Blick des Fachmannes und denkt sich sein Teil über ihren Gesundheitszustand? Und fragt er sich nicht manchmal selber, ob er mit all seinen Kenntnissen mehr gewonnen oder mehr verloren hat?

ZEHNTES KAPITEL

Meine Ausbildung geht weiter

Wer so höflich gewesen ist, die vorigen Kapitel zu lesen, wird sich vielleicht fragen, warum ich das Lotsen so besorgt als eine Wissenschaft behandle. Dabei ist gerade das der Hauptzweck jener Kapitel gewesen, und ich bin damit auch noch lange nicht fertig. Ganz geduldig und beharrlich möchte ich Stück für Stück zeigen, was das Lotsen für eine wunderbare Wissenschaft ist. Schiffahrtsstraßen sind gewöhnlich durch Bojen und Leuchtfeuer markiert, sie befahren zu lernen, ist also verhältnismäßig einfach. Flüsse mit klarem Wasser und Kiesgrund verändern ihre Fahrrinnen nur allmählich, deshalb reicht es aus, wenn man sie einmal im Kopf hat. Etwas ganz anderes dagegen ist es, als Lotse auf so riesigen Strömen wie dem Mississippi und Missouri zu arbeiten, deren angeschwemmte Ufer dauernd unterhöhlt werden und sich verändern, deren unter Wasser liegende Bäume sich immerzu einen neuen Platz suchen, deren Sandbänke nie zur Ruhe kommen, deren Fahrrinnen ständig ausweichen oder sich verkriechen, und wo man bei Nacht und Nebel völlig hilflos vor jedem Hindernis steht ohne Leuchtturm und ohne Boje; denn auf den ganzen drei- oder viertausend Meilen dieses scheinheiligen Flusses gibt es keine Leuchtfeuer und keine Bojen*. Ich fühle mich durchaus berechtigt, mich weiter über diese große Wissenschaft zu verbreiten, schon deshalb, weil ich sicher bin, daß bisher noch niemand eine Zeile darüber geschrieben hat, der selbst Lotse auf einem Dampfschiff gewesen ist, also praktische Erfahrung besitzt. Wäre das Thema abgedroschen, würde ich mich verpflichtet sehen, dem Leser mehr entgegenzukommen, da es aber völlig neu ist, nehme ich mir die Freiheit, ihm beträchtlichen Platz einzuräumen.

Als ich nun jedes sichtbare Kennzeichen des Flusses auswendig gelernt hatte und seinen Lauf derart beherrschte, daß ich ihm von St. Louis bis New Orleans mit geschlossenen Augen folgen konnte, als ich die Oberfläche des Wassers bereits so zu lesen verstand wie die Morgenzeitung, aus der man sich die interessantesten Nachrichten herausfischt, und als ich schließlich mein lahmes Gedächtnis so weit trainiert hatte, daß ich eine endlos lange Reihe von Lotungen und Stellen zum Kreuzen aufnehmen und auch wirklich behalten konnte, bildete ich mir ein, meine Lehre sei jetzt beendet. Ich gewöhnte mir also an, meine Mütze lässig auf die eine Seite zu schieben und an einem Zahn-

* Heute (1882) nicht mehr zutreffend.

stocher zu kauen, wenn ich am Steuer stand. Mr. Bixby sah sich das an. Eines Tages sagte er:

»Wie hoch ist das Ufer da drüben an der Burgess-Plantage?«

»Woher soll ich das wissen, Sir? Es ist eine dreiviertel Meile weit weg.«

»Du scheinst schlechte Augen zu haben, sehr schlechte! Nimm mal das Fernglas.«

Ich nahm das Glas und sagte, ohne lange zu überlegen: »Tut mir leid, wird schätzungsweise anderthalb Fuß hoch sein.«

»Anderthalb Fuß! Das Ufer da ist sechs Fuß hoch! Wie hoch war es denn bei der letzten Fahrt?«

»Weiß ich nicht, darauf habe ich nicht geachtet.«

»So? Na, von jetzt ab wirst du darauf achten.«

»Warum?«

»Weil du einen ganzen Haufen Sachen wissen mußt, die dir das Ufer erzählen kann. Erst mal zeigt es dir den Wasserstand an, also ob das Wasser hier höher oder niedriger steht als bei der letzten Fahrt.«

»Das sagt mir doch das Lot!« Ich bildete mir tatsächlich ein, in diesem Punkt gescheiter zu sein als er.

»Ja, aber wenn das Lot nicht stimmt? Das Ufer wird es dir beweisen, und du müßtest deine Lotgäste ein bißchen auf Trab bringen. Bei der letzten Fahrt hatte das Ufer hier zehn Fuß, jetzt sind es bloß noch sechs. Was hat das zu bedeuten?«

»Daß der Fluß vier Fuß höher steht als auf der letzten Fahrt.«

»Sehr gut. Steigt er, oder fällt er?«

»Er steigt.«

»Nein, eben nicht!«

»Ich glaube aber doch, Sir, denn dort drüben schwimmt Treibholz stromab.«

»Steigendes Wasser bringt das Treibholz zwar in Bewegung, dann treibt es aber weiter, wenn der Fluß schon längst aufgehört hat zu steigen. Das zeigt dir alles das Ufer. Warte, bis wir an eine Stelle kommen, wo es etwas schräger ist. Und hier: Siehst du den schmalen Streifen mit der feinen Ablagerung? Der hat sich gebildet, als das Wasser höher stand. Sieh mal, das Treibholz setzt sich schon fest. Das Ufer hilft dir aber auch noch anders. Kannst du den Baumstumpf da auf dem falschen Point erkennen?«

»Ja, Sir.«

»Das Wasser reicht gerade bis an seine Wurzeln. Das mußt du dir aufschreiben.«

»Warum?«

»Weil das bedeutet, daß Stromschnelle 103 sieben Fuß Wasser hat.«

»Aber 103 ist doch noch ein ganzes Stück stromaufwärts.«

»Na eben, da siehst du, was das Ufer wert ist. Jetzt ist in 103 noch genug Wasser, aber wenn wir hinkommen, vielleicht schon nicht mehr. Doch das Ufer wird uns den ganzen Weg auf dem laufenden halten. Bei fallendem Fluß nimmt man stromaufwärts keine Stromschnellen, und stromabwärts gibt es sowieso nur wenige, die man befahren darf; denn dagegen gibt's ein Gesetz. Bis wir nach 103 kommen, ist der Fluß vielleicht gestiegen, und dann werden wir durchfahren. Wie tief liegen wir jetzt?«

»Sechs Fuß achtern, vorn sechseinhalb.«

»Na, ein bißchen Ahnung scheinst du ja doch zu haben.«

»Ich möcht aber schrecklich gern wissen, ob man die Ufer hier dauernd messen muß, die ganzen zwölfhundert Meilen. Tag für Tag, jahraus, jahrein.«

»Natürlich.«

Das verschlug mir für eine Weile die Sprache. Schließlich fragte ich: »Und wie ist das mit den Stromschnellen? Sind es viele?«

»Das kann man wohl sagen! Schätze, wir werden auf dieser Fahrt nicht eine Strecke so nehmen wie sonst. Wenn der Fluß wieder anfängt zu steigen, machen wir uns hinter die Sandbänke, die du immer trocken wie ein hohes Dach aus dem Wasser hast rausragen sehen. Wir gehen über seichte Stellen, die du überhaupt noch nicht bemerkt hast, und mitten durch Sandbänke, die sich über dreihundert Morgen Fluß hinziehen. Dann zwängen wir uns durch Spalten, wo du immer gedacht hast, das ist festes Land, brechen durch die Wälder, wobei wir fünfundzwanzig Meilen lang den ganzen Fluß auf der anderen Seite haben, und werden dabei alle Inseln zwischen New Orleans und Cairo von hinten zu sehen kriegen.«

»Dann muß ich mich also an die Arbeit machen und noch mal soviel über den Fluß lernen, wie ich schon weiß.«

»Na, ungefähr noch zweimal soviel, soweit sich das sagen läßt.«

»Tja, man lernt eben nie aus. Ich muß verrückt gewesen sein, als ich mich auf diesen Beruf eingelassen habe.«

»Stimmt. Und das bist du auch jetzt noch, aber das legt sich, wenn du erst einmal alles gelernt hast.«

»Ach, das werde ich niemals begreifen.«

»Dafür werde ich schon sorgen.«

Eine Weile später wagte ich wieder, eine Frage zu stellen: »Muß ich das alles ebenso lernen wie das andere über den Fluß – Form und alles –, damit ich auch nachts fahren kann?«

»Ja. Und du mußt von einem Ende bis zum anderen gute und zuverlässige Anhaltspunkte haben, die dir zusammen mit dem Ufer angeben, an welchen Stellen genug Wasser ist – wie zum Beispiel diesen Baumstumpf vorhin. Wenn der Fluß erst anfängt zu steigen, kannst du schon ein halbes Dutzend der tieferen Stellen befahren; ist er einen Fuß höher gestiegen, noch ein Dutzend; beim nächsten wieder ein paar Dutzend mehr; und so weiter. Du siehst also, daß du deine Ufer und Markierungen todsicher kennen mußt und sie niemals durcheinanderbringen darfst. Denn wenn du erst einmal in so eine Enge reingefahren bist, gibt es kein Zurück mehr wie auf dem weiten Fluß: entweder du kommst durch, oder du bleibst sechs Monate stecken, wenn es dich bei fallendem Fluß erwischt. Von diesen engen Stellen gibt es ungefähr fünfzig, die nur dann befahrbar sind, wenn der Fluß bis obenhin voll und über die Ufer getreten ist, sonst überhaupt nicht.«

»Das sind ja heitere Aussichten.«

»Allerdings. Und merk dir, was ich dir eben gesagt habe: Wenn du da irgendwo reinkommst, mußt du dich auch durchschlängeln; zum Wenden ist es zu eng, um rückwärts rauszukommen zu krumm, und das seichte Wasser ist immer *oben am Kopf*, niemals woanders. Außerdem hast du stets damit zu rechnen, daß der Kopf nach und nach versandet, so daß die Markierungen, an denen du heute die Tiefe abschätzt, das nächste Mal schon nicht mehr stimmen.«

»Also jedes Jahr neu lernen?«

»Richtig. Halt dicht auf die Sandbank zu! Warum bleibst du denn immer auf Mitte?«

In den nächsten paar Monaten lernte ich ganz merkwürdige Sachen. Am selben Tag, an dem wir die oben wiedergegebene Unterhaltung hatten, merkten wir plötzlich, daß der Fluß anfing, mit aller Macht zu steigen. Die ganze weite Wasserfläche war schwarz von treibenden Holzstämmen, abgebrochenen Ästen und großen Bäumen, die das Wasser unterspült und mitgerissen hatte. Am Steuer mußte man selbst bei Tage, wenn man von einer Bake zur anderen kreuzte, alle Kunst aufwenden, um den Weg durch dieses dahinschießende Treibgut zu finden. Nachts aber war es noch bedeutend schwerer; hier und da erschien plötzlich ein mächtiger, tief im Wasser liegender Baumstamm vor unserem Bug und kam mit der Spitze direkt auf uns zu. Ausweichen ging nicht. Wir konnten nur die Maschinen stoppen, und doch ging eins unserer Schaufelräder mit donnerndem Getöse über die ganze Länge des Stammes hinweg, wobei das Schiff Schlagseite kriegte, und zwar in einer für Passagiere äußerst unangenehmen Weise. Manchmal trafen wir mit Volldampf und riesigem Gepolter mitten auf diese untergegangenen Stämme, und das Schiff wurde davon so erschüttert, als wären wir auf einen ganzen Erdteil gestoßen. Hin und wieder setzte sich der Baumstamm direkt vor unserer Nase fest und blokkierte uns den Mississippi, so daß wir erst eine Weile krebsen mußten, um freizukommen. Oft stießen wir im Dunkeln auf *weiße* Stämme, denn wir konnten sie nicht erkennen, ehe wir nicht draufsaßen, während ein schwarzer Stamm sogar bei Nacht ganz gut zu sehen ist. Ein weißer Baum aber ist nach Einbrechen der Dunkelheit ein unangenehmer Kunde.

Mit steigendem Wasser kam natürlich ein Schwarm riesiger Holzflöße aus dem Quellgebiet des Mississippi herunter, ebenso Kohlenkähne aus Pittsburgh, kleine Handelsprähme von überallher und Flachboote aus Posey County in Indiana, beladen mit »Edelobst und Meublement« – so wurde das jedenfalls genannt, obwohl es auf gut englisch nur Kürbisse und Stangen für Faßreifen waren. Die Lotsen haßten diese Boote aus tiefster Seele, was ihnen jedoch mit Zins und Zinseszins zurückgezahlt wurde. Das Gesetz verlangte, daß alle diese hilflosen Fahrzeuge ständig eine Laterne brennen hatten, aber das war eben ein Gesetz, an das sich kaum einer hielt. Plötzlich tauchte dann in einer finsteren Nacht dicht vor unserem Bug ein Licht auf, und eine Stimme – mit dem dröhnenden Tonfall des Hinterwäldlers – fing an zu zetern: »Heee! Verdammt noch mal, wo steuerst denn du hin? Kannst nicht die Musaugen aufmachen, du dreimal verfluchtes Oberstinktier! Stammst wohl vom ausgestopften Affen ab, daß du so schielst!«

Wenn wir dann vorbeirauschten, konnten wir beim Feuer unserer glühenden Öfen wie im Schein eines Blitzes den Kahn und die Silhouette des Redners sehen, und wie er mit den Händen in der Luft herumfuhrwerkte, sofort von unseren Heizern und Schauerleuten mit einer wahren Flut von Schimpfwörtern und handgreiflichen Gegenständen begrüßt, was jedoch nicht unbeantwortet blieb, wobei eins unserer Schaufelräder die krachenden Trümmer des Steuerruders mitgehen ließ, und dann war es wieder finstere Nacht. Bestimmt ging dieser Schiffer nach New Orleans, um unseren Dampfer zu verklagen und hoch und heilig zu beschwören, daß er die ganze Zeit über Licht gehabt hätte, während in Wirklichkeit die Mannschaft die Laterne mit nach unten genommen und keine Wache an Deck gelassen hatte, um singen, faul herumliegen, trinken und Karten spielen zu können. In einer von den bewaldeten engen Buchten (hinter einer Insel), von denen die Dampfschiffleute drastisch sagen, daß es in ihnen so duster ist wie im Bauch einer Kuh, hätten wir eines Nachts beinahe eine ganze Familie aus Posey County inklusive Edelobst, Meublement und allem Drum und Dran vernascht, wenn nicht ihr Gefiedle – sie waren nämlich alle unter Deck und machten Musik – noch rechtzeitig an unser Ohr gedrungen wäre, so daß wir ausscheren konnten – leider ohne rechten Schaden anzurichten, und dabei waren wir schon so schön dicht dran gewesen. Jetzt brachten sie natürlich ihre Laterne nach oben, und während wir rückwärts fuhren und manövrierten, um loszukommen, stand die ganze feine Familie, beiderlei Geschlechts und allen Altersstufen, unter ihrem Schein und beschimpfte uns, was das Zeug hielt. Einmal hat ein Kohlenschiffer sogar eine Kugel durch unser Steuerhaus gejagt, als wir uns in einer sehr schmalen Durchfahrt sein Ruder »geborgt« hatten.

ELFTES KAPITEL

Der Fluß steigt

Während des Hochwassers wurden die Fahrzeuge dieser kleinen Leute zu einer unerträglichen Plage. Wir nahmen eine Stromschnelle nach der anderen – eine neue Welt für mich –, und wenn es in einer besonders eng war, konnten wir felsenfest damit rechnen, auf einen Prahm zu stoßen, und wenn nicht gerade dort, dann an einer noch schlimmeren Stelle, nämlich oben am Kopf der Stromschnelle, im seichten Wasser. Und da wollte dann das Hin und Her gefluchter Liebenswürdigkeiten schier kein Ende nehmen.

Manchmal, wenn wir uns draußen auf dem großen Strom vorsichtig durch einen Nebel tasteten, wurde die tiefe Stille plötzlich durch gellendes Geschrei und das Schlagen von Blechpfannen unterbrochen, und im selben Augenblick zeigte sich dicht vor uns im Nebelflor ein Holzfloß, und dann hielten wir uns nicht erst lange mit der Vorrede auf, sondern rissen, was wir konnten, an den Glocken zum Maschinenraum, und machten uns mit Volldampf aus dem Staube. Man rennt nicht mit einem Dampfschiff gegen einen Felsen oder ein stabiles Holzfloß an, wenn man nicht unbedingt muß.

Es wird mir kaum jemand glauben, aber in jenen alten, längst entschwundenen Tagen des Dampfschiffes schleppten viele Zahlmeister stets ein ganzes Sortiment religiöser Traktate mit. Jawohl, haben die gemacht! Immer, wenn wir um eine Sandbank herumkrampften, was zwanzigmal am Tag der Fall war, trieb eine Meute von diesen kleinen Pinschern an uns vorbei in den Kopf der Biegung runter und überholte uns um ein paar Meilen. Von einem der Flöße stieß dann ein Beiboot ab und kam mühselig über die Wasserwüste gekeucht. Im Schatten unserer Back verlangsamte es die Fahrt, und der Ruderer, noch ganz außer Atem, rief rauf: »Habt ihr nicht 'ne Zeitung?«, während das Boot schnell nach achtern abtrieb. Der Zahlmeister warf einen Packen Zeitungen aus New Orleans hinüber. Wurden diese *ohne* Kommentar aufgefischt, so konnte man beobachten, daß auf einmal ein ganzes Dutzend Boote auf uns zu hielt, ohne daß irgendwelche Worte fielen. Die hatten abgewartet, wie es Nr. 1 ergehen würde. Blieb Nr. 1 friedlich, legten sich alle anderen in die Riemen, und genauso geschwind, wie sie anrückten, warf ihnen der Zahlmeister seine säuberlich über Holzstückchen gebündelten Traktate zu. Wieviel und was für Flüche zwölf Päckchen mit religiöser Literatur erfordern, bis sie unter zwölf Floßmannschaften gerecht verteilt sind, die eigens deshalb ein schweres Boot bei drückender Hitze zwei Meilen weit gerudert haben, hält man einfach nicht für möglich.

Wie schon gesagt, öffnete sich mir mit dem Hochwasser eine neue Welt. Sobald der Fluß über seine Ufer getreten war, hatten wir unsere alten Pfade verlassen und rutschten jetzt stündlich über Sandbänke, die vorher zehn Fuß aus dem Wasser geragt hatten. Wir gingen ganz dicht an mit Stubben durchsetzte Ufer heran, wie zum Beispiel am unteren Ende von der Madrid Bend, von der ich immer nur gesehen hatte, daß sie gemieden wurde, und wir ratterten durch Stromschnellen wie die von 82, an deren Fuß sich eine geschlossene Mauer von Baumstämmen aufbaute, bis wir mit dem Bug fast mittendrauf saßen. Ein paar dieser Engen waren die Einsamkeit selber. Zu beiden Seiten der gekrümmten kleinen Spalte stand dichter, unberührter Wald, und man konnte glauben, hier seien noch niemals Menschen eingedrungen. Im Vorbeifahren schimmerten schwingende Weinranken, grasige Winkel und Lichtungen herüber, blühende Schlingpflanzen schwenkten ihre roten Blüten von den Spitzen abgestorbener Bäume, und all der Reichtum des Waldlaubes war hier mit verschwenderischer Hand ausgestreut. In den Stromschnellen steuerte es sich prächtig. Abgesehen vom oberen Ende waren sie tief und hatten eine schwache Strömung, unterhalb der Baken stand das Wasser sogar völlig still, und die unsichtbaren Ufer erhoben sich so steil, daß man dort, wo das zarte Weidendickicht überhing, die Breitseite darunter vergraben konnte und dann förmlich zu fliegen schien.

Hinter anderen Inseln entdeckten wir kleine, armselige Farmen und noch armseligere kleine Blockhütten. Windschiefe Lattenzäune ragten einen oder zwei Fuß aus dem Wasser, und auf dem obersten Riegel hockten ein paar fröstelnde, gelbgesichtige Elendsgestalten männlichen Geschlechts in Baumwollhosen, Ellbogen auf den Knien, Kinn in den Händen, zielten sie mit den Produkten ihres Tabakkauens zwischen den Zahnlücken hindurch auf vorübertreibende Holzstückchen, während sich die übrigen Familienmitglieder und das bißchen Viehzeug auf einem gleich daneben vertäuten leeren Flachboot zusammendrängten. In diesem Prahm mußte die Familie für eine ganze Reihe von Tagen (womöglich wochenlang) kochen und essen und schlafen, bis der Fluß zwei oder drei Fuß fiel und sie wieder in ihre Hütten und zu ihrem Zähneklappern zurück konnten – wovon das letztere eine gnädige Vorkehrung der allzeit weisen Vorsehung war, denn es verschaffte ihnen Bewegung, ohne daß sie sich sonderlich anzustrengen brauchten. Und so ein Kampieren draußen im Nassen stand diesen Leuten in jedem Jahr mehr als einmal bevor; zumindest im Dezember beim Hochwasser aus dem Ohio und dann im Juni, wenn der Mississippi stieg. Und das waren noch glückliche Fügungen, denn diese armen Schlukker erhielten dadurch wenigstens ab und zu mal Gelegenheit, von den Toten aufzuerstehen und etwas vom Leben zu sehen, wenn ein Dampfschiff vorbeikam. Sie wußten die Segnung auch zu schätzen, denn sie sperrten Mund und Nase weit auf und nutzten solche Gelegenheiten weidlichst aus. Womit mögen sich diese verbannten Geschöpfe bloß bei niedrigem Wasserstand die Zeit vertrieben haben, um nicht an Stumpfsinn einzugehen?

Einmal fanden wir in einer jener malerischen Durchfahrten zwischen zwei Inseln unseren Kurs von einem umgestürzten großen Baum vollkommen überbrückt. Das zeigt, wie schmal einige dieser Stromschnellen waren. Die Passagiere konnten sich dann eine Stunde lang in jungfräulicher Wildnis ergehen, während die Bootsknechte die Brücke zerhackten, denn an Wenden war da natürlich nicht zu denken.

Von Cairo bis Baton Rouge hat man, wenn der Fluß über die Ufer getreten ist, bei Nacht keine besonderen Schwierigkeiten, denn in der tausend Meilen langen Mauer dichten Waldes, die die ganze Strecke lang beide Ufer schützt, klafft nur hier und da eine Lücke mit einer Farm oder einem Holzplatz; man kann dort also ebensowenig »vom Strom abkommen« wie von einem eingezäunten Weg. Von Baton Rouge bis New Orleans dagegen liegen die Dinge wesentlich anders. Hier ist der Fluß über eine Meile breit und sehr tief – an manchen Stellen bis zu zweihundert Fuß. Beide Ufer sind weit über hundert Meilen hin abgeholzt, von endlosen Zuckerrohrplantagen gesäumt und nur hier und da von einem jungen Baum oder einer Reihe zur Zierde angepflanzter Chinabäume unterbrochen. Auch hinter den Plantagen ist der Wald zwei bis vier Meilen weit abrasiert. Wenn der erste Frost droht, bringen die Pflanzer ruck, zuck ihre Ernte ein. Sind sie mit dem Mahlen des Rohrs fertig, schichten sie den Abfall der Stengel (die sogenannte Bagasse) zu großen Haufen, die sie dann anstecken, während in anderen Zuckerrohr anbauenden Ländern diese Preßrückstände in den Öfen der Zuckermühlen verheizt werden. Die Haufen feuchter Bagasse verbrennen sehr langsam und schwelen wie Satans Küche.

Dieses ganze untere Stück des Mississippi wird auf beiden Seiten durch einen zehn bis fünfzehn Fuß hohen Damm geschützt, der je nachdem zwischen zehn und vielleicht hundert, im allgemeinen aber dreißig bis vierzig Fuß vom Uferrand zurückgesetzt ist. Nun fülle man die gesamte Gegend dort unten mit dem undurchdringlich dunklen Rauch von hundert Meilen brennender Bagassehaufen, wenn der Fluß über die Ufer getreten ist – wie muß da um Mitternacht einem Dampfschiff zumute sein! Und wie muß einem selber zumute sein! Du befindest dich weit draußen mitten auf einem neblig trüben Meer, das sich uferlos in düstere Ferne verliert, denn der schmale Streifen Damm läßt sich nicht erkennen, und du bildest dir immerzu ein, einen vereinzelten Baum zu sehen, wo gar keiner ist. Die Plantagen selber nehmen in dem Rauch andere Formen an und sind mit dem Meer verschmolzen. Die Folter entsetzlich quälender Ungewißheit hält die ganze Wache durch an. Du hoffst zwar, im Flußbett zu bleiben, aber du weißt das nie. Du weißt immer nur eins: daß du wahrscheinlich gerade dann sechs Fuß an Ufer und Untergang dran bist, wenn du meinst, eine gute halbe Meile von Land weg zu sein. Und außerdem ist dir noch, wenn du plötzlich auf den Damm raufknallst und die Schornsteine über Bord kippen, der schwache Trost gewiß, daß du eigentlich nichts anderes erwartet hast. Von den großen Vicksburger Paketbooten ist einmal eins in so einer Nacht in eine Zuckerplantage hineingeschossen und durfte dann gleich die Woche über da bleiben. Was jedoch nichts Neues war; das hatte es schon öfter gegeben.

An sich wollte ich dieses Kapitel abschließen, möchte aber noch eine kuriose Sache erzählen, ehe ich sie wieder vergesse. Von Bedeutung ist sie nur insofern, als sie sich auf das Lotsen bezieht. Es gab damals einen ausgezeichneten Lotsen auf dem Fluß, einen gewissen Mr. X., der Nachtwandler war. Wenn ihm eine schwierige Strecke im Kopf herumging, könne man, so erzählte man sich, geradezu darauf warten, daß er im Schlaf aufstand, umherwandelte und die seltsamsten Dinge anstellte. Einmal war er für ein paar Fahrten auf einem großen Passagierdampfer aus New Orleans Partner von George Ealer. Während der ersten Tour fühlte sich George zu Anfang recht unbehaglich, mit der Zeit ging es dann aber, da X. beim Schlafen schön brav im Bett blieb. Eines Abends, es war schon spät, näherte sich das Schiff Helena in Arkansas. Das Wasser stand niedrig, und das Kreuzen oberhalb der Stadt war eine äußerst verzwickte und unsichere Angelegenheit. X. hatte die Stelle später passiert als Ealer, und da es besonders neblig und finster war, überlegte Ealer gerade, ob er nicht lieber X. rufen lasse, damit der ihm beim Rüberkreuzen helfe, als auch schon die Tür aufging und X. hereinspaziert kam. Nun ist in sehr düsteren Nächten Licht der Todfeind des Lotsen. Bekanntlich kann man in einer solchen Nacht vom erleuchteten Zimmer aus auf der Straße nichts deutlich sehen. Löscht man aber das Licht und steht im Dunkeln, lassen sich die Dinge auf der Straße recht gut erkennen. Bei Stockfinsternis rauchen die Lotsen daher auch nicht; sie dulden nicht einmal Feuer im Ofen vom Steuerhaus, wenn der irgendwo einen Sprung hat, durch den ein noch so schwacher Schein dringen kann, und die Kesseltüren verhängen sie mit riesigen Persennings, und die Skylights dunkeln sie ab. Dann dringt kein einziger Lichtstrahl mehr aus dem Schiff. Die undefinierbare Gestalt, die jetzt ins Steuerhaus trat, hatte die Stimme von Mr. X. und sagte:

»Gib her, George. Ich habe diese Stelle ja nach dir noch gesehen, und das geht hier so im Zickzack, daß es für mich leichter ist, selber zu fahren, als dir erst alles lang und breit zu erklären.«

»Nett von dir, und von mir aus herzlich gerne, kannst du mir glauben! Hab ja keinen Tropfen Schweiß mehr im Leibe. Wirble hier ums Rad rum und rum wie 'ne Tanzmaus. Ist so duster, ich könnte nicht mal sagen, nach welcher Seite wir fahren, bis wir uns wie 'n Brummkreisel drehen.«

Da setzte sich Ealer dann keuchend und ausgepumpt auf die Bank. Das schwarze Phantom übernahm schweigend das Steuer, brachte das tänzelnde Schiff mit ein paar Griffen auf Richtung und baute sich lässig vor dem Rad auf und ließ es schmeichelnd und sacht bald ein bißchen nach rechts, bald ein bißchen nach links spielen, als sei heller Tag. Als Ealer diese wunderbare Steuermannsarbeit sah, hätte er sich am liebsten selber geohrfeigt, daß er seine Unfähigkeit zugegeben hatte. Er starrte und staunte, und schließlich meinte er: »Da hab ich mir nun immer eingebildet zu wissen, wie ein Dampfschiff gesteuert wird, aber das dürfte wohl ein Irrtum gewesen sein.«

X. ging nicht darauf ein, sondern machte munter weiter. Er glaste zum Loten, bimmelte nach unten, weniger Dampf zu geben, manövrierte das Schiff sauber und sorgfältig in unsichtbare Marken, blieb dann vor der Mitte vom Rad stehen und schaute gelassen hinaus in die Finsternis vor und hinter ihm, um seine Position festzustellen. Als immer seichteres Wasser gelotet wurde, stoppte er die Maschinen ganz ab, und dann folgte Totenstille und das Hangen und Bangen des »Treibens«. Als der flachste Punkt erreicht war, legte er schnell Volldampf vor, führte das Schiff wunderschön drüber hinweg und machte sich daran, es behutsam in das nächste System von Untiefenmarken zu bugsieren. Es folgte der gleiche geduldige und bedächtige Gebrauch der Lote und Maschinen, der Dampfer flutschte rüber, ohne Grund zu berühren, und kam schließlich an die dritte und letzte vertrackte Stelle. Unmerklich bewegte er sich durch das Dunkel, kroch Zoll für Zoll im richtigen Fahrwasser voran, trieb unheimlich dahin, bis die flachsten Messungen heraufgerufen wurden, und schwang sich dann mit Karacho über das Riff hinweg in tiefes Wasser und in Sicherheit!

Ealer ließ den lang verhaltenen Atem in einem großen erleichternden Seufzer ausströmen und sagte:

»Das war die zuckrigste Lotsenarbeit, die je auf dem Mississippi geleistet worden ist! Hätte ich das nicht mit eigenen Augen gesehen, würde ich es nicht für möglich halten.«

Es erfolgte keine Antwort, und er fügte hinzu: »Bleib noch fünf Minuten dran, Partner, ich will schnell mal runter, auf 'ne Tasse Kaffee.«

Eine Minute später biß Ealer unten im »Texas« in ein Stück Kuchen und schlürfte dazu seinen Kaffee. Da schaute zufällig der Nachtwachmann herein, und gerade, als er wieder hinaus wollte, bemerkte er Ealer und rief:

»Wer ist denn am Steuer, Sir?«

»X.«

»Rauf ins Steuerhaus wie der Blitz!«

Im nächsten Augenblick schnellten die beiden die Treppe hoch, immer drei Stufen auf einmal. Niemand im Steuerhaus! Das große Dampfschiff schoß die Mitte vom Fluß hinunter und machte, was es wollte! Der Wachmann stürzte wieder nach draußen, und Ealer ergriff das Rad, setzte eine Maschine auf äußerste Kraft zurück, und dann hielt er den Atem an, während das Schiff widerwillig von einem »Towhead« abdrehte, die es gerade in den Golf von Mexiko schieben wollte!

Nach einer Weile kam der Wachmann zurück und fragte: »Hat Ihnen dieser Verrückte denn nicht gesagt, daß er noch schlief, als er raufkam?«

»Nein.«

»Hat er aber. Bin gerade dazugekommen, wie er oben auf der Reling langspaziert ist, so unbekümmert, als ginge er auf dem Bürgersteig, und ich hab ihn zurück ins Bett gesteckt. Und eben diese Minute war er wieder da, auf dem Hinterschiff, und hat genau solche teuflischen Seiltänzereien vollführt wie vorhin.«

»Nun, wenn er wieder mal einen von diesen Anfällen hat, werde ich dabeibleiben. Hoffentlich hat er sie recht oft. Sie hätten bloß mal sehen sollen, wie der bei Helena rübergekreuzt ist. Mein Lebtag hab ich so was Tolles noch nicht gesehen. Und wenn der schon im tiefen Schlaf lotsen kann wie ein junger Gott, was muß der da erst leisten, wenn er tot ist!«

ZWÖLFTES KAPITEL

Loten

Wenn der Fluß sehr niedrig steht und das Dampfschiff alles Wasser verdrängt, das in der Fahrrinne ist – oder, wie das früher oft vorkam, vielleicht noch ein paar Zoll mehr –, muß man beim Loten peinlich genau und äußerst behutsam zu Werke gehen. Bei flachem Wasserstand hatten wir auch auf fast jeder Fahrt eine Anzahl besonders schlechter Stellen zu loten.

Das Loten geht so vor sich: Das Schiff macht kurz oberhalb der Untiefe, an der gekreuzt werden muß, am Ufer fest, der wachfreie Lotse nimmt seinen »Stöps« oder Rudergast sowie eine ausgewählte Mannschaft (manchmal auch noch einen Offizier), steigt in die Jolle – vorausgesetzt, daß das Schiff nicht über den seltenen und kostspieligen Luxus eines extra »Lotsenbootes« verfügt – und begibt sich auf die Suche nach der besten Stelle, während der wachhabende Lotse seine Bewegungen mit dem Fernglas verfolgt und ihm zuweilen unterstützend mit der Dampfpfeife zusignalisiert: »Weiter oben versuchen« oder »Weiter unten versuchen«, denn genau wie ein Gemälde sagt einem die Oberfläche des Wassers aus einer gewissen Entfernung viel mehr als aus unmittelbarer Nähe. Diese Pfeifsignale sind aber selten nötig; eigentlich nur, wenn der Wind das bedeutungsvolle Kräuseln auf der Wasserfläche durcheinanderbringt. Hat die Jolle die seichte Stelle erreicht, wird die Fahrt verringert, der Lotse fängt an, die Tiefe mit einem zehn bis zwölf Fuß langen Stab abzuloten, und der Steuermann an der Ruderpinne kommt Befehlen nach wie: »Mehr steuerbord halten« oder »Nach backbord abfallen« oder »So bleiben«.

Zeigen die Messungen, daß sich die Jolle dem flachsten Punkt des Riffs nähert, wird Kommando »Laß laufen!« gegeben. Dann hören die Leute auf zu rudern, und die Jolle treibt mit der Strömung weiter. Das nächste Kommando lautet: »Klar bei Boje!« Sobald die seichteste Stelle der Fahrrinne erreicht ist, befiehlt der Lotse: »Setzt Boje!«, und schon geht sie über Bord. Ist der Lotse nicht zufrieden, lotet er neu; stellt er weiter oben oder weiter unten besseres Wasser fest, läßt er die Boje dort hinbringen. Wenn er schließlich glaubt, die richtige Stelle gefunden zu haben, gibt er Kommando, alle Ruder senkrecht und auf Linie hochzustellen. Ein Pfiff vom Schiff ist das Zeichen, daß das

Signal gesehen worden ist. Dann legen sich die Männer in die Riemen und halten die Jolle längsseits von der Boje. Seine Kraft für den bevorstehenden Kampf aufsparend, tastet sich das Schiff heran, den Bug direkt auf die Boje gerichtet, und im kritischen Moment gibt es plötzlich Volldampf und wälzt sich knirschend über die Boje und über den Sand und gewinnt das dahinterliegende tiefe Wasser – oder auch nicht; vielleicht läuft es auf und fängt an zu »schwojen«. Dann braucht es Stunden (oder Tage), um sich wieder loszukämpfen.

Manchmal wird gar keine Boje gesetzt, sondern die Jolle fährt vor, macht die beste Fahrrinne ausfindig, und der Dampfer folgt in ihrem Kielwasser einfach nach. Oft macht das Loten großen Spaß und ist wahnsinnig aufregend, besonders an strahlenden Sommertagen oder in stürmischen Nächten. Im Winter aber nehmen einem Kälte und Gefahr fast die ganze Freude daran.

Eine Boje ist nichts weiter als ein vier bis fünf Fuß langes Brett mit einem hochstehenden Ende, eine Art umgekippte Schulbank, bei der die eine Seitenstütze fehlt. Sie wird im seichtesten Teil des Riffs mit einem Tau verankert, an dem ein schwerer Stein hängt. Ohne den Widerstand von dem hochstehenden Stück Bank würde die Strömung die Boje unter Wasser ziehen. Nachts wird obendrauf eine Papierlaterne mit Kerze befestigt, die man dann über eine Meile weit sehen kann, ein glimmendes Fünkchen inmitten der endlosen Stockfinsternis.

Für einen Lotsenstöps gibt es kein größeres Vergnügen, als mit zum Loten rauszufahren. Da liegt etwas Abenteuerliches drin und oft auch prickelnde Gefahr, und das ist ganz pompös und wie auf einem Kriegsschiff, wenn man kerzengerade an der Pinne einer schnellen Jolle sitzt. Großartig das jauchzende Dahinschnellen des Bootes, wenn eine Mannschaft erfahrener Matrosen ihre ganze Seele in die Ruder legt, der herrliche Anblick, wie der weiße Schaum vom Bug wegströmt, dazu die Musik des rauschenden Wassers und im Sommer die köstliche Erfrischung, über die luftige Weite des Flusses zu sausen, wo Millionen kleiner Wellen in der Sonne tanzen. Außerdem verleiht es dem Stift ein Gefühl der Erhabenheit, wenn er auch mal ein Kommando geben darf, denn oft sagt der Lotse bloß: »Ree!« und überläßt alles Weitere dem Stöps, der in seinem ernstesten Befehlston sofort losbrüllt: »Streich steuerbord! Hart backbord! Steuerbord hol weg! Zugleich! Kräftig zu, Leute!« Das Loten macht dem Stöps auch noch aus einem anderen Grunde Spaß, weil nämlich die Passagiere alle Bewegungen der Jolle gespannt und äußerst interessiert verfolgen, das heißt bei Tage. Ist es aber Nacht, weiß er dieselben staunenden Augen auf die Laterne der Jolle gebannt, wie sie in die Finsternis hinausgleitet und sich in der Ferne verliert.

Auf einer Fahrt verbrachte ein hübsches sechzehnjähriges Mädchen jeden Tag von morgens bis abends mit ihrem Onkel und ihrer Tante in unserem Steuerhaus. Ich verknallte mich in sie. Der Stöps von Mr. Thornburg, Tom G., aber auch. Waren Tom und ich bisher dicke Freunde gewesen, so kühlte sich das jetzt merklich ab. Ich erzählte dem Mädchen so manches meiner Abenteuer auf dem Fluß und gab mich als ziemlichen Helden aus. Auch Tom markierte den Helden, sogar mit gewissem Erfolg; er hatte eben eine Art, alles zu verbrämen. Tugend jedoch findet ihren Lohn in sich selber, und so war ich bei unserem Wettlauf um ihre Gunst eine knappe Winzigkeit voraus. Ungefähr um diese Zeit ließ sich etwas verheißungsvoll für mich an: Die Lotsen beschlossen, die Überfahrt am Kopf von 21 zu loten, was ungefähr um neun oder zehn Uhr abends stattfinden sollte, wenn die Passagiere noch auf waren. Mr. Thornburg hatte da Wache, also würde mein Chef das Loten übernehmen müssen. Wir hatten ein wahres Gedicht von Lotsenboot – lang, schnittig, schick und schnell wie ein Windspiel. Seine Duchten waren gepolstert, es führte zwölf Ruderer, und außerdem fuhr immer ein Maat mit, um die Kommandos an die Mannschaft weiterzugeben. Auf unserem Dampfer hatte eben alles Stil.

Wir legten ein Stück oberhalb von 21 an und machten uns fertig. Es war verflixt finster und der Fluß so breit, daß die ungeschulten Augen einer Landratte durch solch eine Dunkelheit drüben gar kein Ufer erkennen konnten.

Die Passagiere paßten auf und zeigten Interesse; es verlief also alles wunschgemäß. Als ich in meiner malerischen Sturmkleidung durch den Maschinenraum rannte, stieß ich auf Tom, und da konnte ich mir die boshafte Frage nicht verkneifen:

»Bist heilfroh, daß *du* nicht mit rausmußt, was?«

Tom ging weiter, drehte sich dann aber schnell um und sagte: »So, dafür kannst du dir deinen Lotungsstab selber suchen. Wollte ihn dir eben holen, jetzt werde ich dir aber was husten.«

»Als ob das einer von dir verlangt hätte. Und ich schon gar nicht. Außerdem ist er längst im Boot.«

»Denkste. Er ist neu gestrichen und liegt seit zwei Tagen oben auf dem Damensalon zum Trocknen.«

Ich raste zurück, und wenig später konnte ich inmitten der beobachtenden und staunenden Damen gerade noch das Kommando hören: »Hol weg!«

Ich schaute hinüber, und da brauste das stattliche Lotsenboot davon. An der Ruderpinne thronte der skrupellose Tom, und neben ihm saß mein Chef mit dem Lotungsstab, mit dem man mich in den April geschickt hatte. Da sagte das junge Mädchen zu mir: »Oh, wie furchtbar, in solcher Dunkelheit in diesem kleinen Boot hinauszumüssen! Ist das nicht gefährlich?«

Ein Dolch in der Brust wäre mir lieber gewesen. Voller Gift und Galle trollte ich mich, um im Steuerhaus zu helfen. Allmählich verlor sich die Laterne des Bootes, und nach einiger Zeit glimmte in einer Meile Entfernung ein winzig kleines Pünktchen auf dem Wasser auf. Mr. Thornburg gab als Zeichen, daß er das Licht gesehen, ein Pfeifsignal, legte über den Achtersteven ab und hielt darauf zu. Wir preschten eine Weile dahin, nahmen dann Dampf weg und glitten vorsichtig auf den Funken zu. Plötzlich rief Mr. Thornburg: »Nanu, auf der Boje ist ja die Laterne aus!«

Er stoppte die Maschinen ab. Ein oder zwei Sekunden später sagte er: »Ach, da ist sie ja wieder!«

Er ließ die Maschinen von neuem anlaufen und läutete zum Loten. Allmählich wurde das Wasser seichter, dann aber wieder tiefer! Mr. Thornburg murmelte: »Also, das verstehe ich nicht. Ich glaube, die Boje ist vom Riff abgetrieben. Scheint sowieso ein bißchen zu weit links zu sein. Aber wenn schon, drüber weg ist auf jeden Fall am sichersten.«

Und so schoben wir uns in der undurchdringlichen Finsternis auf das Licht zu. In dem Augenblick aber, als unser Bug darüber hinwegpflügte, riß Mr. Thornburg an den Glockensträngen, was das Zeug hielt, und schrie: »Um Gottes willen, das ist ja das Boot!«

Von weit unten kam plötzlich wildes Geschrei herauf – eine Pause – und dann hörten wir es knirschen und krachen. Mr. Thornburg rief: »Da! Das Schaufelrad hat das Lotsenboot kurz und klein gehackt. Schnell! Sieh nach, wer tot ist.«

Im Nu war ich auf dem Hauptdeck. Mein Chef, der Dritte Maat und fast alle Ruderer waren gerettet. Sie hatten die Gefahr erst erkannt, als es zum Ausweichen bereits zu spät war, und als gleich darauf der Schatten der großen Decküberhänge auf sie fiel, wußten sie, was die Glocke geschlagen hatte. Auf das Kommando meines Chefs sprangen sie im richtigen Augenblick los, klammerten sich an die Schlingerleiste und wurden an Bord gezogen. Eine Sekunde später fegte die Jolle nach achtern unter das Rad und wurde in Atome zertrümmert. Zwei von den Leuten und der Stöps Tom fehlten – was sich wie ein Lauffeuer auf dem Schiff verbreitete. Die Passagiere und darunter sämtliche Damen scharten sich auf der vorderen Gangway zusammen, und mit angstvoll aufgerissenen Augen und kreidebleichen Gesichtern sprachen sie über das schreckliche Unglück. Und immer wieder hörte ich sie sagen: »Die armen Burschen! Und der arme, arme Junge!«

Inzwischen war unsere Jolle bemannt und schon draußen auf der Suche nach den Vermißten. Von links her wurde jetzt ein schwaches Rufen vernommen. Die Jolle war in entgegengesetzter Richtung verschwunden. Die eine Hälfte der Leute sauste nach backbord, um den Schwimmer durch Zurufe zu ermutigen, und die andere nach steuerbord, um der Jolle hinterherzuschreien, sie solle umkehren. Dem Rufen nach kam der Schwimmer näher, aber einige meinten, am Ton könne man ein Nachlassen seiner Kräfte erkennen. Die Menge preßte sich gegen die Reling vom Maschinendeck und starrte hinaus in die Finsternis, und jeder schwache und schwächere Ruf entrang ihnen Klagen wie: »O Gott, der arme, arme Bursche! Gibt es denn gar keine Möglichkeit, ihn zu retten?«

Doch das Rufen hielt an und kam näher, und mit einemmal sagte die Stimme schneidig: »Ich schaff's schon! Tau bereit halten!«

Hat das ein donnerndes Hurra gegeben! Der Erste Maat stellte sich mit einer Rolle Tau in den Schein eines Fackelkorbes, und seine Leute gruppierten sich herum. Im Lichtkreis erschien ein Gesicht, und im nächsten Augenblick war der dazugehörige Schwimmer wie ein nasser Sack schon an Bord gehievt, während die Begeisterungsrufe kein Ende nehmen wollten. Es war dieser Filou Tom.

Die Mannschaft der Jolle suchte noch überall, fand aber von den beiden Männern keine Spur. Wahrscheinlich hatten sie die Schlingerleiste verfehlt und waren vom Rad ergriffen und zermalmt worden. Tom war überhaupt nicht nach der Schlingerleiste, sondern kopfüber ins Wasser gesprungen und unter das Rad getaucht. Da war weiter nichts dabei, für mich wäre das ein Kinderspiel gewesen, und ich sagte das auch, doch das Getue um diesen blöden Kerl ging nach wie vor weiter, als ob er wunder was vollbracht hätte. Vor allem das Mädchen schien für den Rest der Fahrt von diesem kümmerlichen »Helden« gar nicht genug kriegen zu können. Mir aber machte das gar nichts; für mich war sie sowieso Luft.

Daß wir die Bootslaterne für das Licht von der Boje gehalten hatten, war so gekommen: Mein Chef sagte, nach dem Setzen der Boje sei er abgefallen und habe sie im Auge behalten, bis sie festzuliegen schien. Dann habe er ein paar Hundert Yard weiter unten und etwas seitlich vom Kurs des Dampfers Stellung genommen, das Lotsenboot stromaufwärts gerichtet und abgewartet. Da sich das Warten eine Weile hinzog, hätten er und der Offizier angefangen, zu plaudern. Als er schätzte, der Dampfer müsse jetzt ungefähr auf dem Riff sein, habe er hochgesehen und bemerkt, daß die Boje verschwunden war, aber angenommen, das Schiff sei schon drüber hinweg, und da habe er sich weiter unterhalten. Daß der Dampfer unmittelbar auf ihn zukam, hätte er zwar gesehen, aber das war nur richtig; das Schiff hatte ganz dicht beizudrehen, um ihn bequem an Bord nehmen zu können. Bis zuletzt noch habe er erwartet, das Schiff würde ausscheren, dann aber sei ihm blitzartig klargeworden, daß es seine Laterne für das Bojenlicht hielt und ihn in Grund und Boden rammen wollte. Da habe er gerufen: »Klar zum Sprung, Leute!«, und im nächsten Augenblick seien sie auch schon losgesprungen.

DREIZEHNTES KAPITEL

Was von einem Lotsen verlangt wird

Doch ich komme ab von meinem eigentlichen Thema, nämlich ein paar besondere Anforderungen, die die Wissenschaft des Lotsens stellt, noch eindringlicher vor Augen zu führen als in den vorangegangenen Kapiteln. Da ist vor allem eines, was der Lotse immer und immer wieder üben muß, bis er den Grad absoluter Vollkommenheit erreicht hat, und wo es ohne diese Vollkommenheit eben nicht geht: das Gedächtnis. Er kann sich nicht damit zufriedengeben, daß er denkt, eine Sache ist so und so, er muß es *wissen;* handelt es sich hier doch eindeutig um eine »exakte« Wissenschaft. Mit was für einer Verachtung wurde in den alten Zeiten ein Lotse angesehen, der es wagte, sich des lahmen »Ich glaube« zu bedienen anstatt des kräftigen »Ich weiß!«. Es ist gar nicht so einfach, sich ein richtiges Bild davon zu machen, wie ungeheuer viel dazu gehört, über jede geringste Einzelheit von zwölfhundert Meilen Fluß Bescheid zu wissen, und zwar hundertprozentig Bescheid zu wissen. Man nehme die längste Straße von New York, spaziere sie auf und ab und pauke sich dabei die einzelnen Details Stück für Stück ein, bis jedes Haus und jedes Fenster und jeder Laternenpfahl und all die großen und kleinen Kennzeichen so gut sitzen, daß man, mitten in tintenschwarzer Nacht irgendwo in jener Straße abgesetzt, augenblicklich sagen kann, wovor man sich befindet – dann kriegt man einen ungefähren Begriff, mit welcher Kapazität und Exaktheit das Gedächtnis eines Lotsen arbeitet, der den Mississippi im Kopf hat. Und wenn man weiterübt, bis man jede Straßenkreuzung samt Größe, Ort und Lage der Pflastersteine sowie die unterschiedliche Tiefe des Kotes an all diesen zahllosen Stellen kennt, hat man schon eine leidliche Vorstellung davon, wie versiert ein Lotse sein muß, um einen Mississippidampfer vor Schiffbruch zu bewahren. Nun wechsele man die Hälfte der Zeichen jener langen Straße einmal im Monat aus und bringe es danach noch fertig, ihren neuen Standort in dunkler Nacht ganz genau zu kennen und mit diesen fortwährenden Veränderungen mitzukommen, ohne sich ein einziges Mal zu irren, dann erst wird einem klar, was der launische Mississippi an das unvergleichliche Lotsengedächtnis für Anforderungen stellt.

Meiner Meinung nach dürfte das Gedächtnis eines Lotsen so ziemlich das Wunderbarste sein, was es auf der Welt gibt. Das Alte und Neue Testament auswendig zu kennen und fließend vor- oder rückwärts herzusagen oder an x-beliebiger Stelle anzufangen und die ganze Bibel nach hinten und nach vorn fehlerfrei runterzuschnarren, ist weder eine außergewöhnliche Anhäufung von Wissen noch eine berauschende Leistung, verglichen mit dem, was ein Lotse an Kenntnissen über den Mississippi aufgespeichert hat und was er damit Großartiges vollbringt. Ich stelle diesen Vergleich ganz bewußt an und glaube, der Wahrheit damit keinen Zwang anzutun. Viele werden ihn für übertrieben halten, Lotsen aber nicht.

Und wie glatt und reibungslos das Lotsengedächtnis funktioniert, wie spielend leicht es arbeitet, wie unbewußt es Stunde für Stunde und Tag für Tag sein gewaltiges Lager auffüllt und nie auch nur einen einzigen wertvollen Posten verlegt oder abhanden kommen läßt! Nehmen wir ein Beispiel: Der Lotgast ruft: »Twaineinhalb! Twaineinhalb! Twaineinhalb! Twaineinhalb! Twaineinhalb!«, bis das so eintönig wird wie das Ticken einer Uhr. Die Unterhaltung geht indessen weiter, und der Lotse nimmt ebenfalls daran teil und hört nicht mehr bewußt auf die Lotungen. Nun lasse man mitten in dieser endlosen Kette von Twaineinhalb ohne besondere Betonung ein einziges »Twaineinviertel!« dazwischenrufen und dann das Twaineinhalb genauso weitergehen wie vorher. Noch nach zwei oder drei Wochen kann dieser Lotse ganz genau beschreiben, wo sich das Schiff befand, als jenes »Twaineinviertel« ausgerufen wurde, und einem als Anhaltspunkte eine solche Menge von Bug-, Heck- und Seitenmarken geben, daß man selber in der Lage wäre, das Schiff dorthin und wieder in dieselbe Richtung zu bringen! Dabei war er durch den Ruf »Twaineinviertel!« gar nicht vom Gespräch abgelenkt worden; seine durchtrainierte Beobachtungsgabe aber hatte sofort die Position photographiert, den Wechsel der Tiefe vermerkt sowie die wichtigen Details für späteren Bedarf abgelegt, und das alles ohne sein Dazutun. Würde man mit einem Bekannten spazierengehen und plaudern und ein Dritter wiederholte neben einem ein paar Straßen lang immerzu den Vokal a und schaltete mittendrin ein r ein, aber ohne jede Betonung, etwa so: a a a a a a r a a a und so weiter, wäre man zwei oder drei Wochen danach nicht imstande, anzugeben, daß das r überhaupt eingefügt wurde, geschweige denn, zu sagen, woran man gerade in jenem Moment vorübergegangen ist. Was man aber könnte, wenn man sich angestrengt und sein Gedächtnis beharrlich geschult hätte, so etwas mechanisch zu verrichten.

Wenn jemand von Natur aus ein einigermaßen gutes Gedächtnis hat, so weitet es die Arbeit als Lotse zu einem wahren Koloß an Fassungskraft aus. *Doch nur für die Dinge, in denen es täglich gedrillt wird.* Es kommt dann eine Zeit, da derjenige gar nicht mehr anders kann, als sich Landmarken und Wassertiefen zu merken, und wo sein Gedächtnis, ob es will oder nicht, sie wie im Schraubstock festhalten muß. Fragt man denselben Mann aber mittags, was es zum Frühstück gegeben habe, kann man zehn zu eins wetten, daß er das nicht mehr weiß. Mit dem menschlichen Gedächtnis läßt sich eben Erstaunliches vollbringen, wenn man sich gewissenhaft auf ein bestimmtes Gebiet konzentriert.

Zu der Zeit, als auf dem Missouri die Löhne in die Höhe schnellten, machte sich mein Chef kurzerhand dorthin auf und lernte über tausend Meilen von diesem Strom mit einer Leichtigkeit und Geschwindigkeit, die geradezu erstaunlich waren. Nachdem er jede Strecke *einmal* bei Tage und *einmal* bei Nacht gesehen hatte, war seine Ausbildung so weit abgeschlossen, daß er gleich ein »Tages«-Lotsenpatent bekam. Nach ein paar weiteren Fahrten löste er sich ein Vollpatent und lotste dann Tag und Nacht – und galt als Spitzenklasse.

Mr. Bixby gab mich eine Zeitlang als Rudergast einem Lotsen mit, der der reinste Gedächtnisakrobat war und der mich immer wieder in Erstaunen versetzte. Dieses Gedächtnis war ihm jedoch, glaube ich, angeboren und nicht erst anerzogen. Erwähnte jemand beispielsweise einen Namen, mischte sich Mr. Brown sofort ein:

»Ach ja, *den* kenn ich. So 'n Rothaariger mit blassem Gesicht und einer Narbe an der Seite vom Hals wie 'n Splitter unter der Haut, nicht wahr? Der hat im Süden bloß sechs Monate mitgemacht. Sind jetzt dreizehn Jahre her. Bin mal mit ihm zusammen gefahren. Im Oberlauf waren damals nur fünf Fuß, die ›Henry Blake‹ hat sich mit viereinhalb Fuß Tiefgang an der Spitze von Tower Island festgerannt, die ›George Elliot‹ ist am Wrack von der ›Sunflower‹ ihr Ruder losgeworden...«

»Aber die ›Sunflower‹ ist doch erst gesunken, als...«

»*Ich* weiß, wann sie abgesoffen ist: drei Jahre zuvor, und zwar am 2. Dezember. Asa Hardy war Kapitän und sein Bruder John Erster Zahlmeister, und es war auch seine erste Fahrt auf ihr. Tom Jones hat mir das acht Tage später in New Orleans erzählt, er war Erster Maat auf der ›Sunflower‹. Im darauffolgenden Jahr hat sich Kapitän Hardy am 6. Juli einen Nagel in den Fuß getreten, und am 15. ist er an Wundstarrkrampf gestorben. Seinen Bruder John hat es zwei Jahre später erwischt, am 3. März – Wundrose. Gesehen hab ich die beiden Hardys nie – die waren ja vom Alleghany – aber Leute, die sie kannten, haben mir das alles erzählt. Und auch, daß Kapitän Hardy im Sommer wie im Winter Wollsocken getragen hat und daß seine erste Frau Jane Shook hieß – sie stammte aus Neuengland – und daß seine zweite im Irrenhaus gestorben ist. Hat bei ihr im Blut gelegen. Sie kam aus Lexington in Kentucky. Ihr Mädchenname war Horton.«

Und so ging seine Zunge stundenlang weiter. Etwas wieder vergessen konnte er gar nicht. Das war einfach unmöglich. Die bedeutungslosesten Einzelheiten blieben noch jahrelang in seinem Kopf deutlich und klar wie die denkwürdigsten Ereignisse. Bei ihm war das nicht bloß ein Lotsengedächtnis, sondern eins mit universaler Reichweite. Sprach er von einem unwichtigen Brief, den er vor sieben Jahren erhalten hatte, sagte er einem todsicher gleich den ganzen Schrieb aus dem Gedächtnis her. Und ohne zu merken, daß er von der eigentlichen Sache abkam, die er erzählen wollte, schaltete er dann bestimmt einen lang ausgewalzten Lebenslauf des Briefschreibers ein, wobei man von Glück reden konnte, wenn er sich nicht auch noch dessen Verwandte einen nach dem anderen vornahm und deren Lebensbeschreibungen ebenfalls auftischte.

Ein solches Gedächtnis ist direkt eine Strafe. Alle Ereignisse erscheinen ihm vom gleichen Format. Sein Besitzer ist nicht mehr fähig, interessant und uninteressant auseinanderzuhalten. Als Erzähler ist er stinklangweilig, weil er jede Geschichte mit ermüdenden Nebensächlichkeiten belasten muß. Und beim Thema bleiben kann er schon gar nicht. Unterwegs liest er jedes noch so kleine Körnchen Erinnerung auf und läßt sich dadurch ablenken. Mr. Brown beginnt zum Beispiel mit der redlichen Absicht, etwas ungeheuer Komisches über einen Hund zum besten zu geben. Zunächst einmal kann er vor lauter Lachen kaum anfangen. Dann dreht sein Gedächtnis auf, nimmt sich als erstes Rasse und Aussehen des Hundes vor, geht zu der Geschichte seines Besitzers und dessen Familie über mit Beschreibung aller angefallenen Hochzeiten und Beerdigungen samt Rezitierung von Glückwunschversen und gereimten Nachrufen, wobei ihm einfällt, daß eine dieser Feiern ja in dem berühmten »strengen« Winter von dem und dem Jahr stattgefunden hat, und dann folgt eine bis ins kleinste gehende Schilderung dieses Winters mit namentlicher Aufzählung derjenigen, die erfroren sind, und mit Statistiken über das Ansteigen der Schweinefleisch- und Heupreise. Von Schweinefleisch und Heu kommt er auf Mais und Grünfutter und von Mais und Grünfutter auf Kühe und Pferde und von Kühen und Pferden auf den Zirkus und gewisse gefeierte Kunstreiter; der Übergang vom Zirkus zur Menagerie ist einfach und natürlich und vom Elefanten nach Zentralafrika nur noch ein Schritt; die heidnischen Wilden bringen das Thema selbstverständlich auf die Religion, und nach drei bis vier Stunden langatmigen Geschwätzes wechselt die Wache, und Brown geht aus dem Steuerhaus raus, noch Auszüge aus Predigten vor sich hin murmelnd, die er vor Jahren über die Kraft des Gebets als Gnadenmittel gehört hat. Und die einleitende Erwähnung ist und bleibt alles, was man nach stundenlangem Warten und stundenlanger Spannung über den Hund erfahren hat.

Ein Lotse muß Gedächtnis haben, außerdem aber noch zwei höhere Qualitäten, nämlich schnelle und gute Urteils- und Entschlußkraft und kühlen, besonnenen Mut, den keine Gefahr erschüttern kann. Was die Courage anbelangt, so genügt für den Anfang schon ein ganz klein bißchen; bis man erst einmal Lotse geworden ist, kann einen keine noch so große, sich vor dem Dampfschiff auftürmende Gefahr mehr entmutigen. Vom Urteilsvermögen aber läßt sich das nicht ganz so sagen. Urteil ist eine Sache des Gehirnschmalzes, und davon muß man allerdings eine tüchtige Portion mitbringen, sonst bleibt man als Lotse ewig ein Stümper.

Der Mut wächst im Steuerhaus zwar von Tag zu Tag; ist aber erst dann stark genug, wenn der junge Lotse schon eine Zeitlang allein und unter der drückenden Last all der damit verbundenen Verantwortung seine eigenen Wachen gestanden hat. Ist der Lehrling mit dem Fluß gründlich vertraut geworden, rattert er, ob es nun Tag oder Nacht ist, auch schon so furchtlos mit seinem Dampfer dahin, daß er sich gleich einbildet, es sei *sein* Mut, der ihn beseelt. Sobald aber der Lotse hinausgeht und ihn sich selbst überläßt, entdeckt er, daß es dessen Mut war und daß er selber diesen Artikel gar nicht führt. Sofort strotzt der ganze Fluß von drohenden Gefahren, auf die er nicht vorbereitet ist und wo er sich nicht zu helfen weiß; all sein Wissen läßt ihn im Stich, und binnen einer Viertelstunde ist er, von tausend Ängsten gejagt, bleich wie ein Handtuch. In weiser Voraussicht trainieren deshalb Lotsen ihre Stifte mit Hilfe verschiedener strategischer Tricks, wenn es darauf ankommt, doch ein bißchen mehr ruhig Blut zu bewahren. Zu ihren Lieblingsmethoden gehört es, den Kandidaten freundlichst ins Bockshorn zu jagen.

Mich hat Mr. Bixby einmal so angeführt, und noch Jahre danach lief ich selbst im Schlaf knallrot an, wenn ich daran dachte. Ich war ein guter Rudergast geworden, ein so guter, daß ich Tag und Nacht bei unseren Wachen die ganze Arbeit zu machen hatte. Mr. Bixby gab mir selten einen Ratschlag; ansonsten tat er nichts weiter als in besonders schlimmen Nächten oder an besonders schlimmen Stellen am Rad mit anfassen, wenn gelandet werden mußte, das Anlegen übernehmen, neun Zehntel der Wache über den müßigen Herrn spielen und die Heuer einstreichen. Der untere Fluß war voll bis zum Überlaufen, und wenn jemand angezweifelt hätte, daß ich ohne Hilfe oder Instruktionen zwischen Cairo und New Orleans nicht richtig kreuzen könne, wäre ich tödlich beleidigt gewesen. Der Gedanke, vor einer dieser Stellen Angst zu haben, noch dazu am hellichten Tage, war viel zu lächerlich, um überhaupt in Betracht zu kommen. Als ich nun eines unvergleichlich schönen Sommertages die Biegung vor Insel 66 hinunterdampfte, mit geschwellter Brust und die Nase so hoch wie eine Giraffe, sagte Mr. Bixby: »Ich geh mal ein bißchen nach unten. Wie du jetzt rüberhalten mußt, weißt du hoffentlich?«

Das war fast eine Beleidigung, handelte es sich doch um so ziemlich das simpelste und leichteste Kreuzen auf dem ganzen Fluß. Passieren konnte dabei überhaupt nichts, und wenn man sich noch so verkehrt anstellte; und was die Tiefe betraf, so hatte es dort niemals Grund gegeben. Ich wußte das alles sehr gut.

»Wissen, wie ich da *kreuzen* muß? Kann ich mit geschlossenen Augen.«

»Wieviel Wasser ist denn drin?«

»Komische Frage. Nicht mal mit 'nem Kirchturm kommt man da auf Grund.«

»So, meinst du?«

Schon dieser Ton versetzte meiner Sicherheit einen Knacks. Und gerade das hatte Mr. Bixby erwartet. Ohne noch etwas zu sagen, entfernte er sich. Ich fing an, mir alles Mögliche einzubilden. Mr. Bixby schickte, was ich natürlich nicht wissen konnte, jemand mit ein paar geheimnisvollen Anweisungen runter zu den Lotgästen in die Back, ein weiterer Bote tuschelte mit den Offizieren, und dann bezog Mr. Bixby Versteck hinter einem Schornstein, von wo aus er beobachten konnte, wie sich alles entwikkelte. Bald trat der Kapitän aufs Oberdeck hinaus, danach tauchte der Erste Maat auf und dann ein Zahlmeister. Alle paar Augenblicke gesellte sich ein weiterer Nachzügler zu meinem Publikum, und noch ehe ich an der Spitze der Insel war, hatten sich unten vor meiner Nase fünfzehn bis zwanzig Mann versammelt. Langsam wurde ich neugierig, was eigentlich los sei. Als ich anfing rüberzukreuzen, blickte der Kapitän zu mir herauf und fragte mit erheuchelter Unruhe:

»Wo ist Mr. Bixby?«

»Runtergegangen, Sir.«

Das aber gab mir den Rest. Meine Phantasie fing an, aus dem Nichts Gefahren zu konstruieren, die sich schneller mehrten, als ich mit ihnen Schritt halten konnte. Auf einmal bildete ich mir ein, voraus seichtes Wasser zu sehen! Die Woge feiger Angst, die da durch meinen Körper fegte, hätte mir beinahe sämtliche Gedärme mit hochgespült. All mein Vertrauen zu jenem Stück Fluß verflog. Ich griff den Glockenstrang, ließ ihn beschämt los, ergriff ihn von neuem, ließ ihn wieder fallen, umklammerte ihn zitternd ein drittes Mal, und zog so schwach daran, daß ich den Anschlag selber kaum hören konnte. Sofort riefen Kapitän und Maat wie aus einem Munde: »Lot an Steuerbord! Beeilung!«

Das war ein weiterer Schlag. Wie ein Wilder riß ich das Rad herum, doch kaum kriegte ich das Schiff dazu, nach Backbord zu gehen, da sah ich auf dieser Seite neue Gefahren, und so kurbelte ich wieder zurück, bloß um festzustellen, daß es auf Steuerbord noch beängstigender wurde, und schleunigst wieder nach Backbord zu drehen. Dann rief es mit Grabesstimme vom Lot herauf:

»Looot zeigt vier!«

Vier Faden in einer Stelle ohne Grund! Mir blieb die Luft weg.

»Maaarke drei! Maaarke drei! Twaindreiviertel! Twaineinhalb!«

Entsetzlich! Ich zerrte an den Glocken und stoppte die Maschinen ab.

»Twaineinviertel! Twaineinviertel! *Marke* twain!«

Ich wußte nicht mehr aus noch ein. Ich war völlig hilflos. Ich flog am ganzen Leibe, und meine Augen standen so weit heraus, daß ich meinen Hut hätte daran aufhängen können.

»Eindreiviertel! Neuneinhalb Fuuuß!«

Und Tiefgang hatten wir neun! Meine Hände flatterten nervös. Eine Glocke konnte ich damit nicht mehr laut genug anschlagen. So flitzte ich ans Sprachrohr und schrie dem Maschinisten zu:

»Liebster Ben, wenn du mein Freund bist, volle Kraft zurück! Schnell, Ben! Zurück, daß die Funken stieben!«

Ich hörte, wie leise die Tür zugemacht wurde, blickte mich um, und Mr. Bixby stand da und lächelte liebenswürdig jovial. Dann kam von dem Verein auf dem Oberdeck feixendes Gelächter heraufgedonnert. Ich begriff jetzt, und mir war elender zumute als dem elendsten Menschen aus der ganzen Weltgeschichte. Ich ließ das Lot einholen, brachte das Schiff auf Kurs, gab Volldampf und sagte:

»Fein, einem armen Waisenjungen einen solchen Streich zu spielen, was? Werde jetzt wohl mein Leben lang zu hören kriegen, was ich für ein Esel gewesen bin, am Kopf von 66 loten.«

»Ist anzunehmen. Ich hoffe es sogar, denn du sollst daraus eine Lehre ziehen. Hast du denn nicht *gewußt*, daß es hier keinen Grund gibt?«

»Doch, Sir.«

»Na bitte. Hättest eben dein Vertrauen auf dieses Wissen nicht von mir oder sonst jemand erschüttern lassen dürfen. Merke dir das. Und noch eins: Wenn du an eine gefährliche Stelle kommst, mach dir nicht gleich in die Hosen; das hilft dir auch nicht weiter.«

Es war eine recht gute Lehre, obwohl hart genug erlernt. Am härtesten war, daß ich monatelang bis zum Erbrechen oft einen Satz zu hören bekam, gegen den ich eine besondere Abneigung hegte. Er lautete: »Liebster Ben, wenn du mein Freund bist, volle Kraft zurück!«

VIERZEHNTES KAPITEL

Rang und Würden des Lotsen

Habe ich mich bisher so minutiös über das Lotsen ausgelassen, so wollte ich den Leser damit Schritt für Schritt an diese Wissenschaft heranführen, ihm zeigen, worin sie besteht und daß es sich um eine ganz besondere und wunderbare Wissenschaft handelt, die durchaus Beachtung verdient. Mag sein, daß ich in mein eigenes Thema verliebt bin, was nicht verwunderlich wäre, denn ich hing an diesem Beruf mit Leib und Seele, mehr als an irgendeinem anderen, den ich seither ausgeübt habe, und ich war maßlos stolz. Und zwar aus dem einfachen Grunde: Ein Lotse war damals der einzige ungebundene und vollkommen unabhängige Mensch auf Erden. Könige sind nichts weiter als unfreie Diener von Parlament und Volk; Parlamente sitzen in von ihren Wählern geschmiedeten Ketten; der Redakteur einer Zeitung darf nicht selbständig arbeiten, sondern muß sich, die eine Hand durch Partei und Brotgeber gebunden, damit begnügen, nur die Hälfte oder höchstens zwei Drittel seiner Meinung zu äußern; kein

Geistlicher ist ein freier Mann und kann ohne Rücksicht auf die Reaktion seiner Pfarrgemeinde die ganze Wahrheit sagen; und selbst Schriftsteller, gleich welcher Art, sind Sklaven der Öffentlichkeit. Wir schreiben offen und ohne Furcht, doch vor dem Druck »mildern« wir. Und so hat jeder Mann und jede Frau und jedes Kind jemand über sich und quält und plagt sich in Knechtschaft, nur der Mississippilotse war seinerzeit sein eigener Herr. Der Kapitän konnte im Glanz einer äußerst kurz bemessenen Autorität auf dem Oberdeck stehen und ihm, während das Schiff rückwärts abstieß, fünf oder sechs Kommandos erteilen, aber damit hatte es sich auch schon. Sobald das Schiff in Fahrt war, unterstand es einzig und allein dem Lotsen. Er konnte damit tun und lassen, was er wollte, konnte fahren, wann und wohin es ihm paßte, und anlegen, sooft er es für ratsam hielt. Seine Bewegungsfreiheit war völlig ungehemmt, er empfing von niemand Befehle, und schon den leisesten Ratschlag nahm er prompt übel. Ja, ein Bundesgesetz, das ganz richtig davon ausging, der Lotse müsse mit einem Schiff selbstverständlich besser umzugehen wissen als jeder andere, verbot ihm sogar, auf Befehle oder Ratschläge zu hören. Hier also war etwas ganz Neues, ein König ohne Aufseher, ein absoluter Monarch, und zwar absolut im wahrsten Sinne des Wortes und nicht bloß dem Namen nach. Ich habe schon erlebt, wie ein achtzehnjähriger Bengel munter und fidel einen großen Dampfer in sicheren Schiffbruch hineinzusteuern schien, während der betagte Kapitän stumm dabeistand, voller Befürchtungen, doch machtlos. Vielleicht wäre es in diesem besonderen Fall sogar sehr gut gewesen, wenn er eingegriffen hätte, das aber zuzulassen, hieß einen äußerst schädlichen Präzedenzfall schaffen. Bei der unbeschränkten Autorität des Lotsen kann man sich leicht denken, daß er in der alten Dampfschiffzeit eine große Persönlichkeit darstellte. Vom Kapitän wurde er mit betonter Höflichkeit und von allen Offizieren und sämtlichem Personal mit betonter Ehrerbietung behandelt, und dieser ehrfürchtige Geist teilte sich auch rasch den Passagieren mit. Ich glaube, Lotsen waren so ziemlich die einzigen Menschen, welche ich kennengelernt habe, die in Gegenwart reisender ausländischer Fürstlichkeiten kaum Befangenheit zeigten. Aber gewöhnlich ist man vor seinesgleichen nicht befangen.

Infolge langer Gewohnheit pflegten Lotsen jeden Wunsch in Befehlsform zu kleiden. Mir geht es noch heute gegen den Strich, meinen Willen jetzt immer in der laschen Form einer Bitte anstatt in scharfem Kommandierton zum Ausdruck bringen zu müssen.

Einen Dampfer in St. Louis beladen, nach New Orleans und wieder zurückzubringen und Fracht löschen, dauerte damals durchschnittlich fünfundzwanzig Tage. Sieben bis acht davon verbrachte das Schiff an den Kais von St. Louis oder New Orleans, und jedermann an Bord hatte schwer zu schuften, bloß die beiden Lotsen nicht. Die spielten oben in der Stadt den feinen Herrn und empfingen dafür die gleiche Bezahlung wie im Dienst. Im selben Moment, da das Schiff in einer der beiden Städte den Kai berührte, waren sie auch schon an Land, und sie ließen sich gewöhnlich nicht eher wieder blicken, als bis das letzte Glockenzeichen zur Abfahrt ertönte und alles zur nächsten Fahrt bereit war.

Hatte ein Kapitän einen Lotsen erwischt, der als besonders gut galt, so setzte er alle Hebel in Bewegung, ihn zu halten. Als die Löhne auf dem oberen Mississippi vierhundert Dollar im Monat betrugen, kannte ich einen Kapitän, der einem solchen Lotsen, wenn der Fluß zugefroren war, ein Vierteljahr lang fürs Nichtstun die volle Heuer weiterzahlte. Man darf dabei nicht vergessen, daß in jenen billigen Zeiten vierhundert Dollar ein fast unvorstellbares Bombengehalt waren. An Land verfügten nur wenige über so ein Einkommen, und wenn, dann galten sie schon als mächtig hohe Tiere. Kamen mal Lotsen vom oberen oder unteren Ende des Flusses in unser kleines Nest in Missouri, wurden sie mit gebührendem Respekt behandelt, und die angesehensten Männer und die schönsten Frauen bewarben sich um ihre Gesellschaft. Auf Wartegeld im Hafen liegen, wurde von vielen Lotsen sehr geschätzt und weidlich genossen, besonders während der Konjunktur auf dem Missouri (Kansaszeit), wo sie neunhundert Dollar für die Fahrt einstrichen, was einem Monatsgehalt von rund achtzehnhundert Dollar gleichkam. Hier ein Gespräch aus jenen Tagen: Einer, der mit seinem kleinen Heckradpott den Illinois rauf- und runterschippert, redet zwei aufgetakelte und goldglitzernde Missourilotsen an:

»Meine Herren, ich hätte eine ganz nette Tour fürs Hinterland und könnte Sie ungefähr vier Wochen brauchen. Wieviel würde das machen?«

»Achtzehnhundert pro Nase.«

»Du heiliger Strohsack! Da tauschen wir doch gleich: Ihr nehmt mein Schiff, gebt mir euern Lohn, und dann machen wir halbe-halbe.«

Am Rande sei noch darauf hingewiesen, daß sich die Würde der Dampfschiffleute vom Mississippi in den Augen der Landratten – und bis zu einem gewissen Grade auch in ihren eigenen – nach dem Schiff richtete, auf dem sie fuhren. Wer zum Beispiel zur Mannschaft eines so stattlichen Dampfers wie der »Aleck Scott« oder der »Grand Turk« gehörte, konnte sich schon etwas einbilden. Die farbigen Heizer, Deckarbeiter und Barbiere dieser Schiffe galten unter ihresgleichen als vornehme Leute, und sie waren sich dessen recht gut bewußt. Auf einem Negerball in New Orleans erregte einmal ein robuster Schwarzer durch sein großkotziges Benehmen Anstoß. Schließlich kam einer von den Ordnern angerückt und fragte ihn: »Wer bist du denn schon, he, wer? Möchte ich gerne wissen!«

Der Protz ließ sich nicht im geringsten aus der Fassung bringen, sondern warf sich in Positur und antwortete in einem Ton, der deutlich zeigte, daß er sich sehr wohl so aufspielen durfte: »Wer ich bin? Wer' ich gleich sagen! Ihr Nigger merkt euch: Ich heize Mittelkessel auf die ›Aleck Scott‹!«

Das genügte.

Der Barbier der »Grand Turk« war ein geschniegelter Negerjüngling, der nur so vor sich hin duftete, um seine Wichtigkeit zu betonen, und dem alle Leute, mit denen er zu tun hatte, um den Bart gingen. Nun hatten die jungen Neger von New Orleans jeden Abend in der Dämmerung in den Seitenstraßen ihr Liebesgeplänkel, und jemand hat dort einmal folgendes mit angehört: Eine Negerin in mittleren Jahren steckte den Kopf durch eine zerbrochene Fensterscheibe und rief, aber so, daß die Nachbarn es ja hörten und vor Neid platzten: »He, Mary Ann, komm sofort rein! Was stehst du rum mit Kroppzeug, und hier 's der Barbier von ›Gran' Turk‹, will dir Visite machen!«

Da ich vorhin erwähnt habe, daß seine besondere Dienststellung den Lotsen jeder Kritik und jedem Befehl entrückte, muß ich an Stephen W. denken, einen begabten Lotsen und feinen Kerl, der unermüdlich reden konnte und Witz und Humor besaß. Außerdem zeigte er ein Selbstbewußtsein und eine Unabhängigkeit, die vor nichts haltmachten, und er war köstlich ungeniert und natürlich gegenüber Alter, amtlicher Würde und selbst erlauchtestem Reichtum. Er hatte immer Arbeit, aber nie einen Cent Geld, konnte einen äußerst überzeugend anpumpen und stand bei jedem Lotsen auf dem Fluß sowie bei fast allen Kapitänen in der Kreide. Beim Steuern verstand er es, die ausgelassensten Bravourstücke glanzvoll hinzulegen, daß es beinahe faszinierend war – aber nicht für jeden. Einmal machte er eine Fahrt mit dem guten alten Kapitän Y., und als das Schiff in New Orleans anlegte, wurde er vom Dienst »suspendiert«. Jemand äußerte seine Verwunderung über diese Entlassung. Kapitän Y. schauderte es bei der bloßen Erwähnung von Stephen, und mit seiner dünnen, altersschwachen Stimme piepste er los, ungefähr so: »Der Himmel bewahre mich! Nicht um sonst was in der Welt möchte ich solchen Tollkopf bei mir an Bord haben! Der flucht, der singt, der pfeift, der brüllt – so habe ich noch keinen Indianer brüllen hören. Die ganze Nacht über – das ist dem völlig gleichgültig. Der brüllt einfach drauflos, nicht aus einem besonderen Grund, nein, sondern bloß, weil es ihm Spaß macht. An richtigen Schlaf war überhaupt nicht zu denken, mit diesem schrecklichen Indianergeheul hat der einen alle paar Augenblicke aus dem Bett geholt und in Angstschweiß versetzt. Ein komischer Kerl – ein reichlich komischer Kerl; hat vor niemand und nichts Respekt. Zu mir hat er manchmal ›Johnny‹

gesagt. Und dann schleppt er seine Geige und seine Katze mit. Spielen tut er zum Auswachsen. Gefällt nicht mal der Katze, denn die hat immer angefangen, selber Musik zu machen. Wo dieser Mensch – samt seinen Anhängseln – war, konnte niemand ein Auge zutun. Und leichtsinnig? So was Leichtsinniges wie den hat es überhaupt noch nicht gegeben. Ob Sie es glauben oder nicht, aber so wahr ich hier sitze, durch die schrecklichen Snags vor Chicot ist der mit Volldampf durchgejagt und bei einer mordsmäßigen Mütze voll Wind. Fragen Sie meine Offiziere. Die haben das miterlebt. Und wie er so mitten durch diese Bäume rast und ich mit schlotternden Knien bete, also, ich will auf der Stelle erblinden, aber da spitzt der doch den Mund und fängt an zu pfeifen! Jawohl, zu pfeifen: ›Die Mädelchen aus Buffalo, die tanzen so gern, die tanzen so gern, die tanzen so gern‹, und das mit einer Gelassenheit, als ob wir auf einer Beerdigung sind, wo der Tote kein Verwandter von uns ist. Und wie ich ihm darüber Vorstellungen machen will, lächelt er zu mir runter, als wär ich sein Kind, und sagt, ich soll man hübsch brav wieder reingehen und erwachsenen Leuten nicht dreinreden.«*

Einmal paßte ein ziemlich knickriger Kapitän Stephen in New Orleans ab, als dieser gerade keine Heuer und, wie gewöhnlich, auch keinen Cent mehr hatte. Er beschwatzte ihn so lange, bis der schon auf dem letzten Loch pfeifende Stephen einwilligte, für hundertfünfundzwanzig Dollar im Monat, also für halben Lohn, bei ihm anzumustern. Der Kapitän verpflichtete sich jedoch, die Sache nicht laut werden zu lassen, damit nicht die Verachtung der gesamten Gilde über den armen Kerl hereinbrach. Das Schiff war kaum einen Tag aus New Orleans heraus, da entdeckte Stephen, daß sich der Kapitän seines Handels mit ihm brüstete und bereits sämtliche Offiziere Bescheid wußten. Stephen schäumte, ließ sich aber nichts anmerken. Als der Kapitän im Laufe des Nachmittags heraus aufs Oberdeck kam und sich umblickte, guckte er reichlich verwundert

* In Anbetracht der pompösen, doch rein formalen Vorgesetztenstellung eines Kapitäns gegenüber der wirklichen Autorität eines Lotsen lag etwas unverschämt Treffendes in dieser Abfertigung.

drein. Fragend sah er hinauf zu Stephen, doch der pfiff seelenruhig ein Liedchen und war ganz in seine Arbeit vertieft. Der Kapitän stand eine Weile lang sichtlich unbehaglich herum und schien mehrere Male drauf und dran, einen Ratschlag zu geben, doch die Etikette des Flusses gebot ihm, solche Voreiligkeit zu vermeiden, und so bezwang er sich und schwieg still. Ein Weilchen rätselte und wütete er noch vor sich hin, dann zog er sich in seine Gemächer zurück. Dauerte aber gar nicht lange, da war er wieder draußen und offensichtlich perplexer als beim erstenmal. Schließlich wagte er, ergebenst zu bemerken:

»Steht jetzt tadellos, der Fluß, meinen Sie nicht auch, Sir?«

»Und ob! Steht sogar bestens. Ist ja bis zum Überlaufen voll.«

»Scheint ganz schöne Strömung hier zu sein.«

»Ganz schön ist gar kein Ausdruck! Der reinste Mühlstrom.«

»Hätten wir es mehr gegen das Ufer zu nicht leichter als hier in der Mitte?«

»Ja, ist gut möglich, aber wissen Sie, mit einem Dampfschiff kann man nicht vorsichtig genug sein. Hier draußen geht man auf Nummer sicher und kann sich darauf verlassen, daß man nicht auf Grund stößt.«

Der Kapitän verschwand, ein klägliches Bild. Bei diesem Tempo würde er wahrscheinlich an Altersschwäche sterben, ehe sein Schiff nach St. Louis kam. Am nächsten Tag erschien er auf Deck und sah, wie Stephen sich immer noch getreulich in der Mitte vom Fluß hielt und, dieselbe sanfte Melodie pfeifend, gegen die ganze Kraft des Mississippi ankämpfte. Die Sache wurde ernst. Drüben am Ufer rutschte ein langsamer Dampfer auf dem ruhigen Wasser nur so dahin, gewann immer mehr Vorsprung und hielt jetzt auf eine Inseldurchfahrt zu. Stephen blieb in der Mitte. Dem Kapitän entrang sich förmlich die Frage:

»Mr. W., schneidet der Arm da nicht ein gutes Stück ab?«

»Kann sein. Ich weiß es nicht.«

»Das wissen Sie nicht? Wieso, ist jetzt nicht genug Wasser drin?«

»Schätze ja, bin aber nicht sicher.«

»Nun brat mir aber einer einen Storch! Die Lotsen auf dem Schiff da drüben versuchen's doch. Wollen Sie etwa sagen, Sie wissen weniger als die?«

»*Die?* Ja, das sind ja auch Zweihundertfünfzig-Dollar-Lotsen! Aber beruhigen Sie sich, soviel wie man für hundertfünfundzwanzig zu wissen braucht, weiß ich allemal.«

Der Kapitän streckte die Waffen.

Fünf Minuten später preschte Stephen in die Durchfahrt hinein und zeigte dem anderen Dampfer für zweihundertfünfzig Dollar Fersengeld.

FÜNFZEHNTES KAPITEL

Die Monopolstellung der Lotsen

Eines Tages tastete sich mein Chef, Mr. Bixby, mit der »Aleck Scott« vorsichtig durch eine enge Stelle bei Cat Island. Beide Lote waren in Gang, und alles hielt den Atem an. Der Kapitän, ein nervöser, ängstlicher Mann, blieb ruhig, solange er konnte, aber schließlich war es mit seiner Beherrschung vorbei, und er rief vom Oberdeck herauf: »Um Himmels willen, legen Sie doch endlich Dampf vor, Mr. Bixby! Bei dem Tempo kommen wir nie über das Riff!«

Nach der ganzen Wirkung, die das bei Mr. Bixby erzielte, hätte man annehmen können, es wäre gar nichts gesagt worden. Doch fünf Minuten später, nachdem alle Gefahren vorüber und die Lote drin waren, ließ Mr. Bixby seiner Wut sofort freien Lauf, und die Flüche, mit denen er den Kapitän bedachte, waren die herrlichsten, die ich je hörte. Daß es zu keinem Blutvergießen kam, lag lediglich daran, daß die Sache des Kapitäns auf schwachen Füßen stand, denn an sich war er nicht der Mann, der Zurechtweisungen ruhig hinnahm.

Nachdem ich mich nun im einzelnen darüber ausgelassen habe, was das Lotsen für eine Wissenschaft ist und was der Lotse innerhalb des Volkes der Dampfschiffer für einen Rang einnahm, scheint es mir angebracht, auch ein paar Worte über eine Organisation zu sagen, die einst von den Lotsen zum Schutz ihrer Gilde geschaffen wurde. Bemerkenswert ist, daß sie vielleicht die geschlossenste, die umfassendste und die stärkste Berufsorganisation gewesen ist, die es je gegeben hat.

Lange Zeit hatten die Löhne zweihundertfünfzig Dollar im Monat betragen, als aber immer mehr Dampfschiffe in Verkehr genommen wurden und das Geschäft anstieg, begannen sie merkwürdigerweise allmählich zu fallen. Der Grund dafür war leicht zu finden: Es wurden zu viele Lotsen »gemacht«. War es doch so schön bequem, einen »Stöps«, einen Rudergast, zu haben, der ein paar Jahre lang die ganze schwere Arbeit umsonst machte, während sein Lehrherr auf der Bank saß und rauchte, und irgendwelche Söhne oder Neffen, die Lotsen werden wollten, hatten alle Lotsen und Kapitäne. Schließlich kam es so weit, daß fast jeder Lotse auf dem Fluß über einen Rudergast verfügte. Erschienen zwei x-beliebigen Lotsen die Fortschritte eines Lehrlings ausreichend, konnten sie ihm ein Patent verschaffen, indem sie eine an den Bundesinspektor gerichtete Bewerbung mit unterschrieben. Mehr war nicht nötig; Fragen wurden gewöhnlich nicht gestellt, und ein Befähigungsnachweis brauchte nicht erbracht zu werden.

Dieser ständig wachsende Schwarm neuer Lotsen fing nun plötzlich an, die Löhne zu drücken, um unterzukommen. Zu spät – wenigstens hatte das den Anschein – bemerkten die Ritter vom Steuerreep ihren Fehler. Etwas mußte unternommen werden, und zwar schnellstens. Aber was war nötig? Eine geschlossene Organisation. Anders kam man nicht weiter. Doch diese auf die Beine zu stellen, schien unmöglich. Die Sache wurde besprochen und wieder besprochen und dann fallengelassen. Die Gewißheit, daß sich jeder, der in dieser Richtung Schritte unternahm, die Finger verbrennen würde, war zu groß. Schließlich wagten es ungefähr ein Dutzend der mutigsten – und darunter einige der besten – Lotsen vom Mississippi und nahmen das ganze Risiko auf sich. Sie ließen sich unter dem Namen »Gemeinnütziger Lotsenverband« eintragen, wobei ihnen weitgehende Vollmachten zugestanden wurden, wählten ihre Vorstände, bauten die Organisation aus, legten Kapital ein, setzten die »Verbandslöhne« sofort auf zweihundertfünfzig Dollar herauf – und durften sich dann auf die Bärenhaut legen, denn sie wurden prompt entlassen. Doch unter ihren Satzungen fanden sich ein paar unbeachtete Körnchen, die den Keim zur Entwicklung in sich trugen. Zum Beispiel hatten alle angesehenen Mitglieder des Verbandes, die ohne Heuer waren, Anspruch auf eine monatliche Pension von fünfundzwanzig Dollar. In der flauen Saison (das heißt im Sommer) brachte das einen Neuen nach dem anderen aus den Reihen der eben erst flügge gewordenen Lotsen an, denn fünfundzwanzig Dollar haben war besser als verhungern; an Aufnahmegebühr waren nur zwölf Dollar zu zahlen, und Beitrag wurde von den Arbeitslosen nicht verlangt.

Auch die Witwen von unbescholtenen Mitgliedern konnten monatlich fünfundzwanzig Dollar sowie eine bestimmte Kinderbeihilfe beziehen, und außerdem bezahlte der Verband die Beerdigungskosten. Diese Dinge ließen all die abgedankten und vergessenen Lotsen im gesamten Mississippital wieder aus der Versenkung auftauchen. Von Farmen, von den entlegensten Nestern, von überallher rückten sie an. Sie kamen auf Krücken, auf Karren, auf Rollstühlen oder sonstwie, aber sie kamen. Sie legten ihre zwölf Dollar hin, durften ab sofort die monatlichen fünfundzwanzig Dollar kassieren und konnten sich an die Aufstellung ihrer Beerdigungskosten machen.

Mit der Zeit waren alle hilflosen, unbrauchbaren Lotsen sowie ein Dutzend von den erstklassigen drin, neun Zehntel der besten Lotsen aber blieben draußen und lachten über den Verband. Der ganze Fluß lachte. Jeder machte Witze darüber, daß die Mitglieder auf Grund eines Statuts Monat für Monat zehn Prozent ihrer Heuer zur Erhaltung der Organisation abführen mußten, und doch samt und sonders verstoßen und geächtet waren und niemand sie beschäftigen wollte. Und jeder sagte dem Verband hohnlächelnd Dank dafür, alle Nichtskönner aus dem Wege geräumt und das Feld den besten und würdigsten überlassen zu haben. Genauso spöttisch bedankte man sich auch für das andere, was sich ganz von selbst daraus ergab, nämlich das langsame Ansteigen der Löhne, als die Hochsaison kam. Hatten sich die doch von bloß noch hundert auf hundertfünfundzwanzig, in einigen Fällen auf hundertfünfzig Dollar erhöht, und es war köstlich, daß diese phantastische Sache durch eine Gruppe Männer erreicht worden war, von denen auch nicht einer den geringsten Nutzen davon hatte. Ein paar Spötter sprachen sogar in den Verbandslokalen vor und machten sich einen Jux daraus, die Mitglieder aufzuziehen und ihnen gnädig anzubieten, sie für eine Fahrt als Rudergast mitzunehmen, damit sie sich mal wieder angucken könnten, wie der Fluß aussah. Der Verband jedoch war zufrieden, wenigstens ließ er sich nicht das Gegenteil anmerken. Hin und wieder angelte er sich einen Lotsen, der eine Pechsträhne hatte. Und gerade diese späten Zugänge waren sehr wertvoll, denn es handelte sich um gute Lotsen; die schlechten waren alle schon drin. Als der Verkehr auf dem Fluß lebhafter wurde, kletterten die Löhne nach und nach auf zweihundertfünfzig Dollar – also auf den Verbandstarif – und hielten sich dort, aber noch immer profitierten die Mitglieder dieser Organisation nicht davon, denn die wurden nicht angeheuert. Die Heiterkeit auf Kosten des Verbandes kannte jetzt keine Grenzen mehr. Was dieser arme Märtyrer an Witzeleien über sich ergehen lassen mußte, ging auf keine Kuhhaut.

Doch wer zuletzt lacht, lacht am besten. Der Winter kam, der Betrieb verdoppelte und verdreifachte sich, und vom Missouri, Illinois und oberen Mississippi wälzte sich eine Lawine von Schiffen nach unten, um sich im New-Orleans-Verkehr zu versuchen. Auf einmal waren Lotsen sehr gefragt und dementsprechend knapp. Die Zeit der Rache war gekommen. Eine bittere Pille, nun doch Lotsen vom Verband nehmen zu müssen. Kapitäne und Reeder sahen aber ein, daß es keinen anderen Ausweg gab. Von den Geächteten bot sich bloß keiner an! So war eine noch bitterere Pille zu schlucken: man mußte sich zu ihnen begeben und um ihre Dienste bitten. Kapitän ... sah sich als erster gezwungen, diese Medizin zu nehmen, und dabei war er der lauteste Spötter gewesen. Er suchte einen der besten Verbandslotsen auf und sagte:

»Na, nun habt ihr ja wieder ein bißchen Oberwasser, da will ich gute Miene zum bösen Spiel machen. Ich bin gekommen, Sie anzuheuern. Bringen Sie Ihre Sachen gleich an Bord. Um zwölf gehen wir ab.«

»Erst mal sehen. Wen haben Sie denn noch als Lotsen?«

»I. S. Warum?«

»Mit dem kann ich nicht fahren. Der ist nicht im Verband.«

»Wie bitte?«

»Ja, ganz richtig.«

»Soll das heißen, daß Sie mit einem der besten und ältesten Lotsen vom Fluß nicht am gleichen Steuerrad stehen wollen, bloß weil er eurem Verband nicht angehört?«

»Allerdings.«

»Ihr setzt euch ja auf ein ziemlich hohes Roß! Ich habe gedacht, ich tue Ihnen einen Gefallen, doch langsam glaube ich, daß *ich* derjenige bin, der hier um Gunst bettelt. Handeln Sie gemäß einer Verordnung von oben?«

»Ja.«

»Zeigen Sie mir das schwarz auf weiß.«

Sie gingen ins Büro des Verbandes, wo der Sekretär dem Kapitän die Satzungen vorlegte. Der sagte: »Was soll ich nur tun? Ich habe Mr. S. für die ganze Saison angeheuert.«

»Da kann ich helfen«, antwortete der Sekretär. »Ich weise Ihnen einen Lotsen zu. Um zwölf ist er an Bord.«

»Ja, aber wenn ich S. entlasse, verlangt er von mir die Heuer für die ganze Saison.«

»Das haben Sie natürlich mit Mr. S. allein abzumachen, Kapitän. Ihre Privatangelegenheiten gehen uns nichts an.«

Der Kapitän tobte, aber umsonst. Schließlich mußte er S. entlassen, ihm rund tausend Dollar auszahlen und an seiner Stelle einen Lotsen nehmen, der dem Verband angehörte. Das Gelächter schickte sich jetzt zur Kehrtwendung an. Jeden Tag fiel ein neues Opfer; jeden Tag entließ ein wutschnaubender Kapitän heulend und fluchend einen verhätschelten Nichtorganisierten und quartierte in dessen

Koje einen von den gehaßten Verbandsleuten ein. Dauerte gar nicht lange, und es gab eine stattliche Anzahl arbeitsloser Nichtmitglieder, so munter der Betrieb auch war und sosehr sie gebraucht wurden. Diesen Opfern verging das Feixen, den Kapitänen und Reedern übrigens auch, und sie schworen, Rache zu nehmen, wenn die momentane Konjunktur vorüber sei.

Bald konnten nur noch die Reeder und Mannschaften lachen, deren Schiffe zwei nicht dem Verband angehörende Lotsen hatten. Doch ihrem Triumph war keine lange Lebensdauer beschieden. Und zwar deshalb nicht: Im Verband herrschte strenge Vorschrift, nie und unter keinen Umständen einem »Außenstehenden« Auskunft über das Fahrwasser zu geben. Mittlerweile hatten sich die Dinge so entwickelt, daß ungefähr die Hälfte der Schiffe nur Verbandslotsen hatte, und die anderen nur Nichtmitglieder. Was nun das Verweigern von Nachrichten über den Fluß betraf, hätten sich also, wie es auf den ersten Blick scheinen will, beide Parteien gleichstehen müssen. Was aber durchaus nicht der Fall war. Den ganzen Fluß entlang gab es an allen halbwegs größeren Orten an Stelle eines Kais oder eines Piers zum Landen einen »Ankerprahm«, auf dem Fracht zum Verladen abgestellt wurde und in dessen Kabinen wartende Passagiere übernachteten. Auf jedem dieser Prahme brachten die Angestellten des Verbandes einen stabilen Kasten mit einem besonderen Schloß an, wie es nirgends anders benutzt wurde als im Postdienst der Vereinigten Staaten. Es war das Schloß für die Postsäcke, ein heiliges Staatsinstrument. Auf vieles Bitten hin hatte sich die Regierung überreden lassen, dem Verband den Gebrauch des Schlosses zu gestatten. Jedes Verbandsmitglied besaß einen Schlüssel zu den Kästen. Dieser Schlüssel, oder vielmehr die bestimmte Art, wie er in der Hand gehalten wurde, wenn sein Besitzer von einem Unbekannten um Auskunft über den Fluß gebeten wurde – denn der Erfolg des Verbandes von St. Louis und New Orleans hatte inzwischen auf einem Dutzend benachbarter Dampferrouten einigermaßen florierende Zweigorganisationen ins Leben gerufen –, war Erkennungszeichen und Mitgliedsausweis des Mannes vom Verband, und wenn der Fremde nicht Antwort gab, indem er genauso einen Schlüssel hervorzog und ihn in genau vorgeschriebener Weise hielt, wurde seine Frage höflich überhört.

Jedes Mitglied erhielt vom Verbandssekretär einen Pakken mehr oder weniger prächtiger Formulare auf schönem Papier, die wie Rechnungsvordrucke aussahen und mit entsprechenden Spalten versehen waren, etwa so:

DAMPFSCHIFF »GREAT REPUBLIC«
JOHN SMITH, KAPITÄN

Lotsen: John Jones und Thomas Brown

Kreuzen	Tiefe	Marken	Bemerkungen

Diese Formulare wurden, solange die Fahrt dauerte, Tag für Tag ausgefüllt und in den verschiedenen Kästen auf den Ankerprahmen deponiert. War der Lotse beispielsweise mit dem ersten Kreuzen hinter St. Louis fertig, trug er sofort in die betreffenden Spalten ein:

»St. Louis / 9½ (Fuß) / Heck Richtung Justizgebäude, Bug Richtung tote Pappel oberhalb Holzplatz; so bis ans erste Riff, dann hart rüber.«

Und unter Bemerkungen: »Achtung: Wracks kurz von außen nehmen. Neuer Snag genau da, wo runtergedreht wird; oben rumgehen.«

Der Lotse, der dieses Formular im Kasten von Cairo hinterlegte (nachdem er die Einzelheiten jedes Kreuzens von St. Louis an hinzugefügt hatte), nahm dort ein halbes Dutzend neuester Berichte (von stromaufwärts fahrenden Dampfern) über die Strecke Cairo–Memphis heraus, informierte sich gründlich, legte sie in den Kasten zurück und kehrte derart gegen Havarie gewappnet zurück an Bord, daß er schon sträflich leichtsinnig sein mußte, wenn er sein Schiff zu Schaden bringen wollte.

Man stelle sich die Vorteile eines so wunderbaren Systems auf einem zwölfhundert Meilen langen Stück Fluß vor, dessen Fahrrinne sich täglich verändert! Hatte sich der Lotse früher begnügen müssen, eine Untiefe ein-, höchstens zweimal im Monat zu Gesicht zu bekommen, verfügte er jetzt über hundert scharfe Augen, die diese Stelle für ihn beobachteten, und über einen Haufen kluger Köpfe, die ihm sagten, wie er dort steuern mußte. Seine Informationen darüber waren meist keine vierundzwanzig Stunden alt. Ließen die Berichte aus dem letzten Kasten zufällig mal irgendwelche Zweifel bezüglich einer heimtückischen Stelle bestehen, hatte er dagegen sein Mittel: sobald er ein herankommendes Schiff sah, gab er mit der Dampfpfeife ein besonderes Signal, das genauso beantwortet wurde, vorausgesetzt, die Lotsen des Schiffes waren Verbandsleute, und dann gingen die beiden Dampfer längs, und alle Unklarheiten wurden durch neue und eingehende mündliche Auskünfte hinweggefegt.

Kam ein Lotse in New Orleans oder St. Louis an, war es sein erstes, einen zusammenfassenden ausführlichen Bericht zum Verbandslokal zu bringen und dort auszuhängen – dann erst war er frei und durfte zu seiner Familie. In den Verbandszimmern waren stets eine Menge Lotsen versammelt, die dort über die Fahrrinne diskutierten. Sobald ein eben angekommener Kollege eintrat, hörten alle mit Reden auf, bis dieser Augenzeuge die allerneuesten Nachrichten erzählt und die allerletzten Ungewißheiten beseitigt hatte. In manchen Berufen ist es möglich, mal eine Weile »abzuschalten« und sich mit anderen Dingen zu beschäftigen. Ein Lotse dagegen muß sich voll und ganz seiner Arbeit widmen und darf von nichts anderem reden; nur jeden zweiten Tag perfekt zu sein, kann er sich nicht erlauben. Wenn er auf dem laufenden bleiben will, hat er weder Zeit noch Worte zu vergeuden.

Die Nichtorganisierten hatten einen schweren Stand. Kein Versammlungsort zum Austausch von Nachrichten, keine Berichte auf Ankerprahmen, nichts als vom Zufall abhängige und unzulängliche Informationsquellen. Die Folge war, daß mitunter fünfhundert Meilen Strom an Hand von Auskünften befahren werden mußten, die acht oder gar zehn Tage alt waren. Bei einigermaßen vollem

Fluß wäre das auch gegangen, mit dem Niedrigwasser aber kam das Verhängnis.

Jetzt zeigte sich nämlich die zweite völlig logische Auswirkung. Die Nichtmitglieder liefen mit ihren Dampfern auf Grund, soffen ab und hatten alles mögliche Pech, während die Verbandsleute gegen Unfälle gefeit schienen. Selbst den Reedern und Kapitänen der ausschließlich mit Nichtmitgliedern bemannten Schiffe, die sich bisher eingebildet hatten, sie wären auf den Verband nicht angewiesen und könnten lachen und prahlen, wurde verdammt unbehaglich zumute. Doch sie taten weiter so, als ginge sie das alles nichts an, bis jener schwarze Tag kam, an dem sämtliche Kapitäne die offizielle Aufforderung erhielten, ihre nichtorganisierten Lotsen zu entlassen und durch Verbandsangehörige zu ersetzen. Und wer hatte sich angemaßt, diese unerhörte Forderung zu stellen? Nun, eine Macht, die hinter dem Thron stand und die über dem Thron stand – die Versicherungsgesellschaften!

Da durfte nicht erst lange gefackelt werden. Alle Nichtmitglieder mußten ihre Siebensachen sofort an Land bringen. Natürlich nahm man an, der Verband stecke mit den Gesellschaften unter einer Decke. Steckte er aber gar nicht. Den Versicherungen war bloß inzwischen klargeworden, wie ausgezeichnet das »Berichtssystem« funktionierte und wie sicher sie dabei gingen, und so hatten sie, den rein geschäftlichen Standpunkt im Auge, von sich aus ihre Entscheidung getroffen.

Im Lager der Nichtorganisierten herrschte großes Heulen und Zähneknirschen. Doch gleichviel, für sie blieb nur ein Weg, und den schlugen sie auch ein. Einzeln, zu zweien, in ganzen Haufen tanzten sie an, legten zwölf Dollar auf den Tisch und wollten ihren Beitritt erklären. Zu ihrem Erstaunen mußten sie erfahren, daß schon seit langem diverse Zusatzstatuten existierten. Zum Beispiel war die Aufnahmegebühr auf fünfzig Dollar erhöht worden, und dazu kamen noch zehn Prozent des Einkommens, das der Bewerber in all den Monaten seit Bestehen der Organisation gehabt hatte. In vielen Fällen belief sich diese Summe auf drei- bis vierhundert Dollar. Und bevor das Geld nicht da war, bearbeitete der Verband den Antrag gar nicht. Selbst dann konnte eine einzige Gegenstimme alles zunichte machen. Jedes Mitglied hatte persönlich und in Gegenwart von Zeugen mit Ja oder Nein zu stimmen; über ein Aufnahmegesuch zu entscheiden, dauerte also Wochen, denn ein großer Teil der Lotsen war ja stets auf Tour. Die reuigen Sünder kratzten jedoch ihre Ersparnisse zusammen, und nach langwierigem Abstimmungsprozeß durften sie sich einer nach dem andern bei uns einreihen. Schließlich waren nur noch ungefähr zehn Mann draußen. Die aber sagten, sie würden lieber verhungern als zu Kreuze kriechen. Und so blieben sie weiter arbeitslos, denn sie anzuheuern konnte natürlich niemand wagen.

Nach einiger Zeit gab der Verband bekannt, die Löhne würden von einem bestimmten Datum an auf fünfhundert Dollar monatlich heraufgesetzt. Die Zweigorganisationen waren jetzt alle stark geworden, und die vom Red River hatte die Heuer auf siebenhundert Dollar im Monat erhöht. In Anbetracht dieser Sachlage gaben die zehn Nichtmitglieder widerstrebend nach und bewarben sich um Aufnahme. Doch inzwischen war wieder eine Klausel hinzugekommen, wonach sie nicht bloß für alles, was sie seit der Verbandsgründung verdient hatten, Beiträge nachzahlen mußten, sondern auch für das, was sie verdient haben würden, wenn sie, anstatt müßig zu schmollen, bis zum Zeitpunkt ihrer Bewerbung weitergearbeitet hätten. Sie mit Zustimmung aller aufzunehmen, erwies sich als gar nicht so einfach, wurde aber schließlich doch bewerkstelligt. Der giftigste dieser Sünder war so lange draußen geblieben und hatte seine »Beitragsschulden« derart anwachsen lassen, daß er zusammen mit dem Aufnahmegesuch sechshundertfünfundzwanzig Dollar einsenden mußte.

Der Verband verfügte jetzt über ein beträchtliches Bankkonto und war sehr stark. Es gab keine Lotsen mehr, die ihm nicht angehörten. Durch ein zusätzliches Statut wurde die Einstellung weiterer Stifte oder Lehrlinge für die Dauer von fünf Jahren verboten. Nach Ablauf dieser Zeit sollte eine begrenzte Anzahl angenommen werden, jedoch nicht von einzelnen Lotsen, sondern vom Verband und unter folgenden Bedingungen: Der Bewerber muß wenigstens achtzehn Jahre alt, unbescholten und aus achtbarer Familie sein; er hat eine Prüfung über seine Allgemeinbildung abzulegen; um Lehrling werden zu dürfen, muß er tausend Dollar im voraus bezahlen und so lange unter der Aufsicht des Verbandes bleiben, bis sich ein großer Teil der Mitglieder (ich glaube, mehr als die Hälfte) bereit erklären, seinen Antrag auf das Lotsenpatent zu unterzeichnen.

Alle vorher eingestellten Lehrlinge mußten von ihren Meistern weg und wurden vom Verband übernommen. Der Präsident und Sekretär teilte sie auf Wunsch diesem oder jenem Dampfer zu und ließ sie nach gewissen Regeln das Schiff wechseln. Konnte ein Lotse nachweisen, daß es mit seiner Gesundheit nicht gut bestellt war und er Hilfe brauchte, erhielt einer der Stöpse den Auftrag, bei ihm zu arbeiten.

Die Liste der Witwen und Waisen wuchs, ebenso aber die Mittel des Verbandes. Die Organisation sorgte für großartige Begräbnisse und übernahm alle Kosten. Wenn nötig, wurden Mitglieder den ganzen Fluß hinuntergeschickt, um die Leichen der nach Schiffbrüchen vermißten Kollegen zu suchen. Solch eine Suche verschlang mitunter tausend Dollar.

Der Verband beschaffte sich eine Genehmigung und stieg selber ins Versicherungsgeschäft ein. Er schloß nicht nur Lebensversicherungen mit seinen Mitgliedern ab, sondern übernahm auch das Risiko für Dampfschiffe.

Die Organisation schien unzerstörbar. Sie war das festeste Monopol der Welt. Laut Gesetz konnte niemand Lotse werden, wenn nicht zwei rechtmäßig zugelassene Lotsen seine Bewerbung unterschrieben, und dazu war jetzt außerhalb des Verbandes keiner mehr kompetent. Also hatte das Lotsenmachen ein Ende. Jedes Jahr würden einige sterben und andere durch Alter oder Krankheit arbeitsunfähig werden. Neue, in ihre Stelle zu treten, würde es nicht geben. Mit der Zeit könnte der Verband die Löhne so hoch schrauben, wie er wollte, und solange er klug genug blieb, nichts zu überspitzen und der Bundesregierung keinen

Anlaß zu geben, das Zulassungssystem zu ändern, würden sich die Dampfschiffbesitzer wohl oder übel fügen müssen.

Die Reeder und Kapitäne waren das einzige Hindernis zwischen dem Verband und absoluter Macht, und auch das wurde schließlich aus dem Wege geräumt. Und zwar, so unwahrscheinlich es klingen mag, von den Reedern und Kapitänen selbst. Als der Lotsenverband Monate vorher ankündigte, die Löhne würden ab 1. September 1861 auf fünfhundert Dollar heraufgesetzt, erhöhten die Reeder und Kapitäne sogleich die Frachtsätze um ein paar Cent und erklärten den Farmern am Fluß die Notwendigkeit dieser Maßnahme, indem sie auf die belastenden Lohntarife hinwiesen, die eingeführt werden sollten. Eine reichlich fadenscheinige Begründung, was die Farmer aber nicht zu merken schienen. Ihrer Meinung nach war es unter diesen Umständen nur recht und billig, für den Scheffel Getreide fünf Cent mehr Frachtgeld zu verlangen, wobei sie übersahen, daß bei einer Schiffsladung von vierzigtausend Sack der Aufschlag erheblich mehr ausmachte, als zur Deckung der neuen Löhne nötig war.

Auf der Stelle machten die Kapitäne und Reeder deshalb einen eigenen Verband auf und schlugen vor, die Bezüge der Kapitäne ebenfalls auf fünfhundert Dollar heraufzusetzen und eine weitere Frachterhöhung vorzunehmen. Das war noch nie dagewesen, aber weshalb sollte es nicht auch ein zweites Mal klappen? Dieser neue Verband ordnete an, jeder Kapitän, der einen nichtorganisierten Lotsen beschäftigt (denn das war noch vor der Aufnahme der letzten Nichtmitglieder in den Lotsenverband), müsse ihn wieder entlassen und außerdem fünfhundert Dollar Strafe zahlen. Schon ehe der Kapitänsverband stark genug war, volle Autorität über seine Mitglieder auszuüben, wurden einige dieser schweren Geldbußen gezahlt, doch das hörte bald auf. Die Kapitäne suchten nun die Lotsen dazu zu kriegen, den Mitgliedern ihres Verbandes das Arbeiten unter Kapitänen zu verbieten, die nicht der Organisation angehörten. Dieser Vorschlag wurde abgelehnt. Die Lotsen merkten, daß die Kapitäne und Versicherungsgesellschaften sie ohnehin stützten, und so sahen sie klugerweise davon ab, sich in Verwirrung schaffende Bündnisse einzulassen.

Wie schon bemerkt, stellte der Lotsenverband jetzt das vielleicht kompakteste Monopol der Welt dar und schien einfach unzerstörbar. Und doch waren die Tage seines Glanzes gezählt. Zuerst fing die neue durch Mississippi, Tennessee und Kentucky nach den Knotenpunkten im Norden gehende Eisenbahn an, den Dampfern Passagiere wegzunehmen. Als nächstes kam der Krieg und legte fast die gesamte Dampfschiffahrt jahrelang brach, so daß die Lotsen erwerbslos wurden, während die Lebenskosten ständig stiegen. Dann machte sich der Kassenwart des St.-Louis-Verbandes auf und davon und ließ den nicht gerade knappen Fonds bis auf den letzten Dollar mitgehen. Und schließlich blieb, da die Eisenbahnen überall eindrangen, nach Kriegsende den Dampfern kaum mehr als die Frachtbeförderung. Irgend so ein findiger Kopf von der Atlantikküste führte dann noch ein, die Dampfschiffladungen immer gleich dutzendweise einem ordinären, kleinen Schlepper hinten anzubinden und so runter nach New Orleans bringen zu lassen, und siehe da, im Handumdrehen war es mit dem Verband sowie der edlen Wissenschaft vom Lotsen aus.

SECHZEHNTES KAPITEL

Die großen Wettrennen

Die Schiffe verließen New Orleans immer zwischen vier und fünf Uhr nachmittags. Von drei Uhr an wurde mit Kien und Pechtanne eingeheizt (das Zeichen der Vorbereitung), und so hatte man das malerische Bild einer zirka zwei bis drei Meilen langen Reihe dünner, hoch aufsteigender Säulen von rußschwarzem Rauch, eine Kolonnade, über der ein düsteres Dach aus demselben Rauch hing, das bis weit über die Stadt reichte. Jedes zum Aufbruch rüstende Schiff hat am Göschstock seine Fahne flattern und manchmal eine zweite über dem Heck. Zwei bis drei Meilen lang kommandieren und fluchen die Maate noch lauter als sonst; unzählige Schübe Fässer und Kisten rollen quer über den Kai und auf die Verladeplanken; verspätete Passagiere schieben und würgen sich durch diese wild gewordenen Frachtstücke, in der durchaus nicht sicheren Hoffnung, das Fallreep zum Vorderdeck lebend zu erreichen; Frauen mit Handarbeitsbeuteln und Hutschachteln suchen ihren mit Reisesäcken und weinenden Kindern beladenen Männern an der Seite zu bleiben, was ihnen aber nicht gelingt, da sie in dem Lärm und Trubel und allgemeinen Wirrwarr den Kopf verlieren; Karren und Gepäckwagen rattern in wilder Hast hierhin und dorthin und durcheinander, und wenn sie sich gegenseitig blockiert und festgefahren haben, verschwinden sie für Sekunden in einer Wolke von Flüchen; jede Winde über jeder Ladeluke in dieser langen Kette von Dampfern surrt und knarrt ohrenbetäubend beim Hinunterlassen der Fracht; die daran schwitzenden Kolonnen halbnackter Neger grölen – durch das Tohuwabohu, das alle anderen zur Verzweiflung bringt, in unvorstellbare Stimmung versetzt – Lieder wie »De Las' Sack! De Las' Sack!« Inzwischen sind die Ober- und Maschinendecks schwarz von Passagieren. Die ganze Flucht hinunter fangen die Glocken an zu bimmeln, und dann scheint sich das Durcheinander noch zu verdoppeln. Kurz darauf das endgültig letzte Abfahrtssignal: ein Getöse von ... zig Gongs, begleitet von dem Ruf: »Wer nicht mitfährt, bitte von Bord!« – und das Chaos vervierfacht sich! Leute schwärmen an Land und rennen aufgeregte Nachzügler, die noch an Bord wollen, über den Haufen. Nach ein paar Minuten wird eine lange Reihe Gangways eingeholt, jede mit dem obligaten allerletzten Passagier, der sich mit Zähnen, Fingernägeln und allem an ihr Ende klammert, und jede mit dem obligaten allerletzten Zauderer, der mit wildem Satz über ihn hinweg ans Ufer springt.

Nun gleitet eine Anzahl Schiffe rückwärts hinaus auf den Strom und läßt in der geschlossenen Dampferreihe breite Lücken zurück. Auf den Decks der nicht abgehenden Schiffe drängen sich Bürger von New Orleans, um das Schauspiel zu sehen. Ein Dampfer nach dem anderen dreht stromaufwärts, sammelt all seine Kraft und kommt dann plötzlich mit enormem Volldampf, wehender Flagge und schwarz rollendem Rauch vorbeigebraust. Sämtliche Heizer und Schauerleute (meist schokoladenbraune Neger) stehen auf der Back, in ihrer Mitte, auf dem Gangspill thronend und den Hut oder eine Fahne schwenkend, die beste »Stimme«, und alle schmettern in einem mächtigen Chor, während die Kanonen ihren Abschiedssalut losdonnern und die vielen, vielen Zuschauer winken und hurra schreien. Dampfer auf Dampfer schließt sich an, und stromaufwärts rauscht die stattliche Prozession.

Starteten in jenen alten Zeiten zwei schnelle Schiffe zum Rennen, war es stets mitreißend, die Mannschaften singen zu hören, besonders abends, wenn das Vorschiff im roten Schein der Fackeln lag. Die Rennen waren ein fürstlicher Spaß. Es herrschte immer die Vorstellung, sie seien gefährlich, dabei war das Gegenteil der Fall – das heißt, nach Erlaß der Gesetze, die jedem Schiff nur soundso viel Dampfdruck auf den Quadratzoll gestatteten. Nie war ein Maschinist, dem am Ausgang dieses Rennens etwas lag, schläfrig oder larifari, sondern er stand ständig auf dem Sprung, prüfte die Wasserstandshähne und hielt die Augen offen. Gefährlich war es nur auf langsamen, schwerfälligen Schiffen, wo die Maschinisten herumdösten und Holzspäne in den »Doktor« kommen ließen, was die Wasserzufuhr zu den Kesseln verstopfte.

In der Blütezeit der Dampfschiffahrt stellte ein Wettrennen zwischen zwei ihrer Geschwindigkeit wegen berühmten Schiffen ein ungeheuer wichtiges Ereignis dar. Schon mehrere Wochen vorher wurde das Datum festgesetzt, und von da an befand sich das ganze Mississippital in verzehrender Spannung und Aufregung. Politik und Wetter wurden fallengelassen, man sprach von nichts anderem mehr als dem bevorstehenden Rennen. War es endlich soweit, machten sich die beiden Dampfer erst einmal ans »Abtakeln«. Alles, was Ballast bedeutete oder Wind und Wasser Widerstand bot, kam an Land, sofern das Schiff auch nur halbwegs darauf verzichten konnte. Die Spieren wurden abmontiert, manchmal mitsamt den Haltetrossen, und nichts an Bord gelassen, womit das Schiff hätte wieder flottgemacht werden können, falls es auf Grund lief. Als vor vielen Jahren die »Eclipse« und die »A. L. Shotwell« ihr großes Rennen austrugen, hieß es, man habe sich die Mühe gemacht, die Vergoldung von dem Phantasiegebilde abzukratzen, das zwischen den Schornsteinen der »Eclipse« hing, und der Kapitän habe für diese eine Fahrt seine Glacéhandschuhe abgelegt und sich eine Glatze rasieren lassen. Was ich aber nie richtig geglaubt habe.

Wußte man, das Schiff lief am schnellsten bei einem Tiefgang von fünfeinhalb Fuß vorn und fünf Fuß achtern, wurde es peinlichst genau bis zu dieser Auslastung beladen, und es hätte dann nicht einmal mehr eine Dosis homöopathischer Pillen als Fracht angenommen. Passagiere durften nur ganz wenige mit, nicht bloß wegen des Mehrgewichts, sondern weil sie das Schiff nie im »Trimm« halten können. Sie rennen immer auf die Seite, wo es etwas zu sehen gibt, während ein gewissenhafter und erfahrener Dampfschiffer hübsch in der Mitte von seinem Kahn bleibt und sich einen Mittelscheitel mit der Wasserwaage zieht.

Fracht und Passagiere für Zwischenstationen waren nicht zugelassen, denn die am Rennen beteiligten Schiffe hielten nur an den größten Städten, und dort auch bloß ganz kurz. Kohlen- und Holzprahme wurden im voraus bestellt, damit sie sich auf Anhieb an die dahinfliegenden Dampfer hängen konnten. Außerdem gingen zur raschen Erledigung aller Arbeiten doppelte Mannschaften mit.

Ist der vereinbarte Tag da und alles bereit, stoßen die beiden großen Dampfschiffe über den Achtersteven ab und liegen dann, wie empfindende Lebewesen auf die geringste Bewegung des anderen aufpassend, einen Augenblick lang in der Mitte vom Strom. Flaggen hängen schlaff herunter, gepreßter Dampf kreischt durch Sicherheitsventile, schwarzer Rauch wälzt sich wirbelnd aus den Schornsteinen und verdunkelt die ganze Atmosphäre. So weit das Auge reicht, Menschen und nochmals Menschen: die Ufer, die Dächer der Häuser, die Dampfschiffe, die Boote, alles ist dicht besetzt, und man weiß, daß der breite Mississippi zwölfhundert Meilen hinauf nach Norden von Zuschauern eingesäumt sein wird, die die Rennteilnehmer begrüßen wollen.

Plötzlich schießen dünne Rauchsäulen aus den Auslaßventilen beider Dampfer hoch, zwei Kanonen böllern ein Lebewohl, zwei auf Gangspills thronende Helden in roten Hemden schwenken über den auf den Vorderdecks versammelten Mannschaften ihre Fähnchen, zwei klagende Solos hängen ein paar Sekunden zögernd in der Luft, zwei gewaltige Chöre erschallen – und da kommen sie! Blaskapellen schmettern »Heil Columbia«, von den Ufern donnert ein Hurra nach dem anderen hoch, und wie der Wind rauschen die stattlichen Schiffe vorbei.

Zwischen New Orleans und St. Louis werden sie keinen einzigen Augenblick halten, höchstens auf ein, zwei Sekunden in großen Städten oder um Dreißig-Klafter-Holzprahme längsseits anlegen zu lassen. Man muß das gesehen haben, wenn sie ein paar von diesen Kähnen in Schlepp nehmen und auf jeden einen Schwarm Männer schicken; bis man sich die Brille geputzt und wieder aufgesetzt hat, ist das ganze Holz weg, und man fragt sich, wo es geblieben ist.

Zwei einigermaßen gleichwertige Dampfer bleiben einander Tag für Tag in Sicht. Sie würden sogar Seite an Seite bleiben, doch es sind nun mal nicht alle Lotsen gleich, und so machen die das Rennen, die am meisten auf Draht sind. Hat eins der beiden Schiffe einen »Blitzlotsen«, dem sein Partner eine Kleinigkeit nachsteht, kann man jederzeit erkennen, wer von beiden Wache hat; man braucht bloß aufzupassen, ob das Schiff während einer Vier-Stunden-Wache Boden gewinnt oder verliert. Der gewiegteste Lotse kann ein Schiff aufhalten, wenn er kein ausgesprochenes Talent zum Steuern hat. Steuern ist eine große Kunst. Mit quer zum Achtersteven schleifendem Ruder kommt man nicht gerade schnell voran.

Natürlich hängt es auch sehr vom Schiff ab. Ich arbeitete lange Zeit auf einem, das so langsam war, daß wir immer vergaßen, in welchem Jahr wir ausgelaufen waren. Das kam natürlich selten vor. Oft gingen Fährbooten einträgliche Fahrten verloren, weil ihnen die Passagiere alt wurden und wegstarben, bis wir vorbei waren. Was noch seltener vorkam. Für all das habe ich sogar schriftliche Unterlagen gehabt, sie aber leider verbummelt. Besagte Nuckelpinne, die »John J. Roe«, war so langsam, daß es fünf Jahre dauerte, bis die Reeder erfuhren, sie sei schließlich in Madrid Bend abgesoffen. Ich mußte immer wieder darüber staunen, doch es ist schwarz auf weiß bewiesen. Sie zuckelte entsetzlich langsam dahin, und trotzdem war es oft wahnsinnig aufregend, wenn wir mit Inseln, Flößen und dergleichen um die Wette fuhren. Einmal aber machten wir ganz schön Fahrt und schafften die Strecke nach St. Louis in sechzehn Tagen. Selbst bei diesem rasenden Tempo wechselten wir auf der Fort Adams Strecke, die fünf Meilen lang ist, ich glaube, dreimal die Wache. Bei einer »Strecke« handelt es sich um ein schnurgerades Stück Fluß, und natürlich hat die Strömung dort kein Schneckentempo.

Auf jener Fahrt erreichten wir Grand Gulf von New Orleans aus (dreihundertvierzig Meilen) in vier Tagen; die »Eclipse« und die »Shotwell« schafften es in einem Tag. Bis Stromschnelle 63 (siebenhundert Meilen) waren wir neun Tage unterwegs, die »Eclipse« und die »Shotwell« zwei. Vor über einem Menschenalter fuhr die »J. M. White« in drei Tagen, sechs Stunden und vierundvierzig Minuten von New Orleans nach Cairo. 1853 machte die »Eclipse« die gleiche Fahrt in drei Tagen, drei Stunden und zwanzig Minuten.* 1870 schaffte es die »R. E. Lee« in drei Tagen und einer Stunde. Das gilt als bisher schnellste Zeit, was ich hier aber widerlegen möchte. Die Strecke New Orleans–Cairo war, als die »J. M. White« sie befuhr, nämlich noch tausendeinhundertsechs Meilen lang, das heißt, dieser Dampfer erreichte durchschnittlich etwas über vierzehn Meilen in der Stunde. Zur Zeit der »Eclipse« hatte sich die Entfernung zwischen beiden Häfen auf tausendundachtzig Meilen verringert, was einen Stundendurchschnitt von nicht ganz vierzehndreiachtel Meilen ergibt.

* Die Zeit ist umstritten. Einige Gewährsleute setzen eine Stunde und sechzehn Minuten hinzu.

Bei der »R. E. Lee« war dieses Stück Fluß auf rund tausenddreißig Meilen zusammengeschrumpft, demnach betrug ihre mittlere Geschwindigkeit zirka vierzehneinachtel Stundenmeilen. Also hält die »Eclipse« nach wie vor den Rekord.

Berühmte Fahrten

(Aus »Commodore Rollingpin's Almanach«)

REKORDZEITEN AUF DEN FLÜSSEN IM WESTEN

New Orleans–Natchez (268 Meilen)

	ZEIT T. St. Min.		ZEIT T. St. Min.
1814 Orleans	6 6 40	1844 Sultana	— 19 45
1814 Comet	5 10 —	1851 Magnolia	— 19 50
1815 Enterprise	4 11 20	1853 A. L. Shotwell	— 19 49
1817 Washington	4 — —	1853 Southern Belle	— 20 3
1817 Shelby	3 20 —	1853 Princess IV	— 20 26
1819 Paragon	3 8 —	1853 Eclipse	— 19 47
1828 Tecumseh	3 1 20	1855 Princess (neu)	— 18 53
1834 Tuscarora	1 21 —	1855 Natchez (neu)	— 17 30
1838 Natchez	1 17 —	1856 Princess (neu)	— 17 30
1840 Ed. Shippen	1 8 —	1870 Natchez	— 17 17
1842 Belle of the West	1 18 —	1870 R. E. Lee	— 17 11

New Orleans–Cairo (1024 Meilen)

	ZEIT T. St. Min.		ZEIT T. St. Min.
1844 J. M. White	3 6 44	1869 Dexter	3 6 20
1852 Reindeer	3 12 25	1870 Natchez	3 4 34
1853 Eclipse	3 4 4	1870 R. E. Lee	3 1 —
1853 A. L. Shotwell	3 3 40		

New Orleans–Louisville (1440 Meilen)

	ZEIT T. St. Min.				ZEIT T. St. Min.		
1815 Enterprise	25	2	40	1840 Ed. Shippen	5	14	—
1817 Washington	25	—	—	1842 Belle of the West	6	14	—
1817 Shelby	20	4	20	1843 Duke of Orleans	5	23	—
1819 Paragon	18	10	—	1844 Sultana	5	12	—
1828 Tecumseh	8	4	—	1849 Bostona	5	8	—
1834 Tuscarora	7	16	—	1851 Belle Key	4	23	—
1837 Gen. Brown	6	22	—	1852 Reindeer	4	20	45
1837 Randolph	6	22	—	1852 Eclipse	4	19	—
1837 Empress	6	17	—	1853 A. L. Shotwell	4	10	20
1837 Sultana	6	15	—	1853 Eclipse	4	9	30

New Orleans–Donaldsonville (78 Meilen)

1852 A. L. Shotwell	5	42	1860 Atlantic	5	11
1853 Eclipse	5	42	1860 Gen. Quitman	5	6
1854 Sultana	5	12	1865 Ruth	4	43
1856 Princess	4	51	1870 R. E. Lee	4	59

New Orleans–St. Louis (1218 Meilen)

1844 J. M. White	3	23	9	1870 Natchez	3	21	57
1849 Missouri	4	19	—	1870 R. E. Lee	3	18	14
1869 Dexter	4	9	—				

Louisville–Cincinnati (141 Meilen)

1819 Gen. Pike	1	16	—	1843 Congress	12	20
1819 Paragon	1	14	20	1846 Ben. Franklin VI	11	45
1822 Wheeling Packet	1	10	—	1852 Alleghaney	10	38
1837 Moselle	—	12	—	1852 Pittsburgh	10	23
1843 Duke of Orleans	—	12	—	1853 Telegraph III	9	52

Louisville–St. Louis (750 Meilen)

1842 Congress	2	1	—	1854 Northerner	1	22	30
1854 Pike	1	23	—	1855 Southerner	1	19	—

	ZEIT T. St. Min.		ZEIT T. St. Min.

Cincinnati–Pittsburgh (490 Meilen)

1850 Telegraph II	1 17	1852 Pittsburgh	1 15
1851 Buckeye State	1 16		

St. Louis–Alton (30 Meilen)

1853 Alton	1 35	1876 War Eagle	1 37
1876 Golden Eagle	1 37		

Sonstige Rekorde

Im Juni 1859 machte das Paketboot St. Louis–Keokuk, »City of Louisiana«, die Fahrt von St. Louis nach Keokuk (214 Meilen) in der Bestzeit von 16 Stunden und 20 Minuten.

1868 bewältigte der Dampfer »Hawkeye State« der Northern Line Packet Company die Strecke von St. Louis bis St. Paul (800 Meilen) in 2 Tagen und 20 Stunden, was noch nicht überboten worden ist.

1853 fuhr das Dampfschiff »Polar Star« in 64 Stunden den Missouri von St. Louis nach St. Joseph hinauf. Drei Jahre später schaffte der Dampfer »Jas. H. Lucas« unter Kapitän Andy Wineland dieselbe Strecke in 60 Stunden und 57 Minuten. Die Entfernung zwischen beiden Häfen beträgt 600 Meilen, und wenn man die besonderen Navigationsschwierigkeiten auf dem ungestümen Missouri mit in Betracht zieht, so verdient die Leistung der »Lucas« besondere Erwähnung.

Die Fahrt der »Robert E. Lee«

Die von der »R. E. Lee« 1870 in ihrem berühmten Rennen mit der »Natchez« auf der Strecke New-Orleans–St. Louis erreichte Zeit stellt den absoluten Rekord dar, und da das Rennen im ganzen Lande reges Interesse fand, geben wir hier die Fahrzeiten bis zu den einzelnen Häfen wieder.

Abfahrt: New Orleans, Donnerstag, den 30. Juni 1870, 16.55; Ankunft:

	ZEIT T.	St.	Min.		ZEIT T.	St.	Min.
Carrollton	—	—	27½	Vicksburg	1	—	38
Harry Hills	—	1	½	Milliken's Bend	1	2	37
Red Church	—	1	39	Bailey-Plantage	1	3	48
Bonnet Carre	—	2	38	Lake Providence	1	5	47
College Point	—	3	50½	Greenville	1	10	55
Donaldsonville	—	4	59	Napoleon	1	16	22
Plaquemine	—	7	5½	White River	1	16	56
Baton Rouge	—	8	25	Australia	1	19	—
Bayou Sara	—	10	26	Helena	1	23	25
Red River	—	12	56	½ Meile unterhalb St. Francis	2	—	—
Stamps	—	13	56	Memphis	2	6	9
Bryaro	—	15	51½	Fuß von Insel 37	2	9	—
Hinderson-Plantage	—	16	29	Fuß von Insel 26	2	13	30
Natchez	—	17	11	Towhead bei Insel 14	2	17	23
Cole's Creek	—	18	53	New Madrid	2	19	50
Waterproof	—	19	21	Trockenbarre Nr. 10	2	20	37
Rodney	—	20	45	Fuß von Insel 8	2	21	25
St. Joseph	—	21	2	Oberes Towhead bei Lucas Bend	3	—	—
Grand Gulf	—	22	6	Cairo	3	1	—
Hard Times	—	22	18	St. Louis	3	18	14
½ Meile unterhalb Warrenton	1	—	—				

Die »Lee« landete am 4. Juli 1870 um 11.25 in St. Louis – sechs Stunden und sechsunddreißig Minuten vor der »Natchez«. Die Offiziere der »Natchez« machten geltend, wegen Maschinenschaden und Nebel sieben Stunden und eine Minute gehalten zu haben. Die »R. E. Lee« stand unter dem Kommando von Kapitän John W. Cannon und die »Natchez« unter dem des alten verdienten Schiffers aus dem Süden, Kapitän Thomas P. Leathers.

SIEBZEHNTES KAPITEL

Flut und ewige Ebbe

Diese trockenen Einzelheiten sind insofern wichtig, als ich dadurch auf eine der merkwürdigsten Eigenheiten des Mississippi zu sprechen kommen kann, nämlich auf die, seinen Lauf von Zeit zu Zeit zu verkürzen. Man nehme ein langes geschmeidiges Stück Apfelschale und werfe es in die Luft, es wird sich genauso wunderbar kringeln wie sich ein durchschnittliches Stück Mississippi kringelt, sagen wir, wie die sich von Cairo in Illinois nach Süden bis New Orleans erstreckenden neunhundert oder tausend Meilen, auf denen es nur hier und da einmal eine kurze, gerade Strecke gibt. Die zweihundert Meilen von Cairo nordwärts bis St. Louis sind bei weitem nicht so gewunden, denn dort ist felsiger Boden, und den kann der Fluß nicht so leicht durchschneiden.

Durch das Schwemmland am »Unterlauf« dagegen frißt sich das Wasser in hufeisenförmigen Kurven hindurch, die mitunter so scharf sind, daß man an dem einen Ende des Hufeisens an Land gehen, die halbe oder dreiviertel Meile über die Landenge laufen und sich hinsetzen und ein paar Stunden ausruhen könnte, bis der Dampfer mit zehn Stundenmeilen den ganzen langen Bogen herumgefahren kommt, um einen wieder an Bord zu nehmen. Wenn der Fluß stark anschwillt, braucht irgend so ein Halunke, dessen Pflanzung im Hinterland liegt und deshalb nicht viel wert ist, nur die Gelegenheit abzupassen, um in dunkler Nacht eine kleine Rinne quer durch die engste Stelle zu graben und das Wasser reinzuleiten, und in erstaunlich kurzer Zeit ist das Wunder geschehen: der breite Mississippi hat sich in diesen schmalen Graben gebettet und den Grund und Boden jenes Pflanzers an sein Ufer verlegt (und damit seinen Wert vervierfacht), während die einst wertvolle Pflanzung des anderen sich weit draußen auf einer großen Insel befindet. Da der sie umspülende alte Wasserlauf bald versandet und auf zehn Meilen keine Schiffe mehr herankönnen, sinkt ihr Wert auf ein Viertel des früheren. In kritischen Zeiten werden an solchen Engen Wachen aufgestellt, und wenn einer dabei erwischt wird, daß er dort einen Durchstich gräbt, dann wird er wohl zeit seines Lebens keine Gelegenheit mehr haben, einen Graben auszuheben.

Betrachten wir einmal einige Auswirkungen dieser willkürlichen und unwillkürlichen Durchstechereien. Gegenüber von Port Hudson in Louisiana gab es einmal eine Landenge, die an der schmalsten Stelle nur eine halbe Meile breit war. In einer Viertelstunde hatte man sie durchquert, mit dem Floß um die ganze Biegung herum aber war das eine Reise von fünfunddreißig Meilen. Im Jahre 1722 brach der Fluß dort durch, ließ sein altes Bett im Stich und verkürzte sich um fünfunddreißig Meilen. Genauso hatte er sich 1699 am Black Hawk Point um fünfundzwanzig Meilen verkürzt. Unterhalb Red River Landing kam es – ich glaube, vor vierzig oder fünfzig Jahren – zur Raccourci-Abschneidung, die dem Fluß achtundzwanzig Meilen von seiner Länge nahm. Heute legt man vom südlichsten bis zum nördlichsten dieser drei Durchbrüche auf dem Wasserweg nur siebzig Meilen zurück. Vor hundertsechsundsiebzig Jahren hätte man dazu noch hundertachtundfünfzig gebraucht – auf diese läppische Entfernung also eine Verkürzung um achtundachtzig Meilen. Irgendwann brach der Fluß dann noch oberhalb von Vidalia in Louisiana, bei Insel 92, bei Insel 84 und am Hale's Point durch und schrumpfte insgesamt siebenundsiebzig Meilen ein.

Seit meiner eigenen Zeit auf dem Mississippi ist er bei Hurricane Island, bei Insel 100, bei Napoleon in Arkansas, bei Walnut Bend und bei Council Bend um weitere siebenundsechzig Meilen kürzer geworden, und als ich noch dort war, verlor er infolge des Durchstichs bei American Bend mindestens zehn Meilen.

Vor hundertsechsundsiebzig Jahren war der Mississippi zwischen Cairo und New Orleans also zwölfhundertfünfzehn Meilen lang, nach der Verkürzung von 1722 elfhundertachtzig und nach der bei American Bend tausendundvierzig. Inzwischen hat er weitere siebenundsechzig Meilen verloren. Folglich beträgt die Länge seines Unterlaufes heute nur noch neunhundertdreiundsiebzig Meilen.

Wenn ich nun den Ehrgeiz hätte, als ernst zu nehmender Wissenschaftler zu gelten, und behaupten wollte, an Hand der Ereignisse aus einer Periode der jungen und jüngsten Vergangenheit könnte ich beweisen, was in Urzeiten geschehen ist und was in ferner Zukunft geschehen wird, was ergäben sich da für Chancen! Eine bessere Gelegenheit oder exaktere Daten für Schlußfolgerungen hat die Geologie nie gehabt! Und ebensowenig die Theorie von der »Entwicklung der Arten«! Eiszeiten sind schon eine großartige Sache, aber dunkel, sehr dunkel. Man bedenke:

Im Verlauf von hundertsechsundsiebzig Jahren hat sich der untere Mississippi um zweihundertzweiundvierzig Meilen verkürzt. Das ergibt einen Durchschnitt von etwas über eineindrittel Meile pro Jahr. Also kann selbst ein Blinder mit Krückstock sehen, daß der Unterlauf des Mississippi im alten Oolith-Silur, nächsten November vor genau einer Million Jahren, wenigstens eine Million dreihunderttausend Meilen lang war und wie eine Angelrute über den Golf von Mexiko hinausragte. Ebenso muß es jedem einleuchten, daß es in siebenhundertzweiundvierzig Jahren von Cairo bis New Orleans bloß noch eindreiviertel Meilen sein werden und beide Städte dann ihre Straßen zusammengelegt haben und sich unter nur einem Bürgermeister und nur einem Magistrat gemütlich weiter abrackern. Mit der Wissenschaft ist es irgendwie faszinierend. Aus der kleinsten Kapitalsanlage in Fakten lassen sich da Riesenprofite in Mutmaßungen herausholen.

Wenn das Wasser durch einen jener Gräben zu strömen beginnt, von denen ich gesprochen habe, ist es für die Leute ringsum Zeit, umzuziehen. Wie ein Messer spalten die Fluten die Ufer auseinander. Hat die Rinne erst einmal zwölf bis fünfzehn Fuß Breite erreicht, ist das Unglück so gut wie geschehen; keine Macht der Welt kann es mehr aufhalten. Bei hundert Yard Breite bröckeln die Ufer bereits in Scheiben von der Größe eines halben Morgens ab. Die Strömung, die sich vorher mit nur fünf Stundenmeilen um die Biegung quälte, nimmt auf der geraden und kürzeren Strecke ungeheuer zu. Ich war an Bord des ersten Schiffes, das versuchte, den Durchbruch bei American Bend zu nehmen – bloß geschafft haben wir es nicht. Es war mitten in der Nacht, einer scheußlichen Nacht mit Donner, Blitz und Wolkenbruch. Die Strömung in dem neuen Flußbett wurde auf zirka fünfzehn Stundenmeilen geschätzt; mehr als zwölf oder dreizehn machte unser Dampfer aber selbst bei ruhigem Wasser nicht, weshalb es von uns vielleicht töricht war, uns überhaupt in den Durchbruch zu wagen. Doch Mr. Brown hatte seinen Ehrgeiz und versuchte es immer wieder von neuem. Kurz vor dem Point war die Gegenströmung zum Ufer ebenso stark wie die Hauptströmung draußen in der Mitte, und so wollten wir mit Karacho aufs Ufer zuhalten und, wenn wir in die um den Point kommende Strömung stießen, unter beibehaltenem Volldampf eine günstige Woge abpassen. Aber all unsere Anstrengungen waren zwecklos. Sobald uns die Strömung traf, wirbelte sie uns herum wie einen Kreisel, das Wasser überflutete das Vorderdeck, und das Schiff legte sich so weit über, daß man sich kaum noch auf den Füßen halten konnte. Im nächsten Augenblick schossen wir auch schon stromabwärts und hatten zu tun, nicht irgendwo im Wald zu landen. Und dieses Experiment unternahmen wir viermal. Ich stand auf der Treppe zur Back und sah zu. Es war erstaunlich, zu beobachten, wie schnell das Schiff in dem Moment, als es aus der Gegenströmung herausgerissen wurde und mit der Nase in die Hauptströmung stieß, herumwirbelte und Reißaus nahm. Die geräuschvolle Erschütterung und das Erbeben hätten kaum anders sein können, wenn wir in voller Fahrt auf eine Sandbank gelaufen wären. Im Aufleuchten der Blitze konnte man die Hütten von den Plantagen sowie die schönsten Äcker in den Fluß stürzen sehen, und das Getöse, das sie machten, war keine schlechte Nachahmung des Donners. Einmal, als wir gerade wieder herumgeschleudert wurden, hätten wir um bloße zwanzig Fuß bald ein Haus gerammt, in dessen Fenster Licht brannte, doch im selben Augenblick kippte dieses Haus schon von selber ins Wasser. Auf unserem Vorderdeck konnte niemand bleiben, denn jedesmal, wenn wir quer gegen die Strömung stießen, kam das Wasser in reißender Flut über. Nach dem vierten

Versuch gingen wir in den Wäldern zwei Meilen unterhalb des Durchbruchs vor Anker, denn natürlich war alles Land dort überschwemmt. Ein paar Tage später hatte sich der neue Graben auf dreiviertel Meilen verbreitert, und Dampfschiffe konnten ohne besondere Schwierigkeiten durch und so zehn Meilen Weg sparen.

Die alte Raccourci-Abschneidung nahm der Flußlänge achtundzwanzig Meilen. Damit ist eine Geschichte verbunden. Eines Nachts soll ein Schiff dort entlanggekommen sein und versucht haben, den üblichen Weg um den endlos langen Bogen herum zu nehmen, da die Lotsen von dem Durchbruch noch nichts wußten. Es war eine greuliche Nacht – alle Uferumrisse verwischt und verzerrt. In der alten Biegung hatte bereits die Versandung eingesetzt, und das Schiff fing an, von einem unerklärlichen Riff nach dem anderen wegzuzerren und ab und zu auch mal auf eines aufzulaufen. Die verblüfften Lotsen begannen zu fluchen und äußerten schließlich den völlig unnötigen Wunsch, hier niemals mehr herauszukommen. Und wie es in solchen Fällen immer geht – dieses eine Stoßgebet wurde erhört, alle anderen aber nicht. So geistert jener Dampfer noch heute in dem verlassenen Flußbett herum und sucht den Ausgang. Mehr als ein ernsthafter Wachmann hat mir hoch und heilig versichert, wenn er in regnerischen, finsteren Nächten an der Inselspitze vorübergekommen sei, habe er furchtsam den vergessenen Fluß hinuntergeschaut und die fahlen Lichter des Gespensterschiffs durch den Nebel dringen sehen und das dumpfe Husten seiner Auslaßrohre und die kläglichen Rufe der Lotgäste gehört. In Ermangelung weiteren statistischen Materials möchte ich dieses Kapitel mit noch einer Erinnerung an »Stephen« schließen.

Fast alle Kapitäne und Lotsen besaßen mit Stephens Unterschrift gezierte Schuldverschreibungen auf Summen von zweihundertfünfzig Dollar aufwärts. Stephen löste zwar nie eine davon ein, war aber sehr hinterher, sie alle zwölf Monate zu erneuern.

Natürlich kam auch einmal die Zeit, wo er seine alten Gläubiger nicht mehr anpumpen konnte. Er mußte sich also auf die Lauer legen und auf neue Opfer warten, die seine

Schliche noch nicht kannten. Wie zum Beispiel Young Yates, ein gutmütiges Schaf. (Ich gebe ihm hier einen anderen Namen, sein richtiger fing aber auch mit Y an.) Young Yates hatte als frischgebackener Lotse ein Schiff bekommen, und als er am Monatsende ins Lohnbüro hinaufstieg und seine zweihundertfünfzig Dollar in neuen, knisternden Scheinen in Empfang nahm, war Stephen da! Seine Silberzunge begann sich zu rühren, und im Handumdrehen hatten die zweihundertfünfzig Dollar von Yates den Besitzer gewechselt. Die Sache sprach sich unter den Lotsen schnell herum, zum großen Vergnügen und zur Genugtuung der alten Gläubiger. Der ahnungslose Yates argwöhnte indessen nicht, daß Stephens Versprechen, pünktlich am Ende der Woche zu zahlen, für die Katz war. Zur vereinbarten Zeit forderte er sein Geld zurück. Stephen besänftigte ihn mit süßen Reden und vertröstete ihn auf die nächste Woche. Verabredungsgemäß fragte Yates dann wieder nach, und wieder kam er völlig eingezuckert und mit neuem Aufschub zurück. So ging das munter weiter. Woche für Woche lief Yates zu Stephen, immer ohne Erfolg, und schließlich gab er es auf. Nun aber drehte Stephen den Spieß um und lief Yates hinterher! Wo Yates erschien, war Stephen unentrinnbar da. Und er war nicht bloß da, sondern strahlte auch noch vor lauter Herzlichkeit und floß über von Entschuldigungen, und wie schrecklich leid es ihm täte, nicht zahlen zu können. Bald war es so, daß der arme Yates, sah er Stephen nur kommen, kehrtmachte und ausriß, und wenn er einen Begleiter bei sich hatte, zog er den mit sich fort. War aber alles umsonst; sein Schuldner holte ihn doch ein und drängte ihn in eine Ecke. Keuchend und mit gerötetem Gesicht, mit ausgestreckten Händen und brennenden Augen kam Stephen auf ihn zu, unterbrach die Unterhaltung, schüttelte Yates fast die Arme aus den Gelenken und legte los:

»Himmel, was bin ich gerannt! Ich habe gesehen, daß Sie mich nicht bemerkt haben, und da hab ich Volldampf aufgedreht, denn ich hatte schon Angst, Sie ganz aus den Augen zu verlieren. Aber da sind Sie ja nun! Bleiben Sie so stehen, damit ich Sie anschauen kann. Immer noch dieselben edlen Züge.« (Und an Yates' Begleiter gerichtet:) »Schauen Sie ihn an! Schauen Sie ihn nur an! Tut das nicht wirklich gut? Gibt er nicht ein prächtiges Bild ab? Für mich aber ist er mehr als ein Bild, für mich ist er ein Panorama! Jawoll, ein ganzes Panorama. Und dabei fällt mir ein, was ich eigentlich wollte!« (Wieder zu Yates:) »Ach, hätte ich Sie nur eine Stunde früher getroffen! Vierundzwanzig Stunden lang habe ich diese zweihundertfünfzig Dollar für Sie aufgehoben und überall nach Ihnen Ausschau gehalten. Von gestern abend um sechs bis heute früh um zwei hab ich ohne einen Bissen und ohne Schlaf in der Pflanzerbar gewartet. Meine Frau sagt: ›Wo bist du die ganze Nacht gewesen?‹ Ich sage: ›Diese Schuld lastet mir schwer auf der Seele.‹ Sagt sie: ›Mein Lebtag hab ich noch keinen Menschen gesehen, der sich Schulden so zu Herzen nimmt wie du.‹ Sage ich: ›Das liegt nun mal so in mir drin. Kann ich das ändern?‹ Sagt sie: ›Na schön, aber jetzt geh endlich ins Bett und schlafe.‹ ›Nicht eher‹, sage ich, ›als bis dieser arme edle junge Mann sein Geld hat.‹ So hab ich die ganze Nacht aufgesessen und mich heute früh gleich auf die Socken gemacht, und der erste, den ich treffe, erzählt mir, Sie hätten sich auf der ›Grand Turk‹ eingeschifft und wären unterwegs nach New Orleans. Ach, da habe ich mich an ein Haus lehnen müssen und weinen. So wahr mir Gott helfe, ich konnte nicht anders. Der Besitzer von dem Haus ist mit einem Scheuerlappen herausgekommen und hat gesagt, seine Hausmauern lasse er sich nicht gern vollweinen, und mir war, als hätte sich alle Welt gegen mich verschworen und als wäre es sinnlos, noch länger zu leben, und wie ich vor einer Stunde da so entlangkam, unter Seelenqualen, die mir keiner mitfühlen kann, hab ich Jim Wilson getroffen und ihm die zweihundertfünfzig Dollar als Abzahlung gegeben. Und nun sind Sie doch da, und ich habe keinen einzigen Cent mehr! Aber so wahr, wie ich hier stehe, hier auf diesem Boden, auf diesem Stein – da, ich habe ein Zeichen in den Stein gekratzt, an dem man ihn erkennen kann –, ich werde mir das Geld leihen und Ihnen morgen Schlag zwölf zurückzahlen! Bitte bleiben Sie so stehen, lassen Sie sich nur einmal noch anschauen.«

Und so weiter. Yates wurde das Leben zur Last. Vor seinem Schuldner und dessen fürchterlichen Schmerzensbeteuerungen, nicht zahlen zu können, gab es kein Entrinnen. Ihm grauste, sich auf der Straße zu zeigen, denn an der nächsten Ecke konnte ja Stephen auf der Lauer liegen.

Stammlokal der Lotsen war damals Bogarts Billardkneipe, wo sie nicht bloß zum Spielen, sondern auch zum Austausch von Neuigkeiten über den Fluß zusammenkamen. Eines Morgens war Yates dort. Stephen ebenfalls, doch der hielt sich im Hintergrund. Als aber nach und nach alle in der Stadt anwesenden Lotsen eingetroffen waren, erschien er plötzlich in ihrer Mitte und stürzte sich auf Yates wie auf einen verloren geglaubten Bruder.

»Oh, wie freu ich mich, Sie zu sehen! Bei meiner Seele, Ihr Anblick ist meinen Augen ein Trost! Gentlemen, Ihnen allen schulde ich Geld – insgesamt wahrscheinlich an die vierzigtausend Dollar. Ich will sie zurückzahlen, und ich werde sie zurückzahlen – auf Heller und Pfennig. Sie alle wissen, das brauche ich Ihnen nicht erst zu erzählen, was es mich für Sorgen kostet, so lange und so tief in der Schuld so geduldiger und großzügiger Freunde zu stehen, doch am schwersten, bei weitem am schwersten leide ich unter meinen Schulden bei diesem edlen jungen Manne hier, und ich bin heute morgen extra hierhergekommen, um Ihnen mitzuteilen, daß ich endlich eine Methode gefunden habe, wie ich alle meine Schulden bezahlen kann! Und es liegt mir ganz besonders daran, daß *er* dabei zugegen ist. Ja, mein getreuer Freund und Wohltäter, ich habe die Methode gefunden! Die Methode, meine *sämtlichen* Schulden zu bezahlen, und Sie werden Ihr Geld kriegen!«

In Yates' Augen dämmerte Hoffnung. Lautere Güte ausstrahlend und Yates die Hand aufs Haupt legend, fuhr Stephen fort:

»Ich werde nach dem Alphabet gehen!«

Damit drehte er sich um und verschwand. Die volle Bedeutung der Stephenschen »Methode« wurde der verblüfften und sinnierenden Lotsenschar erst nach einigen Minuten klar. Dann murmelte Yates mit einem Seufzer: »Na, das sind ja schöne Aussichten für die Ypsilons. In *dieser* Welt dürfte er nicht weiter kommen als bis zum C, und selbst wenn in der nächsten ein gutes Stück Ewigkeit dahingeschwunden ist, wird man da oben von mir wohl immer noch sprechen, als von ›diesem armen Lotsen, der damals von St. Louis heraufgekommen ist und dem man so übel mitgespielt hat‹!«

ACHTZEHNTES KAPITEL

Ich kriege Nachhilfestunden

Während der zwei oder zweieinhalb Jahre meiner Lehrzeit habe ich unter vielen Lotsen gedient und alle möglichen Arten von Dampfschiffern und Dampfschiffen erlebt, denn Mr. Bixby hatte nicht immer Verwendung für mich und gab mich dann jemand anders mit. Die dabei gesammelten Erfahrungen kommen mir zum Teil noch heute zugute; habe ich doch in jener kurzen, harten Schule mit so ziemlich allen menschlichen Typen aus Dichtung, Biographie und Geschichte persönliche und enge Bekanntschaft geschlossen. Um eine solche Ausbildung mit auf den Weg zu bekommen, das wird mir jeden Tag von neuem klar, wären bei einer gewöhnlichen Beschäftigung zu Lande mindestens vierzig Jahre nötig. Wenn ich sage, ich profitiere noch heute davon, so will ich damit nicht etwa behaupten, daß mich das zum Menschenkenner gemacht hat – nein, zum Menschenkenner kann man nicht gemacht werden, dazu muß man geboren sein. Der Nutzen, den ich daraus ziehe, ist sehr mannigfaltig, am meisten aber weiß ich die Würze zu schätzen, die jene damals gemachten Erfahrungen meiner späteren Lektüre gegeben haben und noch geben. Finde ich in einem Roman oder einer Biographie eine gut gezeichnete Gestalt, so bringe ich ihr meist ein warmes, persönliches Interesse entgegen, und zwar deshalb, weil ich sie von früher her kenne – weil ich ihr auf dem Fluß begegnet bin.

Die Gestalt, die am häufigsten aus dem Schatten der Vergangenheit vor mir auftaucht, ist Brown vom Dampfschiff »Pennsylvania« – derselbe, den ich schon in einem anderen Kapitel erwähnt habe, der mit dem so guten und anödenden Gedächtnis. Er war um die Mitte der Jahre, lang, dünn, knochig und mit glattrasiertem Pferdegesicht, ein ungebildeter, hitziger, boshafter, knurriger Tyrann, der an allem etwas auszusetzen hatte und aus jeder Mücke einen Elefanten machte. Bei ihm gewöhnte ich mir sehr schnell an, stets mit Manschetten auf Wache zu ziehen. Ich konnte unten mit der Freiwache noch so fröhliche Stunden verbracht haben, und ich mochte, wenn ich nach oben stieg, noch so prächtig aufgelegt sein, sobald ich in die Nähe vom Steuerhaus kam, sackte mir das Herz runter wie Blei.

Ich erinnere mich noch, wie ich diesem Kerl zum erstenmal gegenübertrat. Das Schiff war in St. Louis rückwärts abgestoßen und »drehte runter«. In gehobener Stimmung stieg ich zum Steuerhaus hinauf, mächtig stolz, halboffiziell zu den obersten Chargen eines so berühmten und schnellen Schiffes zu gehören. Brown stand am Rad. Ich verharrte in der Mitte des Raumes, ganz darauf eingestellt, meinen Diener zu machen, doch Brown sah sich nicht um. Ich glaubte zu bemerken, wie er verstohlen um die Ecke linste, aber als sich nicht einmal diese Notiznahme wiederholte, kam ich zu dem Schluß, daß ich mich wohl geirrt haben müßte. Unterdessen steuerte er vorsichtig zwischen ein paar gefährlichen Strudeln in der Höhe der Holzplätze hindurch, weshalb es mir nicht ratsam schien, ihn zu stören. Ich ging daher leise zur Bank und setzte mich.

Zehn Minuten lang nichts als Schweigen. Dann drehte sich mein neuer Prinzipal um und musterte mich ungeniert und sehr eingehend von Kopf bis Fuß – wohl eine Viertelstunde lang, wie mir schien. Danach wandte er seine Visage ab, und ihr Anblick blieb mir ein paar Sekunden verborgen, bis sie wieder herumfuhr und ich mit der Frage begrüßt wurde:

»Bist Horace Bixby sein Stöps?«

»Jawohl, Sir.«

Pause und neue Musterung.

Dann: »Wie heißt du?«

Ich nannte ihm meinen Namen, und er sprach ihn mir nach. Doch das war wahrscheinlich das einzige, was er jemals vergaß, denn obwohl ich viele Monate bei ihm blieb, wandte er sich nie anders an mich als mit »He!«, und dann kam gleich sein Befehl.

»Wo bist geboren?«

»In Florida, Missouri.«

Pause.

Dann: »Da hättest bleiben sollen, verflixt noch mal!«

Mit Hilfe von einem guten Dutzend reichlich direkter Fragen pumpte er meine ganze Familiengeschichte aus mir heraus.

An der ersten Stelle zum Kreuzen wurde jetzt gelotet. Das unterbrach das Verhör. Als die Lote eingeholt waren, fragte er weiter:

»Wie lange auf dem Fluß?«

Ich sagte es ihm.

Nach einer Pause: »Wo hast die Schuhe da her?«

Ich gab ihm Auskunft.

»Fuß hoch!«

Ich hob den Fuß. Er trat zurück, untersuchte eingehend und mit verächtlicher Miene meinen Schuh, kratzte sich nachdenklich den Kopf, wobei er, um sich das leichter zu machen, seinen hohen Spitzhut nach vorn stülpte, stieß dann hervor »Na, da will ich gottverflixt sein!« und kehrte zu seinem Steuerrad zurück.

Was für ein Anlaß vorgelegen hatte, gottverflixt sein zu wollen, ist mir heute ebenso ein Geheimnis wie damals. Ganze fünfzehn Minuten – fünfzehn Minuten dumpfen, heimwehkranken Schweigens – muß es gedauert haben, ehe sich dieses lange Pferdegesicht wieder zu mir herumdrehte – doch wie verändert! Es war puterrot, und jeder Muskel darin arbeitete. Und nun ging das Gebuller los: »He! Willst den ganzen Tag da sitzen bleiben?«

Das war wie ein plötzlicher elektrischer Schlag und schleuderte mich auch gleich mitten auf den Fußboden. Sobald ich meine Stimme wieder hatte, sagte ich entschuldigend: »Ich habe ja keine Befehle bekommen, Sir.«

»*Keine Befehle!* Verflixt, sind wir ein feiner Pinkel! Ohne *Befehle* tun wir keinen Handschlag! Unser Vater war ein *Herr* – hat Sklaven gehabt – und *wir* sind in der *Schule* gewesen. Ja, *wir* sind auch ein Herr! Uns muß man schon *Befehle* geben! *Befehle,* ja? BEFEHLE also willst du! Verflixt will ich sein, aber dir werd ich schon die Flötentöne beibringen, dich *hier* so aufzuspielen und rumzukrakeelen von wegen *Befehle!* Weg vom Rad!« (Ich war hingegangen, ohne es zu merken.)

Ich wich ein paar Schritte zurück und stand wie benommen; dieser wütende Angriff hatte all meine Sinne betäubt.

»Was stehst noch rum? Los, bring den Eiskübel runter zum Texas-Steward! Aber ein bißchen hoppla, und komm nicht erst heut abend wieder!«

Als ich zum Steuerhaus zurückkam, empfing mich Brown: »He! Was hast die ganze Zeit unten gemacht?«

»Ich hab den Steward nicht finden können und mußte bis zur Pantry.«

»Verflixt faule Ausrede! Leg im Ofen nach.«

Ich machte mich an die Arbeit. Er beobachtete mich wie eine Katze. Auf einmal brüllte er: »Tu die Schaufel weg! Verflixter Blödling! Nicht mal genug Grütze im Kopf, Feurung nachzulegen!«

So ging das während der ganzen Wache. Ja, und die folgenden Wachen waren nicht besser, und das ein paar Monate lang. Wie schon gesagt, ich trat meinen Dienst bald nur noch angstschlotternd an. Sobald ich in Browns Nähe war, und selbst in dunkelster Nacht, konnte ich den Blick dieser gelben Augen fühlen und wußte, ihr Besitzer suchte nach einem Vorwand, um mich mit Gift und Galle zu bespucken. Einleitend pflegte er zu sagen:

»He! Nimm das Rad.«

Zwei Minuten später: »Wo steuerst denn hin? Zum Kuckuck noch mal! Drück das Rad runter! *Runter!*«

Nach einer weiteren Minute: »Sag mal, willst du dich den ganzen Tag am Rad festhalten? Laufenlassen! Gegendrücken! Gegendrücken!«

Dann sprang er von der Bank herunter, riß mir das Rad

aus den Händen und drückte, ununterbrochen Zorn auf mich ausgießend, selber dagegen.

Der Stöps des anderen Lotsen war George Ritchie. Der verlebte jetzt herrliche Zeiten, denn sein Meister, George Ealer, war das ganze Gegenteil von Brown. Ritchie hatte vorige Saison für Brown gesteuert, er wußte also genau, wie er gleichzeitig sich amüsieren und mich quälen konnte. Wenn ich während Ealers Wache mal für einen Augenblick das Rad nahm, lehnte sich Ritchie auf der Bank hinten an und spielte Brown, indem er in einem fort rief: »Schnell doch! Schnell doch! Verflixter Stint!« – »He! Wo willst denn *jetzt* hin? Über den Baum unter Wasser da, was?« – »Runterdrücken! Hörst nicht? *Runter*drücken!« – »Da haben wir die Bescherung! Hab's ja kommen sehen! Hab dir doch *gesagt*, laß das Riff! Weg vom Rad!«

Ich war also immer belämmert dran, ganz gleich, wer Wache hatte, und Ritchies gutmütiges Gepiesacke schien mir manchmal genauso schlimm wie Browns bitterernste Schurigeleien.

Oft wollte ich Brown umbringen, aber das wäre schlecht gegangen. Ein Stöps hatte von seinem Meister jeden noch so unsanften Kommentar und jede noch so drastische Kritik hinzunehmen, und einen Lotsen im Dienst schlagen oder ihm drohen, darauf stand Zuchthaus, wie wir alle glaubten. Immerhin durfte ich mir aber *vorstellen*, wie ich Brown umbrachte, das konnte mir niemand verbieten, und das pflegte ich dann auch zu tun, sobald ich in meiner Koje lag. Statt den Fluß zu rekapitulieren, wie es meine Pflicht war, überließ ich mich dem Vergnügen und murkste Brown ab. Ich murkste ihn jede Nacht ab, monatelang, und nicht auf alte, x-mal dagewesene Weise, sondern anders, effektvoller – auf Arten, die in Neuartigkeit der Anlage und Schauerlichkeit von Situation und Umgebung manchmal erstaunlich waren.

Auf der Lauer nach einem Grund zum Kritteln lag Brown nur einmal, und das war immer, und konnte er keinen plausiblen finden, griff er sich einen aus der Luft. Er raunzte einen an, wenn man dicht ans Ufer ging und wenn man *nicht* dicht ans Ufer ging, wenn man eine Sandbank streifte und wenn man sie *nicht* streifte; wenn man ohne Aufforderung »runterdrückte« und wenn man ohne Aufforderung *nicht* runterdrückte; wenn man ohne Befehl einfeuerte und wenn man erst auf einen Befehl dazu wartete. Mit einem Wort, es war bei ihm feste Regel, daß alles, aber auch alles, was man machte, falsch war, und eine zweite, ebenso unveränderliche Regel, daß er einem jede Bemerkung in Form einer Beschimpfung an den Kopf warf.

Eines Tages näherten wir uns, schwerbeladen flußabwärts kommend, New Madrid. Brown stand auf der einen Seite vom Rad und steuerte, ich auf der anderen, bereit, beim »Runter-« oder »Hochdrücken« mit anzupacken. Ab und zu warf er mir einen verstohlenen Blick zu. Was das zu bedeuten hatte, wußte ich schon lange, nämlich, daß er dabei war, mir eine Falle zu stellen. Ich fragte mich, was es wohl diesmal für eine sein würde. Nach einer Weile trat er vom Rad zurück und sagte in seinem üblichen blaffenden Ton: »He! Sieh zu, ob du Schneid genug hast, zu wenden.«

Das mußte ja einfach ein Erfolg werden, nichts konnte ihn verhindern, denn noch nie hatte er mich wenden lassen, also ganz gleich, wie ich mich dabei anstellte, er würde mir den Marsch blasen können. Da stand er nun hinter mir, seine gierigen Augen auf mich geheftet, und es kam wie vorausgesehen: In weniger als einer halben Minute verlor ich den Kopf und wußte weder aus noch ein. Ich fing viel zu früh mit dem Herumbringen des Schiffes an, entdeckte jedoch ein grünliches Aufleuchten der Freude in Browns Augen und korrigierte meinen Fehler. Ich versuchte es von neuem, wieder zu weit oben, und wieder konnte ich rechtzeitig zurückdrehen. Ich machte andere falsche Bewegungen, und noch gelang es mir, mit heiler Haut davonzukommen, doch schließlich wurde ich so konfus und verdattert, daß ich in den allerschlimmsten Schnitzer verfiel – ich ging zu weit nach unten, bevor ich mit dem Herumnehmen begann. Browns Erfolg war da.

Sein Gesicht lief knallrot an. Ein Satz, und er hatte mich mit seinem Arm beiseite und durchs Steuerhaus gefegt. Er riß das Rad herum und ließ eine Schimpfkanonade los, die so lange dauerte, bis er außer Atem war. Im Verlauf dieser Rede betitelte er mich mit allem, was er sich nur ausdenken konnte, und ein paarmal glaubte ich schon, er würde anfangen, richtiggehend zu fluchen – aber das hatte er niemals getan und tat es auch jetzt nicht. »Gottverflixt!« war das Äußerste, was er sich vom Luxus des Fluchens erlaubte, denn er war in heilsamem Respekt vor künftigem Feuer und Schwefel aufgewachsen.

Das war eine unerquickliche Stunde, zumal sich auf dem Oberdeck eine ansehnliche Menge von Zuhörern befand. Als ich in jener Nacht im Bett lag, brachte ich Brown auf siebzehn verschiedene Arten um – und alle waren neu.

NEUNZEHNTES KAPITEL

Brown und ich tauschen Höflichkeiten aus

Zwei Fahrten später brockte ich mir ernsthaft was ein. Er steuerte, ich »drückte runter«. Mein jüngerer Bruder erschien auf dem Oberdeck und rief Brown zu, ein paar Meilen weiter unten an einer Anlegestelle zu halten. Brown gab durch kein Zeichen zu verstehen, daß er etwas gehört habe. Aber das war ganz seine Art: von einem Unterzahlmeister Notiz zu nehmen, dazu hätte er sich nie und nimmer herabgelassen. Es pfiff ein ziemlicher Wind; Brown war schwerhörig (obwohl er das stets abstritt), und ich zweifelte stark daran, daß er die Anweisung verstanden hatte. Hätte ich zwei Köpfe gehabt, hätte ich ja was gesagt, da ich jedoch nur einen besaß, schien es mir ratsamer, auf den achtzugeben, und so schwieg ich still.

Und richtig, nach einiger Zeit fuhren wir an jener Plantage prompt vorbei. Kapitän Klinefelter erschien auf dem Deck und sagte:

»Wenden Sie, Sir, wenden Sie. Hat Henry Ihnen nicht gesagt, Sie sollen hier anlegen?«

»I wo!«

»Ich hab ihn doch extra heraufgeschickt.«

»Ja, raufgekommen ist er, und damit hat's sich gehabt. Dieser blöde Kerl, kein Sterbenswörtchen hat er gesagt.«

»Hast *du* ihn nicht gehört?« wandte sich der Kapitän an mich.

Ich verspürte natürlich nicht die geringste Lust, mit hineingezogen zu werden, mir blieb aber nichts anderes übrig, als zu antworten: »Doch, Sir.«

Noch bevor Brown den Mund aufmachte, wußte ich, was er sagen würde. Nämlich: »Halt 's Maul! Gar nichts hast du gehört!«

Wie befohlen hielt ich den Mund. Eine Stunde später kam Henry ins Steuerhaus, ohne eine Ahnung, was sich inzwischen abgespielt hatte. Er war ein durch und durch harmloser Junge, und er tat mir jetzt schon leid. Ich wußte, Brown würde kein Mitleid mit ihm haben. Der fing auch gleich an:

»He! Warum hast du mir nicht gesagt, wir sollen da halten?«

»Habe ich doch, Mr. Brown.«

»Du lügst!«

Ich sagte: »*Sie* lügen. Er hat es Ihnen gesagt.«

Brown starrte mich an, baff und fast einen ganzen Augenblick lang sprachlos. Dann fuhr er mich an: »Mit dir rechne ich in einer halben Minute ab!« Dann zu Henry: »Und du verläßt das Steuerhaus. Los, raus mit dir!«

Das war Lotsengesetz und mußte befolgt werden. Henry wandte sich zum Gehen und war schon mit dem einen Fuß draußen auf der obersten Treppenstufe, als Brown in einem plötzlichen Wutanfall einen zehn Pfund schweren Brocken Kohle ergriff und ihm nachsprang. Doch ich warf mich mit einem schweren Schemel dazwischen und verpaßte Brown einen anständigen Schlag, der ihn zu Boden gehen ließ.

Ich hatte das Kapitalverbrechen begangen – hatte die Hand gegen einen Lotsen auf Wache erhoben! Eine Zuchthauszelle war mir sicher, so oder so, da konnte ich ebensogut weitermachen und meine Rechnung mit diesem Kerl begleichen, solange Gelegenheit war. Ich ließ nicht locker und hämmerte eine ganze Weile mit den Fäusten auf ihn los. Wie lange, weiß ich nicht, die Freude darüber hat es mir wahrscheinlich länger erscheinen lassen, als es in Wirklichkeit war, doch schließlich riß er sich los und sprang auf und ans Rad – eine durchaus verständliche Sorge, denn die ganze Zeit über schoß das Dampfschiff mit fünfzehn Stundenmeilen den Fluß hinunter, und niemand am Steuer! Allerdings war Eagle Bend bei diesem uferhohen Wasserstand zwei Meilen breit und entsprechend lang und tief, und das Schiff blieb ganz von selber in der Mitte und riskierte nichts auf eigene Faust. Aber das war reines Glück – man hätte ebensogut dazukommen können, wie es gerade in die Wälder brach.

Als Brown mit einem Blick sah, daß für die »Pennsylvania« keine Gefahr bestand, griff er sich das große Fernglas à la Kriegsbeil, und mit einem Stimmaufwand, lauter als jedes Komantchengebrüll, befahl er mir, das Steuerhaus zu verlassen. Doch ich hatte keine Angst mehr vor ihm. Ich ging nicht, sondern blieb und kritisierte seine Grammatik. Ich verbesserte seine wutschäumenden Reden und brachte sie in gutes Englisch, wobei ich ihn auf die Vorzüge hinwies, die reines Englisch gegenüber dem Kauderwelsch der Kohlengruben von Pennsylvania hat, wo er herstammte. Nun hätte er mir ja mit einem Sturmfeuer bloßer Beschimpfungen Bewunderung zollen können, für diese Art der Diskussion war er aber nicht gewappnet. Er legte das Glas bald wieder hin und ergriff murmelnd und kopfschüttelnd das Rad, und ich zog mich auf die Bank zurück.

Der Radau hatte alle aufs Oberdeck gelockt, und ich schlotterte, als ich den alten Kapitän aus der Menge heraufblicken sah. Ich dachte bei mir: ›Jetzt bist du geliefert!‹, denn so väterlich und nachsichtig der Kapitän in der Regel gegen seine Leute war und so geduldig er kleinere Vergehen nachsah, wenn die Sache es verdiente, konnte er streng genug werden.

Ich versuchte mir vorzustellen, was er wohl mit einem Stift tun würde, der sich eines solchen Verbrechens schuldig gemacht hat wie ich, begangen auf einem bis obenhin mit Menschenleben und wertvoller Fracht beladenen Schiff. Unsere Wache war fast zu Ende. Ich gedachte, mich irgendwo zu verbergen, bis sich Gelegenheit bot, von Bord zu schlüpfen. Ich schlich aus dem Steuerhaus und die Treppe hinunter und herum um die Tür vom Texas und wollte gerade hineinhuschen, als plötzlich der Kapitän vor mir stand. Ich senkte den Kopf, und der Kapitän blickte einen Augenblick schweigend zu mir herunter, dann sagte er bedeutsam: »Mitkommen.«

Ich trottete hinter ihm her in seine Kajüte im vorderen Ende vom Texas. Wir waren jetzt allein. Er schloß die hintere Tür, ging dann langsam zur vorderen und machte die ebenfalls zu. Er setzte sich hin. Ich stand vor ihm. Nachdem er mich eine Weile angesehen hatte, sagte er:

»Du hast dich also mit Mr. Brown geprügelt?«

Ich antwortete kleinlaut: »Jawohl, Sir.«

»Weißt du, daß das eine sehr ernste Sache ist?«

»Jawohl, Sir.«

»Bist du dir darüber im klaren, daß das Schiff volle fünf Minuten ohne jemand am Steuer gewesen ist?«

»Jawohl, Sir.«

»Hast du ihn zuerst geschlagen?«

»Jawohl, Sir.«

»Womit?«

»Mit einem Schemel, Sir.«

»Kräftig?«

»Es ging, Sir.«

»Hat es ihn umgehauen?«

»Er ... er ist gefallen, Sir.«

»Hast du nicht abgelassen? Hast du sonst noch was gemacht?«

»Jawohl, Sir.«

»Was?«

»Ihn mit den Fäusten bearbeitet, Sir.«

»Mit den Fäusten?«

»Jawohl, Sir.«

»Ordentlich? Ich meine, saftig?«

»Das kann man wohl sagen, Sir.«

»Verdammt noch mal, das freut mich! Aber daß du mir das keinem weitersagst. Du hast dich eines schweren Verbrechens schuldig gemacht, erlaub dir das kein zweites Mal auf diesem Schiff. Lauer ihm doch an Land auf! Verabreiche ihm eine tüchtige Tracht Prügel, hörst du? Für die Kosten komme ich auf. Und nun geh – aber vergiß nicht: Das hier bleibt unter uns. Raus mit dir! Du hast ein schweres Verbrechen begangen, du Schlingel!«

Ich schlüpfte hinaus, heilfroh, so davongekommen zu sein, und ich hörte ihn noch vor sich hin lachen und sich auf seine fetten Schenkel schlagen, nachdem ich die Tür zugemacht hatte.

Als Brown von der Wache kam, ging er schnurstracks zum Kapitän, der sich mit ein paar Passagieren auf dem Maschinendeck unterhielt, und verlangte, daß ich in New Orleans an Land gesetzt werde. Er fügte hinzu:

»Solange dieser Stöps an Bord bleibt, rühre ich kein Rad an.«

Der Kapitän erwiderte: »Aber er braucht ja nicht mit Ihnen Wache zu machen, Mr. Brown.«

»Ich bleibe nicht einmal auf demselben Schiff mit ihm. Einer von uns beiden muß an Land.«

»Na gut«, sagte der Kapitän, »dann mögen Sie dieser eine sein«, und setzte sein Gespräch mit den Passagieren fort.

Während des kurzen Restes der Fahrt erfuhr ich, wie sich ein befreiter Sklave vorkommen muß, war ich doch jetzt selber einer. Wenn wir an Landestellen lagen, lauschte ich George Ealers Flötenspiel oder hörte zu, wie er aus seinen zwei Bibeln vorlas, das heißt aus Shakespeare und Goldsmith, oder ich spielte mit ihm Schach – und hätte ihn auch manchmal geschlagen, bloß er nahm immer seinen letzten Zug zurück und setzte das Spiel anders fort.

ZWANZIGSTES KAPITEL

Ein großes Unglück

Obwohl wir drei Tage in New Orleans lagen, gelang es dem Kapitän nicht, einen anderen Lotsen aufzutreiben. So schlug er vor, ich sollte die Tageswachen und George Ealer die Nachtwachen übernehmen. Doch ich hatte Angst, ich hatte noch nie allein Wache gestanden und war überzeugt, ich würde am Kopf irgendeiner Stromschnelle in die Patsche geraten oder in einer engen, durch eine Sandbank gehenden Rinne auf Grund laufen. Brown blieb also, wollte aber nicht mit mir zusammen fahren. Der Kapitän bestellte mir eine Schiffskarte beim Kapitän der »A. T. Lacey« für eine Fahrt nach St. Louis und sagte, er würde dort schon einen anderen Lotsen finden und mein Platz als Rudergast bleibe mir sicher. Die »Lacey« sollte ein paar Tage später als die »Pennsylvania« abgehen.

Am Abend vor der Abfahrt der »Pennsylvania« saßen Henry und ich am Uferdamm auf einem Stapel Fracht und schwätzten bis in die späte Nacht hinein. Und zwar hauptsächlich über ein Thema, mit dem wir uns, glaube ich, vorher nie befaßt hatten: Dampfschiffsunglücke. Ahnten wir doch nicht, daß eins im Anzuge war. Das Wasser zu dem Dampf, der es verursachen sollte, floß, während wir uns unterhielten, an irgendeiner Bake fünfzehnhundert Meilen stromaufwärts vorbei – würde aber zur rechten Zeit an Ort und Stelle sein. Wir bezweifelten, daß Leute ohne Autorität bei Schiffbruch und der dadurch entstehenden Panik viel ausrichten könnten, *etwas* aber würden sie doch helfen können, und wir beschlossen, im Ernstfall wenigstens beim Schiff zu bleiben und uns so nützlich zu machen wie möglich. Als nachher das Unglück geschah, erinnerte sich Henry daran und handelte entsprechend.

Die »Lacey« ging achtundvierzig Stunden später als die »Pennsylvania« ab. Als wir nach ein paar Tagen Greenville in Mississippi anliefen, rief uns jemand zu: »Die ›Pennsylvania‹ ist bei Ship Island in die Luft gegangen. Hundertfünfzig Todesopfer!«

Noch am selben Abend erhielten wir in Napoleon in Arkansas eine Extraausgabe einer Zeitung aus Memphis mit näheren Einzelheiten. Mein Bruder wurde darin als unverletzt erwähnt.

Weiter oben bekamen wir ein später erschienenes Extrablatt. Mein Bruder war wieder erwähnt, diesmal hieß es, er sei lebensgefährlich verwundet und es bestehe keine

Hoffnung mehr für ihn. Ausführliches über das Unglück erfuhren wir erst in Memphis. Hier die traurige Geschichte:

Es war an einem heißen Sommermorgen um sechs Uhr. Die »Pennsylvania« zuckelte nördlich von Ship Island, ungefähr sechzig Meilen unterhalb Memphis, mit halbem Dampf dahin und hatte einen Holzprahm im Schlepp, der schnell entladen wurde. George Ealer war im Steuerhaus, ich glaube, allein. Der Zweite Maschinist und ein Gehilfe hatten im Maschinenraum, der Zweite Maat an Deck Wache. George Black, Mr. Wood und mein Bruder, alle drei Zahlmeister, schliefen, ebenso Brown und der Erste Maschinist, der Schiffszimmermann, der Erste Maat und noch ein Gehilfe, Kapitän Klinefelter saß im Rasierstuhl, und der Barbier war bei den Vorbereitungen zum Rasieren. Wie es hieß, befanden sich eine große Zahl Kajütenpassagiere an Bord, außerdem drei- bis vierhundert Deckpassagiere, und die meisten schliefen noch. Als fast alles Holz aus dem Prahm übernommen war, läutete Ealer »Volle Kraft voraus!«, und im nächsten Augenblick explodierten mit donnerndem Krachen vier von den acht Dampfkesseln, und das ganze vordere Drittel des Schiffes flog in die Luft! Die Hauptmasse davon mit den Schornsteinen prasselte wieder aufs Schiff, ein Berg zerfetzten und wüsten Gerümpels – und bald darauf brach Feuer aus.

Viele Leute wurden beträchtlich weit weggeschleudert und fielen ins Wasser, darunter auch Mr. Wood, mein Bruder und der Zimmermann. Dieser lag, als er fünfundsiebzig Fuß vom Schiff ab aufs Wasser klatschte, immer noch auf seiner Matratze. Von Brown, dem Lotsen, und George Black, dem Ersten Zahlmeister, wurde nach der Explosion nichts mehr gesehen oder gehört. Der Rasierstuhl mit dem unverletzten Kapitän Klinefelter darin hing mit der Lehne über einem gähnenden Abgrund – alles, aber auch alles davor war verschwunden, und der Barbier, ebenfalls unverletzt, stand perplex da, mit dem großen Zeh ins Leere ragend, schlug er unbewußt noch immer seinen Schaum und brachte kein Wort hervor.

Als George Ealer vor sich die Schornsteine hochgehen sah, wußte er, was die Glocke geschlagen hatte. Er zog sich die Rockaufschläge übers Gesicht und preßte beide Hände fest dagegen, damit sich dieser Schutz nicht verschieben und kein Dampf in seine Nase oder seinen Mund konnte. Während er hochgeschleudert wurde und wieder runterkam, hatte er Zeit genug, sich um solche Einzelheiten zu kümmern. Schließlich landete er, in Begleitung von seinem Rad und einem Hagel anderer Sachen und eingehüllt in eine Wolke brühheißen Dampfes, auf den nicht explodierten Kesseln vierzig Fuß unterhalb vom ehemaligen Steuerhaus. Von all den vielen, die diesen Dampf einatmeten, kam kein einziger mit dem Leben davon. Ealer aber atmete nichts davon ein. So schnell er konnte, bahnte er sich einen Weg an die frische Luft, und als sich der Dampf verzogen hatte, kehrte er zurück, kletterte wieder auf die Kessel und suchte sich Stück für Stück seine Schachfiguren und die einzelnen Teile seiner Flöte zusammen.

Inzwischen hatte das Feuer bedrohliche Formen angenommen. Schreien und Stöhnen erfüllte die Luft. Sehr viele Leute hatten sich verbrüht, sehr viele waren verstümmelt. Einem Mann, es war ein Priester, soviel ich weiß, hatte die Explosion einen eisernen Hebebaum durch den Leib gejagt. Er starb nicht gleich, und seine Leiden waren grauenhaft. Ein junger französischer Marinekadett, erst fünfzehn Jahre alt, Sohn eines Admirals, erlitt fürchterliche Brandwunden, ertrug seine Qualen aber wie ein Mann. Beide Maate hatten sich schwere Verbrennungen zugezogen, und doch harrten sie auf ihrem Posten aus. Sie zogen den Prahm nach achtern, und zusammen mit dem Kapitän hielten sie die rasende Herde der von Angst gepackten Einwanderer zurück, bis die Verwundeten darin untergebracht und in Sicherheit waren.

Mr. Wood und Henry schwammen, nachdem sie ins Wasser gefallen waren, auf das nur ein paar Hundert Yard entfernte Ufer zu, aber nach einiger Zeit sagte Henry, er glaube, er sei gar nicht verletzt (welch unbegreiflicher Irrtum!) und wollte deshalb zum Schiff zurück und die Verwundeten retten helfen. So trennten sie sich, und Henry kehrte um.

Das Feuer griff jetzt bereits wild um sich, und die unter

den Trümmern festsaßen, schrien kläglich um Hilfe. Alle Anstrengungen, dem Brand Herr zu werden, erwiesen sich als fruchtlos. Da wurden dann die Löscheimer beiseite geworfen, und die Offiziere machten sich mit Äxten daran, die Eingeschlossenen herauszuhauen. Unter den Gefangenen befand sich ein Maschinistengehilfe; er sagte, er sei unverletzt, könne sich aber nicht befreien. Als er sah, das Feuer würde seinen Retter wahrscheinlich vertreiben, flehte er, man möge ihm doch eine Kugel geben und ihn somit vor einem noch gräßlicheren Tode bewahren. Das Feuer vertrieb die Männer mit den Äxten dann wirklich, und hilflos mußten sie sich das Flehen dieses armen Burschen mit anhören, bis die Flammen seinen Qualen ein Ende machten.

Das Feuer scheuchte alles, was nur irgend Platz hatte, auf den Holzprahm. Man machte ihn los, und er und der brennende Dampfer trieben den Fluß hinunter auf Ship Island zu. Am Kopf dieser Insel wurde der Prahm vertäut, und dort mußten seine halbnackten Insassen den Tag über bleiben, der sengenden Sonne preisgegeben und ohne Lebensmittel oder Medizin, geschweige denn ärztliche Hilfe. Endlich kam ein Dampfschiff vorbei und brachte die Unglücklichen nach Memphis, wo ihnen sofort ausgiebigste Hilfe zuteil wurde. Henry war jetzt bereits bewußtlos. Die Ärzte untersuchten seine Verletzungen, und da sie sahen, daß keine Hoffnung mehr bestand, kümmerten sie sich natürlich erst einmal um die Patienten, die gerettet werden konnten.

Vierzig der Verwundeten wurden in einem großen öffentlichen Saal auf Strohsäcke gebettet, darunter auch Henry. Die Damen von Memphis kamen jeden Tag mit Blumen, Obst sowie Leckerbissen aller Art, und sie blieben da und pflegten die Verwundeten. Sämtliche Ärzte stellten sich zur Verfügung, ebenso alle Medizinstudenten, und die übrige Stadt steuerte Geld bei oder was sonst gebraucht wurde. Und Memphis hatte darin Erfahrung, denn schon so manches Unglück wie das der »Pennsylvania« war vor seinen Toren passiert, und im Amte des barmherzigen Samariters war Memphis wohl geübt, mehr als alle anderen Städte am Fluß.

Der Anblick, der sich beim Betreten dieses großen Saales bot, war mir neu und fremd. Zwei lange Reihen hingestreckter Gestalten – insgesamt über vierzig – und jedes Gesicht, jeder Kopf ein formloser Klumpen Watte. Ein grauenvolles Bild. Sechs Tage und sechs Nächte hielt ich dort Krankenwache, und das ging mir, weiß Gott, an die Nieren. Eins war besonders deprimierend und wiederholte sich täglich: Die Verlegung der Todgeweihten in eine besondere Kammer. Man machte das, damit der Anblick eines Patienten im Todeskampf sich nicht schädlich auf den Lebenswillen der anderen auswirkte. Der Sterbende wurde stets mit so wenig Geräusch wie möglich hinausgetragen, und die Bahre war immer hinter einer Mauer von Pflegern verborgen, und doch wußte jeder, was dieses Häuflein gebeugter Gestalten mit seinen gedämpften Schritten und seinen langsamen Bewegungen zu bedeuten hatte, und alle Augen beobachteten es wehmütig, und eine Welle des Schauderns zog vor ihm her.

Viele arme Kerle sah ich den Weg ins Totenzimmer antreten, und ich sah sie nie wieder. Nur unser Erster Maat wurde mehr als einmal dort hingetragen. Seine Verletzungen waren furchtbar, besonders die Brandwunden. Bis zur Hüfte in Leinöl und Watte verpackt, hatte er keine Ähnlichkeit mehr mit einem Menschen. Oft war er nicht bei sich, und dann ließen ihn seine Schmerzen toben und brüllen und manchmal auch kreischen. Plötzlich, nach stummer Erschöpfungspause, verwandelte seine gestörte Phantasie den großen Raum in ein Vorderdeck, die hin und her huschende Schwesternschar in die Mannschaft, und er richtete sich hoch und schrie: »Los, tummelt euch, ihr Ölgötzen, ihr Schlangenbäuche, ihr Leichenträger! Braucht wohl den ganzen Tag für den Fingerhut voll Fracht?«, und diesem ersten Ausbruch ließ er einen zweiten folgen, eine Eruption den Himmel erschütternder Flüche, die so lange anhielt, bis sein Krater leer war. Manchmal, wenn ihn diese Raserei befiel, riß er sich ganze Hände voll Watte herunter und stellte sein verbrühtes Fleisch zur Schau. Es war entsetzlich. Natürlich hatte das – dieser Lärm und diese Entblößungen – eine schlechte Wirkung auf die anderen, weshalb die Ärzte versuchten, ihm zur Beruhigung Morphium zu geben. Aber ob bei sich oder nicht, er weigerte sich, es zu nehmen. Er behauptete, mit diesem trügerischen Mittel hätte man schon seine Frau umgebracht, und ehe er das einnehme, wollte er lieber verrecken. Er hatte die Ärzte im Verdacht, daß sie es heimlich in seine gewöhnliche Medizin und sein Trinkwasser taten – und er rührte keins von beiden mehr an. Einmal, nachdem er zwei glühendheiße Tage ohne Wasser ausgehalten hatte, nahm er den Trinkbecher doch zur Hand. Der Anblick der klaren Flüssigkeit und die Qual seines Durstes gingen beinahe über seine Kräfte, aber er beherrschte sich und warf den Becher weg, und danach ließ er nichts mehr zum Trinken in seine Nähe kommen. Dreimal sah ich, wie er ohne Bewußtsein und scheinbar kurz vor dem Sterben ins Sterbezimmer getragen wurde, aber jedesmal rappelte er sich wieder hoch, verfluchte seine Wärter und verlangte, zurückgebracht zu werden. Er blieb am Leben und wurde schließlich wieder Maat auf einem Dampfschiff.

Er war jedoch der einzige, der aus dem Totenzimmer lebend zurückkam. Dr. Peyton, ein ausgezeichneter Arzt und reich an all den Eigenschaften, die eine angesehene und lautere Persönlichkeit ausmachen, tat alles, was Kenntnisse, Erfahrung und langjährige Übung für Henry tun konnten, aber wie die Zeitungen von Anfang an geschrieben hatten, seine Verletzungen waren zu schwer, ihm konnte nicht mehr geholfen werden. Am Abend des sechsten Tages beschäftigte sich sein herumirrender Geist mit Dingen, die weit weg waren, und seine kraftlosen Finger zupften an der Bettdecke. Seine Stunde hatte geschlagen; wir trugen den armen Jungen ins Sterbezimmer.

EINUNDZWANZIGSTES KAPITEL

Ein Einschnitt in meiner Biographie

Nach entsprechender Zeit erhielt ich mein Patent. Ich war nun Lotse und flügge. Ich bekam hier und da eine Heuer, und da meinen Schiffen nichts zustieß, erhielt ich statt der gelegentlichen feste und längere Anstellungen. Die Zeit floß sanft und wohlhabend dahin, und ich nahm an – und hoffte –, ich könnte den Rest meiner Tage den Fluß hinauf- und hinuntersteuern und einmal am Rad sterben, wenn meine Mission beendet sei. Aber dann kam der Krieg, Handel und Verkehr wurden lahmgelegt, und mit meinem Beruf war es aus.

Ich mußte mir einen anderen Lebensunterhalt suchen. So wurde ich Silbergräber in Nevada, dann Zeitungsreporter, dann Goldgräber in Kalifornien, dann Reporter in San Francisco, dann Sonderberichterstatter auf Hawaii, dann herumschweifender Korrespondent in Europa und im Orient, dann eine belehrende Leuchte auf dem Vortragspodium und schließlich wurde ich Bücherschmierer und unbewegliches Inventarstück unter den anderen Felsen von Neuengland.

Mit so wenig Worten habe ich die einundzwanzig langsam verflossenen Jahre abgetan, die gekommen und gegangen sind, seit ich das letztemal aus den Fenstern eines Steuerhauses geschaut habe.

Doch nun wollen wir wieder mal.

ZWEIUNDZWANZIGSTES KAPITEL

Ich komme auf besagten Hammel zurück

Nach diesen einundzwanzig Jahren verspürte ich ein sehr starkes Verlangen, den Fluß wiederzusehen und die Dampfschiffe und wer von den Jungens noch übriggeblieben sein mochte. Und so beschloß ich hinzufahren. Zur Gesellschaft engagierte ich mir einen Dichter und einen Stenographen, um seine Worte festzuhalten, und zog Mitte April in Richtung Westen los.

Da ich mir Notizen machen und sie später veröffentlichen wollte, überlegte ich mir, wie die Sache am besten anzustellen sei. Würde man mich auf dem Fluß erkennen, könnte ich nicht mehr so frei gehen und kommen, reden, Fragen stellen und herumspionieren, wie wenn ich unerkannt bliebe, denn ich wußte noch, daß es unter Dampfschiffern von damals Usus war, den vertrauensseligen Fremden mit den phantastischsten und grandiosesten Schwindeleien aufzuladen, den kritischen Freund aber mit stinklangweiligen Fakten abzuspeisen. Also schien es vom geschäftlichen Standpunkt aus vorteilhafter, unsere Gesellschaft hinter fingierten Namen zu verbergen. Die Idee war durchaus gut, zog aber endlose Scherereien nach sich, denn obwohl Smith, Jones und Johnson Namen sind, die einem leicht wieder einfallen, wenn man sie im Moment gerade nicht braucht, ist es schier unmöglich, auf sie zu kommen, wenn Not am Mann ist. Wie bringen Verbrecher es bloß fertig, einen nagelneuen Decknamen zu behalten? Das ist ein großes Geheimnis. Ich war unschuldig, und doch hatte ich meinen neuen Namen nur selten gleich zur Hand, wenn er verlangt wurde; und hätte ich zur weiteren Verwirrung noch ein Verbrechen auf dem Gewissen gehabt, so hätte ich wahrscheinlich den Namen überhaupt nicht behalten können.

Am 18. April, morgens acht Uhr, fuhren wir mit der Pennsylvaniabahn los.

»*Abends.* – Gespräche über Kleidung. Anmut und Chic lassen nach, je weiter man sich von New York entfernt.«

Das finde ich unter meinen Notizen. In welcher Richtung man die Stadt verläßt, bleibt sich gleich. Egal, ob nach Norden, Süden, Osten oder Westen: man steht morgens auf und kann sofort erraten, wie weit man inzwischen gekommen ist, man braucht bloß darauf zu achten, in welchem Maße Anmut und Chic in der Kleidung der neuen Fahrgäste nachgelassen haben – und nicht nur bei den Frauen, sondern bei beiden Geschlechtern. Vielleicht liegt das letzten Endes an der Haltung der Leute, wahrscheinlich sogar, denn in den Provinzstädten gibt es eine ganze Menge Damen und Herren mit Garderobe aus den besten New Yorker Salons, und doch ändert das nichts an der Sache an sich: das geschulte Auge hält diese Leute nie für New Yorker. Nein, wer in New York geboren und groß geworden ist, hat etwas gottlos Anmutiges und Schneidiges und Stilvolles, das bloße Schale nicht erzielen kann.

»*19. April.* – Landeten heute früh in der Gegend der Spitzbärte – manchmal begleitet von einem Schnurrbart, aber nur gelegentlich.«

Kam einem komisch vor, dieses Weitersprießen einer überholten und unschönen Mode; es war, als begegne man plötzlich einem längst vergessenen Bekannten, den man seit einem Menschenalter für tot gehalten hat. Dem Ziegenbart begegnet man über ein großes Stück Land, begleitet von einem eisenbepanzerten Glauben an Adam und die biblische Schöpfungsgeschichte, dem die Angriffe der Wissenschaftler noch nichts anhaben konnten.

»*Nachmittags.* – Was auf den Bahnhöfen herumlungert, hat *beide* Hände in den Hosentaschen. Bisher hatte sich die eine Hand manchmal draußen sehen lassen – hier nie. Ein bedeutsames geographisches Faktum.«

Würden die Herumlungerer den Charakter eines Landes bestimmen, wäre es natürlich noch bedeutsamer.

»Auf der ganzen bisherigen Strecke hat man oft beobachten können, wie sich die Herumlungerer mit dem einen Fuß am andern Schienbein kratzen. Diese Reste von Aktivität fehlen hier. Ein schlimmes Zeichen.«

Allmählich kamen wir in die tabakkauende Gegend. Vor fünfzig Jahren zog sie sich noch über die ganze Union hin. Heute ist sie sehr begrenzt.

Als nächstes tauchen Schaftstiefel auf. Jedoch nicht in beängstigender Menge. Später – weiter den Mississippi hinunter – wurden sie zur Regel. Aus den anderen Gebieten der Union verschwanden sie zusammen mit dem Straßenschlamm. Zweifellos werden sie auch aus den Flußdörfern verschwinden, sobald die anständig gepflastert sind.

Um zehn Uhr abends erreichten wir St. Louis. Mit einem

kläglichen Versuch unbefangener Selbstverständlichkeit präsentierte ich am Hotelschalter einen in aller Eile ausgedachten Namen. Der Empfangschef hielt inne und musterte mich auf die mitleidige Art, mit der man einen achtbaren Bürger mustert, den man in zweifelhafter Situation antrifft. Dann sagte er: »Geht in Ordnung. Ich weiß schon, was Sie für ein Zimmer wollen. Hab früher im ›St. James‹ in New York gearbeitet.«

Für eine Schwindelkarriere ein wenig versprechender Anfang! Wir begaben uns in den Speisesaal und trafen noch zwei Männer, die ich von irgendwoher kannte. Wie merkwürdig und ungerecht es doch zugeht: Böse Betrüger laufen herum und halten unter meinem Pseudonym Vorträge, und niemand verdächtigt sie; aber wenn ein ehrlicher Mensch mal eine kleine Hochstapelei versucht, wird er sofort entlarvt.

Eines war klar: Wenn weiter so Leute, die sich kein X für ein U vormachen ließen, wie Pilze aus dem Boden schossen, mußten wir gleich morgen flußabwärts losdampfen; was uns gar nicht munden wollte, denn wir hatten auf wenigstens eine Woche St. Louis gehofft. Das »Southern« war ein gutes Hotel, wir hätten es uns dort schön gemütlich machen können. Es ist groß und wird gut geführt, und die Dekorationen sind nicht so zum Heulen wie die vom riesigen »Palmer House« in Chicago. Zugegeben, die Billardtische stammten aus der Steinzeit und die Queues und Bälle noch von den Neandertalern, was aber nicht unangenehm, sondern wohltuend war, gewährt die Betrachtung von Antiquitäten doch Ruhe und Entspannung.

Was im Billardsaal am auffälligsten fehlte, war der Mann vom Fluß. War er doch da, hatte er seine Erkennungsflagge eingezogen; er hatte sich verkleidet. Ich sah nichts mehr von dem großartigen Auftreten, dem Herumgeprotze mit Geld und den pompösen Krösusallüren, wodurch sich zu vergangener Zeit in den überfüllten Billardsälen von St. Louis die Dampfschiffleute von den Landratten unterschieden. Damals waren die wichtigsten Lokale stets voller Schiffer: von fünfzig anwesenden Billardspielern waren meist dreißig bis fünfunddreißig vom Fluß. Ich schöpfte Verdacht, daß sich ihre Reihen jetzt gelichtet hatten und die Dampfschiffer keine Aristokratie mehr waren. Ja, zu meiner Zeit, da sagten sie zum Barkeeper noch Bill oder Joe oder Tom und hauten ihm auf die Schulter. Ich wartete darauf. Aber von denen hier machte das keiner. Offensichtlich hatte sich die ganze Herrlichkeit von vor einundzwanzig Jahren in Rauch aufgelöst.

Als ich nach oben in mein Zimmer kam, fand ich dort den jungen Mann, der Rogers hieß, weinend vor. Rogers war gar nicht sein Name und genauso wenig Jones, Brown, Dexter, Ferguson, Bascom oder Thompson, aber er hörte auf jeden davon, den man im Notfall gerade zur Hand hatte. Übrigens auch auf jeden andern, wenn er begriff, daß er damit gemeint war. Er sagte:

»Was muß man hier eigentlich tun, wenn man einen Schluck Wasser will? Diese Jauche da trinken?«

»Können Sie das nicht?«

»Doch. Ich müßte bloß ein bißchen Wasser haben, um sie zu waschen.«

Hier war etwas, das unverändert geblieben war. Zwei Jahrzehnte hatten dem Mulattenteint dieses Wassers nicht das mindeste anhaben können. Vielleicht würden nicht einmal zwei Jahrtausende mehr Erfolg haben. Es kommt aus dem wilden, uferzerwühlenden Missouri, und jedes Glas voll enthält fast einen Morgen aufgelöstes Land. Diese Angabe habe ich vom hiesigen Bischof. Läßt man sein Glas eine halbe Stunde stehen, kann man Land und Wasser so leicht scheiden wie in der Schöpfungsgeschichte und wird feststellen, beide sind gut: das eine gut zum Essen, das andere gut zum Trinken. Das Land ist sehr nahrhaft, das Wasser sehr gesund. Das eine stillt den Hunger, das andere löscht den Durst. Die Einheimischen aber nehmen das nicht getrennt zu sich, sondern so, wie die Natur es gemixt hat. Wenn sie im Boden eines Glases einen Zoll Schlamm finden, rühren sie das Ganze um und schlürfen es runter wie Haferschleim. Für einen Fremden ist es nicht einfach, sich mit dieser Mischung abzufinden, doch einmal daran gewöhnt, wird er sie reinem Wasser vorziehen. Bestimmt. Zum Befahren mit Dampfern und zum Trinken eignet sie sich hervorragend, zu mehr aber nicht, höchstens noch zum Taufen.

Am nächsten Morgen fuhren wir bei Regen in der Stadt umher. Die City schien noch fast die alte. Und doch hatte sie sich mächtig verändert, wenn es auch nicht so aussah, denn neu auszusehen, dazu kann man etwas Neues in St. Louis ebensowenig kriegen wie in London und Pittsburgh: der Kohlenruß verwandelt es, sobald man es aus den Händen läßt, in eine Antiquität. Der Ort war seit der Zeit, wo ich zu seinen Einwohnern zählte, ungefähr noch einmal so groß geworden und hatte sich zu einer Stadt mit vierhunderttausend Einwohnern entwickelt, und doch bot er, zumindest im alten Geschäftszentrum, ungefähr das gleiche Bild wie früher. Allerdings bin ich sicher, daß es nicht mehr so viel Rauch in St. Louis gibt wie damals, wo er sich über der Stadt zu einem wogenden schwarzen Baldachin zusammenballte und den Himmel verhängte. Dieses Dach ist jetzt viel fadenscheiniger, aber Rauch gibt es nach wie vor reichlich. Ich entsinne mich jedenfalls nicht, darüber Klagen gehört zu haben.

In den Vorstädten fallen die Veränderungen aber doch ins Auge, vor allem in der Wohnhausarchitektur. Stattlich, schmuck und modern sind sie, diese feinen neuen Häuser. Außerdem stehen sie frei, umgeben von grünen Rasenflächen, während die Wohnbauten von damals zu Blocks zusammengepfercht sind, einer wie der andere nach demselben Schema gebaut und alle mit den gleichen, in gewundenen Steinrahmen gefaßten Bogenfenstern. Eine Sorte Haus, schön genug, als es weniger davon gab.

Es war noch etwas Neues da: der Forest Park. Den kannte ich noch nicht. Er ist wunderschön und sehr ausgedehnt. Dazu hat er das hervorragende Verdienst, in erster Linie ein Werk der Natur zu sein. Es gibt auch andere herrliche Parks, besonders Tower Grove und den Botanischen Garten. St. Louis hat mit solchen Verschönerungen eben früher angefangen als die meisten unserer Städte.

Als ich St. Louis zum erstenmal sah, hätte ich es für sechs Millionen Dollar kaufen können, und das nicht getan zu haben, dürfte der größte Fehler meines Lebens gewesen sein. Jetzt über diese Metropole mit ihren Türmen und Domen, über diese Masse von Backstein und Mörtel, die sich nach allen Richtungen hin ausbreitet und sich in einer jedes Maßes spottenden Weise in der Ferne verliert, zu blicken und daran zu denken, daß ich so eine Gelegenheit habe vorbeigehen lassen, war bitter. Warum ich nicht zugriff, erscheint auf den ersten Blick heute natürlich töricht und unbegreiflich, doch damals hatte ich meine Gründe.

Ein Schotte, der Ehrenwerte Charles Augustus Murray, schrieb vor etwa fünfundvierzig oder fünfzig Jahren: »Die Straßen sind eng, schlecht gepflastert und miserabel beleuchtet.« Natürlich sind diese Straßen noch immer eng, viele auch noch immer schlecht gepflastert, mit dem Vorwurf miserabler Beleuchtung aber kann man heute nicht mehr kommen. Die »Neue Katholische Kirche« war dazumal das einzige bemerkenswerte Gebäude, und erwartungsvoll trug man Mr. Murray an, es zu bewundern, dieses »Exemplar von griechischem Portikus, mit dem im Verhältnis viel zu winzigen Turm und den diversen Ornamenten«, die zu beschreiben sich der phantasielose Schotte »völlig außerstande« sah und deshalb dankbar war, als ihm ein deutscher Tourist mit dem Ausruf zu Hilfe kam: »Jessas, die sehen ja aus wie Bettpfosten!« Jetzt ist St. Louis mit stattlichen und prächtigen Gebäuden wohl versehen, und die kleine Kirche, einst der ganze Stolz der Einwohner, hat längst ihre Bedeutung eingebüßt. Käme Mr. Murray zurück, würde ihn das aber nicht erstaunen; mit aller Zuversicht hatte er die kommende Größe von St. Louis prophezeit.

Je weiter wir auf unserer Besichtigungstour kamen, um so deutlicher wurde mir bewußt, wie die Stadt gewachsen war, seit ich sie zum letztenmal sah. Auch in den kleineren Dingen fielen die Veränderungen jetzt mehr und mehr ins Auge: eine wie die andere zeugten sie von Fortschritt, Tatkraft und Wohlstand.

Doch die größte aller Veränderungen fanden wir am Landeplatz. Diesmal eine Ausnahme von der Regel. Ein halbes Dutzend in tiefstem Schlaf liegender Dampfschiffe, wo ich eine gedrängte Meile hellwacher zu sehen gewohnt war! Das war deprimierend, das tat weh. Das Fehlen des ausgelassenen, stets die erste Geige spielenden Dampfschiffers im Billardsaal hatte seine Erklärung gefunden. Er war nicht da, weil es ihn nicht mehr gibt. Sein Beruf ist dahin, seine Macht verblichen; aufgesaugt von der großen Herde, plagt er sich als kleines Rädchen, ein kahlgeschorener Simson, der nicht auffällt. Ein halbes Dutzend lebloser Dampfer, eine Meile verlassener Kais, ein vom Whisky erschöpfter Neger, zum Schlaf hingehauen in einer weiten und lautlosen Leere, wo einst die geschlossenen Reihen der Handelshäuser wetteiferten*! Hier herrschte Einsamkeit, fürwahr.

Das alte, alte Meer, wie in Tränen und Trauer,
kommt murmelnd, die schaumigen Lippen zerstieben,
und klopft an die öde Hafenmauer:
Wo sind meine Schiffe, die vielen, geblieben?

Schlepper und Eisenbahn haben ganze Arbeit geleistet. Die gewaltige Brücke, die sich über unsere Köpfe spannt, hat ihr Teil zu dem Gemetzel und der Plünderung beigetragen. Der klägliche Rest ehemaliger Dampfschiffer erzählte mir mit matter Genugtuung, die Brücke mache sich nicht bezahlt. Doch was nützt es einer Leiche, zu wissen, daß das Dynamit, mit dem sie ins Jenseits befördert wurde, nicht von der erhofften Qualität war?

Das Pflaster entlang dem Ufer war schlecht, den Bürgersteigen tat Überholung dringend not, Schlamm gab es in Hülle und Fülle. Das alles war vertraut und wie erwartet, doch die einstigen Batterien von Karren und die drängenden Menschenmengen und die Berge von Fracht waren verschwunden und an ihrer Stelle herrschte Sabbat. Die seit ewigen Zeiten bestehende Meile billiger Spelunken war geblieben, aber sie läpperten sich nur noch durch, denn die

* Vor fünfundvierzig Jahren schrieb Captain Marryat: »St. Louis hat 200 000 Einwohner. *Der Fluß gegenüber der Stadt wimmelt von Dampfbooten, die in Zweier- und Dreierreihen hintereinanderliegen.*«

Massen giftsaufender Iren gab es nicht mehr, dafür nur hier und da eine Handvoll zerlumpter Neger, trinkende und betrunkene, dösende und schlafende. St. Louis ist eine große und wohlhabende und fortschrittliche Stadt, sein Hafenviertel aber unwiederbringlich tot.

Die Mississippi-Dampfschiffahrt wurde um 1812 geboren, nach dreißig Jahren war sie zu riesigen Ausmaßen angewachsen und nach knapp dreißig weiteren tot! Ein merkwürdig kurzes Leben für ein so majestätisches Wesen. Natürlich ist sie nicht völlig tot, genauso wenig wie ein Mann, der früher zweiundzwanzig Fuß weit sprang und jetzt als Tattergreis vom Zipperlein geplagt wird, doch im Vergleich zu dem, was sie in ihrer besten Zeit war, kann man sagen, die Mississippi-Dampfschiffahrt hat ausgelebt.

Sie hatte dem altmodischen Kielbootbetrieb langsam den Todesstoß versetzt, indem sie die Frachtzeit nach New Orleans auf weniger als eine Woche verkürzte. Nun ist sie selber kaltgestellt: ihr Passagierverkehr durch die Eisenbahnen, die in zwei bis drei Tagen schaffen, wozu die Dampfer eine Woche brauchen, und ihr Güterfernverkehr durch die Schleppzüge, die bei so geringen Kosten gleich sechs bis sieben Dampferladungen auf einmal den Fluß hinunterziehen, und damit jede Konkurrenz von seiten der Dampfschiffe ausscheiden.

Verblieben ist ihnen die Fracht- und Personenbeförderung für kurze Strecken. Sie befindet sich – entlang den zweitausend Meilen am Fluß zwischen St. Paul und New Orleans – in den Händen von zwei, drei festen und kapitalkräftigen Gesellschaften, die mit System und Geschäftstüchtigkeit aus den Resten der einst gigantischen Dampfschiffsbranche immer noch genügend Geld herausholen. St. Louis und New Orleans haben, so nehme ich an, unter dem Wechsel materiell nicht gelitten, leider aber der arme Mann vom Holzplatz!

Früher besetzte er die ganze Strecke am Fluß entlang, seine Warenstapel längs der Ufer zogen sich in dichter Folge von der einen Stadt bis zur anderen, und in jedem Jahr verkaufte er unzählige Klafter gegen bares Geld. Jetzt aber brennen die paar übriggebliebenen Schiffe alle

Kohle, und was man heute auf dem Mississippi am seltensten zu sehen bekommt, ist ein Stapel Holz. Wo mag der Mann vom Holzplatz jetzt sein?

DREIUNDZWANZIGSTES KAPITEL

Inkognito unterwegs

Ich hatte vor, in jeder Stadt zwischen St. Louis und New Orleans ein bißchen herumzubummeln. Also hätten wir von Ort zu Ort mit den kurzen Paketbootlinien fahren müssen. Dieser Plan war leicht gefaßt, und vor zwanzig Jahren wäre er auch leicht in die Tat umzusetzen gewesen – jetzt aber mitnichten. Heutzutage muß man lange warten, bis wieder mal ein Schiff abgeht.

Anfangen wollte ich mit den interessanten alten französischen Siedlungen St. Genevieve und Kaskaskia, sechzig Meilen unterhalb St. Louis. Für diese Strecke war ein einziges Schiff angezeigt: ein Paketboot aus Grand Tower. Doch eins genügte ja, und so gingen wir runter, es uns anzusehen. Es war ein erlauchtes Wrack und ein betrügerisches dazu, denn es gab sich als bewegliches Eigentum aus, und dabei lag der gute, ehrliche Dreck überall so dick drauf, daß es von Rechts wegen hätte als Liegenschaft versteuert werden müssen. In Neuengland gibt es Orte, wo das Oberdeck hundertfünfzig Dollar pro Morgen wert gewesen wäre. Der Boden auf dem Vorschiff war nicht unübel: an geschützten Stellen schoß aus den Rissen bereits die neue Weizenernte hervor. Die Treppe zu den Kajüten war von trockener, sandiger Beschaffenheit und hätte sich bei südlicher Lage und etwas Bodenkultivierung prächtig für den Weinbau geeignet. Die Krume auf dem Maschinendeck war dünn und steinig, für Weidezwecke aber gut genug. Ein Negerjunge stand Wache – ansonsten war niemand zu sehen. Wir erfuhren von dem Jungen, dieses stille Fahrzeug gehe wie angekündigt ab, »wenn die Tour zusammen ist«, andernfalls würde so lange gewartet werden.

»Habt ihr überhaupt schon was?«

»I bewahre, Meister! Ladung noch nicht gelöscht. Sind heute morgen erst rein.«

Wann das Schiff seine Fahrt vollbekommen würde, konnte er nicht genau sagen, vielleicht morgen, vielleicht übermorgen. Damit war uns ganz und gar nicht gedient, also mußten wir auf die Neuheit verzichten, den Fluß auf einer Farm hinunterzugondeln. Wir hatten noch einen Pfeil im Köcher: Um fünf Uhr nachmittags ging ein Vicksburger Paketboot ab, die »Gold Dust«. Auf der nahmen wir dann Plätze bis Memphis, und den Plan, hier und dort einen Abstecher zu machen, ließen wir als unausführbar fallen. Die »Gold Dust« war schmuck, sauber und komfortabel. Wir kampierten auf dem Maschinendeck und erstanden ein paar Schmöker, um damit die Zeit totzuschlagen. Der Verkäufer war ein ehrwürdiger Ire mit kulanter Miene und einer gut geölten Zunge, und wir erfuhren von ihm, er lebe seit vierunddreißig Jahren in St. Louis und sei noch kein einziges Mal über den Fluß gekommen. Dann verfiel er in einen sehr flüssigen, von klassischen Namen und Anspielungen strotzenden Vortrag. Geradezu erstaunlich, wie er das alles sozusagen aus dem Ärmel schüttelte, bis es doch recht offenbar wurde, daß es nicht das erste und auch nicht das fünfzigste Mal war, daß er diese Rede hielt. Er war eine richtige Type und viel unterhaltender als die albernen Bücher, mit denen er handelte. Eine beiläufige Bemerkung über Iren im Zusammenhang mit Bier, bewirkte folgende Bemerkung, die Goldes wert war: »Trinken die gar nicht, Sir. *Können* sie gar nicht, Sir. Geben Sie einem Iren einen Monat lang Lagerbier, und er beguckt sich die Radieschen von unten. Ein Ire ist innen mit Kupfer ausgeschlagen, und Bier zerfrißt Kupfer. Whisky dagegen macht es blank und ist dem Iren seine Rettung, Sir.«

Um acht Uhr, pünktlich wie die Maurer, stießen wir rückwärts ab und – setzten über. Als wir in der Stockdunkelheit gegen das Ufer zukrochen, leuchtete plötzlich auf unserem Vorderdeck eine blendende Pracht weißen elektrischen Lichtes auf und tauchte das Wasser und die

Lagerschuppen in helles Tageslicht. Wieder etwas, was sich gewaltig verändert hatte – keine flackernden, rußenden, tropfenden, unzulänglichen Pechfackeln mehr: deren Tage sind vorbei. Und noch eine Neuerung: Anstatt anderthalb Dutzend Bootsleute zum Auslegen der Landebrücke herbeizurufen, ließen zwei Männer und ein Teekessel voll Dampf sie von dem Ladebaum, wo sie aufgehängt war, herunter und schoben sie über Bord, haargenau plaziert, und noch ehe ein Maat in der alten Zeit seine Fluchschleusen hätte öffnen können, um mit den Vorbereitungen anzufangen, war alles fix und fertig. Warum man nicht gleich beim Bau des ersten Dampfschiffes auf diese einfache Methode der Landebrückenbedienung kam, ist ein Rätsel, das einem erkennen hilft, was für ein geistiger Faulpelz der Durchschnittsmensch doch ist.

Morgens um zwei Uhr fuhren wir endlich ab, und als ich um sechs aufstand, wendeten wir gerade an einer felsigen Bake, auf der ein alter gemauerter Lagerschuppen stand – beziehungsweise dessen Ruine. Nahebei im Schutz der belaubten Hügel lagen zwei, drei zerfallene Wohnhäuser, doch es waren keine Anzeichen von menschlichem oder anderem tierischen Leben zu sehen. Hatte ich denn den Fluß verlernt? An diesen Ort konnte ich mich überhaupt nicht mehr erinnern; der Fluß schien hier auch ganz anders zu verlaufen; nirgends sah ich etwas, was mir irgendwie bekannt vorkam. Ich war irritiert und enttäuscht, und ich ärgerte mich.

Wir setzten ein gutgekleidetes Ehepaar und zwei elegante damenhafte junge Mädchen nebst einer Kollektion juchtenlederner Reisetaschen an Land. Merkwürdiger Ort für solche Leute! Es stand kein Wagen da. Die Gesellschaft bewegte sich davon, als hätte sie auch keinen erwartet, und schlug zu Fuß eine sich abwärts windende Landstraße ein.

Während wir weiterdampften, klärte sich diese mysteriöse Sache jedoch auf: die Leute wollten offensichtlich nach einem größeren Ort, der ein paar Meilen unterhalb jener Anlegestelle hinter einem »Towhead« (das heißt einer neugebildeten Insel) eingeschlossen lag. An diese Stadt konnte ich mich nicht mehr erinnern, wußte sie nirgends unterzubringen und kam auch nicht auf ihren Namen. Langsam verlor ich die Geduld. Ich hatte den Verdacht, es könnte St. Genevieve sein – und das war es auch. Man höre und staune, was sich unser exzentrischer Fluß hier geleistet hat: er hat dieser Stadt das riesige nutzlose Towhead direkt vor die Nase gesetzt, ihr die Verbindung zum Fluß abgeschnitten, sie völlig abgesperrt und zur Landpomeranze gemacht. Dabei ist es ein schöner alter Ort und hätte ein besseres Schicksal verdient. Er wurde von den Franzosen gegründet und ist ein Überbleibsel aus einer Zeit, als man von der Mississippimündung bis Quebec den ganzen Weg über auf französischem Territorium und unter französischer Herrschaft blieb.

Schließlich ging ich aufs Oberdeck und warf einen sehnsüchtigen Blick nach dem Steuerhaus.

VIERUNDZWANZIGSTES KAPITEL

Mein Inkognito platzt

Nachdem ich das Gesicht des wachhabenden Lotsen unter die Lupe genommen hatte, konnte ich zufrieden feststellen, es nie zuvor gesehen zu haben. Und so stieg ich dann hinauf. Der Lotse musterte mich, ich musterte den Lotsen. Als wir mit dieser üblichen Einleitung fertig waren, setzte ich mich auf die hohe Bank, und er drehte sich um und wandte sich wieder seiner Arbeit zu. Jede Einzelheit des Steuerhauses war mir vertraut, allerdings mit einer Ausnahme: unter dem Brustbrett befand sich eine Röhre mit großem Mundstück. An diesem Ding riet ich eine ganze Weile herum, gab es dann auf und fragte, wozu das sei.

»Um die Maschinenglocken durch zu hören.«

Wieder eine ausgezeichnete Einrichtung, die hätte ein halbes Jahrhundert früher erfunden werden sollen. Das waren so meine Gedanken, als der Lotse fragte:

»Wissen Sie, wozu das Seil hier ist?«

Es gelang mir, um diese Frage herumzukommen, ohne mich bloßzustellen.

»Sie sind zum allerersten Mal in einem Steuerhaus?«

Ich würgte eine Antwort hervor.

»Wo sind Sie denn her?«

»Aus Neuengland.«

»Zum erstenmal im Westen?«

Ich schluckte auch das.

»Wenn Sie sich für so was interessieren, kann ich Ihnen erklären, wozu die Sachen hier alle sind.«

Ich sagte: »Gern.«

»Das da« – er legte die Hand auf den Strang einer Glocke für Rückwärtsgang – »ist, um Feueralarm zu geben; das hier« – er zeigte auf eine Abfahrtsglocke – »um den Texas-Steward raufzuholen; hiermit« – er deutete auf die Strippe für die Dampfpfeife – »wird der Kapitän gerufen«, und so ging das munter weiter, wobei er einen Gegenstand nach dem anderen berührte und seelenruhig sein Lügengarn abhaspelte.

Nie war ich mir so sehr wie ein Passagier vorgekommen. Ich bedankte mich überschwenglich für jede neue Auskunft und schrieb sie in mein Notizbuch. Der Lotse geriet immer mehr in Fahrt und verkohlte mich weiter auf die gute, alte Tour. An einigen Stellen hatte ich Angst, seine Phantasie würde ihn verlassen, doch sie hielt wunderbar durch und er auch. In leichtem Fluß ging er zu Enthüllungen über verschiedene Exzentrizitäten des Stromes über und untermauerte sie mit ein paar recht gigantischen Illustrationen. Zum Beispiel:

»Sehen Sie den kleinen Stein da drüben aus dem Wasser ragen? Als ich das erstemal auf den Fluß kam, war das noch ein solider Felsrücken, über sechzig Fuß hoch und zwei Meilen lang. Alles weggespült bis auf das da.«

Und er seufzte.

Ich verspürte einen mächtigen Impuls, ihm den Hals umzudrehen, doch die gewöhnlichen Arten des Umbringens schienen mir für ihn alle zu schade.

Einmal, als in der Ferne ein merkwürdig aussehendes Fahrzeug mit einem riesigen, vom Ende eines Deckbalkens schräg nach oben ragenden Kohlenkasten vorüberdampfte, machte er mich gleichgültig darauf aufmerksam, wie man das bei Dingen tut, die einem schon zum Halse heraushängen, und sagte, das sei ein »Alligatorboot«.

»Ein Alligatorboot? Wozu ist denn das?«

»Da werden Alligatoren mit ausgebaggert.«

»Gibt's die in solchen Haufen, daß sie lästig werden?«

»Na, jetzt nicht mehr, weil die Regierung sie im Zaum hält, aber früher mal. Nicht überall, doch an bevorzugten Stellen, hier und da, wo der Fluß breit und seicht ist – wie bei Plum Point und Stack Island und so weiter –, man spricht da von Alligatorbetten.«

»Haben die wirklich die Schiffahrt behindert?«

»Vor Jahren ja, in sehr niedrigem Wasser; es gab kaum eine Fahrt, bei der wir nicht auf Alligatoren aufgelaufen sind.«

Mir war, als müßte ich unbedingt meinen Tomahawk zücken. Ich hielt mich jedoch zurück und sagte: »Muß ja schrecklich gewesen sein.«

»Ja, war mit die sauerste Arbeit vom ganzen Lotsen. Es war so schwer, etwas über das Wasser zu sagen – die Biester rutschen immerzu hin und her, liegen keine fünf Minuten still. Ein Windriff kann man sofort erkennen, man braucht bloß einmal hinzusehen, einen Strudel auch und ebenso ein Sandriff – alles puppenleicht. Ein Alligatorriff aber zeigt sich kein bißchen. In neun von zehn Fällen kann man nicht sagen, wo das Fahrwasser ist, und findet man doch, wo es entlanggeht, ist es todsicher nicht mehr da, wenn man hinkommt: die verteufelten Viecher haben sich inzwischen woanders hingepackt. Na klar hat es einige wenige Lotsen gegeben, die Alligatorwasser beinahe so gut erkennen konnten wie jedes andere, aber die hatten eben besonderes Talent dazu, *lernen* konnte man so was nicht, das mußte einem angeboren sein. Warten Sie mal, da waren Ben Thornburg und Beck Jolly und Squire Bell und Horace Bixby und Major Downing und John Stevenson und Billy Gordon und Jim Brady und George Ealer und Billy Youngblood – alles Ia Alligatorlotsen. Die haben Alligatorwasser von so weit erkannt wie andere

Christen Whisky. Ob sie es lesen konnten? Aber wie! Ich wollte, ich hätte so viel Dollar wie die aus anderthalb Meilen Entfernung Alligatorwasser lesen konnten. Na, und verdient haben die damit! Ein guter Alligatorlotse hat jederzeit seine fünfzehnhundert Dollar im Monat gemacht. Andere mußten nachts abtakeln, wenn Alligatoren da waren, die aber takelten bei nichts ab, höchstens wenn Nebel war. Gutes Alligatorwasser haben die *riechen* können – wurde jedenfalls immer gesagt. Ob da was dran war, kann ich nicht sagen, ich meine, man hat genug zu tun, wenn man bei dem bleibt, was man selber weiß, und nicht noch rumrennt und anderer Leute Geschwafel unterstützt, obwohl es eine ganze Menge gibt, die sich nicht zurückhalten, solange sie sich irgendwelche tollen Geschichten ausdenken können. Was aber nicht der Stil von Robert Styles ist, bei drei Faden – vielleicht auch bei bloß twaindreiviertel.«

[Was! War das Rob Styles? Dieser stattliche Kerl mit dem Schnurrbart? Zu meiner Zeit ein reichlich schmächtiger Stift. Wie der sich in fünfundzwanzig Jahren rausgemacht hat – vor allem in der edlen Kunst des Spinnens.]

Nachdem ich so sinniert hatte, sagte ich laut: »Ich kann mir schlecht vorstellen, daß es viel genutzt hat, die Alligatoren auszubaggern, weil die doch gleich wiederkommen konnten.«

»Wenn Sie soviel Erfahrung mit Alligatoren hätten wie ich, würden Sie anders reden. Einen Alligator baggert man einmal aus, und er ist *überzeugt*. Weiter hören Sie von dem nichts mehr. Nicht für Schlagsahne würde der wiederkommen. Wenn es etwas gibt, was ein Alligator mehr als alles andere haßt, dann das Ausgebaggertwerden. Außerdem wurden sie ja nicht bloß aus dem Wege geschippt; das meiste, was auf der Schaufel drauf war, wanderte an Bord und in den Kielraum und, wenn die Ladung voll war, ab nach New Orleans in die Regierungswerke.«

»Wozu denn das ?«

»Na, um Kommißstiefel draus zu machen. Alles Schuhzeug von der Regierung ist aus Alligatorleder. Das gibt die besten Treter von der Welt. Die halten fünf Jahre und lassen kein Wasser durch. Die Alligatorfischerei ist Regierungsmonopol. Sämtliche Alligatoren sind Eigentum der Regierung – genauso wie die Lebenseichen. Fällen Sie eine Lebenseiche, brummt Ihnen die Regierung fünfzig Dollar Strafe auf. Knallen Sie einen Alligator ab, kommen Sie wegen eines Vergehens von Landesverrat ins Kittchen – und können von Glück sagen, wenn man Sie nicht obendrein noch hängt. Als Demokrat werden Sie das sowieso. Der Geier ist der heilige Vogel des Südens und tabu, der Alligator aber ist der heilige Vogel der Regierung, und Sie müssen ihn schön in Ruhe lassen.«

»Laufen Sie jetzt noch auf Alligatoren auf?«

»O nein! Ist schon seit Jahren nicht mehr vorgekommen.«

»Ja aber, warum sind die Alligatorboote dann noch in Betrieb?«

»Nur für den Polizeidienst – zu weiter nichts. Sie fahren bloß ab und zu noch rauf und runter. Die jetzige Alligatorengeneration erkennt die genauso leicht wie ein Einbrecher den Nachtwächter; wenn sie eins kommen sehen, brechen sie ihre Zelte ab und verziehen sich in die Wälder.«

Nachdem er die Sache mit den Alligatoren noch etwas ausgeschmückt und abgerundet hatte, wechselte er lässig elegant zum Historischen über und berichtete über die kolossalen Heldentaten von einem halben Dutzend Dampfschiffen aus alter Zeit, auf denen er gefahren war. Besonders lange hielt er sich bei einer bestimmten Glanzleistung seines erklärten Lieblings aus dieser vornehmen Flotte auf und fügte dann hinzu:

»Das war die ›Cyclone‹ – ihre allerletzte Fahrt –, und eben dabei ist sie abgesoffen. Kapitän war Tom Ballou, der unsterblichste Aufschneider, der mir je begegnet ist. Der konnte nie bei der Wahrheit bleiben, ganz gleich was für Wetter war. Glattweg das Schaudern hat man bei dem gekriegt. Das war wirklich der skandalöseste Lügenbold! Ich bin schließlich von ihm weggegangen, hab das nicht mehr ausgehalten. Das Sprichwort sagt: ›Wie der Herr, so 's Gescherr‹, und wenn man bei so einem bleibt, kommt man todsicher noch selber in Verdacht. Er hat erstklassige Löhne gezahlt, doch ich hab gesagt: ›Was nutzt der Lohn, wenn dein Ruf auf dem Spiele steht?‹ Also hab ich lieber die Heuer sausen lassen und mich an meinen Ruf geklammert. Und ich hab's nie bereut. Der Ruf geht über alles, ist's nicht so? So seh ich das an. Der hatte mehr Organe der Selbstsucht als immer sieben Männer zusammen – selbstredend alle im Achtersitz seines Schädels verstaut, da, wo sie hingehören. Seinen Hinterkopf haben die so nach unten gezogen, daß er die Nase hochtragen mußte. Die Leute dachten, das wär Eitelkeit, war's aber nicht, sondern Bosheit. Wenn man nur seine Quadratlatschen sah, hielt man diesen Kerl für neunzehn Fuß groß, aber das war er gar nicht, und das lag bloß daran, weil der Fuß unförmig war. Zweifellos war er auf neunzehn Fuß geplant, und seine Quanten sind als erstes gemacht worden, aber dann hat's grade zu fünf Fuß zehn Zoll gereicht. Das ist er, wie er leibt und lebt. Zieht man die Lügen von ihm ab, schrumpft er auf die Größe von Ihrem Hut zusammen, zieht man die Bosheit auch noch ab, verschwindet er ganz und gar. Diese ›Cyclone‹ war ein Prachtschiffchen und zum Steuern das Zuckersüßeste, was je auf Wasser herumgeschwommen ist. Bei breitem Fluß auf mittschiffs stellen und dann einfach laufen lassen, das war alles, was man zu tun hatte. Sie richtete sich die ganze Nacht über nach einem Stern aus, wenn man sie in Ruhe ließ. Das Ruder merkte man überhaupt nicht. Sie steuern machte kein bißchen mehr Arbeit, als bei einer Wahl in Südkarolina die Stimmen für die Republikaner zählen. Eines Morgens, der Tag brach gerade an – es war auf ihrer letzten Fahrt –, hatten sie das Ruder hochgezogen, um es zu reparieren. Ich hab gar nichts davon gewußt, nehme sie rückwärts aus dem Holzplatz raus und schunkle in aller Seelenruhe den Fluß runter. Als ich schon an die dreiundzwanzig Meilen zurückgelegt und an vier schrecklich gekrümmten Stellen gekreuzt habe…«

»Ohne jedes Ruder?«

»Ja, eben … da erscheint der olle Käpten Tom auf dem Dach und fängt an, mir Vorwürfe zu machen, weil ich in so stockfinsterer Nacht fahre…«

»In so *stockfinsterer Nacht*? Sie sagten doch aber…«

»Ganz egal, was ich gesagt habe ... es war so dunkel wie jetzt in Ägypten, aber es dauerte gar nicht lange, da kam der Mond raus und ...«

»Sie meinen die *Sonne* – denn Sie sind doch losgefahren, als der Tag gerade ... Hören Sie mal! War das *bevor* Sie bei dem Kapitän aufgehört haben, weil der so viel geschwindelt hat, oder ...«

»Das war vorher – ach, eine Ewigkeit vorher. Und wie gesagt, er ...«

»Aber war das nicht die Fahrt, auf der sie gesunken ist, oder war das ...«

»Ach i wo! Monate später. Und da hat der Alte ...«

»Dann hat sie also *zwei* letzte Fahrten gemacht, denn Sie haben erklärt ...«

Er trat vom Steuerrad zurück, wischte sich den Schweiß von der Stirn und sagte: »Hier!« (wobei er mich beim Namen nannte). »Geh ans Rad und schwindle *du* mal ein Weilchen – du hast das besser raus als ich. Den Fremden und Unschuldsknaben zu markieren! Mann, ich hab dich erkannt, noch ehe du sieben Worte gesagt hast, und mir vorgenommen, erst mal rauskriegen, worauf du hinauswillst. *Ausquetschen* hast du mich wollen. Hab ich dich doch gelassen, nicht? Jetzt nimm das Rad und mach die Wache zu Ende, und nächstes Mal treibst du ehrliches Spiel, dann brauchst du deine Fahrt nicht abarbeiten.«

So endete die Sache mit dem fingierten Namen. Und noch keine sechs Stunden aus St. Louis heraus! Aber jedenfalls hatte ich ein Privileg erworben, denn von Anfang an hatte es mich danach gejuckt, meine Hände aufs Steuerrad zu legen. Den Fluß schien ich verlernt zu haben, aber nicht, wie man ein Dampfschiff steuert, und genauso wenig, Freude daran zu finden.

FÜNFUNDZWANZIGSTES KAPITEL

Von Cairo bis Hickman

Die Landschaft von New Orleans bis Cairo – zweihundert Meilen – ist abwechslungsreich und schön. Die Hügel trugen jetzt das frische Grün des Frühlings, für den breiten, zwischen ihnen dahinfließenden Strom ein anmutiger und trefflicher Rahmen. Unsere Fahrt begann verheißungsvoll mit einem in bezug auf Wind und Sonnenschein vollkommenen Tag, und unser Schiff ließ die Meilen in schönem Tempo hinter sich zurück.

In Chester in Illinois fanden wir eine Eisenbahn vor. Außerdem hat Chester jetzt ein Zuchthaus und macht sich auch sonst. In Grand Tower gab es ebenfalls eine Bahn und noch eine in Cape Girardeau. Erstere Stadt hat ihren Namen von einem großen klobigen Felsturm, der sich – ein einfallsreiches Stück Handarbeit der Natur – auf der Missouri-Seite aus dem Wasser erhebt und zu den malerischsten Punkten jener Gegend gehört. Für nähere oder entferntere Nachbarn hat dieser Turm den »Teufelsbackofen« – wohl so genannt, weil er nicht überzeugend genug an den Backofen von irgend jemand sonst erinnert – und den »Teufelsteetisch«: einen riesigen Felsbrocken mit glatter Oberfläche und sich nach unten verjüngendem Weinglasstiel, zirka fünfzig bis sechzig Fuß hoch, neben einem blumenbesäten Abhang über dem Fluß hingesetzt und durchaus so wie ein Teetisch von jedermann, sei er Teufel oder Christ. Weiter flußabwärts haben wir den »Teufelsellenbogen« und die »Teufelsrennbahn« und einen Haufen anderes Eigentum von ihm, an das ich mich jetzt nicht mehr erinnern kann.

Die Stadt Grand Tower zeigte offensichtlich ein geschäftigeres Treiben als in der alten Zeit, aber hier und da schienen ein paar Ausbesserungen nötig zu sein, vor allem hätte sie von oben bis unten neu getüncht werden müssen. Und doch fand ich es nett, sie wieder mal in der alten Tünche zu sehen. »Onkel« Mumford, unser Zweiter Offizier, sagte, der Ort habe unter Hochwasser gelitten und sehe folglich nicht gerade zum besten aus. Und daß die Stadt für sich selber keine Tünche verschwende, sei nicht verwunderlich, werde doch dort mehr und besserer Kalk hergestellt als sonstwo im Westen. Und er fügte hinzu: »In einer Meierei kann man für seinen Kaffee nie Milch kriegen und auf einer Zuckerplantage nie Zucker, und es wäre gegen alle Vernunft, in einer Kalkstadt gekalkte Häuser zu erwarten.« Aus eigener Erfahrung wußte ich, daß die beiden ersten Behauptungen zutreffen und ebenso, daß Leute, die Süßigkeiten verkaufen, sich nichts aus Süßigkeiten machen. Also mußte Onkel Mumford wohl recht haben mit seiner abschließenden Bemerkung: »Wer Kalk herstellt, hält es eben mehr mit der Religion als mit dem Tünchen.« Onkel Mumford sagte weiter, Grand Tower sei ein großes Kohlenzentrum und komme gut voran.

Cape Girardeau liegt am Abhang eines Hügels und macht einen stattlichen Eindruck. Zu Füßen der Stadt befindet sich unten am Fluß eine große Jesuitenschule für Knaben. Onkel Mumford sagte, ihr Ruf für Gründlichkeit sei ebensogroß wie der aller ähnlichen Institute in Missouri. Weiter oben, in luftiger Höhe, gab es noch ein College, ein helles, neues Gebäude, mit malerischen und merkwürdigen Türmchen und Zinnen versehen – eine Art gigantische Menage mit einem großen Sortiment an Fläschchen und Kännchen. Onkel Mumford erklärte, Cape Girardeau sei das Athen von Missouri und verfüge über weit mehr Colleges als die bereits erwähnten, und alle auf religiöser Basis. Er machte mich auf das, wie er es nannte, »durch und durch religiöse Aussehen der Stadt« aufmerksam, doch ich konnte nicht entdecken, daß sie frommer aussah als die anderen Hügelstädte mit dem gleichen Abhang und aus den gleichen Backsteinen erbaut. Parteilichkeit läßt einen eben oft mehr sehen, als dahintersteckt.

Onkel Mumford arbeitet seit dreißig Jahren als Maat auf dem Fluß. Er ist ein Mann von praktischem Sinn und ein kluger Kopf, hat viel erlebt, die Augen offengehalten und sich seine Ansichten gebildet, dazu kann er wunderbar und mit ganz leichtem poetischem Anflug erzählen, besitzt einen tief dröhnenden Baß und hat stets ein paar

Flüche zur Hand, wenn er bei seinem anstrengenden Dienst mal geistigen Auftrieb braucht. So recht ein Maat aus der seligen alten Zeit, und gibt es Arbeit für die Back, dann flucht und wettert er nur so herum, daß einem Ex-Dampfschiffer das Herz weich wird vor süßer, sanfter Sehnsucht nach den entschwundenen Tagen, die doch nie wiederkommen. »Hoch mit euch, ihr...! Soll das den ganzen Tag dauern? Warum habt ihr denn nicht vorm Anheuern *gesagt*, daß ihr hinten lahm seid?«

Seine Mannschaft hat er im Zug; er ist gut und gerecht, doch bestimmt, und sie mögen ihn und bleiben bei ihm. Er läuft noch in dem saloppen Aufzug der alten Maatsgeneration herum, aber schon auf der nächsten Fahrt wird die Anchor Line ihn wie all ihre Offiziere in Uniform gesteckt haben – in eine schmucke marineblaue Uniform mit Messingknöpfen –, und dann wird er ein wesentlich anderes Dekorationsstück abgeben als jetzt.

Uniformen auf dem Mississippi! In puncto Überraschung übertrifft das alle anderen Veränderungen zusammengenommen. Noch überraschender allerdings ist, daß man sie nicht fünfzig Jahre früher eingeführt hat. Man möchte meinen, auf eine so offensichtlich vernünftige Idee hätte man schon eher kommen können. Fünfzig Jahre lang hat da draußen der unschuldige Passagier, wenn er Hilfe und Auskunft brauchte, den Maat mit dem Koch und den Kapitän mit dem Barbier verwechselt – und ist damit schief angelaufen. Doch seine Not hat ein Ende. Und daß das leitende Schiffspersonal jetzt einen so viel besseren äußeren Eindruck macht, verdanken wir ebenfalls der Epoche der Kleidungsreform.

Bin die Biegung unterhalb von Cape Girardeau runtergesteuert. Sie hieß »Rudergastbiege« – leichte Fahrt und immer viel Wasser drin, so ziemlich die einzige Stelle im Oberlauf, wo ein neuer Stöps bei niedrigem Wasserstand ans Rad durfte.

Thebes, am oberen, und Commerce, am unteren Ende vom Grand Chain, waren leicht wiederzuerkennen, da sie sich nicht augenfällig verändert hatten. Und der Grand Chain, die »Große Kette«, auch nicht – als Kette, denn er ist eine Kette versunkener Felsen, wundervoll arrangiert, in schlimmen Nächten Dampfschiffe zu kapern und ins Jenseits zu befördern. So manche Dampferleiche liegt dort versteckt begraben, darunter mein erster Freund, die »Paul Jones«. Wie mir der Chronist – Onkel Mumford – erzählte, hat sie sich den Allerwertesten aufgerissen und ist abgesoffen wie ein lecker Eimer. Sie soll eine graue Stute und einen Prediger an Bord gehabt haben. Mir sagte das genug und Onkel Mumford natürlich auch. Er fügte noch hinzu:

»Dabei gibt es viele Leute, die davon keine Ahnung haben und die über so was spotten und sagen, das ist Aberglaube. Aber dann wird sich immer herausstellen, daß die nie mit einer grauen Stute und mit einem Prediger zusammen gereist sind. Ich bin einmal in solcher Begleitung den Fluß runtergefahren. Wir sind bei Bloody Island auf Grund gelaufen, wir sind bei Hanging Dog auf Grund gelaufen, wir sind kurz hinter eben diesem Commerce auf Grund gelaufen, wir sind gegen Beaver Dam Rock geknallt, sind im ›Friedhof‹ hinter Goose Island in einen der schlimmsten Strudel reingeraten, ein Deckarbeiter ist uns bei einer Keilerei hops gegangen, ein Kessel ist uns geplatzt, ein Schornstein gebrochen, ein Rauchfang kaputtgegangen, und in Cairo sind wir mit neun Fuß Wasser im Kielraum eingelaufen – kann auch etwas mehr oder etwas weniger gewesen sein. Ich erinnere mich noch so daran, als ob es gestern gewesen wäre. Unsere Leute verloren vor lauter Schreck den Kopf. Als sie die Stadt sahen, haben sie die Stute blau angemalt und den Prediger über Bord geschmissen, sonst wären wir überhaupt nicht angekommen. Der Pfaffe wurde wieder rausgefischt und gerettet. Er hat selber zugegeben, es war seine Schuld. Das ist mir alles noch so wie gestern.«

Daß diese Zusammenstellung – von Prediger und grauer Stute – Unglück bringen soll, kommt einem merkwürdig und auf den ersten Blick unglaubhaft vor, ist aber durch viele unwiderlegbare Beweise gefestigt, und daran zweifeln hieße die Vernunft mit Füßen treten. Ich selbst erinnere mich an einen Fall, wo ein Kapitän von zahlreichen Freunden davor gewarnt worden war, eine graue Stute und einen Prediger mitzunehmen, aber trotz aller guten Worte auf seinem Vorhaben bestand, und noch am selben Tag – kann auch am nächsten gewesen sein, und manche behaupten das auch, obwohl ich glaube, daß es doch am selben Tag war – hat er sich einen angetrunken und ist die Luke runtergefallen, und sie haben ihn als Leiche nach Hause getragen. Das ist die lautere Wahrheit.

Von Hat Island ist kein Fitzelchen mehr übrig, alles weggespült. Ich kann mich nicht einmal entsinnen, in welchem Teil vom Fluß sich die Insel befand, ich weiß nur noch, sie lag irgendwo zwischen St. Louis und Cairo. Damals eine windige Ecke, dieses Hat Island. Ein dort auf der Illinois-Seite wohnender Farmer sagte, allein von seinem Haus aus könne er die aufgereihten Gerippe von neunundzwanzig Dampfschiffen sehen. Zwischen St. Louis und Cairo gibt es im Durchschnitt pro Meile ein Dampferwrack – insgesamt also zweihundert Stück.

Von Commerce ab konnte ich große Veränderungen feststellen. Der Beaver Dam Rock war jetzt mitten im Fluß und warf einen mächtigen Strudel, früher stand er dicht am Ufer und wurde von außen genommen. Eine große Insel, die damals weit draußen lag, hat sich ans Ufer von Missouri zurückgezogen, und Schiffe kommen nicht mehr in ihre Nähe. Die Insel mit dem Namen Jacket Pattern ist zu einem Keil zusammengeschrumpft und kann einem baldigen Tode nicht mehr entrinnen. Goose Island ist ganz weg, mit Ausnahme eines kleinen Klümpchens von Dampfergröße. Der gefährliche »Friedhof«, zwischen dessen zahllosen Wracks wir uns immer so langsam und übervorsichtig hindurchtasteten, liegt jetzt weitab von der Fahrrinne und flößt niemand mehr Angst ein. Von den beiden damals die »Zwei Schwestern« genannten Inseln ist die eine völlig verschwunden, und die andere, die dicht am Ufer von Illinois lag, hat sich eine Meile weit nach Missouri abgesetzt. Sie ist dort mit dem Festland zusammengeschmolzen, und es gehört ein gutes Auge dazu, die Naht zu erkennen – doch es ist immer noch Grund und Boden von Illinois, und die Leute, die darauf wohnen, müssen sich übersetzen lassen und beim Straßenbau von Illinois mitarbeiten und nach Illinois Steuern zahlen, was einmalig sein dürfte.

In der Nähe der Ohiomündung fehlten verschiedene Inseln; der Fluß hatte sie weggerissen. Cairo war noch da – leicht zu erkennen, hinter dem langen, flachen Point, auf dessen unterem Ende es liegt –, aber auf dem Weg dorthin mußten wir weit außen herumdampfen. Als wir aus dem »Oberlauf« herauskamen und auf die Fluten des Ohio stießen, senkte sich die Nacht herab. Wir preschten ohne jede Angst dahin, denn der versteckte Felsen, der mitten im Wege lag, hat sich flußaufwärts bewegt und weitab von der Fahrrinne angesiedelt, oder vielmehr, von der Bake auf der Missouri-Seite ist ungefähr ein ganzer Verwaltungsbezirk ins Wasser gewandert, und die lange Zunge der Cairo-Landspitze hat dafür unten herum entsprechend zugenommen. Der Mississippi ist ein gerechter und unparteiischer Fluß: nie kippt er die Farm von jemand über Bord, ohne gleichzeitig genauso eine Farm für dessen Nachbar neu anzulegen. Das läßt kein böses Blut aufkommen.

Beim Einlaufen in Cairo ersäuften wir beinahe einen Dampfer, der auf unser Tuten nicht achtgab und dann versuchte, unseren Bug zu rammen. Mit Hilfe von ein paar kräftigen Krebsbewegungen retteten wir dem Dampfer das Leben, und das war sehr schade, denn er hätte prima Literatur abgegeben.

Cairo ist jetzt eine lebhafte Stadt. Im bemerkenswerten Gegensatz zu früher, beziehungsweise zu Mr. Dickens' Beschreibung, ist es fest und solide gebaut und hat etwas Großstädtisches. Mit Ziegeln baute die Stadt allerdings schon, als ich sie das letztemal sah – das war, als Oberst (jetzt General) Grant dort sein erstes Kommando drillte. Onkel Mumford sagt, die Bibliotheken und Sonntagsschulen hätten in Cairo ein genauso gutes Werk getan wie die Maurer. Cairo verfügt über einen bedeutenden Handel per Bahn und Schiff, und seine Lage am Zusammenfluß der beiden Ströme ist so günstig, daß es am Wohlstand schlecht vorbei kann.

Als ich am Morgen aufstand, hatten wir Columbus in Kentucky passiert und näherten uns Hickman, einem netten, auf einem hübschen kleinen Berg thronenden Städtchen. Hickman liegt in reicher Tabakgegend und erfreute sich früher eines ausgedehnten und einträglichen Handels in diesem Rohprodukt, das es aus einem großen Gebiet Land in seinen Speichern zusammenzog und dann verschiffte. Onkel Mumford aber sagt, die Stadt habe, um sich diesen Handel zu erleichtern, eine Bahn gebaut, doch die erleichtere ihn seiner Meinung nach auf die verkehrte Art: indem sie »die ganze Linie abklappert, anstatt die Ware vor den Toren der Stadt zu sammeln«, gebe sie den Hauptanteil am Geschäft aus den Händen.

SECHSUNDZWANZIGSTES KAPITEL

Unter Beschuß

Die Gespräche gingen jetzt auf den Krieg über, denn mittlerweile kamen wir runter an den oberen Zipfel des ehemaligen Kampfgebietes. Da wir gerade an Columbus vorbei waren, wurde natürlich viel über die berühmte Schlacht von Belmont gesprochen. Mehrere Offiziere des Schiffes hatten den Krieg bei der Mississippi-Kriegsflotte mitgemacht. Ich erfuhr, daß sie sich in diesem Metier anfangs kläglich und wie ein Fisch auf dem Trockenen vorgekommen wären, sich jedoch später eingewöhnt, damit abgefunden und sich darin mehr oder weniger wohl gefühlt hätten. Einer von unseren Lotsen hatte auf einem Dampfschiff im Dienst der Konföderierten im Belmonter Gefecht seine erste Bekanntschaft mit der vordersten Front gemacht. Ich wollte schon immer einmal wissen, wie einem Neuling in seiner allerersten Schlacht zumute sein mag, mutterseelenallein hoch oben im Steuerhaus, eine Zielscheibe für jedermann und mit niemand bei der Hand, vor dem er sich schämen würde, feige zu sein, wenn es ringsum brenzlig wird. Sein Bericht war mir also wertvoll – er füllte eine Lücke, die bis dahin sämtliche Geschichtsbücher hinterlassen hatten.

Die erste Schlacht des Lotsen

Er erzählte:

»Es war am 7. November. Das Feuer setzte morgens um sieben ein. Ich war auf der ›R. H. W. Hill‹. Hab eine Truppenladung aus Columbus rübergebracht. Bin zurückgekommen und hab dann eine Batterie Artillerie übergesetzt. Mein Partner erklärte, er geht sich die Schlacht angucken, und ich sollte mit. Ich sagte nein, und ich wäre nicht neugierig, ich würde sie mir vom Steuerhaus aus ansehen. Er erwiderte, ich wäre ein Feigling, und ging.

Ein schrecklicher Anblick, diese Schlacht. General Cheatham ließ seine Leute die Röcke ausziehen und auf einen Haufen werfen und sagte: ›Jetzt mir nach – Hölle oder Sieg!‹ Vom Steuerhaus hab ich ihn das sagen hören, und dann ist er losgaloppiert, immer vorneweg. Und der alte General Pillow mit seinem weißen Haar und auf einem Schimmel ihm entgegen. Wie ein junger Bursche hat der seine Truppen mitgerissen. Schließlich jagten die Nordstaatler die Rebellen zurück, und da kamen sie auch schon angeflitzt, jeder so gut er konnte und den Letzten beißen die Hunde, und runter unters Ufer und Schutz gesucht. Ich saß da und ließ die Beine aus dem Fenster vom Steuerhaus baumeln. Auf einmal merke ich, wie an meinem Ohr was vorbeizischt. Schätze, war 'ne Kugel. Ich hab nicht erst groß drüber nachgedacht, hab mich einfach nach hinten fallen lassen und bin auf dem Fußboden gelandet und da liegengeblieben. Die Geschosse kamen von rechts und links herangeballert. Drei Kanonenkugeln gingen durch den Schornstein, eine riß die Ecke vom Steuerhaus weg, überall heulten und platzten Granaten. Mächtig dicke Luft – wär ich bloß runtergegangen. Ich lag da auf dem Boden, und die Schüsse kamen immer schneller. Ich kroch hinter den großen Ofen in der Mitte vom Steuerhaus. Plötzlich zischt eine Miniékugel durch den Ofen und streift meinen Kopf und zerfetzt den Hut. Ich kalkuliere, es war allerhöchste Zeit, abzuhauen. Der Kapitän stand mit einem rothaarigen

Major aus Memphis – einem tadellos aussehenden Mann – auf dem Dach. Ich höre ihn sagen, er wolle von hier weg, aber ›der Lotse ist gefallen‹. Ich krieche rüber nach steuerbord, um die Glocke zum Rückwärtsgang zu ziehen, und als ich mich aufrichte und umsehe, entdecke ich zirka fünfzehn Einschüsse. Die sind so schnell gekommen, daß ich nichts davon gemerkt habe. Ich blicke raus aufs Wasser, wo das Blei wie Hagel niederprasselt. ›Nischt wie weg von hier oben!‹ denke ich und klettere die Backstag vom Steuerhaus runter, und zwar mit dem Kopf zuerst – nicht mit den Füßen, sondern mit dem Kopf zuerst –, und noch ehe ich auf dem Deck lande, sagt der Kapitän, wir müssen verschwinden. Ich also wieder rauf und wieder auf den Boden hingehauen. Inzwischen haben sie meinen Partner aufgegabelt, und zwei Soldaten schleppen ihn am Kragen rauf ins Steuerhaus. Irgend jemand hatte gesagt, ich wäre gefallen. Er steckt den Kopf zur Tür rein, und als er mich da liegen und die Hand nach den Glocken ausstrecken sieht, ruft er: ›Verdammt! Der ist ja gar nicht erschossen!‹, reißt sich von dem, der ihn am Schlafittchen hält, los und rennt nach unten. Wir sind bis nachmittags um drei dagewesen und dann gut weggekommen.

Als mein Partner wieder aufkreuzte, hab ich ihn gefragt: ›Nun mal ehrlich und raus mit der Wahrheit: Wo bist du hingegangen, dir das Gefecht anzusehen?‹ Da sagt er: ›Runter in den Laderaum.‹

Die ganze Schlacht durch stand ich tausend Todesängste aus. Ich wußte kaum noch, ob ich Junge oder Mädchen war, so haben mir die Knie geschlottert. Aber sehen Sie, außer mir hat das keiner gemerkt, und am nächsten Tag hat General Polk mich holen lassen und mich gelobt, weil ich mich so couragiert und tapfer verhalten hätte.

Ich hab nichts gesagt und es dabei gelassen. War ja zwar ein bißchen anders, aber es kam mir doch nicht zu, einem General zu widersprechen.

Bald danach war ich krank und fertig und mußte weg zur Kur nach Hot Springs. Kriegte da einen Haufen Briefe von Kommandeuren, die mich zurückhaben wollten. Ich lehnte ab, denn ich war noch nicht stark genug und noch nicht wiederhergestellt, verhielt mich ansonsten aber still und bewahrte mein neues Renommee.«

Ein ungeschminkter Bericht, kurz und knapp und ohne viel Gewese. Onkel Mumford allerdings meinte, dieser Lotse habe »sein Kanonenfieber stellenweise ganz schön mit Juwelen umkränzt«, seine spätere Laufbahn im Kriege sei Beweis dafür.

Wir zuckelten durch die Stromschnellen von Insel 8, und ich ging nach unten und kam mit einem Passagier ins Gespräch, einem gut aussehenden Mann mit ungezwungenem Benehmen und einem intelligenten Gesicht. Allmählich näherten wir uns der vom Kriege her so berühmten Insel 10. In der Nähe davon, drüben auf dem Festland, war dieser Gentleman zu Hause. Wir unterhielten uns über die Kriegsjahre, kamen aber bald auf »Fehden« zu sprechen, denn nirgendwo im Süden hat die Blutrache mehr in Blüte gestanden beziehungsweise haben die kriegführenden Familien darin mehr Ausdauer gezeigt als gerade in jener Gegend. Er sagte:

»Fehden hat's seinerzeit hier herum mehr als eine gegeben, die erste aber, schätze ich, war die zwischen den Darnells und Watsons. Worum der erste Streit ging, davon hat kein Mensch mehr keine Ahnung nicht, ist schon zu lange her. Die Darnells und die Watsons wissen's auch nicht, falls noch einer von ihnen leben sollte, was ich nicht glauben tu. Manche sagen, es war wegen ein Pferd oder eine Kuh – auf jeden Fall war's eine Lappalie, und das Geld, um das es dabei ging, überhaupt nicht der Rede wert, beide Familien waren reich. Die Sache hätte mit Leichtigkeit wieder eingerenkt werden können, aber nein, das kam natürlich nicht in Frage. Es waren böse Worte gefallen, und so konnte das bloß noch mit Blut abgemacht werden. Dieses Pferd oder diese Kuh, was es auch war, kam teuer zu stehen: sechzig Jahre Mord und Totschlag! So ziemlich jedes Jahr wurde einer erschossen, entweder auf der einen oder auf der andern Seite, und kaum lag die eine Generation im Sarg, nahmen die Söhne die Fehde wieder auf und sorgten dafür, daß sie nicht einschlief. Und es war genau, wie ich Ihnen sage, sie machten munter weiter, sich gegenseitig abzuknallen, jahraus, jahrein – erhoben das zu einer Art Religion, wissen Sie –, bis sie längst vergessen hatten, worum es eigentlich ging. Wo immer ein Darnell einen Watson zu fassen kriegte oder ein Watson einen Darnell: einer mußte dran glauben. Hing bloß davon ab, wer dem anderen zuvorkam. Glattweg vor den Augen der Familie schossen die einander übern Haufen. Direkt auflauern taten sie sich nicht, aber wenn sie sich zufällig begegneten, wurde sofort angelegt und los ging's. Da erschossen Männer Jungens, und Jungens erschossen Männer. Einmal hat ein Mann einen Zwölfjährigen abgeknallt – er ist im Wald auf ihn gestoßen und hat ihm nicht mal eine Chance gegeben. Denn hätt er ihm eine gegeben, hätte der Junge *ihn* abgeknallt. Beide Familien gehörten zur selben Kirche – hier herum ist alles religiös –, und die ganzen fünfzig oder sechzig Jahre lang, wo dieses Theater anhielt, versammelten sich da jeden Sonntag die zwei Sippschaften zum Gottesdienst. Sie wohnten zu beiden Seiten der Grenze, und die Kirche lag an einem Landeplatz, der hieß Kompromiß. Kirche und Schiff standen halb in Kentucky und halb in Tennessee. Sonntags konnte man die Familien – Männlein, Weiblein, Kinder – vorfahren sehen, alle im Sonntagsstaat, und wie sie im Gänsemarsch ins Kirchenschiff reinschwenkten und sich hinsetzten, ruhig und ordentlich, die eine Sippschaft auf die Kentucky-Seite, die andere auf die Tennessee-Seite. Und die Männer und Jungens lehnten ihre Schießprügel griffbereit gegen die Wand, und dann fiel alles ein in gemeinsames Gebet und Lobgesang. Allerdings soll der, der am nächsten vom Gang saß, nicht mit der Familie zusammen niedergekniet sein, sondern sozusagen Wache gestanden haben. Ob das so war, weiß ich nicht, bin nie im Leben in dieser Kirche gewesen, entsinne mich aber, daß das damals erzählt wurde.

Sind jetzt zwanzig oder fünfundzwanzig Jahre her, da hat die eine Familie einen neunzehnjährigen jungen Mann zu fassen gekriegt und umgelegt. Ob das bei den Darnells und Watsons war oder bei 'ner andern Fehde, weiß ich nicht mehr so genau. Jedenfalls kam dieser junge Mann angeritten – es lag gerade ein Dampfer da –, und das erste, was seine Augen sehen, ist eine ganze Bande vom Feind. Er runter vom Pferd und hinter einen Holzstoß, sie aber rumgeritten und das Feuer auf ihn eröffnet. Er, nicht faul, funkt zurück, und sie galoppieren und sprengen und brüllen und knattern drauflos, was das Zeug hält. Glaube, er hat ein paar von ihnen verwundet. Nichtsdestotrotz sind sie ihm immer dichter auf die Pelle gerückt und haben ihn in den Fluß gejagt. Und als er stromabwärts geschwommen ist, sind sie ihm am Ufer hinterher und haben immer weiter geschossen, und wie er an Land kam, war er tot. Windy Marshall hat mir das erzählt. Der hat es selber mitangesehen. Er war Kapitän von dem Schiff.

Vor Jahren waren die Reihen der Darnells so gelichtet, daß der Alte und die beiden Söhne beschlossen, sich aus der Gegend zu verziehen. Sie machten sich auf und wollten gleich oberhalb von Nr. 10 auf den Dampfer, doch die Watsons hatten davon Wind gekriegt und kamen gerade dazu, wie die beiden jungen Darnells mit ihren Frauen am Arm die Kajütentreppe rauf wollten. Da fing gleich die Knallerei an, und sie kamen keinen Schritt nicht weiter – sind alle beide umgelegt worden. Hinterher kriegte der alte Darnell Streit mit dem Fährmann, und der zog den kürzern und röchelte sein Leben aus. Den seine Freunde aber jagten dem alten Darnell so lange blaue Bohnen zwischen die Rippen, bis er richtiggehend bespickt war – und ausgelebt hatte.«

Der Gentleman vom Lande, der mir das erzählte, kam aus wohlsituierten Verhältnissen, machte einen intelligenten Eindruck und hatte ein College besucht. Seine schlampige Grammatik rührte nicht etwa von Unwissenheit her, sondern war zur Gewohnheit gewordene Nachlässigkeit. Diese Angewohnheit unter gebildeten Menschen im Westen ist zwar nicht allgemein, doch immerhin vorherrschend – wenn auch nicht in den Großstädten, so zumindest in den kleineren Orten – und von einem Ausmaß, das nicht zu übersehen ist und über das man nur noch staunen kann. Ich hörte einen Mann aus dem Westen, der in jedem Land als sehr gebildet gelten würde, sagen: »Aber ich bitte

Sie, *den seine Meinung spielt doch sowieso keine Rolle nicht.*« Einer dabei anwesenden Dame, die schon immer dort gelebt hatte, fiel das gar nicht erst auf. Hinterher darauf aufmerksam gemacht, konnte sie sich noch daran erinnern, gab aber zu, es hätte ihr Ohr nicht weiter beleidigt – ein Geständnis, das vermuten läßt, daß dieses Verbrechen, wenn gebildete Leute solch himmelschreiende Grammatik und aus solchem Munde hören können, ohne etwas dabei zu finden, ziemlich gang und gäbe sein muß, und zwar so, daß das gewöhnliche Ohr bereits abgestumpft und gegen derartige Beleidigungen nicht mehr wachsam, nicht mehr empfindlich ist.

Nun, kein Mensch in der Welt spricht mit fehlerfreier Grammatik, und keiner hat je mit fehlerfreier Grammatik geschrieben – *keiner*, weder in noch außerhalb der Welt (die Heilige Schrift als Beweis für letzteres) –, es wäre also unfair, von den Leuten aus dem Mississippital vollkommene Satzbauten zu verlangen. Eines aber könnte man von ihnen und von allen anderen wohl erwarten, nämlich daß sie davon absehen, ihre Grammatik *absichtlich* und *bewußt* zu verhunzen.

Bei Insel 10 fand ich den Fluß sehr verändert. Wie ich die Insel in Erinnerung hatte, war sie gut drei Meilen lang und eine viertel Meile breit, mit dichtem Wald bestanden und lag nahe zum Kentucky-Ufer – bloße zweihundert Yard davon ab, würde ich sagen. Jetzt allerdings mußte man mit dem Fernglas nach ihr suchen. Es war nichts weiter übriggeblieben als ein läppisches kleines Büschel, und dann nicht mehr zum Kentucky-Ufer zu, sondern einwandfrei drüben auf der gegenüberliegenden Seite, eine Meile weit weg. Während des Krieges war die Insel ein wichtiger strategischer Punkt, denn sie beherrschte die Lage, und da sie schwer bestückt war, gab es dort kein Vorbei. Zwischen den oberen und unteren Divisionen der Unionstruppen liegend, hielt sie diese getrennt, bis schließlich über die Missouri-Landenge eine Verbindung hergestellt wurde. Jetzt aber, wo sich die Insel zu der Landenge geschlagen hat, ist der breite Fluß hier ohne Hindernis.

In dieser Gegend fließt der Strom von Kentucky nach

Tennessee, von Tennessee zurück nach Missouri, von Missouri dann wieder nach Kentucky und von da endlich zurück nach Tennessee. Ein bis zwei Meilen von Missouri ragen so nach Tennessee hinein.

New Madrid sah sehr schlecht aus, ansonsten aber nicht anders als früher. Seine Holzhäuser gruppierten sich noch immer in derselben alten Ebene und waren noch immer von demselben alten Wald umstanden. Ein so ruhiges Nest wie ehedem und allem Anschein nach weder größer noch kleiner geworden. Es hieß, das letzte Hochwasser sei in den Ort gedrungen und habe sein Äußeres ramponiert. Das überraschte mich, denn bei niedrigem Flußstand ist das Ufer dort sehr hoch (fünfzig Fuß), und eine Überschwemmung hatte man zu meiner Zeit stets für unmöglich gehalten. Dieses Hochwasser jetzt von 1882 dürfte wohl etliche Generationen lang in der Geschichte des Flusses berühmt bleiben, bevor es wieder eine Flut von gleicher Gewalt zu sehen gibt. Von Cairo bis zur Mündung überschwemmte es alle ungeschützten Niederungen, in sehr vielen Orten riß es auf beiden Ufern die Dämme ein, und als die Flut den Höhepunkt erreichte, war der Mississippi weiter unten im Süden stellenweise siebzig Meilen breit! Es gab eine Anzahl Todesopfer, und der Sachschaden war ungeheuer groß. Die Ernte vernichtet, Häuser weggespült, und Obdachlose, Menschen und Vieh, mußten auf ein paar vereinzelten Erhöhungen in Wald und Feld Zuflucht suchen und unter Not und Gefahr warten, bis die von der Bundesregierung, den örtlichen Behörden und auf Initiative eines Zeitungsverlages eingesetzten Schiffe heran waren und sie retten konnten. Monatelang stand der Besitz von unendlich vielen Menschen unter Wasser, und die ärmeren Leute hätten zu Hunderten verhungern müssen, wäre nicht sofort Hilfe geleistet worden*. Das Wasser ging nun schon seit einiger Zeit zurück, doch in der Regel fanden wir die Ufer immer noch überflutet.

* Eine interessante und detaillierte Schilderung der großen Flut, geschrieben an Bord des von der Zeitung »New Orleans Times-Democrat« entsandten Rettungsschiffes, findet sich im Anhang A.

SIEBENUNDZWANZIGSTES KAPITEL

Importware

Auf der Höhe von New Madrid begegneten wir zwei Dampfschiffen. Zwei Dampfschiffe auf einmal! Das gibt es auf dem leeren Mississippi nicht mehr alle Tage zu sehen. Die Einsamkeit dieser gravitätischen, riesigen Flut ist eindrucksvoll – und bedrückend. Meile um Meile und immer wieder Meile um Meile wälzt sie ihre schokoladenbraunen Wassermassen zwischen festen Waldmauern, zwischen fast unbewohnten Ufern dahin, und selten stört ein Segel oder etwas sich Bewegendes den glatten Spiegel und unterbricht die Monotonie dieser Einöde aus Wasser; und so vergeht der Tag, es wird Nacht und wieder Tag – und immer dasselbe, Tag für Tag und Nacht für Nacht: majestätische, ewig gleichbleibende Einförmigkeit von Gelassenheit, Ruhe, Stille, Lethargie und Leere – Symbol der Ewigkeit, Verwirklichung des Himmels, den Prophet und Priester schildern und nach dem sich die Guten und Ahnungslosen sehnen!

Gleich nach dem Krieg von 1812 begannen Touristen aus England nach Amerika zu kommen, erst ein paar, und dann wurden es mehr und mehr – eine viele, viele Jahre geduldig durchs Land trottende Prozession. Jeder Tourist machte sich Notizen und fuhr nach Hause und veröffentlichte ein Buch: in der Regel ein ruhiges, sachliches, vernünftiges, nicht unfreundliches Buch, das unseren mimosenhaften Vorfahren aber ganz und gar als das Gegenteil erschien. Ein Blick in diese Touristenbücher zeigt uns, daß sich der Mississippi seit damals äußerlich kaum verändert hat und noch so ziemlich der alte geblieben ist. Die Empfindungen, die der Anblick des Flusses in der Brust jener Fremden hervorrief, waren natürlich nicht alle nach ein und demselben Muster ausgerichtet; sie mußten verschieden sein, jedenfalls zu Anfang, denn die ersten Touristen waren gezwungen, selber zu empfinden, wogegen man in älteren Ländern da stets Anleihen bei den Vorgängern machen kann. Nun gehören Gefühle allerdings mit zu den am schwersten zu fabrizierenden Dingen der Welt. Es ist leichter, sich sieben Fakten aus den Fingern zu saugen als eine einzige Gemütsbewegung. Vor fünfundfünfzig Jahren schrieb Captain Basil Hall von der Royal Navy:

»Hier erblickte ich zum erstenmal, was ich schon so lange zu sehen gewünscht hatte, und fühlte mich in diesem Augenblick für all die Strapazen der weiten Reise reichlich belohnt; und ich stand und schaute auf den vorüberfließenden Strom, bis es zu dunkel war, noch etwas zu erkennen. Aber erst, nachdem ich dieselbe Stelle ein dutzendmal besucht hatte, bekam ich einen richtigen Begriff von der Erhabenheit des Bildes.«

Nun, was Mrs. Trollope empfand. Im selben Jahr, 1827, kommt sie ein paar Monate später die Mündung des Mississippi herein und schreibt:

»Das erste Anzeichen, daß wir uns dem Lande näherten, war das Erscheinen dieses mächtigen Flusses, der seine schlammigen Wassermassen heranwälzte und mit dem tiefen Blau des Golfes von Mexiko vermischte. Nie hatten meine Augen etwas so ganz und gar Trostloses erblickt wie den Eintritt des Mississippi ins Meer. Dante, hätte er ihn gesehen, würde seiner Grauenhaftigkeit Bilder eines zweiten Bolgia entnommen haben. Das einzige, was sich über die wirbelnden Wasser erhebt, ist der Mast eines vor langer Zeit an der Barre zerschellten Schiffes, und er steht noch, trauriger Zeuge gewesener Zerstörung und ahnungsvoller Prophet kommender Zerstörung.«

Empfindungen des ehrenwerten Charles Augustus Murray (in der Nähe von St. Louis) sieben Jahre später:

»Nur wenn man den gewaltigen Strom fünfzig bis hundert Meilen hinauffährt und ihn nicht bloß mit den Augen aufnimmt, beginnt man all seine Macht und Erhabenheit zu begreifen. Man sieht, wie er ein endloses Tal fruchtbar macht, wobei er die Trophäen seiner tausend Siege über den Wald mit sich führt – hier große Bodenmassen mit allem, was drauf wächst, davontragend, dort Inseln bildend, die bestimmt sind, später einmal Wohnort von Menschen zu sein. Und während man sich diesem Bilde hingibt, wird es Zeit zu der Überlegung, daß der Strom da vor uns schon seine zwei- oder dreitausend Meilen hinter sich hat und noch eintausenddreihundert zurücklegen muß, ehe er sein Ziel am Ozean erreicht.«

Hier nun die Empfindungen von Captain Marryat, Royal Navy, dem Verfasser der Seegeschichten. 1857, drei Jahre nach Mr. Murray, schreibt er:

»Ein Jahrhundert so stetigen, so ungehemmten Verbrechens, wie es die Vergangenheit des unbändigen, blutbefleckten Mississippi aufweist, hat es in der Geschichte der Völker wohl nie gegeben. Der Strom scheint für die begangenen Untaten auch wie geschaffen. Er ist nicht so wie die meisten Flüsse, schön anzusehen und Fruchtbarkeit spendend; das Auge ruht nicht mit Wohlgefallen auf ihm, wenn er dahergerauscht kommt, und ebensowenig kann man an seinen Ufern sich ergehen oder ohne Gefahr sich seiner Strömung anvertrauen. Dieser Fluß voller Schwemmsand ist wütend, reißend, verheerend, und wen seine Wasser einmal aufgenommen haben, von denen kommen wenige je wieder hoch* oder können sich ohne Unterstützung einer hilfreichen Planke lange oben halten. An Fischen birgt er die minderwertigsten und ungenießbarsten, wie Katzenwels und ähnliche Arten, und steigt man hinunter, sind seine Ufer besetzt vom stinkenden Alligator, während an seinem Rande in den für Menschen so gut wie undurchdringlichen Schilfdickichten sich der Panther sonnt. Er läßt sein ungestümes Wasser durch wilde Landstriche fließen, bedeckt mit Bäumen von wenig Wert, außer als Brennholz, und reißt dabei ganze Wälder mit, die in stürmischem Durcheinander verschwinden, hinweggefegt vom jetzt mit den einst ihre Wurzeln nährenden Erdmassen beladenen Strom, welchem sie häufig das Bett blockieren und verändern, woraufhin dieser, wie aus Wut darüber, daß ihm entgegengetreten wird, ringsum alles Land überschwemmt und verwüstet und, sobald er sich wieder den Weg durch sein altes Bett erzwingt, die entwurzelten Monarchen des Waldes (auf deren Äste kein Vogel sich mehr setzt, kein

* Zu jener Zeit herrschte der törichte Aberglaube, der Mississippi würde weder einen Schwimmer tragen noch eine Wasserleiche wieder an die Oberfläche kommen lassen.

Waschbär, kein Oppossum, kein Eichhörnchen mehr klettert) überall als Fallen aufbaut für die Abenteurer, welche seine Wasser mit Dampf befahren und die, von diesen versteckten, sich durch die Planken bohrenden Gefahren niedergezogen, sehr oft nicht mehr rechtzeitig das Ufer erreichen können, ehe sie versinken. Angenehme Assoziationen weckt sie durchaus nicht, diese große Kloake des westlichen Amerika, die all ihren Unrat in den Golf von Mexiko abfließen läßt und bis meilenweit über die Mündung hinaus die klare blaue See besudelt. Er ist ein Fluß der Verwüstung, und statt daß er uns, wie andere schöne Flüsse, an einen zum Wohle der Menschen herniedergekommenen Engel erinnert, denkt man bei ihm an einen Teufel, dem nur durch die wundervolle Kraft des Dampfes beizukommen ist.«

Für einen den Umgang mit der Feder gewohnten Mann reichlich ungeschlachte Literatur, doch als Panorama der Gefühle, die Anblick und Traditionen der »großen Kloake« diesem berühmten Besucher durch die Brust gewälzt haben, immerhin von einigem Wert, wenn auch durch unrichtige Angaben beeinträchtigt, denn Katzenwels ist für jeden bekömmlich, und Panther gibt es dort nicht, und schon gar keinen, der »sein ungestümes Wasser durch wilde Landstriche fließen« läßt.

Später kommt dann noch der Rechtsanwalt Alexander Mackay von Middle Temple. Er hat eine bessere Verdauung, Wels ist ihm an Bord nicht vorgesetzt worden, und er empfindet wie folgt:

»Der Mississippi! Unbeschreiblich, was ich fühlte, als ich zum erstenmal auf seinen Wassern dahinfuhr. Wie oft hatte ich mir in meiner Schuljungenphantasie und später in meinen Wachträumen den stolzen Strom vorgestellt, wie er seine reißenden Fluten durch das grenzenlose Gebiet rollen läßt, dem er seinen Namen gibt, und in seinem Lauf zum Ozean Wasser aus fast jedem Breitengrad der gemäßigten Zone in sich aufnimmt! Hier war er nun in Wirklichkeit, und ich dampfte endlich gegen seine Strömung. Ich betrachtete ihn mit jener Ehrfurcht, die man vor jeder großen Naturerscheinung haben muß.«

Soviel von den Empfindungen der Touristen. Einer wie der andere lassen sie sich über die tiefe, schwer lastende Einsamkeit und Trostlosigkeit des riesigen Flusses aus. Captain Basil Hall, der ihn bei Hochwasser sah, schreibt:

»Es kam vor, daß wir Strecken von zwanzig bis dreißig Meilen zurücklegten, ohne eine einzige menschliche Behausung zu sehen. Ein Künstler auf der Suche nach Anregungen für ein Gemälde der Sintflut hätte sie hier in reichlichem Maße gefunden.«

Der Erste soll der Letzte sein und so weiter. Vor genau zweihundert Jahren beendete der alte original erste und tapferste aller ausländischen Touristen und Pioniere, der Anführer der Prozession, seine beschwerliche, ermüdende Entdeckungsfahrt die feierlich ernsten Strecken des großen Flusses hinunter: La Salle, dessen Name so lange bleiben wird wie der Strom selber. Wir zitieren Mr. Parkman:

»Und jetzt näherten sie sich dem Ende ihrer Reise. Am 6. April teilte sich der Fluß in drei breite Arme. La Salle folgte dem westlichen, während D'Autray den östlichen und Tonti den mittleren nahm. Als er zwischen den niedrigen und sumpfigen Ufern die trübe Strömung hinuntertrieb, wechselten die brackigen Fluten in Meerwasser über, und mit dem Salzgeruch der See wurde der Wind frischer. Dann erschloß sich La Salles Blick der breite Busen des großen Golfes, ruhelose Wogen werfend, grenzenlos, lautlos, einsam wie aus dem Chaos auferstanden, ohne ein Segel, ohne ein Zeichen von Leben.«

Auf einem Flecken festen Boden errichtete La Salle eine Säule »mit dem Wappen von Frankreich; die Franzosen formierten sich unter Waffen, und während die Neuengland-Indianer und ihre Squaws in erstauntem Schweigen zusahen, sangen sie das ›Te Deum‹, das ›Exaudiat‹ und das ›Domine, salvum fac regem‹.«

Unter dem Feuer der Gewehrsalven und unter Jubelrufen pflanzte der siegreiche Entdecker die Säule auf und proklamierte mit lauter Stimme, daß er im Namen des Königs von dem Fluß und den riesigen von ihm bewässerten Ländern formell Besitz ergreife. Die Säule trug die Inschrift:

LOUIS LE GRAND,
ROY DE FRANCE ET DE NAVARRE,
REGNE;
LE NEUVIEME AVRIL,
1682

New Orleans hatte vor, in diesem Jahr den zweihundertsten Jahrestag jenes berühmten Ereignisses gebührend zu feiern, doch als die Zeit heran war, wurden alle Kraft und alles überschüssige Geld anderweitig gebraucht, denn das Land stand unter Wasser, und die Fluten richteten überall verheerenden Schaden an.

ACHTUNDZWANZIGSTES KAPITEL

Onkel Mumford packt aus

Wir gondelten den lieben langen Tag weiter stromabwärts und hatten den Fluß fast für uns allein. Früher wären wir bei solchem Wasserstand an ganzen Morgen von Holzflößen und Dutzenden von großen Kohlenprahmen vorbeigekommen, hier und da an schwimmenden Kramläden, die mit der ganzen Familie an Bord von Farm zu Farm hausierten, und vielleicht hätten wir auch ein Hausboot mit einem bescheidenen Hamlet & Co. auf Wandertournee getroffen. All das fehlte jetzt. Gegen Ende des Tages sahen wir ein Dampfschiff, ein einziges, mehr nicht. Es lag im Schatten, drüben in der waldigen Obionmündung, und ruhte. Das Fernglas enthüllte, daß es – oder *er*, ganz wie Sie wollen – nach mir benannt war. Da ich dieser Art von Ehrung zum erstenmal begegnete, ist es wohl verzeihlich, wenn ich das erwähne und gleichzeitig die Obrigkeit darauf aufmerksam mache, wie spät ich dahintergekommen bin.

Stellte große Veränderungen bei Insel 21 fest. Einst sehr groß und draußen zur Mitte des Stromes hin liegend, hat sie sich jetzt fest mit dem Hauptufer verbunden und ihr Gewerbe als Insel abgemeldet.

Als wir uns dem berühmten und gefürchteten Plum Point näherten, brach Dunkelheit herein, was aber – in unserer modernen Zeit – kein Grund mehr war, das Schaudern zu kriegen. Denn die Bundesregierung hat den Mississippi in einen zweitausend Meilen langen Fackelzug verwandelt. Überall, wo gekreuzt werden muß, hat sie oben und unten eine hellbrennende Laterne hingesetzt. Völlig im Dunkeln ist man jetzt nie mehr: immer ist irgendwo ein Leuchtfeuer in Sicht, entweder vor einem, hinter einem oder gegenüber. Man möchte beinahe sagen, dort Laternen, das ist reine Verschwendung. Dutzende von Stellen zum Kreuzen sind erleuchtet, die schon bei ihrer Erschaffung nicht seicht waren und es inzwischen auch nicht geworden sind, Flußstrecken, so einfach und so gerade, daß ein Dampfschiff, wenn es einmal durchgefahren war, sie ohne jede Hilfe nehmen kann. Und doch sind an solchen Stellen Laternen kein überflüssiger Luxus. Für den Lotsen ist es viel bequemer und angenehmer, sich an diese stehenden Lichter zu halten als an eine Masse formloser Finsternis, die sich dauernd verschiebt, und gleichzeitig wird dem Schiff Geld gespart, denn mit dem Ruder mittschiffs kann es natürlich mehr Meilen zurücklegen, als wenn es quer zum Heck steht und die Fahrt hemmt.

Dem Lotsenberuf aber nimmt das viel von seiner Romantik. Zusammen mit einigen anderen Dingen nimmt es ihm jede Romantik überhaupt. Zum Beispiel ist die Gefahr von den Bäumen unter Wasser längst nicht mehr, was sie einmal war. Heutzutage, in unserer nüchternen Zeit, patrouillieren von der Regierung eingesetzte Räumboote stromauf und stromab und ziehen dem Fluß die Zähne. All die alten Hauer, die Schrecken so mancher Gegend, haben sie mit Stumpf und Stiel ausgerissen, und daß sich neue ansammeln, lassen sie gar nicht erst zu. Früher, wenn man da in stockdunkler Nacht die Kontrolle verlor und das Schiff auf den Wald zuzerrte, mußte man vor Angst schlottern, und ebenso, wenn wir uns in einer engen Passage durch geballte Finsternis tasteten, heute aber – man dreht seinen elektrischen Scheinwerfer auf, macht in Sekundenschnelle die Nacht zum Tag, und wie weggeblasen sind Gefahr und Angst. Horace Bixby und George Ritchie haben die Stellen, wo gekreuzt werden muß, kartographiert und den Kurs mit dem Kompaß festgelegt. Zu der Karte haben sie eine Laterne erfunden und sich das Ganze patentieren lassen. Mit diesen Hilfsmitteln kann man jetzt bei Nebel fahren, und zwar mit ziemlicher Sicherheit und mit einer in der alten Zeit ungekannten Zuversicht.

Mit den reichlichen Leuchtfeuern, der Verbannung der Snags, jeder Menge Tageslicht auf Lager und bei Bedarf bloß anzuknipsen und einem Kartenkompaß gegen den Nebel ist bei gutem Wasserstand Lotsen heute fast so ungefährlich und kinderleicht wie Kutschieren und kaum noch dreimal so romantisch.

Und jetzt hat die Anchor Line, in dieser neuen Zeit nicht abzusehender Veränderungen, den Kapitän über den Lotsen gesetzt, indem sie ihm die höhere Bezahlung gibt. Das war schon allerhand, aber man ist noch weitergegangen und hat angeordnet, der Lotse habe, ob das Schiff nun auf Fahrt ist oder festgemacht hat, auf seinem Posten zu bleiben und die ganze Wache zu stehen. Wir, die wir einst die Aristokraten des Flusses waren, können uns nicht mehr so wie früher hinhauen und schlafen, während hundert Tonnen Fracht an Bord gehievt werden, nein, wir müssen im Steuerhaus sitzen und obendrein noch wach bleiben. Man behandelt uns glattweg wie einen Haufen Maate und Maschinisten. Die Regierung hat unserem Beruf die Romantik genommen; die Gesellschaft hat ihm seinen Glanz und seine Würde genommen.

Der Plum Point sah so aus wie immer bei Nacht, abgesehen davon, daß es dort jetzt Leuchtfeuer zur Markierung der Stellen zum Kreuzen gab sowie viele andere Lichter auf der Bake und am Ufer entlang. Die letzteren schimmerten von der Flotte der Flußkommission der Vereinigten Staaten und von einem Dorf herüber, das die Kommission auf dem Festland für Bürozwecke und für ihre Angestellten gebaut hat. Die Militäringenieure der Kommission haben sich die Arbeit aufgebürdet, den Mississippi noch mal neu zu machen – eine Arbeit, die an Umfang nur von seiner ursprünglichen Erschaffung übertroffen wird. Sie errichten hier und dort Flügeldeiche, um dem Strom eine andere Richtung zu geben, und Dämme, um ihn auf engere Grenzen zu beschränken, und weitere Dämme, damit er nicht wieder ausbrechen kann; ungezählte Meilen den Mississippi entlang fällen sie die Waldfront in fünfzig Yard Breite, weil sie eine kahle, bis zur Niedrigwassermarke dachartig abgeschrägte und mit Steinen beschwerte Böschung anlegen wollen, und an vielen Stellen haben sie die abbröckelnden Ufer durch Pfahlbuhnen geschützt. Nun, wer den Mississippi kennt, wird – wenn auch nur leise für sich – sogleich einwenden, zehntausend Flußkommissionen mit dem Reichtum der ganzen Welt hinter sich können diesen unbändigen Strom nicht zähmen, können ihm keine Zügel oder gar eine Kandare anlegen, können nicht zu ihm sagen: »Hier entlang!« oder »Da entlang!« und ihn zum Parieren zwingen, können kein Ufer retten, das er verurteilt hat, können ihm den Weg mit keinem Hindernis versperren, das er nicht niederreißt, um hohnlachend darüber hinwegzutanzen. Ein besonnener Mensch wird diese Dinge aber nicht aussprechen, denn den Ingenieuren aus West Point kann niemand das Wasser reichen. Die beherrschen ihre abstruse Wissenschaft aus dem Effeff, und da sie meinen, sie können diesem Fluß Handschellen anlegen und Vorschriften machen, tut der wissenschaftlich Unbeschlagene nur klug und weise daran, sich still zu verhalten und erst einmal abzuwarten. Captain Eads hat mit seinen Schutzdämmen an der Mississippimündung ein Werk vollbracht, das völlig undurchführbar schien, so daß wir keinen rechten Mut mehr haben, bei ähnlichen Unmöglichkeiten dagegen zu prophezeien. Sonst würde man nämlich dazwischenquatschen und sagen, ebensogut wie die Kommission dem Mississippi anständige Manieren beibringen möchte, könne sie die Kometen herumkommandieren und versuchen, sie in gesittete Bahnen zu lenken.

Ich wandte mich wegen dieser und damit verbundener Fragen an Onkel Mumford und lasse hier seine Antwort folgen. Die Wiedergabe geschieht nach dem Stenogramm, kann also als vollständig und authentisch hingenommen werden, abgesehen davon, daß ich hier und da Bemerkungen ausgelassen habe, die an seine Leute gerichtet waren, wie »*Zum Teufel noch mal,* wo wollt ihr denn mit dem Faß da hin?«, und die mir im Schriftlichen den Fluß des Berichtes zu unterbrechen schienen, ohne ihn dafür gehaltvoller oder klarer zu machen. Nicht, daß ich gewagt hätte, all diese Zwischenrufe zu streichen, nein, ich habe lediglich die offensichtlich belanglosen entfernt. Wenn einer vorkam, bei dem ich im Zweifel war, hielt ich es für das sicherste, ihn stehenzulassen.

Onkel Mumfords Meinung

Onkel Mumford sagte:

»Solange ich Maat auf einem Dampfschiff bin – dreißig Jahre –, beobachte und studiere ich nun schon den Fluß hier. Kann ja sein, daß man in West Point mehr drüber lernt, und trotzdem, eh ich das glaube, will ich lieber *Was lutschst du am Daumen rum, he? Los, schnapp dir das Fäßchen Nägel da!* Schätze, vier Jahre West Point und eine Menge Bücher und das Eintrichtern lernen einem schon was. Den Fluß aber lernen sie einem nicht. Dieser Kommission, der sollten sie man einen von den kleinen europäischen Flüssen geben, mit festem Grund und klarem Wasser, und es wäre für die bloß ein Kinderspiel, den mit Wällen und Pfählen und Deichen zu bepflastern und kirre zu kriegen und nach ihrer Pfeife tanzen zu lassen, und daß er überall hinfließt, wo sie ihn hinhaben wollen, und schön dableibt und immer alles macht, was sie sagen. Aber von der Sorte Fluß ist der hier nicht. Sie haben hier mit großer Hoffnung und mit den besten Absichten von der Welt angefangen, und doch werden sie auf keinen grünen Zweig kommen. Wie heißt es bei Prediger Salomo VII, 13? Das sagt genug, um sie baden gehen zu lassen, was? Gucken Sie sich doch bloß mal an, wie die vorgehen. Oben bei Devil's Island, da wollten sie, das Wasser soll einen bestimmten Weg nehmen, und das Wasser wollte anders. Haben sie also einen Steinwall hingesetzt. Aber was schert sich der Fluß schon um einen Steinwall? Als der fertig war, hat er ihn einfach eingedrückt und ist mitten durch. Vielleicht schaffen sie es, einen neuen Wall zu bauen, der stehenbleibt, das heißt da oben – hier unten sowieso nicht. Hier im Unterlauf rammen sie Pfahlbuhnen ein, um das Wasser vom Land wegzulenken und um zu verhindern, daß es das Ufer stückweise mitnimmt. Alles gut und schön, aber geht es nicht glattweg drüber und verleibt sich ein anderes Ufer ein? Weiß Gott. Wollen die denn *alle* Ufer mit Buhnen verbarrikadieren? Das könnten sie billiger haben, wenn sie Land kaufen und einen neuen Mississippi bauen. Jetzt verrammeln sie die Sandbank ringsum mit Pfahlbuhnen. Ist aber alles für die Katz. Wenn der Fluß auf diese Insel eine Hypothek hat, kündigt er die sowieso, ob mit oder ohne Buhnen. Da drüben, weiter unten, haben sie zwei Reihen Pfähle mitten auf eine trockene Barre gesetzt, eine halbe Meile lang, und dabei ragt die bei niedrigem Fluß vierzig Fuß aus dem Wasser. Was schätzen Sie, wozu das gut sein soll? Wenn ich es wüßte, würde ich sonst was *Dir werd ich Beine machen! Bist wohl in einem Sarggeschäft geboren, was? Raus mit dem Petroleum da, Tempo, Tempo!* Und dann sehen Sie sich an, was sie unten bei Milliken's Bend versuchen. In der Gegend da hat es einen Durchbruch gegeben, und Vicksburg sitzt jetzt auf dem Trockenen. Abgeschoben aufs Land. Der Fluß kommt ein Stück weiter unten an, und rauf zur Stadt kann ein Schiff bloß noch bei Hochwasser. Ja, und nun wollen sie in der Biege gegenüber dem unteren Ende von 103 Flügeldeiche ziehen, und das Wasser soll rüber und den Fuß der Insel abschneiden und sich durch einen alten Graben pflügen, wo der Fluß vor ewigen Zeiten mal entlanggeflossen ist, und sie bilden sich ein, sie können das Wasser dazu rumkriegen, so wie früher oberhalb von Vicksburg anzukommen und die Stadt wieder in die Welt zurückzuholen. Das heißt, sie wollen den ganzen Mississippi nehmen und rumdrehen und mehrere Meilen stromaufwärts fließen lassen! Alles was recht ist, aber Männer, die sich mit so großen Ideen befassen und sie mit sich rumschleppen, ohne an Krücken gehen zu müssen, die muß man bewundern. Deshalb brauchen Sie nicht gleich zu glauben, die können solche Wunder auch vollbringen. Und doch sind Sie keineswegs zu der Annahme verpflichtet, daß sie es nicht schaffen. Schätze, man fährt am sichersten, wenn man, sofern man sich das erlauben kann, dagegenwettet und sich gleichzeitig genügend Grund und Boden in Vicksburg kauft, als Ausgleich für den Fall, daß die gewinnen. Die Regierung tut jetzt allerhand für den Mississippi – gibt einen Haufen Geld für ihn aus. Als es noch viertausend Dampfschiffe und zehntausend Morgen Kohlenkähne und Flöße und Handelsprahme gab, war von St. Paul bis New Orleans keine einzige Laterne zu finden, und die Bäume unter Wasser standen dichter als die Borsten auf einem Schweinerücken, aber jetzt, bei den drei Dutzend Dampfern und keinem einzigen Prahm oder Floß, da reißt die Regierung alle Bäume aus und erleuchtet die Ufer wie den Broadway, und ein Schiff ist auf dem Fluß so sicher wie im Himmel. Und wenn mal überhaupt keine Schiffe mehr da sein werden, bis dahin, schätze ich, hat dann die Kommission alles Alte gründlich umorganisiert und ausgebaggert und eingezäumt und aufgeräumt und die Schiffahrt geradezu vollkommen und idiotensicher und profitabel gemacht, und alle Tage werden Sonntage sein und alle Maate Sonntagsschulleh... *Himmeldonnerwetter noch mal! Was macht ihr da für Quatsch, ihr Söhne der Verdammnis! Das eine Faß ausladen soll wohl ein ganzes Jahr dauern?*«

Während unserer Fahrt nach New Orleans und zurück führten wir viele Gespräche mit den Männern vom Fluß, mit Pflanzern, mit Journalisten und mit den Beamten der Flußkommission – doch was dabei herauskam, war widersprüchlich und verwirrend. Nämlich:

1. Einige schworen auf den Plan der Kommission, die Fahrrinne willkürlich und für dauernd zu begrenzen (und damit zu vertiefen), die gefährdeten Ufer zu schützen und so weiter.

2. Einige meinten, das Geld der Kommission solle ausschließlich dazu verwendet werden, das große System der Uferdämme instand zu setzen und weiter auszubauen.

3. Einige behaupteten, je höher man einen Damm baue, desto höher steige der Grund des Flusses, und folglich sei das Dammbausystem falsch.

4. Einige schworen auf den Plan, dem Strom bei Hochwasser einen Abfluß zu geben und seine überschüssigen Fluten in den Lake Borgne zu lenken.

5. Einige schworen auf den Plan, im Norden See-Reservoire zu schaffen, um den Mississippi zu Zeiten niedrigen Wasserstandes nachzufüllen.

Hat man dort unten jemand gefunden, der an eine dieser Theorien glaubt, kann man beim nächsten, den man trifft, gleich von der Hypothese ausgehen, daß er *nicht* auf diese Theorie schwört, und nach einiger Erfahrung tut man das nicht mehr zweifelnd oder zögernd, sondern mit der Zuversicht eines sterbenden Mörders – eines bekehrten natürlich. Denn inzwischen weiß man mit unumstößlicher Gewißheit, daß man keine zwei Leute hintereinander trifft, die von derselben Theorie befallen sind. Nein, dazwischen werden immer ein oder zwei mit den anderen Krankheiten kommen. Und mit der Zeit stellt man noch etwas fest. Nämlich daß diese Krankheiten eine wie die andere ansteckend sind und daß man sie sich unweigerlich holt, wenn man da hingeht, wo sie herrschen. Man kann sich mit abschreckenden Tatsachen schutzimpfen, soviel man will – hilft alles nichts, wenn es auch anfangs zu wirken scheint. Im selben Augenblick, wo man mit einem dieser Theoretiker in Berührung kommt, muß man sich schon bereit machen, die Quarantänefahne herauszuhängen.

Jawohl, man ist ihm unentrinnbar ausgeliefert. Und doch ist es nicht ganz zum Schaden, von ihm bearbeitet zu werden, denn er ist wie ein Hausarzt, der kommt und Ziegenpeter kuriert und dafür Scharlach zurückläßt. Handelt es sich bei dem Mann beispielsweise um einen Lake Borgne Abfluß-Theoretiker, wird er eine Wolke todbringender Fakten und Statistiken ausatmen, an denen man sich bestimmt infiziert, gleichzeitig aber wird er einen von jeder anderen der fünf Theorien heilen, die einem vorher in den Organismus geraten sein mögen.

Ich habe alle fünf gehabt, und zwar anständig, doch man frage mich um Himmels willen nicht, welche mir am meisten zugesetzt hat oder welche den größten Krankenstand hatte, denn das weiß ich nicht. Die letzte Frage wird wohl niemand beantworten können. Mississippi-Regulierung ist dort unten eins der wichtigsten Gesprächsthemen. Wer südlich von Cairo am Fluß wohnt, redet jeden Tag darüber, sobald er nur ein paar Augenblicke erübrigen kann, in denen er nicht über den Krieg redet, und jede der verschiedenen Haupttheorien hat ihre Horde von eifrigen Anhängern, doch wie gesagt, zu entscheiden, welche die meisten Streiter zählt, ist unmöglich.

In einem Punkt waren sich jedoch alle einig: Wenn der Kongreß genügend Gelder bereitstellen würde, ließe sich ein ungeheuer großer Nutzen erzielen. Nun, inzwischen sind – wohl ausreichende, sicher aber nicht zu große – Mittel bewilligt worden. Hoffen wir, daß sich die Prophezeiung erfüllt.

Eines wird der Leser ohne weiteres bestätigen: daß Mr. Edward Atkinson, wenn er zu irgendeiner großen, das ganze Land betreffenden wirtschaftlichen Angelegenheit Stellung nimmt, soweit als Autorität gilt, wie das ein einzelner in der Union mit seiner Meinung überhaupt kann. Was er über die Mississippi-Regulierung zu sagen hat, findet sich im Anhang*.

Ein halbes Dutzend Zahlen erhellt mitunter blitzartig die Bedeutung einer Sache, die zehntausend ausgefeilte Wörter mit demselben Ziel doch nur unklar gelassen haben. Hier ist so ein Fall – eine Notiz aus der in Cincinnati erscheinenden Zeitung »Commercial«:

»Der Schleppdampfer ›Jos. B. Williams‹ befindet sich auf dem Wege nach New Orleans. Er hat zweiunddreißig Kähne im Schlepp, die, das eigene Brennmaterial nicht mit eingerechnet, mit 600000 Scheffel (der Scheffel zu sechsundsiebzig Pfund) Kohle beladen sind. Das ist nicht nur der längste Schleppzug, der je nach New Orleans gegangen ist, sondern der größte der Welt überhaupt. Die Frachtkosten

* Siehe Anhang B.

belaufen sich bei drei Cent pro Scheffel auf 18 000 Dollar. Zur Beförderung dieser Kohlenmenge wären 1800 Waggons mit je 333 Scheffel erforderlich. Bei 10 Dollar pro Tonne beziehungsweise 100 Dollar pro Waggon, einem für diese Entfernung angemessenen Bahnpreis, würden an Frachtgebühr 180 000 Dollar zu zahlen sein, das heißt 162 000 Dollar mehr als per Schiff. Der Schleppzug wird die Strecke Pittsburgh–New Orleans in vierzehn bis fünfzehn Tagen zurücklegen. Um diese mit einer einzigen Fahrt bewältigte Last von 600 000 Scheffel Kohle zu transportieren, wären einhundert aus je achtzehn Wagen bestehende Züge nötig, und selbst im beschleunigten Güterverkehr würde das einen ganzen Sommer dauern.«

Wenn ein Fluß in guter Kondition einem ermöglichen kann, bei einer einzigen Ladung Fracht 162 000 Dollar einzusparen und dazu noch einen ganzen Sommer, dürfte damit selbst dem, der keinen kaufmännischen Sinn hat, klarwerden, wie weise es ist, Maßnahmen zu ergreifen, den Fluß in tadellosem Zustand zu halten.

NEUNUNDZWANZIGSTES KAPITEL

Ein paar besondere Kaliber

Wir ließen die Gegend von Plum Point hinter uns zurück, drehten um Craighead's Point herum und glitten unangefochten am ehemaligen Fort Pillow vorbei, dem schrecklichen, durch das während des Krieges dort verübte Massaker berüchtigten Fort Pillow. Massaker sind auf die Geschichte verschiedener christlicher Nationen verteilt wie Sommersprossen, aber dieses ist fast das einzige, das sich in der amerikanischen Geschichte findet. Es ist vielleicht das einzige, das ein diesem gewaltigen und düsteren Namen entsprechendes Format erreicht. Wir haben zwar das »Massaker von Boston«, bei dem drei oder vier Leute umkamen, doch um das Gegenstück zur Tragödie von Fort Pillow aufzutreiben, müßten wir die angelsächsische Geschichte auf einen Haufen nehmen, und selbst dann hätten wir zweifellos bis zu den Tagen und Taten jenes großartigen »Helden« Richard Löwenherz zurückzugehen.

Mehr über die Launen des Flusses. Die Fahrrinne lief früher einmal oben um Insel 37 herum, vorbei an Brandywine Bar und runter nach Insel 39. Änderte später die Richtung und ging von Brandywine runter durch die Vogelman-Stromschnelle im Teufelsellenbogen nach Insel 39 – womit ein Teil des alten Laufes umgekehrt ist, das heißt, der Strom fließt jetzt vier bis fünf Meilen *hinauf* anstatt hinab und schneidet rund fünfzehn Meilen Weg ab. Das passierte 1876. Jetzt heißt diese ganze Ecke Centennial Island.

Nach der Überlieferung soll Insel 37 ein Hauptquartier der einst berühmten »Murrellbande« gewesen sein. Das war eine äußerst weitverzweigte Vereinigung von Räubern, Pferdemardern, Negerdieben und Falschmünzern, die vor ungefähr fünfzig, sechzig Jahren den Fluß unsicher machten. Als wir mit der Bahn noch nach St. Louis unterwegs waren, hatte die Sache mit Jesse James und seiner aufregenden Geschichte kein Ende nehmen wollen, denn er war gerade von einem Agenten des Gouverneurs von Missouri zur Strecke gebracht worden und beanspruchte folglich in der Presse reichlich viel Platz. Die Zeitungsjungen auf den Zügen verkauften billige Lebensbeschreibungen von ihm. Danach war er das wundervollste Wesen seiner Art, das je gelebt hat. Das ist ein Irrtum. Murrell stand ihm an Schneid, an Dreistigkeit, an Raubgier ebensowenig nach wie an Grausamkeit, Brutalität, Herzlosigkeit, Verräterei und an vor nichts haltmachender Niedertracht und Skrupellosigkeit. In mehrfacher Hinsicht war er ihm weit überlegen. James war ein Bandit en détail, Murrell einer en gros. James' bescheidener Genius träumte von keinem höheren Flug, als Überfälle auf Wagen, Postkutschen und ländliche Banken zu inszenieren. Murrell dagegen beabsichtigte Negeraufstände und die Einnahme von New Orleans, und außerdem konnte dieser Murrell gelegentlich eine Kanzel besteigen und die Gemeinde erbauen. Was sind James und sein halbes Dutzend gewöhnlicher Spitzbuben schon gegen diesen stattlichen Verbrecher aus alten Zeiten mit seinen Predigten, seinem Plan, Rebellionen anzuzetteln und ganze Städte zu besetzen, und mit seinem majestätischen Gefolge von tausend seinem bösen Willen verschworenen Männern!

Hier ein paar sich mit diesem großen Operateur befassende Abschnitte aus einem in Vergessenheit geratenen Buch, das vor einem halben Jahrhundert erschienen ist:

Er scheint ein äußerst gewandter wie äußerst vollendeter Schurke gewesen zu sein. War er unterwegs, verkleidete er sich gewöhnlich als Wanderprediger, und seine Kanzelreden sollen sehr »zu Herzen gegangen« sein – und die Zuhörer so gefesselt haben, daß sie vergaßen, auf die Pferde aufzupassen, die während der Predigt von seinen Spießgesellen weggeführt wurden. Pferde in einem Staat stehlen und in einem anderen verkaufen machte allerdings nur einen kleinen Teil ihrer Geschäfte aus. Das einträglichste war, Sklaven zu verleiten, ihren Herren fortzulaufen, damit sie sie in einer anderen Gegend in Geld umsetzen konnten. Gehandhabt wurde das folgendermaßen: sie beschwatzten einen Neger, wenn er seinem Herrn ausrücke und sich von ihnen verkaufen lasse, würde er von dem für ihn erzielten Erlös etwas abbekommen, und sobald er ein zweites Mal zu ihnen zurückkäme, würden sie ihn in einen freien Staat schicken, wo er sicher wäre. In der Hoffnung, Geld und Freiheit zu erlangen, ließen sich die armen Teufel darauf ein. Sie wurden dann an einen anderen Herrn verhandelt, rissen wieder aus und kamen zu ihren Auftraggebern zurück. Auf diese Weise wurden sie mitunter drei- bis viermal verkauft, bis die Bande mit ihnen drei- bis viertausend Dollar eingenommen hatte. Da sie hinterher aber eine Aufdeckung befürchten mußten, pflegten sie sich gewöhnlich des einzigen Zeugen, der gegen sie aufgebracht werden konnte – und das war der Neger selbst – zu entledigen, indem sie ihn ermordeten und seinen Leichnam in den Mississippi warfen. Selbst wenn schon vor dem Mord erwiesen war, daß sie einen Neger gestohlen hatten, wußten sie stets der Bestrafung zu entgehen, denn dann versteckten sie den entflohenen Neger so lange, bis er öffentlich ausgehängt und jedem, der ihn einfing, eine Belohnung versprochen wurde. Ein solcher Anschlagzettel ermächtigte dazu, die Sache, sobald sie gefunden ist, in Verwahrung zu nehmen. Der Neger wird damit zum anvertrauten Gut. Wenn sie also den Neger verkauften, war das kein Diebstahl, sondern nur Veruntreuung, und bei Veruntreuung kann der Eigentümer der Sache lediglich zivilgerichtlich vorgehen, was hier aber zwecklos war, da doch kein Schadenersatz geleistet wurde. Man wird sich fragen, wie es möglich war, daß Murrell unter solchen Umständen der Lynchjustiz entging. Die Erklärung ist einfach, wenn man hört, daß er *über tausend verschworene Genossen* hatte, alle bereit, jederzeit jedem aus der Bande zu helfen, der in Schwierigkeiten kam. Die Namen seiner sämtlichen Hauptkomplicen hat man von Murrell selber in Erfahrung gebracht; wie, werde ich weiter unten darlegen. Die Bande setzte sich aus zwei Klassen zusammen: aus dem sogenannten Rat beziehungsweise den Hauptleuten, die planten und arrangierten, aber selten mitmachten und deren Zahl sich auf ungefähr vierhundert belief, und aus den rund sechshundertfünfzig Aktiven, die Schläger hießen. Diese waren das Werkzeug in den Händen der anderen. Sie nahmen alle Gefahr auf sich und erhielten nur einen kleinen Anteil vom Geld, denn sie befanden sich in der Macht der Bandenführer und wären jederzeit von ihnen geopfert worden, das heißt, sie hätten sie an die Justiz ausgeliefert oder ihre Leichen im Mississippi versenkt. Der allgemeine Treffpunkt des Verbrecherbundes lag auf der Arkansas-Seite des Flusses, und dort versteckten sie auch ihre Neger im Morast und Schilf.

Unter den Plünderungen dieser ausgedehnten Vereinigung haben die Leute schwer gelitten, aber die Pläne waren so gut eingefädelt, daß nie etwas bewiesen werden konnte, obzwar der stets rührige Murrell, der immer aktiv mitwirkte, überall verdächtigt wurde. Es traf sich jedoch, daß ein junger Mann namens Stewart, der auf der Suche nach zwei von Murrell weggelockten Sklaven war, sich zu ihm schlug, sein Vertrauen gewann, den Schwur ablegte und in den Generalrat der Bande aufgenommen wurde. Dadurch kam es zur Aufdeckung, denn trotz seines Eides verriet Stewart, nachdem er in alles eingeweiht war, die ganze Sache, gab sämtliche Beteiligten namentlich an und konnte schließlich auch genügend Belastungsmaterial zu Murrells Verurteilung zusammentragen (Murrell erhielt vierzehn Jahre Zuchthaus). Auf der von Stewart der Öffentlichkeit übergebenen Liste des Generalrates fanden sich so viele Leute, die als rechtschaffen galten und in den verschiedenen Staaten einen angesehenen Namen hatten, daß alles unternommen wurde, um seine Aussagen in Mißkredit zu bringen: man bestritt seine Unbescholtenheit und Lauterkeit und versuchte mehr als einmal, ihn zu ermorden. Er sah sich daraufhin gezwungen, die Südstaaten zu verlassen. Jetzt hat sich jedoch einwandfrei herausgestellt, daß alles wahr gewesen ist, und obgleich einige Mr. Stewart noch schmähen, weil er seinen Eid gebrochen hat, versuchen sie nicht länger, abzuleugnen, daß seine Enthüllungen gestimmt haben. Ich werde nun ein paar Teile von dem zitieren, was Murrell gegenüber Mr. Stewart zugegeben hat, als sie zusammen über Land ritten. Zuvor hätte ich noch bemerken sollen, daß die Absichten Murrells und seiner Komplicen nach seiner eigenen Darstellung sehr weit gesteckt waren, hatten sie doch nichts Geringeres vor als *einen Aufstand der Schwarzen gegen die Weißen zu organisieren, New Orleans zu erobern und auszuplündern und sich zum Besitzer des Gebietes zu machen.* Im folgenden ein paar Auszüge:

»Ich versammelte dort all meine Freunde aus der Gegend von New Orleans in einem Haus, das einem der Unsrigen dort gehörte, und wir hielten drei Tage lang Rat, bis wir all unsere Pläne richtig durchgearbeitet hatten. Dann beschlossen wir, auf alle Fälle die Rebellion durchzuführen und dazu so viele Freunde wie möglich zu gewinnen. Nachdem jeder seinen Auftrag erhalten hatte, machte ich mich auf nach Natchez, zu Fuß, denn mein Pferd hatte ich in New Orleans verkauft – ich hatte vor, mir unterwegs gleich ein neues zu stehlen. Vier Tage bin ich gelaufen und konnte noch immer an kein Pferd heran. Am fünften Tag, so gegen zwölf, wurde ich müde und hielt an einem Bach, um Wasser zu trinken und ein bißchen auszuruhen. Während ich auf einem Baumstamm saß und die Straße in der Richtung hinunterguckte, aus der ich gekommen war, sah ich einen Mann auf einem gutaussehenden Pferd anreiten. Im selben Augenblick, wo ich ihn erblickte, stand es für mich schon fest, daß ich mir sein Pferd nehme, wenn er bloß ein einfacher Reiter war. Es war einer, wie ich, als er heran war, an seinem Aufzug merkte. Ich erhob mich, hielt ihm eine schicke kleine Pistole vor und befahl ihm abzusteigen. Er gehorchte, und ich nahm sein Pferd am Zügel und zeigte den Bach hinunter und sagte, er soll vor mir hergehen. Er lief ein paar Hundert Schritt und blieb stehen. Ich hielt sein Pferd fest und befahl ihm, sich ganz auszuziehen, bis auf Hemd und Unterhosen, und mir den Rücken zuzukehren. Er sagte: ›Wenn Sie vorhaben, mich zu töten, lassen Sie mich vor meinem Tode wenigstens noch beten.‹ Ich hab ihm geantwortet, ich hätte keine Zeit, mir seine Gebete anzuhören. Er drehte sich um und fiel auf die Knie, und ich schoß ihm ins Genick. Ich riß ihm den Bauch auf und nahm die Eingeweide heraus und versenkte den Körper im Bach. Dann durchsuchte ich seine Taschen und fand vierhundert Dollar und siebenunddreißig Cent und eine Menge Papiere, die ich aber nicht erst untersucht, sondern zusammen mit der Brieftasche und seinem Hut in den Bach geworfen haben. Seine Stiefel waren nagelneu und paßten mir tadellos, und ich hab sie angezogen und dafür meine alten Schuhe im Bach versenkt. Den Anzug von ihm rollte ich zusammen und verstaute ihn in seinem Mantelsack, denn es war nagelneues Tuch und von bester Qualität. Das Pferd, das ich bestieg, war eins der besten, auf denen ich je geritten bin, und ich konnte meinen Weg in einer wesentlich besseren Aufmachung als der der letzten fünf Tage nach Natchez lenken...

Mit einem gewissen Crenshaw suchte ich mir vier gute Pferde, und wir machten uns auf nach Georgia. Kurz vor den Cumberland Mountains wurden wir mit einem jungen Mann aus Südkarolina bekannt, und Crenshaw wußte bald über all seine Geschäfte Bescheid. Er hatte in Tennessee eine Herde Schweine kaufen wollen, aber die waren dort teurer gewesen, als er kalkuliert hatte, und so war aus dem Kauf nichts geworden. Wir schlossen daraus, daß es sich bei ihm lohnen würde. Crenshaw zwinkerte mir zu. Ich begriff, worauf er hinauswollte. Er kannte den Weg von früher, ich aber nicht. Als wir schon mehrere Meilen im Gebirge hinter uns hatten, kamen wir an eine steil abfallende Felswand. Kurz vor dieser Stelle sagte Crenshaw, ich solle ihm meine Peitsche geben, die am unteren Ende ein Pfund Blei hatte. Ich gab sie ihm, und er ritt dicht an den Mann heran und versetzte ihm einen Schlag auf die Seite vom Kopf und stürzte ihn vom Pferd. Wir sprangen ab und durchsuchten seine Taschen. Darin fanden wir zwölfhundertzweiundsechzig Dollar. Crenshaw sagte, er wisse, wo wir ihn verstecken könnten, und er packte ihn unter den Armen und ich bei den Füßen, und wir schafften ihn bis zu einer Stelle, wo in der überhängenden Felswand eine tiefe Spalte war, und da warfen wir ihn hinein, und er entschwand unseren Blicken. Dann warfen wir seinen Sattel hinterher und nahmen sein Pferd mit, das gut zweihundert Dollar wert war...

Wir wurden ein paar Tage aufgehalten, und während dieser Zeit ging unser Freund in eine kleine Ortschaft dort, und da sah er einen Anschlagzettel über den Neger (einen Neger, der uns gehörte) mit einem Steckbrief der beiden Männer, von denen er gekauft worden war. Das war für uns also ziemlich heißer Boden, aber besser ein heißer als gar kein Boden unter den Füßen. Noch in derselben Nacht brachten wir den Neger ans Ufer eines Baches, der an der Farm von unserem Freunde vorbeifließt, und Crenshaw schoß ihm durch den Kopf. Wir nahmen seine Eingeweide heraus und versenkten ihn im Bach...

Nachdem er den anderen Neger das drittemal am Arkansas für über fünfhundert Dollar verkauft hatte, stahl er ihn wieder und übergab ihn seinem Freunde, der ihn in einen Sumpf führte und die tragische Szene verhüllte und das heilige Versprechen der Verschwiegenheit abgab, denn so etwas führt zu nichts, wenn es nicht für alle außer unserer Bruderschaft geheim bleibt. Er hat den Neger für insgesamt fast zweitausend Dollar verkauft und ihn dann für immer aus der Reichweite aller Verfolger gebracht, und sie können ihm nie etwas anhaben, es sei denn, sie finden den Neger, und den können sie nicht finden, denn sein Kadaver hat schon so manche Schildkröte und so manchen Wels fett gemacht, und die Frösche haben das schon viele lange Tage seinem schweigenden Skelett vorgequakt.«

Wir näherten uns Memphis, der Stadt, vor deren Toren unter den Augen der Einwohner die berühmteste Flußschlacht des Bürgerkrieges ausgetragen wurde. Zwei Männer, unter denen ich während meiner Zeit auf dem Fluß gedient hatte, haben an diesem Kampf teilgenommen: Mr. Bixby, Cheflotse der Unionsflotte, und Montgomery, Kommodore der Flotte der Konföderierten. Beide haben fast während des ganzen Krieges an vorderster Front gestanden und sich durch Tapferkeit und Können einen Namen gemacht.

Da Memphis immer näher rückte, sahen wir uns langsam nach einer Ausrede um, auf der »Gold Dust« zu bleiben, das heißt bis zu ihrer Endstation – Vicksburg. Wir fühlten uns so wohlig aufgehoben, daß wir kein Verlangen hatten, uns zu verändern. Ich hatte zwar in Napoleon in Arkansas einen ziemlich wichtigen Auftrag zu erledigen, aber vielleicht ließ sich das irgendwie einrichten, ohne die »Gold Dust« aufzugeben. Das sagte ich auch, und so beschlossen wir, zu bleiben, wo wir waren.

Für das Schiff war bis zum nächsten Morgen zehn Uhr ein Aufenthalt in Memphis vorgesehen. Es ist eine schöne Stadt, herrlich gelegen auf einem den Fluß überblickenden Steilufer. Die Straßen sind gerade und breit, wenn auch nicht so gepflastert, daß es übertriebene Bewunderung erregt. Nein, das Bewundern muß man sich für das Kanalisationssystem der Stadt aufheben, das vollkommen genannt wird. Eine allerdings noch recht junge Reform, denn vor ein paar Jahren ließ sich genau das Gegenteil behaupten – eine Reform, entstanden aus der Lehre, die man aus einem verheerenden Besuch des gelben Fiebers gezogen hat. In jenen schrecklichen Tagen wurden die Leute zu Hunderten, ja zu Tausenden dahingerafft, und die durch Flucht und durch Tod verursachte Dezimierung war so groß, daß die Bevölkerung um drei Viertel abnahm und eine Zeitlang so blieb. Handel und Wandel ruhten fast ganz, und über den Straßen lag sonntägliche Leere.

Hier ein Bild von Memphis zu jener unglücklichen Zeit, gezeichnet von einem deutschen Touristen, der diese Szenen mit eigenen Augen gesehen zu haben scheint. Es ist dem 7. Kapitel des soeben in Leipzig herausgekommenen Buches »Mississippifahrten« von Ernst von Hesse-Wartegg entnommen:

»Im August hatte das gelbe Fieber seinen Höhepunkt erreicht. Täglich fielen Hunderte der schrecklichen Seuche zum Opfer. Die Stadt war zu einem gewaltigen Friedhof geworden, zwei Drittel der Einwohner hatten den Ort verlassen, und nur die Armen, die Alten und die Kranken blieben zurück, dem heimtückischen Feind eine sichere Beute. Die Häuser waren geschlossen; vor vielen brannten kleine Laternen – ein Zeichen, daß der Tod hier Einkehr gehalten hatte. Oft lagen in einem einzigen Hause mehrere Tote: es hingen schwarze Trauerflore aus den Fenstern. Die Geschäfte hatten zugemacht, denn die Inhaber waren geflüchtet oder tot.

Grauenhafte Krankheit! In kürzester Zeit wirft sie selbst den Kräftigsten nieder und rafft ihn dahin. Eine leichte Unpäßlichkeit, dann eine Stunde Fieber, dann das gräßliche Delirium und dann – der Gelbe Tod! An den Straßenecken und auf den Plätzen lagen Kranke, die es plötzlich erwischt hatte, und sogar Leichen in starrer Verrenkung. Nahrungsmittel fehlten. Fleisch verdarb in der stinkenden und verpesteten Luft innerhalb weniger Stunden und wurde schwarz.

Aus vielen Häusern dringen furchtbare Schreie. Nach einer Weile hören sie auf, und alles ist still. Edelmütige, sich aufopfernde Männer kommen mit dem Sarg, nageln ihn zu und tragen ihn fort zum Friedhof. In der Nacht herrscht Totenstille. Nur die Ärzte und die Leichenwagen eilen durch die Straßen, und aus der Ferne kommt hin und wieder das dumpfe Donnern des Eisenbahnzuges, der wie von Furien gejagt mit Windeseile an der pestbefallenen Stadt vorbeibraust, ohne zu halten.«

Jetzt aber ist dort genug Leben. Die Bevölkerung übersteigt die Vierzigtausend und nimmt ständig zu, und Handel und Wandel gedeihen prächtig. Wir ließen uns in der Stadt herumfahren, besuchten den Park und die gesellige Herde von Erdhörnchen dort, sahen uns die feinen, von Rosen umrankten und auch sonst sehr anziehenden Wohnhäuser an und bekamen im Hotel ein gutes Frühstück vorgesetzt.

Kommt blendend voran, diese Samariterstadt des Mississippi; verfügt über einen ausgedehnten Maklereibetrieb en gros, hat Gießereien, Werkstätten für Maschinen-, Waggon- und Wagenbau sowie Baumwollsamenöl-Raffinerien und wird demnächst auch Baumwollfabriken und Elevatoren aufweisen können.

Der Eingang an Baumwolle erreichte im letzten Jahr fünfhunderttausend Ballen – sechzigtausend mehr als im Vorjahr. Vom gesunden wirtschaftlichen Herzen dieser Stadt gehen fünf größere Bahnlinien aus, und jetzt kommt eine sechste hinzu.

Das ist ein wesentlich anderes Memphis als das, welches die längst in der Versenkung verschwundene Prozession ausländischer Touristen vor langer Zeit in ihre Bücher aufnahm. In den Tagen der heute vergessenen, aber einst berühmten und aus vollstem Herzen gehaßten Mrs. Trollope scheint Memphis in der Hauptsache aus einer langen Straße von Blockhäusern bestanden zu haben mit ein paar nach hinten gegen die Wälder zu verstreuten Hütten und hier und da einem Schwein und Schlamm ohne Ende. Das war vor fünfundzwanzig Jahren. Mrs. Trollope hielt am Hotel. Offensichtlich nicht an dem, welches uns unser Frühstück serviert hatte. Sie sagt:

»Der für fünfzehn Personen gedeckte Tisch war nahezu besetzt. Sie aßen unter völligem Schweigen und mit so erstaunlicher Schnelligkeit, daß sie mit ihrem Dinner buchstäblich schon fertig waren, noch ehe wir angefangen hatten. Die einzigen zu hörenden Laute waren die, welche die

Messer und Gabeln verursachten, und dazu der ständige Refrain des Hustens usw.«

»Hustens usw.« Das »usw.« steht für ein weniger feines Wort, ein Wort, das sie nicht immer mildtätig verdeckt, sondern manchmal drucken läßt. Man findet es in der folgenden Beschreibung eines Dinners, das sie an Bord eines Dampfschiffes in Gesellschaft aristokratischer Pflanzer einnahm. Wohlhabende, aus situierten Familien stammende, unwissende Stutzer waren das, beflittert mit den üblichen harmlosen militärischen und richterlichen Titeln jener alten Zeit, wo den Leuten noch leicht etwas vorzumachen war:

»Der völlige Mangel all der üblichen Höflichkeiten bei Tisch, die gefräßige Geschwindigkeit, mit der nach den Speisen gelangt und dieselben verschlungen wurden, die seltsame, ungeschlachte Redeweise und Aussprache, das ekelhafte Spucken – unsere Kleider vor dieser Besudlung zu schützen, war völlig unmöglich –, die schreckliche Manier, mit dem Messer zu essen, bis die ganze Klinge im Mund zu verschwinden schien, und die noch schrecklichere Unsitte, sich danach mit einem Taschenmesser die Zähne zu reinigen, nötigten uns bald zu der Überzeugung, daß das keineswegs die Generale, Obersten und Majore der Alten Welt waren, in deren Gesellschaft wir uns befanden, und daß die Stunde des Dinners alles andere als erquicklich war.«

DREISSIGSTES KAPITEL

Unterwegs gesehen

Hinter Memphis machte sich der Fluß mächtig breit: die Ufer alle randvoll und sehr oft mehr als voll, daß die Fluten überschwappten und Wälder und Felder bis meilenweit ins Innere hinein unter Wasser setzten – stellenweise bis zu fünfzehn Fuß hoch –, und überall Spuren zunichte gemachter Arbeit von Menschen, die viel Schweiß gekostet hat und nun mit beschränkten Mitteln und geschwächtem

Mut von vorn begonnen werden muß. Ein trübseliges Bild, das sich für Hunderte von Meilen nicht wandelt. Mitunter standen die Baken mit den Laternen in drei Fuß hohem Wasser am Rande dichter Wälder, die sich ohne Farm, Holzplatz, Rodung oder sonstige Unterbrechung meilenweit hinzogen, das heißt also, der Leuchtfeuerwärter muß mit einem Boot von sehr weit herkommen, und das oft bei verzweifeltem Wetter. Doch hat man mir gesagt, die Arbeit werde bei jedem Wetter zuverlässig ausgeführt und gar nicht immer von Männern – manchmal auch von Frauen, wenn der Mann krank oder einmal nicht da ist. Die Regierung stellt das Öl zur Verfügung und zahlt für das Anzünden und Instandhalten zehn bis fünfzehn Dollar im Monat. Alle vier Wochen kommt ein Regierungsschiff und verteilt Öl und zahlt die Löhne aus.

Die Gegend um Ship Island war so waldig und unbewohnt wie schon immer. Die Insel selber hat das Inselsein an den Nagel gehängt und sich fest mit dem Land verbunden, und wo einst die Dampfschiffe fuhren, rattern heute Güterwagen. Vom Wrack der »Pennsylvania« nichts mehr zu sehen. Sicher wird eines Tages ein Farmer mit seinem Pflug auf ihre Gebeine stoßen und sich wundern.

Wir kamen jetzt runter in das Gebiet der umherziehenden Neger. Als sie noch Sklaven waren, konnten diese armen Leute niemals reisen, und das holen sie nun nach. Sie bleiben so lange auf einer Plantage, bis sie vom Reisefieber ergriffen werden. Dann packen sie, halten ein Dampfschiff an und ziehen ab. Nicht etwa nach einem bestimmten Ort, nein, beinahe jeder Flecken ist recht, sie wollen bloß umziehen. Wie weit die Fahrt ins Blaue geht, das beantwortet ihnen die Summe Geld, die sie haben. Reicht es für fünfzig Meilen, wunderbar, dann aber bitte alle fünfzig. Wenn nicht, genügt ein kürzerer Trip.

Ein paar Tage lang hatten wir viele solcher Anrufe vom Ufer und legten häufig an. Manchmal stand eine Gruppe baufälliger und vom Hochwasser schimmelig gewordener Hütten da, bevölkert mit Schwarzen, während Weiße nirgendwo zu sehen waren. In der Nähe hier und da graslose Flecken trockenen Bodens, ein paar gefällte Bäume und davor zum Skelett abgemagerte Kühe, Maultiere und Pferde, die die Blätter fraßen und an der Rinde nagten – anderes Futter gab es in dem flutverwüsteten Land für sie nicht. Mitunter auch nur ein einziges, einsames Blockhaus an der Landestelle und daneben die farbige Familie, die uns angehalten hatte. Groß und klein, alt und jung, hockten sie auf einem dürftigen Stapel Hausgerät, bestehend aus einem verrosteten Gewehr, ein paar alten Matratzen, Truhen, Zinngeschirr, Schemeln, einem beschädigten Spiegel, einem ehrwürdigen Sessel und sechs bis sieben dummen gelben Straßenkötern, die die Familie an der Strippe hielt. Sie müssen ihre Hunde haben, ohne die kommen sie nicht aus. Dabei wollen die Hunde nie. Also werden sie, und wenn sie sich auch mit allen vieren dagegenstemmen, einer nach dem andern in lächerlicher Prozession über die Gangway geschleift und an Bord gezerrt, daß ihnen dabei bald der Kopf abgerissen wird, aber der Neger, der am andern Ende zieht, hat sich die Strippe über die Schulter gelegt, um mehr Halt zu haben, und marschiert, ganz in seine Arbeit vertieft, entschlossen vorwärts. Ein Kind wird manchmal vergessen und auf dem Ufer zurückgelassen, nie aber ein Hund.

Im Steuerhaus der übliche Flußklatsch. Insel 63 – früher eine Insel mit einer reizvollen Stromschnelle oder Enge dahinter. Man erzählt sich, Jesse Jamieson hätte auf der »Skylark« einmal einen Besuchslotsen mitgehabt, einen armen alten zusammengeklappten, ausgedienten Burschen, und ihm am Fuß von 63 das Rad übergeben, damit er die Wache zu Ende mache. Und der alte Schipper fuhr durch die Enge rauf und außen rum wieder runter und wieder durch die Enge rauf und wieder außen rum runter und so immer weiter, und nach drei Stunden ehrlicher Anstrengung übergab er dem ablösenden Lotsen das Schiff am selben alten Fuß der Insel, wo er ursprünglich das Rad übernommen hatte! Sagte ein Neger auf dem Ufer, der das Schiff an die dreizehnmal vorbeifahren sah: »Allmächtiger! Tät mich nich verwundern, wenn das 'ne ganze Reihe von ›Skylarks‹ is!«

Eine Anekdote, die den Einfluß eines großen Namens auf

die Meinungsänderung zeigt: Die »Eclipse« war weit und breit berühmt für ihre Schnelligkeit. Eines Tages fuhr sie vorüber. Am Ufer ein alter Schwarzer, der, in Gedanken vertieft, nicht merkte, welcher Dampfer das war. Eine Weile später fragte jemand:

»Ein Schiff vorbeigekommen?«

»Ja, Sir.«

»Ist es schnell gefahren?«

»Nich direkt schnell, is bloß so entlanggezuckelt.«

»Weißt du, welches Schiff das war?«

»Nein, Sir.«

»Na hör mal, Onkelchen, das war die ›Eclipse‹.«

»Nein, is das die Möglichkeit? Ja, stimmt – denn die is eben *vorbeigefunkt wie ein Blitz!*«

Eine Geschichte, welche die heftige Art einiger Leute dort unten illustriert: In den ersten Wochen des Hochwassers wurden A.s Zaunriegel flußabwärts und auf das Land von B. gespült und B.s Riegel von der Gegenströmung nach oben mitgerissen und auf A.s Grund und Boden abgelegt. Meinte A.: »Lassen wir es so. Nehme ich eben deine Riegel und du meine.« B. aber war damit nicht einverstanden, dem paßte das nicht. Eines Tages kam A. auf B.s Land, seine Riegel holen. B. sagte: »Ich schieß dich zusammen!« und ging mit dem Revolver auf ihn los. »Bin unbewaffnet«, erwiderte A. Also warf B., der nicht unfair sein wollte, seinen Revolver hin, zog ein Messer hervor und begann, A. den Hals abzuschneiden, hielt sich aber zu lange mit der Vorderseite auf und kriegte die Gurgel nicht richtig durch. A. wehrte sich verzweifelt und bekam dabei den weggeworfenen Revolver zu fassen und schoß damit B. tot – und erholte sich von seinen Verletzungen.

Es wurde noch ein Weilchen weitergequatscht und dann gingen alle zum Nachmittagskaffee nach unten und ließen mich allein am Steuerrad zurück. Mit einem Mal rief mir etwas unsere letzte Stunde in St. Louis ins Gedächtnis zurück, von der ich einen Teil achtern auf dem Oberdeck verbracht hatte. Ein Fremder war da mit mir ins Gespräch gekommen, ein lebhafter junger Bursche, der sagte, er komme aus einer Stadt im Innern von Wisconsin und habe bis vor einer Woche noch nie ein Dampfschiff gesehen. Während der Fahrt von La Crosse an aber habe er sein Schiff so fleißig und mit so leidenschaftlichem Interesse inspiziert und untersucht, daß er vom Dampf bis zum Ruderblatt alles beherrsche. Fragte mich, wo ich her sei. »Neuengland«, antwortete ich. »Oh, ein Yank!« sagte er und schwätzte munter weiter, ohne auf Zustimmung oder Ablehnung zu warten. Sogleich bot er sich an, mich durch das ganze Schiff zu führen und mir zu erklären, wie die verschiedenen Teile alle heißen und wozu sie sind. Noch ehe ich Protest erheben oder mich entschuldigen konnte, war er in diesem Werk der Nächstenliebe schon mitten drin und plapperte zungenfertig drauflos, und als ich merkte, daß er alles verkehrt benannte und sich ungastlich auf Kosten eines ahnungslosen Fremden aus einem fernen Lande unterhielt, ließ ich ihn gewähren. Er gab mir einen ganzen Sack voll falscher Auskünfte, und je weiter er ging, desto elastischer wurde seine Phantasie und desto mehr Spaß bereitete ihm sein grausames Gaukelspiel. Manchmal, nachdem er mir einen besonders grotesken und hanebüchenen Schwindel vorgesetzt hatte, konnte er sich das Lachen kaum noch verbeißen; er mußte unter diesem oder jenem Vorwand eine Minute beiseite treten, damit ich nichts merkte. Ich blieb getreulich bei ihm, bis er mit seiner Komödie fertig war. Dann verkündete er, er hätte mir nun alles »gelernt«, was es über ein Dampfschiff zu wissen gebe, falls er aber etwas übersehen haben sollte, brauche ich ihn nur zu fragen und er würde das nachholen. »Wenn Sie von irgend etwas auf diesem Schiff hier nicht wissen, wie es heißt und wozu es ist, kommen Sie ruhig zu mir, ich erkläre es Ihnen.« Ich nahm dankend an und verabschiedete mich, verschwand und näherte mich ihm von einer anderen Seite, wo er mich nicht sehen konnte. Er saß da, ganz allein, und kringelte und krümmte sich vor Lachen. Er muß sich krank gelacht haben, denn danach war er tagelang nirgends zu sehen. Inzwischen hatte ich die Episode aus dem Gedächtnis verloren.

Was mich jetzt wieder daran erinnerte, als ich allein am Rad stand, war der Anblick eines jungen Burschen, der in der Tür vom Steuerhaus verharrte, die Klinke in der Hand, und mich streng und schweigend musterte. Ich wüßte nicht, schon mal jemand mit so verletzter Miene gesehen zu haben wie ihn. Er sagte kein Wort. Stand einfach da und schaute – schaute vorwurfsvoll drein und überlegte. Schließlich machte er die Tür zu und schob ab. Auf dem Texas hielt er einen Augenblick inne, kam langsam zurück, stellte sich wieder als gekränkte Leberwurst in den Türrahmen, starrte mich eine Weile an und sagte dann:

»Sie haben sich doch von mir alles über ein Dampfschiff lernen lassen?«

»Ja«, gestand ich.

»Nicht wahr, das haben Sie doch?«

»Ja.«

»*Sie* also sind dieser Kerl, der ... der ...«

Die Sprache versagte ihm. Pause ... ohnmächtiges Ringen nach weiteren Worten ... dann gab er es auf, würgte einen kräftigen Fluch hervor und trollte sich. Später, während der Fahrt, sah ich ihn mehrere Male unten, aber er blieb kühl – schenkte mir keinen Blick. So ein Dummkopf! Wäre er nicht gleich zu Anfang so versessen gewesen, mich auf so einfältige Weise auf die Schippe zu nehmen, hätte ich seine Gedanken in eine andere Richtung gelenkt und ihn vor dieser übermütigen und dummen Ungezogenheit bewahrt.

Morgens ließ ich mich mit der Vier-Uhr-Wache wecken, denn im Sommer kann man gar nicht genug Sonnenaufgänge auf dem Mississippi sehen. Sie sind zauberhaft. Zuerst das beredte Schweigen, denn über allem lastet tiefe Stille. Dann das immer wiederkehrende Gefühl des Alleinseins, der Einsamkeit, fern sein von den Sorgen und Wirren der Welt. Verstohlen kriecht die Dämmerung heran, die dichten Wände schwarzen Waldes grau aufgehellt, und der Fluß öffnet und enthüllt sich auf weite Strecken, das Wasser ist spiegelglatt, und kleine weiße Gespensternebel steigen auf, kein Windhauch, kein Blatt regt sich, tiefe Stille, die unendlich wohl tut. Dann zwitschert ein Vogel, noch einer, und bald fügt sich all das Gezwitscher zu einem aufbrausenden Jubelchor. Du siehst die Vögel nicht, du gehst einfach durch diese Luft voll Gesang, die selber zu singen scheint. Wenn das Licht etwas höhergestiegen ist, hast du eins der denkbar schönsten und sanftesten Bilder vor dir. Da ist das leuchtende Grün des dichten Blätterdaches, es wird nach und nach blasser; auf der nächsten Landzunge, ungefähr eine Meile weiter, siehst du duftiges Frühlingsgrün; die nächste hat fast alle Farbe verloren und die weiteste, meilenweit weg am Horizont, schläft auf dem Wasser wie ein Dunst und ist kaum vom Himmel zu unterscheiden. Und der ganze Fluß ist wie ein Spiegel, mit dem Widerschein der Laubdächer, der schweifenden Ufer und der zurückweichenden Landzungen. Ja, das ist alles schön, mild, reich und schön, und wenn die Sonne dann richtig heraufkommt, hier einen rosa Hauch ausstreut, dort Staub von Gold und einen Purpurnebel, wo er den besten Effekt erzielt, dann meinst du, du hättest etwas gesehen, woran du dich immer erinnern wirst.

Am frühen Morgen erlebten wir Kentucky Bend – in alten Zeiten Schauplatz eines merkwürdigen und tragischen Unglückes. Kapitän Poe hatte einen kleinen Heckraddampfer, auf dem er und seine Frau jahrelang zu Hause waren. Eines Nachts lief das Schiff am Kopf der Kentucky Bend auf einen Snag und sank erstaunlich schnell. Als der Kapitän nach achtern kam, stand das Wasser bereits hoch über dem Kajütenboden. Er bahnte sich vom Deck her mit einer Axt den Weg zur Kajüte seiner Frau, die in der oberen Koje schlief. Das Dach war schwächer als erwartet, und gleich der erste Schlag krachte durch die angefaulten Bretter und spaltete ihr den Schädel.

Die Biegung ist jetzt ganz versandet – Folge eines Durchbruchs; und dieselbe Ursache hat die große und einst so häufig besuchte Walnut Bend wieder in die Einsamkeit und weit vom gewohnten Strom vorüberfahrender Dampfer zurückgeworfen.

Wir besuchten Helena und auch eine Stadt, von der ich vorher nie etwas gehört hatte, da sie erst vor kurzem das Licht der Welt erblickt hat: Arkansas City. Ihre Geburt verdankt sie der Eisenbahn, hier stößt die Linie Little Rock–Mississippi River–Texas auf den Fluß. Wir fragten einen Passagier, der dort zu Hause war, was für ein Ort das ist. »Hm«, machte er und überlegte mit der Miene eines Mannes, der Zeit gewinnen und sehr genau sein wollte, »die reinste Hölle.« Eine Beschreibung von photographischer Genauigkeit. Es gab dort ein paar Reihen und Haufen von schäbigen Holzhäusern und so viel Schlamm, daß er gereicht hätte, die Stadt hundert Jahre lang gegen jeden Mangel daran zu sichern, denn das Hochwasser war erst vor kurzem zurückgegangen. In den Straßen standen hier und dort Pfützen, und ein Dutzend roh zusammengehauene Kähne lagen da auf Grund, wo sie sich gerade befanden, als sich das Wasser verlief, und die Leute konnten ihre Besuche und Einkäufe wieder zu Fuß erledigen. Doch es ist ein Ort, der sich macht, mit einem reichen Land dahinter und einem Silo davor und auch einer feinen großen Fabrik zur Gewinnung von Baumwollsamenöl. So eine Fabrik hatte ich noch nie gesehen.

Baumwollsamen waren zu meiner Zeit so gut wie wertlos, doch jetzt, wo sie pro Tonne zwölf- bis dreizehn Dollar einbringen, werden keine mehr weggeworfen. Das daraus hergestellte Öl ist farblos, geschmacklos und fast, wenn auch nicht ganz, geruchlos. Es heißt, durch entsprechende Behandlung könne es so aussehen wie jedes x-beliebige Öl und auch dessen Aufgabe erfüllen und außerdem sei seine Herstellung billiger als die jedes anderen. Ganz Kluge haben es nach Italien verschifft, vermischt, mit Etiketten beklebt und als Olivenöl zurückgebracht. Dieser Handel nahm solche Ausmaße an, daß Italien Schutzzölle erlassen mußte, damit seine eigene Ölindustrie keinen ernstlichen Schaden nahm.

Helena ist unter den Mississippistädten mit am schönsten gelegen. Es thront auf der letzten, der südlichsten Hügelgruppe, die man auf dieser Seite des Flusses sieht. In normalem Zustand ist die Stadt hübsch, doch vor kurzem ist sie von der Flut (vielleicht auch vom Sickerwasser) verwüstet worden. Ganze Straßenzüge waren von dem schlammigen Wasser durchsetzt, und an den Häuserwänden stand von den Fundamenten aufwärts noch immer ein breiter Schmutzgürtel. Überall lagen gestrandete und aufgegebene Kähne herum, und noch standen Plankenstege auf vier Fuß hohen Pfählen; die breiten Bürgersteige unten waren zerfallen – gingen ein paar Männer auf dem lockeren Pflaster, konnte ein Blinder das für eine Kavallerieattacke halten. Allerorts häufte sich schwarzer Schlamm, und an vielen Stellen standen Malariatümpel. Eine Mississippiüberschwemmung ist eine beinahe ebenso verheerende Heimsuchung wie eine Feuersbrunst.

An diesem sonnigen Sonntag machten wir es uns zwei Stunden an Land gemütlich, während das Schiff Ladung löschte. In den Seitenstraßen waren nur wenig Weiße zu sehen, Schwarze aber gab es eine Menge, hauptsächlich Frauen und Mädchen, und fast ausnahmslos alle herausstaffiert in neuen hellen, ausgemacht flotten Kleidern – ein glänzender, fröhlicher Kontrast zu dem traurigen Schlamm und den trübseligen Pfützen.

Helena ist bevölkerungsmäßig die zweitgrößte Stadt in Arkansas; sie hat fünftausend Einwohner. Ihr Hinterland ist außergewöhnlich produktiv, und die Stadt selber ist ein großer Umschlagplatz für Baumwolle (jährlich vierzig- bis sechzigtausend Ballen) und hat einen umfangreichen Holz- und Getreidehandel, eine Gießerei, Ölraffinerien und Fabriken für Maschinen- und Waggonbau; kurz, es sind eine Million Dollar in der Industrie investiert. Seine zwei Bahnlinien machen Helena zum Handelszentrum einer ausgedehnten, wohlhabenden Gegend. Der jährliche Gesamtumsatz wird vom »New Orleans Times-Democrat« auf vier Millionen Dollar geschätzt.

EINUNDDREISSIGSTES KAPITEL

Ein Fingerabdruck und seine Folgen

Napoleon in Arkansas war nicht mehr weit. Ich machte mir also Gedanken über meinen Auftrag dort. Zeit: Mittag, dazu noch strahlender Sonnenschein – schon schlecht, denn für den Gang, den ich erledigen sollte, war Tageslicht wohl nicht die rechte Beleuchtung. Je länger ich darüber nachdachte, um so klarer wurde mir das, so oder so, bis sich die Frage herauskristallisierte: Läßt es sich vom gesunden Menschenverstand her verantworten, das bei hellichtem Tage zu machen, wenn man durch ein kleines Opfer an Bequemlichkeit die Nacht dafür haben kann und keine neugierigen Augen ringsum? Das entschied es. Klipp und klar gefragt und klipp und klar geantwortet ist für fast alle verworrenen Knoten noch immer das schnellste Lösungsmittel.

Ich holte meine Bekannten in meine Kabine und erklärte, es täte mir leid, ihnen eine ärgerliche Enttäuschung bereiten zu müssen, aber nach reiflicher Überlegung scheine es mir doch besser, unser Gepäck an Land zu schaffen und drüben in Napoleon haltzumachen. Ihr Mißfallen war prompt und laut, ihr Ton meuterisch. Als Hauptargument kamen sie mit dem an, was seit Adam und Eva in solchen Fällen immer vorgebracht wird: »Aber Sie haben doch zugesagt und *eingewilligt*, daß wir auf diesem Schiff bleiben« und so weiter, als ob man, wenn man sich zu etwas Törichtem entschlossen hat, deshalb gleich verpflichtet wäre, auch noch ein *zweites* Mal töricht zu handeln, indem man diesen Entschluß in die Tat umsetzt. Ich wendete verschiedene besänftigende Taktiken bei ihnen an und hatte leidlichen Erfolg, worauf ich mich noch mehr ins Zeug legte, und um ihnen zu beweisen, daß ich mir diesen lästigen Auftrag nicht aus der Luft gegriffen hatte und gar nichts dafür konnte, ging ich allmählich zu der damit verbundenen Geschichte über – im wesentlichen wie folgt:

Gegen Ende des letzten Jahres verbrachte ich ein paar Monate in München. Im November wohnte ich in Fräulein Dahlweiners Pension in der Karlstraße 1 a, mein Arbeitszimmer aber hatte ich eine Meile weiter im Hause einer Witwe, die davon lebte, Untermieter aufzunehmen. Sie und ihre beiden Kinder kamen jeden Morgen auf einen Sprung herein und unterhielten sich – auf meinen Wunsch – deutsch mit mir. Eines Tages besichtigte ich während eines Bummels durch die Stadt eins von den zwei staatlichen Instituten, wo Tote zur Beobachtung aufbewahrt werden, bis die

Ärzte entscheiden, daß sie wirklich tot sind und nicht bloß scheintot. Ein gräßlicher Ort, jener riesige Saal. In drei langen Reihen, auf leicht abfallende Bretter gebahrt, waren sechsunddreißig Leichen von Erwachsenen zu sehen – alle mit wächsernen, starren Gesichtern und alle eingehüllt in weiße Leichentücher. An den Seitenwänden zogen sich erkerähnliche tiefe Alkoven hin, und in jedem lagen mehrere marmorgesichtige Kinder, bis auf den Kopf und die gefalteten Händchen völlig unter Bergen von frischen Blumen verborgen und begraben. Jede dieser fünfzig regungslosen Gestalten, ob groß, ob klein, hatte auf einem Finger einen Ring, und von diesem Ring führte ein Draht hoch zur Decke und von dort zu einer Klingel in der Wärterloge, wo Tag und Nacht ein Wärter sitzt, ständig auf dem Sprung, jedem aus dieser bleichen Gesellschaft zu Hilfe zu eilen, der, vom Tode erwachend, sich rührt – denn schon die geringste Bewegung überträgt sich auf den Draht und setzt jene unheimliche Klingel in Gang. Ich stellte mir vor, wie ich mutterseelenallein dort als Totenwache in tiefer, sich endlos dahinschleppender Nacht, wenn es draußen stürmt und heult, einnicken und dann durch den plötzlichen Lärm jenes furchtbaren Signals wachgerissen, von Kopf bis Fuß wie Gelee schlottern würde. Also fragte ich einmal nach, was denn eigentlich passiert, wenn der Wächter vor Schreck stirbt, und ob der auferstandene Tote dann ankommt und ihm in seinen letzten Augenblicken beisteht? Doch ich wurde gerügt, an so ernster und trauriger Stätte so müßiger und frivoler Neugier Nahrung zu geben, und schlich mich beschämt von hinnen.

Als ich am nächsten Morgen der Witwe mein Erlebnis erzählte, rief sie aus: »Kommen Sie mit! Ich habe einen Mieter, der Ihnen alles sagen wird, was Sie wissen wollen. Er ist dort Nachtwächter.«

Es war ein Lebender, aber er sah nicht so aus. Er lag im Bett, den Kopf auf Kissen hochgestützt, mit ausgezehrtem und farblosem Gesicht, seine tief eingesunkenen Augen waren geschlossen, die auf der Brust liegende Hand war so knochig und langfingrig wie eine Kralle. Die Witwe machte sich daran, mich vorzustellen. Langsam öffneten sich die

Augen des Mannes und funkelten böse aus dem Zwielicht ihrer Höhlen hervor. Er runzelte düster die Stirn, hob die magere Hand und winkte entschieden ab. Doch die Witwe redete weiter, bis sie hervorgebracht hatte, ich sei Ausländer, Amerikaner. Sofort wechselte das Gesicht des Mannes den Ausdruck, es hellte sich auf und nahm sogar einen begierigen Zug an – und im nächsten Augenblick waren er und ich allein.

Ich begann in gußeisernem Deutsch, er antwortete in ziemlich geschmeidigem Englisch, und so ließen wir die deutsche Sprache dann für immer in Frieden.

Der Schwindsüchtige und ich wurden gut Freund. Ich besuchte ihn jeden Tag, und wir unterhielten uns über alles mögliche. Nur über eines nicht: Weib und Kind. Wurden die Frau oder die Kinder von irgend jemand erwähnt, folgte stets dreierlei: in den Augen des Mannes glühte einen Moment lang das gütigste und liebenswürdigste Licht auf, erlosch sofort wieder, und im nächsten trat an seine Stelle jener tödliche Blick, der dort geflammt hatte, als ich das erstemal sah, wie sich seine Lider öffneten, und drittens war dann am ganzen Tag kein Wort mehr aus ihm herauszukriegen; er lag schweigend da, zerstreut und mit den Gedanken woanders, hörte augenscheinlich nicht, was ich sagte, nahm keine Notiz von meiner Verabschiedung und merkte weder mit den Augen noch mit dem Gehör, wenn ich das Zimmer verließ.

Nachdem ich zwei Monate der tägliche und einzige Vertraute von diesem Karl Ritter war, sagte er eines Tages unvermittelt: »Ich will Ihnen meine Geschichte erzählen!«

Geständnis eines Sterbenden

Dann fuhr er wie folgt fort:

»Bisher habe ich nie aufgegeben. Jetzt aber ja. Ich sterbe doch. Letzte Nacht bin ich zu dem Entschluß gekommen, es muß sein, und zwar sehr bald. Sie sagen, Sie wollen bei Gelegenheit Ihren Fluß wieder aufsuchen. Sehr gut; das sowie ein bestimmtes merkwürdiges Erlebnis, das ich in der letzten Nacht gehabt habe, bewegen mich, Ihnen meine Geschichte zu erzählen – denn Sie kommen nach Napoleon in Arkansas, und um meinetwillen werden Sie dort haltmachen und eine gewisse Sache für mich erledigen – eine Sache, die Sie bereitwillig übernehmen werden, nachdem Sie mich angehört haben.

Kürzen wir die Geschichte, wo es nur irgend geht; das wird nötig sein, sie ist lang. Wie ich dazu kam, nach Amerika zu gehen und mich in jener einsamen Gegend im Süden anzusiedeln, wissen Sie bereits. Was Sie aber nicht wissen, ist, daß ich verheiratet war. Meine Frau war jung, schön, liebevoll und ach, so unendlich gut und edel und ohne Fehl! Und unser Töchterchen war wie die Mutter in klein. Wir bildeten die glücklichste aller glücklichen Familien.

Eines Nachts – es war gegen Ende des Krieges – wachte ich aus tiefer Benebelung auf und merkte, daß ich gefesselt und geknebelt und die Luft voll Chloroform war! In der Stube sah ich zwei Männer, und der eine flüsterte dem anderen heiser zu: ›Hab ihr ja *gesagt,* wenn sie Radau schlägt, mach ich Ernst, und was den Balg betrifft...‹

Der andere unterbrach ihn mit leiser, weinerlicher Stimme: ›Du hast gesagt, bloß knebeln und ausrauben, ohne ihnen was zu tun, sonst wär ich nicht mitgekommen.‹

›Hör auf mit dem Gewimmer. Mußte den Plan eben ändern, als sie aufwachten. *Du* hast alles getan, was du konntest, sie zu schützen, das kann dir doch genügen. Komm, hilf mir durchsuchen.‹

Beide Männer waren maskiert und hatten grobes ›Nigger‹zeug an. Sie trugen eine Blendlaterne, und bei deren Schein bemerkte ich, daß dem edleren Räuber an der rechten Hand der Daumen fehlte. Sie durchstöberten ein Weilchen meine dürftige Hütte, dann sagte der Oberbandit mit seiner lauten Flüsterstimme:

›Ist Zeitverschwendung – *er* soll sagen, wo es versteckt ist. Nimm ihm den Knebel raus und mach ihn wieder ein bißchen lebendig.‹

Der andere erwiderte: ›Na, gut – aber nicht schlagen.‹

›Meinetwegen, aber nur, wenn er still bleibt.‹

Sie näherten sich mir. Gerade in diesem Moment wurde es draußen laut: Stimmen und Hufgetrappel. Die Räuber hielten den Atem an und lauschten. Die Laute kamen langsam näher und näher, dann ein Ruf:

›*Heda*, das Haus! Macht Licht, wir wollen Wasser haben.‹

›Die Stimme vom Captain, verflucht!‹ sagte der Bandit, der so laut flüsterte, und dann flohen beide durch die Hintertür und machten beim Rennen ihre Blendlaterne aus.

Der Fremde rief noch ein paarmal und ritt dann weiter – es schienen ein Dutzend Pferde zu sein – und dann hörte ich nichts mehr.

Sosehr ich auch zerrte, ich konnte mich nicht von meinen Fesseln befreien. Ich versuchte zu sprechen, doch der Knebel wirkte, und ich brachte keinen einzigen Ton hervor. Ich horchte nach den Stimmen meiner Frau und meines Kindes – horchte lange und angestrengt, vom anderen Ende der Stube aber, wo ihr Bett stand, kam kein Laut. Die Stille wurde immer schrecklicher, immer unheilkündender. Sie meinen, Sie hätten das keine Stunde ausgehalten? Dann bedauern Sie mich, der ich drei ertragen mußte. Drei Stunden? Drei Menschenalter! Jedesmal, wenn die Uhr schlug, kam es mir vor, als wären Jahre vergangen, seit ich sie das letztemal gehört hatte. Die ganze Zeit über würgte ich in meinen Fesseln, und endlich, als es schon graute, kriegte ich mich frei, erhob mich und reckte die steifen Glieder. Ich konnte alles recht gut erkennen. Der Boden lag voller Sachen, die die Räuber während ihrer Suche nach meinem Ersparten herumgeworfen hatten. Als erstes fiel mir ein Blatt von meinen Papieren ins Auge. Ich hatte gesehen, daß der Gemeinere von beiden es sich kurz angeguckt und dann weggeworfen hatte. Es war Blut daran! Ich taumelte zum anderen Ende des Zimmers. Ach, die armen, hilflosen Wesen, die keinem Menschen etwas getan hatten, da lagen sie, ihre Leiden waren vorüber, meine fingen an.

Ob ich das Gesetz anrief – ich? Löscht es dem Armen den Durst, wenn der König für ihn trinkt? O nein, nein, nein! Ich wollte keine zudringliche Einmischung des Gesetzes. Die Schuld, die zu begleichen war, konnten keine Gesetze und kein Galgen bezahlen. Sollten die Gerichte die

Sache nur mir überlassen und unbesorgt sein: ich würde den Schuldner schon finden und die Schuld eintreiben. Wie, fragen Sie? Und daß ich dabei noch so sicher war, obwohl ich von den Räubern weder die Gesichter gesehen noch ihre unverstellten Stimmen gehört und auch sonst keine Idee hatte, wer sie sein mochten? Und doch war ich sicher – ganz sicher, ganz zuversichtlich. Ich hatte einen Anhaltspunkt – einen Schlüssel, auf den Sie nichts gegeben hätten, einen Schlüssel, mit dem selbst ein Detektiv nicht viel anzufangen gewußt hätte, da ihm das Geheimnis seiner Anwendung fehlte. Ich komme gleich darauf – Sie werden sehen. Doch fahren wir der Reihe nach fort. Es war da ein Umstand, der mir für den Anfang eine bestimmte Richtung wies: bei jenen beiden Räubern handelte es sich offensichtlich um als Landstreicher verkleidete Soldaten, die aber nicht erst seit gestern beim Militär waren, sondern die schon lange, vielleicht sogar als Aktive dienten. Das Soldatenhafte ihres Auftretens, ihrer Gesten und ihrer Haltung hatten sie weder in einem Tag noch in einem Monat und auch nicht in einem Jahr erworben. Und der eine hatte gesagt: ›Die Stimme vom Captain, verflucht!‹ – und zwar der, dessen Leben ich haben wollte. Zwei Meilen ab hatten mehrere Regimenter Lager bezogen, außerdem zwei Schwadronen Kavallerie. Als ich erfuhr, Captain Blakely von Schwadron C sei in jener Nacht mit einer Eskorte bei uns vorbeigeritten, sagte ich nichts, beschloß aber, meinen Mann in eben dieser Schwadron zu suchen. In Unterhaltungen beschrieb ich die Räuber geflissentlich und immer wieder als Landstreicher, wie sie im Gefolge von Militärlagern auftauchten, und unter dieser Schicht wurden nutzlose Suchen veranstaltet, denn außer mir verdächtigte ja keiner die Soldaten.

In meinem verlassenen Heim machte ich mir in geduldiger Nachtarbeit aus allen möglichen alten Sachen eine Verkleidung zurecht, und im nächsten Ort kaufte ich mir eine blaue Brille. Schließlich wurde das Lager abgebrochen und Schwadron C hundert Meilen rauf nach Norden, nach Napoleon verlegt. Ich versteckte mein bißchen Geld im Gürtel und machte mich bei Nacht auf. Als Schwadron C in

Napoleon ankam, war ich bereits da. Ja, ich war da, und zwar mit einem neuen Beruf: Wahrsager. Um nicht parteiisch zu erscheinen, übte ich mein Gewerbe unter sämtlichen dort liegenden Einheiten aus und freundete mich mit allen an, aber in erster Linie widmete ich mich Schwadron C. Den Männern, die ihr angehörten, war ich grenzenlos gefällig, es gab nichts, was ich ihnen abgeschlagen hätte. Ich wurde zur willigen Zielscheibe ihrer Witze, was meine Popularität vollkommen machte; ich wurde ihr Liebling.

Sehr bald fand ich einen Gemeinen, dem ein Daumen fehlte – was für eine Freude das für mich war! Und als ich entdeckte, daß aus der ganzen Schwadron nur er einen Daumen verloren hatte, schwanden meine letzten Zweifel; ich war *sicher*, auf der richtigen Fährte zu sein. Dieser Mann hieß Krüger, ein Deutscher. In der Schwadron gab es neun Deutsche. Ich paßte auf, mit wem er sich hielt, aber er schien keine besonders engen Freunde zu haben. Und doch hatte er einen: *mich*, und ich sorgte dafür, die Vertraulichkeit zwischen uns größer werden zu lassen. Manchmal dürstete mich so nach Rache, daß ich mich kaum zurückhalten konnte, auf die Knie zu fallen und ihn anzuflehen, mir den Mann zu zeigen, der mein Weib und Kind ermordet hatte, doch es gelang mir, meine Zunge im Zaum zu halten. Ich wartete die Zeit ab und fuhr mit dem Wahrsagen fort, wie die Gelegenheit es ergab.

Meine Requisiten waren denkbar einfach: ein bißchen rote Farbe und ein Stück weißes Papier. Ich malte meinen Kunden den Daumen an, machte davon auf dem Papier einen Abdruck, studierte ihn über Nacht und enthüllte ihnen am nächsten Tag ihre Zukunft. Was ich mit diesem Unsinn bezweckte? Folgendes: Als junger Mann kannte ich einen alten Franzosen, der dreißig Jahre lang Gefängniswärter gewesen war, und der hatte mir gesagt, eine Sache würde sich bei einem Menschen zeit seines Lebens nicht verändern, nämlich die Linien auf dem Daumenballen, und diese Linien wären bei keinen zwei Leuten völlig gleich. Heutzutage photographieren wir den neuen Häftling und kleben sein Bild für spätere Nachfragen ins Verbrecheralbum, jener Franzose aber ließ seinerzeit von neueingelieferten Gefangenen Daumenabdrücke machen, die er dann aufbewahrte. Er meinte stets, Bilder taugten nichts – spätere Verkleidungen könnten sie unbrauchbar machen. ›Sicher ist nur der Daumen‹, sagte er, ›den kann man nicht verkleiden.‹ Er pflegte seine Theorie auch an meinen Freunden und Bekannten zu beweisen, und sie stimmte immer.

Ich markierte weiter den Wahrsager. Jede Nacht schloß ich mich ganz allein ein und untersuchte mit einem Vergrößerungsglas die Daumenabdrücke des Tages. Stellen Sie sich die verzehrende Begierde vor, mit der ich mich in das Labyrinth dieser roten Spiralen vertiefte, neben mir das Dokument, das Daumen- und Fingerabdrücke von der rechten Hand jenes unbekannten Mörders trug, gedruckt mit dem liebsten Blut, das – jedenfalls für mich – je auf dieser Erde vergossen worden ist! Und immer und immer wieder mußte ich denselben alten enttäuschten Satz wiederholen: ›Werden sie denn *nie* übereinstimmen?‹

Aber schließlich wurde ich doch belohnt. Es war der Daumenabdruck des dreiundvierzigsten Mannes von Schwadron C, bei dem ich herumexperimentiert hatte – der Gemeine Franz Adler. Eine Stunde zuvor hatte ich weder das Gesicht noch die Stimme, noch die Figur oder die Nationalität des Mörders gekannt, jetzt aber wußte ich das alles! Ich glaubte, sicher sein zu können; die wiederholten Demonstrationen des Franzosen waren eine gute Garantie. Doch ich konnte mich ja noch vergewissern. Ich hatte einen Abdruck von Krügers linkem Daumen.

Am Morgen nahm ich Krüger, als er dienstfrei war, beiseite, und sobald wir von keinem Dritten mehr gehört oder gesehen werden konnten, sagte ich mit Nachdruck: ›Ein Teil deiner Zukunft ist so ernst, daß ich dachte, es wäre besser für dich, wenn ich sie nicht vor aller Öffentlichkeit erzähle. Du und ein anderer, dessen Schicksal ich gestern nacht studierte – der Gemeine Adler –, ihr habt eine Frau und ein Kind umgebracht! Man ist euch auf den Fersen. Innerhalb von fünf Tagen werdet ihr beide ermordet.‹

Er fiel auf die Knie und verlor vor Angst fast den Verstand, und fünf Minuten lang stieß er wie ein Wahnsinniger und in derselben weinerlichen Art, die zu meinen Erinnerungen an jene Mordnacht in meiner Hütte gehörte, in einem fort hervor: ›Ich hab's nicht getan, bei meiner Seele, ich hab's nicht getan. Und ich hab versucht, ihn davon abzuhalten. Wirklich, das hab ich, Gott ist mein Zeuge. Er hat es allein getan!‹

Das war alles, was ich wissen wollte. Ich versuchte, den Dummkopf loszuwerden, aber nein, er klammerte sich an mich und flehte, ich möchte ihn doch vor dem Mörder retten. Er sagte: ›Ich habe Geld versteckt – zehntausend Dollar –, die Beute von Plündereien und Diebstählen. Retten Sie mich, sagen Sie mir, was ich tun soll, und Sie sollen es haben, jeden Penny. Zwei Drittel gehören meinem Cousin Adler, aber Sie können alles nehmen. Wir haben es vergraben, gleich als wir herkamen. Aber ich habe es gestern an einer neuen Stelle versteckt und ihm nichts gesagt – und werde ihm auch nichts sagen. Ich wollte desertieren und mich mit allem davonmachen. Es ist Gold und, wenn man rennt und ausweichen muß, zu schwer zum Tragen, aber eine Frau, die vor zwei Tagen über den Fluß gegangen ist, mir den Weg vorzubereiten, sollte mir damit nachkommen, und falls ich keine Gelegenheit mehr gehabt hätte, ihr das Versteck zu beschreiben, wollte ich ihr meine silberne Uhr zustecken oder schicken, und sie hätte dann Bescheid gewußt. Hinten im Gehäuse ist ein Zettel, da steht alles drauf. Hier, nehmen Sie die Uhr – sagen Sie mir, was ich tun soll!‹

Er versuchte, mir seine Uhr aufzudrängen, und zeigte und erklärte mir gerade das Stückchen Papier, als ungefähr ein Dutzend Schritt weiter weg Adler auftauchte.

Ich sagte dem armen Krüger: ›Steck deine Uhr ein, ich will sie nicht. Dir soll nichts passieren. Geh jetzt. Ich muß Adler die Zukunft deuten. Ich sage dir schon noch, wie du deinem Mörder entgehen kannst. Inzwischen sehe ich mir noch einmal deine Daumenlinien an. Erzähle Adler nichts von dieser Sache – erzähle keinem Menschen ein Wort.‹

Voll Angst und Dankbarkeit schob er ab, der arme Kerl! Ich sagte Adler lange wahr – absichtlich so lange, daß ich nicht fertig wurde, und versprach, noch in derselben Nacht zu ihm auf Wache zu kommen und ihm dort, ohne daß wir

Lauscher dabei hätten, den wirklich wichtigen Teil seines Schicksals – den tragischen Teil, wie ich sagte – zu erzählen. Draußen vor der Stadt hatten sie nämlich immer eine Feldwache stehen – reine Formsache und bloß der Disziplin wegen –, war gar nicht nötig, kein Feind in der Nähe.

Gegen Mitternacht machte ich mich, mit der Parole ausgerüstet, auf und bahnte mir den Weg zu der einsamen Stelle, wo Adler Wache halten sollte. Es war so finster, daß ich, fast bevor ich ein schützendes Wort hervorbringen konnte, einer dunklen Gestalt direkt in die Arme lief. Der Posten rief mich an, und ich antwortete, beide zur gleichen Zeit. Ich fügte hinzu: ›Ich bin's nur, der Wahrsager.‹ Dann huschte ich dem armen Teufel an die Seite, und ohne jedes Wort stieß ich ihm meinen Dolch ins Herz! ›*Jawohl*‹, lachte ich, ›*das* ist der tragische Teil deines Schicksals!‹ Als er vom Pferd fiel, klammerte er sich an mich, und meine blaue Brille blieb in seiner Hand, und dann stürzte das Tier davon, ihn mit dem Fuß im Steigbügel hinter sich herschleifend.

Ich flüchtete durch die Wälder und hatte guten Grund dazu, denn die anklagende Brille war ja in der Hand des Toten geblieben.

Das war vor fünfzehn oder sechzehn Jahren. Seitdem wandere ich ziellos auf der Erde umher, manchmal arbeitend, manchmal nicht, manchmal mit Geld, manchmal ohne, doch ständig lebensmüde und mit dem Wunsch, es wäre vorüber, denn meine Mission hier war mit der Tat jener Nacht beendet, und das einzige Vergnügen, den einzigen Trost, die einzige Genugtuung, die ich in all diesen tristen Jahren hatte, bestand in der täglichen Reflexion: ›Ich habe ihn getötet!‹

Vor vier Jahren ließ meine Gesundheit nach. Auf meinem Weg ohne Sinn und Ziel war ich nach München gekommen. Da ich kein Geld mehr hatte, suchte ich Arbeit und bekam welche. Ich erfüllte ungefähr ein Jahr getreulich meine Pflicht und erhielt dann den Posten als Nachtwächter drüben in dem Leichenschauhaus, das Sie sich neulich angesehen haben. Die Stellung paßte zu meiner Stimmung. Es gefiel mir. Es gefiel mir, mit den Toten zusammen zu sein –

mit ihnen allein zu sein. Stundenlang wanderte ich zwischen diesen starren Leichen umher und blickte in ihre ernsten Gesichter. Je später die Zeit, um so beeindruckender und um so lieber war es mir. Manchmal drehte ich die Lampen herunter, das gab Perspektive, wissen Sie, und die Phantasie konnte spielen; die dunklen, fliehenden Reihen der Toten inspirierten einen immer mit unheimlichen und faszinierenden Ideen. Vor zwei Jahren – ich war gerade ein Jahr dort – saß ich in einer stürmischen Winternacht ganz allein und starr vor Kälte in der trostlosen Wächterloge und döste allmählich hinüber ins Unbewußte, und das Schluchzen des Windes und das Klappern entfernter Fensterläden trafen mein ertaubendes Ohr schwächer und schwächer, als plötzlich die Totenglocke so schneidend über meinem Kopf anschlug, daß mir das Blut erstarrte! Der Schock lähmte mich fast, denn es war das erstemal, daß ich sie hörte.

Ich riß mich zusammen und stürzte in den Leichensaal. Ungefähr in der Mitte von der äußeren Reihe saß eine in Bahrtücher eingehüllte Figur aufrecht und wackelte langsam mit dem Kopf – ein grauenvoller Anblick! Mir war ihre Seite zugekehrt. Ich stürzte hin und sah ihr ins Gesicht. Himmel, es war Adler!

Können Sie erraten, was mein erster Gedanke war? In Worte gefaßt: ›Allem Anschein nach bist du mir also einmal entwischt, aber diesmal geht's anders aus!‹

Offensichtlich litt diese Kreatur unsägliche Schreckensqualen. Überlegen Sie, was es bedeuten muß, inmitten dieser lautlosen Stille aufzuwachen und ringsum jene furchtbare Versammlung der Toten zu sehen! Welche Dankbarkeit in seinem knochigen weißen Gesicht aufleuchtete, als er vor sich eine lebendige Gestalt sah! Und wie die Glut dieser stummen Dankbarkeit zunahm, als seine Augen auf die belebenden herzstärkenden Mittel fielen, die ich in meinen Händen trug! Und dann stellen Sie sich das Entsetzen vor, das sich auf seinem verhärmten Gesicht malte, als ich diese Mittel hinter den Rücken nahm und spöttisch sagte: ›Rede, Franz Adler – ruf doch diese Toten an! Sie werden dir bestimmt zuhören und Mitleid haben, sonst aber niemand hier.‹

Er wollte sprechen, doch das Stück von dem Leichentuch, mit dem sein Kinn hochgebunden war, saß fest und erlaubte ihm das nicht. Er versuchte, die Hände flehentlich zu erheben, aber die waren über seiner Brust gekreuzt und ebenfalls festgebunden.

Ich sagte: ›Nun schrei schon. Franz Adler, schreie, daß dich die Schläfer in den fernsten Straßen hören und dir zu Hilfe kommen. Schreie – und beeil dich, denn du hast wenig Zeit zu verlieren. Was, du kannst nicht? Das ist schade, macht aber nichts – es hilft sowieso nicht immer. Die wehrlose Frau und das wehrlose Kind, die du und dein Cousin in einer Hütte in Arkansas ermordeten – meine Frau war das und mein Kind! –, haben auch um Hilfe geschrien, wie du dich erinnern wirst, aber es hat nichts genutzt. Nicht wahr, du weißt doch noch, daß es nichts genutzt hat? Dir klappern die Zähne – warum kannst du da nicht schreien? Lockre dir die Binden mit den Händen – dann geht's. Oh, ich sehe, deine Hände sind gebunden, sie können dir nicht helfen. Wie merkwürdig sich nach langen Jahren alles wiederholt, denn meine Hände waren in jener Nacht auch gebunden, entsinnst du dich noch? Ja, genauso gebunden wie jetzt deine – wie seltsam! Ich konnte mich nicht befreien. Dir ist nicht eingefallen, meine Fesseln zu lösen, und mir fällt nicht ein, deine zu lösen. Pst! Ich höre Schritte. Sie kommen hier entlang. Horch, wie nahe sie sind! Man kann sie zählen: eins ... zwei ... drei. Da, jetzt sind sie gerade draußen. Schrei doch, Mann, schrei doch! Es ist die einzige Chance zwischen dir und der Ewigkeit! Ah, siehst du, nun hast du zu lange gewartet, sie sind vorbei. Da: sie verhallen. Jetzt sind sie weg! Bedenke und überlege, du hast zum letztenmal einen menschlichen Schritt gehört. Muß komisch sein, einem so gewöhnlichen Laut zu lauschen und zu wissen, es ist das letztemal, daß man ihn hört.‹

Ach, mein Freund, die Qual in diesem mit Leichentüchern umwickelten Gesicht zu sehen war eine Ekstase! Ich dachte mir eine neue Marter aus und wandte sie an – unter Nachhilfe von ein bißchen Schwindel: ›Der arme Krüger hat mein Weib und mein Kind retten wollen, und dafür habe ich mich ihm bei passender Gelegenheit dankbar gezeigt.

Ich habe ihn überredet, dich zu berauben, und zusammen mit einer Frau habe ich ihm geholfen, zu desertieren, und ihn sicher weggekriegt.‹

In der gequälten Miene meines Opfers schien ein erstaunter und triumphierender Blick aufzuleuchten. Das irritierte und beunruhigte mich.

Ich sagte: ›Was denn – ist er etwa nicht entkommen?‹

Kopfschütteln.

›Nein? Was ist dann geschehen?‹

Die Genugtuung in dem leichentuchumhüllten Gesicht zeigte sich immer klarer. Der Mann versuchte, ein paar Worte zu murmeln, es gelang ihm nicht; er strengte sich an, mit seinen gebundenen Händen etwas auszudrücken – gelang ihm auch nicht; er hielt einen Moment inne und deutete dann matt, aber vielsagend mit dem Kopf gegen die Leiche neben ihm.

›Tot?‹ fragte ich. ›Nicht geschafft, zu entkommen? Dabei erwischt und erschossen worden.‹

Kopfschütteln.

›Wie dann?‹

Wieder versuchte der Mann etwas mit seinen Händen zu machen. Obwohl ich ihn genau beobachtete, konnte ich nicht erraten, was er wollte. Ich beugte mich über ihn und beobachtete ihn noch angestrengter. Er hatte den einen Daumen verdreht und schlug sich damit schwach gegen die Brust.

›Ah – erdolcht, meinst du?‹

Bejahendes Nicken, begleitet von einem gespenstischen Lachen von solcher Teuflischkeit, daß meinem stumpfen Geiste ein Licht aufging und ich rief: ›Habe *ich* ihn etwa erdolcht, weil ich ihn für dich hielt? Denn jener Schlag galt niemand anders als dir.‹

Das bejahende Nicken des von neuem sterbenden Schurken war so voller Freude, wie es seine schwindenden Kräfte zum Ausdruck bringen konnten.

›O ich Unglückseliger! Die mitleidige Seele abzuschlachten, die sich für meine Lieblinge eingesetzt hat, als sie hilflos waren, und sie gerettet hätte, wenn sie konnte! O ich Elender, ich Unglückseliger!‹

Ich bildete mir ein, das gedämpfte Glucksen spöttischen Lachens zu hören. Ich nahm die Hände vom Gesicht und sah, wie mein Feind auf sein schräges Brett zurücksank...

Er brauchte befriedigend lange zum Sterben. Seine Vitalität war wunderbar, er hatte eine erstaunliche Konstitution. Ja, er brauchte köstlich lange dazu. Ich holte mir einen Stuhl und eine Zeitung und setzte mich neben ihn und fing an zu lesen. Ab und zu nahm ich einen Schluck Kognak. Das war nötig wegen der Kälte.

Aber ich machte es zum Teil, weil ich gleich zu Anfang gesehen hatte, daß er jedesmal, wenn ich nach der Flasche langte, dachte, ich würde ihm auch etwas geben. Ich las laut: hauptsächlich erfundene Berichte über Leute, die man mit ein paar Teelöffeln Schnaps und einem warmen Bad von der Schwelle des Grabes weggerissen und zu Leben und Kraft zurückgeführt hatte. Ja, er hatte einen langen, schweren Tod – drei Stunden und sechs Minuten, von der Zeit an gerechnet, wo er die Glocke gezogen hatte.

Es wird geglaubt, in den ganzen achtzehn Jahren seit Einführung der Leichenwache habe noch kein Insasse der bayrischen Leichenschauhäuser die Glocke in Bewegung gesetzt. Nun, das ist ein unschuldiger Glaube. Sollen sie dabei bleiben.

Die Kälte dieses Totensaales ging mir in die Knochen und verschlimmerte meine alte Krankheit, die bis zu jener Nacht aber ständig zurückgegangen war. Dieser Mann hat mein Weib und Kind ermordet, und in drei Tagen wird er auch mich auf die Liste seiner Opfer gesetzt haben. Das macht nichts – Gott, wie köstlich die Erinnerung daran! Ich habe ihn erwischt, wie er dem Grabe entfliehen wollte, und ihn wieder hineingestoßen!

Nach jener Nacht war ich eine Woche lang ans Bett gefesselt, doch sobald ich aufstehen konnte, verschaffte ich mir aus den Aufnahmebüchern des Leichenschauhauses Straße und Nummer von dem Haus, in der Adler gestorben war. Es war ein erbärmlich aussehendes Absteigequartier. Ich dachte mir, als Cousin von Krüger müssen ihm natürlich dessen Effekten zugefallen sein, und ich wollte, sofern es ging, Krügers Uhr haben. Aber während ich krank lag, waren Adlers sämtliche Sachen bis auf ein paar alte Briefe und wertlosen Krimskrams in alle Himmelsrichtungen verkauft worden. Durch diese Briefe konnte ich jedoch einen Sohn von Krüger ausfindig machen, den einzigen Verwandten, den er hinterlassen hat. Er ist jetzt ein Mann von dreißig, von Beruf Schuhmacher und wohnt in Mannheim, Königstraße 14 – Witwer mit mehreren kleinen Kindern. Ohne ihm zu erklären, warum, bestreite ich seitdem zwei Drittel seines Unterhalts.

Nun, was die Uhr betrifft – sehen Sie, wie seltsam es im Leben zugeht! Über ein Jahr lang spürte ich ihr in ganz Deutschland und auch im Ausland nach, was mich viel Geld und Mühe kostete, und schließlich bekam ich sie. Bekam sie und war unsagbar froh, und als ich sie aufmachte, war nichts drin! Ich hätte mir allerdings denken können, daß jenes Schnipselchen Papier nicht diese langen Jahre über da drin geblieben ist. Natürlich gab ich nun die zehntausend Dollar auf. Ja, ich gab sie auf und ließ den Gedanken daran fallen, und zwar sehr traurigen Herzens, denn ich hatte sie für Krügers Sohn haben wollen.

Gestern nacht, als ich zu dem Entschluß kam, daß ich sterben muß, begann ich, mich bereit zu machen. Ich wollte gerade alle nutzlosen Papiere verbrennen, da fiel auf einmal aus einem Stapel von Adlers Briefschaften, den ich vorher nicht gründlich genug untersucht hatte, der lang gesuchte Zettel! Ich erkannte ihn sogleich. Hier ist er – ich übersetzte ihn:

> Mietsstall, Steinfundament, Mitte der Stadt, Ecke Orleans und Markt. Ecke gegenüber Gericht. Dritter Stein, vierte Reihe. Dort Nachricht hinterlassen, wer alles kommt.

Hier nehmen Sie – und bewahren Sie ihn gut auf! Krüger hat erklärt, der Stein ist herausnehmbar, und es ist die Nordwand des Fundaments, vierte Reihe von oben und dritter Stein von Westen. Das Geld ist dahinter versteckt. Der Schlußsatz, sagte Krüger, ist nur zur Irreführung für den Fall, daß der Zettel in falsche Hände kommt. Diesen Dienst hat er wahrscheinlich bei Adler geleistet.

Nun möchte ich Sie bitten, wenn Sie auf Ihrer beabsichtigten Reise flußabwärts sind, dieses versteckte Geld aufzuspüren und an Krüger zu schicken, an die Mannheimer Adresse, die ich vorhin erwähnt habe. Es wird ihn zum reichen Manne machen, und ich werde in meinem Grabe mehr Ruhe haben, wenn ich weiß, daß ich alles, was ich konnte, für den Sohn des Mannes getan habe, der versuchte, mein Weib und Kind zu retten – den meine Hand aber unwissentlich erschlug, obwohl es mein Herzenstrieb war, ihn zu beschützen und zu retten.«

ZWEIUNDDREISSIGSTES KAPITEL

Uns geht eine Goldgrube flöten

»Das war Ritters Erzählung«, sagte ich zu meinen beiden Bekannten. Eine ziemliche Weile herrschte tiefes und eindrucksvolles Schweigen, dann aber ließen beide ein Schnellfeuer aufgeregter und bewundernder Ausrufe über die seltsamen Umstände der Geschichte los, das, von einer Kanonade von Fragen begleitet, so lange anhielt, bis ihnen der Atem knapp wurde. Allmählich beruhigten sie sich wieder und zogen sich unter dem Schutz von gelegentlichen Ausbrüchen in Schweigen und unergründliche Träumereien zurück. Zehn Minuten lang sprach keiner ein Wort. Dann sagte Rogers versonnen:

»Zehntausend Dollar!« Nach einer langen Pause wiederholte er:

»Zehntausend. Eine Menge Geld.«

Schließlich erkundigte sich unser Dichter: »Wollen Sie es ihm gleich schicken?«

»Ja«, sagte ich. »Merkwürdige Frage.«

Keine Antwort. Nach einer kleinen Weile fragte Rogers zögernd: »*Alles?* Das heißt ... ich meine ...«

»*Selbstverständlich* alles.«

Ich wollte noch mehr sagen, bremste aber – vielmehr ich wurde gebremst, denn mir kam plötzlich eine Folge von

Gedanken. Thompson redete, doch mein Geist war abwesend, und ich kriegte nicht mit, was er sagte. Aber ich hörte Rogers antworten:

»Ja, glaube ich auch. Müßte völlig genügen, denn ich sehe nicht, daß *er* etwas dazu getan hat.«

Dann sagte der Dichter: »Bei näherer Betrachtung ist das *mehr* als genug. Denken Sie bloß mal: fünftausend Dollar! Die kann der im ganzen Leben nicht ausgeben! Und sie würden ihm auch gar nicht guttun, ihn wahrscheinlich sogar ruinieren – man sollte das bedenken. Es wird gar nicht lange dauern, da hat er alles durchgebracht, macht seinen Laden zu, fängt vielleicht an zu trinken, mißhandelt seine mutterlosen Kinder, ergibt sich allen möglichen Lastern, sinkt immer tiefer...«

»Ja, ganz richtig«, unterbrach Rogers inbrünstig. »Hab das schon hundertmal erlebt, ach, mehr als hundertmal. Will man einen Mann wie den vernichten, braucht man ihm bloß Geld in die Finger zu geben. Mehr ist gar nicht nötig, ihm nur einfach Geld in die Finger geben, und wenn ihn das nicht fertigmacht und ihm alle Brauchbarkeit nimmt und alle Selbstachtung und überhaupt alles, kenne ich die Menschen nicht – ist doch so, nicht wahr, Thompson? Und selbst angenommen, wir zahlten ihm ein *Drittel* aus, dann paßt auf, in weniger als sechs Monaten...«

»In weniger als sechs *Wochen*, sollten Sie lieber sagen!« warf ich ein, mich ebenfalls ereifernd. »Wenn er diese dreitausend Dollar nicht sicher deponiert, wo er nicht heran kann, dann macht er genauso keine sechs Wochen mehr wie...«

»*Natürlich* nicht!« sagte Thompson. »Ich verlege für solche Leute Bücher, und sobald sie die Tantiemen in der Hand haben, ob es nun dreitausend sind oder zweitausend...«

»Möchte mal wissen, was dieser Schuster mit zweitausend Dollar zu tun hat?« fiel ihm Rogers ernst ins Wort. »Ein jetzt vielleicht völlig zufriedener Mann, dort in Mannheim, umgeben von seiner eigenen Klasse, sein Brot mit dem Appetit essend, den allein Mühe und Fleiß geben kann, ein Mann, der sich seines bescheidenen Lebens freut, ehrlich, rechtschaffen, reinen Herzens und *gesegnet* – jawohl, ich sage gesegnet! Gesegnet gegenüber all den Myriaden, die in Samt und Seide herumlaufen und sich im leeren, gekünstelten Reigen gesellschaftlicher Torheiten bewegen – aber stellen Sie ihn bloß einmal vor *diese* Versuchung, legen Sie so einem Manne fünfzehnhundert Dollar auf den Tisch und sagen...«

»Fünfzehnhundert Teufel!« rief ich. »Schon *fünf*hundert würden seine Grundsätze ins Wanken bringen, seinen Fleiß lähmen, ihn in die Kneipe treiben und von der Kneipe in die Gosse und von der Gosse ins Armenhaus und vom Armenhaus in...«

»Warum uns ein solches Verbrechen aufladen, meine Herren?« unterbrach der Dichter, eifrig appellierend. »Er ist glücklich, wo er sich und *wie* er sich befindet. Jedes Gefühl der Ehre, jedes Gefühl der Mildtätigkeit, jedes Gefühl hehrer und heiliger Nächstenliebe warnt uns, drängt uns, befiehlt uns, ihm seinen Frieden zu lassen. Das ist echte Freundschaft, das ist wahre Freundschaft. Wir könnten andere Wege einschlagen, die mehr hermachen, aber keinen, der so wahrhaft gütig und weise wäre, verlassen Sie sich darauf.«

Nach weiteren Reden zeigte sich, daß uns allen bei dieser Regelung im tiefsten Innern doch nicht ganz wohl war. *Etwas* müßten wir dem armen Schuhmacher schon zukommen lassen. Nach langer und erschöpfender Diskussion über diesen Punkt beschlossen wir zu guter Letzt, ihm einen Buntdruck zu schicken.

Doch jetzt, wo alles zur Zufriedenheit sämtlicher Parteien arrangiert schien, ergab sich eine neue Schwierigkeit: es stellte sich heraus, die beiden erwarteten, ich würde das Geld mit ihnen in drei gleiche Häufchen teilen. Was nun gar nicht meine Absicht war. Ich erklärte, wenn sie zusammen die Hälfte erhielten, könnten sie sich glücklich schätzen.

Rogers sagte: »Wer würde denn überhaupt was kriegen, wenn ich nicht gewesen wäre? Ich habe den ersten Wink gegeben – hätte ich das nicht getan, hätte der Schuster alles gekriegt.«

Thompson behauptete, im selben Moment, als Rogers die erste Andeutung machte, habe er selber daran gedacht.

In scharfem Ton erwiderte ich, daß ich auch ohne ihre gnädige Hilfe früh genug allein draufgekommen wäre. Ich möge vielleicht schwer von Begriff sein, aber ich sei da ganz sicher.

Die Angelegenheit erhitzte sich zu einem Streit und schließlich zu einer Prügelei, bei der wir uns nicht schlecht zurichteten. Sobald ich mich gewissermaßen wieder zusammengeflickt hatte, stieg ich reichlich schlechter Laune aufs Oberdeck. Dort fand ich Kapitän McCord und sagte so freundlich, wie das meine Stimmung zuließ:

»Ich komme mich verabschieden, Kapitän. Ich möchte in Napoleon an Land.«

»An Land, wo?«

»In Napoleon.«

Der Kapitän lachte. Doch als er sah, daß ich nicht zum Scherzen aufgelegt war, ließ er es gleich wieder sein und fragte: »Ist denn das Ihr Ernst?«

»Mein Ernst? Ja, natürlich.«

Der Kapitän blickte hinauf zum Steuerhaus und sagte: »Er will in Napoleon aussteigen!«

»In Napoleon?«

»Hm. Sagt er.«

»Beim Geist des großen Cäsar!«

Onkel Mumford kam das Deck entlang. Der Kapitän klärte ihn auf: »Onkel, hier ist ein Freund von dir, der in Napoleon an Land will!«

»Du heiliger Bimbam!«

Ich sagte: »Hören Sie mal, was soll das alles? Darf man nicht in Napoleon aussteigen, wenn man will?«

»Mann, verflucht und zugenäht, wissen Sie denn nicht? Es gibt kein Napoleon mehr. Schon seit ... zig Jahren nicht mehr. Der Arkansas ist mittendurch und hat es in Fetzen gerissen und mit in den Mississippi genommen!«

»Die *ganze* Stadt weggetragen? Ufer, Kirchen, Gefängnisse, Zeitungsbüros, Gericht, Theater, Feuerwehr, Mietstall – *alles?*«

»Alles! hat gerade fünfzehn Minuten gedauert oder so.

Ist weder Haut noch Haar, weder Roß noch Wagen übriggeblieben, abgesehen von den Stummeln einer Holzhütte und einem Ziegelschornstein. Unser Schiff plätschert jetzt gerade da entlang, wo einst genau das Zentrum dieser Stadt lag, und drüben ist auch der Schornstein – der einzige Rest von Napoleon. Die dichten Wälder da rechts lagen früher eine Meile hinter der Stadt. Drehen Sie sich mal um und gucken Sie stromaufwärts – jetzt erkennen Sie das Land langsam wieder, nicht wahr?«

»Ja, jetzt erkenne ich es. Toll, einfach toll – und äußerst unerwartet.«

Inzwischen waren Mr. Thompson und Mr. Rogers mit Reisetaschen und Regenschirmen angekommen und hatten schweigend die Neuigkeiten des Kapitäns mit angehört. Thompson drückte mir einen halben Dollar in die Hand und flötete: »Mein Anteil an dem Buntdruck.«

Rogers tat ein gleiches.

Ja, es war erstaunlich, den Mississippi zwischen unbevölkerten Ufern und direkt über der Stelle fließen zu sehen, wo ich vor zwanzig Jahren eine gute, große, selbstgefällige Stadt zu sehen gewohnt war, eine Stadt, die die Metropole eines ausgedehnten und bedeutenden Bezirkes war, eine Stadt mit einem großen Marinelazarett, eine Stadt unzähliger Schlägereien – jeden Tag eine Leichenschau –, die Stadt, wo ich das hübscheste und gebildetste Mädchen aus dem ganzen Mississippital kannte, die Stadt, wo wir vor einem Vierteljahrhundert die ersten gedruckten Nachrichten vom traurigen Unglück der »Pennsylvania« erhielten, eine Stadt, die nicht mehr ist – verschluckt, verschwunden, dahin, den Fischen zum Fraß vorgesetzt, und nichts mehr von ihr übrig als das Fragment einer Holzhütte und ein Schornstein, aus dem die Ziegel herausbröckeln!

DREIUNDDREISSIGSTES KAPITEL

Ethik und Schnäpschen

Mit Insel 74, die nicht weit entfernt vom ehemaligen Napoleon liegt, hat sich der Fluß etwas geleistet, was die Gesetze der Menschen gehörig in Verwirrung gebracht und zur Farce und zum Witz gemacht hat. Als Arkansas Bundesstaat wurde, erstreckte sich sein Hoheitsgebiet »bis zur Mitte vom Fluß« – eine äußerst unbeständige Linie. Der Staat Mississippi beanspruchte ihn »bis zur Fahrrinne« – ebenfalls eine Linie ohne übertriebenes Beharrungsvermögen. Nr. 74 gehörte zu Arkansas. Später schob eine Flußverkürzung diese große Insel aus Arkansas heraus und trotzdem nicht hinein nach Mississippi. Auf ihrer einen Seite also die »Flußmitte«, auf der anderen die »Fahrrinne«. So verstehe ich jedenfalls das Problem. Ob ich das nun im einzelnen richtig oder falsch mitgekriegt habe, als Tatsache bleibt, daß hier diese außerordentlich wertvolle Insel von viertausend Acres kaltgestellt ist und weder zu dem einen noch zu dem anderen Staat gehört; sie zahlt an keinen von beiden Steuern, ist keinem von beiden Untertanenpflicht schuldig. Die ganze Insel befindet sich im Besitz eines einzigen Mannes, der von Rechts wegen »der Mann ohne Vaterland« ist.

Insel 92 gehört zu Arkansas. Der Fluß hat sie hinübergetragen und mit Mississippi verbunden. Ein pfiffiger Bursche machte dort ohne Konzession vom Staat Mississippi einen Whiskyausschank auf und bereicherte sich unter dem Schutz von Arkansas – wo damals keine Genehmigung erforderlich war – an der Kundschaft aus Mississippi.

Wir glitten weiter den Fluß hinunter, immer in der üblichen Abgeschiedenheit – Dampfschiff oder etwas anderes sich Bewegendes selten zu sehen. Landschaft wie immer: zu beiden Seiten des Flusses Strecke auf Strecke fast ununterbrochenen Waldes; lautlose Einsamkeit. Hier und dort in schmalen Lichtungen auf den grauen und graslosen Ufern ein, zwei Hütten, die früher eine viertel oder halbe Meile weiter vorn gestanden hatten, mit dem Einstürzen der Ufer aber immer mehr zurückversetzt wurden. Wie zum Beispiel bei Pilcher's Point, wo die Hütten, wie uns gesagt wurde, innerhalb von drei Monaten dreihundert Yard zurückweichen mußten; jetzt aber waren sie von den sich unterhöhlenden Ufern schon wieder eingeholt, und sie werden von neuem zurückgesetzt.

Von Greenville in Mississippi hatte die Stadt Napoleon seinerzeit keine große Meinung, doch siehe da, Napoleon ist zu den Welsen gegangen, und hier ist Greenville, das von Leben und Aktivität strotzt und im Stromtal eine schöne Rosine abgibt. Es soll dreitausend Einwohner haben und einen Jahresumsatz von zwei Millionen fünfhunderttausend Dollar. Eine wachsende Stadt.

Auf dem Schiff wurde viel von der Calhoun Land Company gesprochen, einem Unternehmen, von dem man sich heilsame Ergebnisse verspricht. Oberst Calhoun, ein Enkel des Staatsmannes, ging nach Boston und gründete ein Syndikat, welches in Chicot County in Arkansas einen großen Landstrich am Fluß (zirka zehntausend Acres) für den Anbau von Baumwolle erwarb. Es geht hier darum, daß auf Bargrundlage gearbeitet wird, das heißt, aus erster Hand zu kaufen und die eigenen Erzeugnisse selber weiterzuleiten, die Negerarbeiter mit Lebensmitteln und allem Nötigen zu versorgen, und zwar bei einer geringen Gewinnspanne, sagen wir acht bis zehn Prozent, ihnen behagliche Unterkünfte und so weiter zu schaffen und sie dazu anzuhalten, daß sie Geld sparen und am Ort bleiben. Erweist sich das als finanzieller Erfolg, und es sieht ganz danach aus, ist beabsichtigt, in Greenville eine Bank zu gründen und Geld zu verleihen, wobei der Zinsfuß so niedrig gehalten werden soll, daß er nicht belastet – man spricht von sechs Prozent.

Bisher hat die Schwierigkeit darin gelegen – ich gebe die Bemerkungen von Pflanzern und Dampfschiffleuten wieder –, daß die Pflanzer, obwohl ihnen das Land gehört, ohne Barkapital dastehen; um den Betrieb weiterzuführen, sind sie gezwungen, sowohl Land wie Ernte zu verpfänden. Der Kommissionshändler, der das Geld beschafft, geht also ein gewisses Risiko ein und verlangt einen hohen Anteil – gewöhnlich zehn Prozent zuzüglich zweieinhalb Prozent für die Darlehensvermittlung. Außerdem muß der Pflanzer über denselben Händler seine Vorräte beziehen und somit Provisionen und Profite bezahlen. Wenn er dann seine Ernte verfrachtet, schlägt der Händler noch seine Provisions- und Versicherungsgebühren und so weiter auf. Im großen und ganzen und von Anfang bis Ende beträgt der Anteil des Händlers an dieser Ernte rund fünfundzwanzig Prozent*.

Eines Baumwollpflanzers Schätzung des durchschnittlichen Profits auf den Pflanzungen in seiner Gegend: Ein Mann und ein Maultier schaffen zehn Acres, die zehn Ballen Baumwolle im Werte von ungefähr fünfhundert Dollar ergeben; Produktionskosten schätzungsweise dreihundertfünfzig Dollar, Reingewinn also einhundertfünfzig Dollar beziehungsweise fünfzehn Dollar pro Acre. Neuerdings ergibt sich auch ein Profit aus den Baumwollsamen, die vorher nur wenig Wert hatten – sofern sie weit transportiert werden mußten, gar keinen. Von sechzehnhundert Pfund Rohbaumwolle sind vierhundert Faser, pro Pfund zirka zehn Cent wert, und zwölfhundert sind Samen, pro Tonne zwölf bis dreizehn Dollar wert. Vielleicht werden in Zukunft nicht einmal mehr die *Stengel* weggeworfen. Mr. Edward Atkinson sagt, auf jeden Ballen Baumwolle kommen fünfzehnhundert Pfund Stengel, und diese enthalten sehr viel Kalkphosphat und Pottasche und ergeben, gemahlen und vermischt mit konserviertem Grünfutter oder Baumwollsamenmehl – welches zu fett ist, um in großen Mengen verfüttert zu werden –, ein hervorragendes Viehfutter, das alle für die Erzeugung von Milch und Fleisch und für den Knochenaufbau wichtigen Stoffe in reichem Maße enthält. Bis jetzt hat man die Stengel nur als lästigen Abfall angesehen.

Es wird darüber geklagt, daß der Pflanzer seit dem

* »Doch was kann der Staat tun, wo die Leute Zinsfüßen unterworfen sind, die sich auf achtzehn bis dreißig Prozent belaufen, und wo sie sich vor die Notwendigkeit gestellt sehen, zu eben diesen Zinsfüßen ihre Ernten sogar schon vor der Aussaat für das Vorrecht zu verpfänden, ihren gesamten Bedarf bei einer Gewinnspanne von hundert Prozent zu kaufen?« – Edward Atkinson.

Kriege dem ehemaligen Sklaven gegenüber eine abweisende Haltung einnimmt, mit ihm nichts als ein frostiges geschäftliches Verhältnis haben will, in das sich kein Gefühl einmischen darf, und daß ihm nichts daran liegt, selber einen »Laden« zu unterhalten und den Neger mit dem zum Leben Notwendigen zu versorgen und somit dessen Tasche zu beschützen und ihn zu veranlassen, auch zu bleiben, was für den Pflanzer doch nur ein Vorteil wäre. Der aber überläßt dieses Recht irgendeinem sparsamen Israeliten, der den gedankenlosen Neger und dessen Frau ermuntert, alle möglichen Dinge zu kaufen, ohne die es auch ginge – auf Anschreiben natürlich und zu gepfefferten Preisen, und das Monat für Monat, wobei der Kredit durch den Anteil des Negers an der wachsenden Ernte gesichert ist. Am Ende der Saison gehört der Anteil des Negers dann dem Israeliten, und der Neger hat obendrein noch Schulden, ist entmutigt, unzufrieden, ruhelos, und er sowohl als sein Pflanzer sind geschädigt, denn er wird ein Dampfschiff nehmen und abwandern, und der Pflanzer muß an seiner Stelle einen Wildfremden einstellen, der ihn nicht kennt, dem er gleichgültig ist, der den Israeliten eine Saison lang fett macht und dann seinem Vorgänger per Dampfer folgt.

Man hofft, die Calhoun Land Company wird durch ihre humane und schützende Behandlung der Arbeiter beweisen, daß ihre Methode für Pflanzer wie Neger die einträglichste ist, und man nimmt an, es wird dann zu einer allgemeinen Übernahme dieser Methode kommen.

Und wo so viele sich aussprechen, sollte da nicht auch der Barkeeper zu Worte kommen? Er ist aufmerksam und beflissen, trinkt selber nie und bemüht sich, seine Heuer abzuarbeiten, und würde sie auch abarbeiten, wenn genug Kundschaft da wäre. Er sagt, die Leute hier in Mississippi und Louisiana ließen sich Gemüse lieber vom Oberlauf kommen, als es selber anzubauen, und Obst würden sie an den Anlegestellen vom Barkeeper kaufen. Sie hätten »bloß noch Baumwolle im Kopf«, und er glaube, sie wissen gar nicht, wie Obst und Gemüse angebaut werden – »wenigstens die meisten«. Sagt: »Ein Nigger läuft wegen einer

Wassermelone bis H.« (»H« ist alles, was ich in dem Bericht des Stenographen finde – heißt wahrscheinlich Hölle, obwohl das einer Melone wegen ganz schön weit wäre.) Barkeeper kauft Wassermelonen am Oberlauf für fünf Cent, bringt sie nach unten und verkauft sie für fünfzig. »Warum mixt er so kunstvolle und phantastische Drinks für die schwarzen Crewboys auf dem Schiff?« Weil sie keine anderen haben wollen. »Sie wollen einen Drink, der nach was *aussieht;* woraus, ist ihnen egal, die wollen eben was haben für ihr Geld. Geben Sie einem Nigger eine viertel Pinte reinen Halben-Dollar-Kognak für fünf Cent – meinen Sie, der rührt den an? Gar nicht dran zu denken. Ist ihm nicht wuchtig genug. Setzt man ihm aber eine Pinte von allem möglichen wertlosen Gesöff hin und gießt ein bißchen rotes Zeug rein, damit es schön aussieht – rot ist die Hauptsache –, da läßt er lieber eine Karte für den Zirkus verfallen, ehe er dieses Glas absetzt.« Sämtliche Bars auf der Anchor Line gehören einer einzigen Gesellschaft beziehungsweise seien von ihr gepachtet. Sie liefere die Spirituosen aus eigener Firma und nehme die Barkeeper »in Lohn«. Gute Spirituosen? Auf manchen Schiffen ja, wo es die dazugehörigen Passagiere gibt, die das verlangen und dafür zahlen können. Auf den anderen Dampfern? Nein. Niemand da zum Trinken außer den Schauerleuten und Heizern. »Kognak? Ja, hab ich da, eine ganze Menge, aber davon werden Sie nichts wollen, wenn Sie nicht schon Ihr Testament gemacht haben.« Es sei nicht mehr wie in alten Zeiten. Damals wäre alles per Dampfschiff gefahren, jeder hätte getrunken und jeder jeden freigehalten. »Jetzt fährt alles per Bahn und die paar andern trinken nicht.« Früher gehörte die Bar dem Barkeeper selber, und »er war flott und spritzig und redselig und brillantenschwer und der eleganteste Aristokrat auf dem Schiff; verdiente gewöhnlich zweitausend Dollar auf einer Fahrt. Ein Vater, der seinem Sohn eine Dampfschiffbar vermachte, hinterließ ihm ein Vermögen. Jetzt hinterläßt er ihm Kost und Logis, ja, und freie Wäsche, falls er mit einem Hemd pro Fahrt auskommt. Jaja, die Zeiten haben sich geändert. Und vielleicht wissen Sie's noch nicht, aber auf der Hauptlinie auf dem oberen Mississippi haben sie überhaupt keine Bars mehr! Klingt wie ein Roman, ist aber die wahrhaftige Wahrheit!«

VIERUNDDREISSIGSTES KAPITEL

Seemannsgarn

Stack Island. Konnte mich noch daran erinnern, ebenso an Lake Providence in Louisiana, die erste ausgesprochen südlich aussehende Stadt, an die man stromabwärts kommt; liegt ganz eben und tief; die schattigen Bäume mit ehrwürdigen grauen Bärten von spanischem Moos behangen. »Sieht hier nach beschaulicher Sonntagsruhe aus«, stellte Onkel Mumford gefühlvoll – und treffend – fest.

Über Einzelheiten dieser Gegend setzte uns ein Mr. H. ein Tatsachenmaterial vor, das ich nicht so ohne weiteres geglaubt hätte, wäre mir nicht bekannt gewesen, daß er Dampfschiffsmaat war. Er wohnte in Arkansas City und war jetzt als Passagier bei uns auf dem Wege nach Vicksburg zu seinem Schiff, einem kleinen Paketboot aus Sunflower. Ein ernster Mensch, der im Rufe stand, für einen Mann vom Fluß einmalig unweltlich zu sein. Unter anderem sagte er, Arkansas habe durch generationenlanges Übertreiben hinsichtlich der Moskitos dort Schaden genommen und sei in seiner Entwicklung aufgehalten worden. Man werde vielleicht lachen, sagte er, und die Sache als Kleinigkeit abtun, aber wenn man sich einmal ansieht, wie dadurch die Einwanderung immer mehr zurückgeht und der Landbesitz an Wert verliert, sei es alles andere als eine Kleinigkeit, die man spöttisch abtut. Diese Moskitos würden immer als wild und furchtbar hingestellt, in Wirklichkeit aber seien sie »schwach, winzig klein, geradezu übertrieben schüchtern, zartbesaitet« und so weiter und so fort; man konnte annehmen, er spreche von seiner eigenen Familie. Setzte er sich aber für die Arkansas-Moskitos ein, mußten dafür die von Lake Providence herhalten – »diese

Lake-Providence-Kolosse«, wie er sie schließlich nannte. Er sagte, zwei von ihnen könnten einem Hund das Fell gerben und vier könnten einen Menschen niederhalten und, sofern ihm keiner zu Hilfe kommt, töten oder, wie er sich ausdrückte, »abschlachten«. In seiner beiläufigen und doch so bezeichnenden Art wies er hin auf »die Tatsache, daß die einfache Lebensversicherung in Lake Providence unbekannt ist – die nehmen immer gleich Moskitoversicherungen mit auf«. Er erzählte erstaunliche Sachen über diese wilden Insekten. Zum Beispiel, daß er gesehen habe, wie sie versuchten zu *wählen*.

Als er merkte, daß diese Behauptung ein bißchen viel für uns war, milderte er sie etwas herab und sagte, er könne sich da geirrt haben, »auf Stimmenfang« bei den Wahlurnen habe ich sie aber ganz bestimmt beobachtet.

Ein anderer Passagier – Freund von H. – unterstützte die scharfen Aussagen gegen diese Moskitos und ließ sich lang und breit über seine aufregenden Abenteuer mit ihnen aus. Die Geschichten waren recht ansehnlich, mehr auch nicht, doch Mr. H. schaltete sich alle Augenblicke kalt und unerbittlich ein: »Warte – zieh fünfundzwanzig Prozent davon ab; so, jetzt fahre fort«, oder »Warte – hier trägst du zu stark auf; nimm was davon runter. Du kostümierst deine Geschichten zu sehr; Fakten darf man immer nur ein Trikot überziehen, niemals einen Ulster«, oder »Nochmals Pardon, aber wenn du auf diese Behauptung noch was raufládst, wirst du dir ein paar Leichter besorgen und den Rest abschleppen müssen, denn die geht schon mit höchstem Tiefgang. Bleib bei den Tatsachen, bei den nackten Tatsachen; was diese Herren für ihr Buch brauchen, ist die ungeschminkte Wahrheit – stimmt doch, nicht wahr, Gentlemen?« Und insgeheim erklärte er uns, man müsse auf diesen Menschen ständig aufpassen und ihn in Schranken halten; diese Vorsichtsmaßnahme sei unbedingt nötig, wie er, Mr. H., »zu seinem Leidwesen erfahren habe«. Sagte er: »Ich will Ihnen reinen Wein einschenken. Er hat mir einmal etwas so Ungeheuerliches vorgesponnen, daß davon mein linkes Ohr angeschwollen und ganz, ganz groß geworden ist und ich sage und schreibe nicht mehr darumherumgucken konnte. Es ist monatelang so geblieben, und die Leute sind von meilenweit hergekommen, um zu sehen, wie ich mir damit Luft zufächelte.«

FÜNFUNDDREISSIGSTES KAPITEL

Vicksburg in der schweren Zeit

Flußabwärts pflegten wir früher an der hochgelegenen Hügelstadt Vicksburg vorbeizufahren, jetzt aber geht das nicht mehr. Ein Durchbruch hat sie zur Landstadt gemacht, genauso wie Osceola, St. Genevieve und verschiedene andere. Vor Vicksburg liegt jetzt Wasser ohne jede Strömung und außerdem eine große Insel. Man kommt den Fluß auf der anderen Seite der Insel herunter, wendet dann und fährt hinauf zur Stadt, das heißt bei hohem Wasserstand, bei niedrigem muß ein Stück weiter unten angelegt werden.

Die Wundmale und Narben, die Erinnerungen an Vicksburgs schreckliche Kriegserlebnisse, sind noch immer vorhanden: Erdstellungen, von Kanonenkugeln zerfetzte Bäume, höhlenartige Schutzlöcher in den Lehmabhängen und so weiter. Die Höhlen leisteten während der sechswöchigen Beschießung der Stadt – vom 18. Mai bis zum 4. Juli 1863 – gute Dienste. Sie wurden von der Zivilbevölkerung benutzt, hauptsächlich von den Frauen und Kindern, zwar nicht als ständiger Aufenthalt, doch als gelegentlich sichere Zufluchtsstätte. Es waren bloße Löcher, in das senkrechte Lehmufer hineingetriebene Tunnel, die innerhalb des Hügels gabelförmig auseinanderliefen.

Während der sechs Wochen war das Leben in Vicksburg wahrscheinlich – doch warten wir; hier einiges Material, aus dem es sich rekonstruieren läßt:

Siebenundzwanzigtausend Soldaten und eine Zivilbevölkerung von dreitausend; die Stadt völlig von der Welt abgeschnitten und wie mit Mauern eingeschlossen: vorn von Kanonenbooten, hinten von Soldaten und Batterien; folglich kein Handel und Wandel mit der Außenwelt, kein Kommen und Gehen, kein Begrüßen und Verabschieden von Gästen; morgens beim Frühstück keine bedruckten Morgen von Papier mit Nachrichten aus aller Herren Länder – all das fehlte, und die Tage schleppten sich träge dahin; natürlich auch kein Gerenne, um die sich stromauf oder stromab in der Ferne durch Rauchfahnen ankündigenden und auf die Stadt zupreschenden Dampfschiffe zu sehen – denn es kam keins, der Fluß lag leer und ungestört; kein Gedränge und Geschiebe am Bahnhof, keine lärmenden Droschkenkutscher, die sich um Schwärme verwirrter Passagiere zanken – alles wie ausgestorben; Mehl zweihundert Dollar das Barrel, Zucker dreißig, Mais zehn Dollar der Bushel, Speck fünf Dollar das Pfund, Rum hundert Dollar die Gallone, alles andere entsprechend; deshalb kein Krach und Lärm von durch die Straßen rumpelnden Karren und Wagen; jene Handvoll Zivilisten, deren Mittel erschöpft sind, hat für sie nichts zu tun; um drei Uhr früh Stille – solche Totenstille, daß die abgemessenen Schritte eines Wachtpostens aus unwahrscheinlicher Entfernung gehört werden können; außerhalb der Hörweite dieser einsamen Laute ist die Stille vielleicht absolut; plötzlich setzt das Krachen der Artillerie ein, der Boden erbebt, der Himmel überzieht sich mit einem Netz sich überschneidender roter Spuren von Granaten, und ein Hagel von Eisensplittern prasselt nieder auf die Stadt, prasselt auf die leeren Straßen – auf Straßen, die im nächsten Augenblick schon nicht mehr leer sind, sondern besprenkelt mit undeutlichen Gestalten von in wahnsinniger Hast getriebenen Frauen und Kinder, die aus Heim und Bett nach den Höhlenverliesen rennen – angefeuert von den Soldaten, die in grimmigem Humor rufen: »Alle Ratten in die Löcher!« und dabei lachen.

Der Kanonendonner wütet, über den Köpfen heulen und platzen die Granaten, der Eisenregen ergießt sich, eine Stunde, zwei Stunden, drei, wahrscheinlich sechs, hört dann auf; es folgt Stille, aber die Straßen bleiben noch leer; die Stille hält an: nach und nach taucht hier und dort und drüben aus einer Höhle ein Kopf auf, vorsichtig rekognoszierend; die Stille hält weiter an: den Köpfen folgen

Körper, und leichenblasse, halb erstickte Wesen finden sich in Gruppen zusammen, recken die verkrampften Glieder, atmen in tiefen Zügen dankbar die frische Luft ein, plauschen mit den Nachbarn aus der nächsten Höhle; gehen, wenn alles ruhig bleibt, vielleicht gleich nach Hause oder schlendern durch die Stadt, und sobald der Kriegssturm von neuem ausbricht, hasten sie wieder in die Löcher.

Die Zahl dieser Höhlenbewohner betrug nur dreitausend – nicht mehr als die Bevölkerung eines Dorfes. Sollten sie da nicht nach ein oder zwei Wochen insofern eine große Familie gebildet haben, da das, was dem einen an Glück oder Unglück zustieß, für alle von Interesse war?

Das wäre das von der Geschichte gelieferte Material. Kann sich daraus nicht beinahe jeder eine Vorstellung machen, wie es zu jener Zeit in Vicksburg zugegangen ist? Aber könnte man, ohne das selber miterlebt zu haben, anderen ein anschaulicheres Bild davon geben als ein Vicksburger, der aus eigener Erfahrung spricht? Das scheint unmöglich, muß es aber nicht unbedingt sein. Die erste Schiffsreise ist ein Erlebnis, überwältigend und übervoll des Neuen, und dieses Neue steht in so ausgeprägtem Gegensatz zu allem, was man bisher erlebt hat, daß es Phantasie und Gedächtnis scheinbar für immer im Bann hält. Mit Zunge oder Feder kann man eine Landratte diese wunderbare und aufregende Fahrt miterleben lassen, kann sie das alles sehen und empfinden lassen. Wenn man aber wartet? Wenn man zehn Schiffsreisen hintereinander macht – was dann? Nun, die Sache verliert Farbe, Schmiß, Überraschung und wird alltäglich. Man hätte nichts zu erzählen, was einer Landratte das Herz schneller schlagen ließe.

Vor Jahren sprach ich ein Vicksburger Ehepaar, das die Kämpfe miterlebt hatte. Sie erzählten ihre Geschichte auf ihre Art, erzählten sie ohne Feuer und fast ohne Interesse.

Eine Woche jenes wundervollen Lebens dort hätte ihre Zungen vielleicht für immer beflügelt, sie aber hatten sechs davon durchgemacht, und das hatte dem Neuen jeden Reiz genommen. Sie hatten sich daran gewöhnt, durch Bomben aus der Wohnung und in die Erdlöcher getrieben zu werden; die Sache war alltäglich geworden. Und von da an war es um jede Möglichkeit geschehen, daß ihre Unterhaltungen darüber jemals prickelnd interessant würden. Was der Mann erzählte, lautete so:

»Es war immerzu Sonntag. Sieben Sonntage in der Woche – jedenfalls für uns. Wir hatten nichts zu tun, und die Zeit wollte und wollte nicht vergehen. Sieben Sonntage, und alle irgendwann tags oder nachts für ein paar Stunden unterbrochen durch den schrecklichen Sturm von Feuer und Donner und Eisen. Zu Anfang flitzten wir nur so raus nach den Löchern, später hatten wir schon mehr die Ruhe weg. Das erstemal vergaß ich die Kinder, und Maria nahm sie beide mit. Als sie in der Höhle und in Sicherheit war, wurde sie ohnmächtig. Zwei oder drei Wochen später, als sie eines Morgens durch einen Hagel von Geschossen nach den Löchern rannte, platzte neben ihr eine große Granate und bedeckte sie über und über mit Dreck, und ein Eisensplitter riß ihr den falschen Dutt vom Kopf. Da hat sie glattweg angehalten, hat ihn sich wiedergeholt und ist dann erst weitergehastet! Hatte sich eben schon dran gewöhnt. Mit der Zeit wurden wir alle fast Experten für Granaten und gingen auch nicht immer in Deckung, wenn es bloß Streufeuer war. Wir Männer standen rum und redeten, und manchmal sagte einer: ›Da!‹ und nannte die Art der Granate, erkannte sie an ihrem Ton, und unterhielt sich dann weiter – wenn keine Gefahr von ihr drohte. Explodierte eine dicht über unsern Köpfen, hörten wir auf mit Reden und blieben still stehen. Wohl war uns nicht gerade dabei, aber sich bewegen wäre lebensgefährlich gewesen. Wenn es vorbei war und niemand verletzt, nahmen wir unser Gespräch wieder auf – vielleicht wurde auch vorher noch eine der üblichen Bemerkungen gemacht wie: ›Das war aber ein Riesending!‹, oder aber wir sahen hoch oben in der Luft eine neue Granate auf ihrer Bahn heranschweben. In diesem Fall stieß jeder ein abruptes ›Bis nachher, meine Herren!‹ hervor und drückte sich. Wer weiß wie oft habe ich beobachtet, wie Gruppen von Damen, die so vergnügt aussahen, wie Sie sich nur denken können, die Straßen entlangpromenierten, mit dem einen Auge nach den Granaten hochschielend, und wenn sie dann bei einer mal unsicher waren, warteten sie so lange und schlenderten dann weiter oder suchten Deckung, je nachdem was die Glocke geschlagen hatte. In den Straßen mancher Städte liegen Papierfetzen und allerlei Unrat rum. In unsern nicht; in unsern lagen Eisenfetzen rum. Manchmal sammelte jemand alle Granatsplitter und Blindgänger in seiner Gegend auf und häufte sie in seinem Vorgarten zu einer Art Denkmal – mitunter eine Tonne von dem Zeugs. Glas gab es nirgends mehr. So ein Bombardement konnte Glas nicht aushalten; ist alles zersplittert. Fenster in den Häusern leer – sahen aus wie Augenhöhlen in einem Totenschädel. *Ganze* Scheiben waren so selten wie Nachrichten.

Sonntags hatten wir Gottesdienst. Zuerst kamen ja bloß ein paar Figuren, aber später war ganz schöner Andrang. Habe mal erlebt, wie die Andacht eine Minute unterbrochen wurde und alles mucksmäuschenstill dasaß – keine Stimme zu hören, ganz wie bei einer Beerdigung –, um so mehr, weil es draußen und oben furchtbar bummerte und krachte, aber sobald wieder ein Wort zu verstehen war, ging der Gottesdienst weiter. Orgelmusik und Kirchenlieder vermischt mit Artilleriefeuer, das ist eine verdammt komische Zusammenstellung – jedenfalls zu Anfang. Als wir eines Morgens aus der Kirche kamen, passierte ein Unglück – das einzige, das ich an einem Sonntag erlebt habe. Ich schüttelte gerade einem Freund, den ich lange nicht gesehen hatte, herzlich die Hand und sagte: ›Komm heute abend nach dem Beschuß in unsere Höhle, wir haben was Gutes aufgetrieben, eine Pinte erstklassigen Wh…‹ Whisky wollte ich sagen, aber eine Granate unterbrach mich. Ein Brocken davon riß dem Mann den Arm ab, und er blieb baumelnd in meiner Hand hängen. Und wissen Sie, was mir wohl am längsten im Gedächtnis haftenbleiben und alles andere, Wichtiges wie Unwichtiges, überdauern wird? Der gemeine Gedanke, den ich dabei hatte: ›Der Whisky ist *gerettet*.‹ Doch Sie müssen verstehen, es war sozusagen verzeihlich, denn er war kaum mit Diamanten aufzuwiegen, und wir hatten doch bloß das bißchen; habe während der Belagerung keinen Schluck mehr bekommen.

In den Höhlen war es manchmal schrecklich überfüllt

und immer heiß und drückend. Mitunter beherbergte eine Höhle zwanzig bis fünfundzwanzig Leute, alle eng aneinandergedrückt wie die Heringe, ohne Platz zum Drehen und Wenden, und die Luft manchmal so schlecht, daß man keine Kerze zum Brennen kriegte. Eines Nachts wurde in einem dieser Löcher ein Kind geboren. Stellen Sie sich das mal vor, war ja, als ob man es in einem Koffer zur Welt gebracht hätte.

Zweimal hatten wir in unserer Höhle sechzehn Mann, und verschiedene Male hatten wir ein Dutzend. Ganz schön stickige Luft da drin. Acht waren wir immer, acht gehörten dorthin. Hunger und Elend und Krankheit und Angst und Sorge und was weiß ich noch alles machten sie mit der Zeit so fertig, daß nach der Belagerung keiner von ihnen mehr so richtig der alte war. Innerhalb von ein paar Jahren sind bis auf drei Mann alle von uns gestorben. Eines Abends platzte eine Granate direkt vor unserer Höhle und stürzte sie ein und verschüttete den Ausstieg. Hatten eine ganze Weile anständig zu tun, uns rauszubuddeln. Paar von uns wären beinahe erstickt. Danach haben wir dann zwei Öffnungen angelegt – hätten gleich zu Anfang dran denken sollen.

Maultierfleisch? Nein, so tief sind wir erst die letzten ein, zwei Tage gesunken. Hat natürlich gut geschmeckt; wenn man am Verhungern ist, schmeckt alles gut.«

Dieser Mann hatte Tagebuch geführt. Sechs Wochen? Nein, nur die ersten sechs Tage. Am ersten Tag acht engbeschriebene Seiten, am zweiten fünf, am dritten eine – flüchtig hingeworfen –, am vierten drei, vier Zeilen, ein, zwei am fünften und sechsten, am siebenten Tag Tagebuch aufgegeben; dieses Leben mit all seinen Schrecken war zur Routine geworden.

Die Kriegsgeschichte von Vicksburg bietet für den allgemeinen Leser mehr Interessantes als die aller anderen Mississippistädte. Sie ist voll Geschehen, voll Abwechslung, voll des Malerischen. Vicksburg hielt länger aus als jede andere bedeutende Stadt am Fluß und sah den Krieg in all seinen Phasen, zu Wasser wie zu Lande: die Belagerung, die Mine, den Angriff, den Ausfall, das Bombardement, Krankheit, Gefangenschaft, Hungersnot.

Der schönste aller Nationalfriedhöfe befindet sich hier. Über dem großen Portal die Inschrift:

HIER RUHEN IN FRIEDEN
16600,
DIE IN DEN JAHREN 1861–1865
FÜR IHR LAND
IHR LEBEN LIESSEN

Das Gelände des Friedhofs ist herrlich gelegen, sehr hoch und mit weiter Aussicht über Land und Fluß. Die Anlagen sind geschmackvoll zu breiten Terrassen angeordnet mit gewundenen Wegen und einer Fülle schmückender subtropischer Sträucher und Blumen, und einen Teil bildet ein Stück natürlicher Wald, den man einfach so gelassen hat und der folglich vollkommen in seinem Zauber ist. Alles an diesem Friedhof verrät die Hand der Bundesregierung. Was die Regierung macht, fällt stets dadurch auf, ausgezeichnet, solide, gründlich und ordentlich zu sein. Und sie läßt es nicht bei der gutgeleisteten Arbeit bewenden, sie kümmert sich auch weiterhin darum.

Auf gewundenen Landstraßen – oft so tief zwischen senkrechten Wänden liegend, daß es bloße Tunnel ohne Dach sind – fuhren wir ein, zwei Meilen hinaus und besichtigten das Denkmal, das an der Stelle steht, wo die Übergabe durch General Pemberton an General Grant erfolgte. Das Metall, aus dem es gemacht ist, wird es vom Abbröckeln und Absplittern bewahren, das seinen Vorgänger aus Marmor so verunstaltet hat, aber das gemauerte Fundament zerbröckelt bereits und wird mit der Zeit einfallen. Das Monument überblickt eine malerische Gegend bewaldeter Höhen und Schluchten und ist selber nicht unmalerisch, denn es erstickt geradezu unter blühendem Unkraut. Das arg mitgenommene Marmordenkmal ist auf den Nationalfriedhof gebracht worden.

An der Landstraße, eine viertel Meile zur Stadt zu, zeigte uns ein bejahrter Schwarzer voll Stolz einen Blindgänger, der seit dem Tage, wo er während der Belagerung niederging, bei ihm auf dem Hof liegt.

»Hier steh ich, und da steht Hund, und Hund geht los auf Bombe, will ihr anfallen, ich aber nix; ich sag: ›Fühl dir hier wie zu Hause. Bleib ruhig liegen, wo du liegst, oder mach alles kaputt, ganz wie du willst, *ich* aber muß im Wald, *ich* da zu tun!‹«

Vicksburg ist eine Stadt mit reichen Geschäftsstraßen und angenehmen Wohnvierteln, es beherrscht den Handel auf den Flüssen Yazoo und Sunflower, entsendet mehrere Bahnlinien durch reiche Agrargebiete und hat eine in puncto Prosperität und Bedeutung vielversprechende Zukunft.

Die Flußstädte scheinen überhaupt fast alle, ob groß oder klein, entschlossen zu sein, sich künftig zur Sicherung weiteren Aufbaus und Wohlstandes in erster Linie auf Eisenbahnen zu konzentrieren. Sie handeln dabei nach der Überlegung, daß die nächsten zwanzig Jahre – und darauf deutet alles hin – einige bemerkenswerte Veränderungen im Mississippital mit sich bringen werden, und zwar in Richtung auf größere Bevölkerungsdichte und wachsenden Reichtum sowie den damit natürlich Hand in Hand gehenden Fortschritten auf geistigem Gebiet und in der Meinungsfreiheit. Was aber, sofern man aus der Vergangenheit Schlüsse ziehen kann, nicht heißen muß, daß es den Flußstädten nicht mehr gelingen wird, hier und da eine Möglichkeit zu finden, ihrem eigenen Fortschritt einen Knüppel zwischen die Beine zu werfen. Hatten sie sich doch in den Tagen der Dampfschiffherrschaft durch ein so unklug abgestuftes Kaigeldsystem in der Entwicklung gehemmt, daß kein, wenn man das so nennen will, Kleinverkehr für Frachten und Passagiere aufkam. Die Schiffe mußten derart hohe Kaigelder entrichten, daß sie es sich nicht leisten konnten, wegen ein, zwei Passagieren oder einem kleinen Posten Fracht anzulegen. Anstatt es zu fördern, wenn Handel und Wandel vor ihre Tore getragen wurden, bemühten sich die Städte emsig und erfolgreich, das zu verhindern. Sie hätten viele Schiffe und niedrige Gebühren haben können, ihre Methode aber führte zwangsläufig zu wenig Schiffen und hohen Gebühren. Eine Methode, die von New Orleans bis St. Paul im Schwange war – und im Schwange ist.

Wir hätten sehr gern einen Abstecher den Yazoo und den Sunflower hinauf gemacht – eine Gegend, die stets interessant, jetzt aber noch interessanter war, weil man dort oben die große Überschwemmung noch in Aktion sehen konnte –, aber wir waren ziemlich sicher, bei der Rückkehr dann wenigstens einen Tag auf ein Schiff nach New Orleans warten zu müssen. So waren wir gezwungen, den Plan aufzugeben.

Hier eine Geschichte, die ich an jenem Abend auf unserem Schiff aufgeschnappt habe. Nicht, daß sie hierhergehört, ich schalte sie bloß deshalb ein, weil sie gut ist. Erzählt wurde sie von einem Passagier – einem College-Professor –, und sie tauchte auf im Verlauf einer allgemeinen Unterhaltung, bei der erst über Pferde gesprochen wurde, dann über Astronomie, dann über das Lynchen der Spieler in Vicksburg vor einem halben Jahrhundert, dann über Aberglauben und Traumdeutung, und die nach Mitternacht in einem Disput über Freihandel und Schutzzölle endete.

SECHSUNDDREISSIGSTES KAPITEL

Das Garn des Professors

Es war noch in der ersten Zeit hier. Ich war damals nicht Professor, sondern ein bescheidener junger Landvermesser, mit der Welt vor mir – um sie zu vermessen, falls das jemand gemacht haben wollte. Ich hatte einen Vertrag, eine Straße für eine große Grube in Kalifornien zu vermessen, und ich befand mich auf dem Wege dorthin – zu Wasser eine Reise von drei, vier Wochen. Auf dem Schiff waren eine ganze Menge Passagiere, aber ich hatte ihnen sehr wenig zu sagen, meine Leidenschaft war Lesen und Träumen, und um mich dem hingeben zu können, wich ich Unterhaltungen aus. Wir hatten drei Berufsspieler an Bord, widerwärtige, ordinäre Burschen. Obwohl ich nie ein Wort mit ihnen wechselte, konnte ich nicht umhin, sie ziemlich oft zu sehen, denn sie spielten jeden Tag bis in die Nacht hinein in einer Kabine auf dem Oberdeck, und bei meinen Promenaden erhaschte ich häufig einen Blick durch ihre Tür, die immer ein wenig offenstand, um den Überschuß an Tabakrauch und Flüchen hinauszulassen. Eine unangenehme und verhaßte Gesellschaft, aber ich mußte mich natürlich damit abfinden.

Und dann war da noch ein Passagier, der mir wiederholt ins Auge fiel, denn er schien entschlossen, sich mit mir anzufreunden, und ich konnte ihn nicht loswerden, ohne Gefahr zu laufen, ihn zu verletzen, was mir fern lag. Außerdem hatten seine bäurische Einfachheit und sein strahlend gutmütiges Wesen etwas Gewinnendes. Als ich diesen Mr. John Backus das erstemal sah, schätzte ich auf Grund seiner Kleidung und seines Aussehens, er müsse Viehzüchter oder Farmer aus den Hinterwäldern irgendeines westlichen Staates sein – zweifellos Ohio –, und als ich später, als er von sich zu erzählen anfing, entdeckte, daß er wirklich Rinder züchtete und aus dem innern Ohio kam, war ich so über meinen eigenen Scharfsinn erfreut, daß ich mich für diesen Mr. Backus erwärmte, weil er meinen Instinkt bestätigt hatte.

Und so kreuzte er dann jeden Tag nach dem Frühstück an meiner Seite auf, mir bei der Promenade zu helfen, und mit der Zeit hatte mir sein gut geschmiertes Mundwerk alles über seine Geschäfte vorgeplappert, seine Vorhaben, seine Familie, seine Verwandten, seine politischen Ansichten – über alles, was einen Backus betraf, einen lebenden oder toten. Und ich glaube, gleichzeitig war es ihm gelungen, aus mir alles herauszupumpen, was ich über meinen Beruf, meine Familie, meine Pläne, meine Absichten und mich selber wußte. Er war ein Genie, Leute für sich zu gewinnen und zu überreden, was sich eben darin zeigt, daß ich nicht dazu neigte, über eigene Angelegenheiten zu sprechen. Einmal sagte ich etwas über Triangulation. Das stattliche Wort gefiel seinem Ohr, er fragte, was es bedeute, und ich erklärte es ihm. Von da ab ging er stillschweigend, aber ohne, daß es beleidigend wirkte, über meinen Namen hinweg und nannte mich nur noch Triangel.

Was der sich an Hornvieh begeistern konnte! Bei der

bloßen Erwähnung eines Bullen oder einer Kuh bekam er leuchtende Augen und fing an zu reden wie ein Buch. Solange ich spazierte und zuhörte, spazierte er mit und redete. Er kannte alle Rassen und schwärmte für alle Rassen, liebkoste alle mit zärtlichem Redeschwall. In stummer Verzweiflung trottete ich, während die Viehfrage dran war, neben ihm her. Konnte ich es nicht länger ertragen, schaltete ich geschickt ein wissenschaftliches Thema in das Gespräch ein, und dann fingen meine Augen Feuer und seine erloschen, meine Zunge kam auf Touren, seine erlahmte, für mich war das Leben voller Lust, für ihn ein Jammertal.

Eines Tages fragte er etwas zögernd und mit einer gewissen Schüchternheit: »Triangel, würde es Ihnen etwas ausmachen, eine Minute mit runter in meine Kabine zu kommen? Ich hab da eine bestimmte Sache, über die ich mal mit Ihnen reden möchte.«

Ich ging sofort mit. In seiner Kabine angelangt, steckte er den Kopf zur Tür hinaus, blickte vorsichtig den Salon hinauf und hinunter, machte dann die Tür zu und riegelte ab. Wir setzten uns aufs Sofa, und er sagte:

»Ich habe Ihnen einen kleinen Vorschlag zu machen, und wenn er Ihnen günstig erscheint, fahren wir beide nicht schlecht dabei. Sie gehen doch genauso wenig wie ich zum Spaß nach Kalifornien – ist doch geschäftlich, nicht wahr? Ja, also Sie könnten mir einen Gefallen tun, und ich Ihnen genauso, falls wir einig werden. Ich hab ein paar Jährchen gespart und alles zusammengekratzt und auf die hohe Kante gelegt, und ich habe es alles hier.« Er schloß einen alten Haarkoffer auf, wühlte in einem Durcheinander von Kleidungsstücken und ließ einen Augenblick lang eine pralle Geldbörse sehen, vergrub sie dann wieder und schloß den Koffer ab. Die Stimme zu vorsichtigem Flüstern abdämpfend, fuhr er fort: »Ist alles da – zehntausend Dollar in Gold. Nun hab ich mir da ein kleines Geschäft ausgedacht: Was ich über Kühe nicht weiß, das trägt die Katze auf dem Schwanz weg. In Kalifornien aber läßt sich mit Rinderzucht ein Haufen Geld machen. Nun weiß ich und wissen Sie, daß, wenn eine Strecke vermessen wird, überall kleine Stückchen Land abfallen, die man ›Zwickel‹ nennt und die der Vermesser umsonst geschenkt kriegt. Von Ihrer Seite wäre nichts weiter nötig, als so zu vermessen, daß die ›Zwickel‹ auf gutes fettes Land fallen, dann übergeben Sie sie mir, ich bringe Vieh rauf, und schon kommen die Dollarchens angerollt, ich lege Ihnen Ihren Anteil regelmäßig auf den Tisch, und ...«

Es tat mir leid, seinen blühenden Enthusiasmus zum Welken zu bringen, aber es ging nicht anders. Ich unterbrach ihn und sagte streng: »Ich bin kein solcher Vermesser. Wechseln wir lieber das Thema, Mr. Backus.«

Es schnitt mir ins Herz, seine Verwirrung zu sehen und seine verlegenen und beschämten Entschuldigungen zu hören. Ich war genauso bekümmert wie er, besonders da er nicht im entferntesten angenommen zu haben schien, an seinem Vorschlag sei etwas Unrechtes. So beeilte ich mich, ihn zu trösten und ihn sein Unglück in einer Orgie von Unterhaltung über Viehzucht und Schlachterei vergessen zu lassen. Wir lagen in Acapulco, und als wir an Deck gingen, war zum Glück die Mannschaft gerade dabei, ein paar Rinder in Schlingen an Bord zu hieven. Sofort verflog Backus' Trübsal und mit ihr die Erinnerung an seinen eben begangenen Fehler.

»Nu sehen Sie sich das bloß mal an!« rief er. »Du meine Güte, Triangel, was würden sie in *Ohio* dazu sagen? Würden denen nicht die Haare zu Berge stehen, Vieh so behandelt zu sehen?«

Alle Passagiere waren an Deck und schauten zu – sogar die Spieler –, und Backus kannte sie alle, hatte sie alle mit seinem Lieblingsthema gequält. Als ich wegging, sah ich, wie einer der Spieler zu ihm trat und ihn ansprach, dann noch einer und schließlich auch der dritte. Ich hielt inne, wartete, beobachtete. Die Unterhaltung zwischen den vieren dauerte an. Es wurde ernst. Backus zog sich schrittweise zurück, die Spieler blieben an seiner Seite. Mir war gar nicht wohl dabei. Als sie dann an mir vorbeigingen, hörte ich jedoch Backus in belästigtem Ton erklären: »Hat gar keinen Zweck, meine Herren. Ich wiederhole nochmals, was ich Ihnen schon ein halbdutzendmal gesagt habe, ich kenn das von zu Hause nicht und laß mich in so was auch nicht ein.«

Mir fiel ein Stein vom Herzen. ›Sein klarer Kopf wird ihn schon genügend beschützen‹, sagte ich mir.

Während der vierzehn Tage von Acapulco bis San Francisco sah ich die Spieler mehrere Male ernsthaft mit Backus reden, und einmal ließ ich ihm gegenüber eine leise Warnung fallen. Er kicherte gemütlich vor sich hin und erwiderte: »Jaja, die laufen mir ganz schön nach, wollen, daß ich ein bißchen mitspiele, nur so zur Unterhaltung – aber bei mir nicht! Meine Leute haben mir gesagt, vor dieser Sorte Vieh soll ich mich in acht nehmen, und daran halte ich mich ein für allemal.«

Schließlich näherten wir uns San Francisco. Es war eine häßliche schwarze Nacht mit stürmischem Wind, aber ohne hohen Seegang. Ich war allein an Deck. Gegen zehn ging ich nach unten. Aus der Spielhölle tauchte eine Gestalt auf und verschwand in der Finsternis. Ich bekam einen Schreck, denn ich war überzeugt, es war Backus. Ich raste die Kajütentreppe hinunter, suchte überall nach ihm, konnte ihn nirgends finden, kehrte an Deck zurück und sah gerade noch, wie er wieder dieses verwünschte Ganovennest betrat. Hatte er am Ende doch nachgegeben? Ich fürchtete, ja. Warum war er nach unten gegangen? Seine Geldbörse holen? Wahrscheinlich. Voll schlechter Ahnungen schlich ich an die Tür. Sie stand einen Spalt offen, ich blickte hinein, und was ich dort sah, ließ mich bitterlich wünschen, mich mehr der Rettung meines armen Viehfreundes gewidmet zu haben, anstatt meine Zeit mit Lesen und Träumen zu vertun. Er spielte. Schlimmer noch, ihm wurde mit Champagner zugesetzt, und den merkte man ihm bereits an. Er lobte den »Apfelmost«, wie er ihn nannte, und sagte, jetzt, wo er ihn gekostet hätte, glaube er beinahe, er würde ihn auch trinken, wenn er wüßte, daß es Alkohol sei, so gut schmecke er und so viel besser als alles, was er je kennengelernt habe. Die Schurken wechselten dabei verstohlene Blicke und füllten die Gläser nach, und während Backus seins ehrlich bis zur Neige austrank, markierten sie nur und gossen ihren Wein über die Schulter.

Ich konnte dieses Bild nicht ertragen, und so ging ich nach vorn und versuchte mich mit dem Meer und den Stimmen des Windes zu beschäftigen. Doch das Gefühl der Unruhe trieb mich alle Viertelstunden zurück, und jedesmal beobachtete ich, daß Backus treu und brav seinen Wein trank, die anderen ihren aber wegschütteten. Es war die qualvollste Nacht, die ich je zugebracht habe.

Meine einzige Hoffnung bestand darin, daß wir schnell unseren Ankerplatz erreichten – das würde das Spiel abbrechen. So gut ich konnte, half ich dem Schiff mit Stoßgebeten voran. Endlich brausten wir durch das Goldene Tor. Mein Herz hüpfte vor Freude. Ich eilte zurück zu jener Tür und sah hinein. Ach, da gab es nicht mehr viel zu hoffen: Backus' Augen waren müde und blutunterlaufen, sein verschwitztes Gesicht war krebsrot, seine Rede lallend und rührselig, und sein Körper schaukelte trunken in der schwankenden Bewegung des Schiffes. Während Karten gegeben wurden, leerte er ein weiteres Glas bis zur Neige. Er nahm sein Blatt, warf einen Blick darauf, und seine trüben Augen leuchteten für eine Sekunde auf. Die Spieler bemerkten es und äußerten ihre Befriedigung durch kaum wahrnehmbare Zeichen.

»Wieviel Karten?«

»Keine!« sagte Backus.

Einer der drei, ein gewisser Hank Wiley, legte eine Karte ab, die anderen je drei. Das Wetten begann. Bisher waren die Einsätze nur gering gewesen – ein bis zwei Dollar, doch jetzt fing Backus gleich mit einem Zehndollarstück an. Wiley zögerte einen Augenblick, »hielt« dann und »ging zehn Dollar drüber«. Die anderen beiden paßten.

Backus ging zwanzig drüber.

Wiley sagte: »Ich halte mit und gehe *hundert* drüber!« dann griente er und langte nach dem Geld.

»Liegenlassen«, rief Backus mit trunkener Schwere.

»Was! Soll das heißen, daß Sie mithalten wollen?«

»Und ob ich mithalte – ich lege sogar noch mal hundert drauf.«

Er faßte in die Innentasche seines Mantels und brachte die erforderliche Summe zum Vorschein.

»Sie wollen wohl das Rennen machen, wie? Aber ich halte mit und überbiete mit fünfhundert!« sagte Wiley.

»Fünfhundert *drüber*!« sagte der verblendete Ochsentreiber und zog den Betrag hervor und schüttete ihn auf den Stapel. Die drei Komplicen bemühten sich kaum noch, ihr Frohlocken zu verbergen.

Jede Diplomatie und alles Getue wurden jetzt fallengelassen, und die scharfen Ausrufe hagelten immer schneller, und die gelbe Pyramide wurde höher und höher. Schließlich lagen zehntausend Dollar da. Wiley warf einen Beutel Geld auf den Tisch und sagte mit spöttischer Leutseligkeit:

»Fünftausend Dollar drüber, mein lieber Freund vom Lande – was sagst du *nun*?«

»*Aufdecken!*« rief Backus und hievte seine Börse mit dem Gold auf den Stapel. »Was hast du?«

»Vier Könige, du dämliches Landei!« und Wiley warf seine Karten hin und legte die Arme um die Einsätze.

»Vier *Asse*, du Idiot!« donnerte Backus, einen entsicherten Revolver auf Wiley richtend. »*Bin selber Professioneller und hab euch Gimpeln schon die ganze Fahrt über aufgelauert!*«

Runter rasselte der Anker, rumpeldi-dum-dum!, und die Reise war zu Ende.

Tja, die Welt ist schlecht. Einer von den drei Spielern war Backus' »Partner«. Er war es, der die verhängnisvollen Karten verteilt hatte. Nach einer Abmachung mit den beiden Opfern sollte er Backus vier Damen geben, aber ach! tat es nicht.

Eine Woche später traf ich Backus – nach allerneuester Mode ausstaffiert – in der Montgomery Street. Als wir uns verabschiedeten, sagte er aufgeräumt: »Übrigens dieser Zwickel wegen machen Sie sich keine Sorgen. Ich verstehe gar nichts von Vieh, abgesehen von dem bißchen, was ich in einer einwöchigen Lehre drüben in Jersey habe aufschnappen können, kurz bevor wir in See gegangen sind. Mein Rinderkult und meine Rinderbegeisterung haben ihre Schuldigkeit getan – die brauche ich nicht mehr.«

Am nächsten Tag schieden wir von der »Gold Dust« und ihren Offizieren. Wir taten es ungern und in der Hoffnung,

Schiff und Offiziere eines Tages wiederzusehen. Was vom Schicksal aber auf tragische Weise unmöglich gemacht werden sollte!

SIEBENUNDDREISSIGSTES KAPITEL

Das Ende der »Gold Dust«

Denn drei Monate später, am 8. August, während ich an einem der obigen Kapitel schrieb, brachten die New-Yorker Zeitungen folgendes Telegramm:

SCHRECKLICHES UNGLÜCK
SIEBZEHN TOTE BEI EXPLOSION AUF DEM
DAMPFSCHIFF »GOLD DUST«

Nashville, 7. August. – Eine Depesche aus Hickman, Kentucky, meldet:

Auf dem Dampfer »Gold Dust« kam es heute um drei Uhr kurz nach dem Verlassen von Hickman zu einer Kesselexplosion. Siebenundvierzig Personen erlitten Verbrennungen und siebzehn fanden den Tod. Das Schiff wurde gleich oberhalb der Stadt in der Gegenströmung zum Landen gebracht, und durch die Anstrengungen der Einwohner konnten die Kajütenpassagiere, die Offiziere und ein Teil der Mannschaft an Land und in Hotels und Privathäuser geschafft werden. Allein in Holcombs Schnittwarenhandlung lagen vierundzwanzig Verletzte, denen bis zu ihrer Überführung in bequemere Quartiere jede Pflege zuteil wurde.

Es folgte eine Liste mit Namen, aus der hervorging, daß einer der siebzehn Toten der Barkeeper war und daß sich unter den siebenundvierzig Verwundeten der Kapitän, der Erste Maat, der Zweite Maat, der Zweite und dritte Zahlmeister sowie der Lotse Mr. Lem. Gray und verschiedene Angehörige der Mannschaft befanden. Aus der Antwort auf unser sofortiges Telegramm erfuhren wir, mit Ausnahme von Mr. Gray sei keiner von ihnen lebensgefährlich verletzt. Die Briefe, die wir danach erhielten, bestätigten das und teilten uns mit, Mr. Gray befinde sich auf dem Wege der Besserung. Spätere Briefe sprachen weniger hoffnungsvoll von seinem Fall, und schließlich kam einer mit der Nachricht von seinem Tode. Ein guter Mensch, ein äußerst geselliger und tapferer Mensch, der ein gütigeres Schicksal verdient hätte.

ACHTUNDDREISSIGSTES KAPITEL

Das feinste Haus am Ort

Wir nahmen auf einem Cincinnati-Schiff Plätze nach New Orleans – oder *in* einem Cincinnati-Schiff; beides ist richtig, das erstere sagt man im Westen, das letztere im Osten.

Mr. Dickens hatte sich geweigert, die Mississippischiffe als »großartig« oder gar als »schwimmende Paläste« anzuerkennen – Ausdrücke, die seit jeher auf sie angewendet wurden und die in Anbetracht der Bewunderung, die die Leute den Dampfern zollten, keineswegs übertrieben waren.

Mr. Dickens' Standpunkt mag berechtigt gewesen sein, der der Leute aber war das auf jeden Fall. Wenn Mr. Dikkens diese Schiffe mit den englischen Kronjuwelen verglich oder mit dem Tadsch Mahal oder dem Matterhorn oder etwas anderem Unschätzbaren oder Wundervollen, das er gesehen hatte, so waren sie nicht großartig – da hatte er nicht unrecht. Die Leute aber stellten Vergleiche mit dem an, was *sie* gesehen hatten, und so gemessen und beurteilt, waren die Schiffe großartig – das war der richtige und durchaus nicht überspitzte Ausdruck dafür. Die Leute hatten genauso recht wie der gute Dickens. Die Dampfschiffe waren feiner als alles zu Lande. Verglichen mit den besseren Wohnhäusern und erstklassigen Hotels im Mississippital, waren sie ohne Zweifel großartig, waren sie »Paläste«. Für ein paar Leute aus New Orleans und St. Louis vielleicht nicht, für die große Mehrheit der Einwohner jener Städte und für die gesamte Bevölkerung an beiden Ufern zwischen Baton Rouge und St. Louis aber doch. Sie entsprachen dem, was sich der Bürger unter Großartigkeit vorstellte.

Jede Stadt und jedes Nest längs dieser riesigen Strecke der beiden Ufer hatte ein bestes, feinstes, hochherrschaftlichstes Haus – das Heim des reichsten und hervorragendsten Bürgers am Ort. Es zu beschreiben ist leicht: Großer grasbestandener Vorhof mit weißgetünchtem Bretterzaun – in leidlichem Zustand, ziegelgepflasterter Weg vom Tor zur Haustür; großes, quadratisches, einstöckiges Holzhaus, weiß angestrichen und mit einem Portikus wie ein griechischer Tempel – bloß mit dem Unterschied, daß die imposanten kannelierten Säulen und korinthischen Kapitelle eine rührende Nachahmung aus bemalter Weißkiefer waren; eiserner Türklopfer; Messingklinke – mit Grünspan, weil sie mal hätte geputzt werden müssen. Innen eine Diele mit Fußboden aus gehobelten Brettern und ohne Läufer; anschließend ein Wohnzimmer von fünfzehn mal fünfzehn Fuß – in manchen Fällen fünf bis zehn Fuß größer; gefärbter Wollteppich; Mahagoni-Mitteltisch; darauf eine Lampe mit Schirm aus grünem Papier – auf einer Art Gitter stehend, von den jungen Damen des Hauses aus grellbunter Wolle hergestellt und Lampendeckchen genannt; verschiedene Bücher, mit eherner Genauigkeit nach einem ererbten und unveränderlichen Schema aufgebaut, darunter Tupper, mit vielen Randbemerkungen versehen, außerdem »Angebinde der Freundschaft« und »Kranz der Liebe«, ihre dummen Plattheiten mit verblaßten Mezzotintos illustriert, dann Ossian, »Alonzo und Melissa«, vielleicht auch »Ivanhoe«, dazu ein »Poesiealbum« voller Originalgedichte von der Sorte: »Verletzet hast Du die Seele, die Dir in Liebe zugetan«, zwei, drei frömmelnde Werke wie »Schäfer von Salisbury Plain« und so weiter, ferner die letzte Nummer vom harmlos keuschen »Godeys Buch für die Dame« mit kolorierter Modeseite, auf der die Frauen wie Wachsfiguren aussehen und alle den gleichen Mund haben – Lippen und Augenlider von derselben Größe –, jede fünf Fuß hohe Frau mit einem zwei Zoll langen Keil, der unter ihrem Kleid hervorragt und sich als Hälfte von ihrem Fuß ausgibt. Polierter, luftdichter Kanonenofen (neue und tödliche Erfindung), dessen Rohr durch ein Brett geht, welches den nicht mehr benutzten guten alten Kamin abdeckt. Auf jedem Ende des hölzernen Kaminsimses ein Korb mit Pfirsichen und anderen Früchten in natürlicher Größe, alle aus Gips oder Wachs und angemalt, damit sie wie echt aussehen – was sie aber nicht tun. Über der Mitte vom Kamin eine Radierung: »Washington überquert den Delaware«; an der Wand neben der Tür eine Kopie davon in knalligem Plattstich, angefertigt von einer der jungen Damen – ein Kunstwerk, daß sich Washington die Überquerung überlegt haben würde, hätte er ahnen können, wozu das einmal herhalten sollte. Klavier – verkleidete Kesselpauke – und darauf sowie auf einen danebenstehenden Ständer gehäuft Noten, lose und in Alben: »Schlacht von Prag«, »Vogelwalzer«, »Arkansas-Wanderer«, »Streich die Fiedel«, »Marseillaise«, »Verbannt auf einsamer Insel« (St. Helena), »Zerbrochen ist, was uns verband«, »Einen Rosenkranz trug sie im Haar, als wir das letztemal beisammen«, »Geh und vergesse mein, was soll die Sorge jene Stirn umwölken?«, »Stunden, die der Erinn'rung lieb«, »Lang, lang ist's her«, »Tage, wo fern du weilst«, »Im Sturmgebraus auf hoher See bin ich zu Haus«, »Vogel über dem Meer« und aufgeschlagen auf dem Notenpult, von der klagenden Sängerin dort liegengelassen: »Zie-hie-he weiter, silberner Mo-ho-hond, weise dem Wa-ha-han-derer den Weg« und so fort. Nachdenklich gegen das Klavier gelehnt eine Gitarre – eine, die imstande ist, den spanischen Fandango von selber zu spielen, wenn man sie nur anpackt. An der Wand ein tolles Kunstwerk: frommes Motto, im Hause hergestellt, manchmal aus buntem Garn, manchmal aus verwelktem Gras, Vorfahre des »Gott segne unser Heim« unseres modernen Handels. In schwarzen Rahmen weitere Kunstwerke, ersonnen und fabriziert von den jungen Damen, nämlich düstere Bleistiftzeichnungen, Landschaften, meist: See, einsames Segelboot, versteinte Wolken, vorsintflutliche Bäume am Ufer, anthrazitfarbener Abgrund, unten in der Ecke deutlich der Name der

Verbrecherin. Lithographie »Napoleon überquert die Alpen«. Lithographie »Das Grab auf St. Helena«. Stahlstiche: Trumbulls »Schlacht am Bunker Hill« und die »Sally aus Gibraltar«. Kupferstiche: »Moses schlägt an den Felsen« und »Rückkehr des verlorenen Sohnes«. In protzigem Goldrahmen eine Verleumdung der Familie in Öl: Papa, ein Buch haltend (»Die Verfassung der Vereinigten Staaten«), Mama mit dagegengelehnter Gitarre, von deren Hals blaue Bänder flattern, die jungen Damen als Kinder in Slippern und ausgezackten Pantalons, die eine ein Spielzeugpferd umarmend, die andere die Katze mit einem Garnknäuel neckend und beide einfältig zu Mama hochlächelnd, die ebenso einfältig zurücklächelt. Alle frisch, roh und rot – anscheinend enthäutet. Gegenüber, in Gold gerahmt, Großpapa und Großmama mit dreißig und zweiundzwanzig, steif, altmodisch, mit hohem Kragen und Puffärmeln und aus einem Hintergrund finsterster ägyptischer Nacht bleich hervorstarrend. Unter einer gläsernen Uhrglocke ein großes Bukett leichenblasser Wachsblumen. In der Ecke eine pyramidenförmige Etagere, die Fächer in der Hauptsache mit zeitgenössischen Nippes angefüllt, so aufgebaut, daß sie die beste Wirkung abgeben: Muschel mit eingeritztem Vaterunser; noch eine Muschel – von der länglich-ovalen Sorte mit schmalem, geradem, von einem bis zum anderen Ende reichenden, drei Zoll langen Schlitz –, auf die ein Porträt von Washington geschnitzt ist; nicht gut gemacht; die Muschel hatte von Natur aus Washingtons Mund – der Künstler hätte sich daran halten sollen. Beides sind Andenken an die längst vergangene Hochzeitsreise nach New Orleans mit dem Französischen Markt. Weitere Nippsachen: »Proben« aus Kalifornien – Quarz mit anhaftenden Goldstäubchen; altes Medaillon aus Dukatengold mit der Locke irgendeines Ahnen darin; indianische Pfeilspitzen aus Feuerstein; ein Paar Perlenmokassins vom Onkel, der die großen Prärien durchzogen hat; drei verschiedenfarbige »Alaun«körbe – mit kristallisiertem Alaun im Zuckergußstil überzogene Drahtgestelle –, Kunstwerke, die von den jungen Damen geschaffen wurden und deren Doublees und Duplikate auf sämtlichen Etageren im Lande zu finden sind; aufgespießt auf ein Stück Karton eine Kollektion vertrockneter Käfer und Schmetterlinge; bemalter Spielzeughund, auf einem Blasebalg stehend – läßt auf Drücken den Unterkiefer hängen und quietscht; Zucker-Osterhase – Körper und Glieder zu fast formloser Masse zusammengeschmolzen; Zinnmedaille vom Präsidentschaftswahlkampf; Miniatur-Holzsäger aus Pappmaché, der ans Ofenrohr anzuschließen ist und durch die Hitze betrieben wird; kleiner Napoleon aus Wachs; aufgestellte unscharfe Daguerreotypien von Kindern, Eltern, Vettern, Basen, Tanten und Bekannten in allen möglichen Stellungen, nur keinen normalen, Hintergrund noch ohne Säulentempel und sich in der Ferne verlierende fabrikgemachte Landschaft – das kam erst später mit der Photographie auf; alle diese undeutlichen Figuren mit Ketten und Ringen besät – das Metall durch Streifen und Tupfen lebhafter Goldbronze angezeigt und gegen Zweifel gesichert –, alle zu sehr gekämmt, zu sehr feingemacht und alle in unbequemen Sonntagskleidern von einem Schnitt, von dem sich der Betrachter einfach nicht vorstellen kann, daß er jemals modern gewesen sein soll; Mann und Frau im allgemeinen als Gruppe: der Mann sitzend, die Frau stehend, mit der Hand auf seiner Schulter – und beiden nach all den Jahren des Vergilbens noch irgendwie das »Bitte recht freundlich« des Daguerreotypisten anzumerken. Über der Etagere – Stätte besonderer Heiligkeit – ein Attentat auf die Kunst in Aquarell, begangen von der jungen Nichte, die vor langer Zeit zu Besuch kam und jetzt tot ist. Leider, denn inzwischen hätte sie das hier vielleicht bereut. Roßhaarstühle, Roßhaarsofa, die ständig unter einem wegrutschen. Fenstervorhänge aus Wachstuch mit schablonengemalten Milchmädchen und Burgruinen in schreienden Farben; Übergardinen an gewaltigen Jalousiekästen aus gehämmertem und vergoldetem Blech. Schlafzimmer mit Flickenvorlegern; Bettstellen von der Sorte mit »Cordfederung«, in der Mitte durchgesackt, denn die Schnüre müßten mal straffgezogen werden; nach Schnupftabak riechendes Federbett – nicht oft genug gelüftet; Rohrgeflechtstühle, Schaukelstuhl mit holzgeflochtenem Sitz; an der Wand ein Spiegel in Schultafelgröße mit furniertem Rahmen; geerbte Kommode; Waschschüssel und Wasserkrug – nicht unbedingt vorhanden; Kerzenhalter aus Messing, Talglicht, Lichtschere. Sonst nichts weiter im Raum. Kein Badezimmer im Haus, und auch kaum ein Gast zu erwarten, der schon mal eins gesehen hat.

Das war die Residenz des tonangebenden Bürgers von den Vororten von New Orleans bis zur Stadtgrenze von St. Louis. Ging er an Bord eines großen, feinen Dampfschiffes, betrat er eine neue, wunderbare Welt: die Schornsteine oben ausgezackt, um wippende Federbüsche vorzutäuschen – vielleicht auch noch rot angepinselt; die weißen hölzernen Relings vom Steuerhaus, vom Ober- und Maschinendeck mit Phantasiemustern verziert, zart wie feinste Laubsägearbeit; oben auf den Ladebäumen vergoldete Eicheln; über der großen Glocke bronzierte Geweihe; auf dem Radkasten wahrscheinlich ein buntes symbolisches Bild; großes geräumiges Maschinendeck, blau angestrichen und mit Windsorsesseln ausgestattet; innen ein weit nach hinten gehender schneeweißer »Salon«; Porzellangriff und Ölgemälde an jeder Kajütentür; oben an der Decke, die ganze Flucht hinunter, geschwungene, filigranartige Ornamente mit Vergoldung; alle paar Schritte ein großer Kronleuchter, ein Aprilschauer glitzernder Glastropfen; überall schillerndes Regenbogenlicht, durch die bunten Scheiben der Oberlichter herabflutend; das Ganze ein langer, gleißender Tunnel, ein frappierender und bestrickender Anblick! Im Damensalon ein rosa und weißer Wiltonteppich, weich wie Moos und mit hinreißendem, gigantischem Blumenmuster. Dann das Brautgemach – das Untier, das diese Idee ausgeheckt hatte, lebte noch und war bis dato nicht gehängt –, das Brautgemach, dessen pompöser Firlefanz auf den bereits erschütterten Verstand des jubilierenden Bürgers eine unvermeidlich einschüchternde Wirkung haben mußte. Jede Kabine hatte ihre ein, zwei gemütlichen, sauberen Kojen und vielleicht auch einen Spiegel und ein Schränkchen, und manchmal gab es sogar eine Waschschüssel mit Wasserkanne und einem Stück Handtuch, das ein Experte von einem Moskitonetz unterscheiden konnte –

obwohl diese Dinge gewöhnlich fehlten und die hemdsärmligen Passagiere sich beim Barbier an einer langen Reihe von Schüsseln säuberten, wo es auch gemeinsame Handtücher, gemeinsame Kämme und gemeinsame Seife gab.

Man nehme das Dampfschiff, das ich eben beschrieben habe, und man hat es in seinem besten und schönsten und angenehmsten und komfortabelsten und zufriedenstellendsten Zustand. Jetzt schmiere man eine Schicht alten, über und über vertrockneten Dreck rauf, und man hat den vorhin erwähnten Cincinnati-Dampfer. Nicht überall – nur von innen; denn er war abgesehen von den Stewards mit fähigen Leuten besetzt.

Doch wenn man dieses Schiff abwaschen und neu anstreichen würde, ergäbe es ungefähr das Gegenstück zum meistgelobten Dampfer der alten Blütezeit, denn die Dampfschiffarchitektur des Westens hat keinen Veränderungen unterlegen, und genauso wenig hat das die Inneneinrichtung der Dampfboote.

NEUNUNDDREISSIGSTES KAPITEL

Waren und Warenimitationen

Wo sich der Fluß in der Vicksburger Gegend einst wie ein Korkenzieher wand, ist er jetzt verhältnismäßig gerade – die Folge eines Durchbruchs, der ein Stück von ehemals siebzig Meilen auf fünfunddreißig verkürzte. Vicksburgs Nachbarstadt, Delta in Louisiana, wurde dadurch ins Hinterland abgeschoben, und mit ihrer Karriere als Flußstadt ist es aus. Ihre gesamte Uferfront wird jetzt eingenommen von einer riesigen Sandbank, eng bestanden mit jungen Bäumen – die sich mit der Zeit zu einem dichten Wald auswachsen und die verbannte Stadt völlig verbergen werden.

Fahrplanmäßig passierten wir Grand Gulf und Rodney, berühmt vom Kriege her, und erreichten Natchez, die letzte der schönen Hügelstädte – denn Baton Rouge, ein Stück weiter, liegt auf keinem Hügel, sondern nur auf hohem Grund. Das berühmte untere Natchez hat sich in zwanzig Jahren nicht sonderlich verändert; äußerlich hat es sich – beurteilt nach den Beschreibungen jener alten Prozession ausländischer Touristen – nicht einmal in sechzig verändert, denn es ist noch immer klein, verstreut und schäbig. Als die alte Kielbooterei noch in Blüte stand und in der ersten Zeit der Dampfer hatte es in moralischer Hinsicht einen mehr als schlechten Ruf: unter dem Pöbel des Flusses gab es seinerzeit dort große Saufgelage, viel Prügeleien und Mord und Totschlag. Das obere Natchez dagegen ist anziehend, ist es immer gewesen. Selbst Mrs. Trollope (1827) mußte seinen Zauber zugeben:

»An ein, zwei Stellen wird die ermüdende ebene Linie durch ›Bluffs‹ unterbrochen, wie die kurzen bergigen Zwischenstücke und Steilufer hier heißen. Natchez ist wunderschön auf einer dieser Anhöhen gelegen. Der Kontrast seiner leuchtend grünen Hügel gegenüber den sich zu beiden Seiten hinziehenden düsteren Reihen schwarzer Wälder, der üppige Wuchs an Papaubäumen, Fächerpalmen und Orangenbäumen, die verschwenderische Vielfalt der süß duftenden Blumen, die dort gedeihen, das alles läßt diesen Ort wie eine Oase in der Wüste erscheinen. Natchez ist der am weitesten nördlich gelegene Punkt, wo Orangen im Freien reifen und überwintern. Mit Ausnahme dieses lieblichen Fleckchens machten mir all die kleinen Städte und Dörfer, an denen wir vorbeikamen, einen äußerst erbärmlichen Eindruck.«

Wie seine engen und entfernten Flußnachbarn, verfügt Natchez über mehrere Bahnlinien und baut sie weiter aus – schiebt sie nach allen Richtungen in umliegende reiche Gebiete vor, die ihm von Natur aus tributpflichtig sind. Und ebenso wie Vicksburg und New Orleans hat es seine Eisfabrik; es stellt täglich dreißig Tonnen Eis her. Zu meiner Zeit war Eis in Vicksburg und Natchez ein Luxus, den sich nur die Reichen erlauben konnten. Jetzt aber ist es für all und jeden erschwinglich. Ich besichtigte eine der Eisfabriken in New Orleans, um mal zu sehen, wie sich Polarregionen am Rande der Tropen ausnehmen. Doch da war gar nichts

Auffallendes dran. Es war bloß ein geräumiges Haus mit einer harmlosen Dampfmaschinerie an dem einen Ende und ein paar hier- und dorthin laufenden großen Porzellanröhren. Nein, nicht Porzellan – das schien nur so –, sondern Eisen, aber das Ammoniak, das da durchgeleitet wurde, hatte sie mit einem handdicken Mantel von milchweißem festem Eis umkleidet. Das Eis hätte schmelzen müssen, denn in jener Atmosphäre brauchte man keine Wintersachen, aber es schmolz nicht, das Innere der Röhren war zu kalt.

In den Boden waren zahllose Zinnbehälter eingelassen, einen Fuß lang, einen Fuß breit, zwei Fuß hoch und oben offen. Sie enthielten klares Wasser, und um jeden dieser Kästen waren Salz und die notwendigen Chemikalien herumgepackt, außerdem wurde das Wasser der Wirkung der Ammoniakgase ausgesetzt; wie, wird mir ewig ein Geheimnis bleiben, weil ich den Prozeß sowieso nicht verstanden habe. Während das Wasser allmählich gefror, wurde es von Männern hin und wieder mit einem Stock umgerührt, ich glaube, um es von Luftblasen zu befreien. Andere Arbeiter hoben ununterbrochen Kästen heraus, deren Inhalt hartgefroren war. Sie tauchten den Behälter kurz in einen Kübel mit kochendem Wasser, um den Eisblock von seinem Zinnsarg loszuschmelzen, dann stürzten sie den Block auf einen Plattenwagen, und er war marktfertig. Die Blöcke waren hart und fest und kristallklar. In manche hatte man große Buketts frischer tropischer Blumen mit einfrieren lassen, in andere allerliebst in Seide gekleidete Püppchen und andere hübsche Sachen. Diese Blöcke waren dazu bestimmt, in Schüsseln in die Mitte von Speisetafeln gestellt zu werden, um die tropische Luft zu kühlen und auch um als Schmuck zu dienen, denn die darin eingefrorenen Blumen und Gegenstände waren wie durch Fensterglas zu sehen. Mir wurde gesagt, diese Fabrik könne ihr Eis bei einem Preis von sechs bis sieben Dollar die Tonne im Einzelhandel per Wagen in ganz New Orleans in den bescheidensten Haushaltsquantitäten verkaufen und dabei genügend Profit machen. Im Norden würden Eisfabriken also auf ihre Kosten kommen; wir kriegen Eis dort nicht zu einem solchen Preis, es sei denn, man nimmt gleich dreihundertfünfzig Pfund auf einmal.

Die Rosalie Garnspinnerei in Natchez verfügt über 6000 Spindeln und 160 Webstühle und hat 100 Arbeiter in Lohn. Die Natchez Baumwoll-Weberei A.G. begann ihren Betrieb vor vier Jahren in einem einstöckigen Haus von 50 mal 190 Fuß; Anfangskapazität 4000 Spindeln und 128 Webstühle, Kapital 105 000 Dollar, alles gezeichnet durch Beteiligte aus der Stadt. Zwei Jahre später erhöhten dieselben Aktionäre ihr Kapital auf 225 000 Dollar, bauten ein zweites Stockwerk auf, verlängerten das Gebäude auf 317 Fuß und erweiterten den Maschinenbestand auf 10 300 Spindeln und 304 Webstühle. Die Gesellschaft beschäftigt jetzt 250 Arbeiter, meist Einwohner von Natchez. »Die Fabrik verarbeitet jährlich 5000 Ballen Baumwolle zu 5000 Yard braunem Schirting, Leinwand und Drell von bester Standardqualität.« * Eine festgeschlossene Gesellschaft: die Aktien stehen auf 5000 Dollar pro Anteil, aber keine zu verkaufen.

Am Mississippi hat sich vieles verändert und merkwürdig verändert, doch das war zu erwarten. Eines aber hatte ich nicht erwartet: zu erleben, daß Natchez und diese anderen Flußstädte Bollwerke der Industrie und Eisenbahnzentren werden.

Da wir gerade bei Warenfabrikation sind, muß ich an ein Gespräch darüber denken, das ich an Bord des Cincinnati-Dampfers zufällig mit anhörte. Dumpfes Stimmengewirr im Ohr, war ich aus unruhigem Schlaf erwacht. Ich lauschte: zwei Männer unterhielten sich und allem Anschein nach über die große Überschwemmung. Ich blickte durch das offene Oberfenster hinaus. Die beiden saßen sich bei einem späten Frühstück gegenüber, sonst niemand in der Nähe. Das Thema Überschwemmung taten sie mit ein paar Worten ab – hatten es offensichtlich nur benutzt, um das Eis zu brechen und miteinander bekannt zu werden –, und dann fingen sie an zu fachsimpeln. Es stellte sich bald heraus, sie waren Vertreter: der eine aus Cincinnati, der

* »New Orleans Times-Democrat«, 26. August 1882.

andere aus New Orleans. Muntere Leute, energisch in Bewegung und Sprache; der Dollar ihr Gott, ihn zu ergattern ihre Religion.

»Nun, dieser Artikel hier«, sagte Cincinnati und haute mit dem Messer in die vermeintliche Butter und hielt New Orleans einen Klumpen davon unter die Nase, »der ist von uns. Sehen Sie sich den mal an, riechen Sie, kosten Sie. Stellen Sie damit alle Proben an, die Sie wollen. Lassen Sie sich Zeit – hat keine Eile – machen Sie es gründlich. Na, was meinen Sie? Butter, nicht wahr? Pustekuchen – ist Margarine! Jawoll, Margarine! Aber von Butter nicht zu unterscheiden. Kann nicht mal ein *Fachmann!* Ist aus unserm Haus. Wir versorgen fast alle Schiffe im Westen; gibt auf kaum einem noch ein Pfund Butter. Wir kommen ganz schön voran – man kann sagen mit *Riesenschritten.* Und bald werden wir sämtliche Dampfer haben. Ja, und die Hotels auch. Wird gar nicht mehr lange dauern, und Sie finden im Mississippi- und Ohiotal in keinem Hotel außerhalb der Großstädte mehr ein Gramm Butter. Wir liefern ja jetzt schon Tausende von Tonnen aus. Und wir sind in der Lage, unsere Margarine so spottbillig zu verkaufen, daß das ganze Land sie nehmen *muß* – daß es einfach nicht drum rumkommt. Butter kann da nicht mithalten, hat als Konkurrenz überhaupt keine Aussichten. Mit Butter ist es *vorbei* – die kann ihren Konkurs anmelden. Mit Margarine dagegen... Sie können sich einfach nicht vorstellen, wie bei uns das Geschäft geht. Von Cincinnati bis Natchez habe ich in jeder Stadt haltgemacht, und aus jeder habe ich große Aufträge nach Hause geschickt.«

Und so ging das noch zehn Minuten in demselben inbrünstigen Ton weiter. Dann drehte New Orleans auf und sagte:

»Allerdings, eine erstklassige Imitation, muß man schon sagen, aber nicht die einzige, die erstklassig ist. Zum Beispiel machen sie heute aus Baumwollsamenöl ein Olivenöl, das vom echten nicht zu unterscheiden ist.«

»Ja, stimmt«, erwiderte Cincinnati. »Und der Job war 'ne Zeitlang sogar tipptopp. Sie haben es rübergeschickt und dann von Frankreich und Italien zurückgebracht, mit dem Zollvermerk der Vereinigten Staaten drauf, um es als echt zu bestätigen, und da war schönes Geld zu machen, aber Frankreich und Italien haben dann einen Riegel vorgeschoben – war ja vorauszusehen. Bei einem so enormen Steuerzuschlag konnte sich dieses Baumwollsamen-Olivenöl natürlich einsargen lassen.«

»So, meinen Sie? Warten Sie mal einen Augenblick.«

Geht in seine Kabine, kommt zurück mit ein paar länglichen Flaschen, entkorkt sie und sagt: »Hier, riechen Sie mal, kosten Sie mal, gucken Sie sich die Flaschen und die Etiketten richtig an. Die eine ist aus Europa, die andere ist nie aus Amerika rausgewesen. Eins ist europäisches Olivenöl, das andere amerikanisches Baumwollsamen-Olivenöl. Die auseinanderhalten? Wetten, daß Sie das nicht können? Kann keiner. Sollen sich andre ruhig die Mühe und Ausgabe machen, ihr Öl nach Europa und zurück zu verschiffen – steht ihnen völlig frei. Unsere Firma aber kennt einen Trick, der sechsmal soviel wert ist. Wir stellen in unserer Fabrik in New Orleans alles von A bis Z selber her: Etiketten, Flaschen, Öl und alles. Das heißt, die Etiketten nicht, *die* kaufen wir im Ausland – kriegen sie da halb geschenkt. Sehen Sie, in einer Gallone Baumwollsamenöl ist ein winziges Tröpfchen Essenz oder so was drin, das ihm einen bestimmten Geruch oder Geschmack oder was es auch ist gibt – wenn man das rauskriegt, hat man gewonnen – aus dem Öl läßt sich dann spielend leicht jedes x-beliebige Öl machen, das man haben will, und es ist vom echten einfach nicht mehr zu unterscheiden. Ja, und wir wissen eben, wie dieses eine Partikelchen rauszukriegen ist – sind da die einzige Firma. Wir liefern ein Olivenöl, das schlechterdings vollkommen ist – dem kein Mensch was anmerkt! Und das Geschäft, das flutscht bei uns nur so – was ich Ihnen durch mein Bestellbuch für diese Tour leicht beweisen kann. Daß ihr kurz über lang jedermanns Brot bebuttert, will ich gerne glauben, aber daß wir vom Golf bis Kanada jedermanns Salat beölen werden, ist so sicher wie das Amen in der Kirche.«

Cincinnati glühte und strahlte vor Bewunderung. Die beiden Halunken wechselten ihre Firmenkarten und erhoben sich. Als sie den Tisch verließen, sagte Cincinnati: »Aber ihr müßt doch den Stempel vom Zoll haben? Wie macht ihr das?

Die Antwort kriegte ich nicht mehr mit.

Wir passierten Port Hudson, wo sich zwei der schrecklichsten Kämpfe des Krieges abgespielt haben: das Nachtgefecht zwischen Farraguts Flotte und den Landbatterien der Konföderierten am 14. April 1863 und die denkwürdige Feldschlacht zwei Monate später, die acht Stunden anhielt – acht Stunden außerordentlich heftigen und hartnäckigen Kampfes – und nach großem Blutvergießen mit der Zurückschlagung der Unionstruppen endete.

VIERZIGSTES KAPITEL

Protzgotik und Pardauzkultur

Baton Rouge war blumengeschmückt wie eine Braut – nein mehr noch, wie ein Gewächshaus. Denn wir befanden uns jetzt im absoluten Süden: keine Einschränkungen mehr, keine Kompromisse, keine halben Sachen. In den Anlagen des Capitols wunderschöne wohlriechende Magnolienbäume mit dichtem, reichem Laub und riesigen Schneeballblüten. Der Duft der Blüten ist sehr lieblich, aber man muß sich in einiger Entfernung halten, weil er so stark ist. Es sind keine Blumen fürs Schlafzimmer – sie könnten einen in der Nacht ersticken lassen. Ja, wir waren endlich im Süden, denn hier beginnt die Zuckergegend, und die Plantagen – unermeßliche grüne Flächen mit im Mittelpunkt sich zusammendrängenden Zuckersiedereien und Negerhütten – kamen in Sicht. Und über uns tropische Sonne und um uns tropische Glut.

Außerdem fängt dort das Paradies des Lotsen an: ein breiter Fluß bis hinunter nach New Orleans, reichlich Wasser von Ufer zu Ufer und keine Barren, keine Bäume, die teils unter Wasser festliegen, teils sich mit der Strömung hin und her bewegen oder Wracks im Wege.

Für das Capitolsgebäude ist wahrscheinlich Sir Walter Scott verantwortlich zu machen; undenkbar, daß diese unechte kleine Burg je gebaut worden wäre, wenn er nicht vor ein paar Generationen den Leuten mit seinen mittelalterlichen Romanen den Kopf verdreht hätte. Der Süden hat sich vom lähmenden Einfluß seiner Bücher noch nicht frei gemacht. Hier – in einer Atmosphäre, in der sich bereits der heilsame Geruch des praktischen neunzehnten Jahrhunderts nach Baumwollfabriken und Eisenbahnen bemerkbar macht – herrscht nach wie vor Bewunderung für seine überspannten Helden und ihre grotesken »Ritter«taten und romantischen Kindereien und finden sich noch immer Spuren jener schwülstigen Sprache und anderen aufgeblasenen Humbugs. Daß an diesem ansonsten redlichen Ort überhaupt eine Burg gebaut worden ist, eine weißgetünchte Burg mit Türmchen und Zinnen und allem Drum und Dran – innen wie außen nur unechtes, auf echt gequältes Material –, ist traurig genug; noch trauriger aber ist, mit ansehen zu müssen, wie diese architektonische Lüge heute restauriert und verewigt wird, und dabei wäre es doch so einfach, das, womit ein mildtätiges Feuer den Anfang gemacht hat, mit Dynamit zu beenden und von dem Geld für die Restaurierung dann etwas Echtes zu bauen.

Baton Rouge hat jedoch weder Patent noch Monopol für imitierte Burgen.

Die folgende Bemerkung stammt aus einem Inserat des »Höheren Töchterinstituts« von Columbia in Tennessee:

»Unser Anstaltsgebäude ist seit langem als Muster trefflicher und schöner Architektur berühmt. Besucher sind bezaubert von seiner Ähnlichkeit mit den alten Burgen der Lieder und Sagen, seinen Türmen, seinen zinnengeschmückten Mauern und seinen efeuumrankten Säulengängen.«

In einer Burg Schule zu halten, ist eine romantische Sache, so romantisch, wie in einer Burg Hotel zu halten.

Die imitierte Burg an sich ist unzweifelhaft harmlos und wäre zu ertragen, aber als Symbol der Züchtung und Erhaltung rührseliger Mittelalterromantik hier inmitten des nüchternsten und kraftvollsten und unendlich größten und würdigsten Jahrhunderts, das die Welt gesehen hat, muß sie schädlich sein und ein Mißgriff bleiben.

Hier ein Auszug aus dem Prospekt einer »Höheren Töchterbildungsanstalt« in Kentucky. Höhere Töchterbildungsanstalt klingt nicht schlecht, da diese Benennung aber, wenn auch auf unverantwortliche Art und Weise, rein aus Gründen der Kürze gewählt worden ist, scheint mir, Mädchencollege wäre noch besser gewesen; es ist kürzer und bedeutet dasselbe – das heißt, sofern einer der beiden Ausdrücke überhaupt etwas bedeutet:

»Der Präsident ist Südstaatler gemäß Geburt, Erziehung, Bildung und Gesinnung; die Lehrer sind alle südlicher Denkungsart, und mit Ausnahme der in Europa geborenen stammen sie aus dem Süden und wurden auch dort erzogen. Da wir die südliche für die höchste Form der Kultur halten, die es auf diesem Kontinent gibt*, erfolgt die Aus-

* Vom Verfasser des Prospektes gedankenlos weggelassene Erläuterungen dazu:

»Knoxville, Tennessee, 19. Oktober. – Heute morgen, ein paar Minuten nach zehn Uhr, sind General Joseph A. Mabry, Thomas O'Connor und Joseph A. Mabry jun. bei einer Schießerei ums Leben gekommen. Seinen Anfang nahm der Streit gestern nachmittag, als General Mabry Major O'Connor angriff und ihm drohte, er würde ihn töten. Das war auf dem Jahrmarktsgelände, und O'Connor erklärte Mabry, dies sei nicht der geeignete Ort für ihre Auseinandersetzung. Mabry sagte dann zu O'Connor, er müsse ihm mit dem Leben büßen. Mabry scheint bewaffnet gewesen zu sein, O'Connor jedoch nicht. Dem Streit lag eine alte Fehde um die Abtretung eines Grundstückes von Mabry an O'Connor zugrunde. Am Spätnachmittag ließ Mabry O'Connor mitteilen, er werde ihn, sobald er ihm unter die Augen komme, über den Haufen schießen. Heute morgen stand Major O'Connor in der Tür der von ihm geleiteten Mechanics' National Bank. General Mabry und ein anderer Gentleman gingen auf der der Bank gegenüberliegenden Seite der Gay Street hinunter. O'Connor trat in die Bank, holte eine Schrotflinte, legte bedächtig auf General Mabry an und drückte ab. Mabry brach, in die linke Seite getroffen, sofort tot zusammen. Während er fiel, feuerte O'Connor von neuem und traf Mabry in den Schenkel. Dann holte er ein zweites Gewehr aus der Bank. Um diese Zeit kam Joseph A. Mabry jun., ein Sohn General Mabrys, die Straße heruntergerannt. O'Connor sah ihn erst, als er schon bis auf vierzig Fuß heran war. Der junge Mann feuerte eine Pistole ab, und der Schuß ging O'Connor in die rechte Brustseite, und zwar in die Nähe vom Herzen. In dem Moment, wo Mabry schoß, drehte sich O'Connor um, drückte ab und traf den jungen Mabry rechts in Brust und Seite. Von zwanzig Körnern Rehposten durchlöchert, ging Mabry zu Boden, und fast im selben Augenblick sank auch O'Connor tot um. Mabry versuchte noch, sich zu erheben, fiel aber tot zurück. Die ganze Tragödie spielte sich innerhalb von zwei Minuten ab, und keiner von den dreien sprach nach den Schüssen noch ein Wort.

bildung der jungen Damen ganz im Einklang mit den südlichen Ideen von feiner Lebensart, Vornehmheit, Fraulichkeit, Religion und Sitte. Demzufolge bieten wir eine erstklassige höhere Töchterbildungsanstalt für den Süden und ersuchen um südliche Gönnerschaft.«

General Mabry hatte ungefähr dreißig Körner Rehposten im Körper. Ein Passant trug eine schmerzhafte Schenkelverletzung durch ein Schrotkorn davon, ein anderer wurde am Arm verwundet. Vier weiteren Männern wurde die Kleidung durchlöchert. Die Affäre rief eine große Aufregung hervor, und in der Gay Street drängten sich Tausende von Leuten. General Mabry und sein Sohn Joe waren erst vor ein paar Tagen von dem Mord an Moses und Don Lusby – Vater und Sohn – freigesprochen worden, die sie vor ein paar Wochen getötet hatten. Will Mabry war letzte Weihnacht von Don Lusby erschossen worden. Major O'Connor war Präsident der hiesigen Mechanics' National Bank und der wohlhabendste Mann im Staat.« – Telegramm der Associated Press.

»An einem Tag im vergangenen Monat erfuhr Professor Sharpe vom Höheren Töchtercollege in Somerville in Tennessee, ein ›ruhiger und gesitteter Mann‹, sein Schwager Hauptmann Burton habe gedroht, ihn zu töten. Wie es scheint, hatte Burton bereits einen Menschen erschossen und einen anderen erstochen. Der Professor bewaffnete sich mit einem doppelläufigen Gewehr, machte sich auf die Suche nach seinem Schwager, fand ihn in einem Lokal beim Billard und jagte ihm eine Kugel durch den Kopf. Die ›Avalanche‹ aus Memphis berichtet, die Sache des Professors sei bei der Bevölkerung auf ziemlich allgemeine Billigung gestoßen; die öffentliche Meinung gehe dahin, daß Recht und Gesetz doch machtlos gewesen wären, ihn zu schützen, und da er das gewußt habe, sei er eben zum Selbstschutz gezwungen gewesen.«

»Ungefähr zur gleichen Zeit stritten sich in North Carolina zwei Jünglinge um ein Mädchen und ›forderten‹ sich. Freunde versuchten, eine Aussöhnung herbeizuführen, doch ihre Bemühungen waren umsonst. Am 24. dieses Monats trafen sich die jungen Männer auf der öffentlichen Landstraße. Der eine war mit einem schweren Knüttel bewaffnet, der andere mit einer Axt. Der mit dem Knüttel kämpfte verzweifelt um sein Leben, doch es war von Anfang an ein hoffnungsloses Beginnen. Ein wohlgezielter Schlag schleuderte ihm den Knüttel aus der Hand, und im nächsten Augenblick brach er tot zusammen.«

»In Virginia wurden ungefähr zur selben Zeit zwei junge Männer ›mit einflußreicher Verwandtschaft‹, die als Kommis in einer Schnittwarenhandlung in Charlottesville arbeiteten, beim ›Herumtollen‹ handgemein. Peter Dick streute Charles Roads Pfeffer in die Augen. Roads verlangte eine Entschuldigung, was Dick ablehnte, und so erklärten beide, die Angelegenheit könne nur durch ein Duell bereinigt werden. Es ergab sich jedoch ein Hindernis: die Parteien hatten keine Pistolen, und zu so später Abendstunde konnten sie sich auch keine mehr beschaffen. Einer von beiden schlug Schlächtermesser vor, und der andere nahm an. Der Ausgang des Duells war, daß Roads mit einer klaffenden Wunde im Unterleib zusammenbrach, die unter Umständen tödlich sein kann. Eine Nachricht von Dicks Verhaftung hat uns noch nicht erreicht. Er drückte ›tiefes Bedauern‹ aus, und wie wir aus Staunton vom dortigen Korrespondenten der ›Philadelphia Press‹ erfahren haben, ›wird alles unternommen, die Sache zu vertuschen‹.« – Auszüge aus der Tagespresse.

He, Wächter, ho! Wer so selbstzufrieden ins Horn stoßen kann, der wird wohl von einer Burg aus tuten.

Von Baton Rouge bis New Orleans, den ganzen Weg entlang, begrenzen große Zuckerplantagen beide Seiten des Flusses und erstrecken ihre meilenweiten ebenen Felder bis hin zu den verschwommenen Wäldern bärtiger Zypressen vor dem Horizont. Keine einsamen Ufer mehr. Zu beiden Seiten viele Wohnhäuser – auf lange Strecken hin so dicht nebeneinanderstehend, daß der breite, zwischen den beiden Häuserreihen liegende Fluß zu einer Art geräumiger Straße wird. Eine äußerst anheimelnd und glücklich aussehende Gegend. Und ab und zu erblickt man ein von Bäumen überdachtes großes Herrenhaus mit Säulen und Pfeilern. Hier die Aussagen von zweien aus der Prozession ausländischer Touristen, die vor einem halben Jahrhundert dort vorbeidefilierte. Mrs. Trollope schreibt:

»Die ununterbrochene Flachheit der Mississippiufer blieb bis viele Meilen oberhalb von New Orleans unverändert, aber überall waren die anmutige und üppige Fächerpalme, die dunkle und edle Stechpalme und der leuchtend helle Orangenbaum zu sehen, und es dauerte viele Tage, ehe es uns über wurde, sie anzuschauen.«

Captain Basil Hall:

»Das in den unteren Teilen von Louisiana an den Mississippi grenzende Land ist überall dicht mit Zuckerpflanzern bevölkert, deren prunkvolle Häuser, graue Säulenveranden, schmucke Gärten und zahlreiche Sklavendörfer, alle sauber und ordentlich, der Flußlandschaft ein äußerst gedeihliches Aussehen geben.«

Auch die anderen aus der Prozession malen das anziehende Bild alle auf die gleiche Art. Die Beschreibungen von vor fünfzig Jahren brauchen mit keinem Wort verändert zu werden, um dieselbe Gegend haargenau so zu schildern, wie sie heute ist – abgesehen von der »Schmuckheit« der Häuser. Von den Negerhütten ist jetzt die Tünche runter, und viele – wahrscheinlich die meisten – der großen Herrenhäuser haben ihre einst so strahlendweiße Farbe verloren und machen einen heruntergekommenen und ungepflegten Eindruck. Das ist der Gifthauch des Krieges. Vor einundzwanzig Jahren, da war alles schmuck und hell und freundlich entlang der »Küste« und noch genauso, wie es nach den Schilderungen jener Touristen im Jahre 1827 war.

Sie waren zu bedauern, die Touristen. Die Leute setzten ihnen dumme und alberne Ammenmärchen vor und lachten sie dann aus, weil sie die glaubten und obendrein drucken ließen. Mrs. Trollope erklärten sie, die Alligatoren – oder wie sie sie nennt, die Krokodile – wären blutrünstige Bestien, und als Beweis tischten sie ihr eine gruslige Mär auf, wie eins dieser verleumdeten Reptilien eines Nachts in die Hütte eines Siedlers gekrochen sei und dessen Frau und fünf Kinder aufgefressen habe. Jedem normalen unmöglichen Alligator hätte die Frau allein genügt, aber nein, jene Aufschneider mußten ihn auch noch die fünf Kinder verschlingen lassen. Man würde sich nicht vorstellen, daß Witzbolde dieses robusten Schlages sentimental sind – aber sie waren es.

Heutzutage ist es schwer, die Aufnahme, die das Buch des ernsten, ehrlichen, intelligenten, sanftmütigen, braven, gütigen, wohlmeinenden Captain Basil Hall fand, zu verstehen, und unmöglich, sie zu rechtfertigen. Mrs. Trollopes Bericht darüber mag den Leser vielleicht unterhalten, ich habe ihn deshalb in den Anhang mit aufgenommen*.

EINUNDVIERZIGSTES KAPITEL

Die Metropole des Südens

Die Einfahrt nach New Orleans war vertraut; am allgemeinen Bild hatte sich nichts verändert. Wenn man durch London mit einer Bahn braust, die auf hohe Bogen in die Luft gesetzt ist, kann man meilenlang den Leuten durch die offenen Fenster in die oberen Schlafzimmer gucken; die untere Hälfte der Häuser aber liegt niedriger als die Geleise und ist nicht mehr zu sehen. Bei vollem Fluß ist es in der

* Siehe Anhang C.

Gegend von New Orleans ähnlich: das Wasser geht bis an den äußersten Rand des einfriedenden Uferdammes, das flache Land dahinter liegt tief – den Boden einer Schüssel bildend –, und wenn man mit dem Schiff hoch oben auf dem Strom vorbeischwimmt, sieht man auf die Häuser hinunter und in die oberen Fenster hinein. Nichts als die schwache Brustwehr aus Erde liegt zwischen den Menschen und der Vernichtung.

Die alten Salzspeicher aus Backstein am vorderen Ende der Stadt sahen noch so aus wie damals, obwohl es ihrem Besitzer inzwischen damit ergangen war wie Aladin mit seiner Wunderlampe, denn bei Kriegsausbruch hatte er sich – seine Speicher bis obenhin voll mit Tausenden von Säcken gewöhnlichen Salzes, pro Sack zwei bis drei Dollar wert – eines Abends schlafen gelegt, und als er am nächsten Morgen aufstand, fand er seinen Berg Salz sozusagen in einen Berg Gold verwandelt, so plötzlich und zu so schwindelerregender Höhe hatte die Nachricht vom Kriege den Preis des Artikels ansteigen lassen.

Die riesige Strecke aus Bohlen gebauter Piers war unverändert geblieben, und es gab dort so viele Schiffe wie immer; doch die lange Reihe von Dampfern war verschwunden, natürlich nicht ganz, aber viel war nicht mehr davon übrig.

Die Stadt selbst hatte sich nicht verändert – jedenfalls nicht äußerlich. An Ausdehnung und Bevölkerung hatte sie sehr zugenommen, ihr Gesicht aber war noch das alte. In den Straßen noch immer Berge von Schmutz und Papier, die tiefen trogartigen Gossen längs der Randsteine noch immer halb voll stehenden Wassers mit einer Staubschicht darauf, die Bürgersteige noch immer – wenigstens in der Speck- und Zuckergegend – durch Kübel und Fässer und Tonnen verstellt und die großen Blocks unfreundlich schmuckloser Geschäftshäuser noch immer so düster aussehend wie damals.

Die Canal Street war feiner und anziehender und mehr voller Leben als früher, mit ihren treibenden Menschenmassen, ihren vielen Zügen hastender Straßenbahnen und ihren breiten Balkons in den ersten Stockwerken – gegen

Abend dicht besetzt mit eleganten Damen und Herren.

Nicht daß es in der Canal Street irgendwelche »Baukunst« gäbe: allgemein gesprochen, gibt es in ganz New Orleans keine, außer auf den Friedhöfen. Es mutet merkwürdig an, das von einer wohlhabenden, weitsichtigen und tatkräftigen Stadt mit einer viertel Million Einwohnern zu behaupten, aber es ist die Wahrheit. Sie haben da zwar ein riesiges Bundes-Zollhaus aus Granit – teuer genug, echt genug, was aber die Verzierung anbelangt, jedem Gasometer unterlegen. Sieht aus wie ein Gefängnis. Allerdings stammt es aus der Vorkriegszeit. Architektur, kann man sagen, existiert in Amerika erst seit nach dem Krieg. Ich glaube, New Orleans hat das Glück – und in gewissem Sinne das Pech –, während der letzten Jahre keine Feuersbrunst gehabt zu haben. Anders kann es gar nicht sein. Wäre das Gegenteil der Fall, könnte man das »abgebrannte Viertel« sicher leicht an seiner gegenüber den alten Formen radikal verbesserten Architektur erkennen. In Boston und Chicago kann man das. Das »abgebrannte Viertel« von Boston war vor dem Feuer reizlos, jetzt aber gibt es in keiner Stadt der Welt ein Geschäftsviertel, das es an Schönheit, Eleganz und Geschmack übertreffen – ja, selbst mit ihm konkurrieren – könnte.

Den Anfang hat New Orleans jedoch gemacht – sozusagen in diesem Augenblick. Wenn die neue Baumwollbörse fertig ist, wird sie ein schönes und stattliches Gebäude abgeben: massiv, gediegen, voll architektonischem Reiz; ohne Kinkerlitzchen, ohne unechten Pomp, ohne Häßlichkeit. Der Stadt wird sie dreimal ihre Kosten wert sein, denn sie wird für die Weiterzüchtung ihrer Rasse sorgen. Was bisher gefehlt hat, ist ein Vorbild, dem man beim Bauen nacheifern kann, etwas, das Auge und Geschmack erzieht, etwas, das *anregt*.

Die Stadt ist wohlversorgt mit fortschrittlichen Männern – denkenden, gescheiten, klugen Männern. Der Gegensatz zwischen dem Geist der Stadt und der Architektur der Stadt ist wie der Gegensatz zwischen Wachen und Schlafen. Offensichtlich herrscht in allem eine Hochkonjunktur, nur eben auf diesem einen toten Gleis nicht.

Früher stand das Wasser in den Gossen still und war schleimig und ein starker Krankheitsherd, doch jetzt werden die Gossen zwei- bis dreimal am Tage durch einen gewaltigen Mechanismus ausgespült. In vielen steht das Wasser niemals, sondern ist ständig im Fluß. Man hat auch andere sanitäre Verbesserungen vorgenommen und mit solchem Erfolg, daß New Orleans von sich behaupten kann, eine der gesündesten Städte der Union zu sein (zumindest während der langen Perioden zwischen den gelegentlichen Attacken des gelben Fiebers). Eis ist jetzt in jeder Menge zu haben, hergestellt in der Stadt. Handel und Wandel blühen und gedeihen, denn New Orleans hat einen großen Fluß-, See- und Bahnverkehr. Zur Zeit unseres Besuches war es die bestbeleuchtete Stadt in der Union und konnte mehr und weitaus bessere elektrische Laternen aufweisen als New York. Und man hatte diesen gedämpften hellichten Tag nicht nur in der Canal Street und einigen benachbarten Hauptstraßen, sondern auch auf einer Strecke von fünf Meilen am Ufer entlang. Es gibt jetzt gute Klubs in der Stadt – zum Teil erst vor kurzem gegründet – und einladende moderne Vergnügungsstätten in West End und Spanish Fort. Telefon gibt es überall. Einer der bemerkenswertesten Fortschritte findet sich im Zeitungswesen. Mit den Zeitungen war es, so wie ich mich an sie erinnere, nicht besonders weit her. Jetzt aber doch. Dafür wird mit vollen Händen Geld ausgegeben. Sie kriegen ihre Nachrichten, koste es, was es wolle. Die Redakteure fabrizieren keine Lohnschreibereien mehr, sondern machen Literatur. Als Beispiel der journalistischen Errungenschaften von New Orleans sei erwähnt, daß der »Times Democrat« vom 26. August 1882 einen Jahresbericht über die Geschäfte aller Städte am Mississippi von New Orleans bis hinauf nach St. Paul – zweitausend Meilen – enthielt. Jene Ausgabe bestand aus *vierzig* Seiten, die Seite sieben Spalten; insgesamt also zweihundertachtzig Spalten, pro Spalte fünfzehnhundert Wörter – eine Anhäufung von vierhundertzwanzigtausend Wörtern. Das heißt fast dreimal so viele Wörter wie in diesem Buch. Voller Sorgen mag man das mit der Architektur von New Orleans vergleichen.

Ich habe nur von der öffentlichen Architektur gesprochen; die private in New Orleans ist ohne Tadel, wenn sie auch geblieben ist wie immer. Die Wohnhäuser sind alle aus Holz – im amerikanischen Teil der Stadt, meine ich – und haben alle ein behagliches Aussehen. Die im wohlhabenden Viertel sind geräumig, gewöhnlich schneeweiß angestrichen und haben im allgemeinen breite Balkons oder Doppelbalkons auf Ziersäulen. Diese stattlichen Häuser stehen inmitten großer Anlagen und ragen rosenumrankt aus schwellenden Massen leuchtend grünen Laubwerkes und vielfarbiger Blüten hervor. Häuser können wohl kaum in besserer Harmonie zur Umgebung stehen oder dem Auge gefälliger sein oder anheimelnder und behaglicher aussehen.

Man söhnt sich schließlich sogar mit der Zisterne aus. Das ist ein gewaltiges, auf Pfählen gegen die Hausecke gestütztes Faß, grün angestrichen und manchmal ein paar Stockwerke hoch. Im ersten Moment denkt man an eine Verbindung von Herrenhaus mit Brauereibetrieb, was einem ziemlich ungereimt vorkommt. Aber die Leute können keine Brunnen anlegen, und da nehmen sie eben Regenwasser. Genauso wenig läßt es sich einrichten, daß sie Keller oder Gräber* ausheben, denn die Stadt ist auf »gemachtem« Boden erbaut. So kommen sie ohne beides aus, und von den Lebenden beklagen sich wenige und von den anderen niemand.

ZWEIUNDVIERZIGSTES KAPITEL

Pietät und Hygiene

Sie setzen ihre Toten in Grüften über der Erde bei. Diese Gewölbe haben Ähnlichkeit mit Häusern – manchmal mit

* Die Israeliten werden in Gräbern beigesetzt – ich nehme an, auf Wunsch, nicht auf Vorschrift –, sonst aber niemand, mit Ausnahme der Armen, die auf öffentliche Kosten beerdigt werden. Die Gräber sind nur drei bis vier Fuß tief.

Tempeln; im allgemeinen sind sie aus Marmor, architektonisch anmutig und formvollendet und frontieren die Wege und Fahrwege des Friedhofes, und wenn man sich inmitten ihrer Tausend bewegt und ihre sich zu beiden Seiten in die Ferne erstreckenden weißen Dächer oder Giebel sieht, erhält die Redensart »Stadt der Toten« auf einmal Bedeutung. Viele der Friedhöfe sind schön und werden mustergültig in Ordnung gehalten. Geht man von den in seiner Nähe gelegenen Uferdämmen oder den Geschäftsstraßen auf einen Friedhof, sagt man sich, wenn jene Menschen dort unten es im Leben so sauber und kultiviert hätten, wie dann, wenn sie tot sind, würden sie viele Vorteile darin entdecken, und außerdem wäre ihr Viertel das Staunen und die Bewunderung der Geschäftswelt.

An den Portalen vieler Grüfte sind frische Blumen in wassergefüllten Vasen zu sehen, von den frommen Händen hinterbliebener Eltern und Kinder und Ehegatten dort hingestellt und täglich erneuert. Eine mildere Form der Sorge findet ihren billigen und dauerhaften Mahner in der gemeinen und häßlichen, aber unzerstörbaren »Immortelle«: einem Kranz oder Kreuz oder ähnlichem Emblem aus lauter Rosetten von schwarzem Leinen, manchmal noch mit einer gelben in der Mitte, da, wo die Balken des Kreuzes zusammenstoßen – eine klägliche Trauerbrosche sozusagen. Die Immortelle braucht keine Pflege: man hängt sie einfach hin, und damit hat es sich, sie nimmt uns unseren Gram ab und bewahrt ihn länger, als wir das könnten, trotzt dem Wetter erstklassig und hält wie Eisen.

An sonnigen Tagen kriechen hübsche kleine Chamäleons – die anmutigsten aller bebeinten Kriechtiere – an den Marmorfronten der Grüfte herum und fangen Fliegen. Ihr Wechseln der Farbe – was die Vielfalt betrifft – entspricht nicht dem Ruf dieses Wesens. Sie wechseln die Farbe, wenn jemand ankommt und eine Immortelle aufhängt, aber das will nichts heißen, das würde jedes feinfühlige Reptil tun.

Ich lasse dieses Friedhofsthema nach und nach wieder fallen. Ich versuche alles, was ich kann, um hinter seine sentimentale Seite zu kommen, aber es will mir nicht gelingen. Meiner Meinung nach hat es gar keine echte sentimentale Seite. Es ist alles grotesk, gräßlich, schrecklich. In vergangenen Zeiten, als niemand wußte, daß für jede Leiche, die in die Erde gebracht wird, um den Boden und die Pflanzenwurzeln und die Luft mit Krankheitskeimen zu übersättigen, fünf bis fünfzig, vielleicht auch hundert Menschen vor der Zeit sterben müssen, mögen Friedhöfe ihre Berechtigung gehabt haben, heute aber, wo jedes kleine Kind weiß, daß ein toter Heiliger mit dem Moment, wo sich die Erde über seinem Leichnam schließt, eine jahrhundertelange Mörderlaufbahn antritt, läßt sich ihre Existenz kaum noch rechtfertigen. Ein furchtbarer Gedanke.

Die Gebeine der heiligen Anna oben in Kanada fangen jetzt, nach neunzehnhundert Jahren, an, dutzendweise Kranke zu heilen. Daß eben dieselben Reliquien schon innerhalb einer Generation nach dem Tode und der Grablegung der heiligen Anna mehrere Tausend Leute *krank* gemacht haben, ist doch einfach Tatsache. Die jetzigen Wundervorstellungen sind also bloß der Ausgleich dafür, weiter nichts. Für eine Heilige ist die gute Anna eine reichlich säumige Zahlerin, muß man schon sagen, aber immer noch besser, eine unter Verjährungsfrist fallende Schuld nach neunzehnhundert Jahren beglichen als überhaupt nicht bezahlt, und die meisten der Ritter vom Heiligenschein berappen eben überhaupt nicht. Findet man mal einen, der das doch tut – wie die Anna –, so stehen ihm hundertfünfzig gegenüber, die sich auf das Verjährungsgesetz berufen. Und mehr als das Kapital, was er schuldet, erstattet sowieso keiner zurück – sie zahlen weder Zins noch Zinseszins. *Ganz* kann ein Heiliger das Kapital jedoch niemals zurückgeben, denn sein Leichnam *tötet* Menschen, während seine Reliquien nur *heilen* – nie erwecken sie Tote zum Leben. Dieser Teil der Rechnung bleibt stets unbeglichen.

»Dr. F. Julius le Moyne schrieb nach fünfzig Jahren medizinischer Praxis: ›Die Beerdigung menschlicher Leichen, die an ansteckenden Krankheiten gestorben sind, führt zu ständiger Verpestung von Luft und Wasser nicht nur mit den Keimen, die sich bei der einfachen Verwesung bilden, sondern auch mit den *bestimmten* Keimen jener Krankheiten, die die Todesursache waren.‹

Die Gase (von begrabenen Leichen) steigen durch acht bis zehn Fuß Kies genauso an die Oberfläche wie Kohlengas, und der Macht ihres Entweichens sind praktisch keine Grenzen gesetzt.

Während der Epidemie in New Orleans im Jahre 1853 berichtete Dr. E. H. Barton, daß im Vierten Distrikt die Sterblichkeit vierhundertzweiundfünfzig pro Tausend betragen habe – mehr als das Doppelte von jedem anderen Distrikt. In diesem Distrikt befanden sich zwei große Kirchhöfe, auf denen während des vergangenen Jahres über dreitausend Leichen beigesetzt worden waren. In anderen Distrikten schien die Nähe von Kirchhöfen die Krankheit zu verschlimmern.

Im Jahre 1828 legte Professor Bianchi dar, wie das furchtbare Wiederauftauchen der Pest in Modena durch Ausgrabungen in einem Gelände verursacht wurde, wo *dreihundert Jahre vorher* die Opfer der Pest begraben worden waren. Bei der Erklärung der Ursachen für einige Epidemien bemerkt Mr. Cooper, daß die Öffnung der Beerdigungsstätte der Pestopfer in Eyam einen sofortigen Ausbruch dieser Krankheit zur Folge hatte.« – »North American Review«, Bd. 3, Nr. 135.

In einer zur Verteidigung der Verbrennung vor der Chicagoer Medizinischen Gesellschaft gehaltenen Rede führte Dr. Charles W. Purdy einige bemerkenswerte Vergleiche an, um zu zeigen, was die Beerdigung von Toten der Gesellschaft für eine Last auferlegt:

»In den Vereinigten Staaten wird jährlich eineinviertelmal soviel Geld für Beerdigungen ausgegeben, wie die Regierung für Volksschulen aufwendet. Was im Jahre 1880 die Beerdigungen diesem Lande gekostet haben, würde ausreichen, die Verpflichtungen aller kommerziellen Zusammenbrüche zu begleichen, die in jenem Jahr in den Vereinigten Staaten vorgekommen sind, und jedem bankrotten Geschäftsmann zur Wiederaufnahme des Betriebes ein Kapital von achttausendsechshundertdreißig Dollar zu geben. Beerdigungen verschlingen jährlich mehr Geld als der Silber- und Goldertrag der Vereinigten Staaten vom Jahr 1880 zusammengenommen ausmacht. In diese Zahlen sind weder die in Friedhöfen investierten und für Gräber und Monumente ausgegebenen Summen mit einbegriffen noch die Wertminderung von Grundbesitz in der Nähe von Friedhöfen.«

Für die Reichen würde die Einäscherung genauso genügen wie Beerdigung, denn die damit verbundenen Zeremonien lassen sich ebenso kostspielig und prunkhaft gestalten wie eine Hindu-Witwenverbrennung, während für die Armen Einäscherung besser wäre als Beerdigung, weil sie so billig ist* – so billig, bis die Armen dazu übergehen, es den Reichen nachzuahmen, was sie mit der Zeit schon tun werden. Die Übernahme der Verbrennung würde uns von einem Müllhaufen abgedroschener Beerdigungswitzeleien befreien, andererseits aber würden eine Menge verschimmelter alter Verbrennungswitze, die zweitausend Jahre geruht haben, fröhliche Urständ feiern.

Ich habe einen farbigen Bekannten, der sich sein Brot durch schwere körperliche Arbeit verdient. Er kommt nie auf mehr als vierhundert Dollar im Jahr, und da er verheiratet ist und mehrere kleine Kinder hat, muß er an allen Ecken und Enden sehr knapsen, um ohne Schulden ans Ende der zwölf Monate zu kommen. Für so einen Mann ist eine Beerdigung eine finanzielle Katastrophe.

Während ich eins der vorangegangenen Kapitel schrieb, verlor dieser Mann ein Kind. Mit einem Bekannten klapperte er die ganze Stadt ab auf der Suche nach einem Sarg, der innerhalb seiner Mittel lag. Er kaufte den allerbilligsten, den er auftreiben konnte, einfaches Holz, gebeizt. Kostenpunkt: *sechsundzwanzig* Dollar. Er hätte wahrscheinlich nicht einmal vier gekostet, wenn er dazu gebaut worden wäre, etwas Nützliches hineinzupacken. Dieser Mann und seine Familie werden jene Ausgabe noch viele Monate zu spüren haben.

* Vier bis fünf Dollar Minimalkosten.

DREIUNDVIERZIGSTES KAPITEL

Die Kunst der Leichenbestattung

Um diese Zeit begegnete ich auf der Straße einem Mann, den ich sechs oder sieben Jahre nicht mehr gesehen hatte, und es entspann sich ungefähr folgendes Gespräch zwischen uns. Ich sagte: »Sie sahen doch immer so verdrießlich und schon ziemlich alt aus, jetzt aber gar nicht mehr. Wo haben Sie nur all diese Jugend und überschäumende Munterkeit her? Diese Adresse müssen Sie mir auch mal geben.« Aufgeräumt kicherte er vor sich hin. Er nahm seine glänzende Angströhre ab, zeigte auf ein in den Deckel geklebtes kleines rosa Etikett mit Einprägung und feixte weiter, während ich las: »J. B., Leichenbestatter.« Dann stülpte er sich den Zylinder wieder auf, schob ihn ohne jede Würde ins Genick und legte los:

»Hier, das ist es! Ja, das waren schlechte Zeiten für mich, als Sie mich damals kennenlernten – Versicherungsbranche, mächtig unregelmäßige Sache, na, Sie wissen ja. Bei Großfeuer ging's noch: zehn Tage lebhafte Abschlüsse, während den Leuten der Schreck noch in den Gliedern saß; danach: flaues Policengeschäft bis zum nächsten Brand. Eine Stadt wie die hier hat eben nicht oft genug eine Feuersbrunst – man muß sich mit so vielen flauen Wochen hintereinander rumschlagen, daß man den Mut verliert. Aber das hier, darauf können Sie Gift nehmen, ist *das* Geschäft! Beim Sterben wartet nämlich kein Mensch erst auf ein Exempel. Nein, mein Lieber, die Leute kratzen ganz einfach ab – Flauten kennt die Beerdigungsbranche überhaupt nicht. Mit lumpigen zwei, drei alten Särgen und einem einzigen Mietpferd hab ich angefangen, und sehen Sie mich jetzt an! Ich habe hier ein Unternehmen aufgezogen, das jeden, ganz egal wen, zufriedenstellen würde. Vor fünf Jahren habe ich noch in einer Dachkammer gehaust, heute bewohne ich ein elegantes Haus mit Mansardendach und all den andern modernen Unbequemlichkeiten.«

»Bringen denn Särge so viel ein? Ist der Verdienst bei einem Sarg sehr groß?«

»Aber! Was Sie für blöde Fragen stellen!« Er zwinkerte mir vertraulich zu, senkte die Stimme und legte die Hand fest auf meinen Arm. »Ich werde Ihnen mal was verraten. Es gibt nur eine Sache auf der Welt, die niemals billig ist. Das ist ein Sarg. Es gibt nur eine Sache auf der Welt, bei der kein Mensch versucht, den Preis zu drücken. Das ist ein Sarg. Es gibt nur eine Sache auf der Welt, wo keiner sagt: ›Ich will mich erst mal ein bißchen umgucken, und wenn ich nichts Besseres finde, dann komme ich wieder und nehm's‹: das ist ein Sarg. Es gibt nur eine Sache auf der Welt, die kein Mensch in Kiefer nehmen wird, wenn er sie in Nußbaum haben kann, die er nicht in Nußbaum nimmt, wenn er sie in Mahagoni haben kann, und die er nicht mal in Mahagoni nimmt, wenn er sich einen eisernen Sarkophag mit silbernem Namensschild und Bronzegriffen leisten kann: das ist ein Sarg. Und es gibt nur eine Sache auf der Welt, wo man sich nicht mit den Leuten rumzuplagen braucht, um sein Geld zu kriegen: das ist eben ein Sarg. Beerdigungsinstitut? Mann, ich sage Ihnen, das ist das bombensicherste Geschäft unter Gottes Sonne und das nobelste dazu.

Sie brauchen es sich doch bloß mal näher anzusehen. Ein Reicher will natürlich nur das Allerbeste, was da ist; man kann sich ruhig die teuersten Sachen auf Lager halten – und sie ihm dann andrehen, er wird keine Miene verziehen. Und nehmen Sie sogar so ein armes Luder: wenn Sie den richtig bearbeiten, macht er sich auf einen Schlag bankrott. Und nun erst eine Frau. Zum Beispiel: Mrs. O'Flaherty kommt rein – Witwe –, wischt sich die Augen und jammert, nimmt das Taschentuch von einem Auge, plinkert tränenvoll über mein Lager hin und sagt:

›Und dürft ich fragen, was dieser Sarg da kostet?‹

›Neununddreißig Dollar, Gnädigste.‹

›Das scheint mir aber sehr teuer, doch Pat soll wie 'n Gentleman beerdigt wern, denn das war er, und wenn ich mit mein eignen Händen dafür schuften muß. Diesen Sarg will ich.‹

›Bitte schön, Gnädigste‹, antworte ich. ›Es ist wirklich ein schönes Stück, wenn auch nicht gerade kostspielig, aber schließlich muß man sich in diesem Leben eben nach der Decke strecken, wie man so sagt.‹ Und wenn sie gehen will, laß ich ganz beiläufig fallen: ›Übrigens dieser da, der mit dem weißen Satinfutter, das ist ein wahres Gedicht. Ich fürchte allerdings – nun, immerhin, fünfundsechzig Dollar sind keine ..., keine ... – aber macht nichts, ich muß schon sagen: Alle Achtung vor Mrs. O'Shaughnessy ...‹

›Woll'n Sie damit sag'n, daß Bridget O'Shaughnessy so einen Schmuckkasten wie den da gekauft hat, um ihrn besoffenen Kerl ins Fegefeuer zu befürdern?‹

›Ja, meine Gnädigste.‹

›Dann soll auch Pat in so eim in den Himmel kommen, und wenn's die O'Flahertys den letzten Heller kostet, den sie lockermachen können. Und wenn ich bitten dürf, daß alles noch ein bißchen extra ausgeschmückt wird. Dafür zahle ich Ihnen auch einen Dollar drüber.‹

Komme ich dann auf den Leichenwagen zu sprechen, vergesse ich natürlich nicht zu erwähnen, daß Mrs. O'Shaughnessy für vierundfünfzig Dollar Pferde gemietet hat und daß sie in Dennis' Beerdigung so viel reingesteckt hat, als ob er ein Herzog oder Mörder gewesen wär. Selbstverständlich läßt sie sich nicht lumpen und übertrumpft die O'Shaughnessy mit vier Pferden und einer besseren Wagenklasse. Aber die Zeiten sind vorbei. Das hat sich jetzt alles totgelaufen, hier jedenfalls. Die Iren haben bei ihren Beerdigungen so viele Pferde voreinandergespannt, daß sie hinterher zwei Jahre hungrig und abgerissen rumliefen, und da hat dann der Priester dazwischengefunkt und das ganze Geschäft vermasselt. Jetzt erlaubt er ihnen bloß noch zwei Pferde und manchmal nur eins.«

»Ja, aber«, warf ich ein, »wenn Sie in normalen Zeiten schon so heiter und vergnügt sind, was machen Sie da erst in einer Epidemie?«

Er schüttelte den Kopf.

»Nein, da sind Sie auf dem Holzweg. Epidemien wollen wir nicht. Eine Epidemie zahlt sich nicht aus. Na ja, so meine ich das, genaugenommen, nun auch wieder nicht, aber im Verhältnis zu sonst springt nichts dabei raus. Können Sie sich nicht vorstellen, wieso?«

»Nein.«

»Denken Sie mal nach.«

»Keine Ahnung. Was denn?«

»Es handelt sich bloß um zwei Dinge.«

»Und um welche?«

»Na, einmal das Einbalsamieren.«

»Und dann?«

»Das Eis.«

»Wieso?«

»Nun, in normalen Zeiten sieht das so aus: wenn da jemand stirbt, legen wir ihn zwei, drei Tage auf Eis, damit seine Bekannten ihn sich angucken können. Man braucht dazu eine Menge – es schmilzt zu schnell. Für dieses Eis fordern wir Luxuspreise und Kriegspreise für die Leichenwache. Wissen Sie denn nicht: wenn eine Epidemie ist, dann werden die Leute im selben Augenblick, wo ihnen der Atem ausgeht, auf den Friedhof geschafft. Bei einer Epidemie können wir kein Eis loswerden. Da gibt's auch kein Einbalsamieren. Nehmen Sie eine Familie, die sich das leisten kann, und Sie haben leichtes Spiel. Man kann sechzehn verschiedene Arten aufzählen – obwohl, wenn man den Dingen auf den Grund geht, gibt es nur eine oder zwei –, und sie wird in jedem Fall die teuerste davon bestellen. Das liegt nun einmal in der Natur des Menschen – das heißt in der des trauernden Menschen. Die Vernunft scheidet da völlig aus, müssen Sie wissen. Wenn es soweit ist, schert sie sich den Teufel drum. Sie wollen alle nicht, daß der Körper verfault. Unsereiner braucht da nichts weiter zu tun, als sich ganz still verhalten und das Geld zu stapeln – die Angehörigen kommen schon für alles auf. Mann, nehmen Sie einen Toten, den Sie sich einfach nicht entgehen lassen wollen: Sie suchen sich ihre Siebensachen zum Einbalsamieren zusammen, machen sich an die Arbeit, und in ein paar Stunden ist er glatte sechshundert wert. Ja, mein Lieber, damit läßt sich nichts vergleichen, höchstens Handel mit Ratten gegen Diamanten bei einer Hungersnot. Begreifen Sie denn nicht: wenn eine Epidemie herrscht, läßt sich doch kein Mensch mehr Zeit zum Einbalsamieren. Nein, das ruiniert das ganze Geschäft. Jetzt muß ich aber gehen. Lassen Sie mir Bescheid zukommen, wenn Sie selbst mal in Verlegenheit sein sollten – ich will sagen, wenn Sie mal vorbeikommen.«

Wenn hier übertrieben worden ist, so hat er es in seiner heiteren und guten Laune selbst getan. Ich habe nicht das geringste hinzugefügt.

Mit den obigen kurzen Bemerkungen über Erdbestattung wollen wir nun dieses Thema verlassen. Was mich betrifft, so hoffe ich, eingeäschert zu werden. Ich habe das einmal vor meinem Pfarrer erwähnt, und er gab mir eine Antwort, die ihm sehr imponierend erschien: »Ich an Ihrer Stelle würde mir darüber keine grauen Haare wachsen lassen – bei *Ihren* Aussichten.«

Der muß es ja wissen – aber die Familie ist dagegen.

VIERUNDVIERZIGSTES KAPITEL

Stadtbilder

Das alte französische – ursprünglich spanische – Viertel von New Orleans hat keine Ähnlichkeit mit dem amerikanischen Teil der Stadt jenseits des dazwischenliegenden Geschäftszentrums aus Backstein. Die Häuser drängen sich in Blocks zusammen, einfach und würdevoll und von einheitlichem Stil, mit hier und da einer angenehm wirkenden Abweichung; alle sind mit Stuckfassaden versehen, und fast alle haben lange, um die verschiedenen Stockwerke herumgehende Balkons mit Eisengittern. Ihre größte Schönheit liegt in den dunklen, warmen, vielfarbigen Flecken, um die Wetter und Zeit den Putz bereichert haben und die mit der ganzen Umgebung harmonieren und so natürlich aussehen wie die Röte auf den Wolken bei Sonnenuntergang. Dieser bezaubernde Schmuck läßt sich nicht nachahmen und ist auch sonst nirgendwo in Amerika zu finden.

Die Eisengitter sind ebenfalls eine Spezialität. Das Muster ist oft außergewöhnlich fein und zierlich und duftig und anmutig – mit einem großen Buchstaben oder Monogramm in der Mitte; ein zartes Spinnengewebe sich durchkreuzender und verschlungener Formen in Schmiedeeisen. Die alten Gitter sind handgearbeitet und jetzt verhältnismäßig selten und entsprechend wertvoll. Sie sind zu Kuriositäten geworden.

Unsere Gesellschaft genoß das Vorrecht, mit dem feinsten literarischen Genie des Südens, dem Verfasser der »Grandissimes« durch dieses alte Viertel von New Orleans zu bummeln. In ihm hat der Süden einen meisterhaften Schilderer seines Innenlebens und seiner Geschichte bekommen. Weiß ich doch aus eigener Erfahrung, daß das ungeschulte Auge und mangelnder Geist den Süden aus seinen Büchern besser kennenlernen und mit mehr Gewinn betrachten und beurteilen können als persönliche Begegnung.

Mit Mr. Cable dabei, der für uns sieht und beschreibt und erklärt und beleuchtet, ist ein gemächlicher Trab durch dieses alte Viertel ein lebhaftes Vergnügen. Und man hat das Gefühl, Dinge, die gar nicht oder nur undeutlich zu sehen sind, wirklich zu sehen – real und doch verschwimmend und dunkel; man erblickt hervortretende Züge, verliert aber die feinen Schattierungen oder kriegt sie nur unvollkommen mit durch die Vision der Einbildung, so, als ob ein unwissender kurzsichtiger Fremder zusammen mit einem aufgekratzten und wissenden weitsichtigen Einheimischen den Rand weiter, undeutlicher Alpenhorizonte durchwandert.

Wir besuchten das alte »St. Louis Hotel«, das jetzt städtische Ämter beherbergt. Es ist nicht sonderlich bemerkenswert, doch genau wie von der Musikakademie in New York kann man von ihm sagen, sollten darin jemals Schaufel oder Besen gebraucht worden sein, so liegen dafür keinerlei Indizienbeweise vor. Merkwürdig, daß in der Musikakademie kein Kohl und Heu und so was wächst, aber das liegt sicher nur daran, daß die Bänke das Licht wegnehmen und es, außer in den Gängen, unmöglich ist, die Ernte zu hacken. Die Tatsache, daß die Platzanweiser ihre Knopflochbuketts im Hause anbauen, zeigt, was erreicht werden könnte, wenn sie den richtigen landwirtschaftlichen Leiter für das Institut hätten.

Wir besichtigten auch die ehrwürdige Kathedrale und den hübschen Platz davor, die eine düster mit religiösem Licht, der andere strahlend hell mit dem der weltlichen Sorte und lieblich mit Orangenbäumen und Sträuchern voller Blüten. Dann fuhren wir in der heißen Sonne durch die Häuserwildnis und hinaus in die weite Ebene dahinter mit den Villen und den Wasserrädern zur Dränierung der Stadt und den von Kühen und Kindern bevölkerten Gemeindewiesen. Wir kamen an einem alten Friedhof vorbei, wo, wie uns gesagt wurde, die sterblichen Überreste eines Piraten aus der Frühzeit liegen, aber wir glaubten ihm auch so, ohne ihm einen Besuch abzustatten. Es war ein Pirat mit einer ungeheuren und blutrünstigen Geschichte, und solange er sich zurückgezogen und unentdeckt hielt, konnte er sich der Würde seines Namens und des Glanzes seines ehrwürdigen Berufes erfreuen sowie der Huldigung und Ehrerbietung durch hoch und niedrig, doch als er schließlich in die Politik einstieg und armseliger Ratsherr wurde, wollte die Öffentlichkeit nichts mehr von ihm wissen und wandte sich ab und weinte. Nach seinem Tode errichteten sie über ihm ein Denkmal, und langsam kommt er wieder zu Achtung und Ehren; aber es ist die Achtung für den Piraten, nicht für den Ratsherrn. Heute erinnern sich die Treuen und Großmütigen nur noch daran, was er war, und vergessen wohlmeinend, was er wurde.

Von dort fuhren wir auf einer hochgelegenen Chaussee mit Muscheldecke ein paar Meilen durch einen Sumpf, zur einen Hand einen Kanal und zur anderen einen dichten Wald und in der Ferne hier und dort ein ragender zackiger Zypressenwipfel mit Moosbart und verzweigten Ästen, scharf abgesetzt gegen den Himmel und von so putziger Form wie die Apfelbäume auf japanischen Bildern – das war unser Weg und seine Umgebung. Ab und zu ein gemütlich den Kanal entlangschwimmender Alligator und gelegentlich ein malerischer Farbiger am Ufer, der starr wie ein Standbild sinnierend auf das stille Wasser starrte und darauf wartete, daß die Fische anbissen.

Nach einiger Zeit erreichten wir West End, eine Ansammlung von Hotels im üblichen leichten Stil der Sommerfrischen, mit breiten, ganz herumlaufenden Balkons und den gegen die Türschwellen plätschernden Wellen des weiten und blauen Lake Pontchartrain. Das Dinner nahmen wir auf einem Parterrebalkon über dem Wasser ein – Hauptgang war der berühmte Fisch Pompano, köstlich wie die weniger kriminellen Formen der Sünde.

Nach West End und Spanish Fort kommen jeden Abend per Wagen oder Bahn Tausende von Menschen, speisen zu Abend, hören den Kapellen zu und lustwandeln im Freien unter den elektrischen Laternen, segeln auf den See hinaus und vergnügen sich auf verschiedene andere Arten.

Auch später und anderswo hatten wir Gelegenheit, den Pompano zu kosten. Besonders bei einem Zeitungsdinner in einem der Klubs der Stadt. Es gab ihn dort in der letztmöglichen Vollendung, und er rechtfertigte seinen Ruf. In seinem Gefolge befand sich eine Pyramide dunkelroter Krebse – große, so groß wie der Daumen, appetitlich, schmackhaft, delikat. Außerdem stark gepfefferten, gerösteten Breitling sowie Garnelen ausgesuchter Qualität und eine Schüssel kleiner, weichschaliger Krabben von überlegenster Rasse. Die anderen Gänge waren das, was man bei Delmonico oder im Buckingham Palast kriegen kann; die eben erwähnten sind, glaube ich, in ähnlicher Vollkommenheit nur in New Orleans zu haben.

Im Westen und Süden haben sie jetzt eine neue Einrichtung: die Besengarde. Sie besteht aus jungen Damen in einheitlicher Kleidung, die eine Infanterieausbildung erhalten, nur mit einem Besen an Stelle der Muskete. Bei einer Privatbesichtigung gaben sie ein sehr hübsches Bild ab. Wenn sie auf der Bühne eines Theaters im Schein bunter Feuer eine Vorstellung geben, muß das ein feines und faszinierendes Schauspiel sein. Ich habe gesehen, wie sie mit Anmut, Geist und bewundernswerter Akkuratesse sämtliche Griffe gekloppt haben. Ich habe sie alles mögliche tun sehen, was ein Mensch mit einem Besen anstellen kann, außer Fegen. Fegen habe ich sie nicht gesehen. Aber sicher können sie das noch lernen. Was sie bereits gelernt haben, beweist das. Und falls sie es je lernen sollten und Tchoupituolas oder eine der anderen Straßen dort auf dem Kriegspfad hinunterziehen sollten, würden diese Boulevards innerhalb sehr weniger Minuten einen äußerst verbesserten Anblick bieten. Die Mädchen selber aber weniger, und so wäre letzten Endes doch nichts gewonnen.

Der Drill fand im Gebäude der Washington-Artillerie statt. In diesem Haus sahen wir viele interessante Erinnerungen an den Krieg. Außerdem ein feines Ölgemälde, Stonewall Jacksons letzte Unterredung mit General Lee darstellend. Beide Männer sind zu Pferde. Jackson ist gerade herangeritten gekommen und spricht Lee an. Das Bild ist sehr kostbar, denn die Porträts sind authentisch. Aber wie so viele andere historische Bilder sagt es ohne Unterschrift gar nichts. Und eine paßt so gut wie die andere:

Erste Unterredung zwischen Lee und Jackson.
Letzte Unterredung zwischen Lee und Jackson.
Jackson stellt sich Lee vor.
Jackson nimmt Lees Einladung zum Dinner an.
Jackson lehnt Lees Einladung zum Dinner dankend ab.
Jackson entschuldigt sich für die schwere Niederlage.
Jackson meldet einen großen Sieg.
Jackson bittet Lee um Feuer.

Es erzählt *eine* Geschichte, und zwar eine ausreichende, denn es sagt ganz klar: »Hier sind Jackson und Lee zusammen.« Der Künstler würde das Bild haben aussagen lassen, daß das hier Lees und Jacksons letzte Unterredung ist, wenn er das gekonnt hätte. Er konnte es aber nicht, denn es gab keine Möglichkeit, das zu tun. Bei einem historischen Bild ist ein gut leserliches Schildchen gewöhnlich, was die Auskunft betrifft, eine Tonne an Haltung und Ausdruck wert. In Rom stehen Leute mit zarten, mitfühlenden Naturen und weinen vor dem gefeierten »Beatrice Cenci am Tage vor ihrer Hinrichtung«. Das zeigt, was die Unterschrift ausmacht. Wäre ihnen das Bild nicht bekannt, würden sie es ungerührt betrachten und sagen: »Junges Mädchen mit Heuschnupfen; junges Mädchen mit Kaffeewärmer auf dem Kopf.«

Den halbvergessenen südlichen Tonfall und die Auslassungen fand ich noch genauso angenehm klingend wie früher. Ein Südstaatler redet wie Musik. Wenigstens für mich, aber ich bin ja auch im Süden geboren. Der gebildete Südstaatler hat gar keine Verwendung für ein r, es sei denn am Anfang eines Wortes. Er sagt »honah« und »dinnah« und »Gove'nuh« und »befo' the waw« und so weiter. Gedruckt mögen die Wörter für das Auge keinen Charme haben, für das Ohr aber haben sie ihn. Wann ist das r aus der Sprache des Südens verschwunden, und wie mag es dazu gekommen sein? Die Sitte, es auszulassen, ist weder vom Norden geborgt noch von England geerbt. Viele Südstaatler – ja die meisten – flechten hier und da ein y in Wörter ein, die mit einem K-Laut anfangen. Zum Beispiel sagen sie Mr. K'yahtah (Carter) und reden von »playing k'yahds« oder von »riding in the k'yahs«. Und sie haben die – im Norden längst in Verfall geratene – angenehme Sitte, häufig das respektvolle »Sir« anzuwenden. An Stelle des barschen Ja oder Nein sagen sie »Yes, suh«; »No, suh«.

Aber es gibt einige Fehler wie »like« für »as« und die Einfügung eines »at«, wo es nicht nötig ist. Ich hörte einen gebildeten Herrn sagen: »Like the flag-officer did.« Seine Köchin oder sein Diener hätten gesagt: »Like the flag-officer done.« Man hört Gentlemen sagen: »Where have you been at?« Und hier die verschlimmerte Form – hörte das einen zerlumpten Straßenjungen zu seinem Kameraden sagen: »I was a-ask'n Tom whah you was a-sett'n at.« Die allerfeinsten Leute sagen achtlos »will«, wenn sie »shall« meinen, und viele von ihnen sagen: »I didn't go to do it« für »I didn't mean to do it«. Das nördliche Wort »guess« – importiert aus England, wo es sehr verbreitet war, und jetzt von satirischen Engländern als echte Yankee-Erfindung angesehen – wird unter Südstaatlern nur selten gebraucht. Sie sagen »reckon«. Ein »doesn't« existiert in ihrer Sprache nicht; sie kennen nur »don't«. Die Ungebildeten gebrauchen oft »went« für »gone«. Das ist beinahe so übel wie das nördliche »hadn't ought«. Das erinnert mich an eine Bemerkung sehr merkwürdiger Art, die vor ein paar Tagen hier in meiner Nachbarschaft (im Norden) gemacht wurde: »He hadn't ought to have went.« Wie kommt das?

Ist das nicht schon ein Triumph? Nach den Komponenten dieses Mischlings braucht man nicht erst zu fragen, die erkennt man gleich: ein Elternteil nördlich, ein Elternteil südlich. Heute hörte ich eine Lehrerin fragen: »Where is John gone?« Diese Form ist so verbreitet – ja so gang und gäbe –, daß es affektiert geklungen hätte, wenn sie »whither« statt »where« gebraucht hätte.

Wir schnappten ein ausgezeichnetes Wort auf – ein Wort, um das sich die Reise nach New Orleans lohnt, ein nettes, geschmeidiges, ausdrucksvolles, handliches Wort: »Lagniappe«. Sie sprechen es »lanny-yap« aus. Es ist spanisch – sagte man uns jedenfalls. Wir entdeckten es am ersten Tage in einer Überschrift im Lokalteil der »Picayune«, hörten es am zweiten zwanzig Leute gebrauchen, erkundigten uns am dritten, was es hieß, und am vierten hatten wir den Bogen raus, es selber anzuwenden. Es hat eine begrenzte Bedeutung, aber ich glaube, die Leute dehnen es nach Belieben etwas aus. Es ist das Äquivalent des dreizehnten Brötchens im »Bäckerdutzend«. Eine Zugabe, gratis, für gutes Maß. Die Sitte hat ihren Ursprung im spanischen Viertel der Stadt. Wenn ein Kind oder ein Dienstbote etwas in einem Geschäft kauft – oder sogar der Bürgermeister oder der Gouverneur, soweit ich weiß – wird der Handel mit den Worten abgeschlossen:

»Geben Sie mir was als Lagniappe.«

Der Ladenbesitzer geht immer darauf ein, gibt dem Kind ein Stück Lakritze, dem Dienstboten eine billige Zigarre oder eine Rolle Zwirn und dem Gouverneur – ich weiß nicht, was er dem Gouverneur gibt, wahrscheinlich Wahlunterstützung.

Wird man zum Trinken eingeladen – und das kommt in New Orleans hin und wieder vor – und sagt man: »Was, schon wieder? – Nein, ich habe genug«, erwidert der andere: »Bloß noch einen – als Lagniappe.« Wenn der Liebhaber merkt, daß er seine Komplimente etwas zu hoch aufgetürmt hat, und an der Miene der jungen Dame sieht, das Gebäude hätte ohne das oberste Kompliment sicherer gestanden, kleidet er sein »Verzeihung, es war nicht so gemeint« in die kürzere Form: »Ach, das ist als Lagniappe.«

Stolpert der Kellner im Restaurant und gießt einem eine Viertelpinte Kaffee ins Genick, sagt er: »Als Lagniappe, Sir«, und bringt einem eine neue Tasse Kaffee, ohne sie extra zu berechnen.

FÜNFUNDVIERZIGSTES KAPITEL

Sport im Süden

Im Norden wird in geselliger Unterhaltung der Krieg einmal im Monat erwähnt, manchmal auch einmal in der Woche, aber als ausgesprochenes Gesprächsthema hat er längst ausgedient. Das hat seine guten Gründe. Angenommen, eine Dinnergesellschaft besteht heute aus sechs Herren, da kann es leicht passieren, daß vier – wahrscheinlich sogar fünf – davon überhaupt nicht Soldat waren. Die Chancen stehen also vier zu zwei oder fünf zu eins, daß der Krieg an dem Abend keine Minute Gegenstand der Unterhaltung wird. Sollte er es aber doch werden, so sind die Aussichten noch größer, daß er das nur eine kleine Weile bleibt. Fügt man der Gesellschaft sechs Damen hinzu, so hat man fünf Leute hinzugefügt, die von der furchtbaren Wirklichkeit des Krieges so wenig gesehen haben, daß ihnen der Gesprächsstoff darüber schon vor Jahren ausgegangen ist und sie jetzt des Kriegsthemas bald überdrüssig würden, wenn man damit ankäme.

Ganz anders liegen die Dinge im Süden. Dort ist jeder Mann, den man trifft, im Krieg gewesen, und jede Dame, mit der man zusammenkommt, hat den Krieg miterlebt. Der Krieg ist Gesprächsthema Nummer ein. Das Interesse daran ist lebhaft und anhaltend, das an anderen Themen vorübergehend. Die Erwähnung des Krieges weckt eine schlafmützige Gesellschaft sofort auf und setzt ihre Zungen in Bewegung, wenn nahezu jedes andere Thema versagt. Im Süden ist der Krieg das, was anderswo A. D. ist, er bestimmt ihre Zeitrechnung. Den ganzen Tag über hört man Dinge, die nach dem Krieg datiert werden: seit dem Krieg oder während dem Krieg oder vorm Krieg oder gleich nach dem Krieg oder zirka zwei Jahre oder fünf Jahre oder zehn Jahre vorm Krieg oder nach dem Krieg. Das zeigt, wie tief dieses ungeheuerliche Ereignis in das persönliche Leben jedes einzelnen eingegriffen hat, und gibt dem unerfahrenen Fremden eine bessere Vorstellung davon, was für ein gewaltiges und umfassendes Unglück eine Invasion ist, als er jemals durch Bücherlesen am Kamin erhalten kann.

In einem Klub wandte sich eines Abends ein Herr an mich und sagte leise: »Sie werden natürlich bemerkt haben, daß wir fast immerzu vom Krieg reden. Das liegt nicht etwa daran, daß wir nichts anderes hätten, über das wir uns unterhalten können, sondern daran, daß uns nichts anderes so stark interessiert. Und es hat noch einen Grund: im Kriege scheint jeder von uns von all dem, was ein Mensch erleben kann, etwas am eigenen Leibe erlebt zu haben, und so können Sie keine noch so abseitige Sache erwähnen, die nicht doch irgendeinen Zuhörer an etwas erinnert, was während des Krieges geschah – und gleich kommt er damit an. Natürlich bringt das das Gespräch wieder auf den Krieg. Sie können versuchen, was Sie wollen, um andere Themen warmzuhalten, und wir mögen alle mitmachen und mithelfen, es führt doch nur zu dem einen: das abgelegenste Thema lädt jeden mit Kriegserinnerungen auf und verschließt ihm außerdem den Mund, und die Unterhaltung versiegt wahrscheinlich bald ganz, denn man kann nicht über blutleere Belanglosigkeiten reden, wenn man eine lebenstrotzende Tatsache oder Vorstellung im Kopf hat und darauf brennt, sie anzubringen.«

Der Dichter saß ein kleines Stück weg und fing plötzlich an zu sprechen – über den Mond.

Der Herr, der sich mit mir unterhalten hatte, flüsterte mir zu: »Da, der Mond ist vom Schauplatz des Krieges weit genug entfernt, und doch werden Sie erleben, daß dabei einem etwas über den Krieg einfällt. Zehn Minuten, und der Mond hat als Thema ausgedient.«

Der Dichter sagte, ihm sei etwas Merkwürdiges aufgefallen. Er habe den Eindruck, das Mondlicht wäre hier unten am Äquator bedeutend kräftiger und heller als oben im Norden, und als er vor vielen Jahren in New Orleans gewesen sei, hätte der Mond...

Unterbrechung vom anderen Ende des Zimmers: »Kann ich Ihnen erklären. Mir fällt da eine Anekdote ein. Seit dem Krieg hat sich alles verändert, zum Schlechten wie zum Guten, aber Sie werden feststellen, die Leute hier sind geborene Meckerer und sehen bloß immer, was sich verschlechtert hat. Von der Sorte gab es eine alte Negerin. Ein junger New Yorker sagte in ihrem Beisein: ›Was für einen wundervollen Mond ihr hier unten habt!‹ Da seufzte sie und meinte: ›Ach du guter Himmel, den hätten Sie mal vorm Krieg sehen sollen, mein Lieber!‹«

Das neue Thema war bereits tot. Der Dichter erweckte es aber wieder zum Leben und kurbelte es von neuem an. Es folgte ein kurzer Disput darüber, ob zwischen nördlichem und südlichem Mondschein wirklich ein Unterschied besteht oder ob man sich das nur einbildet. Vom Mondlicht wechselte das Gespräch bald über zu künstlichen Methoden zur Vertreibung der Dunkelheit. Dann erinnerte sich jemand daran, daß Farragut, als er in dunkler Nacht auf Port Hudson vorrückte – und den konföderierten Kanonieren nicht als Zielscheibe dienen wollte –, keine Geschützlaternen führte, sondern die Decks seiner Schiffe weiß anstreichen ließ und so ein dunkles, aber wertvolles Licht schuf, das seine Leute befähigte, sich ziemlich leicht zurechtzufinden. An diesem Punkt erhielt der Krieg wieder das Wort – und noch keine zehn Minuten um.

Mir tat das nicht leid, denn wenn sich Männer über den Krieg unterhalten, die selber im Krieg gewesen sind, ist das stets interessant, während dagegen Reden über den Mond von einem Dichter, der nie auf dem Mond gewesen ist, meist langweilig sind.

An einem Sonnabendnachmittag gingen wir zu einem Hahnenkampf. Ich hatte noch nie einen gesehen. Es waren Jungen und Männer jeden Alters und jeder Hautfarbe und vieler Sprachen und Nationalitäten dort. Jedoch bemerkte ich nirgends die traditionellen brutalen Visagen. Die fehlten auffälliger- und überraschenderweise. Einem Fremden gegenüber hätte man das Ganze, solange der Hahnenkampf noch nicht im Gange war, als eine zum gemeinsamen Gebet versammelte Gemeinde ausgeben können und später, nachdem er angefangen hatte – und vorausgesetzt, man hätte dem Fremden die Augen verbunden –, als öffentliche Bußversammlung in höchster Ekstase, so ein Heidenspektakel war das.

Ein Neger und ein Weißer standen im Ring, alle anderen drum herum. Die Hähne wurden in Säcken hereingebracht und beim Schlagen des Gongs von den beiden Sekundanten herausgenommen, zärtlich gestreichelt, gegeneinandergestoßen und schließlich losgelassen. Der große schwarze Hahn stürzte sich sofort auf den kleinen grauen und schlug ihm seine Spore auf den Kopf. Der Graue gab das temperamentvoll zurück. Dann brach das Babel vielsprachiger Rufe aus und hörte von nun an nicht mehr auf. Nachdem die Hähne eine Weile gekämpft hatten, rechnete ich damit, daß sie jeden Augenblick tot umfallen würden, denn beide waren blind, blutüberströmt und so erschöpft, daß sie immer wieder hinschlugen. Und doch gaben sie weder auf noch starben sie. Der Neger und der Weiße hoben sie alle paar Sekunden hoch, wischten sie ab, besprühten sie mit kaltem Wasser und nahmen einen Augenblick lang ihre Köpfe in den Mund – wohl um das schwindende Leben wieder zu erwärmen, ich weiß es nicht. Wieder heruntergesetzt, wankten und tasteten die sterbenden Tiere dann mit hängenden Flügeln umher, fanden sich, teilten ein, zwei blindgezielte Schläge aus und fielen von neuem erschöpft um.

Das Ende der Schlacht habe ich nicht gesehen. Ich zwang mich, es so lange zu ertragen, wie ich konnte, doch der Anblick war zu jämmerlich. Ich gab das auch offen zu, und wir gingen. Später hörten wir, der schwarze Hahn sei, bis zum letzten kämpfend, im Ring gestorben.

Offensichtlich hat dieser »Sport« für die, die damit vertraut sind, etwas äußerst Faszinierendes. Nie habe ich Menschen sich mehr an etwas begeistern sehen, als sich diese Versammlung an diesem Kampf begeisterte. Das war bei alten Grauköpfen genauso der Fall wie bei zehnjährigen Jungen. Sie waren außer sich und rasten vor Verzükkung. Der Hahnenkampf ist ein unmenschliches Vergnügen, darüber besteht kein Zweifel, doch scheint er ein bei weitem anständigerer und weniger grausamer Sport als die Fuchsjagd – denn die Hähne lieben ihn, sie übertragen nur die eigene Freude daran, was sich vom Fuchs nicht gut sagen läßt.

Eines Tages machten wir ein Maultierrennen mit – als Zuschauer natürlich. Ich glaube, mir hat dieser Wettstreit mehr Spaß gemacht als jedem anderen Maultier dort. Ich habe mehr Freude daran gehabt als an allen Tierrennen, die ich je sah. Die Haupttribüne war besetzt mit der Schönheit und Ritterschaft von New Orleans. Diese Phrase ist nicht von mir. Sie stammt vom Reporter des Südens. Der benutzt sie schon seit zwei Generationen. Er wendet sie am Tage zwanzigmal an oder zwanzigtausendmal oder eine Million mal – ganz nach Bedarf. Er ist gezwungen, sie eine Million mal am Tag anzuwenden, falls er so oft von angesehenen Männern und Frauen sprechen muß, denn einen anderen Ausdruck als den einen hat er dafür nicht. Und diese Floskel wird ihm nie über, ist für ihn immer klangvoll. Sie hat etwas Hochtrabendes, etwas mittelalterlich Pompöses und Talmihaftes, das seiner flitterbedürftigen Banausenseele wohltut. Wäre er damals in Palästina gewesen, würde es nicht heißen »viel Volks«, nein, er hätte geschrieben: »Die Schönheit und die Ritterschaft von Galiläa« versammelte sich, um die Bergpredigt zu hören. Wahrscheinlich hängt den Männern und Frauen des Südens diese Phrase schon zum Halse heraus und sie würden einen Wechsel sehr begrüßen, aber darauf besteht keine unmittelbare Aussicht.

Der New Orleans-Redakteur hat eine starke, kompakte direkte, unblumige Ausdrucksweise, er verschwendet keine Wörter und wird nicht schwülstig. Was sich von seinem durchschnittlichen Korrespondenten aber nicht sagen läßt. Im Anhang zitiere ich einen guten Brief, geschrieben von geübter Hand; der durchschnittliche Korrespondent dagegen haut einen Stil hin, der ganz anders aussieht. Zum Beispiel:

Im April schickte der »Times-Democrat« einen Rettungsdampfer einen der Bayous hinauf. Dieser Dampfer legte dort in einem Nest an, und der Kapitän lud einige Damen aus dem Dorf zu einer kurzen Fahrt stromaufwärts ein. Sie nahmen an und kamen an Bord, und der Dampfer machte sich das Flüßchen hinauf. Das war alles, was »drin« war. Und mehr hätte der Redakteur des »Times-Democrat« daraus auch nicht gemacht. Die Sache enthielt nichts als Statistiken, und dabei wäre er eben geblieben. Er hätte sie wahrscheinlich sogar in Tabellenform gebracht, einesteils damit der Bericht völlig klar wird, und andererseits, um Platz zu sparen. Sein Sonderkorrespondent aber weiß mit Statistiken anders umzugehen. Er wirft alle Zurückhaltung einfach über Bord und schwelgt los:

»Am Sonnabend, in der Morgenfrühe, beehrte die Schönheit des Ortes unsere Kabinen mit ihrem Liebreiz, und voller Stolz auf seine holde Fracht dampfte unser tapferes kleines Schiff den Bayou hinauf.«

Dreißig Wörter, um zu sagen, die Damen kamen an Bord und das Schiff stieß bayouaufwärts ab. Das ist eine glatte Verschwendung von neunzehn guten Wörtern und außerdem der Gedrängtheit der Aussage sehr abträglich.

Das Kreuz mit dem Reporter aus dem Süden – das sind die Frauen. Sie bringen ihn durcheinander, sie werfen ihn aus dem Gleichgewicht. Er ist klar und vernünftig und ganz in Ordnung, bis Frauen auftauchen. Dann ist es um ihn geschehen, er fängt an zu stottern und wird blumig und idiotisch.

Nach dem Lesen obigen Auszuges möchte man annehmen, dieser Schüler von Sir Walter Scott sei noch Lehrling und verstehe so gut wie nichts von der Handhabung der Feder. Doch im Gegenteil, in seinem langen Brief beweist er zur Genüge, daß er recht gut damit umzugehen weiß, wenn keine Frauen in der Nähe sind, ihn den Papierblumenkoller kriegen zu lassen. Als Beweis:

»Um vier Uhr zogen im Südosten unheilvolle Wolken auf, und bald darauf kam vom Golf her eine Brise, die von Minute zu Minute heftiger wurde. Den Anlegeplatz bei diesem Wetter zu verlassen wäre unsicher gewesen, und so warteten wir. Der Wind zerrte den Eichen lange

Flechten aus ihren Moosbärten, und der Bayou in seinem Eifer, weit größere Wasser nachzuäffen, bedeckte sich mit Miniaturwellen. Eine kurze Windstille gestattete unsere Abfahrt, und wir dampften los in Richtung Heimat. Über uns hing ein tintenschwarzer Himmel, und es kam ein neuer starker Wind auf. Als es dunkler und dunkler wurde, gab es nur wenige an Bord, die nicht wünschten, wir wären schon zu Hause.«

Dagegen ist nichts einzuwenden. Eine gute, in gedrängter Form hingesetzte Beschreibung. Dabei war die Versuchung hier groß, in schaurig-düsteres Geschreibe zu verfallen.

Doch kehren wir zurück zu den Maultieren. Ich habe inzwischen mal nachgesucht und bin dabei auf einen ausführlichen Bericht über das Rennen gestoßen. Darin finde ich die Theorie bestätigt, von der ich eben sprach, nämlich, daß das Kreuz mit dem südlichen Reporter Frauen sind: Frauen und dazu Walter Scott und seine Kämpen und holden Schönheiten und sein ganzes Rittergewese. Diese Reportage ist ausgezeichnet, solange die Frauen nicht darin vorkommen. Wenn sie dann aber auftauchen, kommt so was dabei heraus:

»Es wird wahrscheinlich lange dauern, bis die Damentribüne wieder ein solches Meer schaumhafter Lieblichkeit bietet wie gestern. Sie sind immer bezaubernd, die Frauen von New Orleans, aber nie so sehr wie zu dieser Jahreszeit, wenn sie in ihren eleganten Frühjahrskostümen einen Hauch balsamischer Frische mitbringen und einen unbeschreiblichen Duft der Heiligkeit. Es waren ihrer so viele auf der Tribüne, daß so mancher zu ihren Füßen wandelnde und keine Annäherungsmöglichkeit sehende Mann mehr denn je nachempfand, was die Peri vor der Paradiesespforte durchgemacht hat, und daß er sich fragte, welche unschätzbare Gunst erlangt werden müsse, der hehren Gegenwart der Damen teilhaft zu werden. Auf ihren weißgekleideten Busen oder Schultern funkelten die Farben ihrer bevorzugten Ritter, und wären die wackeren Recken nicht auf unromantischen Maultieren erschienen, man hätte glauben können, König Artus halte einen seiner Galatage.«

Am ersten Lauf nahmen dreizehn Mulis teil; dreizehn Mulis aller Sorten, aller Farben, Gangarten, Temperamente und Typen. Manche waren rassige Schönheiten, manche nicht; manche waren gestriegelt und gebügelt, manche hatten schon lange keine Kardätsche mehr gesehen; manche waren kindlich heiter und ausgelassen, manche voller Bosheit und durch und durch niederträchtig. Ihren Mienen nach zu schließen, dachten einige, es handle sich um Kampf auf Leben und Tod, andere, das Ganze sei ein Mordsgaudium, und die übrigen, es gehe um eine sakrale Handlung. Und entsprechend benahmen sich auch alle. Die Folge war, daß jede Harmonie fehlte, was aber durch bemerkenswerte Vielfalt – durch eine malerische und ergötzliche Vielfalt – wettgemacht wurde.

Die Reiter waren alle junge Herren aus der mondänen Gesellschaft. Sollte sich der Leser gefragt haben, wie es kommt, daß die Damen von New Orleans einem so bescheidenen Amüsement wie einem Maultierrennen beiwohnen, ist das jetzt beantwortet. Das Ganze ist eine Modelaune; alle, die damit zu tun haben, gehören der eleganten Welt an.

Es ist ein Hauptspaß und ungeheuer beliebt. Das Maultierrennen ist eines der bedeutenden Ereignisse des Jahres. Es hat einige beachtlich schnelle Mulis hervorgebracht. Eins davon mußte mit Startverbot belegt werden, denn es war so schnell, daß es die Sache zu einem Solokampf ausarten ließ und sie eines ihrer besten Merkmale beraubte – eben der Vielfalt. Doch von Zeit zu Zeit tarnt es jemand mit einem neuen Namen und einem neuen Anstrich und bringt es wieder ins Rennen.

Die Reiter tragen richtigen Jockeidreß aus Samt und glänzender Seide in leuchtenden Farben.

Nach mehreren Fehlstarts sausten die dreizehn Maultiere dann im Pulk und mit erstaunlicher Lebhaftigkeit los. Da jedes Maultier und jeder Reiter seine eigene Auffassung hatte, wie das Rennen zu laufen sei und welche Seite des Feldes unter bestimmten Umständen günstiger wäre und wie oft die Bahn gekreuzt werden müsse und wann ein Zusammenstoß herbeizuführen und wann zu vermeiden sei, schufen diese sechsundzwanzig miteinander in Konflikt liegenden Meinungen ein phantastisches und malerisches Durcheinander, und das Bild, das sich dabei ergab, war zum Totlachen.

Meilenlauf; Zeit: 2:22. Acht der dreizehn Maultiere auf der Strecke geblieben. Ich hatte auf eins gewettet, und wenn die Reihenfolge umgekehrt gewesen wäre, hätte es sogar gewonnen. Der zweite Lauf war ebenfalls ein Gaudium, desgleichen das zum Schluß ausgetragene »Trostrennen für die Verlierer«; das Beste in dieser Hinsicht aber blieb der erste Lauf.

Am meisten von allen Rennen gibt einem meiner Meinung nach ein Dampfschiffrennen, doch gleich danach rangiert bei mir die lustige und fröhliche Maultierhetzjagd. Zwei feurige Dampfschiffe, die schnaubend dahinbrausen, Kopf an Kopf, jeder Nerv – will sagen, jede Niete in den Kesseln – unter Druck, zwei Dampfschiffe, die vom Bug bis zum Achtersteven zittern und beben und ächzen, aus deren Ventilen weißer Dampf schießt, aus deren Schornsteinen schwarzer Rauch quillt, die Funken niederregnen lassen und den Fluß in lange Bahnen mit zischendem Schaum teilen – das ist ein Sport, bei dem einem das Herz im Leibe lacht. Ein Pferderennen ist im Vergleich ziemlich bieder und farblos. Dabei wäre es auf seine Art vielleicht gar nicht schlecht, wenn sich die langweiligen Fehlstarts vermeiden ließen. Aber dafür gibt es nie Tote. Wenigstens hat es nie welche gegeben, wenn ich auf einem Pferderennen war. Höchstens Krüppel, aber das gehört nicht hierher.

SECHSUNDVIERZIGSTES KAPITEL

Bunter Zauber und fauler Zauber

Zum größten jährlichen Ereignis in New Orleans kamen wir zu spät, um noch etwas davon zu sehen, dem Karneval. Ich hatte den Umzug der Mystischen Gilde des Comus dort vor vierundzwanzig Jahren miterlebt – mit Rittern und Edelleuten und so weiter in seidener und goldener, in Paris geschneiderter und nur für diese eine Nacht gekaufter Pracht, und in ihrem Gefolge alle Arten von Riesen, Zwergen, Ungeheuern und sonstiger grotesker Mummenschanz – eine erschröckliche und wundervolle Schau, wie sie im Schein ihrer flackernden und rauchenden Fackeln ernst und schweigend die Straße hinunterzog. Jetzt soll es aber mit noch mehr Aufwand zugehen und noch viel prachtvoller und bunter sein. Es gibt eine Hauptperson: »Rex«; und wenn ich mich recht entsinne, ist weder dieser König noch jemand aus seinem großen Hofstaat einem Außenstehenden bekannt. Es sind alles Herren von Rang und Stand, und der Karnevalsgesellschaft anzugehören ist eine stolze Sache. Das mit dem Geheimnis um ihre Person machen sie also bloß wegen der Romantik und nicht wegen der Polizei.

Der Karneval stellt natürlich noch ein Überbleibsel aus der Zeit der spanischen und französischen Besetzung dar. Der religiöse Grundzug aber ist, wie mir scheint, inzwischen ziemlich restlos ausgebootet worden. Sir Walter Scott hat sich den Herren mit Rosenkranz und Kutte überlegen gezeigt und wird sich das nicht wieder streitig machen lassen. Sein mittelalterlicher Klimbim, erweitert durch die Ungeheuer und Wunderlichkeiten und die holden Gestalten aus dem Märchenland, ist schöner anzusehen als die armseligen Phantasiegebilde und Schaustellungen des lärmenden, ausgelassenen Pöbels der Priesterzeit und erfüllen vielleicht genauso gut den Zweck, den Tag zu betonen und die Menschen an die Gnadenfrist zwischen der weltlichen und der heiligen Jahreszeit zu erinnern.

Das Schaugepränge des Karneval war bis vor kurzem alleiniges Eigentum von New Orleans. Jetzt aber hat es sich nach Memphis und St. Louis und Baltimore verbreitet. Seine Grenze dürfte es damit erreicht haben. Es ist eine Sache, die im praktischen Norden kaum bestehen könnte; würde sich sicher nur eine sehr kurze Zeit halten, nicht länger, als es sich in London halten würde. Denn die Seele des Ganzen ist nicht das Ulkige und das Groteske, sondern das Romantische. Nimmt man ihm das romantisch Geheimnisvolle und die Könige und Ritter und die pompös klingenden Titel, geht der Karneval unten im Süden ein. Gerade der Zug, der es im Süden am Leben erhält – backfischhafte Schwärmerei –, würde im Norden oder in London sein Schicksal besiegeln. »Puck« und »Punch« und die Weltpresse würden mit erbarmungslosem Spott darüber herfallen, und sein erstes Auftreten wäre sein letztes.

Gegen die Verbrechen der Französischen Revolution und Bonapartes lassen sich zwei ausgleichende Wohltaten setzen: die Revolution zerbrach die Ketten des Ancien régime und der Kirche und machte aus einer Nation kriecherischer Sklaven eine Nation freier Menschen, und Bonaparte führte ein, das Verdienst über die Geburt zu setzen, und beraubte das Königtum so gründlich seiner Göttlichkeit, daß die gekrönten Häupter Europas, während sie vorher Götter waren, seitdem nur noch Menschen sind und nie wieder Götter sein können, sondern bloß noch Dekorationsstücke und für ihre Handlungen so haftbar wie gewöhnliche Erdenklöße. Solche Wohltaten machen den zeitweiligen Schaden wieder gut, den Bonaparte und die Französische Revolution angerichtet hatten, und die Welt wird für diese großen und bleibenden Dienste an der Freiheit, der Humanität und dem Fortschritt immer in ihrer Schuld stehen.

Dann kommt Sir Walter Scott mit seinem betörenden Zauber und hält durch seine Macht ganz allein diese Welle des Fortschritts auf und treibt sie sogar zurück, versetzt alle Welt in Schwärmerei für Träume und Phantome, für verderbte und gen Himmel stinkende Religionsformen, für verderbte und entartete Regierungssysteme, für die Dummheit und die Hohlheit, die Scheinpracht, den Scheinglanz und das Scheinrittertum einer einfältigen und wertlosen Gesellschaft, die längst in der Versenkung verschwunden ist. Er hat unermeßlichen Schaden angerichtet, mehr wirklichen und dauerhaften vielleicht, als je von einem Menschen mit der Feder angerichtet worden ist. Der größte Teil der Welt hat diesen Schaden jetzt überstanden, wenn auch keineswegs alles davon, in unserem Süden aber gedeiht er nach wie vor recht prächtig. Vielleicht nicht mehr so prächtig wie vor einem halben Menschenalter, doch immerhin noch prächtig genug. Die echte und gesunde Kultur des neunzehnten Jahrhunderts ist dort merkwürdig vermengt und vermischt mit der Scottschen Talmikultur des Mittelalters, und so findet man praktischen gesunden Menschenverstand, fortschrittliche Ideen und fortschrittliche Taten durchsetzt mit dem Duell, der geschraubten Sprache und dem abgeschmackten Romantizismus einer absurden Vergangenheit, die tot ist und aus Mildtätigkeit begraben werden sollte. Ohne den Sir-Walter-Fimmel wäre der Südstaatler – oder nach Sir Walters steiferer Ausdrucksweise, der Southron – im Wesen völlig modern anstatt halb modern und halb mittelalterlich, und der Süden eine ganze Generation weiter. Es war Sir Walter, der vor dem Krieg jeden halbwegs besseren Herrn im Süden zu einem Major oder Oberst oder zu einem General oder Richter gemacht hat, und er war es auch, der diese Gentlemen dahin gebracht hat, solchen unechten Auszeichnungen Wert beizumessen. Denn er war es, der dort unten Rang und Kaste geschaffen hat und dazu die Hochachtung vor Rang und Kaste und den Stolz darauf und die Freude daran. Der Sklaverei wird schon genug zur Last gelegt; man braucht ihr nicht auch noch diese Schöpfungen und Beiträge Sir Walters in die Schuhe zu schieben.

Sir Walter hatte bei der Formung der südlichen Mentalität, wie sie vor dem Krieg existierte, so entscheidend seine Hand im Spiel, daß er in großem Maße für den Krieg verantwortlich ist. Nun, zu sagen, ohne Sir Walter wäre es bei uns nicht zum Kriege gekommen, scheint ein wenig hart gegen einen toten Mann, und doch ist diese überspannte Behauptung vielleicht gar nicht einmal so abwegig und unplausibel. Der Südstaatler der amerikanischen Revolution besaß Sklaven, der Südstaatler des Bürgerkrieges auch, aber zwischen beiden besteht ein Unterschied wie zwischen einem Engländer und einem Franzosen. Der Wandel in der Mentalität läßt sich viel leichter auf den Einfluß Sir Walters zurückführen als auf den von jemand anders oder etwas anderem.

Man sehe sich einmal an ein paar Beispielen an, wie weit dieser Einfluß gegangen ist und wie intensiv er anhält. Nimmt man eine literarische Zeitschrift aus dem Norden oder aus dem Süden von vor vierzig oder fünfzig Jahren zur Hand, wird man darin lauter wortreiche, schwülstige, blumige »Beredsamkeit«, Romantik und Sentimentalität finden – alles imitiert nach Sir Walter und obendrein noch reichlich schlecht gemacht: unbeabsichtigte Travestien seines Stils und seiner Methode. Da diese Art von Literatur in beiden Teilen des Landes Mode war, bestand Gelegenheit für den fairsten Wettstreit, und folglich konnte der Süden im Verhältnis zur Bevölkerung ebenso viele berühmte literarische Namen aufweisen wie der Norden.

Doch das hat sich geändert, und daß Norden und Süden auf fairer Basis miteinander wetteifern, ist nicht mehr möglich. Denn der Norden hat diesen alten aufgedonnerten Stil längst über Bord geworfen, während der südliche Schriftsteller noch immer daran festhält – und infolgedessen einen beschränkten Absatzmarkt hat. Natürlich gibt es im Süden heute noch genausoviel literarisches Talent wie sonst, sein Werk aber kann unter den jetzigen Umständen nur geringe Verbreitung finden; die Schriftsteller schreiben für die Vergangenheit anstatt für die Gegenwart, sie bedienen sich veralteter Formen und einer toten Sprache. Schreibt ein Südstaatler von Genie aber modernes Englisch, geht sein Buch nicht mehr an Krücken, sondern auf Flügeln, und die tragen es schnell in ganz Amerika und England herum und durch die großen deutschen Verlage für englischsprachige Ausgaben: als Beweis die Erfolge von Mr. Cable und »Onkel Remus«, zwei der wenigen südlichen Schriftsteller, die nicht im Stil des Südens schreiben. An Stelle von drei oder vier weitberühmten literarischen Namen sollte der Süden ein bis zwei Dutzend haben – und er wird sie auch haben, wenn Sir Walter einmal nicht mehr dran ist.

Ein krasses Beispiel für die Macht eines einzigen Buches zum Guten oder Schlechten zeigt sich in dem, was »Don Quijote« und was »Ivanhoe« bewirkt haben. »Don Quijote« machte der in aller Welt herrschenden Bewunderung für den mittelalterlichen Ritterunsinn den Garaus, und »Ivanhoe« hob sie wieder auf den Thron. Was unseren Süden betrifft, ist die gute Tat von Cervantes ein beinahe toter Buchstabe, so wirksam hat Scotts schädliches Werk sie untergraben.

SIEBENUNDVIERZIGSTES KAPITEL

»Onkel Remus« und Mr. Cable

Sonntag früh um sieben Uhr sollte Mr. Joel Chandler Harris (»Onkel Remus«) aus Atlanta eintreffen. Also standen wir auf und empfingen ihn. Wir fanden ihn unter der Menge der Neuankömmlinge am Hotelschalter bald heraus, denn er stimmte mit der Beschreibung überein, die uns aus zuverlässiger Quelle zugegangen war. Man hatte uns gesagt, er sei klein, rothaarig und etwas sommersprossig. Er war der einzige in der Gruppe, dessen Äußeres zu diesem Steckbrief paßte. Er sollte sehr schüchtern sein. Das ist er, allerdings. Darüber gibt es gar keinen Zweifel. Es zeigt sich vielleicht nicht an der Oberfläche, aber die Schüchternheit ist da. Nach Tagen vertrauten Umgangs stellte man verwundert fest, daß sie noch immer in fast unverminderter Stärke anhält. Dahinter verbirgt sich eine subtile und schöne Natur, wie jeder weiß, der das Onkel-Remus-Buch gelesen hat, und außerdem ein feines Genie, wie alle aus derselben Quelle wissen. Ich scheine ziemlich frei über diesen Nachbar zu reden, aber da ich zur Öffentlichkeit rede, rede ich ja nur zu seinen persönlichen Freunden, und unter Freunden ist so etwas erlaubt.

Eine Schar Kinder, die begierig vor Mr. Cables Haus zusammengelaufen waren, um von dem berühmten Weisen, dem Orakel aller Kinderzimmer des Landes, einen Blick zu erhaschen, enttäuschte er tief. Sie sagten:

»Oooch, der ist ja weiß!«

Sie waren ganz geknickt. Um sie zu trösten, wurde das Buch geholt, damit sie Onkel Remus' Teerbaby-Geschichte von Onkel Remus selber – beziehungsweise von dem, was in ihren beleidigten Augen noch von ihm übriggeblieben war – hören konnten. Doch es erwies sich, daß er noch nie vor Publikum vorgelesen hatte und zu schüchtern war, jetzt den ersten Versuch zu machen. Mr. Cable und ich lasen aus unseren eigenen Büchern vor, um ihm zu zeigen, daß gar nichts dabei ist, aber gegen seine unüberwindliche Schüchternheit kam selbst diese scharfsinnige Strategie nicht an, und so mußten wir vom Bruder Langohr selber vorlesen.

Mr. Harris müßte den Negerdialekt besser vorlesen können als jeder andere, denn ihn zu schreiben, ist er der einzige Meister, den das Land hervorgebracht hat. Im Schreiben französischer Dialekte aber ist Mr. Cable unser einziger Meister, und er liest sie vollendet vor. Ihn von Jean-ah Poquelin und von Innerarity und seinem berühmten Bild »Louisihanna verweigert den Eintritt in die Union« und dazu Abschnitte in fein nuanciertem deutschem Dialekt aus einem erst im Manuskript vorliegenden Roman lesen zu hören, war ein Genuß.

In der Unterhaltung stellte sich heraus, daß Mr. Cable in zwei verschiedenen Fällen in groteske Schwulitäten geraten war, weil er in seinen Büchern nahezu unmögliche französische Namen benutzt hatte, die nichtsdestotrotz zufällig von lebenden und überempfindlichen Bürgern aus New Orleans getragen wurden. Ob er seine Namen nun frei erfunden oder aus altehrwürdiger Zopfzeit entlehnt hatte, weiß ich nicht mehr, jedenfalls waren Träger davon aufgetaucht und hatten sich reichlich pikiert gezeigt, ein solches Übermaß von öffentlicher Aufmerksamkeit auf sich und ihre Angelegenheiten gerichtet zu sehen.

Genauso war es Mr. Warner und mir ergangen, als wir »Das vergoldete Zeitalter« schrieben. Es kommt darin eine Figur vor, die »Sellers« heißt. Wie der ursprüngliche Vorname war, darauf besinne ich mich nicht mehr, ich weiß nur noch, Warner gefiel er nicht und er wollte einen besseren haben. Er fragte mich, ob ich mir eine Person namens »Eschol Sellers« vorstellen könnte. Natürlich sagte ich, ohne alkoholische Anregung nicht. Er erzählte, er habe draußen im Westen einmal mit eigenen Augen einen Mann gesehen und ihm sogar die Hand gegeben, der diesen unmöglichen Namen trug: »Eschol Sellers«. Er fügte hinzu:

»Das ist zwanzig Jahre her, inzwischen dürfte ihn sein Name längst dahingerafft haben, und wenn nicht, er wird das Buch sowieso nie zu Gesicht bekommen. Beschlagnahmen wir seinen Namen. Der, den Sie da haben, ist sehr verbreitet und deshalb gefährlich; den tragen wahrscheinlich tausend Sellerse, und nachher kommt uns die ganze Sippschaft auf den Kopf. Eschol Sellers aber ist ein sicherer Name – er ist ein Fels.«

Wir liehen uns also diesen Namen, und als das Buch eine Woche heraus war, sprach einer der vornehmsten und stattlichsten und am aristokratischsten aussehenden Weißen, die es je gegeben hat, mit der furchtbarsten Beleidigungsklage in der Tasche bei uns vor, die es je – kurz, wir erhielten seine Erlaubnis, zehn Millionen* Exemplare des Buches zurückzuziehen und in künftigen Auflagen den Namen in »Beriah Sellers« umzuändern.

ACHTUNDVIERZIGSTES KAPITEL

Zucker und Porto

Eines Tages begegnete ich auf der Straße dem Mann, den ich von allen am meisten zu sehen gewünscht hatte: Horace Bixby, ehemals Lotse unter mir – vielmehr über mir –, jetzt Kapitän des großen Dampfers »City of Baton Rouge«, des neuesten und schnellsten Schiffes der Anchor Line. Dieselbe schlanke Figur, dieselben dichten Locken, derselbe federnde Schritt, dasselbe Aufdrahtsein, dasselbe entschlossene Auge und die entsprechend entschlossene Hand, dieselbe militärisch gerade Haltung, keinen Zoll Umfang und kein Gramm Gewicht zu- oder abgenommen, kein Haar ergraut. Merkwürdige Sache, einen Fünfunddreißigjährigen

* Zahlenangabe nach dem Gedächtnis und wahrscheinlich unrichtig. Glaube, es waren mehr.

zu verlassen und nach einundzwanzig Jahren wiederzukommen und festzustellen, daß er immer noch erst fünfunddreißig ist. Soweit ich mich entsinnen kann, habe ich so etwas noch nicht erlebt. Es waren ein paar Krähenfüße da, aber sie zählten kaum, da sie nicht auffielen.

Sein Schiff war eben erst eingelaufen. Ich hatte seit Tagen darauf gewartet, denn ich wollte damit zurück nach St. Louis. Zusammen mit dem Kapitän schloß ich mich einer Gesellschaft von Damen und Herren an, Gästen von Major Wood, mit denen wir auf einem schnellen Schleppdampfer vierundfünfzig Meilen stromab zur Zuckerplantage von Exgouverneur Warmoth fuhren. Unterhalb der Stadt lag eine Anzahl invalider, morscher, zerfallener alter Dampfschiffe aneinandergereiht, von denen ich vorher noch keins gesehen hatte. Sie waren alle gebaut, abgenutzt und ausrangiert worden, seit ich das letztemal hier war. Das gibt einem eine Vorstellung, wie zerbrechlich ein Mississippischiff ist und von welch kurzer Lebensdauer.

Sechs Meilen hinter der Stadt wurden wir auf einen dikken und ramponierten Schornstein aufmerksam gemacht, der aus den Magnolien und Lebenseichen hervorragte: das von einer dankbaren Nation errichtete Denkmal zur Würdigung der Schlacht von New Orleans – dem Sieg Jacksons über die englischen Truppen am 8. Januar 1815. Der Krieg war beendet, die beiden Länder hatten Frieden geschlossen, doch die Nachricht davon war noch nicht bis New Orleans gedrungen. Hätten wir damals schon den Fernschreiber gehabt, wäre dieses Blut nicht vergossen, wären diese Leben nicht vergeudet worden, und noch besser, wäre Jackson wahrscheinlich nie Präsident geworden. Über den Schaden, den uns der Krieg von 1812 zugefügt hat, sind wir hinweg, aber an dem, was uns Jacksons Präsidentschaft eingebrockt hat, haben wir zum Teil heute noch zu löffeln.

Die Warmoth-Plantage erstreckt sich über ein riesiges Stück Land, und die Gastfreundschaft des Warmoth-Hauses hält sich an einen nicht minder großen Maßstab. Wir sahen hier zum erstenmal Dampfpflüge bei der Arbeit. Die Lokomobile bewegt sich auf eigenen Rädern bis an die gewünschte Stelle, bleibt dann stehen und zieht mit Hilfe eines Drahtseils den gewaltigen Pflug zwei- bis dreihundert Yard quer über das Feld zwischen den Zuckerrohrreihen zu sich heran. Dieses Ding von Pflug schneidet anderthalb Fuß tief in die schwarze Erde und sieht aus wie eine auf den Kopf gestellte Längsbrasse eines Hudsondampfers. Wenn der Negersteuermann auf dem einen Ende davon sitzt, neigt sich dieses Ende bis fast auf den Boden, während das andere hoch in die Luft ragt. Diese große Wippe stampft und schlingert wie ein Schiff auf hoher See, und ein Zirkusreiter hätte zu tun, sich darauf zu halten.

Zu der Plantage gehören zweitausendsechshundert Acres; sechshundertfünfzig sind mit Zuckerrohr bepflanzt, und dann ist da noch ein ertragreicher Orangenhain von fünftausend Bäumen. Das Zuckerrohr wird nach einer modernen und komplizierten wissenschaftlichen Methode angebaut, zu knifflig und verwickelt für mich, um erst den Versuch zu machen, sie zu beschreiben. An Einzelheiten habe ich nur behalten, daß sie im letzten Jahr einen Verlust von vierzigtausend Dollar gebracht hat. Die diesjährige Ernte jedoch wird tausend bis tausendzweihundert Tonnen Zukker ergeben, und der Verlust vom Vorjahr spielt dann keine Rolle mehr. Mit diesen beschwerlichen und nicht billigen wissenschaftlichen Methoden lassen sich Erträge von anderthalb bis zwei Tonnen je Acre erzielen. Das ist dreibis viermal soviel wie zu meiner Zeit.

In den Entwässerungsgräben wimmelte es von kleinen Krabben, den sogenannten »Fiddlers«. Wenn sie ein störendes Geräusch hörten, sah man sie nach allen Richtungen seitwärts ausreißen. Teure Plage, diese Krabben, denn sie bohren sich in die Uferdämme und zerstören sie.

Die große Zuckersiederei war ein Durcheinander von Kübeln und Becken und Fässern und Filtern, Pumpen, Röhren und Maschinen. Der Herstellungsprozeß des Zuckers ist äußerst interessant. Zuerst kippt man das Rohr in die Zentrifugen und mahlt den Saft heraus, und diesen läßt man zunächst durch die Verdampfungspfanne laufen, um ihn von Faserresten zu reinigen, dann durch das Filter aus Knochenkohle, um den Alkohol zu entfernen, dann durch die Klärtanks, um die Melasse abzutrennen, dann durch das Granulationsrohr, um ihn zu kristallisieren, und schließlich noch durch den Vakuumapparat – wohl um auch noch das Vakuum auszuscheiden –, und fertig ist der Zucker. Ich habe das alles nach dem Gedächtnis niedergeschrieben. Die Sache sieht kinderleicht aus. Man gebe sich aber keinen Illusionen hin. Zucker zu machen ist eine der schwierigsten Sachen der Welt. Und ihn richtig zu machen, ist so gut wie unmöglich. Wenn man sich ein paar Jahre lang ab und zu mal seinen eigenen Vorrat näher anguckt und das Ergebnis in einer Liste zusammenfaßt, wird man feststellen, daß von zwanzig Menschen keine zwei Zucker machen können, ohne Sand mit reinzukriegen.

Wir hätten zur Mündung des Flusses hinunterfahren und uns Captain Eads großes Werk ansehen können, die Schutzdämme, wo der Fluß zwischen Mauern gezwängt worden ist und sich dadurch auf sechsundvierzig Fuß vertieft hat, aber es wurde beschlossen, daß ein Abstecher dorthin wenig Zweck hätte, da bei diesem Wasserstand doch alles bedeckt und nichts davon zu sehen wäre.

Wir hätten die alte und einmalige »Lotsenstadt« besuchen können, die auf Pfählen im Wasser steht und in der fast der gesamte Verkehr per Kahn und Kanu erledigt wird, selbst der Besuch von Hochzeiten und Beerdigungen, und wo die kleinsten Jungen und Mädchen so geschickt mit dem Ruder umzugehen wissen wie weniger amphibienhafte Kinder mit dem Veloziped.

Es hätte sich auch sonst noch allerlei unternehmen lassen, doch die Zeit drängte, und wir machten uns auf den Heimweg. Die Fahrt den luftigen, funkelnden Fluß hinauf war ein bezauberndes Erlebnis und wäre genügend romantisch und sentimental gewesen, wenn der auf dem Schlepper gehaltene Papagei nicht in einem fort sehr irdische und meist lästerliche Kommentare über die Landschaft und die Gäste abgegeben hätte. Außerdem steckte in ihm ein Überfluß an mißtönender, ohrenzerreißender, metallischer Lache, die für seine Sippschaft typisch ist – eine maschinell hergestellte Lache, eine Frankenstein-Lache, eine Lache, an der die Seele unbeteiligt ist. Er ließ sie nach jeder gefühlvollen Bemerkung und jedem schwermütigen Lied ertönen.

Er krakeelte sie mit widerlicher Anstrengung heraus nach »Aus fernen Gestaden in der Heimat nun wieder« und erklärte, er »gebe keinen Dr...eier auf solche Fracht«. Wenn ihnen so das Wasser abgegraben wird, können sich Romantik und sentimentale Stimmung nicht lange halten, und so hörte das Singen und Reden bald auf, worüber der Papagei derart entzückt war, daß er sich vor lauter Freude heiser fluchte.

Dann begaben sich die männlichen Mitglieder unserer Gesellschaft zum Vorderdeck, um zu rauchen und zu plauschen. Es waren mehrere alte Dampfschiffer dabei, und von ihnen erfuhr ich viel darüber, was während meiner langen Abwesenheit aus meinen ehemaligen Freunden vom Fluß so geworden war. Ich hörte, daß ein Lotse, für den ich gesteuert hatte, unter die Spiritisten gegangen sei und seit über fünfzehn Jahren jede Woche von einem verstorbenen Verwandten einen Brief empfange, und zwar über ein New Yorker Medium namens Manchester – Porto gestuft nach der Entfernung: vom Ortspostamt im Paradies nach New York fünf Dollar, von New York nach St. Louis drei Cent. An diesen Mr. Manchester kann ich mich noch sehr gut erinnern. Vor zehn Jahren hatte ich ihm einmal mit ein paar Bekannten, von denen sich einer nach einem verstorbenen Onkel erkundigen wollte, einen Besuch abgestattet. Jener Onkel war vor einem halben Dutzend Jahren auf besonders gewaltsame und ungewöhnliche Weise ums Leben gekommen: ein Wirbelsturm hatte ihn gut drei Meilen weit mitgerissen und mit ihm einen Baum von vier Fuß Durchmesser und fünfundsechzig Fuß Höhe umgeknickt. Der Onkel hatte seinen Triumph nicht überlebt. Bei der erwähnten Séance stellte mein Bekannter seinem Onkel über Mr. Manchester Fragen, und der selige Onkel beantwortete sie schriftlich, wozu er sich Mr. Manchesters Hand und Bleistift bediente. Das Folgende ist ein nicht übertriebenes Beispiel für die gestellten Fragen und auch für das sabbrige Geschwätz in den von Mr. Manchester gelieferten Antworten, die angeblich von dem Geist kamen. Wenn dieser Mann nicht der erbärmlichste aller Betrüger ist, bin ich ihm Abbitte schuldig:

Frage: Wo bist du?

Antwort: In der Welt der Geister.

Frage: Bist du glücklich?

Antwort: Ja, restlos.

Frage: Was treibt ihr so?

Antwort: Wir unterhalten uns mit Freunden und anderen Geistern.

Frage: Was sonst noch?

Antwort: Sonst nichts. Wir brauchen nichts weiter.

Frage: Worüber unterhaltet ihr euch denn?

Antwort: Darüber, wie glücklich wir sind, und über Freunde, die wir auf Erden zurückgelassen haben, und wie wir sie zu ihrem Guten beeinflussen können.

Frage: Wenn eure Freunde auf der Erde alle im Land der Geister sind, worüber werdet ihr euch dann unterhalten? Nur darüber, wie glücklich ihr seid?

Keine Antwort. Es wird erklärt, Geister beantworten keine nichtigen Fragen.

Frage: Wie kommt es, daß Geister, die sich damit begnügen, eine Ewigkeit mit nichtigen Beschäftigungen zu verbringen und das als Glücklichsein auffassen, bei nichtigen Fragen darüber so heikel sind?

Keine Antwort.

Frage: Würdest du gern zurückkommen?

Antwort: Nein.

Frage: Kannst du das beschwören?

Antwort: Ja.

Frage: Was eßt ihr dort?

Antwort: Wir essen nicht.

Frage: Was trinkt ihr?

Antwort: Wir trinken nicht.

Frage: Was raucht ihr?

Antwort: Wir rauchen nicht.

Frage: Was lest ihr?

Antwort: Wir lesen nicht.

Frage: Kommen alle guten Menschen dahin, wo ihr seid?

Antwort: Ja.

Frage: Du kennst meinen jetzigen Lebenswandel. Kannst du mir noch was dazu vorschlagen, ein Verbrechen oder so was, das mir eine gewisse Garantie gibt, woandershin zu kommen?

Keine Antwort.

Frage: Wann bist du gestorben?

Antwort: Ich bin nicht gestorben, sondern verschieden.

Frage: Na schön, und wann bist du verschieden? Wie lange weilst du schon im Reich der Geister?

Antwort: Wir leben hier zeitlos glücklich.

Frage: In deiner jetzigen Lage und Umgebung magst du zwar, was Daten und Zeiten anbelangt, gleichgültig und unsicher sein, das hat aber nichts mit früher zu tun. Du bist doch an einem bestimmten Tag in einem bestimmten Jahr verschieden? Oder etwa nicht?

Antwort: Doch.

Frage: Dann nenne mir Monat und Tag.

(Auf seiten des Mediums viel Gefummle mit dem Bleistift, begleitet von heftigen krampfartigen Zuckungen des Kopfes und Körpers. Schließlich Erklärung, daß Geister oft Daten vergessen, da solche Dinge für sie nicht wichtig seien.)

Frage: Dann hat der hier also nicht mal behalten, wann er ins Reich der Geister eingegangen ist?

Das wurde bestätigt.

Frage: Merkwürdig. Sehr merkwürdig. Aber das Jahr wird er doch noch wissen?

(Wieder Gefummle, Zuckungen und idiotische Krämpfe auf seiten des Mediums. Schließlich Erklärung, der Geist habe das Jahr vergessen.)

Frage: Das wird ja immer gediegener. Laß mich noch eine Frage an dich stellen, die letzte, ehe wir uns auf Nimmerwiedersehn trennen, denn selbst wenn es mir nicht gelingen sollte, deinem Tollhaus zu entgehen, wird ein Wiedersehen dort nicht als Wiedersehen zählen, da du mich und meinen Namen bis dahin längst vergessen hast. Bist du eines natürlichen oder eines gewaltsamen Todes gestorben?

Antwort (nach langem Zögern und vielen Wehen und Krämpfen): *Eines natürlichen Todes.*

Das setzte dem Interview ein Ende. Mein Bekannter erzählte dem Medium, sein Onkel sei, als er noch in dieser armen Welt weilte, mit einem außergewöhnlichen Verstand und einem völlig intakten Gedächtnis begabt gewesen, und es wäre doch jammerschade, daß er kein Quentchen davon habe behalten dürfen, um sich im Reich der ewigen Zufriedenheit damit die Zeit zu vertreiben und seine dortigen Mitbürger in Staunen und Bewunderung zu versetzen.

Dieser Mann hatte sehr viel Zuspruch – hat ihn noch heute. Er empfängt Briefe von in allen Teilen des Jenseits ansässigen Geistern und läßt sie durch die Bundespost in ganz Amerika zustellen. Die Briefe sind voller Ratschläge – Ratschläge von »Geistern«, die nicht einmal so viel Geist haben wie eine Kaulquappe –, und dieser Rat wird von den Empfängern befolgt wie das Evangelium. Unter den Kunden befand sich ein Mann, den die Geister (wenn man den geschäftstüchtigen Mr. Manchester so im Plural beschreiben darf) lehrten, ein verbessertes Eisenbahnrad zu erfinden. Das ist zwar kein standesgemäßer Zeitvertreib für einen Geist, immerhin aber eine höhere und dienlichere Betätigung, als sich ewig darüber zu unterhalten, »wie glücklich wir sind«.

NEUNUNDVIERZIGSTES KAPITEL

Episoden aus dem Lotsendasein

Im Verlauf der Unterhaltung auf dem Schlepper stellte sich heraus, daß von je fünfen meiner früheren Bekannten, die den Schifferberuf an den Nagel gehängt haben, vier Farmer geworden sind. Natürlich nicht auf Grund irgendwelchen besonderen Talentes und somit größerer Erfolgsaussichten als in anderen Branchen; nein, die Ursachen zu ihrer Wahl sind anderswo zu suchen. Zweifellos haben sie sich deshalb fürs Farmen entschieden, weil es ein freies Leben ist und Abgeschlossenheit gegenüber unerwünschten Eindringlingen gewährt – genau wie die Steuerhausklause. Und zweifellos auch deshalb, weil sie in tausend Nächten düsterer Stürme und Gefahren, wenn sie mit dem Schiff vorbeirauschten, die blinkenden Lichter einsamer Farmhäuser gesehen und sich die Geborgenheit und Ruhe und Behaglichkeit ausgemalt hatten, die ein solcher Zufluchtsort in solchen Zeiten bietet, und weil sie mit der Zeit angefangen hatten, von diesem zurückgezogenen und friedvollen Leben zu träumen, das ihnen immer mehr als der Inbegriff dessen erschienen war, was sie ersehnten und erstrebten, was sie sich schaffen und was sie einmal genießen wollten.

Mir ist aber nie zu Ohren gekommen, daß einer dieser Lotsenfarmer mit seinen Erfolgen jemand in Erstaunen versetzt hätte. Ihre Klitschen ernähren sie nicht; sie ernähren ihre Klitschen. Der Lotsenfarmer verschwindet in jedem Jahr gegen Frühlingsanfang vom Fluß und wird bis zum nächsten Frost nicht mehr gesehen. Dann kreuzt er wieder auf, in ramponiertem Homespun, kämmt sich die Heusaat aus den Haaren und heuert für den Winter im Steuerhaus an. Auf diese Weise bezahlt er die Schulden, die seine Farmerei während der landwirtschaftlichen Jahreszeit eingebracht hat. Die Fesseln, die ihn an den Fluß ketten, sind also nur halb abgestreift; die schwerere Hälfte des Jahres über bleibt er nach wie vor Sklave des Stromes.

Einer dieser Männer kaufte sich eine Farm, zog sich aber nicht darauf zurück. Er wußte einen Dreh, der zweimal soviel wert war. Er hatte mitnichten die Absicht, seine Farm runterzuwirtschaften, indem er sie mit der eigenen Unwissenheit beackerte. Nein, er übergab sie einem, der landwirtschaftlich besser beschlagen war als er, übergab sie ihm auf Anteilbasis: von je drei Fuhren Mais sollte der Experte zwei haben und der Lotse die dritte. Am Ende des Sommers aber erhielt der Lotse kein Korn. Der Experte erklärte, *sein* Anteil sei nicht erreicht worden. Die Farm produzierte nur zwei Fuhren.

Einige von den Lotsen, die ich kannte, hatten Abenteuer erlebt – manchmal mit glücklichem Ausgang, jedoch nicht immer. Kapitän Montgomery, für den ich gesteuert hatte, als er noch Lotse war, hatte in der großen Schlacht vor

Memphis die Flotte der Konföderierten befehligt. Nach dem Absinken seines Schiffes war er an Land geschwommen, hatte sich tapfer durch einen Zug Soldaten geschlagen und war mit knapper Not davongekommen. Er behielt immer ruhig Blut, nichts konnte ihn erschüttern. Einmal, als er Kapitän der »Crescent City« war, brachte ich das Schiff in New Orleans in den Hafen und erwartete jeden Augenblick vom Oberdeck her Kommandos, erhielt aber keine. Ich hatte die Räder gestoppt, womit meine Autorität und Verantwortlichkeit aufhörte. Es war Abend und trübes Zwielicht; der Hut des Kapitäns saß oben auf der großen Glocke, und ich nahm an, das geistige Ende vom Kapitän stecke darunter, was jedoch nicht der Fall war. Der Kapitän war sehr streng, folglich hütete ich mich, ohne Befehl eine Glocke anzuschlagen. Meine Pflicht war, das Schiff stetig auf seinem unheilvollen Kurs zu halten, ohne Rücksicht auf die Folgen – was ich auch tat. So trieben wir an den Dampfschiffhecks entlang und rückten ihnen näher und näher – jeden Moment mußte es krachen –, und dieser Hut rührte sich noch immer nicht, denn ach!, der Kapitän machte im Texas ein Nickerchen... Die Sache wurde äußerst mulmig und ungemütlich. Der Kapitän würde wohl nicht mehr rechtzeitig kommen, das Vergnügen mit anzusehen. Er kam aber doch. Gerade, als wir in das Heck eines Dampfers hineinspazierten, trat er heraus aufs Deck und sagte mit himmlischer Ruhe: »Setze beide Maschinen auf volle Kraft zurück« – was ich dann tat, allerdings eine Winzigkeit zu spät, denn im nächsten Augenblick knallten wir unter mächtigem Getöse gegen die dünne Außenverschalung eines Schiffes. Der Kapitän sagte dieser Sache wegen kein Wort, bemerkte nur, ich hätte recht getan und er hoffe, ich würde nicht zögern, unter gleichen Umständen wieder so zu handeln.

Einer der Lotsen, die ich kennengelernt hatte, als ich noch auf dem Fluß war, ist eines sehr ehrenvollen Todes gestorben. Sein Schiff fing Feuer, und er blieb so lange am Steuer, bis er es sicher ans Ufer gebracht hatte. Erst dann stieg er aus, über das Brustbrett und mit in Flammen stehenden Kleidern, kam er als letzter an Land. Ein paar

Stunden danach erlag er seinen Verletzungen, und er war das einzige Todesopfer.

In der Geschichte der Mississippischiffahrt finden sich sechs oder sieben Beispiele eines solchen Märtyrertums von Lotsen und gut fünfzig Fälle, wo einem ähnlichen Schicksal nur um ein paar Sekunden entgangen wurde, *aber es ist nie vorgekommen, daß ein Lotse seinen Posten verlassen hat, um sein Leben zu retten, während er, wenn er ausgeharrt und es geopfert hätte, andere Menschenleben vor dem Tode hätte bewahren können.* Diese edle Tatsache verdient es sehr wohl, festgehalten zu werden, und zwar in Kursivschrift.

Der »Stöps« wird früh genug ermahnt, allen mit dem Lotsenberuf verbundenen Gefahren zu trotzen und jeden Tod der Schande vorzuziehen, seinen Posten verlassen zu haben, solange er darauf noch irgendwie nützlich sein kann. Und diese Ermahnungen sitzen so, daß man sich selbst bei jungen Lotsen, denen erst wenig Wind um die Nase geweht ist, darauf verlassen kann, sie bleiben am Steuer und sterben dort, wenn es sein muß. Auf einem Friedhof in Memphis liegt ein junger Bursche begraben, der vor sehr vielen Jahren auf dem White River am Steuerrad sein Leben ließ, um andere zu retten. Er sagte dem Kapitän, wenn das Feuer ihm genügend Zeit gebe, eine ein Stück weiter liegende Sandbank zu erreichen, könnten alle mit dem Leben davonkommen, ein Landen gegen das steile Ufer des Flusses aber bedeute für viele sicheren Tod. Er erreichte die Sandbank und setzte das Schiff in seichtem Wasser auf Grund, aber inzwischen hatten sich die Flammen um ihn geschlossen, und bei dem Versuch, sich durchzuarbeiten, verbrannte er. Man hatte ihn gedrängt, eher zu fliehen, doch er hatte geantwortet, wie es sich für einen Lotsen ziemt: »Ich gehe nicht. Wenn ich gehe, wird niemand gerettet. Bleibe ich, kommt außer mir keiner um. Ich bleibe.«

Es hatten sich zweihundert Menschen an Bord befunden, und der Lotse war das einzige Todesopfer. Auf jenem Friedhof in Memphis steht ein Denkmal für diesen jungen Burschen. Als wir auf der Herfahrt in Memphis hielten, hatte ich es aufsuchen wollen, unsere Zeit war aber so knapp bemessen, daß ich umkehren mußte, ehe ich es gefunden hatte.

In der Unterhaltung auf dem Schlepper hörte ich, daß Dick Kennet tot ist – umgekommen bei einer Schiffsexplosion kurz vor Memphis; daß verschiedene andere, die ich kannte, im Krieg gefallen sind – ein oder zwei davon direkt am Steuer; daß ein weiterer und ganz besonderer Freund von mir, für den ich viele Fahrten gesteuert habe, vor Jahren eines Nachts sein Haus in New Orleans verließ, um in einem abgelegenen Teil der Stadt Geld einzutreiben, und nie wiedergesehen wurde – man nimmt an, er ist ermordet und in den Fluß geworfen worden; daß Ben Thornburg schon lange tot ist und ebenso sein wilder Stift, mit dem ich mich immer die ganzen Tagwachen lang herumstritt. Er war ein unbedachtes, leichtsinniges Huhn und ewig irgendwo reinverwickelt, ewig in der Patsche. Eines Tages hatte ein Passagier aus Arkansas einen gewaltigen Bären mit an Bord gebracht und auf dem Oberdeck an ein Rettungsboot gekettet. Thornburgs Stift hatte keine Ruhe, bis er hingegangen war und den Bären losgebunden hatte, »mal sehen, was er macht«. Seine Neugier wurde sogleich befriedigt. Der Bär jagte ihn immer im Kreis auf dem Deck herum, Meile für Meile, mit einem Publikum von zweihundert gespannt durch die Reling grinsenden Gesichtern, und riß ihm schließlich den Rockschoß ab und lief damit in den Texas, ihn zu zerkauen. Die Freiwache räumte dem Bären bereitwilligst das Feld. Dem wurde es bald zu einsam, und er machte sich auf die Suche nach ein bißchen Zerstreuung. Er unternahm einen Rundgang durch das ganze Schiff – inspizierte alle Teile, vor ihm eine Vorhut fliehender Menschen und lautlose Leere hinter ihm; und als sein Besitzer ihn endlich einfing, waren diese beiden die einzigen in weiter Runde zu sehenden Lebewesen, alle anderen hatten sich versteckt, und das Schiff war wie ausgestorben.

Ich erfuhr, daß einer meiner Lotsenfreunde 1869 am Steuer einen Herzschlag erlitten hat. Der Kapitän befand sich gerade auf dem Dach. Er sah das Schiff aufs Ufer zusteuern, und als er auf sein Rufen keine Antwort erhielt, rannte er hinauf und fand den Lotsen tot am Boden liegen.

Mr. Bixby waren in Madrid Bend die Kessel explodiert; er blieb unverletzt, aber sein Partner kam nicht mit dem Leben davon.

Georgie Ritchie hatte in der Nähe von Memphis eine Explosion gehabt – war vom Steuer in den Fluß geschleudert und gelähmt worden. Das Wasser war eiskalt, er klammerte sich – fast nur mit den Zähnen – an einen Baumwollballen und trieb dahin, bis er, nahezu erschöpft, von ein paar Schauerleuten gerettet wurde, die sich auf einem Stück von dem Wrack befanden. Sie rissen den Ballen auf, packten Ritchie in die Baumwolle, erwärmten ihn wieder zum Leben und brachten ihn sicher nach Memphis. Er ist jetzt einer von Bixbys Lotsen auf der »Baton Rouge«.

Im Leben eines nun schon toten Dampfschiffzahlmeisters war etwas Romantisches passiert – etwas grotesk Romantisches zwar, aber immerhin etwas Romantisches. Als ich ihn kennenlernte, war er ein lässiger junger Verschwender, laut, gutmütig, voll unbesonnener Freigebigkeit und versprach recht auffällig, seine Möglichkeiten früh zu vertun und es mal zu nichts zu bringen. In einer Stadt im Westen lebten ein reicher und kinderloser alter Ausländer und seine Frau, die in ihre Familie ein hübsches junges Mädchen aufgenommen hatten, eine Art Haustochter. Der junge Zahlmeister, von dem ich spreche – der zwar nicht George Johnson hieß, den wir hier aber so nennen wollen –, lernte dieses Mädchen kennen, und sie sündigten. Der alte Ausländer kam dahinter und machte ihnen Vorhaltungen. Da sie sich schämten, schwindelten sie und sagten, sie wären verheiratet, hätten sich insgeheim trauen lassen. Das war Balsam für das Herz des alten Ausländers, und er vergab ihnen und schenkte ihnen seinen Segen. Von nun an konnten sie weitersündigen, ohne es verheimlichen zu müssen. Schließlich starb die Frau des Ausländers, und er folgte ihr bald nach. Freunde der Familie versammelten sich zur Trauerfeier, und unter den Leidtragenden saßen die beiden Sünder. Das Testament wurde geöffnet und feierlich verlesen. Es vermachte jeden Penny von dem großen Reichtum des alten Mannes *Mrs. George Johnson!*

Und die gab es gar nicht. Die jungen Sünder machten sich in aller Hast auf und taten etwas sehr Törichtes: sie ließen sich von einem zweifelhaften Friedensrichter trauen und kriegten ihn dazu herum, die Sache vorzudatieren. Da kam nichts Gutes bei heraus. Die entfernten Verwandten strömten herbei, deckten äußerst schnell und überraschend leicht den Betrug mit dem Datum auf und schleppten das Vermögen davon. Zurück ließen sie die Johnsons, sehr legitim und rechtmäßig und unwiderruflich in ehrenwerter Ehe zusammengekettet, aber mit noch nicht mal einem Penny, zu dem sie sich hätten beglückwünschen können. Das ist eine »wahre Geschichte«, und nicht alle Romane haben als Grundlage eine so wirkungsvolle Situation.

FÜNFZIGSTES KAPITEL

Der wahre Jakob

Wir kamen auch auf Kapitän Isaiah Sellers zu sprechen, der schon viele Jahre tot ist. Er war ein feiner Mann, ein hochherziger Mann und genoß auf dem Fluß wie auch auf dem Lande große Achtung. Er war von stattlicher Figur, sah gut aus, und noch im hohen Alter hatte er – wie ich mich erinnere – so schwarze Haare wie ein Indianer und sein Auge und seine Hand waren so ruhig und sicher und seine Entschlossenheit und sein Urteil so fest und klar wie die jedes anderen aus der Bruderschaft der Lotsen, ob jung oder alt. Er war der Patriarch der Zunft, war vor den Tagen der Dampfschiffe Kielbootlotse gewesen und schon Dampfschifflotse, bevor einer der Dampfschifflotsen, die zu der Zeit, von der ich spreche, noch lebten, je ein Steuerrad gedreht hatten. Folglich brachten ihm seine Zunftbrüder jene Ehrfurcht entgegen, die berühmten Überlebenden vergangener Zeiten stets von ihren Kollegen entgegengebracht wird. Er war sich dessen wohl bewußt, und vielleicht hat gerade das seiner natürlichen Würde eine Prise Steifheit zugefügt, obwohl die an sich schon steif genug war.

Er hat ein Tagebuch hinterlassen, das aber anscheinend nicht bis auf seine erste Fahrt auf einem Dampfschiff zurückgeht, die er im Jahre 1811 gemacht haben soll, dem Jahr, in dem das erste Dampfboot die Wasser des Mississippi aufrührte. Zur Zeit seines Todes stellte ein Korrespondent des »St. Louis Republican« folgende Notizen aus diesem Tagebuch zusammen:

»Im Februar 1825 heuerte er in Florence in Alabama auf dem Dampfer ›Rambler‹ an. Außerdem machte er in diesem Jahr auf der ›General Carrol‹ drei Fahrten von Nashville nach New Orleans und zurück. Während er auf diesem Schiff war, führte er das Schlagen der Glocke als Signal zum Auswerfen der Lote ein. Bis dahin hatte der Lotse den Leuten unten mündliche Kommandos gegeben, wenn gelotet werden mußte; infolge der Nähe der Back zum Steuerhaus war das zweifellos einfach; wie anders aber ist das auf einem unserer heutigen Paläste!

1827 finden wir ihn an Bord der ›President‹, einem 285-Tonnen-Dampfer, der zwischen Smithland und New Orleans verkehrte. 1828 wechselte er über auf die ›Jubilee‹, und auf diesem Schiff arbeitete er zum erstenmal als Lotse auf der Strecke nach St. Louis, wobei seine erste Wache von Herculaneum bis St. Genevieve ging. Am 26. Mai 1836 lotste er den Dampfer ›Prairie‹ nach Pittsburgh und zurück; dieser Vierhunderttonner war das Schiff mit der ersten *Luxuskabine,* die man in St. Louis sah. 1857 führte er das Signal für sich begegnende Schiffe ein, das mit geringen Änderungen heute noch allgemein üblich, ja sogar gesetzlich vorgeschrieben ist.

Zur allgemeinen Flußgeschichte zitieren wir folgende Randbemerkungen aus seinem Lebens-Logbuch:

Im März 1825 verließ General Lafayette auf dem Niederdruckdampfer ›Natchez‹ New Orleans.

Im Januar 1828 liefen anläßlich der Feierlichkeiten zu General Jacksons Besuch der Stadt einundzwanzig Dampfer vom Kai in New Orleans aus.

1830 schaffte die ›North American‹ die Strecke von New

Orleans nach Memphis in sechs Tagen – die bis dahin beste Zeit. Jetziger Rekord: zwei Tage und zehn Stunden.

1831 Bildung der Red-River-Verkürzung.

1832 erreichte der Dampfer ›Hudson‹ auf der fünfundsiebzig Meilen langen Strecke vom White River bis Helena die Zeit von zwölf Stunden, was in interessierten Kreisen zu vielen Gesprächen und Spekulationen Anlaß gab.

1839 Durchbruch bei Great Horseshoe.

Wir stellten an Hand des Tagebuches fest, daß er in seinen letzten fünfunddreißig Jahren vierhundertundsechzig Fahrten nach New Orleans und zurück gemacht hat, was eine Gesamtstrecke von einer Million einhundertviertausend Meilen beziehungsweise einen Tagesdurchschnitt von sechsundachtzig Meilen ergibt.«

Immer wenn Kapitän Sellers zu einem Trupp Lotsen trat, entstand dort eine frostige Atmosphäre, und jede Unterhaltung brach ab. Und zwar deshalb: Waren sechs Lotsen zusammen, befanden sich darunter immer ein, zwei, die noch nicht lange flügge waren, und die älteren taten vor diesen armen Burschen dann immer sehr groß. Sie ließen sie kläglich fühlen, wie grün sie noch waren und von wie jungem Adel und bescheidenem Rang, indem sie lang und breit und verschwommen von früheren Erlebnissen auf dem Fluß sprachen und dabei immer alles so weit wie möglich zurückdatierten, damit die Neuen ihre Neuheit auch ja spürten und die alten Hasen entsprechend beneideten. Und *wie* diese selbstgefälligen Kahlköpfe dann renommierten und herumprotzten und aufschnitten und zurückdatierten, zehn, fünfzehn, zwanzig Jahre, und wie sie sich an der Wirkung freuten, die das bei den staunenden und neidischen Jünglingen hervorrief!

Und vielleicht trat gerade in dem Moment, wo dieser glückliche Zustand erreicht war, die stattliche Gestalt Kapitän Isaiah Sellers', dieses wirklichen und echten Sohnes der Vorzeit, ernst und würdig in ihre Mitte. Man stelle sich vor, welch Stillschweigen da sofort eintrat! Und die Empfindungen dieser Glatzköpfe und das Frohlocken ihrer Zuhörer, wenn der ehrwürdige Kapitän so ganz nebenbei und gleichgültig Bemerkungen erinnernder Art fallenließ –

über Inseln, die verschwunden, und über Durchbrüche, die sich gebildet, ein Menschenalter, bevor der allerälteste Lotse aus der Gruppe je seinen Fuß in ein Steuerhaus gesetzt hatte!

In der obigen Art und Weise erschien dieser alte Schiffer unzählige Male auf der Bildfläche und streute Unglück und Demütigung um sich aus. Wenn man den Lotsen glauben kann, datierte er seine Inseln immer bis in die neblige Dämmerung der Flußgeschichte zurück und benutzte nie zweimal dieselbe Insel und nahm auch nie eine, die noch existierte, oder gab einer einen Namen, den einer der Anwesenden auf Grund seines hohen Alters schon mal gehört haben konnte. Wenn man den Lotsen glauben soll, war er in den kleinen Einzelheiten stets sehr penibel; er sprach zum Beispiel nie vom »Staat Mississippi« – nein, er sagte: »Als der Staat Mississippi da war, wo jetzt Arkansas ist«, und sprach auch nie allgemein von Louisiana oder Missouri und ließ dabei einen unkorrekten Eindruck zurück – nein, er drückte sich anders aus: »Als Louisiana weiter stromauf war« oder »Als Missouri noch auf der Illinois-Seite lag«.

Der alte Herr hatte keine literarischen Ambitionen oder Fähigkeiten, aber er verfaßte kurze Notizen mit einfachen, praktischen Informationen über den Fluß, unterzeichnete sie mit »Mark Twain« und gab sie an die in New Orleans erscheinende »Picayune«. Sie bezogen sich auf den Zustand und die Beschaffenheit des Flusses und waren exakt und wertvoll, und soweit enthielten sie kein Gift. Doch wenn der Kapitän davon sprach, wie der Fluß heute an einer bestimmten Bake stand, konnte er sich nur selten enthalten, eine kleine Bemerkung mit einzuflechten, daß es seit neunundvierzig Jahren das erstemal sei, wo er das Wasser an diesem besonderen Point so hoch oder so niedrig gesehen habe, und der Erwähnung von Insel Soundso ließ er meist eine Parenthese folgen wie »verschwand im Jahre 1807, wenn ich mich recht entsinne«. In diesen antiquierenden Einschaltungen lag Gift und Bitterkeit für die anderen Lotsen, und sie pflegten sich über die »Mark-Twain«-Notizen weidlich zu mokieren.

Zufällig wurde einer dieser Aufsätze* Thema meines ersten Zeitungsartikels. Ich spottete lang und breit darüber, sehr lang und breit sogar, verfaßte eine überspannte Parodie von nicht weniger als achthundert oder tausend Wörtern. Zu jener Zeit war ich noch Stift. Ich zeigte mein Elaborat einigen Lotsen, und die waren Feuer und Flamme und ließen es gleich in New Orleans im »True Delta« drucken.

Leider, denn es leistete niemand wertvolle Dienste und versetzte einem guten Menschen einen tiefen Stich ins Herz. Mein Geschreibsel war nicht boshaft, aber es machte sich über den Kapitän lustig. Es machte sich über einen Mann lustig, dem so etwas neu und fremd und furchtbar war. Ich wußte damals nicht, weiß es aber jetzt, daß kein Schmerz mit dem zu vergleichen ist, den ein Privatmensch fühlt, wenn er sich zum erstenmal gedruckt an den Pranger gestellt sieht.

Kapitän Sellers erwies mir die Ehre, mich von jenem Tage an aus tiefster Seele zu verabscheuen. Wenn ich sage, er erwies mir die Ehre, so ist das keine leere Phrase. In den Gedanken eines so großen Mannes wie Kapitän Sellers einen Platz zu haben, war durchaus eine Ehre, und ich besaß Grips genug, sie zu schätzen und stolz auf sie zu sein. Wenn man von solch einem Mann geliebt wurde, konnte man sich etwas einbilden, eine wieviel größere Auszeichnung aber war es, von ihm gehaßt zu werden, denn er liebte Dutzende von Leuten, aber nachts aufsitzen und Haß brüten, das tat er nur meinetwegen.

Er veröffentlichte zeit seines Lebens keine Notiz mehr, und er unterschrieb nie wieder etwas mit »Mark Twain«. Als der Fernschreiber die Nachricht von seinem Tode brachte, befand ich mich an der Pazifikküste. Ich war frisch-

* Das Originalmanuskript von des Kapitäns eigener Hand ist mir aus New Orleans geschickt worden. Es lautet:

Vicksburg, den 4. Mai 1859

Meine Meinung zum Wohle der Bürger von New Orleans: Das Wasser ist jetzt höher, als es seit 1815 je gestanden hat. Meiner Ansicht nach wird es noch vor dem ersten Juni in der Canal Street bis auf vier Fuß steigen. Mrs. Turners Plantage am Kopf von Big Black Island steht ganz unter Wasser, und das ist seit 1815 nicht mehr der Fall gewesen. I. Sellers gebackener Journalist, und da ich einen Nom de guerre brauchte, eignete ich mir den abgelegten des alten Schiffers an und tue seither mein Bestes, damit er das bleibt, was er in seinen Händen war: Zeichen und Symbol und Garantie dafür, daß alles, was in seiner Gesellschaft angetroffen wird, als die allerreinste Wahrheit gesetzt werden kann. Zu sagen, wie sehr mir das gelungen ist, wäre unbescheiden von mir.

Auf seinen Beruf hatte der Kapitän einen ehrenhaften Stolz, und er liebte ihn, solange er lebte. Sein Denkmal ließ er sich schon bei Lebzeiten anfertigen und bewahrte es bis zu seinem Tode auf. Jetzt befindet es sich auf seinem Grab auf dem Bellefontaine-Friedhof in St. Louis. Es zeigt ihn in Marmor, im Dienst vorm Rad stehend, und kann jeder Kritik standhalten, denn es stellt einen Mann dar, der im Leben dort ausgeharrt hätte, bis er zu Asche verbrannt wäre, wenn es seine Pflicht erfordert hätte.

Das Schönste, was wir auf unserer ganzen Mississippifahrt zu sehen bekamen, erblickten wir, als sich der Schleppdampfer New Orleans näherte. Es war die geschwungene Front der »Crescent City«, der halbmondförmigen Stadt, getaucht in den weißen Glanz von fünf Millionen elektrischer Lichter. Ein großartiges und wunderschönes Bild.

EINUNDFÜNFZIGSTES KAPITEL

Erinnerungen

An einem köstlich heißen Tage schifften wir uns auf der »City of Baton Rouge« nach St. Louis ein. Der Hauptzweck meines Besuches war allerdings nur dürftig erfüllt. Ich hatte gehofft, hundert Dampfschiffleute aufzuspüren und mich mit ihnen unterhalten zu können, war aber auf so angenehme Weise in das gesellschaftliche Treiben der Stadt verwickelt worden, daß ich zu nichts mehr gekommen war als zu bloßen Fünf-Minuten-Gesprächen mit ein paar Dutzend Männern vom Fluß.

Ich saß im Steuerhaus auf der Bank, als wir über den Achtersteven abstießen und für den Start »hochdrehten« – das Schiff hielt, um sich auf die altmodische Art bereit zu machen, und auf ebenso altmodische Art häufelte sich der schwarze Rauch aus den Schornsteinen. Dann fingen wir an, Kraft zu sammeln, legten Dampf vor und brausten los. Alles – auch das Aussehen des Ufers – war so selbstverständlich und vertraut, als ob es in meinem Leben auf dem Fluß keine Unterbrechung gegeben hätte. Es war ein Stöps da, und ich schätzte, daß er jetzt das Steuer übernehmen würde, was er auch tat. Kapitän Bixby trat ins Steuerhaus. Der Stöps ging nun dicht an die Reihe der Dampfschiffe heran. Er machte mich nervös, denn er ließ zwischen uns und den anderen Schiffen zuviel Wasser sehen. Ich wußte recht gut, was jetzt kam, ich brauchte bloß in meinem eigenen Leben zurückzublättern und in der Vergangenheit nachzulesen. Der Kapitän sah sich das eine Minute schweigend mit an, nahm dann selber das Rad und brachte das Schiff ganz dicht heran, bis es sich auf Handbreite an den Dampfern vorbeischob. Also haargenau die gleiche Hilfestellung, die er vor einem Vierteljahrhundert und an derselben Stelle mir geleistet hatte, als ich zum allerersten mal aus dem Hafen von New Orleans herausdampfte. Es war mir ein sehr großes und aufrichtiges Vergnügen zu sehen, wie sich das wiederholte – mit einem anderen Opfer.

Bis Natchez (dreihundert Meilen) brauchten wir zweiundzwanzigeinhalb Stunden – bei weitem die schnellste Fahrt, die ich auf diesem Stück Wasser gemacht habe.

Am nächsten Morgen kam ich mit der Vier-Uhr-Wache herauf und sah Ritchie erfolgreich ein halbes Dutzend Kreuzungen im Nebel nehmen, wobei er sich nur nach der von Bixby ausgearbeiteten und patentierten Karte mit den Markierungen richtete. Was den großen Wert dieser Karte zur Genüge beweist.

Als sich der Nebel dann allmählich verzog, bemerkte ich, daß das Spiegelbild eines Baumes in dem glatten Wasser eines überfluteten Ufers sechshundert Yard weg stärker und schwärzer war als der gespenstige Baum selber. Die undeutlich zwischen dem Nebel hindurchschimmernden Bäume waren ein hübscher Anblick.

Bei Natchez hatten wir ein schweres Gewitter, bei Vicksburg ebenfalls und fünfzig Meilen vor Memphis noch eins. Sie hatten eine altmodische Energie, die ich schon seit langem nicht mehr gewohnt war. Dieses dritte Gewitter war von einem wütenden Wind begleitet. Als wir den Sturm kommen sahen, machten wir am Ufer fest, und alle verließen das Steuerhaus. Nur ich blieb oben. Der Wind bog die jungen Bäume nach unten und zeigte die helle Unterseite der Blätter, und dann kam Windstoß auf Windstoß in rascher Folge, und die Blätter wurden wild hoch- und runtergepeitscht und nach rechts und nach links, und es entstanden schnelle Wellen von wechselndem Grün und Weiß, je nach der Seite des Blattes, die gerade zu sehen war, und diese Wellen jagten einander wie die Wellen in einem windgepeitschten Haferfeld. Nichts hatte mehr ganz seine natürliche Farbe – die massive Wolkenbank oben gab allem einen bleiernen Anstrich. Der Fluß war bleifarben, ebenso der Hintergrund nach allen Richtungen hin, und sogar die sich weithin erstreckenden Reihen der Schaumkämme erhielten durch die satte, finstere Atmosphäre, durch die ihre schwärmenden Legionen marschierten, eine dunkle Schattierung. Die Donnerschläge hielten unter ohrenbetäubendem Lärm an, mit nur unbedeutenden Pausen folgte Entladung auf Entladung unter immer schärferem und höherem und ohrenbetäubenderem Knallen. Und so fleißig wie der Donner waren auch die Blitze. Sie schufen Effekte, die das Auge bezauberten und eine ununterbrochene Folge elektrisierender Schauer des Entzückens und zugleich der Angst durch jeden Nerv des Körpers jagten. Dazu goß es in Strömen, die ohrenzerreißenden Donnerschläge kamen näher und näher, der Wind nahm an Wut zu und begann Äste und Baumspitzen abzureißen und durch den Raum segeln zu lassen, das Steuerhaus fing an zu schwanken und zu krachen und zu wogen, und ich ging hinunter in den Kielraum nachzusehen, wie spät es war.

Es wird immer so viel Gewese von den Alpengewittern gemacht, doch die Stürme, die ich in den Alpen zu sehen das Glück hatte, kommen mit einigen, von mir im Mississippital erlebten nicht mit. Sehr gut möglich, daß ich die Alpen nicht in Hochform erlebt habe, und wenn sie den Mississippi schlagen können, habe ich auch gar kein Verlangen danach.

Auf dieser Fahrt flußauf bemerkte ich ein kleines Towhead (ein neues Inselchen), eine halbe Meile lang, das sich in den letzten neunzehn Jahren gebildet hatte. Wenn so viel Zeit war, daß neunzehn Jahre der Schaffung eines bloßen Towheads gewidmet werden konnten, wozu ist dann damals der ganze Globus in sechs Tagen zusammengehauen worden? Hätte man sich gleich zu Anfang mehr Zeit gelassen, wäre, so scheint mir, die Welt richtig gemacht worden und dieses ewige Verbessern und Reparieren jetzt nicht nötig. Wenn man eine Welt oder ein Haus aber überstürzt, entdeckt man mit der Zeit bestimmt, daß man hier und da ein Towhead oder einen Besenschrank oder irgendeine andere kleine Bequemlichkeit vergessen hat, die nachgeholt werden muß, und wenn das mit noch soviel Kosten und Plackerei verbunden ist.

Wir hatten eine Folge schwarzer Nächte, und immer, wenn wir anlegten und die Bäume plötzlich in den intensiven Glanz des elektrischen Lichtes tauchten, war eine merkwürdige Wirkung zu bemerken: aus den Massen glänzenden Laubes flogen sofort Hunderte von Vögeln auf und flitzten hierhin und dorthin durch die weißen Strahlen, und oft stimmte ein Singvogel ein Lied an. Wir schätzten, daß sie diesen superben künstlichen Tag für echt hielten.

Die Fahrt auf diesem wohlbestallten Dampfer war herrlich, und wir bedauerten nur, daß es so schnell ging. Mit Fleiß und Aktivität gelang es uns, fast alle alten Bekannten aufzuspüren. Einer aber fehlte; er war vor zwei Jahren in eine bessere oder schlechtere Welt gegangen. Doch ich brachte alles über ihn in Erfahrung. An seinem Fall wurde mir deutlich gemacht, wie anhaltend die Wirkung einer sehr unbedeutenden Begebenheit sein kann.

Als er Schmiedelehrling in unserem Nest war und ich noch zur Schule ging, kamen zwei junge Engländer in den Ort, und eines Tages warfen sie sich in billigen königlichen Staat und führten mit wahnsinnigem Feuereifer und unter riesigem Spektakel vor den Dorfjungen den Zweikampf aus »Richard III.« auf. Jener Schmiedelehrling war da, und das schauspielerische Gift ging ihm in die Knochen. Dieser riesige, schwerfällige, einfältige, schwachköpfige Tölpel war auf einmal theaterbesessen, und zwar unheilbar. Er verschwand und tauchte nach einiger Zeit in St. Louis auf. Dort stieß ich einmal auf ihn. Er stand sinnierend an einer Straßenecke, die rechte Hand in die Hüfte gestemmt, das Kinn auf den linken Daumen gestützt, das Gesicht gesenkt, die Stirn in Falten gelegt, den Schlapphut tief in die Augen gezogen – und bildete sich ein, Othello oder eine ähnliche Rollengestalt vorzustellen und daß die Vorübergehenden seine tragische Pose bemerkten und von Ehrfurcht ergriffen wären.

Ich trat zu ihm und versuchte, ihn aus den Wolken herunterzuholen, aber ohne Erfolg. Er setzte mich jedoch beiläufig davon in Kenntnis, daß er zum Ensemble des Walnut Street Theater gehöre – und er versuchte, das ganz gleichgültig zu sagen, doch die Gleichgültigkeit war dünn, und darunter lugte eine mächtige Genugtuung hervor. Er sagte, an diesem Abend habe er eine Rolle im »Julius Cäsar«, und ob ich mir ihn nicht ansehen wolle. Und ob ich wollte! Ich erklärte ihm, das würde ich mir nicht einmal entgehen lassen, wenn ich tot wäre.

Vor Verwunderung wie vor den Kopf geschlagen, ging ich unter folgenden Gedanken davon: ›Merkwürdig! *Wir* haben diesen Kerl immer für bekloppt gehalten, und kaum kommt er in eine große Stadt, wo Intelligenz und Würdigung im Überfluß da sind, wird das in diesem Trottel steckende Talent sofort entdeckt und prompt willkommen geheißen und geehrt.‹

Doch ich kam an jenem Abend enttäuscht und beleidigt aus dem Theater, denn von meinem Helden hatte ich nichts zu sehen bekommen, und sein Name stand auch nicht im Programm. Am nächsten Morgen begegnete ich ihm auf der Straße, und noch ehe ich etwas sagen konnte, fragte er:

»Na, hast du mich gesehen?«

»Nein, du warst ja nicht da.«

Er blickte erstaunt und enttäuscht drein und sagte: »Aber ja. Ich war ein römischer Soldat.«

»Welcher denn?«

»Hast du nicht die römischen Soldaten gesehen, die hinten in einer Reihe standen und manchmal um die Bühne rummarschiert sind?«

»Meinst du etwa das römische Heer? Diese sechs Schauerleute in Nachthemden und Sandalen und mit Blechschilden und Blechhelmen, die da rumgetrottet sind und sich gegenseitig in die Hacken getrampelt haben und unter dem Kommando eines spinnbeinigen Schwindsüchtigen standen, der genauso angezogen war wie sie selber?«

»Ja, richtig, die meine ich! Von diesen römischen Soldaten war ich einer. Der vorletzte. Vor einem halben Jahr war ich noch der letzte, doch ich bin aufgerückt.«

Ja, und nun erzählte man mir, der arme Kerl sei bis zuletzt römischer Soldat geblieben – ganze vierunddreißig Jahre lang. Manchmal gaben sie ihm eine »Sprechrolle«, jedoch keine große. Man konnte ihm anvertrauen, aufzutreten und zu sagen: »Herr Graf, die Rösser sind gesattelt«, wenn sie aber wagten, noch einen oder zwei Sätze zuzufügen, strengte das sein Gedächtnis zu sehr an, und man mußte damit rechnen, daß er steckenblieb. Und doch hatte er, der arme Teufel, mehr als dreißig Jahre lang geduldig die Rolle des Hamlet einstudiert und in dem Glauben gelebt und war darin auch gestorben, daß man ihn eines Tages auffordern würde, sie zu spielen!

Und das kam alles nur von dem flüchtigen Besuch jener jungen Engländer in unserem Nest vor so vielen Menschenaltern! Was für prächtige Hufeisen hätte dieser Mann machen können, wenn diese Briten nicht gekommen wären, und was für einen unzulänglichen römischen Soldaten hat er in Wirklichkeit abgegeben!

Ein paar Tage nach unserer Ankunft in St. Louis spazierte ich die Fourth Street entlang, als ein grauhaariger

Mann an mir vorüberging, stutzte, dann anhielt, zurückkam, mich eingehend und mit finsterer Stirn musterte und schließlich in sehr scharfem Ton sagte: »Hör mal, *hast du nun endlich was zu trinken gekriegt?*«

Ein Verrückter, nahm ich zuerst an. Auf einmal aber erkannte ich ihn. Ich gab mir solche Mühe, rot zu werden, daß ich mir beinahe die Muskeln verrenkte, und antwortete so liebenswürdig und gewinnend, wie ich nur konnte: »Hat ein bißchen lange gedauert, will aber gerade da rein, wo es was gibt. Komm mit und hilf mir.«

Er besänftigte sich und erklärte, bei einer Flasche Champagner ließe er mit sich reden. Er sagte, er habe meinen Namen in den Zeitungen gesehen und alles stehen- und liegenlassen und sich aufgemacht, entschlossen, mich entweder aufzutreiben oder zu sterben und mich zur zufriedenstellenden Beantwortung jener Frage zu kriegen oder mich zu töten. Sein scharfer Ton aber war mehr Mache als echt.

Dieses Wiedersehen rief mir die Unruhen in St. Louis vor ungefähr dreißig Jahren ins Gedächtnis. Ich brachte damals eine Woche in einer Pension dort zu und hatte diesen jungen Burschen zum Flurnachbarn. Wir erlebten ein paar von den Kämpfen und Gemetzeln mit, und nach einiger Zeit gingen wir eines Abends in ein Arsenal, wo sich zweihundert junge Leute nach Aufruf versammelt hatten, um bewaffnet und unter dem Kommando eines Berufsoffiziers gegen die Unruhestifter eingesetzt zu werden. Wir exerzierten bis zehn Uhr abends, dann kam die Nachricht, daß der Mob in großer Stärke am unteren Ende der Stadt sei und alles vor sich herfege. Unsere Kolonne setzte sich sofort in Marsch. Der Abend war sehr heiß und mein Gewehr sehr schwer. Wir marschierten und marschierten, und je näher wir dem Kriegsschauplatz kamen, um so heißer wurde mir und um so größeren Durst kriegte ich. Mein Vordermann war mein Bekannter, und schließlich bat ich ihn, mein Gewehr zu halten, ich wollte nur schnell mal aus der Reihe treten und was trinken gehen. Dann zweigte ich ab und trollte mich nach Hause. *Seinetwegen* machte ich mir natürlich keine Sorgen, denn ich wußte ihn jetzt so gut bewaffnet, daß er sich ohne Schwierigkeiten allein behelfen konnte. Ich hatte darüber gar keine Zweifel, sonst hätte ich mir nämlich noch eine Knarre für ihn geliehen. Am nächsten Tag verließ ich dann in aller Herrgottsfrühe die Stadt, und wenn dieser grauhaarige Mann nicht zufällig neulich in St. Louis bei der Zeitungslektüre auf meinen Namen gestoßen und so hinterher gewesen wäre, mich aufzuspüren, müßte ich bis zum Grabe eine quälende Ungewißheit mit mir herumtragen, ob er aus den Unruhen nun gut herausgekommen ist oder nicht. Ich weiß, ich hätte mich schon vor dreißig Jahren erkundigen sollen. Hätte ich auch, wenn ich die Gewehre gehabt hätte, aber so wie die Dinge lagen, schien er mir besser geeignet, die Nachforschungen anzustellen, als ich.

Eines Montags, kurz vor unserem Besuch in St. Louis, brachte der »Globe-Democrat« ein paar Seiten mit Sonntagsstatistiken, aus denen hervorging, daß am Vortage 119448 Einwohner von St. Louis die Früh- und Spätgottesdienste und 23102 Kinder die Sonntagsschule besucht hatten. Das heißt also, von 400000 Menschen Gesamtbevölkerung ehrten 142550 den Tag auf religiöse Weise. Ich fand diese Angaben in gedrängter Form in einem Telegramm der Associated Press und habe sie mir aufgehoben. Allem Anschein nach führte St. Louis also ein viel gottgefälligeres Leben, als es zu meiner Zeit von sich hätte behaupten können. Doch jetzt, wo ich mir die Zahlen näher ansehe, kommt mir der Verdacht, daß der Fernschreiber sie verstümmelt hat. Mehr als 150000 Katholiken dürfte es in der Stadt nicht geben, die anderen 250000 müssen als Protestanten gerechnet werden. Und von diesen 250000 sind, nach jenem fragwürdigen Telegramm, nur 26362 zur Kirche und Sonntagsschule gegangen, von den 150000 Katholiken dagegen 116188.

ZWEIUNDFÜNFZIGSTES KAPITEL

Eine markige Marke

Plötzlich fiel mir ein: ›Du hast ja Mr. Brown noch nicht ausfindig gemacht.‹

An dieser Stelle möchte ich die direkte Linie meines Themas verlassen und einen kleinen Abstecher machen. Ich will ein Geheimnis enthüllen, das ich neun Jahre mit mir herumschleppe und das mir langsam zur Last wird.

Bei einer bestimmten Gelegenheit hatte ich vor neun Jahren mit starker Rührung gesagt: »Sollte ich jemals wieder nach St. Louis kommen, dann suche ich Mr. Brown auf, den großen Getreidehändler, und bitte ihn darum, ihm die Hand schütteln zu dürfen.«

Gelegenheit und Umstände waren folgende: Eines Abends kam ein Bekannter, ein Geistlicher, zu mir und sagte:

»Ich habe hier einen äußerst bemerkenswerten Brief, den ich Ihnen gern vorlesen möchte, falls mir das gelingt, ohne in Tränen auszubrechen. Ich muß allerdings ein paar Erklärungen vorausschicken. Den Brief hat ein ehemaliger Dieb und Vagabund von niedrigster Abstammung und gemeinster Herkunft geschrieben, ein über und über mit Verbrechen besudelter und in Unwissenheit versunkener Mensch, in dem aber, Gott sei's gedankt!, eine Ader reinen Goldes steckt, wie Sie gleich sehen werden. Sein Brief ist an einen Einbrecher namens Williams gerichtet, der in einem bestimmten Staatsgefängnis eine neunjährige Strafe absitzt.

Dieser Williams war ein besonders dreister Einbrecher und betrieb sein Handwerk eine Reihe von Jahren, schließlich aber wurde er doch erwischt und eingesperrt, um seiner Gerichtsverhandlung in einer Stadt entgegenzusehen, wo er nachts in ein Haus eingebrochen war und den Eigentümer mit vorgehaltener Pistole gezwungen hatte, ihm achttausend Dollar in Regierungsanleihen auszuhändigen. Williams kommt keineswegs aus zweifelhaften Kreisen; er hat Harvard absolviert und stammt aus guter

Neuenglandfamilie. Sein Vater war Geistlicher. Während Williams im Gefängnis saß, ging es mit seiner Gesundheit bergab, und er zog sich die Schwindsucht zu. Das sowie die durch die Einzelhaft gebotene Gelegenheit zum Nachdenken tat seine Wirkung – seine natürliche Wirkung. Er ging in sich; seine frühere Erziehung machte sich geltend und übte einen starken Einfluß auf sein Herz und Gemüt aus. Er zog einen Schlußstrich unter sein altes Leben und wurde ein ernster Christ. Einige Damen aus der Stadt hörten davon, besuchten ihn und unterstützten ihn durch ermutigende Worte in seinen guten Vorsätzen und bestärkten ihn, in seinem neuen Leben fortzufahren. Der Prozeß endete, wie schon gesagt, damit, daß er überführt und zu neun Jahren verurteilt wurde. Im Gefängnis lernte er den anfangs von mir erwähnten armen Teufel kennen, Jack Hunt, den Schreiber des Briefes, den ich vorlesen will. Sie werden sehen, daß diese Bekanntschaft für Hunt Früchte trug. Als seine Zeit um war, ging Hunt nach St. Louis, und von dort schrieb er seinen Brief an Williams. Der Brief kam natürlich nicht weiter als bis ins Gefängnisbüro, denn Häftlinge dürfen nur selten Post von draußen empfangen. Die Anstaltsbeamten lasen diesen Brief, vernichteten ihn aber nicht. Das brachten sie nicht übers Herz. Sie lasen ihn verschiedenen Leuten vor, und schließlich fiel er den Damen, von denen ich eben sprach, in die Hände. Neulich lief mir ein alter Bekannter über den Weg, ein Geistlicher. Der hatte diesen Brief gesehen und war völlig gerührt. Die bloße Erinnerung daran bewegte ihn so sehr, daß er nicht davon sprechen konnte, ohne daß ihm die Stimme versagte. Er versprach, mir eine Abschrift zu besorgen, und hier ist sie – eine genaue Kopie, die all die Unvollkommenheiten des Originals wahrt. Es sind viele Ausdrücke aus der Gaunersprache darin, die Gefängnisbeamten haben aber in Klammern dazwischengeschrieben, was sie bedeuten:

St. Louis dem 9. Juni 1872.

Lieber Mr. W... Freund Charlie, wenn ich so zu dir sagen dürf, du wirst bestimt staunen von mir ein Brief zu krigen aber ich hofe du bist nicht böse darum das ich dir schreibe. Ich möchte dir vielmalz danken da für wie du mit mir geredet hast wie ich ins Gefängniß war denn dadurch bin ich ein beßrer Mensch geworden, du hast warscheinlig gedacht ich neme mir nicht zu hertzen was du sagst + zu anfang habe ich auch nicht aber ich wuste das du ein man bist, der zusamen mit gute Menschen großes Volbracht hat + kein dummer junge + auch kein lehres gerede redest, das haben ja alle gesagt.

Nachts habe ich immer darüber Nachgedacht was du gesagt hast + derwegen auch 5 Monate bevor ich meine zeit runterhatte mits fluchen aufgehört weil ich eingesehen habe das man damit nicht weiterkomt, und wie denn meine zeit Rum war hast du an letzten Tag gefragt ob ich nicht das Kreutz schüteln will (*aufhören zu stehlen*) + 3 Monate lang ein erlich Leben füren es wäre die beste tat von mein gantzes Leben. Der Beamte gab mir 1 farkarte nach hier und wie ich in dem Zug war habe ich mir weiter durch dem Kopf gehen laßen was du zu mir gesagt hast, bin aber zu keine entscheidung gekomen. Wie wir mit den Zug von da nach hier in Chicago ankamen stauchte ich eine alte Frau ihr leder (*stahl ihr die Geldbörse*) + wie ich es kaum habe da wünschte ich schon ich hätte es nicht getahn denn eine weile davor hatte ich mir auf deine Ermanung hin vorgenomen 3 Monate lang nichts mehr anzufaßen, aber das habe ich vergeßen als ich sah was für ein griff (*leichte Diebesbeute*) das leder war, doch denn bin ich in ihre nähe geblieben und als sie Unterwegens ausstieg sage ich zu ihr, Madamm haben sie was verlohren? + sie roch lunte (*entdeckte*) das ihr leder flöten (*weg*) war. Meinen Sie das hier sage ich und geb es ihr. Mein Gott sind sie aber erlich sagt sie, aber es war mir peinlig sowas zu hören + ich lief schnel weg. Wie ich hier ankam hatte ich noch 1 Dollar und 25 Cents und 3 Tage lang keine Arbeit gekrigt weil ich nicht stark genug war als Schauermann (*Hafen- und Deckarbeiter*) auf ein Dampfschiff zu gehen. Am Nachmittag vom 3. Tag gab ich meine letzten 10 Cent aus für 2 Monds (*großer runder Schiffszwieback*) + käse + mir war hundeelendt zu Mute + ich dachte schon ich muß wider kaftern gehen (*Taschendiebstähle verüben*) als mir einviel was du einmal gesagt hast, wenn Mann in not ist soll Mann den Herrgott anrufen + da hab ich mir gesagt ich kann es ja mal probiren aber wie ich es machen wolte kam ich gleich zu anfang ins stocken + habe nicht mehr raus gekricht als wie: liber Gott gieb ein armen Kerl eine Changse drei Monate erlich zu leben um Christus Willen, Amen + ich dachte immerzu drüber nach wie ich weiter ging. Eine Stunde später war ich in der 4. Str. und nun will ich dir erzählen was da gescheen ist + das ist auch der grundt warum ich da bin wo ich jetzt bin + du solst alles erfaren bevor ich mit schreiben fertich bin. Wie ich da so lang ging hörte ich ein großen Lerm + sah ein Ferd mit ein Wagen durch gehen und 2 Kinder drin und ich nahm ein Brett von ein Kastendeckel wo auf den Bürgersteig lag und bin mitten auf den Damm + als das Ferd ankam habe ich ihm damit über den Kopf gehaun so doll ich konte, das brett ist zersplittert + das Ferd blieb ein Moment stehen + ich faste in die zügel und zog ihm den Kopf runter bis es stillestand. Der Feine Herr dem es gehörte kam angerennt + wie er sah das die Kinder nichts passiert ist schütelte er mir die Hand und gab mir ein 50 Dollarschein + mir viel ein, das ich ja den Liben Gott gebeten hab mir zu helfen + ich war wie vom donnergerührt + konnte weder die Zügel loslaßen noch ein wort rausbringen. Der Feine Herr sah das was nicht in ordnung war und kommt wider zurück zu mir und sagt, hast du dich verletzt mein Junge? und da kam mir der Gedanke ihn nach arbeit zu fragen und ich bat ihn den schein zurück zu nehmen und mir eine Stelle zu geben. Steig ein, sagte er, darüber läst sich reden aber behalte das Geld, er fragte mich ob ich mit Ferde umgehen kann + ich sagte ja, denn ich bin doch immer viel in die Ausspanns gewesen + habe oft sauber machen geholfen + auch beis Fahren. Für solche arbeit kann er einen gebrauchen sagte er + würde mir 16 Dollars per Monat geben und kost + Logie. Da habe ich natürlich gleich zugefast. An den abend habe ich lange in meine kleine Kamer über den Stall aufgesessen + über mein vergangen leben nachgedacht + was gerade gescheen war + da bin ich denn auf die Kniee gefallen und dankte dem liben Gott für die Stelle + das er mir helfen soll ein ehrlicher Mensch zu werden + das er dich segnet dafür das du mich dazu angehalten hast + am näxten morgen habe ich das nochmal gemacht + mir ein Paar neue Plünnen (*Kleidungsstücke*) besorgt + eine Bibel denn nachdem der Herrgott das für mich getan hatte nahm ich mir Fest vor jeden abend und morgen in die Bibel zu lesen + ihn zu bitten daß er auf mir aufpast. Ich war schon ungefär 1 Woche hier, da kam Mr Brown, so heist er nämlich an ein abend in meine Kamer und sah wie ich in die Bibel las, er hat gefragt ob ich Christ bin, und da habe ich Nein gesagt + wie es komt das ich die Bibel lese Anstatt von Zeitungen und Büchers. Weist du Charlie, da dachte ich es ist beßer ihm gleich die Wahrheit zu sagen + so habe ich ihm alles erzählt daß ich ins Gefängniß gewesen war + von dir + wie ich schon beinahe aufgegeben hatte nach arbeit zu Suchen + wie der Libe Gott mir zu der Stelle verholfen hat als ich ihn dadrum angeflet habe + das ich ihm blos dadurch danken kann in dem ich die Bibel lese und erlich bleibe, + er möchte mir doch eine Changse von 3 Monate laßen. Da redete er lange mit mir + hat gesagt ich kann bleiben + denn war mir wohler wie in mein ganzes leben vorher weil ich Mr Brown gleich rein Wein eingeschenkt habe + jetzt habe ich keine angst meer das einer verklawastert (*verrät*) das ich früher fichtegegangen bin (*ein Dieb war*) + mich aus der Stelle verjagt. Am näxten morgen muste ich in die Bibilotek + da hat er wieder ofen mit mir geredet + mir gerahten an jeden Tag ein Bißchen zu lernen + er will mir abends immer ein bis 2 Stunden helfen + hat mir 1 rechenbuch und 1 lesebuch gegeben und 1 Geografi und 1 Schreibheft + hört jeden abend ab, morgends läßt er mich immer ins Haus komen zu Gebet + hat mich in ein Bibelkurses in die Sontagsschule unter gebracht, wo es mir gut gefält denn das hilft mir das ich meine Bibel beßer verstehe.

Lieber Charlie, die 3 Monate nichts meer anfaßen sind nun schon acht wochen rum + wie du gesagt hast es ist das beßte werk daß ich je im leben getan habe + ich habe gleich noch mal angefangen + widerhole es jetzt aber ob ich es das ganze leben lang durchhalte liegt allein in Gotteshand. Charlie ich schreibe Dir diesen Brief weil ich dir sagen will, ich glaube Gott hat mir meine sünden vergeben + deine Gebete erhört denn du sagtest doch das du für mich beten wirst. Weist du es macht mir freude Sein wort zu lesen und ihm alle meine Sorgen anzutrauen + er hilft mir, das weis ich genau denn ich habe viel gelegenheit zu Stehlen aber ich bin nicht meer so wie früer + jetz macht es mir größeren spaß zur Kirche zu gehen als ins Teater und das war früer umgekehrt. Unsere prediger und auch andre leute unterhalten sich öfters mit mir + vor 1 Monat wollten sie ich soll in die Kirche eintreten, aber ich sagte Nein noch nicht, ich kann mich in meine Gefühle irren ich will noch etwas warten aber jetzt spühre ich das Gott mich ruft + am 1. Sonntag im Juli trete ich in die Kirche rein. Lieber Freund wenn ich Dir so schreiben könnte wie ich fühle, ich kann das aber noch nicht, Du weist ja ich habe lesen und schreiben ins Gefängniß gelernt + bin noch nicht soweit das ich so Schreiben kann wie Reden, ich weis ich habe in diesen Brief nicht alles richtig geschrieben + eine menge andre Fehler gemacht aber das wirst du sicher enschuldigen du weist ich bin in Armenhaus aufgewacksen bis ich ausgerükt bin + das ich nie gewust habe wer mein Vater und meine Mutter war + nicht mal meinen richtigen Namen weis + hoffendlich bist Du mir nicht böse, aber ich habe schlieslich genauso viel recht auf ein Namen wie Jeder andre + da habe ich deinen Namen angenommen, denn du hast doch gesagt das du den nicht meer benutzen willst wenn du rauskommst + du bist der Einzige von den ich auf der gantzen Welt am Meisten halte. Ich hofe du bist also nicht böse. Mir geht es gut ich trage jeden Monat 10 Dollars auf die Bank, 25 Dollars von die Fünfzig sind nun schon drauf, wenn du was davon haben willst oder alles must du es mir schreiben denn kannst du es krigen. Es wär schön wenn du einverstanden wärst das ich dir schon jetzt etwas davon schike. Mit den Brief zusamen schike ich dir ein Abonemendt auf 1 Jahr für »Der Gute Hirte«, ich wuste nicht was dir gefallen würde + fragte Mr Brown + der sagte das wäre das Richtige für Dich. Ich wünschte ich wäre nicht so Weit von dir weg damit ich dir zu den Feiertagen Pickus (*Lebensmittel*) zukomen lassen kann, bei dies Wetter aber tut von hier bis zu dir doch nur allens verderben aber ich schike dir jedenfalls näxten Danksagungstag ein Päkchen. Näxte Woche nimmt Mr Brown mich in sein Gescheft als Boote + sobald ich meer weis soll ich aufsteigen, er hat ein großes Getreidegescheft eng groh. Ich habe gans vergeßen dir von meine Missionsschule zu berichten. Es ist eine Sonntagsschulklasse. Die Schule findet Sontagsnachmittags statt + an zwei sontagnachmittage bin ich losgezogen + habe sieben Stratzen (*kleine Jungens*) dazu gekrigt, auch zu komen. Zweie davon wusten so viel als wie ich + ich habe sie in ein Kurses unter gebracht wo sie was lernen können, ich weiß selber nicht viel aber weil diese kleinen nicht Lesen können komme ich gans gut mit ihn voran. Ich Sorge dafür das sie auch wirklich komen, ich gehe jeden Sontag ½ Stunde bevor die Schule anfängt zu ihnen, ich habe auch 4 Mädel geworben. Erzähle Mack und Harry von mir, emfall sie herkomen wollen wenn ihre zeit rum ist tu ich ihnen gleich arbeit besorgen. Ich hofe du wirst diesen langen Brief enschuldigen und alle Feler, ich wünsche nur ich könnte dich sehen weil ich mich bei das schreiben doch noch nicht so ausdrücken kann wie beis sprechen. Hoffentlich tut das warme Wetter deine Lunge gut, als du geblutet hast hatte ich angst du stirbst. Grüße alle von mir und erzähle ihnen wie es mir geht. Es geht mir gut und jeder hier ist so nett zu mir wie er nur kann. Mr Brown will dir einmal schreiben, ich hoffe eines tages von dir Post zu krigen. Diesen Brief schrieb dir dein sehr treuer Freund

C... W...
den du als Jack Hunt kennst.

Ich lege Dir Mr. Browns Karte bei. Schicke deinen Brief an ihn.«

Hier war Beredsamkeit, echte, unwiderstehliche Beredsamkeit, und ohne die geringste Ausschmückung. Selten hat mich etwas Geschriebenes so tief bewegt. Während des

Vorlesens versagte meinem Bekannten alle paar Augenblicke die Stimme, und dabei hatte er, um sich gegen die eigene Rührung zu wappnen, das schon mehrere Male für sich allein geübt, ehe er sich mit dem Brief in Gesellschaft wagte. An mir wollte er sehen, ob Hoffnung bestand, daß er in der Lage wäre, das Dokument mit halbwegs schicklicher Gefühlsbeherrschung seinem Gebetskreis vorzulesen. Das Ergebnis war nicht sehr versprechend. Er beschloß es dennoch zu riskieren, und als es soweit war, kam er auch leidlich gut durch, um seine Zuhörer aber war es früh geschehen, und sie standen bis zum Schluß unter Tränen.

Der Ruf des Briefes verbreitete sich durch die Stadt. Ein anderer Geistlicher kam und lieh sich das Manuskript, nahm es wörtlich in eine Predigt auf, hielt diese an einem Sonntagmorgen vor zwölfhundert Menschen, und der Brief ertränkte sie in ihren eigenen Tränen. Dann verarbeitete ihn auch mein Bekannter zu einer Predigt und trat damit vor seine Sonntagsgemeinde. Er erzielte einen weiteren Triumph. Es gab ein einziges Geschluchze.

Mein Bekannter fuhr auf Sommerurlaub hoch in die Angelgründe unserer britischen Nachbarn im Norden und nahm diese Predigt mit für den Fall, daß er dort eine brauchte. Eines Tages wurde er gebeten, die Kanzel zu besteigen. Die kleine Kirche war voll. Unter den Anwesenden befanden sich der verstorbene Dr. J. G. Holland, der verstorbene Mr. Seymour von der »New York Times«, der Philanthrop und Temperenzler Mr. Page und ich glaube auch Senator Frye aus Maine. Der wunderbare Brief tat seine gewohnte Arbeit, alle waren gerührt, alle weinten, Dr. Holland rannen in unaufhörlichem Strom die Tränen über die Wangen, und man kann sagen, allen anderen ging es fast genauso. Mr. Page war von dem Brief so begeistert, daß er erklärte, er wolle nicht eher ruhen, als bis er zu jenem Gefängnis gewallfahrtet sei und den Mann gesprochen habe, der einen Leidensgenossen inspirieren konnte, ein so unschätzbares Traktat zu schreiben.

Ach, dieser unglückselige Page! – er und noch einer. Wären sie bloß in Jericho gewesen, denn dann wäre die Kunde von diesem Brief durch die Welt gehallt und hätte für die nächsten tausend Jahre die Herzen aller Völker in Rührung versetzt, und es wäre wohl nie jemand dahintergekommen, daß es sich um das verdammteste, unverschämteste, raffinierteste Gaunerstück handelte, das je ausgeheckt wurde, arme vertrauensselige Sterbliche auf den Leim zu locken!

Ja, es stimmt, der Brief war reiner Schwindel. Und im ganzen genommen ein Schwindel, der nicht so leicht seinesgleichen finden dürfte. Er war vollkommen, war abgerundet, symmetrisch, komplett, kolossal!

Der Leser kriegt es schon hier zu wissen, wir dagegen erfuhren es erst ein paar Meilen und Wochen später. Mein Bekannter kam aus den Wäldern zurück, und er sowie andere Geistliche und Laienmissionare gingen wieder daran, Zuhörer mit Tränen – mit den eigenen und denen besagter Zuhörer – unter Wasser zu setzen, ich bat und bettelte, den Brief in einer Zeitschrift abdrucken und die wäßrige Geschichte seiner Triumphe erzählen zu dürfen, wer weiß wie viele Leute verschafften sich Abschriften des Briefes mit der Erlaubnis, sie handschriftlich herumgehen zu lassen, und es wurden Kopien nach Hawaii und anderen fernen Regionen geschickt.

Eines Tages war Charles Dudley Warner in der Kirche, als der abgegriffene Brief vorgelesen und durchgeschluchzt wurde. Nachher, an der Kirchentür, ließ Mr. Warner dem Pfarrer einen besonders kalten Eisberg den Rücken hinunterrutschen, indem er fragte:

»Wissen Sie eigentlich, ob dieser Brief echt ist?«

Es war der erste Verdacht, der geäußert wurde, und er hatte jene häßliche Wirkung, die ein erster Verdacht gegen jemandes Idol immer hat.

»Wieso – was veranlaßt Sie, anzunehmen, daß er nicht echt ist?«

»An sich nichts, außer daß er zu gewandt ist und zu bündig und fließend und zu hübsch zusammengesetzt für einen unwissenden Menschen und eine ungeübte Hand. Schätze, den hat ein Gebildeter geschrieben.«

Der literarische Künstler hatte die literarische Maschinerie entdeckt. Wenn man sich den Brief jetzt ansieht, wird man es selber sehen – es ist in jeder Zeile zu merken.

Der Geistliche, mit der aufschießenden Saat des Verdachts im Herzen, ging fort und setzte sich sogleich hin und schrieb an einen Amtsbruder, der in jener Stadt lebte, in der Williams eingesperrt und bekehrt worden war, und bat um Aufklärung und fragte gleichzeitig an, ob jemand von der Literatur (damit war ich gemeint) den Brief abdrucken und seine Geschichte erzählen dürfe. Bald darauf erhielt er folgende Antwort:

Hochwürden...

Mein lieber Freund, was jenen »Häftlingsbrief« anbetrifft, so kann kein Zweifel an seiner Echtheit bestehen. Williams, an den er gerichtet ist, hat in unserem Gefängnis gesessen und zugegeben, bekehrt worden zu sein, und der dortige Seelsorger, Hochwürden Mr. ..., hatte großen Glauben an die Echtheit seines Wandels – soviel man in einem solchen Falle nur haben kann.

Der Brief ist einer unserer Damen, sie ist Lehrerin an der Sonntagsschule, zugeschickt worden – vielleicht von Williams selber, wahrscheinlich aber vom Kaplan des Staatsgefängnisses. Es ist ihr sehr unangenehm, so bekannt geworden zu sein, denn es könnte als Vertrauensbruch ausgelegt werden oder Williams verletzen. Was die Veröffentlichung anbetrifft, so kann ich dazu keine Erlaubnis erteilen, denke aber, daß Sie, sofern Sie Namen und Orte auslassen und besonders wenn der Brief außer Landes geschickt wird, es auf Ihre Verantwortung ruhig tun können.

Es ist ein wundervoller Brief, den kein christlicher Geist geschweige denn ein ungeweihter geschrieben haben kann. Offenbart er doch das Werk der göttlichen Gnade in einer Menschenseele, und zwar in einer sehr heruntergekommenen und verdorbenen, und beweist damit seinen Ursprung und rügt unseren schwachen Glauben an ihre Macht, es mit jeder Form des Bösen aufzunehmen.

»Mr. Brown« aus St. Louis soll aus Hartford stammen.

Dienen alle, die ihr aus Hartford schickt, ihrem Herrn so gut?

PS, Williams befindet sich noch im Staatsgefängnis und verbüßt eine lange Strafe – neun Jahre, glaube ich. Er ist krank und leidet an Schwindsucht, allerdings habe ich mich in der letzten Zeit nicht nach ihm erkundigt. Ich nehme an, die betreffende Dame steht mit ihm in Briefwechsel und wird sich sicher um ihn kümmern.

Dieser Brief traf ein paar Tage nach seiner Niederschrift ein, und Mr. Williams' Aktien stiegen wieder. Mr. Warners entlarvender Verdacht kam ins kühle, kühle Grab, wo er offensichtlich hingehörte. Er stützte sich sowieso bloß auf innere Beweise, und innere Beweise, das ist ein weites Feld und ein Spiel, bei dem zwei mitmachen können: als Zeuge jener andere innere Beweis, entdeckt von dem Schreiber der oben zitierten Zeilen: »Es ist ein wundervoller Brief, den kein christlicher Geist geschweige denn ein ungeweihter geschrieben haben kann.«

Ich hatte nun die Druckerlaubnis – vorausgesetzt, daß ich die Namen und Orte wegließ und meine Erzählung außer Landes schickte. Und so wählte ich dafür dann eine australische Zeitschrift, weil die weit genug außer Landes war, und machte mich an meinen Artikel. Und die Pfarrer ließen die Brünnlein wieder fließen und den Brief die Pumpenschwengel bedienen.

Doch inzwischen war Bruder Page nicht müßig gewesen. Er hatte zwar nicht das Gefängnis besucht, dafür aber eine Kopie des berühmten Briefes an den Seelsorger jenes Instituts geschickt – allem Anschein nach mit ein paar Nachfragen. Er erhielt eine Antwort, deren Datum vier Tage älter war als die versichernde Epistel jenes anderen Bruders, und noch ehe ich meinen Artikel fertig hatte, gelangte sie in meine Hände. Ich habe das Original gerade vor mir, und ich hänge es hier an. Es steckt schön voller innerer Beweise unumstößlicher Art:

Staatsgefängnis, Kaplansbüro, 11. Juli 1873

Lieber Bruder Page!

Schicke Ihnen hiermit höflichst den Brief zurück, den Sie mir freundlicherweise geliehen haben. Ich fürchte, seine Echtheit kann nicht bestätigt werden. Er ist angeblich an einen Häftling hier gerichtet. Keiner unserer Anstaltsinsassen hat einen solchen Brief erhalten. Alle eingehende Post wird von den Gefängnisbeamten sorgfältig durchgelesen, ehe sie in die Hände der Häftlinge kommt, und einen solchen Brief kann man doch nicht vergessen. Außerdem ist Charles Williams kein Christ, sondern ein abgefeimter Mensch von lockerer Moral, dessen Vater Diener des Evangeliums ist. Den Namen hat er nur angenommen. Es freut mich, Ihre Bekanntschaft gemacht zu haben. Ich bereite einen Vortrag vor über das Leben, durch Gefängnisgitter gesehen, und würde denselben gern in Ihrer Gegend halten.

Und so endete dieses kleine Drama. Mein armer Artikel wanderte ins Feuer, denn obgleich jetzt viel mehr und weitaus reichhaltigeres Material vorhanden war als vorher, gab es rings um mich her Parteien, die sich zwar, als das Spielchen noch anders stand, nach der Veröffentlichung gesehnt hatten, nun aber geschlossen für seine Verheimlichung eintraten. Sie sagten: »Warten Sie – die Wunde ist noch zu frisch.« Plötzlich verschwanden sämtliche Kopien des berühmten Briefes außer meiner, und von da an setzte in den Kirchen wieder die alte Dürre ein. In der Stadt wurde eine Zeitlang nicht schlecht gegrinst, doch es gab darin auch Orte, wo kein Grinsen aufkam und wo es gefährlich war, den Brief des ehemaligen Zuchthäuslers zu erwähnen.

Ein Wort der Erklärung: »Jack Hunt«, den vorgeblichen Schreiber des Briefes, gab es gar nicht. Der Einbrecher Williams – Absolvent von Harvard und Sohn eines Geistlichen – hatte den Brief selber geschrieben, *an sich selber,* ihn aus dem Gefängnis geschmuggelt und an Personen weiterleiten lassen, die ihn bei seiner Bekehrung unterstützt und ermutigt hatten, Personen, bei denen er wußte, daß erstens die Echtheit des Briefes nicht bezweifelt oder untersucht und zweitens der Kern des Briefes bemerkt werden und wertvolle Wirkung zeitigen würde – nämlich eine Bewegung zur Begnadigung von Mr. Williams einleiten.

Dieser Kern ist so geschickt, so beiläufig eingeflochten und unmittelbar dort in den Schluß des Schreibens gesetzt, ohne weitere Erklärung, daß ein gleichgültiger Leser, sofern ihm das überhaupt auffällt, darin niemals das A und O des Briefes vermuten würde. Das hier ist der Kern:

»Hoffentlich tut das warme Wetter deine Lunge gut, *als du geblutet hast hatte ich angst du stirbst.* Grüße alle usw.«

Das ist alles – ein bloßes Andeuten, mehr nicht. Trotzdem war es für ein Auge bestimmt, das es sogleich entdekken würde, und es zielte darauf hinaus, eine mitleidige Seele zu rühren, damit sie versuchte, die Befreiung eines armen bekehrten und geläuterten Burschen zu bewirken, den die Schwindsucht in ihren grausamen Klauen hielt.

Als mir vor neun Jahren dieser Brief zum erstenmal vorgelesen wurde, hatte ich das Gefühl, es sei der bemerkenswerteste, der mir je begegnet war. Er erwärmte mich so für Mr. Brown aus St. Louis, daß ich erklärte, falls ich noch mal in jene Stadt käme, würde ich diesen hervorragenden Mann aufsuchen und ihm den Saum des Gewandes küssen, wenn es ein neues ist. Und nun war ich in St. Louis, auf die Suche nach Mr. Brown aber machte ich mich nicht, denn ach!, die Nachforschungen seinerzeit hatten ja ergeben, daß der edeldenkende Mr. Brown genausowenig existierte wie »Jack Hunt« und bloß erfunden war, erfunden von jenem talentierten Hochstapler Williams – Einbrecher, Absolvent von Harvard, Sohn eines Geistlichen.

DREIUNDFÜNFZIGSTES KAPITEL

Mein Heimatort

Wir schifften uns auf einem der schnellen Dampfer der St. Louis und St. Paul Packet Company ein und fuhren stromauf los.

Als ich noch ein Junge war und zum erstenmal die Mündung des Missouri sah, lag sie nach Schätzung der Lotsen zweiundzwanzig bis dreiundzwanzig Meilen oberhalb von St. Louis. Die Abtragung der Ufer hat sie inzwischen acht Meilen stromab verlegt, und die Lotsen sind der Meinung, daß der Fluß innerhalb von fünf Jahren durchbrechen und die Mündung weitere fünf Meilen verschieben und somit bis auf zehn Meilen an St. Louis heranbringen wird.

Gegen Einbruch der Nacht passierten wir den großen und blühenden Ort Alton in Illinois und am nächsten Morgen noch vor Tageslicht die Stadt Louisiana in Missouri, zu meiner Zeit ein verschlafenes Dorf, heute aber ein munterer Eisenbahnknotenpunkt, doch das sind die Städte da draußen ja jetzt alle. Ich konnte den Ort nicht so ohne weiteres wiedererkennen. Das wunderte mich, denn Anno 61 hatte ich mich aus der Rebellenarmee doch nach Louisiana zurückgezogen, und zwar geordnet zurückgezogen, zumindest geordnet genug für jemand, der noch nicht gelernt hatte, wie man so was vorschriftsmäßig macht, und sich auf sein bißchen mitgebrachtes Talent verlassen mußte. Für einen ersten Versuch im Rückzug schien mir das gar nicht schlecht gelungen. Während jenes ganzen Feldzuges hatte ich keinen Vormarsch gemacht, der da auch nur halbwegs mitgekommen wäre.

Eine Eisenbahnbrücke spannte sich hier über den Fluß, über und über betupft mit schimmernden Lichtern. Ein wunderschöner Anblick.

Um sieben Uhr früh erreichten wir Hannibal in Missouri, wo ich meine Kindheit verbracht habe. Ich hatte es vor fünfzehn Jahren einmal kurz wiedergesehen und sechs Jahre davor ebenfalls, aber beide Male so flüchtig, daß es kaum zählte. Die einzige Vorstellung, die ich von der Stadt noch hatte, war die Erinnerung an sie, wie ich sie kannte, als ich sie vor neunundzwanzig Jahren zum erstenmal verließ. Dieses Bild schwebte mir noch so deutlich und lebendig vor Augen wie eine Photographie. Ich stieg an Land mit den Empfindungen von jemand, der aus einer längst in der Versenkung verschwundenen Generation wiederkehrt. Ich konnte mir jetzt gut vorstellen, was die Gefangenen der Bastille gefühlt haben müssen, als sie herauskamen und nach Jahren der Einkerkerung auf Paris blickten und feststellten, wie seltsam sich vor ihnen Vertrautes und Fremdes vermischte. Ich sah die neuen Häuser – sah sie deutlich genug –, doch sie beeinträchtigten nicht die älteren Bilder in meinem Kopf, denn noch deutlicher sah ich durch ihre massiven Mauern aus Mörtel und Stein hindurch die verschwundenen Häuser, die früher dort gestanden hatten.

Es war Sonntagmorgen, und alles schlief noch. Ich ging durch die leeren Straßen und sah die Stadt immer noch so, wie sie war und nicht wie sie ist, und erkannte hundert vertraute Dinge, die nicht mehr existierten, und schüttelte ihnen im Geiste die Hand und stieg zum Schluß den Holiday's Hill hinauf, um eine weite Aussicht zu haben. Da lag dann die ganze Stadt unten vor mir ausgebreitet, und ich konnte jede Stelle, jede Einzelheit ausmachen und bestimmen. Natürlich war ich ziemlich gerührt. »Von den Leuten, die ich einst in dieser ruhigen und geborgenen Stätte meiner Kindheit kannte«, so sagte ich, »sind viele jetzt im Himmel und manche – nun, ich nehme stark an, die sind woandershin gekommen.«

Die Dinge um mich herum und vor mir gaben mir das Gefühl, wieder ein Junge zu sein, ja, sie überzeugten mich, daß ich wieder ein Junge war und bloß einen ungewöhnlich langen Traum geträumt hatte, doch meine Überlegungen verdarben das alles, denn sie zwangen mich zu sagen: »Ich sehe dort unten fünfzig alte Häuser, und in jedes davon könnte ich eintreten und würde einen Mann oder eine Frau finden, die Säuglinge oder noch gar nicht auf der Welt waren, als ich diese Häuser das letztemal sah, oder eine Großmutter, die zu jener Zeit eine dralle junge Braut war.«

Von dieser überlegenen Warte aus ist die umfassende Aussicht stromauf und stromab und über die bewaldeten Weiten von Illinois sehr schön – wohl eine der schönsten am Mississippi, was eine gewagte Behauptung ist, denn die achthundert Meilen Fluß zwischen St. Louis und St. Paul bieten eine ununterbrochene Folge lieblicher Bilder. Möglich, daß meine Liebe zu dem eben erwähnten mein Urteil zu seinen Gunsten beeinflußt, dazu kann ich nichts sagen. Wie dem auch sei, für mich war es ausreichend schön und hatte gegenüber all den anderen Bekannten, die ich wieder begrüßen wollte, den Vorteil, daß es sich nicht verändert hatte: es war so jung und frisch und anmutig wie je, während die Gesichter der anderen alt sein würden und voller Narben aus den Feldzügen des Lebens und gezeichnet von ihren Sorgen und Niederlagen und mir keine innere Erbauung geben könnten.

Ein alter Herr auf seinem frühen Morgenspaziergang kam heran, und wir unterhielten uns über das Wetter und kamen dann auf andere Dinge zu sprechen. An sein Gesicht konnte ich mich nicht erinnern. Er sagte, er lebte hier schon achtundzwanzig Jahre. Also war er erst nach meiner Zeit gekommen, und ich hatte ihn nie zuvor gesehen. Ich stellte ihm verschiedene Fragen, zuerst über einen meiner Kameraden aus der Sonntagsschule: Was war aus ihm geworden?

»Der ist auf ein College im Osten gegangen, hat sein Examen mit Auszeichnung bestanden und ist irgendwohin in die Welt gewandert, hat jedoch mit nichts Erfolg gehabt. Schon seit Jahren hat kein Mensch mehr was von ihm gehört, und man nimmt an, er ist vor die Hunde gegangen.«

»Als Junge war er ein heller Kopf, aus dem mal was zu werden versprach.«

»Tja, aber wie Sie sehen...«

Ich fragte nach einem anderen, dem allerklügsten in unserer Dorfschule, als ich ein Junge war.

»Auch der hat ein College im Osten mit Auszeichnung absolviert, aber das Leben hat ihn in jeder Schlacht immer gleich Prügel beziehen lassen, und er ist vor Jahren als geschlagener Mann in einem der Territorien gestorben.«

Ich fragte nach noch einem von den klugen Jungen.

»Der hat Erfolg, hat immer welchen gehabt und wird wohl immer welchen haben.«

Ich erkundigte mich nach einem jungen Burschen, der während meiner Kindheit in die Stadt gekommen war, um sich aufs Studium vorzubereiten.

»Der wechselte, ehe er fertig war, zu was anderem über

– von der Medizin zur Jura oder von der Jura zur Medizin – und dann wieder zu irgendwas Neuem, ging ein Jahr lang weg, heiratete, kam mit seiner jungen Frau zurück, ergab sich erst dem Trunk, dann dem Spiel hinter der Tür, brachte seine Frau mit den beiden Kindern kurzerhand zu ihrem Vater und verschwand nach Mexiko, wo er vom Regen in die Traufe kam und schließlich gestorben ist – ohne einen Cent für ein Leichentuch und ohne einen Freund für das letzte Geleit.«

»Schade, denn er war der gutmütigste und vergnügteste und hoffnungsvollste junge Bursche, den es je gegeben hat.«

Ich nannte einen anderen Jungen.

»Ach, dem geht's gut. Wohnt noch hier, hat Frau und Kinder und steht blendend da.«

Ähnliche Urteile über andere Jungen.

Ich erwähnte drei Schulmädchen.

»Die beiden ersten leben hier, sind verheiratet und haben Kinder, die andere ist schon lange tot – hat nie geheiratet.«

Ich nannte, mit Bewegung, eine meiner ersten Flammen.

»Der geht's gut. Ist dreimal verheiratet gewesen. Zwei Männer hat sie begraben, vom dritten ist sie geschieden, und wie ich höre, trifft sie Anstalten, einen alten Kerl irgendwo draußen in Colorado zu heiraten. Sie hat hier ringsum so gut wie überall Kinder.«

Die Antworten auf ein paar andere Fragen waren kurz und bündig: »Im Krieg gefallen.«

Ich nannte einen weiteren Jungen.

»Also mit dem, das ist ein Ding! Es gab keinen Menschen in der Stadt, der nicht wußte, daß dieser Junge ein ausgemachter Strohkopf und Einfaltspinsel war, ein richtiggehender Blödian. Jeder hat es gewußt, und jeder hat es gesagt. Ja, und wenn eben dieser Junge heute nicht der Erste Anwalt im Staate Missouri ist, will ich Demokrat sein!«

»Wirklich?«

»Ja, das ist die reine Wahrheit.«

»Wie erklären Sie sich das?«

»Erklären? Da gibt's nichts zu erklären. Man braucht

einen Dummkopf bloß nach St. Louis schicken und denen da nicht sagen, daß er geistig zurückgeblieben ist, rausfinden tun die das nie! Eins steht bombenfest: wenn ich so einen blöden Dummkopf hätte, wüßte ich, was ich mit dem machte: auf ein Schiff setzen und ab nach St. Louis – für solche Immobilien ist das der beste Markt der Welt. Ja, und wenn Sie's richtig nehmen und genau betrachten und sich durch den Kopf gehen lassen, übertrifft das da nicht alles, was Sie je gehört haben?«

»Das schon, aber meinen Sie nicht, daß es die Leute aus Hannibal sein könnten, die sich bei dem Jungen getäuscht haben, und nicht die aus St. Louis?«

»Ach, Unsinn! Die hier kennen ihn doch von der Wiege an, kennen ihn hundertmal besser als die Idioten in St. Louis ihn je kennenlernen konnten. Nein, wenn Sie irgendwelche blöden Dummköpfe haben, die Sie zu Geld machen wollen, nehmen Sie meinen Rat an: schicken Sie die nach St. Louis.«

Ich erwähnte eine große Anzahl früherer Bekannter. Einige waren tot, einige weggezogen, manche waren zu Wohlstand gekommen, manche zu nichts, bei rund einem Dutzend aber war die Antwort tröstlich: »Wohlhabend – wohnen noch hier – ihre Kinder über die Stadt verteilt.«

Ich fragte nach Miss...

»Vor drei oder vier Jahren in der Irrenanstalt gestorben – ist nach ihrer Einlieferung nie wieder rausgekommen und hat immer sehr gelitten, hat nicht das geringste bißchen Verstand mehr zurückgekriegt.«

Wenn das stimmte, was er sagte, handelte es sich hier um ein tragisches Schicksal. Sechsunddreißig Jahre in einem Irrenhaus, damit ein paar dumme junge Dinger ihren Spaß haben konnten! Als kleiner Knirps hatte ich jene unbesonnenen jungen Damen auf Zehenspitzen in das Zimmer kommen sehen, wo Miss... um Mitternacht bei einer Lampe saß und las. Das vorderste Mädchen trug ein Leichentuch und eine Teigmaske. Sie schlich von hinten auf ihr Opfer zu, tippte ihm auf die Schulter, und Miss... sah hoch und kreischte auf und fiel dann in Krämpfe. Sie erholte sich nie wieder von dem Schreck und wurde verrückt.

Heute will es einem kaum in den Kopf, daß die Menschen vor so kurzer Zeit noch an Geister glaubten. Taten sie aber.

Nach einigen Fragen über weitere Leute, die mir einfielen, erkundigte ich mich schließlich nach mir selber.

»Der? Der hat's weit genug gebracht – noch so ein Fall von verdammtem Dummkopf. Wenn sie den nach St. Louis geschickt hätten, wäre noch schneller was aus ihm geworden.«

Mit großer Befriedigung erkannte ich, wie weise es von mir war, mich diesem offenherzigen Herrn gleich zu Anfang als Smith vorgestellt zu haben.

VIERUNDFÜNFZIGSTES KAPITEL

Einst und jetzt

Wieder allein dort oben, fuhr ich fort, mir alte Häuser in der untenliegenden Stadt herauszupicken und ihre einstigen Bewohner aus der modrigen Vergangenheit zurückzurufen. Darunter erkannte ich schließlich auch das Haus des Vaters von Lem Hackett (fiktiver Name). In Sekundenschnelle trug es mich mehr als eine Generation zurück und ließ mich inmitten einer Zeit landen, in der die Ereignisse des Lebens nicht die natürliche und logische Folge großer, allgemeiner Gesetze, sondern besondere Gebote waren und von sehr genauen und bestimmten Absichten getragen wurden – teils um zu strafen, teils um zu ermahnen und gewöhnlich um handgreiflich mitgeteilt zu werden.

Als ich ein kleiner Junge war, ertrank Lem Hackett – und das an einem Sonntag. Er fiel aus einem leeren Prahm, in dem er gespielt hatte. Da er mit Sünde beladen war, sank er ab wie ein Klumpen Blei. Er war der einzige Junge im Dorf, der in dieser Nacht schlief. Wir anderen lagen alle wach und bereuten. Die an jenem Abend von der Kanzel verkündete Mitteilung, daß es sich bei Lem um ein besonderes Strafgericht handelte, wäre gar nicht nötig gewesen – das wußten wir auch so. In der Nacht gab es ein schreckliches Gewitter, das unaufhörlich bis fast zum Morgengrauen wütete. Der Wind heulte, die Fenster klapperten, der Regen lief in Strömen über das Dach, und alle paar Augenblicke teilte sich die pechschwarze Finsternis der Nacht, leuchteten die Häuser gegenüber einen flackernden Moment lang weiß und blendend auf, und dann schloß sich die dichte Dunkelheit wieder, und es folgte ein krachender Donnerschlag, der alles in der Umgebung in Fetzen und Stücke zu reißen schien. Ich saß aufrecht im Bett, bebend und schaudernd, und wartete auf den Weltuntergang, mit dem ich fest rechnete. Daß sich der Himmel Lem Hacketts wegen so in Aufregung versetzte, darin lag für mich nichts Merkwürdiges und Ungereimtes. Das schien nur richtig und durchaus in Ordnung. Mir kamen keinerlei Zweifel, daß sämtliche Engel zusammengetreten waren und den Fall dieses Jungen besprachen und voller Billigung und Genugtuung das schreckliche Bombardement auf unser armseliges Nest zur Kenntnis nahmen. Ein Gedanke beunruhigte mich aufs äußerste: daß diese Konzentrierung des himmlischen Interesses auf unser Dorf unweigerlich die Aufmerksamkeit der Beobachter auf Leute unter uns lenken mußte, die sonst jahrelang unbemerkt geblieben wären. Ich hatte das Gefühl, nicht nur zu diesen Leuten zu gehören, sondern gerade der zu sein, den man ganz bestimmt entdecken würde. Das könnte dann nur eins zur Folge haben: ich würde zusammen mit Lem im Feuer schmoren, noch ehe der sich nach dem kühlen Bade einigermaßen aufgewärmt hatte. Ich wußte, daß das nicht mehr als recht und billig wäre. Und ich vergrößerte die Chancen gegen mich immer mehr, indem ich eine geheime Bitterkeit gegen Lem hegte, weil er diese verhängnisvolle Aufmerksamkeit auf mich gelenkt hatte, doch ich konnte nicht dagegen an – dieser sündige Gedanke wollte und wollte mir nicht aus dem Kopfe. Jedesmal, wenn der Blitz aufleuchtete, hielt ich den Atem an und meinte schon, es sei aus mit mir. Aus lauter Not und Angst wurde ich gemein und begann andere Jungen vorzuschlagen und Taten von ihnen zu erwähnen, die gottloser waren als meine und in besonderem Maße Bestrafung verdienten – und ich versuchte mir vorzumachen, ich täte das bloß beiläufig und nicht etwa, um die himmlische Aufmerksamkeit von mir ab- und auf sie hinzulenken. Ich kleidete diese Hinweise sehr scharfsinnig in die Form bekümmerter Erinnerungen und scheinheiliger Bitten, die Sünden der Jungen doch unbemerkt durchgehen zu lassen: »Kann ja sein, daß sie's bereuen.« – »Es stimmt zwar, Jim Smith hat eine Fensterscheibe zerbrochen und es hinterher abgeleugnet – aber wahrscheinlich hat er sich dabei nichts Böses gedacht. Und wenn Tom Holmes auch mehr gemeine Ausdrücke gebraucht als jeder andre Junge im Dorf, hat er möglicherweise doch die Absicht, sich zu bessern – obwohl er es nie gesagt hat. Und John Jones hat zwar an einem Sonntag ein bißchen geangelt, in Wirklichkeit aber nichts gefangen, bloß einen kleinen Zwergwels, mit dem er nichts anfangen konnte, und das wäre vielleicht gar nicht so schlimm, wenn er ihn dann wieder reingeworfen hätte – wie er gesagt hat, was jedoch nicht stimmt. Es ist ein Jammer, aber sie würden diese schrecklichen Dinge ja bereuen – und vielleicht tun sie's noch.«

Während ich schändlich versuchte, auf diese armen Kerle aufmerksam zu machen – die sicher im selben Augenblick die himmlische Aufmerksamkeit auf mich lenkten, obwohl mir dieser Verdacht nicht ein einziges Mal kam –, hatte ich jedoch unbedacht meine Kerze brennen lassen. Die Zeit war nicht danach angetan, auch nur die geringsten Vorsichtsmaßnahmen außer acht zu lassen. Warum sollte ich mich noch bemerkbarer machen? Also machte ich das Licht aus.

Das war eine lange Nacht für mich und vielleicht die jämmerlichste, die ich je verbracht habe. Ich stand Qualen der Reue aus, der Reue um Sünden, von denen ich wußte, daß ich sie begangen hatte, und um andere, bei denen ich Zweifel hatte, aber doch sicher war, daß sie gegen mich zu Protokoll gesetzt waren von einem Engel, der weiser war als ich und so wichtige Angelegenheiten nicht dem Gedächtnis anvertraute. Mit der Zeit kam mir zu Bewußtsein, daß mir in einer Hinsicht ein äußerst törichter und unglücklicher Fehler unterlaufen war: Zweifellos hatte ich mit dem Aufmerksammachen auf die anderen Jungen nicht nur meine eigene Vernichtung gesichert, sondern deren bereits herbeigeführt! Bestimmt waren sie inzwischen schon alle in ihren Betten vom Blitz erschlagen worden! Im Vergleich zu der Angst und Qual, die mir dieser Gedanke bereitete, schien mir, was ich vorher ausgestanden hatte, geradezu unbedeutend.

Die Lage war nun wirklich ernst. Ich beschloß, sofort ein neues Leben anzufangen, und ich nahm mir vor, mich gleich am nächsten Tage – falls es mir vergönnt sein sollte, dessen Sonne zu schauen – der Kirche anzuschließen. Ich gelobte, mich von der Sünde in all ihren Formen fernzuhalten und mich von nun an stets eines makellosen und edlen Lebenswandels zu befleißigen. Ich wollte immer pünktlich in der Kirche und in der Sonntagsschule sein, Kranke besuchen und den Armen Körbe mit Lebensmitteln bringen (lediglich um die vorgeschriebenen Bedingungen zu erfüllen, obgleich ich wußte, daß wir niemand unter uns hatten, der so arm gewesen wäre, daß er mir für meine Mühe nicht den Korb um die Ohren gehauen hätte), ich wollte andere Jungen auf den rechten Weg führen und die damit verbundenen Prügel geduldig hinnnehmen, ich wollte ausschließlich von Traktaten leben, ich wollte ins Wirtshaus eindringen und den Trunkenbold warnen – und schließlich wollte ich, falls ich dem Schicksal derer entging, die schon früh zu gut für diese Welt werden, als Missionar hinausziehen.

Gegen Tagesanbruch verzog sich das Unwetter, und ich schlummerte allmählich ein, mit einem Gefühl der Verpflichtung gegenüber Lem Hackett, weil er auf diese jähe Weise ins ewige Leiden gegangen war und so ein viel schrecklicheres Unglück verhindert hatte – meinen eigenen Tod.

Doch als ich dann erfrischt aufwachte und feststellte, daß die anderen Jungen noch am Leben waren, kam mir eine dunkle Ahnung, daß es vielleicht falscher Alarm gewesen und der ganze Wirbel bloß wegen Lem inszeniert worden sei und wegen niemand weiter. Die Welt sah so hell und sicher aus, daß eigentlich keine Veranlassung mehr bestand, ein neues Leben anzufangen. Ich war während jenes Tages etwas kleinlaut und vielleicht auch noch am nächsten, dann aber geriet mein Vorsatz der Besserung langsam in Vergessenheit, und ich verbrachte wieder friedliche, behagliche Zeiten – bis zum nächsten Gewitter.

Das kam ungefähr drei Wochen später und war für mich das unerklärlichste, das ich je erlebt hatte, denn am Nachmittag jenes Tages war »Dutchy« ertrunken. Dutchy gehörte zu unserer Sonntagsschule. Er war ein deutscher Junge, dem das Stroh zwischen den Haaren durchwuchs, der aber auf die Nerven gehend brav war und über ein enormes Gedächtnis verfügte. Eines Sonntags machte er sich zum Gegenstand des Neides der ganzen Jugend und zum Gesprächsthema des bewundernden Dorfes, denn er sagte dreitausend Bibelverse auf, ohne ein einziges Wort auszulassen, und gleich am Tage darauf ging er hin und ertrank.

Die Umstände verliehen seinem Tode etwas besonders Eindrucksvolles. Wir badeten alle in einem schlammigen Bach, in dem sich eine tiefe Stelle befand, wo die Böttcher einen Stapel grüner Hickorystäbe für Faßreifen zum Einweichen versenkt hatten, ungefähr zwölf Fuß unter Wasser. Wir tauchten und spielten »wer am längsten unten bleiben kann«. Wir konnten so lange unten bleiben, indem wir uns an den Hölzern festhielten. Dutchys Leistungen waren dabei so kläglich, daß er beim Hochkommen jedesmal mit Gelächter und Spott begrüßt wurde. Schließlich schien ihn unser Hänseln zu kränken, und er bat uns, auf dem Ufer stehenzubleiben und fair zu sein und ehrlich zu zählen – »nur dies eine Mal nett zu ihm zu sein und nicht falsch zu zählen, bloß um ihn auslachen zu können«. Verräterisches Augenzwinkern wurde ausgetauscht, und alle sagten: »Gut, Dutchy, fang an, wir schummeln nicht.«

Dutchy sprang hinein, doch die Jungen, anstatt mit dem Zählen anzufangen, folgten einem der Ihren und rannten schnell zu einer Reihe Brombeerbüsche in der Nähe und versteckten sich dahinter. Sie malten sich Dutchys Demütigung aus, wenn er nach übermenschlicher Anstrengung auftauchen und den Ort leer und schweigend vorfinden würde und ohne einen Menschen zum Applaudieren. Das schien ihnen so urkomisch, daß sie in einem fort losgluckten.

Die Zeit verging, und schließlich sagte einer, der durch die Dornbüsche linste, erstaunt: »Er ist ja immer noch nicht hochgekommen!«

Das Lachen hörte auf.

»Mann, kann der tauchen!« entfuhr es einem.

»Schadet nichts«, erklärte ein anderer, »um so schöner legen wir ihn rein.«

Einer oder zwei sagten noch etwas, und dann wurde kein Wort mehr gesprochen. Alle guckten durch die Ranken. Es dauerte nicht lange, und auf den Gesichtern der Jungen malte sich erst Unbehagen, dann Angst und schließlich Schrecken. Noch immer zeigte sich auf dem ruhigen Wasser keine Bewegung. Herzen begannen zu pochen und Gesichter blaß zu werden. Schweigend glitten alle hinaus und blieben auf dem Ufer stehen, und mit angstgeweiteten Augen sahen wir abwechselnd uns und das Wasser an.

»Einer muß runter und nachsehen!«

Ja, das war klar, aber niemand wollte diese gräßliche Aufgabe übernehmen.

»Strohhalme ziehen!«

Wir taten es – mit so zitternden Händen, daß wir kaum wußten, was wir machten. Das Los fiel auf mich, und ich tauchte hinunter. Das Wasser war schlammig, und ich konnte nichts sehen, doch ich tastete zwischen den Hölzern herum, und bald kriegte ich ein schlaffes Handgelenk zu fassen, das auf meinen Griff nicht reagierte – und wenn es reagiert hätte, ich hätte es nicht bemerkt, ich war so erschrocken, daß ich sofort losließ.

Dutchy hatte sich zwischen den Stäben verfangen und war dort hilflos eingeklemmt. Ich floh an die Oberfläche und berichtete die Schreckensbotschaft. Einige von uns wußten, daß der Junge, wenn man ihn sofort herausholte, unter Umständen wiederbelebt werden könnte, aber keiner dachte daran. Wir dachten an überhaupt nichts, und da wir weder aus noch ein wußten, taten wir auch nichts – außer daß die Kleineren erbärmlich heulten und wir alle wie wahnsinnig in unsere Sachen fuhren, wobei wir anzogen, was uns gerade in die Hände kam, und meist noch verkehrt rum. Dann rannten wir davon und schlugen Alarm. Zurückgehen und das Ende der Tragödie mit ansehen, tat keiner von uns. Wir hatten uns um Wichtigeres zu kümmern: Wir flüchteten alle nach Hause und verloren keinen Augenblick, uns darauf vorzubereiten, ein besseres Leben zu führen.

Schließlich brach die Nacht herein. Dann zog jenes gewaltige und ganz und gar unerklärliche Gewitter auf. Ich war wie vor den Kopf geschlagen, mir war das völlig unbegreiflich. Irgendwo mußte ein Fehler vorliegen. Die entfesselten Elemente bummerten und knallten und schossen in blinder Wut drauflos. Ich verlor jeden Mut und jede Hoffnung und wurde den trostlosen Gedanken nicht los: ›Wenn nicht mal ein Junge den Ansprüchen genügt, der dreitausend Verse auswendig kann, hat da jemand anders überhaupt Aussichten?‹

Ich zweifelte natürlich keinen Augenblick daran, daß das Gewitter Dutchys wegen inszeniert worden sei beziehungsweise daß unbedeutende Kreaturen wie er einer so majestätischen Demonstration von oben würdig wären. Sorgen bereitete mir nur die Lehre daraus, denn wenn nicht mal Dutchy mit all seinen Tugenden entzückte, hatte es für mich sicher gar keinen Zweck, ein neues Leben anzufangen; an diesen Jungen käme ich ja doch nie heran, und wenn ich mir noch soviel Mühe geben würde. Das neue Leben begann ich trotzdem – eingebleute Furcht zwang mich dazu –, aber dann kamen Tage voll Heiterkeit und Sonnenschein, und innerhalb eines Monats war ich wieder in meinem alten Trott und so verloren und unbeschwert wie eh und je.

Während ich diesem Gedanken nachhing und mir jene alten Geschehnisse ins Gedächtnis rief, war es Zeit zum Frühstücken geworden. Ich brachte mich also wieder in die Gegenwart zurück und stieg den Hügel hinunter.

Auf meinem Wege durch die Stadt zum Hotel sah ich das Haus, in dem ich meine Kindheit verbracht habe. Die Leute, die jetzt darin wohnen, sind nach heutigen Preisen nicht wertvoller als ich, zu meiner Zeit aber hätten sie pro Kopf nicht unter fünfhundert Dollar gebracht. Es sind Farbige.

Nach dem Frühstück zog ich wieder allein los. Ich wollte ein paar von den Sonntagsschulen aufsuchen und einmal sehen, wie sich die jetzige Generation von Schülern im Vergleich zu ihren Vorgängern ausnehmen würde, die mit mir dort gesessen und mich wahrscheinlich als Vorbild genommen haben – obwohl ich mich an letzteres jetzt nicht mehr erinnern kann. Am Gemeindeplatz stand seinerzeit eine dürftige kleine Backsteinkirche, die das »Alte Schiff Zions« hieß und in die ich als Sonntagsschüler gegangen war, und ich fand auch leicht wieder hin, doch die alte Kirche war weg, und an ihrer Stelle stand ein schmuckes und ziemlich heiteres neues Gebäude. Die Schüler waren besser gekleidet und sahen besser aus als die zu meiner Zeit, hatten also mit ihren Vorfahren wenig gemein und in ihren Gesichtern für mich nichts Vertrautes. Und doch betrachtete ich sie mit großem Interesse und wehmutsvoller Sehnsucht, und wenn ich ein Mädchen gewesen wäre, hätte ich geweint, denn sie waren die Nachkommen und Platznachfolger von Jungen und Mädchen, von denen ich vor vielen Jahren manche gern geliebt und manche gern gehaßt habe, die mir aber eben deshalb alle lieb und teuer gewesen sind – mein Gott, wo mochten sie jetzt sein!

Ich war mächtig bewegt und wäre dankbar gewesen, ungestört bleiben und mich satt sehen zu dürfen, doch ein Kirchenaufseher mit Glatze, der als Wuschelkopf mit mir dort die Sonntagsschulbank gedrückt hat, erkannte mich, und ich stotterte jenen Kindern irgendwelchen wüsten Unsinn vor, um die Gedanken zu verbergen, die ich in der Brust trug und die nicht hätten ausgesprochen werden können, ohne meine Rührung zu verraten, und dann hätte es geheißen, so was paßt nicht zu mir.

Ohne Vorbereitung Reden zu halten, gehört nicht zu meinen Begabungen, und ich war entschlossen, jede weitere Gelegenheit zu meiden. Als ich in der nächsten und größeren Sonntagsschule ganz hinten saß und bloß lauter Rükken vor mir hatte, juckte es mich aber doch, einen Moment aufs Podium zu steigen, um mir die Schüler richtig angucken zu können. In der Eile fiel mir keine der schwachsinnigen Tiraden ein, mit denen Besucher mich zu beleidigen pflegten, als ich dort Schüler war, und das war schade, denn ich hätte dadurch Zeit und einen Vorwand gewonnen, länger vorn zu bleiben und mir nach Herzenslust das anzusehen, von dem ich sagen darf, daß es lauter frische, junge Anmut war, wie sie wohl keine andere Sonntagsschule dieser Größe aufweisen kann. Da ich bloß redete, um gucken zu können, und das abseitige Gefasel einzig deswegen auswalzte, um die Inspektion zu verlängern, hielt ich es für nur anständig, diese niedrigen Motive zu bekennen, und tat es dann auch.

Sollte der Musterknabe in einer dieser Sonntagsschulen gewesen sein, so habe ich ihn nicht gesehen. Der Musterknabe meiner Zeit – wir hatten bloß den einen – war vollkommen: vollkommen in den Manieren, vollkommen in der Kleidung, vollkommen im Benehmen, vollkommen in Ehrfurcht vor den Eltern, vollkommen in äußerer Frömmigkeit; im Grunde aber war er ein affektierter Kerl, und was die Füllung seines Schädels anbelangte, so hätte die gut und gerne gegen die eines Pfannkuchens ausgewechselt werden können, und außer dem Pfannkuchen wäre dabei niemand schlecht gefahren. Die Tadellosigkeit dieses Tugendboldes war für jeden Jungen im Dorf ein stehender Vorwurf. Er wurde von allen Müttern bewundert und von all deren Söhnen verabscheut. Ich habe erfahren, was aus ihm geworden ist, aber da es eine Enttäuschung für mich war, will ich da gar nicht erst ins Detail gehen. Er hat Erfolg im Leben gehabt.

FÜNFUNDFÜNFZIGSTES KAPITEL

Eine Blutrache und anderes

Während meines dreitägigen Aufenthaltes in der Stadt wachte ich jeden Morgen mit dem Eindruck auf, ich wäre ein Junge – denn in meinen Träumen waren die Gesichter alle wieder jung und sahen noch genauso aus wie damals. Doch wenn ich abends zu Bett ging, war ich immer hundert Jahre alt – inzwischen hatte ich nämlich jene Gesichter so gesehen, wie sie jetzt sind.

Natürlich erlebte ich zu Anfang, ehe ich mich an die veränderte Lage gewöhnt hatte, einige Überraschungen. Ich traf zwei junge Damen, die sich überhaupt nicht verändert zu haben schienen, aber dann stellte sich heraus, daß es die Töchter – manchmal auch die Enkelinnen – der jungen Damen waren, die ich im Kopf hatte. Wenn man hört, daß eine fünfzigjährige Fremde Großmutter ist, findet man nichts weiter dabei, handelt es sich dagegen um eine Frau, die man als kleines Mädchen gekannt hat, kommt einem das unmöglich vor. Man fragt sich: ›Wie kann ein kleines Mädchen Großmutter sein?‹ Es dauert sein Weilchen, bis man sich damit abfindet und sich vergegenwärtigt, daß, während wir selber alt geworden sind, unsere Bekannten ja auch nicht stehengeblieben sind.

Am auffallendsten, fand ich, hatten sich die Frauen verändert. Ich sah Männer, denen dreißig Jahre nur wenig angehabt hatten. Ihre Frauen aber waren alt geworden. Es handelte sich dabei um gute Frauen; gut sein zehrt.

Da war ein Sattler, den ich gern wiedergesehen hätte, doch ich traf ihn nicht mehr an. Schon lange Jahre tot, sagte man mir. Ein- bis zweimal am Tage stürmte dieser Sattler die Straße hinunter und zog sich beim Rennen den Rock über, und dann wußte jeder, ein Dampfschiff kam. Und jeder wußte auch, daß John Stavely mit dem Schiff niemand, ja nicht einmal irgendwelche Fracht erwartete, und es muß Stavely bekannt gewesen sein, daß jeder das wußte, aber das machte ihm nichts aus. Es gefiel ihm, sich so vorzukommen, als erwartete er mit diesem Schiff hunderttausend Tonnen Sättel, und das hielt er sein ganzes Leben lang so und hatte Freude daran, getreu zur Stelle zu sein, um diese Sättel in Empfang zu nehmen und zu quittieren, falls sie durch irgendein Wunder doch noch kämen. Unser Nest wurde von einer bissigen Zeitung aus Quincy immer spöttisch »Stavelys Anlegestelle« genannt. Stavely war eins meiner frühesten Idole. Ich beneidete ihn um seinen eingebildeten Hochbetrieb und die Wichtigkeit, mit der er ihn vor Fremden zur Schau tragen konnte, wenn er die Straßen hinunterraste und nicht schnell genug in seinen flatternden Rock kam.

Mein Hauptheld jedoch war ein Tischler. Daß er bloß ein Maulheld war, wußte ich nicht; ich glaubte alles, was er sagte. Er war ein romantischer, sentimentaler und rührseliger Schwadroneur, und sein Gebaren erfüllte mich mit Ehrfurcht. Ich erinnere mich noch lebhaft an das erstemal, als er mich ins Vertrauen zog. Er hobelte gerade ein Brett, und hin und wieder hielt er inne und stieß einen tiefen Seufzer aus und murmelte ein paar abgebrochene Sätze, verworren und unverständlich, doch mitten drin entfuhr ihm manchmal ein Ausruf, der mir einen Schauer über den Rücken jagte und mir guttat. Einer lautete: »O Gott, es ist sein Blut!« Ich saß auf dem Werkzeugkasten und bewunderte den Tischler ergeben und schaudernd, denn ich meinte, er müsse voller Verbrechen stecken. Schließlich fragte er mit leiser Stimme:

»Mein kleiner Freund, kannst du ein Geheimnis bewahren?«

Eifrig sagte ich ja.

»Ein düsteres und furchtbares?«

Ich überzeugte ihn davon.

»Dann will ich dir etwas aus meinem Leben erzählen. Ich *muß* mein beladenes Gewissen erleichtern, sonst sterbe ich!«

Er warnte mich noch einmal, »verschwiegen wie ein Grab« zu sein. Dann erzählte er mir, er sei ein »Mörder mit vor Blut triefenden Händen«. Er setzte den Hobel ab, streckte seine Hände aus, betrachtete sie traurig und sagte: »Sieh – mit diesen Händen habe ich dreißig Menschen umgebracht!«

Die Wirkung, die das auf mich machte, war eine Inspiration für ihn, und nun drehte er auf. Er blieb nicht im Allgemeinen stecken, sondern ging ins Detail – begann mit seinem ersten Mord, beschrieb ihn, erzählte, was er für Maßnahmen ergriffen habe, um Verdacht abzulenken, ging dann zu seinem zweiten Mord über, seinem dritten, seinem vierten und so weiter. Er hatte seine Morde immer mit einem langen Jagdmesser verübt, und mir standen alle Haare zu Berge, als er es plötzlich zückte und mir zeigte.

Aus dieser ersten Séance ging ich mit sechs seiner furchtbaren Geheimnisse beladen nach Hause und stellte fest, daß sie meinen Träumen eine große Hilfe waren, denn die hatten seit einiger Zeit sehr nachgelassen. An den schulfreien Sonnabenden suchte ich ihn immer wieder auf, und das den ganzen Sommer über – keine einzige Stunde hätte ich davon missen mögen. Seine Geschichten verloren nie an Faszination, denn er wußte in jeden folgenden Mord ein paar neue und aufregende Grauslichkeiten zu legen. Er nannte stets Namen, Daten, Orte und alles. Und dabei fiel mir bald zweierlei auf: daß er seine Opfer in sämtlichen Teilen der Welt getötet hatte und daß diese Opfer alle Lynch hießen. Die Ausrottung der Lynchs ging munter weiter, Sonnabend für Sonnabend, bis sich die ursprünglichen dreißig auf sechzig vermehrt hatten – und noch weitere zu erwarten waren. Schließlich siegte meine Neugier über meine Schüchternheit und ich fragte, wie es denn komme, daß diese zu Recht getöteten Personen alle den gleichen Namen trugen.

Mein Held sagte, dieses dunkle Geheimnis hätte er zwar noch keinem Menschen anvertraut, er habe aber das Gefühl, daß es bei mir sicher aufgehoben sei, und deshalb wolle er mir die Geschichte seines traurigen und verpfuschten Lebens rückhaltlos enthüllen. Er habe ein Mädchen geliebt, »zu schön für diese Welt«, und sie sei ihm »mit all der süßen Hingebungskraft ihrer reinen und edlen Natur« ergeben gewesen. Doch sein Rivale, ein »gemeiner Mietling« namens Archibald Lynch, habe erklärt, das Mädchen müsse die Seinige werden, sonst würde er »seine Hände in ihr bestes Herzblut tauchen«. Der Tischler, »unschuldig und glücklich im jungen Traum der Liebe«, hatte der Drohung keine Bedeutung beigemessen, sondern seinen »goldhaarigen Engel zum Altar geführt«, wo die beiden vereint wurden und wo auch, gerade als der Priester seine Hände segnend über ihre Köpfe hielt, die grausame Tat verübt wurde – und zwar mit einem Messer – und die Braut ihrem angetrauten Gatten tot zu Füßen sank. Und was tat der Bräutigam? Er zog jenes Messer heraus, und neben der Leiche seiner Auserwählten kniend, schwor er, »sein Leben der Ausrottung all des menschlichen Abschaums zu weihen, der den verhaßten Namen Lynch trägt«.

Das war's. Von jenem Tage an hatte er die Lynchs zu Tode gehetzt und abgeschlachtet – zwanzig Jahre lang. Immer hatte er dazu das geheiligte Messer benutzt, hatte mit eben diesem Messer seine lange Reihe Lynchs ermordet und auf der Stirn von jedem Opfer ein besonderes Zeichen hinterlassen: ein tief eingeschnittenes Kreuz.

Er fügte erklärend hinzu: »Das Kreuz des Geheimnisvollen Rächers ist in Europa, in Amerika, in China, in Siam, in den Tropen, in beiden Eismeeren, in den Wüsten Asiens, ja auf der ganzen Welt bekannt. Wo sich auch immer in den entferntesten Teilen des Erdballs ein Lynch hat blicken lassen, ist das Geheimnisvolle Kreuz gesehen worden, und denen, die es gesehen haben, ist ein Schauer durch die Glieder gefahren, und sie haben gesagt: ›Es ist sein Zeichen. Er ist hier gewesen!‹ Du hast doch schon vom Geheimnisvollen Rächer gehört – sieh ihn dir an, denn vor dir steht niemand Geringerer als er! Doch merk dir: laß kein Sterbenswort davon zu irgendeinem Menschen verlauten. Schweige und warte ab. Eines Morgens wird diese Stadt entsetzt zusammenströmen, um eine blutbefleckte Leiche zu betrachten, und auf deren Stirn wird man das schreckliche Zeichen sehen, und die Menschen werden zittern und flüstern: ›Er ist hier gewesen – es ist das Zeichen des Geheimnisvollen Rächers!‹ Und wenn du herkommst, werde ich verschwunden sein, und du wirst mich nie wiedersehen.«

Dieser Esel hat zweifellos den »Jibbenainosay« gelesen, und sich dadurch seinen armen versponnenen Kopf verdrehen lassen. Da ich das Buch damals aber noch nicht kannte, nahm ich sein Geflunker für bare Münze und wäre gar nicht auf die Idee gekommen, daß er ein Plagiator war.

Nun hatten wir in der Stadt einen Lynch wohnen, und je mehr ich über dessen bevorstehendes Schicksal nachdachte, desto weniger konnte ich schlafen. Ihn zu retten, schien mir reine Menschenpflicht, eine noch eindeutigere und viel wichtigere Pflicht aber, mir wieder etwas Schlaf zu verschaffen, und so wagte ich es schließlich, zu Mr. Lynch zu gehen und ihm – unter dem Siegel strengster Verschwiegenheit – zu erzählen, was ihm drohte. Ich gab ihm den Rat zu »fliehen« und erwartete selbstverständlich, daß er es tun würde. Er aber lachte mich aus, und damit nicht genug, führte er mich hinunter in die Werkstatt des Tischlers, hielt dem wegen seiner dummen Aufschneidereien eine höhnische und geharnischte Standpauke, gab ihm eine Backpfeife und ließ ihn niederknien und Abbitte leisten – und dann ging er, damit ich Gelegenheit hatte, mir die billige und erbärmliche Ruine dessen zu betrachten, was in meinen Augen vor noch so kurzem strahlender und unvergleichlicher Held war. Der Tischler brauste auf, schwenkte sein Messer und verdammte diesen Lynch in seinem üblichen Vulkanstil und mit unvermindert schicksalsschweren Worten, doch das hätte er sich sparen können; es zog nicht mehr. Für mich war er doch bloß noch ein armseliger, törichter, entlarvter Lügenbold. Ich schämte mich seinetwegen, und ich schämte mich auch vor mir selber. Ich hatte jedes Interesse an ihm verloren und ging nie wieder in seine Werkstatt. Das war ein schwerer Verlust für mich, denn er war der größte Held, den ich je gekannt hatte. Der Kerl muß nicht ohne Talent gewesen sein, denn ein paar seiner eingebildeten Morde waren so lebendig und dramatisch beschrieben, daß ich mich jetzt noch an alle Einzelheiten erinnere.

Hannibal selbst hat sich nicht weniger verändert als seine Einwohner. Es ist kein Dorf mehr, sondern eine große Stadt mit Bürgermeister und Stadtrat und Wasserwerken und wahrscheinlich auch mit Schulden. Es hat fünfzehntausend Einwohner und macht sich auch sonst. Gepflastert ist es so wie der übrige Westen und Süden – wo eine gutgepflasterte Straße und ein anständiger Bürgersteig so selten anzutreffende Dinge sind, daß man sie bezweifelt, wenn man sie doch sieht. Hannibal ist jetzt Knotenpunkt des üblichen halben Dutzends Bahnlinien; der neue Bahnhof hat hunderttausend Dollar gekostet. Zu meiner Zeit hatte der Ort nichts Besonderes und als Umschlagplatz überhaupt keinen Namen. Der tägliche Postdampfer lud gewöhnlich seine Passagiere ab und kaufte einen Katzenwels und nahm einen anderen Passagier und einen Fingerhut voll Fracht mit, doch inzwischen hat sich ein ausgedehnter Holzhandel entwickelt, der wiederum zu einem großen gemischten Handel geführt hat. Eine Menge Geld wechselt jetzt dort die Hand.

Der Bärenbach – der wahrscheinlich so heißt, weil an seinen Ufern Beeren wachsen – ist unter Inseln und Bergen von aufgestapeltem Bauholz versteckt, und es können ihn nur noch Experten finden. Ich pflegte regelmäßig jeden Sommer darin abzusaufen und von irgendeinem zufällig des Wegs kommenden Feind trockengelegt und wieder voll Luft gepumpt und in Gang gebracht zu werden. Heute aber sind die wenigen unbedeckten Stellen des Baches nicht mehr groß genug, daß jemand darin ertrinken könnte. Seinerzeit war er eine berühmte Fieberbrutstätte. Ich erinnere mich an einen Sommer, wo der ganze Ort von Schüttelfrost befallen war. Viele Schornsteine kippten um, und die Häuser wurden alle so durchgerüttelt, daß die Stadt neu gebaut werden mußte. Die klaffende Schlucht zwischen Lover's Leap und dem westlich davon liegenden Hügel soll nach Meinung der Wissenschaftler durch Gletscherbewegung entstanden sein. Das ist ein Irrtum.

Ein, zwei Meilen unterhalb Hannibals gibt es im Steilufer eine interessante Höhle. Ich hätte sie mir gern wieder einmal angesehen, doch es fehlte mir an Zeit. Als ich ein Junge war, hatte der Mann, dem sie gehörte, daraus ein Mausoleum für seine vierzehnjährige Tochter gemacht. Die Leiche des armen Kindes war in einen mit Alkohol gefüllten Kupferzylinder gesteckt und dieser in einer der düsteren Höhlenfluchten aufgehängt worden. Der Deckel von dem Zylinder war abnehmbar, und bei der niederen Sorte Touristen soll es Usus gewesen sein, das Gesicht der Toten freizulegen und zu untersuchen und dumme Bemerkungen darüber zu machen.

SECHSUNDFÜNFZIGSTES KAPITEL

Ein juristisches Problem

Das Schlachthaus an der Mündung des Bärenbaches ist verschwunden und ebenso das kleine Gefängnis (oder die »Kalabuse«), das in seiner Nähe stand. Ein Bürger fragte mich: »Wissen Sie noch, wie Jimmy Finn, der Trunkenbold der Stadt, bei lebendigem Leibe in der Kalabuse verbrannte?«

Man beachte hier, wie durch den Verlauf der Zeit und durch das schlechte Gedächtnis der Menschen Geschichte verfälscht wird. Jimmy Finn war nicht in der Kalabuse umgekommen, sondern in einer Lohgrube eines natürlichen Todes gestorben – an Delirium tremens verbunden mit Selbstverbrennung. Wenn ich sage eines natürlichen Todes, so meine ich damit, für Jimmy Finn war das ein durchaus natürlicher Tod. Bei dem Opfer der Kalabuse hatte es sich um keinen Einheimischen gehandelt, sondern um einen armen Fremden, einen harmlosen, whiskydurchtränkten Landstreicher. Ich wußte über seinen Fall mehr als sonst jemand, ja ich wußte damals viel zuviel darüber, als daß ich gern davon gesprochen hätte. Dieser Tippelbruder war eines frostigen Abends mit einer Pfeife im Mund durch die Stadt gestromert und hatte um ein Streichholz gebettelt. Er erhielt weder Feuer noch Höflichkeit, im Gegenteil, ein Trupp böser Buben lief ihm hinterher und vergnügte sich damit, ihn zu hänseln und zu belästigen. Ich machte fleißig mit, doch schließlich rührte eine flehentliche Bitte des Wanderers um Nachsicht mit ihm und seiner verlorenen und freudlosen Lage an das, was an Scham- und Feingefühl noch in mir war, und ich ging ihm ein paar Streichhölzer holen, dann trollte ich mich mit schwerbeladenem Gewissen und wenig heiterer Stimmung nach Hause und ins Bett. Ein paar Stunden später wurde der Mann vom Marschall – großer Name für einen einfachen Gendarmen, doch das war sein offizieller Titel – festgenommen und in die Kalabuse gesperrt. Um zwei Uhr früh läuteten die Kirchenglocken Feuer, und natürlich standen alle auf –

ich mit. Der Tramp hatte seine Streichhölzer unheilvoll verwendet. Er hatte seinen Strohsack angesteckt, und die Flammen waren auf die eichene Verschalung der Zelle übergesprungen. Als ich ankam, scharten sich dort zweihundert Männer, Frauen und Kinder und starrten wie versteinert auf die vergitterten Fenster des Gefängnisses. Hinter den Eisenstäben und wild daran reißend und um Hilfe schreiend stand der Landstreicher, ein schwarzer Gegenstand gegen eine Sonne, so hell und stark war das Licht in seinem Rücken. Jener Marschall war nicht aufzutreiben, und er hatte den einzigen Schlüssel. Ein Mauerbrecher wurde schnell improvisiert, und das Bummern seiner Stöße gegen die Tür klang so ermutigend, daß die Zuschauer in laute Bravorufe ausbrachen und die barmherzige Schlacht gewonnen glaubten. Das war sie aber nicht. Die Balken erwiesen sich als zu stark, sie gaben nicht nach. Später wurde erzählt, daß der Todesgriff des Mannes, nachdem er schon tot gewesen sei, immer noch an den Gitterstäben festgehalten habe und daß in dieser Haltung sich die Flammen um ihn geschlossen und ihn verzehrt hätten. Ob das stimmt, weiß ich nicht. Was gesehen worden ist, nachdem ich das durch die Stäbe flehende Gesicht erkannte, haben andere gesehen, ich nicht.

Dies Gesicht, in eben dieser Lage, sah ich hinterher lange Zeit jede Nacht, und ich hielt mich an dem Tode des Mannes für so schuldig, als ob ich ihm die Streichhölzer extra dazu gegeben hätte, sich damit in Flammen zu setzen. Ich zweifelte nicht daran, daß man mich hängen würde, falls meine Verbindung mit dieser Tragödie herauskäme. Die Ereignisse und Eindrücke jener Zeit sind in mein Gedächtnis eingebrannt, und ihr Studium unterhält mich jetzt genausosehr, wie sie mich damals quälten. Sprach jemand von dieser gräßlichen Angelegenheit, war ich sofort ganz Ohr und paßte auf jedes Wort auf, denn ich fürchtete und erwartete ständig, die Feststellung machen zu müssen, daß ich verdächtigt wurde, und das Wahrnehmungsvermögen meines schuldbeladenen Gewissens war so fein und überempfindlich, daß es oft in Bemerkungen Verdacht entdeckte, die nicht auf das Geringste hinauswollten, und in Blicken und Gesten, die keinerlei Bedeutung hatten, mich aber nichtsdestoweniger in panischer Angst schlottern ließen. Und wie elend mir wurde, wenn jemand, und war es noch so beiläufig und ohne jede Absicht, das Sprichwort fallenließ: »Mord will ans Licht!« Für einen Jungen von zehn hatte ich eine ganz schöne Last mit rumzuschleppen.

Dummerweise vergaß ich die ganze Zeit über eines: daß ich die Angewohnheit hatte, im Schlaf zu reden. Eines Nachts jedoch wachte ich auf und merkte, mein jüngerer Bruder – mit dem ich die Schlafstelle teilte – saß aufrecht im Bett und betrachtete mich im Mondlicht. Ich fragte:

»Was'n los?«

»Du redest so viel, daß ich nicht schlafen kann.«

Im Nu saß ich hoch, mit pupperndem Herzen und zu Berge stehenden Haaren.

»Was habe ich gesagt? Schnell – raus damit – was habe ich gesagt?«

»Och, nichts weiter.«

»Du schwindelst – du weißt alles!«

»Alles, worüber?«

»Das weißt du gut genug. *Da*rüber.«

»*Wo*rüber? Ich weiß gar nicht, wovon du redest. Du scheinst krank zu sein oder verrückt oder so was. Zumindest aber bist du wach, und da will ich die Gelegenheit nutzen und ein bißchen schlafen.«

Er schlief ein, und ich lag da, in kalten Schweiß gebadet, und ließ mir diesen neuen Schrecken durch den Kopf gehen beziehungsweise durch das brummkreiselnde Chaos, das an seiner Stelle Dienst machte. Die Last meiner Gedanken war: Wieviel habe ich ausgeplaudert? Was weiß er? O diese quälende Ungewißheit! Doch dann kam mir eine Idee: Ich würde meinen Bruder wecken und ihm an Hand eines angenommenen Falls auf den Zahn fühlen. Ich rüttelte ihn hoch und sagte:

»Stell dir vor, ein Mann käme zu dir, betrunken und...«

»So 'n Blödsinn – ich bin ja nie betrunken.«

»Ich meine doch nicht dich, du Idiot, sondern den Mann. Angenommen, ein *Mann* käme betrunken zu dir und pumpt sich ein Messer oder einen Tomahawk oder eine

Pistole und du vergißt ihm zu sagen, daß das Ding geladen ist und...«

»Einen Tomahawk kann man ja gar nicht laden.«

»Doch nicht den Tomahawk, und ich habe auch nicht gesagt, den Tomahawk, sondern die Pistole. Quatsch nicht immer so dumm dazwischen, denn es handelt sich um eine ernste Sache. Es ist jemand getötet worden.«

»Was! Hier bei uns?«

»Ja.«

»Erzähl schon – ich sage kein einziges Wort mehr.«

»Also nimm an, du hättest vergessen, ihm zu sagen, daß er vorsichtig damit umgehen soll, weil sie geladen ist, und er geht weg und erschießt sich mit dieser Pistole – hat damit rumgespielt, weißt du, und wahrscheinlich bloß aus Versehen abgedrückt, denn er war ja betrunken. Wäre das Mord?«

»Nein – Selbstmord.«

»Nicht doch! – Ich meine nicht, was *er* getan hat, sondern was *du* getan hast. Wärst du ein Mörder, weil du ihm die Pistole überlassen hast?«

Nach tiefem Nachdenken kam folgende Antwort: »Hm, irgendeiner Sache wäre ich wohl schuldig – vielleicht Mord – wahrscheinlich sogar, aber so ganz weiß ich nicht.«

Mir wurde sehr unbehaglich zumute. Ein entscheidendes Urteil war es allerdings nicht. Ich würde den wirklichen Fall darlegen müssen – eine andere Möglichkeit schien nicht zu bestehen. Immerhin konnte ich vorsichtig zu Werke gehen und auf verdächtige Wirkungen aufpassen. Ich sagte: »Das war ein angenommener Fall, doch jetzt werde ich dir erzählen, was tatsächlich passiert ist. Weißt du, wie es gekommen ist, daß der Mann in der Kalabuse verbrannte?

»Nein.«

»Hast nicht die geringste Ahnung?«

»Nicht die allergeringste.«

»Du willst auf der Stelle tot umfallen, wenn du doch eine hast?«

»Ja, ich will mausetot umfallen.«

»Also das war so: Der Mann wollte Streichhölzer haben zum Pfeifeanzünden. Ein Junge brachte ihm welche. Und mit eben diesen Streichhölzern hat der Mann die Kalabuse in Brand gesteckt und sich umgebracht.«

»Wirklich?«

»Ja. Nun, was meinst du: Ist dieser Junge ein Mörder?«

»Laß mich mal überlegen. Der Mann war betrunken?«

»Ja.«

»War er sehr voll?«

»Ja.«

»Und der Junge wußte das?«

»Ja, das hat er gewußt.«

Lange Pause. Dann folgender schwere Schuldspruch: »Wenn der Mann betrunken war und der Junge das wußte, dann ist der Junge der Mörder von dem Mann. Einwandfrei.«

Angst, widerwärtige Angst kroch durch alle Fasern meines Körpers, und mir war zumute wie jemand, dem vom Richtertisch sein Todesurteil verlesen wird. Ich wartete, was mein Bruder als nächstes sagen würde. Ich glaubte zu wissen, was. Und richtig: »Ich kenne den Jungen.«

Ich hatte nichts dazu zu sagen, und so schwieg ich still und schauderte nur.

Dann fügte er hinzu: »Ja, noch ehe du halb zu Ende erzählt hattest, wußte ich ganz genau, wer der Junge ist: Ben Coontz!«

Von meinem Zusammenbruch kam ich wieder zu mir. Es war ein Aufstehen von den Toten. Voll Bewunderung sagte ich: »Mann, wie bist du bloß draufgekommen?«

»Du hast es mir im Schlaf erzählt.«

Ich sagte mir: ›Großartig. Eine Angewohnheit, die gepflegt werden muß.‹

Mein Bruder plapperte ahnungslos weiter: »Bei deinem Reden im Schlaf hast du immerzu was von ›Streichhölzern‹ gemurmelt, woraus ich nicht schlau geworden bin, aber als du angefangen hast, mir von dem Mann und der Kalabuse und den Streichhölzern zu erzählen, ist mir gleich eingefallen, daß du im Schlaf zwei- oder dreimal Ben Coontz erwähnt hast, und da habe ich mir dann dies und das zusammengereimt und gleich gewußt, daß es Ben Coontz gewesen ist, der den Mann verbrannt hat.«

Überschwenglich lobte ich seinen Scharfsinn. Nach einer Weile fragte er: »Willst du ihn dem Gesetz ausliefern?«

»Nein«, sagte ich. »Ich glaube, das wird ihm auch so eine Lehre sein. Natürlich werde ich ihn im Auge behalten, denn das muß man schon, aber wenn er keine weiteren Zicken dreht und sich bessert, soll keiner sagen können, ich hätte ihn verraten.«

»Wie gut du bist!«

»Ich versuche es zu sein. Mehr kann man in einer Welt wie der unsrigen nicht tun.«

Meine Ängste aber schwanden bald dahin. Die Last war ja auf andere Schultern abgewälzt.

Am Tage vor unserer Abfahrt aus Hannibal fiel mir etwas Merkwürdiges auf. Die Zeit dehnt sich dort wie Gummi. Aufmerksam darauf machte mich einer der bescheidensten Menschen, die es gibt – der farbige Kutscher eines Bekannten, der drei Meilen vor der Stadt wohnt. Er sollte mich morgens um halb acht vom Park-Hotel abholen und ausfahren. Doch er verpaßte gehörig die Zeit – kam erst um zehn. Seine Entschuldigung lautete: »Auf Land is es meistens anderthalb Stunden später als in Stadt. Sie habn also noch massig Zeit, Boss. Wir fahrn manchmal sonntags ganz früh los zur Kirche und komm doch erst an mitten in die Mitte von Predigt. Liegt an Unterschied in Zeit, da kann man sich nich drauf verlass'n.«

Ich hatte zweieinhalb Stunden verloren, dafür aber etwas gelernt, was vier wert war.

SIEBENUNDFÜNFZIGSTES KAPITEL

Ein Erzengel

Nördlich von St. Louis finden sich all die belebenden Anzeichen einer rührigen, tatkräftigen, intelligenten, vorankommenden, praktischen und ganz im neunzehnten Jahrhundert lebenden Bevölkerung. Die Leute träumen nicht, sie arbeiten. Das glückliche Ergebnis offenbart sich überall: Alles macht einen wohlhabenden Eindruck und deutet auf gesundes Leben und Behaglichkeit.

Ein bemerkenswertes Beispiel dafür ist Quincy: eine muntere, hübsche, gut verwaltete Stadt und jetzt wie ehedem an Kunst, Wissenschaft und anderen höheren Dingen interessiert.

Marion City ist eine Ausnahme. Es ist auf eine äußerst unerklärliche Weise rückwärtsgegangen. Diese Metropole ließ sich einst so gut an, daß ihre Planer sehr zuversichtlich gleich zu Anfang »City« an ihren Namen hefteten, aber das war eine schlechte Prophezeiung. Als ich Marion City vor fünfunddreißig Jahren zum erstenmal sah, bestand es aus einer Straße und sechs Häusern. Jetzt besteht es bloß noch aus einem Haus, und dieses eine, schon mehr eine Ruine, ist drauf und dran, den fünf anderen in den Fluß zu folgen.

Ohne Zweifel lag Marion City zu dicht an Quincy dran. Und es hatte noch einen Nachteil: es stand auf flachem, schlammigem, unter dem Hochwasserpegel liegenden Boden, während Quincy hoch oben auf dem Hang eines Hügels thront.

Zu Anfang hatte Quincy die Atmosphäre einer Musterstadt Neuenglands, und es hat sie noch: breite, ordentliche Straßen, schmucke, saubere Wohnhäuser mit Grünflächen, prächtige Villen, stattliche Blocks von Geschäftsgebäuden; außerdem ausgedehnte Plätze für Jahrmärkte, einen gepflegten Park mit vielen herrlichen Fahrwegen, eine Bibliothek, Lesesäle, zwei Colleges, ein paar schöne und teure Kirchen sowie ein großartiges Gerichtsgebäude, dessen Anlagen sich über einen ganzen Platz erstrecken. Die Bevölkerungszahl der Stadt beträgt dreißigtausend. Es gibt hier mehrere große Fabriken und viele Manufakturbetriebe verschiedenster Art.

La Grange und Canton sind wachsende Städte, Alexandria jedoch vermißte ich. Mir wurde gesagt, es stehe unter Wasser, würde im Sommer aber zur Blüte hochkommen.

Keokuk war leicht zu erkennen. Ich hatte 1857 da gewohnt – einem im Immobilienwesen dort ungewöhnlichen Jahr mit einem geradezu tollen Aufschwung. Jeder kaufte, jeder verkaufte – bloß die Witwen und Pfarrer nicht; die halten immer fest, und wenn dann Ebbe kommt, sind sie die Dummen. Alles, was nur irgendwie nach Baugegend aussah, und mochte es noch so schlecht liegen, ließ sich an den Mann bringen, und zu Preisen, die noch hoch gewesen wären, wenn man den Boden vorher mit Dollarnoten ausgelegt hätte.

Der Ort hat jetzt fünfzehntausend Einwohner und schreitet mit gesundem Wachstum voran. Da es Nacht war, konnten wir keine Einzelheiten erkennen, was wir bedauerten, denn Keokuk gilt als eine schöne Stadt. Es hatte sich damals angenehm dort gewohnt, und in dieser Beziehung hat der Ort inzwischen sicher noch Fortschritte gemacht.

Ein gewaltiges Werk, das sich zu meiner Zeit noch im Bau befand, ist jetzt fertiggestellt: der Kanal durch die »Rapids«, die Stromschnellen. Er ist acht Meilen lang, dreihundert Fuß breit und an keiner Stelle unter sechs Fuß tief. Sein Mauerwerk ist von der majestätischen Art, die sich sonst nur das Kriegsministerium leistet, und wird überdauern wie ein römischer Aquädukt. Der Bau hat vier oder fünf Millionen gekostet.

Nach ein paar Stunden mit alten Bekannten fuhren wir wieder weiter. Keokuk war vor langer Zeit ein gelegentlicher Rumtreibeplatz jenes exzentrischen Genies Henry Clay Dean. Ich selber habe ihn, glaube ich, nur ein einziges Mal gesehen, doch als ich dort wohnte, wurde viel von ihm gesprochen. Man erzählte sich von ihm folgendes:

Er fing sein Leben arm und ohne Bildung an. Doch er bildete sich selber – auf den Prellsteinen Keokuks. Er setzte sich mit seinem Buch auf einen Prellstein, und ohne auf das Rattern des Verkehrs und das Trampeln der vorübergehenden Menge zu achten beziehungsweise es überhaupt zu bemerken, vergrub er sich stundenlang in seine Studien, wobei er seine Stellung nie veränderte, höchstens daß er dann und wann ein Knie einzog, damit ein Karren ungehindert vorbei konnte, und wenn er das Buch aus hatte, war dessen Inhalt, so abstrus es auch sein mochte, in sein Gedächtnis eingebrannt und blieb sein ewiger Besitz. Auf diese Art und Weise legte er sich in seinem Kopf ein riesiges Lager von allem möglichen Wissen an und hatte dort jeden Posten griffbereit liegen.

Seine Kleidung unterschied sich in nichts von der einer »Kairatte«, sie war höchstens noch zerlumpter, noch zusammengesuchter und unharmonischer (und damit noch ausgefallener und malerischer) und um diverse Schmutzschichten reicher. Von dieser Fassade konnte niemand auf die luxuriöse Ausstattung des Oberstübchens schließen.

Er war Redner – und zwar erstens von Natur, wozu später noch die durch Erfahrung und Praxis gewonnene Übung kam. Befand er sich auf Stimmenwerbung, war sein Name ein Magnet, der die Farmer aus einem Umkreis von fünfzig Meilen zu seiner Rednertribüne anzog. Sein Thema war stets die Politik. Notizen benutzte er nie; ein Vulkan braucht keine Notizen. Im Jahre 1862 erzählte mir ein Sohn des verstorbenen Mr. Claggett, des verdienten Keokuker Bürgers, folgende Begebenheit mit Dean:

In Keokuk herrschte gereizte Kriegsstimmung (1861), und eines Tages wurde in der neuen Bibliothek eine große Massenversammlung abgehalten, auf der ein berühmter auswärtiger Redner sprechen sollte. Das Gebäude war bereits bis zum äußersten Fassungsvermögen mit schwitzendem Volk beiderlei Geschlechts vollgepackt, doch die Bühne blieb noch immer leer: der berühmte Fremde hatte irgendwie den Anschluß verpaßt. Die Menge wurde unruhig und mit der Zeit ungehalten und rebellisch. Inzwischen entdeckte einer der verzweifelten Veranstalter Dean auf einem Prellstein, erklärte ihm das Dilemma, nahm ihm sein Buch weg, schob ihn schnell durch die Hintertür in das Gebäude und sagte ihm, er solle auf die Bühne gehen und sein Land retten.

Sogleich legte sich Schweigen über die murrende Versammlung, und aller Augen suchten einen einzigen Punkt: die weite, leere Bühne mit dem kahlen Fußboden. Dort erschien eine Gestalt, deren Anblick kaum einem Dutzend der Anwesenden vertraut war. Es war die Vogelscheuche Dean – stockfleckige, durchlöcherte Schuhe mit schiefen Absätzen, zweierlei genauso durchlöcherte Strümpfe, altersschwache, zerrissene Hosen, die viel zu kurz waren und ein paar Zoll nackter Knöchel freiließen, aufgeknöpfte Weste, ebenfalls zu kurz und zwischen sich und dem Hosenbund eine Zone schmutzigen und zerknitterten Leinens bloßlegend, offene Hemdbrust, langes schwarzes Taschentuch, wie eine Binde ein paarmal um den Hals gewunden, blauer Rock, dessen Schöße gerade bis aufs verlängerte Rückgrat runterreichten und dessen Ärmel vier Zoll Unterarm ungeschützt ließen, und oben auf einem Höcker seines – nun, auf seinem obersten Höcker überhaupt eine kleine Mütze mit steifem Rand. Diese Figur bewegte sich ernst und ruhigen und gemessenen Schrittes hinaus auf die Bühne bis ganz nach vorn, wo sie stehenblieb und verträumt die Versammlung musterte und kein Wort sagte. Das Schweigen der Überraschung hielt einen Augenblick an und wurde dann durch ein gerade hörbares Rieseln der Fröhlichkeit unterbrochen, das wie ein Wellenschlag über das Meer der Gesichter fegte. Die Figur verharrte in ihrer nachdenklich musternden Stellung. Eine neue Welle – diesmal schon Gelächter. Dann noch eine und noch eine – die letzte bereits stürmische Heiterkeit.

Und nun trat der Fremde einen Schritt zurück, nahm seine Soldatenmütze ab, warf sie in die Kulissen und begann mit Bedacht zu reden. Niemand hörte zu, alle lachten und tuschelten. Der Redner ließ sich dadurch nicht aus der Fassung bringen und sprach weiter, und es dauerte gar nicht lange, da gab er einen Schuß ab, der ins Schwarze traf, und es trat Ruhe ein und Aufmerksamkeit. In schneller Folge schickte er andere überzeugende Argumente hinterher, begeisterte sich an seiner Arbeit und ließ seine Wörter nicht mehr tröpfeln, sondern goß sie aus, kam mehr und mehr in Fahrt und begann, Donner und Blitze zu entladen – und nun brachen die Zuhörer in Applaus aus. Der Redner beachtete das nicht, sondern bummerte weiter, Schlag auf Schlag, er wickelte, unentwegt donnernd, seine schwarze Binde ab und warf sie weg, zog bald danach den Rock aus und schleuderte ihn beiseite, erhitzte sich mehr und mehr und warf zum Schluß die Weste dem Rock hinterher und stand dann eine Ewigkeit da wie ein zweiter

Vesuv und spie Rauch und Flammen, Lava und Asche und ließ Bimsstein und Schlacke niederregnen und erschütterte das moralische Dasein mit einem intellektuellen Donnerwetter und einem Ausbruch nach dem andern, während die rasende Menge sich geschlossen erhob und mit einem wirbelnden Schneesturm winkender Taschentücher und einem nicht enden wollenden Beifallssturm antwortete.

»Als Dean kam«, sagte Mr. Claggett, »hielten ihn die Leute für einen ausgerückten Tollhäusler, als er ging, für einen ausgerückten Erzengel.«

Burlington, die Heimat des geistsprühenden Burdette, ist eine weitere Hügelstadt und ebenfalls sehr schön – ein feiner und blühender Ort mit fünfundzwanzigtausend Einwohnern und einem Gürtel emsiger Fabriken von beinahe jeder nur erdenklichen Art. Momentan war es außerdem eine sehr nüchterne Stadt, denn es hing gerade ein äußerst ernüchterndes Gesetz in der Schwebe, ein Gesetz, um das Herstellen, Exportieren, Importieren, Kaufen, Verkaufen, Leihen, Verleihen, Stehlen, Trinken, Riechen sowie den erkämpften, ererbten, absichtlichen, zufälligen oder sonstigen Besitz sämtlicher der Menschheit bekannten schädlichen Getränke mit Ausnahme von Wasser im Staate Iowa zu verbieten. Alle vernünftigen Leute im Staat sagten ja zu dieser Vorlage, bloß die nicht, die darüber zu entscheiden hatten.

Burlington verfügt über alle Einrichtungen, die zur richtigen und klugen Verwaltung einer modernen, vorwärtsblickenden Großstadt gehören, darunter auch über eine festbesoldete Feuerwehr, etwas, was nicht einmal das große New Orleans hat, das immer noch an jenem Überbleibsel aus der Vorzeit festhält, dem unabhängigen System.

In Burlington, wie überhaupt in all diesen Städten am oberen Mississippi, atmet man eine energiegeladene Luft, die in den Nüstern angenehm prickelt. Vor kurzem ist dort ein Theater gebaut worden, das in starkem Kontrast zu den schäbigen Buden steht, die sonst in Städten von der Größe Burlingtons als Musentempel dienen.

In Muscatine an Land zu gehen, hatten wir keine Zeit, konnten es uns aber bei Tage vom Schiff aus ansehen. Vor vielen Jahren hatte ich dort mal gewohnt, doch der Ort kam mir jetzt ziemlich fremd vor; er muß das Muscatine, das ich kannte, vollkommen ausgewachsen haben. Ja, anders kann es gar nicht sein, denn wie ich mich erinnere, war es ein kleines Nest – und das ist es heute nicht mehr. Am besten erinnere ich mich aber an einen Irren dort, der mich eines Sonntags draußen in den Feldern beim Kragen packte, ein Schlächtermesser aus seinem Stiefel hervorholte und mich damit tranchieren wollte, wenn ich ihn nicht als den einzigen Sohn des Teufels anerkenne. Ich versuchte, mich aus der Schlinge zu ziehen, indem ich ihm bestätigte, er sei das einzige Familienmitglied, das mir bisher begegnet wäre. Das genügte ihm aber nicht, er wollte keine halben Sachen, ich müsse sagen, daß er der einzige und alleinige Sohn des Teufels sei – und dabei wetzte er das Messer am Stiefel. Einer solchen Kleinigkeit wegen erst groß Theater zu machen, schien sich nicht zu lohnen, und so gab ich ihm in allem recht und trug meine Haut heil davon. Kurz danach ging er seinen Vater besuchen, und da er nie wieder aufgekreuzt ist, wird er wohl noch bei ihm sein.

Zu meinen angenehmsten Erinnerungen an Muscatine aber gehören seine Sonnenuntergänge im Sommer. Weder diesseits noch jenseits des Ozeans sah ich welche, die ihnen gleichgekommen wären. Sie nahmen den breiten, spiegelglatten Fluß als Leinwand und malten jeden nur erdenklichen Farbtraum darauf, angefangen bei Tupfen von der Zartheit des Opals über immer leuchtender und intensiver werdende Töne bis hin zu blendend purpurnen und dunkelroten Feuersbrünsten, die das Auge verzauberten, es aber gleichzeitig anstrengten. Im ganzen Gebiet des oberen Mississippi sind diese außergewöhnlichen Sonnenuntergänge ein vertrautes Bild. Es ist wirklich das Land der Sonnenuntergänge. Ich bin überzeugt, kein anderes Land kann ein so gutes Recht auf diesen Namen geltend machen. Die Sonnenaufgänge sollen ebenfalls sehr, sehr schön sein. Ich weiß es nicht.

ACHTUNDFÜNFZIGSTES KAPITEL

Auf dem Oberlauf

In dichter und schneller Folge kommt jetzt eine große Stadt nach der anderen. Und dazwischen keine trostlose Einsamkeit, sondern ganze Reihen blühender Farmen. Stunde um Stunde pflügt sich das Schiff weiter und weiter in den großen und bevölkerten Nordwesten hinein, und mit jedem neuen Stück davon, das enthüllt wird, staunt man mehr und gewinnt eine größere Achtung. Solch ein Volk und solche Errungenschaften wie die seinen nötigen Huldigung ab. Das ist ein selbständiger Schlag Menschen, die für sich selber denken und die dazu auch befähigt sind, weil sie gebildet und aufgeklärt sind. Sie lesen, sie sind auf dem laufenden mit den besten und neuesten Gedanken, sie festigen jede schwache Stelle in ihrem Land mit einer Schule, einem College, einer Bibliothek und einer Zeitung, und sie leben unter Recht und Gesetz. Sorgen um die Zukunft eines solchen Geschlechtes sind fehl am Platze.

Dieses Gebiet ist neu, ja so neu, daß man sagen kann, es befindet sich noch im Säuglingsalter. An Hand dessen, was es schon während des Zahnens leistet, mag man sich ausmalen, was es in der Stärke seiner Mannbarkeit für Wunder vollbringen wird. Es ist so neu, daß der ausländische Tourist noch nicht davon gehört und es noch nicht besucht hat. Sechzig Jahre lang ist er zwischen St. Louis und New Orleans stromauf und stromab gedampft und dann nach Hause gegangen und hat sein Buch geschrieben, in dem Glauben, alles vom Fluß gesehen zu haben, das sich zu sehen lohnte oder wo es etwas zu sehen gab. In keinen sechs von allen diesen Büchern werden die Städte am Oberlauf erwähnt – und zwar deshalb nicht, weil die fünf oder sechs Touristen, die in diese Region eingedrungen sind, das getan haben, bevor jene Städte geplant waren. Der allerletzte Tourist von ihnen (1878) machte dieselbe alte vorgeschriebene Tour – er hatte nicht gehört, daß es nördlich von St. Louis überhaupt etwas gab.

Und doch gab es etwas: dieses erstaunlich von großen

Städten strotzende Gebiet, von Städten, die sozusagen vorgestern geplant und gestern früh gebaut wurden. Über ein Dutzend von ihnen zählt 1500 bis 5000 Einwohner. Da haben wir Muscatine mit 10000, Winona mit 10000, Moline mit 10000, Rock Island mit 12000, La Crosse mit 12000, Burlington mit 25000, Dubuque mit 25000, Davenport mit 30000, St. Paul mit 58000 und Minneapolis mit über 60000.

Der ausländische Tourist hat nie davon gehört, in seinen Büchern findet sich keine Notiz darüber. Die Städte sind über Nacht hochgeschossen, während er geschlafen hat. Diese Gegend ist so neu, daß ich, der ich verhältnismäßig jung bin, doch älter bin als sie. Als ich geboren wurde, hatte St. Paul eine Bevölkerung von drei Menschen. Minneapolis hatte gerade eindrittelmal soviel. Die damalige Bevölkerung von Minneapolis segnete vor zwei Jahren das Zeitliche, und als sie starb, konnte sie auf einen in vierzig Jahren erreichten Zuwachs von neunundfünfzigtausendneunhundertneunundneunzig Personen zurückblikken. Sie hatte die Fruchtbarkeit eines Frosches.

Ich möchte darauf aufmerksam machen, daß die oben angegebenen Bevölkerungszahlen von St. Paul und Minneapolis einige Monate alt sind. Beide Städte sind jetzt weit größer. Ja, ich habe soeben in einer Zeitung eine Schätzung gesehen, die der ersteren einundsiebzigtausend und der letzteren achtundsiebzigtausend Einwohner zuspricht. Dieses Buch wird die Öffentlichkeit erst in sechs bis sieben Monaten erreichen, und dann dürfte keine der Zahlen mehr ganz stimmen.

Wir konnten einen flüchtigen Blick auf Davenport werfen, einer weiteren schönen Stadt, die einen Hügel krönt – doch das läßt sich von all diesen Städten sagen, denn sie sind alle hübsch, gut gebaut, sauber, ordentlich, erfreuen Geist und Auge und liegen alle auf Hügeln. Deshalb wollen wir jener Phrase nun Ruhe gönnen. Nach indianischer Überlieferung sollen Marquette und Joliet 1673 an der Stelle kampiert haben, wo jetzt Davenport liegt. Der nächste Weiße, der dort sein Lager aufschlug, kam erst hundertsiebzig Jahre später – nämlich 1843. Seine dreißigtausend Einwohner hat sich Davenport innerhalb der letzten dreißig Jahre zusammengesammelt. Heute schickt es mehr Kinder zur Schule, als vor dreiundzwanzig Jahren seine gesamte Bevölkerung ausmachte. Es hat die am Oberlauf übliche Quote von Fabriken, Zeitungen und Bildungsinstituten, es hat Telefone, Ortsfernschreiber, eine elektrische Alarmanlage, eine vortreffliche Berufsfeuerwehr, die aus sechs Löschzügen und vier Dampffeuerspritzen besteht, und es hat dreißig Kirchen. Davenport ist der Sitz zweier Bischöfe: eines episkopalischen und eines katholischen.

Gegenüber Davenport liegt am Fuße der Upper Rapids die blühende Stadt Rock Island. Eine große Eisenbahnbrücke verbindet die beiden Orte – eine der dreizehn, die zwischen St. Louis und St. Paul den Mississippi und die Lotsen ärgern.

Die bezaubernde Insel Rock Island, drei Meilen lang und eine halbe Meile breit, gehört der Bundesregierung, und die hat daraus einen wundervollen Park gemacht, indem sie die natürlichen Reize künstlich gesteigert und den herrlichen Wald mit vielen Meilen von Fahrwegen durchfädelt hat. In der Nähe der Inselmitte erhascht man durch die Bäume einen Blick auf zehn riesige dreistöckige Backsteingebäude, deren jedes einen Morgen Land bedeckt. Das sind die Regierungswerkstätten, denn Rock Island ist eine nationale Waffenschmiede und Rüstkammer.

Wir fahren weiter den Fluß hinauf, immer durch bezaubernde Landschaften – am oberen Mississippi gibt es keine anderen –, und passieren Moline, ein Zentrum gewaltiger Manufakturbetriebe, und die großen Holzumschlagplätze Clinton und Lyons und kommen bald nach Dubuque, das in einer reichen mineralhaltigen Gegend liegt. Die Bleiminen dort sind sehr ergiebig und von großer Ausdehnung. Dubuque hat viel Industrie, unter anderem auch eine Pflugfabrik, zu deren Kundschaft die gesamte Christenheit zählt. Wenigstens wurde mir das von einem ihrer Vertreter erzählt, der sich auf dem Schiff befand. Er sagte:

»Nennen Sie mir irgendein Land unter der Sonne, wo man's Pflügen *versteht,* und wenn ich Ihnen auf dem Pflug, den sie benutzen, nicht unsere Fabrikmarke zeigen kann, will ich den Pflug fressen und mir nicht einmal Worcestersauce dazu geben lassen.«

Dieser ganze Teil des Flusses ist reich an indianischer Geschichte und Überlieferung. Black Hawk war hier einmal ein mächtiger Name, ebenso wie weiter unten der von Keokuk. Ein paar Meilen vor Dubuque liegt der Tête de Mort – der Totenkopffelsen –, auf dessen Spitze die Franzosen einst eine Schar Indianer getrieben und dort abgeriegelt hatten, dem sicheren Tode ausgeliefert und nur das Wie eine Sache der Wahl: zu verhungern oder durch Hinunterspringen sich selbst zu töten. Black Hawk hatte gegen Ende seines Lebens die Gewohnheiten der Weißen angenommen, und als er starb, wurde er in der Nähe von Des Moines nach christlicher, leicht indianisch abgeänderter Sitte bestattet, das heißt gekleidet in eine christliche Militäruniform und mit einem christlichen Spazierstock in der Hand, jedoch in sitzender Stellung. Früher wurde mit einem Häuptling immer noch ein Pferd begraben. Der Ersatz durch den Spazierstock zeigt, daß Black Hawks stolze Natur wirklich gedemütigt war und er damit rechnete, ins Jenseits laufen zu müssen.

Wir bemerkten, daß der Mississippi oberhalb von Dubuque eine olivgrüne Farbe hatte – ein kräftiges, schönes, durch die Sonne fast transparentes Olivgrün. Natürlich war das Wasser nirgends so klar oder von so zarter Tönung wie zu gewissen anderen Jahreszeiten, denn es war jetzt angeschwollen und deshalb getrübt durch den Schlamm von den abbröckelnden Ufern.

Die majestätischen Steilufer, die entlang dieser ganzen Strecke den Fluß überblicken, bezaubern durch die Anmut und Vielfalt ihrer Formen und durch die sanfte Schönheit ihres Schmuckes. Die grünen Abhänge steigen fast unmittelbar vom Rande des Wassers empor und sind hoch oben durch einen Zinnenwall zerklüfteter Felsen gekrönt, die von außerordentlich satter und weicher Farbgebung sind – in der Hauptsache dunkelbraune und mattgrüne Töne, doch mit anderen Schattierungen besprenkelt. Und dazwischen windet sich der glitzernde Fluß, hier und dort im Lauf unterbrochen durch Büschel bewaldeter Inseln, die von silbernen Kanälen durchzogen sind, und man erhascht Blicke auf Dörfer, die irgendwo am Horizont auf Landzungen schlafen, auf Flöße, die im Schatten der Waldmauern verstohlen dahingleiten, und weiße Dampfer, die hinter fernen Baken verschwinden. Und alles ist so ruhig und still wie im Traumland und hat nichts von dieser Welt an sich – nichts, worüber man sich ärgern kann.

Bis der unheilige Zug angebraust kommt – was er sehr bald tut und die geweihte Einsamkeit mit seinem teuflischen Kriegsgeschrei und dem Rattern und Rumpeln seiner hastenden Räder in Fetzen und Stücke reißt – und sofort ist man wieder auf dieser Welt und darf sich gleich mit einem ihrer Ärgernisse verlustieren, denn es fällt einem ein, daß das hier gerade die Bahn ist, deren Aktien stets fallen, nachdem man sie kauft, und die stets wieder steigen, sobald man sie abstößt. Es jagt mir heute noch einen Schauer über den Rücken, wenn ich daran denke, daß ich meine Aktien einmal beinahe überhaupt nicht losgeworden wäre. Auf einer Eisenbahn sitzenzubleiben muß schrecklich sein.

Vom Dach des Dampfschiffes aus bleibt die Lokomotive fast die ganzen achthundert Meilen von St. Louis bis St. Paul über in Sicht. Diese Eisenbahnen haben den Dampferverkehr zugrunde gerichtet. Der Zahlmeister unseres Schiffes war schon Dampfschiffzahlmeister, noch ehe diese Bahnen gebaut waren. Zu jener Zeit war der Bevölkerungszustrom so groß und der Güterverkehr so stark, daß die Schiffe mit den an ihre Tragkraft gestellten Anforderungen nicht Schritt halten konnten und die Kapitäne folglich sehr unabhängig und eingebildet waren – reichlich »hochnäsig«, wie Onkel Remus sagen würde. Der Zahlmeister legte den Gegensatz zwischen früher und heute kurz und treffend so dar:

»Schiff landet – Kapitän auf dem Oberdeck – mächtig steif und gerade – mit eisernem Ladestock im Kreuz – Glacéhandschuhe, Angströhre, Mittelscheitel bis ganz nach hinten durch – Mann an Land zieht Hut und sagt:

›Habe achtundzwanzig Tonnen Weizen, Herr Kapitän –

würden mir einen großen Gefallen tun, wenn Sie die mitnehmen.‹

Kapitän erwidert: ›Na gut, nehme zwei davon mit‹ – und läßt sich nicht mal dazu herab, ihn anzusehen.

Heute dagegen lüftet der Kapitän seinen alten Filz und lächelt bis hinter die Ohren und legt eine Verbeugung hin, an der ihn kein Ladestock hindert, und sagt: ›Freut mich, Sie zu sehen, Smith, freut mich wirklich – Sie schauen prächtig aus – hab Sie schon seit Jahren nicht mehr so gesehen – was haben Sie Schönes für uns?‹

›Nischt‹, sagt Smith und behält den Hut auf, dreht dem Kapitän einfach den Rücken zu und unterhält sich mit jemand anders weiter.

Tja, vor acht Jahren, da war der Kapitän noch ein König, jetzt aber ist Smith am Ruder. Vor acht Jahren, wenn da ein Schiff rauffuhr, war jede Kabine voll, und auf ihrem Fußboden lagen die Leute zu fünfen und sechsen übereinander, und dazu hatten wir ganz unten eine solide Deckladung voller Einwanderer und Erntearbeiter. Um eine Kabine erster Klasse zu kriegen, mußte man vierhundert Jahre Stammbaum mit wenigstens sechzehn Adligen darin nachweisen oder aber mit dem Nigger, der dem Kapitän die Stiefel putzte, persönlich bekannt sein. Hat sich jetzt aber alles verändert: oben ein Haufen Kabinen, unten keine Erntearbeiter – jetzt gibt es den Patentgarbenbinder, und Erntearbeiter haben sie nicht mehr. Die sind, wo die Hunde mit dem Schwanz bellen – sind aber nicht per Dampfschiff hingefahren, sondern mit der Bahn.«

In dieser Gegend dort oben kamen uns ganze Morgen von Holzflößen entgegen – doch nicht auf die altmodische Art gemächlich dahintreibend, bemannt mit ausgelassenen und sorglosen Mannschaften fiedelnder, Lieder singender, Whisky saufender, Breakdown tanzender Lumpenkerle, nein, die ganze Sache wurde in modernstem Stil von einem kräftigen Heckraddampfer schnell vorwärtsgeschoben, und die kleinen Mannschaften waren ruhige, ordentliche Leute, die ernst und geschäftig und gar nicht romantisch aussahen.

Irgendwo hier nahmen wir mit Hilfe des elektrischen

Lichts in einer schwarzen Nacht ein paar äußerst enge und verzwickte zwischen Inseln liegende Stromschnellen. Hinter uns kompakte Finsternis – eine lückenlose Wand, vor uns ein schmales Stück, das sich zwischen Mauern aus dichtem, unseren Bug fast streifendem Laubwerk hindurchschlängelte, und jedes einzelne Blatt und jeder einzelne Wellenkringel stach hier in seiner natürlichen Farbe hervor und war mit einem Glanz wie von gesteigertem Tageslicht überflutet.

Die Wirkung war eigenartig und schön und äußerst eindrucksvoll.

Wir passierten Prairie du Chien, einen weiteren Lagerplatz von Pater Marquette, und nach ein paar Stunden Fahrt durch eine abwechslungsreiche und schöne Landschaft erreichten wir La Crosse. Das ist eine Stadt mit zwölf- bis dreizehntausend Einwohnern, mit elektrisch beleuchteten Straßen und mit Häuserblocks und Gebäuden, die stattlich und auch architektonisch schön genug sind, daß sie sich in jeder Großstadt sehen lassen könnten. Wir nutzten die uns zur Verfügung stehende Stunde und wanderten, obwohl es mehr als nötig regnete, in dieser vortrefflichen Stadt umher.

NEUNUNDFÜNFZIGSTES KAPITEL

Landschaften und Sagen

In La Crosse nahmen wir mehrere Passagiere auf, darunter einen alten Herrn, der mit den ersten Siedlern in diese nordwestliche Ecke gekommen und mit jedem Fleck davon vertraut war. Und verzeihlicherweise stolz darauf. Er sagte:

»Zwischen hier und St. Paul werden Sie Landschaften finden, hinter denen sich selbst der Hudson verstecken kann. Da ist Queen's Bluff: siebenhundert Fuß hoch und ein so imposanter Anblick, wie er Ihnen auch anderswo nicht besser geboten werden kann, und Trempeleau Island, eine Insel, die sich meiner Meinung mit keiner anderen in Amerika vergleichen läßt, denn sie ist ein gigantischer Berg mit steil abfallenden Wänden und steckt voller indianischer Sagen und war früher voller Klapperschlangen. Wenn Sie die Sonne dort im richtigen Moment erwischen, bietet sich Ihnen ein Bild, das Sie nie vergessen werden. Und oberhalb von Winona haben Sie herrliche Prärien, und dann kommen die Tausend Inseln, doch die kann man nicht beschreiben, die sind zu schön. Grün? So grünes und so dichtes Laub haben Sie überhaupt noch nicht gesehen; es ist – bei glattem Wasser –, als ob tausend Plüschkissen auf einem Spiegel schwimmen. Dann die riesigen Steilufer zu beiden Seiten des Flusses – ausgezackt, zerklüftet, von dunkler Farbe – genau der richtige Rahmen dafür, denn Sie wissen ja, bei einem zarten Bild braucht man immer einen wuchtigen Rahmen, damit die schönsten Stellen mehr rauskommen und noch schöner wirken.«

Der alte Herr erzählte uns auch ein paar rührende indianische Sagen – berauschend aber waren sie nicht.

Nach diesem Ausflug in die Geschichte kehrte er zur Landschaft zurück und beschrieb sie Stück für Stück von den Tausend Inseln bis St. Paul, und er nannte alle Namen mit solcher Gewandtheit und trippelte so leichtfüßig und lässig an seinem Thema entlang und schmiß hier und da mit so selbstgefälliger Miene von Ist-doch-gar-nichts-dabei-das-kann-ich-jederzeit ein wuchtiges Wort hin und drückte in so berechneten Abständen auf die Schmalztube, daß ich bald zu argwöhnen begann, er...

Doch egal, was ich argwöhnte. Hören wir ihn an:

»Zehn Meilen hinter Winona kommen wir nach Fountain City. Zärtlich schmiegt es sich an den Fuß von Klippen, die ihre herrische Stirn jupitergleich gegen die blaue Himmelstiefe recken und in jungfräulichen Lüften baden, welche keine andere Berührung kennen als die von Engelsflügeln.

Dann gleiten wir durch silberne Gewässer, umgeben von lieblichen und gewaltigen Naturbildern, die in unseren Herzen ehrfürchtige Bewunderung erklingen lassen, und nach ungefähr zwölf Meilen stoßen wir auf den Mount

Vernon, sechshundert Fuß hoch, und oben, zwischen den Wolken thronend, die seinen in schwindliger Höhe liegenden Gipfel beschatten, die Ruine eines ehemals erstklassigen Hotels – einziges Überbleibsel der einstmals blühenden Stadt Mount Vernon aus der ersten Zeit, jetzt öd und leer und völlig verlassen.

Und so bewegen wir uns weiter. Wir brausen vorbei am ›Schlot‹, einem stattlichen Felsschornstein von sechshundert Fuß, und kurz bevor wir in Minnieska anlegen, fesselt uns der Anblick eines grandiosen Massivs, das sich zu über fünfhundert Fuß Höhe erhebt – die ideale Bergpyramide. Seine Kegelform mit den von üppigem Wald umgürteten Seiten und dem wie eine Spitztüte gen Himmel ragenden Gipfel lassen den Betrachter über den Formenreichtum der Natur staunen. Oben, von seinem schwindelerregenden First aus, hat man meilenweite, prachtvolle Aussichten auf die untenliegenden Wälder, Flüsse, Felsengestade, Berge und Täler. Ließe sich eine edlere Kulisse für einen Strom überhaupt denken als jene zauberhafte Landschaft, die wir beim Blick von diesen Steilufern auf die Täler dort drunten sehen? Das Urwüchsige und die wilde Einsamkeit dieser erhabenen Schöpfungen der Natur und ihres Gottes rufen, wenn wir sie rundum erschauen, Gefühle unendlicher Bewunderung in uns wach, und die Erinnerung daran bleibt dem Gedächtnis unauslöschlich eingebrannt.

Als nächstes haben wir das Löwenhaupt und das Löwinnenhaupt, geschnitzt von der Hand der Natur, den schönen Strom zu zieren und zu beherrschen, und gleich dahinter weitet sich der Fluß, und jäh enthüllt sich vor uns eine äußerst bezaubernde und unvergleichliche Aussicht auf das Tal: zerklüftete Berge, vom Fuß bis zum Gipfel in grüne Wälder gekleidet, weite Prärien und in deren Schoße das schöne Wabasha, Stadt der heilenden Wasser, starke Feindin der Brightschen Krankheit, und dann jene großartigste Konzeption der Werke der Natur, der unvergleichliche Pepinsee – das alles formt sich zu einem Bilde, auf dem das Auge des Touristen stundenlang mit ungestillter und unstillbarer Begeisterung ruhen möchte.

Doch weiter geht's: Bald kommen wir zu jenen majestätischen Domen, dem mächtigen Zuckerhut und dem erhabenen Maidenfelsen – welch letzteren romantischer Aberglaube mit einer Stimme ausstattet, und oftmals, wenn das Birkenkanu im Zwielicht vorübergleitet, wähnt der dämmrige Paddler, die sanft tönende Musik der seligen Winona zu hören, des Lieblings indianischer Lieder und Sagen.

Dann taucht Frontanec vor unserem Blick auf, zur Sommerzeit ein reizender Aufenthalt für abgespannte Touristen, dann das fortschrittliche Red Wing und das in seiner Erhabenheit überwältigend eindrucksvolle Diamond Bluff, dann Prescott und St. Croix, und sogleich sehen wir die Türme und Kuppeln St. Pauls auf uns zukommen, des riesigen jungen Häuptlings des Nordens, der – Bannerträger der jüngsten und hochstehendsten Zivilisation – mit Siebenmeilenstiefeln im Vortrab des Fortschritts marschiert und sich seinen wohltätigen Weg mit dem Tomahawk des Handels und Wandels bahnt und das Kriegsgeheul christlicher Kultur ertönen läßt und der Faulheit und dem Aberglauben den übelriechenden Skalp abzieht, um dort den Dampfpflug und das Schulhaus hinzusetzen – vor ihm überall dürre Unwissenheit, Mißachtung der Gesetze, rohe Gewalt, Hoffnungslosigkeit, in seinen Fußtapfen aber blühen stets das Gefängnis, der Galgen und die Kanzel und ...«

»Sind Sie mal mit einer Panoramaschau herumgereist?«

»Ich war früher in diesem Metier tätig.«

Mein Verdacht hatte sich als richtig erwiesen.

»Und jetzt reisen Sie ohne Ihr Panorama?«

»Ja, das ist verpackt und untergestellt, bis die Herbstsaison beginnt. Momentan helfe ich, Material für ein Touristenhandbuch zusammenzutragen, das die St. Louis and St. Paul Packet Company diesen Sommer zum Wohle ihrer Reisenden herausgeben will.«

»Als Sie vom Maidenfelsen sprachen, erwähnten Sie die selige Winona, den Liebling indianischer Lieder und Sagen. Ist das die Maid zu dem Felsen? Und sind die beiden durch eine Sage verbunden?«

»Ja, und zwar durch eine sehr tragische und schmerzvolle. Vielleicht die bekannteste wie auch rührendste aller Mississippisagen.«

Wir baten ihn, sie zu erzählen. Mühelos wechselte er vom Unterhaltungston wieder zu seinem Vortragsstil über und haspelte wie folgt weiter:

»Ein kleines Stück oberhalb von Lake City gibt es einen berühmten Punkt, bekannt als der Maidenfelsen, welcher nicht nur ein malerischer Flecken, sondern auf Grund der Begebenheit, der er seinen Namen verdankt, auch von Romantik umwittert ist. Vor nicht langen Jahren war diese Gegend ein bevorzugter Aufenthalt der Sioux-Indianer, weil es sich in ihr gut jagen und fischen ließ, und es waren stets ihrer viele dort zu finden. Unter den Sippen, die hier oft herzukommen pflegten, befand sich eine aus dem Wabasha-Stamme. We-no-na (die Erstgeborene) war der Name einer Maid, die ihrem Liebhaber aus derselben Schar ewige Treue geschworen hatte. Ihre Hand war jedoch einem anderen versprochen, einem ruhmreichen Krieger, und ihre Eltern bestanden darauf, daß sie die Seine werde, und beraumten den Tag der Hochzeit an – zum Kummer ihrer Tochter. Diese nun tat so, als sei sie es zufrieden, und begleitete sie zum Felsen, um Blumen für das Fest zu pflücken. Dort angekommen, rannte We-no-na auf den Gipfel, stellte sich auf dessen Rand und hielt ihren untenstehenden Eltern ihre Grausamkeit vor, und dann stürzte sie sich unter Absingen einer Klageweise in die Tiefe und zerschmetterte sie auf dem Felsen drunten.«

»Wen – ihre Eltern?«

»Ja.«

»Nun, das war gewißlich tragisch, wie Sie schon sagten. Und darüber hinaus von einer dramatisch überraschenden Wendung, mit der man gar nicht rechnet. In der abgedroschenen Form der indianischen Sage ist das ein deutlicher Fortschritt. Es gibt am Mississippi fünfzig Mägdesprünge, von deren Gipfeln enttäuschte indianische Mädchen runtergehopst sind, aber einzig und allein hier wurde so gesprungen, daß es den richtigen und befriedigenden Ausgang nahm. Was aber war mit Winona?«

»Sie war nicht schlecht durchgerüttelt und angeschlagen,

doch sie klaubte sich wieder zusammen und machte sich aus dem Staube, bevor der Leichenbeschauer an dem verhängnisvollen Ort eintraf. Wie es heißt, soll sie sich zu ihrer wahren Liebe begeben und sie geheiratet haben und mit ihr nach einem entfernten Himmelsstrich gewandert sein, wo sie fortan glücklich lebte, ihr edles Temperament gemäßigt und gezügelt durch die romantische Begebenheit, die sie so früh der süßen Führung durch die Liebe einer Mutter und den schützenden Arm eines Vaters beraubt und sie so ganz und gar freudlos der kalten Nächstenliebe einer krittelnden Welt ausgeliefert hatte.«

Ich war froh, die Landschaft von dem Panorama-Mann beschrieben zu bekommen, denn dadurch konnte ich das, was ich davon sah, besser würdigen und mir das, was uns durch den Einbruch der Nacht verlorenging, wenigstens vorstellen.

Wie der alte Herr bemerkte, ist diese ganze Gegend von indianischen Sagen und Legenden durchwoben. Doch ich erinnerte ihn daran, daß die Leute diese Tatsache gewöhnlich bloß erwähnen – aber so, daß einem der Mund wäßrig wird – und es klugerweise dabei belassen. Warum? Weil man den Eindruck gewonnen hat, diese Sagen seien voller Geschehen und Phantasie – ein angenehmer Eindruck, der sich sofort verflüchtigen würde, wenn man die Geschichten erzählt bekäme. Ich zeigte ihm, was ich von dieser Art Literatur bisher schon gesammelt hatte, und er bestätigte, es sei klägliches Zeug, außerordentlich dürftiger Abfall, und ich wagte hinzuzufügen, daß es mit den Sagen, die er selber erzählt hatte, auch nicht weit her sei, abgesehen von der vortrefflichen Winona-Geschichte. Er gab das zu, sagte aber, wenn ich das vor fast fünfzig Jahren erschienene und jetzt sicher vergriffene Buch von Mr. Schoolcraft auftriebe, würde ich einige indianische Legenden darin finden, die alles andere als leer und phantasielos seien; die im »Hiawatha« zum Beispiel stammten aus Schoolcrafts Buch, und es seien in demselben Buch noch andere, aus denen Mr. Longfellow wirkungsvolle Verse hätte machen können. Beispielsweise die Sage vom »Unsterblichen Haupt«. Erzählen könne er sie nicht, dazu seien ihm zu viele Einzelheiten verblaßt, aber er würde mir empfehlen, das Buch zu suchen, damit ich mehr Achtung vor der indianischen Phantasie gewinne. Diese Sage, wie die meisten in diesem Buch, sei damals, als er das erstemal herkam, bei den Indianern hier am oberen Mississippi noch herumgegangen, und die Mitarbeiter von Schoolcrafts Buch hätten sie direkt von indianischen Lippen erhalten und sie mit peinlicher Genauigkeit und ohne eigene Ausschmükkung niedergeschrieben.

Ich habe das Buch gefunden. Der alte Herr hatte recht. Es sind einige Sagen darin, die das bestätigen, was er sagte. Ich möchte zwei davon bringen: »Das unsterbliche Haupt« und »Peboan und Seegwun, eine Allegorie der Jahreszeiten«. Letztere ist im »Hiawatha« verarbeitet, doch es lohnt, sie in der ursprünglichen Form zu lesen, und sei es nur, damit man sieht, wie wirkungsvoll ein echtes Gedicht auch ohne metrische Hilfestellung sein kann:

Peboan und Seegwun

Ein alter Mann saß allein in seiner Hütte am Ufer eines eisbedeckten Stromes. Es war Ende Winter, und sein Feuer war fast aus. Er sah sehr alt aus und sehr verlassen. Seine Locken waren schlohweiß, und er zitterte an allen Gliedern. Tag für Tag verging in Einsamkeit, und er hörte nichts als die Stimme des Sturmes, der den neugefallenen Schnee vor sich herfegte.

Eines Tages, als sein Feuer gerade am Erlöschen war, trat ein schöner Jüngling zu ihm in die Hütte. Auf seinen Wangen lag das Rot vom Blute der Jugend, seine Augen funkelten vor Leben, und um seine Lippen spielte ein Lächeln. Sein Schritt war leicht und schnell. Um seine Schläfen wand sich an Stelle des Stirnbandes eines Kriegers ein Kranz von süßen Gräsern, und in der Hand trug er einen Strauß Blumen.

»Ah, mein Sohn!« sagte der alte Mann. »Wie schön, daß du mich besuchst. Komm herein! Komm und vermelde mir, was du erlebt und was für fremde Länder du gesehen hast.

Laß uns die Nacht gemeinsam hinbringen. Ich will dir von meinen Heldentaten und von meinen Kräften erzählen. Du sollst ein Gleiches tun, und so wollen wir uns vergnügen.«

Dann zog er aus seinem Sack eine wunderlich gearbeitete alte Pfeife, füllte sie mit einem Tabak, der durch eine Mixtur aus bestimmten Kräutern mild gemacht war, und reichte sie seinem Gaste. Als diese Zeremonie beendet war, huben sie an zu reden.

»Ich stoße meinen Atem aus«, sprach der alte Mann, »und der Strom bleibt stehen. Das Wasser wird starr und fest wie klarer Stein.«

»Ich atme aus«, sagte der Jüngling, »und auf der Ebene brechen Blumen hervor.«

»Ich schüttle die Locken«, erwiderte der alte Mann, »und Schnee bedeckt das Land. Auf mein Geheiß fallen die Blätter von den Bäumen, und mein Atem weht sie davon. Die Vögel steigen vom Wasser auf und fliegen in ein fernes Land. Die Tiere verstecken sich vor meinem Odem, und der Boden wird hart wie Feuerstein.«

»Ich schüttle die Locken«, entgegnete der Jüngling, »und es fallen warme Schauer milden Regens. Die Pflanzen stekken die Köpfe aus der Erde glänzend vor Entzücken, wie Kinderaugen. Meine Stimme ruft die Vögel zurück. Die Wärme meines Atems bricht die Flüsse auf. Wo ich gehe, erfüllt Musik die Haine und jubiliert alle Natur.«

Endlich ging die Sonne auf. Eine linde Wärme breitete sich aus. Des alten Mannes Zunge erlahmte. Auf dem Dach der Hütte fingen Rotdrossel und Blauvogel an zu singen. Vor der Tür begann der Strom zu murmeln, und mit dem Frühlingswind wehte sanft der Duft wachsender Blumen und Kräuter herüber.

Das Tageslicht enthüllte dem Jüngling, bei wem er eingekehrt war. Als er seinen Wirt betrachtete, sah er, daß er das eisige Antlitz von Peboan* hatte. Aus seinen Augen flossen Ströme. Mit zunehmender Sonne wurde er immer weniger, und bald war er ganz dahingeschmolzen. Von der Stätte seines Hüttenfeuers blieb nichts als die Miskodeed**,

* Winter.
** Epigaca repens.

eine kleine weiße Blume mit rosa Rand, eine der frühesten Arten nördlicher Pflanzen.

»Das unsterbliche Haupt« ist eine ziemlich lange Geschichte, doch was ihr an Kürze fehlt, wiegt sie durch unheimliche Ideen, Märchenwunder, Vielfalt des Geschehens und zügige Bewegtheit auf.*

SECHZIGSTES KAPITEL

Perspektiven

Wir erreichten St. Paul, wo der Mississippi schiffbar wird, und dort endete unsere Zweitausendmeilenreise von New Orleans. Per Dampfer ist es eine Fahrt von rund zehn Tagen. Mit der Bahn geht es wahrscheinlich schneller. Ich nehme das an, denn ich weiß, daß man per Bahn die – mindestens hundertzwanzig Meilen lange – Strecke St. Louis–Hannibal in sieben Stunden schaffen kann. Das ist besser als Laufen, es sei denn, man hat es eilig.

Infolge der weit vorgeschrittenen Jahreszeit waren in New Orleans Rosen- und Magnolienblätter gefallen, doch hier in St. Paul fiel Schnee. In New Orleans hatten wir ein Lüftchen erwischt, das anscheinend über einem Krater zu Hause war und alles ein bißchen ausdorrte; hier in St. Paul gerieten wir in eins hinein, das offensichtlich von einem Gletscher kam und Erstarrung mitbrachte.

Ich will mit diesen Angaben niemand in Erstaunen versetzen. Nein, daß zwischen Himmelsstrichen, die auf einbis zweitausend Meilen voneinander entfernten Breitengraden liegen, ein scharfer Unterschied bestehen muß, ist nur natürlich. Das ist mein Standpunkt, und den behaupte und halte ich auch, trotz aller Zeitungen. Die Zeitung sieht das nämlich als unnatürlich an, und alljährlich im Februar bemerkt sie mit unverhohlenem Ausrufungszeichen, daß,

* Siehe Anhang D.

während wir hier oben gegen Schnee und Eis ankämpfen, die unten im Süden frische Erdbeeren und Erbsen haben und daß Kallas im Freien blühen und die Leute über das warme Wetter klagen. Die Zeitung kommt da nie aus dem Staunen heraus. Es erwischt sie regelmäßig jeden Februar. Das muß einen Grund haben, und der muß in einem Personalwechsel am Redaktionstisch liegen. Man kann keinen Menschen mehr als zweimal mit demselben Wunder verblüffen – nicht einmal mit dem Februarwunder des südlichen Klimas –, doch wenn man alle paar Jahre die Redakteure wechselt und vergißt, sie gegen das jährliche Klimastaunen zu impfen, wird es immer wieder dieselbe alte Leier geben. In jedem Jahr steckt sich ein Neuer an und ist damit gegen ein Wiederbefallen gefeit. Die Zeitung selber aber wird dadurch nicht immun. Die bleibt so schlecht dran wie eh und je; sie wird immer mal einen neuen Redakteur haben, und folglich wird, solange sie besteht, jeden Februar bei ihr die Erdbeerwunderei ausbrechen. Der Neue ist zu heilen, die Zeitung selber ist unheilbar. Ein Gesetz des Kongresses – nein, der Kongreß könnte das Staunen über die Erdbeeren nicht verbieten, ohne seine Befugnis auf zweifelhafte Art und Weise zu erweitern. Ein Zusatzartikel zur Verfassung täte hier not; damit wird der Sache wahrscheinlich am besten und schnellsten beizukommen sein. Kraft eines solchen Zusatzartikels könnte der Kongreß dann ein Gesetz erlassen, das bei der ersten Übertretung lebenslänglich Zuchthaus und im Wiederholungsfalle irgendeinen langwierigen Tod verhängt, und das würde uns zweifellos sofort Ruhe verschaffen. Gleichzeitig ließen sich der Zusatzartikel und das sich daraus ergebende Gesetz samt den Strafen leicht auf einige ähnliche Mißbräuche ausdehnen, wie auf den jährlichen Veteranen-der-von-Washington-an-jeden-Präsidenten-mitgewählt-hat-und-gestern-mit-so-leuchtendem-Auge-und-so-festem-Schritt-wie-je-zur-Wahlurne-ging und zehn oder elf andere einschläfernde Jahreswunder von der Sorte Ältester-Freimaurer und Ältester-Drucker und Ältester-Baptistenprediger und Ältester-College-Absolvent und Gesunde-Drillinge und so weiter und so fort. Und dann würde England das übernehmen und ein Gesetz erlassen, das die weitere Benutzung von Sydney Smiths Witzen untersagt, und einen Bevollmächtigten ernennen, ein paar neue auszutüfteln. Dann wäre das Leben ein süßer Traum von Ruhe und Frieden, und die Menschheit würde sich nicht mehr nach dem Himmel sehnen.

Doch ich schweife vom Thema ab. St. Paul ist eine wundervolle Stadt. Es fügt sich aus festen Blocks ehrlicher Ziegel und Steine zusammen und macht einen resoluten Eindruck. Sein Postamt wurde vor sechsunddreißig Jahren eingerichtet, und wenn mal ein Brief einging, trug der Postmeister ihn zu Pferde nach Washington, um sich zu erkundigen, was damit angestellt werden solle. So geht die Sage. Zwei Holzhäuser wurden in jenem Jahr gebaut und einige Personen der Bevölkerung hinzugefügt. Die führende Zeitung von St. Paul, die »Pioneer Press«, brachte vor kurzem ein paar Statistiken, die einen lebhaften Gegensatz zu jener alten Lage herstellen. Zum Beispiel: Bevölkerung im Herbst dieses Jahres (1882): 71 000; in der ersten Jahreshälfte beförderte Briefe: 1 209 387; Anzahl der in einem dreiviertel Jahr gebauten Häuser: 989, deren Kosten: 3 186 000 Dollar. Die Zunahme an Briefen gegenüber den entsprechenden sechs Monaten des Vorjahres betrug fünfzig Prozent. Die im letzten Jahr der Stadt hinzugefügten neuen Gebäude kosten 4 500 000 Dollar. St. Pauls Stärke liegt in seinem Handel. Es ist natürlich eine Industriestadt – das sind alle Städte in jener Gegend –, doch im Handel ist es besonders stark. Im vergangenen Jahr belief sich der Umsatz im Großhandel auf über 52 000 000 Dollar.

St. Paul hat ein Zollhaus und baut ein teures Capitol als Ersatz für das, welches vor kurzem verbrannte – denn es ist die Hauptstadt des Staates. Es hat Kirchen ohne Zahl, und nicht von der billigen, dürftigen Sorte, sondern von der, die die reichen Protestanten hinsetzen, der Sorte, die zu errichten dem armen irischen Dienstmädchen Entzücken bereitet. Welche Leidenschaft in das Bauen von majestätischen Kirchen das irische Dienstmädchen hat! Für unsere Architekten ist das eine feine Sache, doch allzuoft erfreuen wir uns an den stattlichen Tempeln des Dienstmädchens, ohne seiner dankend zu gedenken. Statt uns vor Augen zu führen, »jeder Ziegel und jeder Stein in diesem schönen Gebäude stellt Schmerz oder Leid und eine Handvoll Schweiß und Stunden schwerer Arbeit dar, beigesteuert von Rücken, Stirn und Händen der Armut«, vergessen wir diese Tatsachen gewöhnlich völlig und verherrlichen bloß den mächtigen Tempel und schenken seiner bescheidenen Erbauerin, deren reiches Herz und eingeschrumpfte Börse er symbolisiert, nicht mal einen Gedanken des Lobes.

Das ist ein Land der Bibliotheken und Schulen. St. Paul besitzt drei öffentliche Büchereien, die insgesamt zirka vierzigtausend Bücher enthalten. Es hat einhundertsechzehn Schulhäuser und zahlt jährlich über siebzigtausend Dollar an Lehrergehältern.

Es gibt einen außergewöhnlich prächtigen Bahnhof. Er ist so gewaltig, daß er anfangs diverse Nummern zu groß schien, doch nach ein paar Monaten stellte sich heraus, daß es genau umgekehrt ist. Dieser Konstruktionsfehler muß behoben werden.

Die Stadt liegt auf hohem Gelände, ungefähr siebenhundert Fuß über dem Meeresspiegel. Sie ist so hoch, daß sich von ihren Straßen ein weiter Blick über den Fluß und das Tiefland bietet.

Es ist eine ganz wundervolle Stadt und dabei noch nicht einmal fertig. Alle Straßen sind mit Baumaterial verstellt, und das wird so schnell wie möglich zu Häusern verarbeitet, um Platz für mehr zu schaffen – denn andere Leute warten nur darauf, daß die Straßen frei werden, damit sie ihre Mauersteine aufstapeln und selber losbauen können.

Wie erhebend und schön ist der Gedanke, daß der erste Pionier der Zivilisation, der erste im Vortrab der Zivilisation nie das Dampfschiff ist und nie die Eisenbahn und nie die Zeitung und nie die Sonntagsschule und nie der Missionar – sondern stets der Whisky! Jawohl. Man braucht nur die Geschichte durchzugehen. Der Missionar kommt nach dem Whisky – ich meine, er kommt an, nachdem der Whisky angekommen ist –, dann kommt der arme Einwanderer mit Axt und Hacke und Büchse, dann der Händler, dann der vermischte Ansturm, dann der Spieler, der

Desperado, der Straßenräuber samt allen Verwandten beiderlei Geschlechts und dann der smarte Bursche, der eine alte sich auf alles Land dort erstreckende Schenkung aufgekauft hat; das bringt den Troß der Anwälte, und die Selbstschutzverbände bringen den Leichenbestatter. All diese Mächte bringen die Zeitung, diese ruft Politik und eine Eisenbahn ins Leben, alle fassen mit an und bauen eine Kirche und ein Gefängnis – und siehe da! Zivilisation hat für ewig im Lande Fuß gefaßt. Der erste Vorkämpfer bei diesem wohltätigen Werk aber war nun einmal der Whisky. Er ist es immer. Von dieser großen Wahrheit nichts zu wissen und in die Astronomie abzuwandern, um sich ein Symbol zu leihen, sah einem Ausländer ähnlich – und ist bei einem Ausländer auch verzeihlich. Wäre er mit den Tatsachen vertraut gewesen, hätte er gesagt:

»Westwärts nimmt die *Buddel* des Empires ihren Lauf.«

Im Juni 1837 erreichte dieser große Vortrabführer das Gelände, auf dem heute St. Paul liegt. Ja, in jenem Jahr baute Pierre Parrant, ein Kanadier, die erste Hütte, entkorkte seine Kruke und fing an, den Indianern Whisky zu verkaufen. Das Ergebnis liegt vor uns.

Alles, was ich über die Neuheit, das Tempo, den schnellen Fortschritt, den Reichtum, die Intelligenz, die feine und solide Architektur und den allgemeinen Elan und Schwung St. Pauls gesagt habe, trifft auch für seine nahe gelegene Nachbarin Minneapolis zu – wobei hinzukommt, daß letztere noch größer ist.

Vor ein paar Monaten lagen diese außergewöhnlichen Städte zehn Meilen auseinander, sie wachsen aber so schnell, daß sie jetzt vielleicht schon vereinigt sind und unter einem einzigen Bürgermeister weitermachen. Auf jeden Fall aber wird sich in fünf Jahren zumindest ein so festes Band von Gebäuden zwischen ihnen hinziehen und sie vereinen, daß ein Fremder nicht sagen kann, wo der eine Siamesische Zwilling aufhört und der andere anfängt. Vereinigt werden sie, wenn sie weiter so anwachsen, zweihundertfünfzigtausend Einwohner zählen. Dann wird dieses Bevölkerungszentrum am Kopf der Mississippischifffahrt in den Zahlenwettstreit treten mit dem Bevölkerungszentrum am Fuß des Mississippi, mit New Orleans.

Minneapolis liegt am St.-Anthony-Fall, der sich fünfzehnhundert Fuß quer über den Fluß erstreckt und ein Gefälle von zweiundachtzig Fuß aufweist – eine Wasserkraft, die künstlich zu einem geschäftlich unschätzbaren Wertobjekt verwandelt worden ist, obwohl der Fall als Bild oder als Hintergrund, vor dem man sich photographieren lassen kann, dabei etwas Schaden genommen hat.

Dreißig Großmühlen liefern in jedem Jahr zwei Millionen Tonnen Mehl erstklassiger Qualität aus; zwanzig Sägewerke produzieren jährlich zweihundert Millionen Fuß Holz; außerdem gibt es Woll- und Baumwollspinnereien, Öl- und Papiermühlen und nahezu unzählige Fabriken für Fensterrahmen, Nägel, Möbel, Fässer und andere Dinge. Die Großmühlen hier in St. Paul arbeiten nach dem sogenannten »neuen Verfahren« und zermahlen den Weizen nicht mehr zwischen Steinen, sondern zwischen Walzen.

In Minneapolis laufen sechzehn Bahnlinien zusammen, und es werden täglich fünfundsechzig Personenzüge abgefertigt.

Genau wie in St. Paul blüht hier der Journalismus. Es erscheinen drei große Tageszeitungen, zehn Wochenblätter und drei Monatsschriften.

Es gibt eine Universität, die vierhundert Studenten zählt und – was noch besser ist – sich nicht nur um die Erleuchtung des einen Geschlechts bemüht. Es sind sechzehn Volksschulen vorhanden, deren Gebäude fünfhunderttausend Dollar gekostet haben. Die Zahl der Schüler beträgt sechstausend, die der Lehrer hundertachtundzwanzig. Außerdem existieren siebzig Kirchen, und viele weitere sind geplant. Die Banken vereinigen ein Kapital von drei Millionen Dollar, und im Großhandel der Stadt wird ein Jahresumsatz von fünfzig Millionen Dollar erzielt.

In der Umgebung von St. Paul und Minneapolis gibt es einige Sehenswürdigkeiten, darunter die auf einem hundert Fuß hohen Uferfelsen thronende Festung Fort Snelling, den Minnehaha-Fall und den Eisbärensee. Der schöne Minnehaha-Fall ist berühmt genug – der hat meine Hilfe nicht nötig. Der Eisbärensee ist weniger bekannt. Er ist ein wundervolles Gewässer und dient der reichen und eleganten Welt des Staates als Sommerfrische. Er hat sein Klubhaus und sein Hotel mit allem modernen Drum und Dran und hübsche Sommerhäuschen und viele Fischgründe und Jagden und angenehme Zufahrtsstraßen. Es gibt ein Dutzend kleinerer Sommerfrischen um St. Paul und Minneapolis, der Eisbärensee aber ist *die* Sommerfrische. Mit ihm ist eine äußerst schwachsinnige Sage verbunden. Ich würde der Versuchung, sie hier mitdrucken zu lassen, ja widerstehen, wenn ich könnte, doch das geht über meine Kräfte. Der Reiseführer nennt den Chronisten der Sage und lobt dessen »leichte Feder«. Lassen wir also besagte leichte Feder unverzüglich und ohne weiteren Kommentar auf den Leser los:

Eine Sage vom Eisbärensee

Seit vielleicht hundert Jahren, oder gar solange es das Volk der roten Männer gibt, kommt alljährlich im Frühling eine Schar Indianer auf eine Insel in der Mitte vom Eisbärensee, um Ahornzucker zu bereiten.

Wie die Sage vermeldet, soll sich auf dieser Insel vor vielen Sommern ein junger Krieger in die Tochter seines Häuptlings verliebt und um sie gefreit haben und bei der Jungfrau auf Gegenliebe gestoßen sein. Ihre Hand jedoch wurde ihm von ihren Eltern immer wieder verweigert, denn der alte Häuptling wandte ein, er wäre nicht tapfer genug und seine liebe Gemahlin würde ihn ein Weib nennen!

Wieder einmal war hinter dem Hain der Ahornbäume, dem »Zuckerbusch«, die Sonne versunken und der helle Mond zog hoch oben am leuchtendblauen Firmament auf, als der junge Krieger wieder einmal seine Flöte nahm und allein hinausging, die Geschichte seiner Liebe zu singen. Die milde Brise ließ die beiden bunten Federn in seinem Kopfschmuck sanft hin und her schwingen, und als er auf den Stamm eines schrägstehenden Baumes stieg, fiel der feuchte Schnee schwer von seinen Füßen. Er setzte die Flöte an die Lippen, doch dabei rutschte ihm seine Decke von den wohlgeformten Schultern, so daß ein Stück von ihr auf dem Schnee lag. Er stimmte sein wild-schauriges Liebeslied an, merkte aber bald, daß ihn fror, und als er nach hinten nach seiner Decke fassen wollte, wurde ihm diese von einer ungesehenen Hand sanft um die Schultern gelegt. Es war die Hand seiner Liebsten, seines Schutzengels. Sie setzte sich neben ihm nieder, und im Moment waren sie glücklich, denn der Indianer hat ein Herz zum Lieben, und er ist in diesem Stolz so edel wie in seiner Freiheit, welche ihn zum Kinde des Waldes macht. Nach der Sage nun kam ein großer Eisbär, der vielleicht wähnte, Polarschnee und trüber Winter würden bis überallhin reichen, gen Süden gezogen. Schließlich erreichte er den Nordrand jenes Sees, der jetzt seinen Namen trägt, ging ans Ufer hinunter und bahnte sich lautlos durch den tiefen, dichten Schnee seinen Weg auf die Insel zu. Das war in eben jenem Frühjahr, in dem sich die Liebenden trafen. Die beiden hatten ihren ersten Zufluchtsort verlassen und saßen nun zwischen den Ästen einer großen Ulme, die weit über den See hinaushing. (Derselbe Baum steht noch heute und erweckt allgemeine Neugier und Interesse.) Alldieweil sie fürchteten, entdeckt zu werden, unterhielten sie sich fast nur flüsternd, und jetzt erhoben sie sich gerade, um zur rechten Zeit ins Lager zurückzukommen und keinen Verdacht zu erregen, da stieß die Jungfrau einen Schrei aus, der bis zu den Wigwams gehört wurde, und gegen den jungen Krieger prallend, bekam sie seine Decke zu fassen, trat jedoch fehl und fiel, die Decke mit sich reißend, dem grausamen Untier direkt in die großen Pranken. Sofort waren alle Männer, Frauen und Kinder der Schar am Ufer, doch keiner hatte Waffen mit. Schreie und Wehklagen kamen aus aller Munde. Was sollten sie nur tun? Währenddessen hielt diese weiße und wilde Bestie die atemlose Maid mit ihren riesigen Tatzen umklammert und hätschelte ihre kostbare Beute, als sei sie an derartige Szenen gewöhnt. Da stieß der liebende Krieger einen gellenden Schrei aus, der die Klagen von Hunderten seines Stammes übertönte, rannte in seinen Wigwam, ergriff sein getreues Messer, kehrte mit fast einem einzigen Satz zu der Stätte von Angst und Schrecken zurück, sprang hinaus auf den überhängenden Baum zu der Stelle, wohin seine Liebste fiel, und mit der Wut eines rasenden Panthers stürzte er sich auf seine Beute. Das Tier drehte sich herum und brachte mit einem einzigen Schlag seiner gewaltigen Tatze die Liebenden Herz an Herz, doch im nächsten Augenblick tauchte der Krieger seine Messerklinge ein und öffnete die blutroten Schleusen des Todes, und der sterbende Bär lockerte seinen Griff.

In jener Nacht gab es für den Trupp oder für die Liebenden keinen Schlaf mehr, und während jung und alt den Kadaver des toten Untiers umtanzte, wurde der tapfere Krieger mit einer weiteren Feder beschenkt, und noch ehe ein neuer Mond aufging, war sein Herz um einen lebenden Schatz bereichert. Viele Jahre spielten beider Kinder auf dem Fell des Eisbären – von dem der See seinen Namen ableitet –, und die Maid und der Krieger gedachten noch lange der fürchterlichen Szene und Rettung, die sie vereint hatte, denn die schreckliche Begegnung mit dem riesigen Untier, durch die sie beinahe in die ewigen Jagdgründe eingegangen wären, konnten Kis-se-me-pa und Ka-go-ka nie wieder vergessen.

Eine verwirrende Angelegenheit. Erst fiel sie runter vom Baum – sie und die Decke –, und der Bär fing sie auf und tätschelte sie – sie und die Decke –, dann fiel sie wieder hoch in den Baum – und ließ die Decke zurück –, unterdessen rennt ihr Liebhaber unter Kriegsgeheul nach Hause und kommt waffenklirrend zurück, erklettert den Baum, springt runter auf den Bären, das Mädchen hopst ihm nach – denn sie war ja oben –, nimmt wieder ihren Platz in den Armen des Bären neben der Decke ein, und der Liebhaber jagt dem Untier sein Messer in den Leib und rettet – wen? Die Decke? Nein – mitnichten. Man ist dieser Decke wegen wer weiß wie gespannt und aufgeregt, und gerade dann, wenn es zu einem glücklichen Höhepunkt zu kommen scheint, sitzt man plötzlich auf: nichts weiter gerettet als das Mädchen! Dabei interessiert das Mädchen gar nicht; sie steht nicht im Mittelpunkt der Sage. Trotzdem wird man dort abgesetzt und muß dort bleiben, denn selbst wenn man tausend Jahre alt wird, erfährt man nie, wer eigentlich die Decke gekriegt hat. Ein Toter könnte eine bessere Sage zustande bringen als die hier. Womit ich gar nicht einmal einen frischen Toten meine, sondern einen, der schon wochenlang tot ist.

Wir machten uns nun auf die Heimreise, und in wenigen Stunden waren wir in jenem erstaunlichen Chicago – einer Stadt, in der sie immerzu an der Wunderlampe reiben und die Geister antreiben und sich neue Unmöglichkeiten ausdenken und vollbringen. Wer bloß ab und zu einmal hinkommt, für den ist es ein hoffnungsloses Bemühen, mit Chicago mitkommen zu wollen – es erfüllt seine Prophezeiungen schneller, als er sie machen kann. Es ist immer eine ganz neue Stadt und nie mehr das Chicago, das man gesehen hat, als man letztes Mal hier gewesen ist. Die Pennsylvania-Bahn brachte uns, ohne unterwegs auch nur zehn Minuten Verspätung aufzunehmen, eiligst nach New York, und dort endete eine der genußreichsten Fünftausend-Meilen-Reisen, die zu machen ich je das Glück hatte.

ANHANG DES AUTORS

A

Aus dem »New Orleans Times-Democrat« vom 29. März 1882

Fahrt des vom »Times-Democrat« entsandten Rettungsschiffes durch die überschwemmten Gebiete

Am Dienstagmorgen um neun verließ die »Susie« den Mississippi und bog in den Old River beziehungsweise in die jetzt so genannte Mündung des Red River ein. Links vor uns ergoß sich eine Flut zwischen und über die Dämme der Chandler-Plantage, des nördlichsten Punktes vom Kreis Point Coupée. Obwohl die Dämme erst vor kurzem eingestürzt waren, bedeckte das Wasser die ganze Pflanzung. Das Vieh hatte man in einem großen Prahm gesammelt, und im Vorbeifahren sahen wir die Tiere darin zusammengedrängt und ohne Futter stehen und auf ein Schiff zum Abschleppen warten. Auf der rechten Flußseite liegt Turnbull's Island und darauf eine große Plantage, die früher als eine der fruchtbarsten des Staates galt. Das Wasser hatte sie bei den üblichen Überschwemmungen bisher stets unbehelligt gelassen, doch jetzt gaben nur weite Wasserflächen an, wo die Felder waren. Hier und dort konnte man von dem Schutz-Damm das oberste Stück sehen, doch meist war es völlig überflutet.

Seitdem das Wasser einströmt, haben die Bäume grüneres Laub angelegt und sehen die Wälder leuchtend und frisch aus, doch dieser angenehme Anblick wird durch die grenzenlose Wasserwüste neutralisiert. Wir passieren eine Meile nach der anderen, und es gibt nichts weiter als bis zu den Ästen im Wasser stehende Bäume. Hin und wieder erhebt sich ein Schlangenvogel und fliegt die lange Allee des Schweigens voraus. Manchmal schießt eine Piroge unter den Büschen hervor und kreuzt auf dem Weg hinaus zum Mississippi den Red River, doch die Paddler mit den traurigen Gesichtern wenden sich nie nach unserem Schiff um.

Das Schnaufen des Dampfers ist in dieser eigenartig ergreifenden Düsterheit Musik. Es ist nicht die Düsterheit tiefer Wälder oder dunkler Höhlen, sondern eine besondere Art feierlicher Stille und eindrucksvoller Ehrfurcht, die sich mit Gewalt Anerkennung erzwingt. Wir kamen an jenem Morgen an zwei Negerfamilien auf Flößen vorbei, die zwischen den Weiden festgebunden waren. Sie gehörten offensichtlich der wohlhabenden Klasse an, denn sie führten einen Vorrat an Mehl sowie drei oder vier Schweine mit. Ihre Flöße waren ungefähr zwanzig Fuß im Quadrat groß, und vor einer improvisierten Hütte war etwas Erde aufgeschüttet, auf der sie ihr Feuer bauten.

Die den Atchafalaya hinunterfließende Strömung war sehr reißend, denn für diese Richtung zeigt der Mississippi eine Vorliebe, die man nur zu sehen braucht, um vor den verzweifelten Bemühungen dieses Flusses um einen kurzen Weg zum Golf Achtung zu gewinnen. Kleine Boote, Kähne, Pirogen und so weiter sind sehr gesucht, und es werden viele von räuberischen Negern gestohlen, die sie dort hinschaffen, wo sie den höchsten Preis erzielen. Nach dem, was mir Mr. C. P. Ferguson erzählte, dessen in der Gegend von Red River Landing liegende Pflanzung gerade untergegangen war, herrscht im Hinterland dieser Plantage große Not. Die Neger hatten überhaupt nicht mehr mit einem Durchbruch dort gerechnet, da der Ober-Damm bisher ausgehalten hatte, und als es sich doch ereignete, waren sie ihm auf Gedeih und Verderb ausgeliefert. Am Donnerstag sind viele von Bäumen und Hüttendächern heruntergeholt und eingebracht worden, eine große Anzahl aber befindet sich noch dort.

Man weiß den Anblick von Erde nicht zu schätzen, bis man einmal durch eine Überschwemmung gereist ist. Auf See erwartet und sucht man keine, doch hier, mit den flatternden Blättern, den schattigen Waldgängen, den gerade noch zu sehenden Hausdächern, erwartet man Land. Selbst einen Friedhof würde man schätzen, wenn seine Hügel über Wasser ständen. Den Fluß erkennt man hier nur, weil sich zwischen den Bäumen eine Öffnung befindet, das ist alles. Seine Breite beträgt von Fort Adams auf dem linken

Mississippiufer bis zum Ufer von Rapides Parish rund sechzig Meilen. Ein großer Teil davon waren bebaute Felder, besonders am Mississippi und im Hinterland vom Red River. Als wir auf den eigentlichen Red River kamen, stießen wir auf eine starke Querströmung, die dieselbe Richtung verfolgt wie der Mississippi.

Nach ein paar Stunden Fahrt erreichten wir den Black River. Und sogleich sahen wir Zeichen der Not. Von allen Weiden längs der Ufer waren die Blätter abgerissen. Ein Mann, mit dem Ihr Berichterstatter sprach, sagte, er habe hundertfünfzig Rinder und hundert Schweine besessen. Beim ersten Erscheinen des Wassers habe er sich darangemacht, sie ins fünfunddreißig Meilen entfernte Hochland von Avoyelles zu treiben, dabei jedoch fünfzig Stück Hornvieh und sechzig Schweine verloren. Der Black River ist selbst mit unter Wasser stehenden Ufern nicht unmalerisch. Ein dichter Wuchs von Eschen, Eichen und Gummi- und Hickorybäumen macht diese schier undurchdringlich, und wo man dazwischen einen Blick eine Baumallee hinunter erhaschen kann, sind in dem Dunkel bloß die unklaren Umrisse entfernter Stämme zu erkennen.

Ein paar Meilen flußauf stand das Wasser acht Fuß hoch über den Ufern, und ringsum konnte man die Dächer der Hütten sehen, die sich noch gegen die starke Strömung hielten. Hier und dort war eine umgestürzt und gab mit dem sie umgebenden Treibholz vielleicht den Kern für eine künftige Insel ab.

Um Kohle zu sparen, denn dieser Treibstoff würde während der ganzen Expedition unmöglich irgendwo zu haben sein, wurde ständig nach einem Holzstapel Ausschau gehalten. Als wir um eine Bake herumfuhren, schoß eine Piroge hervor, geschickt geführt von einem Jungen und in ihrem Bug ein fünfzehnjähriges Mädchen mit hübschem Gesicht, schönen schwarzen Augen und artigen Manieren. Der Junge bat um eine Zeitung, die ihm zugeworfen wurde, und dann stießen die beiden ihr winziges Fahrzeug hinaus in die Dünung des Schiffes.

Nicht lange danach kam ein kleines Mädchen, sicher nicht älter als zwölf Jahre, in dem allerkleinsten Kanu angepaddelt und lenkte es mit all der Geschicklichkeit eines alten Seefahrers. Die Kleine sah mehr nach einem indianischen als nach einem weißen Kind aus, und als sie gefragt wurde, ob sie keine Angst habe, lachte sie. Sie sei in einer Piroge großgeworden und könne überall hin. Jetzt fahre sie Weidenblätter für das Vieh pflücken, und sie zeigte auf ein Haus in der Nähe, in dem das Wasser drei Zoll über den Fußboden reichte. An der Hintertür war ein ungefähr dreißig Quadratfuß großes Floß vertäut, auf dem in einer Art Gatter zirka sechzehn Kühe und zwanzig Schweine standen. Die Familie klagte nicht, außer darüber, daß sie ihr Vieh verlor, und brachte uns sofort in einem Prahm Holz.

Auf den fünfzehn Meilen von hier bis zum Mississippi ist kein einziges Fleckchen Erde über dem Wasser, und in Richtung Westen gibt es dreißig Meilen lang nichts als die Fluten des Flusses. Der Black River war am Donnerstag, dem 23., eindreiviertel Zoll gestiegen und stieg nachts immer noch. Je weiter wir stromaufwärts kamen, um so bewohnter wird der Fluß, doch die Häuser liegen noch meilenweit auseinander. Fast alle sind sie verlassen, und die Nebengebäude hat die Flut mitgerissen. Die trübselige Atmosphäre wird noch dadurch verstärkt, daß fast alles Lebende erstorben zu sein scheint und weder das Pfeifen eines Vogels noch das Keckern eines Eichhörnchens in dieser Einsamkeit zu hören ist. Manchmal wirft ein griesgrämiger Hornhecht den Schwanz hoch und verschwindet im Fluß, doch sonst herrscht Stille – die Stille der Trostlosigkeit. Ab und zu treibt ein weißgetünchter Hühnerstall den Fluß hinunter oder ein Bündel sauber gespaltener Zaunlatten oder eine Tür oder ein aufgedunsener Kadaver mit feierlichem Geleit von ein paar auf ihm Mahl haltenden Geiern – die einzigen Vögel, die zu sehen sind. Ein Bilderrahmen mit einer billigen Lithographie eines Soldaten zu Pferde erzählte im Vorbeitreiben von einem vom Wasser überfallenen und dieses Schmuckes beraubten Herd.

Da im Dunkeln zu fahren töricht gewesen wäre, wurde am Abend eine Stelle längs der Wälder ausfindig gemacht und das Schiff für die Nacht an einem Gummibaum vertäut.

Ein hübscher Viertelmond warf ein angenehmes Licht über Wald und Fluß und schuf ein Bild, das, könnte ein Künstler es nur auf seiner Leinwand festhalten, eine reizende Landschaftsstudie ergeben würde. Die Bewegung der Maschinen hatte aufgehört, der Dampf puffte nicht mehr durch die Ventile, und Schweigen hüllte uns ein. Und was für ein Schweigen! Sonst kann man nachts im Walde immer noch das Quaken der Frösche, das Summen der Insekten oder das Fallen von Zweigen hören, hier aber war die Natur stumm. Aus den dunklen Gängen dieser Kathedrale drang kein Laut, und sogar das Murmeln der Strömung erstarb.

Am Freitag war die Mannschaft früh auf den Beinen, und wir brachen auf, den Black River hinauf. Es war ein prachtvoller Morgen, und der Fluß, der bemerkenswert gerade ist, hatte sein schönstes Gewand angelegt. Die Blüten der Mehlbeere parfümierten die Luft mit einem köstlichen Duft, und an den Ufern trällerten ein paar Vögel. Die Bäume waren größer, und der Wald schien älter zu sein als weiter unten. Wir kamen an mehr Feldern vorbei als in der Nähe der Mündung, doch auch hier zeigte sich das gleiche Bild: Räucherkammern, die draußen auf den Wiesen trieben, Negerhütten, die sich in irgendeiner Eiche verwickelt und verankert hatten, und bescheidene Wohnhäuser, deren Dachrinnen gerade noch über dem Wasser standen. In karminroter Pracht kam die Sonne hervor, und die Bäume erstrahlten in den verschiedensten Schattierungen von Grün. Nirgendwo ist ein Fuß Land zu sehen, und allem Anschein nach wird das Wasser immer höher, denn es reicht schon hinauf bis an die Äste der größten Bäume. Entlang der ganzen Strecke sind die Uferweiden ihrer Blätter beraubt, ein Beweis dafür, wie lange die Leute schon dieses Grünfutter für ihre Tiere sammeln. Wir fragten einen alten Mann in einer Piroge, wie die Weidenblätter seinem Vieh bekämen. Er hielt in seiner Arbeit inne, und mit wenig verheißungsvollem Kopfschütteln erwiderte er: »Na ja, sie reichen gerade, um ihre Körperwärme zu halten, und mehr erwarten wir auch nicht, doch schlecht sind die Schweine dran, besonders die kleinen. Die krepieren nur so weg. Doch was sollen wir machen? Wir haben nichts andres.«

Dreißig Meilen oberhalb der Mündung des Black River reicht das Wasser von Natchez am Mississippi bis hinüber zu den Kiefernhügeln von Louisiana. Das sind dreiundsiebzig Meilen, und es gibt dort kaum einen Fleck, der nicht zehn Fuß Wasser über sich hat. Weiter oben auf dem Black River zeigt die Strömung eine Tendenz nach Westen, und zwar eine so starke, daß die Wasser des Red aus dem Calcasieu-Land runtergetrieben werden und sich die des Black rund fünfzehn Meilen oberhalb seiner Mündung mit denen des Red vermischen, etwas, was selbst von den ältesten Dampfschiffern noch nie erlebt worden ist. Das Wasser, das wir jetzt sehen, stammt alles aus dem Mississippi.

Bis hoch nach Trinity oder vielmehr nach Troy, das kurz davor liegt, sind fast alle Leute evakuiert. Die Versorgung der Zurückgebliebenen ist im Augenblick noch gesichert. Ihr Vieh jedoch leidet und stirbt ziemlich schnell weg, denn die Beschränkung auf Flöße und das schlechte Futter rufen Krankheiten hervor.

Nach kurzem Aufenthalt fuhren wir weiter und kamen in eine Gegend mit vielen freien Feldern und einer Anzahl von Farmhäuschen. Hier gab es weitere Bilder der Not und des Elends. Innen in den Häusern hatten die Bewohner aus Kisten Gerüste errichtet, auf die sie die Möbel stellten. Die Bettpfosten waren oben abgesägt, da die Deckenhöhe von dem improvisierten Fußboden aus nicht mehr als vier Fuß betrug. Die Gebäude sahen sehr unsicher aus und drohten jeden Moment abzutreiben. In der Nähe der Häuser stand Vieh, bis zur Brust im Wasser und völlig apathisch. Es bewegte sich nicht von der Stelle, sondern stand geduldig da und wartete auf Hilfe. Der Anblick war qualvoll, und die armen Kreaturen werden sicher zugrunde gehen, wenn sie nicht schnellstens gerettet werden. Ein Pferd, wenn es merkt, daß keine Hilfe kommt, schwimmt los und sucht sich selber Futter, ein Rind dagegen bleibt auf ein und demselben Fleck stehen, bis es vor Erschöpfung ins Wasser fällt und ersäuft.

Um halb eins erhielten wir einen Anruf von einem Prahm, der sich innerhalb der Uferlinie befand. Wir drehten bei und holten längs, und General York stieg an Bord. Er war gerade mit dem Bergen von Vieh beschäftigt. Er hieß das Schiff des »Times-Democrat« herzlich willkommen und sagte, es werde dringend gebraucht. Die Not, so versicherte er, sei nicht zum mindesten übertrieben. Die Leute befänden sich in einer Lage, die man sich nur schwer vorstellen könne. Das Wasser stände so hoch, daß ihre Häuser jeden Moment weggespült werden können. Es sei bereits bis fast an die Dachrinnen gestiegen, und wenn es diesen Punkt erreicht, drohe immer Gefahr, daß die Häuser mitgerissen werden, und dann würde es viele Todesopfer geben. Der General sprach von dem tapferen Bemühen vieler Leute, ihr Vieh zu retten; wie er glaube, seien jedoch gute fünfundzwanzig Prozent davon umgekommen. Es hätten bereits zweitausendfünfhundert Menschen Rationen aus Troy am Black River erhalten, und er habe sehr viel Vieh abgeschleppt, doch eine sehr große Menge befände sich noch draußen und leide schreckliche Not. Das Wasser sei jetzt achtzehn Zoll höher als im Jahre 1874, und zwischen Vidalia und den Hügeln von Catahoula gebe es kein Land mehr.

Gegen zwei Uhr erreichte die »Susie« Troy, fünfundsechzig Meilen oberhalb der Mündung des Black River. Zur Linken kommt hier der Little River herein und gleich dahinter der Quachita und auf der rechten Seite der Tensas. Diese drei Flüsse bilden den Black River. Troy, beziehungsweise ein Teil davon, liegt auf beziehungsweise zwischen drei großen indianischen Erdhügeln von kreisrunder Form, die beim jetzigen Flutstand ungefähr zwölf Fuß aus dem Wasser ragen. Ihr Durchmesser beträgt an die hundertfünfzig Fuß, und sie liegen zirka zweihundert Yard auseinander. Die Häuser sind alle zwischen diese Hügel gesetzt, und in allen steht das Wasser achtzehn Zoll über dem Fußboden.

Diese Erhöhungen, von den Eingeborenen vor Hunderten von Jahren gebaut, sind in meilenweiter Runde der einzige Zufluchtsort. Bei unserer Ankunft fanden wir sie dicht besetzt mit knochendürrem Vieh, das sich kaum noch auf den Beinen halten konnte: Schafe, Schweine, Pferde, Maultiere und Rinder, alles durcheinander. Einer der Hügel dient seit vielen Jahren als Friedhof, und an den marmornen Grabsteinen sehen wir heute abgemagerte Kühe liegen und nach einem von General York verschafften Mahl zufrieden wiederkäuen. Genau wie schon weiter unten fiel uns auf, mit welch erstaunlicher Geschicklichkeit die Frauen und Mädchen hier die kleineren Pirogen zu führen wissen. Kinder paddelten in diesen äußerst kippligen Fahrzeugen mit all der Nonchalance der darin Erfahrenen herum.

Was das Hilfswerk betrifft, so arbeitet General York nach einem ausgezeichneten System. Wo Unterstützung verlangt wird, überzeugt er sich an Ort und Stelle, was getan werden muß, und schickt dann sofort eins von seinen zwei gecharterten Schiffen hin und läßt das Vieh in Prähme laden und nach den Kiefernhügeln und dem Oberland von Catahoula abschleppen. Troy hat er zu seinem Hauptquartier gemacht, und Boote kommen dorthin und holen sich Viehfutter. Gegenüber dem links vom Black River abzweigenden Little River und noch vor dem Quachita liegt Trinity, das jede Stunde der Vernichtung anheimfallen kann. Es liegt viel niedriger als Troy, und in seinen Häusern steht das Wasser acht bis neun Fuß hoch. Eine starke Strömung fließt mitten hindurch, und es ist erstaunlich, daß die Häuser nicht schon längst alle mitgerissen worden sind. Für die Einwohner Troys wie Trinitys ist gesorgt, ihr Vieh aber hat nicht genug Futter.

Sobald die »Susie« Troy erreichte, wurde sie zwecks schnellerer Durchführung des Hilfswerkes General York übergeben. Um sie leichter zu machen, luden wir auf einem der Erdhügel fast unsere gesamten Vorräte ab. Dann wurde sie stromabwärts gelenkt, um denen unten Unterstützung zu bringen. Auf Tom Hoopers Farm, ein paar Meilen von Troy ab, nahmen wir einen großen Prahm mit ungefähr fünfzig Stück Vieh in Schlepp. Die Tiere wurden gefüttert und kamen bald wieder etwas zu Kräften. Heute wollen wir auf den Little River, wo die Not am größten ist.

Den Black River hinunter

Sonnabend, den 25. März, abends

In aller Frühe fuhren wir unter Leitung General Yorks los, den Black River hinunter, um alles erreichbare Vieh herauszuholen. Unterwegs ließen wir an einer zentral gelegenen Stelle einen im Schlepp mitgeführten Prahm zurück, und von dort aus stakten ihn Männer bis weit hinter die Plantagen, wo sie die Tiere dann von überall auflasen. Oben auf dem Boden einer Baumwollscheune wurden siebzehn Stück gefunden, die mit Hilfe einer schnell zusammengezimmerten Laufplanke ohne Schwierigkeit hinunter in den Prahm geführt werden konnten. Ihr Korrespondent stieg mit dem General in einen Kahn und wurde zu einem aus zwei Räumen bestehenden Häuschen gerudert, in dem das Wasser zwei Fuß hoch stand. In einer der großen Stuben drängten sich die Pferde und Kühe zusammen, während in der anderen die Witwe Taylor und ihr Sohn auf einem über dem Boden errichteten Gerüst saßen. Ein oder zwei kleine Kanus trieben, jederzeit fahrbereit, in der Stube herum. Nachdem der Prahm herangebracht worden war, wurde die Seitenwand des Hauses zersägt, weil man die Tiere sonst nicht herausbekommen hätte, und das Vieh auf das Boot getrieben. Wie überall fragte General York auch hier, ob die Familie evakuiert werden wolle, und setzte sie davon in Kenntnis, daß Major Burke vom »Times-Democrat« zu diesem Zweck die »Susie« hinaufgeschickt habe. Mrs. Taylor erwiderte, sie danke Major Burke, doch sie würde lieber aushalten. Mit welcher Zähigkeit die Leute hier an ihren Heimen hängen, geht über alle Vorstellungskraft. Ein kleines Stück weiter – wir waren jetzt sechzehn Meilen von Troy weg – wurde uns gemeldet, das Haus von Mr. Tom Ellis sei in Gefahr und es befinde sich eine ganze Familie darin. Wir dampften unverzüglich hin. Es war ein trauriges Bild, das sich uns dort bot. Aus der Fensterhälfte, die noch über Wasser war, blickte die kranke Mrs. Ellis heraus, während an der Tür ihre sieben Kinder standen, deren ältestes noch keine vierzehn Jahre zählt. Eine Seite des Hauses war den Arbeitstieren – zirka zwölf

Stück – sowie den Schweinen überlassen. In dem nächsten Raum hauste die Familie. Das Wasser reichte bis auf zwei Zoll an die Bodenbretter der Betten hinauf. Der Herd war überschwemmt, und gekocht wurde auf einem obendrauf errichteten Feuer. Das Haus drohte jeden Augenblick nachzugeben, die eine Seite sank bereits, ja das Gebäude sah wie ein bloßes Gerüst aus. Als das Schiff beidrehte, kam Mr. Ellis in einem Kanu heraus, und General York sagte ihm, er sei gekommen, ihm zu helfen, das Schiff des »Times-Democrat« stehe zu seinen Diensten und würde seine Familie sofort nach den Hügeln bringen, und für das Vieh könne ein Prahm hergeschickt werden, jedoch erst Montag, denn bis dahin seien sie besetzt. Ungeachtet der beklagenswerten Lage, in der er und seine Familie sich befanden, wollte Mr. Ellis nicht gehen. Er erklärte, er möchte bis Montag warten, selbst auf das Risiko hin, daß das Haus einfalle. Die Kinder an der Tür sahen vollkommen zufrieden aus und schienen sich wenig um die Gefahr zu kümmern, in der sie sich befanden. Das sind nur zwei Beispiele von vielen. Nach Wochen der Not und der Entbehrung klammern sich die Leute immer noch an ihre Häuser und verlassen sie nur, wenn zwischen dem Wasser und der Decke nicht mehr genug Platz ist, um ein Gerüst zu bauen, auf dem man stehen kann. Es scheint unvorstellbar, doch sie lieben ihr altes Heim mehr als die eigene Sicherheit.

Die nächste Plantage, an der wir nach dem Besuch bei der Familie Ellis anlegten, war die der Oswalds. Hier wurde der Prahm mit der Breitseite an die Baumwollscheune herangebracht, in der fünfzehn Tiere im Wasser standen, und zwar auf Gerüsten und infolgedessen mit dem Kopf über dem oberen Rand vom Eingang. Sie herauszuholen, ohne die Vorderwand teilweise einzureißen, erwies sich als unmöglich, und so mußten Äxte in Aktion treten und eine Öffnung schlagen. Nach viel Arbeit waren die Pferde und Maultiere dann sicher auf dem Prahm untergebracht.

Wo wir auch halten, immer kommen drei, vier Kanus und berichten von anderen Orten, wo sich Vieh in Not befindet. Obgleich sehr viele Leute einen Teil ihrer Tiere schon vor einiger Zeit ins Hochland getrieben haben, ist doch noch eine große Anzahl da, und General York, der mit unbezwinglicher Energie arbeitet, will sehen, daß er sie bis Dienstag nach den Kiefernhügeln schaffen kann.

Überall auf dem Black River ist die »Susie« von Dutzenden von Pflanzern besucht worden, und was sie erzählten, waren Wiederholungen dessen, was wir über Not und Verlust bereits gehört hatten. Ein alter Pflanzer, der seit 1844 am Fluß lebt, sagte, noch nie habe es ein solches Hochwasser gegeben und er sei überzeugt, daß über ein Viertel des Viehs draufgehe. Zum Glück kümmerten sich alle zuerst um ihr Arbeitsvieh und brachten Pferde und Maultiere an einem sicheren Platz unter, sofern sie einen solchen finden konnten. Das Hochwasser, das noch immer anhält und gestern nacht um weitere zwei Zoll gestiegen ist, zwingt sie jedoch, die Tiere auf die Hügel hinaufzuschaffen, und eben deshalb ist die Arbeit General Yorks von so großem Wert. Vom frühen Morgen bis in die späte Nacht hinein ist er unterwegs, fährt hierhin und dorthin, heitert durch freundliche Worte auf und trifft mit Ruhe seine Anordnungen.

Am ganzen Fluß hört man eine unangenehme Geschichte über einen bestimmten Kaufmann in New Orleans. Die Pflanzer scheinen mit diesem Mann seit Jahren in Geschäften gestanden zu haben, und viele hatten bei ihm etwas gut. Als die Überschwemmung kam, bestellten sie Kaffee und Mehl und andere Kleinigkeiten, die sie dringend brauchten. Auf ihre Briefe kam keine Antwort, und sie schrieben neue, und doch wurden diesen alten Kunden, die ihre Plantagen unter Wasser stehen haben, selbst die lebensnotwendigsten Dinge abgeschlagen. Es erübrigt sich zu sagen, daß er am Black River jetzt nicht beliebt ist.

Die Hügel, von denen ich als Zufluchtsort für Menschen und Vieh vom Black River sprach, befinden sich im Kreis Catahoula, vierundzwanzig Meilen vom Black River entfernt.

Nachdem wir den Prahm mit Vieh vollgeladen hatten, nahmen wir die siebenköpfige Familie T. S. Hoopers an

Bord, die in ihrem Haus nicht länger bleiben konnte und die wir jetzt den Little River hinauf nach den Hügeln bringen.

Das Hochwasser steigt weiter

Troy, den 27. März 1882, mittags

Das Wasser hier steigt alle vierundzwanzig Stunden um dreieinhalb Zoll, und dazu hat Regen eingesetzt, der das noch steigern wird. General York meint, wir sollten uns jetzt in erster Linie bemühen, Menschenleben zu retten, da die immer größer werdenden Wassermassen viele Häuser gefährden. In ein paar Minuten wollen wir den Tensas hinauf, und dann wieder zurück und den Black River hinunter, um Familien herauszuholen. Für den vorhandenen Notstand gibt es hier viel zuwenig motorisierte Transportmittel. Der General verfügt zwar über drei Schiffe mit Prähmen zum Abschleppen von Vieh, doch sie werden öfter angefordert, als sie kommen können. Alle drei sind Tag und Nacht unterwegs, und die »Susie« hält kaum irgendwo länger als eine Stunde. Trinity wird von dem steigenden Wasser immer mehr bedroht, und man rechnet jeden Augenblick damit, daß einige von den Häusern abtreiben. Troy liegt ein bißchen höher, doch auch dort stehen alle Gebäude unter Wasser. Nach soeben eingegangenen Berichten sind ein Stück weiter unten eine Frau und ein Kind von der Flut mitgerissen und zwei Häuschen weggespült worden. Bei den letzteren handelt es sich um die, deren Bewohner sich vorgestern weigerten, sie zu verlassen. Man macht sich keinen Begriff von der völligen Passivität der Leute.

Bis jetzt ist noch keine Nachricht vom Dampfer »Delia« gekommen, und man nimmt an, daß er es war, der beim gestrigen Sturm auf dem Lake Catahoula gesunken ist. Er müßte sonst schon eingetroffen sein. Selbst die Post ist hier äußerst unsicher, und diesen Bericht schicke ich per Ruderboot nach Natchez, damit Sie ihn rechtzeitig erhalten. Genaue Angaben über die letzte Ernte und dergleichen zu kriegen ist unmöglich, da die, die viel darüber wissen, weg sind und die Hiergebliebenen nur wenig Einblick in diese Dinge haben.

Auf General Yorks Wunsch gebe ich bekannt, daß doppelt soviel Lebensmittel wie bisher geschickt werden sollen, und zwar sofort. Irgendeine Schätzung läßt sich nicht machen, denn alles flüchtet ins Hügelland, so schnell steigt die Flut. Die Bevölkerung hier befindet sich in einem Zustand der Aufregung, der nur von Augenzeugen ermessen werden kann, und es hat völlige Demoralisierung eingesetzt.

Lebensmittel für bestimmte Empfänger hier können nicht mit Sicherheit zugestellt werden, deshalb soll alles nach Troy als der zentralen Stelle geschickt werden; der General sorgt für ordnungsgemäße Weiterleitung. Er hat hundert Zelte angefordert, doch wenn alle, die jetzt unterwegs sind, nach den Hügeln gehen, dürften zweihundert gebraucht werden.

B

Der Zustand, in dem sich das reiche untere Mississippital seit dem Ende des Krieges befindet, ist von dessen schrecklichen Folgen eine der beklagenswertesten. Es ist ja nicht nur angemaßter Besitz an Sklaven zu Recht vernichtet, sondern auch sehr viel von dem Werk, das auf Sklavenarbeit beruhte, zerstört beziehungsweise stark beschädigt worden, davon insbesondere das Dammsystem.

Wer die Angelegenheit nicht untersucht hat, gibt sich vielleicht der Meinung hin, so wichtige Meliorationen wie die Einrichtung und Erhaltung der Dämme seien von den verschiedenen Bundesstaaten sofort in Angriff genommen worden. Doch was kann der Staat tun, wo die Leute Zinsfüßen unterworfen sind, die sich auf achtzehn bis dreißig Prozent belaufen, und wo sie sich vor die Notwendigkeit gestellt sehen, zu eben diesen Zinsfüßen ihre Ernten sogar schon vor der Aussaat für das Vorrecht zu verpfänden, ihren gesamten Bedarf bei einer Gewinnspanne von hundert Prozent zu kaufen?

Auch ohne besondere Vertiefung in die Materie leuchtet

es ohne weiteres ein, daß die Regulierung des Mississippi, wenn überhaupt, nur von der Regierung des ganzen Landes und nicht von einzelnen Bundesstaaten unternommen werden kann. Der Fluß muß als Einheit behandelt werden; unter einem getrennten Administrationssystem läßt sich seine Regulierung und Kontrolle nicht durchführen.

Genauso wenig ist es Sache der in erster Linie interessierten Staaten, sich für die notwendigen Maßnahmen untereinander zusammenzuschließen. Das Werk muß hoch oben angefangen werden, wenigstens so weit oben wie Cairo, wenn nicht noch höher, und es hat entlang des ganzen Flußufers nach einem einheitlichen, allgemeingültigen Plan zu erfolgen.

Um die Grundelemente der Angelegenheit zu begreifen, bedarf es, wenn man dem Gegenstand ein wenig Zeit und Aufmerksamkeit widmet, keiner technischen oder wissenschaftlichen Kenntnisse; und sollte man sich zudem nicht, soweit das bei einer vorgefaßten Strombau- oder Regulierungstheorie möglich ist, auf das diesbezügliche Urteil einer Mississippikommission wie der bestehenden verlassen können, die sich aus tüchtigen und fähigen Leuten verschiedener Berufe konstituiert?

Es sei daran erinnert, daß diesem Ausschuß die Generäle Gilmore, Comstock und Suter vom Ingenieurkorps, Professor Henry Mitchell (die größte Autorität auf dem Gebiet der Hydrographie) vom Bundesamt für Küstenvermessung, der Oberbaudirektor des Staates Louisiana, B. B. Harrod, sowie J. B. Eads, dessen Erfolg mit den Schutzdämmen bei New Orleans Gewähr für seine Kompetenz ist, und Richter Taylor aus Indiana angehören.

Von seiten eines einzelnen wäre es Anmaßung, das Urteil eines solchen Gremiums anzufechten.

Die von der Kommission vorgeschlagene Methode der Regulierung steht in Einklang sowohl mit den von der Ingenieurkunst gesammelten Erfahrungen wie mit Beobachtungen der Natur, wo sie uns Menschen entgegenkommt. Wie in der Natur der Wuchs von Bäumen und, sofern diese unterhöhlt sind, deren Neigung, über die Böschung zu fallen und das Ufer zu stützen, an manchen Stellen eine leidliche Tiefe der Flußrinne und einen gewissen Grad von Ständigkeit sichern, so sind auch im Projekt des Ingenieurs Verwendung von Holz- und Strauchwerk sowie Förderung einer Waldbildung das Wesentliche. Es ist vorgesehen, das Flußbett, wo dieses übermäßig breit ist, mittels Faschinenbuhnen zu verengen, die erst niedrig gehalten, mit der unter diesem Schutz erfolgenden Ablagerung des Flußschlammes aber immer höher gesetzt und schließlich wieder so weit abgeschrägt werden sollen, daß auf der so entstandenen Böschung ungehindert Weiden wachsen können. Es kommt dabei auch auf die Form dieser Verlandungsbuhnen, ihre Anordnung zu Ablagerungsbecken usw. an; eine detaillierte Beschreibung würde jedoch nur die Vorstellung erschweren. Der größte Teil des Flußbettes erfordert keine Einengung, doch alle Ufer auf der konkaven Seite der Krümmungen müssen gegen die Abtragung durch die Strömung gehalten und viele der gegenüberliegenden Ufer an kritischen Stellen verteidigt werden. Die auf Erhaltung der Flußbänke hinzielenden Arbeiten kann man allgemein als Verkleidung bezeichnen; auch sie werden in der Hauptsache aus zusammenhängenden Gestrüppteppichen oder zwischen Drahtgeflecht verwobenem Reisig bestehen. Dieses Verkleidungsverfahren hat am Missouri zu Erfolgen geführt, und in einigen Fällen haben sich die neuen Böschungen derart mit Sinkstoffen bedeckt und sind bereits so von Weiden überwuchert, daß sie als von Dauer angesehen werden können. Die Sicherung dieser Matten hat durch Geröll in kleinen Mengen zu erfolgen, und teilweise wird die Schräge zwischen Hoch- und Niedrigwasser mehr oder weniger mit Steinen gepflastert werden müssen.

Jeder, der einmal am Rhein war, wird dort Arbeiten bemerkt haben, die nicht ungleich den eben erwähnten sind, wie überhaupt die meisten der europäischen Flüsse mit Schwemmufern im Interesse der Schiffahrt und Landwirtschaft eine ähnliche Behandlung erfordern.

Der Damm ist das krönende Werk der Uferverkleidung, obwohl er mit dieser nicht immer in unmittelbarer Verbindung stehen muß. Er kann ein kurzes Stück dahinter gesetzt werden, ist und bleibt jedoch die unbedingt dazugehörige Brustwehr. Ohne eine absolute Kontrolle über alle Flutstadien lassen sich der Fluß mit Hochwasser und der Fluß mit Niedrigwasser nicht ausgleichen und dazu zwingen, sich gemeinsam eine einzige Stromrinne zu graben; ja selbst gegen abnorm großes Hochwasser muß vorgesorgt sein, weil ein solches, wenn es erst einmal hinter der Verkleidung Gewalt gewonnen hat, diese einreißen und auch den Damm gefährden würde.

Aus dem allgemeinen Prinzip, daß die jeweilige Uferschräge eines Flusses die Folge des Widerstandes seines Bettes ist, geht hervor, daß ein schmaler und tiefer Strom eine weniger schräge Böschung haben muß, weil er im Verhältnis zum Inhalt weniger Reibungsfläche hat, das heißt weniger Umfang im Verhältnis zur Fläche des Querprofils. Die letztliche Wirkung von Damm und Uferverkleidungen zur Einengung des Flusses und Ausgleichung all seiner Flutphasen besteht darin, die Stromrinne zu vertiefen und die Böschung abfallen zu lassen. Zuerst bewirken die Dämme eine Erhöhung des Wasserspiegels, doch eine solche führt, indem sie die Geschwindigkeit der Strömung ansteigen läßt, unausweichlich zu einer Vergrößerung des Querschnitts, und wenn nun verhindert wird, daß diese Vergrößerung auf Kosten der Ufer vor sich geht, muß der Boden nachgeben und die Form der Stromrinne sich so verbessern, daß sie dieses Mehr an Wasser aufnehmen kann, ohne zu steigen. Die tatsächlichen Erfahrungen, die man – ohne Versuch, die Ufer zu halten – mit Dämmen auf dem Mississippi gemacht hat, sind günstig, und auf Grund der in den Kommissionsberichten erbrachten Beweise läßt sich nicht daran zweifeln, daß wir, wenn die ersten Dämme gleich damals durch Uferverkleidungen vervollkommnet worden wären, heute einen bei niedrigem Wasserstand schiffbaren Fluß und an seinen Ufern ein Land hätten, das vor Überschwemmung sicher wäre.

Zu folgern, der eingeengte Fluß könne seine Hochwasserböschung jemals so abfallen lassen, daß die Dämme überflüssig werden, wäre natürlich unlogisch, doch es wird geglaubt, daß sich der Fluß als Kanal durch seitlichen Druck so in der Form verbessern läßt, daß selbst jene seltenen

Überflutungen, die sich aus zeitlich zusammenfallendem Ansteigen vieler Nebenflüsse ergeben, Abfluß finden können, ohne Dämme von gewöhnlicher Höhe zu zerstören. Daß die tatsächliche Kapazität einer Stromrinne durch Schwemmboden von dem abhängt, was diese bei Hochflut zu fassen vermag, hat sich oft gezeigt, aber das bezieht sich nur auf die regelmäßigen, nicht jedoch auf ungewöhnliche Hochwasser.

Sich mit den Projekten zur Entlastung des Mississippihochwassers durch Schaffung neuer Abflüsse auseinanderzusetzen, lohnt sich kaum, da diese sensationellen Vorschläge nur bei gedankenlosen Gemütern auf Fürsprache stoßen und unter Fachleuten keine Unterstützung finden. Wäre das Flußbett aus Eisen, würden Öffnungen für überschüssiges Wasser vielleicht sogar nötig sein; da der Boden aber nachgibt und die beste Form eines Abflusses eine einzige tiefe Stromrinne ist, weil sie das niedrigste Verhältnis von Umfang zur Fläche des Querprofils gewährt, kann es eine weniger durchdachte Behandlungsmethode als die Vervielfachung von Abzugswegen schlecht geben.

Das oben Gesagte wollte versuchen, die allgemeinen Grundzüge des Problems und die wesentlichsten Punkte der vorgeschlagenen und von der Mississippi-Flußkommission aufgenommenen Methode der Stromregulierung auf so begrenztem Raum darzustellen, wie es die Wichtigkeit des Gegenstandes zuließ.

Der Verfasser kann sich zwar des Gefühls nicht erwehren, daß es von seiner Seite etwas vermessen ist, wenn er hier den Versuch unternimmt, ein Unternehmen darzulegen, das höchstes wissenschaftliches Können verlangt, aber schließlich handelt es sich um eine Angelegenheit, die jeden einzelnen Bürger der Vereinigten Staaten angeht und ist eine der Methoden des Wiederaufbaus, die gebilligt werden sollte. Es ist eine aus dem Kriege datierende Forderung, die keinen privaten Gewinn einschließt und keinen Ersatz, außer für das, was im Kriege vernichtet wurde und was gut und gern vom Volk des ganzen Landes repariert werden kann.

Boston, 14. April 1882 *Edward Atkinson*

C

Aufnahme von Captain Basil Halls Buch in den Vereinigten Staaten

Nun fast am Ende unserer Reisen angelangt, möchte ich vor dem Abschluß noch einmal erwähnen, was ich für den auffälligsten Zug im Nationalcharakter der Amerikaner halte, nämlich ihre ausgesprochene Empfindlichkeit hinsichtlich allem, was über sie gesagt oder geschrieben wird. Das vielleicht bemerkenswerteste Beispiel, das ich dazu geben kann, ist die Wirkung, die das Erscheinen von Captain Basil Halls »Reisen in Nordamerika« bei nahezu allen Leserschichten hervorgerufen hat. Es war geradezu ein moralisches Erdbeben, und die Vibration, in die es die Gemüter der Republik von einem Ende der Union zum anderen versetzte, war noch lange nicht abgeebbt, als ich im Juli 1831, also ein paar Jahre nach dem Schock, das Land verließ.

Ich befand mich in Cincinnati, als die Bände erschienen, doch erst im Juli 1830 konnte ich mir eine Ausgabe verschaffen. Ein Buchhändler, an den ich mich wandte, sagte mir, er habe ein paar Exemplare gehabt, allerdings noch nichts über den Charakter des Werkes gewußt, doch nachdem er sich damit vertraut gemacht habe, könnte ihn nichts dazu bewegen, es weiter zu führen. Andere seines Berufes müssen aber weniger Skrupel gehabt haben, denn das Buch wurde in Groß- und Kleinstadt, in Dorf und Dörfchen, auf Dampfschiff und Postkutsche gelesen und ein solches Kriegsgeheul erhoben, wie ich es sonst noch nie und nimmer erlebt habe.

Ein inbrünstiges Verlangen nach Anerkennung und eine feine Empfindlichkeit gegen Tadel gelten, glaube ich, stets als liebenswerte Charakterzüge, doch die Verfassung, in die Captain Halls Werk die Republik versetzt hat, zeigt deutlich, daß diese Gefühle, wenn sie auf die Spitze getrieben werden, zu einer Wesensschwäche führen, die an Geistesschwäche grenzt.

Wie sich Leute, die sonst ein leidliches Urteil hatten,

über dieses Buch äußerten, war äußerst befremdlich. Mir ist noch kein Fall zu Ohren gekommen, wo der in der nationalen Kritik allgemein anzutreffende gesunde Menschenverstand derart von Leidenschaft verdrängt wurde. Ich spreche nicht von dem Mangel an Gerechtigkeit und unparteiischer und freier Auslegung – diese waren vielleicht kaum zu erwarten. Man hat andere Völker dünnhäutig genannt, doch die Bürger der Union haben anscheinend überhaupt keine Haut; sie zucken schon zusammen, wenn sie ein Lüftchen anweht, das nicht durch Schmeicheleien gemildert ist. Daß die pointierten und scharfsinnigen Beobachtungen eines Reisenden, von dem sie wußten, daß er angehört würde, verdrießlich aufgenommen wurden, war also nicht sonderlich überraschend. Das Außergewöhnliche dabei aber waren erstens die übertriebene Wut, in die sie sich steigerten, und zweitens das Kindische der Ammenmärchen, mit denen sie ihre, wie sie sich einbildeten, so unglimpfliche Behandlung zu erklären versuchten.

Nicht zufrieden mit der Behauptung, die Bände enthielten von vorn bis hinten kein einziges wahres Wort (eine Versicherung, die ich beinahe genauso oft hörte, wie das Buch erwähnt wurde), machte sich das ganze Land an die Arbeit, die Gründe zu entdecken, weshalb Captain Hall die USA besucht und sein Buch veröffentlicht habe.

Ich habe sagen hören, und zwar mit soviel Präzision und Gewicht, als wäre diese Erklärung amtlich verlautbart, Captain Hall sei von der britischen Regierung eigens entsandt worden, die wachsende Bewunderung Englands für die Vereinigten Staaten abzubremsen – er sei im Auftrage des Schatzamtes gekommen und habe nur aus Gehorsam gegenüber seinen Befehlen etwas zum Kritteln gefunden.

Ich gebe das nicht als das Gerede eines Klüngels wieder, sondern ich bin überzeugt, daß es die Meinung eines sehr beträchtlichen Teiles des Landes ist. Dieses einmalige Volk ist so von sich überzeugt, daß sie nicht gesehen werden können, ohne bewundert zu werden, daß sie nicht die Möglichkeit zugeben, jemand könne ehrlich und aufrichtig etwas an ihnen oder ihrem Lande finden, mit dem er nicht einverstanden ist.

Die amerikanischen Zeitschriften sind, glaube ich, zum großen Teil in England gut bekannt, ich brauche sie also hier nicht zu zitieren, doch ich habe mich manchmal gewundert, daß noch keine einzige darauf gekommen ist, Obadjas Fluch in klassisches Amerikanisch zu übersetzen. Hätten sie das getan und dabei für Obadja Basil Hall gesetzt, wäre ihnen der ganze Kummer erspart geblieben.

Ich kann kaum die Neugier beschreiben, mit der ich mich schließlich hinsetzte, um diese dicken Wälzer durchzulesen. Noch viel weniger aber kann ich meinem Erstaunen über ihren Inhalt gerecht werden. Wenn ich sage, ich habe in dem ganzen Werk nicht eine übertriebene Erklärung gefunden, ist damit längst nicht genug gesagt. Für jeden, der das Land kennt, ist es unmöglich, nicht zu sehen, daß Captain Hall ernsthaft nach Umständen zum Bewundern und Preisen gesucht hat. Wenn er lobt, geschieht es mit augenscheinlicher Freude, und wenn er etwas tadelt, mit augenscheinlichem Widerstreben und augenscheinlicher Zurückhaltung, ausgenommen da, wo rein patriotische Beweggründe ihn nötigen, offen auszusprechen, was zum Wohle seines Landes gesagt werden muß.

Ja, Captain Hall sah das Land so günstig wie nur möglich. Selbstverständlich mit Empfehlungsschreiben an die vornehmsten Persönlichkeiten versehen und mit der noch einflußreicheren Empfehlung seines eigenen Rufes, wurde er von einem Ende der Union zum anderen in großem Salonstil empfangen. Er sah das Land in Gala und hatte wenig oder gar keine Gelegenheit, es in ungeputztem, ungeschminktem und ungesalbtem Zustand, mit all seinen auffallenden Unvollkommenheiten, zu beurteilen, wie meine Familie und ich eine solche nur zu oft fanden.

Captain Hall verfügte sicher über vorzügliche Gelegenheiten, sich mit der Regierungsform und dem Rechtswesen vertraut zu machen und außerdem in Gesprächen mit den hochgestellten Bürgern noch die besten Kommentare darüber vorgesetzt zu bekommen. Von diesen Möglichkeiten machte er auch ausgezeichneten Gebrauch: nichts Wichtiges, auf das sein Auge fiel, dem er nicht jene analytische Beachtung widmete, die allein ein erfahrener und philosophischer Reisender geben kann. Das macht seine Bände zwar höchst interessant und wertvoll, doch ich bin zutiefst überzeugt, wenn ein Mann von gleichem Scharfsinn die Vereinigten Staaten mit der Absicht besuchen würde, den Nationalcharakter einzig und allein aus dem Alltag kennenzulernen, würde er einen unendlich geringeren Begriff von der geistigen Atmosphäre des Landes bekommen als Captain Hall, und ich bin außerdem überzeugt, daß Captain Hall ohne die strenge Zurückhaltung, die er sich auferlegt hatte, einer weit tieferen Entrüstung hätte Ausdruck verleihen müssen als der, die er gegenüber vielem im amerikanischen Wesen äußerte, welches er, wie er in anderen Zusammenhängen zeigt, gut kannte. Er scheint es sich zur Regel gemacht zu haben, gerade soviel von der Wahrheit zu sagen, wie bei seinen Lesern einen richtigen Eindruck hinterlassen würde, und zwar am wenigsten auf Kosten des Leides der empfindlichen Leute, über die er schrieb. Er legt seine ureigensten Ansichten und Empfindungen dar und überläßt es zu folgern, daß er guten Grund hatte, zu diesen zu kommen, doch er erspart den Amerikanern die Bitterkeit, die eine Detaillierung der Umstände hervorgerufen hätte.

Falls es jemand gefällt zu behaupten, meine Auffassung sei der Ausfluß einer boshaften Antipathie gegenüber zwölf Millionen Fremden, muß ich mich damit abfinden, und ich würde über die Beschimpfung, mit der ich deswegen zu rechnen habe, gewiß kein Wort verlieren, wenn es bei dem Problem bloß um eine müßige Spekulation ginge. Darum geht es aber nicht.

Die Offenheit, die Captain Hall bezeigt und augenscheinlich auch empfindet, verwechseln sie mit Ironie oder völligem Mißtrauen, seine geringe Neigung, Menschen Kummer zu machen, von denen er Freundlichkeit erfahren hat, weisen sie höhnisch als Heuchelei zurück, und obgleich sie im tiefsten Innern recht gut wissen müssen, wie unendlich mehr sie ihm preisgegeben waren, als er hat zeigen wollen, tun sie sogar vor sich selber so, als habe er die schlechten Züge ihres Charakters und ihrer Einrichtungen übertrieben, während er sie in Wirklichkeit mit so viel Zartheit davonkommen ließ, wie es seine Art sein mag, sie es aber wenig verdienen, und gleichzeitig war er, wo er nur irgend etwas Günstiges finden konnte, emsig bestrebt, ihre Vorzüge zu rühmen.

D

Das unsterbliche Haupt

In einer entlegenen Gegend oben im Norden lebten ein Mann und seine Schwester, die nie einen Menschen gesehen hatten. Der Mann mußte, wenn überhaupt, nur selten von zu Hause weg, denn wenn ihn nach Nahrung verlangte, brauchte er bloß ein kleines Stück zu gehen und an einer besonderen Stelle seine Pfeile mit den Widerhaken in den Erdboden zu stecken. Er sagte seiner Schwester, wo er sie hingetan hatte, und sie ging jeden Morgen auf die Suche, und stets fand sie einen jeden davon im Herzen eines Hirschen stecken. Sie brauchte das Wildbret dann nur noch in die Hütte zu schleifen und die Mahlzeiten zu bereiten. So lebten sie dahin, bis sie zur Frau herangereift und ihr Bruder, der mit Namen Iamo hieß, eines Tages zu ihr sprach: »Schwester, es steht die Zeit bevor, da du krank werden wirst. Höre auf meinen Rat. Befolgst du ihn nicht, werde ich wohl sterben müssen. Nimm die Geräte, mit denen wir unsere Feuer anzünden. Geh ein Stück von unserer Hütte weg und baue dir ein eigenes Feuer. Wenn du Nahrung brauchst, sage ich dir, wo du welche findest. Wir müssen ein jeder für uns allein kochen. Wenn du krank bist, so versuche nicht, in die Nähe meiner Hütte zu kommen oder etwas von den Gerätschaften, die du benutzt, herzubringen. Habe auch ja immer alles nötige Gerät am Gürtel befestigt, denn du weißt nicht, wann es soweit sein wird. Ich aber muß mir so zu helfen suchen.« Seine Schwester versprach, alles zu befolgen, was er gesagt hatte.

Bald darauf mußte der Bruder einmal weggehen. Sie war allein in der Hütte und kämmte sich das Haar. Gerade hatte sie den Gürtel abgelegt, an dem die Geräte befestigt waren, da trat plötzlich das ein, was ihr Bruder angedeutet hatte. Sie rannte aus der Hütte, doch in ihrer Eile vergaß sie den Gürtel. Aus Furcht getraute sie sich nicht zurück und stand eine Weile unschlüssig da. Schließlich entschied sie sich, in die Hütte zu gehen und ihn zu holen. ›Denn‹, so dachte sie bei sich, ›mein Bruder ist nicht zu Hause, und es ist ja nur für einen Augenblick, um den Gürtel zu ergreifen.‹ Sie lief zurück, stürzte hinein, riß den Gürtel an sich und wollte gerade wieder hinaus, als sie ihren Bruder kommen sah. Er wußte sogleich, was geschehen war. »O weh«, sprach er, »habe ich dir nicht gesagt, du sollst dich vorsehen? Nun hast du mich getötet.« Sie wollte wieder weggehen, ihr Bruder aber sagte zu ihr: »Was willst du jetzt noch dort? Das Unglück ist ja schon geschehen. Geh hinein und bleibe, wo du immer gewesen bist. Doch was soll aus dir werden? Du hast mich getötet.«

Dann legte er sein Jagdgewand und seine Waffen ab, und bald darauf begannen seine Füße schwarz zu werden, so daß er nicht mehr laufen konnte. Trotzdem unterwies er seine Schwester noch, wo die Pfeile aufzustellen seien, damit sie stets Nahrung habe. Die Entzündung breitete sich weiter aus, und als sie seine erste Rippe erreicht hatte, sprach er: »Schwester, mein Ende ist nahe. Tue, wie ich dich heiße. Du siehst dort meinen Medizinbeutel und daran gebunden meine Streitkeule. Er enthält all meine Medizin und meinen Federschmuck und meine Farben. Sobald die Entzündung meine Brust erreicht, nimmst du meine Keule. Sie hat eine scharfe Kante, und damit schneidest du mir das Haupt ab. Ist es vom Körper getrennt, so nimm es und tue es mit dem Hals in den Beutel, den du an einem Ende aufmachen mußt. Hänge ihn dann an seinen früheren Platz. Vergiß nicht meinen Bogen und meine Pfeile. Vom letzteren nimm einen, damit du dich mit Nahrung versorgen kannst. Die übrigen binde in meinen Beutel und hänge ihn dann so auf, daß ich auf die Türe sehe. Hin und wieder will ich zu dir sprechen, aber nicht oft.« Und wieder gelobte seine Schwester zu folgen.

Nach kurzer Zeit wurde seine Brust betroffen. »Nimm nun die Keule«, sprach er, »und schlage mir das Haupt ab.« Sie fürchtete sich, doch er sagte ihr, sie solle sich ein Herz fassen. »*Schlag zu!*« Und auf seinem Gesicht lag ein Lächeln. Allen Mut zusammennehmend, holte sie zum Schlage aus und trennte ihm das Haupt ab. »Und nun«, sprach das Haupt, »tue mich hin, wo ich dir geheißen habe.« Ängstlich befolgte sie all seine Anweisungen. Nachdem er sich wieder belebt hatte, sah er sich so wie sonst in der Hütte um und unterwies seine Schwester, wo sie hinzugehen habe, um mit Fleisch von verschiedenen Tieren versorgt zu werden. Eines Tages sprach das Haupt: »Die Zeit ist nicht mehr fern, wo ich aus dieser meiner Lage befreit werde und viel Böses durchmachen muß. So hat der höchste Manito beschlossen.« Hier müssen wir das Haupt verlassen.

In einem anderen Teil des Landes gab es ein Dorf, das von einem großen und kriegerischen Stamme Indianer bewohnt wurde. In diesem Dorf lebte eine Sippe von zehn jungen Männern, die Brüder waren. Es war im Frühling jenes Jahres, daß sich der jüngste von ihnen das Gesicht schwärzte und fastete. Seine Träume waren günstig. Als er sein Fasten beendet hatte, holte er heimlich in der Nacht seine Brüder herbei, damit niemand im Dorf sie belauschen oder herausfinden konnte, wo sie hingehen wollten. Ihre Trommel wurde zwar gehört, doch das war nichts Ungewöhnliches. Nach Beendigung der üblichen Formalitäten erzählte er ihnen, wie günstig seine Träume gewesen seien und daß er sie zusammengerufen habe, um zu erfahren, ob sie ihn auf einem Kriegszug begleiten würden. Alle antworteten, sie wären bereit. Der drittälteste Bruder, bekannt durch sein wunderliches Wesen, ergriff, nachdem sein Bruder ausgeredet hatte, seine Streitkeule und sprang auf. »Ja«, sagte er, »ich will mit, und hier, so gehe ich mit denen um, mit denen ich kämpfe«, und er hieb auf den Pfosten in der Mitte der Hütte ein und stieß ein Kriegsgeschrei aus. Die andern sprachen zu ihm: »Ruhig Blut, Mudjikewis, wenn du in eines anderen Wigwam bist.« Da setzte er sich wieder. Dann nahmen sie abwechselnd die Trommel und sangen ihre Lieder und hielten als Abschluß ein Mahl. Der jüngste ermahnte sie, ihr Vorhaben nicht ihren Frauen auszuplaudern, jedoch insgeheim ihren

Zug vorzubereiten. Alle versprachen, das zu befolgen, und Mudjikewis war dabei der erste.

Die Zeit für ihren Aufbruch kam heran. Sie beschlossen, sich in einer bestimmten Nacht zu versammeln, in der sie sogleich losziehen wollten. Mudjikewis verlangte lärmend seine Mokassins. Mehrere Male fragte ihn seine Frau, warum. »Die du anhast«, sagte sie, »sind doch gut.« – »Mach schnell!« erwiderte er. »Wenn du es wissen willst: wir machen einen Kriegszug. Beeile dich also.« So enthüllte er das Geheimnis. In jener Nacht kamen sie zusammen und machten sich auf den Weg. Die Erde war schneebedeckt, und sie wanderten die ganze Nacht, damit ihnen niemand folgte. Als es Tag wurde, nahm ihr Führer Schnee und formte daraus einen Ball, warf ihn hoch und sprach: »So habe ich in einem Traum Schnee fallen sehen, daß meiner Spur niemand nachgehen konnte.« Und er sagte ihnen, sie sollten sich dicht aneinanderhalten, um sich nicht zu verlieren, denn die fallenden Schneeflocken wurden immer größer. Obwohl sie dicht hintereinander liefen, konnten sie sich nur mit Mühe sehen. Der Schnee fiel weiter den ganzen Tag und auch die folgende Nacht, und so war es unmöglich, ihrer Spur zu folgen.

Sie waren nun schon mehrere Tage unterwegs und Mudjikewis hielt sich immer hinten. Eines Tages stürmte er plötzlich vor, ließ das Saw-saw-quan* ertönen und schlug mit seiner Keule auf einen Baum, daß er wie vom Blitz getroffen zersplitterte. »Brüder«, sagte er, »hier, so will ich mit denen umgehen, gegen die wir in den Kampf ziehen!« Der Führer antwortete: »Ruhig Blut, Mudjikewis! Der, zu dem ich euch führe, ist nicht geringzuschätzen.« Mudjikewis fiel wieder zurück und dachte bei sich: ›Soso! Wer kann das nur sein, zu dem er uns führt?‹ Er bekam Angst und schwieg. Sie zogen weiter, Tag für Tag, bis sie zu einer ausgedehnten Ebene kamen, an deren Rande die Gebeine von Menschen in der Sonne bleichten. Der Führer sprach: »Das sind die Gebeine derer, die vor uns hier waren. Keiner ist noch zurückgekehrt, die traurige Ge-

* Kriegsgeheul.

schichte ihres Schicksals zu berichten.« Wieder wurde Mudjikewis ungeduldig und stürzte vor und stieß seinen gewohnten Schrei aus. Er rannte auf einen großen Felsen zu, der sich über dem Boden erhob, und schlug darauf, daß er zersplitterte. »Seht, Brüder«, sagte er, »so will ich die behandeln, mit denen wir kämpfen.« – »Ruhig Blut!« sagte von neuem der Führer. »Der, zu dem ich euch führe, läßt sich nicht mit dem Felsen vergleichen.«

Mudjikewis fiel nachdenklich zurück und sagte bei sich: ›Ich möchte wissen, wer das sein kann, den er angreifen will‹, und er fürchtete sich. Noch immer sahen sie Gebeine von Kriegern, die dort gewesen waren, wo sie jetzt hingingen, und von denen manche bis zu jener Stelle hatten fliehen können, wo sie die Gebeine zuerst gesehen hatten. Weiter aber war keiner entkommen. Schließlich erreichten sie eine Anhöhe, von wo aus sie deutlich einen riesigen Bären erkannten, der auf einem entfernten Berge schlief.

Die Entfernung bis zu ihm hin war gewaltig, doch das Tier war infolge seiner Größe deutlich zu erkennen. »Da!« sagte der Führer. »Das ist er, zu dem ich euch führe. Hier beginnt das Schwere, das vor uns liegt, denn er ist ein Mishemokwa und ein Manito. Er ist es, der das hat, was wir so hochschätzen (das heißt ein Wampum), und das zu erlangen die Krieger, deren Gebeine wir gesehen haben, ihr Leben opferten. Ihr dürft keine Angst haben; seid tapfer. Wir werden ihn schlafend vorfinden.« Dann ging der Führer voraus und berührte den Gürtel, der um den Hals des Tieres lag. »Diesen«, sagte er, »müssen wir haben. Er enthält das Wampum.« Sie baten den Ältesten, dem Bären den Gürtel über den Kopf zu ziehen. Das Tier schien fest zu schlafen, denn ihr Versuch, ihm den Gürtel wegzunehmen, störte es nicht im geringsten. All ihre Anstrengungen waren vergeblich, bis die Reihe an den Zweitjüngsten kam. Er probierte es, und er zog den Gürtel auch bis fast über den Kopf des Untieres, weiter jedoch nicht. Dann versuchte es der Jüngste, ihr Führer, und dem gelang es. Er hängte ihn dem Ältesten über den Rücken und sagte: »Jetzt heißt es laufen«, und sie rannten los. Ermüdete einer durch das

Gewicht des Gürtels, nahm ein anderer ihm diesen ab. So liefen sie, bis sie an den Gebeinen aller Krieger vorüber waren, und als sie diese schon ein Stück hinter sich gelassen hatten, schauten sie zurück und sahen, daß sich das Untier langsam erhob. Es stand einige Zeit da, bis es sein Wampum vermißte. Bald darauf vernahmen sie wie entfernten Donner sein ungeheures Gebrüll, das langsam den ganzen Himmel füllte, und dann konnten sie den Bären sprechen und sagen hören: »Wer wagte es, mein Wampum zu stehlen? So groß ist die Erde nicht, daß ich die nicht finde.« Und er stieg den Hügel hinab und nahm die Verfolgung auf. Wie erschüttert bebte die Erde bei jedem Satz, den er machte. Sehr bald hatte er die Gruppe fast eingeholt. Sie aber behielten den Gürtel, wechselten sich beim Tragen ab und sprachen sich gegenseitig Mut zu, doch das Untier kam immer näher. »Brüder«, fragte der Führer, »hat keinem von euch, wenn ihr gefastet habt, von einem guten Geiste geträumt, der euch als Beschützer beistand?« Es trat Totenstille ein. »Als ich fastete«, sagte er, »träumte mir, ich war in unmittelbarer Todesgefahr. Da sah ich eine kleine Hütte, aus der sich oben Rauch kräuselte. In ihr lebte ein alter Mann, und ich träumte, daß er mir half. Möge sich das bald bewahrheiten.« Und nachdem er so gesprochen hatte, stürzte er vor und stieß den eigentümlichen Schrei mit den heulenden, wie tief aus dem Magen kommenden Tönen aus, der Checaudum heißt. Als sie auf eine kleine Anhöhe kamen, siehe!, da erblickten sie eine Hütte, aus deren Dach sich Rauch kräuselte. Das verlieh allen neue Kraft, und sie rannten hin und traten ein. Der Führer sprach zu dem alten Mann, der in der Hütte saß: »Nemesho, hilf uns. Wir fordern deinen Schutz, denn der große Bär will uns töten.« – »Setzt euch und eßt, meine Enkel«, sagte der alte Mann. »Wer ist ein großer Manito?« fragte er. »Es gibt nur einen, und der bin ich. Doch laßt mich nachsehen«, und er öffnete die Tür der Hütte und sah in nicht weiter Entfernung das wilde Tier mit langsamen, aber gewaltigen Sätzen herankommen! Er schloß die Tür. »Ja«, sagte er, »das ist in der Tat ein großer Manito. Ich werde euretwegen mein Leben verlieren, meine Enkel. Ihr habt mich um Schutz gebeten, und ich habe ihn euch zugesagt, und so mag nun kommen, was will, ich beschütze euch. Wenn der Bär die Tür erreicht, müßt ihr zur anderen Tür der Hütte hinaus.« Dann faßte er mit der Hand an die Wand, an der er saß, und holte eine Tasche hervor und öffnete sie. Er nahm zwei kleine schwarze Hunde heraus und stellte sie vor sich hin. »Mit diesen pflege ich zu kämpfen«, erklärte er und begann den einen mit beiden Händen über die Seiten zu streichen, und der schwoll daraufhin an, so daß er bald die ganze Hütte ausfüllte, und er hatte starke und kräftige Zähne. Als er seine volle Größe erreicht hatte, knurrte er und sprang sogleich wie vom Instinkt getrieben zur Tür hinaus und trat dem Bären entgegen, der mit dem nächsten Satz die Hütte erreicht hätte. Es entspann sich ein furchtbarer Kampf. Der Himmel hallte wider vom Geheul der wilden Riesentiere. Bald rückte auch der andere Hund an. Beim Beginn des Kampfes hatten die Brüder den Rat des alten Mannes befolgt und waren durch die Tür auf der entgegengesetzten Seite der Hütte geflohen. Sie waren noch nicht weit gekommen, da vernahmen sie auch schon den Todesschrei des einen Hundes, und nicht lange danach den des anderen. »Der alte Mann wird ihr Schicksal teilen«, sagte ihr Führer, »darum lauft, der Bär wird bald hinter uns her sein.« Mit frischer Kraft rannten sie weiter, denn sie hatten von dem alten Mann zu essen bekommen, doch es währte nicht lange, da erblickten sie den von neuem anrückenden Bären, der näher und näher kam. Wieder fragte der Führer die Brüder, ob sie nichts zu ihrer Rettung wüßten. Alle schwiegen. Der Führer stürmte vor und tat wie zuvor. »Ich träumte«, rief er, »daß mir, als ich in großer Not war, ein alter Mann half, der ein Manito war. Bald werden wir seine Hütte sehen.« Mut fassend, rannten sie weiter. Nach einem kurzen Stück erblickten sie die Hütte des alten Manito. Sie traten sogleich ein und baten ihn um Schutz und erzählten ihm, ein Manito sei hinter ihnen her. Der alte Mann setzte ihnen Fleisch vor und sagte: »Eßt! Wer ist ein Manito? Es gibt nur einen Manito, und der bin ich. Keinen gibt es, den ich fürchte«, und die Erde bebte, als sich das Untier näherte.

Der alte Mann öffnete die Tür und sah es näher kommen. »Ja, meine Enkel, ihr bringt Leid über mich.« Er holte seinen Medizinbeutel hervor und entnahm ihm zwei kleine Streitkeulen aus schwarzem Stein und riet den jungen Männern, durch die andere Tür der Hütte zu fliehen. Als er die Keulen in die Hand nahm, wurden sie sehr groß, und der alte Mann trat hinaus, gerade als der Bär die Tür erreichte. Sogleich versetzte er ihm mit einer der Keulen einen Schlag, und sie zersplitterte. Der Bär stolperte. Als der alte Mann mit der anderen von neuem angriff, zerbrach auch diese, doch der Bär fiel betäubt um. Jeder Hieb, den der alte Mann austeilte, dröhnte wie ein Donnerschlag, und das Geheul des Bären wurde immer mächtiger, bis es den Himmel erfüllte.

Die jungen Männer waren inzwischen ein ganzes Stück weit gerannt. Als sie zurückschauten, konnten sie beobachten, wie sich der Bär von den Schlägen erholte. Er bewegte erst die Pfoten, und bald sahen sie, daß er sich erhob. Der alte Mann teilte das Schicksal des ersten, denn nun hörten sie seine Schreie, als er in Stücke zerrissen wurde. Und wieder nahm das Untier die Verfolgung auf und rückte ihnen immer näher. Auch jetzt verloren die jungen Männer nicht den Mut und rannten weiter, doch der Bär war ihnen schon so dicht auf den Fersen, daß sich der Führer noch einmal an seine Brüder wandte, doch sie wußten sich keinen Rat. »Meine Träume sind bald erschöpft«, sagte er. »Nach diesem habe ich nur noch einen.« Er stürmte vor und rief seinen Schutzgeist um Hilfe an. »Einmal«, so sprach er, »träumte mir, daß ich, hart bedrängt, an einen großen See kam, an dessen Ufer ein Kanu bereitlag, halb im Wasser und mit zehn Paddeln. Fürchtet euch nicht«, rief er, »bald sind wir da.« Und es kam, wie er gesagt. Als sie den See erreichten, fanden sie das Kanu mit den zehn Paddeln vor, das sie sofort bestiegen. Kaum waren sie auf der Mitte des Sees, da sahen sie den Bären am Ufer auftauchen. Er erhob sich auf die Hinterbeine und blickte sich in der Runde um. Dann watete er ins Wasser, verlor jedoch den Boden unter den Füßen und kehrte um und machte sich daran, um den See herumzugehen. Die Gruppe hielt sich währenddessen in der Mitte, um ihn zu beobachten. Er lief ganz herum, bis er schließlich an die Stelle kam, wo sie abgestoßen waren. Dann machte er sich daran, das Wasser auszutrinken, und sie merkten, wie sich die Strömung schnell gegen sein offenes Maul richtete. Der Führer feuerte sie an, mit aller Kraft ans gegenüberliegende Ufer zu paddeln. Als sie bloß noch ein kleines Stück vor sich hatten, war der Sog bereits so stark, daß sie von ihm zurückgezogen wurden, und sosehr sie sich auch anstrengten, sie konnten nicht an Land kommen.

Wieder sprach der Führer und ermahnte sie, ihrem Schicksal mannhaft entgegenzutreten. »Jetzt ist die Zeit gekommen, Mudjikewis«, sagte er, »wo du deinen Mut beweisen kannst. Sei beherzt und setz dich vorn in den Bug, und wenn wir sein Maul erreichen, lasse seinen Kopf die Wirkung deiner Keule spüren.« Mudjikewis gehorchte und hielt sich bereit, den Schlag zu geben, während der Führer das Kanu auf das offene Maul des Untiers hinlenkte.

Es ging schnell vorwärts, und als sie drauf und dran waren, in sein Maul hineinzutreiben, versetzte ihm Mudjikewis einen gewaltigen Schlag über den Kopf und stieß das Saw-saw-quan aus. Betäubt von dem Schlag, brach der Bär zusammen. Doch ehe Mudjikewis von neuem ausholen konnte, spie das Untier alles getrunkene Wasser mit solcher Gewalt aus, daß das Kanu mit großer Geschwindigkeit ans andere Ufer geschleudert wurde. Sie stiegen sofort aus und flohen weiter, bis sie völlig erschöpft waren. Wieder erbebte die Erde, und bald sahen sie das Untier dicht hinter sich. Da sank ihnen der Mut. Der Führer bemühte sich mit Worten und Taten, sie aufzumuntern, und wiederum fragte er sie, ob sie nichts zu ihrer Rettung wüßten, und wie zuvor schwiegen alle. »Denn«, so sagte er, »dieses ist das letztemal, daß ich mich an meinen Schutzgeist wenden kann. Gelingt es uns diesmal nicht, ist unser Schicksal besiegelt.« Er stürmte vor und ließ mit großem Eifer den Ruf an seinen Schutzgeist hören. »Bald werden wir den Ort erreichen, wo mein letzter Schutzgeist wohnt«, erklärte er seinen Brüdern. »Von ihm erhoffe ich sehr viel. Zeigt nur keine Furcht, sonst werden unsere Glieder vor

Angst gelähmt. Bald sind wir an seiner Hütte. Lauft, was ihr laufen könnt!« rief er.

Wir kehren nun wieder zu Iamo zurück, der die ganze Zeit über in derselben Lage verbracht hatte, in der wir ihn verlassen haben. Das Haupt unterwies seine Schwester, wo die Zauberpfeile hinzusetzen waren, um für Nahrung zu sorgen, und in langen Zwischenräumen unterhielt es sich mit ihr. Eines Tages sah die Schwester die Augen des Hauptes wie vor Freude aufleuchten. Schließlich hub es an zu sprechen: »Ach, Schwester«, sagte es, »in was für ein klägliche Lage hast du mich bringen müssen: Bald, sehr bald sogar, wird eine Gruppe junger Männer hier ankommen und meine Hilfe erbitten, aber ach!, wie kann ich geben, was ich mit so viel Vergnügen gegeben hätte? Desungeachtet nimm zwei Pfeile und setze sie dorthin, wo du sonst die anderen hintust, und bereite und koche Fleisch, bevor die Jünglinge eintreffen. Wenn du sie kommen und meinen Namen rufen hörst, gehe hinaus und sage: ›O weh! Schon seit langem hat ihn ein Unglück betroffen. Ich bin es, die Schuld daran trägt.‹ Wenn sie trotzdem näher kommen, bitte sie herein und setze ihnen Fleisch vor. Und nun mußt du meine Anweisungen genau befolgen. Wenn der Bär heran ist, gehe hinaus und tritt ihm entgegen. Du nimmst meinen Medizinbeutel, meine Pfeile und meinen Bogen sowie mein Haupt mit. Du mußt den Beutel dann aufbinden und meine Farben und meinen Kriegsschmuck aus Adlerfedern, meine Büschel getrockneter Haare und was er sonst noch enthält vor dir ausbreiten. Kommt der Bär heran, nimmst du diese Sachen eine nach der anderen in die Hand und sagst zu ihm: ›Das ist meines toten Bruders Farbe‹, und so tust du mit allen Sachen und wirfst eine jede so weit du kannst. Die in ihnen enthaltene Kraft wird ihn schwanken machen, und um seine Vernichtung zu vollenden, nimmst du dann mein Haupt und wirfst auch dieses so weit weg, wie du kannst, und rufst dabei laut: ›Siehe, das ist meines toten Bruders Haupt!‹ Dann wird er betäubt umfallen. Inzwischen haben die jungen Männer gegessen, und du rufst sie zu deiner Hilfe herbei. Ihr müßt dann den Kadaver in Stücke schneiden – in ganz kleine Stücke – und sie in die vier Winde zerstreuen, denn wenn ihr das nicht tut, erwacht er wieder zum Leben.« Sie versprach, alles auszuführen, wie er gesagt hatte. Sie konnte gerade noch das Fleisch bereiten, da wurde schon die Stimme des Führers vernommen, der Iamo um Hilfe anrief. Die Frau ging hinaus und tat, wie ihr der Bruder geheißen. Die Kriegerschar aber, hart verfolgt, kam heran bis zur Hütte. Sie bat sie herein und setzte ihnen das Fleisch vor. Während sie aßen, hörten sie den Bären herankommen. Die Frau band den Medizinbeutel auf und nahm das Haupt und hatte somit alles für die Ankunft des Bären bereit. Als er herankam, tat sie, wie ihr geheißen, und noch ehe sie die Farben und Federn verbraucht hatte, geriet der Bär ins Stolpern, kam aber trotzdem immer näher auf die Frau zu. Da sagte sie, was ihr befohlen war, und nahm das Haupt und warf es so weit von sich weg, wie sie konnte. Als es am Boden dahinrollte, strömte durch die Erregung während dieser schrecklichen Szene das Blut aus Mund und Nase. Der Bär schwankte und fiel bald darauf mit gewaltigem Krach zu Boden. Dann rief sie um Hilfe, und die jungen Männer, die ihre Kraft und ihren Mut zum Teil wiedererlangt hatten, kamen herausgestürmt.

Mudjikewis trat hervor und stieß ein Geheul aus und versetzte ihm einen Schlag auf den Kopf. Er hieb so lange darauf ein, bis dieser nur noch eine breiige Masse war, während die anderen den Körper des Bären, so schnell sie konnten, in ganz kleine Stücke zerschnitten, welche sie in alle Winde streuten. Während sie so beschäftigt waren, blickten sie zufällig dorthin, wo sie das Fleisch hingeworfen hatten, und da sahen sie, welch wundervoller Anblick!, wie sich lauter kleine schwarze Bären, wie man sie heute sieht, erhoben und nach allen Richtungen davonliefen. Die schwarzen Tiere zerstreuten sich bald über das ganze Land, und von jenem Untier stammt die heutige Rasse ab.

Nachdem sie so ihren Verfolger überwältigt hatten, kehrten sie in die Hütte zurück. Inzwischen sammelte die Frau die Gegenstände und das Haupt ein und tat sie wieder in den Beutel. Doch das Haupt sprach nicht mehr; die Überwältigung des Untiers hatte es wohl zu sehr angestrengt.

Da ihre Flucht sie soviel Zeit gekostet hatte und sie dabei ein so großes Land durchwandert hatten, gaben die jungen Männer den Gedanken an Rückkehr in ihr eigenes Land auf, und da Wild reichlich vorhanden war, beschlossen sie zu bleiben, wo sie waren. Eines Tages nun gingen sie ein Stück von der Hütte weg, um zu jagen. Das Wampum ließen sie bei der Frau zurück. Sie hatten gutes Jagdglück, und sie vergnügten sich, wie es alle jungen Männer tun, wenn sie unter sich sind, mit Späßen und Scherzen. Einer ergriff das Wort und sagte: »Wir haben all diesen Spaß bloß für uns, wollen wir da nicht hingehen und unsere Schwester fragen, ob sie uns nicht das Haupt herbringen läßt, denn es lebt ja noch. Vielleicht gefällt es ihm, unsere Unterhaltungen mit anzuhören und in unserer Gesellschaft zu sein. Doch bringt unterdes unserer Schwester etwas zum Essen.« Sie gingen und baten um das Haupt. Die Frau sagte ihnen, sie könnten es nehmen, und da nahmen sie es mit in ihre Jagdgründe und versuchten, es zu unterhalten, doch nur manchmal sahen sie seine Augen vor Vergnügen strahlen. Eines Tages, während sie in ihrem Lager beschäftigt waren, wurden sie unerwartet von fremden Indianern angegriffen. Der Kampf währte lange und war blutig, denn obwohl sie viele ihrer Feinde erschlugen, hatten sie doch noch gegen eine dreißigfache Übermacht zu kämpfen. Die jungen Männer setzten sich verzweifelt zur Wehr, bis sie alle gefallen waren. Dann zogen sich die Angreifer auf eine Anhöhe zurück, um sich zu sammeln und die Toten und Gefallenen zu zählen. Einer von ihnen war zurückgeblieben, und als er sie einholen wollte, kam er an den Platz, wo das Haupt aufgehängt war. Er erblickte dieses einzige noch übrige Zeichen von Leben und betrachtete es eine Weile voller Furcht und Verwunderung. Dann aber nahm er es herab, öffnete den Beutel, und als er die schönen Federn sah, freute er sich sehr und steckte sich eine davon an den Kopf.

Sie wippte anmutig über ihm, als er weiterging, bis er seine Schar erreichte, wo er das Haupt und den Beutel abwarf und seinen Kameraden erzählte, wie er dazu gekommen und daß der Beutel voller Farben und Federn sei. Da schauten sich alle das Haupt an und verspotteten es. Zahlreiche junge Männer nahmen die Farben und bemalten sich damit, und einer ergriff das Haupt bei den Haaren und sagte: »Schau her, du häßliches Ding, und sieh dir deine Farben auf den Gesichtern von Kriegern an.«

Doch die Federn waren so schön, daß sich sehr viele welche an den Kopf steckten. Dann beschimpften und schmähten sie das Haupt von neuem, was ihnen mit dem Tod derer heimgezahlt wurde, die die Federn benutzt hatten. Da gebot ihnen der Häuptling, bis auf das Haupt alles wegzuwerfen. »Wenn wir nach Hause kommen«, sagte er, »wollen wir sehen, was sich mit ihm anfangen läßt. Wir wollen versuchen, ob wir es dazu bringen können, die Augen zu schließen.«

Nachdem sie ihre Wigwams erreicht hatten, brachten sie es zur Ratshütte und hingen es vor dem Feuer auf. Sie befestigten es mit Schnüren aus eingeweichtem Rohleder, die sich durch die Wirkung des Feuers straffen und zusammenziehen sollten. »Wir wollen doch mal sehen«, sagten sie, »ob wir es nicht zwingen können, die Augen zu schließen.«

Unterdes wartete die Schwester seit mehreren Tagen, daß die jungen Männer das Haupt zurückbrächten. Schließlich wurde sie unruhig und machte sich auf die Suche. Sie fand die jungen Männer unweit voneinander liegen, tot und wundenbedeckt. Ringsum war der Boden mit anderen Leichnamen bestreut. Sie suchte nach dem Haupt und dem Beutel, doch sie waren nirgends zu finden. Da weinte sie laut und schwärzte sich das Gesicht. Dann suchte sie überall weiter, bis sie dorthin kam, wo das Haupt abgenommen worden war. Sie fand die Zauberpfeile und den Bogen, welche die jungen Männer, die von deren Eigenschaften nichts wußten, dort liegengelassen hatten. Sie dachte bei sich, daß sie auch noch das Haupt ihres Bruders finden würde, und kam an einen erhöhten Platz, und dort sah sie einige seiner Farben und Federn. Diese las sie sorgfältig auf und hing sie bis zu ihrer Rückkehr auf den Ast eines Baumes.

In der Dämmerung erreichte sie die erste Hütte eines sehr großen Dorfes. Hier wandte sie einen Zauber an, der unter Indianern üblich ist, wenn sie freundlich empfangen werden wollen. Als sie zu dem alten Mann und der alten Frau trat, denen die Hütte gehörte, wurde sie gastlich aufgenommen. Sie erzählte, was sie suchte. Der alte Mann versprach ihr zu helfen und sagte ihr, das Haupt sei vor dem Ratsfeuer aufgehängt und die Häuptlinge des Dorfes hielten mit ihren jungen Männern ständig Wache. Die ersteren seien Manitos. Sie sagte, sie wolle das Haupt bloß sehen und sie wäre schon zufrieden, wenn sie zu der Tür von der Hütte könne. Sie wußte, daß sie nicht genügend Macht besaß, es sich mit Gewalt zu nehmen. »Komm mit mir«, sagte der Indianer, »ich bringe dich hin.« Sie gingen dorthin und nahmen in der Nähe der Tür Platz. Die Ratshütte war voller Krieger, die sich mit Spielen vergnügten und ein ständiges Feuer unterhielten, um das Haupt zu räuchern und, wie sie sagten, Dörrfleisch aus ihm zu machen. Sie sahen, daß sich das Haupt bewegte, und da sie nicht wußten, was sie davon halten sollten, sprach einer: »Haha! Es beginnt schon, den Rauch zu spüren.« Die Schwester sah durch die Tür hinauf, und ihre Augen begegneten denen ihres Bruders. Da rannen dem Haupt die Tränen über die Wangen. »Na also«, sprach da der Häuptling, »ich wußte doch, daß wir dich schließlich noch zu etwas bringen. Seht! Seht es euch an: Es vergießt Tränen!« sagte er zu denen, die um ihn herumsaßen, und alle lachten und verspotteten das Haupt. Der Häuptling blickte sich um, und als er nach einer Weile die Frau bemerkte, sagte er zu dem Mann, der mit ihr gekommen war: »Wen hast du da mitgebracht? Diese Frau habe ich nie zuvor in unserem Dorf gesehen.« – »Doch, du hast sie schon gesehen«, erwiderte der Mann, »sie ist eine Verwandte von mir und verläßt selten meine Hütte. Sie wohnt bei mir und hat mich gebeten, mit hergenommen zu werden.« In der Mitte der Ratshütte saß einer jener Jünglinge mit großem Mundwerk, die sich gern vor anderen brüsten und aufspielen. »Jaja«, sagte er, »die habe ich oft gesehen, und in eben diese Hütte gehe ich fast jede Nacht, um mit ihr zu buhlen.« Da lachten alle und wandten sich wieder ihren Spielen zu. Der Jüngling ahnte nicht, daß er durch seine Lüge die Frau rettete.

Sie kehrte in die Hütte des Mannes zurück und machte sich sofort auf den Weg in ihre Heimat. Als sie an die Stelle kam, wo die Körper ihrer angenommenen Brüder lagen, rückte sie sie zusammen, mit den Füßen nach Osten. Dann nahm sie die Axt, die sie mitführte, warf sie hoch und rief: »Brüder, steht darunter auf, sonst fällt sie auf euch!« Das tat sie dreimal, und beim drittenmal erhoben sich die Brüder alle.

Mudjikewis begann sich die Augen zu reiben und sich zu recken. »Also habe ich verschlafen«, sagte er. »Aber nein«, erwiderte einer der anderen, »weißt du denn nicht, daß wir alle umgebracht worden sind und daß das unsere Schwester ist, die uns zum Leben erweckt hat?« Die jungen Männer nahmen die Leichen ihrer Feinde und verbrannten sie. Bald danach machte sich ihre Schwester auf, ihnen aus einem fernen Lande Frauen zuzuführen. Sie wußten nicht, wo dieses Land lag, die Schwester aber kehrte mit zehn jungen Frauen zurück, die sie den zehn Jünglingen gab, wobei sie beim ältesten anfing. Mudjikewis ging ungeduldig auf und ab, denn er fürchtete, nicht die zu bekommen, die ihm gefiel. Er wurde aber nicht enttäuscht, denn sie war ihm bestimmt. Und sie paßten gut zueinander, denn sie war eine Zauberin. Dann zogen sie miteinander in eine sehr große Hütte, und ihre Schwester sagte ihnen, daß die Frauen jetzt abwechselnd jede Nacht zum Haupt ihres Bruders gehen und versuchen müßten, es loszubinden. Alle erklärten, sie würden das gern tun. Die Älteste versuchte es als erste, und mit sausendem Lärm flog sie durch die Luft.

Gegen Tagesanbruch kam sie zurück. Sie hatte keinen Erfolg gehabt, denn es war ihr nur gelungen, einen einzigen Knoten zu lösen. Sie versuchten es der Reihe nach alle, und jeder gelang es nur, einen Knoten zu lösen. Die Jüngste aber begann gleich damit, sobald sie die Hütte erreicht hatte. Obwohl dort immer jemand war, konnten die Indianer nie eine von ihnen sehen. Seit zehn Tagen stieg der Rauch nun nicht mehr hoch, sondern füllte die Hütte und vertrieb die Krieger. In der letzten Nacht konnte es keiner mehr darin aushalten, und die junge Frau trug das Haupt hinweg.

Die jungen Leute und die Schwester hörten die junge Frau durch die Luft herankommen und sagten: »Bereitet den Leib unseres Bruders.« Sobald sie das vernahmen, gingen sie in eine kleine Hütte, in der der schwarze Körper von Iamo lag. Seine Schwester schnitt das Stück an, wo der Hals abgetrennt worden war. Sie schnitt tief ein, damit es blutete, und die anderen trieben die Schwärze aus, indem sie den Körper rieben und Medizinen anwendeten. Inzwischen schnitt die, die das Haupt brachte, dieses am Hals ein und brachte es zum Bluten.

Sobald sie angekommen war, legten sie es dicht an den Körper, und mit Hilfe von Medizin und verschiedenen anderen Mitteln gelang es ihnen, Iamo zu all seiner früheren Schönheit und Mannesstärke wiederzuerwecken. Alle jauchzten über den glücklichen Ausgang ihrer Leiden, und nachdem sie einige Zeit vergnüglich zugebracht hatten, sprach Iamo: »Nun will ich das Wampum verteilen.« Und er holte den Gürtel, der es enthielt, und teilte es, beim Ältesten anfangend, zu gleichen Teilen aus. Der Jüngste aber bekam das Großartigste und Schönste, denn der Boden des Gürtels enthielt das, was am prächtigsten und seltensten war.

Es wurde ihnen gesagt, sie seien nun, da sie alle einmal gestorben und wieder zum Leben erweckt worden waren, nicht mehr sterblich, sondern Geister, und sie erhielten verschiedene Stellungen in der unsichtbaren Welt zugewiesen. Genannt jedoch wurde nur die von Mudjikewis. Er hatte für immer den Westwind zu leiten, der seitdem Kebeyun heißt. Es wurde ihnen aufgetragen, nach ihren Kräften den Bewohnern der Erde Gutes zu tun. Ihre Leiden bei der Erlangung des Wampums aber sollten sie vergessen und stets eine freigebige Hand haben. Und außerdem wurde ihnen befohlen, alle Körner und Hülsen von heller Farbe als Friedenssymbol heiligzuhalten, die dunklen aber als Zeichen von Krieg und Unglück zu betrachten.

Dann machten sich die Geister unter Liedern und Rufen auf ihren Flug, ein jeglicher nach seinem Revier. Iamo und seine Schwester aber stiegen hinab in die Tiefe.

ANHANG

ANMERKUNGEN

Durch Dick und Dünn

Durch Dick und Dünn (Roughing It), in dem Mark Twain in oft fantastischer Übertreibung seine Erlebnisse im amerikanischen Westen, in Kalifornien und auf Hawaii schildert, erschien zuerst 1872.

S. 7 Silberfieber in Nevada: Nachdem es 1848–9 zu dem berühmten ›gold rush‹ in Kalifornien gekommen war (in der ›Mother Lode‹, die noch heute ausgebeutet wird, hat auch Mark Twain um 1864 eine kurze Zeit lang geschürft; vgl. Kapitel 57 und besonders 60), wurde 1856 bei Virginia City in Nevada Silber entdeckt, die berühmte ›Comstock Lode‹ (lode = Ader; Comstock war der Entdecker). Der Höhepunkt des ›Silberfiebers‹ von Nevada war etwa um 1863 erreicht, als der amerikanische Bürgerkrieg im vollen Gange war, und als Mark Twain sich dort aufhielt. Er war von 1861 bis 1864 in Nevada, und das für ihn bedeutendste Ergebnis dieses Aufenthalts war seine Mitarbeit an der Tageszeitung von Virginia City, »The Territorial Enterprise«, aus der dann letzten Endes »Durch Dick und Dünn« entstanden ist. Hier in Nevada entwickelte sich Twain zum Humoristen und Schriftsteller des Westens. (Vgl. hierzu Effie Mona Mack, »Mark Twain in Nevada«, New York 1947.)

S. 9 Territorium Nevada: Nevada wurde am 31. Oktober 1864 als gleichberechtigter Bundesstaat in die Union aufgenommen. Bis zu diesem Zeitpunkt wurde es als ›Territorium‹ unmittelbar von der Bundesregierung in Washington verwaltet.

S. 10 Überlandpost: Solange es noch keine transkontinentale Eisenbahnverbindung gab (erst 1869), war der in den Westen Amerikas Reisende entweder auf den Seeweg (Kap Horn oder kombinierter Land-See-Weg über Panama) oder auf die Überlandpost angewiesen. Bis zur Fertigstellung einer transkontinentalen Telegraphenleitung war auch die Übermittlung eiliger Postsachen auf den Landweg angewiesen (bis

Ende 1861). Hierzu bediente man sich seit April 1860 des ›Pony Express‹ (zwischen St. Joseph, Missouri, und Sacramento, Kalifornien), dessen Begegnung mit der langsamen Postkutsche Twain später noch schildert (8. Kapitel: Der Eilpostreiter).

S. 21 Brobdingnag: das Reich der Riesen in Swifts »Gullivers Reisen«.

S. 87 Frauen des Engels: vgl. Mark Twains Anhang »A« (Kurzer Abriß der Geschichte der Mormonen).

S. 89 Brigham Young: Mormonenführer (1801–77), der die Massenauswanderung der Mormonen nach Utah anführte (1846–7) und der erste Gouverneur des Territoriums Utah wurde (1850–8); er soll bis zu 27 Frauen und 56 Kinder gehabt haben.

S. 99 Joseph Smith: der Gründer der Mormonen-Sekte (1805 bis 1844). – *Parley Pratt:* Hymnendichter der Mormonen.

S. 102 Mormonenbibel: Joseph Smith veröffentlichte 1830 das »Book of Mormon«.

S. 103 König-Jakob-Bibelübersetzung: unter der Herrschaft von James I. erschien 1611 die sogenannte »Authorized Version« oder »King James Bible«, die für die Entwicklung von Glauben, Sprache und Literatur in England ungemein wichtig wurde, ähnlich der Bibelübersetzung Luthers in Deutschland. – *Lamaniten:* nach der Mormonenbibel führte der Prophet Laman 600 v. Chr. eine Gruppe von Israeliten nach Amerika; die heutigen Indianer sollen von ihnen abstammen.

S. 110 Katzen von Kilkenny: hier quälten angeblich Soldaten Katzen, indem sie sie mit den Schwänzen zusammenbanden.

S. 113 Massaker auf den Mountain Meadows: vgl. Mark Twains Anhang »B«.

S. 116 Neunundvierziger: einer der Goldgräber, die 1849 nach Kalifornien gingen.

S. 120 »vergülden feines Gold, die Lilie malen«: Zitat aus Shakespeares »König Johann«.

S. 123 Jünger Coopers: Mark Twain ist natürlich alles andere als ein Jünger von James Fenimore Cooper (1789–1851), wie aus dieser Satire deutlich wird, ebenso wie er den Indianern kein großes Interesse abgewinnen konnte, sondern sich später, besonders in »Huckleberry Finn«, dem amerikanischen Neger zuwandte. Twain schrieb auch eine größere, beißende

Satire auf Cooper: »Fenimore Cooper's Literary Offences«, in der gerade »Der Letzte der Mohikaner« (1826), einer der fünf Lederstrumpf-Romane, scharf angegriffen wird. – *Emerson Bennett:* erfolgreicher Autor melodramatischer Abenteuerromane aus dem Westen (1822–1905).

S. 126 Horace Greeley: einflußreicher politischer Journalist der Zeit (1811–72), von dem der Ausruf stammt: ›Go West, Young Man!‹ Er gründete 1841 die »New-York Tribune«.

S. 130 Bayard Taylor: amerikanischer Reiseschriftsteller (1825–78). Die folgenden Namen bezeichnen zeitgenössische Journalisten und Humoristen.

S. 164 Pyrrhonismus: Skepsis; nach dem griechischen Philosophen Pyrrhon.

S. 169 Mrs. Partington: eine typische Kleinstädterin aus Neuengland, die über Gott und die Welt mitzureden weiß; literarische Gestalt von B. P. Shillaber (1814–1890).

S. 216 Bullionswert: der Metallwert des ungeprägten Silbers.

S. 248 ein zweiter Franklin: auch Benjamin Franklin (1706 bis 1790) war u. a. Druckerlehrling gewesen.

S. 251 Nonpareillespalten: Spalten mit sehr kleinem Schriftgrad.

S. 266 Unionssoldaten: zur selben Zeit (1861–5) herrschte in der östlichen Hälfte der Vereinigten Staaten Bürgerkrieg zwischen der Union (Nordstaaten) und den konföderierten Südstaaten, die sich von der Union getrennt hatten.

S. 271 mexikanischer Krieg: der Krieg zwischen den Vereinigten Staaten und Mexiko (1846–8), dem die Annexion von Texas (1845) durch die USA vorausging, brachte den Amerikanern Kalifornien und weite Teile des Westens ein.

S. 281 der reinste Warwick: Richard Neville, Earl of Warwick (1428–71) setzte zwei Könige ein: Edward IV. und Henry VI.

S. 291 Alfred der Große (849–901): König der Westsachsen in England, militärisch erfolgreicher Anreger und Reorganisator von Literatur, Politik und Recht seiner Zeit.

S. 352 Vicksburg: die 48 Tage lang belagerte Stadt am Mississippi wurde am 4. Juli 1863 den Unionstruppen übergeben, die damit den ganzen Strom unter ihre Kontrolle bekamen. – *Gettysburg:* Die Schlacht von Gettysburg (Pennsylvania), vom 1. bis zum 3. Juli 1863, gilt als Wendepunkt des Bürgerkriegs; die Truppen der Südstaaten mußten sich nach Virginia zurückziehen. Am 19. November 1863 gab hier Präsident Lincoln bei der Einweihung eines Ehrenfriedhofes seine berühmte »Gettysburg Address«.

S. 358 Goldbergbau: vgl. Anmerkung zu S. 7.

S. 370 »Golden Era«: eine von 1852 bis 1893 in San Francisco erscheinende Zeitung, die vor allem durch ihren literarischen Teil berühmt geworden ist, an dem in den 1850er und 1860er Jahren u. a. Bret Harte und Mark Twain mitarbeiteten. – *Charles Henry Webb* (1834–1905): kam 1863 nach Kalifornien und gründete in dieser der literarischen Bohème so günstigen Boom-Atmosphäre die Zeitschrift »Californian«, an der Twain und Harte ebenfalls mitarbeiteten. – *Bret Harte* (1836–1902): wurde der bekannteste Schilderer des Goldrausches in Kalifornien, der in fast allen seinen Kurzgeschichten eine Rolle spielt; neben den bereits erwähnten Publikationen war besonders das »Overland Monthly«, das er von 1868 bis 1870 selbst herausgab, für ihn von eminenter Bedeutung. Hier vor allem erschienen seine ›local-color stories‹, von denen »The Luck ob Roaring Camp« die berühmteste ist.

S. 390 »Old Guard«: in New York erscheinende, literarisch-unterhaltende Zeitschrift, die sich vornehmlich der Sache des Südens nach dem verlorenen Bürgerkrieg annahm und auch Autoren des Südens besonders förderte.

S. 393 Sezession von South Carolina: am 20. Dezember 1860 sagte sich South Carolina als erster Südstaat von der Union los; zehn weitere Staaten folgten. Der eigentliche Bürgerkrieg begann erst am 12. April 1861, als South Carolina das von Unionstruppen besetzte Fort Sumter angriff und sich die Konföderation der Südstaaten bildete.

S. 400 Captain Cook: der englische Weltumsegler James Cook (1728–79) wurde 1779 auf Hawaii von Eingeborenen ermordet.

S. 412 »Als wir durch Georgia zogen«: Lied der Unionstruppen, das General William Tecumseh Shermans (1820–91) berühmten Marsch durch Georgia zum Atlantik feiert.

S. 480 Poe: der amerikanische Journalist, Dichter und Kurzgeschichtenschreiber Edgar Allan Poe (1809–49).

S. 498 »Quäker City«: auf diesem Schiff machte Mark Twain 1867 seine Europa- und Mittelmeerreise, die in den »Arglosen im Ausland« ihren Niederschlag fand.

S. 503 ein zweiter Andrew Johnson: gemeint ist die Nachfolge im Amt nach einem ermordeten Vorgänger. So wie Brigham Young dem ermordeten Joseph Smith nachfolgte (vgl. Anmerkungen zu S. 89 und 99), so folgte Andrew Johnson (1808–75) dem ermordeten Lincoln im Amt, als 17. Präsident der USA von 1865–9.

S. 505 ein nachgiebiger Buchanan oder Pierce: gemeint sind der 14. und 15. Präsident, Franklin Pierce (1804–69; Präsident 1853–7) und James Buchanan (1791–1868, Präsident 1857–61).

S. 509 Jackson: Andrew Jackson (1767–1845), 7. Präsident der Vereinigten Staaten (1829–37).

Leben auf dem Mississippi

Leben auf dem Mississippi (Life on the Mississippi), Mark Twains halb-fiktives, halb-autobiographisches Erinnerungsbuch an den Strom und die Zeit seiner Jugend, erschien zuerst 1883. Die Kapitel 4 bis 20 waren bereits 1875 unter dem Titel »Old Times on the Mississippi« im »Atlantic Monthly« abgedruckt worden; der zweite Teil des Buches beruht auf den Eindrücken von einer Reise, die Mark Twain eigens für »Leben auf dem Mississippi« unternahm.

S. 536 Captain Marryat: Frederick Marryat (1792–1848), britischer Marineoffizier und Seeschriftsteller, dessen kritisches »Diary in America« (1839) in den USA stark angegriffen wurde.

S. 537 einen Sklaven von Missouri nach Illinois abschieben und zum freien Menschen machen: Missouri war ein sogenannter ›slave state‹, während die Sklavenhaltung in Illinois verboten war; diese Tatsache ist ein zentrales Handlungsmotiv in Mark Twains »Huckleberry Finn«. – *La Salle:* René Robert Cavelier La Salle (1643–87), der französische Entdecker, der u. a. 1682, von Kanada kommend, den Mississippi bis zur Mündung hinunterfuhr und das ganze Gebiet unter dem Namen ›Louisiana‹ für Frankreich in Besitz nahm. Er wurde zum Vizekönig von Nordamerika ernannt, fiel aber schon bald einer Meuterei zum Opfer.

S. 538 De Soto: Hernando De Soto (ca. 1500–42), spanischer Eroberer, der 1539 als Gouverneur von Kuba nach Florida übersetzte, nach Norden vordrang und 1542 als erster Weißer den Mississippi sah, in den dann auch seine Leiche versenkt wurde. Sein Schicksal ist Stoff historischer Romane, so z. B. in »Vasconselos« des Amerikaners William Gilmore Simms (1806–70; der Roman von 1853).

S. 542 der Kaufmann Joliet und der Priester Marquette: Louis Joliet oder Jolliet (1645–1700) und Jacques Marquette

(1637–75) fuhren 1673 den Mississippi bis zur Einmündung des Arkansas River hinab. Sie bewiesen damit, noch vor La Salle, die Existenz einer durchgehenden Wasserverbindung vom St. Lorenz-Strom über die Großen Seen und den Mississippi zum Golf von Mexiko. – *Mr. Parkman:* Francis Parkman (1823 bis 1893), amerikanischer Historiker, aus dessen »La Salle and the Discovery of the Great West« (1869) hier zitiert wird.

S. 544 Tontine: eine besondere Form der Leibrente; Henry de Tonti oder Tonty (1650–1704) war mit dabei, als La Salle 1682 die Mississippi-Mündung entdeckte.

S. 546 ausgerechnet Napoleon: im sogenannten ›Louisiana Purchase‹ vom 31. Oktober 1803 erwarb James Monroe im Auftrage des Präsidenten Thomas Jefferson von Frankreich die gesamten französischen Besitzungen westlich des Mississippi (›Louisiana‹) für die Vereinigten Staaten. Deren Fläche vergrößerte sich dadurch um 140% und im Laufe der Zeit entstanden dort 13 neue Bundesstaaten.

S. 549 Hannibal: Kleinstadt am Mississippi im Bundesstaat Missouri, in die die Familie Clemens 1839 zog. Der kleine Samuel Langhorne Clemens (= Mark Twain), der am 30. November 1835 in Florida, Missouri, geboren worden war, verbrachte hier (bis 1850) seine Jugend. Hannibal ist das ›St. Petersburg‹ von »Tom Sawyer« und »Huckleberry Finn«. – *ein Kapitel aus einem Buch:* »Huckleberry Finns Abenteuer« wurde 1876 begonnen und 1884, also ein Jahr nach »Leben auf dem Mississippi«, veröffentlicht. Die hier wiedergegebene Episode erscheint nicht in dem Roman.

S. 565 Neger-Minstrels: eine um die Mitte des 19. Jahrhunderts in den Vereinigten Staaten sehr beliebte, revueartige Unterhaltungsveranstaltung, in der meist Weiße Musik, Humor und Folklore der amerikanischen Neger darboten.

S. 566 die beiden ›Points‹: »point« ist ein Landvorsprung im Mississippi, den Lotsen als Orientierungspunkt willkommen.

S. 585 mit jedem alten ›Snag‹: »snag« ist ein im Fluß festliegender Baumstamm – eine ständige Gefahr für die Schiffahrt.

S. 587 Maaarke twain!: (engl. mark twain) dies ist nur *eine* Erklärung des Pseudonyms des Dichters; vgl. die Anmerkung zu S. 864.

S. 636 Kansaszeit: gemeint ist der große Zustrom von Siedlern, Politikern und Juristen, der 1854 seinen Höhepunkt erreichte, als die ›Kansas-Nebraska Bill‹ in Kraft trat. In ihr wurde die Entscheidung darüber, ob in Kansas die Sklaverei erlaubt sein sollte oder nicht, den in Kansas (und Nebraska) Ansässigen überlassen. Beide Seiten wollten die Entscheidung zu ihren Gunsten beeinflussen, indem sie einen wahren Menschenstrom nach Kansas förderten. Die ›Emigrant Aid Company‹ sandte allein 2000 Siedler, um die Einführung der Sklaverei zu verhindern.

S. 652 der Krieg: der amerikanische Bürgerkrieg (1861–5), in dem die Nord- und die Südstaaten u. a. für bzw. gegen die Abschaffung der Sklaverei kämpften. Mark Twains Heimatstaat Missouri stand dabei, obwohl sklavenhaltend, auf der Seite des Nordens.

S. 656 Heil Columbia: patriotisches Lied (1798) von Joseph Hopkinson (1770–1842).

S. 687 Silbergräber in Nevada usw.: die Erlebnisse, die Mark Twain hier andeutet, schildert er ausführlich in seinen Reisebüchern »Durch Dick und Dünn«, »Die Arglosen im Ausland« und »Bummel durch Europa«. – *Inventarstück unter den anderen Felsen von Neuengland:* gemeint ist der literarische Kreis von Boston, der sich um das dort erscheinende »Atlantic Monthly« gruppierte, dessen Chefredakteur von 1871–81 William Dean Howells, Twains Freund, war. Twain zog 1870 nach Hartford, Connecticut – ein Umstand (verbunden mit seiner Heirat), dem oft eine frustrierende Wirkung auf Twains Wesen und Werk nachgesagt worden ist: dem freien Leben im Mittelwesten und den bewegten Weltabenteuern folgte die Ruhe der wohlanständigen, konservativen feinen Gesellschaft des Ostens. Hierauf spielt Twain mit obigem Bild an, allerdings mehr ironisch als polemisch oder gar rebellisch.

S. 693 Charles Augustus Murray: englischer Schriftsteller (1806–95), aus dessen »Travels in North America During the Years 1834, 1835 and 1836« Twain hier zitiert.

S. 711 Mr. Dickens' Beschreibung: Charles Dickens (1812–70) war erstmals 1842 in den Vereinigten Staaten und beschrieb in einem Reisebuch des gleichen Jahres, »American Notes for General Circulation«, seine Eindrücke. Dickens' Kritik an einigen amerikanischen Institutionen, besonders der Sklaverei, trug ihm viel Feindschaft ein. Im Winter 1867–8 machte Dickens eine zweite (Vortrags-)Reise durch den Osten der USA. »Martin Chuzzlewit« (1843–4) enthält ebenfalls viel Material, das Dickens in Amerika sammelte. – *Grant:* Ulysses Simpson Grant (1822–85) war ab Juli 1863 Oberbefehlshaber der Truppen der Union im amerikanischen Bürgerkrieg; von 1869 bis 1877 war er der 18. Präsident der Vereinigten Staaten. Seine Memoiren erschienen 1885–6 in einem Verlag, dessen Teilhaber Twain war.

S. 712 Schlacht von Belmont: am 7. November 1861 siegten hier die (konföderierten) Südstaaten über Unionstruppen (Norden). – *Konföderierte:* die ›Confederate States of America‹ waren die 11 Südstaaten, die sich in dieser ›Confederacy‹ nach der Sezession von der Union politisch und militärisch zusammenschlossen.

S. 714 General Polk: General der Südstaaten, der die Schlacht von Belmont gewann.

S. 720 Krieg von 1812: Krieg zwischen den Vereinigten Staaten und Großbritannien, der von 1812 bis 1815 dauerte. Er ging um die amerikanische Unabhängigkeit als Seemacht (zur Zeit der Napoleonischen Kriege) und um die Eroberung Floridas und Kanadas; die Amerikaner blieben weitgehend erfolglos und willigten in den Frieden von Gent (24. Dezember 1814) ein, für den der spektakuläre Sieg Andrew Jacksons bei New Orleans (8. Januar 1815) zu spät kam.

S. 721 Captain Basil Hall: britischer Marineoffizier und Reiseschriftsteller (1788–1844), dessen »Travels in North America« (1829) wegen ihrer konservativen Einstellung zur amerikanischen Demokratie in den USA Proteste hervorrief. – *Mrs. Trollope:* Frances Trollope (1780–1863) lebte von 1827 bis 1830 in den Vereinigten Staaten und schrieb daran anschließend über die »Domestic Manners of the Americans« (1832) – das wohl berühmteste und meist umstrittene Amerika-Buch seiner Zeit. Besonders ihre Ansichten über die Sklaverei riefen großen Widerspruch hervor.

S. 723 Rechtsanwalt Alexander Mackay: englischer Jurist und Schriftsteller (1796–1844). – *Middle Temple:* Domizil der Juristen in London.

S. 729 Wie heißt es bei Prediger Salomo VII, 13?: Es heißt: ›Siehe an die Werke Gottes, denn wer kann das schlicht machen, was er krümmt?‹

S. 734 Fort Pillow: das Massaker fand im April 1864 statt, als konföderierte Truppen das von Unionstruppen besetzte Fort eroberten. – *Massaker von Boston:* am 5. März 1770 schossen englische Soldaten in eine demonstrierende Volksmenge und töteten vier Personen. Dieses Ereignis ist wichtig in der Vorgeschichte des Unabhängigkeitskampfes der amerikanischen Kolonien gegen das Mutterland.

S. 735 Murrellbande: nach John A. Murrell, einem berüchtigten Bandenführer, der um 1830 besonders in Alabama und Mississippi sein Unwesen trieb und vor allem gestohlene Sklaven durch seine weitverzweigte Organisation verkaufen und dann meist töten ließ. In amerikanischer Folklore und historischer Belletristik wurde er eine beliebte Gestalt, besonders auch durch die Umstände seiner Gefangennahme (1834): Virgil A. Stewart, ein Polizeiagent, schloß sich der Bande an, um sie überführen und zerstören zu können. Stewarts eigener Bericht (1835) und der Roman »Richard Hurdis« (1838) von William Gilmore Simms haben die Murrell-Bande in die amerikanische Literatur eingeführt. – *Jesse James:* gleichfalls ein notorischer Bandenführer (1847–82), allerdings im Mittelwesten und erst in den 1870er Jahren. Seine abenteuerlichen Bank- und Eisenbahnüberfälle machten ihn zum Volkshelden und zur Titelfigur von Volksballaden und Groschenromanen; er wurde von einem Komplizen ermordet.

S. 742 Ernst von Hesse-Wartegg: deutscher Reiseschriftsteller (1851–1918), dessen »Mississippifahrten« 1881 erschienen.

S. 748 »Oh, ein Yank!«: Kurzform für ›Yankee‹, der, oft abfälligen, Bezeichnung für Neuengländer.

S. 773 »der Mann ohne Vaterland«: Anspielung auf eine zuerst 1863 im »Atlantic Monthly« erschienene, patriotische und sehr erfolgreiche Kurzgeschichte von Edward Everett Hale (1822–1909), »The Man Without a Country«. In ihr wird ein Verschwörer, der die USA verdammt hat, dazu verurteilt, sein Leben auf amerikanischen Kriegsschiffen zu verbringen, auf denen er nichts mehr von seinem Vaterland zu sehen und zu hören bekommt.

S. 774 ein Enkel des Staatsmannes: gemeint ist John Caldwell Calhoun (1782–1850), nacheinander Verteidigungsminister, Vizepräsident, Außenminister und Senator der Vereinigten Staaten. Er war ein energischer Verfechter der Rechte der Einzelstaaten, zumal der Südstaaten (er stammte aus South Carolina).

S. 780 Vicksburgs schreckliche Kriegserlebnisse: die strategisch günstig am Mississippi gelegene Stadt wurde im Bürgerkrieg zuerst 1862 von Grant allein, dann, 1863, 48 Tage lang zusammen mit General Sherman belagert. Die Übergabe am 4. Juli 1863 hatte zur Folge, daß die Unionstruppen praktisch den ganzen Mississippi unter Kontrolle hatten.

S. 797 verschiedene Bücher: die Aufzählung, mit der Twain das vornehme Heim des Mittelwestens und Südens um die Jahrhundertmitte typisiert, spricht für sich selbst. Von besonderer Bedeutung ist lediglich die Erwähnung von Scotts »Ivanhoe« (vgl. die Anmerkung zu S. 809); »Godeys Buch für die Dame« (Godey's Lady's Book) war ein wichtiges geschmacksbildendes, halb literarisches, halb modisches Magazin, das von 1830 bis 1898 erschien. »Alonzo und Melissa« (1811) ist ein Schauerroman von Isaac Mitchell (ca. 1759–1812), und Martin Farquhar Tupper (1810–89), ein englischer populärphilosophischer Schriftsteller, verfaßte eine »Proverbial Philosophy« (1838–42), die, in lyrischer Form, auch in Amerika große Beliebtheit erlangte. »The Shepherd of Salisbury Plain« schließlich ist ein moralisierendes Traktat der englischen Schriftstellerin Hannah More (1745–1833). Das Ganze ist eine Satire Twains auf den vorherrschenden Zeitgeschmack.

S. 798 Washington überquert den Delaware: der deutsche Historienmaler Emanuel Leutze (1816–68) hat diese berühmte Szene aus dem amerikanischen Unabhängigkeitskrieg (Weihnachten 1776) gemalt. Das Gemälde, dessen Original im Metropolitan Museum of Art in New York hängt, ist in unzähligen Drucken in den USA verbreitet.

S. 799 Trumbulls »Schlacht am Bunker Hill«: ebenfalls eine berühmte Szene aus dem Unabhängigkeitskrieg (am 17. Juni 1775 errangen die Amerikaner ihren ersten moralischen Sieg gegen die Engländer bei Bunker Hill nahe Boston), die der amerikanische Maler John Trumbull (1756–1843) – nicht zu verwechseln mit dem Schriftsteller John Trumbull (1750–1831) – malte.

S. 808 Farraguts Flotte: David Glasgow Farragut (1801–70), Admiral der Nordstaaten, dem es u. a. gelang, New Orleans einzunehmen (28. April 1862). – *Capitol:* Baton Rouge ist die Hauptstadt des Bundesstaats Louisiana und verfügt daher auch, wie jede andere Hauptstadt eines amerikanischen Bundesstaats, über ein ›Capitol‹.

S. 809 Sir Walter Scott (1771–1832): der Begründer des historischen Romans. Der Angriff, den Twain hier gegen Scott und seine ›mittelalterlichen Romane‹, die den Südstaatlern ›den Kopf verdreht‹ und somit letzten Endes den Bürgerkrieg verschuldet hätten (vgl. hierzu besonders S. 843–6), vorbringt, ist, obwohl er in dieser Form kaum ernstgenommen werden kann, Gegenstand einer Reihe von Auseinandersetzungen in der amerikanischen Literaturwissenschaft geworden. (Vgl. u. a. Grace Warren Landrum, »Sir Walter Scott and His Literary Rivals in the Old South«, American Literature, II, 1930; und G. Harrison Orians, »Walter Scott, Mark Twain, and the Civil War«, South Atlantic Quarterly, XL, 1941; ebenfalls James M. Cox, »Walt Whitman, Mark Twain, and the Civil War«, Sewanee Review, LXIX, 1961.)

S. 822 Die Kunst der Leichenbestattung: die hier von Twain geschilderten Praktiken wurden in jüngster Zeit (1963) von Jessica Mitford in »The American Way of Death« einer eingehenden Analyse und Kritik unterworfen.

S. 827 Verfasser der »Grandissimes«: George Washington Cable (1844–1925), einer der führenden amerikanischen Schriftsteller der ›Heimatkunst‹ (local color), schrieb 1880 »The Grandissimes«, einen Roman aus dem Louisiana des 19. Jahrhunderts.

S. 830 Stonewall Jacksons letzte Unterredung mit General Lee: Robert E. Lee (1807–70), General und im letzten Kriegsjahr Oberbefehlshaber der Südstaaten, und Stonewall Jackson (eigentlich Thomas Jonathan; 1824–63) – nicht zu verwechseln mit dem Präsidenten Andrew Jackson (1767–1845) – waren die populärsten Heerführer des Südens im Bürgerkrieg. Jackson erhielt den Beinamen ›Stonewall‹, als seine Truppe in der Schlacht von Bull Run (1861) ›wie ein Fels‹ ausharrte. Lee mußte zwar am 9. April 1865 in Appomattox (Virginia) vor Grant kapitulieren, gilt jedoch trotzdem als hervorragendster Feldherr des Bürgerkriegs.

S. 839 König Artus: der legendäre keltische König mit der berühmten Tafelrunde, der die in Britannien eindringenden Angelsachsen bekämpft haben soll und den Stoff für die mittelalterlichen Artus-Sagen lieferte. Vgl. Mark Twains »Ein Yankee aus Connecticut an König Artus' Hof«.

S. 843 Dann kommt Sir Walter Scott usw.: vgl. Anmerkung zu Seite 809.

S. 845 die großen deutschen Verlage für englischsprachige Ausgaben: gemeint ist u. a. der Tauchnitz-Verlag in Leipzig, dessen Gründer Christian Bernhard von Tauchnitz (1816–95) 1841 mit dem Nachdruck englischer und amerikanischer Autoren in billigen Ausgaben begann, die, da es zu der Zeit noch kein internationales Copyright-Abkommen gab, auf dem ganzen europäischen Kontinent verkauft wurden. – *Onkel Remus:* Joel Chandler Harris (1848–1908) schrieb ab 1879 die Onkel Remus-Geschichten, die in vielen Bänden gesammelt wurden und sogar zur Gründung einer eigens für sie konzipierten Zeitschrift führten. Es handelt sich bei ihnen um Erzählungen im Neger-Dialekt, die einen reichen Einblick in die Folklore und in das Leben auf der Pflanzung aus der Sicht des Negers vermitteln.

S. 847 Mr. Warner: Mit dem Schriftsteller Charles Dudley Warner (1829–1900) zusammen schrieb Mark Twain den Roman »The Gilded Age«, der 1873 erschien – eine Satire auf den hohlen Materialismus der Zeit. Der Teil des Romans, der von Twain stammt und dessen – in sich selbständige – Handlung den Obersten Beriah (›Eschol‹) Sellers zum Mittelpunkt hat, ist 1965 separat unter dem Titel »The Adventures of Colonel Sellers« erschienen. Die Verwicklungen um den Vornamen des Obersten, die Twain hier und auf S. 848 schildert, haben sich tatsächlich zugetragen.

S. 849 Schlacht von New Orleans: vgl. Anmerkung zu S. 720. – *Jacksons Präsidentschaft:* Andrew Jackson (1767 bis 1845) war von 1829 bis 1837 der 7. Präsident der Vereinigten Staaten. Seine Regierungszeit (›Jacksonian Democracy‹) zeichnete sich durch eine volksnahe, dem hinterwäldlerischen

Individualismus gefallende Hemdsärmeligkeit aus, die so weit ging, die Nationalbank der USA aufzulösen, weil ihr das einfache Volk mißtrauisch gegenüberstand.

S. 856 Homespun: einfache, derbe Kleidung (›zu Hause gesponnen‹), im übertragenen Sinn ›hemdsärmelig‹, ›vom Lande‹.

S. 862 General Lafayette: Marie Joseph Paul de Lafayette (1757–1834), französischer General, der im Unabhängigkeitskrieg auf seiten der Amerikaner kämpfte. Sein Besuch in den Vereinigten Staaten (1824–5), von dem hier die Rede ist, wurde ein wahrer Triumphzug.

S. 864 »Mark Twain«: Twain gibt hier eine zweite Version über die Entstehung seines Pseudonyms (vgl. Anmerkung zu S. 587), die im wesentlichen den Tatsachen entspricht. Der Lotse Isaiah Sellers (ca. 1802–64) schrieb für die »New Orleans Picayune«, Twain antwortete mit scharfer Parodie im »True Delta«, einer anderen Tageszeitung von New Orleans, und Sellers stellte darauf seine Veröffentlichungen ein. Beide Versionen schließen sich jedoch natürlich nicht aus.

S. 870 Zweikampf aus »Richard III.«: diese Szene elaborierte Twain in »Huckleberry Finn« (Kapitel 21–23).

S. 881 der verstorbene Dr. J. G. Holland: Josiah Gilbert Holland (1819–81), populärer, sentimental-didaktischer amerikanischer Schriftsteller.

S. 904 »Jibbenainosay«: Anspielung auf einen Abenteuerroman von Robert Montgomery Bird (1806–54), »Nick of the Woods; or, The Jibbenainosay« (1837), die Geschichte eines Quäkers, der in Kentucky an den Indianern blutige Rache nimmt, weil diese seine Familie getötet haben.

S. 907 Marschall: (englisch U.S. Marshall) ein Polizeibeamter, der dem nächsten Bundesgericht untersteht (im Gegensatz zum kommunalen Sheriff und zur überregionalen Polizei des jeweiligen Bundesstaates). Die Parallele dieser Reminiszenz mit dem 11. Kapitel von »Tom Sawyer« ist übrigens sehr deutlich; Muff Potter wird hier zum Tippelbruder und in der Erinnerung sogar zu Jimmy Finn – alle drei zusammen ergeben dann den Prototyp von Huck Finns Vater, der ja zum Beginn von »Huckleberry Finn« (der Roman erschien 1884, also ein Jahr nach dem »Leben auf dem Mississippi«) eine so wichtige Rolle spielt.

S. 917 Burdette: Robert Jones Burdette (1844–1914), amerikanischer Journalist und Humorist.

S. 921 episkopalischen: die von der anglikanischen Hochkirche Englands herkommende ›Protestant Episcopal Church‹ steht von den protestantischen Kirchen Amerikas der katholischen am nächsten und gilt als die gesellschaftlich und prestigemäßig höchststehende.

S. 927 Brightsche Krankheit: ein chronisches Nierenleiden.

S. 930 Mr. Schoolcraft: Henry Roe Schoolcraft (1793–1864) war Ethnologe und von der Bundesregierung Beauftragter für Indianerfragen; in dieser Eigenschaft sammelte er umfangreiches Material über die nordamerikanischen Indianer (sechs Bände, 1851–7), das u. a. Cooper und Longfellow verwendeten. – *Hiawatha:* ein indianisches Epos (1855) von Henry Wadsworth Longfellow (1807–82).

S. 935 weitere Benutzung von Sydney Smiths Witzen: der englische Kritiker Sydney Smith (1771–1845) machte sich in den Vereinigten Staaten vor allem mit der Frage unbeliebt: ›In the four quarters of the globe, who reads an American book? ...« (1820 in der »Edinburgh Review«.)

S. 962 Obadjas Fluch: Anspielung auf die Weissagung des biblischen Propheten Obadja von der Strafe der schadenfrohen Edomiter und der Erlösung Israels.

INHALTSVERZEICHNIS

Durch Dick und Dünn

Leben auf dem Mississippi

›Durch Dick und Dünn‹ und ›Leben auf dem Mississippi‹
in der Übersetzung von Otto Wilck erscheinen mit freundlicher
Genehmigung des Aufbau-Verlages, Berlin

ISBN 3-446-10872-6
Gesetzt in der Linotype Palatino-Antiqua
Gedruckt auf Rikoprint der Papierfabrik Schoeller & Hoesch,
Gernsbach. Gesamtherstellung Kösel, Kempten
Umschlag: Christian Diener
Printed in Germany

Anhang